제9판

형법각론

오영근 · 노수환 공저

박영사

제 9 판 서 문

형법총론 제7판에 이어 이번 형법각론 제9판부터는 노수환 교수와 공동집필을 하게 되었다. 총론 서문에서도 언급하였듯이 노수환 교수는 사법연수원을 수석으로 졸업한 후 판사와 변호사로서 15년 넘게 법률실무에 종사한 뒤 2009년부터 성균관대학교 법학전문대학원 교수로 근무하고 있다.

법학은 천재의 학문이 아니고 상식과 지혜에 기반을 둔 학문이다. 지혜 있는 사람이 되기 위해서는 여러 가지 조건이 필요하지만 그중에서도 가장 중요한 것은 욕심을 버리는 것이다. 훌륭한 법률지식을 갖춘 사람들이 법기술자, 법꾸라지로 전락하는 현실을 많이 보게 된다. 모두 물욕, 권력욕, 명예욕 같은 헛된 욕심 때문이다.

필자가 보기에 노 교수는 욕심이 없고, 욕심이 있다면 봉사욕심이 있는 사람이다. 학문 후속세대를 위해서 거액을 쾌척해서 (사)한국법령정책연구원을 설립하였고, 이웃과 사회정의를 위해 자기 희생을 마다하지 않는다. 불의를 보면 잘 참아지는 성격의 필자가 보기에는 불의를 보면 못 참는 성격이 노 교수의 유일한 단점이다.

그러나 필자는 노 교수의 성격과 실무와 이론을 겸비한 그 실력에 기대를 건다. 기존 필자의 단독저서에 나타난 불의들을 참지 말고(참지도 못하겠지만) 바로 잡아 훌륭한 교과서로 발전시켜 주기 바란다. 필자 역시 헛된 욕심을 버리고 형법학도와 우리 사회에 도움이 될 수 있는 교과서를 만드는 데에 협조를 아끼지 않을 것이다.

승부의 세계에서 제자가 스승을 이기는 것은 패륜이 아니라 보은이라고 한다. 스승을 이기는 제자를 배출하지 못한 스승은 실패한 스승이라는 것이다. 형법학은 승부가 아니고 필자와 노 교수는 10년 선후배 사이지만, 후배가 선배의 오류와 단점을 시정하여 더 훌륭한 책으로 발전시키는 것은 후배의 성공일 뿐만 아니라 선배의 성공이기도 하다. 필자도 성공한 선배가 되고 싶다!

이 책의 출간을 위해 수고하여 주신 박영사의 안종만 회장님, 안상준 대표님, 조성호 이사님, 장유나 차장님을 비롯한 직원 모든 분들께 감사드리고, 박영사의 무궁한 발전을 기원한다.

2025. 2.

공동저자 오 영 근

형법학계의 태두이신 오영근 교수님께서 평생을 바쳐 집필하신 저서에 제 이름을 함께 올릴 수 있다는 것은 더할 나위 없는 영광이자 큰 책임이 아닐 수 없습니다. 그러나 15년간의 법률 실무 경험과 15년간 법학전문대학원에서 형사법을 가르쳐 온 경험을 바탕으로, 작은 힘이나마 보태고자 하는 마음으로 이번 작업에 참여하게 되었습니다. 그 첫 번째 결과물이 2024년에 발간된 《형법총론》 제7판이었으며, 이어서 2025년 발간되는 《형법각론》 제9판도 존경하는 오영근 교수님과 공동 집필하게 되었습니다.

형법학은 모든 법학의 토대가 되는 학문으로, 리걸 마인드를 함양하는 데에도 필수적입니다. 형법의 도그마틱한 이론은 인간에 대한 사랑과 인간 본성에 대한 깊은 이해를 바탕으로 구축되어야 합니다. 독일의 구스타프 라드브루흐(Gustav Radbruch) 같은 법철학자가 동시에 형법학자였다는 사실을 보더라도, 이러한 원칙이 중요함을 알 수 있습니다. 결국, 우리가 형법학을 어떻게 공부하느냐에 따라 나치 전체주의 정권의 앞잡이가 되었던 칼 슈미트(Carl Schmitt) 같은 법률가가 될 수도 있고, 구스타프 라드브루흐 같은 법률가가 될 수도 있습니다.

이미 발간된 《형법총론》과 이번 개정판 《형법각론》이 독자 여러분께 형법학의 초석을 제공하는 데 도움이 되기를 바랍니다. 또한, 이 책을 통해 형법을 보다 쉽게 이해하고, 판례를 논리적으로 비판할 수 있는 사고력을 키울 수 있기를 기대합니다. 이번 개정판에서는 2024년까지의 대법원 판례와 개정된 법률을 반영하였을 뿐만 아니라, 그 이전의 판례도 상당 부분 추가·보완하였습니다. 독자들이 보다 쉽게 이해할 수 있도록 내용을 정리하면서도, 책의 분량은 다소 증가하였습니다. 그러나 형법총론 교과서와 마찬가지로, 판례와 사례를 보완한 것은 학습의 효율성을 높이기 위한 것이므로, 오히려 독해 속도와 이해도가 향상될 것이라 확신합니다.

오영근 교수님과 저는 앞으로도 다양한 쟁점과 판례를 망라하고, 더 쉽게 이해할 수 있는 형법 교과서를 만들기 위해 부단히 노력할 것을 약속드립니다.

이 책을 통해 일신우일신의 자세로 학문에 정진하시기를 바랍니다.

새해에도 독자 여러분께 건강과 행복이 가득하길 기원합니다.

2025. 2.

공동저자 노수환 올림

서   문

이 책은 저자의 형법총론에 이은 형법각칙에 대한 해석론적 교과서이다. 이 책을 집필하면서 형법총론에서와 같이 다음과 같은 점을 염두에 두었다.

첫째, 형법해석의 일반원칙에 따라 각칙규정을 해석하려고 하였다. 독일형법의 해석론을 그대로 받아들이지 않고, 우리 형법의 규정내용과 체계에 맞는 해석을 하려고 노력하였다. 불법영득의사와 사용절도, 사기죄에서 재산상 손해의 발생 요부, 장물죄의 본질 등에 대해 통설·판례와 다른 입장을 취한 것도 이러한 이유에서이다.

총칙과 마찬가지로 각칙도 독일형법의 규정과 우리 형법의 규정은 너무나도 큰 차이가 있다. 해석자의 재량이 가장 좁게 인정되는 형법해석에서 우리와 엄청나게 다른 내용과 체계를 지니고 있는 독일형법의 해석론을 여과 없이 받아들이려고 하는 것은 문제가 있다.

다만 저자의 의견만을 독선적으로 피력하는 것을 피하기 위해 저자와 다른 입장의 학설·판례들을 먼저 충실히 소개하고 그에 대해 저자의 의견은 보충적으로 제시하는 방법을 택하였다. 이를 위해 저자의 의견은 글씨를 작게 하였다. 이 부분을 읽을 때에는 외우려 하지 말고 그냥 생각해 보고 지나치면 될 것이다. 이를 통해 독자들은 통설·판례의 내용을 좀더 분명하게 이해할 수 있으리라고 생각한다.

둘째, 판례를 빠짐 없이 소개하려고 노력하였다. 판례는 우리의 형법학을 정립하기 위해 가장 우선적으로 참고해야 할 자료이고, 국가시험에서 판례의 출제비중이 높기 때문에 국가시험을 준비하는 독자들에게 도움을 주기 위해서이다. 독자들이 반드시 알아 두어야 할 중요한 판례들은 음영으로 처리하였고, 이론적 개념들이 실제 어떻게 적용되는가를 나타내기 위한 판례들도 빠짐 없이 소개하였다. 독자들은 별도의 판례교재 없이도 필요한 판례들을 거의 다 찾아볼 수 있을 것이다. 다만 분량이 너무 많아지는 것을 피하기 위해 판례의 요지만 수록하였고 글씨도 작게 하였다.

이 책을 출간하면서, 제일 먼저 형사판례연구회의 모든 회원들께 감사드린다. 1992년 3월 시작되어 현재까지 14년째 진행되고 있는 형사판례연구회의 월례발표회로부터 본격적인 우리 형법학이 시작되었다고 해도 과언이 아니라고 생각된다. 연구회의 월례발표회에 참여하면서 저자는 매 발표회마다 학계와 실무계의 다양한 시각을 접하고 판례 뒤에 숨어 있는 일화들이나 실무계의 현실이나 고충, 동료 학자들의 심오한 논평들을 생생하게 접할 수 있었다. 그 과정을 통해 단순히 문헌을 읽을 때에 비해 판례나 학설을 보는 저자의 시각도 넓어졌다. 연구회에서 얻은 풍부한 자양분들을 그대로 이 책에 반영하려고 노력하였음은 물론이다.

이 책을 위해 특별히 수고한 사람들이 있다. 한양대학교 대학원 석사과정에 재학중인 송주영 양은 형법총론에서와 같이 이 책의 편집·교정과 모든 잡다한 일들을 도맡아 처리해 주었다. 최영승 법학박사는 강의와 실무에 바쁜 가운데에서도 내용에 대한 조언을 주었을 뿐만 아니라 교정도 충실히 보아 주었다. 한양대학교 대학원 박사과정에 재학중인 박찬걸 군, 석사과정을 졸업하였거나 재학중인 이백휴 군 및 그 스터디그룹, 이명하 군 등도 이 책의 내용을 꼼꼼히 읽어봐 주고 교정도 봐 주었다. 모든 사람들에게 깊은 감사의 마음을 전한다.

박영사 기획부의 조성호 차장님과 송창섭 선생님, 편집부의 이현구 선생님, 섭외영업부의 박노일 차장 및 모든 직원께도 감사드린다.

2005년 6월
한양대학교 법과대학 연구실에서
저 자

차   례

제 2 절　상해와 폭행의 죄

제 3 절 과실치사상의 죄

제 4 절 낙태의 죄

제 5 절 유기와 학대의 죄

제 2 장　자유에 대한 죄
제 1 절　체포와 감금의 죄

제 2 절   협박의 죄

제 3 절   약취 · 유인 및 인신매매의 죄

제 4 절 강요의 죄

제 5 절   강간과 추행의 죄

제 3 장   명예·신용·업무에 대한 죄

제 1 절   명예에 관한 죄

제 3 절 강도의 죄

제 5 절 공갈의 죄

제 6 절 횡령의 죄

제 7 절 배임의 죄

제 8 절　장물에 관한 죄

제 9 절 손괴의 죄

제10절 권리행사를 방해하는 죄

제 3 편　사회적 법익에 대한 죄

제 1 장　총　　설

제 2 장　공공의 안전과 평온에 대한 죄

제 1 절　공안을 해하는 죄

제 2 절　폭발물에 관한 죄

제 5 절　교통방해의 죄

제 3 장 공공의 건강에 대한 죄
제 1 절 먹는 물에 관한 죄

제4장 공공의 신용에 대한 죄

제1절 통화에 관한 죄

제2절 유가증권, 우표와 인지에 관한 죄

제 3 절 문서에 관한 죄

제 4 절 인장에 관한 죄

제 5 장 선량한 풍속에 대한 죄

제 1 절 성풍속에 관한 죄

제 2 절 도박과 복표에 관한 죄

제 3 절 국기에 관한 죄

제 4 절 국교에 관한 죄

제 2 장 국가의 기능에 대한 죄

제 1 절 공무원의 직무에 관한 죄

제 2 절　공무방해에 관한 죄

제 3 절 도주와 범인은닉의 죄

제 4 절 위증과 증거인멸의 죄

제 5 절　무고의 죄

참고문헌

저자	제목	출판사 및 연도
강구진,	형법각론 I	박영사, 1984
권오걸,	스마트 형법각론	형설출판사, 2011
김대휘/김 신(편),	주석 형법각칙 제1권 – 제6권,	한국사법행정학회, 2017
김선복,	신 형법각론,	세종출판사, 2016
김성돈,	형법각론,	SKKUP, 2023
김성천,	형법각론,	소진, 2021
김일수/서보학,	새로쓴 형법각론,	박영사, 2018
김신규,	형법각론 강의,	박영사, 2020
김태명,	판례 형법각론,	피앤씨미디어, 2018
김혜정/박미숙/ 안경옥/원혜욱/이인영,	형법각론,	피앤씨미디어, 2021
도중진/박광섭/정대관,	형법각론,	충남대학교 출판문화원, 2014
박강우,	로스쿨 형법각론,	준커뮤니케이션즈, 2018
박상기/전지연,	형법학,	현재, 2018
박찬걸,	형법각론,	박영사, 2018
배종대,	형법각론,	홍문사, 2023
손동권/김재윤,	새로운 형법각론,	율곡출판사, 2013
신동운,	형법각론,	법문사, 2018
심재무,	형법각론,	신지서원, 2016
원형식,	판례중심 형법각론,	동방문화사, 2016
원혜욱,	형법각론,	피데스, 2017
유기천,	영인본 형법학,	법문사, 2011
윤동호,	한눈에 잡히는 형법각론,	국민대학교출판부, 2017
이영란,	형법학(각론강의),	형설출판사, 2013
이용식,	형법각론,	박영사, 2019

이재상/장영민/강동범,	형법각론,	박영사,	2021
이정원/류석준,	형법각론,	준커뮤니케이션즈,	2020
이형국/김혜경,	형법각론,	법문사,	2019
임웅,	형법각론,	법문사,	2021
정성근/정준섭,	형법강의 각론,	박영사,	2017
정영석,	형법각론,	법문사,	1995
정영일,	형법각론,	학림,	2019
정웅석/최창호,	형법각론,	대명출판사,	2018
조준현,	형법각론,	법원사,	2012
주호노,	형법각론,	법문사,	2023
진계호,	형법각론,	대왕사,	2003
최병천,	판례중심 형법각론,	피앤시미디어,	2016
최호진,	형법각론강의,	준커뮤니케이션즈,	2020
한국형사판례연구회,	형법판례 150선,	박영사,	2021
한정환,	형법각론,	법영사,	2018
황산덕,	형법각론,	방문사,	1992

제 1 편

서 론

제1편 서   론

Ⅰ. 형법각론의 대상

　　형법각론은 형법 제2편 각칙, 즉 형법 제87조부터 제372조까지의 의미·내용을 명확하게 하는 형법해석학의 한 분야이다. 물론 형법각칙을 다룰 때에는 입법상의 문제점을 지적하고 개정방안도 제시하는 입법론적 검토가 행해진다. 그러나 형법각론의 기본적 태도는 입법론적 검토보다는 각칙 규정에 대한 해석론적 검토라고 할 수 있다.

　　형법각칙은 크게 국가적 법익에 관한 죄, 사회적 법익에 관한 죄, 개인적 법익에 관한 죄로 나눈다. 대체로 국가적 법익에 관한 죄는 각칙 제1장 내란의 죄에서 제11장 무고의 죄까지, 사회적 법익에 관한 죄는 제12장 신앙에 관한 죄에서 제23장 도박과 복표에 관한 죄까지, 개인적 법익에 관한 죄는 제24장 살인의 죄에서 제42장 손괴의 죄까지를 말한다.

　　현행형법은 국가적 법익에 관한 죄, 사회적 법익에 관한 죄, 개인적 법익에 관한 죄의 순서로 배열하고 있으나, 1992년의 형법개정법률안[1]은 반대의 순서로 배열하고 있다. 이는 종전의 국가우선주의에서 개인우선주의로의 전환을 의미한다. 즉 헌법 제10조는 국민을 권리의 주체로, 국가를 의무의 주체로 규정하고 있으므로 국가적·사회적 법익보다는 개인적 법익을 우선시해야 하기 때문에 범죄규정도 개인적 법익을 침해하는 죄를 먼저 규정하고, 사회적 법익·국가적 법익을 침해하는 죄의 순서로 규정해야 한다는 것이다.

---

1) 법무부는 1985년부터 7년 동안 형법개정작업을 진행하여 1992년 형법개정법률안을 만들었다. 동법률안은 국회에 제출되었으나 국회의 회기종료로 폐기되었다.

Ⅱ. 형법총칙과 형법각칙의 관계

형법총칙은 모든 범죄현상에 공통되는 형법적 문제들을 일반화·추상화하여 규정한 것인 데 비해, 형법각칙은 개별 범죄에 한정된 구체적 문제들을 규정한 것이다. 이러한 의미에서 총칙과 각칙은 일반법과 특별법(시간적·장소적·인적·사항적 적용범위가 제한되어 있는 법률)의 관계에 있다고 할 수 있다. 예를 들어 형법 제19조와 형법 제263조는 모두 동시범에 관한 규정이다. 제19조는 총칙의 규정이므로 모든 범죄에 적용되는 데 비해 제263조는 각칙상의 규정이므로 상해의 결과가 발생한 경우에만 제한적으로 적용된다. 그러므로 제263조는 제19조에 비해 사항적 적용범위가 제한되어 있는 법, 즉 특별법의 성격을 가진 규정이라고 할 수 있다.

甲과 乙이 의사연락 없이 각각 상해의 고의로 A를 향해 총을 쏘아(독립행위가 경합하여) A가 그 중 한 총알에 맞아 상처를 입었으나(상해의 결과를 발생하게 한 경우에 있어서) 누가 쏜 총알이 명중하였는지 밝혀지지 않은 경우(원인된 행위가 판명되지 아니한 때)를 가정해 보자. 제19조에 의하면 甲, 乙은 상해미수죄로 처벌되지만, 제263조에 의하면 甲, 乙은 공동정범의 예에 의해 처벌되므로 상해기수죄로 처벌된다. 그런데 제263조가 특별법이고 제19조가 일반법이므로 특별법우선의 원칙에 따라 甲, 乙은 상해기수죄로 처벌된다.

그런데 甲과 乙이 살해의 고의를 가졌고 그 중 한 사람의 총알에 맞아 A가 사망하였지만 누가 쏜 총알에 의한 것인지 판명되지 아니한 경우에는 제263조가 적용될 수 없다. 이 경우에는 총칙상의 동시범규정인 형법 제19조가 적용되어 甲, 乙 모두 살인미수죄로 처벌된다.

총칙의 규정은 각칙의 규정에 의해 구체화된다. 예를 들어 총칙상의 규정인 제29조는 "미수범을 처벌할 죄는 각칙의 해당 죄에서 정한다"라고만 규정하여 어느 범죄의 미수범을 처벌할 것인지를 각칙에 맡기고 있다. 형법 제254조는 "제250조, 제252조 및 제253조의 미수범은 처벌한다."고 규정하고 있으므로 형법 제250조, 제252조 및 제253조의 살인죄의 미수범이 처벌된다. 이에 비해 폭행죄나 유기죄의 미수범을 처벌하는 규정은 없기 때문에 양죄의 미수범은 처벌되지 않는다. 이와 같이 총칙의 추상적·일반적 규정들은 각칙의 규정에 의해 구체화·현실화된다.

Ⅲ. 형법각론의 서술방식

1. 총론상 범죄체계론에 따른 서술

총칙과 각칙이 위와 같은 관계에 있기 때문에 총론에서 배운 지식들을 각론을 공부할 때에 그대로 적용하면 된다. 즉 각칙은 개별범죄의 성립조건과 처벌을 규정한 것이고, 이 규정들의 의미·내용을 밝히는 것이 형법각론의 임무이다. 그러므로 범죄일반의 성립조건과 처벌에 관한 총론의 이론적 틀에 각 개별범죄 규정을 적용하면 된다. 총론에서 다룬 내용은 범죄의 성립조건인 구성요건해당성, 위법성, 책임에 관한 내용과 미수론, 공범론, 죄수론, 형벌 및 보안처분론이다. 이를 개관하여 보면 다음과 같다.

구성요건론 (구성요건해당성검토; 적극적 검토)	사실상/추정 → 위법성론 (위법성조각사유의 검토; 소극적 검토)	사실상/추정 → 책임론 (책임조각사유의 검토; 소극적 검토)
1. 객관적 구성요건요소 (1) 행위의 주체 (2) 행위의 객체 (3) 행위의 태양·방법 (4) 결과·구체적 위험의 발생 (5) 인과관계와 객관적 귀속(§17)	1. 개별적 위법성조각사유 (1) 정당방위(§21) (2) 긴급피난(§22) (3) 자구행위(§23) (4) 정당행위(§20) (5) 피해자의 승낙(§24)	1. 책임능력 (1) 책임무능력자(§9, §10①) (2) 한정책임능력자(§10②, §11) (3) 원인에 있어서 자유로운 행위(§10③)
2. 주관적 구성요건요소 (1) 고의(§13), 과실(§14) (2) 초과주관적구성요건요소(목적, 동기, 불법영득의사)	2. 주관적 정당화요소 우연방위, 우연피난 등	2. 기대가능성 강요된 행위(§12)
3. 객관과 주관의 불일치(착오) (1) 결과적가중범(§15②) (2) 사실의 착오(§15①) (3) 인과과정의 착오	3. 객관과 주관의 불일치 행위자에 대한 비난가능성의 문제이므로 책임론에서 다룸	3. 위법성의 인식 (1) 법률의 착오(§16) (2) 위법성조각사유의 요건(전제)사실의 착오
4. 부작위범(§18)		4. 초법규적 책임조각사유

미수론	공범론	죄수론	형벌론
1. 예비, 음모(§28)	1. 공동정범(§30)	1. 일　　죄 　(1) 단순일죄 　(2) 포괄일죄	1. 형벌(§41)
2. 실행의 착수	2. 교사범(§31)	2. 수죄	2. 보안처분
3. 미수(§29) 　(1) 장애미수(§25) 　(2) 중지미수(§26) 　(3) 불능미수(§27)	3. 종범(§32)	(1) 상상적 경합(§40) 　(2) 실체적 경합(§37)	(1) 치료감호 　(2) 보안관찰
4. 기수	4. 공범과 신분(§33)		
5. 범죄의 종료	5. 간접정범(§34)		
6. 범죄의 완료			

2. 보호법익과 보호의 정도

(1) 보호법익

앞의 체계에 따라 개별 범죄규정을 해석할 때에 그 해석의 중요한 기준이 될 수 있는 것이 보호법익의 문제이다. 보호법익의 문제란 어떤 개별범죄규정의 제정목적이나 범죄의 성격이 무엇인가에 관한 것이다. 어느 규정의 보호법익이 명문으로 규정되어 있지는 않기 때문에 보호법익의 문제는 해석상 결정되어야 할 문제이다.

예를 들어 낙태죄의 보호법익을 '태아의 생명'만이라고 해석한다면 태아를 살해할 고의 없이 단순히 자연분만기 이전에 모체 바깥으로 배출하도록 하는 행위는 아예 낙태행위가 되지 않는다. 그러나 낙태죄의 보호법익을 '태아의 생명 또는 신체의 안전'이라고 한다면 위의 행위는 태아의 신체의 안전을 침해·위태화하는 행위이므로 낙태죄의 처벌대상이 된다. 이러한 이유로 개별 범죄규정을 해석할 때에 제일 먼저 보호법익의 문제를 생각하게 된다.

구성요건적 행위는 보호법익을 침해하거나 위태화할 수 있는 행위에 국한된다. 예를 들어 사람에게 침을 뱉는 행위는 생명이라는 보호법익을 침해하거나 위태화할 수 없는 성격의 것이므로 살인행위라고 할 수는 없다. 그러나 사람의 신체의 온전성(穩全性) 혹은 완전성을 침해하거나 위태화할 수 있는 행위이기 때문에 폭행행위라고 할 수 있다.

(2) 보호의 정도

보호법익과 관련하여서는 보호의 정도가 문제될 수 있다. 보호법익이 보호받는 정도에 따라 침해범인지 위태범(위험범)인지가 문제되는데 이 역시 명문에 규정되어 있지 않아 해석으로 해결해야 한다. 예를 들어 폭행죄의 보호법익은 신체의 온전성이다. 그런데 甲이 A의 따귀를 때리려고 하였으나 A가 피한 경우, 만약 폭행죄를 침해범이라고 해석한다면 신체의 온전성이 침해되지 않았으므로 甲의 행위는 폭행미수가 된다. 그러나 위험범으로 해석한다면 甲의 행위는 A의 신체의 온전성에 위험을 발생시켰으므로 폭행기수죄가 된다.

3. 개별규정의 해석상 중요논점

이러한 논의를 살펴본 이후에는, 앞의 표에 나타난 순서대로 개별 범죄규정을 해석해 나가면 된다. 그러나 모든 범죄에서 위에 언급한 것들이 모두 논란의 대상이 되는 것은 아니다. 어떤 범죄에서는 행위의 주체가, 다른 범죄에서는 미수나 공범이 특히 문제가 되는 수가 있다. 제250조 제1항의 보통살인죄에서는 행위의 주체에 대한 논란이 없지만, 제250조 제1항 존속살해죄에서는 행위의 주체에 대한 논란이 있다. 형법각론의 교과서도 위의 순서에 따라 논의를 진행하지만 특히 논란이 있는 문제들에 대해 지면을 많이 할애하고 있다.

제271조 제1항 유기죄의 예를 들어 보자.

유기죄의 보호법익은 보호법익은 피유기자의 생명, 신체의 안전이다. 보호의 정도에 대해서는 견해가 대립한다. 객관적 구성요건요소인 행위의 주체는 '법률상 또는 계약상 의무가 있는 자'이다. 유기죄의 객체는 '나이가 많거나 어림, 질병 그 밖의 사정으로 도움이 필요한 사람'이다. 유기죄의 주체, 객체에서 모두 그 범위가 문제될 수 있다. 유기죄의 행위태양으로서 '유기'는 작위뿐만 아니라 부작위에 의해서도 가능하다. 유기죄는 고의범이므로 주관적 구성요건요소로서 고의를 요한다. 부작위 유기나 고의 문제 등은 유기죄에서 특유한 문제가 아니고 총론의 원리로 대부분 해결된다. 그러나 유기죄의 주체나 객체, 유기 등의 개념은 총론에서 문제되지 않으므로 각론에서는 이러한 문제를 중심으로 내용을 서술하게 된다.

Ⅳ. 형법각칙과 형사특별법

　　우리나라에는 많은 형사특별법[1]이 존재하고 있고, 이들은 대부분 형법각칙에 규정되어 있는 범죄의 성립범위를 넓히고 가중처벌하는 것을 내용으로 한다. 형사특별법이 너무 많기 때문에 약간 과장해서 말하면 형법각칙의 규정이 그대로 적용되는 사례는 거의 없다고도 할 수 있다. 예를 들어 2인 이상이 폭행을 한 경우 형법 제260조와 제30조가 적용되어 2년 이하의 징역이나 500만원 이하의 벌금에 처해지고 반의사불벌죄가 된다. 그러나 특별법인 「폭력행위 등 처벌에 관한 법률」(이하 '폭력행위처벌법'이라 한다) 제2조가 우선 적용되어 형벌이 2분의 1까지 가중되고 반의사불벌죄가 되지 않는다(제2항·제4항).

　　항상 신경을 써야 할 형사특별법으로서 위에 언급한 법률 이외에 「특정범죄 가중처벌 등에 관한 법률」(이하 '특정범죄가중법'이라 한다), 「특정경제범죄 가중처벌 등에 관한 법률」(이하 '특정경제범죄법'이라 한다), 「성폭력범죄의 처벌에 관한 특례법」(이하 '성폭력처벌법'이라 한다), 「교통사고처리특례법」, 「모자보건법」, 「아동·청소년의 성보호에 관한 법률」(이하 '청소년성보호법'이라 한다), 「국가보안법」 등이 있지만 날이 갈수록 늘어나고 있다.

　　이들 법률에는 과잉범죄화 및 과잉형벌화된 규정들이 많아 헌법위반의 문제를 발생시킨다. 또한 가중처벌로 인해 목적했던 일반예방은 달성하지 못하고, 처벌상의 불균형을 야기시키는 경우가 많다. 이러한 법률들은 하루바삐 폐지되어야 하지만, 위헌무효로 선언되거나 폐지되기 전까지는 효력을 발휘하고 형법각칙에 우선 적용되는 특별법이므로 이러한 법률에 대해 관심을 가져야 한다.

---

1) 법률용어 중 매우 잘못된 용어 중 하나가 특별법이라는 용어이다. 특별선물, 특별손님 등 일상생활에서 특별이란 긍정적 의미를 가진다. 그러나 법률에서 특별법이란 원칙법이 아닌 예외법, 임시방편법이라는 부정적 의미를 갖는 것으로서 형사특별법이 많다는 것은 매우 바람직하지 못하다.

제 2 편

개인적 법익에 대한 죄

개인적 법익에 대한 죄는 형법 각칙 제24장 살인의 죄에서부터 제42장 손괴의 죄까지의 범죄를 말한다. 개인적 법익에 대한 죄는 그 보호법익에 따라 생명·신체에 대한 죄, 자유에 대한 죄, 명예·신용·업무·경매에 대한 죄, 프라이버시에 대한 죄, 재산에 대한 죄로 나눌 수 있다.

생명·신체에 대한 죄에는 제24장 살인의 죄, 제25장 상해와 폭행의 죄, 제26장 과실치사상의 죄, 제27장 낙태의 죄, 제28장 유기와 학대의 죄 등이 있다.

자유에 대한 죄에는 제29장 체포와 감금의 죄, 제30장 협박의 죄, 제31장 약취·유인 및 인신매매의 죄, 제324조 이하의 강요의 죄, 제32장 강간과 추행의 죄 등이 있다.

제324조 이하의 강요의 죄는 재산에 대한 범죄인 권리행사를 방해하는 죄의 장에 규정되어 있으나 강요죄는 재산상의 이익이나 재물을 취득하는 것을 내용으로 하는 재산범죄가 아니라 사람의 자유를 침해하는 죄로서 재산범죄인 권리행사방해죄와는 그 성격이 다르다. 따라서 통설은 강요죄를 권리행사방해죄의 장에 편성한 것은 입법상의 과오이고 자유에 대한 죄에서 규정해야 한다고 한다.

명예·신용·업무·경매에 관한 죄에는 제33장 명예에 관한 죄, 제34장 신용, 업무와 경매에 관한 죄 등이 있다.

프라이버시에 대한 죄에는 제35장 비밀침해의 죄, 제36장 주거침입의 죄 등이 있다.

재산에 대한 죄에는 제37장 권리행사를 방해하는 죄, 제38장 절도와 강도의 죄, 제39장 사기와 공갈의 죄, 제40장 횡령과 배임의 죄, 제41장 장물에 관한 죄, 제42장 손괴의 죄 등이 있다.

제1절　살인의 죄

I.총　설

1. 모살과 고살의 구별

영미와 유럽의 많은 국가에서는 살인죄를 모살(謀殺, murder, Mord)과 고살(故殺, manslaughter, Todschlag)로 구별하고 양자의 형벌에 차이를 두고 있다. 모살과 고살의 개념은 각국의 입법례에 따라 다르다. 예를 들어 영미에서는 대체로 모살에 등급을 나누어 '숙지(熟知, 의미를 잘 알고 있음)와 예모(豫謀, 미리 계획함)에 의한 고의 살인'(willful, deliberate and premeditated killing) 또는 '다른 중범죄의 범행 중에 행해진 살인'을 제1급 모살로 규정한다.[1]

우리 형법은 모살과 고살을 구별하지 않는 대신 강도살인죄, 강간살인죄 등 중범죄와 결합된 살인을 가중처벌하는 방식을 취하고 있다.[2]

모살과 고살을 구별하는 가장 중요한 이유는 살인죄에 대해서 극형(사형, 무기징역형)을 과하더라도 그 범위를 제한하자는 데에 있었다. 또한 모살과 고살의 구별은 살인죄에 대한 법관의 양형 부담을 덜어 주는 데에도 유용하다. 현행법상 살인죄에 대해 법관은 사형을 선고할 수도 있고 5년의 징역형을 선택한 후 정상참작감경하여 집행유예도 선고할 수 있는 그야말로 생사여탈의 광범위한 재량을 가지고 있다. 이것은 피고인에게는 물론이요 법관에

---

1) Black's Law Dictionary, 5th ed., 1979, 918-919면.
2) 1992년의 형법개정법률안의 제안과정에서 사형을 선고할 수 있는 중살인죄와 사형을 선고할 수 없는 보통살인죄를 구별하자는 의견이 제시되었으나 채택되지 않았다(법무부, 형법개정법률안 제안이유서, 1992, 119면).

게도 지나친 부담이라고 할 수 있다. 이러한 문제를 해결하기 위해 양형기준 제가 시행되고 있다.

2. 살인죄의 구성요건체계

살인의 죄는 보통살인죄(제250조 1항), 존속살해죄(제250조 2항), 촉탁·승낙살인 죄(제252조 1항), 자살관여죄(제252조 2항), 위계에 의한 촉탁·승낙살인죄 및 위계에 의한 자살관여죄(제253조)로 구성되어 있다.

이 중 보통살인죄가 기본적 구성요건이다. 위계·위력에 의한 촉탁·승낙살 인죄 및 자살관여죄(제253조)는 해석상 제250조에 포함될 수 있는 범죄이지만 촉 탁·승낙살인죄나 자살관여죄의 외형을 지니고 있으므로, 제253조는 이것이 제 250조의 살인죄에 의해 처벌된다는 것을 명확하게 하는 규정이다. 존속살해죄에 대해서는 불법(위법성; 행위에 대한 비난)이 가중되는 구성요건이라는 소수설이 있지 만, 통설은 책임(행위자에 대한 비난)이 가중되는 구성요건이라고 한다.[1] 촉탁·승낙 살인죄는 불법(위법성)이 감경되는 구성요건이다. 자살관여죄는 처벌되지 않는 자 살행위의 공범을 처벌하는 독자적 규정이지만 보통살인죄에 비해 불법(위법성)이 감경되는 경우이다.

3. 살인죄의 보호법익

살인죄의 보호법익은 사람의 생명이므로 살인죄의 행위태양(방법)인 살해행위 는 사람의 생명을 침해할 만한 행위여야 한다. 따라서 살인의 고의로 사람의 생 명을 침해할 수 없는 행위를 한 경우에는 소위 미신범 혹은 불능범이 된다. 예를 들어 어떤 사람이 죽으라고 백일기도를 한 경우 행위자에게 살인의 고의를 인정

---

1) 불법(위법성) 가중·감경에서 불법이란 행위자가 아닌 행위 그 자체에 대한 비난을, 책임 가중·감경에서 책임이란 행위가 아닌 행위자에 대한 비난을 의미한다. 예를 들어 특수폭 행은 단순폭행에 비해 행위 자체가 더 나쁜데, 이를 특수폭행은 단순폭행에 비해 불법이 가중된다고 한다. 그러나 직계비속 甲이 직계존속 A를 살해한 행위가 다른 사람 B를 살 해한 행위보다 더 나쁘다고 할 수 없기 때문에 불법은 동일하다. 다만 직계비속 甲은 다 른 사람 乙이 A를 살해한 경우 乙보다 더 비난을 받게 될 수 있는데, 이 경우 직계비속 甲의 책임이 가중된다고 하는 것이다. 불법(위법성) 가중·감경인가 책임 가중·감경인가 는 공범과 신분에서 특히 문제된다. 공범의 죄책은 '불법연대, 책임개별화' 원칙에 따라 결정되기 때문이다. 이 원칙에 따르면 존속살해죄를 불법가중 구성요건이라고 한다면, 甲 과 乙이 공동으로 甲의 아버지 A를 살해하였을 경우 乙도 존속살해죄의 죄책을 진다. 그 러나 책임가중 구성요건이라고 한다면 甲은 존속살해죄, 乙은 보통살인죄의 책임을 진다.

할 수 있지만 백일기도가 사람의 생명을 침해할 수 있는 행위로 인정되지는 않으므로 미신범(처벌되지 않는 불능범)이 된다.

살인죄의 보호 정도는 침해범이다. 따라서 살인행위는 사람의 생명을 침해할 만한 행위여야 하고, 사람의 생명에 위험만을 발생시킬 수 있는 행위는 중상해행위라고 할 수는 있어도 살인행위라고 할 수 없다. 또한 살인의 고의가 인정되기 위해서는 사람의 생명침해에 대한 인용 또는 의욕이 있어야 하고, 생명의 위험발생만을 인용 또는 의욕한 때에는 살인의 고의가 인정되지 않는다.

Ⅱ. 보통살인죄

> 제250조(살인) ① 사람을 살해한 자는 사형, 무기 또는 5년 이상의 징역에 처한다.

1. 객관적 구성요건

(1) 행위의 주체
본죄는 비신분범으로서 그 행위주체에 제한이 없다.

(2) 행위의 객체
본죄의 객체는 '사람'이다. 사람은 '살아있는 타인'만을 의미하고 죽은 사람은 포함되지 않는다. 행위객체가 타인이므로 자살행위는 살인죄의 구성요건에 해당하지 않는다. 여기에서 살아있는 사람과 태아, 살아있는 사람과 죽은 사람의 구별이 문제된다. 전자를 사람의 시기, 후자를 사람의 종기의 문제라고 한다.

1) **사람의 시기**(始期; 시작시기)

가. 자연분만의 경우　　　자연분만은 진통 → 태아머리의 산모골반 내 진입 → 모체 내에서 태아의 하강, 몸구부리기, 내회전, 몸펴기 → 태아머리의 모체 외 노출(일부노출 혹은 頭部노출) 후 몸회전 → 전부노출 → 독립호흡의 순으로 이루어진다.

이 중 어느 단계에서부터 태아가 아니라 사람인지에 대해 진통설, 일부노출설, 전부노출설, 독립호흡설 등이 있었다. 민법에서의 통설은 전부노출설이지만, 형법에서는 진통설 혹은 분만개시설(산모의 진통이란 태아가 모체의 태반에서 이탈하는 분만과정의 개시를 의미한다)이 통설·판례이다. 민법은 재산관계의 해결을 목적으로 하지만, 형법은 사람의 생명보호를 목적으로 하기 때문에 민법보다 사람의 시기를 좀더 앞당겨 파악한다.

> [대판 2007. 6. 29. 2005도3832; 대판 1982. 10. 12. 81도2621] 형법상의 해석으로는 규칙적인 진통을 동반하면서 태아가 태반으로부터 이탈되기 시작한 때 다시 말하여 분만이 개시된 때(진통설 또는 분만개시설)가 사람의 시기라고 봄이 타당하다고 여겨지며 이는 형법 제251조(영아살해)[1]에서 분만 중의 태아도 살인죄의 객체가 된다고 규정하고 있는 점을 미루어 보아서도 그 근거를 찾을 수 있다.

나. 인공분만의 경우   자연분만이 아닌 제왕절개에 의한 인공분만시에도 사람의 시기가 문제될 수 있다. 예를 들어 진통 전의 산모에 대한 제왕절개 시술 중 태아를 살해한 경우 살인죄의 성립 여부가 문제될 수 있다. 제왕절개수술은 복부피하지방층 절개 → 복막절개 → 자궁절개 → 양막절개 → 태아의 머리 적출 → 태반적출 → 근육종 봉합 → 피하지방층 봉합 → 피부층 봉합의 순으로 행해진다. 다수설은 자궁절개 시를 사람의 시기로 보지만, 진통설 혹은 분만개시설의 취지를 충실히 따른다면 제왕절개란 인공분만의 개시라고 할 수 있으므로, 산모의 복부피하층절개가 개시된 시점부터는 태아를 사람이라고 해야 할 것이다.

> [대판 2007. 6. 29. 2005도3832] 제왕절개 수술의 경우 '의학적으로 제왕절개 수술이 가능하였고 규범적으로 수술이 필요하였던 시기(時期)'는 판단하는 사람 및 상황에 따라 다를 수 있어, 분만개시 시점, 즉 사람의 시기(始期)도 불명확하게 되므로 이 시점을 분만의 시기(始期)로 볼 수는 없다.

2) 사람의 종기

가. 맥박종지설   사람의 종기에 대해서 맥박종지설, 호흡종지설이 있었으나 종래의 통설은 맥박종지설이었다. 종지(終止)란 단순한 정지가 아닌 '불가역적 정지'(不可逆的 停止; '돌이킬 수 없는 정지')를 의미한다. 즉 맥박종지설은 맥박이 재박동할 가능성이 없는 상태에 도달한 시점을 사망시점으로 본다.

---

1) 개정 전 형법 제251조는 살인죄의 감경적 구성요건으로 영아살해죄를 규정하고 있었으나 (직계존속이 특히 참작할 만한 동기로 분만 중 또는 분만 직후의 영아를 살해한 경우 10년 이하의 징역으로 처벌), 2023. 8. 8. 형법 개정으로 위 규정은 삭제되었다.

나. 뇌 사 설　　　뇌사, 즉 뇌기능의 불가역적(돌이킬 수 없는) 소실을 사망으로 보아야 한다는 뇌사설이 주장되었다. 뇌사설은 일반적으로 전뇌사설을 의미하는데, 이는 대뇌, 소뇌, 뇌간 등 뇌의 모든 기능이 불가역적으로 소실되면 사망으로 보는 견해이다.

다. 뇌사설과 맥박종지설의 차이　　　장기이식을 위해 뇌사자로부터 장기를 적출하여 뇌사자의 심폐기능이 종지되게 하는 경우, 뇌사설에서는 뇌사자는 사망한 자이므로 그 행위는 살인죄가 아닌 사체손괴죄의 구성요건에 해당되고, 법령에 의한 행위로 위법성이 조각된다고 한다.

맥박종지설에서는 뇌사자는 아직 살아있는 사람이므로 뇌사자의 장기를 적출하는 행위는 살인죄의 구성요건에 해당하지만, 법령에 의한 행위로 위법성이 조각된다고 한다.

라.「장기 등 이식에 관한 법률」　　　「장기등 이식에 관한 법률」은 '살아있는 자', '사망한 자', '뇌사자'를 구별하고 "뇌사자가 이 법에 따른 장기등의 적출로 사망한 경우에는 뇌사의 원인이 된 질병 또는 행위로 인하여 사망한 것으로 본다"고 규정하고 있다(제4조 5호, 제21조 등). 따라서 동법은 뇌사설을 택하였거나 뇌사를 법률상의 사망개념으로 인정한 것은 아니고, 뇌사자의 장기적출을 명문으로 규정함으로써 법적 불안정상태를 해소한 것이라고 할 수 있다.

3) 사람의 범위　　　살아있는 사람이면 살인죄의 객체가 될 수 있고, 그 사람의 생존가치나 생존능력이 어떠한가는 문제되지 않는다. 이를 절대적 생명보호의 원칙 혹은 최대한 생명보호의 원칙이라고 한다.[1] 따라서 조산아, 심한 기형아, 낙태시술에도 살아서 출생하였으나 생존할 확률이 적은 미숙아(대판 2005. 4. 15. 2003도2780), 무뇌아, 사형집행 직전의 사형수, 자살을 결심하거나 실행 중인 사람, 사망이 임박해 있는 사람 등도 모두 살인죄의 객체가 된다.

> **[대판 1948. 5. 14. 4281형상38]** 피해자가 자살 도중이라도 이에 가공하여 살해의 목적을 달성한 경우에는 살인죄가 된다.

---

1) 정당방위에 의한 살인, 사형제도, 적군의 살해 등이 허용되고 있는 점에서는 절대적 생명보호원칙이라는 용어는 정확하지 않으므로 최대한 생명보호의 원칙, 포괄적 생명보호원칙이라는 용어를 사용할 수도 있다고 생각된다. 그러나 최대한 보호의 원칙은 생명뿐만 아니라 신체·자유·명예·재산 등에도 적용되는 것이므로 다른 법익보호와는 다른 생명보호의 특수성을 강조한다는 점에서 절대적 생명보호의 원칙이 더 적절한 용어라고 생각된다.

(3) 실행행위

본죄의 행위태양은 '살해'이다. 살해란 생명을 끊는 행위를 말한다. 총살, 독살 등 유형적 방법뿐만 아니라 정신적 충격·고통을 주어 살해하는 무형적 방법에 의한 살해도 가능하다. 살해의 방법에는 제한이 없으나 살해행위로서의 사회적 정형성을 갖추어야 한다. 따라서 피해자가 죽으라고 기도하는 것과 같은 미신범의 경우에는 비록 행위자에게 살인의 고의가 있다고 하더라도 살인행위로서의 사회적 정형성을 갖추지 못하였으므로, 살인죄에 해당되지 않는다.

살인은 작위뿐만 아니라 부작위에 의해서도 가능하다. 부작위에 의한 살인행위가 되기 위해서는 ① 사람의 사망을 방지해야 할 작위의무를 지닌 자(작위의무자)가, ② 사망을 방지하는 행위를 할 수 있었고(작위가능성), ③ 자신에 의해서만 사망이 방지될 수 있는 상황(보증인적 상황)에서 ④ 부작위를 해야 하고, ⑤ 그 부작위가 작위에 의한 실행행위와 동가치성이 있어야 하고, ⑥ 살인의 고의가 있어야 한다. 통설, 판례에 의하면 작위의무는 법령, 계약, 선행행위 등에 의해서뿐만 아니라 신의성실의 원칙, 조리 등에 의해서도 발생할 수 있다. 그러나 신의성실의 원칙, 조리 등에 의한 작위의무는 부정해야 할 것이다.

[대판 1992. 2. 11. 91도2951] 피해자의 숙부로서 익사의 위험에 대처할 보호능력이 없는 나이 어린 피해자(10세)를 익사의 위험이 있는 저수지로 데리고 갔던 피고인으로서는 피해자가 물에 빠져 익사할 위험을 방지하고 피해자가 물에 빠지는 경우 그를 구호하여 주어야 할 법적인 작위의무가 있다고 보아야 할 것이고, 피해자가 물에 빠진 후에 피고인이 살해의 범의를 가지고 그를 구호하지 아니한 채 그가 익사하는 것을 용인하고 방관한 행위(부작위)는 피고인이 그를 직접 물에 빠뜨려 익사시키는 행위와 다름없다고 형법상 평가될 만한 살인의 실행행위라고 보는 것이 상당하다.

(4) 인과관계

살인죄는 사람의 사망의 결과를 필요로 하는 결과범이므로 살인행위와 사망결과 사이에 인과관계가 있어야 한다. 판례는 상당인과관계설을 따른다. 객관적 귀속론에 의하면 살인죄의 인과관계는 합법칙적 조건설에 의해 판단하고 사망의 결과가 살해행위에 귀속될 수 있어야 한다.

[대판 1994. 3. 22. 93도3612] (피고인이 예리한 식도로 피해자의 하복부를 찔러 직경 5센티, 길이 15센티미터 이상의 자상을 입힘으로 인해 급성신부전증이 발생되어 치료를 받던 중, 피해자가 콜라와 김밥 등을 함부로 먹은 탓으로 체내에 수분저류가 발생하여 합병증이 발생하여 약 1개월 후 사망한 경우) 피고인들의 범행이 피해자를 사망하게 한 직접적인 원인이 된 것은 아니지만, 그 범행으로 인하여 피해자에게 급성신부전증이 발생하였고, 또 그 합병증으로 피해자의 직접사인이 된 패혈증 등이 유발된 이상, 비록 그 직접사인의 유발에 피해자 자신의 과실이 개재되었다고 하더라도 이와 같은 사실은 통상 예견할 수 있는 것으로 인정되므로, 피고인들의 범행과 피해자의 사망 사이에는 인과관계가 있다.

2. 주관적 구성요건

(1) 고   의

보통살인죄는 고의범이므로 고의 없이 사람의 사망을 초래한 경우에는 과실치사죄(제267조, 제268조) 혹은 상해·폭행치사죄(제259조, 제262조) 등이 문제될 수 있을 뿐이다. 고의가 인정되기 위해서는 객관적 구성요건의 실현을 의욕하거나(확정적 고의) 인용해야 한다(미필적 고의). 범행이 계획적이었는지 우발적이었는지는 문제되지 않는다(대판 1989. 12. 26. 89도2087; 대판 1987. 12. 8. 87도2195).

판례는 "자기의 행위로 인하여 타인의 사망의 결과를 발생시킬 만한 가능 또는 위험이 있음을 인식하거나 예견하면 족한 것이고 그 인식 또는 예견은 확정적인 것은 물론 불확정적인 것이라도 이른바 미필적 고의로 인정된다"(대판 2008. 3. 27. 2008도507 외 다수판결)고 하여 인식설을 따르는 듯한 표현을 하는 경우가 많다. 그러나 살인죄에서는 사망의 결과발생을 인식하면서도 행위를 하였다면 대부분 사망에 대한 인용이나 의욕을 인정할 수 있고, 인용이 있는지 불분명한 사건에서는 인용설에 입각하였음을 분명히 하고 있음(대판 1982. 11. 23. 82도2024)을 고려할 때 살인죄에서도 인용설을 따르고 있다고 해야 한다.

고의는 내심적 사실이지만 "피고인에게 범행 당시 살인의 범의가 있었는지 여부는 피고인이 범행에 이르게 된 경위, 범행의 동기, 준비된 흉기의 유무·종류·용법, 공격의 부위와 반복성, 사망의 결과발생 가능성 정도 등 범행 전후의 객관적인 사정을 종합하여 판단할 수밖에 없다(대판 2009. 2. 26. 2008도9867 등)."

판례에 의하면, 피고인들이 약 25분 동안 피해자의 옆구리, 복부, 가슴 부위를 약 40회가량 발로 차거나 밟고 이로 인해 침상에 쓰러져 물도 제대로 마시지 못하고 옷을 입은 상태로 오줌을 싸고 의사표현도 잘 하지 못하는 피해자를 향하여 '꾀병 부리지 마라'고 말하며 발로 피해자의 가슴 부위를 세게 걷어찬 경우(대판 2015. 10. 29. 2015도5355), 강도가 베개로 피해자의 머리 부분을 약 3분간 누르던 중 피해자가 저항을 멈추고 사지가 늘어졌음에도 계속하여 누른 경우(대판 2002. 2. 8. 2001도6425), 인체의 급소를 잘 알고 있는 무술교관 출신의 피고인이 무술의 방법으로 피해자의 울대(聲帶)를 가격하여 사망케 한 경우(대판 2000. 8. 18. 2000도2231), 감금 중이던 피해자가 이미 탈진 상태에 이르러 박카스를 마시지 못하고 그냥 흘려버릴 정도였고 피고인이 피해자의 얼굴에 모포를 덮어씌워 놓고 그냥 나오면서 피해자를 그대로 두면 죽을 것 같다고 생각하였지만 병원에 옮기지 않고 방치한 경우(대판 1982. 11. 23. 82도2024) 등에서는 살인의 고의가 인정된다.

(2) 사실의 착오

법정적 부합설에 의하면 살인죄의 객체의 착오(B를 A로 착각하고 살해한 경우)나 방법의 착오(A를 살해하려고 총을 쏘았으나 빗나가 B가 맞고 사망한 경우)는 고의가 조각되지 못하고 발생된 결과(B의 사망)에 대한 고의가 인정되어 B에 대한 살인기수죄가 성립한다. 그러나 구체적 부합설에 의하면 객체의 착오에서는 발생된 결과(B의 사망)에 대해 고의가 인정되지만, 방법의 착오에서는 인식한 사실(A의 사망)의 고의미수범, 발생된 결과(B의 사망)에 대한 과실범의 상상적 경합이 된다. 판례는 법정적 부합설을 따르고 있다.

[대판 1954. 4. 27. 4286형상73] 객체의 착오가 있는 경우에도 살의를 인정할 수 있다.
[대판 1984. 1. 24. 83도2813; 대판 1975. 4. 22. 75도727] 소위 타격의 착오가 있는 경우라 할지라도 행위자의 살인의 범의 성립에 방해가 되지 아니한다.
[대판 1968. 8. 23. 68도884] 피고인이 A와 그 처를 살해할 의사로써 농약 1포를 숭늉그릇에 투입하여 A의 식당에 놓아둠으로써 그 정을 알지 못한 A의 장녀 B가 이를 마시게 되어 B를 사망케 하였다면 피고인이 B를 살해할 의사는 없었다 하더라도 피고인은 사람을 살해할 의사로써 이와 같은 행위를 하였고 그 행위에 의하여 살해라는 결과가 발생한 이상 피고인의 행위와 살해라는 결과와의 사이에는 인과관계가 있다 할 것이므로 B에 대하여 살인죄가 성립한다.

(3) 인과과정의 착오

인과과정(실행행위부터 결과발생에 이르는 과정)에 대해서는 문외한으로서의 소박한 인식이 있으면 족하다. 따라서 행위자가 인식한 인과과정과 실제 발생한 인과과정에 차이가 있고, 그 차이가 본질적이거나 중요한 경우에는 발생된 결과에 대한 고의를 인정할 수 없다. 그러나 그 차이가 본질적이거나 중요하지 않다면 발생된 결과에 대한 고의를 인정할 수 있다. 따라서 강물에 익사시키려고 피해자를 다리 밑으로 던졌지만 피해자가 교각(橋脚)에 머리를 부딪쳐 사망한 경우 행위자가 인식한 인과과정과 실제 발생한 인과과정 사이에 차이가 있지만 그 차이가 본질적인 것이라고 할 수 없으므로 살인기수죄가 인정된다.

다만 소위 개괄적 고의사례(甲이 A를 살해하기 위해 돌멩이로 A의 가슴과 머리를 내려 쳐서 A가 정신을 잃고 축 늘어지자 사망한 것으로 오인하고 그 사체를 몰래 파묻어 증거를 인멸할 목적으로 피해자를 그곳에서 150m 떨어진 개울가로 끌고가 삽으로 웅덩이를 파고 A를 매장하였는 데, 실제로는 A가 돌멩이에 맞아 죽은 것이 아니라 웅덩이에서 질식사한 경우)에서 살인기수죄를 인정할 수 있는가에 대해서는 견해가 대립한다. 다수설과 판례(대판 1988. 6. 28. 88도650)는 살인기수죄를 인정하나, 소수설은 살인미수죄와 과실치사죄의 경합범이 성립한다고 한다.[1]

3. 위 법 성

보통살인죄의 구성요건에 해당하는 행위는 원칙적으로 위법하고, 예외적으로 위법성조각사유가 있는 경우에는 위법성이 조각될 수 있다.

살인죄의 구성요건에 해당하는 행위는 정당방위(대판 1968. 5. 7. 68도370)나 정당행위에 의해 위법성이 조각될 수 있다. 후자의 예로 교도관의 사형집행이나 장기이식을 위한 뇌사자의 장기적출 등을 들 수 있다. 그러나 긴급피난, 자구행위로서 위법성이 조각될 수는 없다. 긴급피난에서는 법익균형성이 요구되고, 자구행위는 청구권에 대해서만 허용되기 때문이다. 승낙에 의한 살인행위는 위법성이 조각되지는 않고 위법성(불법)이 감경되어 제252조의 촉탁·승낙살인죄가 된다.

4. 책   임

살인죄가 성립하기 위해서는 행위자에게 책임능력, 기대가능성 및 위법성인

---

1) 유사한 사례로 상해치사죄 부분 설명 참조.

식가능성이 있어야 한다.

조현병 등으로 인한 심신장애상태에서 살인행위를 한 경우에도 책임이 조각되거나 감경될 수 있다. 판례는 원칙적으로 충동조절장애와 같은 성격적 결함은 심신장애에 해당하지 않지만 그것이 매우 심각하여 원래의 의미의 정신병을 가진 사람과 동등하다고 평가할 수 있는 경우에는 심신장애로 인한 범행으로 보아야 한다고 한다(대판 2011. 2. 10. 2010도14512). 또한 판례는 피고인이 심신장애인가의 여부는 법률적 판단으로서 전문감정인의 의견에 관계없이 법원이 독자적으로 판단할 수 있지만(대판 1999. 8. 24. 99도1194), 심신장애의 의심이 드는데도 전문가에게 피고인의 정신상태를 감정시키는 등의 방법으로 심신장애 여부를 심리하지 아니한 것은 심리를 다하지 않은 것이라고 한다(대판 2002. 11. 8. 2002도5109).

심신장애상태에서 살인죄를 범한 피고인에게 치료감호법상 치료감호의 요건을 충족하는 경우에는 법원은 치료감호만을 선고하거나 치료감호와 형벌을 동시에 선고할 수 있다. 이 경우 치료감호를 먼저 집행하고 그 기간은 형기에 산입한다(동법 제18조).

살인죄는 원인에 있어서 자유로운 행위(제10조 3항)의 형태로 범할 수 있다(대판 1996. 6. 11. 96도857).

살인죄의 경우 강요된 행위로 책임이 조각될 수는 있지만, 법률의 착오로 책임이 조각되기는 사실상 불가능하다.

5. 미   수

제254조(미수범)   제250조, 제252조 및 제253조의 미수범은 처벌한다.

제255조(예비 · 음모)   제250조와 제253조의 죄를 범할 목적으로 예비 또는 음모한 자는 10년 이하의 징역에 처한다.

---

(1) 살인예비 · 음모죄

살인예비란 살인을 목적으로 준비행위를 하였으나 살인죄의 실행의 착수에 이르지 못한 경우를 말한다. 살인음모란 2인 이상이 살인죄를 범하기 위해 합의하거나 의논하는 행위를 말한다.

[대판 2009. 10. 29. 2009도7150] 형법 제255조, 제250조의 살인예비죄가 성립하기 위하여는 형법 제255조에서 명문으로 요구하는 살인죄를 범할 목적 외에도 살인의 준비에 관한 고의가 있어야 하며, 나아가 실행의 착수까지에는 이르지 아니하는 살인죄의 실현을 위한 준비행위가 있어야 한다. 여기서의 준비행위는 물적인 것에 한정되지 아니하며 특별한 정형이 있는 것도 아니지만, 단순히 범행의 의사 또는 계획만으로는 그것이 있다고 할 수 없고 객관적으로 보아서 살인죄의 실현에 실질적으로 기여할 수 있는 외적 행위를 필요로 한다.

　　살인음모란 2인 이상의 자 사이에 성립한 살인죄 실행의 합의를 말하는 것으로, 살인죄 실행의 합의가 있다고 하기 위하여는 단순히 범죄결심을 외부에 표시·전달하는 것만으로는 부족하고, 객관적으로 보아 살인죄의 실행을 위한 준비행위라는 것이 명백히 인식되고, 그 합의에 실질적인 위험성이 인정될 때에 비로소 음모죄가 성립한다(대판 1999. 11. 12. 99도3801 참조).

　　판례에 의하면, A를 살해하기 위하여 甲, 乙 등을 고용하면서 그들에게 대가의 지급을 약속한 경우(대판 2009. 10. 29. 2009도7150), 권총 등을 교부하면서 사람을 살해하라고 한 경우에는 피교사자의 범죄실행결의의 유무와 관계없이 그 행위 자체가 독립하여 살인예비죄를 구성하지만(대판 1950. 4. 18. 4283형상 10), 살해에 사용하기 위한 흉기를 준비하였다 하더라도 그 흉기로써 살해할 대상자가 확정되지 아니한 경우에는 살인예비죄가 성립하지 않는다(대판 1959. 9. 1. 4292형상387; 대판 1959. 7. 31. 59도308).

　　살인예비·음모죄가 성립한 이후 살인죄의 실행의 착수를 자발적으로 포기한 경우, ① 그대로 살인예비·음모죄가 성립한다는 견해, ② 중지미수의 규정을 제한적으로 유추적용해야 한다는 견해, ③ 중지미수의 규정을 전면적으로 유추적용해야 한다는 견해 등이 있다. ②의 견해에 의하면 살인죄 중지미수의 형이 2년 6개월 이상 15년 이하의 징역 또는 면제여서 징역형은 예비·음모죄의 형보다 중하고 면제의 경우에는 예비·음모보다 가벼우므로 결국 살인예비죄의 중지의 형은 살인예비·음모죄의 형벌인 10년 이하의 징역이나 (중지미수에서 유추적용한) 면제가 된다. ③의 견해에 의하면 예비·음모죄의 형을 감경한 5년 이하의 징역 또는 면제가 된다. 판례(대판 1991. 6. 25. 91도436)는 중지범은 범죄의 실행에 착수한 후 자의로 그 행위를 중지한 때를 말하는 것이고, 실행의 착수가 있기 전인 예비음모의 행위를 처벌하는 경우에 있어서는 중지범의 관념은 이를 인정할 수 없다고 한다(자세한 설명은 형법총론 중지미수의 예비의 중지 부분 참조).

다수설 및 판례(대판 1979. 11. 27. 79도2201; 대판 1976. 5. 25. 75도1549)는 살인예비·음모죄에 대한 교사·방조범의 성립은 불가능하다고 한다(자세한 설명은 형법총론 예비·음모죄의 공범 부분 참조).

(2) 살인죄의 실행의 착수시기

살인죄의 실행의 착수시기는 주관적 객관설에 의해 결정되므로 행위자의 범행계획을 고려하여 직접적으로 생명침해행위가 개시된 시점에 실행의 착수가 있다.

> 판례에 의하면, 중앙청 내 개천절 경축식장에서 수류탄을 투척하여 이 대통령을 살해할 목적으로 甲이 사직공원에서 실행담당자인 乙·丙에게 수류탄 2개를 교부하였다 해도 이를 범죄실행의 착수로는 볼 수 없다(대판 1956. 11. 30. 4289형상217). 그러나 피해자를 살해할 목적으로 낫을 들고 피해자에게 접근하거나(대판 1986. 2. 25. 85도2773), 상관인 그 소속 중대장을 살해 보복할 목적으로 수류탄의 안전핀을 빼고 그 사무실로 들어간 경우(대판 1970. 6. 30. 70도861)에는 살인죄의 실행의 착수가 인정된다.

(3) 살인미수죄

살인죄의 실행에 착수하였으나 살인행위를 종료하지 못하였거나(착수미수), 살인행위는 종료하였지만 사망의 결과가 발생하지 않았을 때(실행미수)에는 살인미수죄가 된다. 살인죄 실행행위의 종료 여부도 실행의 착수와 마찬가지로 주관적 객관설에 의해 결정해야 한다.

살인미수죄에도 장애미수, 중지미수, 불능미수가 있다. 피해자 사망의 결과발생이 가능하지만 결과가 발생하지 않은 경우에는 장애미수, 결과발생이 처음부터 불가능한 때에는 불능미수의 성립이 문제된다.

> 판례에 의하면, 일정량 이상을 먹으면 사람이 죽을 수도 있는 '초우뿌리'나 '부자' 달인 물을 마시게 하여 피해자를 살해하려다 미수에 그친 경우(대판 2007. 7. 26. 2007도3687), 치사량에 달하거나 약간 미달한 농약을 준 경우(대판 1984. 2. 14. 83도2967; 대판 1984. 2. 28. 83도3331) 등에서는 결과발생의 가능성이 있으므로 불능미수가 되지 않고 장애미수가 된다.[1]

---

1) 살인죄의 불능미수가 아닌 장애미수를 인정한 판례로, 대판 1990. 7. 24. 90도1149; 대판

행위자가 자의로 실행행위를 중지하였거나 결과발생을 방지한 경우에는 장애미수가 되지 않고 중지미수가 된다.

6. 공 범

(1) 공동정범

2인 이상이 공동으로 살인죄를 범하였을 경우 살인죄의 공동정범이 된다. 통설에 의하면, 공동정범이 되기 위해서는 공범들이 기능적으로 살인행위를 분담하여 살인죄를 범하였다고 하는 것, 즉 분업적·기능적 범행지배가 있어야 한다.[1]

> [대판 1987. 10. 13. 87도1240] 부하들이 흉기를 들고 싸움을 하고 있는 도중에 폭력단체의 두목급 수괴의 지위에 있는 甲이 그 현장에 모습을 나타내고 더욱이 부하들이 흉기들을 소지하고 있어 살상의 결과를 초래할 것을 예견하면서도 전부 죽이라는 고함을 친 행위는 부하들의 행위에 큰 영향을 미치는 것으로서 甲은 이로써 위 싸움에 가세한 것이라고 보지 아니할 수 없고, 나아가 부하들이 칼, 야구방망이 등으로 피해자들을 난타, 난자하여 사망케 한 것이라면 甲은 살인죄의 공동정범으로서의 죄책을 면할 수 없다.

위 판결은 피고인이 부하들에게 싸움을 하라고 했을 뿐 스스로 싸움에 가담하지 않았지만 살인범행에 기능적 지배가 인정되므로 살인죄의 교사범이 아닌 공동정범을 인정한 것이다.

(2) 교사·방조범

살인의사가 없는 사람으로 하여금 살인을 결심하게 하고 피교사자가 살인죄를 범한 경우 살인교사죄가 성립한다. 피교사자가 살인을 승낙하지 않았거나 승낙하였지만 실행의 착수에 이르지 않은 경우 교사자는 살인예비·음모죄로 처벌된다(제31조 2항·3항, 제255조). 범행을 승낙하지 않은 피교사자는 처벌받지 않으나

1973. 4. 30. 73도354; 대판 1954. 12. 21. 4287형상190 등. 한편 피고인이 사용한 농약의 양이 치사량에 현저히 미달한 것으로 보여 불능미수에 해당할 수 있음을 이유로 장애미수를 인정한 원심을 파기한 사건으로 대판 1984. 2. 14. 83도2967.

1) 판례가 과거와 같이 공동의사주체설에 따른 공모공동정범을 인정하면 범행지배가 없어도 공모공동정범이 될 수 있었다. 그러나 최근의 판례들은 공동정범의 성립에 기능적 범행지배를 필요로 한다고 하고, 자신의 기능적 범행(행위)지배를 해소하지 않고 공모관계에서 이탈한 경우에는 공모공동정범을 인정하는 경향이다(대판 2010. 9. 9. 2010도6924; 대판 2004. 3. 12. 2004도126).

범행을 승낙한 피교사자는 살인예비·음모죄로 처벌된다(제31조 2항, 제255조).

　유형적·무형적 방법으로 살인죄 정범의 실행행위를 용이하게 한 사람은 살인방조죄로 처벌된다.

　　판례에 의하면, 살인할 것을 알고 그에 소요되는 비용을 제공한 경우(대판 1947. 12. 30. 4280형상131), 보호자가 의학적 권고에도 불구하고 치료를 요하는 환자의 퇴원을 간청하자 담당 전문의와 주치의가 치료중단 및 퇴원을 허용하는 조치를 취한 경우(작위에 의한 방조; 대판 2004. 6. 24. 2002도995)[1] 살인방조가 된다.

　　한편 피해자가 죽고 싶다고 하며 기름을 사오라고 하자 휘발유 1병을 사다주었는데 피해자가 몸에 휘발유를 뿌리고 불을 붙여 자살한 경우(대판 2010. 4. 29. 2010도2328) 자살방조죄가 성립한다. 그러나 자살용 유독물을 소지하지도 않은 채 금원편취의 의사로 인터넷에 판매광고용 글을 올리고 피해자와 연락까지 하였으나 피해자들이 다른 경로를 통해 유독물을 입수한 경우(대판 2005. 6. 10. 2005도1373)에는 자살방조죄가 성립하지 않는다.

　살인을 교사하였는데 정범이 상해행위만을 한 경우에는 교사자는 살인예비죄의 죄책을 진다. 반대로 상해를 교사하였는데 정범이 살인죄를 범한 경우, 통설·판례(대판 1997. 6. 24. 97도1075; 대판 1993. 10. 8. 93도1873)에 의하면 교사자는 상해치사죄의 교사범의 죄책을 진다.[2]

7. 죄　　수

(1) 일반원칙

　통설·판례에 의하면, 살인죄의 보호법익은 사람의 생명이므로 피해자의 수만큼 살인죄가 성립한다(대판 1991. 8. 27. 91도1637). 사람의 생명은 '전속적 법익'이기 때문에 피해자가 수인인 경우 포괄일죄는 인정되기 어렵고 수죄로 보아야 하며, 다만 행위의 개수에 따라 상상적 경합인지 아니면 실체적 경합인지 나뉠 뿐이다.

---

1) 일명 보라매병원 사건으로, 담당 전문의와 주치의에게 환자의 사망이라는 결과 발생에 대한 정범의 고의는 인정되나 환자의 사망이라는 결과나 그에 이르는 사태의 핵심적 경과를 계획적으로 조종하거나 저지·촉진하는 등으로 지배하고 있었다고 보기는 어려워 공동정범의 객관적 요건인 이른바 기능적 행위지배가 흠결되어 있다는 이유로 작위에 의한 살인방조죄만 성립한다고 한 사례이다.
2) 그러나 이는 상해교사치사죄를 인정하는 것으로서 죄형법정주의에 반하고 상해교사죄와 과실치사죄의 상상적 경합을 인정해야 할 것이다.

그러나 살해의 목적으로 동일인에게 수차에 걸쳐 예비행위를 하거나 미수에 그치다가 기수에 이른 경우 그 행위들이 동일한 의사발동에서 나왔고 그 사이에 범의의 갱신이 없는 한 그 행위의 일시, 장소, 방법 등의 동일 여부와 상관없이 하나의 살인기수죄만이 성립한다(대판 1965. 9. 28. 65도695).

(2) 다른 범죄와의 관계

1) 사체유기죄와의 관계

사람을 살해한 자가 그 사체를 다른 장소로 옮겨 유기하였을 때에는 살인죄와 사체유기죄는 경합범관계에 있고, 사체유기를 불가벌적 사후행위로 볼 수는 없다(대판 1997. 7. 25. 97도1142; 대판 1949. 4. 29. 4282형상9). 그러나 살해의 목적을 수행함에 있어 사후 사체의 발견을 불가능 또는 심히 곤란하게 하려는 의사로 인적이 드문 장소로 피해자를 유인하거나 실신한 피해자를 끌고 가서 그 곳에서 살해하고 사체를 그대로 둔 채 도주한 경우에는 별도로 사체은닉죄가 성립되지 아니한다(대판 1986. 6. 24. 86도891).

2) 내란목적살인죄와의 관계

[대판 1997. 4. 17. 96도3376] 내란의 실행과정에서 폭동행위에 수반하여 개별적으로 발생한 살인행위는 내란행위의 한 구성요소를 이루는 것이므로 내란행위에 흡수되어 내란목적살인의 별죄를 구성하지 아니하나, 특정인 또는 일정범위의 한정된 집단에 대한 살해가 내란의 폭동에 수반하여 일어난 것이 아니라 그것 자체가 의도적으로 실행된 경우에는 이러한 살인행위는 내란에 흡수될 수 없고 내란목적살인의 별죄를 구성한다.

3) 현주건조물방화치사죄와의 관계

판례에 의하면, 사람을 살해할 목적으로 현주건조물에 방화하여 사망에 이르게 한 경우에는 부진정결과적 가중범인 현주건조물방화치사죄로 의율하여야 하고 이와 더불어 살인죄와의 상상적 경합범으로 의율할 것은 아니다. 다만 현주건조물에 방화하여 존속을 살해한 경우에는 존속살해죄와 현주건조물방화치사죄는 상상적 경합범에 해당한다(대판 1996. 4. 26. 96도485). 한편 현주건조물에 방화 후 그 집에서 빠져 나오려는 피해자들을 막아 소사케 한 행위는 법률상 별개의 범의에 의하여 별개의 법익을 해하는 별개의 행위이므로 현주건조물방화죄와 살인죄는 실체적 경합관계에 있다(대판 1983. 1. 18. 82도2341).

[대판 1983. 1. 18. 82도2341]　형법 제164조 후단이 규정하는 현주건조물 방화치사상죄는 그 전단에 규정하는 죄에 대한 일종의 가중처벌규정으로서 불을 놓아 사람의 주거에 사용하거나 사람이 현존하는 건조물을 소훼함으로 인하여 사람을 사상에 이르게 한 때에 성립되며 동 조항이 사형, 무기 또는 7년 이상의 징역의 무거운 법정형을 정하고 있는 취의에 비추어 보면 과실이 있는 경우 뿐만 아니라 고의가 있는 경우도 포함된다고 볼 것이므로, 현주건조물내에 있는 사람을 강타하여 실신케 한 후 동건조물에 방화하여 소사케 한 피고인을 현주건조물에의 방화죄와 살인죄의 상상적 경합으로 의율할 것은 아니다.

4) 강간살인죄와의 관계

강간기수범 또는 미수범이 강간범행 중 피해자를 살해하거나 피해자를 강간한 직후(강간범행의 완료 이전) 범행을 은폐하기 위해 살해한 경우에는 강간살인죄(제301조의2)가 성립하고, 별도의 살인죄는 성립하지 않는다.

8. 형　　벌

보통살인죄의 형벌은 사형, 무기 또는 5년 이상의 징역이고(제250조 1항), 유기징역에 처할 때에는 10년 이하의 자격정지를 병과할 수 있다(제256조).

판례는 살인죄에 대해 사형을 규정한 것은 위헌이 아니라고 한다(헌재 1996. 11. 28. 95헌바1). 그러나 살인죄에 대해 사형을 선고할 때에는 양형의 조건이 되는 모든 사항을 참작하여 사형을 선고할 특별한 사정이 있음을 명확하게 밝혀야 한다(대판 2000. 7. 6. 2000도1507). 무기징역의 경우에도 마찬가지이다(대판 1988. 10. 11. 88도1238 등).

Ⅲ. 존속살해죄

제250조(존속살해)　② 자기 또는 배우자의 직계존속을 살해한 자는 사형, 무기 또는 7년 이상의 징역에 처한다.

1. 의의 및 법적 성격

존속살해죄는 보통살인죄에 비해 형벌이 가중되는데 불법(위법성)이 크기 때문이라는 견해도 있으나, 통설은 직계비속의 패륜성으로 인해 그에 대한 비난가능성, 즉 책임이 커지기 때문이라고 한다. 존속살해죄를 불법가중으로 보는가 책임가중으로 보는가는 특히 비신분자가 존속살해죄에 가공한 때에 어떤 죄책을 지는지와 관련하여 문제된다.

2. 구성요건

(1) 주   체

존속살해죄의 행위의 주체는 직계비속 등이므로, 존속살해죄는 부진정신분범이다.

(2) 객   체

존속살해죄의 객체는 '자기 또는 배우자의 직계존속'이다.

1) 직계존속   통설·판례에 의하면 직계존속은 법률상의 직계존속에 국한되고 사실상의 직계존속은 제외된다. 민법상의 직계존속에는 부모, 조부모, 증조부모, 고조부모 등이 있고, 외조부모, 외증조부모, 외고조부모 등도 직계존속에 포함된다. 입양에 의한 양부모도 직계존속이다.

혼인 외의 출생자와 생모 간에는 생모의 인지나 출생신고 없이도 당연히 법률상의 친족관계가 생기지만(대판 1980. 9. 9. 80도1731), 혼인 외 출생자와 부 사이에는 인지절차를 거치지 않는 한 직계존비속관계가 없다(대판 1970. 3. 10. 69도2285). 서부모(庶父母)와 적자, 적모와 서자, 계부모와 계자도 직계존비속이라 할 수 없다.

직계존비속관계의 존재는 피고인에게 불리한 개념이므로 엄격하게 해석해야 한다. 따라서 호적(가족관계부)상 친권자라고 등재되어 있다 하더라도 실제로 그렇지 않은 경우에는 법률상 친자관계가 생길 수 없다(대판 1983. 6. 28. 83도996). 입양의 형식적 요건을 모두 갖추지 않고 입양신고 대신 친생자출생신고를 한 경우에도 양친자관계를 창설하려는 명백한 의사가 있는 경우에는 직계존비속관계에 있지만(대판 2007. 11. 29. 2007도8333), 이러한 의사가 없는 경우에는 직계존비속관계가 없다(대판 1981. 10. 13. 81도2466).

양자로 입양된 자가 실부모를 살해한 경우 다수설 및 판례(대판 1967. 1. 31. 66도1483)는 존속살해죄가 성립한다고 한다. 이에 대해 보통살인죄가 성립한다는 견해가 있다.

2) 배 우 자   배우자 역시 법률상의 배우자만을 의미하고 사실상의 배우자는 포함되지 않는다. 법률상의 배우자가 되기 위해서는 혼인신고를 해야 한다

(민법 제812조 1항). 혼인이 무효인 경우(민법 제815조)에는 법률상의 배우자라 할 수 없지만, 혼인의 취소사유가 있는 경우에는 혼인이 취소되지 않는 한 법률상의 배우자가 된다. 혼인의 취소로 인해 혼인이 소급적으로 무효가 되지 않으므로(민법 제824조) 혼인취소 이전에 행한 배우자의 존속살해죄는 취소 이후에도 존속살해죄로 벌해야 한다.

통설에 의하면 배우자가 사망한 경우 그 직계존속을 살해해도 존속살해죄가 성립하지 않지만, 동일한 기회에 배우자를 먼저 살해하고 이어 그의 직계존속을 살해한 경우에는 존속살해죄가 성립한다.

(3) 고   의

존속살해죄의 고의가 있기 위해서는 자기 또는 배우자의 직계존속 및 살해에 대한 인식 및 인용 또는 의욕이 있어야 한다. 이를 인식하지 못한 경우에는 제15조 제1항에 의해 보통살인죄의 죄책을 진다(대판 1960. 10. 31. 4293형상494). 존속살해의 고의로 보통살인죄를 범한 경우, 존속살해미수와 보통살인죄의 기수가 된다는 견해가 있으나 이는 고의를 이중평가한 것으로서 옳지 않다. 이 경우도 착오의 일반원리에 따라 해결해야 한다. 구체적 부합설이나 법정적 부합설 중 구성요건부합설에 의하면 존속살해죄의 미수와 과실치사죄의 상상적 경합이 되지만, 법정적 부합설 중 죄질부합설에 의하면 보통살인죄의 기수가 된다.

3. 공   범

(1) 공동정범

존속살해죄는 부진정신분범이므로 제33조가 적용된다.

다수설은 제33조 단서를 부진정신분범의 성립과 처벌에 관한 규정이라고 해석하므로 甲과 乙이 공동으로 甲의 아버지 A를 살해한 경우 甲은 존속살해죄의 공동정범, 乙은 보통살인죄의 공동정범이 된다고 한다.

이에 대해 소수설 및 판례는 제33조 본문이 진정·부진정신분범의 성립에 관한 규정이고, 제33조 단서는 부진정신분범의 처벌에 관한 규정이라고 하므로 제33조 본문에 의해 甲·乙 모두 존속살해죄의 공동정범이 되지만, 제33조 단서에 의해 乙은 보통살인죄로 처벌된다고 한다.

[대판 1961. 8. 2. 4294형상284]   실자(實子)와 더불어 남편을 살해한 처는 존속살해
죄의 공동정범이다.

(2) 교사 · 방조범

甲이 乙을 교사하여 乙이 아버지 A를 살해하도록 한 경우 乙은 존속살해죄
의 정범의 죄책을 지고 존속살해죄로 처벌된다. 甲에 대해 다수설은 제33조 단서
가 적용되어 보통살인교사범의 죄책을 지고 보통살인교사범으로 처벌된다고 하지
만, 판례는 제33조 본문이 적용되어 존속살해교사범의 죄책을 지지만 이어 제33
조 단서가 적용되어 보통살인교사범으로 처벌된다고 한다.

한편 甲이 乙을 교사하여 甲의 아버지 B를 살해한 경우 乙은 보통살인죄의
정범의 죄책을 지고 보통살인죄로 처벌된다. 甲에 대해 통설 및 판례(대판 1994. 12.
23. 93도1002)는 제33조 단서는 책임개별화원칙을 규정한 것으로 해석하여 존속살
해교사범으로 처벌된다고 한다. 통설은 제33조 단서가 적용되어 존속살해교사범
의 죄책을 진다고 하는 입장이지만, 판례는 가중적 부진정신분범에 가공한 경우
와 달리 제33조 본문이 적용되는지에 대해서는 명확하게 밝히고 있지 않다.[1]

4. 죄   수

판례는 현주건조물에 방화하여 존속을 살해한 경우에는 존속살해죄와 현주
건조물방화치사죄는 상상적 경합범이므로 법정형이 중한 존속살인죄로 의율해야
한다고 한다(대판 1996. 4. 26. 96도485).[2]

---

1) 그러나 乙이 정범이고 甲이 교사범이므로 甲이 乙의 범행에 가공한 것이라고 보아야 한
   다. 그런데 제33조 단서는 비신분자가 신분범에 가공한 경우를 규정한 것이므로 신분자인
   甲이 비신분자인 乙의 범행에 가공한 때에는 적용될 수 없다고 해야 한다. 대신 제31조
   제1항이 적용되어 공범종속성원칙에 따라 甲도 보통살인교사범의 죄책을 지고 보통살인교
   사범으로 처벌된다고 해석해야 한다.
2) 위 판결이 선고될 당시에는 존속살해죄의 법정형은 사형 또는 무기징역형만 있었다. 현행
   형법은 존속살해죄와 현주건조물방화치사죄의 법정형은 사형, 무기 또는 7년 이상의 징역
   으로 동일하지만, 전자에는 자격정지를 병과할 수 있으나(제256조) 후자에는 자격정지를
   병과할 수 없으므로 전자의 법정형이 높은 것은 사실이다. 그러나 현주건조물에 방화하여
   존속을 살해한 경우에는 현주건조물방화치사죄와 존속살해죄의 상상적 경합범이 아니라
   현주건조물방화죄와 존속살해죄의 상상적 경합범이 성립하고 따라서 중한 죄인 존속살해
   죄로 처벌된다고 해야 한다.

5. 형   벌

구형법상 존속살해죄의 형벌은 사형 또는 무기징역이었으므로, 위헌 여부가 문제되었다. 1995년 개정형법은 사형, 무기 이외에 7년 이상의 징역을 신설함으로써 위헌문제가 완화되었지만 현행형법에서도 위헌 여부가 여전히 문제된다.

(1) 위 헌 설

소수설은 ① 존속살해죄 가중처벌은 봉건적 가족제도의 유산이고, ② 인간에게 자신의 직계존속을 선택할 자유가 없으므로 존속살해죄 가중처벌은 불합리한 차별이고, ③ 피해자학적으로 보면 비속보다 존속에게 비난가능성이 더 큰 경우가 많고, ④ 효라는 도덕적 가치를 형벌로 강제해서는 안 된다는 등의 근거를 제시한다.

(2) 합 헌 설

다수설은 ① 형법이 존속에 대한 범죄를 무겁게 벌하는 것은 자녀의 부모에 대한 의무라고 하는 보편적 도덕원리에 근거를 둔 것이고, ② 존속살해죄 가중처벌은 비속의 패륜성으로 비난가능성이 높기 때문이고, 존속이 보호받는 것은 반사적 이익에 불과하다는 등의 근거를 제시한다.

(3) 일본의 경우

일본최고재판소는 존속살해죄의 가중처벌을 위헌이라고 하였는데, 그 가장 중요한 근거는 존속살해죄에 대해서는 정상참작감경을 하더라도 집행유예를 선고할 수 없게 되고 이러한 차별은 합리적 차별이라고 할 수 없다는 것이었다. 이후 존속살해죄를 비롯한 존속범죄에 대한 가중처벌규정을 모두 삭제하였다.

(4) 결   어

현행형법에서도 예컨대 가정폭력을 행사하는 아버지를 부인과 아들이 공동으로 살해한 경우 부인에 대해서는 집행유예를 할 수 있지만 아들에 대해서는 집행유예를 할 수 없어서 불합리한 차별이라는 문제는 남아있다. 헌법재판소의 다수의견은 이 규정이 합헌이라고 하였지만(헌재 2013. 7. 25. 2011헌바267), 이 규정의 위헌 여부와 관계없이 존속살해죄의 가중처벌규정은 삭제하는 것이 바람직하다.

Ⅳ. 촉탁·승낙살인죄

> 제252조(촉탁, 승낙에 의한 살인 등) ① 사람의 촉탁이나 승낙을 받아 그를 살해한 자는 1년 이상 10년 이하의 징역에 처한다.

1. 의 의

촉탁·승낙살인죄의 법적 성격에 대해서는 보통살인죄에 비해 불법(위법성)이 감경된다는 견해, 책임이 감경된다는 견해, 불법 및 책임이 감경된다는 견해 등이 대립하고 있다.

책임감경설은 절대적 생명보호의 원칙에 의해 생명은 처분할 수 있는 법익이 아니므로 촉탁·승낙이 있다 하더라도 불법이 감경될 수 없다고 한다. 그러나 보호법익뿐만 아니라 행위의 방법, 수단 등도 불법(위법성)의 정도에 영향을 미치므로 피해자의 촉탁·승낙에 의한 살인은 그 불법이 작다고 할 수 있다. 불법이 감경되는 구성요건을 실현한 사람은 당연히 책임도 감경되므로 결합설은 별 의미가 없다. 따라서 불법감경설이 가장 타당하다.

2. 구성요건

(1) 행위의 객체

촉탁·승낙의 의미를 알고 그에 따라 의사결정을 할 수 있는 능력이 있는 사람의 촉탁·승낙만이 유효한 촉탁·승낙이 되므로, 본죄의 객체는 이러한 능력이 있는 사람에 국한된다. 따라서 죽음이나, 촉탁·승낙의 의미를 알지 못하는 심신장애자, 유아 등은 본죄의 객체가 될 수 없다.

(2) 실행행위

본죄의 실행행위는 촉탁·승낙을 받아 살해하는 것이다.

1) 촉탁·승낙의 개념　　　　촉탁이란 죽음을 결심한 사람으로부터 부탁을 받고 비로소 행위자에게 살해의 의사가 생기는 경우를 말한다. 승낙이란 이미 살해의 의사를 가진 사람이 피해자의 동의를 얻는 것을 말한다.

2) 촉탁·승낙의 방법　　　　다수설은 촉탁은 명시적·직접적이어야 하고 승낙은 묵시적이라도 무방하다고 하지만, 소수설은 촉탁·승낙 모두 명시적·직접적

이어야 한다고 한다. 묵시적 촉탁·승낙까지 인정하는 것은 절대적 생명보호원칙에 반하므로 소수설이 타당하다.

촉탁·승낙은 특정인에 대해서만이 아니라 불특정인에 대해서도 할 수 있다. 그러나 특정인에 대해서만 촉탁·승낙을 하였는데, 다른 사람이 살해한 경우에는 보통살인죄가 성립한다.

3) 유효한 촉탁·승낙   촉탁·승낙은 피해자의 자유로운 의사에 기한 것이어야 한다. 강요에 의한 촉탁·승낙은 처음부터 촉탁·승낙의 효력이 인정되지 않는다. 위력이나 기망에 의한 촉탁·승낙의 경우에는 위계·위력에 의한 촉탁·승낙살인죄가 된다.

4) 촉탁·승낙의 시기   통설은 촉탁·승낙은 실행의 착수 이전에 존재해야 하고 실행의 착수 이후에 촉탁·승낙을 받은 경우에는 보통살인죄가 된다고 한다. 촉탁·승낙은 언제든지 철회할 수 있다.

(3) 고의 및 착오

행위자가 촉탁·승낙이 있다는 것을 인식해야 한다. 촉탁·승낙이 없음에도 불구하고 있다고 오인하고 살해한 경우에는 형법 제15조 제1항에 의해 촉탁·승낙살인죄가 성립한다. 촉탁·승낙이 있음에도 불구하고 없다고 생각하고 살해한 경우에는 ① 보통살인죄가 된다는 견해(다수설), ② 촉탁·승낙살인죄가 성립한다는 견해, ③ 살인미수죄와 촉탁·승낙살인기수죄의 상상적 경합이라고 하는 견해, ④ 보통살인미수죄와 과실치사죄의 상상적 경합이라는 견해, ⑤ 보통살인죄의 불능미수라는 견해 등이 있다. 이 경우 보통살인의 고의가 있으므로 보통살인죄의 불능미수가 문제되고 보통살인죄가 불능범이 될 경우에는 '대는 소를 겸한다'는 원칙에 따라 촉탁·승낙살인죄가 성립한다고 해야 할 것이다.

3. 위 법 성

(1) 안 락 사

1) 개   념   안락사는 여러 가지 의미로 사용된다. 진정안락사란 생명을 단축하지 않고 고통 없이 죽음을 맞도록 하는 것이므로 형법적으로 문제가 없다. 하지만 생명의 단축을 수반하는 부진정안락사는 형법적으로 문제가 있다.

부진정안락사는 소극적 안락사와 적극적 안락사로 나뉜다. 소극적 안락사란 생명을 연장하기 위한 조치를 취하지 않는 것을 말하는 것으로서 존엄사의 문제로 다루어진다. 적극적 안락사란 생명을 단축시키는 안락사를 말한다. 적극적 안락사 중에는 생명을 연장하기 위한 조치를 취하다가 성공하지 못하여 생명이 단축되는 간접적 안락사와 직접적으로 생명의 단축을 목적으로 하는 조치를 취하는 직접적 안락사가 있다.

간접적 안락사는 살인죄의 구성요건해당성이 없거나 위법성이 조각된다는 데에 견해가 일치한다. 일반적으로 안락사라고 할 때에는 생명단축을 위한 적극적 조치를 취하는 적극적·직접적 안락사를 지칭하고, 이와 함께 소극적 안락사인 존엄사가 형법적으로 문제된다.

2) 적극적·직접적 안락사의 위법성조각 여부　　　환자의 의사에 반하거나 환자의 의사가 불분명한 경우 위법성이 조각되지 않는다는 점에서는 견해가 일치한다. 그러나 환자의 의사에 따른 적극적·직접적 안락사의 위법성조각에 대해서는 긍정설과 부정설이 있다.

긍정설은 ① 환자가 불치병으로 인해 사망이 임박하였고, ② 환자의 육체적 고통이 심각하고, ③ 환자의 고통을 제거·완화하기 위한 것이고, ④ 환자의 촉탁 또는 승낙이 있고, ⑤ 원칙적으로 의사에 의해 시행되는 등 그 방법이 윤리적으로 정당할 것 등을 조건으로 하여 위법성이 조각된다고 한다. 이 경우 안락사는 촉탁·승낙살인죄의 구성요건에 해당하지만 위법성이 조각되는데, 위법성조각의 근거는 업무로 인한 행위라는 견해, 사회상규에 위반되지 않는 행위라는 견해, 피해자의 승낙에 의한 행위라는 견해 등이 있다.

긍정설이 주장하는 정도의 조건을 갖춘 경우의 안락사는 윤리·도덕적으로 비난할 수 있을지는 몰라도 형벌을 과해야 할 정도의 비난가능성은 없다고 할 수 있으므로 사회상규에 위배되지 않는 행위로 위법성이 조각된다고 해야 한다.

(2) 존 엄 사

존엄사(death with dignity)란 자연적으로는 사망할 수밖에 없으나 인위적 방법으로 생명이 유지되는 환자에게 생명연장조치를 중단함으로써 사망에 이르게 하는 것이다. 즉 환자로 하여금 자연적 죽음을 맞이할 수 있도록 인위적 생명연장조치를 중단하는 것이다. 소극적 안락사 혹은 부작위에 의한 안락사라고도 한다.

존엄사의 경우 살인죄가 성립하지 않는다는 데에는 견해가 일치하지만, 그 근거에 대해서는 사회상규에 위배되지 않는 행위로서 위법성이 조각된다는 견해와 의사에게 생명연장조치를 취할 작위의무가 없기 때문에 살인죄의 구성요건에 해당하지 않는다는 견해가 대립한다. 사람이 생존할 가능성이 조금이라도 있는 경우에는 생명연장조치를 취해야 하고 존엄사는 극히 예외적인 경우에만 허용되는 것이므로 위법성조각설이 타당하다고 생각된다.

4. 공　범

본죄를 불법감경구성요건이라고 하는 경우에는 공범종속성원칙이 적용된다. 예를 들어 甲이 乙에게 살인을 교사하였으나 乙이 촉탁·승낙살인죄를 범한 경우 및 甲이 乙에게 촉탁·승낙살인죄를 교사하였으나 乙이 보통살인죄를 범한 경우 甲은 촉탁·승낙살인죄의 교사범의 죄책을 진다.

5. 형　벌

촉탁·승낙살인죄의 형벌은 1년 이상 10년 이하의 징역이고, 자격정지를 병과할 수 있다(제256조).

Ⅴ. 자살교사·방조죄

> 제252조(촉탁, 승낙에 의한 살인 등) ② 사람을 교사하거나 방조하여 자살하게 한 자도 제1항의 형에 처한다.

1. 의　의

자살교사죄는 자살할 생각이 없는 사람으로 하여금 자살을 결심하여 자살하도록 하는 범죄이고, 자살방조죄는 자살을 결심한 사람이 자살을 용이하게 할 수 있도록 도와주는 범죄를 말한다.

통설에 의하면 자살은 살인죄의 구성요건에 해당하지 않으므로 공범종속성설을 따르게 되면 자살을 교사·방조하는 경우에도 범죄가 성립하지 않는다. 그러나 자살을 벌하지 않더라도, 자살을 교사·방조하는 행위는 처벌할 필요성이 있으므로 공범독립성설에 따른 특별규정을 둔 것이다.

2. 구성요건

(1) 행위의 객체

본죄의 객체는 자살의 의미와 내용을 이해할 수 있는 사람에 한정되므로 정신병자, 유아 등은 객체가 될 수 없다. 따라서 유아를 교사하여 자살케 한 경우에는 보통살인죄가 성립한다.

[대판 1987. 1. 20. 86도2395] 피고인이 7세, 3세 남짓된 어린 자식들에 대하여 함께 죽자고 권유하여 물 속에 따라 들어오게 하여 결국 익사하게 하였다면 비록 피해자들을 물 속에 직접 밀어서 빠뜨리지는 않았다고 하더라도 자살의 의미를 이해할 능력이 없고 피고인의 말이라면 무엇이나 복종하는 어린 자식들을 권유하여 익사하게 한 이상 살인죄의 범의는 있었음이 분명하다.

자기 또는 배우자의 직계존속을 교사·방조(교사하거나 방조)하여 자살하게 한 경우에도 본죄가 성립한다.

(2) 실행행위

본죄의 실행행위는 사람을 교사·방조(교사하거나 방조)하여 자살하게 하는 것이다.

1) 교사·방조   교사는 자살할 마음이 없는 사람으로 하여금 자살을 결심하도록 하는 것을 말한다. 이미 자살할 결심을 한 사람을 교사한 경우에는 자살교사죄가 되지 않고, 자살방조죄가 될 수 있을 뿐이다. 교사의 방법은 명시적 방법뿐만 아니라 묵시적 방법으로도 가능하다. 부작위에 의한 교사를 부인하는 견해도 있으나 부작위에 의한 교사도 인정될 수 있다고 해야 한다.

방조는 이미 자살할 결심을 하고 있는 사람에게 자살을 쉽게 할 수 있도록 도와주는 것을 말한다. 작위·부작위, 명시적·묵시적, 유형적·무형적 방법에 의한 방조가 가능하다.

판례에 의하면 '죽고 싶다' 또는 '같이 죽자'고 하며 기름을 사오라고 하자 휘발유 1병을 사다 준 행위(대판 2010. 4. 29. 2010도2328)나 유서를 대필해 준 행위(대판 1992. 7. 24. 92도1148)도 자살방조행위가 될 수 있다.

그러나 판매대금을 편취할 목적으로 인터넷 자살사이트에 독극물판매내용의 글을 게시한 행위는 자살방조에 해당되지 않는다(대판 2005. 6. 10. 2005도

1373).

2) 자   살   자살이란 스스로 목숨을 끊는 것을 말한다. 자살교사·방조자가 살해했을 경우에는 촉탁·승낙살인죄가 된다. 자살교사·방조행위와 자살 사이에는 인과관계가 있어야 한다.

3) 촉탁·승낙살인죄와의 구별   통설에 의하면 자살교사·방조와 촉탁·승낙살인죄는 생명을 끊는 행위를 누가 지배했느냐에 따라 구별된다. 자살자가 생명을 끊는 것을 지배한 경우에는 자살교사·방조죄가 성립하고, 자살의 교사·방조자가 생명을 끊는 행위를 지배한 경우에는 촉탁·승낙살인죄가 성립한다.

(3) 고   의

본죄의 고의가 있기 위해서는 교사·방조에 대한 고의와 자살에 대한 고의 등 이중의 고의가 있어야 한다(대판 2010. 4. 29. 2010도2328). 단순히 자살결심만 하도록 할 고의가 있는 경우에는 본죄가 성립하지 않는다.

3. 미   수

본죄의 예비·음모는 벌하지 않지만(제255조), 미수는 벌한다(제254조). 본죄는 교사·방조행위를 특별히 실행행위로 규정한 것이므로 실행의 착수시기는 교사·방조행위를 개시한 때이다.

교사·방조행위가 있었으나 피교사·방조자가 자살을 결심하지 않거나 자살하지 않은 경우, 피교사·방조자가 자살하였으나 교사·방조행위와 자살 사이에 인과관계가 없는 경우에는 본죄의 미수가 된다.

4. 공   범

본죄의 공동정범이 성립할 수 있다는 데에는 의문이 없다. 예를 들어 甲이 乙에게 A의 자살을 교사하라고 교사한 경우와 같이 본죄의 교사·방조죄가 성립할 수 있는지 문제된다.

이에 대해 본죄는 교사·방조행위를 특별히 실행행위로 규정한 것이므로 본죄를 교사한 경우 자살에 대한 간접교사나 연쇄교사가 되는 것이 아니라 본죄의 교사범이 성립한다는 견해가 있다. 그러나 교사·방조에 대한 교사·방조죄는 인정되지 않으므로 총칙의 원리에 따라 甲이 A의 자살교사죄(연쇄교사)의 책임을 진다고 해야 할 것이다. 마찬가지로 甲이 乙의 자살교사·방조를 방조한 경우 본죄에 대한 방조범이 성립하는 것이 아니라 A가 자살한 경우에만 甲이 자살방조죄의 죄책을 진다.

5. 관련문제: 합의정사 혹은 동반자살

함께 자살할 것을 합의하고 자살을 시도하였지만 그 중 일부는 사망하고 일부는 살아난 경우 살아난 사람의 죄책이 문제된다. 이는 사망한 사람의 자살에 대한 교사·방조행위가 있었는가 하는 사실관계에 따라 달라진다.

첫째, 사망한 사람의 자살을 교사·방조함이 없이 같이 자살을 시도한 경우에는 범죄가 성립하지 않는다. 둘째, 사망한 사람을 교사·방조하여 자살하게 한 경우에는 자살·교사방조죄가 성립한다. 셋째, 자신은 자살할 생각 없이 같이 자살하자고 하여 자살하도록 한 경우에는 위계에 의한 살인죄(제253조)가 성립하고 이 경우에는 합의정사에 해당되지 않는다.

6. 형   벌

자살교사·방조죄의 형벌은 1년 이상 10년 이하의 징역이고, 자격정지를 병과할 수 있다(제256조).

VI. 위계·위력에 의한 살인죄

> 제253조(위계등에 의한 촉탁살인등) 전조의 경우에 위계 또는 위력으로써 촉탁 또는 승낙하게 하거나 자살을 결의하게 한 때에는 제250조의 예에 의한다.

1. 의   의

위계·위력에 의해 촉탁·승낙을 받거나 자살하도록 하는 경우에는 피해자의 자유로운 의사에 기한 것이라고 할 수 없으므로 촉탁·승낙살인죄나 자살관여죄가 될 수 없고 살인죄가 될 수 있을 뿐이다. 해석상으로도 이러한 결론을 이끌어 낼 수 있지만, 제253조는 이를 좀더 분명히 하기 위한 것이라고 할 수 있다. 즉 제253조는 제250조와 같은 정도의 불법 내지 위법성을 지닌 것이고 제250조에 포함될 수 있는 것이다.

2. 위계·위력

위계라 함은 진실의 은폐, 기망 등을 통해 상대방의 무지 또는 착오를 이용하는 행위를 말한다. 예를 들어 적군에 포위당했다고 기망하여 자살하게 하도록 한 경우이다. 작위뿐만 아니라 부작위에 의해서도 가능하다.

위력이란 사람의 의사를 제압할 만한 유형·무형의 힘을 사용하는 것을 말한다. 위력이 되기 위해서는 폭행·협박을 행사하는 강요 정도에는 이르지 못하더라도 사람의 의사를 제압할 만한 정도의 힘을 사용해야 하고 이러한 정도에 미치지 못하는 경우에는 본죄가 성립할 수 없고 제252조가 성립한다. 사람의 의사를 제압할 만한 정도의 여부는 행위자와 피해자, 행위상황 등을 종합적으로 고려하여 사회통념에 의해 판단하게 된다.

위계와 위력의 행사 및 촉탁·승낙 혹은 자살 사이에는 인과관계가 있어야 한다. 인과관계가 없는 경우에는 본죄의 미수가 된다(제254조).

3. 형   벌

본죄의 형벌은 제250조의 예에 의하므로 보통살인죄 또는 존속살해죄의 형벌과 같다.

4. 입 법 론

위계나 항거할 수 없는 폭행·협박 등에 의해 자신을 살해할 것을 승낙하거나 자살하는 경우는 있을 것이다. 그러나 위력에 의한 승낙살인죄나 자살교사·방조죄가 인정될 수 있을지 의문이다. 위력은 상대방의 의사를 제압할 만한 힘인데, 이러한 정도의 힘을 행사받았다고 하여 자신을 살해할 것을 승낙하거나 자살을 할 사람은 사실상 없기 때문이다. 만약 살인을 승낙하게 하거나 자살을 하게 할 힘이 있다면 그것은 이미 위력의 행사가 아니라 항거불가능의 폭행, 협박이라고 해야 할 것이다.

이러한 의미에서 위력에 의한 촉탁·승낙살인죄나 자살교사·방조죄는 삭제해야 할 것이다.

제 2 절 상해와 폭행의 죄

I. 총   설

1. 상해죄와 폭행죄의 체계

(1) 폭행죄에 대한 입법례

폭행죄에 대한 입법례는 다양하다. 독일형법은 폭행을 독립적으로 처벌하지 않고 상해, 강요, 강간, 강도 등의 수단으로만 규정하므로, 폭행은 이러한 범죄의 미수 또는 기수범으로 처벌된다. 일본형법은 상해죄를 폭행죄의 결과적 가중범으로 규정하고 있다.

그러나 우리 형법은 제25장에서 상해죄와 폭행죄를 엄격히 구별하고, 폭행치상죄, 폭행치사죄와 상해치사죄를 독립된 범죄로 규정하고 있다.

(2) 상해죄와 폭행죄의 구성요건체계

상해의 죄에서는 제257조 제1항의 상해죄가 기본적 구성요건이다. 제257조 제2항의 존속상해죄와 제264조의 상습상해죄는 책임이 가중되는 범죄유형이고, 제258조의 중상해죄, 제258조의2의 특수상해죄와 제259조의 상해치사죄는 행위의 수단 또는 중한 결과로 인해 불법(위법성)이 가중된 범죄유형이다.

폭행의 죄에서는 제260조 제1항의 폭행죄가 기본적 구성요건이다. 제260조 제2항의 존속폭행죄와 제264조의 상습폭행죄는 책임이 가중되는 범죄유형이고, 제261조의 특수폭행죄, 제262조의 폭행치사상죄는 행위의 수단 혹은 중한 결과로 인해 불법(위법성)이 가중된 형태의 구성요건이다.

「폭력행위 등 처벌에 관한 법률」은 2명 이상이 공동으로 행한 폭행, 상해죄를 가중처벌하는 규정을(법 제2조 2항) 두고 있고, 특정범죄가중법은 운행 중인 자동차의 운전자(법 제5조의10). 노인복지법, 장애인복지법은 노인(65세 이상의 사람)(법 제55조의3 1항 1호, 제39조의9 1호)이나 장애인(법 제86조 3항 3호, 제59조의9 2호)에 대한 폭력행위를 각각 가중처벌하는 규정을 두고 있다.

2. 상해죄와 폭행죄의 관계

(1) 상해죄와 폭행죄의 보호법익

일반적으로 상해는 폭행을 통해 발생하는 경우가 많기 때문에 상해죄와 폭행죄의 보호법익이 문제된다.

1) **구 별 설**　　통설은 상해죄의 보호법익은 신체의 건강 또는 생리적 기능이고, 폭행죄의 보호법익은 신체의 건재 혹은 온전성(穩全性)[1]이라고 한다. 이에 의하면 수염, 눈썹, 모발, 손톱, 발톱 등을 절단하는 경우에는 신체의 건강 또는 생리적 기능을 훼손하는 것이 아니기 때문에 상해가 될 수 없고 폭행이 될 수 있을 뿐이다.

2) **불구별설**　　소수설은 상해죄와 폭행죄의 보호법익은 모두 신체의 온전성(穩全性) 혹은 불가침성이지만, 상해죄는 침해범이고 폭행죄는 추상적 위험범이라고 한다. 이 견해 중에는 타인의 머리를 삭발하거나 눈썹을 밀어버린 경우와 같이 신체외모에 중대한 변화를 일으킨 경우에는 상해죄가 된다는 견해도 있다.

3) **결　　어**　　불구별설에 의하면, 甲이 A에게 상처를 내기 위해 돌을 던졌지만 빗나간 경우 상해미수죄가 아니라 폭행죄가 된다. 또 甲이 A의 따귀만을 때리려고 하였으나 잘못 맞아 코피가 난 경우 폭행치상죄가 아니라 상해죄가 된다. 이러한 해석은 상해죄와 폭행치상죄를 엄격히 구별하고 있는 우리 형법의 해석으로는 맞지 않는다. 전자의 경우 상해미수, 후자의 경우 폭행치상이라고 해야 한다. 따라서 구별설이 타당하다.

상해죄의 보호의 정도는 침해범, 폭행죄의 보호의 정도는 추상적 위험범이다.

(2) 상해죄와 폭행죄의 구별

대부분의 상해는 폭행에 의해 발생하는 경우가 많으므로 폭행을 통해 상해를 입힌 경우 상해죄와 폭행치상죄 중 어느 것이 성립하는가, 단순히 폭행만을 한 경우에도 상해미수죄와 폭행죄 중 어느 것이 성립하는가 문제된다. 이는 외적인 폭행행위로 구별될 수 없고, 행위자의 고의에 의해 정해질 수밖에 없다. 폭행의 고의로 상처를 입힌 경우에는 상해죄가 아니라 폭행치상죄, 상해의 고의로 상

---

1) 완전성(完全性)이라는 용어를 사용하기도 하나 신체가 완전한 사람은 없다. 온전성이란 신체를 침해받거나 위협받지 않는 있는 그대로의 상태라는 의미인데, 이것이 폭행죄의 보호법익이라고 하는 것이 더 정확하다.

해를 입히지 못한 경우 폭행죄가 아니라 상해미수죄가 성립한다.

그러나 상해죄가 언제나 폭행을 수반하는 것은 아니다. 정신적 고통을 주어 불면증이나 신경성소화불량에 걸리게 하거나, 상한 음식을 주어 배탈이 나게 하거나, 질병을 감염시키거나 수면제를 주어 잠들게 하는 행위 등은 폭행을 수반하지 않은 상해행위이다.

　상해죄와 폭행죄의 구별은 강도나 강간과 같이 폭행·협박을 수단으로 하는 범죄에서도 중요한 의미를 가질 수 있다. 예를 들어 甲이 기차 옆자리에 앉은 A에게 수면제가 든 주스를 주어 잠들게 한 후 A의 지갑에서 돈을 훔쳐간 경우 수면제를 주는 행위를 폭행이 아니고 상해행위라고 하면 甲은 상해죄(제257조)와 절도죄(제329조)의 경합범의 죄책을 진다. 甲이 폭행행위를 한 바 없으므로 강도죄가 성립할 수 없기 때문이다. 만약 수면제를 주는 행위를 폭행행위라고 한다면 甲은 강도상해죄(제337조)의 죄책을 진다. 왜냐하면 甲은 항거불가능의 폭행을 한 것이 되고 잠들게 한 것은 상해의 결과가 발생한 것이고 돈을 훔친 것은 재물을 강취한 것이라고 할 수 있기 때문이다.[1]

Ⅱ. 상해의 죄

1. 단순상해죄

제257조(상해)　① 사람의 신체를 상해한 자는 7년 이하의 징역, 10년 이하의 자격정지 또는 1천만원 이하의 벌금에 처한다.
③ 전2항의 미수범은 처벌한다.

(1) 보호법익
상해죄의 보호법익은 신체의 생리적 기능 내지 건강이고 보호의 정도는 침해범이다.

(2) 구성요건
1) 행위의 객체　　상해죄의 행위객체는 사람의 신체이다. 사람이란 살아있는 사람 그 중에서도 타인을 의미하므로 자상(自傷)은 상해죄의 구성요건에 해

---

1) 판례는 이 사례에서 甲의 행위와 A가 잠든 것 사이에 인과관계가 인정되면 강도상해죄를 인정하는 취지이지만(대판 1984. 12. 11. 84도2324), 상해죄와 폭행죄를 엄격하게 구별하고 있는 우리 형법에서는 부당한 해석이라고 할 수 있다.

당하지 않는다. 단 군형법(제41조 1항)과 병역법(제86조)은 자상행위를 벌하고 있고, 피해자의 의사결정의 자유를 상실케 할 정도로 피해자를 협박하여 자상케 한 경우 상해죄가 성립할 수 있다(대판 1970. 9. 22. 70도1638).

출생 전의 태아를 상해한 경우 산모(대판 2007. 6. 29. 2005도3832)나 태아에 대한 상해죄에 해당되지 않는다. 사망한 사람의 신체를 상해한 경우에는 시체오욕죄(제159조)나 시체손괴죄(제161조)가 될 수 있을 뿐이다. 다수설에 의하면 뇌사자의 신체를 상해해도 상해죄에 해당하지만, 장기이식을 위한 경우에는 법령에 의한 행위로 위법성이 조각된다.

2) 실행행위

가. 상해의 개념   상해란 건강이나 신체의 생리적 기능을 훼손하는 것이다. 정신적 건강이나 기능의 훼손도 상해에 속한다. 상처를 입히는 것, 불면증이나 신경쇠약에 걸리게 하는 것, 수면·환각에 빠지게 하는 것, 구토나 설사 유발, 질병 전염 등을 예로 들 수 있다. 두발, 수염, 눈썹 등을 깎는 것과 같이 신체외모에 중대한 변화를 일으키는 것도 상해로 보는 소수설이 있으나, 이들 행위는 폭행죄로 처벌하면 족하므로 상해죄가 되지 않는다고 해야 한다(대판 2000. 3. 23. 99도3099). 문신을 새기는 것도 상해라고 보기 어렵다.[1]

상해는 작위에 의해서뿐만 아니라 부작위에 의해서도 가능하다.

[대판 2017. 7. 11. 2015도3939] 수면제와 같은 약물을 투약하여 피해자를 일시적으로 수면 또는 의식불명 상태에 이르게 한 경우에도 약물로 인하여 피해자의 건강상태가 불량하게 변경되고 생활기능에 장애가 초래되었다면 자연적으로 의식을 회복하거나 외부적으로 드러난 상처가 없더라도 이는 강간치상죄나 강제추행치상죄에서 말하는 상해에 해당한다. 그리고 피해자에게 이러한 상해가 발생하였는지는 객관적, 일률적으로 판단할 것이 아니라 피해자의 연령, 성별, 체격 등 신체·정신상의 구체적인 상태, 약물의 종류와 용량, 투약방법, 음주 여부 등 약물의 작용에 미칠 수 있는 여러 요소를 기초로 하여 약물 투약으로 인하여 피해자에게 발생한 의식장애나 기억장애 등 신체, 정신상의 변화와 내용 및 정도를 종합적으로 고려하여 판단하여야 한다. … 위와 같은 사실관계에 따르면, 피해자는 당시에 약물 투약으로 정보나 경험을 기억하는 신체의 기능에 일시적으로 장애가 생긴 것으로 보이고, 여기에 의식이 저하된 정도나 수면시간 등을 종합하여 피해자의

---

1) 다만, 병역법 제86조의 '신체손상'에는 해당된다(대판 2004. 3. 25. 2003도8247).

상태를 살펴보면, 약물의 투약으로 피해자의 항거가 불가능하거나 현저히 곤란해진 데에서 나아가 피해자의 건강상태가 나쁘게 변경되고 생활기능에 장애가 초래되는 결과가 발생하였다고 할 것이므로 이는 강간치상죄에서 말하는 상해에 해당한다. 피해자가 의식을 회복한 후에 일상생활에 지장이 없거나 치료를 받지 않았다고 하여 달리 볼 것은 아니다.

나. 상해의 정도　　상해는 생명에 위험을 초래하는 정도의 중상해에서부터 느낄 수 없을 정도의 경미한 상해에 이르기까지 매우 다양하다. 여기에서 어느 정도의 상해여야 상해죄의 상해인지 문제된다. 이는 강도상해·치상죄 및 강간·치상죄 등과 같이 상해의 결과가 발생한 경우 형벌이 가중되는 범죄뿐만 아니라 과실치상죄에서도 문제된다.

　　예를 들어 강간죄나 강도죄의 형벌은 3년 이상의 징역이지만(제297조, 제333조), 강간상해·치상죄의 형벌은 무기 또는 5년 이상의 징역(제301조), 강도상해·치상죄(제337조)의 형벌은 무기 또는 7년 이상의 징역이다. 특히 법정형이 7년 이상의 징역인 경우에는 정상참작감경을 하더라도 집행유예가 불가능하기 때문에 상해의 개념이 더욱 중요하다.

[대판 2005. 5. 26. 2005도1039] 강간행위에 수반하여 생긴 상해가 극히 경미한 것으로서 굳이 치료할 필요가 없어서 자연적으로 치유되며 일상생활을 하는 데 아무런 지장이 없는 경우에는 강간치상죄의 상해에 해당되지 아니한다고 할 수 있을 터이다. 그러나 그러한 논거는 피해자의 반항을 억압할 만한 폭행 또는 협박이 없어도 일상생활 중 발생할 수 있는 것이거나 합의에 따른 성교행위에서도 통상 발생할 수 있는 상해와 같은 정도임을 전제로 하는 것이므로 그러한 정도를 넘는 상해가 그 폭행 또는 협박에 의하여 생긴 경우라면 상해에 해당된다고 할 것이며, 피해자의 건강상태가 나쁘게 변경되고 생활기능에 장애가 초래된 것인지는 객관적, 일률적으로 판단될 것이 아니라 피해자의 연령, 성별, 체격 등 신체, 정신상의 구체적 상태를 기준으로 판단되어야 할 것이다.[1]

　　3) 인과관계　　상해죄는 건강침해 또는 생리적 기능의 훼손이라는 결과를 필요로 하는 결과범이므로 상해행위와 상해결과 사이에 인과관계가 있어야 기

---

1) 강간상해·치상죄에서 상해를 인정한 판례로, 대판 2005. 5. 26. 2005도1039; 대판 2003. 9. 26. 2003도4606 외 다수판결, 상해를 부정한 판례로, 대판 1994. 11. 4. 94도1311; 대판 2004. 3. 11. 2004도483 등 다수판결.

수가 된다. 객관적 귀속론에 의하면 상해행위와 결과 사이에 합법칙적 조건관계
가 있어야 하고, 상해결과를 상해행위에 귀속시킬 수 있어야 한다.

[대판 1983. 4. 12. 82도2081] 피고인은 46세의 왜소한 부인이고 피해자는 키 171
센티미터, 몸무게 85키로그램의 55세의 건강한 거구를 지닌 남자이고, 서로 얽혀
있는 상태에서 피고인이 피해자의 뺨을 2회 구타하였다 하여 곧바로 치아가 탈구
된다는 것은 … 특별한 사정이 없는 한 피해자의 상해가 피고인의 구타로 인한
것이라고 단정하기 어렵다.[1]

    4) 고   의   행위자가 건강침해 또는 생리적 기능을 훼손한다는 것을
의욕 또는 인용해야 상해의 고의가 인정된다. 폭행죄와 상해죄는 고의에 의해 구
별된다. 건강침해 등의 의욕 · 인용이 있는 경우에는 상해죄, 단순히 폭행에 대한
의욕 · 인용만이 있는 경우에는 폭행죄가 성립한다.

    따라서 폭행의 고의로 폭행만을 했을 때는 폭행죄, 상처를 입혔을 때에는 폭
행치상죄가 성립한다. 상해의 고의로 폭행하여 상처를 입혔을 때에는 상해기수
죄, 폭행만 하였을 때에는 상해미수죄가 성립한다.

    (3) 위 법 성

    상해죄의 구성요건에 해당하는 행위라도 위법성이 조각될 수 있다. 위법성조
각과 관련하여 특히 운동경기 중의 상해행위, 의사의 치료행위, 징계를 위한 상해
행위, 피해자의 승낙에 의한 상해행위, 싸움 중의 상해행위 등이 문제된다.

    1) 운동경기   권투, 레슬링 기타 격투기 등의 운동경기 중의 상해행위에
대해 상해죄의 구성요건에 해당하지 않는다는 견해와 상해죄의 구성요건에 해당
하지만 위법성이 조각된다는 견해가 대립된다. 상해죄의 구성요건에 해당하는 행
위를 한 사람은 위법성을 조각할 수 있는 근거를 염두에 두어야 한다는 구성요건
의 경고적 기능을 고려하면, 위법성조각설이 타당하다.

    직업선수의 운동경기 중 상해행위는 업무로 인한 행위, 체육시간 중의 운동
경기 중 상해행위는 피해자의 승낙에 의한 행위로 위법성이 조각된다는 견해가
있으나 어느 경우에나 사회상규에 위배되지 않는 행위라고 해야 할 것이다. 왜냐
하면 상해를 업무로 인한 행위로 볼 수 없고, 구기와 같은 운동경기에서는 피해
자의 승낙이 있다고 볼 수도 없기 때문이다.

---

1) 대판 1960. 4. 6. 4292형상395도 참조.

2) 의사의 치료행위·수술행위

가. 학설의 대립   의사의 치료행위나 수술행위로 인한 상해행위에 대해서는 ① 의사의 치료행위는 신체의 건강을 회복·유지시키려는 목적을 가진 것이므로 건강을 훼손한다는 상해의 고의가 없으므로 상해죄의 구성요건해당성이 없다는 견해, ② 통상의 치료행위는 상해죄의 구성요건해당성이 없고, 위험한 치료행위는 피해자의 승낙에 의해 위법성이 조각된다는 견해, ③ 의사의 치료행위에도 상해의 고의가 인정되므로 상해죄의 구성요건에 해당하고 업무로 인한 행위로 위법성이 조각된다는 견해, ④ 피해자의 승낙에 의한 행위로 위법성이 조각된다는 견해 등이 대립하고 있다.

나. 판   례   판례는 상해죄의 구성요건에 해당하지만 피해자의 승낙에 의한 행위로 위법성이 조각된다는 입장을 취하고 있다.

[대판 1993. 7. 27. 92도2345] 진단상의 과오가 없었으면 당연히 설명받았을 자궁외임신에 관한 내용을 설명받지 못한 피해자로부터 수술승낙을 받았다면 위 승낙은 부정확 또는 불충분한 설명을 근거로 이루어진 것으로서 수술의 위법성을 조각할 유효한 승낙이라고 볼 수 없다.[1]

다. 결   어   의사의 수술행위가 건강의 유지·회복을 목적으로 하더라도 수술에 의해 일단 건강침해나 생리적 기능이 훼손되고 이에 대해 의사의 인식과 인용도 있으므로 상해의 고의도 인정될 수 있다. 따라서 의사의 수술행위는 상해죄의 구성요건에 해당하지만, 피해자의 승낙에 의한 행위로 위법성이 조각된다고 해야 한다. 의사의 수술행위가 업무로 인한 행위로 위법성이 조각된다고 하면 의사가 의술의 법칙에 맞게 수술을 했느냐가, 피해자의 승낙에 의한 행위로 위법성이 조각된다고 하면 수술이 의술의 법칙에 맞는지와 함께 의사가 필요한 설명의무를 다했느냐가 중요하게 된다. 전자의 판단은 의사가 하지만, 후자는 환자나 일반인들에 의해 확인된다. 따라서 환자의 보호를 위해서는 피해자의 승낙에 의해 위법성이 조각된다고 하는 것이 우리 의료현실에 맞는 해석이라고 생각된다.

라. 치료유사행위   성형수술, 불임수술, 성전환수술 등과 같이 치료유사

---

1) 다만, 의사의 수술행위가 상해죄의 구성요건에 해당된다고 할 경우 이 사례에서는 상해죄를 인정해야 했을 것이므로, 피고인을 상해죄로 기소했어야 논리적이다.

행위의 경우에는 건강의 유지 · 회복을 목적으로 하는 것이 아니므로 상해죄의 구성요건해당성이 있다는 데에 견해가 일치한다. 다만 정당행위로 위법성이 조각된다는 견해와 피해자의 승낙으로 위법성이 조각된다는 견해가 대립하고 있는데 수술행위에서와 마찬가지로 후자의 견해가 타당하다.

장기이식목적으로 뇌사자의 장기를 적출하는 행위는 법령에 의한 행위로 위법성이 조각될 수 있다.

3) 징계행위

가. 부모의 체벌행위   과거에는 민법 제915조에 친권자의 자녀 징계권이 규정되어 있어서, 판례도 부모의 자녀에 대한 체벌이 법령에 의한 행위로 위법성이 조각된다고 하였다(대판 1986. 7. 8. 84도2922). 그러나 민법 제915조가 폐지되었으므로 법령에 의한 행위가 아니라 사회상규에 위배되지 않을 때에만 위법성이 조각될 수 있다.

나. 학교장 · 교사의 체벌행위   「초 · 중등교육법 시행령」 제40조의3은 "학교의 장과 교원은 법 제20조의2에 따라 다음 각 호의 어느 하나에 해당하는 분야와 관련하여 조언, 상담, 주의, 훈육 · 훈계 등의 방법으로 학생을 지도할 수 있다. 이 경우 도구, 신체 등을 이용하여 학생의 신체에 고통을 가하는 방법을 사용해서는 안 된다"고 규정하고 있으므로 학교장이나 교사의 체벌행위는 법령에 의한 행위로 위법성이 조각될 수 없고,[1] 극히 제한된 범위에서 사회상규에 위배되지 않는 행위로 위법성이 조각될 여지만 있다고 해야 한다.

다. 군인의 체벌행위   「군인의 지위 및 복무에 관한 기본법」 제26조는 "군인은 어떠한 경우에도 구타 · 폭언, 가혹행위 및 집단 따돌림 등 사적 제재를 하거나 직권을 남용하여서는 아니 된다"고 규정하고 있으므로 상관의 체벌은 법령에 의한 행위로서 위법성이 조각되지 않는다. 판례는 경미한 폭행인 경우에는

---

1) 과거의 판례에 의하면, 중학교 교장직무대리자가 훈계의 목적으로 교칙위반학생에게 뺨을 몇 차례 때린 정도(대판 1976. 4. 27. 75도115)는 위법성이 조각된다고 하였지만 지금 이러한 판례는 정당성을 상실하였다. 학생의 신체나 정신건강에 위험한 물건 또는 지도교사의 신체를 이용하여 학생의 신체 중 부상의 위험성이 있는 부위를 때리는 경우(대판 2004. 6. 10. 2001도5380), 학생주임을 맡고 있는 교사가 훈계목적으로 몽둥이와 당구큐대로 학생의 둔부를 때려 3주간의 치료를 요하는 상해를 입힌 경우(대판 1991. 5. 14. 91도513), 교사가 초등학교 5학년생을 징계하기 위하여 지휘봉으로 엉덩이와 허리를 때려 6주간의 치료를 요하는 상해를 입힌 경우(대판 1990. 10. 30. 90도1456) 위법성이 조각되지 않는다는 결론은 당연한 것이다.

사회상규에 위배되지 않는 행위로 위법성이 조각될 수 있으나(대판 1978. 4. 11. 77도3149) 감금 및 구타행위(대판 1984. 6. 12. 84도799; 대판 1967. 4. 25. 67도418)나 상해를 입힌 행위(대판 1984. 6. 26. 84도603) 등은 위법성이 조각되지 않는다고 한다.

   4) 싸움에 의한 상해   판례에 의하면 싸움에서의 상해행위는 원칙적으로 위법성이 조각되지 않지만, 예외적으로 상대방이 싸움에서 예상되는 범위를 넘어서는 공격을 가할 때에는 정당방위로 위법성이 조각된다.

> [대판 1968. 5. 7. 68도370] 싸움을 함에 있어서 격투를 하는 자 중의 한 사람의 공격이 그 격투에서 당연히 예상할 수 있는 정도를 초과하여 살인의 흉기 등을 사용하여 온 경우에는 이를 '부당한 침해'라고 아니할 수 없으므로 이에 대하여는 정당방위를 허용하여야 한다고 해석하여야 할 것이다.

   5) 피해자의 승낙에 의한 상해   통설·판례는 피해자의 승낙에 의한 상해행위도 사회상규에 위배되지 않아야 위법성이 조각될 수 있다고 한다.

> [대판 1985. 12. 10. 85도1892] 형법 제24조의 규정에 의하여 위법성이 조각되는 피해자의 승낙은 개인적 법익을 훼손하는 경우에 법률상 이를 처분할 수 있는 사람의 승낙을 말할 뿐만 아니라 그 승낙이 윤리적·도덕적으로 사회상규에 반하는 것이 아니어야 한다.

   6) 불법체포의 경우

> [대판 2011. 5. 26. 2011도3682] 경찰관이 현행범인 체포 요건을 갖추지 못하였는데도 실력으로 현행범인을 체포하려고 하였다면 적법한 공무집행이라고 할 수 없고, 현행범인 체포행위가 적법한 공무집행을 벗어나 불법인 것으로 볼 수밖에 없다면, 현행범이 체포를 면하려고 반항하는 과정에서 경찰관에게 상해를 가한 것은 불법체포로 인한 신체에 대한 현재의 부당한 침해에서 벗어나기 위한 행위로서 정당방위에 해당하여 위법성이 조각된다.

   (4) 미   수
   상해죄의 미수는 처벌한다(제257조 3항). 상해행위를 개시하였으나 종료하지 못한 경우, 상해행위를 종료하였으나 상해결과가 발생하지 않은 경우 및 상해결과가 발생하였으나 상해행위와 상해결과 사이에 인과관계가 없는 경우 상해미수죄가 된다.

(5) 공   범

판례에 의하면, 교사자가 피교사자에게 피해자를 "정신차릴 정도로 때려주라"고 한 것은 상해교사행위이다(대판 1997. 6. 24. 97도1075). 상해를 교사하였는데 피교사자가 살인을 한 경우 통설·판례는 사망의 결과를 예견할 수 있을 때에는 상해치사죄의 교사범이 된다고 한다(대판 1997. 6. 24. 97도1075; 대판 1993. 10. 8. 93도1873).[1]

(6) 죄   수

상해죄의 보호법익은 일신전속적 법익이므로 침해법익의 수에 따라 상해죄가 성립한다. 두 사람에 대하여 각기 칼을 휘둘러 한 사람을 사망에 이르게 하고, 또 한 사람에 대하여는 상처를 입게 한 경우에는 각각 상해치사죄와 상해죄가 성립한다(대판 1981. 5. 26. 81도811). 같은 시간과 장소에서 피해자를 상해하면서 협박을 한 경우 특별한 사정이 없는 한 상해의 단일범의하에서 이루어진 하나의 폭언에 불과하여 협박죄는 상해죄에 흡수된다(대판 1976. 12. 14. 76도3375).

상해 후 살인을 한 경우 상해죄는 살인죄에 흡수된다. 살인이 미수에 그치고 상해를 입힌 경우에는 살인미수죄만이 성립한다.

2. 존속상해죄

> 제257조(존속상해)   ② 자기 또는 배우자의 직계존속에 대하여 제1항의 죄를 범한 때에는 10년 이하의 징역 또는 1,500만원 이하의 벌금에 처한다.

(1) 법적 성격

존속상해죄는 단순상해죄에 비해 행위자의 책임이 가중되는 부진정신분범이다. 입법론적으로는 폐지하는 것이 바람직하다.

(2) 구성요건

행위의 객체는 자기 또는 배우자의 직계존속이다. 배우자, 직계존속은 모두 존속살해죄에서와 같이 법률상의 배우자나 직계존속에 국한된다.

자기 또는 배우자의 직계존속의 신체를 상해한다는 의욕 또는 인용이 있어야 한다. 사실의 착오에 대해서는 존속살해죄에서 논한 것과 같다.

---

1) 그러나 이는 상해교사치사죄를 인정하여 사실상 상해죄의 정범뿐만 아니라 공범도 상해치사죄의 주체라고 하는 것으로서 부당하므로 상해교사죄와 과실치사죄를 인정해야 한다.

[대판 1983. 6. 28. 83도996] 피고인은 호적부상 피해자와 모 사이에 태어난 친생자로 등재되어 있으나 피해자가 집을 떠난 사이 모가 타인과 정교관계를 맺어 피고인을 출산하였다면 피고인과 피해자 사이에는 친자관계가 없으므로 존속상해죄는 성립될 수 없다.

(3) 미   수
존속상해죄의 미수는 처벌한다(제257조 3항).

3. 중상해죄 · 존속중상해죄

제258조(중상해, 존속중상해) ① 사람의 신체를 상해하여 생명에 대한 위험을 발생하게 한 자는 1년 이상 10년 이하의 징역에 처한다.
② 신체의 상해로 인하여 불구 또는 불치나 난치의 질병에 이르게 한 자도 전항의 형과 같다.
③ 자기 또는 배우자의 직계존속에 대하여 전2항의 죄를 범한 때에는 2년 이상 15년 이하의 유기징역에 처한다.

(1) 개념 및 법적 성격
중상해죄는 신체의 상해결과가 중대하기 때문에 불법(위법성)이 가중된 범죄유형이다. 존속중상해죄는 여기에 행위자의 책임까지 가중되는 형태의 범죄유형이다.
본죄의 법적 성격에 대해서 통설은 생명에 대한 위험발생, 불구, 불치나 난치의 질병에 이르게 한 데에 과실이 있는 경우뿐만 아니라 고의가 있는 경우에도 성립하는 부진정결과적 가중범이라고 한다. 이에 대해 소수설은 본죄는 결과적 가중범이 아니라 상해의 고의가 있고 생명에 대한 위험발생, 불구, 불치나 난치의 질병이라는 결과가 발생하면 족하고, 이러한 결과에 대한 고의나 과실은 필요하지 않다고 한다. 소수설은 책임주의에 반하므로, 통설이 타당하다.

(2) 객관적 구성요건
1) 행위객체와 방법   본죄의 객체와 행위방법은 상해죄 · 존속상해죄에서와 같다. 입법론적으로는 존속중상해죄는 폐지해야 한다.

2) 중상해의 발생

가. 생명에 대한 위험발생   치명상을 가하는 것과 같이 생명이 끊길 수

있는 구체적 위험발생을 말한다. 이러한 의미에서 본죄는 신체에 대해서는 침해
범이지만 생명에 대해서는 구체적 위험범이라고 할 수 있다. 생명에 대한 위험만
이 발생해야 하고 생명이 침해된 경우에는 상해치사죄가 문제된다.

　　본죄가 성립하기 위해서는 상해의 결과가 발생해야 한다. 예를 들어 상해의
고의로 다리를 향해 총을 발사하였는데 총알이 빗나가 머리카락을 스치고 지나간
경우 생명의 위험은 발생하였지만, 상해의 결과는 발생하지 않았으므로 (특수)상
해미수죄만이 성립하고 본죄나 특수중상해죄는 성립하지 않는다.

　　나. 불　　구　　불구란 신체의 중요부분이 절단되거나 그 기능이 상실된
것을 말한다. 중요부분의 절단 · 기능상실은 일반인을 기준으로 객관적으로 판단
해야 하고 구체적 피해자의 사정을 고려해서는 안 된다는 통설과 피해자의 구체
적 사정을 고려하여 규범적으로 판단해야 한다는 소수설이 대립하지만, 통설이
타당하다. 따라서 사격선수의 검지손가락의 기능을 상실케 하거나 피아니스트의
새끼손가락의 일부를 마비시킨 것만으로 불구에 이르게 하였다고 할 수 없다.

　　　판례에 의하면 신체의 사지(四肢)나 성기나 혀의 절단이나 기능상실, 코나
　　귀의 절단이나 기능상실, 시력의 상실(대판 1960. 4. 6. 4292형상395) 등은 불구
　　에 해당한다.
　　　그러나 치아 2개가 부러지거나(대판 1960. 2. 29. 4292형상413; 대판 1957. 7. 5.
　　4290형상166), 1-2개월간 입원할 정도로 다리가 부러진 상해 또는 3주간의 치
　　료를 요하는 우측흉부자상(대판 2005. 12. 9. 2005도7527), 손가락 하나가 절단된
　　정도 등으로는 불구라고 할 수 없다.

　　신체내부장기의 기능상실이 불구에 해당하느냐에 대해서 긍정설과 부정설(다
수설)이 있으나 일률적으로 결정할 수 없고 구체적 사정에 의해 결정해야 할 것이
다. 예를 들어 신장 2개 중 하나의 기능이 상실된 것으로는 불구라고 할 수 없으
나, 신장 2개의 기능에 장애가 생겨 보조장치에 의해서만 생명을 유지할 수 있는
상태인 경우에는 불구라고 할 수 있다. 이 경우 불치나 난치의 질병이라고도 할
수 있지만, 불구라고 보아야 할 것이다.

　　다. 불치나 난치의 질병　　불치나 난치의 질병이란 현대의학의 수준에서
치료가 불가능하거나 완치가능성이 희박한 질병을 말한다. 암, 치매, 에이즈[1] 등

─────────────

　1) 성행위를 통해 에이즈를 전염시킨 경우 살인의 고의를 인정할 수 있다는 견해가 있으나,
　　통설은 중상해죄를 인정한다.

이 그 대표적 예이다. 신체마비는 질병이라기보다는 불구에 해당한다고 해야 할 것이다.

라. 인과관계   상해행위와 중상해 사이에는 인과관계가 있어야 한다. 인과관계가 없는 경우에는 단순상해죄나 상해미수죄가 성립한다.

(3) 주관적 구성요건

중상해죄는 부진정결과적 가중범이므로 행위자는 상해에 대한 고의가 있어야 하고 중상해의 결과에 대해서는 고의 또는 과실이 있어야 한다. 생명의 위험발생에 대한 고의는 사망이라는 결과는 의욕·인용하지 않고 사망에 대한 위험발생만을 의욕·인용하는 내심상태이다.

폭행의 고의로 중상해의 결과를 발생시킨 경우 본죄가 성립할 수 있는가에 대해 소수설은 긍정하지만 다수설은 폭행치상죄가 성립한다고 한다. 제262조는 이 경우에도 본죄의 예에 따른다고 하는데 이는 폭행치상죄가 성립하고 본죄의 형벌로 처벌한다는 의미이다.

(4) 미   수

중상해의 고의로 상해행위를 하였으나 중상해의 결과가 발생하지 않는 경우 중상해죄의 미수를 벌하는 규정이 없으므로, 단순상해의 결과만 발생한 경우에는 상해기수죄, 단순상해의 결과도 발생하지 않은 경우에는 상해미수죄로 처벌된다.

(5) 형   벌

중상해죄나 존속중상해죄에 대해서는 10년 이하의 자격정지를 병과할 수 있다(제265조).

4. 특수상해·중상해죄

제258조의2(특수상해) ① 단체 또는 다중의 위력을 보이거나 위험한 물건을 휴대하여 제257조 제1항 또는 제2항의 죄를 범한 때에는 1년 이상 10년 이하의 징역에 처한다.
② 단체 또는 다중의 위력을 보이거나 위험한 물건을 휴대하여 제258조의 죄를 범한 때에는 2년 이상 20년 이하의 징역에 처한다.
③ 제1항의 미수범은 처벌한다.

---

(1) 개념 및 법적 성격

특수상해죄와 특수중상해죄는 단체 또는 다중의 위력을 보이거나 위험한 물건을 휴대하여 상해죄 또는 중상해죄를 범하는 죄로서 상해죄 또는 중상해보다 범행방법이 위험하여 불법(위법성)이 가중된 범죄유형이다.

헌법재판소는 폭력행위처벌법 중 특수폭행죄의 가중처벌 등 일부 규정이 형법과 동일한 구성요건을 규정하면서 법정형만 상향하고 있어 형벌체계상의 정당성과 균형을 잃은 것이 명백하므로, 인간의 존엄성과 가치를 보장하는 헌법의 기본원리에 위배될 뿐만 아니라 그 내용에 있어서도 평등원칙에 위배된다는 이유로 위헌결정을 하였다(헌재 2015. 9. 24. 2014헌바154 등), 이에 2016년 형법개정으로 구 폭력행위처벌법에 있었던 규정이 특수상해죄(제258조의2), 특수강요죄(제324조 2항), 특수공갈죄(제350조의2)로 형법전에 도입되었다. 다만, 구 폭력행위처벌법상 '단체나 집단을 가장하여 위력을 보여' 부분은 도입되지 않았고, 형벌도 구 폭력행위처벌법에 비해 가볍게 규정하였다.

(2) 구성요건

1) 실행행위   단체 또는 다중의 위력을 보이거나 위험한 물건을 휴대하여 상해 또는 중상해죄를 범하는 것이다.

가. 단체 또는 다중의 위력을 보임

A. 단   체   단체란 공동의 목적 아래 최소한도의 지휘·통솔체제를 갖춘 특정 다수인에 의하여 이루어진 계속적 결합체를 말한다. 일시적 결합체는 다중에 해당할 수는 있어도 단체가 될 수 없다. 다수인은 위력을 보일 정도의 다수여야 한다. 폭행을 목적으로 하는 단체일 필요는 없지만, 행위자가 단체의 위력을 행사하는 시점에서는 단체의 구성원들이 폭행을 행할 의사를 가지고 있을 가능성이 있어야 한다. 단체의 구성원들이 동일 장소에 집결되어 있을 필요는 없고, 집결할 가능성이 있으면 족하다.

B. 다   중   다중이란 단체를 이루지 못한 다수인의 집합을 말하는 것으로, 집단적 위력을 보일 정도의 다수 혹은 그에 의해 압력을 느끼게 해 불안을 줄 정도의 다수를 의미한다(대판 2008. 7. 10. 2007도9885).

C. 위력을 보임   위력이란 상대방에게 공포심을 주거나 상대방의 의사를 제압할 수 있는 유형·무형의 힘을 말한다. '위력을 보인다'는 것은 이러한 유형·무형의 힘을 상대방에게 인식시키는 것을 말한다.

단체나 다중이 현장에 있을 것을 요하는가에 대해 긍정설이 있으나, 단체나 다중의 위력을 보이면 족하므로 부정설이 타당하다. 그러나 단체나 다중은 실제 존재해야 하고 실제 존재하지 않을 때에는 '단체나 집단을 가장하여 위력을 보이는 것'(현재는 삭제된 구 폭처법 제3조 1항)에 해당한다.

나. 위험한 물건의 휴대

A. 위험한 물건　　　위험한 물건이란 본래의 용도나 제조목적을 불문하고 사람의 생명·신체를 침해하는 데에 사용될 수 있는 물건을 말한다. 흉기와 위험한 물건을 그 본래의 용도나 제조목적에 따라 구별하여, 살상목적으로 제조된 총이나 군용 대검은 흉기이지만, 과도나 식칼은 흉기가 아닌 위험한 물건이라는 견해도 있다. 그러나 판례는 흉기는 본래 살상용·파괴용으로 만들어진 것이거나 이에 준할 정도의 위험성을 가진 것이라고 하는데(대판 2012. 6. 14. 2012도4175), 이는 제조목적보다는 사용목적 내지 사용방법에 따라 구별하는 것이라고 할 수 있다.

판례에 의하면, 위험한 물건의 위험성 여부는 구체적인 사안에서 사회통념에 비추어 그 물건을 사용하면 상대방이나 제3자가 곧 살상의 위험을 느낄 수 있는지 여부에 따라 판단하여야 한다(대판 2003. 1. 24. 2002도5783).

따라서 특정인을 겨냥하지 않고 '소화기'를 집어던진 경우(대판 2010. 4. 29. 2010도930), 당구공으로 피해자의 머리를 툭툭 건드린 정도인 경우(대판 2008. 1. 17. 2007도9624), 당구큐대로 피해자의 머리를 3−4회 가볍게 툭툭 때리고 배를 밀은 경우(대판 2004. 5. 14. 2004도176), 피해자를 훈계하면서 피해자로부터 빼앗은 칼의 칼자루 부분으로 피해자의 머리를 가볍게 친 경우(대판 1989. 12. 22. 89도1570), 이혼 분쟁 과정에서 자신의 아들을 승낙 없이 자동차에 태우고 떠나려고 하는 피해자들 일행을 상대로 급하게 추격 또는 제지하는 과정에서 소형승용차로 막 출발하는 중형승용차를 가볍게 충격한 경우(대판 2009. 3. 26. 2007도3520) 등은 위험한 물건을 휴대한 경우에 해당되지 않는다.

반면, 공기총에 실탄을 장전하지 아니하였다고 하더라도 행위자가 범행 현장에서 공기총과 함께 실탄을 소지하고 있었고 언제든지 실탄을 장전하여 발사할 수도 있는 경우(대판 2002. 11. 2. 2002도4586), 견인료납부를 요구하는 교통관리직원을 승용차 앞범퍼 부분으로 들이받은 경우(대판 1997. 5. 30. 97도597) 등은 위험한 물건을 휴대한 경우에 해당한다.

신체의 일부인 주먹이나 발은 물건이 아니므로 위험한 물건이 될 수 없다. 벽이나 담 등은 휴대할 수 없기 때문에 피해자의 머리를 벽에 부딪히게 한 경우에도 특수상해라고 할 수는 없다.

　　B. 휴　　대　　　　휴대란 범죄현장에서 사용할 의도로 몸 또는 몸 가까이에 소지하는 것을 말하고, 사용할 의도 없이 몸에 소지한 경우에는 휴대라고 할 수 없다(대판 2008. 7. 24. 2008도2794; 대판 1990. 4. 24. 90도401). 자기가 기거하는 장소에 보관한 경우에도 휴대라고 할 수 없다(대판 1992. 5. 12. 92도381; 대판 1990. 11. 13. 90도2170). 또한 위험한 물건을 휴대하였다고 하기 위하여는, 피고인이 범행 현장에 있는 위험한 물건을 사실상 지배하면서 언제든지 그 물건을 곧바로 범행에 사용할 수 있는 상태에 두면 충분하고, 피고인이 그 물건을 현실적으로 손에 쥐고 있는 등 피고인과 그 물건이 반드시 물리적으로 부착되어 있어야 하는 것은 아니다(대판 2024. 6. 13. 2023도18812). 위험한 물건을 사용하거나 상대방에게 위험한 물건을 보이거나 상대방이 인식할 필요는 없다(대판 2007. 3. 30. 2007도914).

　　자동차로 사람을 들이받은 경우 특수상해를 한 것이라고 볼 수 있는가에 대해 판례는 '휴대하여'는 '이용하여'를 포함한다는 것을 근거로 긍정하는 입장이다(대판 2002. 9. 6. 2002도2812).[1]

　　다. 부작위범　　　　특수상해죄는 부진정부작위범의 형태로는 범할 수 없다는 견해가 있으나, 일률적으로 말할 수 없고 작위의무자의 부작위가 작위에 의한 특수상해의 실행행위와 동가치성이 있느냐에 따라 결정해야 할 것이다.

　　2) 고　　의　　　　본죄가 성립하기 위해서는 단체 또는 다중의 위력을 보이거나 위험한 물건을 휴대한 것에 대한 의욕 또는 인용이 있어야 한다. 위험한 물건을 소지한 것을 인식하였으나 그것을 사용할 의사가 없었을 경우에는 본죄가 성립하지 않는다.

　　위험한 물건을 휴대하였으나 이를 인식하지 못하고 상해행위를 한 경우에는 제15조 제1항에 의해 단순상해죄나 단순중상행죄가 성립할 수 있을 뿐이다.

　　(3) 형　　벌

　　본죄는 구 폭처법에 규정되었으나 형법으로 편입되면서 법정형이 3년 이상의 징역에서 1년 이상 10년 이하의 징역으로 완화되었다.[2] 판례가 동기설을 취하

---

1) 그러나 자동차는 사회통념상 휴대할 수 있는 물건이 아니므로 부정설이 타당하다. 따라서 입법론적으로는 '휴대하여'라는 용어는 '사용하여'로 개정해야 한다.
2) 그러나 범행방법의 위험성만을 이유로 중상해죄와 같은 법정형으로 처벌하는 것은(1년 이상의 징역형만으로 처벌) 적정하다고 할 수 없다.

던 시절 판례는 이러한 법개정은 구법에 대한 반성적 조치라고 하였다(대판 2016. 1. 28. 2015도17907), 현재 판례는 동기설을 취하지 않지만 구 폭력행위처벌법 시행 시의 범행도 본죄가 적용된다는 입장이라고 할 수 있다.

본죄의 미수감경을 할 경우 상·하한 모두 감경하여 6월 이상 5년 이하로 해야 한다(대판 2021. 1. 21. 2018도5475 전합; 별개의견은 하한만 감경하여 6월 이상 10년 이하로 해야 한다고 한다).

5. 상해치사죄·존속상해치사죄

> 제259조(상해치사) ① 사람의 신체를 상해하여 사망에 이르게 한 자는 3년 이상의 유기징역에 처한다.
> ② 자기 또는 배우자의 직계존속에 대하여 전항의 죄를 범한 때에는 무기 또는 5년 이상의 징역에 처한다.

(1) 법적 성격

상해치사죄는 상해, 중상해, 특수상해(이하 '상해'라고 한다)의 고의로 중한 결과인 사망의 결과를 발생시킨 죄로서, 진정결과적 가중범이다. 상해죄에 비해 불법(위법성)이 가중된 범죄유형이다. 존속상해치사죄는 여기에 책임까지 가중된 형태의 범죄유형이다. 입법론적으로는 존속상해치사죄를 폐지하는 것이 바람직하다.

(2) 구성요건

상해치사죄가 성립하기 위해서는 상해행위가 있어야 하고, 사망의 결과가 발생해야 하고, 상해행위와 사망 사이에 인과관계가 있어야 하고, 사망결과에 대한 예견가능성이 있어야 한다.

1) 인과관계　　상해치사죄가 성립하기 위해서는 상해행위와 사망 사이에 인과관계(객관적 귀속)가 인정되어야 한다.

[대판 1996. 5. 10. 96도529] 피고인이 이 사건 범행일시경 계속 교제하기를 원하는 자신의 제의를 피해자가 거절한다는 이유로 얼굴을 주먹으로 수회 때리자…이에 견디지 못한 피해자가 다시 도로를 건너 도주하다가 차량에 치여 사망한 경우 상해행위와 피해자의 사망 사이에 상당인과관계가 있다.[1]

---

1) 유사판례로, 대판 1972. 3. 28. 72도296.

   2) 상해고의와 사망에 대한 예견가능성   상해치사죄가 성립하기 위해서
는 상해에 대한 고의가 있어야 하고, 사망결과에 대한 예견가능성, 즉 사망결과에
대한 과실이 있어야 한다.

> [대판 1981. 3. 10. 80도3321] 사람의 안면은 사람의 가장 중요한 곳이고 이에 대
> 한 강한 타격은 생리적으로 두부에 중대한 영향을 주어 정신적 흥분과 혈압의 항
> 진 등으로 인하여 뇌출혈을 일으켜 사망에 이르게 할 수도 있다는 것은 통상인이
> 라면 누구나 예견할 수 있다.

   사망에 대한 고의가 있으면 상해치사죄가 아닌 살인죄가 성립한다(대판 1986.
7. 22. 86도1070).

   3) 인과과정의 착오   피해자에게 상해를 가하여 피해자가 기절하자 그가
사망한 것으로 오인하고 피해자가 자살한 것으로 위장하기 위해 피해자를 베란다
로 옮긴 후 베란다 밑 약 13m 아래의 바닥으로 떨어뜨려 사망에 이르게 한 경우
에 판례(대판 1994. 11. 4. 94도2361) 및 다수설은 포괄하여 단일의 상해치사죄가 성립
한다고 한다. 그러나 이 경우에는 상해죄 혹은 중상해죄와 과실치사죄의 경합범
을 인정해야 할 것이다.

   (3) 공   범

   1) 공동정범   상해치사죄의 공동정범이 성립하는가에 대해 과실범의 공동
정범을 인정하는 행위공동설에서는 이를 긍정하지만 과실범의 공동정범을 부인하
는 범죄공동설에서는 이를 부인한다. 판례는 상해치사죄의 공동정범을 인정한다.

> [대판 2000. 5. 12. 2000도745; 대판 1993. 8. 24. 93도1674] 상해치사죄의 공동정
> 범은 폭행 기타의 신체침해행위를 공동으로 할 의사가 있으면 성립되고 결과를
> 공동으로 할 의사는 필요 없으며, 여러 사람이 상해의 범의로 범행 중 한 사람이
> 중한 상해를 가하여 피해자가 사망에 이르게 된 경우 나머지 사람들은 사망의 결
> 과를 예견할 수 없는 때가 아닌 한 상해치사의 죄책을 면할 수 없다.

   한편 甲·乙이 상해를 공동으로 하기로 하였으나 乙이 살인을 한 경우, 판례
는 乙에게 살인죄, 甲에게는 乙의 범행에 대한 예견가능성이 있는 경우 상해치사
죄를 인정한다(대판 1991. 5. 14. 91도580).

   2) 교 사 범   다수설 및 판례에 의하면 상해를 교사하였으나 피교사자가

살인을 한 경우 교사자는 상해죄에 대한 교사범이 되는 것이고, 다만 교사자에게 피해자의 사망이라는 결과에 대하여 과실 내지 예견가능성이 있는 때에는 상해치 사죄의 교사범으로서의 죄책을 진다(대판 1997. 6. 24. 97도1075).[1]

6. 상습상해죄

> 제264조(상습범) 상습으로 제257조, 제258조, 제258조의2, 제260조 또는 제261 조의 죄를 범한 때에는 그 죄에 정한 형의 2분의 1까지 가중한다.

(1) 의   의
상습상해죄는 상습으로 상해, 존속상해, 중상해, 존속중상해죄, 특수상해죄를 범하는 죄이다. 본죄는 행위자의 상습성, 즉 상해의 습벽으로 인해 책임이 가중되 는 부진정신분범이다.

(2) 구성요건
행위의 객체, 방법, 인과관계, 고의 등은 상해죄에서와 같다.

(3) 책   임
본죄가 성립하기 위해서는 행위자에게 상해의 상습성이 있어야 한다. 상해의 상습성이란 반복하여 상해행위를 하는 습벽으로서 행위자의 속성을 말하고, 이러 한 습벽의 유무를 판단함에 있어서는 상해의 전과가 중요한 판단자료가 되나 상 해의 전과가 없다고 하더라도 범행의 회수, 수단과 방법, 동기 등 제반 사정을 참 작하여 상습성을 인정할 수 있다(대판 2000. 11. 10. 2000도3483; 같은 취지: 대판 1995. 7. 11. 95도955).

그러나 제264조에 열거되지 아니한 다른 유형의 범죄까지 고려하여 상습성 의 유무를 결정해서는 안 된다(대판 2018. 4. 24. 2017도21663).

(4) 공   범
상해의 상습성이 있는 甲과 상습성이 없는 乙이 공동하여 상해행위를 하였 을 경우 甲은 상습상해죄, 乙은 단순상해죄로 처벌된다. 乙이 甲을 교사하여 상습 상해죄를 범하게 한 경우 乙은 단순상해죄의 교사범으로 처벌된다. 甲이 乙을 교 사하여 상해죄를 범하게 한 경우 통설·판례는 제33조 단서를 적용하여 甲을 상

---

[1] 다만 사망에 대한 예견가능성이 있는 경우에도 상해교사치사죄를 인정하는 것으로서 부당 하고, 상해교사죄와 과실치사죄를 인정해야 할 것이다.

습상해교사죄로 처벌해야 한다고 한다.[1]

(5) 죄   수

상해의 상습성이 있는 사람이 일시, 장소, 피해자를 달리하는 다수의 상해행위를 하였을 경우 통설·판례는 포괄일죄가 성립한다고 하고, 소수설은 실체적 경합이라고 한다. 이 경우 모든 상해행위가 상습성의 발현에 의한 것이라고 할 수 있으므로 포괄일죄라고 하는 것이 타당하다.

존속에 대한 동일한 폭력습벽의 발현으로 직계존속인 피해자를 폭행하고 상해를 가한 경우 법정형이 더 중한 상습존속상해죄의 포괄일죄가 된다(대판 2003. 2. 28. 2002도7335).

(6) 형   벌

상습범의 형벌은 형기의 2분의 1까지 가중한다. 형기의 상한과 하한을 모두 가중하므로 상습상해죄에 대한 징역형기의 상한은 10년 6개월이고, 하한은 1.5개월이지만 제83조에 의해 1개월이라고 해야 한다. 그러나 벌금액수는 7만5천원 이상 1,500만원 이하가 된다. 상습특수상해죄나 상습중상해죄의 형벌은 1년 6개월 이상 15년 이하, 상습존속중상해죄의 형벌은 3년 이상 22년 6개월 이하의 징역이다.

상습범이 제35조의 누범의 요건을 갖춘 경우 상습범의 형벌에 누범가중을 할 수 있다(대판 1985. 9. 10. 85도1434). 상습으로 상해행위를 하고 치료감호법 제2조의 요건을 갖춘 경우에는 치료감호에 처해진다.

(7) 입 법 론

상습범규정은 상습범을 가중처벌하여 사회일반인을 보호하려는 목적이 있다. 그러나 상습성이 있는 사람은 적법행위에 대한 기대가능성이 작기 때문에 오히려 형벌감경사유가 된다. 또한 상습범처벌규정으로 인해 실체적 경합범으로 보아야 할 성격의 범죄들을 포괄일죄로 파악하는 문제점이 있는 반면, 상습누범자는 상습범으로 형기의 2분의 1까지 가중된 후 다시 장기의 2배까지 가중되므로 지나치게 과도한 형벌을 받게 된다.

따라서 상습범규정은 폐지하고 상습범 내지 상습누범에 대해서는 행형과정상의 교육, 개선, 격리조치나 보안처분을 통해 대책을 마련해야 한다.

---

1) 그러나 이 경우에는 신분 있는 자가 신분 없는 자의 범행에 가공한 것으로서, 제33조가 적용될 수 없고 제31조 제1항이 적용되어 공범종속성원칙에 따라 단순상해교사범으로 처벌해야 할 것이다.

7. 상해죄 동시범의 특례

> **제263조(동시범)** 독립행위가 경합하여 상해의 결과를 발생하게 한 경우에 있어
> 서 원인된 행위가 판명되지 아니한 때에는 공동정범의 예에 의한다.

(1) 의   의

상해죄의 동시범이란 2인 이상이 서로 의사연락 없이 각자 동일한 객체에 대해 상해행위를 하는 경우를 말한다. 동시범은 범인들 간에 의사의 연락이 없으므로 '부분실행 전체책임'이라고 하는 공동정범의 원리가 아니라 개인책임의 원리가 지배한다. 동시범에서 가장 문제가 되는 것은 동시범 중 누군가의 행위에 의해 결과가 발생하였는데 그 원인행위가 판명되지 않는 경우이다.

이에 대비하여 형법 제19조는 "각 행위를 미수범으로 벌한다"고 규정하고 있으나, 제263조는 "상해의 결과를 발생하게 한 경우 공동정범의 예에 의한다"고 규정하고 있다. 제19조는 모든 범죄에 대해 적용되는 규정인 반면에 제263조는 상해의 결과를 발생시킨 경우에만 적용되는 것으로서 제19조와 제263조는 일반 대 특별의 관계에 있다. 따라서 상해의 결과를 발생시킨 경우에는 제263조가 제19조에 우선적용된다.

예를 들어 甲·乙·丙이 의사연락 없이 각자 A를 살해하는 행위를 하였고 세 사람 중 누군가의 행위에 의해 A가 사망하였지만, 원인행위가 판명되지 않은 경우에는 제19조에 의해 甲·乙·丙 모두 살인미수의 죄책을 진다. 이에 대해 甲·乙·丙이 의사연락 없이 각자 A에 대해 상해행위를 하였고 그 중 누구의 행위에 의해 A에게 상해의 결과가 발생하였으나 원인행위가 판명되지 아니한 경우에는 제263조에 의해 공동정범의 예에 의하므로 甲·乙·丙 모두 상해기수죄로 처벌된다.

제263조는 검사의 입증의 부담을 덜어주고, 일반예방을 위해 상해·폭행행위에 대한 엄벌주의를 규정한 것이지만, 후술하는 바와 같이 이는 매우 부당하다.

(2) 법적 성격

1) 거증책임전환설   다수설 및 판례는 제263조를 상해행위와 결과발생 사이의 인과관계의 입증을 검사로부터 피고인으로 전환하는 규정이라고 한다. 즉 검사에게 인과관계의 존재를 입증할 책임이 있다는 형사소송의 일반원칙에 대한

예외를 인정하여 피고인에게 자신의 행위와 상해결과 사이의 인과관계 부존재를 입증할 책임을 인정하는 것이라고 한다.

다만 판례는 명예훼손죄 사안에서 피고인이 입증책임을 지더라도 엄격한 증명(증거능력 있고 적법한 증거조사절차를 거친 증거에 의한 증명)을 해야 하는 것은 아니라고 한다.

[대판 1996. 10. 25. 95도1473] …행위자가 증명하여야 하는 것이나, 그 증명은 유죄의 인정에 있어 요구되는 것과 같이 법관으로 하여금 의심할 여지가 없을 정도의 확신을 가지게 하는 증명력을 가진 엄격한 증거에 의하여야 하는 것은 아니다.

2) 법률상 추정설   이 견해는 제263조가 피고인의 상해행위에서 상해결과가 발생한 것으로 법률상 추정하는 규정이라고 한다.

3) 이 원 설   이 견해는 제263조가 소송법상으로는 거증책임전환규정이고, 실체법상으로는 동시범을 공동정범으로 의제한 것이라고 한다.

4) 증거제출책임설   이 견해는 제263조가 영미법상의 증거제출책임, 즉 피고인이 자신의 행위로 인해 결과가 발생하지 않았음을 증명하는 일응의 증거를 제출할 책임을 규정한 것이라고 한다.

5) 결   어   법률상 추정설이나 이원설은 무죄추정의 원칙과 실체진실주의라는 형사소송법의 대원칙에 맞지 않는다. 제263조는 책임주의원칙에 반하고, 위헌적 규정이므로 삭제되어야 할 규정이다. 헌법재판소도 비록 위헌결정은 하지 못하였지만 5인의 다수의견으로 "수사권을 가진 검사도 입증할 수 없는 상황에서 수사권도 없는 피고인에게 인과관계를 입증하여 상해의 결과에 대한 책임에서 벗어나라고 하는 것은 사실상 불가능한 것을 요구하는 것이다. 이에 따라 독립행위가 경합하여 상해의 결과가 발생하기만 하면 가해행위자는 사실상 상해의 결과에 대하여 책임을 부담하게 될 위험이 있고, 이는 상해의 결과에 대해 책임이 없는 사람도 원인행위가 판명되지 않는다는 이유로 자신의 행위에 대한 책임 이상의 처벌을 받게 되는 것을 의미한다. 이러한 점을 모두 고려하여 보면, 심판대상조항은 법치주의와 헌법 제10조의 취지로부터 도출되는 책임주의원칙에 반한다."고 하였다(헌재 2018. 3. 29. 2017헌가10). 따라서 제263조는 극도로 축소해석해야 하는데, 이러한 취지에 가장 맞는 것은 증거제출책임설이라고 할 수 있다. 이 것은 우리 형법상으로는 의사연락이 없다는 입증의 부담 정도를 규정한 것이라고

해야 할 것이다.

(3) 적용요건

1) 독립행위가 경합할 것　　독립행위가 경합한다는 것은 범인들 간의 의사연락 없는 2개 이상의 행위가 동일한 객체에 대해 행해지는 것을 말한다. 범인들간에 의사연락이 있는 경우에는 공동정범이 성립하고 제263조의 적용문제는 아예 생기지 않는다(대판 1997. 11. 28. 97도1740; 대판 1985. 12. 10. 85도1892).

독립행위는 동시에 행해지는 경우뿐만 아니라 이시(異時)에 행해져도 상관없고(제19조), 장소적으로 근접하지 않아도 상관없다. 예를 들어 기차를 타고 서울에서 부산으로 가는 A에게 甲은 서울에서, 乙은 대전에서 상해의사로 각각 수면제를 먹인 경우와 같이 시간적·장소적 간격이 있다 하더라도 동시범이 성립할 수 있다. 또한 경합하는 행위는 상해의 결과를 발생시킬 수 있는 행위이므로 반드시 상해고의에 의한 행위에 국한되지 않고 폭행고의에 의한 행위라도 무방하다.

> [대판 2000. 7. 28. 2000도2466; 대판 1981. 3. 10. 80도3321]　시간적 차이가 있는 독립된 상해행위나 폭행행위가 경합하여 사망의 결과가 일어나고 그 사망의 원인된 행위가 판명되지 않은 경우에는 공동정범의 예에 의하여 처벌할 것이다.

2) 상해결과의 발생　　상해결과가 발생하지 않았을 때에는 동시범들은 상해미수죄나 폭행죄 등으로 처벌될 수 있을 뿐이다. 상해의 결과는 경합된 행위의 일부에 의해 생긴 것이어야 한다. 행위 자체가 있었는지 불분명하거나 경합된 행위들에 의해 상해의 결과가 발생된 것인지가 불분명할 경우에는 제263조의 적용문제가 생기지 않는다(대판 1984. 5. 15. 84도488).

3) 원인행위가 판명되지 않을 것　　원인행위가 판명된 경우에는 각자의 행위와 발생시킨 결과에 대해서만 책임을 진다. 예를 들어 甲·乙·丙이 독립적으로 상해행위를 하였고 그 중 丙의 행위에 의해 상처결과가 발생한 것이 판명된 경우 甲·乙은 상해미수죄, 丙은 상해기수죄로 처벌된다.

또한 甲·乙·丙의 행위가 누적되어 결과가 발생된 것으로 판명된 경우에도 원인행위가 판명된 경우이므로 제263조가 적용되지 않고 누적적 경합의 예에 의해 해결해야 하므로 甲·乙·丙 모두 상해미수의 죄책만을 진다.

(4) 적용범위

1) 강도치사상죄·강간치사상죄　　강도나 강간의 독립행위가 경합하여 상

해의 결과를 발생시킨 경우 제263조가 적용되지 않는다는 데에 학설과 판례의 견해가 일치한다.

[대판 1984. 4. 24. 84도372] 형법 제263조의 동시범은 상해와 폭행죄에 관한 특별규정으로서 동 규정은 그 보호법익을 달리하는 강간치상죄에는 적용할 수 없다.

2) 상해치사죄 · 폭행치사죄   상해치사죄나 폭행치사죄에도 제263조가 적용되는가에 대해 긍정설과 부정설(다수설)이 대립한다. 부정설은 상해의 결과발생에 사망의 결과발생까지 포함시키는 것은 피고인에게 불리한 유추해석이라고 한다. 판례는 긍정설을 따른다(위의 대판 2000. 7. 28. 2000도2466 등).

생각건대, 제263조는 매우 엄격하게 해석해야 하므로 상해치사죄나 폭행치사죄에는 제263조가 적용되지 않는다고 해야 할 것이다. 그리고 제263조를 적용하더라도 동시범 모두를 상해치사죄나 폭행치사죄로 처벌할 것이 아니라 사망은 상해를 포함하므로 상해기수죄나 폭행치상죄로 처벌하는 정도에 그쳐야 할 것이다. 동시범의 특례를 부당히 확장하여 해석하고 있는 대법원 판례는 부당하므로 변경되어야 마땅하다.

3) 업무상과실치사상죄   선행 교통사고와 후행 교통사고 중 어느 쪽이 원인이 되어 피해자가 사상에 이르렀는지 밝혀지지 않은 경우 제263조는 적용될 수 없고, 각 교통사고와 관련한 인과관계를 검사가 증명해야 한다(대판 2007. 10. 26. 2005도8822 참조).

(5) 효   과

공동정범의 예에 의한다. 공동정범의 예에 의한다는 것은 공동정범이 성립하지는 않지만 '부분실행 전체책임'이라는 공동정범의 처벌원리에 따른다고 하는 것이다. 경합된 행위가 상해인 경우에는 상해기수죄가 되고, 폭행인 경우에는 폭행치상죄가 된다.

공동정범의 예에 의한다고 하므로 폭행치사상죄나 상해치사죄가 문제될 경우에는 공동정범의 성립범위(내지 본질)에 관한 이론에 따라 결론이 달라진다. 행위공동설에서는 폭행치사상죄나 상해치사죄의 공동정범을 인정하지만, 범죄공동설에서는 부정하기 때문이다. 범죄공동설에 의하면 폭행죄나 상해기수죄로 처벌할 수 있을 뿐이다.

(6) 입법론: 제263조의 폐지

제263조는 검사의 입증책임을 완화시켜 주는 기능만을 하는데 이는 일종의 연좌제를 인정하고 책임주의원칙에 반하는 위헌적 규정으로서, 그 이론적 정당성이나 현실적 필요성도 없으므로 입법론적으로는 폐지되어야 할 규정이다.

Ⅲ. 폭행의 죄

1. 단순폭행죄

> 제260조(폭행) ① 사람의 신체에 대하여 폭행을 가한 자는 2년 이하의 징역, 500만원 이하의 벌금, 구류 또는 과료에 처한다.
> ③ 제1항 및 제2항의 죄는 피해자의 명시한 의사에 반하여 공소를 제기할 수 없다.

(1) 보호법익

폭행죄의 보호법익은 신체의 건재(健在), 신체의 온전성(穩全性 혹은 완전성)이고, 보호의 정도는 추상적 위험범이다.

(2) 구성요건

1) 행위의 객체　　　폭행죄의 행위객체는 사람의 신체이다. 객체가 사람의 신체에 한정된다는 점에서 공무집행방해죄(제136조), 외국원수폭행죄(제107조), 외국사절폭행죄(제108조)와 구별된다. 이러한 범죄들에서의 행위객체는 공무원, 외국원수, 외국사절이고 이들의 신체가 아니다.

2) 폭행행위

가. 유형력의 행사로서의 폭행　　　폭행죄의 행위방법(행위 태양)은 폭행을 가하는 것이다. 통설은 폭행을 '사람의 신체에 대한 (직접·간접의) 유형력의 행사'라고 한다. 이에 대해 판례는 폭행을 '사람의 신체에 대한 불법한 공격', '피해자에 대한 불법한 유형력의 행사'로 제한한다(대판 1990. 2. 13. 89도1406; 대판 1986. 10. 14. 86도1796). 통설의 입장을 따르면 사소한 유형력의 행사도 폭행이 될 수 있으므로 판례와 같이 제한하는 것이 타당하다. 유형력이란 물리적 힘을 말하므로 사람을 구타하거나 침을 뱉는 것, 머리카락을 자르는 것, 억지로 약을 먹이는 것 등이 이에 속한다. 화학적·생리적 작용 및 빛·열·전기·냄새 등에 의한 에너지 작용도

폭행이 될 수 있다.

　　소음을 내거나 계속 전화를 거는 것, 거짓 소식을 전하여 사람을 놀라게
하는 것과 같이 정신적 고통을 가하는 것도 폭행이라는 견해도 있다. 그러나
우리 형법이 폭행과 상해를 엄격하게 구별하고 있으므로 폭행은 유형력의
행사에 한정해야 하고, 예컨대 수면제를 주어 잠들게 하는 것과 같이 유형력
의 행사 없이 생리적 기능을 훼손하거나, 정신적 고통을 가하는 것은 폭행이
아니라 상해가 될 수 있을 뿐이다.

[대판 2016. 10. 27. 2016도9302] 폭행죄에서 말하는 폭행이란 사람의 신체에 대하
여 육체적·정신적으로 고통을 주는 유형력을 행사함을 뜻하는 것으로서 반드시
피해자의 신체에 접촉함을 필요로 하는 것은 아니고, 그 불법성은 행위의 목적과
의도, 행위 당시의 정황, 행위의 태양과 종류, 피해자에게 주는 고통의 유무와 정
도 등을 종합하여 판단하여야 한다. 따라서 자신의 차를 가로막는 피해자를 부딪
친 것은 아니라고 하더라도, 피해자를 부딪칠 듯이 차를 조금씩 전진시키는 것을
반복하는 행위 역시 피해자에 대해 위법한 유형력을 행사한 것이라고 보아야 한다.
[대판 2003. 1. 10. 2000도5716] 거리상 멀리 떨어져 있는 사람에게 전화기를 이
용하여 전화하면서 고성을 내거나 그 전화대화를 녹음 후 듣게 하는 경우에는 특
수한 방법으로 수화자의 청각기관을 자극하여 그 수화자로 하여금 고통스럽게 느
끼게 할 정도의 음향을 이용하였다는 등의 특별한 사정이 없는 한 신체에 대한
유형력의 행사를 한 것으로 보기 어렵다.

나. 형법상 폭행의 개념

　A. 통설의 입장　　　통설은 형법상의 폭행개념을 다음과 같이 최광의, 광의,
협의, 최협의로 나눈다.

　a. 최광의 폭행　　　최광의의 폭행은 일체의 유형력의 행사를 말하는 것
으로서 소요죄(제115조), 다중불해산죄(제116조)의 폭행이나 내란죄의 폭동에 포함되
어 있는 폭행이 이에 속한다. 여기에서는 '사람의 신체' 혹은 '사람'에 대한 폭행
일 필요가 없고 대상이 무엇이든 '유형력의 행사'만으로도 족하다.

　b. 광의의 폭행　　　광의의 폭행은 '사람'에 대한 직접·간접의 유형력의 행
사를 말한다. 외국원수·외국사절에 대한 폭행(제107조, 제108조), 공무집행방해죄(제
136조), 특수도주죄(제146조), 강요죄(제324조)의 폭행이 이에 속한다.

　예를 들어 공무를 집행하는 공무원의 책상을 내려치는 행위의 경우, '공무원

의 신체'에 대한 것은 아니므로 폭행죄(제260조)의 폭행에 해당하지 않지만, '공무원'에 대한 폭행이므로 공무집행방해죄의 폭행에는 해당된다.

　　c. 협의의 폭행　　　협의의 폭행은 '사람의 신체'에 대한 유형력의 행사를 말한다. 폭행죄(제260조), 특수공무원의 폭행죄(제125조)가 이에 해당한다.

　　d. 최협의의 폭행　　　최협의의 폭행은 '상대방의 항거를 불가능하게 하거나 현저히 곤란하게 할 정도'의 유형력의 행사를 말한다. 강도죄(제333조)의 폭행은 전자, 강간죄(제297조)의 폭행은 후자에 해당한다.

　　B. 통설에 대한 비판　　　통설에 따른 폭행의 구별은 다음과 같은 문제점이 있다.

　　첫째, 구별기준의 일관성이 없다. 최광의와 협의까지의 폭행의 구별기준은 폭행의 대상이지만, 최협의는 폭행의 정도에 따른 구별이다. 그렇다면 내란죄나 소요죄의 폭동은 한 지방의 평온을 해할 정도의 폭행이어야 하므로 최협의의 폭행보다 더 좁은 개념이다.

　　둘째, 최협의의 폭행을 '사람'에 대한 것이 아닌 '사람의 신체'에 대한 폭행으로 오해하게 한다. 판례는 방문을 걸어 잠가 피해자를 감금하고 강도나 강간을 하는 경우 강도죄나 강간죄 이외에 감금죄가 별도로 성립한다고 한다(대판 1997. 1. 21. 96도2715; 대판 1984. 8. 21. 84도1550; 대판 1983. 4. 26. 83도323). 이는 감금행위를 '피해자의 신체'에 대한 유형력의 행사라고 할 수 없으므로 강도죄나 강간죄의 폭행과는 별도의 범죄로 파악한 것이다. 그러나 강도죄나 강간죄의 폭행은 '사람'에 대한 것이고, 방문을 잠그는 행위는 '피해자의 신체'는 아니지만 '피해자'에 대한 유형력의 행사이므로 강도죄나 강간죄의 폭행에 흡수된다고 할 수 있다.

　　셋째, 특수공무원의 폭행죄(제125조)의 폭행도 협의의 폭행이라고 할 필요가 없다. 동규정은 '형사피의자 또는 기타 사람에 대하여'라고만 하고 있으므로 광의의 폭행으로 해석해야 한다.

　　따라서 형법상 폭행의 개념은 다른 개념과 마찬가지로 그것이 사용되는 보호법익, 구성요건의 내용, 문맥 등을 고려하여 해석해야 한다.

　　3) 고　　　의　　　폭행죄가 성립하기 위해서는 사람의 신체에 대해 불법한 유형력을 행사한다는 의욕 또는 인용이 있어야 한다. 상해의 고의로 폭행을 하였으나 상해의 결과가 발생하지 않은 경우에는 폭행죄(제260조)가 아닌 상해미수죄(제257조 3항)에 해당된다. 폭행의 고의로 상해의 결과를 발생시킨 경우에는 상해기수죄(제257조)가 아니라 폭행치상죄(제262조)에 해당된다.

(3) 위 법 성

폭행죄의 구성요건에 해당하는 행위도 정당행위, 정당방위, 긴급피난, 자구행위, 피해자의 승낙에 의한 행위로 위법성이 조각될 수 있다.

1) 징계행위   통설 · 판례는 부모나 교사의 체벌행위는 교육 · 훈육의 목적이 있고, 다른 징계수단으로는 그 목적을 달성할 수 없고, 필요한 범위 내일 것, 징계대상자의 연령 · 성별 · 발육 · 건강 정도를 고려할 것 등의 요건을 갖춘 경우 위법성이 조각된다고 한다.

2) 소극적 방어행위   타인의 폭행이나 공격으로부터 벗어나기 위한 소극적 방어행위는 정당방위 또는 사회상규에 위배되지 않는 행위로 위법성이 조각된다(대판 1999. 10. 12. 99도3377; 대판 1991. 1. 15. 89도2239).

(4) 반의사불벌죄

단순폭행죄는 피해자의 명시한 의사에 반하여 공소를 제기할 수 없는 반의사불벌죄 혹은 해제조건부범죄이다. 그러나 상습범이거나 2인 이상이 공동하여 폭행하여 폭력행위처벌법이 적용되는 경우에는 반의사불벌죄가 아니다. 처벌불원의 의사표시는 의사능력이 있는 피해자가 단독으로 할 수 있고, 피해자가 사망하였다면 그 상속인이 피해자를 대신하여 처벌불원의 의사표시를 할 수는 없다(대판 2010. 5. 27. 2010도2680). 한편 성년후견인은 명문의 규정이 없는 한 의사무능력자인 피해자를 대리하여 피고인 또는 피의자에 대하여 처벌을 희망하지 않는다는 의사를 결정하거나 처벌을 희망하는 의사표시를 철회하는 행위를 할 수 없다. 이는 성년후견인의 법정대리권 범위에 통상적인 소송행위가 포함되어 있거나 성년후견개시심판에서 정하는 바에 따라 성년후견인이 소송행위를 할 때 가정법원의 허가를 얻었더라도 마찬가지이다(대판 2023. 7. 17. 2021도11126 전합). 피해자의 명시한 의사표시가 있음에도 불구하고 검사가 공소를 제기한 경우에는 공소기각의 판결을 해야 한다(공소제기 전에 그와 같은 의사표시가 있었다면 형소법 제327조 2호, 공소제기 후 제1심 판결선고 전에 그와 같은 의사표시가 있었다면 형소법 제327조 6호).

2. 존속폭행죄

> **제260조(존속폭행)** ② 자기 또는 배우자의 직계존속에 대하여 제1항의 죄를 범한 때에는 5년 이하의 징역 또는 700만원 이하의 벌금에 처한다.
> ③ 제1항 및 제2항의 죄는 피해자의 명시한 의사에 반하여 공소를 제기할 수 없다.

존속폭행죄는 단순폭행죄에 비해 책임이 가중되는 범죄유형이다. 배우자, 직계존속의 개념은 존속살해죄나 존속상해죄에서와 같다. 존속폭행죄도 반의사불벌죄이다.

3. 특수폭행죄

제261조(특수폭행) 단체 또는 다중의 위력을 보이거나 위험한 물건을 휴대하여 제260조 제1항 또는 제2항의 죄를 범한 때에는 5년 이하의 징역 또는 1천만원 이하의 벌금에 처한다.

특수폭행죄는 폭행행위의 방법이나 수단의 위험성이 큼으로 인해 형벌이 가중되는 불법(위법성)가중구성요건이다.

단체 또는 다중의 위력, 위험한 물건, 휴대의 개념은 특수상해죄에서 본 것과 같다.

4. 폭행치사상죄

제262조(폭행치사상) 제260조와 제261조의 죄를 지어 사람을 사망이나 상해에 이르게 한 경우에는 제257조부터 제259조까지의 예에 따른다.

(1) 법적 성격

본죄는 고의 폭행죄 또는 특수폭행죄와 과실치사상죄가 결합되어 있는 진정결과적 가중범이다. 따라서 상해나 사망에 대해 고의가 있는 경우에는 본죄가 아니라 상해죄나 살인죄가 성립한다.

(2) 구성요건

1) 폭행행위   본죄가 성립하기 위해서는 폭행 또는 특수폭행 행위가 있어야 한다. 폭행 또는 특수폭행 행위 없이 사상(死傷)의 결과를 발생시켰을 경우에는 과실치사상죄가 성립할 수 있을 뿐이다.

[대판 1985. 5. 14. 85도466] 압류표시를 떼어 달라고 매달리는 피해자를 피하기 위하여 이를 뿌리치고 나온 것에 불과하다면 그 과정에서 피해자가 다소의 상처를 입었다고 하더라도 그 사실만으로는 피고인을 상해죄 또는 폭행치상죄로 문의할 수 없다(과실치상죄는 인정될 수 있다).[1]

---

1) 안수기도의 과정에서 피해자에게 유형력을 행사하다 사망케 한 경우, 판례는 폭행치사죄

2) **인과관계 및 객관적 귀속**   폭행 또는 특수폭행 행위와 상해 또는 사망의 결과발생 사이에 인과관계가 있어야 한다. 판례는 상당인과관계설을 따른다. 그러나 다수설은 양자 사이에 합법칙적 조건설적 인과관계가 인정되고 상해 또는 사망의 결과를 폭행 또는 특수폭행 행위에 객관적으로 귀속시킬 수 있어야 한다고 한다.

> [대판 1990. 10. 16. 90도1786] 甲, 乙이 공동하여 피해자를 폭행하여 당구장 3층에 있는 화장실에 숨어 있던 피해자를 다시 폭행하려고 甲은 화장실을 지키고, 乙은 당구치는 기구로 문을 내려쳐 부수자 위협을 느낀 피해자가 화장실 창문 밖으로 숨으려다가 실족하여 사망한 경우 甲, 乙의 폭행행위와 피해자의 사망 사이에는 인과관계가 있다.
>
> [대판 1978. 11. 28. 78도1961] 고등학교 교사가 제자의 잘못을 징계코자 왼쪽빰을 때려 뒤로 넘어지면서 사망에 이르게 한 경우 위 피해자는 두께 0.5미리밖에 안되는 비정상적인 얇은 두개골이었고 또 뇌수종을 가진 심신허약자로서 좌측빰을 때리자 급성뇌압상승으로 넘어지게 된 것이라면 위 소위와 피해자의 사망간에는 인과관계가 없는 경우에 해당한다.

3) **예견가능성**   상해나 사망의 결과에 대해 예견가능성이 있어야 한다. 인과관계가 인정되더라도 예견가능성이 없으면 폭행죄 또는 특수폭행죄만 성립한다.

> [대판 2010. 5. 27. 2010도2680] (속칭 '생일빵'을 한다고 피해자를 폭행한 경우에서) 피고인의 폭행과 피해자의 사망 간에 인과관계는 인정되지만 폭행의 부위와 정도, 피고인과 피해자의 관계, 피해자의 건강상태 등 제반 사정을 고려하여 볼 때 피고인이 폭행 당시 피해자가 사망할 것이라고 예견할 수 없었으므로 폭행치사죄는 성립하지 않는다.[1)]

를 인정하기도 하고(대판 1994. 8. 23. 94도1484), (중)과실치사죄를 인정하기도 하는데(대판 1997. 4. 22. 97도538), 전자가 타당하다.

1) 이 사례에서 조건설이나 객관적 상당인과관계설에 의하면 인과관계가 인정되지만 절충적 상당인과관계설에 의하면 인과관계가 인정되지 않을 것이므로 굳이 예견가능성을 언급할 필요는 없을 것이다. 기타 예견가능성을 부정한 판례로, 대판 1990. 9. 25. 90도1596; 대판 1985. 4. 3. 85도303; 대판 1982. 1. 12. 81도1811 등.

(3) 위 법 성

[대판 2008. 8. 21. 2008도2695] 기도원운영자가 정신분열증 환자의 치료 목적으로 안수기도를 하다가 환자에게 상해를 입힌 경우 폭행치상죄에 해당되고 사회상규상 용인되는 정당행위에 해당하지 않는다.

(4) 형　　벌

폭행치사상죄의 형벌은 제257조 내지 제259조의 예에 의한다. 따라서 단순상해의 결과가 발생한 때에는 상해죄의 형벌로, 중상해의 결과가 발생한 때에는 중상해죄의 형벌로, 사망의 결과가 발생한 때에는 상해치사죄의 형벌로 처벌한다.

　　판례에 의하면, 특수폭행을 하여 상해의 결과를 발생시킨 경우 특수상해죄의 신설에도 불구하고 특수상해죄가 아니라 단순상해죄로 처벌해야 한다(대판 2018. 7. 24. 2018도3443).

[대판 2018. 7. 24. 2018도3443] 2016. 1. 6. 형법 개정으로 특수상해죄가 형법 제258조의2로 신설됨에 따라 문언상으로 형법 제262조의 '제257조 내지 제259조의 예에 의한다'는 규정에 형법 제258조의2가 포함되어 특수폭행치상의 경우 특수상해인 형법 제258조의2 제1항의 예에 의하여 처벌하여야 하는 것으로 해석될 여지가 생기게 되었다. 이러한 해석을 따를 경우 특수폭행치상죄의 법정형이 형법 제258조의2 제1항이 정한 '1년 이상 10년 이하의 징역'이 되어 종래와 같이 형법 제257조 제1항의 예에 의하는 것보다 상향되는 결과가 발생하게 된다. 그러나 형벌규정 해석에 관한 법리와 폭력행위 등 처벌에 관한 법률의 개정 경과 및 형법 제258조의2의 신설 경위와 내용, 그 목적, 형법 제262조의 연혁, 문언과 체계 등을 고려할 때, 특수폭행치상의 경우 형법 제258조의2의 신설에도 불구하고 종전과 같이 형법 제257조 제1항의 예에 의하여 처벌하는 것으로 해석함이 타당하다.

5. 상습폭행죄

제264조(상습범) 상습으로 제257조, 제258조, 제258조의2, 제260조 또는 제261조의 죄를 범한 때에는 그 죄에 정한 형의 2분의 1까지 가중한다.

　　상습폭행죄는 상습으로 단순폭행죄, 존속폭행죄 또는 특수폭행죄를 범하는 것이다. 상습성의 개념이나 공범, 죄수 등은 상습상해죄에서와 같다.

상습폭행죄는 반의사불벌죄가 아니다(대판 1965. 1. 26. 64도687).

Ⅳ.「폭력행위 등 처벌에 관한 법률」

「폭력행위 등 처벌에 관한 법률」(폭력행위처벌법)은 집단적·상습적으로 또는 흉기 그 밖의 위험한 물건을 휴대하여 폭력행위 등을 범한 자 등을 가중처벌하기 위해 제정된 법률이다(제1조).

그러나 이 법률은 전근대적 위하사상(威嚇思想)에 입각한 것으로서 헌법상의 과잉금지원칙, 평등원칙, 책임주의 등에 위반할 소지가 다분할 뿐만 아니라 정책적 필요성도 인정되지 않는다. 따라서 동법은 하루 속히 전면폐지되어야 한다. 형법만으로도 폭력범죄에 대한 대책은 충분하다.

제 3 절   과실치사상의 죄

Ⅰ. 서   론

1. 의의 및 보호법익

과실치사상죄란 정상적으로 기울여야 할 주의를 게을리하여 사람을 사망 또는 상해에 이르게 하는 범죄이다. 과실범은 결과가 발생해야 성립하므로 과실치사상죄도 결과범이다. 과실치사상죄의 보호법익은 각각 사람의 생명과 건강·생리적 기능이고, 보호의 정도는 침해범이다.

형법은 원칙적으로 고의범을 벌하고, 과실범은 법률에 특별한 규정이 있는 경우에만 벌한다(제13조, 제14조). 사람의 생명과 신체는 법익 중 가장 중요한 법익이기 때문에 고의뿐만 아니라 과실로 사람의 생명·신체를 침해하는 행위를 벌하는데, 이것이 과실치사상죄이다.

과실로 사람의 생명·신체를 침해하는 것은 폭행·강도·강간 등 다수의 범죄에 수반하는 경우가 있지만 이때에는 강도치사상죄 등이 성립하고, 과실치사상죄가 성립하지 않는다. 과실치사상죄는 그 자체로는 범죄가 아니거나 '–치사상죄'가 규정되어 있지 않은 범죄행위에 의해 사상(死傷)의 결과가 발생된 때에 성립할 수 있는 범죄이다.

2. 구성요건체계

　제266조는 과실치상죄, 제267조는 과실치사죄를 규정하고 있는데, 이는 서로 독립된 범죄유형이다. 제268조의 중과실치사상죄는 불법이, 제267조의 업무상과실치사상죄는 책임이 가중된 구성요건이다.

Ⅱ. 과실치사상죄

> 제266조(과실치상)　① 과실로 인하여 사람의 신체를 상해에 이르게 한 자는 500만원 이하의 벌금, 구류 또는 과료에 처한다.
> ② 제1항의 죄는 피해자의 명시한 의사에 반하여 공소를 제기할 수 없다.
> 제267조(과실치사)　과실로 인하여 사람을 사망에 이르게 한 자는 2년 이하의 금고 또는 700만원 이하의 벌금에 처한다.

1. 구성요건

(1) 상해 또는 사망의 결과 발생

　과실치사상죄는 결과범이므로 상해나 사망의 결과발생을 요한다. 사망과 상해의 개념은 각각 살인죄와 상해죄에서와 같다.

(2) 주의의무위반

　1) 개념 및 판단기준　　　주의의무란 사망 또는 상해의 결과를 예견할 의무와 회피할 의무를 말한다. 주의의무위반이란 결과 예견의무나 회피의무를 이행하지 않은 것을 말한다. 주의의무위반 여부를 결정하는 기준에 대하여는 행위자의 주의능력을 기준으로 하는 주관설, 일반인의 주의능력을 기준으로 하는 객관설이 제시되는데, 통설·판례는 객관설을 따르면서 일반인보다 주의능력이 뛰어난 사람들의 경우에는 주관적 객관설을 따르고 있다.

> [대판 2011. 9. 8. 2009도13959] 의료사고에서 과실 유무를 판단할 때에는 같은 업무와 직무에 종사하는 보통인의 주의 정도를 표준으로 하여야 하며, 이에는 사고 당시의 일반적인 의학 수준과 의료 환경 및 조건, 의료행위의 특수성 등이 고려되어야 한다.

[대판 1985. 3. 12. 84도2034] 임대인은 방실의 부엌으로 통하는 문과 벽 사이에 0.4센티미터 정도의 틈이 있고 이 문틈으로 스며든 연탄가스에 중독되는 사고가 발생할 것을 예견하고 수선해야 할 주의의무는 없다.

[대판 2002. 8. 23. 2002도2800] 중앙선에 서서 도로횡단을 중단한 피해자의 팔을 갑자기 잡아끌고 도로를 무단횡단하게 만든 피고인은 피해자의 안전을 위하여 차량의 통행 여부 및 횡단 가능 여부를 확인하여야 할 주의의무가 있다.

   2) 신뢰의 원칙   신뢰의 원칙이란 자신의 주의의무를 다하는 사람은 다른 사람도 역시 주의의무를 다하리라고 신뢰해도 좋다는 원칙, 즉 상대방의 적법행위를 신뢰해도 좋다는 원칙이다. 주의의무와 과실범의 성립범위를 제한하는 원칙이다. 판례는 교통사고(대판 1970. 2. 24. 70도176; 대판 1988. 10. 11. 88도1320)에 대해 신뢰의 원칙을 처음 적용하였으나 이후 의료사고(대판 2003. 1. 10. 2001도3292; 대판 2003. 8. 19. 2001도3667)나 다른 영역(대판 1992. 3. 10. 91도3172)에서도 그 적용범위를 넓혀 가고 있다.

   그러나 통설, 판례에 의하면, 다른 사람의 적법행위를 신뢰할 수 없는 특별한 사정이 있거나(대판 2000. 9. 5. 2000도2671) 행위자 스스로가 위법행위를 한 경우에는 원칙적으로 신뢰의 원칙이 적용되지 않는다.

   (3) 인과관계 및 객관적 귀속

   주의의무위반과 결과발생 사이에는 인과관계가 있어야 한다. 판례는 상당인과관계설에 따라 인과관계를 판단하지만,[1] 조건설의 c.s.q.n 공식(앞의 행위가 없었다면 뒤의 결과가 발생하지 않았을 것이라는 판단공식)을 따르는 듯한 판례들도 있다(대판 1996. 11. 8. 95도2710). 객관적 귀속론에 의하면 주의의무위반과 결과 사이에 합법칙적 조건설에 의한 인과관계가 있어야 하고 발생결과를 주의의무위반에 객관적으로 귀속시킬 수 있어야 한다.

   인과관계나 객관적 귀속이 부정되는 경우에는 과실범의 미수로서 처벌되지 않는다.

---

1) 인과관계 인정여부를 비교하는 데에 참고할 만한 판례로, 대판 1990. 11. 13. 90도2106과 대판 1985. 3. 26. 84도3085.

2. 위 법 성

[대판 2008. 10. 23. 2008도6940] 운동경기에 참가하는 자가 경기규칙을 준수하는 중에 또는 그 경기의 성격상 당연히 예상되는 정도의 경미한 규칙위반 속에 제3자에게 상해의 결과를 발생시킨 것으로서, 사회적 상당성의 범위를 벗어나지 아니하는 행위라면 과실치상죄가 성립하지 않는다. 그러나 골프경기를 하던 중 골프공을 쳐서 아무도 예상하지 못한 자신의 등 뒤편으로 보내어 등 뒤에 있던 경기보조원(캐디)에게 상해를 입힌 경우에는 주의의무를 현저히 위반하여 사회적 상당성의 범위를 벗어난 행위로서 과실치상죄가 성립한다.

3. 형   벌

과실치상죄는 반의사불벌죄이지만 과실치사죄는 반의사불벌죄가 아니다.

Ⅲ. 업무상과실·중과실치사상죄

제268조(업무상과실·중과실 치사상) 업무상과실 또는 중대한 과실로 사람을 사망이나 상해에 이르게 한 자는 5년 이하의 금고 또는 2천만원 이하의 벌금에 처한다.

1. 업무상과실치사상죄

(1) 의의 및 법적 성격

업무상과실치사상죄는 과실치사상죄에 비해 책임이 가중되는 구성요건이다. 보호법익, 보호의 정도, 성립요건은 과실치사상죄와 같다. 다른 점은 업무상 주의의무위반이다.

(2) 업무상과실의 의의

1) 업무의 개념   업무란 사람이 사회생활상 지위에서 계속적으로 종사하는 사무를 말한다. 업무는 ① 사회생활상 지위, ② 계속성, ③ 사무의 세 요소를 갖추어야 하고, 이외에 본죄에서의 업무는 ④ 사람의 생명·신체에 위험을 초래할 만한 위험한 업무를 의미한다(대판 2007. 5. 31. 2006도3493).

가. 사회생활상의 지위   업무란 사회생활상의 지위에서 종사하는 사무를

말한다. 수면, 식사 등과 같이 자연적 생활은 사회생활상의 지위에서 종사하는 사무라고 할 수 없다.

통설은 취사·세탁·냉난방·육아 등은 업무라고 할 수 없다고 하지만, 전업주부 역시 사회생활상 지위를 인정해야 하므로 업무에 속한다고 할 수 있다. 다만 이러한 업무를 사람의 생명·신체에 위험을 초래할 수 있는 업무라고 할 수 없을 뿐이다.

나. 계 속 성   업무는 계속적으로 종사하는 사무여야 한다. 일회적인 것에 불과한 경우에는 업무라고 할 수 없다. 그러나 계속적으로 종사할 의사를 가지고 있는 경우에는 일회만 그 사무에 종사하였다고 하더라도 업무라고 할 수 있다. 예를 들어 운전자가 없는 자동차를 호기심에 운전하다가 사고를 낸 경우에는 업무상과실이 아니지만, 차를 구입하고 처음 운전하다가 사고를 낸 경우에는 업무상과실이라고 할 수 있다.

다. 사   무   사무는 본업·부업, 영리·비영리, 공무·사무를 불문한다. 무면허 사무라도 상관없으므로(대판 1985. 6. 11. 84도2527), 무면허로 운전을 하다가 사고를 낸 경우에도 계속성이 있는 경우에는 업무상과실이 된다(대판 1961. 3. 22. 61도5).

그러나 사회적으로 용인될 수 없는 불법한 사무는 업무라고 할 수 없다. 예를 들어 절도범이 범행 중 과실로 주인에게 상처를 입힌 경우 업무상과실치상죄가 아닌 과실치상죄가 성립할 수 있을 뿐이다.

라. 위험한 업무   업무상과실치사상죄에서의 업무는 사람의 생명·신체를 침해할 위험성을 내포한 업무여야 한다. 수행하는 업무 자체가 위험성을 갖기 때문에 안전배려를 의무의 내용으로 하는 경우는 물론 사람의 생명·신체에 대한 위험방지를 내용으로 하는 업무도 포함된다(대판 2007. 5. 31. 2006도3493; 대판 2009. 5. 28. 2009도1040). 자동차, 항공기 등 교통기관의 운행, 건설·토목공사, 전기·가스 등의 배관업무, 의료행위 등을 그 예로 들 수 있다. 서점의 주인이 쌓아놓은 책을 쓰러뜨려 손님의 발등에 상처를 낸 경우와 같이 위험성이 없는 업무에 종사하다가 과실로 타인에게 상처를 입힌 경우에는 업무상과실이 아닌 단순과실치사상죄가 된다.

판례에 의하면, 발전소의 발전기계운용책임자(대판 1955. 7. 5. 4287형상184), 경운기운전자(대판 1970. 11. 3. 70도1910), 자전거를 타고 소매상을 돌아다니는 일을 하고 있는 완구점 점원(대판 1972. 5. 9. 72도701), 원발주자에 의해 임명되지 않은 공사현장감독(대판 1983. 6. 14. 82도2713), 골재채취업자(대판 1985. 6. 11. 84도2527), 강제도선사(대판 1995. 4. 11. 94도3302), 액화석유가스 판매사업자(대판 2006. 5. 12. 2006도819), 교도관(대판 2007. 5. 31. 2006도3493), 산후조리원에서 신생아 집단관리를 책임지는 사람(대판 2007. 11. 16. 2005도1796), 골프카트 운전자(대판 2010. 7. 22. 2010도1911), 건물 각 층을 임대한 3층 건물의 소유자(대판 2017. 12. 5. 2016도16738), 골프경기보조원(대판 2022. 12. 1. 2022도11950) 등도 본죄의 업무자이다.

그러나 안전배려나 안전관리 사무에 계속적으로 종사하거나 그러한 계속적 사무를 담당하는 지위를 가지지 않은 채 단지 건물을 비정기적으로 수리하거나 건물의 일부분을 임대한 건물소유자는 업무자에 속하지 않는다(대판 2017. 12. 5. 2016도16738; 대판 2009. 5. 28. 2009도1040).

[대판 2022. 12. 1. 2022도11950] 업무상과실치상죄의 '업무'란 사람의 사회생활면에서 하나의 지위로서 계속적으로 종사하는 사무로, 수행하는 직무 자체가 위험성을 갖기 때문에 안전배려를 의무의 내용으로 하는 경우는 물론 사람의 생명·신체의 위험을 방지하는 것을 의무의 내용으로 하는 업무도 포함한다. 골프와 같은 개인 운동경기에서, 경기에 참가하는 자는 자신의 행동으로 인해 다른 사람이 다칠 수도 있으므로 경기규칙을 준수하고 주위를 살펴 상해의 결과가 발생하는 것을 미연에 방지해야 할 주의의무가 있고, 경기보조원은 그 업무의 내용상 기본적으로는 골프채의 운반·이동·취급 및 경기에 관한 조언 등으로 골프경기 참가자를 돕는 역할을 수행하면서 아울러 경기 진행 도중 위와 같이 경기 참가자의 행동으로 다른 사람에게 상해의 결과가 발생할 위험성을 고려해 예상할 수 있는 사고의 위험을 미연에 방지하기 위한 조치를 취함으로써 경기 참가자들의 안전을 배려하고 그 생명·신체의 위험을 방지할 업무상 주의의무를 부담한다.

2) 업무상과실의 형벌가중근거   업무상과실의 형벌가중의 근거에 대해 ① 업무자에게 더 높은 주의의무가 요구되기 때문이라는 견해,[1] ② 주의의무는 업무자에게 동일하지만 더 높은 예견의무가 요구되기 때문이라는 견해[2] 및 ③ 주의의무는 같지만 업무자에게는 더 높은 주의능력이 있기 때문이라는 견해가 있다.

생각건대 업무상과실을 가중처벌하는 이유는 업무자들은 일반인들보다 주의

---

1) 이는 업무상과실의 가중의 근거를 구성요건요소(또는 불법)에서 찾는 입장이다.
2) 이는 가중의 근거를 책임(예견가능성)에서 찾는 입장이다.

능력이 더 많고, 또 주의능력을 더 많이 갖출 것이 요구되기 때문이다. 따라서 일
반인들에게는 경과실이 업무자에게는 중과실로 평가되고 업무자들에 대한 비난가
능성도 커지게 된다. 프로선수는 아마추어선수보다 일반적으로 기량이 뛰어나고,
또 뛰어날 것이 요구되므로 같은 실수를 했더라도 아마추어선수보다 더 많은 비
난을 받는 것과 같다.

　　3) 형법상 업무의 개념　　　업무라는 개념은 형법의 여러 군데에서 사용되
고 있는데, 그것이 사용되는 문맥에 따라 그 의미가 달라질 수 있다.

　　가. 총칙상의 업무　　　형법 제20조는 업무로 인한 행위의 위법성조각을 규
정하고 있다. 이는 위험한 업무에 제한될 필요가 없이 가장 넓은 업무개념으로서
사회생활상 지위에서 계속적으로 종사하는 사무라고 할 수 있다.

　　나. 각칙상의 업무

　　A. 보호법익으로서의 업무　　　업무방해죄(제314조)에서의 업무는 보호의 객체
이다. 따라서 위험한 업무에 국한되지 않지만 보호할 가치가 있는 업무여야 한다.

　　B. 진정신분범의 요소로서의 업무　　　업무상비밀누설죄(제317조), 허위진단서
작성죄(제233조) 등은 일정한 업무자만이 범죄의 주체가 될 수 있다. 여기에서의
업무는 진정신분범의 요소이다.

　　C. 부진정신분범의 요소로서의 업무　　　업무자의 범죄는 일반인의 범죄에
비해 형벌이 가중되는 경우이다. 업무상과실치사상죄, 업무상실화죄(제171조), 업무
상동의낙태죄(제270조), 업무상횡령·배임죄(제356조)에서의 업무 등이 이에 속한다.

　　D. 행위방법으로서의 업무　　　업무가 구성요건적 행위의 요소가 되어 있는
경우이다. 아동혹사죄(제274조)가 이에 속한다.

　　(3) 업무상과실에 대한 판례(의료인의 경우)

[대판 2007. 2. 22. 2005도9229] 의사가 다른 의사와 의료행위를 분담하는 경우
자신이 환자에 대하여 주된 의사의 지위에 있거나 다른 의사를 사실상 지휘·감
독하는 지위에 있다면, 그 의료행위의 영역이 자신의 전공과목이 아니라 다른 의
사의 전공과목에 전적으로 속하거나 다른 의사에게 전적으로 위임된 것이 아닌
이상, 의사는 자신이 주로 담당하는 환자에 대하여 다른 의사가 하는 의료행위
의 내용이 적절한 것인지의 여부를 확인하고 감독하여야 할 업무상 주의의무가
있다.[1]

---

　1) 의사의 과실을 인정한 판례로, 대판 2010. 10. 28. 2008도8606; 대판 2010. 4. 29. 2009도

[대판 2003. 1. 10. 2001도3292] 내과의사가 신경과 전문의에 대한 협의진료결과와 환자에 대한 진료경과 등을 신뢰하여 뇌혈관계통 질환의 가능성을 염두에 두지 않고 내과 영역의 진료행위를 계속하다가 환자의 뇌지주막하출혈을 발견하지 못하여 식물인간상태에 이르게 한 경우에도 업무상주의의무위반이 인정되지 않는다.[1]

[대판 2022. 12. 1. 2022도1499] 어떠한 의료행위가 의사들 사이의 분업적인 진료행위를 통하여 이루어지는 경우에도 그 의료행위 관련 임상의학 분야의 현실과 수준을 포함하여 구체적인 진료환경 및 조건, 해당 의료행위의 특수성 등을 고려한 규범적인 기준에 따라 해당 의료행위에 필요한 주의의무의 준수 내지 위반이 있었는지 여부가 판단되어야 함은 마찬가지이다. 따라서 의사가 환자에 대하여 주된 의사의 지위에서 진료하는 경우라도, 자신은 환자의 수술이나 시술에 전념하고 마취과 의사로 하여금 마취와 환자 감시 등을 담당토록 하거나, 특정 의료영역에 관한 진료 도중 환자에게 나타난 문제점이 자신이 맡은 의료영역 내지 전공과목에 관한 것이 아니라 그에 선행하거나 병행하여 이루어진 다른 의사의 의료영역 내지 전공과목에 속하는 등의 사유로 다른 의사에게 그 관련된 협의진료를 의뢰한 경우처럼 서로 대등한 지위에서 각자의 의료영역을 나누어 환자 진료의 일부를 분담하였다면, 진료를 분담받은 다른 의사의 전적인 과실로 환자에게 발생한 결과에 대하여는 책임을 인정할 수 없다.

(4) 인과관계

업무상과실치사상죄가 성립하기 위해서는 업무상의 주의의무위반과 결과발생 사이에 상당인과관계(또는 합법칙적 조건설에 따른 인과관계 및 객관적 귀속)가 인정되어야 한다.[2]

(5) 공   범

공동정범에 관한 범죄공동설에 의하면 본죄의 공동정범은 인정되지 않지만, 행위공동설에 의하면 본죄의 공동정범이 인정된다. 공동정범이 인정될 경우 업무자와 비업무자가 공동으로 본죄를 범했을 경우 제33조 단서가 적용되어 업무자는 본죄의 공동정범, 비업무자는 단순과실치사상죄의 공동정범으로 처벌된다.

7070; 대판 2009. 12. 24. 2005도8980; 대판 2007. 5. 31. 2007도1977; 대판 2000. 1. 14. 99도3621; 대판 1998. 2. 27. 97도2812; 대판 1996. 9. 24. 95도245 등.

1) 의사의 과실을 부정한 판례로, 대판 2011. 9. 8. 2009도13959; 대판 2011. 4. 14. 2010도10104; 대판 2008. 8. 11. 2008도3090; 대판 2007. 9. 20. 2006도294; 대판 2006. 12. 7. 2006도1790; 대판 2003. 8. 19. 2001도3667; 대판 1997. 4. 8. 96도3082; 대판 1996. 11. 8. 95도2710 등.

2) 인과관계에 관한 판례는 형법총칙의 인과관계 부분을 참조할 것.

[대판 1997. 11. 28. 97도1740] 성수대교와 같은 교량이 그 수명을 유지하기 위하여는 건설업자의 완벽한 시공, 감독공무원들의 철저한 제작시공상의 감독 및 유지·관리를 담당하고 있는 공무원들의 철저한 유지·관리라는 조건이 합치되어야 하는 것이므로, 위 각 단계에서의 과실 그것만으로 붕괴원인이 되지 못한다고 하더라도, 그것이 합쳐지면 교량이 붕괴될 수 있다는 점은 쉽게 예상할 수 있고, 따라서 위 각 단계에 관여한 자는 전혀 과실이 없다거나 과실이 있다고 하여도 교량붕괴의 원인이 되지 않았다는 등의 특별한 사정이 있는 경우를 제외하고는 붕괴에 대한 공동책임을 면할 수 없다.[1]

(6) 죄　　수

업무상과실치사상죄의 보호법익인 생명과 신체는 전속적 법익으로서 그 죄수는 피해자의 수에 따라 결정되어야 하고, 하나의 행위로 여러 명의 피해자들을 사상한 경우 업무상과실치사상죄가 각 상상적 경합관계에 있다(대판 2018. 1. 25. 2017도13628).

실무상으로는 업무상과실치사상죄와 관련된 형사특별법 규정이 문제되는 경우가 많다(예컨대, 교통사고처리특례법, 산업안전보건법, 중대재해처벌법 등). 그 죄수도 자주 문제되는데, 예컨대 근로자가 사망한 경우와 관련하여 사업주의 안전조치의무 등 위반이 있다면 산업안전보건법위반죄(법 제167조)와 업무상과실치사죄의 상상적 경합범이 된다(대판 1991. 12. 10. 91도2642). 대법원은 중대재해처벌법위반(산업재해치사)죄와 근로자 사망으로 인한 산업안전보건법위반죄 및 업무상과실치사죄는 상호간 사회관념상 1개의 행위가 수개의 죄에 해당하는 경우로서 형법 제40조의 상상적 경합 관계에 있다고 보았다(대판 2023. 12. 28. 2023도12316).

(7) 형　　벌

업무상과실치사상죄는 반의사불벌죄가 아니다. 그러나 「교통사고처리특례법」에 의하면, 차의 교통으로 인한 업무상과실치상죄 또는 중과실치상죄는 반의사불벌죄이다. 그리고 운전자가 보험에 가입하였으면 중상해의 결과를 초래한 경우 이외에는(헌재 2009. 2. 26. 2005헌마764, 2008헌마118 병합) 공소를 제기할 수 없다(제3조, 제4조). 그러나 교통사고로 본죄를 범하고도 도주한 경우 또는 신호위반을 해 본죄를 범한 경우 등 일정한 경우에는 보험가입 여부에 관계없이 공소제기가 가

---

1) 유사한 판례로, 대판 1996. 8. 23. 96도1231.

능하다(제3조, 제4조).

2. 중과실치사상죄

(1) 의   의

중과실치사상죄는 주의의무위반의 정도가 높아 가중처벌되는 범죄로서 과실치사상죄보다 불법(위법성)이 가중되는 범죄유형이다.

(2) 중 과 실

중과실은 결과발생을 예견·방지할 수 있었음에도 불구하고 부주의로 이를 예견·방지하지 못했는데 행위자의 주의의무위반 정도가 특히 높은 경우를 말한다. 중과실과 경과실은 구체적인 경우 사회통념에 따라 결정된다(대판 1980. 10. 14. 79도305).

[대판 1997. 4. 22. 97도538] 피고인이 84세 여자 노인과 11세의 여자 아이를 상대로 안수기도를 함에 있어서 그들을 바닥에 반듯이 눕혀 놓고 기도를 한 후 큰 소리를 치면서 한 손 또는 두 손으로 그들의 배와 가슴 부분을 세게 때리고 누르는 등의 행위를 여자 노인에게는 약 20분간, 여자아이에게는 약 30분간 반복하여 그들을 사망케 한 경우 중과실치사죄가 성립한다.[1]

제 4 절 낙 태 의 죄

I. 총   설

1. 개   념

통설, 판례(대판 2005. 4. 15. 2003도2780)에 의하면 낙태죄란 태아를 자연분만기 이전에 모체 외로 배출시키거나 태아를 모체 내에서 살해하는 범죄를 말한다. 이에 대해 소수설은 태아를 모체 밖으로 배출하는 것만으로 낙태가 된다면 제왕절개도 낙태죄의 구성요건에 해당하여 부당하므로 모체 내에서 살해하는 것만을 낙

---

1) 기타 중과실을 인정한 판례로, 대판 2010. 1. 14. 2009도12109; 대판 1961. 11. 16. 4294형상312. 중과실을 인정하지 않은 판례로는, 대판 1992. 3. 10. 91도3172; 대판 1989. 10. 13. 89도204; 대판 1986. 6. 24. 85도2070; 대판 1960. 3. 9. 59도761.

태라고 한다. 그러나 제왕절개수술은 낙태죄의 구성요건에 해당하지만 위법성조
각 여부가 문제되는 전형적인 행위라고 할 수 있으므로, 통설의 입장이 타당하다.

통설·판례의 낙태개념은 모자보건법상의 인공임신중절보다 넓은 개념이다.
인공임신중절이란 태아가 모체 밖에서는 생명을 유지할 수 없는 시기에 태아와
그 부속물을 인공적으로 모체 밖으로 배출시키는 것을 말하지만(동법 제2조 7호),
낙태는 시기상의 제한이 없다.

2. 보호법익

통설에 의하면 낙태죄의 일차적 보호법익은 태아의 생명·신체의 안전이고,
임부의 생명·신체의 안전도 부차적 보호법익이다. 그 이유는 태아가 모체 외에
서 생존할 수 있는 시기에 모체 외로 배출시키는 행위도 낙태행위라고 할 수 있
고, 낙태치사상죄를 처벌하는 규정(제269조 3항)이 있기 때문이다.

낙태죄의 보호의 정도는 태아의 생명·신체의 안전에 대해서는 추상적 위험
범, 임부의 생명·신체의 안전에 대해서는 침해범이다.

3. 구성요건체계

낙태죄의 기본적 구성요건에 대해 자기낙태죄설(제269조 1항)과 부동의낙태죄
설(제270조 2항)이 있다. 제269조 제1항은 '낙태한 자', 제270조 제2항은 '낙태하게
한 자'라고 규정하고 있으므로 자기낙태죄설이 더 자연스럽다.

이렇게 본다면 업무상동의낙태죄(제270조 1항)는 책임이 가중되는 범죄유형(부
진정신분범)이고, 부동의낙태죄(제270조 2항)와 낙태치사상죄(제270조 3항)는 불법(위법
성)이 가중되는 범죄유형이다.

다만, 헌법재판소는 자기낙태죄(제269조 1항)와 업무상동의낙태죄(제270조 1항)에
대해 헌법불합치 결정을 내려 2020. 12. 31일까지 개선입법을 하도록 하고, 이때
까지 개선입법이 이루어지지 않은 경우 2021. 1. 1.부터 자기낙태죄와 업무상동의
낙태죄의 처벌규정은 효력을 상실한다고 하였다(헌재 2019. 4. 11. 2017헌바127). 그런
데 2020. 12. 31.까지 개정이 이루어지지 않았으므로 위 두 규정은 효력을 상실하
였고 그 해석론도 필요없게 되었다(그러나 새로운 입법이 이루어질 것을 대비하고, 다른 규
정의 해석에도 참고가 되므로 두 규정의 해석론은 그대로 두기로 한다).

Ⅱ. 구성요건

1. 자기낙태죄

> 제269조(낙태) ① 부녀가 약물 기타 방법으로 낙태한 때에는 1년 이하의 징역
> 또는 200만원 이하의 벌금에 처한다. **(2021. 1. 1.부터 효력상실)**

(1) 행위의 주체

자기낙태죄의 주체는 부녀이다. 부녀란 임산부를 의미한다. 부녀 아닌 사람
이 간접정범의 방법으로 부녀로 하여금 본죄의 낙태행위를 하게 한 경우에는 본
죄가 아니라 부동의낙태죄(제270조 2항)가 성립한다.

본죄가 자수범인지 여부, 즉 임부가 간접정범의 형태로 본죄를 범할 수 있느
냐에 대해 견해가 대립한다. 타인을 생명 있는 도구로 이용하여 본죄를 범하는
것도 가능하지만 그것 역시 기타의 방법으로 낙태한 행위라고도 할 수 있으므로,
이는 실익 없는 논쟁이다.

(2) 행위의 객체

낙태죄의 객체는 태아, 그 중에서도 살아 있는 태아이다. 사태(死胎)의 경우는
낙태죄가 성립하지 않는다. 태아란 수정란이 자궁에 착상된 시점인 수태 후부터
분만개시 직전까지의 개념이다. 자궁에 착상되기 이전의 수정란은 낙태죄의 객체
가 될 수 없고, 배아복제와 관련하여 문제된다.

(3) 실행행위

실행행위는 낙태이다. 통설·판례에 의하면 낙태란 태아를 모체에서 살해하
거나 자연분만기 이전에 모체 외로 배출하는 것을 말한다.

낙태의 방법에는 제한이 없다. 약물사용, 추락, 타격 등의 방법이 모두 포함
된다. 산부인과 의사를 교사하여 낙태수술을 받은 경우 의사는 업무상동의낙태죄
의 죄책을 지지만, 임부는 업무상동의낙태교사범이 아니라 본죄의 죄책을 진다.
임부가 자살을 기도하다 실패하여 낙태한 경우에도 본죄가 성립할 수 있다.

통설·판례(대판 2005. 4. 15. 2003도2780)에 의하면 체외로 배출된 태아를 살해한
경우 낙태죄와 살인죄의 경합범이 성립한다.

(4) 고   의

부녀에게 약물 기타 방법으로 태아를 자연분만기 이전에 모체 외로 배출하거나 태아를 살해한다는 고의가 있어야 한다. 소수설에 의하면 태아를 살해할 고의까지 있어야 한다.

2. 동의낙태죄

제269조(낙태) ② 부녀의 촉탁 또는 승낙을 받아 낙태하게 한 자도 제1항의 형과 같다.

행위의 주체는 임부에 국한되지 않는다. 부녀의 촉탁 또는 승낙을 받아 낙태하게 한 경우 부녀는 처벌받지 않지만, 낙태하게 한 자는 독자적인 불법과 책임에 따라 처벌하는 것이다.

부녀의 촉탁 · 승낙은 승낙의 요건을 갖춘 것이어야 하므로 부녀가 낙태의 의미를 이해하고 진지한 의사에 기한 것이어야 한다. 이러한 요건을 갖추지 못한 경우에는 부동의낙태죄(제270조 2항)에 해당된다.

3. 업무상낙태죄

제270조(의사 등의 낙태) ① 의사, 한의사, 조산사, 약제사 또는 약종상이 부녀의 촉탁 또는 승낙을 받아 낙태하게 한 때에는 2년 이하의 징역에 처한다. **(2021. 1. 1.부터 효력상실)**

본죄는 일정한 신분자가 부녀의 촉탁 또는 승낙을 받아 낙태하게 하는 죄다. 동의낙태죄(제269조 2항)에 비해 책임이 가중된 범죄로서 부진정신분범이다.[1]

행위의 주체는 의사, 한의사, 조산사, 약제사 또는 약종상이다. 이는 예시적인 것이 아니라 열거적인 것이므로 여기에 규정되어 있지 않은 치과의사, 수의사, 간호사 등은 행위의 주체가 될 수 없다.

촉탁 · 승낙은 동의낙태죄에서 언급한 바와 같다.

---

1) 입법론적으로는 업무상낙태죄를 동의낙태죄에 비해 가중처벌하는 것은 합리적 근거가 없다는 비판이 있지만, 일반인에 의한 낙태가 어렵고 대부분 이러한 업무자를 통해 낙태가 행해진다는 점을 고려하여 이들의 책임을 가중한 것이므로 낙태죄를 벌하는 한 반드시 불합리하다고 할 수 없다.

4. 부동의낙태죄

제270조(부동의낙태) ② 부녀의 촉탁 또는 승낙없이 낙태하게 한 자는 3년 이하의 징역에 처한다.

(1) 주체 및 실행행위

본죄의 주체에는 제한이 없다. 부녀의 촉탁 또는 승낙이 없다는 것은 부녀가 모르게 낙태케 한 경우뿐만 아니라 유효하지 않은 촉탁·승낙에 의한 경우도 포함한다.

(2) 착 오

부녀의 촉탁·승낙이 없음에도 불구하고 있다고 착오하고 낙태케 한 경우 제15조 제1항에 의해 동의낙태죄가 성립한다. 부녀의 촉탁·승낙이 있음에도 불구하고 없다고 착오한 경우에도 마찬가지이다.

(3) 죄 수

낙태에 수반되는 상해가 있는 경우 상해죄는 낙태죄에 흡수된다는 견해가 있다. 그러나 상해죄의 형벌이 더 높으므로 두 죄는 상상적 경합관계에 있다고 해야 한다. 상해가 극히 경미한 경우에는 상해죄가 성립하지 않고 낙태죄만이 성립한다고 해야 한다.

임부인 줄 알면서 살해한 경우 살인죄와 낙태죄는 상상적 경합 관계에 있고, 임부인 줄 알고 폭행·상해하여 낙태하게 한 경우 낙태의 고의가 있으면 폭행죄·상해죄와 낙태죄는 상상적 경합관계에 있고, 낙태에 대한 고의가 없으면 폭행·상해죄만이 성립한다.

5. 낙태치사상죄

제269조 ③ 제2항의 죄(동의낙태죄)를 범하여 부녀를 상해에 이르게 한 때에는 3년 이하의 징역에 처한다. 사망에 이르게 한 때에는 7년 이하의 징역에 처한다.

제270조 ③ 제1항(업무상낙태죄) 또는 제2항의 죄(부동의낙태죄)를 범하여 부녀를 상해에 이르게 한 때에는 5년 이하의 징역에 처한다. 사망에 이르게 한 때에는 10년 이하의 징역에 처한다.

※ '제1항(업무상낙태죄) 또는' 부분은 2021. 1. 1.부터 효력상실

(1) 법적 성격

본죄는 동의낙태죄, 부동의낙태죄를 범하여 임부에게 상해 또는 사망의 결과를 발생시킨 경우에 성립하는 진정결과적 가중범이다. 업무상동의낙태죄가 효력을 상실하였으므로 이전에 업무상동의낙태치사상죄가 성립하였던 경우에는 업무상과실치사상죄만이 성립한다.

판례는 태아는 임산부 신체의 일부가 아니므로, 낙태행위 그 자체가 임산부에 대한 상해죄에 해당되지는 않는다고 한다(대판 2007. 6. 29. 2005도3832)

(2) 낙태미수의 경우

낙태죄가 미수에 그치고 상해나 사망의 결과를 발생시킨 경우, 본죄가 성립한다는 견해와 본죄가 성립하지 않고, 과실(업무상과실)치사상죄가 성립한다는 견해(다수설)가 대립한다. '…의 죄를 범하여'라는 의미는 기수범을 의미한다고 해야 하므로 후자의 견해가 타당하다(유사판례: 대판 1995. 4. 7. 95도94 참조).

(3) 인과관계와 예견가능성

본죄는 결과적 가중범이므로 낙태행위와 사망, 상해의 결과발생 사이에 상당인과관계(혹은 합법칙적 조건설에 의한 인과관계와 객관적 귀속)가 인정되어야 하고 사망 또는 상해의 결과에 대한 예견가능성이 있어야 한다(대판 1971. 8. 31. 71도1254).

Ⅲ. 위 법 성

1. 낙태의 허용방식

비교법적으로 보면 낙태를 허용하는 입법방식에는 기한방식, 허용사유방식, 상담방식 및 이들의 결합방식 등이 있다.

　① **기한방식**　　　임신 후 일정기간 이내에는 전면적으로 낙태를 허용하는 방식이다.

　② **허용사유방식**　　　원칙적으로 낙태를 금지하되 일정한 사유가 있는 경우 허용하는 방식이다. 적응방식이라고도 한다. 낙태의 허용사유에는 법률적 사유, 의학적 사유, 우생학적 사유, 사회경제적 사유 등이 있다.

　③ **상담방식**　　　상담방식은 낙태를 할 경우 일정기간 안에 의사의 상담절차를 거칠 것을 요구하는 방식이다. 독일형법이 부분적으로 이 방식을 택하고 있다.

④ **결합방식**   결합방식은 위의 세 가지 방식의 전부 또는 일부를 결합하는 방식이다. 모자보건법은 기한방식과 허용사유방식을, 독일형법은 위의 세 가지 방식을 모두 결합하고 있다. 즉 독일형법은 임신 12주 이전의 낙태는 의사의 상담(Beratung)을 거쳐 의사에 의하여 시술된 경우 낙태죄의 구성요건에 해당하지 않고(독일형법 제218a조 1항), 임부의 생명이나 육체적·정신적 건강에 위험이 있는 경우의 낙태는 위법하지 않으며(동조 제2항), 임신 22주 이내이고 의사의 상담을 거친 낙태는 벌하지 않는 것으로 규정하고 있다(동조 제4항).

2. 모자보건법

모자보건법은 일정한 요건하에 인공임신중절수술[1]을 허용하고 이 경우 인공임신중절수술을 받은 자와 수술을 행한 자를 낙태죄로 처벌하지 않는다는 규정을 두고 있다(동법 제28조). 따라서 2020. 12. 31.까지는 이 법에 따른 인공임신중절에 해당되는 낙태행위는 법령에 의한 행위로서 위법성이 조각되었다. 그러나 2021. 1. 1.부터는 두 규정의 효력이 상실되었으므로 새로운 처벌규정이 입법되기까지는 모자보건법의 요건을 갖추는 것과 상관없이 자기낙태와 업무상동의낙태 행위는 위법성이 조각되는 것이 아니라 구성요건해당성이 없어 처벌되지 않는다. 동의낙태죄(제269조 2항) 규정은 효력을 상실하지 않았지만 동 규정에 해당하는 행위는 모자보건법에 의해 위법성이 조각될 수는 없다.

동법에 의해 허용되는 인공임신중절이 되기 위해서는 첫째, 일정한 사유가 있어야 하고(제14조 1항), 둘째, 의사가 수술을 해야 하고, 셋째, 본인과 배우자의 동의가 있어야 하고, 넷째, 임신한 날로부터 24주일 이내(시행령 제15조 1항)이어야 한다. 이는 낙태 혹은 인공임신중절에 대해 허용사유방식(적용방식)[2]과 기한방식을 모두 절충한 것이다.

---

1) 태아가 모체 밖에서는 생명을 유지할 수 없는 시기에 태아와 그 부속물을 인공적으로 모체 밖으로 배출시키는 수술(제2조 제7호)로서 낙태보다는 좁은 개념이다.
2) 이를 적응(適應)이라고 하기도 한다. 적응이란 독일어 Indikation을 직역한 것으로 의학적 적응, 윤리적 적응이라고 하는 데에 사용된다. 그러나 적응이라는 말은 적응하기 어려운 말로서 사유(事由)라고 하는 것이 훨씬 의미가 명료하다.

3. 사회경제적 사유에 의한 낙태의 허용문제

(1) 문제상황

우리나라의 경우 1960-1970년대에는 국가의 인구증가억제정책으로, 1980년대 이후에는 남아선호사상과 가족계획 등을 이유로 낙태가 광범위하게 이루어졌다. 즉, 우리나라에서 행해지는 대부분의 낙태는 사회경제적 사유에 의한 것이었고 현재에도 그렇다. 최근에는 여성의 프라이버시 우선이라는 사고에서도 낙태자유화 요구가 강해지고 있다. 그러나 다른 한편으로는 태아의 생명을 보호해야 한다는 요구가 강해졌고, 저출산으로 인한 인구절벽이 국가적 문제로 등장하는 상황으로 변화하였다.

2019년 헌법재판소는 자기낙태죄(제269조 1항)와 업무상동의낙태죄(제270조 1항)에 대해 헌법불합치 결정을 내리고 2020. 12. 31일까지 개선입법을 하도록 하고, 이때까지 개선입법이 이루어지지 않은 경우 2021. 1. 1.부터 자기낙태죄와 업무상동의낙태죄의 처벌규정은 효력을 상실한다고 하였다.

> [헌재 2019. 4. 11. 2017헌바127]   자기낙태죄 조항은 입법목적을 달성하기 위하여 필요한 최소한의 정도를 넘어 임신한 여성의 자기결정권을 제한하고 있어 침해의 최소성을 갖추지 못하고 있으며, 법익균형성의 원칙도 위반하였다고 할 것이므로, 과잉금지원칙을 위반하여 임신한 여성의 자기결정권을 침해하는 위헌적인 규정이다. …
> 업무상동의낙태죄와 자기낙태죄는 대향범이므로, 임신한 여성의 자기낙태를 처벌하는 것이 위헌이라고 판단되는 경우에는 동일한 목표를 실현하기 위해 부녀의 촉탁 또는 승낙을 받아 낙태하게 한 의사를 형사처벌하는 의사낙태죄 조항도 당연히 위헌이 되는 관계에 있다.

그럼에도 불구하고 2020년말까지 개선입법이 이루어지지 않아 위 두 규정은 효력이 상실되었다. 따라서 새로운 입법이 이루어지기까지는 위 두 규정에 해당하는 행위라고 하더라도 모자보건법상의 요건을 충족하였는지에 상관없이 위법성이 조각되는 것이 아니라 구성요건해당성이 없어 처벌되지 않는다. 즉 사회·경제적 사유에 의한 자기낙태죄나 업무상동의낙태죄의 경우 구성요건해당성이 없어 처벌되지 않는다. 이에 따라 2021. 1. 1. 이전까지의 범죄가 2021. 1. 1. 이후에도 처벌이 가능한가에 대해서는 견해가 대립할 수 있다.

동의낙태죄(제260조 2항) 규정은 효력을 상실하지 않았지만 동 규정에 해당하는 행위는 모자보건법에 의해 위법성이 조각될 수는 없다. 왜냐하면 모자보건법은 의사에 의할 것을 요구하기 때문이다. 다만, 총칙상의 위법성조각사유에 해당할 경우에는 위법성이 조각될 수는 있다.

(2) 외국의 동향

외국에서도 낙태의 허용 여부가 여성의 프라이버시와 태아의 생명 중 어느 것을 우선해야 할 것인가와 관련하여 문제되고 있다.

독일에서는 1975년 형법이 기한방식에 의해 낙태를 넓게 인정하였는데 이에 대해 연방헌법재판소가 위헌결정을 내렸다(BVerfGE 39, 1). 이후 여러 차례의 논란을 거쳐 현행형법은 결합방식에 의한 낙태를 인정하되 사회경제적 사유에 의한 낙태까지는 인정하지 않고 있다.

미국에서는 독일과 정반대로 연방법원이 낙태를 금지하고 있는 주형법이 여성의 프라이버시권을 침해하는 위헌법률이고 임신 3개월까지의 낙태는 주법(州法)이 금지할 수 없다는 취지의 판결을 하였다(Roe v. Wade, 410 U.S.113). 그러나 2022년 연방대법원은 위 판결을 뒤집고 낙태금지 여부를 주 정부가 결정하도록 하였다(Dobbs v. Jackson Women's Health Organization).

제 5 절   유기와 학대의 죄

Ⅰ. 총   설

1. 의의 및 보호법익

형법 제28장 유기 및 학대의 죄의 보호법익은 사람의 생명·신체의 안전이다. 보호의 정도에 대해 구체적 위험범설이 있으나 추상적 위험범설(통설)이 타당하다.[1] 단순유기죄에서는 제271조 제3항·제4항과 같은 명문의 규정이 없으

---

1) 이 문제는 예를 들어 고아원이나 파출소 앞에 사람을 유기하는 경우 유기죄의 성립여부를 중심으로 논의된다. 통설인 추상적 위험범설은 이 경우에도 유기죄의 성립을 인정한다. 이에 대해 구체적 위험범설은 이러한 행위를 유기죄로 벌하는 것은 가혹하므로, 유기죄는

므로 구체적 위험범이라고 할 실정법적 근거가 박약하기 때문이다.

2. 구성요건체계

형법 제28장 유기의 죄에는 유기죄와 학대죄가 포함되어 있다.

단순유기죄(제271조 1항)가 유기의 죄의 기본적 구성요건이고 존속유기죄(제2항)는 책임이 가중되는 범죄유형이다. 중유기죄(제3항)는 불법이 가중되는 범죄유형으로서 부진정결과적 가중범이다. 영아유기죄(제272조)는 책임이 감경되는 부진정신분범이다. 유기치사상죄(제275조)는 불법이 가중된 죄인데 유기치상죄는 부진정결과적가중범, 유기치사죄는 진정결과적 가중범이다.

단순학대죄(제273조 1항)가 학대의 죄의 기본적 구성요건이고, 동조의 존속학대죄(제2항)는 책임이 가중되는 부진정신분범이다. 아동혹사죄(제274조)와 학대치사상죄(제275조)는 불법이 가중된 범죄유형이다.

3. 현행 유기죄규정의 특징

우리 형법은 개인주의적 입장에서 유기죄의 주체로서 법률상, 계약상의 구호의무 있는 자만을 규정하고, 신의성실, 사회상규나 조리에 의한 구호의무로 인한 긴급구조의무위반죄를 규정하고 있지 않다. 이에 비해 기독교사상의 영향을 받은 서구국가에서는 긴급구조의무위반죄를 규정하고 있다.[1] 이를 선한 사마리아인법(The Good Samaritan Law)이라고도 한다.

우리나라에도 이를 도입해야 한다는 주장이 있지만, 형법의 탈윤리화와 보충성원칙에 위배된다.

유기행위 이외에 피유기자의 생명 · 신체에 대한 구체적 위험이 발생해야 기수가 된다고 한다. 이에 의하면 이 경우 피유기자의 생명 · 신체에 대한 구체적 위험이 발생하지 않았으므로 유기죄의 미수가 되고 유기미수죄를 처벌하는 규정이 없으므로 처벌할 수 없다고 한다. 그러나 고아원이나 파출소 앞에 사람을 놓아두고 가는 것은 생명 · 신체에 대한 위험발생을 피하기 위한 행위이므로 유기행위라고 할 수 없다. 따라서 위와 같은 사례에서 학설의 대립은 의미가 없다고 할 수 있다.

1) 예를 들어 독일형법 제323c조는 "위난이나 위험 또는 긴급상황에서 필요한 도움을 줄 수 있고 이것이 기대되고, 이것이 자신에게 현저한 위험을 초래하지 않으며 다른 중요한 의무이행을 불가능하게 하지 않음에도 불구하고, 도움을 제공하지 않은 자는 1년 이하의 자유형 또는 벌금에 처한다"고 규정하고 있다.

Ⅱ. 단순유기죄

> 제271조(유기) ① 나이가 많거나 어림, 질병 그 밖의 사정으로 도움이 필요한 사람을 법률상 또는 계약상 보호할 의무가 있는 자가 유기한 경우에는 3년 이하의 징역 또는 500만원 이하의 벌금에 처한다.

1. 구성요건

(1) 행위의 주체

본죄는 진정신분범으로서, 주체는 나이가 많거나 어림, 질병 그 밖의 사정으로 인하여 도움이 필요한 사람(요부조자)을 '보호할 법률상 또는 계약상 의무 있는 자'이다.

1) 법률상 보호의무자　　법률상의 보호의무는 그 근거가 공법이든 사법이든 상관없다. 경찰관직무집행법 제4조에 의한 보호조치의무, 도로교통법 제54조에 의한 사고운전자의 피해자구호의무 등은 공법상 보호의무의 예이다.

사법상의 보호의무로는 민법상 부부간의 부양의무(대판 2018. 5. 11. 2018도4018; 민법 제826조), 친족관계에 의한 부양의무(민법 제974조)를 들 수 있다. 그러나 민법상의 부양의무는 기본적으로는 경제적 부양의무이다. 이에 비해 형법상의 보호의무는 요부조자의 생명·신체의 안전을 위해 일정한 조치를 취해야 할 의무로서 민법상 보호의무에 비해 경제적 성격보다는 물리적·현실적 성격이 강하다.

따라서 민법상의 부양순위에 관계없이 현실적·구체적으로 보호의무가 발생하는 경우에는 후순위부양의무자가 형법상으로는 우선적 보호의무를 지닐 수 있다. 예를 들어 아동 A에 대해 부, 모, 조부, 조모의 순으로 민법상의 부양의무가 정해져 있으므로 조부가 손자 A와 등산을 갔다가 A가 부상당한 경우 그 치료비용은 부, 모, 조부, 조모의 순으로 부담하게 된다. 그러나 A가 부상을 당한 상황에서는 부, 모보다 먼저 조부가 형법상의 보호의무를 지게 된다.

> [대판 2008. 2. 14. 2007도3952] 사실혼에 해당하여 법률혼에 준하는 보호를 받기 위하여는 단순한 동거 또는 간헐적인 정교관계를 맺고 있다는 사정만으로는 부족하고, 그 당사자 사이에 주관적으로 혼인의 의사가 있고 객관적으로도 사회관념상 가족질서적인 면에서 부부공동생활을 인정할 만한 혼인생활의 실체가 존재하여야 한다.

2) **계약상의 보호의무자**   계약에 의해 보호의무가 발생할 수 있는데, 이 때의 계약은 당사자간에 체결된 계약뿐만 아니라 보호의무자가 제3자와 체결한 계약 혹은 간접적 계약도 포함된다. 예컨대 甲과 乙 사이에서 乙이 A를 보호할 것을 계약한 경우이다.

명시적·묵시적 계약, 유상·무상계약 모두 포함된다. 예를 들어 甲과 乙이 우연히 등산을 같이 하게 된 경우가 아니라 상당 기간 등산을 같이 하면서 서로 보호해 준 경우 甲·乙 사이에 묵시적 보호계약이 있다고 할 수 있다.

'계약상 의무'는 주된 급부의무가 부조를 제공하는 계약인 경우에 국한되지 않는다. 따라서 예컨대 술집주인도 취객에 대한 부조의무가 인정될 수 있다. 그러나 부수의무로서의 민사적 부조의무 또는 보호의무가 인정된다고 해서 유기죄의 '계약상 의무'가 당연히 긍정되는 것은 아니고 행위 당시의 제반사정을 고려하여 형법적 관점에서 판단해야 한다(대판 2011. 11. 24. 2011도12302).

3) **조리 혹은 사회상규상의 보호의무**   조리 혹은 사회상규상의 보호의무의 인정여부에 대해서는 견해가 대립한다.

가. 긍정설   소수설은 ① 법률상의 보호의무에서 형법 제18조를 배제할 이유가 없는데, 형법 제18조에서 사회상규나 조리에 의한 작위의무를 인정하고 있고, ② 단순학대죄(제273조 1항)에서 보호·감독자에는 조리상의 보호·감독자도 포함되고, ③ 이를 인정함으로써 극단적인 개인주의가 아닌 공동체정신에 입각한 유기죄를 구성할 수 있다고 한다.

나. 부정설   다수설은 조리 또는 사회상규상의 조리의무를 인정하는 것은 피고인에게 불리한 유추해석이고, 긴급구조의무를 인정하는 결과가 된다고 한다. 판례도 부정설을 따른다.

[대판 1977. 1. 11. 76도3419] 현행형법은 … 법률상 또는 계약상의 의무 있는 자만을 그 유기죄의 주체로 규정하고 있어 명문상 사회상규상의 보호책임을 관념할 수 없다. … 일정거리를 동행한 사실만으로서는 피고인에게 법률상 계약상의 보호의무가 있다고 할 수 없다.

다. 결어   ① 제18조에서도 조리에 의한 작위의무를 인정하는 것은 문제가 있으므로 이를 유기죄에까지 확대적용해서는 안 되고, ② 학대죄와 유기죄의 문언이 다른 것은 오히려 유기죄의 주체가 제한된다는 근거가 되고, ③ 유기죄의 확장·유추해석을 통해 공동체정신을 구현하려고 하는 것은 형법의 보충성원칙에 반하므로, 부정설이 타당하다.

(2) 행위의 객체

본죄의 객체는 '나이가 많거나 어림, 질병 그 밖의 사정으로 도움이 필요한 사람'이다. '도움이 필요한 사람'이란 스스로의 힘으로는 자신의 생명·신체에 대한 위험을 극복할 수 없는 사람을 말한다. 따라서 경제적 도움이 필요한 사람이나 재산상 손해를 입을 위험이 있는 사람 등은 도움이 필요한 사람(요부조자)에 속하지 않는다.

도움이 필요한 원인은 늙거나 어림, 질병 그 밖의 사정이다. 질병이란 육체적 질병뿐만 아니라 정신적 질병도 포함한다. 그 밖의 사정의 예로는 사고, 실신, 만취, 불구, 분만 등을 들 수 있다. 도움이 필요한가는 구체적 사정에 따라 정해진다.

(3) 실행행위

본죄의 실행행위는 유기이다. 유기란 보호의무자가 보호의무를 이행하지 않는 것으로서 피해자를 보호받지 못하는 상태에 방치해 두거나 보호받지 못하는 상태로 이전하는 것을 포함한다. 작위뿐만 아니라 부작위에 의해서도 가능하다.

유기죄는 거동범이고 추상적 위험범이므로 유기행위가 있으면 유기의 기수가 되고 피유기자에게 생명·신체에 대한 구체적 위험이 발생할 것을 요하지 않는다. 그러나 앞에서 본 것과 같이 영아를 고아원이나 파출소 앞에 버린 경우 영아의 생명·신체에 대한 추상적 위험도 발생시키는 행위가 아니므로 유기죄에 해당하지 않는다고 해야 한다.

(4) 고   의

본죄가 성립하기 위해서는 보호의무의 원인이 된 사실(부부, 보호계약 체결), 도움이 필요한 사람에게 도움이 필요하다는 사실, 유기행위를 한다는 사실 등에 대한 의욕 또는 인용이 필요하다.[1] 이러한 사실들을 인식하지 못한 경우에는 과실이 있더라도 과실범 처벌규정이 없어 불가벌이다.

---

1) 대판 1972. 6. 27. 72도863: 술에 만취된 피해자가 향토예비군 4명에게 떠메어 운반되어 나무의자 위에 눕혀 놓았을 때 숨을 가쁘게 쿨쿨 내뿜고 자신의 수족과 의사도 자제할 수 없는 상태에 있음에도 불구하고 경찰관이 근 3시간 동안이나 아무런 구호조치를 취하지 아니한 것은 유기죄에 대한 범의를 인정할 수 있다.

그러나 예컨대 도움이 필요한 사람이 사실상의 배우자라는 사실은 인식하였으나 자신에게 사실상의 배우자까지 보호할 의무는 없다고 착오한 경우에는 법률의 착오가 된다.

2. 위 법 성

통설 · 판례는 피해자의 승낙에 의한 유기행위라도 사회상규에 위배되지 않아야 위법성이 조각된다고 한다.

Ⅲ. 존속유기죄

> 제271조(존속유기) ② 자기 또는 배우자의 직계존속에 대하여 제1항의 죄를 지은 경우에는 10년 이하의 징역 또는 1천500만원 이하의 벌금에 처한다.

존속유기죄는 자기 또는 배우자의 직계존속을 유기하는 죄이다. 신분관계로 인해 행위자의 책임이 가중되는 범죄유형으로서 부진정신분범이다.

배우자, 직계존속의 개념은 모두 존속살해죄에서와 같다.

단순유기죄의 형벌(3년 이하의 징역 또는 500만원 이하의 벌금)에 비해 존속유기죄의 형벌(10년 이하의 징역 또는 1,500만원 이하의 벌금)이 너무 높다. 이는 헌법상 과잉금지원칙에 반한다.

Ⅳ. 중유기죄 · 존속중유기죄

> 제271조 ③ 제1항의 죄를 지어 사람의 생명에 위험을 발생하게 한 경우에는 7년 이하의 징역에 처한다.
> ④ 제2항의 죄를 지어 사람의 생명에 위험을 발생하게 한 경우에는 2년 이상의 유기징역에 처한다.

중유기죄는 생명에 대한 위험발생이라고 하는 중한 결과로 인해 불법이 가중되는 범죄유형이다. 생명에 대한 위험발생에 과실이 있는 경우뿐만 아니라 고의가 있는 경우에도 성립하는 부진정결과적 가중범이다. 다만, 생명의 위험발생에 대한 고의가 있는 경우 상해의 고의는 없어야 한다. 상해의 고의가 있고 생명에 대한 위험이 발생한 경우에는 본죄(7년 이하의 징역)가 아니라 중상해죄(1년 이상 10년 이하의 징역)가 성립한다.

존속중유기죄는 단순유기죄에 비해 책임과 불법이 각각 가중된 범죄유형이라고 할 수 있다. 존속중유기죄 역시 부진정결과적 가중범이다. 다만, 생명에 대한 위험발생의 고의와 상해의 고의가 있는 경우에도 존속중상해죄(2년 이상 15년 이하의 징역)가 아니라 본죄(2년 이상의 징역)가 성립한다고 해야 한다.[1]

V. 단순학대죄

> 제273조(학대)   ① 자기의 보호 또는 감독을 받는 사람을 학대한 자는 2년 이하의 징역 또는 500만원 이하의 벌금에 처한다.

1. 의의 및 보호법익

학대죄란 자기의 보호 또는 감독을 받는 사람을 학대하는 죄이다.

학대죄의 보호법익은 생명·신체의 안전 및 인격권이다. 학대죄는 유기죄 정도에 이르지 않는 범죄이므로 그 보호법익은 유기죄보다 넓다. 보호의 정도는 추상적 위험범이다.

2. 구성요건

(1) 행위의 주체 및 객체

본죄의 객체가 자기의 보호 또는 감독을 받는 사람이므로 본죄는 진정신분범으로서 그 주체는 보호·감독자이다. 유기죄와 같이 법률상, 계약상이라는 제한이 없으므로, 법률, 계약뿐만 아니라 관습, 사무관리, 조리, 사회상규상의 보호·감독자도 포함된다(통설).

---

1) 한편 구 형법 제272조(영아유기)는 직계존속이 치욕을 은폐하기 위하거나 양육할 수 없음을 예상하거나 특히 참작할 만한 동기로 인하여 영아를 유기한 때에는 2년 이하의 징역 또는 300만원 이하의 벌금에 처하였으나 영아유기죄에 대한 감경적 구성요건을 두는 것은 부당하다는 비판에 따라 이 규정은 2023년 형법개정으로 삭제(2024. 2. 9. 시행, 제251조의 영아살해죄도 함께 삭제)되었다.

본죄의 객체는 자기의 보호 또는 감독을 받는 자이다. 만 18세 미만의 아동에게는 아동복지법과 「아동학대범죄의 처벌 등에 관한 특례법」이 적용될 수 있다.[1]

「노인복지법」은 65세 이상의 사람에 대한 노인학대(노인에 대하여 신체적·정신적·정서적·성적 폭력 및 경제적 착취 또는 가혹행위를 하거나 유기 또는 방임을 하는 것)에 대한 특별규정(법 제55조의3 제1항 제2호, 제39조의9 제6호)을 두고 있다. 또한 신체적, 정신적 장애로 오랫동안 일상생활이나 사회생활에서 상당한 제약을 받는 장애인에 대해서는 「장애인복지법」이 적용된다. 「장애인복지법」은 장애인에 대한 학대(장애인에 대하여 신체적·정신적·정서적·언어적·성적 폭력이나 가혹행위, 경제적 착취, 유기 또는 방임을 하는 것)에 대한 특별규정(법 제86조 3항 3호, 제59조의9 6호)을 두고 있다.

(2) 실행행위

학대죄의 실행행위는 학대이다.

정신적 고통을 가하는 것만으로는 부족하고 육체적 고통을 가할 것을 요한다는 견해가 있으나, 다수설 및 판례는 정신적 고통을 가하는 행위만으로도 학대가 될 수 있다고 한다. 육체적 고통을 가하는 행위는 폭행·상해·유기 등에 해당할 것이므로 학대는 이보다 넓게 정신적 고통을 가하는 행위를 포함한다고 해야 한다.

음식을 주지 않거나, 휴식이나 수면을 하지 못하도록 하거나, 폭언과 같은 언어적 학대를 하는 것도 학대에 포함된다. 그러나 학대행위가 그 정도를 넘어서 상해를 가하거나 유기하거나 감금하는 등의 행위가 될 때에는 각각 상해죄, 유기죄, 감금죄를 구성한다.

[대판 2000. 4. 25. 2000도223] '학대'라 함은 육체적으로 고통을 주거나 정신적으로 차별대우를 하는 행위를 가리키고, … 단순히 상대방의 인격에 대한 반인륜적 침해만으로는 부족하고 적어도 유기에 준할 정도에 이르러야 한다.

---

1) 「아동복지법」(제3조 제7호)과 「아동학대범죄의 처벌 등에 관한 특례법」(제2조 제3호)은 아동학대를 '보호자를 포함한 성인이 아동의 건강 또는 복지를 해치거나 정상적 발달을 저해할 수 있는 신체적·정신적·성적 폭력이나 가혹행위를 하는 것과 아동의 보호자가 아동을 유기하거나 방임하는 것'이라고 한다.

3. 위 법 성

통설, 판례는 훈육목적의 학대행위가 위법성이 조각될 수 있다고 한다.

[대판 1986. 7. 8. 84도2922] 학대죄는 … 상태범 또는 즉시범이라 할 것이고, 비록 수십회에 걸쳐서 계속되는 일련의 폭행행위가 있었다 하더라도 그 중 친권자로서의 징계권의 범위에 속하여 위 위법성이 조각되는 부분이 있다면 그 부분을 따로 떼어 무죄판결을 할 수 있다.
[대판 1969. 2. 4. 68도1793] 4세인 아들이 대소변을 가리지 못한다고 닭장에 가두고 전신을 구타한 것은 친권자의 징계권행사에 해당한다고 볼 수 없다.

피해자의 승낙만으로 본죄의 위법성이 조각될 수 없고, 승낙에 의한 행위가 사회상규에 위배되지 않아야 위법성이 조각될 수 있다.

Ⅵ. 존속학대죄

제273조(존속학대) ② 자기 또는 배우자의 직계존속에 대하여 전항의 죄를 범한 때에는 5년 이하의 징역 또는 700만원 이하의 벌금에 처한다.

존속학대죄는 행위자의 신분으로 인해 책임이 가중되는 범죄유형으로서 부진정신분범이다. 배우자, 직계존속의 개념은 존속살해죄 혹은 존속유기죄에서와 같다.

Ⅶ. 아동혹사죄

제274조(아동혹사) 자기의 보호 또는 감독을 받는 16세 미만의 자를 그 생명 또는 신체에 위험한 업무에 사용할 영업자 또는 종업자에게 인도한 자는 5년 이하의 징역에 처한다. 그 인도를 받은 자도 같다.

1. 보호법익

본죄의 보호법익은 아동의 생명·신체의 안전이라는 견해와 아동의 복지 내

지 복지권이라는 견해가 있다. 그러나 아동혹사는 아동학대의 특수한 경우이므로
본죄의 보호법익도 학대죄와 같이 아동의 생명 · 신체의 안전 및 인격권이라고 해
야 할 것이다.

보호의 정도는 추상적 위험범이다.

2. 행위의 주체 및 객체

본죄는 진정신분범으로서, 그 주체는 16세 미만 아동의 보호 · 감독자이다.
보호 · 감독자지위의 발생근거는 법률이나 계약뿐만 아니라 관습, 사무관리, 사회
상규, 조리 등도 포함한다.

본죄의 객체는 자기의 보호 또는 감독을 받는 16세 미만의 자이다.

3. 실행행위

본죄의 실행행위는 아동의 생명 또는 신체에 위험한 업무에 사용할 영업자
또는 종업자에게 인도하는 행위 또는 그러한 인도를 받는 행위이다. 따라서 본죄
는 필요적 공범 중 대향범에 속한다.

인도계약만으로는 본죄의 기수에 이르지 못하고 현실적인 인도가 있어야 한
다. 그러나 아동이 위험한 업무에 종사하였느냐는 본죄의 성립에 영향을 미치지
못한다.

「근로기준법」은 임신 중이거나 산후 1년이 지나지 아니한 여성과 18세 미만
자를 대통령령이 정하는 도덕상 또는 보건상 유해 · 위험한 사업에 사용하지 못하
도록 규정하고 있고(제65조), 위반행위를 형사처벌하고 있다(제109조, 제115조). 통설
은 본죄의 객체가 16세 미만의 아동이지만, 본죄의 형벌이 더 무거우므로 본죄의
업무 개념은 근로기준법상의 사업보다는 좁게 해석해야 한다고 한다.

Ⅷ. 유기등치사상죄

제275조(유기등 치사상) ① 제271조 내지 제273조의 죄를 범하여 사람을 상해
  에 이르게 한 때에는 7년 이하의 징역에 처한다. 사망에 이르게 한 때에는 3년
  이상의 유기징역에 처한다.
  ② 자기 또는 배우자의 직계존속에 대하여 제271조 또는 제273조의 죄를 범하

여 상해에 이르게 한 때에는 3년 이상의 유기징역에 처한다. 사망에 이르게 한 때에는 무기 또는 5년 이상의 징역에 처한다.

본죄는 유기, 존속유기, 존속학대죄를 범하여 상해 또는 사망에 이르게 하는 범죄이다. 유기등치사죄는 진정결과적 가중범이지만, 유기등치상죄는 상해의 결과에 대해 과실이 있을 때뿐만 아니라 고의가 있을 때에도 성립하는 부진정결과적가중범이다.[1] 즉 유기등치상죄는 유기등상해죄와 유기등치상죄가 모두 포함되어 있는 범죄이다.

"제271조 내지 제273조의 죄를 범하여"라고 규정하고 있으므로 형법해석의 엄격성원칙상 유기등치사상죄가 성립하기 위해서는 유기등죄가 기수에 이르러야 하고 미수에 그친 경우에는 사망이나 상해의 결과가 발생하였더라도 본죄가 성립하지 않는다.

본죄가 성립하기 위해서는 유기등의 행위와 상해 또는 사망의 결과발생 사이에 인과관계(및 객관적 귀속)가 있어야 하고, 상해에 대해서는 고의 또는 예견가능성(과실)이 있어야 하고 사망에 대해서는 예견가능성(과실)이 있어야 한다.

[대판 1980. 9. 24. 79도1387] 피고인이 딸을 병원에 입원시켜 놓고 의사가 그 당시 최선의 치료방법이라는 수혈을 하려 하여도 이를 완강하게 거부하고 방해하였다면 … 설사 11세 남짓의 환자본인이 그 생모와 마찬가지로 수혈을 거부한 일이 있다고 하여도 피고인의 수혈거부행위는 유기치사죄에 해당한다.

IX. 도주차량 운전자의 가중처벌

제5조의3(도주차량 운전자의 가중처벌) ① 「도로교통법」 제2조의 자동차, 원동

---

1) 유기등치상죄를 진정결과적가중범으로 해석하면 유기등죄를 범한 사람에게 상해의 고의가 있는 경우에는 유기등치상죄가 아니라 유기등죄와 상해죄의 상상적 혹은 실체적 경합범이 성립한다고 해야 한다. 유기등죄와 상해죄의 상상적 경합범은 중한 죄인 상해죄로 벌하게 되는데, 상해죄의 형벌이 7년 이하의 징역, 10년 이하의 자격정지 또는 1천만원 이하의 벌금으로서 7년 이하의 징역인 유기등치상죄의 형벌보다 가볍다. 이와 같이 상해의 결과에 대해 고의가 있는 경우가 과실이 있는 경우보다 가볍게 처벌되는 것은 균형에 맞지 않으므로 할 수 없이 유기등치상죄를 부진정결과적가중범으로 해석하는 것이다.

기장치자전거 또는 「건설기계관리법」 제26조 제1항 단서에 따른 건설기계 외의 건설기계(이하 "자동차등"이라 한다)의 교통으로 인하여 「형법」 제268조의 죄를 범한 해당 차량의 운전자(이하 "사고운전자"라 한다)가 피해자를 구호(救護)하는 등 「도로교통법」 제54조 제1항에 따른 조치를 하지 아니하고 도주한 경우에는 다음 각 호의 구분에 따라 가중처벌한다.

1. 피해자를 사망에 이르게 하고 도주하거나, 도주 후에 피해자가 사망한 경우에는 무기 또는 5년 이상의 징역에 처한다.
2. 피해자를 상해에 이르게 한 경우에는 1년 이상의 유기징역 또는 500만원 이상 3천만원 이하의 벌금에 처한다.

② 사고운전자가 피해자를 사고 장소로부터 옮겨 유기하고 도주한 경우에는 다음 각 호의 구분에 따라 가중처벌한다.

1. 피해자를 사망에 이르게 하고 도주하거나, 도주 후에 피해자가 사망한 경우에는 사형, 무기 또는 5년 이상의 징역에 처한다.
2. 피해자를 상해에 이르게 한 경우에는 3년 이상의 유기징역에 처한다.

1. 보호법익

특정범죄가중법 제5조의3은 소위 '뺑소니운전자'를 가중처벌하는 규정이다. 본죄는 독립된 범죄이지만, 자동차운전자의 업무상과실치사상죄와 유기죄의 결합범으로서의 성격도 지니고 있는 범죄이다. 판례는 본죄의 보호법익을 교통의 안전이라는 공공의 이익과 피해자의 생명과 신체의 안전이라는 개인적 법익이라고 한다(대판 2015. 5. 28. 2012도9697).[1] 보호의 정도는 도주만을 한 경우에는 추상적 위험범, 도주 후 피해자가 사망한 경우는 침해범이다.

2. 구성요건

(1) 행위의 주체 및 객체

본죄의 주체는 '「도로교통법」 제2조의 자동차, 원동기장치자전거 또는 「건설기계관리법」 제26조 제1항 단서에 따른 건설기계 외의 건설기계의 교통으로 인하여 형법 제268조의 죄를 범한 해당 차량의 운전자'이다. 도로교통법상의 원동기장치자전거가 아닌 킥보드나 자전거등의 운전자는 본죄의 주체가 될 수 없다.

---

1) 그러나 도주 전 교통사고로 이미 피해자가 사망한 경우에는 생명, 신체의 안전은 보호법익이 될 수 없다는 문제점이 있다.

교통사고로 사상의 결과가 발생하였으나 주의의무 위반이 없거나 신뢰의 원칙 등
이 적용되어 과실이 부정되는 경우에는 형법 제268조의 죄를 범한 자가 아니므로
본죄의 주체가 될 수 없다.[1] 교통사고는 「도로교통법」이 정하는 도로에서의 교통
사고의 경우로 제한되지 않는다(대판 2004. 8. 30. 2004도3600).

본죄의 객체는 자동차 운전으로 인한 업무상과실치사상죄로 상해를 입거나
사망한 사람이다. 판례는 피해자가 극히 경미한 상해만을 입은 경우 본죄가 성립
할 수 없다고 하지만(대판 2007. 5. 10. 2007도2085; 대판 2000. 2. 25. 99도3910), 다수의 판
례에서는 피해자가 전치 1-2주 정도의 상해를 입은 경우에는 본죄의 성립을 인
정한다. 이러한 의미에서는 본죄가 업무상과실치사상죄와 유기죄를 결합한 범죄
로서의 성격만을 지니고 있는 것은 아니다.

(2) 행위의 태양

본죄의 행위태양은 피해자를 구호하는 등 도로교통법 제54조 제1항에 따른
조치를 하지 아니하고 도주하거나(제1항) 피해자를 사고장소로부터 옮겨 유기하고
도주하는 것이다(제2항). 판례에 의하면 도주란 '도로교통법상의 구호의무를 이행
하기 이전에 사고현장을 이탈하여 사고를 낸 자가 누구인지 확정될 수 없는 상태
를 초래하는 경우를 말한다(대판 2002. 1. 11. 2001도2869)고 한다.

구호조치 필요성 유무는 피해자의 상해부위와 정도, 사고의 내용과 사고 후
의 정황, 치료의 시작시점·경위와 기간 및 내용, 피해자의 연령 및 건강상태 등
을 종합하여 판단하여야 한다. 대개의 경우는 피고인이 피해자와 직접 대화함으
로써 피해자에게 통증 진술의 기회를 부여하든지 아니면 적어도 피고인이 정차하
여 피해자의 상태를 눈으로 확인하여야 구호조치의 필요가 없는 경우라고 판단할
수 있을 것이고, 그렇지 않았던 경우에는 구호조치의 필요가 없었다고 쉽사리 판
단하여서는 안 된다(대판 2007. 5. 10. 2007도2085).

판례에 의하면, 교통사고 후 피해자와 동행 중이던 그 남편과 동행인들이
피해자를 부근 병원에 데리고 가는 것을 보고 피고인은 관할 경찰서에 교통
사고를 신고 자수하기 위하여 사고현장을 이탈하여 관할서에 신고를 한 경
우(대판 1980. 8. 26. 80도1492), 사고로 피해자가 입은 상해가 목이 뻐근한 정도

---

1) 그러나 이 경우에도「도로교통법」상의 구호조치의무는 인정되므로, 중상을 입은 사람을 구
   호하지 않고 가버린 경우 구호조치의무불이행죄는 물론 유기죄나 부작위에 의한 살인죄
   등은 문제될 수 있다.

인 경우(대판 2002. 1. 11. 2001도2869), 피고인이 사고 직후 차량의 충돌 부위를 피해자들과 함께 살펴보고 차량 정체로 길이 막혀 있던 사고장소에서 가까운 자신의 집까지 서행하여 차량을 이동시킨 뒤 피해자들과 피해 변상 방법 등을 협의한 경우(대판 2002. 10. 22. 2002도4452), 경미한 교통사고로서 사고현장에서 구호조치 등을 취하는 것이 교통에 방해가 되는 경우 피해자를 한적한 곳에 유도할 의사로 깜빡이등을 켜고 시속 10km의 저속으로 운전하여 간 경우(대판 1994. 6. 14. 94도460), 피해자와 사고 여부에 관하여 언쟁하다가 동승했던 아내에게 "네가 알아서 처리해라"며 현장을 이탈하고 그의 아내가 사후처리를 한 경우(대판 1997. 1. 21. 96도2843) 등에서는 본죄가 성립하지 않는다.[1]

그러나 구호조치를 취함이 없이 자기가 피해자인 양 피해신고를 하러 경찰서에 간 경우(대판 1991. 10. 22. 91도2134), 차량에 충격되어 횡단보도상에 넘어졌던 피해자가 스스로 일어나서 도로를 횡단하다 그대로 가버린 경우(대판 1993. 8. 24. 93도1384), 피해자가 피해변제금을 거절하면서 사고신고를 하자고 하자 인적 사항이나 연락처를 알려 주지 아니한 채 가버린 경우(대판 1993. 11. 26. 93도2346), 피해자가 사고 후 자신의 신체상태를 살펴본 후 괜찮다고 하여 사고운전자가 아무런 연락처 등을 알려 주지 아니한 채 현장을 떠난 경우(대판 1994. 9. 13. 94도1850; 대판 1994. 10. 14. 94도1651; 대판 1996. 12. 6. 96도2407), 사고발생 후 즉시 피해자를 구호조치하지 않고 사고현장으로부터 약 600m 정도 도주한 후 다시 사고현장으로 되돌아와 경찰관에게 자신이 사고 야기자라고 말한 경우(대판 1997. 3. 11. 96도2329), 구호조치는 하지 않고 사고현장에 남아 목격자로 행세하다가 경찰관에게 자기의 신분을 밝힌 후 귀가한 경우(대판 1997. 5. 7. 97도770; 대판 1999. 11. 12. 99도3781), 2, 3주의 상해를 입은 피해자들을 자신의 차량에 태우고 근처 병원으로 데리고 가 접수직원에게 교통사고 피해자들이라고 말하고, 피해자들이 치료를 받기 위하여 의자에 앉아 대기하고 있는 사이에 도주한 경우(대판 1997. 11. 28. 97도2475), 피해자를 병원에 데려다 준 다음 피해자나 병원 측에 아무런 인적사항을 알리지 않고 병원을 떠났다가 경찰이 피해자가 적어 놓은 차량번호를 조회하여 신원을 확인하고 연락을 취하자 2시간쯤 후에 파출소에 출석한 경우(대판 1999. 12. 7. 99도2869; 대판 2007. 5. 10. 2007도2085), 도로변에 자동차를 주차한 후 운전석

---

1) 기타 본죄의 성립을 인정하지 않은 판례로, 대판 1981. 10. 13. 81도2175; 대판 2002. 6. 28. 2002도2001; 대판 2002. 10. 22. 2002도4452; 대판 2003. 4. 25. 2002도6903; 대판 2005. 9. 30. 2005도4383; 대판 2009. 6. 11. 2008도8627; 대판 2012. 7. 12. 2012도1474; 대판 2014. 2. 27. 2013도15885; 대판 2013. 12. 26. 2013도9124; 대판 2000. 5. 12. 2000도1038; 대판 1992. 4. 10. 91도1831; 대판 1993. 11. 9. 93도2562; 대판 1996. 4. 12. 96도358; 대판 1997. 7. 11. 97도1024; 대판 1999. 4. 13. 98도3315 등.

문을 열다가 후방에서 진행하여 오던 자전거의 핸들 부분을 충격하여 운전
자에게 상해를 입히고도 아무런 구호조치 없이 가버린 경우(대판 2010. 4. 29.
2010도1920) 등에서는 본죄의 성립을 인정한다.[1]

(3) 주관적 구성요건

본죄의 고의는 미필적 고의로 족하므로 구성요건요소에 대한 인식 및 인용
이 있으면 성립할 수 있다. 예를 들어 사고 직후 차에서 내려 직접 확인하였더라
면 쉽게 사고사실을 확인할 수 있었는데도 그러한 조치를 취하지 아니한 채 별
일 아닌 것으로 알고 그대로 사고현장을 이탈한 경우 본죄의 미필적 고의가 인정
된다(대판 2000. 3. 28. 99도5023).

3. 입 법 론

판례는 피해자가 유기죄에서 말하는 도움이 필요한 정도가 아니어도 본죄의
성립을 인정하고 있는데, 이것은 형법의 해석, 적용에 의한 과잉범죄화라고 할 수
있다. 또한 본죄의 형벌이 지나치게 무겁다(과잉형벌화). 따라서 본죄의 경우 업무
상과실치사상죄와 유기죄로 처벌하면 족하다. 피해자가 상해를 입었지만, 유기죄
에서 부조를 요하는 정도의 상처가 아닌 경우에는 업무상과실치사상죄만을 인정
하고, 유기죄에서 부조를 요하는 정도의 상처를 입히고 도주한 경우에는 업무상
과실치상죄와 유기죄 또는 유기치사죄의 경합범을 인정하면 족하기 때문이다. 만
약 본죄를 존치한다면 구성요건을 좀더 엄격히 하고 형벌을 낮춰야 한다.

---

[1] 기타 본죄의 성립을 인정한 판례로, 대판 1983. 8. 23. 83도1328; 대판 1987. 8. 25. 87도
1118; 대판 1994. 10. 14. 94도1651; 대판 1994. 10. 21. 94도2204; 대판 1995. 11. 24. 95도
1680; 대판 1996. 4. 9. 96도252; 대판 1996. 8. 20. 96도1415; 대판 1996. 12. 6. 96도2407;
대판 2010. 10. 14. 2010도1330 등.

제 2 장 　 자유에 대한 죄

　　형법에 자유에 대한 죄로 규정되어 있는 범죄에는 첫째, 신체활동의 자유를 침해하는 체포·감금죄(제29장)와 약취·유인 및 인신매매의 죄(제31장)가 있다. 협박은 폭행과 함께 일정한 행위를 강요하는 수단으로 사용되는 경우가 많지만, 형법은 협박죄를 의사결정의 자유를 침해하는 독립적인 범죄로 규정하고 있다(제30장). 한편 폭행·협박을 수단으로 사람의 활동의 자유를 침해하는 범죄로는 강요죄(제324조)가 가장 기본적인 범죄라고 할 수 있다. 강간과 추행의 죄(제32장)는 강요죄의 특수한 유형으로서 폭행·협박을 통해 성적 결정의 자유를 침해하는 범죄라고 할 수 있다. 강도죄와 공갈죄 역시 강요죄의 특수한 유형이지만, 이는 재산범죄에서 다룬다.

제 1 절　 체포와 감금의 죄

Ⅰ. 총　　설

1. 보호법익

　　체포·감금죄는 사람으로 하여금 자유롭게 활동하지 못하도록 일정한 장소에 머무르게 하고 그곳을 떠나지 못하게 하는 것을 내용으로 하는 범죄이다. 따라서 체포·감금죄의 보호법익은 신체활동의 자유 중에서 장소선택의 자유, 그 중에서도 체포·감금된 장소에서 떠날 자유이다. 일정한 장소에 머물지 못하도록 장소선택의 자유를 침해하는 것은 강요죄가 될 수 있다.

　　통설에 의하면, 체포·감금죄에서 장소이전의 자유는 현실적 자유뿐만 아니라 잠재적 자유를 포함한다. 예를 들어 잠자는 사람을 감금한 경우 피해자의 현실적 장소이전의 자유는 침해받지 않았지만 잠재적 자유는 침해받은 것이므로 감금죄가 성립한다.

체포·감금죄의 보호의 정도는 침해범이다. 즉 본죄는 장소이전의 자유가 침해되어야 기수가 되는 범죄이다. 그러나 잠재적 장소이전의 자유가 침해되면 족하고 피해자가 현실적으로 자유침해를 인식할 필요는 없다.

2. 구성요건체계

체포·감금죄의 기본적 구성요건은 단순체포·감금죄(제276조 1항)이다. 존속체포·감금죄(제276조 2항)는 신분관계로 인해 책임이 가중되는 구성요건이다. 중체포·감금죄(제277조 1항)는 체포·감금과 가혹행위가 결합되어 불법이 가중된 구성요건이고, 존속중체포·감금죄(제277조 2항)는 중체포·감금죄에 비해 신분관계로 인해 책임이 가중된 구성요건이다. 특수체포·감금죄(제278조)는 행위방법의 위험성 때문에 불법이 가중된 구성요건이다. 상습체포·감금죄(제279조)는 행위자의 습벽으로 인해 책임이 가중된 구성요건이다. 체포·감금치사상죄(제281조)는 중한 결과로 인해 불법이 가중되는 결과적 가중범이다.

체포·감금죄의 미수범은 처벌한다(제280조).

체포·감금죄에 대해서는 10년 이하의 자격정지를 병과할 수 있다(제282조).

Ⅱ. 단순체포·감금죄

제276조(체포·감금) ① 사람을 체포 또는 감금한 자는 5년 이하의 징역 또는 700만원 이하의 벌금에 처한다.

1. 구성요건

(1) 행위의 객체

체포·감금죄의 객체는 '사람'이다. 사람의 범위에 대해서는 견해의 대립이 있다.

최광의설은 살아 있는 타인이면 모두 체포·감금죄의 객체가 될 수 있으므로 수면 중인 사람, 실신한 사람, 영아, 만취자, 불구자 등도 모두 체포·감금죄의 객체가 될 수 있다고 한다. 최협의설은 장소이전의 현실적 자유를 가진 사람만이 객체가 될 수 있다고 한다.

통설은 장소이전의 잠재적 자유를 가진 사람이면 본죄의 객체가 될 수 있다고 한다. 이 중에는 수면자, 실신자, 만취자, 영아와 같이 신체활동의 의사가 없는 자는 제외된다는 견해(협의설)와 수면자, 실신자, 만취자 등은 장소이전의 잠재적 자유를 가지고 있으므로 체포·감금죄의 객체가 될 수 있지만 영아는 장소이전의 잠재적 자유를 가지고 있지 못하므로 체포·감금죄의 객체가 될 수 없다는 견해가 있다(광의설). 판례는 정신병자도 감금죄의 객체가 될 수 있다고 한다(대판 2002. 10. 11. 2002도4315).

예를 들어 어머니와 영아를 함께 감금한 경우 어머니뿐만 아니라 영아에 대한 감금죄도 성립한다고 해야 하므로, 영아도 객체가 될 수 있다. 이런 의미에서 최광의설이 타당하다.

(2) 실행행위

1) 체   포   체포란 사람의 신체에 대하여 직접적·현실적 구속을 가하여 행동의 자유를 빼앗는 것을 말한다.

사람의 몸을 잡거나 손발을 묶는 행위가 보통이지만, 그 방법에는 제한이 없으므로 총을 겨누고 꼼짝 못하게 하거나 협박 등 무형적 방법으로도 가능하다. 작위뿐만 아니라 부작위에 의해서도 가능하다. 긴 밧줄로 사람을 끌고 가는 경우와 같이 부분적으로 행동의 자유가 있어도 전체적으로 보아 행동의 자유가 박탈된 경우에는 체포가 될 수 있다.

2) 감   금   감금이란 사람이 특정한 구역에서 나가는 것을 불가능하게 하거나 또는 심히 곤란하게 함으로써 장소선택의 자유를 박탈하는 것을 말한다. 체포가 신체적 행동의 자유를 박탈하는 것임에 비해 감금은 장소이전의 자유를 박탈함으로써 행동의 자유를 박탈하는 것이다.

감금의 방법에는 제한이 없다. 작위뿐만 아니라 부작위에 의해서도 가능하고 물리적·유형적 방법뿐만 아니라 협박이나 기망과 같은 심리적·무형적 방법에 의해서도 가능하다(대판 1998. 5. 26. 98도1036; 대판 1985. 10. 8. 84도2424). 사다리를 치우거나, 옷을 감추거나, 자동차를 세우지 않아(대판 2000. 2. 11. 99도5286) 장소이전의 자유를 박탈하는 행위도 감금이 될 수 있다. 사람의 행동의 자유를 전면적으로 박탈할 필요는 없으므로 감금된 특정구역 내부에서 일정한 생활의 자유가 허용되어 있었다고 하더라도 감금이 될 수 있다(대판 2011. 9. 29. 2010도5962; 대판 1984. 5. 15. 84도655).

그러나 정신질환자에 대한 정신건강의학과 전문의의 입원진단 내지 입원권고서 작성행위만으로는 감금죄로 처벌할 수 없다(대판 2017. 4. 28. 2013도13569; 대판 2015. 10. 29. 2015도8429).

2. 위 법 성

현행범인의 체포, 긴급체포, 구속, 수형자의 감금 등은 법령에 의한 행위로 위법성이 조각된다. 체포·감금행위는 정당방위, 긴급피난, 자구행위나 승낙에 의한 행위로 위법성이 조각될 수 있다(대판 1980. 2. 12. 79도1349).[1]

3. 미 수

(1) 기수시기

본죄의 미수는 벌한다(제280조). 통설·판례(대판 2020. 3. 27. 2016도18713)에 의하면 체포·감금죄의 기수가 되기 위해서는 체포·감금이 사회통념상 어느 정도의 시간 동안 지속되어야 한다. 예를 들어 피해자를 방안에 감금하고 문을 잠갔으나 바로 피해자가 뒷문으로 도망간 경우에는 감금죄의 미수이다.

체포·감금죄의 기수시기는 신체활동 내지 장소이전의 자유가 현실적으로 침해된 시점이라는 견해가 있으나, 잠재적 신체활동의 자유가 침해되면 족하므로 피해자의 인식 여부는 문제되지 않는다고 해야 한다.

(2) 종료시기

본죄는 기수가 된 이후에도 체포·감금행위가 계속될 수 있는 계속범으로서 (대판 2018. 2. 28. 2017도21249) 기수시기와 종료시기가 달라질 수 있다. 종료시기는 피해자의 신체활동의 자유가 회복된 시점이다. 기수 이후에도 종료 시까지는 공범이 성립할 수 있고, 공소시효의 기산점은 기수가 아닌 종료시점이다.

---

[1] 감금죄의 위법성조각을 인정한 판례로, 대판 1988. 11. 8. 88도1580; 위법성조각을 인정하지 않은 판례로, 대판 1989. 12. 12. 89도875.

4. 죄   수

살인의 수단으로 체포·감금을 한 경우 살인죄와 체포·감금죄의 경합범이 된다는 견해가 있으나, 체포·감금죄는 살인죄의 불가벌적 수반행위라고 해야 할 것이다. 감금 도중 살해한 경우 감금죄와 살인죄의 경합범이라는 견해, 중체포·감금죄와 살인죄의 상상적 경합이라는 견해 등이 있으나, 이 경우에도 감금죄가 살인죄에 흡수된다고 해야 할 것이다.

동일한 피해자를 체포하고 감금한 경우에는 체포죄는 감금죄에 흡수된다. 감금을 하기 위한 수단으로서 행사된 단순한 협박행위는 감금죄에 흡수되어 따로 협박죄를 구성하지 아니한다(대판 1982. 6. 22. 82도705). 감금 수단으로서의 폭행행위도 마찬가지라고 해야 한다.

판례에 의하면, 미성년자를 유인한 자가 계속하여 감금하였을 때에는 미성년자유인죄 이외에 감금죄가 성립하고(대판 1961. 9. 21. 61도455), 감금행위가 단순히 강도상해 범행의 수단이 되는 데 그치지 아니하고 강도상해의 범행이 끝난 뒤에도 계속된 경우 양자는 실체적 경합범이 된다(대판 2003. 1. 10. 2002도4380).

판례는 감금행위가 강간·강도죄의 수단이 된 경우 강간·강도죄에 흡수되지 아니하고 별죄를 구성한다고 한다.[1]

그러나 강간·강도의 수단이 된 감금은 강간·강도죄의 폭행·협박에 포함된다고 해야 한다. 강간·강도죄의 폭행·협박은 사람의 신체가 아니라 사람에 대한 것이면 족한데, 감금은 사람에 대한 폭행이라고 할 수 있기 때문이다. 피해자를 체포하지 않고서는 강간이 불가능하다는 점을 고려하면 더욱 그렇다.

Ⅲ. 존속체포·감금죄

> **제276조(존속체포·존속감금)** ② 자기 또는 배우자의 직계존속에 대하여 제1항

---

1) 대판 1983. 4. 26. 83도323: 강간죄의 성립에 언제나 직접적으로 또 필요한 수단으로서 감금행위를 수반하는 것은 아니므로 감금행위가 강간미수죄의 수단이 되었다 하여 감금행위는 강간미수죄에 흡수되어 범죄를 구성하지 않는다고 할 수는 없는 것이고, 그 때에는 감금죄와 강간미수죄는 일개의 행위에 의하여 실현된 경우로서 형법 제40조의 상상적 경합 관계에 있다.

의 죄를 범한 때에는 10년 이하의 징역 또는 1,500만원 이하의 벌금에 처한다.

존속체포 · 감금죄는 행위자와 피해자와의 신분관계로 인해 책임이 가중되는 부진정신분범이다. 배우자, 직계존속 등의 개념은 존속살해죄 등에서와 같다.

Ⅳ. 중체포 · 감금죄, 존속중체포 · 감금죄

제277조(중체포 · 중감금 · 존속중체포 · 존속중감금) ① 사람을 체포 또는 감금
하여 가혹한 행위를 가한 자는 7년 이하의 징역에 처한다.
② 자기 또는 배우자의 직계존속에 대하여 전항의 죄를 범한 때에는 2년 이상
의 유기징역에 처한다.

1. 법적 성격

중체포 · 감금죄는 체포 · 감금죄와 가혹행위의 결합범으로서, 체포 · 감금죄에 비해 불법이 가중되어 있는 범죄유형이다. 존속중체포 · 감금죄는 체포 · 감금죄에 비해 책임과 불법이 가중되어 있는 범죄유형이다.

여기에서의 배우자, 직계존속도 법률상의 개념에 한정된다.

2. 가혹행위

가혹행위란 사람에게 육체적 · 정신적 고통을 주는 일체의 행위이다. 감금의 수단이 된 폭행 · 협박만으로는 가혹행위라고 할 수 없지만 감금 이후 폭행이나 협박을 가한 때에는 가혹행위가 될 수 있다. 가혹행위는 학대죄에서의 학대 정도로는 부족하고 적어도 폭행 정도는 되어야 한다. 왜냐하면 감금 후 폭행을 한 경우 감금죄와 폭행죄의 경합범의 처단형은 7년 이하의 징역 또는 1,050만원 이하의 벌금(제38조 1항 2호)으로서 본죄의 형벌보다 낮기 때문이다.

3. 미   수

본죄의 미수는 처벌한다(제280조). 본죄의 미수범은 ① 체포 · 감금 후 가혹행위를 하기 위해 체포 · 감금하려 하였으나 체포 · 감금이 미수에 그친 경우, ② 가혹행위를 하기 위해 체포 · 감금은 하였으나 가혹행위를 하지 못한 경우, ③ 체

포·감금 후 가혹행위를 하였으나 가혹행위 자체가 미수에 그친 경우를 들 수 있다.

Ⅴ. 특수체포·감금죄

> 제278조(특수체포·감금)   단체 또는 다중의 위력을 보이거나 위험한 물건을 휴대하여 전2조의 죄를 범한 때에는 그 죄에 정한 형의 2분의 1까지 가중한다.

특수체포·감금죄는 행위의 방법이나 수단의 위험성이 큼으로 인해 불법이 가중되는 범죄유형이다. 단체, 다중, 위력, 위험한 물건, 휴대는 특수상해죄에서와 같다. 그 죄에 정한 형의 2분의 1까지 가중하므로 장기뿐만 아니라 단기도 가중된다. 예를 들어 특수존속중체포·감금죄의 징역형은 3년 이상 45년 이하의 징역이다.

본죄의 미수는 처벌한다(제280조).

Ⅵ. 상습체포·감금죄

> 제279조(상습범)   상습으로 제276조 또는 제277조의 죄를 범한 때에는 전조의 예에 의한다.

상습체포·감금죄는 행위자의 범죄습벽으로 인해 책임이 가중되는 범죄유형이다. 본죄는 '전조의 예'에 의하므로 각 죄에 정한 형기의 2분의 1까지 형벌이 가중된다.

Ⅶ. 체포·감금치사상죄, 존속체포·감금치사상죄

> 제281조(체포·감금등의 치사상)   ① 제276조 내지 제280조의 죄를 범하여 사람을 상해에 이르게 한 때에는 1년 이상의 유기징역에 처한다. 사망에 이르게 한 때에는 3년 이상의 유기징역에 처한다.
> ② 자기 또는 배우자의 직계존속에 대하여 제276조 내지 제280조의 죄를 범하여 상해에 이르게 한 때에는 2년 이상의 유기징역에 처한다. 사망에 이르게 한

때에는 무기 또는 5년 이상의 징역에 처한다.

1. 법적 성격

체포·감금치상죄는 상해에 대해 과실이 있을 때뿐만 아니라 고의가 있을 때에도 성립하는 부진정결과적 가중범이다. 그러나 체포·감금치사죄는 진정결과적 가중범이다.

존속체포·감금치사상죄는 신분관계로 인해 책임이 가중되는 범죄로서 부진정신분범이다.

2. 구성요건

체포·감금죄가 기수에 이른 경우뿐만 아니라 미수에 그친 경우에도 본죄가 성립한다. 미수범(제280조)도 본죄의 주체에 포함되어 있기 때문이다. 가혹행위에 의해 상해·사망의 결과가 발생한 경우 본죄 성립을 부정하는 견해가 있으나, 본죄의 주체에는 중체포·감금죄를 범한 자가 포함되어 있기 때문에 본죄의 성립을 긍정해야 한다.

본죄가 성립하기 위해서는 체포·감금행위와 상해·사망 사이에 인과관계가 있어야 하고, 상해에 대한 예견가능성(과실) 또는 고의(부진정결과적가중범)와 사망에 대한 예견가능성(과실; 진정결과적가중범)이 있어야 한다. 체포·감금행위의 직접적 결과가 아니라 체포·감금행위에 수반하여 상해·사망의 결과가 발생하면 족하다.

[대판 2000. 2. 11. 99도5286] 시속 약 60km 내지 70km의 속도로 진행하여 피해자를 차량에서 내리지 못하게 하자 피해자가 감금상태를 벗어날 목적으로 차량을 빠져 나오려다가 길바닥에 떨어져 사망한 경우 감금행위와 피해자의 사망 사이에는 상당인과관계가 있으므로 감금치사죄에 해당한다.[1]

---

1) 기타 인과관계를 인정한 판례로, 대판 2002. 10. 11. 2002도4315; 대판 1991. 10. 25. 91도2085.

제 2 절   협박의 죄

Ⅰ. 총   설

1. 의의 및 보호법익

협박죄(제283조)란, 통설에 의하면 사람의 의사결정에 영향을 미칠 수 있는 해악(害惡)을 고지하여 공포심을 느끼게 하는 범죄이고, 판례에 의하면 공포심을 느낄 수 있는 해악을 고지하는 범죄이다. 이러한 차이는 후술하는 것과 같이 기수시기에 대한 견해 차이에서 유래한다.

협박죄의 보호법익은 의사결정의 자유이다. 통설은 협박죄나 강요죄의 미수범을 처벌하는 취지를 고려할 때(제286조, 제324조의5) 보호의 정도는 침해범이라고 한다.[1] 그러나 판례는 위험범이라고 한다(대판 2007. 9. 28. 2007도606 전합).

2. 구성요건체계

협박은 폭행·기망 등과 같이 그 자체가 목적인 경우도 있지만 사람으로 하여금 일정한 행위를 하거나 하지 않도록 하는 수단으로 사용되는 경우가 많다. 즉, 폭행·협박은 강요죄 등의 한 구성부분이다. 그러나 형법은 폭행죄와 같이 협박죄를 독립된 범죄로 규정하고 있다. 이것은 기망 그 자체만을 범죄로 규정하지 않고 기망이 다른 범죄의 수단으로 사용되었을 때(사기죄, 위계에 의한 공무집행방해죄, 업무방해죄 등)만을 벌하는 것과 구별된다.

단순협박죄(제283조 1항)가 협박죄의 기본적 구성요건이다. 존속협박죄(제283조 2항)는 신분관계로 인해 책임이 가중되는 부진정신분범이다. 특수협박죄(제284조)는 행위의 위험성이 커 불법이 가중되는 구성요건이다. 상습협박죄(제285조)는 행위자의 습벽으로 인해 책임이 가중되는 구성요건이다.

협박죄의 미수범은 처벌한다(제286조).

---

[1] 미수범처벌규정이 협박죄를 침해범으로 해석할 논리필연적 근거는 아니다. 협박죄를 추상적 위험범이라고 하고 해악을 고지하면 기수가 된다고 해석하는 것도 가능하기 때문이다. 그러나 미수범처벌규정을 고려한다면 해악을 고지할 때에는 실행행위가 종료하고, 상대방이 공포심을 느낄 때에 기수가 된다고 해석하는 것이 좀더 자연스럽다.

Ⅱ. 단순협박죄

> 제283조(협박) ① 사람을 협박한 자는 3년 이하의 징역 또는 500만원 이하의 벌금, 구류 또는 과료에 처한다.
> ③ 제1항 및 제2항의 죄는 피해자의 명시한 의사에 반하여 공소를 제기할 수 없다.

1. 구성요건

(1) 행위의 객체

협박죄는 사람의 의사결정의 자유를 보호법익으로 하는 범죄로서 자연인만을 그 대상으로 예정하고 있을 뿐 법인은 협박죄의 객체가 될 수 없다(대판 2010. 7. 15. 2010도1017). 해악의 내용을 이해할 수 없는 유아, 정신병자, 만취자, 수면자 등은 협박죄의 객체가 될 수 없다.

(2) 실행행위

협박죄의 실행행위는 협박이다. 통설에 의하면 협박이란 해악을 고지하여 상대방에게 공포심을 느끼게 하는 행위를 말한다. 이에 비해 판례는 상대방에게 공포심을 느낄 만한 해악을 고지하는 행위라고 한다. 폭행이 유형력의 행사라면 협박은 무형력의 행사, 즉 해악의 고지를 기본으로 한다. 그러나 모든 해악의 고지를 협박이라고 하면 협박의 범위가 너무 넓어지기 때문에, 친구에게 동창회에 나오지 않으면 절교하겠다고 하는 것과 같은 경미한 해악의 고지는 협박죄의 구성요건해당성조차 없다고 해야 한다.

[대판 2022. 12. 15. 2022도9187] 민사적 법률관계하에서 이해관계가 상충되는 당사자 사이에 권리의 실현·행사 과정에서 이루어진 상대방에 대한 불이익이나 해악의 고지가 일반적으로 보아 공포심을 일으킬 수 있는 정도로서 협박죄의 '협박'에 해당하는지 여부와 그것이 사회상규에 비추어 용인할 수 있는 정도를 넘어선 것인지 여부를 판단할 때에는, 행위자와 상대방의 관계 및 사회경제적 위상의 차이, 고지된 불이익이나 해악의 내용이 당시 상황에 비추어 이해관계가 대립되는 당사자의 권리 실현·행사의 내용으로 통상적으로 예견·수용할 수 있는 범위를 현저히 벗어난 정도에 이르렀는지, 해악의 고지 방법과 그로써 추구하는 목적 사이에 합리적 관련성이 존재하는지 등 여러 사정을 세심히 살펴보아야 한다.

1) **협박과 폭언**   협박은 해악의 고지를 포함하므로 해악의 고지를 포함하지 않는 폭언이나 분노의 표현은 설사 공포심을 느끼게 한다 하더라도 협박이 될 수 없다.[1]

2) **협박과 경고**   협박이 되기 위해서는 행위자가 직·간접적으로 해악의 발생을 좌우할 수 있어야 한다. "그렇게 살다가는 벼락 맞는다," "조상천도제를 지내지 아니하면 좋지 않은 일이 생긴다"(대판 2002. 2. 8. 2000도3245)라는 말과 같이 행위자가 영향을 미칠 수 없는 해악의 고지는 경고가 될 수 있을 뿐이다.

그러나 행위자가 타인에게 영향을 줄 능력이나 의사가 없어도 상대방으로 하여금 줄 수 있을 것처럼 인식하게 한 경우에는 협박이 될 수 있다.

[대판 1991. 5. 10. 90도2102] 누나의 집에서 갑자기 온 몸에 연소성이 높은 고무놀을 바르고 라이타 불을 켜는 동작을 하면서 이를 말리려는 피해자 등에게 가위, 송곳을 휘두르면서 "방에 불을 지르겠다," "가족 전부를 죽여버리겠다"고 소리친 행위는 협박에 해당된다.

3) **해악고지의 방법**   해악고지의 방법에는 제한이 없다. 작위·부작위, 직접적·간접적 방법, 명시적·묵시적 방법, 다른 사람을 통한 방법, 구두나 서면에 의한 방법, 허무인명의나 익명의 방법, 조건부의 해악고지, 거동만에 의한 해악고지도 가능하다(대판 1975. 10. 7. 74도2727). 그러나 해악의 고지는 적어도 발생가능한 것으로 생각될 수 있는 정도의 구체적인 해악의 고지여야 한다(대판 1998. 3. 10. 98도70; 대판 1995. 9. 29. 94도2187).

또한 피해자 본인이나 그 친족뿐만 아니라 그 밖의 '제3자'에 대한 법익 침해를 내용으로 하는 해악을 고지하는 것이라고 하더라도 피해자 본인과 제3자가 밀접한 관계에 있어 그 해악의 내용이 피해자 본인에게 공포심을 일으킬 만한 정도의 것이라면 협박죄가 성립할 수 있다. 이때 '제3자'에는 자연인뿐만 아니라 법인도 포함된다(대판 2010. 7. 15. 2010도1017).

4) **해악의 내용**   해악의 내용은 생명·신체·자유·프라이버시·명예·재

---

1) 판례에 의하면, 언쟁 중 "입을 찢어 버릴라"라고 한 경우(대판 1986. 7. 22. 86도1140), 경찰관으로부터 반공법위반 혐의사실을 추궁당하고 뺨까지 얻어맞게 되자 술김에 흥분하여 항의조로 "내가 너희들의 목을 자른다. 내 동생을 시켜서라도 자른다"고 한 경우(대판 1972. 8. 29. 72도1565) 협박의사가 있다고 할 수 없다.

산·성적 결정 등 어느 것에 대한 것이든 무방하다. 해악의 내용이 위법할 것을 요하지 않는다. 작위에 의한 해악뿐만 아니라 부작위에 의한 해악도 가능하다.

권리행사를 위한 해악의 고지라도 그것이 어떻게 사용되느냐에 따라 협박이 될 수 있지만, 채무를 이행하지 않으면 형사고소하겠다고 하는 정도는 협박에 해당하지 않는다(대판 1984. 6. 26. 84도648).

5) **형법상의 협박개념**　　폭행과 마찬가지로 형법에는 여러 규정에서 협박이라는 용어가 사용되고 있으므로 그 문맥에 따라 그 내용이 서로 다를 수 있다. 통설은 협박의 개념을 광의, 협의, 최협의로 구분한다.[1] 그러나 판례는 협의의 협박에서도 공포심을 느낄 것을 요하지 않는다고 하므로, 광의의 협박과 협의의 협박을 구별할 필요가 없다.

가. 광의의 협박　　해악을 고지하여 상대방에게 공포심을 느끼게 하는 행위이지만 상대방이 실제로 공포심을 느꼈는가는 범죄성립에 문제되지 않는 경우의 협박을 말한다. 소요죄(제115조), 다중불해산죄(제116조), 공무집행방해죄(제136조 1항) 등에서의 협박이 이에 해당한다.

나. 협의의 협박　　해악을 고지하여 상대방에게 공포심을 느끼게 하는 행위로서 상대방이 공포심을 느껴야 기수에 도달하는 범죄에서의 협박을 말한다. 협박죄(제283조), 공갈죄(제350조)의 협박이 이에 해당한다.

다. 최협의의 협박　　최협의의 협박은 상대방의 반항을 불가능하게 하거나 현저하게 곤란하게 할 정도로 해악을 고지하여 상대방에게 공포심을 느끼게 하는 행위이다. 강도죄(제333조)의 협박은 전자에 해당하고, 강간죄(제297조)의 협박은 후자에 해당한다.

(3) 고　　의

협박죄의 고의가 있기 위해서는 상대방에게 공포심을 일으킬 만한 해악을 고지한다는 것을 의욕 또는 인용하면 되고, 해악을 실제로 실현할 의도나 욕구까지는 필요로 하지 않는다.

2. 위 법 성

(1) 사회통념상 용인될 수 있을 정도의 해악고지

판례는 사회통념상 용인될 수 있는 해악의 고지는 위법성이 조각된다는 취

---

1) 그러나 폭행의 개념과 마찬가지로 협박의 개념도 논리적 일관성이 없다.

지로 판시하고 있다(대판 2011. 5. 26. 2011도2412; 대판 1998. 3. 10. 98도70). 여기에서 사회
통념상 용인될 수 있다는 것은 사회상규에 위배되지 않는다는 의미이다. 그러나
사회통념상 용인될 수 있다는 것의 의미를 협박죄의 구성요건해당성이 없다는 취
지로 사용하기도 한다.

> 판례에 의하면, 피해자에게 여관을 명도해 주든가 명도소송비용을 내놓지
> 않으면 고소하여 구속시키겠다고 말한 것(대판 1984. 6. 26. 84도648), 범인을 붙
> 잡기 위해 수박밭을 지키고 있던 중 마침 같은 마을에 거주하며 피고인과
> 먼 친척 간이기도 한 피해자가 피고인의 수박밭에 들어와 두리번거리는 것
> 을 발견하자 피해자가 수박을 훔치려던 것으로 믿은 나머지 피해자를 훈계
> 하려고 "앞으로 수박이 없어지면 네 책임으로 한다"고 말한 것(대판 1995. 9.
> 29. 94도2187)은 협박이라고 할 수 없다.

(2) 훈계목적의 협박

판례에 의하면, 훈계의 목적으로 해악을 고지한 때에는 정당행위로 위법성이
조각될 수 있지만(대판 1995. 9. 29. 94도2187), 친권자가 스스로의 감정을 이기지 못하
고 야구방망이로 때릴 듯이 피해자에게 "죽여 버린다"고 협박하는 것은 교양권의
행사라고 보기 어려워 위법성이 조각되지 않는다(대판 2002. 2. 8. 2001도6468).

(3) 고   소

다수설은 고소권자가 고소할 의사가 없이 고소하겠다고 한 경우 협박죄가 성
립한다고 한다. 소수설은 고소의사의 유무가 아니라 형사고소라는 수단과 협박이
라는 목적 사이에 내적 관련이 단절되었을 때에는 협박죄가 성립한다고 한다. 판
례도 채무를 변제하지 않으면 피해자의 과거 행적과 사채를 쓴 사실 등을 남편과
시댁에 알리겠다고 한 것은 정당행위가 될 수 없지만(대판 2011. 5. 26. 2011도2412),
채무를 이행하지 않으면 형사고소하겠다고 하는 정도는 협박에 해당하지 않는다
고 한다(대판 1984. 6. 26. 84도648).

실제로 고소할 의사 없이 상대방의 의무이행을 촉구하기 위해 고소하겠다고
하는 것이 위법하다고 할 수 없고, 고소권자가 고소하겠다는 것은 아예 협박죄의
구성요건해당성도 없다고 할 수 있기 때문에 판례와 소수설이 타당하다.

(4) 노동쟁의

노동쟁의에서 쟁의수단으로 파업, 태업 등을 고지한 경우에는 법령에 의한
정당행위로서 위법성이 조각될 수 있다.

(5) 권리행사나 채권추심을 위한 협박

채권추심을 위한 수단으로 협박하는 경우 그것이 사회상규에 위배되지 않으면 위법성이 조각되지만, 사회상규에 위배되는 경우에는 공갈죄나 강요죄가 성립한다(대판 2000. 2. 25. 99도4305; 대판 1996. 9. 24. 96도2151). 이에 대해서는 공갈죄에서 다시 논하기로 한다.

3. 미 수

협박죄의 미수는 벌한다(제286조).

판례에 의하면, 협박죄는 해악을 고지함으로써 상대방이 그 의미를 인식하면 상대방이 현실적으로 공포심을 일으키지 않아도 기수가 된다고 한다(대판 2007. 9. 28. 2007도606 전합 다수의견). 협박죄의 미수란 해악의 고지가 현실적으로 상대방에게 도달하지 아니한 경우나 도달은 하였으나 상대방이 이를 지각하지 못하였거나 고지된 해악의 의미를 인식하지 못한 경우라고 한다(대판 2007. 9. 28. 2007도606 전합).

그러나 협박죄는 침해범으로 보아야 하므로, 일반적으로 사람으로 하여금 공포심을 일으킬 수 있는 정도의 해악의 고지가 상대방에게 도달하여 상대방이 그 의미를 인식하고 나아가 현실적으로 공포심을 일으켰을 때에 비로소 기수에 이른다고 보아야 한다(대판 2007. 9. 28. 2007도606 전합 반대의견).

해악고지 행위를 시작하였으나 종료하지 못한 경우에도 미수가 된다.

4. 죄 수

폭행을 하면서 협박을 하거나 협박을 하면서 폭행을 하는 경우 협박죄가 폭행죄의 법정형보다 무거우므로 협박죄가 폭행죄에 흡수될 수는 없다. 따라서 폭행죄가 협박죄에 흡수되거나 양자는 상상적 경합이라고 해야 한다. 감금을 하기 위해 협박을 한 경우 협박죄는 감금죄에 흡수된다(대판 1982. 6. 22. 82도705).

5. 반의사불벌죄

단순협박죄는 피해자의 명시한 의사에 반하여 공소를 제기할 수 없는 반의사불벌죄이다. 그러나 상습범이거나 2인 이상이 공동하여 협박한 경우로 폭력행위처벌법이 적용되는 경우에는 반의사불벌죄가 아니다.

Ⅲ. 존속협박죄

> 제283조(존속협박) ② 자기 또는 배우자의 직계존속에 대하여 제1항의 죄를 범한 때에는 5년 이하의 징역 또는 700만원 이하의 벌금에 처한다.
> ③ 제1항 및 제2항의 죄는 피해자의 명시한 의사에 반하여 공소를 제기할 수 없다.

존속협박죄는 신분관계로 인해 행위자의 책임이 가중되는 범죄유형이다. 배우자, 직계존속 등의 개념은 존속살해죄에서와 같이 법률상의 개념으로 한정된다. 존속협박죄도 반의사불벌죄이다.

Ⅳ. 특수협박죄

> 제284조(특수협박) 단체 또는 다중의 위력을 보이거나 위험한 물건을 휴대하여 전조 제1항·제2항의 죄를 범한 때에는 7년 이하의 징역 또는 1천만원 이하의 벌금에 처한다.

특수협박죄는 단체 또는 다중의 위력을 보이거나 위험한 물건을 휴대하여 협박하는 행위로 인해 불법이 가중된 범죄유형이다. 단체, 다중, 위력, 위험한 물건, 휴대 등의 의미는 특수상해죄에서와 같다.

특수협박죄는 미수범을 처벌하고(제286조), 반의사불벌죄가 아니다.

Ⅴ. 상습협박죄

> 제285조(상습범) 상습으로 제283조 제1항·제2항 또는 전조의 죄를 범한 때에는 그 죄에 정한 형의 2분의 1까지 가중한다.

상습협박죄는 상습으로 협박·존속협박·특수협박죄를 범함으로써 성립하는 범죄로서, 습벽으로 인해 책임이 가중되는 범죄유형이다.

본죄의 미수범은 처벌되고(제286조), 반의사불벌죄가 아니다.

제3절 약취·유인 및 인신매매의 죄

I. 총 설

1. 보호법익

약취·유인죄는 폭행·협박·기망·유혹 등을 수단으로 사람을 보호받는 상태에서부터 이탈시켜 자기의 실력적 지배하에 두는 범죄이고, 인신매매죄는 자신의 실력적 지배하에 있는 사람을 유상으로 다른 사람의 실력적 지배하로 옮기는 것을 말한다.

약취·유인죄와 인신매매죄의 보호법익은 피해자의 자유와 안전 및 복지이다.

통설, 판례는 미성년자약취·유인죄(제287조)의 보호법익은 일차적으로는 미성년자의 자유와 안전 및 복지이고 부차적으로 친권자 등 보호감독자의 보호감독권이라고 한다(대판 2013. 6. 20. 2010도14328 전합). 미성년자의 동의·승낙이 있더라도 보호감독자의 동의·승낙이 없는 경우에는 동범죄가 성립한다고 해야 하기 때문이다.

약취·유인죄의 보호의 정도는 침해범이다.

2. 구성요건체계

2013년 개정형법은 우리나라가 서명한 국제연합 '인신매매방지의정서'의 국내적 이행을 위해 본장을 다음과 같이 개정하였다.

첫째, 장(章)명을 '약취와 유인의 죄'에서 '약취, 유인 및 인신매매의 죄'로 변경하고 인신매매 관련 처벌조항을 신설하였다.

둘째, '추행, 간음, 결혼, 영리, 국외이송 목적' 외에도 '노동력 착취, 성매매와 성적 착취, 장기적출' 등 신종범죄를 목적으로 하는 경우를 추가하였다.

셋째, 결과적가중범을 신설하되 상해와 치상, 살인과 치사 등의 법정형을 구분하여 책임주의에 부합하도록 하였다.

넷째, 종래 방조범 형태로 인정되던 약취, 유인, 인신매매 등을 위하여 사람을 모집, 운송, 전달하는 행위를 독자적인 구성요건으로 규정하였다.

다섯째, 결혼목적 약취·유인죄, 상습범 및 친고죄에 관한 규정을 삭제하였다.

여섯째, 세계주의 규정을 도입하였다.

약취 · 유인죄는 미성년자약취 · 유인죄(제287조), 추행 · 간음 등 목적 약취 · 유인죄(제288), 인신매매죄(제289조), 약취 · 유인 · 매매 등 상해 · 치상죄(제290조), 약취 · 유인 · 매매 등 살인 · 치사죄(제291조), 피약취 · 유인 · 매매자 등 수수 · 은닉죄(제292조)로 구성되어 있다.

약취 · 유인죄는 불법한 실력적 지배의 창설이고 인신매매죄는 불법한 실력적 지배의 이전이므로 양자는 독립된 범죄이다.

성인약취 · 유인죄와 미성년자약취 · 유인죄는 목적을 기준으로 하면 전자와 후자가, 객체를 기준으로 하면 후자와 전자가 특별 대 일반의 관계에 있다.

따라서 첫째, 행위객체가 미성년자인 경우 미성년자약취 · 유인죄(제287조)가 기본적 구성요건이고, 영리 등 목적 약취 · 유인죄(제288조)는 불법이 가중되는 구성요건이다.

둘째, 행위객체가 성인인 경우에는 추행, 간음 등 목적 약취 · 유인죄(제288조 1항)가 기본적 구성요건이다. 노동력착취, 국외이송 등 목적의 약취 · 유인죄(제288조 2, 3항) 및 피인취자 국외이송죄(제288조 3항)는 각각 불법이 가중되는 구성요건이다.

인신매매죄의 기본적 구성요건은 단순인신매매죄(제289조 1항)이다. 추행 · 간음 등 목적 인신매매죄(제289조 2항), 노동력착취 · 성매매 등 목적 인신매매죄(제289조 3항), 국외이송 목적 인신매매죄는 목적으로 인해 불법이 점차 가중되는 구성요건이다. 피매매자 국외이송죄(제289조 4항)는 독립된 구성요건이다.

약취 · 유인 · 매매 · 이송 등 상해죄(제290조 1항)는 약취 · 유인 등 죄와 상해죄의 결합범이고, 약취 · 유인 · 매매 · 이송 등 치상죄(제290조 2항)는 약취 · 유인 등 죄와 과실치상죄가 결합되어 있는 진정결과적 가중범이다. 약취 · 유인 · 매매 · 이송 등 살인죄(제291조 1항)는 약취 · 유인 등 죄와 살인죄의 결합범이고, 약취 · 유인 · 매매 · 이송 등 치사죄(제291조 2항)는 약취 · 유인 등 죄와 과실치사죄가 결합된 진정 결과적 가중범이다.

피인취자 등 수수 · 은닉 등 죄 및 약취 · 유인 등 목적 모집 · 운송 등 죄(제292조)는 약취 · 유인 등 죄의 방조범적 성격의 범죄를 독립적 범죄로 규정한 것이다.

약취 · 유인 등 치사상죄 및 약취 · 유인 등 목적 모집 · 운송 등 죄(제292조 2항)의 죄를 제외한 나머지 죄의 미수범(제294조)과 예비 · 음모죄는 처벌한다(제296조). 미성년자약취 · 유인죄와 약취 · 유인 등 목적 모집 · 운송 등 죄(제292조 2항)를 제외한 나머지 죄 및 그 미수범에 대해서는 벌금을 병과할 수 있다.

약취·유인 등 살인·치사죄를 제외한 본 장의 죄 및 그 미수범에 대해서는 석방감경규정이 있다(제295조의2).

본 장의 죄에 대해서는 외국인이 외국에서 외국인에 대해 범한 죄에도 우리 형법이 적용된다(제296조의2; 세계주의).

특가법은 일정한 목적의 미성년자 약취·유인의 죄를 가중처벌한다(제5조의2).

Ⅱ. 미성년자약취·유인죄

> 제287조(미성년자의 약취·유인) 미성년자를 약취 또는 유인한 자는 10년 이하의 징역에 처한다.

1. 보호법익

통설, 판례에 의하면 미성년자약취·유인죄의 보호법익은 미성년자의 자유와 보호감독자의 보호감독권이다. 보호의 정도는 침해범이다.

2. 구성요건

(1) 행위의 주체

본죄의 주체는 당해 미성년자를 제외한 모든 사람이다. 따라서 미성년자의 보호감독자도 주체가 될 수 있으나(대판 2008. 1. 31. 2007도8011[1]); 대판 2021. 9. 9. 2019도16421), 정당한 보호감독자의 위임을 받은 사람이 다른 보호감독자의 인도요구를 거부한 때에는 본죄가 성립하지 않는다(대판 1974. 5. 28. 74도840).

[대판 2013. 6. 20. 2010도14328 전합[2]] 부모가 이혼하였거나 별거하는 상황에서 미성년의 자녀를 부모의 일방이 평온하게 보호·양육하고 있는데, 상대방 부모가 폭행, 협박 또는 불법적인 사실상의 힘을 행사하여 그 보호·양육 상태를 깨뜨리

---

1) 외조부가 맡아서 양육해 오던 미성년인 자(子)를 자의 의사에 반하여 사실상 자신의 지배 하에 옮긴 친권자에 대하여 미성년자 약취·유인죄를 인정한 사례.
2) 베트남 국적 여성인 피고인이 남편의 의사에 반하여 생후 약 13개월 된 자녀를 주거지에서 데리고 나와 베트남의 친정으로 데리고 간 행위가 약취에 해당되지 않는다고 한 판결이다.

고 자녀를 탈취하여 자기 또는 제3자의 사실상 지배하에 옮긴 경우, 그와 같은
행위는 특별한 사정이 없는 한 미성년자에 대한 약취죄를 구성한다고 볼 수 있
다. 그러나 이와 달리 미성년의 자녀를 부모가 함께 동거하면서 보호·양육하여
오던 중 부모의 일방이 상대방 부모나 그 자녀에게 어떠한 폭행, 협박이나 불법
적인 사실상의 힘을 행사함이 없이 그 자녀를 데리고 종전의 거소를 벗어나 다른
곳으로 옮겨 자녀에 대한 보호·양육을 계속하였다면, 그 행위가 보호·양육권의
남용에 해당한다는 등 특별한 사정이 없는 한 설령 이에 관하여 법원의 결정이나
상대방 부모의 동의를 얻지 아니하였다고 하더라도 그러한 행위에 대하여 곧바로
형법상 미성년자에 대한 약취죄의 성립을 인정할 수는 없다.

(2) 행위의 객체

행위의 객체는 미성년자이다. 미성년자란 만 19세 미만의 자를 말한다. 민법
상 성년으로 의제되는 혼인한 미성년자가 본죄의 객체가 되는가에 대해 부정설이
있으나 민법과 형법상의 목적이 반드시 일치하는 것은 아니므로 긍정설(다수설)이
타당하다.

(3) 실행행위

1) 약취 또는 유인   본죄의 실행행위는 약취 또는 유인이다. 약취란 폭
행 또는 협박 또는 불법적인 사실상의 힘을, 유인이란 기망 또는 유혹의 수단을
사용하는 것을 말한다. '사실상의 힘'은 폭행 또는 협박에 준하여 형법의 규율 대
상이 될 만한 불법성을 갖춘 것이어야 한다(대판 2013. 6. 20. 2010도14328 전합). 폭행·
협박은 상대방의 반항을 억압할 정도일 필요는 없고(대판 1991. 8. 13. 91도1184; 대판
1990. 2. 13. 89도2558), 유혹의 내용이 허위일 것도 요하지 않는다(대판 2007. 5. 11. 2007
도2318; 대판 1996. 2. 27. 95도2980).

구체적 사건에서 어떤 행위가 약취에 해당하는지 여부는 행위의 목적과 의
도, 행위 당시의 정황, 행위의 태양과 종류, 수단과 방법, 피해자의 상태 등 관련
사정을 종합하여 판단한다(대판 2013. 6. 20. 2010도14328 전합).

미성년자뿐만 아니라 보호감독자에 대해 폭행·협박, 기망·유혹 등이 행사
되거나 부작위에 의해 이루어진 경우에도 본죄가 성립할 수 있다.

2) 보호관계에서의 이탈 및 사실적 지배   본죄가 성립하기 위해서는 미
성년자를 자유로운 생활관계 또는 보호관계에서 이탈시켜 자신 또는 제3자의 사
실적 지배하에 옮기는 행위를 말하고, 여기서 사실적 지배란 미성년자에 대한 물

리적 · 실력적 지배관계를 의미한다(대판 1998. 5. 15. 98도690). 판례 및 다수설에 의하면 장소적 이전을 요하지 않는다.

[대판 2008. 1. 17. 2007도8485] 형법 제287조에 규정된 약취행위는 폭행 또는 협박을 수단으로 하여 미성년자를 그 의사에 반하여 자유로운 생활관계 또는 보호관계로부터 이탈시켜 범인이나 제3자의 사실상 지배하에 옮기는 행위를 말하는 것이다. 물론, 여기에는 미성년자를 장소적으로 이전시키는 경우뿐만 아니라 장소적 이전 없이 기존의 자유로운 생활관계 또는 부모와의 보호관계로부터 이탈시켜 범인이나 제3자의 사실상 지배하에 두는 경우도 포함된다고 보아야 한다.
   미성년자 혼자 머무는 주거에 침입하여 강도 범행을 하는 과정에서 미성년자와 그 부모에게 폭행 · 협박을 가하여 일시적으로 부모와의 보호관계가 사실상 침해 · 배제되었더라도, 미성년자가 기존의 생활관계로부터 완전히 이탈되었다거나 새로운 생활관계가 형성되었다고 볼 수 없고 범인의 의도도 위와 같은 생활관계의 이탈이 아니라 단지 금품 강취를 위한 반항 억압에 있었으므로, 형법 제287조의 미성년자약취죄가 성립하지 않는다고 한 사례(형법 제336조 인질강도죄가 성립할 수 있다는 취지).

(4) 고의 및 목적

본죄의 고의가 성립하기 위해서는 미성년자, 폭행 · 협박, 기망 · 유혹 등의 사용, 보호관계에서의 이탈 및 자기 또는 제3자의 실력적 지배하로 이전 등에 대한 의욕 또는 인용이 필요하다. 추행 · 간음 등 제288조의 목적이 있는 경우에는 본죄가 아니라 제288조의 죄가 성립한다. 기타 미성년자의 안전을 염려하는 자의 우려를 이용하여 재물이나 재산상의 이익을 취득할 목적이나 미성년자를 살해할 목적이 있는 경우에는 특가법 제5조의2 제1항이 적용된다.

3. 위 법 성

미성년자와 보호감독자의 승낙이 있는 경우 본죄의 구성요건해당성이 없다는 견해(다수설)와 위법성이 조각된다는 견해가 있다. 보호감독자가 미성년자를 다른 사람에게 보호위탁한 경우 약취나 유인이라고 할 수 없기 때문에 전자가 타당하다.

미성년자의 승낙이 있더라도 보호감독자의 의사에 반할 때에는 본죄의 위법성이 조각되지 않는다(대판 1982. 4. 27. 82도186).

4. 미   수

본죄의 미수는 처벌한다(제294조). 본죄의 실행의 착수시기는 폭행·협박 또는 기망·유혹을 개시한 시기이고, 기수시기는 미성년자를 자신 또는 제3자의 실력적 지배하에 둔 후 어느 정도의 시간이 흐른 때이다. 실력적 지배하에 둔 직후 미성년자가 탈출한 경우에는 기수라기보다는 미수라고 해야 하기 때문이다. 구형법은 본죄의 예비·음모를 처벌하지 않았으나 현행형법은 본죄의 예비·음모를 처벌한다(제296조).

본죄의 성격에 대해 상태범설과 계속범설(다수설 및 판례)이 대립한다. 상태범설에 의하면 본죄의 기수가 된 이후에는 공범이 성립할 수 없고, 공소시효의 기산점도 기수시기이다. 계속범설에 의하면 기수 이후 미성년자가 실력적 지배하에서 벗어난 때에 본죄가 종료하므로 기수 이후 종료 전까지 공범이 성립할 수 있고, 공소시효의 기산점도 종료시기이다. 미성년자를 실력적 지배하에 두고 있는 한 법익침해행위가 계속되고 있다고 보아야 하므로 계속범설이 타당하다.

5. 공   범

본죄는 계속범이므로 약취·유인행위에는 가담하지 않고 기수 이후 실력적 지배에만 가담한 경우에도 본죄의 공범이 될 수 있다.

[대판 1982. 11. 23. 82도2024]   타인이 미성년자를 약취·유인한 행위에는 가담한 바 없다 하더라도 사후에 그 사실을 알면서 약취·유인한 미성년자의 부모 기타 그 미성년자의 안전을 염려하는 자의 우려를 이용하여 재물이나 재산상의 이익을 취득하거나 요구하는 타인의 행위에 가담하여 이를 방조한 때에는 단순히 재물 등 요구행위의 종범이 되는 데 그치는 것이 아니라 결합범인 위 특가법 제5조의2 제2항 제1호 위반죄의 종범에 해당한다.[1)]

6. 죄   수

미성년자를 유인한 자가 계속하여 미성년자를 불법하게 감금하였을 때에는

---

1) 다만, 이 사례에서는 이미 미성년자가 사망하여 약취·유인죄가 종료된 이후 피고인이 범행에 가담하였으므로 특가법 제5조의2 제2항 제1호 위반죄의 종범은 성립할 수 없다고 해야 하므로, 판례의 입장은 타당하지 않다.

미성년자유인죄 이외에 감금죄가 별도로 성립한다(대판 1998. 5. 26. 98도1036). 재물강취의 목적으로 미성년자를 유인하려다가 미수에 그친 후 다시 약취·유인하여 살해하고 부모로부터 재물을 강취하려고 한 경우 위 각 범행은 경합범관계에 있다(대판 1983. 1. 18. 82도2761). 미성년자를 약취한 후 강간 목적으로 피해자에게 가혹한 행위 및 상해를 가하고 나아가 그 피해자에 대한 강간 및 살인미수를 범한 경우 특가법 제5조의2 제2항 제3호 위반죄와 성폭력특례법상의 미성년자강간죄(제7조 1항), 미성년자강간살해미수죄(제9조 1항, 제14조)는 실체적 경합범 관계에 있다(대판 2014. 2. 27. 2013도12301).

7. 형   벌

본죄의 기수범 및 미수범에 대해서는 세계주의(제296조의2) 및 석방감경(제295조의2) 규정이 적용된다. 안전한 장소로 풀어주면 족하고 자의성이나 특별한 동기·목적을 요하지 않는다.

Ⅲ. 추행·간음·결혼·영리목적 약취·유인죄

제288조(추행 등 목적 약취, 유인 등) ① 추행, 간음, 결혼 또는 영리의 목적으로 사람을 약취 또는 유인한 사람은 1년 이상 10년 이하의 징역에 처한다.

1. 구성요건

(1) 행위의 객체

본죄의 객체는 사람이다. 부녀자 등에 국한되지 않고 남녀노소를 불문한다. 미성년자를 약취·유인한 경우에도 추행·간음·영리의 목적이 있는 경우에는 미성년자약취·유인죄가 아니라 본죄가 성립한다.

(2) 주관적 구성요건

본죄는 고의 이외에 초과주관적 구성요건요소로서 추행·간음·결혼 또는 영리의 목적이 있어야 성립하는 범죄이다. 따라서 본죄는 미성년자를 대상으로 한 경우에는 부진정목적범이고, 성년자를 대상으로 할 경우에는 진정목적범이라고 할 수 있다.

추행의 목적이란 피해자에게 성적 수치심을 일으키는 행위를 하도록 하거나 그 대상이 되도록 하려는 목적을 말한다. 간음의 목적이란 결혼을 하지 않고 성행위를 할 목적을 말한다. 구형법에서 결혼목적이 있는 경우에는 형을 감경하는 규정을 두었으나, 이는 전근대적 태도라는 비판에 따라 현행형법은 간음목적 등과 동일한 형벌을 규정하였다. 결혼의 의미에 대해 법률혼설, 사실혼설, 법률혼 및 사실혼설(다수설) 등이 대립하지만, 법률혼 및 사실혼설이 타당하다. 법률혼설에 의하면 본죄의 취지가 무색해지기 때문이다. 영리의 목적이란 자기 또는 제3자로 하여금 재물이나 재산상의 이익을 취득하게 할 목적을 말한다. 적극적으로 재산상의 이익을 취득하는 경우뿐만 아니라 소극적으로 채무를 면제받는 경우도 포함되고 일시적이든 계속적이든 상관없다.

추행, 간음, 결혼, 영리행위는 행위자 본인이 아니라 제3자가 하여도 상관없다.

피인취자를 인질로 삼아 재물 또는 재산상의 이익을 취득할 목적으로 약취·유인한 경우 인질강도죄(제336조)가 성립한다는 견해와 본죄가 성립한다는 견해가 대립한다. 영리란 강취에 이를 것을 요하지 않는다. 이에 비해 인질로 삼아 재물을 취득하는 것은 강취라고 할 수 있으므로 이때에는 인질강도죄가 성립한다는 통설이 타당하다.

2. 미　　수

본죄의 미수는 처벌한다(제294조). 본죄의 기수시기는 피해자를 자신 또는 제3자의 실력적 지배하에 둔 때이고, 목적의 달성 여부는 기수시기에 영향을 미치지 않는다. 구형법은 본죄의 예비·음모를 처벌하지 않았으나 현행형법은 본죄의 예비·음모를 처벌한다(제296조).

3. 공　　범

본죄의 목적이 없는 자가 본죄의 목적이 있는 자를 교사하여 미성년자에 대하여 본죄를 범하게 한 경우 목적을 신분이 아니라 주관적 불법요소로 보는 통설에 의하면 제33조는 적용되지 않고 제31조가 적용되어 미성년자 약취·유인죄(성인이 객체인 경우 폭행·협박죄)의 교사범이 될 수 있을 뿐이다. 그러나 목적을 신분으로 파악하는 판례에 의하면 제33조가 제31조에 우선 적용되어 제33조 본문에 의해 본죄의 교사범의 죄책을 지지만 제33조 단서에 의해 미성년자 약취·유인죄(성인이 객체인 경우 폭행·협박죄)의 교사범으로 처벌된다.

본죄의 목적이 있는 자가 본죄의 목적이 없는 자를 교사하여 미성년자약취·유인죄를 범하게 한 경우 통설에 의하면 제31조가 적용되어 미성년자약취·유인죄(성인이 객체인 경우 폭행·협박죄)의 교사범의 죄책을 질 수 있을 뿐이다. 그러나 판례에 의하면 제33조가 적용되어 영리 목적 약취·유인죄의 교사범으로 처벌된다.

4. 형   벌

구형법에서는 추행·간음·결혼 목적 약취·유인죄 등을 친고죄로 규정하고 상습범처벌규정을 두었으나 현행형법은 친고죄와 상습범규정을 모두 폐지하였다.

본죄의 기수범 및 미수범에 대해서는 벌금병과(제295조), 세계주의(제296조의2) 및 석방감경(제295조의2) 규정이 적용된다.

Ⅳ. 노동력착취·성매매와 성적 착취·장기적출·국외이송 목적 약취·유인죄

제288조(추행 등 목적 약취, 유인 등) ② 노동력 착취, 성매매와 성적 착취, 장기적출을 목적으로 사람을 약취 또는 유인한 사람은 2년 이상 15년 이하의 징역에 처한다.
③ 국외에 이송할 목적으로 사람을 약취 또는 유인하거나 약취 또는 유인된 사람을 국외에 이송한 사람도 제2항과 동일한 형으로 처벌한다.

본죄의 객체는 사람이다. 본죄의 목적이 있는 경우에는 미성년자를 약취·유인해도 본죄가 성립한다.

노동력착취란 강제로 노동을 하게 하는 것을 말하고, 대가를 제공하더라도 강제적인 경우에는 노동력착취가 될 수 있다. 성매매란 불특정인을 상대로 금품이나 그 밖의 재산상의 이익을 수수하거나 수수하기로 약속하고 성교행위 또는 유사 성교행위를 하거나 그 상대방이 되는 것을 말한다. 성적 착취란 강제로 성매매 이외에 성적 행위를 하도록 하는 것을 말하고, 대가의 제공여부는 문제되지 않는다.

장기적출이란 사람의 신체로부터 장기를 분리하여 신체 밖으로 꺼내는 것을 말한다. 이식을 목적으로 할 필요는 없다. 장기란 신장·간장·췌장·심장·폐·위장·십이지장·소장·대장·비장 등 내장과 골수·안구·췌도(膵島)와 같은 조직을 말한다(「장기 등 이식에 관한 법률」 제4조 1호). 국외이송이란 대한민국 영역 내에서 대한민국의 영역 외로 옮기는 것을 말한다. 통설에 의하면 외국에서 외국으로 이송하는 것과 외국에서 우리나라에 옮기는 것은 국외이송 목적에 포함되지 않는다.

목적의 달성여부는 본죄의 성립에 영향을 미치지 않는다.

본죄의 미수범(제294조) 및 예비·음모는 처벌한다(제296조).

본죄의 기수범 및 미수범에 대해서는 벌금병과(제295조), 세계주의(제296조의2) 및 석방감경(제295조의2) 규정이 적용된다.

Ⅴ. 피인취(약취·유인)자 국외이송죄

> 제288조(추행 등 목적 약취, 유인 등) ③ 국외에 이송할 목적으로 사람을 약취 또는 유인하거나 약취 또는 유인된 사람을 국외에 이송한 사람도 제2항과 동일한 형으로 처벌한다.

1. 구성요건

본죄의 객체는 약취·유인된 사람이다. 국외이송을 목적으로 약취·유인된 사람일 필요가 없다. 본죄의 실행행위는 국외이송이다. 국외이송의 개념은 앞에서 본 것과 같다.

2. 미수, 죄수 및 형벌

본죄의 미수(제294조) 및 예비 또는 음모(제296조)는 처벌한다. 본죄의 기수시기는 약취·유인 또는 매매된 자를 대한민국 영역 외로 내보낸 시점이다.

국외이송의 목적으로 사람을 약취·유인한 자가 본죄를 범한 경우 포괄일죄설, 상상적 경합설 및 실체적 경합설 등이 있으나 양자는 목적과 수단의 관계에 있으므로 포괄일죄설이 타당하다.

본죄의 기수범 및 미수범에 대해서는 벌금병과(제295조), 세계주의(제296조의2) 및 석방감경(제295조의2) 규정이 적용된다.

VI. 인신매매죄

> **제289조(인신매매)**   ① 사람을 매매한 사람은 7년 이하의 징역에 처한다.

1. 구성요건

(1) 행위의 주체

본죄의 주체에는 제한이 없으므로 보호감독자도 본죄의 주체가 될 수 있다. 매도죄와 매수죄는 모두 처벌되므로, 양자는 필요적 공범 중 대향범이다. 따라서 매도인과 매수인 사이에서는 형법총칙의 공범규정이 적용되지 않는다.

(2) 행위의 객체

본죄의 객체는 사람이다. 구형법에서는 부녀에 한정하였으나 현행형법은 사람으로 개정하였다. 성년 · 미성년, 기혼 · 미혼, 내 · 외국인을 불문한다.

매매자의 실력적 지배가 인정되어 피해자가 보호를 호소하기를 단념할 상태이면 족하고 피해자에게 법질서의 보호를 호소할 능력이 있었느냐는 문제되지 않는다(대판 1992. 1. 21. 91도1402 전합).

(3) 실행행위

실행행위는 매매이다. 매매란 매도와 매수를 포함하는 개념으로 대가를 수수하고 자신의 실력적 지배하에 있는 사람을 상대방의 실력적 지배하로 옮기거나, 상대방의 실력적 지배하에 있는 사람을 자신의 실력적 지배하로 옮기는 것을 말한다. 교환은 매매에 포함된다고 할 수 있지만, 대가의 수수가 없으면 매매라고 할 수 없다. 피해자에 대한 실력적 지배가 없는 상태에서는 매매가 이루어져도 본죄가 성립하지 않는다.

(4) 주관적 구성요건

본죄는 목적범이 아니다. 따라서 자신 또는 상대방의 실력적 지배하에 있는 사람을 매매한다는 의욕 또는 인용이 있으면 본죄가 성립할 수 있다.

2. 미   수

본죄의 미수(제294조) 및 예비 · 음모는 벌한다(제296조). 매매계약을 체결한 상태에서는 본죄의 기수라고 할 수 없고 피해자에 대한 실력적 지배의 이전이 있어

야 기수가 된다. 실력적 지배의 이전이 있으면 족하고 이후 현실적으로 대가를
수수했는가는 기수에 영향을 미치지 않는다.

3. 형   벌

본죄의 기수범 및 미수범에 대해서는 벌금병과(제295조), 세계주의(제296조의2)
및 석방감경(제295조의2) 규정이 적용된다.

Ⅶ. 추행·간음·결혼·영리 목적 인신매매죄, 노동력착취·성매매와 성적 착취·장기적출·국외이송 목적 인신매매죄 및 피매매자 국외이송죄

> 제289조(인신매매)   ② 추행, 간음, 결혼 또는 영리의 목적으로 사람을 매매한
> 사람은 1년 이상 10년 이하의 징역에 처한다.
> ③ 노동력 착취, 성매매와 성적 착취, 장기적출을 목적으로 사람을 매매한 사람
> 은 2년 이상 15년 이하의 징역에 처한다.
> ④ 국외에 이송할 목적으로 사람을 매매하거나 매매된 사람을 국외로 이송한
> 사람도 제3항과 동일한 형으로 처벌한다.

본죄의 사람, 매매, 국외이송, 추행·간음·결혼·영리, 노동력착취·성매매와
성적 착취·장기적출·국외이송 목적의 개념은 앞에서 본 것과 같다.
본죄의 미수(제294조) 및 예비·음모는 벌한다(제296조).
본죄의 기수범 및 미수범에 대해서는 벌금병과(제295조), 세계주의(제296조의2)
및 석방감경(제295조의2) 규정이 적용된다.

Ⅷ. 약취·유인·매매·이송 등 상해·치상죄

> 제290조(약취, 유인, 매매, 이송 등 상해·치상)   ① 제287조부터 제289조까지
> 의 죄를 범하여 약취, 유인, 매매 또는 이송된 사람을 상해한 때에는 3년 이상
> 25년 이하의 징역에 처한다.
> ② 제287조부터 제289조까지의 죄를 범하여 약취, 유인, 매매 또는 이송된 사람
> 을 상해에 이르게 한 때에는 2년 이상 20년 이하의 징역에 처한다.

1. 개념 및 법적 성격

약취 · 유인 · 매매 · 이송 등 상해 · 치상죄는 제287조부터 제289조까지의 죄(미성년자약취 · 유인죄, 추행 · 간음등 목적 약취 · 유인죄, 노동력착취 목적등 약취 · 유인죄, 국외이송 목적등 약취 · 유인죄, 피인취자 국외이송죄, 인신매매죄, 추행 · 간음등 목적 인신매매죄, 노동력착취 목적등 인신매매죄, 국외이송 목적등 인신매매죄, 피매매자 국외이송죄)와 고의 상해죄가 결합된 결합범 또는 과실치상죄가 결합되어 있는 진정결과적가중범이다.

2. 구성요건

본죄의 주체는 제287조부터 제289조까지의 죄를 범한 자이다. 형법해석의 엄격성원칙상 이들 범죄의 기수범에 국한되고 미수범은 포함되지 않는다. 입법상의 오류로서 미수범이 포함될 수 있도록 개정해야 한다.

기본범죄와 상해의 결과 사이에 인과관계(및 객관적 귀속)가 인정되어야 하고, 상해에 대해 고의가 있거나 예견가능성이 있어야 한다.

3. 미수 및 형벌

상해에 대해 고의가 있는 경우에는 미수와 예비 · 음모를 벌하지만, 상해에 대해 과실이 있는 경우에는 미수와 예비 · 음모를 벌하지 않는다(제294조, 제296조).

본죄의 기수범 및 미수범에 대해서는 벌금병과(제295조), 세계주의(제296조의2) 및 석방감경(제295조의2) 규정이 적용된다.

Ⅸ. 약취 · 유인 · 매매 · 이송 등 살인 · 치사죄

제291조(약취, 유인, 매매, 이송 등 살인 · 치사) ① 제287조부터 제289조까지의 죄를 범하여 약취, 유인, 매매 또는 이송된 사람을 살해한 때에는 사형, 무기 또는 7년 이상의 징역에 처한다.
② 제287조부터 제289조까지의 죄를 범하여 약취, 유인, 매매 또는 이송된 사람을 사망에 이르게 한 때에는 무기 또는 5년 이상의 징역에 처한다.

본죄는 제287조부터 제289조까지의 죄와 고의 살인죄가 결합된 결합범 또는 과실치사죄가 결합되어 있는 진정결과적가중범이다.

본죄의 주체, 성립요건, 미수 및 형벌 등은 약취 · 유인 · 매매 · 이송 등 상해 · 치상죄에서와 같다.

X. 피약취 · 유인 · 매매 · 이송자 수수 · 은닉죄 및 약취 · 유인 · 매매 · 이송 목적 모집 · 운송 · 전달죄

제292조(약취, 유인, 매매, 이송된 사람의 수수 · 은닉 등) ① 제287조부터 제289조까지의 죄로 약취, 유인, 매매 또는 이송된 사람을 수수(授受) 또는 은닉한 사람은 7년 이하의 징역에 처한다.
② 제287조부터 제289조까지의 죄를 범할 목적으로 사람을 모집, 운송, 전달한 사람도 제1항과 동일한 형으로 처벌한다.

1. 법적 성격

수수 · 은닉죄(제1항)는 약취 · 유인, 매매, 국외이송죄의 방조범 내지 사후방조범적 성격을 지닌 행위를 독립된 범죄로 규정한 것이다. 따라서 본죄와 형법 제32조는 특별 대 일반의 관계에 있다고 할 수 있다.

모집 · 운송 · 전달죄(제2항)는 약취 · 유인, 매매, 국외이송죄의 예비의 성격을 지닌 행위를 독립된 범죄로 규정한 것이다.

2. 구성요건

제1항의 수수(授受)에 대해, 통설은 약취 · 유인 · 매매 · 이송된 사람을 자기의 실력적 지배하에 두는 것이라고 한다. 그러나 수수(授受, 주고받는 것)는 수수(收受, 받아들이는 것)가 아니므로 타인의 실력적 지배로 옮기는 것과 자기의 실력적 지배하에 두는 것 모두를 의미한다고 해야 한다. 은닉이란 약취 · 유인 · 매매 · 이송된 자의 발견을 어렵게 하는 일체의 행위를 말한다.

제2항의 죄의 객체는 사람이다. 여기에서 사람이란 약취 · 유인 · 매매 · 이송할 사람이 아니라 약취 · 유인 · 매매 · 이송될 사람을 의미한다. 모집이란 일정한 조건하에 널리 알려 뽑아 모으는 것을 말한다. 운송이란 교통기관을 이용하여 장소적으로 이동시키는 것을 말한다. 전달이란 자신의 지배하에 있는 사람을 다른 사람의 지배하로 옮기는 것을 말한다.

3. 미수 및 형벌

제1항의 죄의 미수(제294조)와 예비·음모는 처벌한다(제296조). 그러나 제2항의 죄는 예비적 성격의 범죄이므로 미수도 예비·음모도 처벌하지 않는다(제294조).

제1항의 죄의 기수범 및 미수범에 대해서는 벌금병과(제295조), 세계주의(제296조의2) 및 석방감경(제295조의2) 규정이 적용된다.

제2항의 죄에 벌금을 병과할 수는 없으나, 세계주의(제296조의2) 및 석방감경(제295조의2) 규정이 적용된다.

제 4 절 강요의 죄

Ⅰ. 총   설

1. 보호법익

강요죄(제324조)는 폭행 또는 협박으로 사람의 권리행사를 방해하거나 의무없는 일을 하게 하는 범죄이다. 구형법에서는 강요죄의 제목을 '폭력에 의한 권리행사방해죄'라고 하였으나 1995년 개정형법은 이를 강요죄로 고쳤다.

강요죄의 보호법익은 의사활동 내지 행위결정의 자유이다. 미수범을 처벌하므로(제324조의5), 보호의 정도는 침해범이라고 하는 것이 자연스럽다(대판 1993. 7. 27. 93도901). 중강요죄에서는 사람의 생명도 보호법익이 된다. 강요상해·치상죄에서는 신체의 온전성, 강요살인·치사죄에서는 사람의 생명도 보호법익이 된다.

2. 강요죄의 체계상 지위

형법은 제37장 권리행사방해의 죄에서 강요죄를 규정하고 있으나, 재산범죄인 권리행사방해죄와 자유에 대한 죄인 강요죄를 함께 규정한 것은 체계상 문제가 있다. 강요죄는 다른 사람에게 일정한 행위를 강요하는 범죄 중 가장 기본적인 형태의 범죄이고, 체포·감금죄, 약취죄, 강간죄, 강도죄, 공갈죄 등은 특수한 형태의 강요죄라고 할 수 있다. 따라서 강요죄를 협박죄와 같은 장(章)에서 규정하거나 협박죄 다음 장(章)에 규정하고, 그 다음 장에서 체포·감금죄를 규정하는

것이 바람직하다.[1]

   1995년 개정형법은 국내외적으로 테러조직이나 범죄조직들에 의한 인질범죄
가 증가함에 따라 이에 대처하기 위해 인질강요죄(제324조의2), 인질상해·치상죄
(제324조의3), 인질살해·치사죄(제324조의4) 및 미수범처벌규정(제324조의5)과 인질석
방감경규정(제324조의6)을 신설하였다. 2016년 개정형법은 단순강요죄(제324조 1항)에
3천만원 이하의 벌금형을 추가하고, 특수강요죄(제324조 2항)를 신설하였다.

3. 구성요건체계

   강요죄의 기본적 구성요건은 단순강요죄(제324조)이다. 특수강요죄(제324조 2항)
는 행위방법의 위험성이 큼으로 인해, 중강요죄(제326조)는 생명에 대한 구체적 위
험발생으로 인해 불법이 가중된 범죄유형으로서, 부진정결과적 가중범이다.

   인질강요죄(제324조의2)는 체포·감금죄 또는 약취·유인죄와 강요죄의 결합범
으로 불법이 가중된 범죄유형이다. 인질강요상해죄(제324조의3)와 인질강요살해죄
(제324조의4)는 인질강요죄와 상해죄 및 살인죄의 결합범이고, 인질강요치사상죄는
인질강요죄와 과실치사상죄가 결합된 진정결과적 가중범이다.

   강요죄 및 인질강요죄, 인질강요상해죄, 인질강요살해죄의 미수는 벌하고(제
324조의5), 이 죄들에는 석방감경규정(제324조의6)이 적용된다.

Ⅱ. 단순강요죄

> 제324조(강요) ① 폭행 또는 협박으로 사람의 권리행사를 방해하거나 의무없는
>   일을 하게 한 자는 5년 이하의 징역 또는 3천만원 이하의 벌금에 처한다.

1. 구성요건

(1) 행위의 객체

   강요죄의 객체는 사람, 그 중에서도 권리행사나 의무있는 일을 할 수 있는
일반적 능력이 있는 사람이다. 따라서 만취자, 정신병자, 유아, 수면자 등은 객체
가 될 수 없다.

---

1) 1992년도의 형법개정법률안은 제9장에서 강요의 죄를 별도로 규정하여 약취·유인의 죄와
   강간·강제추행의 죄의 중간에 규정하였다.

(2) 실행행위

폭행·협박으로 권리행사를 방해하거나 의무없는 일을 하게 하는 것이다.

1) 폭행 또는 협박   폭행·협박이란 권리행사를 방해하거나 의무없는 일을 하도록 하기 위한 유형력 또는 무형력의 행사를 의미한다. 상대방의 항거를 불가능하게 할 정도일 필요는 없고, 상대방의 의사결정의 자유를 제한하거나 의사실행의 자유를 방해할 정도이면 족하다(대판 2003. 9. 26. 2003도763).[1]

본죄의 폭행은 일정한 거동을 절대적으로 하거나 하지 못하도록 하는 절대적 폭력(vis absoluta, 예를 들어 손을 억지로 잡아 문서에 서명케 하는 행위)뿐만 아니라 일정한 작위나 부작위를 하거나 하지 않도록 심리적 강압을 하는 강압적 폭력(vis compulsiva)도 모두 포함한다는 점에서 강요된 행위(제12조)에서의 폭력과 구별된다. 왜냐하면 제12조에서는 피강요자의 강요된 행위가 있어야 하지만, 본죄는 피강요죄의 행위가 없어도 성립할 수 있기 때문이다. 예컨대 고소하려는 사람을 가로막는 경우에도 본죄가 성립한다.

폭행은 사람에 대한 직접적인 유형력의 행사뿐만 아니라 간접적인 유형력의 행사도 포함하며, 반드시 사람의 신체에 대한 것에 한정되지 않는다(대판 2021. 11. 25. 2018도1346).[2] 따라서 공포(空砲)를 쏘아 사람을 놀라게 한 행위도 본죄의 폭행에 해당된다. 다만 사람에 대한 간접적인 유형력의 행사를 강요죄의 폭행으로 평가하기 위해서는 피고인이 유형력을 행사한 의도와 방법, 피고인의 행위와 피해자의 근접성, 유형력이 행사된 객체와 피해자의 관계 등을 종합적으로 고려해야 한다(대판 2021. 11. 25. 2018도1346).[3]

---

1) 골프시설의 운영자가 골프회원에게 불리하게 변경된 내용의 회칙에 대하여 동의한다는 내용의 등록신청서를 제출하지 아니하면 회원으로 대우하지 아니하겠다고 통지한 것은 강요죄의 협박에 해당한다고 한 사례.

2) 피고인이 甲과 공모하여 甲 소유의 차량을 乙 소유 주택 대문 바로 앞부분에 주차하는 방법으로 乙이 차량을 주택 내부의 주차장에 출입시키지 못하게 함으로써 乙의 차량 운행에 관한 권리행사를 방해하였다는 내용으로 기소된 사안에서, 피고인은 乙로 하여금 주차장을 이용하지 못하게 할 의도로 甲 차량을 乙 주택 대문 앞에 주차하였으나, 주차 당시 피고인과 乙 사이에 물리적 접촉이 있거나 피고인이 乙에게 어떠한 유형력을 행사했다고 볼만한 사정이 없는 점, 피고인의 행위로 乙에게 주택 외부에 있던 乙 차량을 주택 내부의 주차장에 출입시키지 못하는 불편이 발생하였으나, 乙은 차량을 용법에 따라 정상적으로 사용할 수 있었던 점을 종합하면, 피고인이 乙을 폭행하여 차량 운행에 관한 권리행사를 방해하였다고 평가하기 어렵다고 판시한 사안이다.

3) 이 판결은 피고인이 S의 차량을 A소유 주택 대문 바로 앞부분에 주차하는 방법으로 A가

협박은 객관적으로 사람의 의사결정의 자유를 제한하거나 의사실행의 자유를 방해할 정도로 겁을 먹게 할 만한 해악을 고지하는 것으로서 반드시 명시적인 방법이 아니더라도 말이나 행동을 통해서 상대방으로 하여금 어떠한 해악에 이르게 할 것이라는 인식을 갖게 하는 것이면 족하고, 제3자를 통해서 간접적으로 할 수도 있다(대판 2013. 4. 11. 2010도13774). 그러나 공무원이 상대방에게 어떠한 이익 등의 제공을 요구한 경우 해악의 고지로 인정될 수 없다면 강요죄가 아니라 직권남용죄나 뇌물요구죄 등이 될 수 있을 뿐이다(대판 2020. 2. 13. 2019도5186).

제3자에 대한 폭행·협박이라도 이것이 피강요자에게 영향을 미쳐 권리행사를 하지 못하게 하거나 의무없는 일을 하게 할 경우에도 본죄의 폭행·협박이 될 수 있다.

그러나 기망을 수단으로 권리행사를 방해하거나 의무없는 일을 하게 한 경우는 본죄가 성립할 수 없다.[1]

2) 권리행사방해 또는 의무없는 일을 하게 하는 것   권리행사를 방해한다는 것은 피강요자가 행사할 수 있는 권리를 행사하지 못하도록 하는 것을 말한다. 법률상의 근거가 있는 권리에 국한되지 않는다. 재산적 권리·비재산적 권리 모두 포함된다(대판 1962. 1. 25. 4293형상233).[2]

의무없는 일을 하게 하는 것은 강요자에게 그런 일을 요구할 권리가 없고, 상대방도 그 일을 해야 할 의무가 없는 일을 하도록 하는 것을 말한다.[3]

자신의 차량을 주택 내부의 주차장에 출입시키지 못하게 한 사건에 관한 것이다. 대법원은 주차 당시 피고인과 A 사이에 물리적 접촉이 있거나 피고인이 A에게 어떠한 유형력을 행사했다고 볼 만한 사정이 없는 점, 피고인의 행위로 A에게 주택 외부에 있던 A 차량을 주택 내부의 주차장에 출입시키지 못하였으나 A는 차량을 용법에 따라 정상적으로 사용할 수 있었던 점을 종합하면 강요죄에 해당되기 어렵다고 하였다. 그러나 A가 자신의 차량으로 주택 내부 주차장으로 들어가려던 순간에는 피고인이 S의 차량으로 A에게 유형력을 행사했다고 보아야 할 것이다.

1) 권리행사를 방해하기 위해 수면제를 준 경우와 같이 상해를 수단으로 하는 경우 본죄의 성립여부가 문제될 수 있다. 우리 형법이 상해와 폭행을 엄격하게 구별하고 있고 상해죄의 형벌이 본죄의 형벌보다 무거우므로 부정해야 할 것이다.

2) 권리행사방해가 널리 '법률상 허용된 행위를 하지 못하도록 하는 것'을 의미한다는 견해가 있으나, 권리행사에 속하지 않는 행위를 방해하는 것은 의무없는 일을 하게 하는 것에 포함시켜야 할 것이다.

3) 강요죄를 인정한 판례로, 대판 2013. 4. 11. 2010도13774; 대판 2010. 4. 29. 2007도7064; 대판 2006. 4. 27. 2003도4151; 대판 2003. 9. 26. 2003도763; 대판 1993. 7. 27. 93도901; 대판 1974. 5. 14. 73도2578 등. 강요죄를 인정하지 않은 판례로, 대판 2012. 11. 29. 2010도

상대방에게 법률상 의무 있는 일을 강요한 경우 본죄가 성립하지 않고, 폭행·협박죄만이 성립한다(대판 2008. 5. 15. 2008도1097; 대판 2012. 11. 29. 2010도1233). 그러나 법률상의 의무를 초과한 행위를 강요한 경우에는 본죄가 성립할 수 있다. 예컨대 상대방에게 추상적으로 법률상 진술할 의무를 이행하라고 강요한 경우에는 폭행·협박죄만이 성립하지만, 일정한 시간, 장소에서 또는 일정한 형태로 진술할 것을 강요한 경우에는 본죄가 성립한다. 상대방에게 강요자가 요구하는 시간, 장소나 형태로 진술할 의무는 없기 때문이다.

(3) 고   의

본죄의 고의가 성립하기 위해서는 폭행 또는 협박의 의사 이외에 권리행사를 방해하거나 의무없는 일을 하도록 한다는 의욕 또는 인용이 필요하다.

2. 위 법 성

(1) 사회통념상 용인될 수 있는 정도의 유형력행사나 해악고지[1]

유형력의 행사나 해악의 고지가 사회통념상 용인될 수 있는 정도의 것일 때에는 본죄의 구성요건해당성이 없거나 사회상규에 위배되지 않는 행위로 위법성이 조각된다.

(2) 일반적 위법성조각사유

위와 같은 정도를 넘어서는 폭행·협박이 있는 경우에는 강요죄의 구성요건해당성이 있다. 그러나 이 경우에도 정당방위, 긴급피난, 자구행위 등의 위법성조각사유가 있는 경우에는 강요죄의 위법성이 조각될 수 있다. 피해자의 승낙에 의한 행위는 강요죄의 구성요건해당성이 없다고 할 수 있다.

(3) 권리행사와 강요

권리행사를 하면서 상대방에게 의무이행을 하도록 폭행·협박하거나 상대방의 권리행사에 대한 항변으로 폭행·협박을 한 경우 강요죄의 위법성이 조각될 수 있는지에 대해 통설은 목적과 수단의 비례관계를 고려하여 결정해야 된다고 한다. 판례는 권리실현의 수단 방법이 사회통념상 허용되는 정도나 범위를 넘는다면 강요죄가 성립하고, 여기서 어떠한 행위가 구체적으로 사회통념상 허용되는

1233; 대판 2008. 11. 27. 2008도7018; 대판 2008. 5. 15. 2008도1097; 대판 1961. 11. 9. 61도357 등.

1) 판례에서는 사회통념상 용인될 수 있을 정도라는 표현이 사회상규에 위배되지 않는다는 의미로 사용되는데 양자는 구별해야 한다.

정도나 범위를 넘는 것인지는 그 행위의 주관적인 측면과 객관적인 측면, 즉 추구된 목적과 선택된 수단을 전체적으로 종합하여 판단하여야 한다고 한다(대판 2017. 10. 26. 2015도16696).

한편 판례는 "폭행 또는 협박으로 법률상 의무 있는 일을 하게 한 경우에는 폭행 또는 협박죄만 성립할 뿐 강요죄는 성립하지 아니한다"고 하는데(대판 2008. 5. 15. 2008도1097; 대판 2012. 11. 29. 2010도1233), 이것은 위의 판결 및 금전채권을 갖고 있는 자가 사회통념상 허용될 수 없는 폭행 또는 협박으로 재물의 교부를 받은 경우 공갈죄가 성립한다고 한 판결들(대판 2000. 2. 25. 99도4305 외 다수판결)과는 대조된다.

3. 미   수

본죄의 미수는 처벌한다(제324조의5). 본죄의 기수시기는 현실적으로 권리행사가 방해되었거나 의무없는 일을 행한 시점이다.

[대판 1993. 7. 27. 93도901] (강요죄는) 폭행 또는 협박에 의하여 권리행사가 현실적으로 방해되어야 할 것인바, 피해자의 해외도피를 방지하기 위하여 피해자를 협박하고 … 그의 여권을 강제 회수당하였다면 피해자가 해외여행을 할 권리는 사실상 침해되었다고 볼 것이므로 권리행사방해죄의 기수로 보아야 한다.

강요죄의 미수란 폭행·협박 자체가 미수에 그쳤거나, 폭행·협박은 하였으나 상대방의 권리행사를 방해하지 못하였거나 의무없는 일을 하게 하지 못한 경우이다. 폭행·협박과 권리행사방해 혹은 의무없는 일을 하게 한 것 사이에 인과관계가 없는 경우에도 미수가 된다.

4. 죄   수

강요죄는 사람의 의사결정의 자유와 행동의 자유를 침해하는 범죄 중 일반범죄에 해당하므로 사람을 강요하여 체포·감금죄, 약취, 강도·공갈, 강간·강제추행죄 등을 범한 때에는 별도로 강요죄가 성립하지 않는다.

타인을 강요하여 범죄를 하게 한 때에는 강요죄와 강요된 범죄의 교사범의 상상적 경합범이 된다. 그러나 저항할 수 없는 폭력이나 협박을 사용하여 강요한 경우에는 강요죄와 강요된 범죄의 간접정범의 상상적 경합범이 된다.

5. 형 벌

구형법은 본죄에 대해 5년 이하의 징역형만을 규정하였으나 2016년 개정형
법은 3천만원 이하의 벌금형을 추가하였다. 판례는 이러한 개정이 구법의 형이
과중하였다는 반성적 고려에 의한 것이므로 형법 제1조 제2항이 적용되어 신법의
소급효가 인정된다고 한다(대판 2016. 6. 23. 2016도1473; 대판 2016. 3. 24. 2016도836). 이후
판례는 동기설을 포기하였지만 새로운 입장에 의해도 위의 개정은 "범죄의 성립
및 처벌과 직접적으로 관련된 형사법적 관점의 변화를 주된 근거로 하는 법령
의 변경"에 해당하므로(대판 2022. 12. 22. 2020도16420 전합) 신법의 소급효가 인정될
것이다.

Ⅲ. 특수강요죄

> **제324조(강요)** ② 단체 또는 다중의 위력을 보이거나 위험한 물건을 휴대하여
> 제1항의 죄를 범한 자는 10년 이하의 징역 또는 5천만원 이하의 벌금에 처한다.

본죄는 단체 또는 다중의 위력을 보이거나 위험한 물건을 휴대하여 강요죄
를 범하는 것으로서 이러한 행위방법의 위험성으로 인해 강요죄에 비해 불법이
가중된 범죄유형이다.

단체, 다중, 위력, 위력을 보임, 위험한 물건, 휴대의 개념은 특수상해죄에서
와 같다.

Ⅳ. 중강요죄

> **제326조(중권리행사방해)** 제324조(또는 제325조)의 죄를 범하여 사람의 생명에
> 대한 위험을 발생하게 한 자는 10년 이하의 징역에 처한다.

중강요죄는 강요죄 또는 특수강요죄를 범하여 고의 또는 과실로 사람의 생
명에 대한 위험을 발생하게 하는 부진정결과적 가중범이다. 생명에 대한 위험이
란 구체적 위험을 의미하므로 본죄는 구체적 위험범이다.[1] 본죄의 보호법익을 의

---

1) 강요죄의 형벌이 폭행죄의 형벌보다 무거움에도 불구하고 폭행에 의해 중상해의 결과를

사결정의 자유만이라고 한다면 본죄는 침해범이지만, 본죄의 보호법익에 사람의 생명도 포함되어 있다고 해야 하므로, 생명에 대해서는 구체적 위험발생을 요하는 구체적 위험범이라고 해야 한다.

본죄의 주체는 강요죄의 기수범에 국한된다고 해석해야 하는데, 미수범도 포함할 수 있도록 하기 위해서는 입법적 보완을 요한다.

V. 인질강요죄

> 제324조의2(인질강요)   사람을 체포 · 감금 · 약취 또는 유인하여 이를 인질로 삼아 제3자에 대하여 권리행사를 방해하거나 의무없는 일을 하게 한 자는 3년 이상의 유기징역에 처한다.

1. 보호법익

인질강요죄는 체포 · 감금죄 또는 약취 · 유인죄와 강요죄의 결합범으로서 인질의 장소선택의 자유와 피강요자의 의사결정의 자유 및 행동의 자유를 보호법익으로 한다. 보호의 정도는 침해범이다.

2. 구성요건

본죄의 실행행위는 ① 사람을 체포 · 감금 · 약취 또는 유인하여, ② 이를 인질로 삼아, ③ 제3자에 대하여 권리행사를 방해하거나 의무없는 일을 하게 하는 것이다.

체포 · 감금 · 약취 · 유인, 권리행사방해, 의무없는 일을 하게 하는 것 등의 개념은 각각 체포 · 감금죄, 약취 · 유인죄, 강요죄에서와 같다. 체포 · 감금이나 약취 · 유인시에 인질로 삼을 목적이 있을 것을 요하지 않고 체포 · 감금, 약취 · 유인 후 인질로 삼을 고의가 생긴 경우에도 본죄가 성립한다.

인질로 삼는다는 것은 체포 · 감금 · 약취 · 유인된 자의 생명 · 신체의 안전에 관한 제3자의 우려를 이용하여 석방이나 생명 · 신체에 대한 안전을 보장하는 대가로 제3자를 강요하기 위해 인질의 자유를 구속하는 것을 말한다.[1] 인질로 삼는

발생시킨 경우의 형벌은 1년 이상 10년 이하의 징역임에 비해(제262조, 제258조), 본죄의 형벌은 10년 이하의 징역인 것은 입법론상 의문이라는 비판이 타당하므로 개정이 필요하다.

다는 것은 강요죄나 강도죄에서의 폭행·협박과 같은 기능을 하는 것이라고 할 수 있다.

3. 미 수

(1) 실행의 착수시기

본죄의 실행의 착수시기에 대해 체포·감금·약취·유인을 개시한 시기라는 견해와 강요행위를 개시한 시기라는 견해(다수설)가 대립한다. 그러나 실행의 착수에 관한 주관적 객관설에 의하면 행위자의 범행계획에 따라 실행의 착수시기가 달라질 수 있다. 즉, 처음부터 인질강요를 할 의사가 있었던 경우에는 체포·감금·약취·유인 시라고 해야 하지만, 체포·감금·약취·유인 후 인질강요의 고의가 생긴 경우에는 강요시에 실행의 착수가 있다고 해야 할 것이다.

(2) 기수시기

본죄의 기수시기는 제3자가 권리행사를 방해받았거나 의무없는 일을 행한 시점이라는 견해(다수설)와 제3자를 강요한 시점이라는 견해가 대립한다. ① 본죄의 미수범을 처벌하고, ② 강요죄의 기수시기가 폭행·협박시나 강요시가 아니라 권리행사방해시 혹은 의무없는 일을 행한 시점이고, ③ 체포·감금·약취·유인 이후 인질강요의 고의가 생긴 경우에도 본죄가 성립한다는 점을 고려하면, 전자의 견해가 타당하다.

(3) 미 수

본죄의 미수는 처벌한다(제324조의5).

본죄의 미수는 처음부터 인질강요의 의도가 있는 상태에서 체포·감금·약취·유인을 시도하였으나 이에 성공하지 못한 경우, 체포·감금·약취·유인은 하였으나 인질로 삼지 못한 경우, 인질로 삼았으나 권리행사를 방해하거나 의무없는 일을 하게 하지 못한 경우, 권리행사를 방해하거나 의무없는 일을 하게 하였으나 인질로 삼은 행위와 인과관계가 없는 경우 등이다.

체포·감금·약취·유인 이후 인질강요의 고의가 생긴 경우에는 인질로 삼지 못한 경우, 인질로 삼았으나 권리행사를 방해하거나 의무없는 일을 하게 하지 못한 경우, 인질로 삼은 것과 권리행사를 방해하거나 의무있는 일을 하게 한 것 사이에 인과관계가 없는 경우 등이다.

---

1) 법무부, 형법개정법률안 제안이유서, 1992, 153면.

4. 인질석방감경

본죄의 기수범 및 미수범에 대해서는 석방감경규정(제324조의6, 임의적 감경)이 적용된다. 인질을 안전한 장소로 풀어 주면 족하고 자의성을 요하지 않는다.

Ⅵ. 인질상해 · 치상죄

> 제324조의3(인질상해 · 치상)   제324조의2의 죄를 범한 자가 인질을 상해하거나 상해에 이르게 한 때에는 무기 또는 5년 이상의 징역에 처한다.

1. 법적 성격

인질상해죄는 인질강요죄와 상해죄의 결합범이고, 인질치상죄는 인질강요죄의 과실치상죄가 결합된 진정결과적 가중범이다.

본죄에 대해서도 인질석방감경규정(제326조의6)이 적용된다.

2. 문 제 점

본죄에는 다음과 같은 문제점이 있으므로 입법적 보완을 요한다.

첫째, 본죄의 주체는 인질강요죄의 기수범에 국한되므로 미수범도 본죄의 주체로 규정해야 한다.

둘째, 본죄의 미수는 처벌하는데(제324조의6), 진정결과적 가중범인 인질치상죄의 미수범이 인정되는가에 대해 해석상 혼란이 있으므로, 제294조처럼 인질강요상해죄의 미수만을 처벌한다는 것을 분명히 규정해야 한다.

셋째, 인질상해죄와 인질치상죄에 대해 동일한 형벌을 규정하여 책임주의 위반의 문제가 발생하므로 법정형을 달리해야 한다.

Ⅶ. 인질살해 · 치사죄

> 제324조의4(인질살해 · 치사)   제324조의2의 죄를 범한 자가 인질을 살해한 때에는 사형 또는 무기징역에 처한다. 사망에 이르게 한 때에는 무기 또는 10년 이상의 징역에 처한다.

인질살해죄는 인질강요죄와 살인죄의 결합범이다. 인질치사죄는 인질강요죄와 과실치상죄가 결합된 진정결과적 가중범이다. 인질살해죄와 인질치사죄의 법정형을 구별하고 있는 문제점을 제외하고는, 인질상해·치상죄와 동일한 문제점이 있다.

제 5 절 강간과 추행의 죄

Ⅰ. 총   설

1. 보호법익

강간과 추행의 죄는 개인의 성적 자유를 침해하는 범죄이다. 구형법에서는 '정조에 관한 죄'라고 규정하였다. 그러나 '정조를 지키라'는 말은 특정인하고만 성생활을 하라는 사회의 요구를 의미하므로, 정조에 관한 죄라는 용어는 개인적 법익보다는 사회적 법익에 대한 죄로서의 의미를 갖게 된다. 그러나 형법은 제22장에서 사회적 법익으로서 선량한 성풍속을 해하는 죄를 따로 규정하고, 강간과 추행의 죄는 개인적 법익에 대한 범죄로서 규정하고 있다. 이 때문에 1995년 개정형법은 강간과 추행의 죄라고 명칭을 변경하였다.

강간과 추행의 죄의 보호법익은 개인의 성적 의사결정의 자유이고 보호의 정도는 침해범이다.

[대판 2023. 9. 21. 2018도13877 전합] 강제추행죄는 개인의 성적 자기결정권을 보호법익으로 한다. 1953. 9. 18. 제정형법(법률 제293호)은 제298조(강제추행)를 담고 있는 제2편 제32장의 제목을 '정조에 관한 죄'라고 정하고 있었는데, 1995. 12. 29. 형법이 개정(법률 제5057호)되면서 제목이 '강간과 추행의 죄'로 바뀌었다. 이러한 형법의 개정은 강제추행죄의 보호법익이 여성의 정조나 성적 순결이 아니라, 자유롭고 평등한 개인으로서 사람이 가지는 성적 자기결정권임을 분명히 한 것으로 볼 수 있다.

2. 구성요건체계

2012년 개정형법은 강간죄의 객체를 사람으로 확대하고, 유사강간죄(제297조의2)를 신설하고, 혼인빙자간음죄에 대해 위헌결정이 내려지자 위계에 의한 간음죄 규정(제304조)을 삭제하였다. 또한 친고죄 규정도 삭제하였다. 2020년 5월 개정형법은 19세 이상 성인에 의한 13세 이상 16세 미만 미성년자 의제강간등죄(제305조 2항) 및 강간등죄의 예비·음모죄(제305조의3)를 신설하였다.

강간죄와 강제추행죄의 관계에 대해 서로 독립적 범죄라고 하는 견해가 있으나, 강제추행죄가 기본적 구성요건이고 강간죄가 가중적 구성요건이라고 하는 견해가 타당하다. 강간죄에 해당하는 행위는 모두 강제추행죄에도 해당할 수 있기 때문이다. 강간죄나 유사강간죄는 불법이 가중된 범죄유형이다.

준강간죄와 준유사강간죄, 준강제추행죄(제299조) 및 미성년자의제강간죄(제305조)는 강간죄, 유사강간죄 또는 강제추행죄와 그 불법의 정도가 같다고 평가되는 범죄유형이다. 강간등상해죄(제301조)와 강간등살인죄(제301조의2)는 각각 강간죄, 유사강간죄, 강제추행죄, 준강간죄, 준유사강간죄, 준강제추행죄 및 그 미수범과 상해 또는 살인이 결합되어 있는 결합범으로서 불법이 가중된 범죄유형이다. 강간등치사상죄(제301조 및 제301조의2)는 각각 강간죄, 유사강간죄, 강제추행죄, 준강간죄, 준유사강간죄, 준강제추행죄의 기수범 또는 미수범이 과실로 상해 또는 사망의 결과를 발생시킨 진정결과적가중범이다. 위계에 의한 미성년자등간음죄(제302조), 업무상위력에 의한 간음죄(제303조) 등은 피해자의 하자 있는 의사를 이용한 것으로서 강간죄 내지 강제추행죄에 비해 행위불법이 감경된 범죄유형이다. 13세미만자의제간음죄(제305조)는 13세 미만의 미성년자(제1항)나 13세 이상 16세 미만 미성년자(제2항)의 동의나 승낙은 효력이 없으므로 강간죄 등과 동일하게 다루는 것이다.

강간죄, 유사강간죄, 강제추행죄, 준강간죄, 준유사강간죄, 준강제추행죄의 미수범은 처벌한다(제300조). 그러나 강간등상해·살인죄의 미수는 처벌하지 않는데, 강도상해죄(제337조) 및 강도살인죄(제338조)의 미수범을 처벌하는 것(제342조)과 균형에 맞지 않으므로 입법적 보완을 요한다.

본장의 죄 중 일부에 대해서는 상습범 가중처벌규정(제305조의2)과 예비·음모죄 처벌규정(제305조의3)이 있다.

3. 「성폭력범죄의 처벌 등에 관한 특례법」(성폭력처벌법)

「성폭력범죄의 처벌 등에 관한 특례법」은 일정한 형태의 강간죄, 유사강간죄, 강제추행죄에 대한 형벌을 가중하고 나아가 형법전에는 규정되지 않은 처벌규정을 두고 있다. 업무상위력 등에 의한 추행죄(제10조, 형법 제303조는 업무상위력 등에 의한 '간음'죄만 규정함), 공중밀집장소에서의 추행죄(제11조), 성적 목적을 위한 다중이용장소침입죄(제12조), 통신매체이용음란죄(제13조), 카메라등이용촬영죄 및 촬영물·복사물 반포·소지등죄(제14조), 허위영상물등의 반포등죄(제14조의2) 등이 후자의 예이다.

그러나 동법의 위의 규정을 제외한 형벌규정은 과잉범죄화, 과잉형벌화된 것으로서 형법의 기본원칙에 반하고, 형법과 중복된 처벌규정으로 인해 법적용상의 혼란을 가져온다. 따라서 극히 일부분의 내용만을 제외하고는 모두 폐지되어야 한다.

성폭력처벌법은 본 장의 죄에 대해 실체법상, 절차법상의 처벌특례도 규정하고 있다. 즉, 음주 또는 약물로 인한 심신장애 상태에서 본장의 죄를 범한 때에는 책임능력에 관한 형법 제10조 제1, 2항 및 제11조를 적용하지 않을 수 있다(제20조). 법원이 본장의 죄를 범한 사람에 대하여 유죄판결(선고유예는 제외한다)을 선고하거나 약식명령을 고지하는 경우에는 500시간의 범위에서 재범예방에 필요한 수강명령 또는 성폭력 치료프로그램의 이수명령을 병과하여야 한다(제16조 1항). 또한 본장의 죄로 유죄판결이나 약식명령이 확정된 자는 신상등록에 필요한 신상정보를 제출해야 한다(제42조).

특별법상 성범죄 구성요건을 형법전에 편입하고 가중규정을 삭제해야 한다는 입법론은 별론으로 하고, 현행법의 해석론상으로는 어떤 사례를 접하였을 때 성폭력처벌법 등의 구성요건을 검토할 수밖에 없다. 예컨대, '찜질방'에서 폭행 또는 협박 없이 피해자의 가슴을 만진 것이 문제된다면 성폭력처벌법상 공중밀집장소 추행죄[1]의 성부를 생각해보아야 하고(다만 후술하듯이 강제추행죄의 폭행·협박의 의미에 대해 대법원이 태도를 변경하였으므로 형법상 강제추행죄의 성부를 논할 수도 있다고 보임), 아파트 주민이 아닌 피고인이 아파트 공동

---

1) 대판 2009. 10. 29. 2009도5704: 찜질방 수면실에서 옆에 누워 있던 피해자의 가슴 등을 손으로 만진 행위가 「성폭력범죄의 처벌 및 피해자보호 등에 관한 법률」 제13조에서 정한 공중밀집장소에서의 추행행위에 해당한다고 한 사례.

현관에 무단으로 들어가 강간하려고 한 것이 문제된다면 성폭력처벌법상 주거침입강간의 성부를 생각해보아야 하며, '식칼' 등 위험한 물건을 피해자에게 들이대면서 강간한 사안이라면 성폭력처벌법상 특수강간죄의 성부를 생각해보아야 할 것이다.

4.「아동·청소년의 성보호에 관한 법률」

「아동·청소년의 성보호에 관한 법률」(청소년성보호법) 제10조는 19세 미만[1]의 아동·청소년에 대한 강간죄, 유사강간죄, 강제추행죄, 준강간죄, 준유사강간죄, 준강제추행죄, 위계 또는 위력에 대한 간음 및 추행죄 등을 가중처벌한다. 성폭력처벌법과 같은 문제점을 지닌 법률이므로 아동·청소년성착취물의 제작·배포·구입·소지·시청등죄(제11조)의 요건을 강화하여 형법전에 편입하고, 가중처벌 규정들은 모두 삭제해야 한다.

Ⅱ. 강 간 죄

> 제297조(강간)   폭행 또는 협박으로 사람을 강간한 자는 3년 이상의 유기징역에 처한다.

1. 보호법익

강간죄의 보호법익은 사람의 성적 자기결정의 자유, 즉 성행위를 할지 여부, 언제, 어디서, 누구와 어떻게 성행위를 할 것인지를 결정할 수 있는 자유를 말한다. 보호의 정도는 침해범이다.

2. 구성요건

(1) 행위의 주체
본죄의 주체에는 제한이 없다. 여자도 본죄의 주체가 된다.

---

1) 구 청소년성보호법 제2조 제1호는 '연(年)' 나이 기준을 사용했다(구법상 연 19세란 만 19세가 되지 않았어도 19세에 도달하는 연도의 1월 1일을 맞이한 사람을 말한다). 하지만 관련법 개정(행정기본법 제7조의2 등)에 따라 '만' 나이 기준으로 변경되었다(2024. 6. 27. 시행).

성폭력처벌법은 주거침입죄등을 범한 자가 본죄를 범한 경우 가중처벌한다(제3조 1항). 판례는 이들 죄를 일종의 신분범이라고 하지만(대판 2021. 8. 12. 2020도17796), 주거침입죄 등을 범한 것을 신분이라고 할 수는 없으므로 공범에 대해 제33조를 적용될 수는 없다고 해야 한다.

(2) 행위의 객체

본죄의 객체는 사람이다. 구형법에서는 부녀라고 규정되어 있었으나 2012년 개정형법에서 사람으로 개정되었다. 폭행·협박으로 13세 미만의 미성년자를 강간한 경우 본죄가 성립한다는 견해와 미성년자의제강간죄(제305조)가 성립한다는 견해가 있으나 전자가 타당하다. 미성년자의제강간죄는 폭행·협박이 없는 경우에도 강간죄를 인정하기 위한 규정이기 때문이다.

청소년성보호법은 만 19세 미만의 아동·청소년을 강간한 경우 가중처벌한다(제7조 1항, 무기 또는 5년 이상의 징역). 성폭력처벌법은 13세 미만의 사람에 대해 본죄를 범한 경우 가중처벌한다(제7조 1항, 무기 또는 10년 이상의 유기징역). 성폭력처벌법은 친족관계에 있는 자에 대해 본죄를 범한 경우(성폭력처벌법 제5조 1항, 7년 이상 유기징역), 신체적 또는 정신적 장애가 있는 사람에 대해 본죄를 범한 경우(성폭력처벌법 제6조 1항, 무기 또는 7년 이상의 징역)에 관해서도 각 가중구성요건을 두고 있다. 군인 등에 대해 폭행·협박으로 강간한 경우 군형법 제92조가 적용(5년 이상의 유기징역)된다.

구형법에서는 남자나 성전환자가 본죄의 객체가 되느냐에 대해 논란이 있었으나 현행법은 본죄의 객체가 사람으로 개정되었으므로 이들도 본죄의 객체가 된다.

법률상의 배우자가 본죄의 객체가 될 수 있는가에 대해서 긍정설, 부부관계가 사실상 지속되고 있지 않은 경우에만 인정하는 제한적 긍정설, 부정설 등이 있다. 판례는 법률상의 처도 본죄의 객체가 된다고 하여 긍정설을 따른다(대판 2013. 5. 16. 2012도14788 전합). 본죄의 보호법익을 정조라고 할 경우에는 법률상의 배우자는 본죄의 객체가 될 수 없겠지만, 본죄의 보호법익을 성적 의사결정의 자유라고 본다면 법률상의 배우자도 본죄의 객체가 된다고 해야 한다.

(3) 실행행위

본죄의 실행행위는 폭행·협박으로 강간하는 것이다.

1) 폭행·협박

가. 폭행·협박의 정도   통설·판례는 본죄의 폭행·협박은 최협의의 폭

행·협박으로서 항거를 현저히 곤란하게 할 정도의 폭행·협박이라고 한다. 이에 대해 소수설은 협의의 폭행·협박으로 대소강약을 불문한다고 한다.

> **[대판 2004. 6. 25. 2004도2611]** 강간죄의 폭행·협박은 피해자의 항거를 불가능하게 하거나 현저히 곤란하게 할 정도의 것이어야 하고, 그 … 정도의 것이었는지 여부는 그 폭행·협박의 내용과 정도는 물론, 유형력을 행사하게 된 경위, 피해자와의 관계, 성교 당시와 그 후의 정황 등 모든 사정을 종합하여 판단하여야 한다.

① 육체적·심리적 항거불능상태가 아닌 경우 강간이 불가능하고, ② 심신상실 또는 항거불능상태를 이용하는 준강간죄와의 균형상 강간죄의 폭행·협박은 심신상실 또는 항거불능상태를 초래할 만한 정도라고 해야 하고, ③ 현저한 항거곤란 정도의 폭행이 있으면 피해자가 현실적으로 항거할 것을 요하지 않고, ④ 항거불능상태 판단에 대한 소송현실의 문제점을 실체법을 넓게 해석해서 해결하는 것은 더 큰 문제이므로, 통설·판례의 입장이 타당하다.

현저한 항거곤란 등의 폭행·협박이 있으면 족하고 피해자가 성교 전에 범행현장을 벗어날 수 있었다거나 사력을 다하여 반항하였는지의 여부는 문제되지 않는다.[1]

나. 폭행·협박의 대상   강간죄의 폭행·협박은 반드시 '사람의 신체'에 대한 것일 필요가 없고 '사람'에 대한 것이면 족하다. 예컨대 쇠파이프로 피해자의 책상을 내리친 경우 피해자의 신체에 대한 폭행은 아니지만 피해자에 대한 폭행으로 인정된다. 협박에서 해악의 대상은 제3자여도 무방하지만, 해악의 고지를 받는 대상은 피해자여야 한다.

다. 상해에 의한 강간   피해자를 기망하여 수면제나 마취제를 먹게 하는 경우와 같이 상해를 수단으로 피해자를 항거불능상태에 이르게 한 후 간음을 한 경우 본죄가 성립하는지 문제된다. 긍정설은 이 행위는 절대적 폭력에 해당하므로 본죄가 성립한다고 한다. 판례는 긍정설의 입장이다.[2] 그러나 폭행과 상해를

---

1) 강간죄의 폭행·협박을 인정한 판례로, 대판 2012. 7. 12. 2012도4031; 대판 2007. 1. 25. 2006도5979; 대판 2005. 7. 28. 2005도3071; 대판 2000. 8. 18. 2000도1914 등. 강간죄의 폭행·협박을 인정하지 않은 판례로, 대판 1999. 9. 21. 99도2608; 대판 1991. 5. 28. 91도546; 대판 1990. 12. 11. 90도2224 등.

2) 수면제와 같은 약물을 투약하여 피해자를 일시적으로 수면 또는 의식불명 상태에 이르게 한 경우에도 약물로 인하여 피해자의 건강상태가 불량하게 변경되고 생활기능에 장애가

엄격하게 구별하고 있는 우리 형법에서는 이 행위가 상해는 될 수 있어도 폭행은 될 수 없으므로 상해죄와 준강간죄(제299조)의 경합범이라고 해야 한다.

2) 강   간   강간이란 상대방의 항거가 불가능하거나 현저히 곤란한 상태를 이용하여 피해자의 의사에 반하여 피해자를 간음하는 것이다. 간음이란 성기와 성기의 결합을 말한다. 성기가 아닌 항문이나 구강 등에 성기를 삽입하는 것은 유사강간에 해당될 수 있을 뿐이다.

강간은 피해자의 의사에 반한 것이어야 하므로 피해자의 동의 또는 승낙은 강간죄의 구성요건해당성 조각사유이다. 13세 미만 미성년자의 동의 또는 승낙은 동의 또는 승낙으로서의 효력이 없으므로 본죄는 성립하지 않아도 미성년자의제 강간죄(제305조)가 성립한다. 19세 이상의 자가 13세 이상 16세 미만의 사람을 간음한 경우에도 마찬가지이다. 본죄의 고의로 폭행·협박을 하였지만 피해자의 동의 또는 승낙이 있는 경우 본죄의 (불능)미수가 될 수 있을 뿐이다.

폭행·협박과 강간 사이에는 인과관계가 있어야 하고 인과관계가 없는 경우에는 미수가 된다. 그러나 폭행·협박이 반드시 간음행위보다 선행되어야 하는 것은 아니다(대판 2017. 10. 12. 2016도16948). 강간행위를 하는 사람은 폭행·협박에 관여한 사람이어야 한다. 폭행·협박에 관여하지 않은 사람이 타인의 폭행·협박행위를 이용하여 강간한 경우에는 준강간죄가 성립한다.

(4) 고   의

본죄가 성립하기 위해서는 폭행·협박을 가한다는 것과 피해자의 의사에 반하여 간음한다는 것에 대한 의욕 또는 인용이 필요하다. 피해자의 의사에 합치하지 않음에도 합치한다고 오인한 경우에는 본죄의 고의가 인정되지 않는다.

3. 미   수

(1) 실행의 착수시기

본죄의 미수는 처벌한다(제300조). 본죄의 실행의 착수시기는 항거를 불가능하게 하거나 현저히 곤란하게 하는 폭행·협박의 개시시점이다(대판 2000. 6. 9. 2000도1253).

초래되었다면 자연적으로 의식을 회복하거나 외부적으로 드러난 상처가 없더라도 이는 강간치상죄나 강제추행치상죄에서 말하는 상해에 해당한다(대판 2017. 6. 29. 2017도3196).

[대판 1991. 4. 9. 91도288] 간음할 목적으로 새벽 4시에 여자 혼자 있는 방문 앞에 가서 피해자가 방문을 열어 주지 않으면 부수고 들어갈 듯한 기세로 방문을 두드리고 피해자가 위험을 느끼고 창문에 걸터 앉아 가까이 오면 뛰어 내리겠다고 하는데도 베란다를 통하여 창문으로 침입하려고 하였다면 강간의 착수가 인정된다.[1]
[대판 1990. 5. 25. 90도607] 강간할 목적으로 피해자의 집에 침입하였다 하더라도 안방에 들어가 누워 자고 있는 피해자의 가슴과 엉덩이를 만지면서 간음을 기도하였다는 사실만으로는 강간의 수단으로 피해자에게 폭행이나 협박을 개시하였다고 하기는 어렵다.

(2) 기수시기

본죄의 기수시기는 성기와 성기의 결합시점이다. 사정을 하거나 만족을 느낀 시점이 아니다. 피해자를 폭행·협박하였으나 성기의 결합을 하지 못하였거나 성기의 결합 이전에 피해자의 동의가 있는 경우에는 본죄의 미수가 된다.

4. 공   범

폭행·협박을 공동으로 하였으면 강간을 공동으로 하지 않아도 본죄의 공동정범이 된다.

[대판 1984. 6. 12. 84도780; 대판 1985. 2. 26. 84도2732] 피고인과 공소외 甲이 공모하여 甲이 피해자를 강간하고 있는 동안 동 피해자가 반항하지 못하도록 그의 입을 손으로 틀어 막고 주먹으로 얼굴을 2회 때렸다면 피고인은 강간죄의 공동정범의 죄책을 면할 수 없다.

성폭력처벌법은 2인 이상 합동강간죄를 가중처벌한다(제4조).

[대판 2004. 8. 20. 2004도2870] 특수강간죄가 성립하기 위하여는 주관적 요건으로서의 공모와 객관적 요건으로서의 실행행위의 분담이 있어야 하고, 그 실행행위는 시간적으로나 장소적으로 협동관계에 있다고 볼 정도에 이르면 된다. 피고인 등이 비록 특정한 1명씩의 피해자만 강간하거나 강간하려고 하였다 하더라도, 사전의 모의에 따라 강간할 목적으로 심야에 인가에서 멀리 떨어져 있어 쉽게 도망할 수 없는 야산으로 피해자들을 유인한 다음 곧바로 암묵적인 합의에 따라 각

---

1) 실행의 착수를 인정한 판례로, 대판 2000. 8. 18. 2000도1914; 대판 1991. 4. 9. 91도288; 대판 1983. 4. 26. 83도323 등.

자 마음에 드는 피해자들을 데리고 불과 100m 이내의 거리에 있는 곳으로 흩어져 동시 또는 순차적으로 피해자들을 각각 강간하였다면, 그 각 강간의 실행행위도 시간적으로나 장소적으로 협동관계에 있었다고 보아야 할 것이므로, 피해자 모두에 대한 특수강간죄 등이 성립된다.

5. 죄   수

(1) 수회의 강간

동일한 폭행·협박으로 수회 간음한 경우에는 강간죄의 포괄일죄이지만, 시간과 장소를 달리 할 때에는 실체적 경합범이 성립한다.

[대판 1987. 5. 12. 87도694] 피해자를 1회 강간하여 상처를 입게 한 후 약 1시간 후에 장소를 옮겨 같은 피해자를 다시 1회 강간한 행위는 그 범행시간과 장소를 달리하고 있을 뿐만 아니라 각 별개의 범의에서 이루어진 행위로서 실체적 경합범에 해당한다.[1]

(2) 감금죄와의 관계

판례에 의하면, 강간죄의 성립에 언제나 감금행위를 수반하는 것은 아니므로 감금행위가 강간미수죄의 수단이 되었다 하여 감금행위는 강간미수죄에 흡수되어 범죄를 구성하지 않는다고 할 수는 없는 것이고, 그때에는 감금죄와 강간미수죄는 상상적 경합관계에 있다(대판 1983. 4. 26. 83도323).[2]

(3) 주거침입죄와의 관계

타인의 주거에 침입하여 강간한 경우 성폭력처벌법상 주거침입강간죄(제3조 1항)가 성립한다. 그러나 강간한 이후 주거에 침입한 경우에는 강간죄와 주거침입죄의 경합범이 성립한다.

[대판 2021. 8. 12. 2020도17796] 주거침입강제추행죄 및 주거침입강간죄 등은 사람의 주거 등을 침입한 자가 피해자를 간음, 강제추행 등 성폭력을 행사한 경우에 성립하는 것으로서, 주거침입죄를 범한 후에 사람을 강간하는 등의 행위를 하

---

1) 이에 대해 연속범 혹은 접속범으로 보아야 한다는 견해가 있다.
2) 실체적 경합이라는 견해도 있으나, 감금행위는 피해자에 대한 유형력의 행사로서 강간죄의 폭행이라고 할 수 있으므로 강간죄만이 성립한다고 해야 할 것이다.

여야 하는 일종의 신분범이고, 선후가 바뀌어 강간죄 등을 범한 자가 그 피해자의 주거에 침입한 경우에는 이에 해당하지 않고 강간죄 등과 주거침입죄 등의 실체적 경합범이 된다. 그 실행의 착수시기는 주거침입 행위 후 강간죄 등의 실행행위에 나아간 때이다.

(4) 강도죄와의 관계

[대판 1988. 9. 9. 88도1240; 대판 1977. 9. 28. 77도1350]   강간범이 강간행위 후에 강도의 범의를 일으켜 그 부녀의 재물을 강취하는 경우에는 강도죄와 강간죄의 경합범이 성립될 수 있을 뿐이나, 강간범이 강간행위 종료 전, 즉 그 실행행위의 계속 중에 강도의 행위를 하고 그 자리에서 강간행위를 계속하는 때에는 강도강간죄를 구성한다.

(5) 유기죄와의 관계

강간치상의 범행을 저지른 자가 그 범행으로 인하여 실신상태에 있는 피해자를 구호하지 아니하고 방치하였다고 하더라도 그 행위는 포괄적으로 단일의 강간치상죄만을 구성한다(대판 1980. 6. 24. 80도726).

Ⅲ. 유사강간죄

제297조의2(유사강간)   폭행 또는 협박으로 사람에 대하여 구강, 항문 등 신체(성기는 제외한다)의 내부에 성기를 넣거나 성기, 항문에 손가락 등 신체(성기는 제외한다)의 일부 또는 도구를 넣는 행위를 한 사람은 2년 이상의 유기징역에 처한다.

본죄의 주체에는 제한이 없다. 주거침입죄 등을 범한 자가 본죄를 범한 경우 가중처벌되지만(성폭력처벌법 제3조 1항), 공범에 대해 제33조가 적용될 수 없음은 강간죄에서와 같다. 그러나 판례는 위 죄를 일종의 신분범이라고 한다(대판 2021. 8. 12. 2020도17796 참조).

본죄의 객체는 사람이다. 아동·청소년에 대해 본죄를 범한 때에는 가중처벌된다(청소년성보호법 제7조 2항. 5년 이상의 유기징역). 신체적[1] 또는 정신적[2] 장애가 있

---

1) 성폭력처벌법 제6조에서 '신체적 장애가 있는 사람'이란 '신체적 기능이나 구조 등의 문제

는 사람에 대해 본죄를 범한 경우(성폭력처벌법 제6조 2항, 5년 이상의 유기징역), 13세 미만의 사람에 대해 본죄를 범한 경우(성폭력처벌법 제7조 2항, 7년 이상의 유기징역)에 관해서도 각 가중구성요건이 있다. 군인 등에 대해 폭행·협박으로 유사강간 행위를 한 경우 군형법 제92조의2가 적용(3년 이상의 유기징역)된다. 단, 강간이나 강제추행죄와는 달리 친족관계에 있는 자에 대해 본죄를 범한 경우 성폭력처벌법상 가중구성요건은 없다.

본죄의 폭행·협박은 강간죄에서와 같다(대판 2021. 8. 12. 2020도17796).

본죄의 실행행위는 구강, 항문 등 신체의 내부에 성기를 넣거나 성기, 항문에 신체의 일부 또는 도구를 넣는 것이다. 성기에 성기를 넣는 행위는 강간이므로 이 행위는 제외된다. 대표적으로 항문성교와 구강성교를 들 수 있다.

신체의 내부에 성기를 넣는 행위 및 성기에 신체의 일부나 도구를 넣는 행위 등은 유사강간이라는 데에 별 문제가 없다. 그러나 항문에 손가락이나 도구를 넣는 행위 등의 경우에는 성적 만족을 위한 경향이나 목적까지는 필요하지 않더라도 객관적으로 피해자에게 성적 수치심을 일으킬만한 행위여야 한다. 따라서 의사가 진단을 하기 위해 항문에 손가락을 넣는 행위, 항문에 온도계나 좌약을 넣은 의료행위 등은 본죄의 구성요건해당성이 없다고 해야 한다.

본죄의 실행의 착수시기는 폭행·협박을 개시한 시점이고(대판 2021. 8. 12. 2020도17796), 기수시기는 성기, 신체의 일부나 도구 등을 삽입한 시점이다.

Ⅳ. 강제추행죄

> 제298조(강제추행) 폭행 또는 협박으로 사람에 대하여 추행을 한 자는 10년 이하의 징역 또는 1,500만원 이하의 벌금에 처한다.

로 일상생활이나 사회생활에서 상당한 제약을 받는 사람'을 의미하고, 신체적인 장애를 판단함에 있어서는 해당 피해자의 상태가 충분히 고려되어야 하고 비장애인의 시각과 기준에서 피해자의 상태를 판단하여 장애가 없다고 쉽게 단정해서는 안 된다(대판 2021. 2. 25. 2016도4404 참조).

2) 성폭력처벌법 제6조에서 '정신적 장애'란 정신적인 기능이나 손상 등의 문제로 일상생활이나 사회생활에서 상당한 제약을 받는 상태를 의미한다(대판 2022. 11. 10. 2020도13672 참조).

1. 구성요건

(1) 행위의 주체

본죄의 주체에는 제한이 없다.[1]

강제추행죄는 자수범이라고 볼 수 없으므로 처벌되지 아니하는 타인을 도구로 삼아 피해자를 강제로 추행하는 간접정범의 형태로도 범할 수 있다. 여기서 강제추행에 관한 간접정범의 의사를 실현하는 도구로서의 타인에는 피해자도 포함될 수 있으므로, 피해자를 도구로 삼아 피해자의 신체를 이용하여 추행행위를 한 경우에도 강제추행죄의 간접정범에 해당할 수 있다(대판 2018. 2. 8. 2016도17733).

(2) 행위의 객체

본죄의 객체는 사람이다. 청소년성보호법은 19세 미만의 아동·청소년을 강제추행한 경우 가중처벌한다(제7조 3항, 2년 이상의 유기징역 또는 1천만원 이상 3천만원 이하의 벌금). 성폭력처벌법은 13세 미만의 사람에 대해 본죄를 범한 경우 가중처벌한다(성폭력처벌법 제7조 3항, 5년 이상의 유기징역). 성폭력처벌법은 친족관계에 있는 자에 대해 본죄를 범한 경우(성폭력처벌법 제5조 2항, 5년 이상 징역), 신체적 또는 정신적 장애가 있는 사람에 대해 본죄를 범한 경우(성폭력처벌법 제6조 3항, 3년 이상 징역 또는 3천만원 이상 5천만원 이하의 벌금)에 관해서도 각 가중구성요건을 두고 있다.

군인 등에 대해 폭행·협박으로 추행한 경우 군형법 제92조의3이 적용(1년 이상의 유기징역, 벌금형을 선택형으로 두고 있지 않음)된다. 한편 군인 등에 대해 항문성교나 그 밖의 추행을 한 경우 군형법 제92조의6이 적용(2년 이하의 징역, 벌금형을 선택형으로 두고 있지 않음)된다. 판례는 동성인 군인 사이의 항문성

---

[1] 성폭력처벌법에 의하면, 주거침입죄 등을 범한 자가 본죄를 범한 경우 무기 또는 7년 이상의 징역으로 가중처벌되었으나(성폭력처벌법 제3조 제1항), 헌법재판소는, "주거침입죄와 강제추행·준강제추행죄는 모두 행위 유형이 매우 다양한바, 이들이 결합된다고 하여 행위 태양의 다양성이 사라지는 것은 아니므로, 그 법정형의 폭은 개별적으로 각 행위의 불법성에 맞는 처벌을 할 수 있는 범위로 정할 필요가 있다. 심판대상조항은 주거침입의 기회에 행해진 강제추행 또는 준강제추행의 불법과 책임의 정도가 아무리 경미한 경우라고 하더라도, 다른 법률상 감경사유가 없으면 일률적으로 징역 3년 6월 이상의 중형에 처할 수밖에 없게 된다. 이는 형벌개별화의 가능성이 극도로 제한되어 그 법정형이 형벌 본래의 목적과 기능을 달성함에 있어 필요한 정도를 일탈하였고, 각 행위의 개별성에 맞추어 그 책임에 알맞은 형을 선고할 수 없을 정도로 과중하므로, 책임과 형벌 간의 비례원칙에 위배된다."고 하여 주거침입강제추행죄 가중처벌 규정에 대하여 위헌결정하였다(헌재 2023. 2. 23. 2021헌가9 등).

교나 그 밖에 이와 유사한 행위가 사적 공간에서 자발적 의사 합치에 따라 이루어지는 등 군이라는 공동사회의 건전한 생활과 군기를 직접적·구체적으로 침해한 것으로 보기 어려운 경우, 군형법 제92조의6이 적용되지 않는다고 보았다(대판 2022. 4. 21. 2019도3047 전합).

법률상의 배우자가 본죄의 객체가 될 수 있는가에 대해 긍정설, 부정설, 폭행·협박죄설, 강요죄설 등이 있을 수 있으나 강간죄와 마찬가지로 긍정해야 할 것이다.

(3) 실행행위

본죄의 행위는 폭행·협박으로 사람에 대하여 추행하는 것이다.

1) **폭행·협박**　　폭행·협박의 정도에 대해 강간죄와 같은 정도라는 견해(다수설)와 폭행·협박죄와 강간죄의 폭행·협박의 중간 정도로서 일반인으로 하여금 항거를 곤란하게 할 정도이면 족하거나 상대방의 의사에 반하는 폭행·협박이면 족하다는 견해가 대립한다.

소수설은 본죄의 형벌에 벌금형이 있다는 것을 근거로 들고 있으나, 본죄의 징역형기(10년 이하) 또는 벌금액(1,500만원 이하)이 강요죄의 징역형기(5년 이하)나 폭행·협박죄의 벌금액(500만원 이하)보다 현저히 무거우므로, 다수설이 타당하다. 항거가능한 폭행·협박으로 추행한 경우에는 폭행·협박죄나 강요죄 또는 성폭력처벌법상의 공중밀집장소 추행죄로 처벌하면 될 것이다.

판례는 종래 강제추행죄의 '폭행 또는 협박'의 의미에 관하여 이를 두 가지 유형으로 나누어, 폭행행위 자체가 곧바로 추행에 해당하는 경우(이른바 기습추행형)에는 상대방의 의사를 억압할 정도의 것임을 요하지 않고 상대방의 의사에 반하는 유형력의 행사가 있는 이상 그 힘의 대소강약을 불문한다고 판시하는 한편, 폭행 또는 협박이 추행보다 시간적으로 앞서 그 수단으로 행해진 경우(이른바 폭행·협박 선행형)에는 상대방의 항거를 곤란하게 하는 정도의 폭행 또는 협박이 요구된다고 판시하여 왔다(대판 2007. 1. 25. 2006도5979; 대판 2002. 4. 26. 2001도2417; 대판 1983. 6. 28. 83도399). 하지만 2023년 전원합의체 판결은, "강제추행죄는 상대방의 신체에 대해 불법한 유형력을 행사하거나 상대방으로 하여금 공포심을 일으킬 수 있는 정도의 해악을 고지하여 상대방을 추행한 경우에 성립한다."고 하여 종래의 견해를 변경하였다(대판 2023. 9. 21. 2018도13877 전합).

[대판 2023. 9. 21. 2018도13877 전합] 강제추행죄의 범죄구성요건과 보호법익, 종래의 판례 법리의 문제점, 성폭력범죄에 대한 사회적 인식, 판례 법리와 재판 실무의 변화에 따라 해석기준을 명확히 할 필요성 등에 비추어 강제추행죄의 '폭행 또는 협박'의 의미는 다시 정의될 필요가 있다. 강제추행죄의 '폭행 또는 협박'은 상대방의 항거를 곤란하게 할 정도로 강력할 것이 요구되지 아니하고, 상대방의 신체에 대하여 불법한 유형력을 행사(폭행)하거나 일반적으로 보아 상대방으로 하여금 공포심을 일으킬 수 있는 정도의 해악을 고지(협박)하는 것이라고 보아야 한다.

판례의 입장을 따른다면 첫째, 제299조에서 준강제추행죄 부분을 삭제해야할 것이다. 둘째, 폭행행위인지 강제추행행위인지 불분명한 경우 너무 쉽게 강제추행죄를 인정해서는 안 되고, 성폭력처벌법상 공중밀집장소추행죄(제11조)와 강제추행죄를 구별하는 기준을 명확히 해야 할 것이다.[1]

2) 추   행   추행은 객관적으로 일반인에게 성적 수치심이나 혐오감을 일으키게 하고 선량한 성적 도덕관념에 반하는 행위로서 피해자의 성적 자유를 침해하는 것을 말하며, 이에 해당하는지는 피해자의 의사, 성별, 연령, 행위자와 피해자의 이전부터의 관계, 행위에 이르게 된 경위, 구체적 행위태양, 주위의 객관적 상황과 그 시대의 성적 도덕관념 등을 종합적으로 고려하여 신중히 결정되어야 하고, 반드시 신체의 접촉을 요하는 것은 아니다(대판 2015. 9. 10. 2015도6980).[2] 성적 수치심이나 혐오감을 일으키면 족하고 피해자의 특정 신체부위를 접촉해야하는 것도 아니다(대판 2020. 12. 10. 2020도11186; 대판 2020. 12. 14. 2020도7981). 폭행·협박 후의 추행뿐만 아니라 폭행행위 그 자체가 추행으로 인정되는 경우(이른바 '기습추행')도 포함된다(대판 2020. 3. 26. 2019도15994; 대판 2015. 11. 12. 2012도8767 등). 피해자가 추행행위를 인식하지 못하였어도 무방하다(대판 2021. 10. 28. 2021도7538).

폭행·협박과 추행 사이에 어느 정도의 시간적 간격이 있더라도 강제추행죄

---

1) 판례는 피고인이 지하철 내에서 A(여)의 등 뒤에 밀착하여 무릎을 굽힌 후 성기를 A의 엉덩이 부분에 붙이고 앞으로 내미는 등의 행위를 한 경우 대법원은 공중밀집장소추행죄를 인정하였다(대판 2020. 6. 25. 2015도7102). 그런데 이 경우 강제추행죄도 성립할 수 있다.
2) 피고인이 밤에 술을 마시고 배회하던 중 버스에서 내려 혼자 걸어가는 피해자 갑을 발견하고 마스크를 착용한 채 뒤따라가다가 인적이 없고 외진 곳에서 가까이 접근하여 껴안으려 하였으나, 갑이 뒤돌아보면서 소리치자 그 상태로 몇 초 동안 쳐다보다가 다시 오던 길로 되돌아갔다고 하여 아동·청소년의 성보호에 관한 법률 위반으로 기소된 사안에서, 피고인의 행위가 아동·청소년에 대한 강제추행미수죄에 해당한다고 한 사례.

가 성립할 수 있다(대판 2007. 1. 25. 2006도5979).[1]

(4) 주관적 구성요건

본죄가 성립하기 위해서는 폭행 또는 협박 및 추행에 대한 확정적·미필적 고의가 필요하지만, 성적 흥분, 자극, 또는 만족을 위한 경향이나 목적을 요하는 경향범인가에 대해 긍정설과 부정설이 있다. 판례는 부정설을 따른다.[2]

생각건대, 본죄의 보호법익은 성적 의사결정의 자유인데, 행위자에게 경향이나 목적이 없더라도 피해자의 성적 자기결정권을 침해할 수 있으므로 부정설이 타당하다. 이에 대해 치료나 강제수색의 목적이 있는 경우에도 추행에 해당한다는 비판이 있을 수 있지만, 이는 객관적으로도 성적 수치심을 일으키는 행위가 아니기 때문에 구성요건해당성이 없거나, 객관적으로 성적 수치심을 일으키는 행위라면 위법성이 조각된다고 하면 될 것이다.

2. 미　　수

본죄의 미수는 처벌한다(제300조). 본죄의 실행의 착수시기는 폭행·협박 또는 추행이 개시된 때이고, 기수시기는 추행행위가 어느 정도 계속된 때이다. 강간죄나 유사강간죄와 달리 본죄는 예비·음모의 처벌규정이 없다.

3. 죄　　수

본죄를 범한 후 계속하여 강간죄를 범한 경우 본죄는 강간죄에 흡수된다. 공연히 강제추행을 한 경우에는 공연음란죄(제245조)와 본죄의 상상적 경합이 된다는 견해가 있으나, 본죄만이 성립한다고 해야 한다.

Ⅴ. 준강간죄, 준유사강간죄, 준강제추행죄

제299조(준강간, 준강제추행)　사람의 심신상실 또는 항거불능의 상태를 이용하여 간음 또는 추행을 한 자는 제297조, 제297조의2 및 제298조의 예에 의한다.

---

1) 최근 대법원은 강제추행을 매우 넓게 인정하는 경향이 있다. 그 예로 대판 2020. 12. 24. 2020도7981; 대판 2020. 12. 10. 2020도11186; 대판 2020. 7. 23. 2019도15421 외 다수 판결.
2) 대판 2013. 9. 26. 2013도5856: 알고 지내던 여성 A가 자신의 머리채를 잡아 폭행을 가하자 보복의 의미에서 A의 입술, 귀, 유두, 가슴 등을 입으로 깨무는 등의 행위를 한 것은 강제추행죄의 추행에 해당된다.

1. 개념 및 법적 성격

준강간죄, 준유사강간죄 및 준강제추행죄(이하 통칭할 경우 '준강간 등'이라고 함)는 사람의 심신상실 또는 항거불능의 상태를 이용하여 간음 또는 추행하는 범죄로서 강간죄, 유사강간죄 및 강제추행죄와 같은 형벌로 처벌된다. 본죄의 경우 폭행·협박이 없더라도, 폭행·협박으로 상대방의 항거가 불가능하거나 현저히 곤란한 상태를 초래하여 간음·추행[1]하는 것과 동일하게 평가할 수 있기 때문이다.

본죄의 보호법익은 성적 의사결정의 자유이고, 보호의 정도는 침해범이다. 간음이나 추행이 피해자의 의사에 합치되는 경우에는 본죄는 성립하지 않는다고 해야 한다.

본죄에 대해 자수범(自手犯)설도 있지만, 본죄는 피해자의 성적 자기결정권의 보호에 중점이 있고, 타인을 생명있는 도구로 이용하여 성적 자기결정권을 침해할 수도 있으므로 비자수범설(다수설)이 타당하다.

2. 구성요건

(1) 행위의 주체 및 객체

본죄의 주체에는 제한이 없다. 성폭력처벌법은 주거침입죄를 범한 자가 본죄를 범한 경우 가중처벌하지만(제3조 1항), 헌법재판소는 주거침입준강제추행죄에 대해서 위헌결정을 하였다(헌재 2023. 2. 23. 2021헌가9 등).

본죄의 객체는 사람이다. 청소년성보호법은 19세 미만의 아동청소년에 대한 준강간등을 가중처벌한다(청소년성보호법 제7조 4항). 성폭력처벌법은 13세 미만의 사람에 대해 준강간등을 범한 경우 가중처벌한다(성폭력처벌법 제7조 4항). 성폭력처벌법은 친족관계에 있는 자에 대해 준강간 또는 준강제추행죄를 범한 경우(성폭력처벌법 제5조 3항, 준유사강간에 대한 가중구성요건은 없음), 신체적 또는 정신적 장애가 있는 사람에 대해 준강간등을 범한 경우(성폭력처벌법 제6조 4항)에 관해서도 각 가중구성요건을 두고 있다. 군인 등에 대해 준강간등을 범한 경우 군형법 제92조의4가 적용된다.

---

1) 판례처럼 강제추행죄의 폭행, 협박을 일반적 폭행, 협박으로 해석하면, 준강제추행죄 규정은 필요하지 않다. 심신상실, 항거불가능 뿐만 아니라 심신미약이나 항거곤란 상태를 이용해도 강제추행죄로 처벌할 수 있기 때문이다.

(2) 실행행위

심신상실 또는 항거불능의 상태를 이용하여 간음 또는 추행하는 것이다. 판례에 의하면 이하의 논의는 준강제추행죄에서는 별 의미가 없다.

1) 심신상실 심신상실이란 심신장애로 인해 사물변별능력 또는 의사결정능력이 없는 것을 말한다. 판례는, 피고인이 간음하기 위해 피해자의 바지를 벗기려는 순간 피해자가 어렴풋이 잠에서 깨어나 피고인을 자신의 애인으로 착각하여 불을 끄라고 말하였고, 피고인이 여관으로 가자고 제의하자 그냥 빨리하라고 하면서 성교에 응하자 피고인이 피해자를 간음한 경우 피해자의 위와 같은 의식상태를 준강간죄의 심신상실 상태라고 볼 수 없다고 한다(대판 2000. 2. 25. 98도4355). 또한 알코올로 인해 일정한 시점에 진행되었던 사실에 대한 기억을 상실하는 블랙아웃(black out)은 심신상실이라고 할 수 없지만, 알코올의 최면진정작용으로 인하여 수면에 빠지는 의식상실(passing out)은 심신상실이라 할 수 있다고 한다(대판 2021. 2. 4. 2018도9781).

본죄의 성격상 심신상실에는 심신미약도 포함한다는 견해가 있지만, 이는 피고인에게 불리한 유추해석이므로 허용되지 않고 심신미약자는 제302조의 객체가 될 수 있을 뿐이라고 하는 통설이 타당하다. 다만, 심신미약자가 항거불능 상태에 있는 경우에는 본죄가 성립할 수 있다.

2) 항거불능의 상태 항거불능의 상태라 함은 심신상실 이외의 원인으로 육체적·심리적으로 간음 또는 추행에 대한 반항이 불가능한 상태를 말한다(대판 2012. 6. 28. 2012도2631).

전자의 예로 피해자가 묶여 있든가 질병으로 인해 도피할 수 없는 경우 등을, 후자의 예로 산부인과 의사가 환자를 진찰하던 중 간음·추행하거나 자포자기상태에 빠진 사람을 간음·추행하는 경우 등을 들 수 있다.

피해자가 의식상실 상태에 빠져 있지는 않지만 알코올의 영향으로 의사를 형성할 능력이나 성적 자기결정권 침해행위에 맞서려는 저항력이 현저하게 저하된 상태였다면 '항거불능'에 해당한다고 볼 수 있다(대판 2021. 2. 4. 2018도9781).

3) 심신상실 또는 항거불능상태를 이용한 간음·추행 심신상실 또는 항거불능상태를 이용한다는 것은 심신상실 또는 항거불능상태를 간음 또는 추행이 가능하게 하거나 용이하도록 하는 수단으로 삼는 것을 말한다.

심신상실 또는 항거불능상태가 발생된 원인은 묻지 않는다. 그러나 간음·추

행자가 폭행·협박으로 심신상실 또는 항거불능 상태를 야기한 경우에는 본죄가
아니라 강간죄, 유사강간죄 또는 강제추행죄가 성립한다.

3. 미   수

본죄의 미수는 처벌한다(제300조). 본죄의 실행의 착수시기는 간음 내지 추행
을 개시한 시기이고, 기수시기는 강간죄, 유사강간죄 및 강제추행죄에서와 같다.
한편, 본죄 중에서는 '준강간'의 경우에만 예비·음모를 처벌한다(제305조의3).

판례에 의하면 피해자가 심신상실 또는 항거불능의 상태에 있다고 인식하고
피해자를 간음하였으나 피해자가 심신상실 또는 항거불능의 상태에 있지 않았던
경우 준강간죄의 불능미수가 성립한다(대판 2019. 3. 28. 2018도16002 전합).

Ⅵ. 강간등상해·치상죄

> 제301조(강간 등 상해·치상)   제297조, 제297조의2 및 제298조부터 제300조까
> 지의 죄를 범한 자가 사람을 상해하거나 상해에 이르게 한 때에는 무기 또는 5
> 년 이상의 징역에 처한다.

1. 법적 성격 및 보호법익

본죄는 (준)강간·유사강간·강제추행죄, 13세 미만 미성년자 간음·추행죄 및
13세 이상 16세 미만 미성년자 간음·추행죄의 기수범이나 미수범이 사람을 상해
하거나 상해에 이르게 함으로써 성립하는 범죄이다. 강간등상해죄는 강간등의 죄
와 상해죄의 결합범이고, 강간등치상죄는 진정결과적 가중범이다.

구형법에서는 강간치사상죄가 같이 규정되어 있었으나(제301조), 1995년 개정
형법은 강간상해죄와 강간치상죄, 강간살인죄와 강간치사죄를 구별하여 각각 제
301조와 제301조의2에 규정하였다.

본죄의 보호법익은 사람의 성적 의사결정의 자유와 신체의 생리적 기능이고,
보호의 정도는 침해범이다.

2. 구성요건

(1) 행위의 주체 및 객체

본죄의 주체는 ㈜강간·유사강간·강제추행죄, 13세 미만 미성년자 간음·추행죄 및 13세 이상 16세 미만 미성년자 간음·추행죄의의 기수범이나 미수범이다.

본죄의 객체는 사람이지만 강간 등의 피해자를 의미한다. 따라서 예컨대 甲이 A를 강간하다 고의·과실로 B를 상해한 경우에는 본죄가 아니라 강간죄와 상해죄 또는 과실치상죄가 성립한다. 아동·청소년에 대해 본죄를 범한 경우에는 가중처벌된다(청소년성보호법 제9조).

(2) 실행행위

본죄의 실행행위는 사람을 상해하거나 상해에 이르게 하는 것이다.

1) 상해의 개념   본죄의 형벌은 강간죄와 상해죄 또는 과실치상죄의 (상상적) 경합범에 비해 현저히 높기 때문에 엄격하게 해석해야 한다. 판례도 같은 입장이다.

[대판 2003. 9. 26. 2003도4606] 강간행위에 수반하여 생긴 상해가 극히 경미한 것으로서 굳이 치료할 필요가 없어서 자연적으로 치유되며 일상생활을 하는 데 아무런 지장이 없는 경우에는 강간치상죄의 상해에 해당되지 아니한다고 할 수 있을 터이나, 그러한 논거는 피해자의 반항을 억압할 만한 폭행 또는 협박이 없어도 일상생활 중 발생할 수 있는 것이거나 합의에 따른 성교행위에서도 통상 발생할 수 있는 상해와 같은 정도임을 전제로 하는 것이므로 그러한 정도를 넘는 상해가 그 폭행 또는 협박에 의하여 생긴 경우라면 상해에 해당된다고 할 것이며, 피해자의 건강상태가 나쁘게 변경되고 생활기능에 장애가 초래된 것인지는 객관적, 일률적으로 판단될 것이 아니라 피해자의 연령, 성별, 체격 등 신체, 정신상의 구체적 상태를 기준으로 판단되어야 한다.
[대판 2017. 6. 29. 2017도3196] 생리적 기능에는 육체적 기능뿐만 아니라 정신적 기능도 포함된다. 따라서 수면제와 같은 약물을 투약하여 피해자를 일시적으로 수면 또는 의식불명 상태에 이르게 한 경우에도 약물로 인하여 피해자의 건강상태가 불량하게 변경되고 생활기능에 장애가 초래되었다면 자연적으로 의식을 회복하거나 외부적으로 드러난 상처가 없더라도 이는 강간치상죄나 강제추행치상죄에서 말하는 상해에 해당한다. (평소 건강에 별다른 이상이 없는 피해자에게 성인 권장용량의 2배에 달하는 졸피뎀 성분의 수면제가 섞인 커피를 마시게 하여 피해자가 정신을 잃고 깊이 잠이 든 사이 피해자를 간음했고, 피해자가 4시간 뒤 깨어나 잠이 든 이후의 상황에 대

해 제대로 기억하지 못한 경우 강간치상죄의 상해를 긍정한 사안).
[대판 1996. 11. 22. 96도1395] 미성년자에 대한 추행행위로 인하여 그 피해자의
외음부 부위에 염증이 발생한 것이라면, 그 증상이 약간의 발적과 경도의 염증이
수반된 정도에 불과하다고 하더라도 그로 인하여 피해자 신체의 건강상태가 불량
하게 변경되고 생활기능에 장애가 초래된 것이 아니라고 볼 수 없으니, 이러한
상해는 미성년자의제강제추행치상죄의 상해의 개념에 해당한다.

  2) 상해의 발생   상해의 결과는 강간 등 행위 그 자체로부터 발생한 경
우뿐만 아니라 강간 등에 수반하는 행위에서 발생한 경우도 포함한다(대판 2003. 5.
30. 2003도1256).
  그러나 상해는 강간 등의 기회에 생긴 것이어야 하고 강간·강제추행이 완료
된 후 상해를 입힌 경우에는 강간죄 등과 상해죄 혹은 과실치상죄의 경합범이 된다.
다만, 강간·강제추행 등이 완료되기 이전에 고의, 과실의 상해행위가 있으면 상
해의 결과는 강간·강제추행 등이 완료된 후 발생하여도 본죄가 성립한다.
  (3) 인과관계와 예견가능성
  강간치상죄는 결과적 가중범이므로 강간과 상해 사이에 인과관계(객관적 귀속)
가 인정되어야 하고, 상해에 대한 예견가능성이 있어야 한다.[1]

  3. 미   수

  강간등상해·치상죄의 미수범을 처벌하는 규정이 없다. 따라서 상해가 미수
에 그친 경우에는 강간등상해미수죄가 아니라 강간등의 죄와 상해미수죄의 실체
적 혹은 상상적 경합범이 성립한다.
  성폭력처벌법은 특수강간등상해·치상죄의 미수를 벌하는데(동법 제15조), 이에
대해서는 특수강간등상해죄의 미수만을 벌하는 것이라는 견해와 특수강간등치상
죄의 미수도 벌하는 것이라는 견해가 대립된다. 후자의 견해에 의하면 특수강간
등치상죄의 미수란 특수강간등죄의 미수범이 과실로 상해를 입힌 경우를 말한다.
그러나 진정결과적 가중범의 미수범은 인정되지 않는다고 해야 할 것이다.

---

  1) 인과관계와 예견가능성을 인정한 판례로, 대판 1978. 7. 11. 78도1331; 대판 2008. 2. 29.
    2007도10120 등. 인과관계 또는 예견가능성을 부정한 판례로, 대판 1985. 10. 8. 85도1537;
    대판 1993. 4. 27. 92도3229 등.

4. 공 범

판례는 공범자 중 수인이 강간의 기회에 상해의 결과를 야기하였다면 다른 공범자가 그 결과의 인식이 없었더라도 강간치상죄의 책임을 진다고 한다(대판 1984. 2. 14. 83도3120; 대판 1970. 8. 31. 70도1305).

강간 등을 교사·방조하였으나 피교사·방조자가 고의·과실로 상해를 입혔을 경우 교사자는 강간등치상죄의 교사범(통설·판례)이 아니라 강간등교사죄와 과실치상죄의 상상적 경합의 죄책만을 진다고 해야 한다.

형법 제263조의 동시범은 상해죄와 폭행죄에 관한 특별규정으로서 동 규정은 그 보호법익을 달리하는 본죄에는 적용할 수 없다(대판 1984. 4. 24. 84도372).

5. 죄 수

종래 판례는 본죄를 범한 자가 피해자를 살해한 경우에는 본죄와 살인죄의 경합범이 된다고 하였으나(대판 1987. 12. 10. 86도2360), 현행형법상으로는 강간등살인죄만이 성립한다고 해야 할 것이다.

Ⅶ. 강간등살인·치사죄

> 제301조의2(강간등 살인·치사) 제297조, 제297조의2 및 제298조부터 제300조까지의 죄를 범한 자가 사람을 살해한 때에는 사형 또는 무기징역에 처한다. 사망에 이르게 한 때에는 무기 또는 10년 이상의 징역에 처한다.

1. 법적 성격 및 보호법익

본죄는 (준)강간·유사강간·강제추행죄, 13세 미만 미성년자 간음·추행죄 및 13세 이상 16세 미만 미성년자 간음·추행죄의 기수범이나 미수범이 사람을 살해하거나 사망에 이르게 함으로써 성립하는 범죄이다. 강간등살인죄는 강간 등의 죄와 살인죄의 결합범이고, 강간등치사죄는 진정결과적 가중범이다.

본죄의 보호법익은 사람의 성적 의사결정의 자유와 생명이고, 보호의 정도는 침해범이다.

2. 구성요건

(1) 행위의 주체 및 객체

본죄의 주체는 (준)강간·유사강간·강제추행죄, 13세 미만 미성년자 간음·추행죄 및 13세 이상 16세 미만 미성년자 간음·추행죄의 기수범 또는 미수범이다.

본죄의 객체는 사람이지만 역시 강간 등의 피해자를 의미함은 강간등상해·치상죄에서와 같다. 아동·청소년에 대해 본죄를 범한 경우에는 가중처벌된다(청소년성보호법 제10조).

(2) 실행행위

본죄의 실행행위는 고의, 과실로 사람을 사망케 하는 것이다. 사망의 결과는 강간 등 행위 그 자체로부터 발생한 경우뿐만 아니라 이에 수반하는 행위에서 발생한 경우도 포함한다. 강간·강제추행 등이 완료되기 이전에 고의, 과실의 살해행위가 있어야 하고 사망의 결과는 강간·강제추행 등이 완료된 후 발생하여도 본죄가 성립한다.

(3) 인과관계와 예견가능성

강간등치사죄는 결과적 가중범이므로 강간 등의 행위와 사망 사이에 인과관계(객관적 귀속)가 인정되어야 하고 사망에 대한 예견가능성이 있어야 한다.[1]

3. 미　　수

본죄의 미수를 처벌하는 규정이 없으므로, 강간등상해·치상죄에서와 같은 문제가 있다. 성폭력처벌법상 특수강간살인·치사죄의 미수범처벌규정(제15조)과 관련하여서도 강간등상해·치상죄에서와 같은 문제가 있다.

Ⅷ. 위계·위력에 의한 미성년자등간음죄

> 제302조(미성년자 등에 대한 간음)　미성년자 또는 심신미약자에 대하여 위계 또는 위력으로써 간음 또는 추행을 한 자는 5년 이하의 징역에 처한다.

---

1) 본죄의 성립을 인정한 판례로, 대판 1995. 5. 12. 95도425; 대판 2008. 2. 29. 2007도10120 등. 인과관계 또는 예견가능성을 부정한 판례로, 대판 1982. 11. 23. 82도1446; 대판 1988. 4. 12. 88도178 등.

1. 보호법익

미성년자나 심신미약자는 일반인에 비해 사물변별능력이나 의사결정능력이 미약하기 때문에 이들의 동의·승낙은 유효하다고 할 수 없다. 본죄는 위계·위력을 사용하여 미성년자 등의 동의·승낙을 받고 간음·추행하더라도 동의·승낙없는 것으로 간주하여 처벌하는 것이다. 다만, 폭행·협박이 아닌 위계·위력을 사용함으로 인해 강간·유사강간·강제추행죄에 비해 불법이 감소된 범죄유형이다.

본죄의 보호법익은 성적 의사결정의 자유이고, 보호의 정도는 침해범이다.

2. 행위의 객체

본죄의 객체는 미성년자 또는 심신미약자이다.

본죄에서 규정한 미성년자란 성폭력처벌법 제7조 제5항, 형법 제305조와의 체계적 해석상 만 13세 이상 만 19세 미만의 자를 말한다고 해석된다.

그런데 청소년성보호법은 만 13세 이상 만 19세 미만의 아동·청소년에 대해 본죄를 범한 경우 가중처벌한다(청소년성보호법 제7조 5항, 간음시 무기 또는 5년 이상 징역, 유사강간시 5년 이상 징역, 강제추행시 2년 이상 징역 또는 1천만원 이상 3천만원 이하 벌금).

성폭력처벌법은 신체적 또는 정신적 장애가 있는 사람에 대해 본죄를 범한 경우(성폭력처벌법 제6조 5항 간음은 5년 이상 징역, 제6항 추행은 1년 이상 징역 또는 1천만원 이상 3천만원 이하의 벌금), 13세 미만의 사람에 대해 본죄를 범한 경우(성폭력처벌법 제7조 5항, 간음시 무기 또는 10년 이상 징역, 유사강간시 7년 이상 징역, 강제추행시 5년 이상 징역)에 관해서도 각 가중구성요건을 두고 있다.

만 13세 미만의 자를 간음·추행한 때에는 본죄가 아니라 미성년자의제강간등죄(제305조 1항, 성폭력처벌법 제7조 5항과 달리 '위계·위력'을 요건으로 하지 않음)가 성립한다.

만약, 만 13세 미만에 대해 '위계·위력'으로 간음한 경우 성폭력처벌법 제7조 제5항, 제1항을 적용(무기징역 또는 10년 이상의 징역)할 수 있으나, 검사가 이 경우 형법 제305조 제1항, 제297조(3년 이상의 징역)에 따라 기소하는 것도 이론적으로는 가능하다. 이 경우 검사의 기소재량에 의해 심각한 형의 불균형이 초래될 수 있다.

심신미약자란 심신장애로 인하여 사물변별능력이나 의사결정능력이 미약한 자를 말한다.

3. 실행행위

　본죄의 실행행위는 위계 또는 위력으로써 간음 또는 추행하는 것이다. 위계
란 기망이나 유혹 등의 수단을 통해 상대방의 부지나 착오를 이용하는 것을 말한
다. 종래의 판례는 이때의 착오는 간음행위 자체에 대한 착오를 말하므로, 피해자
에게 남자를 소개시켜 준다고 거짓말을 하여 여관으로 유인하여 간음하거나(대판
2002. 7. 12. 2002도2029), 성교의 대가로 돈을 주겠다고 속이고 간음하더라도(대판
2001. 12. 24. 2001도5074) 본죄가 성립하지 않는다고 하였다. 그러나 이후 견해를 변
경하여 위계에 의한 간음죄에서 행위자가 간음의 목적으로 상대방에게 일으킨 오
인, 착각, 부지는 간음 행위 자체에 대한 오인, 착각, 부지를 말하는 것이지 간음
행위와 불가분적 관련성이 인정되지 않는 다른 조건에 관한 오인, 착각, 부지를
가리키는 것은 아니라는 취지의 종전 판례를 폐기하였다. 그에 따라 간음행위 자
체가 아니라 간음행위에 이르게 된 동기나 간음행위와 결부된 금전적·비금전적
대가와 같은 요소에 대한 착오가 있더라도 본죄가 성립할 수 있다고 한다(대판
2020. 8. 27. 2015도9436 전합).

> [대판 2020. 8. 27. 2015도9436 전합] 왜곡된 성적 결정에 기초하여 성행위를 하
> 였다면 왜곡이 발생한 지점이 성행위 그 자체인지 성행위에 이르게 된 동기인지
> 는 성적 자기결정권에 대한 침해가 발생한 것은 마찬가지라는 점에서 핵심적인
> 부분이라고 하기 어렵다. 피해자가 오인, 착각, 부지에 빠지게 되는 대상은 간음
> 행위 자체일 수도 있고, 간음행위에 이르게 된 동기이거나 간음행위와 결부된 금
> 전적·비금전적 대가와 같은 요소일 수도 있다. … 다만 행위자의 위계적 언동이
> 존재하였다는 사정만으로 위계에 의한 간음죄가 성립하는 것은 아니므로 위계적
> 언동의 내용 중에 피해자가 성행위를 결심하게 된 중요한 동기를 이룰 만한 사정
> 이 포함되어 있어 피해자의 자발적인 성적 자기결정권의 행사가 없었다고 평가할
> 수 있어야 한다.

　위력이란 사람의 의사를 제압·혼란케 할 수 있는 유형·무형의 힘을 말한다.
유형적이든 무형적이든 묻지 않으므로 폭행·협박뿐 아니라 행위자의 사회적·경
제적·정치적인 지위나 권세를 이용하는 것도 가능하다(대판 2013. 12. 12. 2013도12803).

강간죄등에서의 폭행·협박에 이르지 않은 정도의 폭행·협박을 수단으로 한 경우에도 본죄가 성립한다.

구강성교와 같은 유사성행위는 간음에 속하지 않고 추행에 속한다.

4. 인과관계

위계 또는 위력의 행사와 간음 또는 추행 사이에는 인과관계가 있어야 한다. 인과관계는 피해자의 연령 및 행위자와의 관계, 범행에 이르게 된 경위, 범행 당시와 전후의 상황 등 여러 사정을 종합적으로 고려하여 판단해야 한다(대판 2020. 8. 27. 2015도9436 전합).

본죄는 침해범이므로 위계·위력을 행사하였더라도 상대방이 착오에 빠지지 않거나 공포심을 느끼지 않은 경우에는 본죄의 미수가 되어 처벌되지 않는다.

Ⅸ. 업무상위력 등에 의한 간음죄, 피구금자간음죄

> 제303조(업무상위력 등에 의한 간음) ① 업무, 고용 기타 관계로 인하여 자기의 보호 또는 감독을 받는 사람에 대하여 위계 또는 위력으로써 간음한 자는 7년 이하의 징역 또는 3천만원 이하의 벌금에 처한다.
> ② 법률에 의하여 구금된 사람을 감호하는 자가 그 사람을 간음한 때에는 7년 이하의 징역에 처한다.

1. 업무상위력 등에 의한 간음죄

(1) 보호법익

타인의 보호·감독을 받는 사람이나 구금된 사람은 미성년자나 심신미약자만큼은 아니지만 보호·감독관계로 인해 성적 의사결정의 자유가 제한되어 있을 수 있다. 본죄는 이들의 동의·승낙은 효력이 없기 때문에 이들의 동의·승낙을 받아 간음하는 행위를 벌하는 것이다.

그러나 본죄의 피해자들은 미성년자나 심신미약자에 비해 성적 의사결정의 자유가 덜 제한되어 있으므로 추행은 제외하고 간음만 벌하고 벌금형이 선택형으로 규정되어 있다. 업무상위력 등에 의한 추행은 성폭력처벌법 제10조에서 처벌하고 있다.

　본죄의 보호법익은 성적 의사결정의 자유이고, 보호의 정도는 침해범이다.

　(2) 행위의 객체

　본죄의 객체는 업무·고용 기타 관계로 인하여 자기의 보호 또는 감독을 받는 사람이다. 청소년성보호법은 만 19세 미만의 아동·청소년에 대해 본죄를 범한 경우 가중처벌한다(청소년성보호법 제7조 5항). 객체가 13세 미만의 사람인 경우에는 성폭력처벌법 제7조 제5항(위계·위력으로 아동·청소년을 간음)과 제305조의 미성년자의제강간죄(13세 미만의 자를 간음하거나 추행)가 모두 성립한다.

　판례에 의하면, 업무·고용 기타 관계는 법률상 효력이 없더라도 사실상의 업무·고용 기타 관계이면 족하다(대판 1976. 2. 10. 74도1519). 또한 '업무, 고용이나 그 밖의 관계로 인하여 자기의 보호, 감독을 받는 사람'에는 직장 안에서 보호 또는 감독을 받거나 사실상 보호 또는 감독을 받는 상황에 있는 사람뿐만 아니라 채용 절차에서 영향력의 범위 안에 있는 사람도 포함된다(대판 2020. 7. 9. 2020도5646; 성폭력처벌법 제10조 1항 업무상위력추행죄에 대한 판결임).

　(3) 실행행위

　본죄의 행위는 위계 또는 위력으로 간음하는 것이다. 따라서 구강성교와 같은 유사성행위를 한 경우 본죄에 해당되지 않는다.

　예를 들어 승진을 시켜주겠다고 속이고 성년자를 간음한 경우 제302조에서와 같이 본죄가 성립하는지 문제된다. 제302조의 객체와 본죄의 객체가 다르고, 혼인빙자 등 위계에 의한 간음죄가 폐지된 이유 등을 감안하면 본죄에서 위계에 의한 피해자의 착오는 성교행위 그 자체에 대한 착오로 보아야 할 것이다. 그러나 앞의 위계에 의한 미성년자간음죄의 판결(대판 2020. 8. 27. 2015도9436 전합)에 의하면 이 경우도 본죄가 성립할 가능성이 크다.

　피용자인 부녀에게 간음에 불응하면 해고하겠다고 한 경우(대판 1985. 9. 10. 85도1273)나 의사가 진료행위를 가장하여 환자들을 추행한 경우(대판 2005. 7. 14. 2003도7107) 등에서는 본죄의 위력행사가 인정된다.

　(4) 인과관계

　본죄가 성립하기 위해서는 위계·위력과 간음 사이에 인과관계가 있어야 한다. 위계·위력을 사용하였어도 상대방이 착오에 빠지지 않거나 공포심을 느끼지 않은 경우에는 본죄의 미수가 되어 처벌되지 않는다.

(5) 죄   수

미성년자 또는 심신미약자에 대해 본죄를 범한 경우 본죄와 위계 · 위력에 의한 미성년자등간음죄의 상상적 경합이 성립하고, 형이 더 중한 본죄의 법정형 중 징역형으로 처벌하여야 한다.[1]

2. 피구금자간음죄

(1) 보호법익

피구금자는 감호자에 대해 의사결정의 자유가 이미 제한되어 있을 가능성이 높다. 본죄는 감호자가 피구금자의 동의를 얻어 간음하였다 하더라도 피구금자의 진정한 의사에 반한다고 의제 · 간주하고 처벌하는 것이다.

본죄의 주된 보호법익은 성적 의사결정의 자유이고, 부차적 보호법익은 피구금자에 대한 평등한 처우와 감호자의 청렴성에 대한 일반인의 신뢰이다. 따라서 간음이 피구금자의 의사에 합치되어도 본죄가 성립한다. 이러한 의미에서 본죄는 국가적 법익에 대한 범죄로서의 성격을 지니고 있고, 성적 의사결정의 자유가 침해되지 않아도 성립하는 추상적 위험범이다.

통설은 본죄를 자수범(自手犯)이라고 한다. 그러나 본죄의 중점은 감호자의 악성에 대한 비난이 아니라 피구금자의 성적 의사결정의 자유 보호에 있으므로 자수범이 아니라고 해야 할 것이다. 예컨대 감호자가 다른 감호자를 생명있는 도구로 이용하여 본죄를 범할 수 있다.

(2) 행위의 주체 및 객체

본죄는 진정신분범으로서, 그 주체는 법률에 의해 구금된 사람의 감호자이고, 객체는 법률에 의해 구금된 사람이다. 형사소송법에 의해 체포 · 구속된 피의자 · 피고인이나 수형자 등이 이에 해당한다. 적법하게 구금된 사람뿐만 아니라 위법하게 구금된 사람도 포함된다.

---

1) 과거에는 본죄와 위계 · 위력에 의한 미성년자등간음죄의 상상적 경합이 성립한다는 견해와 위계 · 위력에 의한 미성년자등간음죄 일죄만이 성립한다는 견해(다수설)가 있었으나, 이는 2012년 형법이 개정되기 전의 논의이다. 그때는 본죄의 법정형이 5년 이하의 징역 또는 벌금형으로 되어 있어 미성년자등간음죄의 법정형보다 낮았으나, 2012년 형법개정으로 본죄의 법정형이 7년 이하의 징역 또는 벌금형으로 개정되어 징역형이 미성년자등간음죄보다 높기 때문에 종전의 다수설은 주장될 수 있는 여지가 없어졌다.

(3) 실행행위

본죄의 실행행위는 간음이다. 감호자의 청렴성에 대한 사회일반의 신뢰도 본죄의 보호법익이므로, 피구금자의 촉탁·승낙이 있어도 본죄가 성립한다.

폭행·협박으로써 간음한 경우에는 본죄가 아니라 강간죄가 성립한다. 위계·위력으로써 피구금자를 간음한 경우에는 업무상위력 등에 의한 간음죄도 성립하지만 본죄에 흡수된다.

본죄의 행위는 간음에 국한되고 구강성교등 및 추행은 포함되지 않는다. 구강성교등이나 추행을 한 경우는 성폭력처벌법에 의해 처벌된다(제10조 2항).

X. 13세 미만자 의제강간·유사강간·강제추행죄

> 제305조(미성년자에 대한 간음, 추행) ① 13세 미만의 사람에 대하여 간음 또는 추행을 한 자는 제297조, 제297조의2, 제298조, 제301조 또는 제301조의2의 예에 의한다.

1. 개념 및 법적 성격

본죄는 13세 미만의 사람에 대하여 간음 또는 추행을 하거나 이들 죄의 기수범 또는 미수범을 범하여 피해자를 상해·치상하거나 살인·치사하는 죄이다.

본죄는 13세 미만의 사람은 성적 자기결정의 능력이 없다고 간주하고 이들의 촉탁·승낙에 의해 간음·추행하더라도 강간죄 등을 범한 것과 동일하게 처벌하는 것이다.

본죄의 보호법익은 13세 미만 미성년자의 건전한 성적 발육이고, 보호의 정도는 추상적 위험범이다.

2. 구성요건

본죄의 객체는 13세 미만의 사람이다.

본죄의 실행행위는 간음·유사간음·추행, 상해·치상, 살인·치사이다. 폭행·협박이나 위계·위력의 행사를 요하지 않는다. 성폭력처벌법 제7조 제5항은 위계·위력의 행사로 13세 미만의 사람에 대해 간음·추행한 경우도 가중처벌하고 있다.

[대판 2006. 1. 13. 2005도6791] 초등학교 4학년 담임교사(남자)가 교실에서 자신이 담당하는 반의 남학생의 성기를 만진 행위는 미성년자의제강제추행죄에서 말하는 '추행'에 해당한다.

본죄가 성립하기 위해서는 13세 미만자라는 것을 인식해야 한다. 13세 미만자인 줄 알고 간음하였으나 13세 이상자인 경우에는 본죄의 불능범이라는 견해가 있으나, 대상의 착오로 인하여 결과발생이 불가능한 경우이므로 위험성 유무에 따라 불능미수 혹은 불능범이 문제된다.

3. 미 수

본죄의 미수를 처벌하는 규정이 없으나, 통설·판례(대판 2007. 3. 15. 2006도9453)는 본죄는 강간죄 등의 강제추행죄의 예에 의하고, 강간죄 등의 미수범을 벌하므로 본죄의 미수도 처벌된다고 한다. 그러나 이러한 논리는 문제가 있으므로 입법적 해결을 해야 한다.

4. 죄 수

판례는 미성년자의제강간죄 또는 미성년자의제강제추행죄는 행위 시마다 1개의 범죄가 성립한다고 하지만(대판 1982. 12. 14. 82도2442), 포괄일죄가 성립한다고 해야 할 것이다.

XI. 13세 이상 16세 미만 미성년자 의제강간등죄

제305조(미성년자에 대한 간음, 추행) ② 13세 이상 16세 미만의 사람에 대하여 간음 또는 추행을 한 19세 이상의 자는 제297조, 제297조의2, 제298조, 제301조 또는 제301조의2의 예에 의한다.

1. 개념 및 법적 성격

본죄는 19세 이상의 사람이 13세 이상 16세 미만의 사람에 대하여 간음, 유사간음 또는 추행을 하는 죄 및 이들 범죄의 기수범 또는 미수범이 피해자를 상해 · 치상하거나 살인 · 치사하는 죄이다('로미오와 줄리엣 법'이라고도 불린다).

본죄는 13세 이상 16세 미만의 미성년자는 19세 미만의 사람과의 관계에서는 성적 자기결정능력을 발휘할 수 있지만, 19세 이상의 사람과의 관계에서는 성적 자기결정능력을 제대로 발휘할 수 없다고 의제하는 것이다. 따라서 19세 이상의 사람이 이들 미성년자의 촉탁 · 승낙을 받고 성교 · 유사성교 · 성적 행위(추행)를 하더라도 강간죄, 유사강간죄, 강제추행죄 등을 범한 것으로 보는 것이다.

본죄의 보호법익은 13세 이상 16세 미만 미성년자의 건전한 성적 발육이고, 보호의 정도는 추상적 위험범이다.

2. 구성요건

본죄는 진정신분범으로서, 본죄의 주체는 19세 이상 성인이고 19세 미만 미성년자는 본죄의 주체가 될 수 없다. 예를 들어 17세의 미성년자가 15세의 미성년자와 합의하여 성행위를 한 경우에는 본죄가 성립하지 않는다.

본죄의 객체는 13세 이상 16세 미만의 사람이다. 미성년자라도 16세 이상은 본죄의 객체가 될 수 없다

본죄의 실행행위는 간음, 유사간음, 추행(강제성이 없는 성적 행위)이고 이들 범죄의 기수범 또는 미수범이 피해자를 상해 · 치상하거나 살해 · 치사하는 것이다.

본죄가 성립하기 위해서는 자신이 19세 이상의 사람이라는 것과 피해자가 13세 이상 16세 미만이라는 것을 인식해야 한다. 행위자가 자신이 19세 미만이라고 착오한 경우에는 주체의 착오로서 불능범이 된다. 과실로 16세 미만의 사람을 16세 이상이라고 착오한 경우에는 처벌되지 않는다.

3. 미 수 범

본죄의 미수범을 처벌할 수는 있는가도 제305조 제1항의 죄에서와 같은 문제가 있다.

16세 이상인 사람을 16세 미만이라고 착오한 경우에는 대상의 착오로 결과발생이 불가능한 경우이므로 위험성 유무에 따라 불능미수 또는 불능범이 된다.

4. 공   범

19세 이상인 사람이 19세 미만인 사람을 교사하여 13세 이상 16세 미만의

사람과 간음 등의 행위를 하게 한 경우 공범종속성원칙에 따라 본죄의 교사범이
성립하지 않는다.

XII. 상 습 범

> 제305조의2(상습범) 상습으로 제297조, 제297조의2, 제298조부터 제300조까지,
> 제302조, 제303조 또는 제305조의 죄를 범한 자는 그 죄에 정한 형의 2분의 1
> 까지 가중한다.

본죄는 상습으로 강간, 유사강간, 강제추행, 준강간, 준강제추행, 준유사강간
의 기수죄 및 미수죄, 위계·위력에 의한 미성년자간음죄, 업무상위력에 의한 간
음죄, 13세 미만 미성년자의제강간죄, 13세 이상 16세 미만 미성년자의제강간죄
등을 범하는 것이다.

위 상습범 규정은 2010. 4. 15. 개정형법으로 '신설'된 것이므로, 만약 위 규정
의 시행 이전의 범행이라면 상습범 조항을 적용하여 처벌할 수 없고 행위시법에
기초하여 단순 강간, 강제추행 등으로 처벌할 수 있을 뿐이다(대판 2016. 1. 28. 2015
도15669 참조).

XIII. 강간등예비·음모죄

> 제305조의3(예비, 음모) 제297조, 제297조의2, 제299조(준강간죄에 한정한다),
> 제301조(강간등 상해죄에 한정한다) 및 제305조의 죄를 범할 목적으로 예비 또
> 는 음모한 사람은 3년 이하의 징역에 처한다.

1. 본범의 범위

본죄는 2020년 5월 개정형법에서 신설된 것으로서, 강간죄, 유사강간죄, 준
강간죄, 강간상해죄, 유사강간상해죄, 13세 미만 미성년자의제강간죄, 13세 이상
16세 미만 미성년자의제강간죄 등의 예비·음모행위를 벌하는 것이다. 예비·음
모죄가 성립하기 위해서는 본범의 고의와 예비·음모에 대한 고의 등 이중의 고

의를 요한다.

강제추행죄, 준강제추행죄, 준유사강간죄, 강간등'치상'죄, 강간등살인·치사
죄, 위계·위력에 의한 미성년자 등 간음·추행죄, 업무상 위력 등에 의한 간음죄
의 예비·음모는 벌하지 않는다. 예비·음모를 벌해야 할 만큼 중대한 범죄가 아
니거나, 강간등살인죄의 예비·음모를 살인예비·음모죄(제255조)로 벌하면 되는
것과 같이 별도의 규정을 적용할 수 있기 때문이다.

2. 문 제 점

본죄에서는 "제301조(강간등상해죄에 한정한다)"라고 규정하고 있는데, 강간등
상해죄에는 강간상해죄뿐만 아니라 유사강간상해죄, 강제추행상해죄, 준강간
상해죄, 준강제추행상해죄도 포함된다. 또한 미성년자의제강간등죄(제305조)의
예비·음모를 벌하는데, 여기에는 미성년자의제강간죄, 미성년자의제유사강간
죄, 미성년자의제강제추행죄, 미성년자의제준강간죄, 미성년자의제준강제추행
죄, 미성년자의제강간상해·치상죄, 미성년자의제강간살인·치사죄, 미성년자
의제유사강간상해·치상죄, 미성년자의제유사강간살인·치사죄, 미성년자의제
강제추행살인·치사죄, 미성년자의제준강제추행상해·치상죄, 미성년자의제준
강제추행살인·치사죄, 미성년자의제준강제추행상해·치상죄 등이 포함되어
있다.

여기에서 다음과 같은 문제점이 있다.

첫째, 제301조 중 '강간등상해죄'에 한정한다고 규정하고 있으므로 강간등
치상죄의 예비·음모를 벌하지 않는다는 것은 분명하다. 그런데 '강간'이 아니
라 '강간등'이라고 규정하고 있으므로 유사강간상해죄, 강제추행상해죄, 준강
간상해죄, 준유사강간상해죄, 준강제추행상해죄의 예비·음모도 벌하는지 문
제된다. 강제추행상해죄, 준강제추행상해죄까지 포함시키는 것은 문제가 있는
데, 후자의 범죄들을 제외할 논리적 근거가 분명하지 않다.

둘째, 제305조와 관련하여 미성년자의제강제추행죄, 미성년자의제준강제추
행죄, 미성년자의제강제추행상해죄, 미성년자의제준강제추행상해죄의 예비·
음모를 벌하는지 문제된다.

셋째, 미성년자의제강간살인죄의 예비·음모는 살인예비·음모죄(제255조)와
본죄 중 어떤 죄로 벌해야 하는지 문제된다. 입법취지는 살인예비·음모죄로
벌하는 것일 것이다. 그러나 미성년자의제강간등살인죄와 살인죄는 특별 대 일
반의 관계에 있으므로 본죄를 우선 적용해야 한다는 논리도 가능하기 때문이다.

마구잡이 입법의 폐해를 보여주는 전형적인 예이다.

제3장 명예·신용·업무에 대한 죄

제1절 명예에 관한 죄

I. 총 설

1. 의의 및 구성요건체계

명예에 관한 죄란 명예훼손죄와 모욕죄를 총칭하는 것이다.

단순명예훼손죄(제307조 1항)와 모욕죄(제311조)가 명예에 관한 죄의 기본적 범죄유형이고 양자는 서로 독립된 성격의 범죄이다. 명예훼손죄 중 허위사실적시에 의한 명예훼손죄(제307조 2항)와 출판물 등에 의한 명예훼손죄(제309조)는 행위의 위험성 때문에 불법이 가중되는 범죄유형이다. 사자의 명예훼손죄(제308조)는 허위의 사실 적시로 행위불법은 가중되지만 피해자가 사자라는 점에서 결과불법이 감소되어 단순명예훼손죄와 같은 형벌에 처해지는 범죄유형이다.

명예훼손죄는 국민의 알 권리와 서로 반비례관계에 있으므로 알 권리의 충족을 위해 개인에 대한 명예훼손을 허용할 필요가 있는 경우가 많다. 이 때문에 명예훼손죄에는 특별한 위법성조각사유가 규정되어 있다(제310조).

모욕죄와 사자의 명예훼손죄는 친고죄(제312조 1항), 단순명예훼손죄, 허위사실적시에 의한 명예훼손죄, 출판물에 의한 명예훼손죄는 반의사불벌죄(제312조 2항)이다.

한편, 정보통신망 이용촉진 및 정보보호 등에 관한 법률(이하 '정보통신망법'이라 한다)은 명예훼손에 대한 가중구성요건을 두고 있다. 동법에 의하면 사람을 비방할 목적으로 정보통신망을 통하여 공공연하게 사실을 드러내어 다른 사람의 명예를 훼손한 자는 3년 이하의 징역 또는 3천만원 이하의 벌금에 처하고(법 제70조 1항),

사람을 비방할 목적으로 정보통신망을 통하여 공공연하게 거짓의 사실을 드러내어 다른 사람의 명예를 훼손한 자는 7년 이하의 징역, 10년 이하의 자격정지 또는 5천만원 이하의 벌금에 처하며(법 제70조 2항), 각 범죄는 반의사불벌죄이다(법 제70조 3항). 인터넷 등의 발달에 따라 현실에서는 위 정보통신망법위반죄가 문제되는 경우가 많고, 위 죄에 규정된 "비방의 목적", "공공연(공연성 요건)" 등은 형법전의 명예훼손과 동일하게 해석되고 있다. 만약, 인터넷 게시판 댓글, 사내 인트라넷 댓글 등에서 사실의 적시가 있는 경우 우선 정보통신망법 위반죄의 성부를 검토해야 한다. 하지만 동죄는 '비방의 목적'을 요건으로 하므로, 공익목적의 발언 등에 대해서는 이러한 비방의 목적이 부인되어 결국 형법전의 명예훼손죄 성부를 논해야 한다.

2. 명예의 개념

명예의 개념은 다음과 같이 나눌 수 있다.

첫째, 외적 명예란 "저 사람은 훌륭하다,""그 사람은 인간쓰레기이다"라고 할 때와 같이, 사람에 대한 객관적·사회적 평가를 말한다. 외적 명예는 그 사람의 진정한 가치(내적 명예)에 비해 과대평가되거나, 과소평가되어 있을 수도 있다.

둘째, 내적 명예란 외부의 평가와는 무관한 그 사람의 진정한 가치를 의미한다. 이러한 가치는 인간이 평가할 수 있는 것이 아니고 외부사람에 의해 침해될 수도 없다.

셋째, 명예감정이란 자신에 대한 주관적 평가로서 자존심을 말한다.

3. 명예의 주체

(1) 자 연 인

명예에 관한 죄의 보호법익이 외적 명예이므로 성인뿐만 아니라 미성년자, 유아, 정신병자 등도 명예의 주체가 된다. 명예는 일신전속적 성격을 지니므로 하나의 행위로 여러 사람의 명예를 훼손한 때에는 명예훼손죄의 상상적 경합이 된다.

외국원수나 외국사절에 대해서는 형법 제107조와 제108조 등이 적용되는데, 여기에서는 공연성을 요하지 않는다.

[대판 2021. 3. 25. 2016도14995 세월호 참사 당일 7시간 동안 대통령 행적에 대한 발언이 문제된 사안; 대판 2021. 9. 16. 2020도12861 전 대통령에 대해 공산주의자라는 취지의 발언이 문제된 사안] 정부 또는 국가기관의 정책결정 또는 업무수행과 관련된 사항을 주된 내용으로 하는 발언으로 정책결정이나 업무수행에 관여한 공직자에 대한 사회적 평가가 다소 저하될 수 있더라도, 발언 내용이 공직자 개인에 대한 악의적이거나 심히 경솔한 공격으로서 현저히 상당성을 잃은 것으로 평가되지 않는 한, 그 발언은 여전히 공공의 이익에 관한 것으로서 공직자 개인에 대한 명예훼손이 된다고 할 수 없다.

(2) 법인 및 기타 단체

1) 견해의 대립　　다수설은 자연인 이외에 법인 그리고 법에 의해 인정된 사회적 기능을 담당하고 통일된 의사형성을 할 수 있는 법인격없는 단체는 명예의 주체가 될 수 있다고 한다. 그러나 등산클럽 등과 같은 취미생활을 위한 사교단체 등은 명예의 주체가 될 수 없다고 한다. 판례는 자연인과 법인은 명예의 주체가 되지만 법인격없는 단체 및 국가나 지방자치단체는 주체가 될 수 없다고 한다.

[대판 2000. 10. 10. 99도5407] 명예훼손죄는 어떤 특정한 사람 또는 인격을 보유하는 단체에 대하여 그 명예를 훼손함으로써 성립하는 것이다.
[대판 2016. 12. 27. 2014도15290] 공권력의 행사자인 국가나 지방자치단체는 기본권의 수범자일 뿐 기본권의 주체가 아니고, 정책결정이나 업무수행과 관련된 사항은 항상 국민의 광범위한 감시와 비판의 대상이 되어야 하며 이러한 감시와 비판은 그에 대한 표현의 자유가 충분히 보장될 때에 비로소 정상적으로 수행될 수 있으므로, 국가나 지방자치단체는 국민에 대한 관계에서 형벌의 수단을 통해 보호되는 외부적 명예의 주체가 될 수는 없고, 따라서 명예훼손죄나 모욕죄의 피해자가 될 수 없다.

이에 대해 소수설은 법인 및 법인격없는 단체의 명예주체성을 부정한다.

2) 결　　어　　통설, 판례에 대해서는 명예훼손죄나 모욕죄의 '사람'에 법인이나 법인격없는 단체 등을 포함시키는 것은 유추해석에 해당되고, 명예의 주체가 될 수 있는 단체와 될 수 없는 단체의 구별이 모호하며, 법인에 대한 모욕죄를 인정할 필요가 없다는 비판을 가할 수 있다. 따라서 명예의 주체는 자연인에 한정해야 할 것이다. 법인이나 단체에 대한 명예훼손은 대부분 그 업무에 관한 것이므로 업무방해죄의 문제로 다루거나 구성원인 자

연인에 대한 명예훼손으로 다루면 족하다.

(3) 피해자의 특정

명예에 관한 죄가 성립하기 위해서는 명예의 주체인 피해자가 특정되어야 한다. 피해자가 특정되었다고 하기 위해서는 표현의 내용을 주위사정과 종합하여 볼 때, 그 표현이 누구를 지목하는가를 알아차릴 수 있을 정도가 되어야 한다(대판 2020. 5. 28. 2019도12750).

[대판 2005. 6. 10. 2005도2316] 사람의 성명 등이 명시되지 아니하여 게재된 기사나 영상 자체만으로는 피해자를 인식하기 어렵게 되어 있더라도 그 표현의 내용을 주위사정과 종합해 보면 기사나 영상이 나타내는 피해자가 누구인지를 알 수 있고 또 그 사실을 아는 사람이 다수인 경우에는 피해자가 특정되었다고 할 수 있다.

(4) 집단표시에 의한 명예훼손

다수인을 대상으로 하는 집단표시에 의한 명예훼손죄가 성립하기 위해서는 첫째, 그 집단이 특정되어야 하고, 둘째, 특정된 집단의 구성원의 수가 어느 정도 제한되어야 하고, 셋째, 구성원 전원에 대한 것이어야 하고 예외를 인정하는 평균적 판단이어서는 안 된다.

[대판 2000. 10. 10. 99도5407] 서울시민 또는 경기도민이라 함과 같은 막연한 표시에 의해서는 명예훼손죄를 구성하지 아니한다 할 것이지만, 집합적 명사를 쓴 경우에도 그것에 의하여 그 범위에 속하는 특정인을 가리키는 것이 명백하면, 이를 각자의 명예를 훼손하는 행위라고 볼 수 있다.
[대판 2018. 11. 29. 2016도14678] 명예훼손의 내용이 집단에 속한 특정인에 대한 것이라고 해석되기 힘들고 집단표시에 의한 비난이 개별구성원에 이르러서는 비난의 정도가 희석되어 구성원 개개인의 사회적 평가에 영향을 미칠 정도에 이르지 않는 것으로 평가되는 경우에는 구성원 개개인에 대한 명예훼손이 성립하지 않는다.

"현역 장관 중 2명이 뇌물을 받았다"와 같이 특정된 집단의 일부 구성원을 지칭한 경우, 구성원 전원에 대한 명예훼손죄가 성립한다는 견해가 있지만, 이는 무죄추정의 원칙에 반하므로, 피해자 특정의 문제로 해결해야 한다.[1]

---

1) 대판 2000. 10. 10. 99도5407은 "3.19 동지회 소속 교사들이 학생들을 선동하여 무단하교를 하게 하였다"고 한 사건에서 3.19 동지회 소속 교사들 모두의 명예가 훼손되었다고 한

Ⅱ. 단순명예훼손죄

> **제307조(명예훼손)** ① 공연히 사실을 적시하여 사람의 명예를 훼손한 자는 2년 이하의 징역이나 금고 또는 500만원 이하의 벌금에 처한다.

1. 의의 및 보호법익

단순명예훼손죄는 진실한 사실을 적시하여 사람의 명예를 훼손하는 범죄이다. 허위사실을 적시한 경우에는 제307조 제2항에 의해 형벌이 가중된다. 명예훼손죄의 보호법익은 외적 명예, 즉 사람에 대한 사회적 평가이고, 보호의 정도는 추상적 위험범이다.

2. 구성요건

단순명예훼손죄의 실행행위는 '공연히 사실을 적시하여 사람의 명예를 훼손하는 것' 혹은 '공연히 사람의 명예를 훼손할 만한 사실을 적시하는 것'이다.

(1) 공 연 성

통설은 공연성의 개념을 '불특정 또는 다수인이 직접 인식할 수 있는 상태'라고 하고, 특정소수인에게 사실을 적시하였을 때에는 공연성이 인정되지 않는다고 한다. 이에 대해 판례는 다음과 같이 전파가능성이론을 따라 공연성을 판단한다.

[대판 2010. 10. 28. 2010도2877] 공연성은 불특정 또는 다수인이 인식할 수 있는 상태를 말하고,[1] 비록 개별적으로 한 사람에게 사실을 유포하였다고 하더라도 그로부터 불특정 또는 다수인에게 전파될 가능성이 있다면 공연성의 요건을 충족하지만, 반대로 전파될 가능성이 없다면 특정한 한 사람에게 한 사실의 유포는 공연성이 없다고 할 것이다.
[대판 2008. 2. 14. 2007도8155] 개인 블로그의 비공개 대화방에서 상대방으로부터 비밀을 지키겠다는 말을 듣고 일대일로 대화하였다고 하더라도, 그 사정만으로 대

다. 그러나 만약 "3.19 동지회 소속 교사들 중 일부가 학생들을 선동하였다"고 하였다면, 3.19 동지회 소속 교사 모두에 대한 명예훼손죄는 성립할 수 없을 것이다.
1) 대판 2020. 11. 19. 2020도5813 전합은 이것이 학계의 일반적인 견해라고 하는데, 이것은 오해이다. 학계의 일반적인 견해는 전파가능성이론을 부정하기 위해 '직접'이라는 요건을 추가한다.

화 상대방이 대화내용을 불특정 또는 다수에게 전파할 가능성이 없다고 할 수 없으므로, 명예훼손죄의 요건인 공연성을 인정할 여지가 있다.

나아가 판례는 특정소수인에게 사실을 적시한 경우에도 원칙적으로 전파가능성을 인정하고, 예외적으로 상대방과 피해자 사이에 특수한 관계에 있어서 상대방이 그 사실을 전파하지 않을 것이라고 인정되는 경우에만 전파가능성을 부정한다.[1]

[대판 2021. 4. 29. 2021도1677; 대판 2020. 12. 30. 2015도15619; 대판 2022. 7. 28. 2020도8336 외 다수판결] 공연성은 명예훼손죄의 구성요건으로서, 특정 소수에 대한 사실적시의 경우 공연성이 부정되는 유력한 사정이 될 수 있으므로, 전파될 가능성에 관해서는 검사의 엄격한 증명이 필요하다. 발언 상대방이 발언자나 피해자의 배우자, 친척, 친구 등 사적으로 친밀한 관계에 있는 경우 또는 직무상 비밀유지의무 또는 이를 처리해야 할 공무원이나 이와 유사한 지위에 있는 경우에는 그러한 관계나 신분으로 비밀의 보장이 상당히 높은 정도로 기대되는 경우로서 공연성이 부정된다. 위와 같이 발언자와 상대방 및 피해자와 상대방이 특수한 관계에 있는 경우 또는 상대방이 직무상 특수한 지위나 신분을 가지고 있는 경우에 공연성을 인정하기 위해서는 그러한 관계나 신분에도 불구하고 불특정 또는 다수인에게 전파될 수 있다고 볼 만한 특별한 사정이 존재하여야 한다.
[대판 2000. 5. 16. 99도5622] 통상 기자가 아닌 보통 사람에게 사실을 적시할 경우에는 그 자체로서 적시된 사실이 외부에 공표되는 것이므로 그때부터 곧 전파가능성을 따져 공연성 여부를 판단하여야 할 것이지만, 그와는 달리 기자를 통해 사실을 적시하는 경우에는 기사화되어 보도되어야만 적시된 사실이 외부에 공표된다고 보아야 할 것이므로 기자가 취재를 한 상태에서 아직 기사화하여 보도하지 아니한 경우에는 전파가능성이 없다고 할 것이어서 공연성이 없다고 봄이 상당하다.

---

1) 전파가능성을 부정한 판례로, 대판 2020. 12. 30. 2015도12933; 대판 2006. 9. 22. 2006도4407; 대판 2005. 12. 9. 2004도2880; 대판 2000. 5. 16. 99도5622; 대판 2000. 2. 11. 99도4579; 대판 1998. 9. 8. 98도1949; 대판 1996. 4. 12. 94도3309; 대판 1990. 4. 27. 89도1467; 대판 1989. 7. 11. 89도886; 대판 1988. 9. 27. 88도1008; 대판 1986. 10. 14. 86도1341; 대판 1985. 11. 26. 85도2037; 대판 1984. 4. 10. 83도49; 대판 1984. 3. 27. 84도86; 대판 1984. 2. 28. 83도891; 대판 1983. 10. 25. 83도2190; 대판 1982. 4. 27. 82도371; 대판 1982. 3. 23. 81도2491; 대판 1982. 2. 9. 81도2152; 대판 1981. 10. 27. 81도1023; 대판 1978. 4. 25. 78도473; 대판 1967. 5. 16. 66도787; 대판 1966. 4. 19. 66도179.

그러나 전파가능성이론에는 ① 명예훼손죄의 성립여부가 적시 상대방의
의사와 태도에 의해 좌우되고, ② 원칙적으로 적시된 사실의 전파가능성을
인정하여 형법의 보충성원칙에 반하며 표현의 자유를 본질적으로 침해하고,
③ 전파가능성의 유무의 판단이 자의적으로 이루어질 소지가 있고, ④ 표현
의 자유를 지나치게 제약하고, ⑤ 외국원수, 외교사절에 대한 명예훼손죄 및
모욕죄(§107②, §108②) 등과 구별이 어려운 문제점 등이 있다. 따라서 전파가
능성이론은 더 이상 전파되어서는 안되고 즉시 폐기해야 될 이론이다.

불특정인에게 사실을 적시한 경우에는 견문자의 수나 견문 여부는 문제되지
않는다. 예컨대 직장의 인터넷게시판에 사실을 적시하면 설사 그것을 본 사람이
없어도 공연성이 인정된다(대판 2000. 5. 12. 99도5734). 판례에 의하면 다수인이란 2-3
명 내지 6-7명으로는 부족하고,[1] 10여명 정도는 되어야 한다.[2] 그러나 전파가능
성설을 따른다면 2, 3명 내지 6, 7명에게 사실을 적시한다면 다수인에 대한 사실
적시로 공연성이 인정되지 않을지라도 전파가능성이 인정되어 공연성이 인정될
것이다.

(2) 사실의 적시

명예훼손죄는 사실의 적시가 필요하다는 점에서 모욕죄와 구별된다.

1) 사   실

가. 사실과 가치판단   단순명예훼손죄가 성립하기 위해서는 사실을 적시
해야 한다. 사실이 아닌 평가·의견진술·경멸적 표현 등을 한 경우에는 모욕죄가
될 수는 있어도 명예훼손죄가 될 수는 없다.[3]

[대판 1998. 3. 24. 97도2956; 대판 2008. 10. 9. 2007도1220; 대판 2022. 5. 13. 2020
도15642] 사실의 적시란 시간과 공간적으로 구체적인 과거 또는 현재의 사실관
계에 관한 보고 내지 진술을 의미하는 것이며, 그 표현내용이 증거에 의한 입증
이 가능한 것을 말한다. 판단할 진술이 사실인지 아니면 의견인지를 구별할 때에
는 언어의 통상적 의미와 용법, 증명가능성, 문제된 말이 사용된 문맥, 표현이 이
루어진 사회적 상황 등 전체적 정황을 고려하여 판단해야 한다.

---

1) 대판 1994. 9. 30. 94도1880; 대판 1990. 7. 24. 90도1167; 대판 1966. 4. 19. 66도179.
2) 대판 1990. 12. 26. 90도2473; 대판 1984. 2. 28. 83도312.
3) '이단 중에 이단'(대판 2008. 10. 9. 2007도1220; 대판 2007. 10. 26. 2006도5924), '애꾸눈,
   병신'(대판 1994. 10. 25. 94도1770), '아무 것도 아닌 똥꼬다리 같은 놈'(대판 1989. 3. 14.
   88도1397) 등은 사실의 적시가 아니라 모멸적인 언사이다.

[대판 2017. 4. 26. 2016도18024] 형법 제307조 제1항, 제2항, 제310조의 체계와 문언 및 내용에 의하면, 제307조 제1항의 '사실'은 제2항의 '허위의 사실'과 반대되는 '진실한 사실'을 말하는 것이 아니라 가치판단이나 평가를 내용으로 하는 '의견'에 대치되는 개념이다. 따라서 제307조 제1항의 명예훼손죄는 적시된 사실이 진실한 사실인 경우이든 허위의 사실인 경우이든 모두 성립될 수 있고, 특히 적시된 사실이 허위의 사실이라고 하더라도 행위자에게 허위성에 대한 인식이 없는 경우에는 제307조 제2항의 명예훼손죄가 아니라 제307조 제1항의 명예훼손죄가 성립될 수 있다.

[대판 2018. 5. 30. 2017도607] '사실을 드러내어'란 시간적으로나 공간적으로 구체적인 과거 또는 현재의 사실관계에 관한 보고 또는 진술을 의미한다. 따라서 어느 사람을 비방할 목적으로 인터넷 사이트에 게시글을 올리는 행위에 대하여 정보통신망법 제70조 제2항을 적용하기 위해서는, 해당 게시글이 그 사람에 대한 구체적인 사실관계를 보고하거나 진술하는 내용이어야 한다. 단순히 그 사람을 사칭하여 마치 그 사람이 직접 작성한 글인 것처럼 가장하여 게시글을 올리는 행위는 그 사람에 대한 사실을 드러내는 행위에 해당하지 아니하므로, 그 사람에 대한 관계에서는 위 조항을 적용할 수 없다(대판 2023. 11. 30. 2020도10180; 다만 위 사례에서는 저작인격권 또는 실연자의 인격권을 침해하여 저작자 또는 실연자의 명예를 훼손한 사람을 처벌하는 저작권법 위반죄가 성립할 수 있음).

나. 사회적 평가를 저하시킬 만한 사실   사실은 사람의 사회적 평가를 저하시킬 만한 것이어야 한다. 나쁜 행실, 성격, 신체적 조건, 건강, 능력, 가족관계, 친구관계, 전력(前歷) 등 그 종류는 문제되지 않는다. 사회적 평가를 저하시킬 만한지의 여부는 객관적 기준에 의해 판단해야 한다(대판 2007. 6. 15. 2004도4573).[1]

판례는, "학문적 표현의 자유를 실질적으로 보장하기 위해서는, 학문적 연구 결과 발표에 사용된 표현의 적절성은 형사 법정에서 가려지기보다 자유로운 공개 토론이나 학계 내부의 동료평가 과정을 통하여 검증되는 것이 바람직하다. 그러므로 학문적 연구에 따른 의견 표현을 명예훼손죄에서 사실의 적시로 평가하는 데에는 신중할 필요가 있다. 역사학 또는 역사적 사실을 연구 대상으로 삼는 학문 영역에서의 '역사적 사실'과 같이, 그것이 분명한 윤곽과 형태를 지닌 고정적인 사실이 아니라 사후적 연구, 검토, 비판의 끊임없는 과정 속에서 재구성되는

---

1) 대판 2008. 11. 27. 2008도6728: 우리나라 유명 소주회사가 일본의 주류회사에 지분이 50% 넘어가 일본 기업이 되었다고 하는 사실적시는 가치중립적 표현으로서 명예훼손적 표현이 아니다.

사실인 경우에는 더욱 그러하다. 이러한 점에서 볼 때, 학문적 표현을 그 자체로 이해하지 않고, 표현에 숨겨진 배경이나 배후를 섣불리 단정하는 방법으로 암시에 의한 사실 적시를 인정하는 것은 허용된다고 보기 어렵다."고 한다(대판 2023. 10. 26. 2017도18697; 위안부는 매춘부라는 내용을 적시한 것이 문제된 사안임).

다. 장래의 사실   사실에 장래의 사실도 포함되는가에 대해, 부정설은 장래사실의 적시는 의견의 진술에 가깝고, 현재의 시점에서 진위여부를 확정할 수 없으므로 모욕죄에 해당할 뿐이라고 한다. 절충설은 장래의 사실적시만으로는 명예훼손죄가 되지 않지만 그것이 현재의 사실로서의 의미도 가지고 있을 때에는 명예훼손죄가 될 수 있다고 한다. 예컨대, A가 장래에 해고될 것이 현재에 확정되어 있는 경우에는 "A가 해고될 것이다"라고 한 것은 사실적시에 해당된다고 해야 할 것이다. 절충설이 타당하다.

[대판 2003. 5. 13. 2002도7420] 피고인이 경찰관을 상대로 진정한 사건이 혐의인 정되지 않아 내사종결 처리되었음에도 불구하고 공연히 "사건을 조사한 경찰관이 내일부로 검찰청에서 구속영장이 떨어진다."고 말한 것은 현재의 사실을 기초로 하거나 이에 대한 주장을 포함하여 장래의 일을 적시한 것으로 볼 수 있어 명예훼손죄에 있어서의 사실의 적시에 해당한다.

라. 진실한 사실   본죄의 사실은 진실한 사실이어야 하고, 허위의 사실을 적시한 때에는 제307조 제2항에 해당된다. 진실인지 허위인지는 객관적·전체적으로 평가해야 한다. 전체 취지를 볼 때 중요한 부분이 진실이면 세부에 있어 진실과 약간 차이가 나거나 다소 과장된 표현이 있더라도 진실한 사실이라고 할 수 있다(대판 2001. 10. 9. 2001도3594).

마. 이미 알려진 사실   판례에 의하면, 이미 상대방이 알고 있는 사실이나 사회의 일부에 알려져 있는 사실을 적시한 경우에도 명예훼손죄가 성립할 수 있다(대판 2008. 7. 10. 2008도2422; 대판 1993. 3. 23. 92도455). 그러나 이미 상대방이 알고 있는 사실을 적시한 경우에는 명예훼손의 가능성이 없어 명예훼손죄의 불능미수가 문제되지만 명예훼손죄의 미수범 처벌규정이 없기 때문에 불가벌이라고 해야 할 것이다.

2) 사실의 '적시'   사실의 적시가 있어야 하고 적시된 사실은 특정인의 사회적 가치 내지 평가를 침해할 가능성이 있을 정도로 구체성을 띠어야 하고

(대판 2000. 2. 25. 98도2188), 이에 이르지 못한 경우에는 명예훼손죄가 성립하지 않는 다(대판 1994. 6. 28. 93도696).

사실의 적시라는 요건이 충족되기 위해서 반드시 구체적인 사실이 직접적으로 명시되어 있어야 하는 것은 아니지만, 적어도 특정 표현에서 그러한 사실이 곧바로 유추될 수 있을 정도는 되어야 한다(대판 2020. 5. 28. 2019도12750).

사실을 적시하는 방법에는 제한이 없다. 구두, 서면뿐만 아니라 신체동작 등에 의해서도 가능하다. 명예훼손의 댓글이 달린 상황에서 같은 취지의 댓글을 추가로 게시하거나(대판 2008. 7. 10. 2008도2422), 타인의 말을 전하는 전문진술의 방식(대판 1985. 4. 23. 85도431), 질문이나 추측 또는 의혹을 제기하는 방식이어도 무방하다. 단정적 표현뿐만 아니라 암시적·우회적 표현도 그 내용을 알 수 있을 정도이면 족하다(대판 1991. 5. 14. 91도420). 그러나 사실을 발설하였는지에 관한 질문에 대답하는 과정에서 명예훼손 사실을 발설한 경우 명예훼손죄에 해당되지 않는다(대판 2010. 10. 28. 2010도2877; 대판 2008. 10. 23. 2008도6515; 대판 2022. 4. 14. 2021도17744).

(3) 주관적 구성요건

1) 고   의   본죄가 성립하기 위해서는 고의가 있어야 한다. 미필적 고의로도 족하고, 명예훼손이나 비방의 목적은 필요로 하지 않는다.[1] 따라서 甲이 A를 칭찬할 목적으로 "A는 능력이 많아 지금까지 투기해서 모은 부동산이 10건이나 된다"고 하였을 경우, 명예훼손의 목적은 없지만 명예훼손의 고의는 인정될 것이다.[2] 흥분하여 사실을 적시한 경우에도 명예훼손의 고의를 인정할 수 있다(대판 1955. 4. 22. 54도36).

판례에 의하면 만약 전파가능성을 이유로 명예훼손죄의 공연성을 인정하는 경우에는 전파가능성에 대한 인식이 있음은 물론 나아가 그 위험을 용인하는 내심의 의사가 있어야 한다. 판례는 불미스러운 소문의 진위를 확인하고자 질문을 하는 과정에서 타인의 명예를 훼손하는 발언을 한 경우, 회의자리에서 상급자로부터 책임을 추궁당하며 질문을 받게 되자 이에 대답하는 과정에서 타인의 명예를 훼손하는 듯한 사실을 발설하게 된 경우(대판 2022. 4. 14. 2021도17744) 명예훼손의 고의를 인정하기 어렵다고 한다(대판 2018. 6. 15. 2018도4200).

---

1) 명예훼손의 고의를 부정한 판례로, 대판 1988. 9. 20. 86도2683; 대판 1985. 5. 28. 85도588; 대판 1983. 8. 23. 83도1017; 대판 1982. 2. 9. 81도2152 등.
2) 다만 이 경우 법률의 착오가 문제될 수는 있다(대판 1991. 3. 27. 91도156).

2) 착　　오　　허위의 사실을 진실한 사실로 오인하고 적시한 경우에는 제15조 제1항에 의해 본죄가 성립한다(대판 1994. 10. 28. 94도2186). 진실한 사실을 허위의 사실로 오인하고 적시한 경우 무거운 범죄의 고의에는 동종의 작은 범죄의 고의도 포함되므로("大는 小를 겸한다"는 원칙) 역시 본죄가 성립한다. 이 경우 허위사실적시 명예훼손죄의 불능미수가 문제될 수 있지만 허위사실적시 명예훼손죄의 미수범 처벌규정이 없기 때문에 불능미수를 문제삼을 필요가 없다.

3. 위 법 성

명예훼손죄의 구성요건에 해당하는 행위도 정당행위, 정당방위 등 일반적 위법성조각사유가 있는 경우에는 위법성이 조각될 수 있다. 나아가 형법 제310조는 명예훼손죄에 대한 특별한 위법성조각사유를 규정하고 있다.

(1) 정당행위

재판에서 검사의 공소사실의 진술, 증인의 증언, 피고인과 변호인의 방어권 행사 등에 의한 명예훼손행위는 형사소송법에 의한 행위로 위법성이 조각될 수 있다.

언론기관의 사실보도나 교사가 학생을 훈계하기 위해 행한 명예훼손행위는 업무로 인한 행위로 위법성이 조각될 수 있다. 학술작품이나 예술작품에 대한 논평을 위해 사실을 적시하는 경우에도 업무로 인한 행위로 위법성이 조각될 수 있다.

국회의원이 국회에서 직무상 행한 발언은 법령에 의한 행위, 업무로 인한 행위로 위법성이 조각될 수 있고, 위법성이 조각되지 않는 경우에도 국회 이외에서 책임을 지지 않는다(헌법 제45조). 그러나 국회의원의 면책특권은 위법성이나 책임조각사유가 아니라 인적 처벌조각사유이다.

(2) 피해자의 승낙

피해자의 승낙에 의한 행위에 대해 통설은 위법성이 조각된다고 한다. 그러나 명예훼손행위는 피해자의 의사에 반하는 행위만을 의미하므로 피해자의 승낙은 구성요건해당성을 조각한다고 해야 한다.

(3) 제310조에 의한 위법성조각

1) 의　　의　　제310조는 명예훼손죄에만 적용되는 특별한 위법성조각사유를 규정하고 있다. 제310조는 개인의 명예보호와 국민의 표현의 자유 및 알 권

리의 충족이라는 요구 사이의 타협점을 설정한 것이다.

　　군형법 제64조 제3항 소정의 상관명예훼손죄의 경우 형법 제310조와 같은 규정을 별도로 두지 않아 문제되는데, 대법원은 형법 제307조 제1항의 행위에 대한 위법성조각사유를 규정한 형법 제310조는 군형법 제64조 제3항의 행위에 대해 유추적용된다고 한다(대판 2024. 4. 16. 2023도13333).

　　2) 요　　건　　　위법성이 조각되기 위해서는 첫째, 적시된 사실이 진실한 사실이어야 하고, 둘째, 적시된 사실이 객관적으로 공공의 이익에 관한 것이어야 하고, 셋째, 행위자에게도 공공의 이익을 위하여 그 사실을 적시한다는 의사가 있어야 한다(대판 2001. 6. 12. 2001도1012).

　　가. 진실한 사실　　　적시된 사실이 진실한 사실이어야 한다. 진실한 사실인지 여부의 판단은 앞에서 본 것과 같다.[1] 따라서 허위사실 적시에 의한 명예훼손죄에 해당하는 행위에는 제310조가 적용되지 않는다(대판 2012. 5. 9. 2010도2690).

[대판 2023. 2. 2. 2022도13425] '진실한 사실'이란 내용 전체의 취지를 살펴볼 때 중요한 부분이 객관적 사실과 합치 되는 사실이라는 의미로 세부에서 진실과 약간 차이가 나거나 다소 과장된 표현이 있더라도 무방하다.

　　나. 공공의 이익　　　적시된 사실이 객관적으로 보아 오로지 공공의 이익에 관한 것이어야 한다. 통설·판례는 '오로지'를 '유일하다'가 아니고 '주로'라는 의미로 해석한다.

[대판 2022. 2. 11. 2021도10827; 대판 2022. 7. 28. 2020도8421; 대판 1998. 10. 9. 97도158 외 다수판결] 행위자의 주요한 동기 내지 목적이 공공의 이익을 위한 것이라면 부수적으로 다른 사익적 목적이나 동기가 내포되어 있더라도 형법 제310조의 적용을 배제할 수 없다.

　　적시된 사실이 공공의 이익에 관한 것이라는 의미는 '사실의 적시'가 공공의 이익에 관한 것이라는 의미이다. 왜냐하면 사실 자체는 개인적인 것이라고 하더라도 그것을 적시하는 것이 공공의 이익을 위한 것인 때에 제310조가 적용되기

---

1) 객관적으로 허위이지만 피고인이 진실하다고 믿은 경우 제310조의 적용가부 문제는 후술한다.

때문이다(대판 1996. 4. 12. 94도3309).

'공공의 이익'에 관한 것에는 널리 국가·사회 그 밖에 일반 다수인의 이익에 관한 것뿐만 아니라 특정한 사회 집단이나 그 구성원 전체의 관심과 이익에 관한 것도 포함되며, 나아가 공공의 이익관련성 개념이 시대에 따라 변화하고 공공의 관심사 역시 상황에 따라 쉴 새 없이 바뀌고 있다는 점을 고려하면, 공적인 인물, 제도 및 정책 등에 관한 것만을 공공의 이익관련성으로 한정할 것은 아니다(대판 2022. 4. 28. 2020도15738). 적시된 사실이 공공의 이익에 관한 것인지 여부는 당해 적시사실의 내용과 성질, 당해 사실의 공표가 이루어진 상대방의 범위, 그 표현의 방법 등 그 표현 자체에 관한 제반 사정을 감안함과 동시에 그 표현에 의하여 훼손되거나 훼손될 수 있는 명예의 침해 정도 등을 비교·고려하여 결정하여야 한다(대판 2004. 10. 15. 2004도3912).

[대판 2000. 2. 11. 99도3048] 학칙을 위반하며 진행되는 신임교수 임용절차의 부당함을 지적하고 관계자에게 이를 알려 그 시정을 구하기 위해 유인물을 배포한 행위는 공공의 이익을 위한 것이었다고 봄이 타당하다.[1]
[대판 2008. 3. 14. 2006도6049] 피해자들이 거주하는 아파트 앞에서 피해자들의 주소까지 명시하여 피해자들의 명예를 훼손한 것을 두고 오로지 공공의 이익에 관한 것이라고 보기는 어렵다.[2]

다. 공익성에 대한 인식　　오로지 공공의 이익에 관한 때라 함은 적시된 사실이 객관적으로 볼 때 공공의 이익에 관한 것으로서 행위자도 주관적으로 공공의 이익을 위하여 그 사실을 적시한 것이어야 하는 것이다(대판 2022. 2. 11. 2021도10827). 즉, 주관적 정당화요소로서 적시된 사실이 공공의 이익을 위한 것이라는 인식이 있어야 위법성이 조각된다. 공공의 이익을 위한다는 목적까지 필요한 것은 아니다.

---

1) 제310조의 적용을 긍정한 판례로, 대판 2021. 3. 25. 2016도14995; 대판 2008. 7. 10. 2007도9885; 대판 2007. 12. 14. 2006도2074; 대판 2006. 10. 26. 2004도5288; 대판 2006. 4. 27. 2003도4735; 대판 2005. 10. 14. 2005도5068; 대판 2005. 7. 15. 2004도1388; 대판 2005. 4. 29. 2003도2137; 대판 2003. 12. 26. 2003도6036; 대판 2001. 10. 9. 2001도3594; 대판 2000. 2. 11. 99도3048; 대판 1999. 6. 8. 99도1543; 대판 1998. 10. 9. 97도158 등.
2) 제310조의 적용을 부정한 판례로, 대판 2021. 9. 30. 2021도6634; 대판 2021. 1. 14. 2020도8780; 대판 2008. 3. 14. 2006도6049; 대판 2004. 10. 15. 2004도3912; 대판 1994. 8. 26. 94도237 등.

[대판 2003. 11. 13. 2003도3606; 대판 2024. 1. 4. 2022도699] 행위자의 주요한 동기 내지 목적이 공공의 이익을 위한 것이라면 부수적으로 다른 사익적 목적이나 동기가 내포되어 있더라도 형법 제310조의 적용을 배제할 수는 없는 것이며, 형법 제309조 소정의 '사람을 비방할 목적'이란 가해의 의사 내지 목적을 요하는 것으로서 공공의 이익을 위한 것과는 행위자의 주관적 의도의 방향에 있어 서로 상반되는 관계에 있다고 할 것이므로, 적시한 사실이 공공의 이익에 관한 것인 때에는 특별한 사정이 없는 한 비방의 목적은 부인된다.

[대판 2022. 7. 28. 2022도4171] 비방할 목적이 있는지는 피고인이 드러낸 사실이 사회적 평가를 떨어트릴 만한 것인지와 별개의 구성요건으로서, 드러낸 사실이 사회적 평가를 떨어트리는 것이라고 해서 비방할 목적이 당연히 인정되는 것은 아니다.

3) 효   과

가. 실체법적 효과   제310조의 실체법적 효과가 위법성조각이라는 데에 견해가 일치한다.

나. 소송법적 효과   소수설은 사실의 진실성과 공공성에 대한 입증책임이 검사로부터 피고인에게 전환된다고 하는 거증책임전환설을 취한다. 그러나 다수설은 형사소송법의 일반원칙에 따라 검사에게 사실의 허위성과 비공익성에 대한 입증책임이 있다고 한다. 판례는 거증책임전환설의 입장이나 그 증명은 엄격한 증명에 의할 필요는 없다고 한다.

[대판 1996. 10. 25. 95도1473] 공연히 사실을 적시하여 사람의 명예를 훼손한 행위가 형법 제310조의 규정에 따라서 위법성이 조각되어 처벌대상이 되지 않기 위하여는 그것이 진실한 사실로서 오로지 공공의 이익에 관한 때에 해당된다는 점을 행위자가 증명하여야 하는 것이나, 그 증명은 유죄의 인정에 있어 요구되는 것과 같이 법관으로 하여금 의심할 여지가 없을 정도의 확신을 가지게 하는 증명력을 가진 엄격한 증거에 의하여야 하는 것은 아니므로, 이때에는 전문증거에 대한 증거능력의 제한을 규정한 형사소송법 제310조의2는 적용될 여지가 없다.

생각건대, 거증책임전환설은 일본의 해석론을 그대로 수용한 것이나,[1] 형사

---

1) 일본형법 제230조의2 제1항은 "…진실의 증명이 있으면 벌하지 않는다"고 하고 있으므로 이는 거증책임전환규정이라고 해석된다.

소송법상 위법성조각사유의 부존재에 대한 증명책임은 검사에게 있으므로 진실성
및 공익성에 대한 증명책임은 검사에게 있다고 보는 다수설이 타당하다.

　4) 사실의 진실성 또는 공익성에 대한 착오

　가. 사실의 진실성에 대한 착오　　　　허위의 사실을 진실한 사실로 오인한 경
우 제310조가 적용되는지는 다음 두 경우로 나누어 살펴봐야 할 것이다.

　첫째, 허위임이 입증된 경우이다. 이 경우 다수설은 위법성조각사유의 요건
(전제)사실의 착오로 다루어야 한다고 한다.[1] 이에 대해 위법성조각설,[2] 법률의
착오설, 범죄성립설 등의 소수설이 있다, 판례의 입장은 분명하지 않지만 법률의
착오설에 가깝다고 할 수 있다.

　둘째, 허위임도 진실임도 입증되지 않은 경우이다. 이 경우 판례는 다음과
같은 입장을 취하고 있다.

[대판 2007. 12. 14. 2006도2074; 대판 1993. 6. 22. 92도3160]　적시된 사실이 진실
한 것이라는 증명이 없더라도 행위자가 진실한 것으로 믿었고, 또 그렇게 믿을
만한 상당한 이유가 있는 경우에는 위법성이 없다.

　위의 판례는 다음과 같은 의미라고 할 수 있다. 즉, 판례에 의하더라도 검사
가 허위사실임을 입증해야 하므로,[3] 이를 입증하지 못한 경우에는 피고인의 행위
는 제307조 제2항이 아니라 제1항의 구성요건에 해당하고, 따라서 제310조가 적
용될 수 있다. 그런데 판례에 의하면 제310조의 진실성은 피고인에게 입증책임이
있으므로 피고인이 진실임을 입증하지 못하면 제310조를 적용할 수 없다. 그러나
이것이 표현의 자유를 지나치게 제한하는 결과가 될 수 있으므로, 위의 판례는
피고인이 진실성을 입증하지 못했다고 하더라도 예외적으로 오인에 상당한 이유

---

　1) 이 경우 피고인에게 과실이 없는 경우 책임이 조각된다. 과실이 있는 경우에는 엄격고의
　　설이나 제한책임설 및 소극적 구성요건요소이론에 의하면 과실 명예훼손이 되어 무죄가
　　되고, 제한고의설이나 엄격책임설에 의하면 제307조 제1항의 명예훼손죄가 성립한다.
　2) 이 견해는 성실한 검토의무를 다하였다면 행위불법(반가치)이 없어져 위법성이 조각된다
　　고 한다. 그러나 허위사실을 적시하였다는 결과불법(반가치)은 있고, 진실성에 대한 착오
　　는 위법성조각사유의 요건(전제)사실의 착오이므로 성실한 검토를 하여 과실이 없다고 인
　　정되는 경우에도 위법성이 아니라 책임이 조각된다고 해야 할 것이다.
　3) 적시된 사실이 객관적으로 진실에 부합하지 아니하여 허위일 뿐만 아니라 그 적시된 사실
　　이 허위라는 것을 피고인이 인식하고서 이를 적시하였다는 점은 모두 검사가 증명하여야
　　한다(대판 2020. 8. 13. 2019도13404).

가 있으면 위법성이 조각된다고 하는 입장이라고 보아야 할 것이다.

그러나 위와 같은 판례의 입장은 타당하다고 할 수 없다. 형사법의 일반원칙과 판례에 따르면 검사가 허위임을 입증하지 못하면 제307조 제2항이 아니라 제1항의 구성요건에 해당한다고 해야 함은 당연하다. 그리고 제310조에서도 피고인에게 진실성에 대한 입증책임이 있는 것이 아니라 검사에게 허위임을 입증할 책임이 있으므로 허위임이 입증되지 않았으면 진실성이 있는 것으로 보아야 한다. 따라서 오인에 상당한 이유가 있느냐 여부에 상관없이 항상 제310조에 의해 위법성이 조각된다고 해야 할 것이다.

나. 공익성에 대한 착오   객관적으로는 공공의 이익을 위한 행위가 아님에도 불구하고 행위자가 공공의 이익을 위한 행위라고 오인한 경우 위법성조각사유의 요건(전제)사실의 착오라는 견해와 순수한 법률의 착오라는 견해가 대립한다. 공익성은 평가적인 것이지만 형법적 평가에 관한 것이 아니어서 위법성조각사유의 요건(전제)사실의 착오로 다루어야 하므로, 전자의 입장이 타당하다.

5) 적용범위   공공의 이익을 위해 타인을 모욕한 경우 제310조를 유추적용할 것인가에 대해 긍정설과 부정설 및 절충설이 대립된다. 판례는 부정설의 입장에 있다(대판 2004. 6. 25. 2003도4934).

부정설은 제310조는 적용되지 않고, 제20조의 사회상규에 위배되지 않는 행위는 될 수 있다고 한다. 절충설은 공익을 위한 명예훼손행위가 부수적으로 모욕적 판단까지 수반하는 경우에는 전제적으로 제310조가 적용되지만, 경멸의 표시가 주조를 이룬 경우에는 제310조가 적용되지 않는다고 한다.

모욕에는 공익성은 있을 수 있어도 진실성은 있을 수 없으므로 모욕에 대해서는 제310조를 유추적용할 수 없다는 부정설이 타당하다.

4. 기수시기

통설, 판례(대판 2007. 10. 25. 2006도346)에 의하면 공연히 사실을 적시하는 행위가 종료된 때 본죄의 기수에 이르고, 명예가 훼손되었느냐는 문제되지 않는다.

5. 죄   수

명예는 일신전속적 법익이므로 한 개의 행위로 여러 사람의 명예를 훼손한 경우에는 상상적 경합이 되고, 여러번 사실을 적시하여 한 사람의 명예를 훼손한 경우에는 연속범으로서 포괄일죄가 된다. 하나의 행위로 명예훼손죄와 모욕죄를 범하였을 경우 모욕죄는 명예훼손죄에 흡수된다.

허위의 사실을 유포하여 명예를 훼손하고 업무를 방해하였을 때에는 업무방해죄와 허위사실적시에 의한 명예훼손죄의 상상적 경합이 된다(대판 2007. 11. 15. 2007도7140).

6. 반의사불벌죄

본죄는 반의사불벌죄이므로(제312조 2항) 피해자의 처벌불원의 명시적 의사표시가 있는 경우 검사는 공소제기를 할 수 없고, 재판의 진행 중 제1심 판결선고 전까지 처벌불원의 의사표시가 있는 경우 법원은 공소기각의 판결을 해야 한다(형소법 제327조 6호, 제232조 3항, 1항).

Ⅲ. 허위사실적시에 의한 명예훼손죄

> 제307조 ② 공연히 허위의 사실을 적시하여 사람의 명예를 훼손한 자는 5년 이하의 징역, 10년 이하의 자격정지 또는 1천만원 이하의 벌금에 처한다.

1. 구성요건

본죄는 단순명예훼손죄에 비해 위법성(불법)이 가중되는 범죄유형이다.

본죄의 보호법익과 보호의 정도, 실행행위는 단순명예훼손죄에서와 같다. 허위의 사실인지 진실한 사실인지는 전체적 관점에서 판단해야 하는 점도 앞에서 본 것과 같다.

본죄가 성립하기 위해서는 행위자가 허위사실을 인식해야 하는데, 이는 공표된 사실의 내용과 구체성, 소명자료의 존재 및 내용, 피고인이 밝히는 사실의 출처 및 인지 경위 등을 토대로 피고인의 학력, 경력, 사회적 지위, 공표 경위, 시점 및 그로 말미암아 예상되는 파급효과 등의 여러 객관적 사정을 종합하여 판단할 수밖에 없으며, 범죄의 고의는 확정적 고의뿐만 아니라 결과 발생에 대한 인식이 있고 그를 용인하는 의사인 이른바 미필적 고의도 포함한다(대판 2014. 3. 13. 2013도12430). 그러나 민사판결을 통하여 어떠한 사실인정이 있었다는 이유만으로 이후 그와 반대되는 사실의 주장이나 견해의 개진 등이 반드시 허위사실 적시에 해당되는 것은 아니다(대판 2017. 12. 5. 2017도15628).

허위의 사실을 진실한 사실로 오인한 경우에는 제15조 제1항에 의해 단순명예훼손죄가 성립한다. 진실한 사실을 적시하면서 허위사실이라고 오인한 경우에도 단순명예훼손죄가 성립한다.

2. 위법성 및 반의사불벌죄

본죄의 구성요건해당 행위에 대해서는 제310조가 적용되지 않는다(대판 2012. 5. 9. 2010도2690).

본죄는 반의사불벌죄이다(제312조 2항).

Ⅳ. 사자의 명예훼손죄

> 제308조(사자의 명예훼손) 공연히 허위의 사실을 적시하여 사자의 명예를 훼손한 자는 2년 이하의 징역이나 금고 또는 500만원 이하의 벌금에 처한다.

1. 보호법익

본죄의 보호법익에 대해서는 사자의 외적 명예, 유족의 추모감정, 사자에 대한 일반대중의 추모감정 등의 견해가 대립한다. '호랑이는 죽어서 가죽을 남기고 사람은 죽어서 이름을 남긴다'는 말에서 보듯 사자의 외적 명예설이 가장 타당하다. 판례도 같은 입장이다(대판 1983. 10. 25. 83도1520).

2. 실행행위

본죄의 실행행위는 공연히 허위사실을 적시하여 사자의 명예를 훼손하는 것이다. '공연히', '허위의 사실', '적시'의 개념은 제307조의 명예훼손죄에서와 같다. 진실한 사실을 적시한 경우에는 본죄가 성립하지 않는다. 이는 사자에 대한 역사적 평가를 가능케 하기 위한 것이다.[1]

---

1) 판례에 의하면, 피해자의 사망사실을 알면서 "사망한 것이 아니고 빚 때문에 도망다니며 죽은 척 하는 나쁜 놈"이라고 한 경우 본죄가 성립하지만(대판 1983. 10. 25. 83도1520), 사망자가 A를 살해하였다는 진실한 사실을 새긴 비석을 도로 옆 노상에 세워 놓은 경우에는 본죄가 성립하지 않는다(대판 1972. 9. 26. 72도1798).

3. 주관적 구성요건

본죄가 성립하기 위해서는 사자에 대한 허위사실을 적시한다는 인식이 있어야 하는데, 이는 허위사실 적시 명예훼손죄에서와 같다(대판 2014. 3. 13. 2013도12430).

살아있는 사람을 죽은 사람이라고 오인하고 허위사실을 적시한 경우에는 허위사실 적시 명예훼손죄가 아니라 본죄가 성립한다(제15조 1항). 죽은 사람을 살아있는 사람으로 오인하고 허위사실을 적시한 경우에도 본죄가 성립한다.

사자에 대한 허위사실을 진실한 사실로 오인하고 적시한 경우에는 불가벌이다(제15조 1항). 반대의 경우에는 본죄의 불능미수가 문제되지만, 본죄의 미수는 벌하지 않는다.

4. 제310조의 적용여부

행위자가 허위사실을 인식하였을 때에는 제310조가 적용되지 않고, 행위자가 허위사실을 인식하지 못하였을 때에는 불가벌이므로, 결국 제310조는 본죄에 적용될 여지가 없다.

5. 친 고 죄

본죄는 친고죄이다(제312조 1항). 본죄에 대해 그 친족 또는 자손은 고소할 수 있다(형소법 제227조). 고소할 자가 없는 경우에 이해관계인의 신청이 있으면 검사는 10일 이내에 고소할 수 있는 자를 지정하여야 한다(형소법 제228조).

V. 출판물 등에 의한 명예훼손죄

제309조(출판물 등에 의한 명예훼손) ① 사람을 비방할 목적으로 신문, 잡지 또는 라디오 기타 출판물에 의하여 제307조 제1항의 죄를 범한 자는 3년 이하의 징역이나 금고 또는 700만원 이하의 벌금에 처한다.
② 제1항의 방법으로 제307조 제2항의 죄를 범한 자는 7년 이하의 징역, 10년 이하의 자격정지 또는 1,500만원 이하의 벌금에 처한다.

1. 개념 및 보호법익

본죄는 비방의 목적이 필요한 부진정목적범이다. 비방의 목적이 있다는 점과 전파가능성이 큰 출판물 등에 사실을 적시한다는 점에서 제307조의 죄에 비해 행위불법과 결과불법이 가중되는 범죄유형이다. 출판물 등은 높은 전파성, 신뢰성 및 장기간의 보존가능성 등으로 인해 피해자에 대한 법익침해의 정도가 더욱 크기 때문이다(대판 2000. 2. 11. 99도3048).

본죄의 보호법익은 외적 명예이고, 보호의 정도는 추상적 위험범이다.

본죄는 반의사불벌죄이다(제312조 2항).

2. 구성요건

(1) 실행행위

본죄의 실행행위는 신문, 잡지 또는 라디오 기타 출판물에 의하여 진실 또는 허위의 사실을 적시하는 것이다.

[대판 2000. 2. 11. 99도3048] 형법이 출판물 등에 의한 명예훼손죄를 일반 명예훼손죄보다 중벌하는 이유는 사실적시의 방법으로서의 출판물 등의 이용이 그 성질상 다수인이 견문할 수 있는 높은 전파성과 신뢰성 및 장기간의 보존가능성 등 피해자에 대한 법익침해의 정도가 더욱 크다는 데 있는 점에 비추어 보면, 형법 제309조 제1항 소정의 '기타 출판물'에 해당한다고 하기 위하여는 그것이 등록 · 출판된 제본인쇄물이나 제작물은 아니라고 할지라도 적어도 그와 같은 정도의 효용과 기능을 가지고 사실상 출판물로 유통 · 통용될 수 있는 외관을 가진 인쇄물로 볼 수 있어야 한다.[1]

TV, 인터넷, PC통신 등에 의해 사실을 적시하는 경우에는 정보통신망법에 의해 처벌된다(제70조).

'사실', '허위', '적시'는 제307조에서와 같다. 출판물 등에 사실을 적시하는 경

---

1) 따라서 컴퓨터 워드프로세서로 작성되어 프린트된 A4 용지 7쪽 분량의 인쇄물(대판 2000. 2. 11. 99도3048), 가로 25cm, 세로 35cm 정도 되는 낱장의 종이에 단지 단편적으로 피고인의 주장을 광고하는 문안이 인쇄되어 있는 인쇄물(대판 1998. 10. 9. 97도158), 장수가 2장에 불과하며 제본방법도 조잡한 것으로 보이는 최고서 사본(대판 1997. 8. 26. 97도133), 가로 약 25cm, 세로 약 30cm 되는 모조지 위에 싸인펜으로 내용을 기재한 광고문(대판 1986. 3. 25. 85도1143) 등은 출판물에 해당되지 않는다.

우 당연히 공연성이 인정되므로 공연성은 요건으로 규정되어 있지 않다.

본죄가 성립하기 위해서도 피해자가 특정되어야 한다(대판 1989. 11. 14. 89도1744).

(2) 주관적 구성요건

본죄가 성립하기 위해서는 출판물 등에 의해 진실한 혹은 허위의 사실을 적시한다는 인식이 있어야 한다. 허위사실을 진실한 사실로 오인한 경우에는 제309조 제1항의 죄가 성립한다(제15조 1항).

본죄가 성립하기 위해서는 고의 이외에 초과주관적 구성요건요소로서 비방의 목적이 있어야 하고, 비방의 목적이 없는 경우에는 제307조의 죄가 성립한다.

> [대판 2007. 7. 13. 2006도6322] '사람을 비방할 목적'이란 가해의 의사 내지 목적을 요하는 것으로서, 사람을 비방할 목적이 있는지 여부는 당해 적시 사실의 내용과 성질, 당해 사실의 공표가 이루어진 상대방의 범위, 그 표현의 방법 등 그 표현 자체에 관한 제반 사정을 감안함과 동시에 그 표현에 의하여 훼손되거나 훼손될 수 있는 명예의 침해 정도 등을 비교, 고려하여 결정하여야 한다.
> [대판 2009. 5. 28. 2008도8812] 인터넷 포털사이트의 지식검색 질문·답변 게시판에 성형시술 결과가 만족스럽지 못하다는 주관적인 평가를 주된 내용으로 하는 한 줄의 댓글을 게시한 사안에서, '사실을 적시'한 것은 맞지만 '비방할 목적'이 있었다고 보기 어렵다고 한 사례(정보통신망법상 명예훼손죄에 관한 판결).

3. 위 법 성

제309조 제1항에 해당하는 행위의 경우, 비방의 목적은 공공의 이익을 위한 것과는 행위자의 주관적 의도의 방향에 있어 서로 상반되는 관계에 있고(대판 2006. 10. 26. 2004도5288), 제309조 제2항에 해당하는 행위는 진실성이 없기 때문에 모두 제310조가 적용될 수 없다(대판 1999. 4. 23. 99도636).

행위자에게 공공의 이익을 위한다는 목적과 비방의 목적이 모두 있는 경우에는 전체적으로 보아 어느 것에 중점이 있는가에 의해 결정된다.

4. 공 범

출판물에 의한 명예훼손죄는 간접정범에 의하여 범하여질 수도 있으므로 타인을 비방할 목적으로 허위의 기사 재료를 그 정을 모르는 기자에게 제공하여 신문 등에 보도되게 한 경우에도 성립할 수 있다(대판 2002. 6. 28. 2000도3045).

5. 죄   수

출판물 등에 허위의 사실을 적시하여 타인의 업무를 방해한 경우 출판물 등에 의한 허위사실적시명예훼손죄와 업무방해죄의 상상적 경합이 된다(대판 1993. 4. 13. 92도3035).

Ⅵ. 모 욕 죄

> 제311조(모욕) 공연히 사람을 모욕한 자는 1년 이하의 징역이나 금고 또는 200만원 이하의 벌금에 처한다.

1. 개념 및 보호법익

본죄는 사실의 적시가 없다는 점에서 명예훼손죄와 구별되지만, 본죄의 보호법익(외부적 명예)과 보호의 정도는 명예훼손죄와 같다(대판 2016. 10. 13. 2016도9674; 대판 2022. 8. 31. 2019도7370).

본죄는 친고죄이다(제312조 1항).

2. 구성요건

(1) 행위의 객체

본죄의 객체는 사람이므로 사자는 본죄의 객체가 될 수 없다. 유아나 정신병자 등도 본죄의 객체가 된다. 판례에 의하면 국가나 지방자치단체는 본죄의 객체가 될 수 없다(대판 2016. 12. 27. 2014도15290).

통설은 법인이나 법인격없는 단체도 본죄의 객체가 된다고 한다. 그러나 형법해석의 엄격성원칙에 따라 본죄의 객체는 자연인에 한정해야 하고, 법인이나 법인격없는 단체는 집합명칭에 의한 모욕죄의 문제로 해결해야 할 것이다.

외국원수나 외국사절에 대한 모욕죄는 공연성을 요하지 않는다(제107조 및 제108조).

집단표시에 의한 모욕죄의 성립여부는 명예훼손죄에서와 같다.[1]

---

1) 대판 2013. 1. 10. 2012도13189; 대판 2014. 3. 27. 2011도15631: 모욕의 내용이 그 집단에 속한 특정인에 대한 것이라고는 해석되기 힘들고 집단표시에 의한 비난이 개별구성원에

(2) 실행행위

본죄의 실행행위는 공연히 모욕하는 것이다.

1) 공 연 성   '공연히'란 불특정 또는 다수인[1]이 직접 인식할 수 있는 상태를 말한다. 대법원은, 개별적으로 소수의 사람에게 사실을 적시하였더라도 그 상대방이 불특정 또는 다수인에게 적시된 사실을 전파할 가능성이 있는 때에는 공연성이 인정된다고 하는 전파가능성이론은 모욕죄에도 동일하게 적용된다고 보았다(대판 2022. 6. 16. 2021도15122; 대판 2024. 1. 4. 2022도14571). 공연성의 존부는 발언자와 상대방 또는 피해자 사이의 관계나 지위, 발언의 경위와 상황, 발언 내용, 상대방에게 발언을 전달한 방법과 장소 등 행위 당시의 객관적 제반 사정에 관하여 심리한 다음, 그로부터 발언을 들은 상대방이 불특정 또는 다수인에게 전파할 가능성이 있는지 여부를 검토하여 종합적으로 판단하여야 한다. 발언 상대방이 발언자나 피해자의 배우자, 친척, 친구 등 사적으로 친밀한 관계에 있어 그러한 관계로 인하여 비밀의 보장이 상당히 높은 정도로 기대되는 경우에는 공연성이 부정된다(대판 2022. 6. 16. 2021도15122; 대판 2024. 1. 4. 2022도14571). 또한 발언 후 실제로 전파되었는지 여부가 전파가능성 유무를 판단함에 있어 소극적 사정으로 고려될 수 있다(대판 2024. 1. 4. 2022도14571).

하지만 특정소수인 앞에서 모욕하는 경우에는 모욕죄가 성립할 수 없다. 모욕죄에서는 사실의 적시가 없기 때문에 전파가능성을 논할 필요가 없기 때문이다.

2) 모   욕   모욕이란 사실의 적시없이 피해자의 도덕성에 관한 추상적 판단이나 경멸적인 감정을 표현하는 것을 말한다(대판 1987. 5. 12. 87도739).[2] 모욕은

이르러서는 비난의 정도가 희석되어 구성원 개개인의 사회적 평가에 영향을 미칠 정도에 이르지 않는 것으로 평가되는 경우에는 구성원 개개인에 대한 모욕이 성립되지 않는다고 할 것이지만, 구성원 개개인에 대한 것으로 여겨질 정도로 구성원 수가 적거나 당시의 주위 정황 등으로 보아 집단 내 개별구성원을 지칭하는 것으로 여겨질 수 있는 때에는 집단 내 개별구성원이 피해자로서 특정된다고 보아야 하고, 그 구체적 기준으로는 집단의 크기, 집단의 성격과 집단 내에서의 피해자의 지위 등을 들 수 있다.

1) 동네사람 4명과 구청직원 2명 등이 있는 자리에서 모욕을 한 경우에는 공연성이 있다(대판 1990. 9. 25. 90도873).

2) '애꾸눈, 병신'(대판 1994. 10. 25. 94도1770), "아무 것도 아닌 똥꼬다리 같은 놈"(대판 1989. 3. 14. 88도1397), "늙은 화냥년의 간나, 너가 화냥질을 했잖아"(대판 1987. 5. 12. 87도739), "야 개같은 잡년아, 시집을 열두번을 간 년아, 자식도 못 낳는 창녀같은 년"(대판 1985. 10. 22. 85도1629), '빨갱이 계집년', '만신(무당)', '첩년'(대판 1981. 11. 24. 81도2280) 이라고 한 행위 등은 사실을 적시한 것이 아니라 단지 경멸적 의사를 표시하는 것이므로

사람에 대한 사회적 평가를 저하시킬 수 있는 추상적 판단이나 경멸적 표현이어야 하고, 농담, 무례, 불친절, 건방진 표현은 모욕이라고 할 수 없다(대판 2021. 4. 29. 2018도4449). 부정적·비판적 의견이나 감정이 담긴 경미한 수준의 추상적 표현에 불과할 뿐 특별한 사정이 없는 한 사람의 외부적 명예를 침해할 만한 표현으로 볼 수 없다면 모욕에 해당되지 않는다(대판 2022. 8. 31. 2019도7370). 어떠한 표현이 개인의 인격권을 심각하게 침해할 우려가 있는 것이거나 상대방의 인격을 허물어뜨릴 정도로 모멸감을 주는 혐오스러운 욕설이 아니라 상대방을 불쾌하게 할 수 있는 무례하고 예의에 벗어난 정도이거나 상대방에 대한 부정적·비판적 의견이나 감정을 나타내면서 경미한 수준의 추상적 표현이나 욕설이 사용된 경우 등이라면 특별한 사정이 없는 한 외부적 명예를 침해할 만한 표현으로 볼 수 없어 모욕죄의 구성요건에 해당된다고 볼 수 없다(대판 2022. 8. 31. 2019도7370).

모욕의 수단과 방법에는 제한이 없으므로 언어적 수단이 아닌 비언어적·시각적 수단(예컨대, 합성사진, 합성영상 등)만을 사용하여 표현을 하더라도 그것이 사람의 사회적 평가를 저하시킬 만한 추상적 판단이나 경멸적 감정을 전달하는 것이라면 모욕죄가 성립할 수 있다(대판 2023. 2. 2. 2022도4719).

사실을 적시하였더라도 구체성이 없는 경우에는 명예훼손죄가 될 수 없고 모욕죄가 된다. 예를 들어 "잘 운영되어 가는 어촌계를 파괴하려 한다"는 표현은 구체적 사실의 적시라고 할 수 없기 때문에 모욕죄가 될 수 있을 뿐이다(대판 1989. 3. 14. 88도1397).

모욕죄가 되기 위해서는 경멸적 표현의 내용이 어느 정도 구체성을 띠어야 한다. "부모가 그런 식이니 자식도 그런 것이다"와 같은 표현은 상대방의 기분이 다소 상할 수 있다고 하더라도 그 내용이 너무나 막연하여 모욕죄에 해당되지 않는다(대판 2007. 2. 22. 2006도8915).

(3) 고   의

모욕의 고의는 공연히 사람의 사회적 평가를 저하시킬 만한 추상적 판단이나 경멸적 감정을 표현한다는 사실을 인식 내지 용인하는 것으로 충분하고, 피해자의 사회적 평가를 저하시킬 목적이나 의도를 필요로 하는 것은 아니다.

모욕이 된다.

3. 위 법 성

경미한 모욕은 사회상규에 위배되지 않는 행위로 위법성이 조각될 수 있다 (대판 2003. 11. 28. 2003도3972; 대판 2008. 7. 10. 2008도1433; 대판 2021. 8. 19. 2020도14576). 인 터넷 등 공간에서 작성된 단문의 모욕적 표현(1줄 댓글 등)에 대한 위법성 조각 여 부가 문제되는 경우가 많은데, 그 내용이 자신의 의견을 강조하거나 압축하여 표 현한 것이라고 평가할 수 있고 표현도 지나치게 모욕적이거나 악의적이지 않다면 마찬가지로 위법성이 조각될 가능성이 크다(대판 2022. 10. 27. 2019도14421).

판례는, 기자가 작성한 기사의 댓글에 "이런걸 기레기라고 하죠"라고 하는 표현을 한 것이 문제된 사안에서, 특정 사안에 대한 의견을 공유하는 인터넷 게 시판 등의 공간에서 작성된 단문의 글에 모욕적 표현이 포함되어 있더라도, 그 글이 동조하는 다른 의견들과 연속적·전체적인 측면에서 볼 때, 그 내용이 객관 적으로 타당성이 있는 사정에 기초하여 관련 사안에 대한 자신의 판단 내지 피해 자의 태도 등이 합당한가 하는 데 대한 자신의 의견을 강조하거나 압축하여 표현 한 것이라고 평가할 수 있고, 그 표현도 주로 피해자의 행위에 대한 것으로서 지 나치게 악의적이지 않다면, 다른 특별한 사정이 없는 한 그 글을 작성한 행위는 사회상규에 위배되지 않는 행위로서 위법성이 조각될 수 있다고 한다(대판 2021. 3. 25. 2017도17643).

명예훼손행위에 부수된 모욕은 제310조에 의해 위법성이 조각될 수 있지만, 순수한 모욕에는 제310조가 적용되지 않는다(대판 2004. 6. 25. 2003도4934).

제 2 절   신용·업무와 경매에 관한 죄

I. 총   설

1. 구성요건체계

형법 제34장은 신용·업무와 경매에 관한 죄라는 제목하에 신용훼손죄(제313 조), 업무방해죄(제314조) 및 경매·입찰방해죄(제315조) 등 세 개의 범죄를 규정하고 있다. 컴퓨터등 장애 업무방해죄(제314조 2항)는 증가하는 컴퓨터범죄에 대응하기 위해 1995년 개정형법에 신설되었다.

　　세 범죄는 각각 신용, 업무, 경매·입찰의 공정을 보호하는 독립적 범죄이지만, 모두 재산범죄와 명예나 자유에 대한 범죄로서의 성격을 지녔다는 점에서 함께 규정한 것이다.

2. 법적 성격

　　신용·업무와 경매에 관한 죄의 성격에 대해 재산범죄라는 견해가 있으나, 통설은 자유에 대한 범죄와 재산범죄의 성격을 동시에 지닌 것이라고 한다.

　　신용·업무 및 경매에 관한 죄의 성격에 대한 논쟁은 동 범죄를 해석하는 데에 영향을 미칠 수 있다. 재산범죄로 파악하게 되면 업무방해죄에서의 업무는 재산적·경제적 업무에 국한되어야 한다. 그러나 동 범죄가 자유에 대한 범죄로서의 성격을 지니고 있다면, 업무의 개념은 이보다 넓어질 수 있다.

　　신용·업무는 사람의 경제활동과 밀접한 관련이 있지만, 그것이 침해되어도 바로 재산에 대한 침해가 있다고 할 수는 없다. 또한 신용·업무는 그 사람의 인격활동과 밀접하게 관련되어 있고, 업무방해죄로 보호되는 업무는 경제적 업무에 국한되지 않는다. 경매·입찰방해죄 역시 재산상의 이익과 밀접하게 연결되어 있지만, 동 범죄의 주안점은 경매와 입찰의 공정을 방해하는 데에 있다.

　　신용·업무·경매에 관한 죄가 자유·명예에 대한 죄와 재산범죄 사이에 위치하고 있는 것도 자유에 대한 죄와 재산범죄의 중간적 성격을 띠고 있다는 것을 나타내 주고 있다. 이런 의미에서 통설이 타당하다.

Ⅱ. 신용훼손죄

> **제313조(신용훼손)** 허위의 사실을 유포하거나 기타 위계로써 사람의 신용을 훼손한 자는 5년 이하의 징역 또는 1,500만원 이하의 벌금에 처한다.

1. 보호법익

　　신용훼손죄는 허위사실을 유포하거나 위계를 사용해야 한다는 점에서 진실한 사실을 적시해도 성립하는 명예훼손죄 및 사실적시를 요하지 않는 모욕죄와 구별된다. 위력행사를 통해서는 본죄를 범할 수 없다는 점에서 업무방해죄와 구별된다.

본죄의 보호법익은 사람의 신용이다. 통설·판례에 의하면, 신용이란 사람의 경제활동에 대한 평가로서 그 사람의 경제적 지불능력이나 지불의사에 대한 타인의 신뢰를 말한다(대판 1969. 1. 21. 68도1660).

통설은 본죄의 사람에는 자연인뿐만 아니라 법인 및 법인격없는 단체도 포함된다고 한다. 판례도 법인에 대한 신용훼손죄를 인정하고 있다(대판 2011. 9. 8. 2011도7262). 그러나 자연인에 한정해야 하고 법인이나 법인격없는 단체에 대해서는 집합명칭에 의한 신용훼손이나 업무방해죄의 문제로 다루어야 할 것이다. 유아나 정신병자도 본죄에 포함될 수 있다. 이들에 대해서도 지불능력에 대한 신뢰가 있을 수 있기 때문이다.

본죄의 보호의 정도는 추상적 위험범이다.[1]

2. 구성요건

본죄의 실행행위는 허위사실을 유포하거나 기타 위계로 사람의 신용을 훼손하는 것이다.

(1) 허위사실의 유포

1) 허위사실   허위사실이란 객관적 진실에 반하는 사실을 말한다. 허위사실의 판단기준은 명예훼손죄에서와 같다. 사실이 아닌 가치판단, 평가, 의견진술을 유포하였을 때에는 본죄가 성립할 수 없다. 사실인가 가치판단 혹은 의견진술인가는 사회통념에 의해 객관적으로 판단해야 한다.

[대판 1983. 2. 8. 82도2486] 甲은 8년 전부터 남편없이 3자녀를 데리고 생계를 꾸려왔을 뿐 아니라 피고인에 대한 다액의 채무를 담보하기 위해 동녀의 아파트와 가재도구까지를 피고인에게 제공한 사실이 인정되니 甲이 집도 남편도 없는 과부라고 말한 것이 허위사실이 될 수 없고, 또 甲이 계주로서 계불입금을 모아서 도망가더라도 책임지고 도와줄 사람이 없다는 취지의 피고인의 말은 피고인의 甲에 대한 개인적 의견이나 평가를 진술한 것에 불과하여 허위사실의 유포라고 볼 수 없다.

2) 유   포   유포란 널리 퍼뜨리는 것을 말하고 공연한 적시보다는 넓

---

1) 구체적 위험범설도 있으나 실정법적 근거가 약하다.

은 개념이다. 특정소수인에게 적시하였지만 전파가능성이 있는 경우 공연한 적시라고 할 수 없더라도, 유포라고는 할 수 있다. 즉 판례의 전파가능성이론은 신용훼손죄에는 적용될 수 있다.

유포의 방법에는 제한이 없다. 구두, 문서, 동작 등의 방법으로 가능하고, 직접적 표현뿐만 아니라 간접적·우회적 표현이어도 무방하다.

(2) 기타 위계

위계란 상대방의 착오 또는 부지를 이용하거나 기망·유혹 등의 방법으로 상대방을 착오에 빠지게 하는 것을 말한다. 허위사실의 유포도 위계의 한 예에 속한다고 할 수 있다. 기타 위계는 비밀리에 행사하든 공개적으로 행사하든 상관이 없다.

(3) 신용의 훼손

본죄는 신용훼손의 결과가 발생해야 하는 침해범처럼 규정되어 있지만 통설, 판례는 신용을 훼손할 만한 허위사실을 유포하거나 기타 위계를 행사하면 성립하는 추상적 위험범이라고 한다. 입법적 시정이 필요하다.

(4) 고　　의

허위사실을 진실한 사실로 오인하고 유포한 경우에는 제15조 제1항에 의해 본죄가 성립하지 않는다. 진실한 사실을 허위사실로 오인하고 유포한 경우 불능미수가 문제되지만, 본죄의 미수범 처벌규정은 없다.

3. 죄　　수

하나의 행위로 명예훼손과 신용훼손을 하는 경우의 죄수에 대해 상상적 경합이라는 견해와 법조경합으로 신용훼손죄만이 성립한다는 견해가 대립한다. 명예와 신용은 일반 대 특별의 관계에 있다고 해야 하므로 후설이 타당하다. 하나의 행위로 신용을 훼손하고 업무를 방해한 경우에도 업무방해죄만이 성립한다고 해야 할 것이다.

Ⅲ. 업무방해죄

제314조(업무방해)　① 제313조의 방법 또는 위력으로써 사람의 업무를 방해한 자는 5년 이하의 징역 또는 1,500만원 이하의 벌금에 처한다.

1. 보호법익

본죄의 보호법익은 업무이다. 일반적으로 업무란 '사람이 직업 또는 사회생활상 지위에서 계속적으로 종사하는 사무 또는 사업'을 말한다(대판 1995. 10. 12. 95도1589).

1) **'직업 또는 사회생활상 지위'에서 종사하는 '사무'**   업무는 '직업 또는 사회생활상 지위'에서 나오는 것이어야 하기 때문에 사회적으로 용인되고 형법적으로 보호할 만한 가치가 있는 업무여야 한다. 따라서 어떤 사무나 활동 자체가 위법의 정도가 중하여 사회생활상 도저히 용인될 수 없는 정도로 반사회성을 띠는 경우에는 업무방해죄의 보호대상이 되는 '업무'에 해당한다고 볼 수 없다.

예를 들어 성매매알선 등 행위(대판 2011. 10. 13. 2011도7081), 의료인이나 의료법인이 아닌 자의 의료기관 개설·운영행위(대판 2001. 11. 30. 2001도2015), 공인중개사 아닌 사람이 영위하는 중개업(대판 2007. 1. 12. 2006도6599), 법원의 직무집행정지가처분결정에 의하여 그 직무집행이 정지된 자가 법원의 결정에 반하여 계속 수행하고 있는 업무(대판 2002. 8. 23. 2001도5592) 등은 본죄의 업무에 해당되지 않는다.[1]

그러나 사회적으로 용인되어 형법적으로 보호할 가치가 있는 업무이면 족하고 그 업무의 기초가 된 계약 또는 행정행위 등이 반드시 적법하여야 하는 것은 아니다. 따라서 무허가 사업, 허가가 날 수 없는 사업, 계약상의 근거가 없는 업무도 본죄의 업무가 될 수 있다(대판 1991. 6. 28. 91도944). 즉 업무의 적법성 유무보다는 사무에 종사하고 있다는 현재의 사실상의 상태가 중요하다.[2] 따라서 의료인이나 의료법인이 아닌 자가 의료기관을 개설하여 운영하는 행위는 업무방해죄의 보호대상이 되는 업무에 해당하지 않으나, 무자격자에 의해 개설된 의료기관에 고용된 의료인이 환자를 진료한다고 하여 그 진료행위 또한 당연히 반사회성을 띠는 행위라고 볼 수는 없으므로, 의료인의 진료 업무는 업무방해죄의 보호대상이 될 수 있다(대판 2023. 3. 16. 2021도16482).

주주의 주주총회에서의 의결권 행사(대판 2004. 10. 28. 2004도1256)나 초등학교 학생들이 등교하여 수업을 듣는 것(대판 2013. 6. 14. 2013도3829) 등과 같은 단순한 '권

---

1) 기타 본죄의 보호대상인 업무에 속하지 않는다고 한 판례로, 대판 2007. 8. 23. 2006도3687; 대판 2005. 8. 19. 2004도7133; 대판 1999. 1. 29. 98도3240; 대판 1995. 6. 30. 94도3136.
2) 본죄의 보호대상인 업무에 속한다고 한 판례로, 대판 2008. 3. 14. 2007도11181; 대판 2006. 3. 9. 2006도382; 대판 1996. 11. 12. 96도2214; 대판 1994. 4. 12. 93도2690; 대판 1986. 12. 23. 86도1372.

리행사'는 업무에 속하지 않는다. 또한 직업이나 사회생활상의 지위에 기한 것이 아닌 단순한 개인적인 일상생활의 일환으로 행하여지는 사무도 업무에 해당되지 않는다(대판 2017. 11. 9. 2014도3270).[1]

  2) **'계속적'으로 종사하는 사무**   업무란 직업 또는 사회생활상의 지위에 기하여 계속적으로 종사하는 사무나 사업을 말하는 것이다(대판 1993. 2. 9. 92도2929). 단 1회적인 사무 또는 일시적인 행위를 방해하였다는 것만으로는 업무방해가 될 수 없다. 따라서 구청장의 조경공사에 따른 건물소유자의 조경공사(대판 1993. 2. 9. 92도2929), 소유권확정에 의한 담장공사(대판 1989. 3. 28. 89도110) 등은 계속성이 없어 업무에 속하지 않는다.[2] 하지만, 종중 정기총회를 주재하는 종중 회장의 의사진행업무 자체는 1회성을 갖는 것이라고 하더라도 그것이 종중 회장으로서의 사회적인 지위에서 계속적으로 행하여 온 종중 업무수행의 일환으로 행하여진 것이라면, 그와 같은 의사진행업무도 형법 제314조 소정의 업무방해죄에 의하여 보호되는 업무에 해당한다(대판 1995. 10. 12. 95도1589).

  3) **업무의 범위**   주된 업무뿐만 아니라 부수적 업무도 업무에 속한다(대판 1993. 2. 9. 92도2929). 예를 들어 공장정문의 정상적인 개폐업무(대판 1992. 2. 11. 91도1834), 업무를 시작할 수 있도록 준비하는 것(대판 1996. 5. 10. 96도419)도 부수적 업무로서 본죄의 업무에 속한다. 그러나 이사회가 의안 심의 및 결의에 관한 업무와 관련 하여 특정 안건의 심의 및 의결 절차의 편의상 이사회 구성원이 아닌 감사 등의 의견을 청취하는 것은 그 실질에 있어 이사회 구성원인 '이사'들의 의안 심의 및 결의에 관한 계속적 업무 혹은 그와 밀접불가분의 관계에 있는 업무에 해당할 뿐, 그와 같은 경위로 이사회에 출석하여 의견을 진술한 이사회 구성원 아닌 '감사'의 업무를 방해한 경우에 해당한다고 볼 수 없다(대판 2023. 9. 27. 2023도9332).

  본죄의 업무는 업무상횡령·배임죄에서와 같이 경제적·재산적 업무에 국한되지 않고 비재산적·정신적 업무도 포함한다. 보수의 유무는 불문한다.

  4) **업무의 주체**   업무의 주체는 사람이다. 판례는 사람이란 타인을 의미

---

1) 피고인이 주부의 무단주차 차량 범퍼를 앞의 손수레에 쇠사슬로 묶은 행위가 문제된 사건이다.
2) 사업장 이전에 대해 판례는 계속성이 없어 업무에 속하지 않는다고 하기도 하고(대판 1989. 9. 12. 88도1752; 대판 1985. 4. 9. 84도3000), 경영상 계획의 일환으로서 시간적·절차적으로 일정기간의 소요가 예상되는 사업장 이전을 추진, 실시하는 경우는 업무에 속한다고 하기도 한다(대판 2005. 4. 15. 2004도8701). 후자의 입장이 타당하다.

하고 타인이란 범인 이외의 자연인과 법인 및 법인격없는 단체를 가리키므로, 법적 성질이 영조물에 불과한 대학교 자체는 업무방해죄에 있어서의 업무의 주체가될 수 없다고 한다(대판 1999. 1. 15. 98도663). 사람에 법인이나 법인격없는 단체를 포함시키는 것은 명예·신용훼손죄에서 같은 문제가 있으므로 입법적 보완을 요한다.

  타인의 업무를 방해해야 하므로 자기의 업무에 대해서는 본죄가 성립하지 않는다.

[대판 1999. 1. 15. 98도663] 대학교의 성적평가업무, 성적평가 후에 이루어지는 성적의 취합과 통보 및 그에 관한 자료의 보전 등의 업무는 대학교의 업무가 아니라 담당교수의 업무이므로 담당교수가 성적표에 학생의 시험답안지의 점수와 다른 점수를 기재하였다 하더라도 업무방해죄가 되지 않는다.
[대판 2007. 12. 27. 2005도6404] 지방공사 사장이 신규직원 채용권한을 행사하는 것은 공사의 기관으로서 공사의 업무를 집행하는 것이므로, 위 권한의 귀속주체인 사장 본인에 대한 관계에서도 업무방해죄의 객체인 타인의 업무에 해당한다.

  5) 공   무   공무가 본죄의 업무에 속하는가에 대해서 견해가 대립한다.
  가. 긍 정 설   긍정설은 ① 부정설에 의하면 허위사실을 유포하거나 위력으로써 공무집행을 방해하는 경우에는 범죄가 성립하지 않는 부당한 결과가 생기고, ② 공무를 제외하는 규정이 없으므로 공무도 포함된다고 하는 것이 당연하고, ③ 공무라는 인식없이 업무방해의 고의로 방해행위를 한 경우에도 업무방해죄는 성립한다고 해야 한다는 것 등을 근거로 제시한다. 즉 공무집행방해죄와 본죄는 특별 대 일반의 관계에 있다고 한다.
  나. 절 충 설   이 견해는 비공무원에 의한 공무수행이나 비권력적 공무수행 등은 본죄의 보호의 대상이 되고, 허위사실유포나 위력에 의한 공무집행방해의 경우에는 공무집행방해죄가 성립하지 않으므로 본죄가 성립한다고 한다.
  다. 부 정 설   이 견해는 ① 형법이 업무방해죄와 별도로 공무집행방해죄를 규정한 것은 폭행·협박·위계 등에 의한 공무집행방해만 처벌하고, 허위사실유포나 위력에 의한 공무집행방해는 처벌하지 않는다는 취지이고, ② 본죄는 체계상 개인적 법익에 관한 죄로 되어 있으므로 국가적 법익인 공무에 대한 것은 제외되어야 하고, ③ 비공무원에 대한 공무수행이나 비권력적 공무수행에 대해서도 공무집행방해죄가 성립한다는 것 등을 근거로 든다.

라. 판　　례　　　판례는 과거 긍정설의 입장을 취하였으나(대판 2004. 3. 14. 2002도5883) 이후 부정설로 입장을 바꾸었다(대판 2009. 11. 19. 2009도4166 전합).

[대판 2009. 11. 19. 2009도4166 전합] 형법이 업무방해죄와는 별도로 공무집행방해죄를 규정하고 있는 것은 사적 업무와 공무를 구별하여 공무에 관해서는 공무원에 대한 폭행, 협박 또는 위계의 방법으로 그 집행을 방해하는 경우에 한하여 처벌하겠다는 취지라고 보아야 한다. 따라서 공무원이 직무상 수행하는 공무를 방해하는 행위에 대해서는 업무방해죄로 의율할 수는 없다고 해석함이 상당하다.

마. 결　　어　　　① 공무소나 공무원은 개인에 비해 방어력이 높기 때문에 폭행 · 협박이나 위계에 의한 공무방해는 인정한다고 하더라도(제136조, 제137조) 허위사실 유포나 위력에 의한 공무방해에 대해서는 개인의 업무방해에 비해 범죄성립요건을 엄격하게 규정하겠다는 것이 본죄의 취지이고, ② 절충설과 같이 업무방해죄의 보호대상이 되는 공무와 그렇지 않은 공무를 나눌 당위성이 없으므로 부정설이 타당하다.

6) 보호의 정도　　　본죄의 보호의 정도는 추상적 위험범이므로, 현실적인 업무방해의 결과발생을 요하지 않고, 업무방해의 결과를 초래할 위험이 발생하면 족하다(대판 2008. 1. 17. 2006도1721).

그러나 업무방해 결과발생의 위험성조차 없는 경우에는 업무방해죄가 성립하지 않는다(대판 2007. 4. 27. 2006도9028; 대판 2005. 10. 27. 2005도5432).

[대판 1999. 12. 10. 99도3487] 시험의 출제위원이 문제를 선정하여 시험실시자에게 제출하기 전에 이를 유출하였다고 하더라도 이러한 행위 자체는 위계를 사용하여 시험실시자의 업무를 방해하는 행위가 아니라 그 준비단계에 불과한 것이고, 그 후 그와 같이 유출된 문제가 시험실시자에게 제출되지도 아니하였다면 그러한 문제유출로 인하여 시험실시 업무가 방해될 추상적인 위험조차도 있다고 할 수 없으므로 업무방해죄가 성립한다고 할 수 없다.

2. 구성요건

본죄의 실행행위는 허위의 사실을 유포하거나 기타 위계 또는 위력으로써 사람의 업무를 방해하는 것이다.

(1) 허위사실의 유포 또는 기타 위계

허위사실의 유포 또는 기타 위계의 개념은 신용훼손죄에서와 같다.

지방공사사장이 시험업무 담당자들에게 지시하여 상호 공모 내지 양해하에 시험성적조작 등의 부정한 행위를 한 경우 법인인 공사에게 신규직원 채용업무와 관련하여 오인 · 착각 또는 부지를 일으키게 한 것이 아니므로 결국 '위계'에 의한 업무방해죄에 해당하지 않는다(대판 2007. 12. 27. 2005도6404).

[대판 2021. 9. 30. 2021도6634] 업무방해죄에서 '허위사실의 유포'란 객관적으로 진실과 부합하지 않는 사실을 유포하는 것으로서 단순한 의견이나 가치판단을 표시하는 것은 이에 해당하지 않는다. 유포한 대상이 사실과 의견 가운데 어느 것에 속하는지 판단할 때는 언어의 통상적 의미와 용법, 증명가능성, 문제 된 말이 사용된 문맥, 당시의 사회적 상황 등 전체적 정황을 고려해서 판단해야 한다. 의견표현과 사실 적시가 혼재되어 있는 경우에는 이를 전체적으로 보아 허위사실을 유포하여 업무를 방해한 것인지 등을 판단해야지, 의견표현과 사실 적시 부분을 분리하여 별개로 범죄의 성립 여부를 판단해서는 안 된다. 반드시 기본적 사실이 거짓이어야 하는 것은 아니고 비록 기본적 사실은 진실이더라도 이에 거짓이 덧붙여져 타인의 업무를 방해할 위험이 있는 경우도 업무방해에 해당한다.

컴퓨터 등 정보처리장치에 정보를 입력하는 등의 행위가 그 입력된 정보 등을 바탕으로 업무를 담당하는 사람의 오인, 착각 또는 부지를 일으킬 목적으로 행해진 경우에도 위계의 행사라고 할 수 있다(대판 2013. 11. 28. 2013도5117). 하지만 위와 같은 행위로 말미암아 업무와 관련하여 오인, 착각 또는 부지를 일으킨 상대방이 없었던 경우에는 위계가 있었다고 볼 수 없다(대판 2022. 5. 12. 2022도3265).

일정한 심사를 거치는 업무에서는 심사자가 충분히 심사하였음에도 불구하고 허위임을 발견하지 못한 경우에만 위계에 의한 업무방해죄가 성립할 수 있다.

[대판 2007. 12. 27. 2007도5030] 상대방으로부터 신청을 받아 상대방이 일정한 자격요건 등을 갖춘 경우에 한하여 그에 대한 수용 여부를 결정하는 업무에 있어서는 … 업무담당자의 불충분한 심사에 기인한 것으로서 … 위계에 의한 업무방해죄를 구성하지 않지만 … 업무담당자가 관계 규정이 정한 바에 따라 그 요건의 존부에 관하여 나름대로 충분히 심사를 하였음에도 신청사유 및 소명자료가 허위임을 발견하지 못하여 그 신청을 수리하게 될 정도에 이르렀다면 … 위계에 의한

업무방해죄가 성립한다.[1]

[**대판 2023. 8. 31. 2021도17151**] (보이스피싱 범죄를 위해 접근매체를 양도할 것을 숨기고 계좌를 개설한 행위가 문제된 사건) 계좌개설 신청인이 접근매체를 양도할 의사로 금융기관에 법인 명의 계좌를 개설하면서 예금거래신청서 등에 금융거래의 목적이나 접근매체의 양도의사 유무 등에 관한 사실을 허위로 기재하였으나, 계좌개설 심사 업무를 담당하는 금융기관의 업무담당자가 단순히 예금거래신청서 등에 기재된 계좌개설 신청인의 허위 답변만을 그대로 믿고 그 내용의 진실 여부를 확인할 수 있는 증빙자료의 요구 등 추가적인 확인조치 없이 법인 명의의 계좌를 개설해 준 경우 그 계좌개설은 금융기관 업무담당자의 불충분한 심사에 기인한 것이므로, 계좌개설 신청인의 위계가 업무방해의 위험성을 발생시켰다고 할 수 없어 위계에 의한 업무방해죄를 구성하지 않는다고 보아야 한다.

(2) 위   력

위력이란 피해자의 자유의사를 제압·혼란케 할 만한 일체의 세력을 말한다(대판 1999. 5. 28. 99도495; 대판 1995. 10. 12. 95도1589). 유형적·무형적인 것을 모두 포함하고, 폭행·협박이나 정치적·경제적·사회적 지위나 힘을 이용하는 것도 포함하지만, 적어도 그러한 위력으로 인하여 피해자의 자유의사를 제압하기에 충분하다고 평가될 정도의 세력에는 이르러야 한다(대판 2023. 3. 30. 2019도7446; 대판 2005. 5. 27. 2004도8447). 하지만, 현실적으로 피해자의 자유의사가 제압될 것을 요하지는 않는다(대판 2005. 5. 27. 2004도8447).

위력은 원칙적으로 피해자에게 행사되어야 하지만, 위력 행사의 상대방이 제3자인 경우 그로 인하여 피해자의 자유의사가 제압될 가능성이 직접적으로 발생함으로써 이를 실질적으로 피해자에 대한 위력의 행사와 동일시할 수 있는 특별한 사정이 있는 경우에도 본죄의 위력행사라고 할 수 있다(대판 2013. 3. 14. 2010도410).

---

1) 허위사실 유포 또는 위계의 행사를 긍정한 판례로, 대판 2021. 3. 11. 2016도14415; 대판 2013. 11. 28. 2013도5117; 대판 2013. 1. 24. 2012도10629; 대판 2009. 10. 15. 2007도9334; 대판 2009. 9. 10. 2009도4772; 대판 2008. 1. 17. 2006도1721; 대판 2007. 12. 27. 2007도5030; 대판 2004. 3. 26. 2003도7927; 대판 2002. 3. 29. 2000도3231; 대판 1999. 5. 14. 98도3767; 대판 1996. 7. 30. 94도2708; 대판 1994. 6. 14. 93도288; 대판 1994. 3. 11. 93도2305; 대판 1992. 3. 31. 92도58; 대판 1992. 6. 9. 91도2221; 대판 1991. 11. 12. 91도2211; 대판 1962. 4. 12. 62도17 등. 부정한 판례로, 대판 2009. 1. 30. 2008도6950; 대판 2008. 5. 29. 2007도5037; 대판 2007. 12. 27. 2005도6404; 대판 2007. 6. 29. 2006도3839; 대판 2004. 3. 26. 2003도7927; 대판 1999. 12. 10. 99도3487; 대판 1997. 4. 17. 96도3377; 대판 1994. 12. 2. 94도2510; 대판 1984. 7. 10. 84도638; 대판 1984. 5. 9. 83도2270 등.

[대판 2005. 3. 25. 2003도5004] 피고인이 피해자가 운영하고 있는 학원이 자신의 명의로 등록되어 있는 지위를 이용하여 임의로 폐원신고를 한 경우 피해자의 업무를 위력으로써 방해한 것이다.[1)]

[대판 2010. 11. 25. 2010도9186] 건물을 임차하여 학원을 운영하던 피고인이 건물을 인도한 이후에도 자신 명의로 된 학원설립등록을 말소하지 않고 휴원신고를 연장함으로써 새로운 임차인 A가 그 건물에서 학원설립등록을 하지 못하도록 한 경우 피고인의 행위가 A의 자유의사를 제압·혼란케 할 정도의 위력에 해당한다고 보기 어렵다.[2)]

[대판 2022. 6. 16. 2021도16591] 정치적인 의사표현을 위한 집회나 행위가 헌법 제21조에 따라 보장되는 정치적 표현의 자유나 헌법 제10조에 내재된 일반적 행동의 자유의 관점 등에서 보호받을 가능성이 있더라도 전체 법질서상 용인될 수 없을 정도로 사회적 상당성을 갖추지 못한 때에는 그 행위 자체가 위법한 세력의 행사로서 형법 제314조 제1항의 업무방해죄에서 말하는 위력의 개념에 포섭될 수 있다.

(3) 업무방해

본죄는 추상적 위험범이므로 업무방해의 현실적 결과를 요하지 않고 업무방해의 위험이 있으면 족하다(대판 2004. 3. 26. 2003도7927). 업무방해란 업무의 집행 자체를 방해하는 것은 물론이고 널리 업무의 경영을 저해하거나(대판 1999. 5. 14. 98도3767), 업무수행 자체가 아니라 업무의 적정성 내지 공정성을 방해한 경우도 포함한다(대판 2018. 7. 24. 2015도12094).

---

1) 위력의 행사를 긍정한 판례로, 대판 2021. 10. 28. 2016도3986; 대판 2017. 11. 9. 2017도12541; 대판 2016. 10. 27. 2016도10956; 대판 2013. 5. 23. 2011도12440; 대판 2012. 5. 24. 2009도4141; 대판 2011. 10. 27. 2010도7733; 대판 2009. 9. 10. 2009도5732; 대판 2009. 4. 23. 2007도9924; 대판 2007. 6. 14. 2007도2178; 대판 2005. 5. 27. 2004도8447; 대판 2004. 10. 15. 2004도4467; 대판 2002. 4. 26. 2001도6903; 대판 1995. 10. 12. 95도1589; 대판 1992. 2. 11. 91도1834; 대판 1991. 2. 12. 90도2501; 대판 1983. 11. 8. 83도1798; 대판 1961. 2. 24. 60도864 등.
2) 위력에 의한 업무방해를 부정한 판례로, 대판 2022. 9. 7. 2021도9055; 대판 2013. 3. 14. 2010도410; 대판 2013. 2. 28. 2011도16718; 대판 2011. 10. 27. 2009도3390; 대판 2010. 11. 25. 2010도9186; 대판 1999. 5. 28. 99도495; 대판 1983. 10. 11. 82도2584 등.

3. 위 법 성

(1) 피해자의 승낙

피해자의 승낙에 의한 업무방해죄에 대해 통설·판례[1]는 위법성이 조각된다고 한다. 그러나 고용주의 지시에 의해 근로자들이 집단휴가를 가거나 공장문을 폐쇄한 경우에도 업무방해죄의 구성요건에 해당한다고 하는 것은 부당하므로, 승낙은 업무방해죄의 구성요건해당성조각사유라고 해야 한다.

(2) 쟁의행위

쟁의행위는 근로자가 소극적으로 노무제공을 거부하거나 정지하는 행위만이 아니라 적극적으로 그 주장을 관철하기 위하여 업무의 정상적인 운영을 저해하는 행위까지 포함한다. 판례에 의하면 쟁의행위는 원칙적으로 위력에 의한 업무방해죄의 구성요건에 해당된다. 그러나 쟁의행위 중 집단파업은 예외적으로만 업무방해죄의 구성요건에 해당된다.

[대판 2011. 3. 17. 2007도482 전합; 대판 2022. 12. 16. 2015도8190] 쟁의행위로서 파업이 언제나 업무방해죄에 해당하는 것으로 볼 것은 아니고, 전후 사정과 경위 등에 비추어 사용자가 예측할 수 없는 시기에 전격적으로 이루어져 사용자의 사업운영에 심대한 혼란 내지 막대한 손해를 초래하는 등으로 사용자의 사업계속에 관한 자유의사가 제압·혼란될 수 있다고 평가할 수 있는 경우에 비로소 집단적 노무제공의 거부가 위력에 해당하여 업무방해죄가 성립한다.[2]

기타의 노동쟁의행위는 원칙적으로 위력에 의한 업무방해죄의 구성요건에 해당되지만, 법령에 의한 행위로서 위법성이 조각될 수 있다.

[대판 2008. 9. 11. 2004도746] 근로자의 쟁의행위가 형법상 정당행위가 되기 위

---

1) 대판 1983. 2. 8. 82도2486: 피고인이 계원들로 하여금 甲 대신 피고인을 계주로 믿게 하여 계금을 지급하고 불입금을 지급받아 위계를 사용하여 甲의 계운영 업무를 방해하였다고 하여도 … 피고인이 계주의 업무를 대행하는 데 대하여 이를 승인 내지 묵인한 사실이 인정된다면 피고인의 소위는 이른바 위 甲의 승낙이 있었던 것으로서 위법성이 조각되어 업무방해죄가 성립하지 않는다.
2) 위력에 의한 업무방해에 해당되지 않는다는 판례로, 대판 2011. 10. 27. 2010도7733; 대판 2011. 10. 27. 2009도3390 등. 그러나 집단파업도 고용주의 의사결정에 영향을 미치기 위한 것이므로 위력의 행사에는 해당된다고 보아야 할 것이다.

하여는 첫째 그 주체가 단체교섭의 주체로 될 수 있는 자이어야 하고, 둘째 그 목적이 근로조건의 향상을 위한 노사간의 자치적 교섭을 조성하는 데에 있어야 하며, 셋째 사용자가 근로자의 근로조건 개선에 관한 구체적인 요구에 대하여 단체교섭을 거부하였을 때 개시하되 특별한 사정이 없는 한 조합원의 찬성결정 등 법령이 규정한 절차를 거쳐야 하고, 넷째 그 수단과 방법이 사용자의 재산권과 조화를 이루어야 함은 물론 폭력의 행사에 해당되지 아니하여야 한다는 여러 조건을 모두 구비하여야 하며, 쟁의행위에서 추구되는 목적이 여러 가지이고 그 중 일부가 정당하지 못한 경우에는 주된 목적 내지 진정한 목적의 당부에 의하여 그 쟁의목적의 당부를 판단하여야 할 것이고, 부당한 요구사항을 뺐더라면 쟁의행위를 하지 않았을 것이라고 인정되는 경우에는 그 쟁의행위 전체가 정당성을 갖지 못한다.[1]

(3) 정당행위

업무방해죄의 구성요건에 해당하는 행위도 정당행위로 위법성이 조각될 수 있다.

[대판 2020. 9. 3. 2015도1927] 도급인은 원칙적으로 수급인 소속 근로자의 사용자가 아니므로, 수급인 소속 근로자의 쟁의행위가 도급인의 사업장에서 일어나 도급인의 형법상 보호되는 법익을 침해한 경우에는 사용자인 수급인에 대한 관계에서 쟁의행위의 정당성을 갖추었다는 사정만으로 사용자가 아닌 도급인에 대한 관계에서까지 법령에 의한 정당한 행위로서 법익 침해의 위법성이 조각된다고 볼 수는 없다. 그러나 … 도급인의 사업장은 수급인 소속 근로자들의 삶의 터전이 되는 곳이고, 쟁의행위의 주요 수단 중 하나인 파업이나 태업은 도급인의 사업장에서 이루어질 수밖에 없다. … 따라서 사용자인 수급인에 대한 정당성을 갖춘

---

1) 쟁의행위의 위법성조각을 인정한 판례로, 대판 2020. 9. 24. 2017도19283; 대판 2012. 1. 27. 2009도8917; 대판 2007. 12. 28. 2007도5204; 대판 2004. 9. 24. 2004도4641; 대판 1994. 2. 22. 93도613; 대판 1992. 9. 22. 92도1855; 대판 1992. 12. 8. 92도1645 등. 위법성조각을 인정하지 않은 판례로, 대판 2011. 1. 27. 2010도11030; 대판 2010. 4. 8. 2007도6754; 대판 2008. 9. 11. 2004도746; 대판 2007. 5. 11. 2005도8005; 대판 2005. 5. 25. 2002도5577; 대판 2002. 2. 26. 99도5380; 대판 2003. 12. 26. 2001도1863; 대판 2003. 12. 11. 2001도3429; 대판 2001. 4. 24. 99도4893; 대판 1998. 1. 20. 97도588; 대판 1996. 5. 10. 96도419; 대판 1997. 4. 22. 95도748; 대판 1996. 1. 26. 95도1959; 대판 1996. 2. 27. 95도2970; 대판 1991. 10. 22. 91도600; 대판 1991. 7. 9. 91도1051; 대판 1991. 4. 23. 90도2771; 대판 1992. 5. 8. 91도3051; 대판 1990. 10. 12. 90도1431; 대판 1991. 6. 11. 91도383; 대판 1990. 10. 12. 90도1431; 대판 1990. 7. 10. 90도755; 대판 1990. 5. 15. 90도357 등.

쟁의행위가 도급인의 사업장에서 이루어져 형법상 보호되는 도급인의 법익을 침해한 경우, 그것이 항상 위법하다고 볼 것은 아니고, 법질서 전체의 정신이나 그 배후에 놓여있는 사회윤리 내지 사회통념에 비추어 용인될 수 있는 행위에 해당하는 경우에는 형법 제20조의 '사회상규에 위배되지 아니하는 행위'로서 위법성이 조각된다.

4. 공   범

노동조합의 쟁의행위와 관련하여 현장에서 쟁의행위를 하고 있는 자들에게 공문을 전달하거나, 식사나 비품 등을 제공하는 자들을 '(위력에 의한) 업무방해죄의 방조범'으로 기소하는 경우가 있다. 이러한 사안들에서 대법원은 방조범의 성립요건으로 '인과관계'를 요구하면서 방조범의 성립을 부인하고 있다.

[대판 2021. 9. 16. 2015도12632] [1] 쟁의행위가 업무방해죄에 해당하는 경우 제3자가 그러한 정을 알면서 쟁의행위의 실행을 용이하게 한 경우에는 업무방해방조죄가 성립할 수 있다. 다만 … 위법한 쟁의행위에 대한 조력행위가 업무방해방조에 해당하는지 판단할 때는 헌법이 보장하는 위와 같은 기본권이 위축되지 않도록 업무방해방조죄의 성립 범위를 신중하게 판단하여야 한다.
[2] 방조범은 정범에 종속하여 성립하는 범죄이므로 방조행위와 정범의 범죄 실현 사이에는 인과관계가 필요하다. 방조범이 성립하려면 … 정범의 범죄 실현에 현실적인 기여를 하였다고 평가할 수 있어야 한다.

5. 죄   수

동일한 기회에, 동일한 장소에서 다수의 피해자를 상대로 위력행사를 한 경우 업무방해죄의 상상적 경합범이다(대판 2017. 9. 21. 2017도11687).

하나의 행위로 허위사실을 유포하여 명예를 훼손하고 업무를 방해한 경우 허위사실적시에 의한 명예훼손죄와 업무방해죄는 상상적 경합관계에 있다(대판 2007. 11. 15. 2007도7140; 대판 2007. 2. 23. 2005도10233). 업무방해 과정에서 다른 사람의 재물을 손괴한 경우 두 죄의 피해자 및 행위의 태양이 다르므로 두 죄는 실체적 경합범의 관계에 있다(대판 2007. 5. 11. 2006도9478). 동일한 피해자에 대한 폭행행위가 업무방해죄의 수단이 된 경우에도 폭행행위가 불가벌적 수반행위로 업무방해죄에 흡수되지 않고 두 죄는 상상적 경합관계에 있다(대판 2012. 10. 11. 2012도1895).

Ⅳ. 컴퓨터 등 장애 업무방해죄

제314조   ② 컴퓨터 등 정보처리장치 또는 전자기록 등 특수매체기록을 손괴하
  거나 정보처리장치에 허위의 정보 또는 부정한 명령을 입력하거나 기타 방법으로
  정보처리에 장애를 발생하게 하여 사람의 업무를 방해한 자도 제1항의 형과 같다.

1. 의의 및 보호법익

컴퓨터와 인터넷이 출현하고 사무자동화기기가 생겨남에 따라 많은 업무들
이 자동화·전산화되었고 이로 인해 컴퓨터나 사무자동화기기 등을 이용한 업무
방해죄가 생겨나게 되었다. 이에 대비하기 위해 1995년 개정형법에 의해 신설되
었다.

본죄의 보호법익은 사람의 업무[1]이고, 보호의 정도는 추상적 위험범이다.

2. 구성요건

(1) 행위의 객체

본죄의 객체는 컴퓨터 등 정보처리장치 또는 전자기록(電磁記錄) 등 특수매체
기록이다.

1) 컴퓨터 등 정보처리장치   정보처리장치란 자동적으로 계산이나 데이
터처리를 할 수 있고, 독자적인 정보의 보전, 검색, 수정 능력을 지니고 있는 장
치를 말한다. 컴퓨터, 현금자동지급기, 스마트폰 등이 그 대표적 예이다. 자동판
매기, 공중전화기, 자동개찰기, 휴대용계산기, 전동타자기 등은 독자적 정보처리
능력을 갖지 못하기 때문에 여기에 포함되지 않는다. 따라서 자동판매기, 공중전
화기 등에 허위의 정보를 입력하여 재물 또는 재산상의 이익을 취득하는 경우에
는 편의시설이용죄(제348조의2)가 성립할 수 있을 뿐이다. 하드웨어 이외에 소프트
웨어도 정보처리장치에 포함시키는 견해가 있으나, 소프트웨어는 전자기록이라고

---

1) 본죄의 업무에 공무가 포함되는가도 문제될 수 있다. 업무방해죄의 업무에 공무가 포함되
  지 않는다고 해석한다면 본죄의 업무에도 공무는 포함되지 않는다고 해야 할 것이다. 이
  경우 공무소의 컴퓨터 등 정보처리장치에 부정한 명령이나 허위의 정보를 입력하여 공무를
  방해한 경우에는 공전자기록위작·변작죄(제227조의2)에 해당되는 경우에만 동범죄로 처
  벌할 수 있을 뿐이다. 입법적 보완을 요한다.

보는 견해가 타당하다.

　　2) 전자기록 등 특수매체기록　　　전자기록 등 특수매체기록이란 전기적 기록, 자기적 기록, 전자적 기록, 광기술을 이용한 기록으로서 컴퓨터 등 정보처리장치에 사용되는 기록을 말한다. 문서는 사람의 오관을 통해 읽을 수 있는 것인데 비해 특수매체기록은 정보처리장치와 같은 기계적 · 기술적 방법으로 읽을 수 있다는 점에 차이가 있다. 특수매체기록에 수록된 정보가 아니라 하드디스크, USB, CD-Rom, 마이크로필름, 녹화필름 등 정보를 수록하고 있는 매체 그 자체는 포함되지 않는다.

　　특수매체기록이나 정보처리장치가 누구의 소유인지는 문제되지 않는다.

　　(2) 실행행위

　　판례에 의하면 본죄의 실행행위는 1) ① 컴퓨터 등 정보처리장치 또는 전자기록 등 특수매체기록을 손괴하거나, ② 정보처리장치에 허위의 정보 또는 부정한 명령을 입력하거나, ③ 기타 방법으로 2) 정보처리장치에 장애를 발생시키는 것이다.[1]

　　[대판 2012. 5. 24. 2011도7943] '손괴'란 유형력을 행사하여 물리적으로 파괴 · 멸실시키는 것뿐 아니라 전자기록의 소거나 자력에 의한 교란도 포함하며, '허위의 정보 또는 부정한 명령의 입력'이란 객관적으로 진실에 반하는 내용의 정보를 입력하거나 정보처리장치를 운영하는 본래의 목적과 상이한 명령을 입력하는 것이고, '기타 방법'이란 컴퓨터의 정보처리에 장애를 초래하는 가해수단으로서 컴퓨터의 작동에 직접 · 간접으로 영향을 미치는 일체의 행위를 말한다.

　　1) 실행행위

　　① **정보처리장치 또는 특수매체기록의 손괴**　　　컴퓨터 등 정보처리장치를 손괴한다는 것은 물리적으로 손괴하는 것을 의미한다. 특수매체기록을 손괴한다는 것은 물리적 손괴뿐만 아니라 소거, 삭제를 포함한다.

　　② **허위의 정보 또는 부정한 명령의 입력**　　　허위의 정보를 입력한다는 것

---

1) 판례는 본죄의 실행행위를 ① i) 컴퓨터등 정보처리장치 또는 전자기록등 특수매체기록을 손괴하거나, ii) 정보처리장치에 허위의 정보 또는 부정한 명령을 입력하거나, iii) 기타 방법으로, ② 정보처리에 장애를 발생시키는 것으로 해석하여 반드시 정보처리에 장애를 발생시켜야 하는 것으로 해석한다(대판 2022. 5. 12. 2021도1533 등). 그러나, ii)의 경우에는 정보처리에 장애가 발생하지 않아야 업무방해가 가능할 것이다.

은 진실에 반하는 정보를 입력하는 것을 말한다. 부정한 명령을 입력한다는 것은 객관적으로 정당하지 않은 명령을 입력하거나 권한없이 정보를 입력·변경하는 것을 말한다.[1] 예를 들어 은행의 전산관리직원이 고객의 예금 중 일부 금액을 자신의 계좌로 이전시키는 경우 혹은 업무수행을 위해서가 아니라 담당직원의 정상적인 업무수행을 방해할 의도에서 그 담당 직원의 의사와는 상관없이 함부로 컴퓨터에 비밀번호를 설정한 경우(대판 2012. 5. 24. 2011도7943) 등을 말한다.

③ **기타 방법**   컴퓨터 등 정보처리장치가 제대로 기능을 발휘하게 할 수 없는 일체의 방법을 말한다. 전원의 절단, 바이러스의 유포, 악성프로그램의 설치(대판 2013. 3. 28. 2010도14607), 컴퓨터가 작동할 수 없는 환경의 조성 등을 예로 들 수 있다.[2]

2) **정보처리장치에 장애 발생**   판례에 의하면 기타 방법의 경우에는 물론 정보처리장치등의 손괴나 허위사실이나 부정한 명령의 경우에도 정보처리장치에 장애가 현실적으로 발생해야 한다(대판 2022. 5. 12. 2021도1533 등). 장애란 컴퓨터 등의 사용목적대로 사용할 수 없도록 하는 경우뿐만 아니라 사용목적과 달리 작동되도록 하는 경우도 포함한다.

판례에 의하면, 웹서버관리자가 전보를 하면서 아이디와 비밀번호를 알려주지 않는 행위는 정보처리장치에 장애를 일으키는 것으로 볼 수 없지만(대판 2004. 7. 9. 2002도631), 전보발령으로 인하여 웹서버를 관리, 운영할 권한이 없는 상태에서 웹서버에 접속하여 홈페이지 관리자의 비밀번호를 무단으로 변경한 행위는 정보처리장치에 장애를 일으키는 것으로서 업무방해죄에 해당된다(대판 2007. 3. 16. 2006도6663; 대판 2006. 3. 10. 2005도382).[3]

[대판 2009. 4. 9. 2008도11978] 형법 제314조 제2항의 '컴퓨터 등 장애 업무방해죄'가 성립하기 위해서는 가해행위 결과 정보처리장치가 그 사용목적에 부합하는 기능을 하지 못하거나 사용목적과 다른 기능을 하는 등 정보처리에 장애가 현실적으로 발생하였을 것을 요하나, 정보처리에 장애를 발생하게 하여 업무방해의 결과

---

1) 2001년 12월의 형법개정을 통해 형법 제347조의2에는 권한없는 입력·변경이 추가되었으므로 규정의 통일성을 위해 본죄에도 추가해야 한다.
2) 입출력장치의 손괴를 여기에 해당하는 것으로 보는 견해가 있으나, 이는 정보처리장치의 손괴라고 해야 할 것이다.
3) 본죄를 인정한 판례로, 대판 2012. 5. 24. 2011도7943; 대판 2009. 4. 9. 2008도11978 등.

를 초래할 위험이 발생한 이상, 나아가 업무방해의 결과가 실제로 발생하지 않더라도 위 죄가 성립한다. 따라서 포털사이트 운영회사의 통계집계시스템 서버에 허위의 클릭정보를 전송하여 검색순위 결정 과정에서 위와 같이 전송된 허위의 클릭정보가 실제로 통계에 반영됨으로써 정보처리에 장애가 현실적으로 발생하였다면, 그로 인하여 실제로 검색순위의 변동을 초래하지는 않았다 하더라도 '컴퓨터 등 장애 업무방해죄'가 성립한다.

(3) 업무방해

본죄는 추상적 위험범이므로 현실적으로 업무방해의 결과가 생길 것을 요하지 않고 업무방해에 대한 추상적 위험만 있으면 성립한다(대판 2021. 3. 11. 2016도14415).

3. 죄   수

본죄와 제1항의 업무방해죄는 특별 대 일반의 관계에 있으므로 본죄가 성립하면 제1항의 업무방해죄는 성립하지 않는다. 컴퓨터 등이나 특수매체기록 등을 손괴하여 업무를 방해한 때에는 본죄와 손괴죄의 상상적 경합이라고 하는 견해가 있다. 그러나 컴퓨터 등이나 특수매체기록의 손괴가 모두 본죄의 실행행위로 되어 있기 때문에 본죄만이 성립한다고 해야 한다.

V. 경매·입찰방해죄

제315조(경매·입찰의 방해)   위계 또는 위력 기타 방법으로 경매 또는 입찰의 공정을 해한 자는 2년 이하의 징역 또는 700만원 이하의 벌금에 처한다.

1. 보호법익

본죄의 보호법익은 경매·입찰의 공정이다. 본죄는 경매·입찰업무를 보호하는 업무방해죄로서의 성격을 지니고 있다. 본죄의 보호법익을 경매·입찰의 공정이라고 한 것은 경매·입찰이라는 업무가 공정한 경쟁을 본질적 내용으로 하고 있기 때문이다.

본죄의 보호의 정도는 추상적 위험범이다(대판 2010. 10. 14. 2010도4940).

2. 구성요건

본죄의 실행행위는 경매 또는 입찰의 공정을 해할 만한 위계 또는 위력 기타 방법을 사용하는 것이다.

(1) 경매·입찰

경매·입찰이란 다수인으로부터 청약을 받고 그 가운데 가장 좋은 조건을 제시한 청약자와 계약을 체결하는 방식을 말한다. 양자의 차이는 경매에서는 한 청약자가 제시하는 계약조건을 다른 청약자들이 알 수 있는 데에 비해, 입찰에서는 이를 알지 못한다는 데에 있다. 계약조건의 제시는 구두에 의하건 문서에 의하건 상관없다. 체결되는 계약은 매매에 국한되지 않고, 도급이나 기타 다른 형태의 계약이라도 상관없다. 국가, 공공단체뿐만 아니라 사인이 시행하는 경매·입찰이 모두 포함된다.

다만, 방해의 대상인 입찰은 공정한 자유경쟁을 통한 적정한 가격형성을 목적으로 하는 '입찰절차'를 말하고, 공적·사적 경제주체가 임의의 선택에 따라 진행하는 계약체결 과정은 이에 해당하지 않는다(대판 2023. 9. 21. 2022도8459; 대판 2008. 5. 29. 2007도5037).

[대판 2008. 5. 29. 2007도5037] 한국토지공사 지역본부가 중고자동차매매단지를 분양하기 위하여 유자격 신청자들을 대상으로 무작위 공개추첨하여 1인의 수분양자를 선정하는 절차를 진행하는데, 신청자격이 없는 피고인이 총 12인의 신청자 중 9인의 신청자의 자격과 명의를 빌려 그 당첨확률을 약 75%까지 인위적으로 높여 분양을 신청한 사안에서, 위 분양절차는 공정한 자유경쟁을 통한 적정한 가격형성을 목적으로 하는 입찰절차에 해당하지 않고(후략)

입찰을 실시할 법적 의무에 기하여 시행한 입찰만이 본죄의 객체가 되는 것은 아니지만(대판 2007. 5. 31. 2006도8070), 경매와 입찰은 현실적으로 존재하여야 한다.[1] 따라서 실제로 실시된 입찰절차에서 실질적으로는 단독입찰을 하면서 마치 경쟁입찰을 한 것처럼 가장하는 경우에는 본죄가 성립할 수 있지만(대판 2003. 9. 26.

---

1) 대판 2008. 12. 24. 2007도9287: 한국토지공사 지사가 폐기물최종처리시설 부지를 분양하면서 일정 요건을 갖춘 분양신청자를 대상으로 추첨을 통해 1인의 분양대상자를 선정하는 방식으로 분양절차를 진행한 것은 입찰방해죄의 입찰절차에 해당하지 않는다.

2002도3924), 입찰절차가 아니라 공적·사적 경제주체의 임의의 선택에 따른 계약 체결의 과정에 공정한 경쟁을 해하는 행위(대판 2008. 5. 29. 2007도5037)나 실제로는 수의계약을 체결하면서 입찰이 있었던 것으로 조작한 행위(대판 2001. 2. 9. 2000도4700)는 입찰방해 행위에 해당한다고 할 수 없다.

(2) 위계 또는 위력 기타 방법

위계나 위력의 개념은 업무방해죄에서와 같다. 위력은 폭행·협박의 정도에 이를 필요가 없다(대판 1993. 2. 23. 92도3395).

(3) 경매·입찰의 공정을 해할 것

통설은 경매·입찰의 공정을 해한다는 것은 적정한 가격을 형성하는 공정한 자유경쟁이 방해될 우려가 있는 상태를 발생시키는 것이라고 한다. 다만, 적정한 가격은 시장가격이라는 견해와 객관적으로 공정한 가격이 아니라 경매·입찰의 구체적 과정을 통해 얻어지는 가격인 경쟁가격을 의미한다는 견해(다수설)가 대립된다. 그러나 경매·입찰의 공정이란 가격에만 한정되는 것이 아니라 다른 계약조건도 모두 포함되는 것이다. 따라서 공정을 해한다는 것은 적정한 계약조건을 형성하는 자유경쟁이 방해될 우려가 있는 상태를 발생시키는 것이라고 해야 한다. 판례도 같은 입장이다.

[대판 2010. 10. 14. 2010도4940; 대판 2023. 9. 1. 2022도8459; 대판 2023. 12. 21. 2023도10254[1]] '입찰의 공정을 해하는 행위'란 공정한 자유경쟁을 통한 적정한 가격형성에 부당한 영향을 주는 상태를 발생시키는 것으로, 그 행위에는 가격결정뿐 아니라 적법하고 공정한 경쟁방법을 해하는 행위도 포함된다. … 입찰자들 상호간에 특정업체가 낙찰받기로 하는 담합이 이루어진 상태에서 다른 입찰자들은 당초의 합의에 따라 입찰에 참가하였으나 일부 입찰자가 담합한 가격보다 저가로 입찰하여 낙찰받은 행위는 담합을 이용하여 낙찰을 받은 것이라는 점에서 적법하고 공정한 경쟁방법을 해한 것이 되고, 따라서 입찰방해죄에 해당한다.[2]

---

1) 대판 2023도10254는 피고인이 민사집행법상 기일입찰 방식의 경매절차에서 경매목적물을 매수할 의사나 능력 없이 오로지 경매목적물이 제3자에게 매각되는 것을 저지하기 위하여 경매절차를 지연할 목적으로 다른 사람의 명의를 이용하여 감정가와 현저하게 차이가 나는 금액으로 입찰하는 행위를 반복함으로써 제3자의 매수를 사실상 봉쇄하여 전체적으로 경매절차를 형해화하는 정도에 이르렀고 이는 위계로써 경매의 공정을 해한 것으로 볼 수 있다고 본 사례이다.

2) 기타 입찰방해죄를 인정한 판례로, 대판 2009. 5. 14. 2008도11361; 대판 2008. 12. 24. 2007도9287; 대판 2008. 5. 29. 2007도5037; 대판 2007. 5. 31. 2006도8070; 대판 2000. 7. 6.

(4) 담합행위

1) 학   설   담합행위란 경매 또는 입찰에 참여하는 사람들이 서로 모
의하여 특정한 사람을 경락자 또는 낙찰자로 하기로 하고, 그 이외의 사람들은
내정자보다 나쁜 조건을 제시하여 경매 또는 입찰에 참가하는 것을 말한다. 입찰
참가자 전원이 아닌 일부 사이에만 이루어져도 상관없다(대판 2006. 12. 22. 2004도
25810). 그러나 담합행위 자체가 이루어지지 않았거나(대판 2003. 9. 26. 2002도3924), 응
찰자 일부의 담합행위는 있었지만 자유경쟁이 이루어진 경우(대판 1983. 1. 18. 81도
8241)에는 본죄가 성립하지 않는다.

담합행위는 부당한 이익을 취하기 위한 목적으로 행해지는 경우가 있고, 지
나친 출혈경쟁을 피하기 위한 목적에서 행해지는 경우도 있다. 통설은 전자의 경
우에는 본죄가 성립하지만, 후자의 경우에는 본죄가 성립하지 않는다고 한다. 다
만, 본죄의 구성요건해당성조각설과 위법성조각설이 대립한다. 담합행위의 성격
상 위법성조각설이 타당하다.

2) 판   례   이전의 판례는 주문자의 예정가격 내에서 무모한 경쟁을
방지하고자 담합한 경우에는 담합자끼리 금품의 수수가 있었어도 본죄가 성립하
지 않는다고 하였다(대판 1971. 4. 20. 70도2241). 그러나 이후 실시자의 이익을 해하는
것이 아니라도 실질적인 단독입찰을 경쟁입찰인 것처럼 가장하여 그 입찰가격으
로 낙찰되게 한 경우(대판 1994. 11. 8. 94도2142; 대판 1988. 3. 8. 87도2646), 입찰의 시행자
인 법인의 대표자가 특정인이 낙찰자로 선정될 수 있도록 예정가격을 알려 주고
그 특정인은 나머지 입찰참가인들과 담합하여 입찰에 응한 경우(대판 2007. 5. 31.
2006도8070), 일부 입찰참가자들이 가격을 합의하고, 낙찰이 되면 특정 업체가 모
든 공사를 하기로 합의하는 등 담합한 경우(대판 2009. 5. 14. 2008도11361), 입찰자들
상호간에 특정업체가 낙찰받기로 하는 담합이 이루어진 상태에서 일부 입찰자가
약속을 어기고 그 특정업체보다 저가로 입찰한 경우(대판 2009. 5. 14. 2008도11361) 등
에서도 본죄의 성립을 인정한다.

담합행위를 하지 아니한 가운데 자유로운 경쟁입찰을 통하여 결정되는 낙찰
가를 '공정한 가격'으로 보고 담합행위를 통하여 그와 같은 '공정한 가격'보다 높
은 가격으로 낙찰을 받는 경우 그 차액 상당이 '부당한 이득'이 된다(대판 2015. 12.

99도4079; 대판 1994. 5. 24. 94도600; 대판 1993. 2. 23. 92도3395; 대판 1991. 10. 22. 91도
1961; 대판 1990. 10. 30. 90도2022 등.

24. 2015도13946).

   3) 신탁입찰   신탁입찰은 각자가 일부씩 입찰에 참여하면서 1인을 대표
자로 하여 단독으로 입찰케 하는 것이다. 이는 담합행위가 아니므로 본죄에 해당
되지 않는다(대판 1957. 10. 21. 4290민상368).

제4장 사생활의 평온에 대한 죄

제1절 총 설

생명·신체·자유·명예·업무 등과 함께 사생활(privacy) 역시 개인의 생활에서 중요한 법익 중의 하나이다. 사생활은 개인의 자아형성과 자아실현을 위해 필수적이고, 나아가 경제·사회생활을 원활하게 할 수 있는 기초가 되기 때문이다. 이런 이유로 헌법 제17조는 "모든 사생활의 비밀과 자유를 침해받지 아니한다"고 규정하고 있다. 형법은 제35장에서 비밀침해의 죄라는 제목하에 비밀침해죄(제316조)와 업무상비밀누설죄(제317조)를 규정하고, 제36장에서 주거침입의 죄라는 제목하에 주거침입죄(제319조 1항, 제320조)와 퇴거불응죄(제319조 2항, 제320조) 및 주거·신체수색죄(제321조)를 규정하고 있다.

제2절 비밀침해의 죄

I. 의의 및 구성요건체계

1. 의   의

인간은 누구에게나 감추고 싶은 비밀이 있다. 개인의 비밀이 공개되는 것 그 자체가 고통스러운 일일 뿐만 아니라 명예가 훼손되거나 사회생활에서 지장을 받을 염려가 있다. 이 때문에 헌법 제17조는 "모든 국민은 사생활의 비밀과 자유를 침해받지 아니한다," 제18조는 "모든 국민은 통신의 비밀을 침해받지 아니한다"고 규정하고 있고, 형법도 비밀침해의 죄를 규정하고 있다.

2. 구성요건체계

비밀침해의 죄는 개인의 비밀을 탐지하거나 누설하는 죄이다. 전자가 비밀침해죄(제316조)이고, 후자가 업무상비밀누설죄(제317조)이다. 비밀침해죄와 업무상비밀누설죄는 서로 독립된 범죄유형이다. 1995년 개정형법은 시대변화와 기술의 발달에 따른 새로운 형태의 비밀침해행위에 대처하기 위해 기술적 수단을 이용한 비밀침해죄(제316조 2항)를 신설하였다. 비밀침해의 죄는 친고죄이다(제318조).

비밀침해의 죄는 개인의 비밀을 보호하는 것이고, 국가나 관공서 및 군사상의 비밀에 대한 범죄로 간첩죄(제98조), 외교상비밀누설죄(제113조), 공무상비밀누설죄(제127조) 등이 규정되어 있다. 한편 「통신비밀보호법」은 타인의 통신비밀을 침해하는 행위를,[1] 「부정경쟁방지 및 영업비밀보호에 관한 법률」은 타인의 영업비밀을, 「군사기밀보호법」은 군사기밀을 침해하는 행위를 처벌하는 규정을 두고 있다.

Ⅱ. 비밀침해죄

> 제316조(비밀침해) ① 봉함 기타 비밀장치한 사람의 편지, 문서 또는 도화를 개봉한 자는 3년 이하의 징역이나 금고 또는 500만원 이하의 벌금에 처한다.
> ② 봉함 기타 비밀장치한 사람의 편지, 문서, 도화 또는 전자기록등 특수매체기록을 기술적 수단을 이용하여 그 내용을 알아낸 자도 제1항의 형과 같다.
> 제318조(고소) 본장의 죄는 고소가 있어야 공소를 제기할 수 있다.

1. 보호법익

본죄의 보호법익은 개인의 비밀이다. 비밀의 주체에 대해 자연인에 국한된다는 견해와 법인 및 법인격없는 단체를 포함한다는 견해가 대립한다. 법인이나 법인격없는 단체는 영업비밀의 주체가 될 수 있을지언정 이들에게 프라이버시를 인정할 수 없고, 제316조가 '사람'의 편지 등으로 규정하고 있으므로 자연인에 국한

---

1) 「통신비밀보호법」 제16조(벌칙) ① 다음 각 호의 어느 하나에 해당하는 자는 1년 이상 10년 이하의 징역과 5년 이하의 자격정지에 처한다. 1. 제3조의 규정에 위반하여 우편물의 검열 또는 전기통신의 감청을 하거나 공개되지 아니한 타인간의 대화를 녹음 또는 청취한 자, 2. 제1호에 따라 알게 된 통신 또는 대화의 내용을 공개하거나 누설한 자.

된다고 해야 한다.

비밀의 주체에 국가 또는 공공단체가 포함되느냐에 대해, 긍정설(다수설)은 제1항의 범죄에서 비밀의 내용은 문제되지 않고, 개인뿐만 아니라 기업 또는 정부기관 사이의 편지교환도 보호해야 할 필요가 있다는 것을 근거로 든다. 이에 대해 부정설은 형법이 본죄를 개인적 법익에 대한 죄로 규정하고 친고죄로 하고 있다는 것을 근거로 든다. 사람의 개념 속에 국가나 공공단체를 포함시키기 어렵고, 국가나 공공단체가 사생활의 비밀을 가질 수 없으므로 부정설이 타당하다.

본죄의 보호의 정도는 추상적 위험범이다. 따라서 개인의 비밀을 침해할 위험이 있는 행위가 있으면 본죄가 성립한다. 제2항은 그 내용을 알아낼 것을 요건으로 하므로 침해범이라고 해석하는 견해도 있지만, 후술하는 바와 같이 역시 추상적 위험범이라고 해야 한다.

2. 구성요건

(1) 제316조 제1항

1) **봉함 기타 비밀장치**　　우편엽서나 봉함을 하지 않은 편지 등은 본죄의 객체가 될 수 없다. 봉함이란 외부포장을 파손하지 않고서는 그 내용을 알 수 없도록 한 것을 말한다. 비밀장치란 봉함 이외의 방법으로 외부포장을 만들어 그 안의 내용을 알 수 없게 한 것을 말한다. 편지, 문서 등을 금고, 자물쇠, 장롱에 넣어 잠가둔 것과 같이 비밀장치된 용기 속에 넣어둔 경우도 포함된다.[1]

2) **편지, 문서, 도화**　　편지란 특정인이 다른 특정인에게 의사를 전달하는 문서이지만 특정인은 다수여도 상관없다.

문서란 문자 기타의 기호에 의해 특정인의 의사를 표시한 것을 말한다. 공문서든 사문서든 상관없고, 문서위조죄에서의 문서와 같이 증명적 기능을 요하지 않는다. 일기장, 유언장, 원고 등도 문서에 포함된다.

도화란 사전적 용어로서는 도면과 그림을 말하고, 시각이나 촉각 등 감각적 인식의 대상으로서 제작된 물건이다. 의사가 표시되어 있어야 하는지에 대해 긍정설(다수설)과 부정설이 있다. 비밀은 반드시 의사표시를 요하는 것은 아니므로

---

[1] 서랍이 2단으로 되어 있어 그 중 아래칸의 윗부분이 막혀 있지 않아 위칸을 밖으로 빼내면 아래칸의 내용물을 쉽게 볼 수 있는 구조로 되어 있는 서랍이라고 하더라도, 피해자가 아래칸에 잠금장치를 하였다면 본죄의 객체가 된다(대판 2008. 11. 27. 2008도9071).

부정설이 타당하다. 따라서 사진이나 도표도 도화에 포함될 수 있다.

본죄의 편지나 문서 등은 객관적으로 보아 개인의 사생활의 비밀을 포함하고 있는 것이라고 해야 한다. 따라서 광고물임이 분명한 편지를 개봉한 경우에는 비밀침해의 추상적 위험성조차 없으므로 본죄가 성립하지 않는다.

3) 개   봉   개봉이란 봉함 기타 비밀장치를 파괴, 훼손, 무용(無用)케 하여 편지, 문서, 도화 등을 인식할 수 있는 상태로 만드는 것을 말한다. 개봉의 방법은 묻지 않는다. 투시하여 내용을 인식하였을 때에는 개봉이라고 할 수 없고 제2항의 기술적 수단을 통해 그 내용을 알아내는 것이 될 수 있을 뿐이다. 개봉 행위가 있으면 족하고 그 내용을 인식까지 할 필요는 없다. 예를 들어 개봉만 하고 내용을 보지 못하였거나 내용을 보았으나 그것을 이해하지 못하였더라도 본죄가 성립한다.

(2) 제316조 제2항

제316조 제2항은 산업화, 정보화 추세에 따른 컴퓨터범죄 등 신종범죄에 효율적으로 대처한다는 목적에서 1995년 개정형법으로 신설된 조항이다.

1) 봉함 기타 비밀장치   봉함 기타 비밀장치란 권한있는 사람만이 일정한 절차에 따라 그 기록에 접근할 수 있도록 한 것을 말한다. 비밀번호나 패스워드, 지문이나 음성인식에 의해 접근할 수 있는 것을 예로 들 수 있다. 봉함 기타 비밀장치가 되어 있지 아니한 것은 이를 기술적 수단을 동원해서 알아냈더라도 전자기록등내용탐지죄가 성립하지 않는다(대판 2022. 3. 31. 2021도8900). 따라서 만약 아이디, 패스워드 등을 기록한 텍스트 파일에 봉함 기타 비밀장치가 되어 있지 않고, 또한 컴퓨터 자체에도 비밀번호나 화면보호기 등 별도의 보안장치가 되어 있지 않았다면 비밀장치가 된 것으로 볼 수 없으며, 위 아이디, 패스워드 등을 알아냈더라도 본죄는 성립하지 않는다(대판 2022. 3. 31. 2021도8900).

2) 편지, 문서, 도화, 전자기록 등 특수매체기록   편지, 문서, 도화는 제1항에서 본 것과 같다.

전자기록 등 특수매체기록이란 일정한 저장매체에 전자방식이나 자기방식 또는 광기술 등 이에 준하는 방식에 의하여 저장된 기록을 의미한다(대판 2022. 3. 31. 2021도8900). 특수매체기록을 인식할 수 있는 컴퓨터 등 정보처리장치나 특수매체기록이 저장되어 있는 디스켓이나 테이프 그 자체에 비밀장치가 되어 있는 경우도 포함된다. 그 자체로서 객관적·고정적 의미를 가지면서 독립적으로 쓰이는 것이 아니라 개인 또는 법인이 전자적 방식에 의한 정보의 생성·처리·저장·출력을 목적으로 구축하여 설치·운영하는 시스템에서 쓰임으로써 예정된 증명적 기능을 수행하는 것은 전자기록에 포함된다(대판 2022. 3. 31. 2021도8900, 전자적 방식으로 노트북 컴퓨터에 저장된 아이디, 패스워드 등이 전자기록 등 특수매체기록에 해당한다고 본 사례).

3) 기술적 수단을 이용하여 그 내용을 알아내는 것 　 기술적 수단이란 어느 정도의 수준에 이른 기술적 수단을 의미한다. 단순히 봉투를 햇빛이나 불빛에 비추어 보는 정도로는 부족하고 물에 적셔 내용을 인식하거나 일정한 도구를 사용하여 알아내는 정도에는 이르러야 한다. 전자기록등 특수매체기록은 감각기관을 통해 직접 인식할 수 없으므로 그 내용을 알아낸 것은 그 자체가 기술적 수단을 이용하는 것이라고 할 수 있다.

본죄는 그 내용을 알아내야 하므로 침해범이라고 하는 견해가 있지만, 추상적 위험범이라고 해야 한다. 왜냐하면 그 내용을 알아낸다는 것은 그 내용을 인식하는 것으로 족하고, 그 의미까지 이해할 필요는 없기 때문이다. 예를 들어 특수매체기록을 컴퓨터 화면에 띄우기만 하고 그 내용을 보지 못한 경우에는 본죄의 미수가 되어 처벌되지 않지만, 화면에 띄워진 내용을 보았으면 그 내용을 이해하지 못하여 비밀이 침해되지 않더라도 기수가 된다고 해야 하기 때문이다.

(3) 주관적 구성요건

본죄가 성립하기 위해서는 고의가 있어야 한다. 미필적 고의여도 무방하다.

타인의 편지를 자기의 편지인 줄 오인하고 개봉한 때에는 과실범으로서 불가벌이다. 자기의 편지를 타인의 편지로 오인하고 개봉한 때에는 본죄의 불능미수가 문제될 수 있으나, 본죄의 미수를 처벌하는 규정이 없으므로 불가벌이다.

타인의 편지를 자신이 개봉해도 무방하다고 오인한 때에는 법률의 착오가 문제된다.

3. 위 법 성

본죄에서 피해자의 승낙은 위법성조각사유라는 견해(다수설)와 구성요건해당성조각사유라는 견해가 대립한다. 본죄의 실행행위는 모두 피해자의 의사에 반하여 개봉하거나 그 내용을 알아내는 것이라고 해야 하므로 구성요건해당성조각설이 타당하다.

비밀침해행위의 위법성을 조각하는 법령상의 행위로서 「통신비밀보호법」상

의 감청행위, 형집행법상 수형자의 서신 검열행위(제43조), 형사소송법상 피고인의
우편물 또는 전신에 대한 압수 또는 제출명령(제107조 및 제120조), 「우편법」상의 법
규위반우편물이나 환부불가능우편물의 개봉(제27조-제29조) 등이 있다.

친권자가 미성년자녀의 편지를 개봉하는 행위도 민법에 의한 친권의 행사로
서 위법성이 조각될 수 있다. 성년자녀 또는 배우자 간에서는 추정적 승낙이나
사회상규에 위배되지 않는 행위로서 위법성이 조각될 수 있다.

4. 죄   수

타인의 봉함된 편지를 몰래 개봉해서 읽은 행위 중 ① 편지봉투만을 찢어서
읽어보고 제자리에 둔 경우 손괴죄는 비밀침해죄에 흡수되고, ② 읽어본 후 편지
자체를 찢어버리거나 은닉한 경우에는 비밀침해죄와 손괴죄의 실체적 경합이 된
다는 견해가 있다. 그러나 비밀침해죄의 형벌(3년 이하의 징역이나 금고 또는 500만원 이
하의 벌금)보다 손괴죄의 형벌(3년 이하의 징역 또는 700만원 이하의 벌금)이 더 무거우므
로 손괴죄가 비밀침해죄에 흡수될 수는 없다. 따라서 ①의 경우에는 비밀침해죄
가 손괴죄에 흡수되고, ②의 경우에도 사회통념상 하나의 행위라고 할 수 있기
때문에 비밀침해죄와 손괴죄의 상상적 경합이라고 해야 한다.

5. 친 고 죄

본죄는 친고죄이다(제318조). 발신자가 언제나 고소권자가 된다는 데에는 견해
가 일치한다. 그러나 수신자에 대해서는 ① 언제나 고소권자라고 하는 견해(다수
설), ② 편지가 발송된 이후부터 고소권자가 될 수 있다는 견해, ③ 편지가 도착
한 이후부터 고소권자가 된다는 견해 등이 대립한다. 본죄의 보호법익이 재산권
이 아닌 타인의 비밀이고, 본죄의 객체는 '타인 소유의'가 아닌 '타인의' 편지 등
이므로 ①의 견해가 타당하다.

Ⅲ. 업무상비밀누설죄

제317조(업무상비밀누설) ① 의사, 한의사, 치과의사, 약제사, 약종상, 조산사,
    변호사, 변리사, 공인회계사, 공증인, 대서업자나 그 직무상 보조자 또는 차등의
    직에 있던 자가 그 업무처리 중 지득한 타인의 비밀을 누설한 때에는 3년 이하

의 징역이나 금고, 10년 이하의 자격정지 또는 700만원 이하의 벌금에 처한다.
② 종교의 직에 있는 자 또는 있던 자가 그 직무상 지득한 사람의 비밀을 누설
한 때에도 전항의 형과 같다.
제318조(고소) 본장의 죄는 고소가 있어야 공소를 제기할 수 있다.

1. 법적 성격 및 보호법익

본죄는 일정한 신분자만이 범할 수 있는 진정신분범이다.

통설은 본죄의 주된 보호법익은 개인의 비밀이고, 부차적 보호법익은 일정한
직업에 종사하는 사람의 비밀준수에 대한 사회일반인의 신뢰라고 한다. 그러나
후자를 보호법익이라고 하면 본죄는 사회적 법익에 대한 죄로서의 성격을 갖게
되어 친고죄로 규정한 것과 맞지 않는다. 따라서 본죄의 보호법익은 개인의 비밀
이라고 하면 족하다.

본죄의 보호의 정도는 추상적 위험범이다. 따라서 비밀누설행위가 있으면 비
밀이 침해되지 않더라도 기수에 이른다.

2. 구성요건

(1) 행위의 주체

1) 주   체   본죄의 주체는 의사, 한의사, 치과의사, 약제사, 약종상, 조
산사, 변호사, 변리사, 공인회계사, 공증인, 대서업자나 그 직무상 보조자(병원의 간
호사나 사무장, 법률사무소 사무장이나 직원), 종교의 직에 있는 자 및 과거에 이러한 직
에 있었던 자 등이다. 여기에 열거되어 있지 않은 사람은 본죄의 주체가 될 수
없다.

2) 자수범 여부   본죄가 자수범이라는 견해가 있다. 그러나 신분자가 비
신분자 또는 다른 신분자를 생명있는 도구로 이용하여 본죄의 보호법익인 개인의
비밀을 침해할 수도 있으므로 자수범이 아니라고 해야 한다.

3) 입 법 론   입법론적으로는 본죄의 주체가 지나치게 제한되어 있으므
로 변호사 아닌 소송대리인, 카운셀러, 세무사, 관세사, 노무사, 흥신소 근무자 등
도 본죄의 주체로 확대할 필요가 있다. 1992년의 형법개정법률안은 본죄의 주체
를 "의료업무, 법률업무, 회계업무 기타 의뢰자와 신뢰관계에 의하여 사람의 비밀
을 알게 되는 업무에 종사하는 자나 그 직무상의 보조자 또는 그러한 직에 있던

자"라고 규정하였다.

(2) 행위의 객체

본죄의 객체는 업무처리 중 지득한 타인의 비밀이다.

1) 비   밀

가. 비밀의 개념 및 요건   비밀의 개념 및 요건에 대해, 본인이 비밀로 하기를 원하는 사실은 모두 비밀이 된다는 주관설, 객관적으로 비밀로서 보호해야 할 이익이 있어야 비밀이 된다고 하는 객관설 등이 있으나, 통설은 객관적으로 비밀로서 보호해야 할 이익이 있고 본인도 비밀로 할 것을 원하는 사실이 비밀이라고 하는 결합설을 따른다.

주관설에 의하면 선행(善行)과 같이 객관적으로 비밀이라고 할 수 없는 것도 본인이 공개되지 않기를 원하면 비밀이 되어 비밀의 개념이 너무 넓어진다. 객관설에 의해도 본인이 비밀로 보호하기를 원하지 않는 사실도 비밀이라고 하게 되어 역시 비밀의 개념이 너무 확대된다. 이러한 의미에서 결합설이 타당하다.

따라서 공지의 사실이나 공개되어도 본인에게 불이익이 없는 사실은 비밀이 될 수 없다.

나. 비밀의 주체   비밀의 주체는 타인이다. 다수설은 법인 또는 법인격 없는 단체는 비밀의 주체가 되지만, 국가 또는 공공단체는 비밀의 주체가 될 수 없다고 한다. 그러나 비밀침해죄와 마찬가지로 본죄의 비밀의 주체도 자연인에 한정해야 한다. 법인 또는 법인격없는 단체는 영업비밀의 주체성을 인정하면 족하다.

2) 업무처리 중 지득한 비밀

본죄의 비밀은 업무처리 중 지득한 비밀이어야 한다. 업무와 상관없이 지득한 비밀은 본죄의 객체가 되지 않는다. 업무처리 중 지득한 비밀이면 족하고 그것이 어떤 원인에서 혹은 누구에게서 지득하였는가는 문제되지 않는다. 따라서 본인은 물론 다른 사람으로부터 지득한 비밀이어도 상관없다.

(3) 실행행위

본죄의 실행행위는 비밀을 누설하는 것이다. 누설이란 비밀을 알지 못하는 사람으로 하여금 알도록 하는 일체의 행위를 말한다. 구두, 서면, 동작 등 모두에 의해 가능하다. 누설은 공연성을 요하지 않으므로 특정소수인이 알게 하여도 누설에 해당한다. 부작위나 간접정범의 형태에 의한 누설도 가능하다.

비밀을 누설하면 상대방이 현실적으로 인식하지 않아도 족하다는 견해가 있으나, 상대방이 비밀의 내용을 인식해야 누설이 된다고 해야 한다. 예컨대 비밀을 누설하는 편지를 발송하거나 상대방에게 도달한 단계에서는 본죄의 기수가 될 수 없고, 상대방이 편지의 내용을 인식한 단계에서야 누설이 된다. 다만 본죄는 추상적 위험범이므로, 비밀의 내용을 인식하면 족하고 그 의미를 이해할 필요까지는 없다.

(4) 주관적 구성요건

본죄가 성립하기 위해서는 행위자가 업무상 지득한 비밀이라는 것을 인식해야 한다. 업무상 지득한 비밀을 업무상 지득한 비밀이 아니라고 오인한 경우나 그 반대의 경우 본죄의 과실범이나 미수를 벌하지 않으므로 모두 불가벌이다.

예컨대 A가 결핵에 걸려있지만 그것이 비밀은 아니라고 생각한 경우와 같이 비밀의 내용은 인식하였으나 비밀이 아니라고 오인한 경우에는 법률의 착오가 문제될 것이다.

3. 위 법 성

본죄도 일반적 위법성조각사유가 있는 경우에는 위법성이 조각될 수 있다.

(1) 피해자의 승낙

본인이 비밀로 할 의사가 없는 경우에는 비밀이 될 수 없으므로 피해자의 승낙은 위법성조각사유가 아니라 구성요건해당성조각사유이다.

(2) 법령에 의한 행위

의사등이 「감염병 예방 및 관리에 관한 법률」 제3장이나 「후천성면역결핍증 예방법」 제5조 등에 의한 신고나 보고를 하는 행위, 의사 등이 형사소송법 제149조 단서에 따라 증언하면서 비밀을 누설하는 행위 등은 법령에 의한 행위로 위법성이 조각된다.

변호인이 자신이 변론하는 피고인의 이익을 위해 업무상 지득한 타인의 비밀을 누설한 경우도 법령에 의한 행위가 된다는 견해가 있으나, 후술하는 바와 같이 긴급피난이라고 해야 할 것이다.

(3) 증언거부권자의 증언

본죄의 주체는 형사소송법 제149조[1]에 의해 업무상 지득한 비밀에 대해 증

---

1) 형사소송법 제149조: 변호사, 변리사, 공증인, 공인회계사, 세무사, 대서업자, 의사, 한의사,

언을 거부할 수 있다. 그런데 본죄의 주체가 증언거부권을 행사하지 않고 업무처리 중 지득한 비밀을 증언한 경우 위법성이 조각될 수 있는지 문제된다.

이에 대해 ① 증언거부권이 있으므로 증언의무가 없는 반면 비밀준수의무는 있으므로 본죄가 성립한다는 견해, ② 법질서가 국민에게 서로 모순되는 의무를 과할 수 없는 이상 증언거부권을 행사하지 않으면 증언의무가 있으므로 위법성이 조각된다는 견해(다수설), ③ 실체적 진실발견이라는 이익과 개인의 비밀보호라는 이익의 비교형량에 따라 긴급피난에 의해 위법성이 조각될 수 있다는 견해 등이 대립한다.

형사소송법 제149조 단서가 중대한 공익상의 필요가 있는 경우에는 증언거부권을 인정하지 않는 것은 개인의 비밀보다 중대한 공익을 보호한다는 이익형량이 반영된 것이라고 할 수 있다. 이러한 이익형량의 원리는 증언거부권을 포기하고 증언한 경우에도 그대로 적용되어야 할 것이다. 증언거부권을 포기하고 증언한 경우 무조건 위법성이 조각되는 것이 아니라 이익형량이라는 일정한 조건하에 긴급피난 혹은 사회상규에 위배되지 않는 행위로 위법성이 조각된다고 해야 할 것이다.

제 3 절   주거침입의 죄

Ⅰ. 총   설

주거 등 일정범위의 공간에서 평안하게 머물거나 그 공간을 사용할 수 있는 권리는 인간생활의 기본적 조건이고 나아가 행복을 추구할 수 있는 기초가 된다. 그러나 주거의 자유권을 현실적으로 향유하기 위해서는 주거에 대한 침해가 배제되어야 한다. 이 때문에 헌법 제16조도 "모든 국민은 주거의 자유를 침해받지 아니한다"고 규정하고 있다. 형법 제36장은 주거침입의 죄라는 제목하에 주거침입죄(제319조 1항), 퇴거불응죄(제319조 2항), 특수주거침입·퇴거불응죄(제320조), 주거·

치과의사, 약사, 약종상, 조산사, 간호사, 종교의 직에 있는 자 또는 이러한 직에 있던 자가 그 업무상 위탁을 받은 관계로 알게 된 사실로서 타인의 비밀에 관한 것은 증언을 거부할 수 있다. 단, 본인의 승낙이 있거나 중대한 공익상 필요있는 때에는 예외로 한다.

신체수색죄(제321조)의 규정을 두고 있다. 주거침입죄와 퇴거불응죄는 주거의 평온을 침해하는 성격을 가진 점에서는 공통되지만, 실행행위가 다른 독립적 범죄유형이다. 주거·신체수색죄 역시 독립적 범죄유형이다. 특수주거침입·퇴거불응죄는 주거침입·퇴거불응죄에 비해 불법이 가중된 범죄유형이다.

2명 이상이 공동하여 주거침입 혹은 퇴거불응죄를 범한 경우 폭력행위처벌법 제2조 제2항 제1호에 따라 가중처벌된다.

Ⅱ. 단순주거침입죄

> **제319(주거침입·퇴거불응)** ① 사람의 주거, 관리하는 건조물, 선박이나 항공기 또는 점유하는 방실에 침입한 자는 3년 이하의 징역 또는 500만원 이하의 벌금에 처한다.

1. 보호법익

주거침입죄의 보호법익으로 구주거권설·신주거권설·주거의 사실상 평온설 및 행위객체에 따른 개별화설 등이 주장되고 있다.

(1) 구주거권설

구주거권설은 가장 또는 호주만이 가지는 주거의 출입 허락권으로서의 주거권을 주거침입죄의 보호법익이라고 한다. 이에 의하면 예를 들어 호주인 남편의 부재 중 부인이 다른 남자 甲과 간통하기 위해 부부가 동거하는 주거에 들어간 경우 甲에게 주거침입죄가 성립하지만, 부인의 부재 중 호주인 남편이 다른 여자 乙과 간통하기 위해 그 주거에 들어간 경우 乙에게 주거침입죄가 성립하지 않는다.

이 견해는 아내의 간통죄를 편법적으로 주거침입죄로 처벌하기 위해 고안된 이론이고, 위헌적 사고에 기초하고 있어서, 현재에는 지지자가 없다.

(2) 신주거권설

이 견해는 호주만의 권리가 아니라 모든 구성원의 권리로서의 주거권을 주거침입죄의 보호법익이라고 한다. 독일의 통설이다. 여기에서 주거권은 "일정한 공간을 지배하고 그 공간에서 마음대로 활동할 수 있는 권능" 혹은 "일정한 보호

구역에 대한 사람의 출입 여부를 결정할 수 있는 자유"라고 한다.

이 견해는 ① 사실상 평온설에 의하면 본죄가 공공의 질서에 대한 죄로서의 성격이 강조되고, ② 주거권의 내용이 불분명한 것만은 아니고, ③ 주거의 자유는 헌법상의 기본권이므로 주거권이라는 권리가 될 수 있으며, ④ 주거의 사실상 평온이 유지되는지는 법익주체의 의사와는 관계없이 판단할 수 없다는 점 등을 근거로 든다.

(3) 주거의 사실상 평온설

이 견해는 주거침입죄의 보호법익을 주거를 지배하고 있는 사실관계, 즉 거주자의 사실상 평온이라고 한다. 이 견해는 ① 구주거권설은 주거권을 호주에게만 인정하여 부당하고, ② 주거권의 내용이 애매하고, ③ 누가 주거권의 주체인지 정하기 어렵고, ④ 주거권설은 범죄란 권리의 침해라는 낡은 사고방식의 잔재라는 점 등을 근거로 든다.

이 견해에 의하면 주거침입죄는 목적의 위법성이나 행위의 태양이 주거의 사실상 평온을 해하는지 여부에 의해 결정되고, 주거권자의 의사나 승낙유무는 그 판단자료가 되는 데 불과하다.

판례는 사실상의 평온설을 취하면서도 남편의 부재 중 부인과 간통목적으로 부부가 동거하는 주거에 들어간 사람에 대해 주거침입죄를 인정하다가(대판 1984. 6. 26. 83도685), 입장을 변경하여 주거침입죄를 부정한다(대판 2021. 9. 9. 2020도12630 전합).

[대판 2021. 9. 9. 2020도12630 전합] 외부인이 공동거주자의 일부가 부재중에 주거 내에 현재하는 거주자의 현실적인 승낙을 받아 통상적인 출입방법에 따라 공동주거에 들어간 경우라면 그것이 부재중인 다른 거주자의 추정적 의사에 반하는 경우에도 주거침입죄가 성립하지 않는다고 보아야 한다. … 피고인이 남편의 부재중에 그의 처와 혼외 성관계를 가질 목적으로 피해자의 처가 열어 준 현관 출입문을 통하여 피해자(남편)와 피해자의 처가 공동으로 생활하는 이 사건 아파트에 들어간 행위는 주거침입죄에 해당되지 않는다).

(4) 개별화설

이 견해는 주거침입죄의 객체에 따라 개별적으로 보호법익을 파악한다. 독일에서 주장된 학설로서 독일형법에서 주거침입죄의 객체가 주거인 경우에는 사적 비밀, 사무소인 경우에는 사무소의 비밀과 업무, 공무나 교통을 위해 폐쇄된 구역인 경우 국가적 비밀 또는 공무, 울타리 쳐진 토지인 경우 주거권자의 형식적인 법적 지위가 보호법익이라고 한다.

  (5) 결   어

  개별화설의 경우 주거침입죄의 보호법익을 비밀로 파악하는 잘못이 있고, 주거침입죄에서만 객체에 따라 보호법익을 달리 파악하는 것은 문제라고 할 수 있다.

  주거의 평온은 주거에 침입하거나 침입하지 않고서도 여러 가지 방법으로 침해될 수 있다. 주거침입죄는 사람의 출입을 통해 주거의 평온을 침해하는 행위만을 벌하고 있다. 따라서 주거침입죄의 보호법익으로서 주거의 평온을 누리기 위해서는 거주자가 일정한 사람의 출입을 허용하거나 금지할 수 있어야 한다. 이러한 권리를 주거권이라고 할 수 있다. 그런데 보호법익이라는 용어에서 보듯이 형법은 권리에서 나아가 법익을 보호하므로 주거권설보다는 사실상 주거의 평온설이 더 타당하다. 임대차기간 만료 후 임차인이 아니라 임대인이 주거권을 갖는다고 하는 것이 논리적이지만, 그럼에도 불구하고 임차인의 주거의 사실상 평온을 보호해야 할 필요가 있기 때문이다.

  (6) 보호의 정도

  보호의 정도에 대해 침해범설과 위험범설이 대립한다. 주거침입행위가 있음에도 불구하고 주거의 평온이 침해되지 않는 경우는 없으므로 침해범설이 타당하다.

2. 구성요건

  (1) 행위의 객체

  본죄의 객체는 사람의 주거·관리하는 건조물·선박·항공기 또는 점유하는 방실이다. 기차나 자동차 또는 울타리 쳐진 토지 등은 본죄의 객체가 아니다.

  1) 사람의 주거   주거에 대해서는 사람의 기거 및 침식용(寢食用) 장소라는 견해(다수설)와 일상생활 영위용 장소이면 족하고 침식용까지는 요하지 않는다는 견해가 대립한다. 침식용이 아닌 장소는 관리하는 건조물이나 점유하는 방실에 속하므로 전자의 견해가 타당하다.

  그러나 지속적이 아니고 일시적인 기거 및 침식용의 장소라도 무방하므로 천막, 판잣집, 동굴이나 가끔씩 사용하는 별장 등도 주거가 될 수 있다. 침입시에 사람이 현존할 것은 요하지 않는다. 부동산에 국한되지 않고, 주거용차량 등과 같은 동산도 포함된다. 타인 소유뿐만 아니라 자기 소유의 주거도 본죄의 객체가 되므로(대판 1989. 9. 12. 89도889), 임대인이 임차인의 의사에 반하여 임차가옥에 침입한 경우 본죄가 성립한다.

주거는 건물에 국한되지 않고 정원이나 마당이나 뒤뜰 등 부속토지도 주거에 속한다. 다가구용 단독주택이나 다세대주택·연립주택·아파트 등 공동주택의 내부에 있는 엘리베이터, 공용 계단과 복도는 특별한 사정이 없는 한 '사람의 주거'에 해당한다(대판 2009. 9. 10. 2009도4335; 대판 2009. 9. 10. 2009도4335 외 다수판결). 경계를 인식할 수 있으면 족하고 담장이나 장애물의 유무를 묻지 않는다.

2) 관리하는 건조물   관리란 사실상의 지배·관리를 의미하므로 사무적으로만 관리되는 건조물은 본죄의 객체가 될 수 없다. 사람이 기거하지 않더라도 자물쇠로 잠가 둔 경우도 사실상의 지배·관리라고 할 수 있다.[1]

건조물은 주위벽 또는 기둥과 지붕 또는 천장으로 구성된 구조물로서 사람이 기거하거나 출입할 수 있는 장소를 말한다. 따라서 물탱크시설(대판 2007. 12. 13. 2007도7247)이나 타워크레인(대판 2005. 10. 7. 2005도5351), 벽·기둥·지붕·천장 등을 완전히 갖추지 못한 건축 중인 건축물은 건조물에 해당하지 않는다.

부속건물이나 부속토지 또는 위요지(圍繞地: 건물 등을 둘러싼 토지)도 건조물의 범위에 포함되지만(대판 2020. 3. 12. 2019도16484), 관리자가 외부와의 경계에 문과 담 등을 설치하여 그 토지가 건조물의 이용을 위하여 제공되었다는 것이 명확히 드러나야 한다(대판 2005. 10. 7. 2005도5351). 그러나 토지에 인접하여 건조물로서의 요건을 갖춘 구조물이 존재하지 않는다면 그 토지는 위요지에 해당하지 않는다(대판 2017. 12. 22. 2017도690).

[대판 2010. 4. 29. 2009도14643] 주거침입죄에서 침입행위의 객체인 '건조물'은 주거침입죄가 사실상 주거의 평온을 보호법익으로 하는 점에 비추어 엄격한 의미에서의 건조물 그 자체뿐만이 아니라 그에 부속하는 위요지를 포함한다고 할 것이나, 여기서 위요지라고 함은 건조물에 인접한 그 주변의 토지로서 외부와의 경계에 담 등이 설치되어 그 토지가 건조물의 이용에 제공되고 또 외부인이 함부로 출입할 수 없다는 점이 객관적으로 명확하게 드러나야 한다.

---

1) 출입금지표시를 해 둔 것만으로는 관리라고 할 수 없다는 견해가 있지만, 관리자의 의사가 표시되어 있는 한 관리라고 할 수 있다.

관리하는 건조물이란 주거용 이외에 관리하는 건조물을 의미한다. 관공서, 극장, 사무실, 창고, 실내주차장 등이 이에 해당된다. 건조물은 부동산에 국한된다는 견해가 있으나, 부동산이라고 할 수 없는 건조물도 건조물이라고 해야 한다. 예컨대 비닐하우스(대판 2007. 3. 15. 2006도7044), 일시적으로 설치해 놓은 선전용 부스(booth)나 버스표·담배 등을 판매하기 위해 설치해 놓은 간이건조물 등도 건조물이라 할 수 있다.

다만 건조물이라고 하기 위해서는 담 또는 기둥으로 토지에 정착되어 있어야 한다. 지붕이 있음을 요하지 않는다(통설). 토지에 정착되어 있어야 하므로 식당버스의 경우 토지에 정착되어야 건조물에 해당된다.

3) 선박이나 항공기   본죄의 성격상 선박이나 항공기는 사람의 주거에 사용될 수 있을 정도의 규모여야 한다. 따라서 놀이용 보트, 1인용 경비행기 등은 본죄의 객체에 해당하지 않는다. 자동차, 기차, 지하철전동차는 본죄의 객체에 해당하지 않는다.[1] 그러나 주거·식당·카페 등으로 사용하는 자동차나 기차는 주거·건조물 혹은 점유하는 방실이 될 수 있다.

4) 점유하는 방실   통설은 점유하는 방실(房室)이란 가옥의 침실이나 거실, 연구실, 호텔·여관의 객실, 점포 등과 같이 건조물 내에서 사실상 지배·관리하고 있는 일정한 구획을 말한다고 한다. 그러나 선박·항공기 내의 승무원실, 객실 등도 점유하는 방실이 될 수 있기 때문에 반드시 건조물 내의 구획이어야 할 필요는 없다.

(2) 실행행위

본죄의 실행행위는 침입이다.

1) 신체의 침입   침입이 되기 위해서는 행위자의 신체가 들어가야 하고, 돌, 오물, 막대기 등을 주거에 던지거나 넣는 것 등은 침입이 될 수 없다. 침입의 방법에는 제한이 없다. 열린 문으로 들어가는 것과 같이 비폭력적이나 공공연하게 들어가는 것도 침입에 해당한다. 이미 주거 내부에 있는 사람은 본죄를 범할 수 없고(대판 1984. 2. 14. 83도2897), 퇴거불응죄를 범할 수 있을 뿐이다.[2]

---

1) 대판 2015. 4. 23. 2014도655는 지하철 내에서 판매행위를 하다가 철도보안관에게 적발되어 퇴거를 요구당하였음에도 이에 불응한 경우 지하철전동차가 아니라 지하철역 밖으로 퇴거요구에 불응한 것이라는 이유로 퇴거불응죄를 인정한다. 이것은 지하철전동차는 주거침입죄나 퇴거불응죄의 객체가 아니기 때문이다.

2) 죄수가 교도소의 다른 감방에 들어가거나 공무원이 권한없이 상사의 방에 들어가는 것은

　　2) **침입의 판단기준**　　　통설은 침입을 '거주자의 의사에 반하여 들어가는 것'이라고 한다. 이에 대해 판례는 침입을 '거주자가 주거에서 누리는 사실상의 평온상태를 해치는 행위태양으로 주거에 들어가는 것'을 의미하고, 들어가는 행위 자체가 거주자의 의사에 반한다는 것만으로 바로 침입에 해당한다고 볼 수는 없다고 한다.

[대판 2021. 9. 9. 2020도12630 전합] 침입이란 '거주자가 주거에서 누리는 사실상의 평온상태를 해치는 행위태양으로 주거에 들어가는 것'을 의미하고, 침입에 해당하는지 여부는 출입 당시 객관적·외형적으로 드러난 행위태양을 기준으로 판단함이 원칙이다. 사실상의 평온상태를 해치는 행위태양으로 주거에 들어가는 것이라면 대체로 거주자의 의사에 반하는 것이겠지만, 단순히 주거에 들어가는 행위 자체가 거주자의 의사에 반한다는 거주자의 주관적 사정만으로 바로 침입에 해당한다고 볼 수는 없다.

[대판 2024. 2. 8. 2023도16595] 사생활 보호의 필요성이 큰 사적 주거, 외부인의 출입이 엄격히 통제되는 건조물에 거주자나 관리자의 승낙 없이 몰래 들어간 경우 또는 출입 당시 거주자나 관리자가 출입의 금지나 제한을 하였음에도 이를 무시하고 출입한 경우에는 사실상의 평온상태가 침해된 경우로서 침입행위가 될 수 있다(피고인이 '甲에게 100m 이내로 접근하지 말 것' 등을 명하는 법원의 접근금지가처분 결정이 있는 등 피고인이 甲을 방문하는 것을 甲이 싫어하는 것을 알고 있음에도 임의로 甲이 근무하는 사무실 안으로 들어감으로써 건조물에 침입하였다는 공소사실로 기소된 사안에서, 피고인이 위 결정에 반하여 甲이 근무하는 사무실에 출입한 것은 甲의 명시적인 의사에 반하는 행위일 뿐만 아니라, 출입의 금지나 제한을 무시하고 출입한 경우로서 출입 당시 객관적·외형적으로 드러난 행위태양을 기준으로 보더라도 사실상 평온상태가 침해된 것으로 볼 수 있으므로 건조물침입죄가 성립한다고 한 사례).

　　그러나 판례보다는 통설의 입장이 타당하다.

　　단독거주의 경우 거주자의 의사에 반한 출입이 침입이 되지 않을 수 없고, 거주자의 의사에 따른 출입이 침입이 될 수는 없을 것이다. 즉, 단독거주의 경우 침입은 객관적·외형적 기준이 아닌 거주자의 의사에 반하는지 여부에 의해 결정된다. 복수거주의 경우 모든 거주자의 의사에 반한 출입이 침입이 되는 것 역시 당연하다.[1] 따라서 이러한 경우 굳이 판례와 같은 침입의 판

　주거침입죄가 될 수 없다는 견해가 있지만, 이 경우에도 방실침입죄는 성립할 수 있다.
1) 대판 2022. 1. 27. 2021도15507은 피고인이 연인이었던 피해자와 헤어진 지 7개월 후 피해자가 사는 아파트 지하 2층 주차장에서 피해자와 교제 시에 알게 된 비밀번호를 입력하

단기준을 사용할 필요는 없다.

　문제는 복수의 거주자 중 일부가 승낙하고 다른 일부는 승낙하지 않는 경우이다. 이 경우에는 일부 거주자의 의사에 반한다는 것만으로 무조건 침입이라고 할 수는 없다. 이 때문에 판례는 객관적·외형적 행위태양을 기준으로 판단해야 한다고 하는 것으로 보인다. 그러나 이 경우에도 굳이 객관적·외형적 행위태양으로 판단한다고 할 것이 아니라 침입은 거주자의 의사에 반하는 것이라고 해석하고 복수의 거주자의 의사가 충돌하는 경우 어떻게 거주자의 의사에 반하는지를 판단할 것인가에 대한 기준을 제시하는 것이 더 바람직했을 것이다.

　3) 거주자의 의사　　침입은 거주자의 의사에 반한 것이어야 한다. 거주자의 의사에 따라 들어간 경우에는 침입이라고 할 수 없다. 따라서 거주자의 승낙은 위법성조각사유가 아닌 구성요건해당성조각사유이다. 거주자의 승낙은 명시적·묵시적 모두 가능하다. 또한 주변사정에 따라서는 거주자의 반대의사가 추정될 수 있다.

[대판 2004. 8. 30. 2004도3212] 대학교가 교내에서의 집회를 허용하지 아니하고 집회와 관련된 외부인의 출입을 금지하였는데도 집회를 위하여 그 대학교에 들어간 것이라면 비록 대학교에 들어갈 때 구체적으로 제지를 받지 아니하였다고 하더라도 대학교 관리자의 의사에 반하여 건조물에 들어간 것으로서 건조물침입죄가 성립한다.

[대판 2003. 5. 30. 2003도1256] 공중화장실의 용변칸에 노크하여 남편으로 오인한 피해자가 용변칸 문을 열자 강간할 의도로 용변칸에 들어간 것이라면 피해자가 명시적 또는 묵시적으로 이를 승낙하였다고 볼 수 없어 주거침입죄에 해당한다.

　그러나 거주자의 의사는 정당한 것이어야 하고 부당한 의사에 반하여 들어간 경우에는 주거침입죄가 성립하지 않는다.

[대판 2002. 9. 24. 2002도2243] 사용자의 직장폐쇄가 정당한 쟁의방위로 인정되

―――――――

여 공동출입문과 엘리베이터를 통해 피해자의 집으로 올라간 사건에 대한 것이다. 이 판결에서도 위 전원합의체판결과 같은 기준을 제시하였지만, 공동거주자 전원의 의사에 반한 것이므로 침입에 해당된다고 하면 족했을 것이다.

지 아니한 때에는 다른 특별한 사정이 없는 한 근로자가 평소 출입에 허용되는 사업장 안에 들어가는 행위가 주거침입죄를 구성하지 아니한다.

4) **주거권자와 거주자**   주거권설에 의할 경우에는 주거권자라는 개념을 사용하지만, 주거의 사실상 평온설에 의할 경우에는 주거자 또는 거주자라는 사실상의 개념을 사용해야 한다. 예컨대 집주인 A가 외출 중이고 가정부 B가 집을 지키고 있을 때 침입에서 중요한 것은 주거권자인 A가 아니라 사실상 거주자인 B의 의사이다.

[대판 2008. 5. 8. 2007도11322] 주거침입죄는 사실상의 주거의 평온을 보호법익으로 하는 것이므로, 그 주거자 또는 간수자가 건조물 등에 거주 또는 간수할 권리를 가지고 있는가의 여부는 범죄의 성립을 좌우하는 것이 아니며, 점유할 권리 없는 자의 점유라 하더라도 그 주거의 평온은 보호되어야 할 것이므로, 권리자가 그 권리를 실행함에 있어 법에 정하여진 절차에 의하지 아니하고 그 건조물 등에 침입한 경우에는 주거침입죄가 성립한다.

따라서 권리자가 권리실행을 위해 법정절차에 의하지 않고 건조물에 들어간 경우(대판 2008. 5. 8. 2007도11322; 대판 2007. 7. 27. 2006도3137), 임대인이 임차인의 의사에 반하여 가옥에 들어간 경우(대판 1989. 9. 12. 89도889), 위법한 소송의 판결에 기인한 명도집행에 의한 것이지만 적법하게 점유를 취득한 방에 침입한 경우(대판 1958. 12. 12. 58도454) 등은 침입에 해당된다.

5) **복수의 거주자**   주거의 사실상 평온설에 의하든 주거권설에 의하든 복수의 거주자 중 일부의 승낙만을 받고 들어간 경우 본죄가 성립하는지 문제된다. 이에 대해 긍정설이 있지만, 판례는 공동거주자가 정당한 이유 없이 출입을 승낙하지 않은 경우 본죄가 성립하지 않는다고 한다.

[대판 2021. 9. 9. 2020도6085 전합] 공동거주자 상호 간에는 특별한 사정이 없는 한 다른 공동거주자가 공동생활의 장소에 자유로이 출입하고 이를 이용하는 것을 금지할 수 없다. 공동거주자 중 한 사람이 법률적인 근거 기타 정당한 이유 없이 다른 공동거주자가 공동생활의 장소에 출입하는 것을 금지한 경우, 다른 공동거주자가 이에 대항하여 공동생활의 장소에 들어갔더라도 이는 사전 양해된 공동주거의 취지 및 특성에 맞추어 공동생활의 장소를 이용하기 위한 방편에 불과할

뿐, 그의 출입을 금지한 공동거주자의 사실상 주거의 평온이라는 법익을 침해하는 행위라고는 볼 수 없으므로 주거침입죄는 성립하지 않는다.[1]

생각건대 복수의 거주자가 있는 경우 일단 현존하는 거주자의 동의를 받고 들어간 경우에는 부재중인 거주자의 의사에 반한다 하더라도 언제나 주거침입죄가 성립하지 않는다고 해야 할 것이다. 이 경우에는 주거의 사실상 평온이 깨졌다고 할 수 없기 때문이다. 반대하는 거주자가 현존하는 경우에도 무조건 주거침입죄를 인정해서는 안 된다. 왜냐하면 거주자들은 공동사용 부분에 대해서 자신이 사용할 권리뿐만 아니라 다른 사람의 사용을 수인(受忍)할 의무도 부담하고 있기 때문이다. 따라서 이 경우에는 복수의 거주자와의 관계, 출입동기, 출입방법 등 행위당시의 상황 등을 종합적으로 고려하여 침입 여부를 결정해야 한다.

6) **기망에 의한 승낙**　　　대리시험을 보기 위해 감독관을 속이고 시험장에 들어가거나 전기검침원이라고 속이고 주거에 들어간 경우와 같이 기망에 의한 승낙은 승낙의 효력이 없으므로 본죄가 성립한다.[2]

7) **부정한 목적의 출입행위**　　　종전의 판례는 일반인의 출입이 자유로운 장소나 평소 출입이 허용된 사람만 출입이 허용된 장소의 경우에도 범죄[3]나 부정한 목적으로 들어가는 등 관리자의 명시적 또는 추정적 의사에 반하여 들어간 경우[4]에는 본죄가 성립한다고 하였다. 그러나 이후 입장을 변경하여 행위자의

---

1) 피고인 甲은 처 A와 불화로 인해 A와 함께 살던 아파트에서 짐 일부를 챙겨 나왔는데, 그 후 부모인 乙, 丙과 함께 아파트에 찾아가 출입문을 열 것을 요구하였으나 A는 외출한 상태로 A의 동생인 B가 출입문에 설치된 체인형 걸쇠를 걸어 문을 열어 주지 않자 공동하여 걸쇠를 손괴한 후 아파트에 침입하였다. 대법원은 걸쇠에 대한 손괴죄의 성립은 별론으로 하고, 甲은 물론 乙, 丙에게도 주거침입죄가 성립하지 않는다고 하였다.
2) 본죄에서의 승낙은 위법성을 조각하는 승낙이 아니라 구성요건해당성을 조각하는 '양해'이고 착오에 의한 양해도 유효하므로 본죄가 성립하지 않는다는 견해도 있다. 그러나 착오에 의한 승낙이든 양해이든 효력이 없기는 마찬가지이므로 본죄의 성립을 긍정해야 한다.
3) 대판 1985. 2. 8. 84도2917(간통목적의 출입 사건).
4) 대판 1995. 9. 15. 94도3336(거주자나 관리자와의 관계 등으로 평소 그 건조물에 출입이 허용된 사람이라 하더라도 주거에 들어간 행위가 거주자나 관리자의 명시적 또는 추정적 의사에 반함에도 불구하고 감행된 것이라면 주거침입죄는 성립하며, 출입문을 통한 정상적인 출입이 아닌 경우 특별한 사정이 없는 한 그 침입 방법 자체에 의하여 위와 같은 의사에 반하는 것으로 보아야 한다); 대판 1997. 3. 28. 95도2674(일반인의 출입이 허용된 음식점이라 하더라도, 영업주의 명시적 또는 추정적 의사에 반하여 들어간 것이라면 주거침입죄가 성립된다).

출입 당시 객관적·외형적으로 드러난 행위태양에 비추어 주거의 사실상 평온상태가 침해되었다고 평가될 때에만 본죄의 성립을 인정한다.

[대판 2022. 3. 24. 2017도18272 전합] 행위자가 거주자의 승낙을 받아 주거에 들어갔으나 범죄나 불법행위 등을 목적으로 한 출입이거나 거주자가 행위자의 실제 출입 목적을 알았더라면 출입을 승낙하지 않았을 것이라는 사정이 인정되는 경우 행위자의 출입행위가 주거침입죄에서 규정하는 침입행위에 해당하려면, 출입하려는 주거 등의 형태와 용도·성질, 외부인에 대한 출입의 통제·관리 방식과 상태, 행위자의 출입 경위와 방법 등을 종합적으로 고려하여 행위자의 출입 당시 객관적·외형적으로 드러난 행위태양에 비추어 주거의 사실상 평온상태가 침해되었다고 평가되어야 한다. 이때 거주자의 의사도 고려되지만 주거 등의 형태와 용도·성질, 외부인에 대한 출입의 통제·관리 방식과 상태 등 출입 당시 상황에 따라 그 정도는 달리 평가될 수 있다.

[대판 2022. 3. 31. 2018도15213] 관리자에 의해 출입이 통제되는 건조물에 관리자의 승낙을 받아 건조물에 통상적인 출입방법으로 들어갔다면, 이러한 승낙의 의사표시에 기망이나 착오 등의 하자가 있더라도 특별한 사정이 없는 한 형법 제319조 제1항에서 정한 건조물침입죄가 성립하지 않는다. 이러한 경우 관리자의 현실적인 승낙이 있었으므로 가정적·추정적 의사는 고려할 필요가 없다. 단순히 승낙의 동기에 착오가 있다고 해서 승낙의 유효성에 영향을 미치지 않으므로, 관리자가 행위자의 실제 출입 목적을 알았더라면 출입을 승낙하지 않았을 사정이 있더라도 건조물침입죄가 성립한다고 볼 수 없다. 나아가 관리자의 현실적인 승낙을 받아 통상적인 출입방법에 따라 건조물에 들어간 경우에는 출입 당시 객관적·외형적으로 드러난 행위태양에 비추어 사실상의 평온상태를 해치는 모습으로 건조물에 들어간 것이라고 평가할 수도 없다(피고인이 접견신청인으로서 구치소 교도관의 승낙을 받아 통상적인 출입방법으로 접견실에 들어갔으나, 취재를 위하여 명함지갑 모양으로 제작된 녹음·녹화장비를 몰래 소지하고 들어간 사안이다).

학설도 일반적 허가가 있는 경우에는 위법한 목적이 있다고 하여 바로 본죄가 성립한다고 해서는 안 되고, 예외적으로 거주자의 의사에 반함이 명백한 경우에만 본죄를 인정할 수 있다고 한다. 이런 예외적 사례로, 강도를 하기 위해 무장을 하고 은행에 들어가거나, 대리시험을 치려고 시험장에 들어가거나, 도청기를 설치하려고 몰래 회의장에 들어가거나, 담벽을 넘거나 창문을 통해 들어가거나, 출입이 금지된 시간에 들어가는 것 등을 든다.

이 문제는 출입 그 자체를 금지한 것인지 여부에 따라 결정해야 할 것이다. 예를 들어 대리시험을 보려고 시험장에 들어가거나, 출입이 금지된 시간에 들어가는 행위는 그 자체가 피해자의 의사에 반한다고 할 수 있기 때문에 본죄가 성립한다고 할 수 있다. 이 경우에도 부정한 목적 때문이 아니라 수험생이 아닌 사람 등이 들어가는 것 그 자체가 피해자의 의사에 반하기 때문이다.

이에 비해 도청장치를 설치하기 위해 일반에게 공개된 회의장이나 음식점에 들어간 경우, 거주자의 의사에 반하는 것은 행위자가 '들어가는 것'이 아니라 '도청장치를 설치하는 것'이다. 따라서 이 경우 본죄가 성립하지 않는다고 해야 한다. 강도를 하기 위해 무장을 하고 은행에 들어가는 경우에서도 은행의 의사에 반하는 것은 '무장을 하고 들어오는 것'이 아니라 '강도행위'이므로 본죄가 성립하지 않는다고 해야 할 것이다. 무장한 군인이 예금을 인출하기 위해 은행에 들어오는 것은 은행의 의사에 반하지 않기 때문이다.

(3) 주관적 구성요건

본죄가 성립하기 위해서는 주거 등에 침입한다는 의욕 또는 인용이 있어야 한다. 본죄의 고의의 범위는 본죄의 기수시기에 대해 일부침입설과 전부침입설 중 어느 것을 따르느냐에 따라 달라진다(이에 대해서는 뒤의 기수시기 부분 참조할 것).

거주자의 동의가 없음에도 있다고 오인한 경우에는 과실주거침입으로 무죄이고, 동의가 있음에도 없다고 생각하고 들어간 경우에는 본죄의 불능미수가 성립할 수 있다.

거주자의 의사에 반하지만 정당한 출입권한이 있다고 생각하고 침입한 경우에는 법률의 착오가 문제된다(대판 1995. 4. 14. 95도12).

3. 위 법 성

본죄에서 피해자의 승낙은 위법성조각사유가 아니라 구성요건해당성조각사유이다.

(1) 법령에 의한 행위

형사소송법에 의한 강제처분(제109조, 제216조 1항, 제219조 등)이나 민사집행법상의 강제집행을 위해 타인의 주거에 침입하는 행위는 법령에 의한 행위로서 위법성이 조각된다. 사인이 현행범 체포를 위해 타인의 주거에 들어간 경우 위법성조각 부정설이 있으나, 행위 당시의 구체적 사정을 고려하여 위법성조각이 가능하다고 해야 할 것이다.

(2) 사회상규에 위배되지 않는 행위

채권자가 채무를 변제받기 위해 채무자의 의사에 반하여 채무자의 주거에 침입한 경우 위법성조각 긍정설과 부정설이 있으나, 구체적 사정을 종합하여 결정해야 할 것이다.

판례에 의하면, 연립주택 아래층 사람이 위층 피고인의 집으로 통하는 상수도관의 밸브를 임의로 잠근 후 피고인에게 알리지 않아 수돗물이 나오지 않은 고통을 겪었던 피고인이 상수도관의 밸브를 확인하고 이를 열기 위하여 부득이 아래층 집에 들어간 경우(대판 2004. 2. 13. 2003도7393), 상당한 기간 내에 해고의 효력을 다투는 해고근로자가 노조사무실 출입목적으로 경비원의 제지를 뿌리치고 회사 내로 들어간 경우(대판 1991. 11. 8. 91도326), A가 甲을 폭행하여 상호 시비 중 A가 자기 집으로 들어가자 甲도 A에게 얻어맞아 가면서 A의 집까지 따라 들어가 때리는 이유를 따졌던 경우(대판 1967. 9. 26. 67도1089)에는 위법성이 조각된다.

그러나 권리자가 집행관으로부터 아파트를 인도받은 후 점유를 확립한 상태에서 유치권을 주장하는 피고인이 아파트 출입문과 잠금장치를 훼손하고 아파트에 들어간 행위(대판 2017. 9. 7. 2017도9999), 간통현장을 직접 목격하고 그 사진을 촬영하기 위하여 상간자의 주거에 침입한 행위(대판 2003. 9. 26. 2003도3000) 등은 위법성이 조각되지 않는다.

4. 미   수

(1) 실행의 착수시기

본죄의 실행의 착수시기는 몸의 일부가 들어가는 시점이 아니라 문을 열기 위해 문고리를 잡거나 잠금장치를 푸는 등의 행위를 시작하는 시점이다(대판 1995. 9. 15. 94도2561).

판례에 의하면, 출입문이 열려 있으면 안으로 들어가겠다는 의사 아래 출입문을 당겨 보는 경우는 실행의 착수가 인정된다(대판 2006. 9. 14. 2006도2824).

그러나 침입 대상인 집에 사람이 있는지 확인하기 위해 그 집의 초인종을 누른 경우(대판 2008. 4. 10. 2008도1464), 절도목적으로 야간에 다세대주택의 가스배관을 타고 오르다가 순찰 중이던 경찰관에게 발각되어 그냥 뛰어내린 경우(대판 2008. 3. 27. 2008도917), 공사의 현장사무실 또는 경비실이 아닌 공사현장에 들어간 경우(대판 2005. 10. 7. 2005도5351) 등에서는 실행의 착수가 인정되지 않는다.

(2) 기수시기

본죄의 미수는 처벌한다(제322조). 본죄의 기수시기에 대해서는 다음과 같은 견해대립이 있다.

1) **일부침입설**　　　행위자의 신체 전부가 아닌 일부만 주거 등에 들어가도 기수가 된다는 견해이다. 이에 의하면 창문 안으로 머리를 들이밀거나, 문을 못 닫도록 집 안으로 발을 들이민 경우에도 본죄의 기수가 된다. 독일의 통설이고, 우리나라에서는 판례와 소수설의 입장이다.

> [대판 1995. 9. 15. 94도2561] 주거침입죄는 사실상의 주거의 평온을 보호법익으로 하는 것이므로, 반드시 행위자의 신체의 전부가 범행의 목적인 타인의 주거 안으로 들어가야만 성립하는 것이 아니라 신체의 일부만 타인의 주거 안으로 들어갔다고 하더라도 거주자가 누리는 사실상의 주거의 평온을 해할 수 있는 정도에 이르렀다면 범죄구성요건을 충족하는 것이라고 보아야 하고, 따라서 주거침입죄의 범의는 반드시 신체의 전부가 타인의 주거 안으로 들어간다는 인식이 있어야만 하는 것이 아니라 신체의 일부라도 타인의 주거 안으로 들어간다는 인식이 있으면 족하다.

2) **전부침입설**　　　통설은 신체의 전부가 들어가야 기수가 된다고 한다. 독일과 달리 우리 형법에는 본죄의 미수범처벌규정이 있다는 것을 그 근거로 들고 있다. 이에 의하면 처음부터 신체의 일부만 들어갈 의사로 신체의 일부만이 들어간 경우에는 미수의 고의만이 있으므로 본죄의 기수범은 물론 미수범도 성립하지 않는다.

3) **결　　어**　　　다음과 같은 이유에서 전부침입설이 타당하다고 생각된다.

첫째, 미수범처벌규정이 있는 우리 형법에서는 논리필연적인 것은 아니지만 전부침입설이 좀 더 자연스러운 해석이다. "① 문을 열고(실행의 착수), ② 신체의 일부가 들어간 후, ③ 신체의 전부가 들어가, ④ 집 안에 머문 후, ⑤ 퇴거하는(종료)" 과정에서 기수시기를 ②의 단계보다는 ③ 혹은 ④의 단계라고 하는 것이 좀더 자연스러운 해석이다.

둘째, 주거의 사실상 평온은 주거 안을 들여다보거나 주거에 돌을 던지는 등 침입 이외의 방법으로도 침해될 수 있다. 따라서 본죄에서는 보호법익의

침해보다는 침입이라는 구성요건적 행위의 종료 여부를 기준으로 기수·미수
를 정하는 것이 더 자연스럽다.

셋째, 독일형법상 주거침입죄의 행위태양은 '침범'을 포함하는 개념(eindringen)
이므로 일부침입설이 타당할 수도 있다. 그러나 우리 형법의 행위태양은 '침
입'이므로 신체의 일부가 들어간 경우에 침범, 신체의 전부가 들어간 경우에
침입이라고 하는 것이 좀더 자연스럽다.

(3) 계 속 범

본죄가 상태범이라는 견해도 있지만, 본죄는 기수 이후에도 퇴거하기 전까지
는 침입행위가 계속되는 계속범이다. 주거침입 후 퇴거에 응하지 않은 경우 상태
범설에 의하면 별도로 퇴거불응죄가 성립하지만, 계속범설에 의하면 퇴거불응죄
가 성립하지 않는다.

본죄의 공소시효의 기산점은 본죄의 종료시점, 즉 퇴거시점이다.

5. 죄   수

본죄는 계속범이므로 주거침입 후 나왔다가 다시 들어간 경우 포괄일죄가
된다. 주거침입의 수단으로 사람을 폭행하거나 자물쇠 등을 손괴한 경우에는 본
죄와 폭행죄 혹은 손괴죄와의 상상적 경합이 된다. 판례는 절도·강도·강간·살
인 등을 하기 위해 주거에 침입한 경우 본죄와 동 범죄들의 실체적 경합이라고
한다(대판 1988. 12. 13. 88도1807; 대판 1983. 4. 12. 83도422).

야간에 주거에 침입하여 절도죄를 범한 경우에는 야간주거침입절도죄(제330
조)가 성립하지만, 주간에 주거에 침입하여 주간 또는 야간에 절도죄를 범한 때에
는 주거침입죄와 절도죄의 실체적 경합이 된다(대판 2011. 4. 14. 2011도300). 특정범죄
가중법 제5조의4 제6항에 규정된 상습절도범이 그 범행의 수단으로 주거침입을
한 경우에 주거침입행위는 상습절도 등 죄에 흡수된다(대판 2017. 7. 11. 2017도4044).
그러나 형법 제332조에 규정된 상습절도범이 범행의 수단으로 주간에 주거침입
을 한 경우 주간 주거침입행위는 상습절도죄와 별개로 주거침입죄를 구성한다(대
판 2015. 10. 15. 2015도8169).

주거침입죄의 확정판결을 받은 사람이 퇴거하지 않은 채 계속하여 당해 주
택에 거주한 경우 별도의 주거침입죄가 성립한다(대판 2008. 5. 8. 2007도11322).

Ⅲ. 퇴거불응죄

> 제319조 ② 전항의 장소에서 퇴거요구를 받고 응하지 아니한 자도 전항의 형과
> 같다.

1. 개념 및 보호법익

본죄는 적법하게 주거에 들어온 사람이 거주자나 관리자·점유자로부터 퇴거요구를 받고 이에 응하지 않는 범죄이다. 퇴거에 응하지 않았다는 부작위에 의해 성립하는 범죄로 진정부작위범이다. 본죄는 기수가 된 이후에도 퇴거불응이 계속되는 동안에는 범죄가 종료되지 않고 퇴거한 이후에 범죄가 종료되는 계속범이다.

본죄의 보호법익은 주거침입죄와 마찬가지로 주거의 사실상 평온이고, 보호의 정도는 침해범이다.

2. 구성요건

(1) 행위의 주체

본죄의 주체는 적법하게 주거 등에 들어온 사람이다. 위법하게 주거에 들어온 사람 즉, 주거침입죄를 범한 사람이 퇴거에 불응한 경우 별도의 퇴거불응죄가 성립하는지는 앞에서 본 것과 같이 주거침입죄를 상태범과 계속범 중 어느 것으로 보는가에 따라 결론을 달리한다.

(2) 실행행위

본죄의 실행행위는 거주자 등으로부터 퇴거요구를 받고 응하지 않는 것이다.

1) **거주자나 관리자·점유자** 퇴거요구를 할 수 있는 거주자나 관리자·점유자는 주거 등에 관하여 거주·관리·점유할 법률상 정당한 권한을 가지고 있어야만 하는 것은 아니다(대판 2023. 12. 14. 2023도9350).

2) **퇴거요구** 퇴거요구의 방법에는 제한이 없다. 구두·서면·동작 등에 의해서도 가능하다. 반드시 명시적인 것일 필요는 없지만, 상대방이 인식할 수 있는 정도의 의사표시가 있어야 한다. 퇴거요구는 거주자가 해야 하고 거주자가 아닌 자의 퇴거요구가 있는 경우에는 본죄가 성립할 수 없다. 그러나 거주자의 위임을 받거나 거주자를 대리한 퇴거요구는 본죄의 퇴거요구로서의 효력이 있다.

퇴거요구는 주거 등에서 나갈 것을 요구하는 것이다. 주거, 관리하는 건조물이나 점유하는 방실뿐만 아니라 그 부속토지 · 건물(대판 1992. 4. 28. 91도2309)이나 위요지(대판 2010. 3. 11. 2009도12609) 등에서 나갈 것을 요구하는 것도 포함된다.

퇴거요구는 정당한 퇴거요구에 국한되고 정당하지 않은 퇴거요구에 응하지 않은 경우 본죄가 성립하지 않는다.[1]

3) 퇴거불응   본죄는 퇴거불응이라는 거동만 있으면 성립하고 별도의 결과발생을 필요로 하지 않는 거동범이다. 퇴거에 불응할 정당한 사유가 없어야 하고 정당한 사유가 있는 경우에는 본죄가 성립하지 않는다. 퇴거불응이란 행위자의 신체가 주거 등에서 나가지 않는 것을 말하므로, 행위자의 신체가 주거에서 나갔으면 주거에 가재도구 등을 남겨 두었어도 본죄는 성립하지 않는다(대판 2007. 11. 15. 2007도6990).

3. 미   수

제322조는 본죄의 미수범도 처벌한다고 규정하고 있는데 본죄의 미수범이 가능한가에 대해서는 긍정설과 부정설(다수설)이 대립한다. 긍정설에서는 퇴거불응이 주거의 사실상 평온을 침해했다고 할 만한 단계에 이르기 전에 주거 밖으로 축출당한 경우에는 본죄의 미수범이 성립할 수 있다고 한다. 부정설에서는 본죄는 거동범으로서 퇴거불응 즉시 기수가 되고 그 이후의 불응상태는 계속범이기 때문에 미수는 성립할 수 없다고 한다.

체포 · 감금죄와 마찬가지로 퇴거불응죄에서도 퇴거불응 후 어느 정도의 시간이 지난 때에 기수에 이른다고 하는 것이 미수범처벌규정을 의미있게 해석하는 것이라고 할 수 있다. 또한 퇴거요구가 없음에도 불구하고 있다고 생각하면서 불응한 경우와 같이 퇴거불응죄의 불능미수가 성립할 수 있으므로 긍정설이 타당하다.

---

1) 정당한 퇴거요구를 인정한 판례로, 대판 1992. 4. 28. 91도2309; 대판 1991. 8. 13. 91도1324 등. 인정하지 않은 판례로, 대판 2007. 12. 28. 2007도5204; 대판 2007. 3. 29. 2006도9307 등.

Ⅳ. 특수주거침입·퇴거불응죄

> 제320조(특수주거침입) 단체 또는 다중의 위력을 보이거나 위험한 물건을 휴대
> 하여 전조의 죄를 범한 때에는 5년 이하의 징역에 처한다.

본죄는 실행행위의 위험성이 커 불법이 가중되는 범죄유형이다. 단체 또는
다중이 모두 주거에 침입하거나 퇴거에 불응할 필요는 없고, 1인이 주거침입 또
는 퇴거불응을 하더라도 단체 또는 다중의 위력을 보이면 족하다.

위험한 물건이나 휴대의 개념은 특수상해죄에서와 같다. 위험한 물건을 주거
침입이나 퇴거불응의 개시 시점뿐만 아니라 계속되던 어느 시점에서 휴대한 경우
도 포함된다.

본죄의 미수범은 처벌한다(제322조).

Ⅴ. 주거·신체수색죄

> 제321조(주거·신체수색) 사람의 신체·주거·관리하는 건조물·자동차·선박이나
> 항공기 또는 점유하는 방실을 수색한 자는 3년 이하의 징역에 처한다.

주거수색죄의 보호법익은 주거의 사실상 평온, 신체수색죄의 보호법익은 신
체의 불가침성이다. 보호의 정도는 침해범이다.

본죄의 객체에는 주거침입죄의 객체 이외에 신체 및 자동차가 포함된다.

본죄의 실행행위는 수색이다. 수색이란 사람 또는 물건을 발견하기 위해 사
람의 신체 또는 일정한 장소 등을 조사하는 것을 말한다.

형사소송법에 의한 수색은 법령에 의한 행위로서 위법성이 조각된다. 피해자
의 승낙은 위법성을 조각한다는 견해가 있으나, 구성요건해당성을 조각한다고 해
야 한다.

타인의 주거에 침입하여 수색을 한 경우 통설은 주거침입죄와 본죄의 실체
적 경합이라고 하지만, 본죄만이 성립한다고 해야 한다. 본죄의 형벌이 더 무겁
고, 예컨대 주거 밖에서 망원경을 통하여 주거를 수색한 경우와 같이 주거에 들
어가지 않고 조사하는 경우에는 본죄가 성립하지 않기 때문이다. 주거침입죄는

계속범이고 주거침입죄가 계속되는 동안 주거수색죄가 이루어지기 때문이다. 강
취 · 절취할 물건을 발견하기 위해 주거를 수색한 경우 본죄는 강도 · 절도죄의 불
가벌적 수반행위이다.

제5장 재산적 법익에 대한 죄

제1절 재산범죄의 일반이론

I. 재산범죄와 그 분류

1. 형법상의 재산범죄

형법에 규정되어 있는 기본적 재산범죄는 절도(제329조)·강도(제333조), 사기(제347조)·공갈(제350조), 횡령(제355조 1항)·배임(제355조 2항), 장물(제362조), 손괴(제366조), 권리행사방해죄(제323조) 등 9가지가 있다.

주요범죄들에 준하는 범죄는 먼저 절도죄와 유사한 죄로 자동차등불법사용죄(제331조의2), 사기죄와 유사한 죄로 컴퓨터등사용사기죄(제347조의2), 편의시설부정이용죄(제348조의2), 부당이득죄(제349조) 등이 있다. 횡령죄와 유사한 죄로 점유이탈물횡령죄(제360조), 손괴죄와 유사한 죄로 경계침범죄(제370조)가 있으며, 권리행사방해죄와 유사한 죄로 점유강취죄(제325조) 및 강제집행면탈죄가 있다(제327조).

2. 재산범죄의 분류

(1) 재물죄와 이득죄

이는 '객체'에 따른 분류이다.

재물죄는 재물, 이득죄는 재산상의 이익이 객체로 규정되어 있다. 재물 내지 물건만이 객체로 규정된 죄에는 절도죄, 횡령죄, 장물죄, 손괴죄, 권리행사방해죄, 자동차등불법사용죄, 점유이탈물횡령죄, 점유강취죄 등이 있다.[1] 배임죄, 컴퓨터

---

[1] 다만 1995년 개정형법은 권리행사방해죄와 손괴죄의 객체로 전자기록등 특수매체기록도 추가하였다.

등사용사기죄와 부당이득죄는 재산상의 이익만이 객체로 규정되어 있다. 강도죄, 사기죄, 공갈죄, 편의시설부정이용죄, 강제집행면탈죄는 재물과 재산상의 이익이 모두 객체로 규정되어 있다.

(2) 영득죄와 손괴죄

재물죄는 그 '목적 및 실행행위'에 따라 영득죄와 손괴죄로 나눌 수 있다.

영득죄는 권리자를 배제하고 타인의 재물을 자기의 소유물처럼 사용·수익·처분하는 죄이다. 손괴죄는 타인이 재물의 효용을 향유하는 것을 방해하는 죄이다. 통설·판례에 의하면 영득죄에는 불법영득의사가 필요하다.

(3) 탈취죄와 편취죄

이는 재산범죄의 '실행행위'를 기준으로 한 구분이다.

탈취죄란 권리자의 의사에 '반하여' 재물의 점유를 취득하거나 재물을 영득하는 죄이다. 절도죄, 강도죄, 점유강취죄, 권리행사방해죄가 이에 속한다. 편취죄란 상대방의 '하자있는 의사'에 의해 재물의 점유를 취득하거나 재산상의 이익을 취득하는 죄로서 사기죄, 공갈죄, 부당이득죄 등이 있다.

탈취죄에 의한 재물이나 재산의 이전행위는 민법상으로는 무효이지만, 편취죄에 의한 재물이나 재산의 이전행위는 취소할 수 있는 행위가 된다(민법 제110조).

(4) 타인재산에 대한 범죄와 자기재산에 대한 범죄

재물 또는 재산상 이익의 소유에 따른 구별이다. 권리행사방해죄, 점유강취죄, 강제집행면탈죄는 자기소유의 재물이나 재산상의 이익을 객체로 하고, 나머지 죄들은 타인소유의 재물이나 재산상의 이익을 객체로 한다.

Ⅱ. 재물과 재산상 이익

1. 의   의

재산범죄는 재물 또는 재산상의 이익을 객체로 하므로 양자의 개념을 밝혀야 재산범죄의 범위가 설정될 수 있다. 예컨대 정보가 재물에 속한다고 하면 타인의 정보에 대한 절도죄가 성립할 수 있지만, 재물에 속한다고 할 수 없다면 절도죄는 성립할 수 없다.

2. 재   물

(1) 형법의 규정

물건이라는 용어는 형법 전반에 걸쳐 사용되지만, 재물이라는 용어는 재산범죄에서만 사용되고 있다.[1] 재산범죄 중에서도 권리행사방해죄, 점유강취죄에서 물건이라는 용어가, 기타의 모든 재물죄에서는 재물이라는 용어가 사용되고 있다.

민법에는 물건의 개념정의가 있지만(제98조), 형법에는 동력규정(제346조, 제354조 등)은 있으나 재물 그 자체에 대한 정의규정은 없다. 따라서 재물죄의 범위확정과 관련하여 물건과 재물의 개념이 문제된다.

(2) 재물·물건의 개념

1) 민법에서의 논의   물건의 개념에 대해 유체성설과 관리가능성설이 대립하였지만 오늘날에는 관리가능성설이 대세이다. 따라서 물건이란 관리가능한 유체물 및 동력이라고 할 수 있다. 태양 등과 같이 유체물이라도 관리가능하지 않으면 물건이 아니고 무체물이나 동력이라도 관리가능하면 물건이 될 수 있다.

2) 형법에서의 논의

가. 유체성설   유체물만이 물건 혹은 재물이라는 견해로서, ① 제346조와 같은 동력규정은 유체물만이 물건이 될 수 있고, 예외적으로 관리할 수 있는 동력도 물건이라는 의미이고, ② 일상용어상으로도 물건은 유체물만을 의미하고, ③ 관리가능성설에 의할 경우 물건의 개념이 지나치게 확대될 수 있다는 것 등을 근거로 든다.

나. 관리가능성설   다수설은 유체물뿐만 아니라 관리가능한 무체물도 당연히 물건에 포함된다고 한다. ① 오늘날 제346조는 창설적 규정이 아니라 확인적 규정이고, ② 관리할 수 있는 무체물도 형법적으로 보호할 필요가 있고, ③ 관리가능성설에 의해도 그 개념이 부당하게 확대되지 않는다는 것 등을 근거로 든다.

다. 결   어   과거에는 유체물만이 물건으로 해석되었지만, 과학의 발달에 따라 오늘날에는 관리가능한 무체물도 당연히 물건 내지 재물이라고 할 수 있게 되었다. 따라서 제346조의 규정은 과거에는 창설적 규정이었어도, 오늘날에는 확인적 규정이라고 할 수 있다. 따라서 장물죄와 같이 동력규정을 두고 있지

---

1) 구 형법에서는 재산범죄 이외에 도박죄(제246조)에서 '재물로써 도박한 자'라고 하였지만, 현행형법은 단순히 '도박한 자'라고만 규정하고 있다.

않은 경우에도 재산범죄에 의해 영득한 관리가능한 동력은 장물에 포함된다고
해야 한다.

(3) 재물의 범위

1) 재물과 경제적 가치

가. 경제적 가치 불요설   통설은 객관적으로 경제적 가치가 없고 주관적
가치도 없는 물건도 재물에 속한다고 한다. ① 이득죄와 재물죄는 구별해야 하
고, ② 소유권범죄는 물권법적 권리 유무에 따라 결정되므로 경제적 가치를 따질
필요가 없다는 것 등을 근거로 든다.

나. 주관적·소극적 가치필요설   판례와 소수설은 객관적으로 경제적 가
치는 없더라도 주관적 경제적 가치 즉, 재산적 가치가 있으면 재물이라고 한다.
애인의 사진, 유골 등과 같이 객관적으로 경제적 가치가 없더라도 권리자에게 주
관적·소극적 가치만 있으면 재물이 된다는 것이다.[1]

[대판 1996. 5. 10. 95도3057] 재산죄의 객체인 재물은 반드시 객관적인 금전적
교환가치를 가질 필요는 없고 소유자, 점유자가 주관적인 가치를 가지고 있음으
로써 족하다고 할 것이고, 이 경우 주관적·경제적 가치의 유무를 판별함에 있어
서는 그것이 타인에 의하여 이용되지 않는다고 하는 소극적 관계에 있어서 그 가
치가 성립하더라도 관계없다.

다. 결   어   경제적 가치 불요설은 재물죄의 객체를 Sache(물건)라고
규정한 독일형법학에서는 타당하지만 우리 형법에서는 타당하지 않다. 우리 형법
은 재물과 물건을 엄격하게 구별하기 때문이다. 재물은 '재(財)＋물(物)'이고, 이는
'재산적 가치＋물건'으로서 '재산적 가치가 있는 물건'이라고 해석할 수밖에 없다.

재산적 가치는 주관적이 아니라 객관적으로 평가해야 하므로, 단순히 주관
적·소극적 가치만 있는 경우에는 재산적 가치도 없다고 해야 한다. 형법이 시체
오욕·영득죄(제159조, 제161조)를 별도로 규정하고 있는 것은 시체는 주관적·소극
적 가치만을 지니기 때문에 손괴죄나 절도죄와 같은 재산범죄의 객체가 될 수 없
기 때문이다. 주관적·소극적 가치만을 지닌 물건을 영득·손괴하는 행위는 피해

---

1) 따라서 판례에 의하면, 백지의 자동차출고의뢰서용지(대판 1996. 5. 10. 95도3057), 찢어진
   어음(대판 1987. 10. 13. 87도1240; 대판 1976. 1. 27. 74도3442), 부패된 포도원액(대판
   1979. 7. 24. 78도2138) 등도 재물이 된다.

자를 정신적으로 괴롭히는 의미밖에 없다. 이러한 행위들은 재산범죄가 아니라 민법상의 불법행위의 문제로 다루어도 충분하다.

그리고 경제적 가치가 없는 물건도 재물이라고 하는 것은 '재물'이라는 문언의 가능한 의미를 넘어서는 유추해석으로서 피고인에게 불리한 경우에는 허용될 수 없다.

2) 경제적 가치가 경미한 물건 경제적 가치가 경미한 물건도 재물죄의 객체가 되므로, 이를 영득·손괴한 경우에는 재산범죄의 구성요건해당성이 인정되지만 사회상규에 위배되지 않은 행위로서 위법성이 조각될 수 있다.

3) 유 체 물 유체물이란 일정한 공간을 차지하고 있는 물체를 말한다. 관리가능성설에 의하면 관리가능한 유체물만이 재물이 될 수 있고, 관리가능한 유체물인 한 고체, 액체, 기체이건 상관없다. 여기에서 관리란 물리적 관리만을 의미하고 사무적 관리는 포함되지 않는다. 사무적 관리가능한 유체물도 재물이라고 하면 유체물에 대한 권리도 재물이 되어 재물과 재산상 이익의 구별이 불가능해지기 때문이다.

사람은 재물이 될 수 없다. 사람의 장기 등 신체 일부분이나 사체는 원칙적으로 재물이 될 수 없지만, 예외적으로 연구용 장기나 조직, 해부용사체와 같이 경제적 가치가 있는 경우에는 재물이 될 수 있다.

4) 관리할 수 있는 동력 관리할 수 있는 동력은 재물이다. 정보, 전자기록 등 특수매체기록(대판 2002. 7. 12. 2002도745), 서비스나 역무[1] 등은 동력이 아니므로 재물이 될 수 없다.

관리란 물리적 관리만을 의미하고 사무적 관리는 포함되지 않는다는 것은 유체물에서와 같다. 물리적으로 관리가능하면 원자력, 수력, 조력(潮力), 풍력, 인공냉기, 인공온기 등도 재물이 된다. 전파나 자기 등은 현재로서는 관리가 불가능 또는 제한적으로만 가능하기 때문에 재물이라고 할 수 없지만, 과학기술의 발달에 따라 이에 대한 관리가 가능해지는 경우에는 재물이 될 수 있다.

다수설은 인간과 동물의 노동력은 관리할 수 있는 동력이 아니므로 재물성

---

[1] 대판 1998. 6. 23. 98도700: 타인의 전화기를 무단으로 사용하여 전화통화를 하는 행위는 … 전기통신사업자에 의하여 가능하게 된 전화기의 음향송수신기능을 부당하게 이용하는 것으로, 이러한 내용의 역무는 무형적인 이익에 불과하고 물리적 관리의 대상이 될 수 없어 재물이 아니라고 할 것이므로 절도죄의 객체가 되지 아니한다.

을 부정하지만, 소수설은 재물성을 긍정한다. 이에 대해 인간과 동물의 노동력은 재산상의 이익이므로 이에 대해서는 재물죄가 아닌 이득죄만 성립할 수 있다는 절충설이 있다. 인간의 노동력은 서비스이므로 경우에 따라 경제적 이익이 될 수 있지만 재물이라고 할 수는 없다. 그러나 관리할 수 있는 동력이면 기계를 이용한 것이든 동물을 이용한 것이든 상관없으므로 관리할 수 있는 동물의 노동력은 재물이라고 해야 한다.

3. 재산상의 이익

(1) 개   념

재산상의 이익이란 재물 이외에 일체의 재산적 가치가 있는 이익을 말한다(대판 1997. 2. 25. 96도3411). 뇌물죄에서 이익은 재산상 이익이 아니어도 되지만(대판 2014. 1. 29. 2013도13937) 재산범죄에서 이익은 재산적 이익이어야 한다.

어떠한 이익이 재산상 이익인가의 여부는 상대적으로 결정된다. 예컨대 자가용운전자를 폭행·협박하여 일정한 거리를 간 경우에는 재산상 이익을 취득한 것이라 할 수 없으므로 강요죄만이 성립할 수 있다. 그러나 요금을 낼 생각없이 영업용운전자를 폭행·협박하여 일정한 거리를 간 경우에는 재산범죄인 강도죄나 공갈죄가 성립할 수 있다.

수입을 얻는 적극적 이익뿐만 아니라 지출을 면제받는 소극적 이익, 현실적 이익뿐만 아니라 잠재적 이익, 영구적 이익뿐만 아니라 채무의 변제기일연기 등과 같은 일시적 이익도 모두 재산상 이익에 포함된다.

비트코인은 경제적인 가치를 디지털로 표상하여 전자적으로 이전, 저장과 거래가 가능하도록 한 가상자산의 일종으로 재산상의 이익에 해당한다(대판 2021. 11. 11. 2021도9855).

(2) 재산상 이익의 범위

1) **법률적 재산설**   재산을 사법상 권리·의무의 총체로 파악하는 견해이다. 법률상 인정되는 권리·의무만을 인정하므로, ① 법률상 인정되지 않는 불법적 이익이나, ② 사실상의 이익이나 반사적 이익은 재산상의 이익으로 인정하지 않는다.

이 견해에 의하면 대가지급의 의사없이 성매매여성을 기망하여 성관계를 맺은 경우 성매매여성에게 성행위대가에 대한 권리가 인정되지 않으므로 기망자에게 재산상 이익의 취득이 없어 사기죄가 성립하지 않는다.

2) **경제적 재산설**   재산을 순수하게 경제적 관점에서 파악하여 적법한 권리·의무이건 사실상의 이익이건 경제적 가치가 있는 이익은 모두 재산이라는 견해이다. 형법의 독자적 관점에서 재산개념을 파악하는 것이다. 이에 의하면 위의 예에서 사기죄가 성립한다.

판례는 경제적 재산설을 취하고 있다.

[대판 2001. 10. 23. 2001도2991] (성매매) 약속 자체는 선량한 풍속 기타 사회질서에 위반되는 법률행위로서 무효이나, 사기죄의 객체가 되는 재산상의 이익이 반드시 사법(私法)상 보호되는 경제적 이익만을 의미하지 아니하고, 부녀가 금품 등을 받을 것을 전제로 성행위를 하는 경우 그 행위의 대가는 사기죄의 객체인 경제적 이익에 해당한다.

3) **법률적·경제적 재산설**   경제적 재산설이 불법한 이익도 보호하는 문제점이 있으므로 이를 규범적 관점에서 제한하려는 견해로서 재산이란 경제적 가치가 있고 법질서의 보호를 받을 만한 가치가 있는 모든 이익이라고 한다. 따라서 위의 사례에서, 성매매의 대가가 법질서가 보호해야 할 이익인지 여부에 따라 사기죄의 성립여부가 결정된다.

4) **결   어**   민법 등 사법과 형법의 목적은 다르므로 형법의 독자적 관점에서 재산개념을 파악하는 경제적 재산설이 타당하다. 경제적 재산설도 '형법적으로 보호할 만한 이익'을 보호하므로 법률적·경제적 재산설은 경제적 재산설과 차이가 없다.

(3) 재산상 이익의 산정방법

형사특별법(특정범죄가중법 제2조, 특정경제범죄법 제3조 등) 중에는 재물 또는 재산상의 이득액에 따라 달리 처벌하는 규정들이 있다. 이 경우 이득액의 산정방법에 따라 피고인의 처벌이 달라질 수 있다.[1]

판례에 의하면 이 경우의 이득액은 경합범으로 처벌될 수죄의 각 이득액을

---

1) 이와 같이 이득액에 따라 처벌을 달리하면 이득액산정 시에 자의(恣意)가 개입할 여지가 많고, 한계선상에서는 약간의 금액 차이 때문에 형량이 현저하게 달라져 형평성이 없어지며, 인플레이션이 진행됨에 따라 형벌이 강화되는 효과가 있다. 따라서 이러한 비합리적 규정은 하루빨리 폐지되어야 한다.

합한 금액이 아니라 단순일죄나 포괄일죄가 성립하는 경우의 이득액의 합산액을
의미한다.[1] 이득액은 실질적인 이득액을 의미하지만,[2] 재산상 이득에 어떠한 조
건이나 부담이 붙었는지 여부는 영향이 없다(대판 2000. 2. 25. 99도4305). 따라서 사기
죄에서 일부 대가가 지급된 경우에도 이득액은 재물의 가액 전부이다(대판 2005.
10. 28. 2005도5774).[3]

4. 재물과 재산상 이익의 관계

(1) 쟁   점

컴퓨터등사용사기죄(제347조의2), 부당이득죄(제348조), 배임죄(제355조 2항)의 객
체는 재산상 이익으로만 규정되어 있다. 이러한 범죄에서 재물을 취득한 경우 재
산상 이익을 취득한 것인지 문제된다. 예컨대 타인의 현금카드로 현금자동지급기
에서 재물인 현금을 인출한 경우 재산상 이익의 취득도 인정할지 여부에 따라 절
도죄(제329조)와 컴퓨터등사용사기죄 중 어느 것이 성립하는지 달라질 수 있다.

(2) 학설 및 판례

판례는 재물과 재산상 이익은 택일관계에 있다고 한다.

> [대판 2003. 5. 13. 2003도1178] 우리 형법은 재산범죄의 객체가 재물인지 재산상
> 의 이익인지에 따라 이를 재물죄와 이득죄로 명시하여 규정하고 있는데, 형법 제
> 347조가 일반 사기죄를 재물죄 겸 이득죄로 규정한 것과 달리 형법 제347조의2
> 는 컴퓨터등사용사기죄의 객체를 재물이 아닌 재산상의 이익으로만 한정하여 규
> 정하고 있으므로, 절취한 타인의 신용카드로 현금자동지급기에서 현금을 인출하
> 는 행위가 재물에 관한 범죄임이 분명한 이상 이를 위 컴퓨터등사용사기죄로 처
> 벌할 수는 없다.

이에 대해 재물과 재산상 이익은 특별 대 일반의 관계에 있다는 견해가 있
다. 이에 의하면 재산상 이익을 취득하였다고 하여 재물을 취득한 것은 아니지만
재물을 취득하면 재산상 이익을 취득하였다고 할 수 있다.

---

1) 대판 2000. 11. 10. 2000도3483; 대판 2000. 7. 7. 2000도1899.
2) 대판 2001. 7. 24. 2001도2196; 대판 1995. 6. 30. 95도825.
3) 반면, 판례는 명의신탁 부동산에 임의로 근저당권을 설정하는 횡령죄에서의 이득액은 부
   동산가액이 아니라 피담보채무액 내지 그 채권최고액이라고 한다(대판 2013. 5. 9. 2013도
   2857).

(3) 결   어

통설은 횡령죄와 배임죄를 특별 대 일반의 관계로 파악하는데 전자는 재물을, 후자는 재산상 이익을 객체로 하기 때문이다. 한편 판례는 부당대출의 경우 배임죄를 인정하는데(대판 2005. 10. 28. 2005도5996 외 다수판결), 택일관계설에 의하면, 은행원이 현금으로 부당대출을 해 준 경우에는 채무자가 재물을 취득한 것이므로 배임죄가 성립하지 않는다는 이상한 결론에 이른다. 또한 판례는 타인의 신용카드로 현금자동지급기에서 위임범위를 초과하여 현금을 인출한 경우 컴퓨터등사용사기죄를 인정하는데(대판 2006. 3. 24. 2005도3516), 이 경우 현금이 재산상 이익이 되는 이유를 설명할 수 없다.

따라서 재물과 재산상 이익은 택일관계가 아닌 특별 대 일반의 관계로 보아야 한다.

Ⅲ. 형법상 소유 및 점유개념

1. 문제의 제기

재물을 객체로 하는 재산범죄에서는 소유 및 점유가 누구에게 있느냐에 따라 범죄성립 여부가 달라진다.

권리행사방해죄, 점유강취죄 및 강제집행면탈죄 등의 객체는 자기소유의 물건임에 비해 그 이외의 재산범죄는 타인소유의 재물에 대해서만 성립할 수 있다. 또한 절도·강도·사기·공갈죄 등은 타인이 점유하는 재물에 대해서만, 횡령죄는 자기가 점유하는 재물에 대해서만 성립할 수 있다. 따라서 甲이 A를 기망하여 자신이 점유하는 A의 재물을 취득한 경우 사기죄가 아니라 횡령죄가 성립한다.

이와 같이 소유와 점유는 재산범죄 전반에 걸쳐 문제가 되므로 그 개념을 정확하게 확정해야 할 필요가 있다.

2. 형법상 소유개념

형법상 소유개념에서 문제되는 것으로 형법상 고유한 소유개념의 인정여부, 금제품이 소유권을 침해하는 범죄의 객체가 될 수 있는지 여부 및 자기소유와 타인소유의 구별방법 등이다.

(1) 형법상 고유한 소유개념

통설은 형법상 고유한 점유개념은 있지만, 형법상 고유한 소유권개념은 없다

고 한다. 그러나 형법상 고유한 소유개념 즉, 사실상의 소유개념을 인정할 필요가
있다. 재물이나 재산상 이익이 형법상 고유한 개념이라면 사법상의 소유권과 다
른 형법상 고유한 소유개념을 인정할 필요가 있다.

예컨대 甲이 서울 지하철에서 우연히 A의 명품지갑을 주워 부산으로 가 1달
동안 잘 사용하고 있었는데 아들 乙과 친구 丙이 공동으로 그 지갑을 절취한 경
우, 민법상 소유권개념을 따른다면 절도피해자는 소유권자인 A이고 乙에게 친족
상도례가 적용되지 않는다(대판 1980. 11. 11. 80도131).[1] 그러나 만약 이러한 결론이
타당하지 않다고 보고 절도죄의 피해자를 甲이라고 하고, 乙에게 친족상도례가
적용된다고 하려면, 형법상 고유한 소유개념을 인정해야 한다.

또한 명의신탁에 의해 대내적 소유권과 대외적 효력이 분리되는 소유권을
인정할지에 대해 민법분야에서도 견해가 대립되는 경우가 있다. 이 경우 어떤 입
장을 따를 것인지는 형법의 고유한 관점에서 결정해야 한다. 판례는 예외적으로
형법상 소유개념을 인정한다.

> **[대판 2012. 8. 30. 2012도6157]** 타인의 재물인지는 민법, 상법, 기타의 실체법에
> 의하여 결정되는데, 금전을 도난당한 경우 절도범이 절취한 금전만 소지하고 있
> 는 때 등과 같이 구체적으로 절취된 금전을 특정할 수 있어 객관적으로 다른 금
> 전 등과 구분됨이 명백한 예외적인 경우에는 절도 피해자에 대한 관계에서 그 금
> 전이 절도범인 타인의 재물이라고 할 수 없다.

(2) 금제품의 문제

금제품 혹은 금제물이란 민법상 소유 또는 소지가 금지되어 있는 물건을 말
하는데, 이것이 재산범죄의 객체가 될 수 있는지 견해가 대립한다.

1) 긍 정 설   긍정설은 금제품도 절차에 따라 몰수되기까지는 소유 또는
점유를 보호해야 하고, 금제품은 사인의 소유나 소지는 금지되어 있지만 국가가
소유권을 갖고 있고, 절도죄 등은 점유도 보호법익으로 하기 때문에 재산범죄의
객체가 될 수 있다고 한다.

---

1) 현재 헌법재판소가 친족상도례에 관한 형면제(제328조 제1항 등) 규정에 대해 적용중지를
  명하는 헌법불합치 결정을 하였으므로(헌재 2024. 6. 27. 2020헌마468 등), 위 사례에서 친
  족상도례 규정이 적용되지는 않지만, 위 규정이 개정될 경우 위 사례와 같은 문제는 여전
  히 있을 수 있다. 그리고 제328조 제2항은 유효하므로 제2항과 관련하여서 같은 문제가
  있을 수 있다.

2) **부 정 설**   부정설은 금제품은 경제적 이용가능성이 없거나 소유권의 객체가 될 수 없다는 것을 근거로 금제품에 대해서는 재산범죄가 성립할 수 없다고 한다.

3) **절 충 설**   절충설은 대부분 재물죄의 보호법익은 소유권이고 형법에 고유한 소유권개념은 없으므로 부정설이 타당하지만, 소지만 금지되는 물건(불법소지무기)에 대해서는 재물죄가 성립하고, 소유가 금지되는 물건(아편흡식기, 위조지폐, 음란한 물건 등)에 대해서는 재물죄가 성립하지 않는다고 한다.

4) **결   어**   경제적 재산설을 따른다면 재물에 대해서도 경제적 재물개념을 따르는 것이 논리적이다. 경제적 재물개념을 따르면, 민법상 점유 또는 소유가 인정되는지에 상관없이 사실상 경제적 가치를 지닌 물건이면 재물이라고 해야 한다.

(3) 자기소유와 타인소유

1) **무 주 물**   어느 누구도 소유하지 않는 무주물, 소유자가 소유를 포기한 물건, 사실상 소유의 객체가 될 수 없는 물건 등은 재산범죄의 객체가 될 수 없다.

2) **시   체**   시체는 물건이지만 원칙적으로 재물이 될 수 없고, 예외적으로만 재물이 될 수 있다. 그러나 시체는 물건이므로 언제나 권리행사방해죄나 점유강취죄의 객체가 될 수는 있다. 동범죄들은 그 물건에 대한 점유나 그 밖의 권리를 보호하기 때문에 객체가 재물인지 여부는 문제되지 않는다. 예컨대 비용을 물지 않기 위해 장례식장에서 유족이 몰래 시체를 빼가거나 폭행·협박으로 시체를 강취해 간 경우 권리행사방해죄나 점유강취죄가 성립할 수 있다.

3) **공동소유물**   공동소유는 타인소유로 보기 때문에 공동소유의 재물에 대해서도 타인소유의 재물에 대해 성립할 수 있는 범죄가 모두 성립할 수 있다.

3. 형법상 점유개념

(1) 형법상 점유의 기능

1) **보호의 객체**   권리행사방해죄(제323조)는 자기소유이더라도 타인의 점유하에 있는 물건에 대해 성립할 수 있다. 즉 점유는 권리행사방해죄의 보호법익이라고 할 수 있다. 따라서 여기에서의 점유는 형법상 보호할 만한 가치가 있는 점유에 국한된다.

2) 행위주체의 요소   횡령죄는 타인의 재물을 보관하는 자가 이를 횡령하는 범죄이다(제355조 1항). 여기에서 보관은 점유를 포함하는 개념이므로, 점유는 횡령죄의 주체요소가 된다.

3) 행위객체의 요소   절도죄, 강도죄, 사기죄, 공갈죄는 타인이 점유하는 타인의 재물을 객체로 하므로 이들 범죄에서 점유는 행위객체의 요소가 된다.

(2) 형법상 점유의 특징

1) 간접점유와 상속에 의한 점유   민법상 점유란 물건에 대한 사실상 지배를 말하지만, 소유권개념과 함께 점유개념도 추상화·규범화되어 있다. 점유자의 사실상의 지배가 인정되지 않는 상속에 의한 점유(제198조), 간접점유(민법 제197조), 법인의 점유를 인정하고, 사실상 지배가 인정되는 점유보조자의 점유는 인정하지 않기 때문이다.

그러나 형법상의 점유개념은 민법상의 점유개념보다는 덜 추상화·규범화되어 물리적·현실적 요소를 강조하므로, 범죄에 따라 간접점유가 부정되기도 한다.[1)]

예컨대 甲이 A로부터 매매를 위탁받은 재물을 보관하고 있다가 임의로 처분한 경우, A의 간접점유를 인정하면 甲이 A가 점유하는 A 소유의 재물을 영득한 것이 되어 절도죄가 성립한다. 그러나 간접점유를 인정하지 않으면 甲은 횡령의 죄책을 진다. 그러나 간접점유자가 횡령죄의 주체가 될 수 있으므로 형법에서 언제나 간접점유가 부정되는 것은 아니다. 예를 들어 A가 甲에게 맡긴 재물을 甲이 다시 B에게 맡긴 후 甲이 이것을 C에게 무단 매도한 경우 甲은 간접점유자이지만 타인의 재물을 보관하는 자이므로 횡령죄가 성립한다.

절도죄나 강도죄 등에서는 상속에 의한 점유도 인정하지 않는다. 예를 들어 甲이 인적없는 산중에서 A의 사체를 발견하고 그가 차고 있는 시계를 빼 가진 경우 그 시계의 소유권자는 A의 상속인 B이다. 이 경우 B의 점유를 인정하면 甲은 B가 점유하는 B소유의 재물을 영득한 것으로 절도죄가 성립한다. 그러나 상속에 의한 점유를 인정하지 않으면 甲은 점유를 이탈한 B소유의 재물을 영득한 것이므로 점유이탈물횡령죄가 성립한다.

---

1) 간접점유가 형법상 모든 범죄에서 점유로 인정되지 않는 것은 아니다. 예를 들어 횡령죄에서 행위주체로서 점유자가 문제되는 경우에는 간접점유자도 점유자로 인정될 수 있다. 행위객체의 요소로서 점유가 문제되는 경우에는 절도죄나 강도죄에서는 간접점유가 부정된다. 사기죄나 공갈죄의 객체인 재물은 타인의 점유여야 하는데, 여기에서의 점유는 간접점유가 포함될 수도 있다.

2) 법인의 점유   법인도 기관을 통해 점유를 할 수 있다는 견해가 있으나, 통설은 법인의 점유를 부정한다. 긍정설을 따르면 경리직원이 공금을 횡령한 경우 법인의 소유와 점유의 금원을 영득한 것이 되어 절도죄가 성립한다. 그러나 이 경우는 전형적인 횡령에 해당하므로 부정설이 타당하다.

3) 점유보조자의 점유   점유보조자의 점유 인정여부에 대해 긍정설(다수설)과 부정설이 대립한다. 형법상 점유에서는 물리적·현실적 요소를 강조하므로 긍정설이 타당하다. 판례도 긍정설을 따른다.

[대판 1982. 3. 9. 81도3396] 민법상 점유보조자(점원)라고 할지라도 그 물건에 대하여 사실상 지배력을 행사하는 경우에는 형법상 보관의 주체로 볼 수 있으므로 이를 영득한 경우에는 절도죄가 아니라 횡령죄에 해당한다.
[대판 1968. 10. 29. 68도1222] 동회의 사환이 동 직원으로부터 시청금고에 입금하도록 교부받은 현금과 예금에서 찾은 돈을 사생활비에 소비한 경우에는 절도죄가 아니라 횡령죄가 성립된다.

(3) 점유의 요소

1) 객관적·물리적 요소   형법상 점유에서는 물리적·현실적 요소를 강조하므로 물건에 대한 장소적·물리적 지배가 있어야 한다. 사회적으로 용인될 수 없는 것이 아닌 한 사실상의 지배를 하게 된 원인은 문제되지 않는다.

[대판 1999. 11. 26. 99도3963] 승객이 놓고 내린 지하철의 전동차 바닥이나 선반 위에 있던 물건을 가지고 간 경우, 지하철의 승무원이 … 그 유실물을 현실적으로 발견하지 않는 한 이에 대한 점유를 개시하였다고 할 수도 없으므로 … 점유이탈물횡령죄에 해당함은 별론으로 하고 절도죄에 해당하지는 않는다(고속버스의 승객이 차내에 있는 유실물을 가져간 경우는 대판 1993. 3. 16. 92도3170).

2) 주관적 요소

가. 점유의사   형법상의 점유가 인정되기 위해서는 물건에 대한 사실상의 지배의사, 즉 점유의사가 필요하다.

점유의사는 개별적으로 결정되는 것이 아니라 일반적·획일적으로 결정된다. 따라서 현실적으로는 점유의사가 있다고 볼 수 없는 유아(乳兒)나 심신상실자, 수면자 등에게도 점유의사가 인정된다. 이것은 형법의 점유개념도 어느 정도 추상화됨을 의미한다.¹⁾ 또한 우체통에 들어온 우편물과 같이 점유자가 물건을 인식하지 못해도 점유의사는 인정될 수 있다.

> **[대판 1988. 4. 25. 88도409]** 어떤 물건을 잃어버린 장소가 당구장과 같이 타인의 관리 아래 있을 때에는 그 물건은 일응 그 관리자의 점유에 속한다 할 것이고, 이를 그 관리자 아닌 제3자가 취거하는 것은 유실물횡령이 아니라 절도죄에 해당한다.²⁾
>
> **[대판 1994. 10. 11. 94도1481]** 육지로부터 멀리 떨어진 섬에서 광산을 개발하기 위한 물건을 섬으로 반입하였다가 광산개발이 불가능해지자 육지로 반출하는 것을 포기하고 그대로 유기하여 둔 채 섬을 떠난 후 10년 동안 그 물건들을 관리하지 않고 있었다면, 원소유자나 그 상속인이 그 물건들을 점유할 의사로 사실상 지배하고 있었다고는 볼 수 없다.

　　나. 사자의 점유　　사자(死者)의 물건을 절취한 경우, 사자나 상속자의 점유는 인정되지 않으므로 점유이탈물횡령죄가 된다는 견해, 사자의 점유를 인정하여 절도죄가 된다는 견해 등이 있다. 판례는 일정시간 내에서는 사자의 생전의 점유를 침해한 것으로서 절도죄가 된다고 한다.

> **[대판 1993. 9. 28. 93도2143]** 피고인이 피해자를 살해한 방에서 피해자 곁에 4시간 30분쯤 있다가 그 곳에 있던 피해자가 소지하는 물건들을 영득의 의사로 가지고 나온 경우 피해자가 생전에 가진 점유는 사망 후에도 여전히 계속되는 것으로 보아야 한다.

　　형법에서는 물리적·현실적 요소를 중시하므로 사자의 점유나 사자의 생전점유를 인정하지 말아야 할 것이다.

　　3) 사회적·규범적 요소

　　가. 의　　의　　형법상 점유도 현실적·물리적 요소에 의해서만 결정되지 않고 사회적·규범적 요소에 의해 수정된다. 이는 형법상 점유도 민법에서와 같

---

1) 대판 1956. 8. 17. 4289형상170: 설사 피해자가 졸도하여 의식을 상실한 경우에도 현장에 일실된 피해자의 물건은 자연히 그 지배하에 있는 것으로 보아야 할 것이다.
2) 같은 취지, 대판 2007. 3. 15. 2006도9338(피씨방에 두고 간 다른 사람의 핸드폰을 취한 행위가 절도죄에 해당한다고 한 사례); 대판 2002. 1. 11. 2001도6158(당구장에 두고 간 다른 사람의 물건을 들고 간 행위가 절도죄에 해당한다고 한 사례).

이 점유개념이 어느 정도 규범화·추상화된다는 것을 의미한다.

나. 점유개념의 확대   물건을 사실상 지배하지 못하고 있어도 사회규범적으로 점유를 인정하여 점유개념이 확대되는 경우가 있다. 주차장이나 도로변에 세워둔 차, 강간피해자가 도피하면서 범행현장에 두고 간 물건(대판 1984. 2. 28. 84도38), 해외여행자의 집에 있는 물건 등도 주인의 점유가 인정된다.

다. 점유개념의 축소문제   음식점에서 손님이 사용하는 그릇의 경우 사회규범적으로 손님이 아닌 주인에게만 점유가 인정된다는 견해가 있다. 그러나 사회규범적 요소를 물리적·현실적 요소보다 중시하는 것은 부당하므로, 공동점유를 인정해야 한다. 판례도 점유보조자의 점유를 인정한다(대판 1982. 3. 9. 81도3396; 대판 1968. 10. 29. 68도1222).

(4) 자기점유와 타인점유

1) 자기점유와 타인점유   절도·강도·사기·공갈·권리행사방해죄는 타인 점유의 재물·물건에 대해서만 성립하고, 횡령죄는 자기 점유의 재물에 대해서 성립할 수 있다. 점유이탈물횡령죄는 타인이 점유하지 않는 재물에 대해서 성립할 수 있다.

[대판 2008. 7. 10. 2008도3252] 어떤 물건이 타인의 점유하에 있다고 할 것인지의 여부는, 객관적인 요소로서의 관리범위 내지 사실적 관리가능성 외에 주관적 요소로서의 지배의사를 참작하여 결정하되 궁극적으로는 당해 물건의 형상과 그 밖의 구체적인 사정에 따라 사회통념에 비추어 규범적 관점에서 판단할 수밖에 없다. … 임차인이 임대계약 종료 후 식당건물에서 퇴거하면서 종래 사용하던 냉장고의 전원을 켜 둔 채 두었다가 약 1개월 후 철거해 가 그 기간 동안 전기가 소비된 경우, 임차인이 퇴거 후에도 냉장고에 관한 점유·관리를 그대로 보유하고 있었다고 보아야 하므로, 이는 당초부터 자기의 점유·관리하에 있던 전기를 사용한 것일 뿐 타인의 점유·관리하에 있던 전기가 아니어서 절도죄가 성립하지 않는다.
[대판 1995. 9. 5. 94도3033] 상사와의 의견 충돌 끝에 항의의 표시로 사표를 제출한 다음 평소 피고인이 전적으로 보관, 관리해 오던 이른바 비자금 관계 서류 및 금품이 든 가방을 들고 나온 경우, 불법영득의 의사가 있다고 할 수 없을 뿐만 아니라, 그 서류 및 금품이 타인의 점유하에 있던 물건이라고도 볼 수 없다.[1]

---

1) 기타 타인의 점유를 부정한 판례로, 대판 1986. 8. 19. 86도1093; 대판 1983. 2. 22. 82도3092; 대판 1982. 3. 9. 81도3396; 대판 1981. 8. 25. 80도509; 대판 1972. 8. 31. 72도1449; 대판 1968. 10. 29. 68도1222; 대판 1964. 11. 17. 64도515; 대판 1957. 6. 22. 4289민상428 등.

2) 단독점유와 공동점유

가. 단독점유와 공동점유의 구별   단독점유인가 공동점유인가는 구체적
사정에 따라 정해야 한다. 예를 들어 재물에 대한 운반을 위탁한 경우 운반자의
점유는 인정된다. 반면에 위탁자의 경우 운반자를 현실적으로 통제할 수 있는지
여부에 따라 점유의 인정여부가 결정된다.[1]

나. 공동점유   공동점유는 대등관계에 의한 공동점유와 상하관계에 의한
공동점유에 따라 점유의 귀속 여부가 달라진다.

A. 대등관계에 의한 공동점유   동업자간의 점유와 같이 대등관계에 의한
공동점유(지분이 다르더라도 상관없다)는 타인점유로 본다.

> **[대판 1995. 10. 12. 94도2076]** 동 업체에 제공된 물품은 동업관계가 청산되지 않
> 는 한 동업자들의 공동점유에 속하므로, 그 물품이 원래 피고인의 소유라거나 피
> 고인이 다른 곳에서 빌려서 제공하였다는 사유만으로는 절도죄의 객체가 됨에 지
> 장이 없다.

B. 상하관계에 의한 점유   가게의 주인과 종업원의 점유와 같이 상하관계
에 의한 점유의 경우 상위점유자에게는 자기점유, 하위점유자에게는 타인점유가
인정된다. 예컨대 주인이 종업원 몰래 가게의 물건을 가져가도 자기점유가 인정
되어 절도죄가 성립할 수 없다. 반면 종업원이 주인 몰래 물건을 가져간 경우에
는 타인점유가 인정되어 절도죄가 성립한다.

그러나 상위점유자의 특별한 위탁에 의해 하위점유자가 보관하게 된 물건은
하위점유자의 단독점유에 속한다(대판 1986. 8. 19. 86도1093; 대판 1968. 10. 29. 68도1222 등).

다. 봉함물 및 잠금장치된 물건의 점유   포장 후 봉해서 위탁한 물건의
경우 ① 구체적인 위탁관계에 따라 형식적 위탁관계이면 위탁자에게 점유가 있
고, 실질적 위탁관계이면 수탁자의 단독점유가 인정된다는 견해(다수설), ② 내용
물과 포장물이 모두 수탁자의 단독점유하에 있다는 견해, ③ 포장물과 내용물 모
두 위탁자의 단독점유하에 있다는 견해,[2] ④ 포장물 전체는 수탁자, 내용물은 위

---

1) 대판 1957. 10. 20. 4290형상281; 대판 1982. 11. 23. 82도2394; 대판 1969. 7. 8. 69도798 등
   도 참조.
2) 대판 1956. 1. 27. 4288형상375: 보관계약에 따라 보관 중인 포장된 가마니 속의 정부 소
   유미의 점유는 정부에 있다 할 것이므로 이를 탈취한 보관자의 행위는 횡령죄가 아닌 절
   도죄에 해당한다.

탁자의 점유하에 있다고 하는 견해 등이 대립한다.

형법상의 점유에서는 현실적·물리적 지배관계를 좀더 중시해야 하므로 포장물의 위치, 그에 대한 접근가능성이나 포장물의 이동가능성 등을 종합하여 수탁자 혹은 위탁자의 단독점유나 양자의 공동점유를 인정해야 할 것이다.

자물쇠 등 잠금장치가 되어 위탁된 용기의 내용물의 점유에 대해서도 위와 같은 원리에 의해 해결해야 한다. 예를 들어 수탁자만이 열쇠를 갖고 있고 용기를 이동할 수 없을 때에는 수탁자만이, 위탁자만이 열쇠를 갖고 있고 위탁자가 언제든 용기에 접근할 수 있을 때에는 위탁자만이, 수탁자도 열쇠를 가지고 있을 때에는 공동점유를 인정해야 할 것이다.

> [대판 1984. 1. 31. 83도3027] 인장이 든 돈 궤짝을 별개 가옥에 별거 중인 남편이 그 거주가옥에 보관 중이었다면 처가 그 돈 궤짝의 열쇠를 소지하고 있었다고 하더라도 그 안에 든 인장은 처의 단독보관이 아니라 남편과 공동보관하에 있다고 보아야 한다.

Ⅳ. 불법영득의사

1. 서　　론

불(위)법영득의사는 독일형법의 'die Absicht, sich rechtswidrig zuzueignen'에서 유래된 용어이다. 독일형법은 절도·강도·사기·공갈죄 등에서 고의 이외에 불법영득의사 또는 불법이득의사를 명문으로 규정하였다. 그러나 횡령·배임죄에서는 이를 규정하고 있지 않다.

우리 형법에는 불법영(이)득의사가 명문으로 규정되어 있지 않지만, 독일형법학의 영향으로 영(이)득죄의 성립에 불법영(이)득의사의 요부, 그 내용, 체계적 지위 등이 논란되고 있다.

2. 불법영득의사의 필요여부

(1) 필 요 설

통설·판례는 긍정설을 따르면서, ① 절도·재물강도, 재물사기·공갈, 횡령죄 등과 같이 소유권을 침해하는 범죄에서는 점유침해 의사 이외에 소유권 침해의사가 필요하고, ② 영득죄와 손괴죄를 구별하는 요소로서 불법영득의사가 필요하고, ③ 소위 사용절도 등에서는 불법영득의사가 없어 절도죄 등이 성립하지 않는다고 해야 한다는 것 등을 근거로 든다.

(2) 불필요설

불필요설은 ① 명문의 규정이 다른 독일형법의 해석론을 우리 형법에 받아들일 필요가 없고, ② 영득의사는 고의의 한 내용으로 파악하면 족하다는 것 등을 근거로 든다.

3. 불법영득의사의 내용

통설·판례는 불법영득의사를 "권리자를 배제하고 타인의 재물을 자기의 소유물과 같이 사용·수익·처분할 의사"라고 한다.

(1) 소극적 요소

소극적 요소는 권리자를 배제하는 의사이다. 권리자를 일시적으로만 배제하는 경우에는 사용절도 등이 될 수 있으므로 어느 정도 긴 시간 또는 영구적으로 권리자를 배제하려는 의사여야 한다.

(2) 적극적 요소

적극적 요소는 타인의 재물을 자기의 소유물같이 사용·수익·처분하려는 의사이다. 이와 같이 적극적으로 재물의 효용을 향유하겠다는 점에서 재물의 효용을 상실·감소시켜 권리자의 재물효용의 향유를 방해하겠다는 손괴의사와 구별된다. 효용향유도 일시사용의 정도를 넘어서는 것이어야 한다.

4. 불법영득의사의 체계적 지위

(1) 초과주관적 구성요건요소설

통설은 불법영득의사를 고의와 구별되는 초과주관적 구성요건요소라고 한다. 이 견해는 고의의 대상이 되는 절취·강취·재물을 교부받는 등의 실행행위는 점유의 취득만을 하므로, 목적범에서 목적과 같이 고의를 초과하는 불법영득의사가 필요하다고 한다.

(2) 고의요소설

이 견해는 불법영득의사가 명문으로 규정되어 있지 않으므로 고의의 한 내용으로 파악하면 된다고 한다. 이 견해에 의하면 절취·강취 등의 실행행위에는 점유취득뿐만 아니라 영득행위도 포함되어 있다.

5. 불법영득의사의 객체

(1) 문제의 소재

예금통장, 현금카드, 신용카드 등은 재물 자체의 경제적 가치는 작지만, 그것을 활용하여 커다란 경제적 가치를 얻을 수 있다. 따라서 타인의 신용카드나 현금카드로 현금을 인출한 후 제자리에 갖다놓는 것과 같이 이러한 물건들을 일시 사용하여 경제적 가치를 취득한 후 물체 그 자체는 반환한 경우 신용카드나 현금카드 등 물건 그 자체에 대한 재산범죄가 성립하는지 문제된다.

(2) 통설·판례

통설·판례[1]는 영득의사의 객체는 물체 혹은 그 물건이 가지고 있는 기능가치라고 한다. 다만 물체는 반환하고 가치만을 취득한 경우 언제나 불법영득의사를 긍정하면 이득죄와 재물죄의 구별이 불가능해질 수 있다. 그리하여 위와 같은 물건들과 결합되어 있는 특수한 기능가치를 취득하여 그 물건들의 경제적 가치를 감소·소멸시키는 경우에는 불법영득의사를 인정할 수 있다고 한다.

그리하여 후술하는 것과 같이 타인의 신용카드로 현금을 인출하고 신용카드를 즉시 반납한 경우 신용카드에 대한 절도죄가 성립하지 않지만(대판 1999. 7. 9. 99도857), 예금통장으로 현금을 인출하고 예금통장을 즉시 반납한 경우에도 예금통장에 대한 절도죄는 성립한다고 한다(대판 2010. 5. 27. 2009도9008).

또한 판례는 어떠한 물건을 점유자의 의사에 반하여 취거하는 행위가 결과적으로 소유자의 이익으로 되거나 소유자의 추정적 승낙이 있다고 볼 만한 사정이 있다 하더라도, 다른 특별한 사정이 없는 한 불법영득의사가 인정되므로 절도죄가 성립한다고 한다(대판 2014. 2. 21. 2013도14139).[2]

6. 불법영득의사의 인정범위

예를 들어 특정물의 인도기일이 경과했음에도 불구하고 인도하지 않자 무단으로 그 물건을 가져온 경우 다수설은 불법취거는 있지만 영득은 불(위)법하지 않

---

1) 대판 1992. 9. 8. 91도3149; 대판 1981. 10. 13. 81도2394.
2) 그러나 불법영득의사는 타인소유의 재물을 자기의 소유물처럼 사용, 수익, 처분하려는 의사이기 때문에 소유자를 위하여 타인의 재물을 취거한 경우에는 절도죄가 아니라 권리행사방해죄를 인정해야 할 것이다.

으므로 불법영득의사가 인정되지 않는다고 한다. 그러나 판례는 취거나 영득 중 어느 하나만 불법하면 불법영득의사가 인정된다고 한다.

> **[대판 1973. 2. 28. 72도2538]** 절도 행위의 객체는 점유라 할 것이므로 피고인이 점유자의 승낙을 받지 않고 물품들을 가져갔다면 그 물품에 대한 반환 청구권이 피고인에게 있었다 하여도 피고인의 그 행위는 절도행위에 해당한다.

위의 경우 채무자의 이행에 의하지 않았으므로 취거뿐만 아니라 영득 자체도 위법하다고 해야 하므로 판례의 입장이 타당하다.

7. 통설 · 판례에 대한 비판

명문의 규정이 없음에도 불구하고 불법영(이)득의사가 필요하다고 하는 통설 · 판례는 다음과 같은 이유에서 부당하다.

첫째, 불법영득의사에서 의사란 독일어의 Absicht를 번역한 것으로서 여기에서의 Absicht는 우리 형법상의 용어로는 '목적'이라고 번역해야 한다. 즉 통설 · 판례는 목적 대신 의사라는 용어를 사용함으로써 재산범죄들을 목적범으로 해석하는 잘못을 무의식적으로 은폐하고 있다.

둘째, 독일형법에서는 권리행사방해죄나 절도죄 및 강도죄의 행위태양이 모두 점유자의 의사에 반한 점유의 취득인 취거(取去)이다. 그런데 우리 형법에서는 권리행사방해죄의 행위태양은 '취거'이지만, 절도죄나 강도죄의 행위태양은 '절취' · '강취'로 되어 있다. 이와 같이 법률에 다른 용어가 사용된 경우 서로 다른 개념이라고 하는 것이 해석의 기본원칙이다. 절취와 강취가 다르듯, 절취와 취거, 강취와 강제취거도 다른 개념이다. 권리행사방해죄의 객체는 자기소유의 물건이므로 영득은 불가능하고 점유이전만이 가능하다.

그러나 절도죄와 강도죄의 객체는 타인이 점유하는 타인소유의 재물이므로 절취와 강취는 점유의 이전과 영득을 포함하는 개념이라고 해석해야 한다. 실행행위는 고의의 대상이므로 영득은 고의의 대상이지 목적의 대상이 아니다.

셋째, 독일형법에서도 횡령죄와 배임죄에는 불법영(이)득의사가 명문으로 규정되어 있지 않고, 이에 따라 이들 범죄에서는 불법영(이)득의사를 필요로 하지 않는다고 해석한다.

넷째, 설사 절취, 강취에 영득이 포함되지 않고, 따라서 영득의 목적으로 취거해야 절도죄에 해당된다 하더라도, '영득'의 의사만 있으면 되지 '불법영득'의 의사까지 필요하다고 할 필요는 없다. 불법은 위법인데 불법영득의사

를 구성요건요소라고 하면 위법성을 구성요건 단계에서 판단해야 하는 혼란
이 있다. 예컨대 긴급피난으로 타인의 재물을 절취한 경우 절도죄의 구성요
건해당성은 있지만 긴급피난으로 위법성이 조각되는지 불(위)법영득의사가
없어 절도죄의 구성요건해당성조차 없는지 혼란스럽다.

　다섯째, 영득죄에 불법영득의사가 필요하다고 한다면 손괴죄에는 불법손괴
의사가 필요하다고 해야 한다. 소유자에게 돌려주기 위한 의사로 혹은 재물
의 효용을 증대시키기 위한 의사로 재물을 취거한 경우 절도죄뿐만 아니라
손괴죄도 성립하지 않는다. 취거만으로는 절도죄가 성립할 수 없기 때문에
불법영득의사가 필요하다고 하면 마찬가지로 취거만으로는 손괴죄가 성립할
수 없기 때문에 손괴죄 성립에 불법손괴의사가 필요하다고 해야 한다. 그러
나 독일이건 우리나라이건 손괴죄 성립에 불법손괴의사가 필요하다고 하지는
않는다. 이는 불법손괴의사라는 개념을 사용하지 않아도 손괴죄의 인정에 별
어려움이 없기 때문이다. 마찬가지로 불법영득의사라는 개념을 사용하지 않
아도 영득죄를 인정하는 데에 별 문제점이 없다.

　여섯째, 절도·강도죄 등과 같이 현실적으로 판단이 어렵지 않은 범죄들에
대해 불법영득의사와 같이 어려운 개념을 사용하는 독일의 입법방식은 결코
바람직하지 않다. 좀더 바람직하게 규정되어 있는 우리 형법의 해석에 바람
직하지 않은 입법방식을 취하고 있는 독일형법의 해석론을 받아들이는 것은
참으로 이상한 일이다.

　결국 우리 형법에서는 불법영득의사를 도입할 필요가 없이 절취·강취 등
은 '취거와 영득'을 포함하므로 취거도 영득도 모두 고의의 대상이 된다고
하면 족하다.

제 2 절 절도의 죄

Ⅰ. 총 설

1. 개념 및 보호법익

(1) 개념 및 성격

　절도죄는 타인이 점유하는 타인의 재물을 절취하는 죄이다. 재물만을 객체로
하는 순수 재물죄이다. 권리자의 의사에 반하여 점유를 취득한다는 점에서 강도
죄와 같이 탈취죄에 속하고, 사기·공갈죄와 같이 상대방의 하자있는 의사에 기

해 재물을 취득하는 편취죄와 구별된다.

형법 제329조	독일형법 제242조
타인의 재물을 절취한 자는 6년 이하의 징역 또는 1천만원 이하의 벌금에 처한다.	자기가 위법하게 영득하거나 제3자로 하여금 위법하게 영득하게 할 의사로써 타인의 동산을 취거한 자는 5년 이하의 징역 또는 벌금에 처한다.

(2) 보호법익

1) 논의의 실익   절도죄의 보호법익 문제는 형법에서는 친족상도례(제344조, 제328조 2항)와, 형사소송법에서는 피해자가 누구인가와 관련하여 중요한 의미를 지닐 수 있다. 절도죄의 보호법익이 소유권이라고 한다면 원칙적으로 행위자와 소유자 사이에 친족관계가 있으면 친족상도례의 규정이 적용되고, 소유자만이 피해자가 된다. 그러나 점유도 보호법익이라고 한다면 절취자와 점유자 사이에도 친족관계가 있어야 친족상도례가 적용되고, 점유자도 피해자가 된다.

2) 학설의 대립

가. 소유권설   이 견해는 ① 소유권 이외의 물권은 권리행사방해죄(제323조)에 의해 보호되고, ② 절도죄 등에서 점유는 행위객체의 요소이지 보호법익이 아니므로 점유도 보호법익이라고 하는 것은 행위의 객체와 보호의 객체(보호법익)를 혼동하는 것이고, ③ 절도죄 등에서 타인의 점유는 반드시 보호할 만한 가치가 있는 점유에 국한되지 않으므로 점유를 보호법익이라고 할 수 없다는 등의 근거를 든다.

나. 점 유 설   이 견해는 절취는 타인의 점유에 대한 침해를 내용으로 하기 때문에 점유도 절도죄의 보호법익이라고 한다.

다. 소유권 및 점유설   절도죄의 주된 보호법익은 소유권이고 부차적 보호법익은 점유라는 견해로서, ① 권리행사방해죄의 보호법익은 점유이고, 횡령죄의 보호법익은 소유권인데, 절도죄의 법정형이 이들보다 높은 것은 절도죄의 보호법익이 소유권 및 점유이기 때문이고, ② 절도죄의 실행행위인 절취는 그 개념상 점유의 침해를 내포하고 있으므로 점유도 보호법익이 된다고 보아야 하고, ③ 점유를 상실한 소유권은 대부분 그 의미를 상실하게 된다는 것을 근거로 든다.

라. 결   어   점유설은 타인이 점유하는 자기의 재물을 취거한 경우

절도죄가 아니라 권리행사방해죄(제323조)가 성립하는 이유를 설명하기 곤란하다. 소유권설에 의하면 절도죄와 횡령죄의 구별이 곤란하고, B가 임대하여 사용하고 있던 A 소유의 재물을 甲이 절취한 경우 A만 피해자라고 해야 하는 문제가 있다.

이런 의미에서 소유권 및 점유설이 타당하지만, 이 견해도 민법상의 소유권개념을 따르는 문제점이 있다. 예를 들어 부산에 사는 A가 서울의 지하철에서 습득한 B 소유의 재물을 부산으로 가져가 평온하게 사용하고 있는데, A의 아들 甲이 그것을 절취한 경우 소유권 및 점유설에 의하면 A·B 모두 피해자가 되고, 甲에게 친족상도례가 적용되지 않는다. 그러나 甲의 절도행위의 피해자는 A뿐이고 따라서 친족상도례가 적용된다고 하는 것이 더 합리적이라고 생각된다. 이 경우 甲의 절도행위로부터 보호를 받아야 할 사람은 그 물건을 사실상 소유하고 있는 A이지, 민법상 소유권자인 B가 아니다.

따라서 절도죄의 보호법익은 민법상의 소유권이 아니라 재물을 사용·수익·처분하는 '사실상의 소유상태'라고 해야 한다. 영득은 사실상의 소유자가 되는 것을 말하고 "훔친 물건을 훔쳐도 도둑질이다"라고 하는 것은 원래 주인에 대한 도둑질이 아니라 현재 그 물건을 가지고 있는 사람에 대한 도둑질이라는 의미이다. 이 경우 현재 그 물건을 가지고 있는 사람은 민법상의 소유권자가 아니라 사실상의 소유자이고, 절도죄의 보호법익은 후자를 의미한다고 해야 한다.[1]

(3) 보호의 정도

절도죄의 보호의 정도는 침해범이다. 절도죄의 보호법익은 소유권이고 절도피해자가 소유권을 상실하지는 않기 때문에 본죄를 추상적 위험범으로 해석해야한다는 견해가 있으나, 이는 소유권의 상실과 소유권의 침해를 혼동한 것이다. 피해자가 소유권을 상실하지 않더라도 소유권이 침해되었다고 할 수는 있기 때문이다.

2. 절도죄 구성요건체계

절도죄의 기본적 구성요건은 제329조의 단순절도죄이다. 야간주거침입절도죄(제330조), 특수절도죄(제331조)는 불법이 가중된 범죄유형이고, 상습절도죄(제332

---

1) 절도·강도죄 등으로 소유권을 침해할 수는 있지만 민법상 소유권을 상실케 할 수는 없다. 따라서 형법은 후자가 아니라 전자의 상태 즉, 소유권자가 그 소유권을 제대로 행사할 수 없는 상태가 초래되는 것을 방지하려고 한다. 여기에서 절도죄등의 보호법익을 소유권이라 하더라도 그것이 민법상의 소유권이 아님이 분명해진다.

조)는 책임이 가중된 범죄유형이다. 자동차등불법사용죄는 불법이 감경된 범죄유형이다(제331조의2). 절도죄의 미수범은 처벌하고(제342조), 친족상도례규정(제344조, 제328조 2항)과 임의적 자격정지 병과규정(제345조) 및 동력규정(제346조) 등이 있다.

형사특별법이나 행정형법에는 절도죄에 대한 가중적 구성요건이 매우 많다. 「산림자원의 조성 및 관리에 관한 법률」 제73조, 특정범죄가중법 제5조의4 및 제9조, 군형법 제75조, 「한국조폐공사법」 제19조 등이 그 예이다. 그러나 이들 규정들은 모두 불필요한 옥상옥의 규정들로서 삭제해야 한다.

Ⅱ. 단순절도죄

> 제329조(절도)   타인의 재물을 절취한 자는 6년 이하의 징역 또는 1천만원 이하의 벌금에 처한다.

1. 구성요건

(1) 행위의 객체

1) 타인이 점유하는 타인소유의 재물   본죄의 객체는 '타인의 재물'로 규정되어 있다. '타인'의 재물은 '타인소유'의 재물을 말한다. 또한 횡령죄·점유이탈물횡령죄 등과의 관계상 자기점유의 재물이나 점유이탈물이 아닌 '타인점유'의 재물이어야 한다. 결국 절도죄의 객체는 '타인이 점유하는 타인 소유의 재물'이다.

재물이란 '재산적 가치가 있고 물리적으로 관리가능한 유체물 또는 동력'을 의미한다. 정보,[1] 서비스[2] 등은 절도죄의 객체가 될 수 없다.

2) 부동산의 객체성   부동산도 절도죄의 객체가 되는지 문제된다.

가. 부 정 설   다수설은 다음과 같은 근거를 든다.

첫째, 역사적으로 절도죄의 객체는 로마법 이래 동산에 국한되어 왔다.

둘째, 절도죄는 탈취죄로서 점유의 이전을 요하는데 부동산은 점유이전이 불

---

1) 대판 2002. 7. 12. 2002도745: 컴퓨터에 저장되어 있는 '정보' 그 자체는 유체물이라고 볼 수도 없고 물질성을 가진 동력도 아니므로 재물이 될 수 없다.
2) 대판 1998. 6. 23. 98도700: 타인의 전화기를 무단으로 사용하여 전화통화를 하는 행위는 전기통신사업자의 음향송수신기능을 부당하게 이용하는 것으로, 이러한 내용의 역무는 물리적 관리의 대상이 될 수 없어 재물이 아니므로 절도죄가 되지 않는다.

가능하다.

셋째, 부동산은 절도죄로부터 보호의 가치는 있으나 보호의 필요는 없다. 즉 부동산절도로 생각할 수 있는 방법은 ① 부동산명의를 절취하는 방법, ② 타인의 경계를 침범하는 방법 등이 있는데, ①의 경우에는 문서위조죄 및 동행사죄, 공정증서원본등부실기재죄(제228조) 등으로 처리하면 족하고, ②의 경우에는 경계침범죄(제370조)나 주거침입죄(제319조)로 처벌하면 족하다.

나. 긍 정 설　　소수설은 다음과 같은 근거를 든다.

첫째, 절도죄의 객체를 '동산'(bewegliche Sache)으로 한정한 독일형법과 달리 우리 형법은 단순히 '재물'이라고 하고 있으므로 부동산을 절도죄의 객체에서 배제할 이유가 없다.

둘째, 부동산명의를 절취하는 경우에도 문서위조죄 등과 절도죄의 상상적 경합이라고 해도 부당할 것이 없다.

셋째, 경계침범죄는 영득죄가 아닌 손괴죄이므로 경계를 침범하여 타인의 부동산을 영득하는 행위는 절도죄로도 벌해야 하고 경계침범죄로만 벌하는 것은 균형에 맞지 않는다.

넷째, 명인방법으로 부동산소유권을 공시하는 수목 또는 미분리의 과실에 대해 명인방법의 개서 등을 통해 절취하는 행위를 절도죄로 처벌할 실익이 있다.

다. 결　　어　　입법론적으로는 몰라도 해석론적으로는 부동산을 절도죄의 객체에서 제외해야 할 이유가 없으므로 긍정설이 타당하다.

3) 타인소유의 재물　　절도죄의 객체는 타인소유의 재물이다. 타인소유인가는 일차적으로 민법상의 소유권귀속에 의해 결정된다. 그러나 민법상으로 소유권이 인정되지 않는 금제품·금제물 등도 형법상으로는 타인소유의 재물이 될 수 있다. 공동소유물은 타인소유물로 본다.[1]

판례에 의하면, 금전 절도범이 다른 금전과 명백하게 구분되게 소지하고 있는 절취한 금전은 절도피해자(대판 2012. 8. 30. 2012도6157),[2] 명의대여약정에

---

[1] 대판 1994. 11. 25. 94도2432; 대판 1990. 9. 11. 90도1021.
[2] 대판 2012. 8. 30. 2012도6157: 甲이 乙의 돈을 절취한 다음 다른 금전과 섞거나 교환하지 않고 쇼핑백 등에 넣어 자신의 집에 숨겨두었는데, 피고인이 乙의 지시로 丙과 함께 甲에게 겁을 주어 위 돈을 교부받아 갈취하였다고 하여 폭력행위 등 처벌에 관한 법률 위반(공동공갈)으로 기소된 사안에서, 위 금전을 타인인 甲의 재물이라고 할 수 없어 공갈죄가 성립된다고 볼 수 없다고 본 사례.

따른 신청에 의하여 발급된 영업허가증과 사업자등록증을 명의수여자가 인도받은 경우 명의수여자(대판 2004. 3. 12. 2002도5090), 타인의 토지상에 권원없이 식재한 수목[1])과 그 과실은 토지소유자(대판 1998. 4. 24. 97도3425) 등의 소유에 속한다.

자동차명의신탁의 경우 내부자 사이에서는 명의신탁자의 소유로 인정되지만[2]) 제3자에 대한 관계에서는 명의수탁자의 소유로 인정된다. 따라서 제3자가 명의수탁자와 공모하여 명의신탁자가 주차하여 둔 자동차를 몰래 가져간 경우 절도죄의 공모공동정범이 성립하고(대판 2007. 1. 11. 2006도4498), 명의수탁자가 제3자에게 양도한 자동차를 명의신탁자가 몰래 가져간 경우(대판 2014. 9. 25. 2014도8984)에는 (제3자가 유효하게 소유권을 취득하므로) 절도죄가 성립한다.

4) 타인점유의 재물   본죄의 객체는 타인이 점유하는 재물이다. 자기점유의 재물, 점유이탈물, 누구의 점유하에도 있지 않은 재물은 본죄의 객체가 될 수 없다. 공동점유는 상위점유자에게는 자기점유가 되고, 하위점유자에게는 타인점유가 된다.

[대판 1983. 2. 8. 82도696] 양식어업권의 면허를 받았다는 사실만으로써 곧 당해 구역 내에 자연적으로 번식하는 수산동·식물에 관하여 당연히 소유권이나 점유권을 취득한다고 할 수는 없다.
[대판 2016. 12. 15. 2016도15492] 강제경매절차에서 건물의 인도명령의 집행이 이루어지기 전까지 건물 외벽에 설치된 전기코드에 선을 연결하여 컨테이너로 전기를 공급받아 사용하였다고 하더라도 이는 당초부터 피고인이 점유·관리하던 전기를 사용한 것에 불과할 뿐, 이를 타인이 점유·관리하던 전기를 사용한 것이라고 할 수 없다.

---

1) 그러나 타인 소유의 토지에 수목을 식재할 당시 토지의 소유권자로부터 그에 관한 명시적 또는 묵시적 승낙·동의·허락 등을 받았다면, 이는 민법 제256조에서 부동산에의 부합의 예외사유로 정한 '권원'에 해당한다고 볼 수 있으므로, 해당 수목은 토지에 부합하지 않고 식재한 자에게 그 소유권이 귀속된다(대판 2023. 11. 26. 2023도11885).
2) 대판 2013. 2. 28. 2012도15303: 피고인이 자신의 명의로 등록된 자동차를 사실혼 관계에 있던 甲에게 증여하여 甲만이 이를 운행·관리하여 오다가 서로 별거하면서 재산분할 내지 위자료 명목으로 甲이 소유하기로 하였는데, 피고인이 이를 임의로 운전해 간 사안에서, 자동차 등록명의와 관계없이 피고인과 甲 사이에서는 甲을 소유자로 보아야 한다는 이유로 절도죄를 인정한 원심판단을 정당하다고 한 사례.

(2) 실행행위

본죄의 실행행위는 절취이다.

1) 절취의 개념

가. 통설·판례   통설·판례[1]는 절취란 타인이 점유하고 있는 타인의 소유물을 '점유자의 의사에 반하여 그 점유를 배제하고 자기 또는 제3자의 점유로 옮기는 것'으로서 타인의 점유의 배제와 새로운 점유의 취득을 내용으로 한다고 한다. 이는 '절취'를 독일형법의 'wegnehmen'(취거)와 같은 의미로 파악하는 것이다.

   나. 비   판   독일형법에서는 권리행사방해죄와 절도죄의 행위태양이 모두 wegnehmen(취거)이지만,[2] 우리 형법에서 취거는 권리행사방해죄의 행위태양이고, 절도죄의 행위태양은 절취이다. 이와 같이 실정법에서 서로 다른 용어를 사용할 때에는 그 의미를 다르게 해석하는 것이 해석의 기본원칙이다. 따라서 취거는 점유배제와 점유이전을 의미하지만, 절취는 취거 이외에 영득을 포함하는 개념이라고 해석해야 한다.[3]

2) 절취의 요소

가. 점유의 배제

A. 개   념   절취가 되기 위해서는 타인의 의사에 반하여 타인의 점유를 배제해야 한다. 점유의 배제란 기존의 점유자의 재물에 대한 사실상의 지배를 제거하는 것을 말한다. 점유배제의 방법에는 제한이 없다. 부작위나 간접정범의 방법으로도 가능하다.

   B. 점유자의 의사에 반할 것   점유의 배제는 점유자의 의사에 반하여야 한다. 점유자의 의사에 기한 점유의 배제는 절취라고 할 수 없으므로 점유자의

---

1) 대판 2008. 7. 10. 2008도3252; 대판 1999. 11. 12. 99도3801.
2) wegnehmen은 취거를 의미한다. 권리행사방해죄는 자기소유의 물건을 객체로 하므로 점유의 이전인 취거만으로 성립할 수 있다. 절도죄는 타인소유의 재물을 객체로 하므로 절취를 취거라고 해석하면 영득의 목적이나 의사가 필요하다. 독일형법은 절도죄의 행위태양을 취거로 하면서 불법영득의사를 규정하고 있기 때문에, 취거는 고의의 내용이 되고, 불법영득의사는 초과주관적 구성요건요소가 된다.
3) 우리말에서 영득의 의미가 포함되지 않은 점유의 이전은 보통 '-거'(去)라는 용어로 사용된다. 수거, 취거, 제거 등이 그 예이다. 수거는 점유자의 의사에 따른, 취거는 점유자의 의사에 반하는 점유이전을 말한다. 이에 반해 '-취'에서 취는 취득의 줄임말로서 영득의 의미를 포함한다. 수취, 쟁취, 탈취, 절취, 강취, 편취, 사취, 갈취는 모두 점유의 이전뿐만 아니라 소유자가 되려는 영득행위를 포함하고 있다. 절취도 '점유이전'뿐만 아니라 영득을 포함하는 개념이라고 할 수 있다.

승낙은 본죄의 위법성이 아니라 구성요건해당성을 조각한다.[1] 명시적·묵시적 승낙을 불문한다.[2]

　　C. **절취와 사취(詐取)의 구별**　　권리자의 점유를 배제하고 자신 또는 제3자의 점유로 옮기는 과정에서 기망수단을 사용한 경우 절도죄와 사기죄 중 어느 죄가 성립하는지 문제된다. 전자는 권리자의 점유이전의 의사표시가 없는 경우이고, 후자는 점유이전의 의사표시는 있으나 하자있는 경우라는 점에서 구별된다.

　　예를 들어 옷가게에서 옷을 입어 보겠다고 승낙을 받은 후 옷을 입은 채로 도망간 경우 주인이 옷에 대한 점유이전의 의사표시를 한 것이 아니므로 절도죄가 성립한다.[3] 이에 비해 나중에 옷값을 꼭 갚다 주겠다고 속이고 이를 믿은 주인으로부터 옷을 받아 가져간 경우 주인의 점유이전의 의사표시가 있지만 하자있는 의사표시이므로 사기죄가 성립한다.

[대판 1996. 10. 15. 96도2227] (축의금 접수인인 것처럼 행세하면서 하객들로부터 축의금을 교부받아 가로챈 경우) 피해자의 교부행위의 취지는 신부측에 전달하는 것일 뿐 피고인에게 그 처분권을 주는 것이 아니므로, … 피고인의 행위는 신부측 접수처의 점유를 침탈하여 범한 절취행위라고 보는 것이 정당하다.

　　D. **조건부승낙**　　승낙은 조건부로 할 수도 있다. 예를 들어 10개의 물건을 가져가라고 했는데 12개를 가져간 경우 2개의 물건에 대한 절취가 된다.

　　판례는 현금자동지급기의 점유자인 은행 등은 진정한 권리자의 인출만을 조건부로 승낙한 것이라는 취지에서 타인의 현금카드로 비밀번호를 입력하여 현금을 인출한 경우 절도죄를 인정한다(대판 2002. 7. 12. 2002도2134). 절취·강취한 현금카드의 경우도 마찬가지이다(대판 2007. 4. 13. 2007도1377). 그러나 편취(사취·갈취)한 현금카드로 현금을 인출한 경우에는 하자 있는 의사표시이기는 하지만 피해자의 승낙에 기한 것이기 때문에 절취에 해당하지 않는다고 한다(대판 2007. 5. 10. 2007도1375).

---

1) 대판 1966. 5. 31. 66도357: 피고인이 산림소유자의 승낙하에 다른 피고인에게 벌채할 것을 지시한 이상 산림절도죄를 구성한다고는 할 수 없다.
2) 대판 2006. 3. 24. 2005도8081; 대판 1985. 11. 26. 85도1487.
3) 대판 1994. 8. 12. 94도1487(귀금속을 구입할 것처럼 가장하여 피해자로부터 금목걸이를 건네받은 다음 화장실에 갔다 오겠다는 핑계를 대고 도주한 행위가 절도죄에 해당한다고 본 사례); 대판 1983. 2. 22. 82도3115.

나. 점유의 취득   점유의 취득이란 재물에 대한 사실상의 지배를 갖는 것을 말한다. 점유배제는 있었지만 행위자나 제3자의 점유취득이 없는 경우에는 절취가 완성되었다고 할 수 없다. 제3자가 취득한 경우에는 행위자와 제3자 사이에는 의사연락이 있어야 한다.

[대판 1999. 11. 12. 99도3801] 땅속 20cm 깊이에서 탄통 8개와 그 안의 탄약을 확인하고도 전역일에 가지고 나갈 목적으로 그 자리에 다시 파묻어 은닉한 행위만으로 피고인이 종전의 점유자의 의사를 배제하고 새로운 점유를 취득하였다고 보기에 부족하다.

다. 재물의 영득   통설·판례에 의하면 절취는 점유배제와 점유이전인 취거를 의미하고, 영득은 포함하지 않는다.

(3) 주관적 구성요건

1) 고   의   절도죄는 고의범이므로 객관적 구성요건요소인 타인이 점유하는 타인소유의 재물, 권리자의 의사에 반한 취거 등에 대한 의욕 또는 인용이 있어야 한다.

타인의 재물을 자기의 재물로 오인하고 절취한 경우(대판 1983. 9. 13. 83도1762; 대판 1989. 1. 17. 88도971)나 권리자의 의사에 반한다는 것을 인식하지 못한 경우(대판 1983. 6. 28. 83도1132) 등은 과실절도가 된다. 자기의 재물을 타인의 재물로 오인하고 절취한 경우에는 대상의 착오로서 불능미수가 문제될 수 있다.

통설·판례에 의하면 영득의 인식 및 인용은 고의의 내용이 아니다.

2) 불법영득의사   불법영득의사란 '권리자를 배제하고 타인의 재물을 자기의 소유물처럼 사용·수익·처분한다는 의사'를 말한다.

통설에 의하면 절취란 점유의 배제 및 취득 즉 취거를 의미하므로 불법영득의사는 고의와 구별되는 초과주관적 구성요건요소가 된다. 소수설은 불법영득의사는 고의의 한 내용이라고 한다.

[대판 2010. 5. 27. 2009도9008] 타인의 예금통장을 무단사용하여 예금을 인출한 후 바로 예금통장을 반환하였다 하더라도 그 사용으로 인한 위와 같은 경제적 가치의 소모가 무시할 수 있을 정도로 경미한 경우가 아닌 이상, 예금통장 자체가 가지는 예금액 증명기능의 경제적 가치에 대한 불법영득의 의사를 인정할 수 있

으므로 (예금통장에 대한) 절도죄가 성립한다.[1]

[대판 2006. 3. 9. 2005도7819] 직불카드를 사용하여 타인의 예금계좌에서 자기의 예금계좌로 돈을 이체시켰다 하더라도 직불카드 자체가 가지는 경제적 가치가 계좌이체된 금액만큼 소모되었다고 할 수는 없으므로, 이를 일시 사용하고 곧 반환한 경우에는 그 직불카드에 대한 불법영득의 의사는 없다고 보아야 한다.[2]

(4) 사용절도

1) 개   념   사용절도란 예컨대 승낙을 받지 않고 잠깐 타인의 자전거를 탄 후 제자리에 놓는 것과 같이 타인의 재물을 무단으로 취거하여 일시사용한 후 반납하는 것을 말한다. 다만 자동차, 선박, 항공기, 원동기장치자동차의 일시사용행위는 자동차등불법사용죄(제331조의2)에 해당할 수 있다.

2) 사용절도의 요건   사용절도가 되기 위한 요건은 다음과 같다.

첫째, 재물의 취거시 그 재물을 반환할 의사가 있어야 하고, 일시사용 후 실

---

1) 불법영득의사를 인정한 판례로, 대판 2014. 8. 20. 2012도12828; 대판 2014. 2. 21. 2013도14139(甲이 리스한 승용차를 사채업자 A에게 담보로 제공하였고, 사채업자 A는 甲이 차용금을 변제하지 못하자 승용차를 B에게 매도하였는데, 이후 甲이 위 승용차를 발견하고 이를 본래 소유자였던 리스 회사에 반납하기 위하여 취거한 경우 결과적으로 소유자인 리스 회사의 이익으로 된다는 사정 또는 소유자의 추정적 승낙이 있다고 볼 만한 사정이 있다고 하더라도, 다른 특별한 사정이 없는 한 그러한 사유만으로 불법영득의 의사가 없다고 할 수는 없다); 대판 2012.7.12. 2012도1132(피해자의 영업점 내에 있는 피해자 소유의 휴대전화를 허락 없이 가지고 나와 이를 이용하여 통화를 하고 문자메시지를 주고받은 다음 약 1~2시간 후 피해자에게 아무런 말을 하지 않고 위 영업점 정문 옆 화분에 놓아두고 간 경우); 대판 2011. 8. 18. 2010도9570; 대판 2006. 3. 24. 2005도8081; 대판 2005. 6. 24. 2005도2861; 대판 2001. 10. 26. 2001도4546(굴삭기 매수인이 약정된 기일에 대금채무를 이행하지 아니하면 굴삭기를 회수하여 가도 좋다는 약정을 하고 각서와 매매계약서 및 양도증명서 등을 작성하여 판매회사 담당자에게 교부한 후 그 채무를 불이행하자 그 담당자가 굴삭기를 취거하여 매도한 경우, 굴삭기에 대한 소유권 등록 없이 매수인의 위와 같은 약정 및 각서 등의 작성, 교부만으로 굴삭기에 대한 소유권이 판매회사로 이전될 수는 없으므로 굴삭기 취거 당시 그 소유권은 여전히 매수인에게 남아 있고, 매수인의 의사표시 중에 자신의 동의나 승낙 없이 현실적으로 자신의 점유를 배제하고 굴삭기를 가져가도 좋다는 의사까지 포함되어 있었던 것으로 보기는 어렵다는 이유로, 그 굴삭기 취거행위는 절도죄에 해당하고 불법영득의 의사도 인정된다고 한 사례); 대판 1999. 4. 9. 99도519; 대판 1986. 9. 9. 86도1439; 대판 1984. 2. 28. 83도3271; 대판 1958. 1. 24. 4290형상409 등.

2) 불법영득의사를 인정하지 않은 판례로, 대판 2009. 2. 12. 2008도11804; 대판 2000. 10. 13. 2000도3655; 대판 1995. 9. 5. 94도3033; 대판 1992. 9. 8. 91도3149; 대판 1989. 11. 28. 89도1679; 대판 1983. 10. 25. 83도1865; 대판 1977. 6. 7. 77도1069; 대판 1965. 2. 24. 64도795; 대판 1973. 2. 28. 72도2812; 대판 1957. 7. 12. 4290형상104 등.

제로 반환해야 한다. 반환의사없이 취거하거나, 반환의사로 취거하였어도 제자리에 반환하지 않는 경우에는 사용절도가 되지 않는다.

둘째, 일시사용으로 인해 재물의 가치가 현저하게 감소하지 않아야 한다. 일시사용으로 재물의 가치가 현저하게 감소되거나 소멸된 경우에는 사용절도가 되지 않는다.

셋째, 장기간의 사용이 아닌 일시사용이어야 한다. 장기간의 사용인 경우에는 반환하였더라도 사용절도가 되지 않는다.

3) 사용절도의 효과

가. 통설·판례   통설·판례는 사용절도에는 불법영득의사를 인정할 수 없기 때문에 절도죄의 구성요건해당성이 없다고 한다.

[대판 2000. 3. 28. 2000도493] 타인의 재물을 점유자의 승낙없이 무단사용하는 경우 그 사용으로 인하여 재물 자체가 가지는 경제적 가치가 상당한 정도로 소모되거나 또는 사용 후 그 재물을 본래의 장소가 아닌 다른 곳에 버리거나 곧 반환하지 아니하고 장시간 점유하고 있는 것과 같은 때에는 그 소유권 또는 본권을 침해할 의사가 있다고 보아 불법영득의 의사를 인정할 수 있으나,[1] 그렇지 아니하고 그 사용으로 인한 가치의 소모가 무시할 수 있을 정도로 경미하고, 또 사용 후 곧 반환한 것과 같은 때에는 그 소유권 또는 본권을 침해할 의사가 있다고 할 수 없어 불법영득의 의사를 인정할 수 없다.[2]

나. 비   판   그러나 ① 재물의 영득에는 사용도 포함되므로 사용절도에도 비록 경미하지만 영득행위와 영득의사가 있다고 해야 하고, ② 일시사용 후 반환할 의사로 취거하였다가 나중에 반환하지 않은 경우 취거시에는 불법영득의사가 없었음에도 불구하고 절도죄를 인정할 논리적 근거가 박

---

1) 사용절도를 인정하지 않은 판례로, 대판 2012. 7. 12. 2012도1132; 대판 2011. 8. 18. 2010도9570(甲 주식회사 감사인 피고인이 회사 경영진과의 불화로 한 달 가까이 결근하다가 회사 감사실에 침입하여 자신이 사용하던 컴퓨터에서 하드디스크를 떼어간 후 '4개월' 가까이 지난 시점에 반환한 경우 불법영득의사를 긍정한 사례); 대판 1981. 10. 13. 81도2394; 대판 2002. 9. 6. 2002도3465 등.

2) 사용절도를 인정한 판례로, 도장을 몰래 사용한 후 곧바로 제자리에 갖다 놓은 경우(대판 2000. 3. 28. 2000도493), 평소 친분관계가 있던 동네 선배의 차량을 2-3시간 정도 운행한 후 원래 주차된 곳에 갖다 놓은 경우(대판 1992. 4. 24. 92도118), 친구가 근무하는 세차장에 있던 승용차로 2km의 거리를 10분 정도 운행한 경우(대판 1984. 4. 24. 84도311), 파출소로 동료종업원을 만나러 갔다 오기 위해 주인의 차량을 타고 가다가 사고를 낸 경우(대판 1981. 12. 8. 81도1761) 등.

약하다.

따라서 일시사용절도의 경우 영득행위와 영득의사가 있어 절도죄의 구성 요건해당성은 있지만 여러가지 엄격한 요건하에 사회상규에 위배되지 않는 행위로서 위법성이 조각된다고 해야 한다.

2. 책   임

[대판 2002. 5. 24. 2002도1541] 충동조절장애와 같은 성격적 결함은 원칙적으로 심신장애에 해당하지 않지만, 원래의 의미의 정신병이 도벽의 원인이거나 혹은 도벽의 원인이 충동조절장애라도 그것이 매우 심각하여 원래의 의미의 정신병을 가진 사람과 동등하다고 평가할 수 있는 경우에는 그로 인한 절도범행은 심신장애에 의한 범행이 될 수 있다.

절도습벽이 있는 사람이 절도죄를 범한 경우에는 상습절도죄가 된다.

3. 미   수

(1) 실행의 착수시기

본죄의 미수는 처벌한다(제342조). 본죄의 실행의 착수시기는 권리자의 점유를 배제하기 시작하는 시점이다. 통설은 주관적 객관설에 따라 행위자의 범행계획에 의하면 소유권침해의 직접적 행위가 개시된 시점이라고 한다. 그러나 판례는 실질적 객관설인 물색행위설 혹은 밀접행위설을 따른다.[1]

---

1) 실행의 착수를 인정한 판례로, 대판 2003. 6. 24. 2003도1985(방 안까지 들어갔다가 재물을 찾지 못하고 거실로 돌아 나온 경우); 대판 1989. 9. 12. 89도1153(담을 넘어 마당에 들어가 그 곳에 있는 구리를 찾기 위하여 담에 붙어 걸어가다가 잡힌 경우); 대판 1986. 12. 23. 86도2256(자동차 안에 들어 있는 밍크코트를 발견하고 이를 절취할 생각으로 차 문을 열려고 손잡이를 잡아당긴 경우); 대판 1986. 11. 25. 86도2090 및 대판 1984. 12. 11. 84도2524(소매치기가 피해자의 주머니에 손을 넣거나 호주머니에 손을 뻗쳐 그 겉을 더듬은 경우); 대판 1983. 10. 25. 83도2432(선반 위에 놓여진 손가방의 한쪽 걸쇠만 연 경우); 대판 1967. 6. 20. 67도728(창고벽에 구멍을 뚫고 침입하였으나 재물에 손을 대지 않은 경우); 대판 1966. 5. 3. 66도383(라디오를 훔치려고 라디오 선을 건드리다가 발각된 경우) 등. 실행의 착수를 부정한 판례로, 대판 2009. 12. 24. 2009도9667; 대판 1992. 9. 8. 92도1650; 대판 1989. 2. 28. 88도1165; 대판 1986. 10. 28. 86도1753(주간에 아파트 출입문 시정장치를 손괴하거나 물건이 있는 창고문 쪽으로 향하다가 발각된 경우); 대판 1986. 11. 11. 86도1109(가방으로 돈이 들어 있는 피해자의 하의 왼쪽 주머니를 스치면서 지나간 경우); 대판 1985. 4. 23. 85도464(자동차의 유리창을 통하여 그 내부를 손전등으로 비춘 경우);

[대판 2009. 12. 24. 2009도9667] 주간에 절도의 목적으로 타인의 주거에 침입하였다 하여도 아직 절취할 물건의 물색행위를 시작하기 전이라면 특수절도죄의 실행에는 착수한 것으로 볼 수 없다.

[대판 2010. 4. 29. 2009도14554] 건축자재 등을 훔칠 생각으로 공사현장 안으로 들어가 창문을 통하여 건축 중인 아파트의 지하실 안쪽을 살폈을 뿐이고 나아가 위 지하실에까지 침입하였다거나 훔칠 물건을 물색하던 중 동파이프를 발견하고 그에 접근하였다는 등의 사실을 인정할 만한 증거가 없는 이상, … 지하실에 놓여있던 동파이프에 대한 피해자의 사실상의 지배를 침해하는 밀접한 행위라고 볼 수 없다.

(2) 기수시기

절도죄의 기수시기에 대해서는 ① 행위자가 재물에 접촉한 시점이라는 접촉설, ② 재물을 자기 또는 제3자의 사실상의 지배하에 놓은 때라는 취득설, ③ 재물을 점유자의 지배범위로부터 장소적으로 이전한 때라는 이전설, ④ 재물을 안전한 장소에 은닉한 때라는 은닉설 등이 있다. 통설·판례는 취득설을 따른다.

구체적으로 언제 재물을 취득하였느냐에 대해서는 재물의 크기, 이동가능성 기타 행위사정들을 종합적으로 고려하여 판단해야 한다. 반지나 현금 등은 주머니에 넣었을 때에 취득이 있다고 할 수 있지만, 대형 TV나 쌀가마 등 커다란 물건은 어느 정도 점유자의 지배범위를 벗어나야 취득하였다고 할 수 있다.

[대판 1964. 12. 8. 64도577; 대판 1984. 2. 14. 83도3242] 창고에서 물건(자루에 담은 쌀)을 밖으로 들고 나와 운반해 가다가 방범대원들에게 발각되어 체포되었다면 절도의 기수에 해당한다.

[대판 2008. 10. 23. 2008도6080] 입목을 절취하기 위하여 캐낸 때에 절도죄는 기수에 이르고, 이를 운반하거나 반출하는 등의 행위는 필요하지 않다.

[대판 1994. 9. 9. 94도1522] 자동차를 절취할 생각으로 자동차의 조수석문을 열고 들어가 시동을 걸려고 시도하는 등 차 안의 기기를 이것저것 만지다가 핸드브레이크를 풀게 되었는데 그 장소가 내리막길인 관계로 시동이 걸리지 않은 상태에서 약 10미터 전진하다가 가로수를 들이받는 바람에 멈추게 되었다면 절도의 기수에 해당한다고 볼 수 없다.

대판 1983. 3. 8. 82도2944(골목길로 유인하여 돈을 절취할 기회를 엿본 경우) 등.

4. 공   범

(1) 공동정범

절도죄도 공동정범으로 범할 수 있다. 다만 2인 이상의 공동정범이 범행현장
에 있을 때에는 합동절도죄(제331조 2항)가 성립하므로, 공범 중 1인만이 범행현장
에 있고 나머지 공동정범은 현장 외에서 절도범행을 기능적으로 지배한 경우에
절도죄의 공동정범이 인정된다.

예컨대 甲과 乙이 함께 슈퍼마켓에서 물건을 절취했을 경우에는 합동절도죄
(제331조 2항)의 죄책을 진다. 그러나 甲이 집에서 가게에 전화를 걸어 주인을 혼란
케 하고, 이를 이용해 乙이 그 가게에서 재물을 절취한 경우 甲에게도 범행지배
가 인정된다면 甲·乙은 절도죄의 공동정범이 되고, 乙만이 절도범행 현장에 있
었으므로 2인 이상이 범행현장에 있어야 하는 합동절도죄는 성립하지 않는다.

(2) 교 사 범

절도죄의 교사범이 성립하기 위해서는 피교사자로 하여금 절도범행을 결의
하게 하고 피교사자가 절도죄의 실행에 착수하여야 한다. 피교사자가 이미 절도
범행을 결의하고 있을 때에는 방조범이 성립할 수 있을 뿐이다.

[대판 1991. 5. 14. 91도542] ① 피고인이 장물을 상습으로 19회에 걸쳐 매수하여
오다가, 甲·乙에게 드라이버 1개를 사주면서 "丙이 구속되어 도망다니려면 돈도
필요할 텐데 열심히 일을 하라"고 말하였다면, 절도의 교사가 있었다고 보아야
한다. ② 교사범의 교사가 정범이 죄를 범한 유일한 조건일 필요는 없으므로, 교
사행위에 의하여 정범이 실행을 결의하게 된 이상 비록 정범에게 범죄의 습벽이
있어 그 습벽과 함께 교사행위가 원인이 되어 정범이 범죄를 실행한 경우에도 교
사범의 성립에 영향이 없다.
[대판 1984. 5. 15. 84도418] 피고인이 연소한 상피고인에게 밥값을 구하여 오라
고 말한 것이 절도범행을 교사한 것이라고 볼 수 없다.

(3) 방 조 범

정범의 절도범행을 용이하게 한 경우 방조범이 성립한다. 정범이 재물을 절
취하는 동안 망을 보는 행위는 범행지배 유무에 따라 공동정범이나 방조범이 되
는데, 판례는 대체로 공동정범(결과적으로는 합동절도)을 인정한다(대판 1989. 12. 12. 89도

1991; 대판 1986. 7. 8. 86도843 외 다수 판결).

(4) 간접정범

절도죄는 간접정범의 형태로도 범할 수 있다(대판 2006. 9. 28. 2006도2963).

(5) 공범가담의 시기

절도죄는 상태범이므로 범행종료 후라면 제3자는 이미 종료된 절도행위에 대해 가담할 수 없다. 예컨대, 입목을 절취하기 위하여 캐낸 때에 소유자의 입목에 대한 점유가 침해되어 범인의 사실적 지배하에 놓이게 되므로 범인이 그 점유를 취득하고 절도죄는 기수에 이르고, 이후 제3자가 가담하여 함께 위 입목을 반출하여 운반하였더라도 장물운반죄의 성부는 별론으로 하고 절도의 공범(합동절도)이 성립할 수는 없다(대판 2008. 10. 23. 2008도6080 참조).

5. 죄   수

(1) 죄수결정의 기준

절도죄의 보호법익은 소유와 점유를 포함하지만 이는 일신전속적 법익이 아니므로 법익표준설보다는 행위표준설 등에 의해 절취행위의 수에 따라 죄수를 결정해야 한다.

예를 들어 하나의 행위로 한 자리에 있던 여러 사람의 재물을 절취한 경우 하나의 절도죄만이 성립한다(대판 1970. 7. 21. 70도1133). 수개의 절취행위로 여러 사람의 재물을 절취하였을 때에는 절도죄의 경합범이 성립할 수 있으나, 경우에 따라 접속범 혹은 의사의 단일성이 인정될 때에는 연속범이 성립할 수도 있다.

[대판 1989. 8. 8. 89도664] 절도범이 A의 집에 침입하여 그 집의 방 안에서 그 소유의 재물을 절취하고 그 무렵 그 집에 세들어 사는 B의 방에 침입하여 재물을 절취하려다 미수에 그쳤다면 위 두 범죄는 그 범행장소와 물품의 관리자를 달리하고 있어서 별개의 범죄를 구성한다.

(2) 불가벌적 사후행위

절도죄는 상태범이므로 기수가 되면 범죄행위는 종료하고 법익침해의 상태만이 남는다. 따라서 이후 절취물의 처분, 손괴 등의 행위는 그것이 별도의 법익침해행위라고 해도 기존의 법익침해상태에 당연히 포함되는 것이기 때문에 처벌하지 않는다. 이를 불가벌적 사후행위라고 한다. 그러나 절도죄에 당연히 포함되

는 것이라고 할 수 있는 정도를 넘어서는 법익침해행위는 불가벌적 사후행위가
되지 않고 별개의 범죄가 성립한다.

　　판례에 의하면, 절취한 자기앞수표를 현금 대신 교부하거나 현금으로 바꾸
거나(대판 1987. 1. 20. 86도1728; 대판 1982. 7. 27. 82도822), 절취한 열차승차권을
환불받거나(대판 1975. 8. 29. 75도1996), 절취한 원목을 합법적으로 생산된 것
인 것처럼 관계당국을 기망하여 수의계약의 방법으로 매수하거나(대판 1974.
10. 22. 74도2441; 대판 1965. 12. 10. 65도826), 절취한 물건을 운반하여 양여 또
는 보관한 행위(대판 1961. 11. 9. 4294형상374) 등은 불가벌적 사후행위가 된다.

　　그러나 절취한 타인의 재물에 담긴 영업비밀을 부정사용하거나(대판 2008.
9. 11. 2008도5364), 절취한 자동차등록번호판을 떼어내거나(대판 2007. 9. 6. 2007
도4739), 절취한 신용카드를 사용하거나(대판 1996. 7. 12. 96도1181), 절도의 정
범(공동정범이나 합동범)이 아닌 자가 그 장물을 취득하거나(대판 1986. 9. 9. 86도
1273), 절취한 장물을 자기 것인양 제3자에게 담보로 제공하고 금원을 편취
하거나(대판 1980. 11. 25. 80도2310), 절취한 전당표를 전당포 종업원에게 제시
하여 전당물을 교부받은 행위(대판 1980. 10. 14. 80도2155) 등은 불가벌적 사후
행위가 아니다.

(3) 다른 범죄와의 관계

　　절도죄와 야간주거침입절도·특수절도·상습절도(대판 1979. 12. 11. 79도2371; 대판
1975. 5. 27. 75도1184)·강도·준강도·해상강도·강도상해·치상, 강도살인·치사·강
도강간죄 등은 법조경합 중 일반 대 특별의 관계에 있으므로 후자의 범죄들이 성
립할 때에는 절도죄가 별도로 성립하지 않는다.

　　그러나 주간에 타인의 주거에 침입하여 절도죄를 범한 경우 절도죄와 주거
침입죄는 실체적 경합 관계에 있다(대판 1992. 9. 8. 92도1650; 대판 1967. 12. 26. 67도1439).

Ⅲ. 야간주거침입절도죄

> 제330조(야간주거침입절도) 야간에 사람의 주거, 관리하는 건조물, 선박, 항공기
> 　또는 점유하는 방실(房室)에 침입하여 타인의 재물을 절취(竊取)한 자는 10년
> 　이하의 징역에 처한다.

1. 법적 성격 및 보호법익

야간주거침입절도죄는 야간주거침입죄와 절도죄의 결합범이다. 단순절도죄에 비해 불법(위법)이 가중된 범죄유형이다. 본죄의 보호법익은 '야간 주거의 사실상 평온'과 '사실상 소유상태'이고, 보호의 정도는 침해범이다.

2. 구성요건

(1) 행위의 객체

본죄에서 주거침입의 객체는 사람의 주거, 관리하는 건조물, 선박, 항공기 또는 점유하는 방실이다. 주거침입죄에서와 달리 항공기는 본죄의 객체가 아니었지만, 2020년 개정형법부터는 본죄의 객체가 되었다.[1] 절도죄의 객체는 타인이 점유하는 타인소유의 재물이다.

[대판 1989. 2. 28. 88도2430] 건조물은 주위벽 또는 기둥과 지붕 또는 천정으로 구성된 구조물로서 사람이 기거하거나 출입할 수 있는 장소를 말하며 반드시 영구적인 구조물일 것을 요하지 않는다.

(2) 실행행위

본죄의 실행행위는 야간에 주거 등에 침입하여 재물을 절취하는 것이다.

1) 야 간 통설·판례[2]에 의하면 야간이란 일몰 후부터 다음 날 일출 전까지이다(천문학적 해석).

판례에 의하면, 범행일시가 8. 14. 04:30경(대판 1969. 1. 28. 68도1741), 야간통행금지시간이 해제된 05:00경(대판 1961. 11. 16. 4294형상516)인 경우의 절도행위는 야간주거침입절도죄에 해당한다. 그러나 범행일시가 7. 6. 05:30경인 경우(대판 2015. 8. 27. 2015도5381)와 7. 15. 19:30경인 경우에는 야간주거침입절도죄에는 해당한다고 볼 수 없다(대판 1976. 4. 13. 76도414).

---

1) 1995년 형법개정시 주거침입죄와 특수강도죄(제334조 제1항) 규정은 개정하고, 본죄는 개정하지 않는 오류를 범하였다. 그러나 2020년 개정형법은 주거침입죄와 동일하게 본죄의 객체를 주거, 관리하는 건조물, 선박, 항공기 또는 점유하는 방실(房室)로 규정하였고, 항공기를 추가하였다.
2) 대판 1967. 8. 29. 67도944: 범행일시인 1월 17일 오후 6시 30분은 이미 해가 진 후이므로 야간주거침입절도죄에 해당한다.

2) **주거침입 및 절취**   본죄가 성립하기 위해서는 야간에 주거에 침입해야 한다. 주거에 침입하지 않고 집게나 막대기 등을 집어넣어 재물을 꺼낸 경우 본죄가 성립하지 않는다. 그러나 손이나 팔을 집어넣어 재물을 꺼낸 경우 판례와 같이 주거침입죄의 기수시기에 대해 일부침입설에 의하면 본죄가 성립할 수도 있다.

본죄가 성립하기 위해 ① 주거침입이 야간에 행해지면 족하다는 견해, ② 절도가 야간에 행해져야 한다는 견해, ③ 주거침입과 절도 모두 야간에 행해져야 한다는 견해 등이 있다. ④ 판례는 주간에 주거에 침입하여 야간에 절도를 한 경우 야간주거침입절도죄가 성립하지 않는다고 한다(대판 2011. 4. 14. 2011도300). 그러나 주거침입죄는 계속범이므로 주간에 주거에 침입하여 야간에 절도를 한 경우에도 야간주거침입절도죄가 성립한다고 해야 한다. 야간에 주거에 침입하여 주간에 절취를 한 경우에도 본죄의 성격상 본죄가 성립한다고 해야 한다.

3. 미 수

본죄의 미수는 벌한다(제342조). 통설·판례에 의하면 본죄의 실행의 착수시기는 주거침입을 개시한 시점이다(대판 1984. 12. 26. 84도2433; 대판 1983. 3. 8. 83도145).

판례에 의하면, 다세대주택의 가스배관을 타고 오르다가 발각되어 그냥 뛰어내린 경우에는 실행의 착수가 인정되지 않지만(대판 2008. 3. 27. 2008도917), 아파트의 베란다 철제난간까지 올라가 유리창문을 열려고 시도한 경우에는 실행의 착수가 인정된다(대판 2003. 10. 24. 2003도4417).

본죄의 기수시기는 절취가 기수에 달한 때, 즉 재물의 취득시이다.

[대판 1991. 4. 23. 91도476] 야간에 아무도 없는 까페 내실에 침입하여 장식장 안에 들어 있던 정기적금통장 등을 꺼내 들고 까페로 나오던 중 발각되어 돌려준 경우 피고인은 피해자의 재물에 대한 소지(점유)를 침해하고, 일단 피고인 자신의 지배 내에 옮겼다고 볼 수 있으니 절도의 미수에 그친 것이 아니라 야간주거침입절도의 기수라고 할 것이다.

Ⅳ. 특수절도죄

제331조(특수절도) ① 야간에 문이나 담 그 밖의 건조물의 일부를 손괴하고 제

330조의 장소에 침입하여 타인의 재물을 절취한 자는 1년 이상 10년 이하의 징역에 처한다.

② 흉기를 휴대하거나 2명 이상이 합동하여 타인의 재물을 절취한 자도 제1항의 형에 처한다.

1. 개념 및 유형

특수절도죄에는 ① 야간손괴죄, 주거침입죄 및 절도죄의 결합범(제331조 1항), ② 흉기휴대절도죄(제2항) 및 ③ 2명 이상의 합동절도죄(제2항) 등 세 가지 유형이 있다.

모두 단순절도죄에 비해 불법 내지 위법성이 가중된 범죄유형이다.

2. 야간손괴주거침입절도죄(제1항)

본죄는 야간에 문이나 담 그 밖의 건조물의 일부를 손괴하고, 주거, 관리하는 건조물, 선박, 항공기 또는 점유하는 방실에 침입하여 재물을 절취하는 것이다. 2020년 개정형법은 본죄의 객체를 주거침입죄의 객체와 동일하게 주거, 관리하는 건조물, 선박, 항공기 또는 점유하는 방실(房室)로 규정하였다. 따라서 항공기도 본죄의 객체가 된다.

'문이나 담 그 밖의 건조물의 일부'란 주거 등에 대한 침입을 방지하기 위하여 설치된 일체의 위장시설(圍障施設)을, 손괴란 물리적으로 위장시설을 훼손하여 그 효용을 상실시키는 것을 말한다(대판 2004. 10. 15. 2004도4505). 창문과 방충망을 창틀에서 분리하였을 뿐 물리적으로 훼손하여 효용을 상실하게 한 것이 아닌 경우에는 본죄가 성립하지 않는다(대판 2015. 10. 29. 2015도7559).

손괴와 주거침입행위가 모두 있어야 하므로, 담을 넘거나 열쇠로 문을 열고 들어오는 경우와 같이 손괴행위가 없거나 문호 등을 손괴하였더라도 주거침입 없이 재물을 절취하였을 때에는 본죄가 성립하지 않는다.

본죄는 야간주거침입절도죄와 유사한 성격을 지니고 있으므로 야간에 손괴죄와 주거침입죄가 이루어져야 한다. 따라서 주간에 손괴를 하고 야간에 주거에 침입하여 재물을 절취한 경우에는 본죄가 아니라 손괴죄와 야간주거침입절도죄의 경합범이 성립한다. 야간에 문호 등을 손괴하고 주간에 주거에 침입하여 절도를 한 경우에는 손괴죄, 주거침입죄, 절도죄의 경합범이 된다.

[대판 2004. 10. 15. 2004도4505] 출입문을 발로 걷어차자 잠금고리의 아래쪽 부착 부분이 출입문에서 떨어져 출입문과의 사이가 뜨게 되면서 출입문이 열려 상점 안으로 침입하여 재물을 절취하였다면, 이는 물리적으로 위장시설을 훼손하여 그 효용을 상실시키는 행위에 해당한다.

본죄의 실행의 착수시기는 손괴행위를 개시한 때이고, 기수시기는 재물의 취득시이다.

[대판 1986. 9. 9. 86도1273; 대판 1986. 7. 8. 86도843] 야간에 절도의 목적으로 출입문에 장치된 자물통 고리를 절단하고 출입문을 손괴한 뒤 집안으로 침입하려다가 발각된 것이라면 이는 특수절도죄의 실행에 착수한 것이다.

3. 흉기휴대절도죄(제2항 전단)

본죄의 실행행위는 흉기를 휴대하고 타인의 재물을 절취하는 것이다.

1) 흉   기   흉기는 본래 살상용·파괴용으로 만들어진 것이거나 이에 준할 정도의 위험성을 가진 물건이고, 흉기에 해당하는지 여부는 그 물건의 본래의 용도, 크기와 모양, 개조 여부, 구체적 범행 과정에서 그 물건을 사용한 방법 등 제반 사정에 비추어 사회통념에 따라 객관적으로 판단해야 한다(대판 2012. 6. 14. 2012도4175). 통설은 본죄의 흉기를 특수폭행죄(제261조)의 '위험한 물건'과 같은 의미로 해석한다. 즉, 칼, 지팡이, 곤봉, 맥주병, 염산, 청산가리 등도 흉기에 해당된다고 한다.[1)]

흉기란 객관적으로 결정되어야 한다. 장난감 권총을 진짜 권총으로 가장하고 일반인이나 피해자가 진짜 권총으로 오인하였다 하더라도 이는 흉기휴대라고 할 수 없다.

2) 휴   대   휴대란 범행에 사용하기 위해 몸 혹은 몸 가까이에 소지하

---

1) 제261조의 위험한 물건과 본조의 흉기는 각각 '단체 또는 다중의 위력을 보이는 것'과 '2인 이상이 합동하여'에 대비되는 개념인데, '단체 또는 다중의 위력을 보이는 것'이 '2인 이상이 합동하여'보다 가볍지 않은 개념이므로 흉기도 위험한 물건 정도로 해석해야 한다는 것이다. 그러나 현장성설에 의하면 후자의 위험성이 전자보다 무겁다고 해야 할 것이므로 흉기를 위험한 물건보다는 좁게 해석해야 한다. 판례도 "형법은 흉기와 위험한 물건을 분명하게 구분하여 규정하고 있는바, 형벌법규는 문언에 따라 엄격하게 해석·적용하여야 하고 피고인에게 불리한 방향으로 지나치게 확장해석하거나 유추해석해서는 아니 된다"고 한다(대판 2012. 6. 14. 2012도4175).

는 것을 말한다. 몸에 지니고 있는 경우뿐만 아니라 언제라도 사용할 수 있을 정
도로 가까운 곳에 있으면 족하다. 절도죄의 실행의 착수 이후 흉기를 버리고 재
물을 절취한 경우에는 본죄의 미수이지만, 실행의 착수 이후 절취행위 중 흉기를
휴대한 때에는 본죄가 성립한다고 해야 한다. 흉기를 휴대하면 족하고 피해자가
흉기휴대사실을 인식할 필요는 없다.

공동으로 절도범행을 한 경우에는 공범 전원이 흉기를 휴대할 필요는 없고,
공범 중 1인만이 흉기를 휴대하여도 족하다.

4. 합동절도죄(제2항 후단)

(1) 실행행위

본죄의 합동의 의미에 대해서는 다음과 같은 견해들이 대립한다.

1) **공모공동정범설**   공동의사주체설에 따른 공모공동정범을 다른 범죄에
는 인정하지 않고 합동범에만 인정하자는 견해이다. 2인(2명) 이상이 절도를 공모
하고 그 중 일부만이 절취행위를 한 경우 절취행위를 실행하지 않은 공모자에게
본죄를 인정하는 견해이다.

이 견해에 대해서는 합동을 공모라고 해석할 근거가 없고, 합동범이 공모공
동정범이라면 공동정범으로 처벌해야 하므로 합동범의 형벌가중을 설명할 수 없
다는 비판이 가해진다.

2) **가중적 공동정범설**   다수인이 행하는 절도·강도·도주 등의 범죄는
강력히 대응해야 할 필요가 있어서 이러한 범죄의 공동정범을 합동범으로 가중처
벌하는 것이라는 견해이다. 합동은 '공동'을 의미한다고 한다.

이 견해에 대해서는 ① 절도죄의 공동정범을 가중처벌하는 것이라면 '합동하
여'가 아니라 '공동하여'라는 표현을 써야 하고, ② 절도·강도·도주죄 등의 공동
정범만 가중처벌하는 것은 합리성이 없다는 비판이 가해진다.

3) **현장성설**   통설은 합동이란 범행현장에서 범죄를 실행하는 것을 의
미하고 2명 이상이 현장에서 범죄를 실행하면 범죄의 위험성이 커지기 때문에 가
중처벌하는 것이라고 한다. 절도죄의 공동정범 중 현장에 있는 2명 이상의 공동
정범은 가중처벌되고, 현장에 있지 않은 공동정범은 단순절도죄의 형벌로 처벌된
다는 것이다.[1]

---

1) 예를 들어 甲이 집에서 슈퍼마켓 주인에게 전화를 걸어 주의를 산만케 하고, 이를 이용해

4) 현장적 공동정범설   2명 이상이 현장에서 범행을 한 경우에 배후 거물이나 두목 등 현장에 있지 않은 범인도 범행을 지배한 것이라고 인정되면 합동범으로 가중처벌하는 것이라는 견해이다.

이 견해에 대해서는 범행현장에 2명 이상이 있어야만 배후의 두목 등이 합동범이 될 수 있다고 보는 근거가 모호하다는 비판이 있다.

5) 판   례   종래의 판례는 현장성설을 따랐으나,[1] 이후 입장을 변경하여 범행현장에 있지 않은 범인도 합동절도죄의 공동정범이 될 수 있다고 태도를 변경하였다.

> [대판 1998. 5. 21. 98도321 전합] 3인 이상의 범인이 합동절도의 범행을 공모한 후 적어도 2인 이상의 범인이 범행 현장에서 시간적·장소적으로 협동관계를 이루어 절도의 실행행위를 분담하여 절도범행을 한 경우에는 공동정범의 일반이론에 비추어 그 공모에는 참여하였으나 현장에서 절도의 실행행위를 직접 분담하지 아니한 다른 범인에 대하여도 그가 현장에서 절도범행을 실행한 위 2인 이상의 범인의 행위를 자기 의사의 수단으로 하여 합동절도의 범행을 하였다고 평가할 수 있는 정범성의 표지를 갖추고 있다고 보여지는 한 그 다른 범인에 대하여 합동절도의 공동정범의 성립을 부정할 이유가 없다.[2]

이에 대해서는 ① 공동의사주체설에 의한 공모공동정범의 성립범위를 합동범에까지 확대하였고, ② 사례에서 피고인 등의 범행이 조직적·집단적·대규모적이라고 보기 어렵고, ③ 피고인을 합동절도의 교사범이나 단순절도의 공동정범으로 처벌해도 무방하다는 등의 비판이 제기된다.

乙·丙이 슈퍼마켓에서 물건을 훔친 경우 乙·丙은 범행현장에 있었으므로 합동절도죄의 죄책을 진다. 甲이 단순히 절도를 방조한 것이 아니라 절도범행을 지배하였다고 할 수 있다면 甲은 절도죄의 방조범이 아니라 공동정범이 되는데 범행현장에 있지 않았으므로 절도죄의 공동정범으로 6년 이하의 징역 또는 1,000만원 이하의 벌금에 처해진다.

1) 대판 1976. 7. 27. 75도2720: 甲이 공모한 내용대로 국도상에서 乙·丙 등이 당일 마을에서 절취하여 온 황소를 대기하던 트럭에 싣고 운반한 행위는 시간적으로나 장소적으로 절취행위와 협동관계가 있다고 할 수 없어 합동절도죄로 문의할 수는 없으나, 공동정범에 있어서 범죄행위를 공모한 후 그 실행행위에 직접 가담하지 아니하더라도 다른 공범자의 죄책을 면할 수 없으니 甲은 일반절도죄의 공동정범 또는 합동절도방조로서의 죄책을 면할 수 없다.

2) 이 판결은 범인 중 2인 이상이 반드시 현장에 있을 것을 요한다고 한 점에서 현장성설을 완전히 포기한 것은 아니라고 할 수 있다.

6) 결   어   합동범의 형벌가중근거를 가장 설득력있게 제시하는 것은 현장성설이다. 현장에 있는 범인만이 형벌가중에 걸맞은 위험성을 지니고 있다고 할 수 있기 때문이다.

(2) 공   범

1) 공동정범   통설인 현장성설에 의하면 합동범의 공동정범은 있을 수 없고, 현장에 있는 사람은 합동범이 되고, 현장에 있지 않은 사람은 단순절도죄의 공동정범이 될 수 있을 뿐이다. 그러나 판례에 의하면 현장에 있지 않은 사람도 합동범의 공동정범 혹은 공모공동정범이 될 수 있다.

2) 교사범 및 종범   본죄의 외부자는 본죄의 교사·방조범이 될 수 있으나, 본죄의 내부자들 사이에서는 본죄의 교사·방조범이 될 수 없다. 예컨대, 현장에 없는 甲이 乙·丙을 교사·방조한 경우 본죄의 교사·방조범이 성립하지만, 甲이 乙·丙을 교사하여 함께 현장에서 본죄를 범한 경우 본죄의 교사범이 될 수는 없다.

Ⅴ. 상습절도죄

> 제332조(상습범) 상습으로 제329조 내지 제331조의2의 죄를 범한 자는 그 죄에 정한 형의 2분의 1까지 가중한다.

1. 법적 성격

본죄는 절도의 습벽으로 인해 단순절도·야간주거침입절도·특수절도죄에 비해 책임이 가중되는 부진정신분범이다.

> 5명 이상이 공동하여 상습적으로 단순절도·야간주거침입절도·특수절도죄
> 또는 그 미수죄를 범한 경우 2년 이상 20년 이하의 징역에 처한다(특정범죄가
> 중법 제5조의4 제2항).

상습이란 일정한 행위를 반복적으로 행하는 습벽을 말한다. 한 번의 절도를 하였어도 절도습벽이 원인인 경우에는 본죄가 성립할 수 있고,[1] 여러 번의 절도

---

1) 대판 1983. 4. 12. 83도304: 전과사실이 없었다 하더라도 불과 2개여 월 사이에 각 8회 내
   지 13회의 절도 등 행위를 반복하였고 범행의 수단·방법이 범행을 거듭함에 따라 전문화

를 하였어도 절도습벽의 발현이 아닌 경우에는 본죄가 성립하지 않는다.

2. 상습성의 판단

현실에서 상습성인정의 가장 중요한 자료가 되는 것은 전과사실이다. 소년법상의 보호처분을 받은 사실도 상습성 인정의 자료가 된다(대판 1990. 6. 26. 90도887). 오랜 시간이 경과한 전과사실을 근거로 상습성을 인정하려면 그 전후관계를 종합하여 그 범행이 피고인의 습벽의 발로라고 인정함에 상당한 특별사정이 있어야한다(대판 1984. 3. 27. 84도69; 대판 1984. 3. 13. 84도35).

그러나 절도전과가 여러 번이라는 것만으로는 부족하고 그 수단·방법 및 성질이 같으며 그 범행이 절도습성의 발현인 경우에 상습성을 인정할 수 있다. 우발적이나 급박한 경제사정에 의한 절도범행은 상습절도라고 볼 수 없다.

[대판 1987. 10. 26. 87도1662]   최종 특수절도전과인 범행후 10년 남짓이 경과된 뒤에 행하여진 것이라고 하더라도 피고인에게는 위 최종전과를 포함하여 4회에 걸친 절도죄 또는 특수절도죄의 실형전과가 있는데다가 차량과 대형절단기 등을 범행도구로 이용하여 새벽 1시가 넘은 심야에 근접한 장소에서 3회에 걸쳐 절취행위를 반복하였다면 위 각 범행의 수단과 방법, 범행회수 등을 종합하여 볼 때 위 각 범행은 피고인의 절도습벽의 발로라고 인정할 수 있다.[1]
[대판 1987. 9. 8. 87도1371]   3차례에 걸친 전과사실이 있으나 최종범행일로부터 6년이 훨씬 지나고 출소일로부터는 3년이 지난 후에 이 사건 범행을 단 1회 범한 것이라면 상기 전과가 있고 그 범죄의 태양이 동종이었다 하여 이것만으로 이 사건 범행을 상습성의 발현이라고 인정하기에는 부족하다.[2]

3. 죄   수

상습절도죄는 포괄일죄의 일종인 집합범이므로 상습으로 수회의 절도를 범한 경우에도 포괄하여 일죄만이 성립한다(대판 1966. 5. 24. 66도566).[3]

해 간 경우 그 범행의 동기 등에 비추어서 절도의 상습성을 인정한 원심조치는 정당하다.
1) 상습성을 긍정한 판례로, 대판 1983. 10. 11. 83도2137; 대판 1983. 10. 11. 83도1885; 대판 1983. 8. 23. 83도1506; 대판 1983. 4. 26. 83도445; 대판 1982. 10. 12. 82도2010; 대판 1968. 10. 29. 68도1207; 대판 1967. 5. 30. 67도535 등.
2) 상습성을 부정한 판례로, 대판 1982. 2. 23. 81도3151; 대판 1982. 1. 19. 81도3133 등.
3) 대판 1990. 2. 13. 89도2377: 상습으로 범한 수개의 절도죄 중 일부에 대해서만 공소가 제기되어도 공소제기의 효력은 모든 범죄에 대해서 미치고, 일부에 대해서 확정판결이 있는

상습으로 단순절도, 야간주거침입절도, 특수절도를 모두 범한 경우에는 상습특수절도죄만이 성립하지만, 이전의 범죄들이 상습범으로 처벌되지 않은 경우에는 설사 이전의 범죄와 새로운 범죄가 상습범의 관계에 있다고 하더라도 이전의 범죄에 대한 확정판결의 기판력이 새로운 범죄에 대해서는 미치지 않는다(대판 2004. 9. 16. 2001도3206 전합). 예를 들어 a, b 절도죄를 범해서 두 죄가 상습절도죄의 관계에 있는데, a죄에 대해 상습절도죄의 확정판결을 받은 후 b죄에 대해 기소된 경우 a죄에 대한 기판력은 b죄에 미치지만, a죄에 대해 단순절도죄의 확정판결을 받았다면 a죄에 대한 기판력이 b죄에 미치지 않는다는 것이다.

[대판 2015. 10. 15. 2015도8169] 형법 제332조에 규정된 상습절도죄를 범한 범인이 범행의 수단으로 주간에 주거침입을 한 경우 주간 주거침입행위는 상습절도죄와 별개로 주거침입죄를 구성한다. 상습으로 단순절도를 범한 범인이 상습적인 절도범행의 수단으로 주간(낮)에 주거침입을 한 경우에 주간 주거침입행위의 위법성에 대한 평가가 형법 제332조, 제329조의 구성요건적 평가에 포함되어 있다고 볼 수 없기 때문이다.[1]

Ⅵ. 자동차등불법사용죄

제331조의2(자동차등 불법사용) 권리자의 동의없이 타인의 자동차, 선박, 항공기 또는 원동기장치자전거를 일시사용한 자는 3년 이하의 징역, 500만원 이하의 벌금, 구류 또는 과료에 처한다.

1. 의의 및 보호법익

(1) 의   의

본죄는 권리자의 동의없이 타인의 자동차등을 일시사용하는 범죄이다. 통

경우 기판력은 전부에 대해 미치므로 나머지 범죄에 대해 재차 공소가 제기된 때에는 법원은 면소판결을 하여야 한다.

1) 따라서 야간주거침입절도죄는 주거침입행위의 위법성에 대한 평가가 구성요건적 평가에 포함되어 있으므로 상습야간주거침입절도죄를 범한 범인이 범행 수단으로 주간에 주거침입을 한 경우에는 주거침입행위는 상습야간주거침입절도죄에 흡수되고 그와 별개로 주거침입죄를 구성하지 아니한다.

설·판례에 의하면 사용절도에는 불법영득의사가 없으므로 자동차등을 일시사용하더라도 처벌할 수 없는 경우가 발생하게 된다. 그러나 타인의 자동차를 불법사용하는 경우가 종종 발생하고, 이를 처벌해야 한다는 법감정을 고려해서 처벌규정을 둔 것이다.[1] 1995년 개정형법에서 도입되었다.

그러나 본죄는 이전에는 절도죄로 처벌되던 행위에 대한 형벌을 완화하는 기능도 한다.

(2) 보호법익

본죄의 보호법익에 대해 소유권설과 사용권설이 대립되고 있다. 소유권설에서는 사용권설에 의할 경우 소유자도 본죄의 주체가 될 수 있다는 점을 근거로 든다. 사용권설에서는 본죄의 경우 자동차에 대한 불법영득의사없이 자동차의 사용권만을 침해하려는 것이라는 점을 근거로 든다.

A가 자기소유의 자동차를 B에게 임대하여 주었는데, 甲이 이를 일시사용한 경우 甲의 행위의 피해자는 A가 아니라 B라고 해야 하므로 사용권설이 타당하다. 소유자도 본죄의 주체가 될 수 있다고 해야 하지만 객체가 타인의 자동차등이라고 규정되어 있기 때문에 본죄의 주체가 될 수 없을 뿐이다.[2]

본죄의 보호의 정도는 침해범이다.

2. 구성요건

(1) 행위의 객체

본죄의 객체는 자동차, 선박, 항공기 또는 원동기장치자전거이다. 자전거는 본죄의 객체가 아니다.

놀이용 보트 등도 본죄의 객체가 된다고 해야 하므로 자동차, 선박, 항공기에 원동기가 장치되어 있는지 불문한다. 본죄의 객체인 원동기장치자전거는 도로교통법상의 원동기장치자전거(제2조 19호)[3]보다는 넓은 개념이다.

---

1) 법무부, 형법개정법률안 제안이유서, 174-175면.
2) 그러나 본죄에 불법영득의사가 없다는 것에는 문제가 있다. 일시적이지만 권리자를 배제하고 자신이 사용·수익한다는 의사가 있는데 이는 영득의 의사라고 할 수 있다. 자동차의 사용, 수익, 처분의사 모두가 아니라 어느 하나만 있어도 영득의사는 인정되기 때문이다.
3) 따라서 전기자전거나 전동킥보드 등도 문언상으로는 본죄의 객체에 포함된다고 하는 해석도 가능하다. 다만, 형법해석의 엄격성원칙상 현재 일반적으로 사용되고 있는 전기자전거나 전동킥보드 등은 본죄의 객체에 포함시키지 말아야 할 것이다.

(2) 실행행위

본죄의 실행행위는 권리자의 동의없이 일시사용하는 것이다.

1) **권리자의 동의없음**   권리자의 동의나 승낙이 있는 경우에는 본죄의 구성요건해당성이 없다. 묵시적 동의도 무방하다.

권리자란 자동차등의 사용권자를 의미한다. 반드시 사법상 유효한 사용권한이 있음을 요하지 않는다. 소유자와 사용권자가 다른 경우 사용권자의 동의가 없으면 소유자의 동의가 있어도 본죄가 성립할 수 있다.

2) **일시사용**   본죄가 성립하기 위해서는 일시사용해야 한다. 장기간 사용하는 경우에는 절도죄가 성립한다. 일시사용인지 여부는 행위자와 피해자와의 관계, 사용의 경위, 차량의 사용 장소 등 제반사정을 종합적으로 참작하여 결정해야 한다(대판 1998. 9. 4. 98도2181).

본죄의 객체가 모두 교통수단이라는 점을 고려할 때에 사용이란 교통수단으로 사용하는 것만을 의미한다. 자동차 안에 들어가 잠을 자는 것과 같이 교통수단이 아닌 용도로 사용하는 경우에는 본죄가 성립할 수 없다. 다만, 선박이나 항공기의 경우에는 주거침입죄가 성립할 수 있다.

본죄는 처음부터 권리자의 동의를 받지 않고 사용한 경우에만 성립하고 권리자의 동의를 받았으나 이후 권리자의 동의의 범위를 넘어 사용한 경우에는 채무불이행만이 문제되고 본죄가 성립하지 않는다고 해야 할 것이다.

본죄가 성립하기 위해서는 일시사용으로 인한 가치의 소모가 적어야 하고, 권리자에게 반환을 하여야 한다. 가치가 현저히 소모되거나 반환하지 않은 경우에는 절도죄가 성립한다.

3. 위 법 성

본죄는 자동차등의 일시사용을 벌하기 위한 것이지만, 본죄의 구성요건에 해당하더라도 사회상규에 위배되지 않는 행위 등 위법성조각사유가 있는 경우 위법성이 조각될 수 있다.

4. 미   수

본죄의 미수는 처벌한다(제342조).

본죄의 실행의 착수시기는 일시사용의 의사로 자동차등에 타기 위한 행위를 개시할 때 등이고, 기수시기는 사회통념상 어느 정도의 거리를 운행한 때이다. 본죄는 계속범이므로 불법사용의 종료시점에서 본죄도 종료한다.

대법원은 구 특정범죄가중법 제5조의4 제1항의 상습절도의 범행을 한 자가 자동차등불법사용의 범행을 한 경우, "그것이 절도 습벽의 발현이라고 보이는 이상 자동차등불법사용의 범행은 상습절도 등의 죄에 흡수되어 1죄만이 성립하고 이와 별개로 자동차등불법사용죄는 성립하지 않는다고 보아야 한다"고 하였다(대판 2002. 4. 26. 2002도429), 자동차등불법사용의 위법성에 대한 평가는 상습절도죄의 구성요건적 평가 내지 위법성 평가에 포함되어 있다고 보는 것이 타당하므로 2016년 법개정으로 위 특정범죄가중법상 상습절도 규정이 삭제된 현재에도 마찬가지의 법리가 적용된다고 보아야 한다.

Ⅶ. 친족상도례

> 제328조(친족간의 범행과 고소)   ① 직계혈족, 배우자, 동거친족, 동거가족 또는 그 배우자간의 제323조의 죄는 그 형을 면제한다. (헌법불합치결정으로 적용중지)
> ② 제1항 이외의 친족간에 제323조의 죄를 범한 때에는 고소가 있어야 공소를 제기할 수 있다.
> ③ 전2항의 신분관계가 없는 공범에 대하여는 전2항을 적용하지 아니한다.
> 제344조(친족간의 범행)   제328조의 규정은 제329조 내지 제332조의 죄 또는 미수범에 준용한다.

1. 의   의

형법은 강도죄와 손괴죄를 제외한 재산범죄에서 친족간의 범행에 대해 형을 면제하거나 친고죄로 하는 규정을 두고 있었다. 이는 가정 내의 재산범죄에 대해 일차적으로 가정 내에서 문제를 해결할 수 있는 기회를 주기 위한 형사정책적 고려에서 규정된 것이다.

이 중 형면제 규정(제328조 1항 등)에 대해 헌법재판소가 적용중지를 명하는 헌법불합치 결정[1]을 내렸으므로(헌재 2024. 6. 27. 2020헌마468 등), 이 규정은 효력이 없

---

1) 결정의 내용은 다음과 같다. "심판대상조항(형법 제328조 제1항)은 재산범죄의 가해자와 피해자 사이의 일정한 친족관계를 요건으로 하여 일률적으로 형을 면제하도록 규정하고 있는바, 적용대상 친족의 범위가 지나치게 넓고, 심판대상조항이 준용되는 재산범죄들 가

다. 그러나 헌법재판소결정의 취지를 살피면 형면제 규정이 완전히 없어지기 보다는 친족의 범위를 줄이고, "형을 감면할 수 있다" 정도로 개정될 가능성이 크다.

　친족간 범행은 권리행사방해죄에 대해 규정되어 있고, 절도·사기죄, 공갈죄, 횡령죄, 배임죄, 장물죄에 준용되고, 특별법상의 범죄에도 친족간 범행에 관한 규정의 적용을 배제한다는 명시적인 규정이 없는 한 기본적으로 적용된다(대판 2000. 10. 13. 99오1). 그러나 손괴죄에는 친족간 범행 규정이 적용되지 않는다.

2. 법적 성격

　과거 형면제의 법적 성격은 인적 처벌조각사유였다. 위법성이나 책임이 조각될 경우에는 "벌하지 아니한다"라고 규정하고 있지만, 제328조 제1항은 "형을 면제한다"고 규정하고 있었기 때문이다. "형을 면제한다"는 것은 범죄는 성립하지만 일정한 사유로 형벌권이 발생하지 않는 것을 말한다. 따라서 형면제 판결은 유죄판결의 일종이다. 형면제 사유가 있는 경우에는 검사가 공소권 없음 처분을 하고 기소를 하지 않았다.

3. 친족과 친족관계의 범위

(1) 친족의 범위
친족의 범위는 원칙적으로 민법에 의해 정해진다.[1]

　따라서 피고인이 피해자의 아버지의 사촌누나의 손자인 경우(대판 1991. 8. 27. 90도2857), 피고인과 피해자가 사돈지간인 경우(대판 2011. 4. 28. 2011도2170)에는 친족

운데 불법성이 경미하다고 보기 어려운 경우가 있다는 점에서 제도적 취지에 부합하지 않는 결과를 초래할 우려가 있고, 미성년자나 질병, 장애 등으로 가족과 친족 사회 내에서 취약한 지위에 있는 구성원에 대한 경제적 착취를 용인할 우려가 있다. 그럼에도 법관으로 하여금 이러한 사정을 전혀 고려할 수 없도록 하고 획일적으로 형면제 판결을 선고하도록 한 심판대상조항은 형사피해자가 법관에게 적절한 형벌권을 행사하여줄 것을 청구할 수 없도록 하는 것으로서 입법재량을 일탈하여 현저히 불합리하거나 불공정하므로 형사피해자의 재판절차진술권을 침해한다. 심판대상조항의 위헌성은 '일률적으로 형면제'를 함에 따라 구체적 사안에서 형사피해자의 재판절차진술권을 형해화할 수 있다는 데 있고, 이러한 위헌성 제거에는 여러 입법적 선택가능성이 있으므로 심판대상조항에 대하여 2025. 12. 31.을 시한으로 입법자가 개정할 때까지 적용중지를 명하는 헌법불합치결정을 한다."
 1) 민법 제777조 등에 의하면 친족은 다음과 같다. ① 8촌 이내의 혈족[직계혈족, 방계혈족(자기의 형제자매와 형제자매의 직계비속, 직계존속의 형제자매 및 그 형제자매의 직계비속)], ② 4촌 이내의 인척(혈족의 배우자, 배우자의 혈족, 배우자의 혈족의 배우자), ③ 배우자

상도례가 적용되지 않는다. 그러나 피고인이 피해자의 외사촌 동생인 경우(대판 1991. 7. 12. 91도1077), 피해자가 피고인의 고종사촌형수인 경우(대판 1980. 3. 25. 79도 2874)에는 제344조가 적용된다.

　　제328조의 '그 배우자'는 동거가족의 배우자만을 의미하는 것이 아니라, 직계 혈족, 동거친족, 동거가족 모두의 배우자를 의미한다(대판 2011. 5. 13. 2011도1765). 배우자에 사실상 배우자가 포함되는가에 대해 부정설(다수설)과 긍정설이 대립한다. 가정 내에 형벌권 개입의 자제라는 친족상도례의 취지를 고려하면 긍정설이 타당하다. 금원을 편취하기 위한 수단으로 피해자와 혼인신고를 한 것과 같이 참다운 부부관계의 설정을 바라는 효과의사가 없어 그 혼인이 무효인 경우 피해자에 대한 사기죄에서는 친족상도례를 적용할 수 없다(대판 2015. 12. 10. 2014도11533).

　　피고인이나 피해자가 타가의 양자로 입양되었어도 생가를 중심으로 한 종전의 친족관계는 소멸되지 않는다(대판 1967. 1. 31. 66도1483).

　　동거친족이란 같은 주거에서 생활을 같이 하는 친족을 말하고, 일시적으로 주거에 머무르는 친족은 포함되지 않는다. 동일한 가옥에 거주하더라도 생계를 같이 하지 않으면 동거친족에 포함되지 않는다는 견해가 있으나, 이렇게까지 엄격하게 해석할 필요는 없다.

　　친족관계는 원칙적으로 범행 당시에 존재하여야 하지만, 인지의 소급효가 인정되는 경우 이를 기초로 친족상도례규정이 적용된다(대판 1997. 1. 24. 96도1731).

(2) 친족관계의 존재범위

　　친족상도례가 적용되기 위해서는 피고인과 소유자 사이에 친족관계가 있으면 족하다는 견해와 피고인과 소유자 및 점유자 모두의 사이에 친족관계가 존재해야 한다는 견해가 대립한다. 전자에 의하면 임차인이 사용하는 재물을 절취한 경우 임차인과 친족관계가 없어도 친족상도례가 적용될 가능성이 있다. 친족상도례는 예외규정이므로 예외규정은 엄격하게 해석해야 한다는 원리를 따른다면 후자가 타당하다. 판례도 같은 입장이다(대판 1980. 11. 11. 80도131)[1].

---

1) 대판 2015. 6. 11. 2015도3160: 피고인 등이 공모하여, 피해자 甲, 乙 등을 기망하여 甲, 乙 및 丙과 부동산 매매계약을 체결하고 소유권을 이전받은 다음 잔금을 지급하지 않아 같은 금액 상당의 재산상 이익을 편취하였다는 내용으로 기소된 사안에서, 甲은 피고인의 8촌 혈족, 丙은 피고인의 부친이나, 위 부동산이 甲, 乙, 丙의 합유로 등기되어 있어 피고인에게 형법상 친족상도례 규정이 적용되지 않는다고 본 원심판단을 수긍한 사례.

절도죄 외에도 친족상도례 규정이 적용되는 재산범죄들이 다수 있다. 이 경우 절도죄의 경우 소유자-점유자 모두와 친족관계가 있어야 하고(대판 1980. 11. 11. 80도131), 횡령죄의 경우 소유자-위탁자 모두와 친족관계가 있어야(대판 2008. 7. 24. 2008도3438) 하는 반면, 사기죄의 경우 재산상 피해자와 친족관계가 있으면 족하다(대판 2014. 9. 26. 2014도8076, 즉, 삼각사기에 있어 피기망자와 친족관계가 있을 필요는 없다).

[대판 1985. 3. 26. 84도365] 민화가 피고인의 오빠가 매수한 것이라면 이는 동인의 특유재산으로서 이에 대한 점유·관리권은 동인에게 있다 할 것이고 … 그 부부의 공동점유하에 있다고 볼 수는 없어 이를 절취한 행위에 대해 친족상도례가 적용된다.
[대판 2007. 3. 15. 2006도2704] 친척 소유 예금통장을 절취한 피고인이 현금자동지급기에 예금통장을 넣고 조작하는 방법으로 다른 금융기관 피고인 명의 계좌로 이체한 경우, 그 범행으로 인한 피해자는 그 친척 거래 금융기관이므로 친족상도례를 적용할 수 없다.

4. 친족관계의 착오

친족상도례에서 친족관계는 처벌조건(인적 처벌조각사유; 단 이에 관한 제328조 1항은 적용중지 헌법불합치 결정을 받은 상태임) 혹은 소추조건(친고죄)이므로 이에 대한 착오는 범죄의 성립에 영향을 미치지 못한다.

5. 공범과 친족상도례

친족상도례는 정범뿐만 아니라 공범에도 적용되지만, 공범 중 친족관계가 없는 공범에는 적용되지 않는다. 예를 들어 甲과 乙이 공동으로 甲의 아버지 A의 지갑을 절취하거나 甲이 乙을 교사하거나 乙이 甲을 교사한 경우, 甲은 형벌이 면제되지만, 乙은 처벌된다(다만, 헌법재판소 헌법불합치결정에 의해 현재는 甲의 형벌도 면제되지 않는다).

제 3 절 강도의 죄

Ⅰ. 총 설

1. 의의 및 보호법익

(1) 강도죄의 개념 및 성격

본죄는 폭행 또는 협박으로 재물 또는 재산상의 이익을 강취하는 범죄이다. 폭행·협박과 재물강취가 수단과 목적의 관계로 결합되어 있는 결합범이고, 재물죄와 이득죄의 성격을 모두 지니고 있다.

본죄는 피해자의 의사에 반하여 재물을 취득하는 탈취죄라는 점에서 절도죄와 공통점이 있으나, 재물과 재산상의 이익을 모두 객체로 하고 폭행 또는 협박을 수단으로 하고 친족간 범행 규정이 적용되지 않는 점에서 절도죄와 구별된다.

본죄는 사기·공갈죄와 같이 재물과 재산상의 이익을 모두 객체로 한다는 점에서 공통점이 있으나, 탈취죄라는 점에서 피해자의 하자있는 의사표시를 수단으로 하는 편취죄인 사기·공갈죄와 구별된다. 본죄와 공갈죄는 폭행·협박을 수단으로 한다는 점에서 공통점이 있지만, 본죄의 폭행·협박은 항거불가능할 정도여야 함에 비해 공갈죄의 폭행·협박은 그렇지 않다는 점에서 양자가 구별된다.

형법 제333조	독일형법 제249조
폭행 또는 협박으로 타인의 재물을 강취하거나 기타 재산상의 이익을 취득하거나 제3자로 하여금 이를 취득하게 한 자는 3년 이상의 유기징역에 처한다.	자기가 위법하게 영득하거나 제3자로 하여금 위법하게 영득하게 할 의사로써 사람에 대해 폭력을 행사하거나 신체나 생명에 대한 현존하는 위험으로 협박을 하여 타인의 동산을 취거한 자는 1년 이상의 징역에 처한다.

(2) 보호법익

본죄는 재물죄 및 이득죄와 신체 및 자유에 대한 죄로서의 성격을 지니고 있다. 따라서 그 보호법익은 '재산과 신체의 안전 및 의사결정의 자유'이다. 보호의 정도는 침해범이다.

2. 구성요건체계

강도죄의 기본적 구성요건은 단순강도죄(제333조)이다.

특수강도죄(제334조), 인질강도죄(제336조), 해상강도죄(제340조) 등은 범행방법의 위험성으로 인해 불법이 가중된 범죄이다. 강도상해·치상(제337조), 강도살인·치사(제338조), 강도강간죄(제339조) 등은 강도죄와 고의·과실의 상해·살인·강간 등이 결합된 범죄로서 고의범과 고의범의 결합범 또는 진정결과적가중범이다.

상습강도죄(제341조)는 행위자의 강도습벽으로 인해 책임이 가중되는 구성요건이다. 준강도죄(제335조)는 강도죄와 독립된 범죄이지만 그 구조가 유사하여 강도죄의 형벌로 처벌되는 범죄이다.

강도죄는 중대한 범죄이기 때문에 미수범뿐만 아니라 예비·음모도 벌한다(제342조, 제343조). 강도죄에 대해 유기징역을 과할 때에는 자격정지를 병과할 수 있다(제345조).

Ⅱ. 단순강도죄

> 제333조(강도) 폭행 또는 협박으로 타인의 재물을 강취하거나 기타 재산상의 이익을 취득하거나 제3자로 하여금 이를 취득하게 한 자는 3년 이상의 유기징역에 처한다.

1. 구성요건

(1) 행위의 객체

본죄의 객체는 재물 또는 재산상의 이익이다.

1) 재　　물　　　재물의 개념은 절도죄에서와 같다. 재물에는 관리할 수 있는 동력도 포함된다(제346조).

재물에 부동산의 포함여부에 대해 긍정설과 부정설(다수설)이 대립한다. 부정설에서는 부동산의 강취는 재물강도죄가 아니라 이익강도죄가 된다고 한다. 그러나 강도죄의 객체를 동산으로 규정한 독일형법과 달리 재물로 규정한 우리 형법에서는 긍정설이 타당하다. 예컨대 집주인을 폭행·협박으로 내쫓고 자신이 그 집을 차지한 경우에는 강도죄가 성립할 수 있다.

2) 타인이 점유하는 타인소유의 재물   타인이 점유하는 자기소유의 재물을 강취한 경우에는 점유강취죄(제325조), 자기가 점유하는 타인소유의 재물을 강취한 때에는 횡령죄와 폭행·협박죄의 상상적 혹은 실체적 경합범이 된다.

3) 재산상의 이익   재산상의 이익이란 경제적 가치가 있는 이익을 말한다. 경제적 가치가 없는 이익을 취득하였을 때에는 본죄가 성립할 수 없다. 예를 들어 요금을 내지 않고 목적지에 가기 위해 택시기사를 폭행·협박하여 택시를 몰게 한 경우 강도죄가 성립한다. 그러나 자가용운전자를 폭행·협박하여 차를 몰게 한 경우에는 재산상 이익의 취득이 있다고 할 수 없어 강요죄가 성립할 수 있어도 강도죄는 성립하지 않는다.

재산상의 이익에는 적극적 이익뿐만 아니라 소극적 이익, 즉 필요한 비용을 지불하지 않은 것도 포함된다. 채무면제와 같은 영구적 이익뿐만 아니라 지급기간의 유예와 같은 일시적 이익도 포함된다.

재산의 개념에 대해서는 경제적 재산개념, 법률적 재산개념, 경제적·법률적 재산개념이 있지만, 경제적 재산개념이 타당함은 앞에서 본 바와 같다. 판례도 경제적 재산개념에 입각하고 있다. 따라서 채권자를 폭행·협박하여 노름빚을 면제받은 경우나 불법원인급여로 인해 반환청구권이 없는 재물을 폭행·협박으로 반환받은 경우에도 강도죄가 성립할 수 있다.

[대판 1994. 2. 22. 93도428]   재산상의 이익은 반드시 사법상 유효한 재산상의 이득만을 의미하는 것이 아니고 외견상 재산상의 이득을 얻을 것이라고 인정할 수 있는 사실관계만 있으면 된다.

(2) 실행행위

폭행 또는 협박으로 타인의 재물을 강취하거나 재산상의 이익을 취득하거나 제3자로 하여금 취득하게 하는 것이다.

1) 폭행·협박

가. 개   념   폭행이란 사람에 대한 직·간접의 유형력의 행사를 말한다. 사람의 신체에 대한 것일 필요가 없고 사람에 대한 것이면 족하다. 사람이 아닌 물건만에 대한 유형력의 행사로서는 폭행이 될 수 없다.

수면제를 비타민제라고 속이고 피해자를 잠들게 한 후 재물을 절취한 경우와 같이 상해를 수단으로 재물을 절취한 경우 통설·판례[1]는 강도죄가 성립한다고 하므로 결국 강도상해죄를 인정한다. 구형법(일본 현행형법)은 혼취강도를 준강도로 규정하였으므로[2] 이렇게 해석할 수 있었다. 그러나 폭행과 상해를 엄격히 구별하는 현행형법에서는 억지로 수면제를 먹인 행위는 폭행이라고 할 수 있지만, 기망을 해 수면제를 먹인 행위는 폭행이라고 할 수 없다. 따라서 강도죄 내지 강도상해죄가 성립하지 않고 상해죄와 절도죄의 경합범이 성립한다고 해야 한다.

협박이란 상대방에게 해악을 고지하여 공포심을 일으키는 것을 말한다. 폭행·협박은 재물의 소지자에게 가해지는 것이 보통이지만, 재물의 소지자가 아닌 제3자에게 가해져도 상관없다(대판 1967. 6. 13. 67도610).

나. 폭행·협박의 정도 본죄의 폭행·협박은 상대방의 반항을 불가능하게 할 정도이어야 한다. 이러한 정도의 폭행·협박에 이르지 않고 재물의 교부를 받거나 재산상의 이익을 취득한 경우에는 공갈죄가 성립한다. 즉 강도죄와 공갈죄의 폭행·협박은 질적 차이가 아니라 양적 차이이다.

항거불가능할 정도의 폭행·협박을 행사하면 족하고 피해자가 현실적으로 반항을 하였는가 또는 현실적으로 폭행·협박을 인식하였는가의 여부는 문제되지 않는다. 따라서 수면 중의 사람, 술에 취한 사람, 정신병자 등을 묶어놓고 재물을 절취한 경우에도 강도죄가 성립할 수 있다.

상대방의 반항을 불가능하게 할 정도의 폭행·협박인가의 여부는 행위자와 피해자, 행위상황 등을 종합적으로 고려하여 사회통념상 객관적으로 결정해야 한다(대판 1993. 3. 9. 92도2884).

예를 들어 성인에 대해서는 항거불가능이라고 할 수 없는 폭행이 초등학생에게는 항거불가능의 폭행이 될 수 있다. 장난감권총으로 협박을 한 경우 일반인과 피해자가 진짜 권총으로 인식할 수 있는 상황이라면 항거불가능의 협박, 장난감권총으로 인식할 수 있는 상황이면 항거가능의 협박이 될 수도 있다.

[대판 2007. 12. 13. 2007도7601] 소위 '날치기'와 같이 강제력을 사용하여 재물을 절취하는 행위가 때로는 피해자를 넘어뜨리거나 상해를 입게 하는 경우가 있고, 그러한 결과가 피해자의 반항 억압을 목적으로 함이 없이 점유탈취의 과정에서

1) 대판 1984. 12. 11. 84도2324; 대판 1979. 9. 25. 79도1735; 대판 1962. 2. 15. 4294형상700.
2) 제239조(혼취강도) 사람을 혼취시키고 그 재물을 절취한 자는 강도로서 논한다.

우연히 가해진 경우라면 이는 강도가 아니라 절도에 불과하지만(대판 2003. 7. 25. 2003도2316), 그 강제력의 행사가 사회통념상 객관적으로 상대방의 반항을 억압하거나 항거 불능케 할 정도의 것이라면 이는 강도죄의 폭행에 해당한다. … (날치기 수법으로 피해자가 들고 있던 가방을 탈취하면서 가방을 놓지 않고 버티는 피해자를 5m 가량 끌고 간 경우 강도죄에 해당된다).[1]

2) 재물강취 또는 재산상 이익의 취득

가. 재물강취   통설·판례에 의하면 강취란 폭행 또는 협박에 의해 점유자의 의사에 반하여 재물을 자기 또는 제3자의 점유로 옮기는 것, 즉 강제취거를 말한다.[2]

행위자가 직접 재물의 점유를 이전하는 경우는 물론이고 피해자가 재물을 교부하더라도 그것이 의사에 반하는 것이라고 평가되면 강취에 해당한다.

나. 재산상 이익의 취득

A. 개   념   강도죄의 또 하나의 행위태양은 폭행 또는 협박에 의해 재산상 이익을 취득하거나 제3자로 하여금 취득하게 하는 것이다. 재산상 이익의 취득 역시 피해자의 의사에 반한 것이어야 하고 피해자의 하자있는 의사표시에 의한 것일 때에는 공갈죄가 성립한다.

채무면제·변제기일 연기, 경제적 가치 있는 노동력 제공, 저당권 말소나 설정 등도 본죄의 재산상 이익에 속한다. 재산상 이익이 아닌 이익을 취득한 경우에는 강요죄는 성립할 수 있어도 강도죄가 성립할 수는 없다.

행위자 스스로 피해자명의의 현금보관증을 작성하는 경우와 같이 피해자의 작위나 부작위가 없어도 본죄의 성립이 가능하다.

재산상 이익은 행위자가 아닌 제3자가 취득하도록 하여도 무방하다. 이 경우 행위자와 제3자 사이에 의사의 연락이 반드시 필요한 것은 아니다.

---

1) 강도죄의 폭행을 인정한 판례로, 대판 1986. 12. 23. 86도2203; 대판 1986. 7. 8. 86도931; 신경안정제를 탄 우유를 사람에게 마시게 하여 졸음에 빠지게 하고 그 틈에 그 사람의 돈이나 물건을 빼앗은 경우(대판 1984. 12. 11. 84도2324; 대판 1979. 9. 25. 79도1735; 대판 1962. 2. 15. 4294형상700); 대판 1956. 5. 8. 56도50; 대판 1960. 10. 28. 4293형상584 등. 폭행을 인정하지 않은 판례로, 대판 1993. 3. 9. 92도2884; 대판 1976. 8. 24. 76도1932 등.
2) 이에 의하면 강취에 영득은 포함되어 있지 않다. 그러나 강취에서의 '취'는 '취거'가 아니라 '취득'으로서 영득도 포함되어 있는 개념이다. 재산상 이익의 강취에서 취거는 의미가 없고 영득이 중요하다.

[대판 1997. 2. 25. 96도3411] 피해자가 각 매출전표에 허위서명한 탓으로 피고인들이 신용카드회사들에게 각 매출전표를 제출하여도 신용카드회사들이 신용카드가맹점 규약 또는 약관의 규정을 들어 그 금액의 지급을 거절할 가능성이 있다 하더라도, … 외견상 여전히 그 금액을 지급받을 가능성이 있는 상태이므로, 피고인들이 '재산상 이익'을 취득하였다고 볼 수 있다.

B. 피해자의 의사표시의 유무   채무면탈 목적의 살인죄가 모두 강도살인죄가 되는 것을 피하기 위해 재산상 이익의 취득에는 피해자의 의사표시가 있어야 한다는 견해가 있다. 그러나 본죄에서 피해자의 의사표시를 요하지 않고 따라서 택시요금을 내지 않기 위해 바로 기사를 살해한 경우에도 강도살인죄가 성립한다고 하는 다수설이 타당하다. 판례도 같은 입장에 있다.

[대판 1964. 9. 8. 64도310] 채무면탈의 목적을 가지고 살해행위에 착수하였다가 미수에 그친 경우에는 강도살인미수죄가 성립된다.

(3) 인과관계

폭행·협박, 항거불가능상태, 재물·재산상 이익취득 사이에는 인과관계가 있어야 한다. 이들 사이에 인과관계가 없을 때에는 강도미수죄가 성립할 수 있을 뿐이다.

① 폭행·협박으로 지하철 사물함의 열쇠를 강취하고 며칠 후 그 열쇠로 사물함의 재물을 취득한 경우, ② 폭행·협박을 하였으나 상대방이 공포심이 아니라 동정심에서 재물을 교부한 경우, ③ 폭행·협박을 하고 상대방이 항거불가능상태에 빠지고 그 상태에서 재물을 취득하였으나 폭행·협박이 아닌 다른 원인에 의해 상대방의 항거불가능상태가 초래된 경우 등에서는 폭행·협박과 재물취득 사이에 인과관계가 인정되지 않으므로 강도미수죄가 성립한다.

본죄의 폭행·협박을 하였으나 상대방이 공갈죄 정도에 요구되는 공포심만을 느끼고 재물을 교부한 경우, 강도기수설, 강도미수·공갈기수의 상상적 경합설, 강도미수설(다수설) 등이 대립한다. 강도기수설이 부당함은 명백하고, 강도미수·공갈기수의 상상적 경합설은 폭행·협박을 이중평가하는 것이므로, 다수설인 강도미수설이 타당하다.

공갈죄 정도의 폭행·협박을 행위자가 항거불가능의 폭행·협박이라고 오인한 경우 강도죄의 불능미수가 문제될 것이다.

(4) 주관적 구성요건

통설·판례[1]에 의하면, 본죄가 성립하기 위해서는 고의 이외에 불법영(이)득의사가 필요하고, 이는 고의와 구별되는 초과주관적 구성요건요소이다.[2] 강도의 범의 없이 반항을 억압함에 충분한 정도로 피해자를 폭행하던 중 피해자의 재물을 취거한 경우에도 본죄가 성립한다(대판 2013. 12. 12. 2013도11899).

> 판례에 의하면, 살해한 피해자의 신원을 숨기기 위하여 그의 지갑을 꺼내 그 차량의 사물함에 넣어둔 경우(대판 2004. 6. 24. 2004도1098), 피해자를 강간한 후 돈을 내놓으라고 하여 돈을 받는 즉시 팁이라고 하면서 피해자의 브래지어 속으로 그 돈을 집어 넣어 준 경우(대판 1986. 6. 24. 86도776), 강간하는 과정에서 피해자들이 도망가지 못하게 하기 위해 손가방을 빼앗은 경우(대판 1985. 8. 13. 85도1170) 등에서는 불법영득의사가 인정되지 않는다.

2. 위 법 성

판례는 채무자에게 항거불가능의 폭행·협박을 행사하여 채무를 변제받은 경우와 같이 권리행사의 수단으로 재물 또는 재산상 이익을 강취한 경우 강도죄가 성립한다고 한다(대판 1995. 12. 12. 95도2385). 이에 대해 정당한 권리행사의 경우 불법영(이)득의사가 없기 때문에 폭행·협박죄만이 성립한다는 견해가 있다. 채무자의 이행행위를 통한 영(이)득이 아닌 경우에는 불법영(이)득이라고 해야 하므로 판례의 입장이 타당하다.

3. 미   수

본죄의 미수는 처벌한다(제342조). 본죄의 실행의 착수시기는 폭행·협박을 개시한 때이다. 폭행·협박을 하였으나 재물 또는 재산상 이익을 취득하지 못하였으면 미수가 된다. 폭행·협박, 항거불가능, 재물 또는 재산상 이익의 취득 사이에 인과관계가 없는 경우에도 미수가 된다. 본죄의 기수시기는 재물 또는 재산상 이익의 취득시이다.

본죄의 예비·음모는 7년 이하의 징역에 처한다(제343조).

---

1) 대판 1997. 7. 25. 97도1142; 대판 1995. 7. 11. 95도910.
2) 그러나 강취에 영득도 포함된다고 하면 영득은 고의의 내용이 되므로 명문에 없는 불법영(이)득의사라는 개념을 사용할 필요가 없다.

4. 공 범

본죄의 공동정범도 가능하지만, 범행현장에 있지 않고 강도범행을 지배해야 한다. 공동정범이 현장에 있는 경우에는 합동강도범(제334조 2항)이 되기 때문이다.

이미 절도를 결의하고 있는 사람에게 강도를 교사한 경우 강도죄의 교사범이 된다는 견해가 있다. 그러나 이미 절도를 결의하고 있는 사람에 대해서는 강도교사범이 성립할 수 없으므로, 강도죄의 방조범이 성립한다고 해야 할 것이다.

5. 죄 수

(1) 죄수결정의 기준

강도죄는 재산이라는 비전속적 법익과 의사결정의 자유라는 일신전속적 법익을 모두 침해하는 범죄이므로, 재산에 대한 관리자의 수 및 의사결정의 자유가 침해된 사람의 수를 종합하여 죄수를 결정해야 한다.

[대판 1996. 7. 30. 96도1285] 강도가 시간적으로 접착된 상황에서 가족을 이루는 수인에게 폭행·협박을 가하여 집안에 있는 재물을 탈취한 경우 그 재물은 가족의 공동점유 아래 있는 것으로서, 이를 탈취하는 행위는 그 소유자가 누구인지에 불구하고 단일한 강도죄의 죄책을 진다.

[대판 1991. 6. 25. 91도643] 여관에서 종업원을 칼로 찔러 상해를 가하고 객실로 끌고 들어가는 등 폭행·협박을 하고 있던 중, 마침 다른 방에서 나오던 주인도 같은 방에 밀어 넣은 후 그로부터 금품을 강취하고, 1층 안내실에서 종업원 소유의 현금을 꺼내 갔다면, 종업원과 주인 별로 각각 강도죄를 구성하되 피고인이 종업원과 주인을 폭행·협박한 행위는 법률상 1개의 행위로 평가되는 것이 상당하므로 위 두 죄는 상상적 경합범관계에 있다.

(2) 불가벌적 사후행위

강취한 재물을 사용·수익·처분한 경우 그 행위가 새로운 법익을 침해하지 않고 강도죄에 전제되어 있는 불법의 범위에 속하는 때에는 불가벌적 사후행위가 된다. 그러나 새로운 법익을 침해한 경우에는 별도의 범죄가 성립한다.

[대판 1991. 9. 10. 91도1722] 피고인이 예금통장을 강취하고 예금자명의의 예금 청구서를 위조한 다음 이를 은행원에게 제출행사하여 예금인출금 명목의 금원을

교부받았다면 강도, 사문서위조, 동행사, 사기의 각 범죄가 성립하고 이들은 실체적 경합관계에 있다.

(3) 다른 범죄와의 관계

판례는 강도를 하기 위해 피해자를 감금한 경우에는 강도죄와 체포·감금죄의 상상적 경합이 된다고 한다.[1] 그러나 체포·감금은 피해자에 대한 폭행의 한 내용이라고 할 수 있으므로 강도죄에 흡수된다고 해야 할 것이다.

[대판 1992. 7. 28. 92도917] 절도범인이 체포를 면탈할 목적으로 경찰관에게 폭행·협박을 가한 때에는 준강도죄와 공무집행방해죄의 상상적 경합관계에 있으나, 강도범인이 체포를 면탈할 목적으로 경찰관에게 폭행을 가한 때에는 강도죄와 공무집행방해죄는 실체적 경합관계에 있다.
[대판 2007. 5. 10. 2007도1375] 강취한 현금카드를 사용하여 현금자동지급기에서 예금을 인출한 행위는 … 강도죄와는 별도로 절도죄를 구성한다.

Ⅲ. 특수강도죄

제334조(특수강도) ① 야간에 사람의 주거, 관리하는 건조물, 선박이나 항공기 또는 점유하는 방실에 침입하여 제333조의 죄를 범한 자는 무기 또는 5년 이상의 징역에 처한다.
② 흉기를 휴대하거나 2인 이상이 합동하여 전조의 죄를 범한 자도 전항의 형과 같다.

1. 유형 및 법적 성격

본죄는 단순강도죄에 비해 불법이 가중되는 범죄로서 야간주거침입강도죄, 흉기휴대강도죄, 합동강도죄의 세 유형이 있다.

야간주거침입강도죄는 야간주거침입죄와 강도죄의 결합범이므로 보호법익은 야간주거의 사실상 평온, 의사결정의 자유, 재산이다. 흉기휴대강도죄와 합동강도죄의 보호법익은 강도죄와 같다.

---

1) 대판 1997. 1. 21. 96도2715. 한편 대판 2003. 1. 10. 2002도4380는 감금행위가 단순히 강도상해범행의 수단이 되는 데 그치지 아니하고 강도상해의 범행이 끝난 뒤에도 계속된 경우에는 감금죄와 강도상해죄는 형법 제37조의 경합범 관계에 있다고 한다.

2. 구성요건

야간주거침입강도죄에서 주거침입의 객체는 주거침입죄(제319조)와 같다.

야간주거침입강도죄에서 야간에 강취행위가 이루어져야 한다는 견해가 있으나 야간주거침입절도죄에서와 같은 원리에 의해 해결해야 한다.

2명 이상이 범행현장에서 강도를 한 경우 범행현장에 있지 않은 사람이 합동강도죄의 공동정범이 될 수 있는지에 대한 판례는 없으나, 합동절도죄에서와 같이 해결해야 한다. 따라서 판례에 의하면, 범행현장에 있지 않은 사람도 합동강도죄의 공동정범으로 처벌될 수 있다.

3. 미   수

야간주거침입강도죄의 실행의 착수시기에 대해 다수설은 폭행·협박의 개시시점, 소수설은 주거침입시라고 한다. 판례는 폭행·협박시라고 하기도 하고 주거침입시라고 하기도 한다.

[대판 1991. 11. 22. 91도2296] 야간에 흉기를 휴대한 채 타인의 주거에 침입하여 집안의 동정을 살피는 것만으로는 특수강도의 실행에 착수한 것이라고 할 수 없다.
[대판 1992. 7. 28. 92도917] 야간주거침입강도죄는 주거침입과 강도의 결합범으로서 시간적으로 주거침입행위가 선행되므로 주거침입을 한 때에 본죄의 실행에 착수한 것으로 볼 것인바, 흉기휴대 합동강도죄에 있어서도 그 강도행위가 야간에 주거에 침입하여 이루어지는 경우에는 주거침입을 한 때에 실행에 착수한 것으로 보는 것이 타당하다.

Ⅳ. 준강도죄

제335조(준강도) 절도가 재물의 탈환에 항거하거나 체포를 면탈하거나 범죄의 흔적을 인멸할 목적으로 폭행 또는 협박한 때에는 제333조 및 제334조의 예에 따른다.

1. 개념 및 법적 성격

준강도죄는 절도죄와 폭행·협박죄가 결합된 범죄로서, 절도가 재물의 탈환에 항거하거나 체포를 면탈하거나 범죄의 흔적을 인멸할 목적으로 폭행 또는 협박을 가하는 범죄이다. 사후강도죄라고도 한다.

본죄가 신분범이라는 설이 있으나,[1] 절도를 사회생활상의 지위라고 할 수는 없으므로 본죄를 신분범이라고 할 수 없다.

준강도죄의 성격에 대해서 ① 강도죄의 특수유형설, ② 절도죄의 가중유형설, ③ 독립범죄설(다수설) 등이 대립한다.

2. 구성요건

(1) 행위의 주체

본죄의 주체는 절도이다. 단순절도, 야간주거침입절도, 특수절도, 상습절도가 모두 포함된다. 그러나 자동차등불법사용범은 포함되지 않는다.

절도란 절도죄의 실행에 착수한 자이고(대판 2014. 5. 16. 2014도2521), 예비행위자는 본죄의 주체가 될 수 없다. 절도미수범도 포함된다.[2] 본죄의 주체가 '절도죄를 범한 자'가 아니라 '절도'이므로 절도죄의 실행에 착수하면 족하기 때문이다.

절도의 정범에 국한되고 교사·방조범은 포함되지 않으므로 절도교사·방조범이 폭행·협박을 했을 때에는 절도교사·방조죄와 폭행·협박죄의 경합범이 된다.

강도가 본죄의 주체가 되는가에 대해 긍정설은 단순강도죄의 실행에 착수하였다가 체포면탈등 목적으로 특수폭행·협박을 하였을 때에는 특수강도죄가 된다고 하고(다수설), 부정설은 강도죄와 특수폭행·협박죄의 실체적 경합범이 된다고 한다.

본죄의 주체가 되기 위해서는 절도의 실행에 착수해야 된다고 해야 하므로 폭행·협박을 넘어 재물강취행위를 개시한 때에 본죄의 주체가 된다고 해야 한다. 따라서 폭행·협박을 개시하였다가 체포면탈등 목적으로 특수폭행을 한 경우에는 강도미수죄와 특수폭행죄의 실체적 경합범, 재물강취를 개시

---

1) 판례도 강도강간죄등 성폭력범죄에서 강도를 신분이라고 하는데(대판 2010. 12. 9. 2010도 9630; 대판 2006. 8. 25. 2006도2621 등), 이에 의하면 절도 역시 신분이 될 수 있는데 이는 부당하다. 절도를 신분이라고 하면 절도에는 관여하지 않고 폭행·협박에만 관여한 공범을 폭행·협박의 공범이 아니라 준강도의 공범이라고 해야 하기 때문이다.
2) 대판 1990. 2. 27. 89도2532; 대판 1964. 11. 20. 64도504. 형법 제335조의 조문 가운데 '절도' 운운함은 절도기수범과 절도미수범을 모두 포함하는 것이고, 준강도가 사람을 상해했을 때에는 형법 제337조의 강도상해죄가 성립된다.

한 후 체포면탈등 목적으로 특수폭행을 한 경우에는 특수강도의 준강도죄가 성립한다고 해야 한다.

(2) 실행행위

본죄의 실행행위는 폭행 또는 협박을 가하는 것이다.

1) 폭행·협박　　폭행·협박의 개념과 정도는 강도죄와 같다.[1]

예컨대 피해자가 심한 폭력을 피하기 위해 엉겁결에 솥뚜껑을 들어 위 폭력을 막아 내려다가 그 솥뚜껑에 스쳐 피해자가 상처를 입게 된 경우(대판 1990. 4. 24. 90도193), 옷을 잡히자 체포를 면하려고 충동적으로 저항을 시도하여 잡은 손을 뿌리친 경우(대판 1985. 5. 14. 85도619) 등에서는 본죄의 폭행·협박이 있다고 할 수 없다.

항거를 불가능하게 할 정도이면 족하고 반드시 현실적으로 반항을 억압하였음을 요하지 않는다(대판 1981. 3. 24. 81도409). 재물의 소유자나 점유자뿐만 아니라 경찰관이나 제3자 등에 대해 폭행·협박을 하는 경우에도 본죄가 성립한다(대판 1984. 7. 24. 84도1167). 체포를 하려는 경찰관에게 폭행·협박을 한 경우에는 본죄와 공무집행방해죄의 상상적 경합이 된다(대판 1992. 7. 28. 92도917).

2) 특수절도 및 특수폭행·협박의 경우　　판례는 폭행·협박을 기준으로 단순강도와 특수강도의 준강도를 결정한다.

> **[대판 1973. 11. 13. 73도1553 전합]** 절도범인이 처음에는 흉기를 휴대하지 아니하였으나, 체포를 면탈할 목적으로 폭행 또는 협박을 가할 때에 비로소 흉기를 휴대 사용하게 된 경우에는 특수강도의 준강도가 된다.

따라서 단순절도범이 특수폭행·협박을 한 경우에는 특수강도의 준강도(준특수강도죄), 특수절도범이 단순 폭행·협박을 한 경우에는 단순강도의 준강도죄가 성립한다.

3) 절도의 기회　　폭행·협박은 절도의 기회에 행해져야 한다. 이는 절도행위와 폭행·협박 사이에 장소적·시간적 근접성이 있어야 함을 의미한다. 장소적·시간적 근접성이 없는 경우에는 절도죄와 폭행·협박죄의 실체적 경합범이

---

[1] 본죄의 폭행·협박을 인정한 판례로, 대판 1985. 11. 12. 85도2115; 대판 1983. 3. 8. 82도2838; 대판 1967. 9. 19. 67도1015 등.

될 수 있을 뿐이다.

   가. 장소적 근접성   절도의 범행현장과 폭행·협박의 현장은 근접성이
있어야 한다. 그러나 범행장소에서 추적 중인 경우에는 장소적 근접성이 없어도
무방하다.

   나. 시간적 근접성   절도와 폭행·협박의 시간적 근접성에 대해서는 ①
절도의 실행의 착수 이후부터 기수 직후까지라는 견해, ② 절도의 실행 직후부터
종료까지라는 견해, ③ 절도의 실행의 착수시부터 종료 직후까지라는 견해, ④
본죄의 주체가 절도기수범에 국한된다는 전제하에서 절도기수 후부터 완료 전까
지라는 견해 등이 대립한다. 판례는 절도의 실행에 착수하여 그 실행 중이거나
그 실행 직후 또는 실행의 범의를 포기한 직후로서 사회통념상 범죄행위가 완료
되지 아니하였다고 인정될 만한 단계라고 한다(대판 1987. 10. 26. 87도1662; 대판 1984.
9. 11. 84도1398).

   어느 견해나 사실상 차이가 없지만 판례의 입장이 가장 타당하다.

[대판 1999. 2. 26. 98도3321] 피고인이 피해자의 집에서 절도범행을 마친지 10분
가량 지나 피해자의 집에서 200m 가량 떨어진 버스정류장이 있는 곳에서 피고인
을 절도범인이라고 의심하고 뒤쫓아 온 피해자에게 붙잡혀 피해자의 집으로 돌아
왔을 때 비로소 피해자를 폭행한 것은 사회통념상 절도범행이 이미 완료된 이후
라 할 것이므로 준강도죄가 성립할 수 없다.[1]

   (3) 주관적 구성요건
   본죄가 성립하기 위해서는 절도와 폭행·협박의 고의가 있어야 한다. 또한
초과주관적 구성요건요소로서 재물탈환 항거, 체포면탈, 범죄의 흔적인멸 등의
목적이 있어야 한다. 목적이 달성되었느냐의 여부는 본죄의 성립에 영향을 미치
지 못한다. 이러한 목적없이 폭행·협박한 경우에는 본죄가 아니라 절도죄와 폭
행·협박죄의 경합범이 된다.

---

 1) 이에 반하여 절도범행의 종료 후 얼마되지 아니한 단계이고 안전지대로 이탈하지 못하고
   피해자측에 의하여 체포될 가능성이 남아있는 단계에서 추적당하여 체포되려 하자 구타한
   경우(대판 1982. 7. 13. 82도1352), 절도범인이 일단 체포되었으나 아직 신병확보가 확실하
   지 않은 단계에서 체포 상태를 면하기 위해 폭행하여 상해를 가한 경우(대판 2001. 10.
   23. 2001도4142)에는 준강도가 성립한다.

3. 미   수

본죄의 미수는 처벌하는데(제342조), 그 기준에 대해서는 견해가 대립한다.

첫째, 폭행·협박기준설은 절도가 미수여도 폭행·협박이 기수이면 본죄의 기수가 되고, 절도가 기수여도 폭행·협박이 미수이면 본죄의 미수라고 한다.

둘째, 절도기준설은 절도가 기수이면 폭행·협박이 미수이더라도 본죄의 기수가 되고, 절도가 미수이면 폭행·협박이 기수여도 본죄의 미수가 된다고 한다.

셋째, 종합설은 절도와 폭행·협박 모두 기수가 되어야 본죄의 기수가 되고, 어느 하나라도 미수이면 본죄의 미수가 된다고 한다. 강도기수죄가 성립하기 위해서는 폭행·협박으로 항거불가능상태를 초래하고 재물을 강취해야 하는 것처럼 준강도에도 동일한 원리가 적용된다는 것이다.

판례는 폭행·협박기준설을 따랐으나(대판 1969. 10. 23. 69도1353) 태도를 변경하여 절취행위기준설을 따른다.

[대판 2004. 11. 18. 2004도5074 전합] 준강도로서 강도죄의 예에 따라 처벌하는 취지는, 강도죄와 준강도죄의 구성요건인 재물탈취와 폭행·협박 사이에 시간적 순서상 전후의 차이가 있을 뿐 실질적으로 위법성이 같다고 보기 때문인바, 이와 같은 준강도죄의 입법취지, 강도죄와의 균형 등을 종합적으로 고려해 보면, 준강도죄의 기수 여부는 절도행위의 기수 여부를 기준으로 하여 판단하여야 한다.

준강도가 강도보다 불리하게 해석되어서는 안 되므로 종합설이 타당하다. 강도기수죄가 되기 위해서는 폭행·협박과 절도 모두 기수가 되어야 하기 때문이다.

4. 공   범

(1) 제33조의 적용문제

본죄를 신분범이라고 할 경우에는 절도에는 가공하지 않고 폭행·협박에만 가공한 사람의 경우 제33조의 적용여부를 검토해야 한다. 그러나 절도를 신분이라고 할 수 없으므로 제33조는 적용되지 않고 가공자는 폭행·협박의 공범의 책임만을 진다고 해야 한다.

(2) 준강도죄의 공동정범

판례는 절도의 공동정범 중 일부가 체포면탈등의 목적으로 폭행·협박 또는 나아가 상해를 입힌 경우 다른 공범은 상해에 대한 예견가능성이 없지 않는 한 본죄나 준강도상해·치상죄의 죄책을 진다고 한다.[1]

[대판 1991. 11. 26. 91도2267] 합동하여 절도범행을 하는 도중에, 사전에 구체적인 의사연락이 없었다고 하여도, 피고인이 체포를 면탈할 목적으로 피해자를 힘껏 떠밀어 상처를 입게 한 경우, 폭행의 정도가 피해자의 추적을 억압할 정도의 것이었던 이상 피고인들은 강도상해의 죄책을 면할 수 없다.
[대판 1984. 2. 28. 83도3321] 甲이 담배창구를 통하여 가게에 들어가 물건을 절취하고 피고인은 밖에서 망을 보던 중 예기치 않았던 인기척 소리가 나므로 도주해 버린 이후에 위 甲이 창구에 몸이 걸려 빠져 나오지 못하게 되어 피해자에게 붙들리자 체포를 면탈할 목적으로 피해자에게 폭행을 가하여 상해를 입힌 것이고, 피고인은 그 동안 상당한 거리를 도주하였을 것으로 추정되는 상황하에서는 피고인이 위 甲의 폭행행위를 전연 예기할 수 없었다고 보여지므로 피고인에게 준강도상해죄의 공동책임을 지울 수 없다.

판례에 찬성하는 견해도 있으나, 통설은 준강도죄의 죄책을 지지 않는다고 한다. 절도의 공동정범들에게 유사시에 폭행·협박도 하기로 의사연락이 있었다고 보기 어렵고, 폭행·협박을 하지 않은 공동정범은 다른 공동정범의 폭행·협박을 기능적으로 지배하지 못하였다는 점을 근거로 든다.

준강도죄는 고의범이므로 설사 절도의 공동정범들이 준강도 또는 상해에 대한 예견가능성이 있다고 하여도 이를 공모하지 않는 한 준강도죄 또는 강도상해죄의 죄책을 진다고 할 수 없다. 준강도의 죄책을 지지 않으므로 준강도치상죄의 죄책도 지지 않는다고 해야 한다.

5. 죄수 및 타죄와의 관계

절도범이 체포를 면탈할 목적으로 체포하려는 여러 명의 피해자에게 같은 기회에 폭행을 가하여 그 중 1인에게만 상해를 가하였다면 이러한 행위는 포괄하여 하나의 강도상해죄만 성립한다(대판 2001. 8. 21. 2001도3447). 절도가 체포를 면탈

---

1) 판례 중에는 다른 공범에 대해서도 강도'상해죄'의 죄책을 진다고 설시하고 있으나 정확하게는 강도'치상죄'의 죄책을 진다고 하여야 할 것이다. 실무적으로 강도상해죄나 강도치상죄는 법정형이 동일하고 양형만 문제되므로 대법원은 단지 기소된 죄명을 그대로 적은 것으로 보아야 하고 여기에 특별한 의미를 부여할 것은 아니다.

할 목적으로 추격하여 온 수인에 대하여 같은 기회에 동시 또는 이시에 폭행 또
는 협박을 한 경우에는 준강도의 포괄일죄가 성립한다(대판 1966. 12. 6. 66도1392).

절도범인이 체포를 면탈할 목적으로 경찰관에게 폭행, 협박을 가한 때에는
준강도죄와 공무집행방해죄를 구성하고 양죄는 상상적 경합관계에 있으나, 강도
범인이 체포를 면탈할 목적으로 경찰관에게 폭행을 가한 때에는 강도죄와 공무집
행방해죄는 실체적 경합관계에 있고 상상적 경합관계에 있는 것이 아니다(대판
1992. 7. 28. 92도917).

6. 형   벌

본죄의 처벌은 전2조(강도죄와 특수강도죄)의 예에 의한다.

판례는 폭행·협박을 기준으로 특수강도와 단순강도 중 어느 죄의 형벌로 처
벌할 것인지 결정해야 한다고 한다.

V. 인질강도죄

> 제336조(인질강도) 사람을 체포, 감금, 약취 또는 유인하여 이를 인질로 삼아
> 재물 또는 재산상의 이익을 취득하거나 제3자로 하여금 이를 취득하게 한 자는
> 3년 이상의 유기징역에 처한다.

1. 보호법익

인질강도죄는 사람을 체포·감금·약취·유인하여 이를 인질로 삼아 재물 또
는 재산상의 이익을 취득하거나 제3자로 하여금 취득하게 하는 범죄이다. 본죄의
보호법익은 재산과 인질의 자유 및 생명·신체의 안전이고, 보호의 정도는 침해
범이다.

본죄를 체포·감금죄, 약취·유인죄와 공갈죄의 결합범이라고 하는 견해가
있으나, 사람을 인질로 삼는 것 자체가 항거불가능의 폭행·협박의 행사라고 할
수 있기 때문에 강도죄로 처벌하는 것이다.

2. 구성요건

본죄의 객체인 사람은 제한이 없다. 미성년자에 국한되지 않지만, 미성년자

를 약취·유인하여 재물이나 재산상의 이익을 취득·요구한 때에는 가중처벌된다 (특정범죄가중법 제5조의2).

　　본죄의 실행행위 중 체포·감금·약취·유인은 체포·감금죄, 약취·유인죄에서와 같다. "인질로 삼는다"는 것은 인질강요죄(제324조의2)에서와 같이 인질의 생명·신체의 안전에 관한 제3자의 우려를 이용하여 인질의 생명·신체의 안전이나 석방을 대가로 재물 또는 재산상의 이익을 취득하기 위한 수단으로 인질의 자유를 구속하는 것을 말한다. 체포·감금·약취·유인이 없는 경우에는(대판 2008. 1. 17. 2007도8485), 본죄가 아니라 강도죄가 성립한다.

　　재물 또는 재산상의 이익이 아니라 다른 이익을 취득한 경우에는 본죄가 성립하지 않고 인질강요죄(제324조의2)가 성립한다.

　　본죄의 실행의 착수시기는 사람을 체포·감금·약취·유인하는 시점이고, 기수시기는 재물 또는 재산상 이익을 취득한 시점이다.

3. 입 법 론

　　본죄에는 인질강요죄와 같은 석방감경규정(제324조의6)이 없으나, 입법론상으로는 석방감경규정을 두는 것이 바람직하다.

VI. 강도상해·치상죄

> 제337조(강도상해·치상)　강도가 사람을 상해하거나 상해에 이르게 한 때에는 무기 또는 7년 이상의 징역에 처한다.

1. 법적 성격 및 보호법익

　　강도상해·치상죄는 강도가 고의·과실로 상해를 입히는 범죄이다. 강도상해죄는 강도죄와 상해죄의 결합범이고, 강도치상죄는 강도죄와 과실치상죄의 결합범으로서 진정결과적 가중범이다.

　　보호법익은 재산과 신체의 생리적 기능이고, 보호의 정도는 침해범이다.

2. 구성요건

(1) 행위의 주체

본죄의 주체는 강도이다. 단순강도뿐만 아니라 특수강도, 준강도(대판 2001. 8. 21. 2001도3447[1]), 인질강도를 모두 포함한다. 해상강도에 대해서는 별도의 규정이 있다(제340조 2항).

강도죄의 실행에 착수하면 족하고 미수·기수를 불문한다.

(2) 실행행위

1) 상해와 치상　　상해한다는 것은 고의로 상해하는 것을, 상해에 이르게 한다는 것은 과실로 상해하는 것을 말한다.

본죄에서의 상해는 피해자의 신체의 건강상태가 불량하게 변경되고 생활기능에 장애가 초래될 정도의 상해를 말한다(대판 2002. 1. 11. 2001도5925). 따라서 상처가 극히 경미하여 굳이 치료할 필요가 없고 치료를 받지 않더라도 일상생활을 하는 데 아무런 지장이 없으며 시일이 경과함에 따라 자연적으로 치유될 수 있는 정도일 경우에는 본죄의 상해라고 할 수 없다.[2]

2) 강도의 기회　　상해행위는 강도의 기회에 이루어져야 한다. 즉, 고의, 과실의 상해행위는 강도의 기회에 이루어져야 하지만, 상해의 결과는 강도의 완료 이후에 발생하여도 무방하다. 강도의 기회란 강도죄의 실행에 착수하여 완료 이전까지를 의미한다.

> **[대판 2014. 9. 26. 2014도9567]** 강도상해죄는 강도범인이 강도의 기회에 상해행위를 함으로써 성립하므로 강도범행의 실행 중이거나 실행 직후 또는 실행의 범의를 포기한 직후로서 사회통념상 범죄행위가 완료되지 아니하였다고 볼 수 있는 단계에서 상해가 행하여짐을 요건으로 한다. 그러나 반드시 강도범행의 수단으로 한 폭행에 의하여 상해를 입힐 것을 요하는 것은 아니고 상해행위가 강도가 기수에 이르기 전에 행하여져야만 하는 것은 아니므로, 강도범행 이후에도 피해자를

---

1) 그러나 우승에 준우승도 포함된다고 할 수 없다면, 강도에 준강도가 포함된다고 해석하는 것은 피고인에게 불리한 유추해석이라고 할 수 있다.
2) 대판 2003. 7. 11. 2003도2313: 피해자의 얼굴과 팔다리 부분에 멍이 생겼으나, 피해자는 간호사로서 범행 다음 날 직장이 휴무였으므로 출근하지 않았고 그 다음 날부터는 정상적으로 근무하였으며, 위 상처로 인하여 병원에서 치료를 받지도 않았고, 그 다음 날에는 몸상태가 호전되어 진단서도 발급받지 않았던 경우 강도상해죄에 있어서의 상해에 해당된다고 할 수 없다.

계속 끌고 다니거나 차량에 태우고 함께 이동하는 등으로 강도범행으로 인한 피
해자의 심리적 저항불능 상태가 해소되지 않은 상태에서 강도범인의 상해행위가
있었다면 강취행위와 상해행위 사이에 다소의 시간적·공간적 간격이 있었다는
것만으로는 강도상해죄의 성립에 영향이 없다.

강도죄의 폭행·협박에 의해 직접 발생한 상해뿐만 아니라 강도행위가 원인
이 된 상해여도 무방하다(대판 1992. 4. 14. 92도408; 대판 1985. 1. 15. 84도2397). 또한 체포
를 면탈하기 위해 제3자를 상해한 경우와 같이 폭행·협박의 상대방이 아닌 제3
자에 대한 상해도 포함된다(대판 1996. 7. 12. 96도1108).[1]

　　3) 인과관계(및 객관적 귀속)　　강도상해죄와 강도치상죄는 모두 결과범이므
로 강도행위와 상해 사이에 인과관계가 인정되어야 한다(대판 1996. 7. 12. 96도1142).
인과관계가 부정되는 경우에는 강도살인죄가 아니라 강도살인미수죄 혹은 강도치
사죄가 아니라 강도죄 및 과실치사죄가 성립할 수 있을 뿐이다.

　　4) 주관적 구성요건　　강도상해죄가 성립하기 위해서는 상해의 고의 및
강도의 고의와 불법영(이)득의사(대판 2021. 6. 30. 2020도4539)가 있어야 한다. 상해의
고의가 없을 때에는 강도치상죄가 성립할 수 있을 뿐이다.

[대판 1985. 7. 9. 85도1109] 도주하는 강도를 체포하기 위해 위에서 덮쳐 오른손
으로 목을 잡고, 왼손으로 앞부분을 잡는 순간 강도가 들고 있던 벽돌에 끼어 있
는 철사에 찔려 부상을 입었다거나 또는 도망하려는 공범을 뒤에서 양팔로 목을
감싸잡고 내려오다 같이 넘어져 부상을 입은 경우라면 위 부상들은 피해자들의
적극적인 체포행위과정에서 스스로의 행위의 결과로 입은 상처이어서 위 상해의
결과에 대하여 강도상해죄로 의율할 수 없다.

강도치상죄에서는 상해에 대한 예견가능성이 있어야 한다(제15조 2항).
사람을 상해하여 실신시킨 후에 재물을 절취할 고의가 생겨 재물을 절취한
경우에는 강도상해죄가 아니라 상해죄와 절도죄의 경합범이 성립한다(대판 1956. 8.
17. 56도170).

---

1) 강도범이 경찰관에게 체포된 직후 경찰관을 살해한 사건에 대한 판결이다. 이 경우에도
　강도죄와 살인죄의 경합범을 인정해야 할 것이다. 강도범인이 범행 직후 추격해 오는 경
　찰관을 피해 도주하다가 앞에 있는 행인을 밀쳐 상해를 입힌 경우 강도상해죄보다는 강도
　죄와 상해죄의 경합범을 인정하는 것이 형법해석의 엄격성원칙에 부합할 것이다.

3. 위 법 성

채권을 추심하기 위해 채무자를 폭행·협박하여 상해를 가한 행위는 정당한 권리행사라고 볼 수 없으므로 강도상해죄가 성립한다(대판 1995. 12. 12. 95도2385).

4. 미   수

본죄의 미수는 처벌한다(제342조). 강도상해죄의 미수범은 상해의 미수를 의미하고 강도의 미수라도 상해가 기수가 된 경우에는 강도상해죄의 미수범이 아니라 기수범이 된다.[1]

구형법에서는 미수범처벌규정에 강도치상죄는 포함되지 않았으나, 1995년 개정형법은 강도치상죄도 포함하는 듯한 규정을 두었다. 이로 인해 강도치상죄의 미수범 긍정설과 부정설이 대립하게 되었다.

긍정설은 강도치상죄의 미수범을 처벌하는 규정을 둔 입법자의 의사를 존중하여 강도미수범이 과실로 상해의 결과를 발생시킨 경우를 강도치상죄의 미수라고 한다. 부정설은 과실범의 미수는 있을 수 없으므로 강도치상죄의 미수도 있을 수 없고, 미수범처벌규정은 입법상의 과오라고 한다(다수설).

과도한 법정형을 완화하려는 긍정설의 의도는 좋지만 강도와 상해 사이에 인과관계가 인정되지 않거나 독립된 강도행위가 경합하여 상해의 결과가 발생하고 원인된 행위가 판명되지 않은 경우 논리적으로 강도치상죄의 미수를 인정해야 하는 문제점도 있으므로, 부정설이 타당하다. 판례는 부정설을 따른다.[2]

5. 공   범

판례는 강도의 공범 중 일부가 공모의 범위를 넘어 상해를 입힌 경우 다른 공범도 상해에 대한 예견가능성이 있으면 강도상해 내지 강도치상의 죄책을 진다

---

1) 대판 1971. 1. 26. 70도2518: 절도범이 체포를 면탈할 목적으로 폭행을 가하여 피해자에게 상해의 결과를 발생케 한 경우에는 비록 재물의 절취는 미수에 그쳤다 할지라도 본조(강도상해죄)의 기수범으로 보아야 한다.

2) 대판 1985. 10. 22. 85도2001(강도치상등의 죄는 강도의 계제에 치상의 결과가 발생하면 되는 것이지 강도의 기수나 미수를 가리지 않는다). 이 판결은 1995년 개정형법 이전 형법 판결이지만, 만약 당시 판례가 진정결과적가중범의 미수를 긍정하는 입장이었다면 강도치상죄의 미수범 처벌규정이 없었으므로 강도미수범이 치상의 결과를 발생시켰을 경우 강도치상죄가 아니라 강도미수죄와 과실치상죄를 인정하였을 것이다.

고 한다.[1] 이에 대해 학설은 공범간에 상해에 대한 의사연락이 없으므로 강도상
해의 죄책은 지지 않고 과실이 있는 경우 강도치상죄의 공동정범이나 단독정범의
죄책은 질 수 있다고 한다.

본죄는 신분범이라고 할 수 없으므로 상해나 치상에만 가공한 공범에게 제
33조가 적용되지 않는다.

6. 죄   수

강도상해·치상죄는 신체라는 전속적 법익을 침해하는 범죄이므로 피해자의
수에 따라 별개의 범죄가 성립한다. 따라서 하나의 폭행행위로 여러 사람에게 상
해를 입힌 경우에는 수개의 강도상해죄의 상상적 경합이 되고, 수개의 행위로 수
인을 상해한 경우에는 실체적 경합범이 된다.

> [대판 1991. 6. 25. 91도643; 대판 1987. 5. 26. 87도527] 여관에 들어가 1층 안내
> 실에 있던 관리인을 칼로 찔러 상해를 가하고 그로부터 금품을 강취한 다음 각
> 객실에 들어가 각 투숙객들로부터 금품을 강취하였다면, 위와 같은 각 행위는 비
> 록 시간적으로 접착된 상황에서 동일한 방법으로 이루어지기는 하였으나 포괄하
> 여 1개의 강도상해죄만을 구성하는 것이 아니라 (강도상해죄와 강도죄의) 실체적 경
> 합범의 관계에 있는 것이라고 할 것이다.

7. 형   벌

강도상해·치상죄의 형벌은 무기 또는 7년 이상의 징역이어서 정상참작감경
을 하더라도 집행유예가 불가능하므로 형벌이 지나치게 무겁다. 강도상해죄와 강
도치상죄에 같은 법정형을 규정한 것은 책임주의에 위반되므로, 강도살인·치사
죄처럼 법정형에 차별을 두어야 한다.

본죄의 범인이 동종누범에 해당할 때에는 사형, 무기 또는 10년 이상의 징역
에 처해진다(특가법 제5조의5). 이런 야만적인 규정은 시급히 폐지되어야 한다.

---

1) 대판 1998. 4. 14. 98도356; 대판 1990. 12. 26. 90도2362; 대판 1990. 10. 12. 90도1887.

Ⅶ. 강도살인·치사죄

> 제338조(강도살인·치사) 강도가 사람을 살해한 때에는 사형 또는 무기징역에
> 처한다. 사망에 이르게 한 때에는 무기 또는 10년 이상의 징역에 처한다.

1. 개념 및 보호법익

본죄는 강도가 사람을 고의·과실로 사람을 사망케 하는 범죄이다. 강도살인
죄는 강도죄와 살인죄의 결합범이고 강도치사죄는 강도죄와 과실치사죄의 결합범
으로서 진정결과적 가중범이다.

본죄의 보호법익은 사람의 생명과 재산이고, 보호의 정도는 침해범이다.

2. 구성요건

(1) 행위의 주체
본죄의 주체는 강도상해죄에서와 같다.

(2) 실행행위
1) **살해와 치사**   살해한다는 것은 고의로 사망케 하는 것을, 사망에 이
르게 한다는 것은 과실로 사망케 하는 것을 말한다.

강도살인죄는 강도가 사람을 살해한 경우뿐만 아니라 재물이나 재산상의 이
익을 취득할 목적으로 사람을 살해하거나 영득 또는 이득의 의사로 사람을 살해
한 후 재물 또는 재산상의 이익을 취득하는 경우 모두 포함한다.

강도치사죄는 결과적 가중범이므로 강도행위와 사망 사이에 인과관계가 있
어야 하고 사망에 대한 예견가능성이 있어야 한다(제15조 2항).

2) **채무면탈목적의 살해와 강도살인죄**   채무를 면탈할 목적으로 사람을
살해한 경우 다수설은 강도살인죄를 인정한다. 이에 대해 살인죄설과 차용증서를
써주었거나 저당권을 설정해 준 경우와 같이 채무면제를 받지 못하게 되는 경우
에는 살인죄, 택시요금을 내지 않기 위해 운전사를 살해한 경우와 같이 채무면제
의 구체적·현실적 가능성이 있는 경우에는 강도살인죄가 성립한다는 절충설이
있다. 판례는 절충설에 가깝다.

[대판 1999. 3. 9. 99도242; 대판 1985. 10. 22. 85도1527]   피고인과 술집 주인 두 사람밖에 없는 상황에서 술값의 지급을 요구하는 술집 주인을 살해하고 곧바로 피해자가 소지하던 현금을 탈취한 경우 강도살인죄가 성립한다.

[대판 2004. 6. 24. 2004도1098]   채무의 존재가 명백할 뿐만 아니라 채권자의 상속인이 존재하고 그 상속인에게 채권의 존재를 확인할 방법이 확보되어 있는 경우에는 비록 그 채무를 면탈할 의사로 채권자를 살해하더라도 일시적으로 채권자측의 추급을 면한 것에 불과하여 재산상 이익의 지배가 채권자측으로부터 범인 앞으로 이전되었다고 보기는 어려우므로, 이러한 경우에는 강도살인죄가 성립할 수 없다.

3) 강도의 기회   살해나 사망은 강도의 기회에 발생해야 한다. 강도의 기회란 강도의 실행의 착수시부터 완료 이전까지를 말하고 강도행위와 시간적·장소적 근접성을 요한다.

[대판 1996. 7. 12. 96도1108]   강도범행 직후 신고를 받고 출동한 경찰관이 위 범행 현장으로부터 약 150m 지점에서, 화물차를 타고 도주하는 피고인을 발견하고 순찰차로 추적하여 격투 끝에 피고인을 붙잡았으나, … 그 순간 피고인이 체포를 면하기 위하여 소지하고 있던 과도로써 옆에 앉아 있던 경찰관을 찔러 사망케 하였다면 피고인의 위 살인행위는 강도행위와 시간상 및 거리상 극히 근접하여 사회통념상 범죄행위가 완료되지 아니한 상태에서 이루어진 것이라고 보여지므로, 원심이 강도살인죄로 적용하여 처벌한 것은 옳다.

4) 사자의 점유   사람을 살해한 후 비로소 재물영득의 고의가 생겨 재물을 영득한 경우 강도살인죄가 성립하지 않는다. 다만 이 경우 사자의 생전점유는 사후에도 일정기간 계속되므로 살인죄와 절도죄가 성립한다는 견해와 사자의 점유를 인정할 수 없으므로 살인죄와 점유이탈물횡령죄가 성립한다는 견해가 대립한다. 판례는 전자의 입장을 취하고 있다.

[대판 1993. 9. 28. 93도2143]   피해자를 살해한 방에서 사망한 피해자 곁에 4시간 30분쯤 있다가 그 곳 피해자의 자취방 벽에 걸려 있던 피해자가 소지하고 있던 물건들을 영득의 의사로 가지고 나온 경우 피해자가 생전에 가진 점유는 사망 후에도 여전히 계속되는 것으로 보아야 한다.

사자의 점유나 사자의 생전점유를 인정하는 것은 부당하므로 후자의 견해가 타당하지만, 사자의 재물에 대한 제3자의 점유를 인정할 수 있는 경우에는 절도죄가 성립한다고 해야 한다.

처음부터 강도의 의사로 사람을 살해하고 사자의 재물을 영득한 경우에는 ① 사자의 점유나 상속에 의한 점유를 인정할 수 없으므로 누구의 점유도 침해하지 않는다는 견해, ② 사자의 점유를 침해한다는 견해, ③ 사자의 생전점유를 침해한 것으로 보는 견해 등이 대립된다. 그러나 강도살인죄의 실행의 착수시인 살인행위시에 타인이 점유하는 타인의 재물이면 족하므로 이러한 견해의 대립은 무의미하다.

(3) 인과관계(및 객관적 귀속)

강도살인죄와 강도치사죄는 모두 결과범이므로 강도행위와 피해자의 사망 사이에 인과관계(및 객관적 귀속)가 인정되어야 한다. 이것이 부정되는 경우에는 강도살인죄가 아니라 강도살인미수죄 혹은 강도치사죄가 아니라 강도죄 및 과실치사죄가 성립할 수 있을 뿐이다.

(4) 주관적 구성요건

강도살인죄가 성립하기 위해서는 강도와 살인에 대한 고의가 있어야 한다. 고의는 미필적 고의로도 족하다.

> [대판 2002. 2. 8. 2001도6425] 강도가 베개로 피해자의 머리부분을 약 3분간 누르던 중 피해자가 저항을 멈추고 사지가 늘어졌음에도 계속하여 누른 행위에 살해의 고의가 있었다.

강도치사죄가 성립하기 위해서는 사망에 대한 예견가능성이 있어야 한다.

3. 미   수

본죄의 미수는 처벌한다(제342조). 강도살인죄의 미수범은 살인의 미수를 의미하고 강도의 미수라도 살인이 기수가 된 경우에는 강도살인죄의 미수범이 아니라 기수범이다(대판 1987. 1. 20. 86도2308; 대판 1973. 5. 30. 73도847).

강도치사죄의 미수범 인정여부는 강도치상죄의 미수에서 살펴본 것과 같다.

4. 공   범

판례는 강도의 공동정범 중 일부가 공모의 범위를 넘어 사람을 살해하거나 사망케 한 경우 다른 공범은 강도살인죄의 죄책은 지지 않지만, 살해결과에 대해 예견가능성이 있는 경우 강도치사의 죄책을 진다고 한다.

> [대판 1991. 11. 12. 91도2156; 대판 1990. 11. 27. 90도2262] 수인이 합동하여 강도를 한 경우 그 중 1인이 사람을 살해하는 행위를 하였다면 그 범인은 강도살인죄의 기수 또는 미수의 죄책을 지는 것이고 다른 공범자도 살해행위에 관한 고의의 공동이 있었으면 그 또한 강도살인죄의 기수 또는 미수의 죄책을 지는 것이 당연하다 하겠으나, 고의의 공동이 없었으면 피해자가 사망한 경우에는 강도치사의, 강도살인이 미수에 그치고 피해자가 상해만 입은 경우에는 강도상해 또는 치상의, 피해자가 아무런 상해를 입지 아니한 경우에는 강도의 죄책만 진다고 보아야 할 것이다.

5. 죄   수

본죄 후 사체를 은닉한 경우에는 별도로 사체은닉죄가 성립하지만, 피해자를 인적이 드문 장소로 유인하여 본죄를 범하고 그대로 둔 채 도주하여 사체의 발견이 현저하게 곤란하게 되었더라도 별도로 사체은닉죄가 성립되지 않는다(대판 1986. 6. 24. 86도891).

판례는 재물을 강취한 후 현주건조물에 방화하여 살해한 경우 강도살인죄와 현주건조물방화치사죄의 상상적 경합이 된다고 한다.[1] 그러나 이는 살인을 강도살인죄와 부진정결과적 가중범인 현주건조물방화치사죄에서 이중평가하여 부당하므로, 강도살인죄와 현주건조물방화죄의 상상적 경합이라고 해야 한다.

Ⅷ. 강도강간죄

> 제339조(강도강간) 강도가 사람을 강간한 때에는 무기 또는 10년 이상의 징역에 처한다.

1. 보호법익

본죄는 강도죄와 강간죄의 결합범이므로, 보호법익은 재산과 사람의 성적 의사결정의 자유이다. 보호의 정도는 침해범이다.

---

1) 대판 1998. 12. 8. 98도3416.

2. 구성요건

(1) 행위의 주체

본죄의 주체는 강도상해·살인죄 등에서와 같다(대판 1986. 1. 28. 85도2416; 대판 1985. 10. 22. 85도2001). 다만 특수강도의 기수·미수범이 본죄를 범한 때에는 가중처벌된다(성폭력처벌법 제5조 2항).[1]

강간 중 재물을 강취하고 계속하여 강간한 때에도 본죄에 해당된다(대판 2010. 12. 9. 2010도9630; 대판 1988. 9. 9. 88도1240).

그러나 부녀(사람)를 강간한 이후 재물강취의 고의가 생긴 경우에는 본죄가 아니라 강간죄와 강도죄의 경합범이 성립한다(대판 2002. 2. 8. 2001도6425). 강간하던 부녀(사람)가 도망가지 못하도록 손가방을 빼앗고 강간한 경우 손가방에 대한 불법영득의사가 없어 강도죄가 성립하지 않으므로 본죄가 아닌 강간죄만이 성립한다(대판 1985. 8. 13. 85도1170).

(2) 실행행위

본죄의 실행행위는 강도가 사람을 강간하는 것이고, 유사강간은 본죄에 해당되지 않는다.

강간은 강도의 기회에 행해져야 한다. 강도의 기회란 강도상해·치상, 강도살인·치사죄에서와 마찬가지로 강도의 실행의 착수에서 완료 이전까지의 시점을 말한다(대판 1986. 5. 27. 86도507).

재산상의 피해자와 강간피해자가 일치하지 않아도 된다. 따라서 A를 폭행하여 재물을 강취하고 B를 강간한 경우에도 본죄가 성립한다(대판 1991. 11. 12. 91도2241). 다만 이 경우에도 B 역시 폭행 또는 협박으로 항거불능상태에 있어야 한다.

3. 미   수

본죄의 미수는 처벌한다(제342조). 본죄의 미수란 강간의 미수를 의미하므로 강도미수가 강간기수에 이른 경우에는 강도강간죄의 기수가 된다.

---

1) 강도의 범의하에 주간에 흉기를 휴대한 채 타인의 주거에 침입하여 집안의 동정을 살피다가 피해자를 강간한 경우에도 특수강도죄의 실행의 착수는 없으므로 특수강도강간죄가 성립하지 않는다. 만약 야간에 이런 행위가 이루어진 경우 야간주거침입강도죄의 실행의 착수시기를 폭행·협박시로 본다면(대판 1991. 11. 22. 91도2296) 본죄가 성립하지 않지만, 실행의 착수시기를 주거침입시로 보면(대판 1992. 7. 28. 92도917) 본죄가 성립한다.

4. 공   범

강간을 직접 실행하지 않아도 본죄의 공동정범이 될 수 있다.[1] 판례는 甲과 乙이 공동으로 강도를 하며 甲은 강간을 하고 乙은 상해를 입힌 경우, 甲은 강도강간과 강도상해의 죄책을 진다고 한다.[2]

강도를 신분이라고 할 수 없으므로 강간에만 가공한 공범에게는 제33조가 적용되지 않는다.

5. 죄   수

판례는 강도강간이 미수에 그쳤으나 피해자를 치상한 경우에는 강도강간미수죄와 강도치상죄의 상상적 경합이 된다고 한다(대판 1988. 6. 28. 88도820). 그러나 이는 강도행위를 이중평가한 것으로서 부당하고, 강도강간미수죄와 과실치상죄의 상상적 경합이라고 해야 한다.

IX. 해상강도죄

제340조(해상강도) ① 다중의 위력으로 해상에서 선박을 강취하거나 선박 내에 침입하여 타인의 재물을 강취한 자는 무기 또는 7년 이상의 징역에 처한다.
② 제1항의 죄를 범한 자가 사람을 상해하거나 상해에 이르게 한 때에는 무기 또는 10년 이상의 징역에 처한다.
③ 제1항의 죄를 범한 자가 사람을 살해 또는 사망에 이르게 하거나 강간한 때에는 사형 또는 무기징역에 처한다.

1. 해상강도죄

(1) 개념 및 보호법익

해상강도죄는 이른바 해적죄인데, 육상강도에 비해 위험성이 커 불법이 가중

---

1) 대판 1986. 1. 21. 85도2411: 피고인이 공범들과 함께 강도범행을 한 후 피해자의 신고를 막기 위하여 공범들이 피해자를 옆방으로 끌고가 강간범행을 할 때에 자녀들을 감시하고 있었다면 공범들의 강도강간범죄에 공동가공한 것이라 하겠으므로 비록 피고인이 직접 강간행위를 하지 않았다 하더라도 강도강간의 공동죄책을 면할 수 없다.
2) 대판 1987. 5. 26. 87도832. 그러나 이는 강도를 이중평가한 것으로 부당하고 강도강간과 과실치상의 죄책을 진다고 해야 할 것이다.

된 범죄유형이다. 보호법익은 재산·선박의 사실상 평온, 의사결정의 자유이고 보호의 정도는 침해범이다.

(2) 구성요건

1) 행위의 객체   본죄의 객체는 해상의 선박 또는 그 선박 내에 있는 재물이다. 해상이란 지상의 경찰권이 미치지 않는 영해와 공해를 포함하는 개념이다. 하천, 호수에 있는 선박이나 항구에 정박해 있는 선박은 제외된다. 선박의 종류나 크기는 불문하지만 해상을 항해할 수 있는 선박이어야 한다.

2) 실행행위   본죄의 실행행위는 다중의 위력으로 해상에서 선박을 강취하거나 선박 내에 침입하여 타인의 재물을 강취하는 것이다.

다중이란 다수인의 집단을 말하는 것이므로 상당수에 이르러야 한다.

위력이란 상대방의 의사를 제압할 수 있는 힘을 말하고, 특수폭행죄와 같이 '다중의 위력을 보임으로써'가 아니라 '다중의 위력으로'이므로 다중이 현장에 있어야 한다.

본죄의 법정형이 주거침입죄와 단순강도죄의 경합범에 비해 현저히 무거우므로 선박 내에 침입하여 타인의 재물을 강취하는 데에도 다중의 위력이 필요하다고 해야 한다.

2. 해상강도상해·치상죄

본죄는 해상강도죄를 범한 자가 사람을 고의·과실로 사람을 상해함으로써 성립하는 범죄이다. 본죄의 주체는 '제1항의 죄(해상강도죄)를 범한 자'이다. 미수범도 포함한다는 견해가 있으나, 본죄의 주체가 '해상강도'가 아니라 '해상강도의 죄를 범한 자'이므로 형법해석의 엄격성원칙상 기수범에 국한된다고 해야 한다. 미수범도 포함될 수 있도록 입법론적 보완을 요한다.

그 밖의 성립요건은 강도상해·치상죄에서와 같다.

3. 해상강도살인·치사·강간죄

본죄는 해상강도죄를 범한 자가 사람을 고의·과실로 사망케 하거나 사람을 강간하는 범죄이다. 본죄의 주체도 해상강도기수범에 국한된다고 해석해야 한다. 역시 미수범도 포함될 수 있도록 입법론적 보완을 요한다.

그 밖의 성립요건은 강도살인·치사죄, 강도강간죄에서와 같다.

[대판 1997. 7. 25. 97도1142]   선장을 비롯한 일부 선원들을 살해하는 등의 방법
으로 선박의 지배권을 장악하여 목적지까지 항해한 후 선박을 매도하거나 침몰
시키려고 한 경우에 선박에 대한 불법영득의 의사가 있어 해상강도살인죄에 해
당한다.

해상강도살인·치사·강간죄의 형벌이 모두 사형 또는 무기징역인데, 이는
평등의 원칙과 책임주의원칙에 어긋나므로 법정형을 세분해야 한다.

X. 상습강도죄

제341조(상습범)   상습으로 제333조, 제334조, 제336조 또는 전조 제1항의 죄를
   범한 자는 무기 또는 10년 이상의 징역에 처한다.

1. 개념 및 법적 성격

상습강도죄는 상습으로 단순강도죄, 특수강도죄, 인질강도죄 및 해상강도죄
를 범하는 것이다. 행위자의 강도습벽으로 인해 책임이 가중되는 범죄유형으로서
부진정신분범이다. 준강도죄는 단순강도죄와 특수강도죄의 예를 따르기 때문에
상습준강도죄도 포함된다.

절도죄의 전과가 2회 있지만 강도의 전력이 없는 경우(대판 1989. 12. 12. 89도
1995), 강도전과가 없는 자가 공범 중 1인의 유혹에 빠져 하루에 2회 또는 이틀에
3회의 강도범행에 가담한 경우(대판 1987. 1. 20. 86도2281) 등에서는 상습성이 인정되
지 않는다.

2. 죄   수

상습강도죄는 포괄일죄이기 때문에 상습으로 단순강도·특수강도·인질강
도·강도예비죄를 범해도 상습특수강도죄의 포괄일죄가 된다(대판 2003. 3. 28. 2003도
665; 대판 2002. 11. 26. 2002도5211).

그러나 상습으로 강도상해·치상죄, 강도살인·치사죄를 범하는 규정은 없으
므로 상습강도죄와 강도상해죄를 범한 경우에는 별개의 범죄가 성립한다.

XI. 강도예비·음모죄

> 제343조(예비·음모) 강도할 목적으로 예비 또는 음모한 자는 7년 이하의 징역에 처한다.

강도예비·음모란 강도의 결심을 한 자가 강도의 실행을 위하여 행한 일체의 준비행위나 2인 이상의 사람 사이에 성립한 범죄실행의 합의를 말한다.

단순히 강도의 계획을 다른 사람에게 말하는 정도로는 예비·음모가 될 수 없고, 범행도구를 마련하거나, 주간에 강도의 목적으로 주거에 침입하거나, 재물을 강취할 목적으로 범행대상자를 기다리는(대판 1948. 8. 17. 4281형상80) 등 범죄수행을 위한 준비행위가 객관적으로 나타날 정도가 되어야 한다.

[대판 1999. 11. 12. 99도3801] 피고인들이 수회에 걸쳐 "총을 훔쳐 전역 후 은행이나 현금수송차량을 털어 한탕 하자"는 말을 나눈 정도만으로는 강도음모를 인정하기에 부족하다.
[대판 2006. 9. 14. 2004도6432] 강도예비·음모죄가 성립하기 위해서는 예비·음모 행위자에게 미필적으로라도 '강도'를 할 목적이 있음이 인정되어야 하고 그에 이르지 않고 단순히 '준강도'할 목적이 있음에 그치는 경우에는 강도예비·음모죄로 처벌할 수 없다.[1]
[대판 1999. 3. 26. 98도3030] 피고인이 본범이 절취한 차량이라는 정을 알면서도 본범 등으로부터 그들이 위 차량을 이용하여 강도를 하려 함에 있어 차량을 운전해 달라는 부탁을 받고 위 차량을 운전해 준 경우 강도예비죄에 해당한다.

---

[1] 만약 준강도를 할 목적을 가진 경우까지 강도예비로 처벌할 수 있다고 본다면 흉기를 휴대한 특수절도를 준비하는 행위는 거의 모두가 강도예비로 처벌받을 수밖에 없게 되어 형법이 흉기를 휴대한 특수절도의 예비행위에 대한 처벌조항을 두지 않은 것과 배치되는 결과를 초래하게 된다는 점 및 정당한 이유 없이 흉기 기타 위험한 물건을 휴대하는 행위 자체를 처벌하는 조항을 폭력행위 등 처벌에 관한 법률 제7조에 따로 마련하고 있다는 점 등을 고려하면, 강도예비·음모죄가 성립하기 위해서는 예비·음모 행위자에게 미필적으로라도 '강도'를 할 목적이 있음이 인정되어야 한다.

제 4 절　사기의 죄

Ⅰ. 총　　설

1. 의의 및 성격

　　사기죄는 사람을 기망하여 재물의 교부를 받거나 재산상의 이익을 취득하거나 제3자로 하여금 재물의 교부를 받거나 재산상의 이익을 취득하게 하는 범죄이다. 절도·강도죄를 곤궁범이라고 하는 데에 비해 사기죄는 이욕범이라고 한다.

　　형법은 제39장에서 사기죄와 공갈죄를 함께 규정하고 있는데, 양자 모두 재물과 재산상의 이익을 객체로 하고, 상대방의 하자있는 의사표시에 의해 재물이나 재산상의 이익을 취득하는 편취죄로서의 성격을 지니고 있기 때문이다. 사기죄는 기망으로 인한 상대방의 착오를, 공갈죄는 폭행·협박으로 인한 상대방의 공포심을 이용하는 점에 차이가 있다.[1]

　　재물사기죄는 타인이 점유하는 타인소유의 재물을 객체로 한다는 점에서 절도·강도죄와 같고 횡령죄와 구별된다. 그러나 절도·강도죄는 탈취죄, 사기죄는 편취죄라는 점에서 구별된다. 사기죄는 타인의 재물에 대해서만 성립하고 자기소유의 재물에 대해서는 성립하지 않으므로 타인이 점유하는 자기소유의 재물을 기망으로 교부받은 경우에는 재물사기죄[2]는 물론 권리행사방해죄도 성립하지 않는다.

　　우리 형법의 해석론이 독일형법의 해석론의 영향을 많이 받고 있기 때문에 양국의 사기죄규정을 비교하여 본다. 독일형법은 사기죄를 배임죄와 같은 장에 규정하고 행위태양을 재산상의 손해를 발생케 하는 것으로 규정하고 있다. 이에 비해 우리 형법은 사기죄를 공갈죄와 같은 장에 규정하고 재물 또는 재산상의 이익을 취득한다는 편취죄로 규정하고 있다. 독일형법은 불법이득의사를 명문으로 규정하고 있으나, 우리 형법에는 불법영(이)득의사가 규정되어 있지 않다.

---

1) 사기·공갈에 의한 법률행위는 민법상으로는 사기·강박에 의한 의사표시로서 취소할 수 있다(민법 제110조).
2) 다만, 재산상 이익을 취득하였다고 할 수 있을 때에는 이득사기죄가 성립할 수 있다.

형법 제347조	독일형법 제263조
① 사람을 기망하여 <u>재물의 교부를 받거나</u> <u>재산상의 이익을 취득한</u> 자는 10년 이하의 징역 또는 2천만원 이하의 벌금에 처한다. ② 전항의 방법으로 제3자로 하여금 재물의 교부를 받게 하거나 재산상의 이익을 취득하게 한 때에도 전항의 형과 같다.	위법한 재산상의 이익을 스스로 취득하거나 제3자로 하여금 취득하게 할 의사로써, 허위의 사실로 기망하거나 진실한 사실을 왜곡·은폐하여 착오에 빠지게 하거나 착오상태를 유지하도록 하여 타인에게 <u>재산상의 손해를 가한</u> 자는 5년 이하의 자유형 또는 벌금에 처한다.

2. 보호법익

(1) 전체로서의 재산설

다수설은 사기죄의 보호법익은 '전체로서의 재산'이고 거래의 신의칙이나 처분의 자유는 보호법익이 될 수 없다고 한다. 사기죄 성립에 재산상의 손해발생이 있어야 한다는 것을 전제로 피해자에게 상당한 대가를 지급하였을 때에는 전체재산상의 손해가 없으므로 사기죄가 성립하지 않는다는 것이다.[1]

(2) 재산 및 거래의 신의칙설

재산뿐만 아니라 거래의 신의칙도 사기죄의 보호법익이 된다는 견해이다. 기망자가 대가를 지급하여 피해자에게 재산상 손해가 없는 경우에도 그 기망행위가 거래의 신의칙에 반하는 경우에는 사기죄가 성립할 수 있다는 것이다.

(3) 개별적 재산설

사기죄의 보호법익은 개별적인 재물 또는 재산상의 이익이라는 견해이다. 피기망자가 처분행위를 하면 개별적인 재산이 침해된 것으로 보고 대가의 지급에 의한 전체재산의 손해 여부를 따지지 않는 견해이다. 판례는 이 입장을 따른다.

[대판 2004. 4. 9. 2003도7828; 대판 2003. 12. 26. 2003도4914] 사기죄는 타인을 기망하여 그로 인한 하자있는 의사에 기하여 재물의 교부를 받거나 재산상의 이득을 취득함으로써 성립되는 범죄로서 그 본질은 기망행위에 의한 재산이나 재산

---

1) 이 견해는 독일해석론의 영향을 받은 것이다. 독일의 통설은 사기죄의 보호법익은 전체로서의 재산이므로 기망으로 재물을 교부받더라도 상당한 대가를 제공하였을 때에는 사기죄가 성립하지 않는다고 한다. 또한 사기죄는 개인적 법익에 관한 죄이고 사기죄와 절도죄의 법정형이 동일하기 때문에 거래의 신의칙이나 피기망자의 처분의 자유는 보호법익이 아니라고 한다.

상 이익의 취득에 있는 것이고 상대방에게 현실적으로 재산상 손해가 발생함을 요건으로 하지 아니한다.

(4) 비   판

1) 전체재산설의 문제점　　　독일형법의 사기죄의 행위태양은 '재물 또는 재산상 이익의 취득'이 아니라(이는 객관적 구성요건요소가 아니고 초과주관적 구성요건요소인 불법영득의사 혹은 불법이득의사의 내용이다) '재산상의 손해를 가한 자'이므로 재산상의 손해발생이 있어야 사기죄가 성립한다고 해석하는 것은 당연하다. 그러나 우리 형법은 '재물의 교부를 받거나 재산상의 이익을 취득한 자'라고 규정하여 재물이나 재산상 이익의 취득에 중점을 둔다. 따라서 굳이 재산상의 손해발생이라는 소위 '기술(記述)되어 있지 않은(명문화되어 있지 않은) 구성요건요소'가 있다고 해야 할 필요성도 당위성도 없다. 이는 대가를 지급하고 타인의 재물을 절취·강취·횡령한 경우에도 절도·강도·횡령죄가 성립하는 것과 마찬가지이다.

특정경제범죄법 제3조 등에서와 같이 우리 법에서는 손해액이 아니라 이득액을 중심으로 규정되어 있기 때문에 피해자의 재산상 손해액이 아니라 행위자의 재산상 이득액이 더 중요하다.[1]

2) 거래의 신의칙설의 문제점　　　거래의 신의칙을 사기죄의 보호법익으로 보게 되면, 사기죄가 경제범죄적 성격을 띠게 될 위험성이 있다. 따라서 거래의 신의칙은 사기죄의 보호법익이라기보다는 기망행위 여부를 판단하는 기준이라고 해야 한다. 사기죄의 기망은 모든 기망이 아니라 거래의 신의칙에 반하는 기망이기 때문이다. 판례도 같은 입장이다.[2]

3) 의사결정의 자유　　　피기망자의 재산처분의 자유가 사기죄의 보호법익인지에 대해 부정설과 긍정설이 있다. 이는 재산상의 피해자와 피기망자(처분행위자)가 일치하지 않는 소위 삼각사기에서 더욱 문제된다. 부정설에 의하면 재산상의 손해를 입은 사람만이 피해자가 되지만, 긍정설에 의하면 피기망자도 피해자가 된다. 친족간의 범행규정의 적용에서도 부정설에 의하면 행위자와 재산상 피해자와의 사이에 친족관계가 있으면 족하지만, 긍정설에 의하면 행위자와 재산상 피해자 및 피기망자와의 사이에도 친족관계가 있어야 한다.

---

1) 예컨대 상대방을 기망하여 8억원짜리 물건을 20억원에 팔았다고 할 경우에 피해자의 손해액을 12억원이라고 할 때, 재산상 이득액을 12억원이라고 할 것인지 아니면 20억원이라고 할 것인지 반드시 명백한 것은 아니다.
2) 대판 1999. 2. 12. 98도3549: 사기죄의 요건으로서 기망은 널리 재산상의 거래관계에 있어서 서로 지켜야 할 신의와 성실의 의무를 저버리는 모든 적극적·소극적 행위를 말한다.

생각건대 ① 사기죄의 법정형이 절도죄의 법정형보다 높은 이유는 절취보다 편취의 불법이 더 크다는 것으로서 이는 재산처분의 자유도 보호하려는 취지라고 할 수 있고, ② 재산처분의 자유는 공갈죄의 보호법익이 되는데, 이는 같은 편취죄인 사기죄도 동일하게 해석해야 하고, ③ 피기망자도 손해배상책임등 재산상 피해를 받을 수 있고, ④ 피기망자에게도 형사소송법상 고소권(제223조), 공판정에서의 진술권(제294조의2) 등의 권리를 인정할 필요성이 있다. 이러한 의미에서 긍정설이 타당하다.

(5) 결 어

사기죄의 보호법익은 전체로서의 재산이 아니라 개개의 재산과 재산처분의 자유라고 해야 한다. 사기죄의 보호의 정도는 침해범이다. 이와 같이 사기죄의 보호법익은 개별재산이므로, 기망행위에 의하여 국가적 또는 공공적 법익만이 침해된 경우 사기죄가 성립할 수 없다(대판 2019. 12. 27. 2015도10570).

3. 구성요건체계

사기죄의 기본적 구성요건은 단순사기죄(제347조)이다.

준사기죄(제348조)는 미성년자나 심신장애자를 이용한다는 점에서, 컴퓨터등사용사기죄(제347조의2)는 컴퓨터등 정보처리장치를 기망 등의 방법으로 이용한다는 점에서 사기죄와 유사하기 때문에 사기죄와 같은 형벌이 규정된 범죄들이다.

부당이득죄(제349조)는 사람의 의사결정의 자유가 억압된 상태를 이용한다는 점에서 사기죄와 유사하지만, 적극적인 기망을 사용하지 않는다는 점에서 사기죄에 비해 불법이 감경된 범죄유형이다. 편의시설부정이용죄(제348조의2)는 사람이 아닌 편의시설을 기망하지만 그 규모가 작으므로 불법이 감경된 범죄유형이다.

상습사기죄(제351조)는 책임이 가중된 범죄유형이다.

사기죄의 미수범은 처벌한다(제352조). 사기죄에는 자격정지를 병과할 수 있고(제353조), 동력에 관한 규정과 친족간 범행규정이 준용된다(제354조).

특정경제범죄법 제3조는 사기죄, 컴퓨터등사용사기죄, 상습사기죄, 상습컴퓨터등사용사기죄의 경우 이득액에 따라 가중처벌(5억 이상 50억 미만: 3년 이상의 징역, 50억 이상: 무기 또는 5년 이상의 징역)한다.

한편, 보험사기(보험사고를 가장하여 금원을 편취하는 것), 보이스피싱사기(금융기관 등을 가장하여 금원을 편취하는 것), 의료급여사기(적법한 의료기관인 것처럼 가장하여 국민건강보험공단으로부터 금원을 편취하는 것), 전세사기(임차인으로부터 보증금 등을 편취하는 것) 등의 예에서 보듯이, 사기죄는 우리 사회에서 가장 문제되는 범행 중 하나이다. 국회는 이러한 사기죄의 개별행위 유형들에 대처하고자, ㉠ 보험사기방지 특별법 제8조와 같이 보험사기(보험사기행위로 보험금을 취득하거나 제3자에게 보험금을 취득하게 한 자는 10년 이하의 징역 또는 5천만원 이하의 벌금에 처한다.)에 관한 특별구성요건을 마련하였고, ㉡ 전기통신금융사기 피해 방지 및 피해금 환급에 관한 특별법을 통해 전기통신금융사기에 관한 가중구성요건(제15조의2, 1년 이상의 유기징역 또는 범죄수익의 3배 이상 5배 이하에 상당하는 벌금에 처하거나 이를 병과) 및 보이스피싱 피해자 보호 등을 위한 규정을, ㉢ 전세사기피해자지원 및 주거안정에 관한 특별법을 통해 전세사기 피해자 보호 등을 위한 규정을, 각 마련했다.

II. 단순사기죄

> 제347조(사기) ① 사람을 기망하여 재물의 교부를 받거나 재산상의 이익을 취득한 자는 10년 이하의 징역 또는 2천만원 이하의 벌금에 처한다.
> ② 전항의 방법으로 제3자로 하여금 재물의 교부를 받게 하거나 재산상의 이익을 취득하게 한 때에도 전항의 형과 같다.

1. 구성요건

사기죄가 성립하기 위해서는 ① 사람을 기망하여, ② 피기망자가 착오에 빠지고, ③ 피기망자가 착오에 기하여 처분행위를 하고, ④ 기망자 또는 제3자가 재물의 교부를 받거나 재산상의 이익을 취득하고, ⑤ 기망행위, 착오, 처분행위, 재물 또는 재산상 이익의 취득 사이에는 인과관계가 있어야 한다. ⑥ 재산상의 손해발생이 필요한가에 대해서는 견해의 대립이 있다.

(1) 행위의 객체

사기죄의 객체는 재물 또는 재산상의 이익이다.

1) 재　　물　　사기죄의 객체는 '타인이 점유하는 타인 소유'의 재물이다. 관리할 수 있는 동력도 재물에 포함된다(제354조).

판례에 의하면, 인감증명서(대판 2011. 11. 10. 2011도9919), 주권포기각서(대판 1996. 9. 10. 95도2747), 무효인 약속어음공정증서(대판 1995. 12. 22. 94도3013), 등

기공무원이 경락허가결정등본에 등기필의 취지를 기재한 문서(대판 1989. 3. 14. 88도975), 수출물품영수증(대판 1982. 9. 28. 82도1656), 사법상 권리이전관계를 내용으로 하는 각서와 백지위임장(대판 1961. 10. 19. 4294형상352) 등은 사기죄의 객체인 재물이다.

사기죄에서는 부동산도 객체가 된다는 데에 견해가 일치한다.

사람을 기망하여 자기가 점유하는 타인의 재물을 피해자의 처분행위 없이 취득한 경우에는 횡령죄가 성립하겠으나 자기가 점유하는 타인의 재물인 경우에도 피해자의 처분행위에 의하여 재물을 취득한 경우에는 사기죄가 성립할 수 있다고 보아야 한다.1)

2) 재산상의 이익

A. 개 념   재산상의 이익이란 재물 이외에 경제적 가치가 있는 이익을 말한다. 강도죄에서와 같이 법률적 개념이 아니라 경제적 개념이다. 따라서 성매매여성을 기망하여 성행위 대가의 지급을 면하는 것도 재산상 이익을 취득한 것이다(대판 2001. 10. 23. 2001도2991). 피해자에게 민사상 구제수단이 있어도 무방하다(대판 2012. 4. 13. 2012도1101; 대판 1978. 6. 13. 78도721).

적극적 이익뿐만 아니라 필요비용의 지급을 면하는 소극적 이익, 영구적 이익뿐만 아니라 채무이행을 연기받는 일시적 이익(대판 1998. 12. 9. 98도3282)도 포함된다. 금액으로 산출할 수 없어도 무방하다(대판 1997. 7. 25. 97도1095).

B. 재산상 이익   그러나 재산상의 이익이 아닌 이익은 사기죄의 객체가 될 수 없다. 택시운전사를 기망하여 요금을 지급하지 않고 일정거리를 간 경우에는 재산상 이익의 취득이라고 할 수 있지만, 자가용운전자를 기망하여 일정거리를 타고 간 경우에는 재산상 이익의 취득이라고 할 수 없다.

---

1) 따라서 "사람을 기망하여 자기가 점유하는 타인의 재물을 교부받은 경우에는 사기죄가 아니라 횡령죄가 성립한다"는 판례(대판 1987. 12. 22. 87도2168)는 일반적인 명제라고 할 수 없어 부정확한 판시이다. 위 사안은 은행원이 고객을 유인하여 예금계약을 체결하게 한 다음 적법하게 예금계약이 체결된 돈을 횡령한 사안이다. 그런데 예컨대, 부동산의 매각을 의뢰받아 그 매각대금을 받아 보관하고 있는 자가 실제 매각대금보다 적은 가격에 부동산을 매각한 것처럼 피해자를 속이고 나머지 돈을 착복한 경우에는 피해자의 나머지 돈에 대한 처분행위가 없으나 보관자의 지위는 인정되므로 횡령죄가 성립한다. 그러나 이 경우에 사실은 변제할 의사나 능력이 없음에도 불구하고 이를 속이고 자신이 보관하고 있는 매각대금 중의 일부를 빌려 달라고 기망하여 피해자의 처분행위에 의하여 이를 취득한 경우에는 횡령죄가 아니라 사기죄가 성립한다고 보아야 한다.

　　판례에 의하면, 경제적 이익을 기대할 수 있는 자금운용의 권한 내지 지위의 획득(대판 2012. 9. 27. 2011도282), 무효인 임대차계약에 기초하여 임차권등기를 마침으로써 외형상 임차인으로서 취득하게 되는 권리(대판 2012. 5. 24. 2010도12732), 신용보증기금의 신용보증서를 발급받는 것(대판 2008. 2. 28. 2007도10416; 대판 1982. 4. 13. 80도2667), 무효인 가등기를 말소케 하는 것(대판 2008. 1. 24. 2007도9417), 가압류채권자로 하여금 부동산가압류를 해제하게 하는 것(대판 2007. 9. 20. 2007도5507), 주권을 분실하였다고 허위로 공시최고신청을 하여 제권의 확정판결을 받은 것(대판 2007. 5. 31. 2006도8488), 타인을 기망하여 그의 부동산에 제3자 앞으로 근저당권을 설정케 하는 것(대판 2008. 2. 14. 2007도10658; 대판 1985. 11. 12. 84도984), 신축 중인 다세대주택에 관하여 건축허가 명의를 변경받은 것(대판 1997. 7. 11. 95도1874), 피해자를 연대보증인으로 하는 차량할부판매보증보험계약을 체결하게 하는 것(대판 1995. 8. 25. 94도2132), 국유재산을 매각받을 수 있는 연고권을 취득하는 것(대판 1972. 1. 31. 71도1193), 유상의 노무의 제공을 받는 것 등은 재산상의 이익이 된다.

　　그러나 법원을 기망하여 부재자재산관리인으로 선임된 것(대판 1973. 9. 25. 73도1080)은 재산상 이익이라고 할 수 없다.

　　C. 타인소유의 재산상 이익　　　　재산상 이익은 타인소유여야 한다. 자기소유의 재산상 이익을 교부받은 경우에는 본죄가 성립하지 않는다. 따라서 타인을 기망하여 자기계좌로 송금받은 예금을 '은행으로부터 인출'한 경우에도 은행에 대한 사기죄는 성립하지 않는다(대판 2010. 5. 27. 2010도3498).

　　D. 국가적 또는 공공적 법익의 경우　　　　사기죄의 보호법익은 재산권이므로, 기망행위에 의하여 국가적 또는 공공적 법익이 침해되었다는 사정만으로 사기죄가 성립한다고 할 수 없다. 따라서 도급계약이나 물품구매 조달계약 체결 당시 관련 영업 또는 업무를 규제하는 행정법규나 입찰 참가자격, 계약절차 등에 관한 규정을 위반한 사정이 있더라도 그러한 사정만으로 도급계약을 체결한 행위가 기망행위에 해당한다고 단정해서는 안 되고, 그 위반으로 말미암아 계약 내용대로 이행되더라도 일의 완성이 불가능하였다고 평가할 수 있을 만큼 그 위법이 일의 내용에 본질적인 것인지 여부를 심리·판단하여야 한다(대판 2023. 1. 12. 2017도14104; 대판 2022. 7. 14. 2017도20911; 대판 2021. 10. 14. 2016도16343). 기망행위에 의하여 조세를 포탈하거나 조세의 환급·공제를 받은 경우에는 조세범 처벌법 위반죄가 성립함은 별론으로 하고, 형법상 사기죄는 성립하지 않는다(대판 2021. 11. 11. 2021도7831).

조세를 강제적으로 징수하는 국가 또는 지방자치단체의 직접적인 권력작용을 사기죄의 보호법익인 재산권과 동일하게 평가할 수 없기 때문이다. 그러나 기망행위에 의하여 국가적 또는 공공적 법익을 침해한 경우라도 그와 동시에 형법상 사기죄의 보호법익인 재산권을 침해하는 것과 동일하게 평가할 수 있는 때에는 당해 행정법규에서 사기죄의 특별관계에 해당하는 처벌 규정을 별도로 두고 있지 않는 한 사기죄가 성립할 수 있다(대판 2021. 11. 11. 2021도7831).

　　3) **재물과 재산상의 이익 구별**　　　사기죄의 객체는 피해자와의 관계에서 살펴보아 그것이 피해자 소유의 재물인지 아니면 피해자가 보유하는 재산상의 이익인지에 따라 '재물'이 객체인지 아니면 '재산상의 이익'이 객체인지 구별하여야 한다(대판 2010. 12. 9. 2010도6256). 일반적으로 예금채권을 취득할 경우 이는 '재산상 이익'으로 취급되지만(대판 2004. 4. 16. 2004도353 외 다수판결), 만약 피해자가 기망행위에 속아 현금 1,000만 원을 사기범인 피고인의 예금계좌로 송금한 경우 '재물'에 해당하는 현금을 교부받는 방법이 예금계좌로 송금하는 형식에 이루어진 것에 불과하므로 피고인이 그 돈을 인출하여 그 정을 아는 제3자에게 교부한 경우 제3자는 장물취득죄가 성립한다(대판 2010. 12. 9. 2010도6256).

　(2) 실행행위

　　사기죄의 실행행위는 ① 사람을 기망하여, ② 착오에 빠지게 하고, ③ 피기망자가 그 착오에 기하여 처분행위를 하게 하고, ④ 그 처분행위에 기하여 재물의 교부를 받거나 재산상의 이익을 취득하고, ⑤ 기망과 착오 및 처분행위 사이에 인과관계가 있어야 한다.

　1) 기망행위

　가. 개념 및 정도　　　기망행위란 상대방을 착오에 빠지게 하는 일체의 행위를 말한다. 그 착오는 사실에 관한 것이거나 법률관계에 관한 것이거나 법률효과에 관한 것인가를 묻지 않고 반드시 법률행위의 내용의 중요부분에 관한 것일 필요도 없으며 그 수단과 방법에도 아무런 제한이 없다(대판 1984. 2. 14. 83도2995).

　　그러나 사기죄의 기망행위는 거래의 신의칙에 반하는 정도의 기망행위라야 한다. 이는 거래의 상황, 상대방의 지식, 경험, 직업 등 행위 당시의 구체적 사정을 고려하여 일반적·객관적으로 결정하여야 한다(대판 1992. 3. 10. 91도2746). 다소의 과장, 허위광고는 기망행위라고 할 수 없으나, 거래에 있어 중요한 사항에 관하여 거래의 신의칙에 비추어 비난받을 정도의 방법으로 허위로 고지한 경우에는 기망행위가 된다.

　　판례에 의하면, 비의료인이 다른 의료인 명의로 개설한 의료기관에서의 의료행위를 근거로 국민건강보험공단에 요양급여를 청구한 것은 기망행위에 해당되지만(대판 2018. 4. 10. 2017도17699), 의료인이 다른 의료인 명의로 개설한 의료기관에서의 의료행위를 근거로 국민건강보험공단에 요양급여를 청구한 것은 원칙적으로 기망행위에 해당되지 않는다(대판 2019. 5. 30. 2019도1839).

나. 기망의 내용

　　A. 기망과 가치판단　　　기망의 내용에 사실에 대한 것뿐만 아니라 가치평가도 포함할 것인가에 대해 견해가 대립한다.

　　부정설(다수설)은 가치판단은 주관적 판단이므로 객관과 불일치 여부를 논할 수 없고, 가치판단까지 포함하는 경우 기망행위의 범위가 지나치게 넓어질 우려가 있다는 것 등을 근거로 든다. 법문에 단순히 '기망행위'라고 규정되어 있으므로, '거래의 신의칙에 반하는 기망'의 개념을 합리적으로 해석하여 해결하면 되므로 긍정설이 타당하다.

　　B. 사실에 대한 기망　　　사실에 대한 기망에서 사실은 외부적 사실에 국한되지 않고 동기, 목적, 고의, 의사 등과 같은 내심적 사실도 포함한다. 따라서 대금을 지급할 의사나 능력없이 신용카드를 발급받거나 정상적으로 발급받은 신용카드를 사용하거나, 채무를 연기받은 경우에도 기망에 해당한다(대판 2005. 8. 19. 2004도6859; 대판 1998. 12. 9. 98도3282). 과거, 현재의 사실뿐만 아니라 미래의 사실에 대한 기망도 인정된다.

[대판 1995. 4. 28. 95도250]　자신은 … 하나님의 완성으로서 자기를 믿으면 모든 병을 고칠 수 있고 … 마지막 날에 1인당 1,000억원씩을 나누어 주겠으며, 헌금하지 않는 신도는 … 영생할 수 없다는 취지의 설교를 사실인 것처럼 계속하여 신도들을 기망하였음이 분명한 이상 사기죄가 성립한다.

　　다. 기망의 방법　　　기망은 작위 및 부작위에 의해 모두 가능하다.

　　A. 작위에 의한 기망　　　작위에 의한 기망에는 명시적 기망과 묵시적 기망이 있다.

　　명시적 기망이란 적극적으로 허위의 사실 · 가치판단을 표현하는 언어, 문서,

동작 등에 의한 기망행위를, 묵시적 기망이란 이러한 정도에 이르지는 않지만, 상대방을 착오에 빠뜨릴 수 있는 언어, 문서, 동작 등에 의한 기망행위이다. 무전숙박·무전취식을 대표적 예로 들 수 있다.

절취·강취한 예금통장으로 예금을 청구하는 행위(대판 1991. 9. 10. 91도1722),[1] 가맹점주가 허위의 매출전표임을 고지하지 아니한 채 신용카드회사에 제출하여 대금을 청구한 행위(대판 1999. 2. 12. 98도3549), 어음이 부도날 것을 예견하거나 지급될 수 있다는 확신이 없으면서 이를 수취인에게 고지하지 않고 할인받은 행위(대판 1997. 7. 25. 97도1095) 등은 묵시적 기망행위에 속한다고 할 수 있다.

B. 부작위에 의한 기망　　　기망은 부작위에 의해 행해질 수도 있다. 부작위에 의한 기망과 묵시적 기망은 구별된다. 부작위에 의한 기망이라고 할 경우 사실등을 고지해야 할 보증인적 지위·의무 및 동가치성 등을 논해야 하지만, 묵시적 기망은 작위에 의한 기망이기 때문에 이러한 문제들을 논할 필요가 없다.

묵시적 기망은 행위자의 행위로 인해 상대방이 착오에 빠진 경우에, 부작위에 의한 기망은 행위자와 무관하게 상대방이 착오에 빠져 있는 경우에 문제된다. 예컨대 가게주인이 착오로 거스름돈보다 많은 돈을 주는 경우 가게주인의 착오는 행위자와 무관하게 이루어진 것이므로 부작위에 의한 기망이 문제된다.[2]

[대판 2004. 5. 27. 2003도4531] 일반거래의 경험칙상 상대방이 그 사실을 알았더라면 당해 법률행위를 하지 않았을 것이 명백한 경우에는 신의칙에 비추어 그 사실을 고지할 법률상 의무가 인정된다.[3]

---

1) 통설도 같은 입장이다. 그러나 은행원은 비밀번호나 인장의 일치여부에 관심이 있고, 예금청구자가 권한있는 사람인지에 대해 확인할 의사는 없다는 점을 고려하면 사기죄를 인정하는 것은 문제가 있다.
2) 거스름돈 수령시에는 초과사실을 알지 못하고 나중에 알게 된 경우에는 고지의무가 없으므로 부작위에 의한 기망이 문제되지 않고, 점유이탈물횡령죄가 문제된다.
3) 부작위에 의한 기망을 인정한 판례로, 보험계약자가 보험자와 보험계약을 체결하면서 상법상 고지의무를 위반한 경우(대판 2017. 4. 26. 2017도1405); 대판 2014. 1. 16. 2013도9644; 대판 2013. 7. 26. 2012도4438; 대판 2010. 2. 25. 2009도1950; 대판 2007. 11. 30. 2007도4812; 대판 2007. 4. 12. 2007도1033; 대판 2007. 4. 12. 2007도967; 대판 2007. 1. 11. 2006도4498; 대판 2006. 2. 23. 2005도8645; 건물의 임대인이 근저당권에 기한 경매신청 예정 사실을 통고받고도 이를 임차인에게 고지하지 않은 경우(대판 2004. 10. 27. 2004도4974); 매수인이 착오에 빠져 지급해야 할 금액을 초과하는 돈을 교부하는 것을 매도인이 받은 경우(대판 2004. 5. 27. 2003도4531); 의사가 특정시술의 효과와 원리에 관하여 사실대로 고지하지 아니한 채 아들을 낳을 수 있으리라 착오에 빠진 피해자에게 시술과 처방을 한

[대판 2017. 4. 26. 2017도1405] 부작위에 의한 기망은 법률상 고지의무 있는 자가 일정한 사실에 관하여 상대방이 착오에 빠져 있음을 알면서도 이를 고지하지 아니하는 것을 말한다.

　　판례에 의하면, 매매로 인한 법률관계에 아무런 영향도 미칠 수 없는 것이어서 매수인의 권리의 실현에 장애가 되지 아니하는 사유를 고지하지 않은 경우(대판 2015. 5. 28. 2014도8540), 부동산 이중매도인이 제1의 매매계약을 일방적으로 해제할 수 없는 처지에 있었다는 사정을 제2의 매수인에게 고지하지 아니한 경우(대판 2012. 1. 26. 2011도15179; 유사 판례로 대판 1989. 10. 24. 89도1397), 부동산중개업자가 매수인에게 전매차익을 고지하지 않은채 아파트 입주권을 매도한 경우(대판 2011. 1. 27. 2010도5124), 할부금 채무를 부담하고 있는 중고자동차의 전소유자가 이를 고지하지 않고 자동차를 매도한 경우(대판 1998. 4. 14. 98도231), 주식회사의 실질적 경영주가 재봉틀이 회사의 소유라는 사실을 고지하지 않고 타인에게 양도담보로 제공하고 돈을 빌린 경우(대판 1991. 6. 11. 91도817), 채권자가 채권의 양도사실을 밝히지 아니하고 채무자로부터 외상대금을 수령한 경우(대판 1984. 5. 9. 83도2270), 근저당권설정등기된 사실을 고지하지 않고 부동산을 매도한 경우(대판 1972. 3. 28. 72도255) 등에서는 부작위에 의한 기망이 인정되지 않는다.

2) 피기망자의 착오　　기망행위로 인해 상대방이 착오에 빠져야 한다.

가. 피기망자　　기망행위에 의해 착오에 빠진 것은 사람이어야 한다. 사람이 아닌 컴퓨터나 자동판매기 등을 기망하여 착오를 일으키게 한 경우에는 사기죄가 아니라 컴퓨터등사용사기죄나 편의시설등부정이용죄가 성립한다.

　　A의 재물을 보관하고 있는 B를 기망하여 재물을 교부받은 경우와 같이 피기망자와 재산상 피해자는 일치하지 않아도 무방하다.

나. 착오의 범위　　착오의 종류에는 제한이 없으므로 법률행위의 중요부분에 대한 착오일 필요도 없다. 다만, 동기의 착오도 착오가 될 수 있는가에 대

경우(대판 2000. 1. 28. 99도2884); 임대차계약을 체결하면서 임차인에게 임대목적물이 경매진행 중인 사실을 알리지 아니한 경우(대판 1998. 12. 8. 98도3263); 대판 1996. 7. 30. 96도1081; 등기부상으로만 토지의 소유자가 진정한 소유자인 것처럼 토지의 수용보상금을 수령한 경우(대판 1994. 10. 14. 94도1911); 대판 1993. 7. 13. 93도14; 대판 1992. 8. 14. 91도2202; 대판 1987. 10. 13. 86도1912; 대판 1985. 4. 9. 85도242; 대판 1983. 2. 22. 82도3139; 원인무효의 등기가 된 임야를 매수한 후 이를 매도한 경우(대판 1967. 12. 5. 67도1152); 대판 1961. 10. 26. 4294형상230 등.

해, 부정설은 기망행위가 거래의 신의칙에 반하는 정도에 이를 것이 요구된다는 것을 근거로 든다. 그러나 동기의 착오도 거래의 신의칙에 반할 수 있으므로 긍정설이 타당하다.[1]

　　적극적 착오이든 사실 자체를 모르고 있는 소극적 부지이든 무방하지만, 상대방에게 기망행위 자체가 없었을 때에는 소극적 부지가 착오라고 할 수 없다. 예컨대 표가 있는 것처럼 검표원을 묵시적으로 기망하여 극장에 들어갈 때에 검표원의 부지는 착오라고 할 수 있지만, 검표원 몰래 들어간 경우에는 착오가 있다고 할 수 없다.

　　3) 재산상 처분행위　　　　피기망자의 착오에 기한 재산상 처분행위가 있어야 한다. 처분행위는 작위뿐만 아니라 부작위에 의해서도 가능하다.

　　가. 처분행위의 개념　　　　처분행위란 피기망자가 범인 또는 제3자에게 재물을 교부하거나 재산상 이익을 취득하게 하는 행위를 말한다. 재물의 교부란 피기망자가 재물에 대한 사실상의 지배를 범인에게 이전하는 것을 의미한다. 재물의 현실적 인도가 없어도 재물이 범인의 사실상의 지배 아래에 들어가 그의 처분이 가능한 상태에 놓이면 족하다.[2] 그러나 외관상 재물의 교부에 해당하는 행위가 있었다고 하더라도, 재물이 범인의 사실상의 지배 아래에 들어가 그의 자유로운 처분이 가능한 상태에 놓이지 않고 여전히 피해자의 지배 아래에 있는 것으로 평가된다면, 그 재물에 대한 처분행위가 있었다고 볼 수 없다(대판 2018. 8. 1. 2018도7030).

　　피기망자가 직접 이전하는 경우뿐만 아니라 기망자가 점유를 이전하는 것을 수인하여도 무방하다. 처분행위에는 법률행위뿐만 아니라 사실행위도 포함되고, 사법상의 효력 여부나 취소가능 여부는 문제되지 않는다(대판 2012. 4. 13. 2012도1101).

　　그러나 재산상 처분행위가 아니면 본죄의 처분행위가 될 수 없다.

　　판례에 의하면, 무효인 가등기의 말소행위(대판 2008. 1. 24. 2007도9417), 가압

---

1) 판례는 용도를 속이고 돈을 빌린 경우, 사기죄를 인정하기도 하고(대판 1996. 2. 27. 95도2828; 대판 1995. 9. 15. 95도707), 부정하기도 한다(대판 1993. 1. 15. 92도2588; 대판 1984. 1. 17. 83도2818). 이와 같은 동기의 착오에서도 변제의 의사와 능력을 속이는 경우에는 거래의 신의칙에 반한다고 할 수 있지만, 일반적으로 돈을 빌릴 때에 진정한 용도를 고지하지 않는 것은 거래의 신의칙에 반한다고 할 수 없기 때문이다.
2) 대판 2003. 5. 16. 2001도1825: 피고인의 주문에 따라 제작된 도자기 중 실제로 배달된 것뿐만 아니라 피고인이 지정하는 장소로의 배달을 위하여 피해자가 보관 중인 도자기도 피고인에게 모두 교부되었다고 할 수 있다.

류채권자의 부동산가압류 해제행위(대판 2007. 9. 20. 2007도5507), 패소판결을
받은 항소인의 항소취하 행위(대판 2002. 11. 22. 2000도4419) 등은 재산상 처분
행위에 해당된다.

그러나 단순한 명의대여행위(대판 2012. 6. 28. 2012도4773), 일본국 공무원이
특허출원자 명의를 변경한 행위(대판 2007. 11. 16. 2007도3475) 등은 재산상 처분
행위라고 할 수 없다.

> **[대판 2007. 7. 12. 2005도9221]** 출고현황표를 조작하여 실제 출판부수를 속여 작
> 가에게 인세의 일부만을 지급하고 작가가 나머지 인세에 대한 청구권의 존재 자
> 체를 알지 못하는 착오에 빠져 이를 행사하지 아니하였다면 이는 부작위에 의한
> 처분행위에 해당한다.

나. 처분행위의 성격   처분행위가 사기죄의 명문으로 규정된 구성요건요
소인지에 대해 견해가 대립하지만 실익이 없는 논쟁이다. 처분행위의 유무는 사
기와 책략절도를 구별하는 기준이 된다. 예를 들어 옷가게 주인에게 옷을 입어보
겠다고 하고 입은 채로 도망간 경우 옷가게 주인의 처분행위가 없으므로 책략절
도가 된다.[1] 그러나 대금을 지급할 의사없이 나중에 갖다 주겠다고 하고 옷을 받
아간 경우에는 옷가게 주인의 처분행위가 있으므로 사기죄가 된다.

다. 처분의사   처분행위에 처분의사를 요하는가에 대해서도 긍정설과 부
정설이 있다.

판례는 긍정설을 따르지만, 처분의사의 요건을 완화하였다. 즉, 이전에는 처분
의사가 인정되기 위해서는 피기망자가 자신의 처분행위에 따른 결과까지 인식하여
야 한다고 하였다가(대판 2011. 4. 14. 2011도769 등), 다음과 같이 입장을 변경하였다.

> **[대판 2017. 2. 16. 2016도13362 전합]** 비록 피기망자가 처분행위의 의미나 내용
> 을 인식하지 못하였더라도, 피기망자의 작위 또는 부작위가 직접 재산상 손해를
> 초래하는 재산적 처분행위로 평가되고, 이러한 작위 또는 부작위를 피기망자가
> 인식하고 한 것이라면 처분행위에 상응하는 처분의사는 인정된다. 다시 말하면
> 피기망자가 자신의 작위 또는 부작위에 따른 결과까지 인식하여야 처분의사를 인
> 정할 수 있는 것은 아니다.[2]

---

1) 오토바이의 시운전을 해보겠다고 하고 그대로 도주한 경우 판례는, 가게 주인의 처분행위
   가 없으므로 절도죄를 인정한다(대판 2009. 6. 11. 2009도3139).
2) 이 판결은 피고인이 토지의 소유자이자 매도인인 피해자에게 토지거래허가 등에 필요한

처분의사가 없는 행위를 처분행위라고 할 수 없으므로 긍정설이 타당하다. 또한 사기죄에서 처분행위는 재산적 처분행위여야 하므로 피기망자가 재산적 처분행위라는 것을 인식하지 못한 경우에는 사기죄의 처분행위가 될 수 없다고 해야 한다. 따라서 이전의 판례의 입장이 더 타당하다.

　　라. 처분행위자의 지위　　　甲이 손님 A에게 옆에 있는 B소유의 물건을 자기의 물건이니 집어달라고 속이고 A가 그 물건을 집어주자 가지고 간 경우 甲의 행위는 사기죄가 아니라 절도죄의 간접정범에 해당된다. 그러나 甲이 B소유의 물건을 보관하고 있는 보관대직원 C에게 자신이 B라고 속이고 그 물건을 받아간 경우에는 절도죄가 아닌 사기죄에 해당된다. A의 행위는 처분행위라고 할 수 없지만, C의 행위는 처분행위라고 할 수 있기 때문이다. 즉 사기죄의 처분행위는 처분할 수 있는 지위가 있는 사람의 처분행위만을 의미한다. 따라서 피기망자와 재산상 피해자가 같은 사람이 아닐 경우 피기망자가 피해자를 위하여 그 재산을 처분할 수 있는 권능을 갖거나 그 지위에 있어야 한다(대판 2022. 12. 29. 2022도12494).

　　처분할 수 있는 지위에 대해 처분할 수 있는 법률상의 권한이라는 권한설과 사실상 처분할 수 있는 지위라고 하는 지위설이 대립하는데, 통설·판례1)는 지위설을 따른다. 형법에서는 법률적 재산개념이 아니라 경제적 재산개념을 따라야 하므로 지위설이 타당하다.

> [대판 1981. 7. 28. 81도529; 대판 2007. 11. 16. 2007도3475] 등기서류를 위조하여 등기공무원에게 제출하여 피고인 명의로 소유권이전등기를 마쳤다고 하여도 피해자의 처분행위가 없을 뿐 아니라 등기공무원에게는 위 부동산의 처분권한이 있다고 볼 수 없어 사기죄가 성립하지 않는다.

　　마. 피기망자와 처분행위자 및 재산상의 피해자　　　피기망자와 처분행위자는 일치해야 하지만, 피기망자·처분행위자와 재산상의 피해자는 일치하지 않아

　　서류라고 속여 근저당권설정계약서 등에 서명·날인하게 한 사건에 관한 것이다. 피고인의 행위는 사문서위조죄의 간접정범에 해당된다.
　1) 대판 1994. 10. 11. 94도1575: 피해자를 위하여 재산을 처분할 수 있는 권능이나 지위라 함은 반드시 사법상의 위임이나 대리권의 범위와 일치하여야 하는 것은 아니고 피해자의 의사에 기하여 재산을 처분할 수 있는 서류 등이 교부된 경우에는 피기망자의 처분행위가 설사 피해자의 진정한 의도와 어긋나는 경우라고 할지라도 위와 같은 권능을 갖거나 그 지위에 있는 것으로 보아야 한다.

도 된다. 예를 들어 甲이 A를 기망하여 B 소유의 재물을 취득한 경우 A가 피기
망자·처분행위자이지만 재산상의 피해자는 B인데, 이 경우에도 사기죄가 성립한
다. 이러한 경우를 삼각사기라 하고, 그 대표적인 예가 소송사기이다.

  4) 재물을 교부받거나 재산상 이익의 취득   사기죄가 성립하기 위해서는
재물의 교부를 받거나 재산상의 이익을 취득해야 한다.

  A. 재산상 이익 취득의 개념   재산상 이익의 취득은 적극적 이익의 취득
뿐만 아니라 채무를 면제받는 등의 소극적 이익까지 포함한다. 그러나 채무면제
로 인한 재산상 이익의 취득이 있다고 하기 위해서는 채무를 확정적으로 소멸 내
지 면제시키는 채권자의 처분행위가 있어야 하고 단지 채무의 이행을 위하여 채
권 기타 재산적 권리의 양도가 있었다는 사정만으로 그러한 처분행위가 있었다고
단정하여서는 안 된다(대판 2009. 2. 12. 2008도10971; 대판 2012. 4. 13. 2012도1101).

    따라서 피고인이 피해자에게 백미 100가마를 변제한다고 말하면서 10가마
  의 백미보관증을 100가마의 보관증이라고 속여 교부하고 한문판독능력이 없
  는 피해자가 이를 100가마의 보관증으로 믿고 교부받은 경우(대판 1990. 12.
  26. 90도2037), 환매권을 양수받은 사실이 없어 처분권이 없는 부동산 등에 대
  해 환매권양도계약을 체결해 준 경우(대판 1986. 7. 22. 86도681), 위조된 약속어
  음을 진정한 것처럼 속여 물품대금채무의 변제조로 채권자에게 교부한 경우
  (대판 1983. 4. 12. 82도2938), 존재하지 않는 채권을 양도한 경우(대판 1985. 3. 12.
  85도74) 등에서는 재산상 이익의 취득이 인정되지 않는다.

  B. 이득액의 산정   특정경제범죄법 제3조는 사기죄의 이득액에 따른 처
벌규정(5억 이상 50억 미만: 3년 이상의 징역, 50억 이상: 무기 또는 5년 이상의 징역)을 두고 있
다. 판례에 의하면, 여기에서의 이득액은 경합범에서 각 죄의 이득액을 합한 금액
이 아니라 단순일죄의 이득액 혹은 포괄일죄에서 각 죄의 이득액을 합한 금액을
의미한다(대판 2011. 8. 18. 2009도7813; 대판 2000. 11. 10. 2000도3483). 한편 대가가 지급된
경우에도 그 이득액은 그 대가를 공제한 차액이 아니라 교부받은 재물 전부이다
(대판 2000. 7. 7. 2000도1899; 대판 1995. 3. 24. 95도203). 다만 근저당권설정등기가 되어 있
는 부동산편취의 경우 그 이득액은 원칙적으로 부동산의 시가 상당액에서 근저당
권의 채권최고액 범위 내에서의 피담보채권액, 압류에 걸린 집행채권액, 가압류
에 걸린 청구금액 범위 내에서의 피보전채권액 등을 뺀 실제의 교환가치를 의미
한다(대판 2007. 4. 19. 2005도7288 전합). 이익의 가액을 구체적으로 산정할 수 없는 경

우에는 위 조항을 적용할 수 없다(대판 2024. 4. 25. 2023도18971).

[대판 1994. 9. 9. 94도2032; 대판 1992. 10. 23. 92도1983] 유가증권을 편취한 사기범행의 이득액은 그 유가증권의 액면가액이다.

제3자로 하여금 재물의 교부를 받거나 재산상의 이익을 취득하게 하는 경우 그 제3자가 범인과 사이에 정을 모르는 도구 또는 범인의 이익을 위해 행동하는 대리인의 관계에 있거나, 적어도 불법영득의사와의 관련상 범인에게 그 제3자로 하여금 재물을 취득하게 할 의사가 있어야 한다(대판 2009. 1. 30. 2008도9985).

5) 재산상 손해의 발생   본죄의 성립에 재산상 손해발생이 필요한지 여부에 대해 견해가 대립한다.

가. 필 요 설   다수설은 본죄가 재산범죄라는 것 혹은 본죄의 보호법익이 전체로서의 재산이라는 것을 근거로 대가를 제공한 경우에는 손해발생이 없으므로 본죄가 성립하지 않는다고 한다. 재산상의 손해발생은 '기술되지 않은'(명문으로 규정되지 않은) 구성요건요소라는 견해이다.

이 견해에 의하면, 재산상의 손해는 현실적으로 발생한 손해뿐만 아니라 손해발생의 위험까지 포함되고 손해액은 피해자의 처분행위 이전의 전체재산에서 처분행위 이후의 전체재산의 금액을 뺀 금액이다.

나. 이 분 설   재물사기죄에서는 재산상 손해발생이 필요없으나 이득사기죄에서는 필요하다는 견해이다. 전자에서는 재물의 상실 자체가 재산상의 손해이지만, 후자에서는 상당한 대가가 제공된 경우에는 재산상 손해발생이 없어 사기죄가 성립하지 않는다는 것이다.

다. 절 충 설   본죄의 성립에 재산상 손해발생을 요하지만, 재산상 손해발생은 사기죄의 성립 여부가 아니라 보호의 정도와 관련하여 기수 · 미수에 관계된 문제라고 한다.

라. 불 요 설   이 견해는 ① 제347조가 재산상의 손해발생을 규정하고 있지 않고, ② 재물편취와 이득편취를 구별할 필요가 없고, ③ 재물이나 재산상의 이익을 제공하면 재산상의 손해가 발생하는 것이 상례이고, ④ 절도 · 강도죄에서는 대가제공이 요건이 아니라는 점 등을 근거로 든다. 판례도 이 입장을 따른다.

[대판 2004. 4. 9. 2003도7828] 사기죄의 본질은 기망행위에 의한 재산이나 재산상 이익의 취득에 있는 것이고 상대방에게 현실적으로 재산상 손해가 발생함을 요건으로 하지 아니한다.

[대판 2017. 12. 22. 2017도12649] 금원 편취를 내용으로 하는 사기죄에서는 기망으로 인한 금원 교부가 있으면 그 자체로써 피해자의 재산침해가 되어 바로 사기죄가 성립하고, 상당한 대가가 지급되었다거나 피해자의 전체 재산상에 손해가 없다 하여도 사기죄의 성립에는 영향이 없다. 그러므로 사기죄에서 그 대가가 일부 지급되거나 담보가 제공된 경우에도 편취액은 피해자로부터 교부된 금원으로부터 그 대가 또는 담보 상당액을 공제한 차액이 아니라 교부받은 금원 전부라고 보아야 한다.

마. 결　　어　　백화점의 변칙세일사건[1]과 같은 경우, 필요설은 사기죄 불성립, 불요설이나 이분설은 사기기수죄, 절충설은 사기미수죄라고 한다.

이분설은 사기죄의 통일적 해석을 포기한 것으로서 부당하다. 절충설도 재산상의 손해발생을 구성요건요소라고 하면 대가를 제공할 의사가 있는 경우에는 미수의 고의밖에 없으므로 사기미수죄도 성립할 수 없다는 문제점이 있다. 필요설의 부당성은 사기죄의 보호법익 부분에서 살펴본 것과 같다.

따라서 불요설이 타당하다. 다만 손해가 발생하지 않은 경우 거래의 신의칙에 반하는 기망행위가 부정되거나, 사회상규에 위배되지 않는 행위가 될 수도 있을 것이다.

(3) 인과관계

기망행위와 착오, 착오와 처분행위, 처분행위와 재물의 교부를 받는 것 또는 재산상 이익의 취득 사이에는 인과관계가 있어야 한다(대판 1991. 1. 15. 90도2180). 사기죄의 피해자가 법인이나 단체인 경우에 기망행위로 인한 착오, 인과관계 등이 있었는지는 법인이나 단체의 대표 등 최종 의사결정권자 또는 실질적으로 법인의 의사를 결정하고 처분을 할 권한을 가지고 있는 사람을 기준으로 판단하여야 한다(대판 2017. 9. 26. 2017도8449).

기망행위가 있어도 착오에 빠지지 않거나 착오가 있어도 기망행위와 인과관계가 없는 때, 착오가 있어도 처분행위가 없거나 착오와 처분행위 간 인과관계가 없는 때(대판 1994. 5. 24. 93도1839), 처분행위가 있어도 재물의 교부를 받거나 재산상의 이익취득이 없는 때 또는 양자 사이에 인과관계가 없는 때에는 사기미수죄만

---

1) 대판 1992. 9. 14. 91도2994: 이 판결은 종전가격 및 할인가격을 비교표시하여 세일하는 것처럼 고객을 기망한 이른바 변칙세일사건에서 사기죄를 인정한다.

이 성립할 수 있다.

   판례에 의하면, 차용인에 대한 체계적인 신용조사를 행하는 금융기관이 자
체 신용조사결과에는 관계없이 "변제기 안에 대출금을 변제하겠다"는 취지의
차용인 말만을 그대로 믿고 대출한 경우(대판 2000. 6. 27. 2000도1155), 피해자
가 피고인이 경영하는 회사의 자금사정이 어렵다는 사실 및 피고인에게 동
거하는 약혼녀가 있다는 사실을 알고 있음에도 그를 좋아하고 동정한 나머
지 금원을 대여하여 준 경우(대판 1983. 6. 28. 83도831), 기망행위로 동업계약을
맺었다 하더라도 동업계약에 별다른 영향이 없는 경우(대판 1966. 10. 18. 66도
806) 등에서는 기망행위와 처분행위 사이에 인과관계가 없다.

(4) 주관적 구성요건

1) 고   의   사기죄는 고의범이므로 기망행위, 착오, 처분행위, 재물 또
는 재산상 이익의 취득 등에 대한 의욕 또는 인용이 있어야 한다.[1] 재산상의 손
해발생 필요설에 의하면 이 역시 고의의 대상이 된다.

   편취의 범의는 피고인이 자백하지 않는 이상 범행 전후의 피고인의 재력, 환
경, 범행의 내용, 거래의 이행과정 등과 같은 객관적인 사정 등을 종합하여 판단
할 수밖에 없다(대판 2008. 3. 27. 2008도443).

   사기죄의 범의는 처분행위 당시를 기준으로 하므로 금전차용시 변제의 의사
나 능력이 없는 경우에는 사기죄의 고의를 인정할 수 있지만, 차용 후의 경제사
정의 변화로 차용금의 변제 등 그 의무를 이행할 수 없게 된 경우에는 사기죄로
처벌할 수 없다.[2]

> **[대판 1997. 7. 8. 97도472]** 수증재산 매도인에게 편취의 범의가 있다고 하려면,
> 다른 공동상속인에 의한 상속재산분할청구가 제기되어 있다는 사실을 알았다는
> 것만으로는 부족하고, 적어도 그가 그 토지를 유증에 의하여 전부 취득하게 되는
> 것이 아니라 다른 공동상속인들이 유류분반환청구권을 행사하는 경우에는 유류분
> 침해의 한도에서 그 토지를 취득할 수 없게 된다는 사실을 알고 있었다는 것이
> 전제되어야 한다.

---

1) 판례는 "사기죄의 성립에 있어서 피해자에게 손해를 가하려는 목적을 필요로 하지는 않지
   만 적어도 타인의 재물 또는 이익을 침해한다는 의사와 피기망자로 하여금 어떠한 처분을
   하게 한다는 의사는 있어야 한다"고 한다(대판 1998. 4. 24. 97도3054).
2) 대판 2016. 6. 9. 2015도18555; 대판 2003. 1. 24. 2002도5265; 대판 1999. 7. 23. 99도1682;
   대판 1998. 3. 10. 98도180; 대판 1998. 2. 10. 97도3040; 대판 1997. 4. 11. 97도249.

2) **불법영득의사**　　통설·판례는 사기죄의 고의 이외에 재물사기죄에서는 불법영득의사, 이익사기죄에서는 불법이득의사를 요한다고 한다.[1]

> [대판 1984. 2. 14. 83도2857]　면사무소직원이 허위의 지출결의서를 작성·행사하여 면회계공무원으로부터 자금을 지출받았다 하여도 그 돈을 면이 지출해야 할 소요경비에 사용하였다면 불법영득의사가 있었다고는 볼 수 없다.
> [대판 1966. 3. 15. 66도132]　사기죄에 있어서 불법영득의 의사라 함은 타인의 물건을 자기 것으로 삼으려는 의사뿐 아니라 타인물건을 일시적으로 그 경제적 용법에 따라 이용 또는 처분하려는 의사까지도 포함한다.

2. 위 법 성

변제기가 도래한 채권을 변제받기 위해 기망의 수단을 사용한 경우 불법영(이)득의사가 없어서 본죄가 성립하지 않는다는 견해가 있다. 그러나 이 경우에도 불법영(이)득이 있으므로 본죄가 성립한다고 해야 한다. 판례도 같은 입장이다.

> [대판 1969. 12. 23. 69도1544]　기망행위를 수단으로 한 권리행사의 경우라 할지라도 그 권리행사에 속하는 행위와 그 수단에 속하는 기망행위를 전체적으로 관찰하여 그와 같은 기망행위를 사회통념상 권리행사의 수단으로서 용인할 수 있는 것이었다면 그 중 권리행사 자체에 속하는 행위만은 범죄를 구성하지 않는 정당행위였다고 할 수 있을 것이나, 그 정도를 넘는다면 그 행위 전체가 위법한 것이 되며, 따라서 사기죄를 구성한다.[2]

---

1) 그러나 사기죄의 실행행위인 재물이나 재산상의 이익의 취득에 영득의 의미가 포함되어 있으므로 영득은 고의의 한 내용이라고 해야 하고, 초과주관적 구성요건요소로서의 불법영득의사는 필요없다고 해야 함은 여러 차례 언급하였다.
2) 본죄의 위법성조각을 인정하지 않은 판례로, 기성고 비율 산정의 기초가 되는 락볼트의 시공물량을 허위로 고지하여 설계물량에 따른 기성금 전액을 지급받게 한 경우(대판 2016. 10. 13. 2015도11200), 허위의 임금지급 증빙서류들을 제출하여 지방자치단체로부터 신축사업 보조금을 교부받은 경우(대판 2011. 11. 24. 2010도15454); 매매잔금의 의사나 능력이 없음에도 매매잔금을 공탁해 줄 것처럼 거짓말을 하여 부동산 소유권을 이전받은 경우(대판 2011. 3. 10. 2010도14856); 근저당권자의 대리인이 채무자 명의의 위임장을 위조하고 법원에 제출하여 경매개시결정 정본을 교부받은 경우(대판 2009. 7. 9. 2009도295); 필요 이상의 장기간 환자의 입원을 유도하여 과도한 요양급여비를 청구한 경우(대판 2009. 5. 28. 2008도4665); 가등기말소 청구권자가 기망행위를 사용하여 가등기를 말소하게 한 경우(대판 2008. 1. 24. 2007도9417); 가압류채권자를 기망하여 부동산가압류를

3. 미 수

본죄의 미수는 처벌한다(제352조). 본죄의 실행의 착수시기는 기망행위를 시작한 때이다.

[대판 2013. 11. 14. 2013도7494] 타인의 사망을 보험사고로 하는 생명보험계약 … 체결 당시에 이미 보험사고가 발생하였음에도 이를 숨겼다거나 보험사고의 구체적 발생 가능성을 예견할 만한 사정을 인식하고 있었던 경우 또는 고의로 보험사고를 일으키려는 의도를 가지고 있었던 경우와 같이 보험사고의 우연성과 같은 보험의 본질을 해칠 정도라고 볼 수 있는 특별한 사정이 없는 한, 그와 같이 하자 있는 보험계약을 체결한 행위만으로는 미필적으로라도 보험금을 편취하려는 의사에 의한 기망행위의 실행에 착수한 것으로 볼 것은 아니다.[1]

본죄의 기수시기에 대해 재산상 손해가 발생한 때라는 견해(다수설)와 재물의 교부를 받거나 재산상 이익을 취득한 때라는 견해가 대립한다. 본죄 성립에 손해 발생이 필요한가의 여부와 상관없는 후자가 타당하다. 본죄는 손괴죄가 아니라 영득죄이므로 영(이)득이 있어야 기수가 된다고 해야 하기 때문이다.[2]

해제하게 한 경우(대판 2007. 9. 20. 2007도5507); 수표를 갈취당하고도 분실한 것처럼 하여 제권판결을 선고받은 경우(대판 2003. 12. 26. 2003도4914); 대판 2003. 6. 13. 2002도6410; 대판 1997. 10. 14. 96도1405; 대판 1991. 9. 10. 91도376; 대판 1982. 9. 14. 82도1679 등.

1) 판례에 의하면, 사기도박을 위해 도박에 참가할 것을 권유하는 등 기망행위를 개시한 때(대판 2011. 1. 13. 2010도9330), 피해자를 속여 근저당권설정등기를 마친 다음 그 한도 내에서의 외상거래를 요청한 때(대판 1974. 6. 11. 73도2319)에는 실행의 착수가 인정된다. 그러나 지방자치단체로부터 보조금을 더 많이 지원받기 위하여 허위의 보조금 정산보고서를 제출한 경우(대판 2003. 6. 13. 2003도1279), 태풍피해복구보조금지원절차에 따른 피해를 신고한 경우(대판 1999. 3. 12. 98도3443), 장해보상지급청구권자에게 보상금을 찾아주겠다고 거짓말을 하여 동인을 보상금지급기관까지 유인한 경우(대판 1980. 5. 13. 78도2259), 권리자가 확인서발급신청을 하자 위조된 서류를 첨부하여 이의신청을 한 결과 확인서발급신청이 기각된 경우(대판 1982. 3. 9. 81도2767) 등에서는 실행의 착수가 인정되지 않는다.

2) 판례에 의하면, 보이스피싱 범인이 피해자를 기망하여 피해자의 자금을 사기이용계좌로 송금·이체받으면 사기죄는 기수에 이른다.

4. 죄　　수

(1) 죄수결정의 기준

사기죄의 보호법익은 재산과 의사결정의 자유이므로, 동일한 피해자에 대하여 수회에 걸쳐 기망행위를 하여 금원을 편취한 경우 범의가 단일하고 범행방법이 동일하다면 사기죄의 포괄일죄만이 성립한다(대판 1997. 6. 27. 97도508). 그러나 범의의 단일성과 계속성이 인정되지 아니하거나 범행방법이 동일하지 않은 경우에는 각 범행은 실체적 경합범에 해당한다(대판 2004. 6. 25. 2004도1751).

수인의 피해자에 대하여 각 피해자별로 기망행위를 하여 각각 재물을 편취한 경우에 그 범의가 단일하고 범행방법이 동일하다고 하더라도 포괄일죄가 아니라 피해자별로 1개씩의 죄가 성립한다(대판 2003. 4. 8. 2003도382). 다만, 피해자들이 부부인 경우와 같이 피해자들의 피해법익이 동일하다고 볼 수 있는 사정이 있는 경우에는 포괄일죄로 볼 수 있다(대판 2023. 12. 21. 2023도13514).

(2) 다른 범죄와의 관계

1) 절도죄·강도죄와의 관계　　　　절취한 장물을 제3자에게 담보로 제공하고 금원을 편취하거나(대판 1980. 11. 25. 80도2310) 절취한 전당표로 전당물을 교부받은 경우(대판 1980. 10. 14. 80도2155), 절취 혹은 강취한 예금통장으로 예금을 인출한 경우에도 별도로 사기죄가 성립된다(대판 1991. 9. 10. 91도1722).[1]

그러나 절취한 자기앞수표를 현금 대신으로 교부한 행위(대판 1987. 1. 20. 86도1728), 절취한 열차승차권을 환불받은 행위(대판 1975. 8. 29. 75도1996)는 절도의 불가벌적 사후행위로서 사기죄가 되지 않는다.

2) 횡령죄와의 관계　　　　자기가 점유하는 타인의 재물을 기망을 통해 영득한 경우 사기죄가 아니라 횡령죄가 성립한다(대판 1987. 12. 22. 87도2168). 주식회사의 대표이사가 타인을 기망하여 회사가 발행하는 신주를 인수하게 하고 납입받은 신주인수대금을 보관하던 중 횡령한 행위는 사기죄와 별도로 횡령죄를 구성한다(대판 2006. 10. 27. 2004도6503). 그러나 종친회장이 공탁관을 기망하여 종친회를 피공탁자로 하여 공탁된 수용보상금을 출급받아 편취하고, 그 후 종친회에 대하여 공탁금 반환을 거부한 행위는 불가벌적 사후행위로서 별도의 횡령죄가 성립하지 않는다(대판 2015. 9. 10. 2015도8592). 대포통장의 명의인이 보이스피싱범죄의 피해자가 그

---

1) 이 경우 기망행위가 없어 사기죄는 성립하지 않는다고 해야 함은 앞에서 본 것과 같다.

계좌로 송금한 돈을 임의로 인출한 경우 보이스피싱 사기방조범이 성립하는 경우에는 별도로 횡령죄가 성립하지 않지만, 사기방조범이 성립하지 않는 경우에는 송금인에 대한 횡령죄가 성립한다(대판 2018. 7. 19. 2017도17494 전합).

　　3) **배임죄, 배임수 · 증재죄와의 관계**　　타인의 사무를 처리하는 자가 제3자를 기망하여 재물을 취득하고 본인에게 손해를 가한 경우에는 제3자에 대한 사기죄와 본인에 대한 배임죄가 성립한다(대판 1987. 4. 28. 83도1568).

　　타인의 사무를 처리하는 자가 본인을 기망하여 재물을 교부받은 경우 다수설 및 판례(대판 2002. 7. 18. 2002도669)는 사기죄와 배임죄는 성질이 다른 범죄라는 이유로 사기죄와 배임죄의 상상적 경합이라고 한다. 그러나 본인을 기망하는 행위는 곧 배임행위이므로 배임죄는 사기죄에 흡수된다고 해야 한다.

　　공동의 사기 범행으로 인하여 얻은 돈을 공범자끼리 수수한 행위가 공동정범들 사이의 내부적인 분배행위에 지나지 않는다면 돈의 수수행위가 따로 배임수 · 증재죄를 구성하지는 않는다(대판 2016. 5. 24. 2015도18795).

　　4) **위조문서 · 위조통화행사죄와의 관계**　　판례는 기망의 수단으로 위조문서 또는 위조통화를 행사하여 재물 또는 재산상의 이익을 취득한 경우 위조문서행사죄와 사기죄의 실체적 경합이라고 한다(대판 1991. 9. 10. 91도1722). 그러나 이 경우에는 하나의 행위로 위조문서 · 통화행사와 기망행위를 하는 것이므로 상상적 경합이라고 해야 할 것이다.

　　5) **도박죄와의 관계**　　사기도박의 경우 통설 · 판례(대판 2011. 1. 13. 2010도9330)는 도박죄는 성립하지 않고 사기죄만 성립한다고 한다. 사기도박의 경우 기망행위를 개시한 때에 사기죄의 실행의 착수가 있고, 그 후에 사기도박을 숨기기 위하여 정상적인 도박을 하였더라도 이는 사기죄의 실행행위에 포함된다(대판 2011. 1. 13. 2010도9330).

[대판 2011. 1. 13. 2010도9330] 도박이란 2인 이상의 자가 상호간에 재물을 도(賭)하여 우연한 승패에 의하여 그 재물의 득실을 결정하는 것이므로, 이른바 사기도박과 같이 도박당사자의 일방이 사기의 수단으로써 승패의 수를 지배하는 경우에는 도박에서의 우연성이 결여되어 사기죄만 성립하고 도박죄는 성립하지 아니한다. 피고인 등이 사기도박에 필요한 준비를 갖추고 그러한 의도로 피해자들에게 도박에 참가하도록 권유한 때 또는 늦어도 그 정을 알지 못하는 피해자들이 도박에 참가한 때에는 이미 사기죄의 실행에 착수하였다고 할 것이므로, 피고인 등이

그 후에 사기도박을 숨기기 위하여 얼마간 정상적인 도박을 하였더라도 이는 사기죄의 실행행위에 포함되는 것이어서 피고인에 대하여는 피해자들에 대한 사기죄만이 성립하고 도박죄는 따로 성립하지 아니한다.

　6) 수뢰죄와의 관계　　공무원이 직무에 관하여 타인을 기망하여 뇌물을 수수한 경우 통설·판례(대판 1977. 6. 7. 77도1069)는 사기죄와 수뢰죄의 상상적 경합이 된다고 한다.

　7) 기　　타　　기망행위로 조세를 포탈한 경우 조세포탈죄만 성립하고 사기죄는 성립하지 않는다(대판 2021. 11. 11. 2021도7831). 사기의 수단으로 발행한 수표가 지급거절된 경우 부정수표단속법위반죄와 사기죄는 행위태양과 보호법익을 달리하므로 실체적 경합범의 관계에 있다(대판 2004. 6. 25. 2004도1751). 공무원이 취급하는 사건에 관하여 청탁·알선의 의사와 능력이 없음에도 청탁·알선을 한다고 금품을 받은 경우 사기죄와 변호사법위반죄의 상상적 경합범이 된다(대판 2007. 5. 10. 2007도2372). 보이스피싱 사기 조직을 구성하고 이에 가담하여 조직원으로 활동한 경우 사기죄와 별도로 범죄단체 가입 및 활동죄가 성립한다(대판 2017. 10. 26. 2017도8600). 유사수신행위를 한 자가 출자자에게 별도의 기망행위를 하여 유사수신행위로 조달받은 자금을 다시 투자받는 행위는 유사수신행위법 위반죄의 불가벌적 사후행위가 아니라 별도의 사기죄를 구성한다(대판 2023. 11. 16. 2023도12424).

5. 친족간의 범행

　사기죄에도 친족간 범행 규정이 준용된다(제354조, 제328조 2, 3항). 금원을 편취하기 위한 수단으로 피해자와 혼인신고를 하여 그 혼인이 무효인 경우 피해자에 대한 사기죄에서는 친족상도례를 적용할 수 없다(대판 2015. 12. 10. 2014도11533). 재산은 사기죄의 보호법익이므로, 행위자와 재산상의 피해자 사이에 친족관계가 있어야 한다. 판례는 은행을 기망하여 예금을 인출한 경우 그 예금의 소유권은 은행에 있기 때문에 재산상의 피해자는 예금주가 아닌 은행이므로 기망자와 예금주 사이에 친족관계가 있다고 하더라도 친족간 범행이 되지 않는다고 한다(대판 1972. 11. 14. 72도1946).

　피기망자와 재산상의 피해자가 일치하지 않을 경우 행위자와 피기망자와의 사이에도 친족관계가 있어야 하는가에 대해 긍정설과 부정설이 대립한다. 판례는 소송사기에서 행위자와 피기망자인 법원 사이에 친족관계는 요하지 않는다고 한다(대판 2018. 1. 25. 2016도6757;　대판 1976. 4. 13. 75도781).

피해자가 여럿인 경우에는 피해자 모두와 친족관계가 있어야 한다(대판 2015. 6. 11. 2015도3160).

특정경제범죄법상의 사기죄에도 친족간 범행 규정이 적용된다(대판 2000. 10. 13. 99오1).

6. 관련문제

(1) 소송사기

1) 개   념　　소송사기란 법원을 기망하여 자기에게 유리한 판결을 얻음으로써 상대방의 재물 또는 재산상 이익을 취득하는 것을 내용으로 하는 범죄를 말한다. 피기망자는 법원이고, 재산상의 피해자는 소송의 상대방이므로 삼각사기의 대표적인 예이다.

2) 성립요건

가. 주관적 요건　　소송사기는 자신에게 권리가 없음을 인식하고 있음에도 불구하고 법원을 기망하여 승소판결을 얻어내려고 할 경우에만 성립한다.

원고의 경우 제소 당시에 그 주장과 같은 채권이 존재하지 아니하다는 것만으로는 부족하고 허위의 주장과 입증으로써 법원을 기망한다는 인식까지 있어야 한다(대판 2004. 3. 12. 2003도333). 제소 당시 제소자에게 권리가 없어도 사실이나 법률적 평가에 착오를 일으켜 권리가 있다고 생각하고 소송을 제기한 경우에는 소송사기가 될 수 없다.[1]

피고의 경우에도 원고주장과 같은 채무가 존재한다는 것만으로는 부족하고 허위의 주장과 입증으로써 법원을 기망한다는 인식까지 하고 있어야만 한다(대판 2004. 3. 12. 2003도333).

나. 실행행위　　소송사기가 성립하기 위해서는 허위의 주장과 입증으로 법원을 기망해야 한다. 가장 대표적인 기망행위는 증거의 조작이다. 증거의 조작이란 처분문서 등을 거짓으로 만들어내거나 증인의 허위증언을 유도하는 등으로 객관적·제3자적 증거를 조작하는 행위를 말한다(대판 2004. 6. 25. 2003도7124). 지급

---

1) 대판 2007. 4. 13. 2005도4222; 대판 2004. 6. 25. 2003도7124; 대판 2003. 2. 11. 2002도
　 6851; 대판 1994. 10. 25. 94도1819.

명령의 신청은 별도의 증거제출을 요하지 아니하므로 증거의 조작없이 허위의 내용으로 지급명령을 신청한 경우에도 소송사기가 될 수 있다(대판 2004. 6. 24. 2002도4151). 소송사기는 간접정범 형태로도 범할 수 있다(대판 2007. 9. 6. 2006도3591).

　　그러나 당사자주의 소송구조하에서는 상대방에게 유리한 증거를 제출하지 않거나 상대방에게 유리한 사실을 진술하지 않는 행위만으로 소송사기에 있어 기망이 된다고 할 수 없다(대판 2002. 6. 28. 2001도1610). 또한 가처분사건에서 변호사를 선임한 적이 없는데도 그 가처분사건에 관한 소송비용액확정결정신청을 하면서 실제 지출하지 않은 변호사비용을 기재한 경우 소명자료 등을 조작하거나 허위의 소명자료 등을 제출함이 없이 단지 실제 사실과 다른 비용액에 관한 주장만 하는 경우에는 특별한 사정이 없는 한 법원을 기망하였다고 단정하기 어렵다(대판 2024. 6. 27. 2021도2340).

　　다. 승소판결에 따른 재물 또는 재산상 이익의 취득　　소송사기가 성립하기 위해서는 피해자의 처분행위에 갈음하는 효력이 있는 법원의 승소판결이 있어야 하고 그 판결에 의해 재물이나 재산상 이익을 취득할 수 있어야 한다.[1] 따라서 부동산 경매절차에서 허위의 공사대금채권을 근거로 유치권 신고를 하여 법원이 고지하도록 한 경우 법원의 고지가 처분행위라고 할 수 없으므로 소송사기가 성립하지 않는다(대판 2009. 9. 24. 2009도5900; 유사판례로 대판 2013. 11. 28. 2013도459). 또한 타인과 공모하여 그 공모자를 상대로 제소한 경우나 판결의 내용이 소송 상대방의 의사에 부합하는 것일 때에는 착오에 의한 재물의 교부행위가 없어 소송사기죄가 성립되지 않는다(대판 2017. 10. 26. 2013도6896).

　　판례는 사망한 자(대판 2002. 1. 11. 2000도1881)나 허무인(대판 1992. 12. 11. 92도743)을 상대로 한 제소는 소송사기가 될 수 없고, 법원의 판결이 소송상대방의 의사에 부합하는 경우(대판 1996. 8. 23. 96도1265)에도 소송사기가 될 수 없다고 한다.[2] 소송비용을 편취할 의사로 소송비용의 지급을 구하는 손해배상청구의 소를 제기한 경우에도,[3] 사기죄의 불능범에 해당하여 소송사기가 될 수 없다(대판 2005. 12. 8. 2005

---

1) 대판 1999. 4. 9. 99도364; 대판 2001. 5. 29. 2001도210.
2) 이에 대해 사자나 허무인을 상대로 한 소송사기를 통해서 재물 또는 재산상 이익의 취득이 가능하므로 소송사기의 장애미수나 불능미수라고 하는 견해가 있다.
3) 민사소송법상 소송비용의 청구는 소송비용액 확정절차에 의하도록 규정하고 있으므로, 위 절차에 의하지 아니한 손해배상금 청구의 소로 소송비용의 지급을 구하는 것은 소의 이익이 없는 부적법한 소로서 각하된다.

도8105). 한편 소유권보존등기 명의자를 상대로 보존등기의 말소의 소를 제기하여 승소확정판결을 받은 경우, 보존등기 말소를 명하는 승소확정판결을 받게 되면 언제든지 단독으로 소유권보존등기를 말소시킨 후 자기 앞으로 소유권보존등기를 신청하여 그 등기를 마칠 수 있게 되므로 '대상 토지의 소유권에 대한 방해를 제거하고 그 소유명의를 얻을 수 있는 지위'라는 재산상 이익을 취득한 것이어서 위 판결이 확정된 때에 소송사기의 기수가 된다고 한다(대판 2006. 4. 7. 2005도9858 전합).

3) 실행의 착수 및 기수시기

가. 실행의 착수시기　　　　원고뿐만 아니라 피고도 소송사기의 주체가 될 수 있다(대판 2004. 3. 12. 2003도333). 원고가 소송사기의 주체인 때에는 소송을 제기하는 때에 실행의 착수가 있다(대판 2003. 7. 22. 2003도1951).[1] 원고가 소송의 계속 중 법원에 조작된 증거를 제출하면서 종전에 주장하던 특정권원과 별개의 허위의 권원을 추가로 주장하는 경우(대판 2004. 6. 25. 2003도7124), 원고를 승소시키기 위해 피고명의의 허위의 준비서면과 자술서를 제출한 경우(대판 1988. 9. 20. 87도964), 강제집행절차의 경우 집행절차의 개시신청을 한 경우 또는 진행 중인 집행절차에 배당신청을 한 경우(대판 2015. 2. 12. 2014도10086)에는 그 때에 실행의 착수가 있다. 피담보채권인 공사대금 채권을 실제와 달리 허위로 크게 부풀려 유치권에 의한 경매를 신청할 경우 정당한 채권액에 의하여 경매를 신청한 경우보다 더 많은 배당금을 받을 수도 있으므로, 소송사기죄의 실행의 착수에 해당한다(대판 2012. 11. 15. 2012도9603). 그러나 허위채권으로 본안소송을 제기하지 않은 채 가압류만을 한 경우에는 실행의 착수가 있다고 할 수 없다(대판 1988. 9. 13. 88도55).

피고의 경우에는 법원을 기망할 의사로 허위내용의 서류를 증거로 제출하거나 그에 따른 주장을 담은 답변서나 준비서면을 제출한 경우 소송사기죄의 실행의 착수가 인정된다(대판 1998. 2. 27. 97도2786).

나. 기수시기　　　　소송사기죄의 기수시기는 승소판결이 확정된 때이고(대판 2006. 4. 7. 2005도9858), 확정판결에 기하여 현실적으로 재물 또는 재산상 이익을 취득할 것을 요하지 않는다(대판 1997. 1. 11. 76도3700). 법원을 기망하였으나 패소의 종국판결을 선고받고 그것이 확정되었을 때에는 소송사기의 미수가 되고 이와 함께

---

1) 대판 2006. 11. 10. 2006도5811: 제소자가 상대방의 주소를 허위로 기재함으로써 그 허위 주소로 소송서류가 송달되어 상대방 아닌 다른 사람이 그 서류를 받아 소송이 진행된 경우에도 실행의 착수가 인정된다.

356   제 5 장 재산적 법익에 대한 죄

소송사기도 종료한다(대판 2000. 2. 11. 99도4459).

4) 이득액 및 다른 범죄와의 관계

승소판결을 받음으로써 재산상의 이익을 취득하거나 재산상의 의무이행을 면하게 된 경우에는 그 재산가액 상당에 대하여만 사기죄가 성립한다.[1] 법원을 기망하여 승소판결을 받고 그 확정판결에 의하여 소유권이전등기를 경료한 경우에는 사기죄와 별도로 공정증서원본부실기재죄가 성립하고, 양죄는 실체적 경합범관계에 있다(대판 1983. 4. 26. 83도188).

판례에 의하면, 허위의 임대차계약서를 법원에 제출하여 임차권등기명령을 신청한 경우(대판 2012. 5. 24. 2010도12732),[2] 허위주장으로 소유권보존등기 명의자를 상대로 보존등기의 말소를 구하는 소송을 제기하여 승소확정판결을 받은 경우(대판 2006. 4. 7. 2005도9858 전합), 특정권원에 기하여 민사소송을 진행하던 중 법원에 조작된 증거를 제출하면서 종전에 주장하던 특정권원과 별개의 허위의 권원을 추가로 주장하는 경우(대판 2004. 6. 25. 2003도7124), 증거를 조작함이 없이 허위의 내용으로 지급명령을 신청한 경우(대판 2004. 6. 24. 2002도4151) 등에서는 소송사기죄가 인정된다.[3]

그러나 예고등기를 통해 경매대상 부동산의 경매가격 하락 등을 목적으로 허위의 채권을 주장하며 소유권보존등기 말소청구소송을 제기한 경우(대판 2009. 4. 9. 2009도128), 법률문외한이 실질적으로는 동일한 선순위근저당권과 후순위근저당권의 피담보채권에 관하여 각각 배당을 요구하여 배당받은 경우(대판 2007. 4. 13. 2005도4222), 채권의 전부명령(轉付命令)을 받았어도 재산상 이익을 취득하지 않은 경우(대판 2001. 5. 29. 2001도210), 타인과 공모하여 그 공모자를 상대로 제소하여 의제자백의 판결을 받아 이에 기하여 부동산의 소

---

1) 대판 1997. 7. 11. 95도1874: 피고인이 법원을 기망하여 건축주명의변경절차이행청구소송에서 승소확정판결을 받고 이에 기하여 다세대주택에 관한 건축허가명의를 변경한 경우 다세대주택 그 자체를 편취한 것으로는 볼 수 없고, 단지 건축주로서 공사를 계속하여 다세대주택을 완공하고 사용승인을 받은 다음 건축물대장에 등재하여 완공된 다세대주택에 관하여 그의 명의로 소유권보존등기를 경료할 수 있는 등 건축허가에 따른 재산상 이익을 취득한 것으로 보아야 한다.

2) 대판 2012. 5. 24. 2010도12732: 통정허위표시로서 무효인 임대차계약에 기초하여 임차권등기명령을 받아 임차권등기를 마친 경우, 외형상 임차인으로서 취득하게 되는 권리가 사기죄의 객체인 '재산상 이익'에 해당한다.

3) 그 밖에 소송사기를 인정한 판례로, 대판 2005. 3. 24. 2003도2144; 대판 2003. 7. 22. 2003도1951; 대판 1997. 10. 14. 96도1405; 대판 1990. 1. 23. 89도607; 대판 1987. 5. 12. 87도417; 대판 1980. 5. 27. 80도838 등.

유권이전등기를 한 경우(대판 1997. 12. 23. 97도2430; 대판 1996. 8. 23. 96도1265), 미등기부동산에 대해 타인을 소유자로 내세워 소유권등기절차이행의 소를 제기한 후 화해조서를 작성한 경우(대판 1987. 8. 18. 87도1153) 등에서는 소송사기가 인정되지 않는다.

(2) 부동산의 이중매매 · 이중저당

부동산의 이중매매 · 이중저당 즉 부동산의 권리자가 A와 매매 혹은 저당권 설정계약을 하고 등기를 하기 이전에 B와 매매 혹은 저당권설정계약을 하고 등기를 해 준 경우 본죄가 성립할 수 있는지 문제된다.

계약 후 B에게 이중매매 · 이중저당할 것을 목적으로 A와 계약한 경우에는 A에 대한 사기죄가 성립한다. 그러나 이러한 목적없이 A와 계약한 이후 B와 이중매매 · 이중저당을 한 경우에는 기망행위가 없으므로 A에 대한 사기죄는 성립하지 않는다. 또한 부동산물권변동에 관해 의사주의를 취했던 구민법하에서는 B가 유효한 권리를 취득할 수 없으므로 B에 대한 사기죄가 성립할 수 있었으나, 형식주의를 취하고 있는 현행민법에서는 B가 유효하게 권리를 취득할 수 있으므로 B에 대한 사기죄도 성립하지 않는다. 형식주의를 취하고 있는 현행민법에서 과거 부동산물권변동에 관해 의사주의를 취한 때에는 A에게 물권이 이전되었으므로 B와 다시 계약한 경우에는 사기죄가 성립할 수 있었다. 그러나 현행민법은 부동산물권변동에 관해 형식주의를 택하여 부동산물권변동은 등기하여야 효력이 생기므로 B는 유효하게 소유권 혹은 저당권을 취득할 수 있다(대판 1971. 12. 21. 71도1480). 따라서 B에 대한 사기죄는 성립하지 않는다. 그러나 A에게 등기를 이전해 주고 B에게 이중매매 혹은 이중저당을 한 경우에는 B에 대한 사기죄가 성립한다.

명의신탁받은 부동산을 신탁자의 승낙없이 매도한 경우에도 매수인이 유효하게 소유권을 취득하므로 매수인에 대해서는 사기죄가 성립하지 않는다.[1]

(3) 불법원인급여와 사기죄

甲이 사람을 폭행하여 주겠다고 A를 기망하고 사례금을 받은 경우 A의 급여는 불법원인급여이므로 반환청구권이 없다. 이러한 경우에도 사기죄가 성립하는지에 대해, 통설은 ① 민법상의 반환청구권 유무가 사기죄의 성립에 영향을 줄 수 없고, ② 불법원인급여라고 하더라도 기망자의 입장에서는 재산상의 이익이

---

1) 대판 1990. 11. 13. 90도1961; 대판 1985. 12. 10. 85도1222.

고, ③ 재산상의 이익은 법률적 개념이 아니고 경제적 개념이므로 사기죄가 성립
한다고 한다. 판례도 같은 입장이다(대판 2006. 11. 23. 2006도6795).[1]

(4) 신용카드와 사기죄

신용카드와 관련하여 사기죄가 문제되는 대표적인 경우는 ① 타인의 신용카
드로 물품을 구입하거나 용역을 제공받는 경우(타인명의 신용카드의 부정사용), ② 타
인명의로 카드를 발급받아 사용한 경우(타인명의 신용카드의 부정발급 및 부정사용), ③
신용카드대금결제의 의사와 능력없이 신용카드를 발급받아 사용한 경우(자기명의
신용카드의 부정발급 및 사용), ④ 정상적으로 발급받은 자기명의 카드를 대금결제의
의사와 능력이 없어진 상태에서 사용한 경우(자기명의 신용카드의 부정사용) 등이다.

1) 타인명의 신용카드의 부정사용

가. 가맹점에서 물품을 구입한 경우   타인명의 신용카드로 물품을 구입한
경우 판례(대판 1997. 1. 21. 96도2715) 및 통설은 가맹점을 기망하여 재물 또는 재산상
의 이익을 취득하여 카드회사 혹은 가맹점에 손해를 입혔으므로 사기죄에 해당된
다고 한다.

이 경우 피기망자가 가맹점인 것은 분명하지만, 재산상의 피해자는 ① 가맹
점이라는 견해, ② 카드회사라는 견해 및 ③ 가맹점에 귀책사유가 있어서 카드회
사로부터 대금을 받지 못할 경우에는 가맹점, 가맹점에 귀책사유가 없어서 대금
을 받을 수 있는 경우에는 카드회사라는 견해가 대립한다. 절충설이 타당하지만,
가맹점에 일부 귀책사유가 있어 카드회사와 가맹점이 대금을 분담할 경우 양자
모두 재산상의 피해자가 된다고 해야 한다.

이 경우 실행의 착수시기는 타인명의의 신용카드를 제시한 때이고, 기수시기
는 재물의 취득시이다.

나. 현금자동지급기에서 현금을 인출한 경우   타인명의의 신용카드로 현
금자동지급기에서 현금서비스를 받는 것에 대해 절도죄설과 컴퓨터등사용사기죄
설이 대립되었다. 이 때문에 2001년 개정형법에서 컴퓨터등사용사기죄에 무권한
정보의 입력·변경을 추가하였으나, 판례는 여전히 절도죄가 성립한다고 한다.

---

1) 대법원은 불법원인급여와 관련하여 횡령죄의 성립을 원칙적으로 부정하고 있다(대판 2008.
   10. 9. 2007도2511 외 다수판결; 횡령죄 부분 참조).

[대판 2002. 7. 12. 2002도2134] 형법 제347조의2에서 규정하는 컴퓨터등사용사기죄의 객체는 재물이 아닌 재산상의 이익에 한정되어 있으므로,[1] 타인의 명의를 모용하여 발급받은 신용카드로 현금자동지급기에서 현금을 인출하는 행위를 이 법조항을 적용하여 처벌할 수는 없다. … 타인의 신용카드로 현금자동지급기에서 현금대출을 받는 행위는 카드회사에 의하여 미리 포괄적으로 허용된 행위가 아니라, 현금자동지급기의 관리자의 의사에 반하여 그의 지배를 배제한 채 그 현금을 자기의 지배하에 옮겨놓는 행위로서 절도죄에 해당한다고 봄이 상당하다.

다. 계좌이체나 신용대출을 받은 경우   타인의 신용카드로 현금자동지급기에서 신용카드의 타인 계좌에 있는 금액을 자신의 계좌로 이체한 경우나 ARS 혹은 인터넷 등을 통하여 신용대출을 받은 경우, 판례는 컴퓨터등사용사기죄를 인정한다(대판 2008. 6. 12. 2008도2440).

라. 도난·분실된 타인명의 신용카드의 부정사용   도난·분실된 타인의 신용카드로 물품을 구입하거나 용역을 제공받은 경우, 판례는 사기죄와 여신전문금융업법 제70조 위반죄에 모두 해당하고 양죄는 보호법익이나 행위의 태양이 달라 실체적 경합이라고 한다.[2]

마. 명의인의 하자 있는 승낙이 있는 경우   예금주인 현금카드 소유자를 협박하여 그 카드를 '갈취'하였고, 하자 있는 의사표시이기는 하지만 피해자의 승낙에 의하여 현금카드를 사용할 권한을 부여받아 이를 이용하여 현금을 인출한 이상 피해자가 그 승낙의 의사표시를 취소하기까지는 현금카드를 적법, 유효하게 사용할 수 있으므로, 피고인이 피해자로부터 현금카드를 사용한 예금인출의 승낙을 받고 현금카드를 교부받은 행위와 이를 사용하여 현금자동지급기에서 예금을 여러 번 인출한 행위들은 모두 피해자의 예금을 갈취하고자 하는 피고인의 단일하고 계속된 범의 아래에서 이루어진 일련의 행위로서 포괄하여 하나의 공갈죄를 구성한다고 볼 것이지, 현금지급기에서 피해자의 예금을 취득한 행위를 현금지급기 관리자의 의사에 반하여 그가 점유하고 있는 현금을 절취한 것이라 하여 이를 현금카드 갈취행위와 분리하여 따로 절도죄로 처단할 수는 없다(대판 1996. 9. 20. 95

---

1) 그러나 재물과 재산상의 이익은 특별 대 일반의 관계에 있다고 해야 한다. 즉 재산상 이익을 취득하였다고 하여 재물을 취득한 것은 아니지만, 재물을 취득하면 재산상 이익을 취득한 것이라고 할 수 있다. 따라서 이 판례는 부당하다.

2) 대판 1997. 1. 21. 96도2715: 그러나 이는 부당하고 신용카드의 부정사용 그 자체가 기망행위라고 할 수 있으므로 신용카드부정사용죄는 사기죄에 흡수된다고 해야 한다.

도1728). 이는 예금주인 현금카드 소유자로부터 카드를 '편취'하여 하자 있는 승낙
의 의사표시를 받은 경우에도 동일하다(대판 2005. 9. 30. 2005도5869). 하지만, 피해자
로부터 현금카드를 '강취'하였다고 인정되는 경우에는 피해자로부터 현금카드의
사용에 관한 승낙의 의사표시가 있었다고 볼 여지가 없다. 따라서 강취한 현금카
드를 사용하여 현금자동지급기에서 예금을 인출한 행위는 피해자의 승낙에 기한
것이라고 할 수 없으므로, 현금자동지급기 관리자의 의사에 반하여 그의 지배를
배제하고 그 현금을 자기의 지배하에 옮겨 놓는 것이 되어서 강도죄와는 별도로
절도죄를 구성한다(대판 2007. 5. 10. 2007도1375).

  2) 타인명의 신용카드의 부정발급과 부정사용   카드회사를 기망하여 타
인명의의 신용카드를 발급받은 경우 사기죄 긍정설과 부정설이 있을 수 있다. 신
용카드를 발급받아 물품을 구입하거나 현금서비스를 받을 수 있는 지위가 생긴
것은 재산상 이익에 해당하므로 긍정설이 타당하다.

  부정발급받은 카드로 현금서비스를 받거나 계좌이체를 하거나 혹은 신용대
출을 받은 경우 판례는 사기죄 이외에 절도죄(대판 2002. 7. 12. 2002도2134)나 컴퓨터
등사용사기죄(대판 2006. 7. 27. 2006도3126)가 별도로 성립한다고 한다.[1]

  3) 자기명의 신용카드의 부정발급 및 사용   대금결제의 의사와 능력없이
자기명의의 신용카드를 발급받아 물품을 구입하거나 현금서비스를 받은 경우 사
기죄 성립여부에 대해 견해가 대립한다.

  가. 사기죄긍정설   대금결제의 의사와 능력없이 신용카드를 신청하는 것
은 카드회사에 대한 기망행위, 카드회사의 카드발급은 처분행위, 카드신청자의
카드수령은 재산상 이익의 취득과 카드회사의 재산상 손해의 위험발생을 의미하
므로 사기죄가 성립한다고 한다. 사기죄는 카드를 발급받은 때에 기수가 되고 물
품을 구입하거나 현금서비스를 받을 때에 사기죄가 완수된다고 한다.

  나. 사기죄부정설   이 견해는 카드회사가 가맹점에 카드대금을 지급한
때에 재산상 손해가 발생하는 것이므로 카드를 발급해 준 상태에서는 재산상의
손해발생이 없기 때문에 사기죄가 성립하지 않는다고 한다.

---

  1) 그러나 신용카드를 부정발급받은 것이 재산상 이익을 취득한 것이라고 한다면 이후에 물
    품을 구입하거나 현금서비스를 받은 것은 재산상 이익을 실현하는 것이므로 사기죄의 포
    괄일죄가 된다고 해야 한다. 카드회사가 기망당하여 신용카드를 부정발급한 경우 명의도
    용자를 피도용자로 오인하고 도용자에게 신용카드의 사용을 허용하였다고 보아야 하기 때
    문이다.

다. 판   례   판례는 카드를 발급받는 행위와 이를 사용하여 물품을 구입하거나 현금서비스를 받는 행위 모두 사기죄의 포괄일죄라고 한다(대판 1996. 4. 9. 95도2466).

　　라. 결   어   신용카드를 발급받은 것은 재산상 이익을 취득한 것이라고 할 수 있으므로 부정설은 타당하지 않다. 우리 형법에서 사기죄 성립에 재산상 손해발생은 필요하지 않다고 해야 하므로, 사기죄를 긍정해야 할 것이다.[1] 그리고 이후의 카드사용행위와 함께 포괄일죄가 된다고 하는 판례의 입장이 타당하다.

4) 자기명의 신용카드의 부정사용

가. 가맹점에서 물품을 구입한 경우   정상적으로 발급받은 신용카드를 이후 대금결제의 의사와 능력없이 사용하여 물품을 구입한 경우의 죄책에 대해 사기죄긍정설과 부정설이 대립한다.

　　A. 사기죄긍정설   이 견해는 대금결제의사와 능력없이 카드를 사용하는 행위는 기망행위가 되고, 이에 의해 물품을 교부한 경우 착오에 따른 재물교부라고 할 수 있다고 한다. 이 경우 ① 카드회사가 피기망자이고, 가맹점에 귀책사유가 없어서 카드회사가 대금을 지불한 때에는 카드회사, 가맹점에 귀책사유가 있는 경우에는 가맹점이 피해자가 된다고 하는 견해, ② 가맹점이 피기망자, 카드회사가 피해자인 삼각사기로 보는 견해, ③ 가맹점을 피기망자이며 피해자로 보는 견해 등이 있다.

　　B. 사기죄부정설   이 견해는 카드가맹점은 제시된 카드가 분실 · 도난된

---

1) 문제는 카드회사가 카드신청자의 대금결제 의사와 능력에 대해 관심조차 없고 더 나아가 대금결제의 의사와 능력이 없는 것을 알고도 카드를 남발하고 있는 상황에서도 사기죄의 기망행위를 인정할 수 있는지이다. 신용카드업은 고리의 대금업이므로(신용카드의 수수료가 2-3%에 이르면 이는 연 30% 이상의 이자를 받는 것과 마찬가지이다. 현금서비스의 수수료와 연체이자율은 은행의 대출금리에 비해 월등히 높다), 카드회사가 이에 따른 위험을 부담해야 한다. 대금결제의 의사와 능력을 철저히 심사하는 노력을 하지 않는 카드회사들을 형법이 보호할 필요는 없다. 카드사용자가 대금을 납부하지 않으면 카드회사는 대금미납자를 사기죄로 고소하게 된다. 민사문제를 형사문제화하여 대금납부를 심리적으로 강제하기 위함이다. 이 경우 사기죄를 인정하면 형사사법기관이 카드회사의 수금사원으로 전락하게 된다. 따라서 카드회사가 카드발급 신청자에 대해 철저히 심사함에도 대금결제의사와 능력없이 카드를 발급받는 경우에만 사기죄를 인정해야 할 것이다. 심사를 요하는 업무에 대한 업무방해죄에 관한 판례의 입장(대판 2023. 8. 31. 2021도17151)이 참고가 될 수 있을 것이다.

카드인지 형식적 요건만 심사하면 되고 카드사용자의 대금결제 의사와 능력에 관한 심사를 할 의무나 욕구가 없기 때문에, 자기명의 신용카드의 부정사용에서는 가맹점에 대한 기망행위와 가맹점의 착오를 인정할 수 없고, 카드회사에 대해서는 손해발생의 인과관계를 인정할 수 없어서 사기죄의 성립을 인정할 수 없다고 한다.

C. 판　례　　판례는 사기죄긍정설을 따르면서, 재산상의 피해자와 피기망자는 카드회사 및 카드회사 직원이라고 한다.

[대판 2006. 3. 24. 2006도282; 대판 2005. 8. 19. 2004도6859] 카드회원이 일시적인 자금궁색 등의 이유로 그 채무를 일시적으로 이행하지 못하게 되는 상황이 아니라 이미 과다한 부채의 누적 등으로 신용카드 사용으로 인한 대출금채무를 변제할 의사나 능력이 없는 상황에 처하였음에도 불구하고 신용카드를 사용하였다면, 사기죄에 있어서 기망행위 내지 편취의 범의를 인정할 수 있다. … 사기죄의 피해자는 S카드 주식회사라고 할 것인데 … 다만, 이 경우 현실적인 피기망자와 처분행위자는 법인의 임원 또는 직원으로서 당해 업무를 담당한 자 또는 그 업무에 관여한 다수의 자이다.

D. 결　어　　카드사용시 카드회사 직원을 접하는 일은 없고, 가맹점은 카드사용자와 카드명의자가 일치하는지를 확인할 의무는 있지만[1] 카드사용자의 대금결제 의사와 능력까지 확인할 의무는 없다. 이와 같이 카드회사나 가맹점에 대한 기망행위가 없으므로 사기죄부정설이 타당하다.

나. 현금자동지급기에서 현금서비스를 받은 경우　　대금결제의 의사와 능력 없이 현금서비스를 받는 경우, 사람을 기망하는 행위가 없기 때문에 사기죄가 될 수 없고 컴퓨터등사용사기죄나 절도죄에도 해당되지 않는다. 그러나 앞의 물품구매에 대한 판례의 논리를 따른다면 사기죄의 성립을 인정할 수도 있을 것이다.

(5) 보이스피싱범죄

보이스피싱범죄는 보이스피싱 조직원 甲이, 乙로부터 乙 명의의 통장 및 체크카드를 교부받고(이 경우 乙은 보이스피싱 범행을 알고 있는 경우도 있고, 반면 이러한 범행을 모르는 경우도 있음), 현금수거책 丙을 활용하여 위 乙 명의 계좌로 무통장 입금(1회

---

1) 여신전문금융업법 제19조 제2항: 신용카드가맹점은 신용카드로 거래를 할 때마다 그 신용카드를 본인이 정당하게 사용하고 있는지를 확인하여야 한다.

입금 한도가 설정되어 있어 쪼개기 송금을 함)하는 방법으로 피해금을 수령하게 된다.

　　보이스피싱범 甲이 피해자를 기망하여 피해자의 자금을 보이스피싱 계좌로 송금·이체받은 이상 사기죄는 기수에 이른다(대판 2017. 5. 31. 2017도3894). 피해자로부터 현금을 예금계좌로 송금받은 경우 이는 재물에 해당하는 현금을 교부하는 방법이 예금계좌로 송금하는 형식으로 이루어진 것에 불과하여 현금이라는 재물을 취득한 것으로 보아야 하고, 이를 재산상 이익인 예금채권을 취득했다고 볼 것은 아니다(대판 2010. 12. 9. 2010도6256). 또한 타인을 기망하여 그를 피해자로부터 편취한 재물이나 재산상 이익을 전달하는 도구로서만 이용한 경우에는 편취의 대상인 재물 또는 재산상 이익에 관하여 피해자에 대한 사기죄가 성립할 뿐 도구로 이용된 타인에 대한 사기죄가 별도로 성립한다고 할 수 없다(대판 2017. 5. 31. 2017도3894).

　　계좌명의인 乙의 경우 우선, 보이스피싱 범행에 계좌가 활용될 것을 알고 있었던 경우라면 계좌 등의 전달을 통해 甲의 보이스피싱 사기범행을 용이하게 한 것이므로 사기방조죄 또는 공동정범이 성립한다. 다음으로, 전자금융거래법 위반죄(법 제49조 4항 1호, 2호)도 성립한다. 한편, 乙이 자기 계좌에 이체된 금원 중 전부 또는 일부를 임의로 인출한 경우 죄책이 문제되는데, 우선, 甲의 보이스피싱 사기범행에 활용될 것임을 알고 있어 사기방조가 성립할 경우, 계좌명의인 乙과 보이스피싱범 甲사이에 횡령죄로 보호할 만한 가치있는 위탁관계가 있다고 보기 어렵고 또한 사기범행의 실행행위일 뿐 새로운 법익침해가 없어 횡령죄는 성립하지 않는다(대판 2017. 5. 31. 2017도3894). 반면, 사기방조가 성립하지 않을 경우 이를 임의로 인출한 것은 착오송금된 금원을 임의로 처분한 사안과 유사하게 보이스피싱범죄의 피해자에 대한 관계에서 횡령죄가 성립할 수 있다(대판 2018. 8. 1. 2018도5255).

　　현금수거책 丙의 경우 보이스피싱 사기범행 피해금을 수거·전달한다는 사실을 안 경우 甲의 사기범행을 용이하게 한 것으로 사기방조가 성립한다. 한편, 금융기관이 자동화기기(ATM)에 설정한 '1인당 1회 무통장 입금' 한도를 피하기 위해 쪼개기 송금을 한 것이 위계에 의한 업무방해죄가 성립하는지 문제되는데, 대법원은 쪼개기 송금을 하는 과정에서 금융기관 소속 직원 등이 관여한 바가 없으므로 그의 오인, 착각 또는 부지를 일으켰다고 할 수 없다는 등의 이유에서 동죄의 성립을 부정한다(대판 2022. 2. 11. 2021도12394).

한편 전기통신금융사기 피해 방지 및 피해금 환급에 관한 특별법상 별도의 처벌규정이 신설되었다(2013. 11. 17. 시행). 위 규정에 의하면 전기통신을 이용하여 타인을 기망·공갈함으로써 자금 또는 재산상의 이익을 취하거나 제3자에게 자금 또는 재산상의 이익을 취하게 하는 행위(가. 자금을 송금·이체하도록 하는 행위, 나. 개인정보를 알아내어 자금을 송금·이체하는 행위, 3. 자금을 교부받거나 교부하도록 하는 행위, 라. 자금을 출금하거나 출금하도록 하는 행위)에 대해 1년 이상의 유기징역 또는 범죄수익의 3배 이상 5배 이하에 상당하는 벌금에 처하거나 이를 병과할 수 있다(법 제15조의2).

Ⅲ. 컴퓨터등사용사기죄

> 제347조의2(컴퓨터등사용사기) 컴퓨터등 정보처리장치에 허위의 정보 또는 부정한 명령을 입력하거나 권한없이 정보를 입력·변경하여 정보처리를 하게 함으로써 재산상의 이익을 취득하거나 제3자로 하여금 취득하게 한 자는 10년 이하의 징역 또는 2천만원 이하의 벌금에 처한다.

1. 보호법익

컴퓨터등 정보처리장치의 보급이 보편화됨에 따라 컴퓨터등을 기망하여 재산상 이익을 취득하는 범죄가 증가하였다. 그러나 유추해석금지의 원칙상 컴퓨터등을 기망하는 행위를 사기죄의 기망행위에 포함시킬 수 없기 때문에 1995년 형법개정시에 신설된 규정이다.

입법 당시에는 부정한 명령의 입력에 권한없이 정보를 입력·변경하는 것이 포함되어 있다고 생각하였다.[1] 그러나 타인의 현금카드로 현금을 인출한 경우 부정한 명령이나 허위의 정보를 입력한 것이라고 보기 어렵다는 지적이 있자, 2001년 개정을 통해 권한없는 정보의 입력·변경이 추가되었다.

본죄의 보호법익은 재산이다. 전체로서의 재산설도 있지만, 본죄의 성립에 재산상 손해발생을 요하지 않으므로 전체로서의 재산이 아니라 단순히 재산이라고 해야 한다. 사람을 기망하지 않으므로 의사결정의 자유는 보호법익이 아니다. 보호의 정도는 침해범이다.

---

1) 1992년의 형법개정법률안 제안이유서에서는 "진실한 자료를 부정하게 사용하는 경우도 부정한 명령을 입력하는 경우에 해당할 수 있다"고 하였다.

2. 구성요건

(1) 행위의 주체 및 객체

본죄는 신분범이 아니므로 주체에는 제한이 없다. 외부인은 물론 컴퓨터 운영자나 관리자도 본죄의 주체가 될 수 있다. 본죄의 역사를 보면 오히려 이러한 사람들이 가장 먼저 본죄를 범하였다.

본죄의 객체는 재산상의 이익이다. 재물도 본죄의 객체가 될 수 있는지에 대해 긍정설과 부정설이 대립한다. 판례는 부정설을 취한다.

[대판 2002. 7. 12. 2002도2134; 대판 2003. 5. 13. 2003도1178] 컴퓨터등사용사기죄의 객체는 재물이 아닌 재산상의 이익에 한정되어 있으므로, 타인의 명의를 모용하여 발급받은 신용카드로 현금자동지급기에서 (재물인) 현금을 인출하는 행위를 이 법조항을 적용하여 처벌할 수는 없다.

그러나 재물과 재산상 이익은 특별 대 일반의 관계에 있다고 해야 한다. 따라서 재산상의 이익을 취득하였다고 하여 재물을 취득한 것으로 볼 수 없지만, 재물을 취득한 경우에는 당연히 재산상 이익도 취득한 것이라고 할 수 있다. 따라서 위의 사례에서 본죄가 성립한다고 해야 한다.

(2) 실행행위

본죄의 실행행위는 컴퓨터등 정보처리장치에 허위의 정보 또는 부정한 명령을 입력하거나 권한없이 정보를 입력·변경하여 정보처리를 하게 함으로써 재산상의 이익을 취득하거나 제3자로 하여금 취득하게 하는 것이다.

1) **컴퓨터등 정보처리장치** 본죄의 취지상 컴퓨터등 정보처리장치란 독자적으로 계산을 하거나 정보를 저장, 변경, 처리할 수 있는 장치를 말한다. 이러한 능력을 갖지 못한 자동판매기, 공중전화기, 자동개찰기, 휴대용계산기, 전동타자기 등은 포함되지 않는다. 따라서 자동판매기, 공중전화기 등에 허위의 정보를 입력하여 재물 또는 재산상의 이익을 취득하는 경우에는 편의시설부정이용죄(제348조의2)가 성립할 수 있을 뿐이다. 주컴퓨터뿐만 아니라 단말기도 포함되므로 현금자동입출금기나 무인민원발급기도 포함된다.

2) **허위의 정보입력** 허위의 정보를 입력한다는 것은 진실에 반하는 정보를 입력하는 것을 말한다. 고객이 100만원을 예금함에도 불구하고 은행원이 10

만원 혹은 1천만원이라고 은행컴퓨터에 입력하는 것을 예로 들 수 있다.

3) **부정한 명령의 입력**　　부정한 명령을 입력한다는 것은 정보처리장치의 사용목적에 비추어 입력하여서는 안 되는 명령을 입력하는 것을 말한다. A가 B에게 보내는 돈을 송금담당자가 C에게 보내도록 하는 명령을 입력하거나 인출하지 않은 예금을 인출하였다거나 출금한 예금을 출금하지 않은 것으로 처리하는 명령을 입력하는 것 등을 예로 들 수 있다. 프로그램 자체에서 발생하는 오류를 적극적으로 이용하여 사무처리의 목적에 비추어 정당하지 아니한 사무처리를 하게 한 행위도 '부정한 명령의 입력'에 해당한다(대판 2013. 11. 14. 2011도4440).

4) **권한없는 정보의 입력·변경**　　권한없는 정보의 입력·변경이란 진실한 정보와 정당한 명령이기는 하지만, 이를 행할 권한없이 정보를 입력·변경하는 것을 말한다. 타인의 현금카드로 현금자동지급기에 비밀번호를 입력하고 현금을 인출하는 것이 대표적인 예이다.

1995년 본죄가 형법에 도입될 당시 입법자들은 타인의 현금카드로 현금을 인출하라는 명령이 부정한 명령에 포함될 수 있다고 생각하였다. 그러나 이는 유추해석이라는 비판이 제기되었고, 판례는 이러한 행위에 대해 본죄가 아닌 절도죄를 인정하였다.[1] 그러나 절도죄로 처벌하는 것도 무리한 해석이라는 비판이 있었다.

이러한 문제점 때문에 위의 행위를 본죄로 처벌하기 위해 2001년 개정을 통해 권한없는 정보의 입력·변경이 추가되었다. 그러나 개정 이후에도 대법원은 위의 행위가 절도죄에 해당되고 본죄에 해당되지 않는다는 입장을 고수하고 있다. 판례는 부정한 명령의 입력에는 권한없는 정보의 입력·변경도 포함된다고 하면서도,[2] 본죄의 객체는 재산상 이익에 국한되므로 재물인 현금을 영득한 행위는 본죄에 해당되지 않고 절도죄에 해당된다고 한다(앞의 대판 2002. 7. 12. 2002도2134;

---

1) 대판 1995. 7. 28. 95도997; 대판 1998. 5. 21. 98도321: 피해자 명의의 신용카드를 부정사용하여 현금자동인출기에서 현금을 인출하고 그 현금을 취득까지 한 행위는 신용카드업법(현재의 여신전문금융업법)상의 부정사용죄에 해당할 뿐 아니라 그 현금을 취득함으로써 현금자동인출기 관리자의 의사에 반하여 그의 지배를 배제하고 그 현금을 자기의 지배하에 옮겨놓는 것이 되므로 별도로 절도죄를 구성하고, 위 양죄의 관계는 그 보호법익이나 행위태양이 전혀 달라 실체적 경합관계에 있는 것으로 보아야 한다.

2) 대판 2003. 1. 10. 2002도2363: 권한없는 자에 의한 명령입력행위를 '명령을 부정하게 입력하는 행위' 또는 '부정한 명령을 입력하는 행위'에 포함된다고 해석하는 것이 그 문언의 통상적인 의미를 벗어나는 것이라고 할 수도 없다.

대판 2003. 5. 13. 2003도1178).

　　권한없는 정보의 입력·변경이 부정한 명령의 입력에 포함될 수 있다는 판례의 입장은 타당하다. 그러나 앞에서 본 것과 같이 재물과 재산상 이익을 특별 대 일반이 아닌 택일관계로 보는 판례의 입장은 부당하다. 따라서 위의 경우 절도죄가 아니라 본죄에 해당된다고 해야 할 것이다. 판례는 예컨대 현금카드 주인으로부터 3만원을 인출하여 오라는 부탁을 받고 5만원을 인출하여 2만원을 가진 경우 2만원에 대해서는 절도죄가 아닌 본죄에 해당된다고 한다(대판 2006. 3. 24. 2005도3516). 이러한 판례의 태도는 논리일관성이 없다.

　　5) 정보처리　　　컴퓨터등 정보처리장치로 하여금 정보처리를 하게 하여야 한다. "정보처리를 하게 한다"는 것은 정보처리과정에 영향을 미쳐 허위의 정보나 부정한 명령에 따른 정보처리를 하게 하거나 진실한 정보라도 권한없이 입력·변경한 정보를 처리하도록 하는 것을 말한다. '정보처리'는 사기죄에 있어서 피해자의 처분행위에 상응하는 것이므로 입력된 허위의 정보 등에 의하여 계산이나 데이터의 처리가 이루어짐으로써 직접적으로 재산처분의 결과를 초래하여야 한다(대판 2014. 3. 13. 2013도16099).

　　6) 재산상의 이익취득　　　재산상의 이익을 취득하여야 한다. 재산상 이익의 취득과 이에 대한 고의가 없으면 컴퓨터등장애업무방해죄(제314조 2항)가 성립할 수 있을 뿐이다.

　　행위자나 제3자의 '재산상 이익 취득'은 사람의 처분행위가 개재됨이 없이 컴퓨터 등에 의한 정보처리과정에서 이루어져야 한다(대판 2014. 3. 13. 2013도16099).

　　3. 미　　수

　　본죄의 미수는 처벌한다(제352조). 본죄의 실행의 착수시기는 허위의 정보 등을 입력하는 시점이고, 기수시기는 재산상 이익의 취득시점이다.

[대판 2006. 9. 14. 2006도4127] 입금절차를 완료함으로써 장차 그 계좌에서 이를 인출하여 갈 수 있는 재산상 이익을 취득하였으므로 컴퓨터등사용사기죄는 기수에 이르렀고, 그 후 그러한 입금이 취소되어 현실적으로 인출되지 못하였다고 하더라도 이미 성립한 컴퓨터등사용사기죄에 어떤 영향이 있다고 할 수는 없다.

4. 죄　　수

(1) 죄수결정의 기준

수회에 걸쳐 허위의 정보 등을 입력하여 재산상의 이익을 취득하였을 때에는 포괄일죄가 된다.

(2) 사기죄와의 관계

사람을 기망하여 컴퓨터등에 허위의 정보 등을 입력하게 하여 재산상의 이익을 취득한 경우에는 사기죄가 성립하고 본죄가 성립하지 않는다. 그러나 사람을 기망하였더라도 생명있는 도구로 이용한 경우에는 본죄가 성립한다.

(3) 업무방해죄, 공·사전자기록위작·변작죄

본죄를 범하여 업무방해를 한 경우 업무방해죄는 본죄에 흡수된다. 본죄가 공·사전자기록위작·변작죄(제227조의2, 제232조의2) 및 동행사죄(제229조, 제234조)에 해당할 때에는 본죄와의 상상적 경합이라고 하는 견해가 있으나, 본죄만이 성립한다고 해야 할 것이다.

(4) 불가벌적 사후행위

[대판 2004. 4. 16. 2004도353; 대판 2008. 6. 12. 2008도2440] 컴퓨터등사용사기죄의 범행으로 예금채권을 취득한 다음 자기의 현금카드를 사용하여 현금자동지급기에서 현금을 인출한 경우, 현금카드 사용권한 있는 자의 정당한 사용에 의한 것으로서 현금자동지급기 관리자의 의사에 반하거나 기망행위 및 그에 따른 처분행위도 없었으므로, 별도로 절도죄나 사기죄의 구성요건에 해당하지 않는다.

5. 친족간의 범행

판례는 손자가 할아버지의 예금통장을 절취하여 이를 현금자동지급기에 넣고 계좌이체를 한 경우에 은행 등이 피해자이기 때문에 친족간의 범행규정이 적용되지 않는다고 한다(대판 2007. 3. 15. 2006도2704).

Ⅳ. 준사기죄

제348조(준사기) ① 미성년자의 사리분별력 부족 또는 사람의 심신장애를 이용

하여 재물을 교부받거나 재산상 이익을 취득한 자는 10년 이하의 징역 또는 2
천만원 이하의 벌금에 처한다.
② 제1항의 방법으로 제3자로 하여금 재물을 교부받게 하거나 재산상 이익을
취득하게 한 경우에도 제1항의 형에 처한다.

1. 의의 및 보호법익

사리분별력이 부족한 미성년자나 심신장애자는 정상적인 의사결정을 할 수
없기 때문에 그의 재산적 처분행위는 사기죄에서 피기망자와 마찬가지로 하자있
는 의사표시라고 할 수 있는 경우가 많다. 본죄는 이를 일반화하여 사리분별력이
부족한 미성년자나 심신장애자등의 처분행위를 이용한 경우 사기죄와 같은 형벌
로 벌하는 것이다.

본죄는 사기죄와 독립된 범죄유형이다. 본죄의 성립에 재산상의 손해를 요하
는가와 그에 따른 보호법익의 문제는 사기죄에서 살펴본 것과 같다. 본죄의 성립
에 재산상 손해의 발생은 요하지 않는다고 해야 하므로 본죄의 보호법익은 재산
이고, 보호의 정도는 침해범이다.

2. 구성요건

(1) 행위의 객체

본죄의 객체는 재물 또는 재산상 이익이고, 그 개념은 사기죄에서와 같다.

(2) 실행행위

본죄의 실행행위는 미성년자의 사리분별력 부족 또는 사람의 심신장애를 이
용하여 재물의 교부를 받거나 재산상의 이익을 취득하는 것이다.

1) **미성년자**   미성년자란 19세 미만의 자를 말한다. 모든 미성년자가 아
니라 사리분별력이 부족한 미성년자만을 의미한다. 사리분별력 부족이란 거래에
있어서 정상적인 판단능력이 없어 기망행위가 없어도 하자있는 처분행위를 할 가
능성이 있는 상태를 말한다.

2) **심신장애**   심신장애란 책임능력에서 말하는 심신장애와는 같은 개념
이 아니고 거래에 있어서 하자있는 처분행위를 할 가능성이 있는 상태를 말한다.
심신상실자와 심신미약자를 모두 포함한다.

그러나 의사능력이 없는 미성년자나 심신상실자의 처분행위는 본죄의 처분

행위라고 할 수 없으므로 이를 이용할 때에는 본죄가 아니라 절도죄에 해당된다.

　　3) 이　　　용　　　사리분별력 부족이나 심신장애를 이용하여야 한다. 사리분별력 부족의 미성년자나 심신장애자와 거래를 하였다고 하여도 이를 이용하지 않았으면 본죄가 성립하지 않는다. 사리분별력이 부족한 미성년자나 심신장애자를 적극적으로 기망하여 착오에 빠뜨려 재물의 교부나 재산상의 이익을 취득한 경우에는 본죄가 아니라 사기죄가 성립한다.

V. 편의시설부정이용죄

> 제348조의2(편의시설부정이용) 부정한 방법으로 대가를 지급하지 아니하고 자동판매기, 공중전화 기타 유료자동설비를 이용하여 재물 또는 재산상의 이익을 취득한 자는 3년 이하의 징역, 500만원 이하의 벌금, 구류 또는 과료에 처한다.

1. 의의 및 보호법익

　　자동판매기, 공중전화등유료자동설비가 증가함에 따라 대가를 지급하지 않고 재물이나 재산상의 이익을 취득하는 행위가 증가하게 되었다. 대가를 지급하지 않고 공중전화를 걸어 재산상의 이익을 취득한 경우에는 사람을 기망하는 행위가 없기 때문에 사기죄로 처벌할 수 없고, 재물죄인 절도죄나 횡령죄로 처벌할 수도 없었다. 한편 대가를 지급하지 않고 자동판매기등에서 재물을 취득한 경우 절도죄로 처벌할 수 있었으나 그 가액이 크지 않은 경우가 일반적이므로 절도죄로 처벌하는 것은 가혹한 점이 있었다. 이에 기존 형법의 흠결을 보충하고, 현실에 맞는 형벌을 정하기 위해 1995년 개정형법에서 본죄가 도입되었다.[1]

　　본죄의 보호법익은 재산이고, 보호의 정도는 침해범이다.

2. 구성요건

(1) 행위의 객체

　　본죄의 객체는 재물과 재산상 이익이다.

---

1) 법무부, 형법개정법률안 제안이유서, 183면.

(2) 실행행위

본죄의 실행행위는 부정한 방법으로 대가를 지급하지 않고 유료자동설비를 이용하여 재물 또는 재산상의 이익을 취득하는 것이다.

1) 자동판매기, 공중전화 기타 유료자동설비   유료자동설비란 동전이나 카드 기타 지불수단을 통해 대가를 지급하면 전자적 혹은 기계적 작동에 의해 재물이나 용역을 제공하는 일체의 설비를 말한다. 자동판매기나 공중전화는 유료자동설비의 한 예이다. 자동놀이기구, 자동음주측정기, 커피나 음료수 등의 자동판매기, 컴퓨터게임기, 지하철승차권판매기, 주차요금정산기, 뮤직박스 등도 이에 속한다. 극장이나 주차장, 지하철 등의 자동출입기와 같이 유료의 무인자동화설비도 본죄의 객체가 될 수 있다.

그러나 은행의 현금자동지급기는 유료자동설비를 넘어서는 컴퓨터등 정보처리장치이기 때문에 타인의 현금카드로 현금을 인출한 경우에는 본죄가 아니라 컴퓨터등사용사기죄가 문제된다. 또한 직원신분증을 이용하여 직원용 커피머신에서 커피를 빼낸 경우와 같이 부정한 방법으로 무료자동설비를 이용하는 행위는 본죄에 해당되지 않는다.

본죄의 유료자동설비란 불특정다수인이 사용하는 유료자동설비에 국한되고, 개인적으로 이용하는 유료자동설비는 포함되지 않는다. 따라서 공중전화를 부정이용한 경우에는 본죄가 성립하지만, 타인의 일반전화나 휴대폰을 몰래 이용한 경우에는 본죄가 성립하지 않는다.

대가의 지급이 선행되는 유료자동설비에 국한된다고 하는 견해가 있지만, 선불인가 후불인가는 본죄의 성립에 영향을 미치지 못한다고 해야 한다.

2) 부정한 방법에 의한 대가의 미지급   부정한 방법으로 대가를 지급하지 않는다는 것은 정해진 대가를 지급하지 않거나 정해진 대가보다 적게 지급하고 유료자동설비를 작동케 하는 것을 말한다. 예를 들어 동전을 넣지 않거나 100원짜리 동전을 넣어 5천원짜리 물건을 꺼내는 행위도 본죄에 해당된다.

대가를 지급하지 않아야 하므로 부정한 방법으로라도 대가를 지급한 경우에는 본죄가 성립하지 않는다.

[대판 2001. 9. 25. 2001도3625] 형법 제348조의2에서 규정하는 편의시설부정이용의 죄는 부정한 방법으로 대가를 지급하지 아니하고 자동판매기, 공중전화 기타

> 유료자동설비를 이용하여 재물 또는 재산상의 이익을 취득하는 행위를 범죄구성
> 요건으로 하고 있는데, 타인의 전화카드(한국통신의 후불식 통신카드)를 절취하여 전
> 화통화에 이용한 경우에는 통신카드서비스 이용계약을 한 피해자가 그 통신요금
> 을 납부할 책임을 부담하게 되므로, 이러한 경우에는 피고인이 '대가를 지급하지
> 아니하고' 공중전화를 이용한 경우에 해당한다고 볼 수 없어 편의시설부정이용의
> 죄를 구성하지 않는다.

자동설비를 손괴하고 그 안에 있는 물건을 집어가는 행위는 부정한 방법에
해당되지 않는다. 이 경우에는 손괴죄와 절도죄의 경합범이 된다. 대가를 지급하
지 않았는데 기계가 잘못 작동하여 나온 물건을 가져가는 경우 본죄가 아니라 점
유이탈물횡령죄 혹은 절도죄에 해당된다.

3. 미   수

본죄의 미수는 처벌한다(제352조). 본죄의 실행의 착수시기는 부정한 방법을
사용하기 시작하는 시점이고, 기수시기는 재물 또는 재산상의 이익을 취득한 시
점이다.

4. 죄   수

선불카드의 자기띠를 변작하여 잔고를 증액한 후 유료컴퓨터작동설비에 투
입·사용한 경우, 사전자기록변작죄(제232조의2)와 컴퓨터등사용사기죄 및 본죄의
상상적 경합이라는 견해, 편의시설부정이용죄만이 성립한다는 견해가 대립한다.
잔고를 증액한 선불카드를 컴퓨터에 투입·사용한 경우 허위의 정보를 입력한 것
이 아니므로 사전자기록변작죄와 편의시설부정이용죄의 실체적 경합범이 성립한
다고 해야 한다.

VI. 부당이득죄

> 제349조(부당이득) ① 사람의 곤궁하고 절박한 상태를 이용하여 현저하게 부당
> 한 이익을 취득한 자는 3년 이하의 징역 또는 1천만원 이하의 벌금에 처한다.
> ② 제1항의 방법으로 제3자로 하여금 부당한 이익을 취득하게 한 경우에도 제1
> 항의 형에 처한다.

1. 의의 및 보호법익

곤궁하고 절박한 상태에서의 재산적 처분행위는 하자있는 처분행위라고 할 수 있고 이를 이용해 재물 또는 재산상의 이익을 취득하는 행위는 사기·공갈죄와 공통점이 있다. 이런 의미에서 사기죄와 공갈죄 사이에 본죄가 규정되어 있다.

본죄는 폭리행위를 벌하는 것이고 폭리에 해당되는 경우 피해자의 재산상의 손해가 발생하는 것이므로 본죄의 보호법익은 전체로서의 재산이다. 보호의 정도에 대해 위태범설이 있으나, 현저하게 부당한 이득을 취한다는 것은 피해자의 재산을 침해하는 것이므로 침해범이라고 해야 한다.

2. 실행행위

본죄의 실행행위는 사람의 곤궁하고 절박한 상태를 이용하여 현저하게 부당한 이익을 취득하거나 제3자로 하여금 취득하게 하는 것이다.

(1) 곤궁하고 절박한 상태의 이용

상대방이 곤궁하고 절박한 상태에 있어야 한다. 곤궁하고 절박한 상태인지 여부는 거래당사자의 신분과 상호관계, 피해자가 처한 상황의 절박성 등 제반상황을 종합하여 판단해야 한다(대판 2005. 4. 15. 2004도1246). 곤궁하고 절박한 상태가 초래된 원인은 문제되지 않는다. 경제적으로 곤궁하고 절박한 상태 이외에 건강·정신·명예상의 곤궁하고 절박한 상태를 포함한다. 재산적 처분행위가 필요한 곤궁하고 절박한 상태임을 요하지 않고, 하자있는 처분행위를 할 수 있는 정도의 곤궁하고 절박한 상태이면 족하다.

곤궁하고 절박한 상태를 이용한다는 것은 곤궁하고 절박한 상태를 현저하게 부당한 이익을 취득하는 수단으로 이용하는 것을 말한다.

(2) 현저하게 부당한 이익의 취득

현저하게 부당한 이익이란 자신이 제공한 급부에 비해 반대급부의 가액이 현저히 큰 경우를 말한다. 그 판단기준에 대해 행위자기준설, 피해자기준설 및 사회일반인기준설이 대립한다. 행위자나 피해자기준설에 의하면 판단기준이 모호해지므로 사회일반인기준설이 타당하다.

부당한 이익으로 규정되어 있지만, 재물 대 재산상 이익은 특별 대 일반의 관계에 있으므로 1억원짜리 도자기를 1천만원에 취득한 경우와 같이 재산상 이익

이 아니라 재물을 취득한 경우에도 본죄에 해당됨은 물론이다.[1]

> [대판 2009. 1. 15. 2008도8577] 이른바 '알박기' 사건에서 부당이득죄의 성립 여부가 문제되는 경우, 그 범죄의 성립을 인정하기 위해서는 피고인이 피해자의 개발사업 등이 추진되는 상황을 미리 알고 그 사업부지 내의 부동산을 매수한 경우이거나 피해자에게 협조할 듯한 태도를 보여 사업을 추진하도록 한 후에 협조를 거부하는 경우 등과 같이, 피해자가 궁박한 상태에 빠지게 된 데에 피고인이 적극적으로 원인을 제공하였거나 상당한 책임을 부담하는 정도에 이르러야 한다. 이러한 정도에 이르지 않은 상태에서 단지 개발사업 등이 추진되기 오래 전부터 사업부지 내의 부동산을 소유하여 온 피고인이 이를 매도하라는 피해자의 제안을 거부하다가 수용하는 과정에서 큰 이득을 취하였다는 사정만으로 함부로 부당이득죄의 성립을 인정해서는 안 된다.[2]

Ⅶ. 상습사기죄등

> **제351조(상습범)** 상습으로 제347조 내지 전조의 죄를 범한 자는 그 죄에 정한 형의 2분의 1까지 가중한다.

상습사기죄등은 상습으로 사기죄, 컴퓨터등사용사기죄, 준사기죄, 편의시설부정이용죄, 부당이득죄를 범하는 것이다. 상습이란 위와 같은 행위를 반복해서 하는 행위자의 습벽을 말하고 이러한 습벽이 발현해서 위와 같은 행위를 해야 본죄가 성립한다. 상습성의 판단의 자료와 기준은 상습절도죄, 상습강도죄에서와 같다.[3]

상습사기죄등은 포괄일죄이므로 수회의 범행을 한 경우 그 중 일부의 범행

---

1) 컴퓨터등사용사기죄의 객체가 재산상 이익으로 규정되어 있으므로 현금자동지급기에서 현금을 인출한 경우 절도죄에 해당된다고 하는 판례와 학설에 의하면 이 경우 재물을 취득하였으므로 본죄에 해당하지 않는다고 하여야 할 것인데, 이것이 부당함은 두말할 필요가 없다.
2) 본죄의 성립을 인정한 판례로, 대판 2008. 5. 29. 2008도2612; 대판 2007. 12. 28. 2007도6441 등. 본죄의 성립을 부정한 판례로, 대판 2010. 5. 27. 2010도778; 대판 2009. 1. 15. 2008도1246; 대판 2009. 1. 15. 2008도8577; 대판 2008. 12. 11. 2008도7823; 대판 2006. 9. 8. 2006도3366; 대판 2005. 9. 29. 2005도4239; 대판 2005. 4. 15. 2004도1246; 대판 1972. 10. 31. 72도1803 등.
3) 대판 2001. 7. 24. 2001도2196; 대판 2000. 11. 10. 2000도3483; 대판 2000. 2. 11. 99도4797; 대판 1998. 7. 10. 98도1273.

에 대해 공소가 제기되어도 공소제기의 효력은 전체범행에 미치고 확정판결의 기판력도 전부에 대해 미친다.[1)]

> [대판 2006. 9. 8. 2006도2860]　처음부터 장기간에 걸쳐 불특정 다수로부터 회원가입비 명목의 금원을 편취할 목적으로 상당한 자금을 투자하여 성인사이트를 개설하고 직원까지 고용하여 사기행위를 영업으로 한 경우 … 상습성을 인정할 수 있다.

제 5 절　공갈의 죄

I. 총　설

1. 의　　의

공갈죄란 폭행·협박으로 사람에게 공포심을 일으켜 재물을 교부받거나 재산상 이익을 취득하는 죄이다. 자신이 아니라 제3자로 하여금 재물을 교부받거나 재산상 이익을 취득하게 해도 상관없다.

재물과 재산상 이익을 모두 객체로 한다는 점에서 강도·사기죄와 같고, 재물만을 객체로 하는 절도·횡령죄, 재산상 이익만을 객체로 하는 배임죄와 구별된다.

공갈죄는 폭행·협박을 수단으로 해 강도죄와 유사한 구조를 갖지만, 강도죄의 폭행·협박은 항거불가능의 폭행·협박임에 비해 공갈죄의 폭행·협박은 이러한 정도에 이르지 않는다는 점에서 구별된다. 공갈죄는 상대방의 하자있는 처분행위에 의해 재물 또는 재산상의 이익을 취득하는 편취죄라는 점에서 사기죄와 공통점이 있지만, 사기죄는 기망을 수단으로 함에 비해 공갈죄는 폭행·협박을 수단으로 하는 점에 차이가 있다.

폭행·협박을 수단으로 하는 점 때문에 독일형법은 공갈죄를 강도죄와 같은

---

1) 대판 2000. 2. 11. 99도4797. 다만 대법원은 "이러한 법리가 적용되기 위해서는 전의 확정판결에서 당해 피고인이 상습범으로 기소되어 처단되었을 것을 필요로 하고, 상습범 아닌 기본구성요건의 범죄로 처단된 때에는 기판력이 미치지 않는다"고 한다(대판 2007. 6. 29. 2006도7864; 대판 2004. 9. 16. 2001도3206 전합).

성격의 범죄로 규정하지만, 우리 형법은 하자있는 처분행위를 필요로 한다는 점을 중시하여 사기죄와 같은 성격의 범죄로 규정하고 있다.

형법 제350조	독일형법 제253조
① 사람을 공갈하여 재물의 교부를 받거나 재산상의 이익을 취득한 자는 10년 이하의 징역 또는 2천만원 이하의 벌금에 처한다. ② 전항의 방법으로 제3자로 하여금 재물의 교부를 받게 하거나 재산상의 이익을 취득하게 한 때에도 전항의 형과 같다.	자기 또는 제3자가 불법하게 이익을 취득할 수 있도록 하기 위해, 위법하게 폭행을 하거나 인식할 수 있는 해악을 가한다는 협박을 하여 타인에게 작위, 수인, 부작위를 강요함으로써, 피공갈자 또는 타인에게 재산상의 손해를 가한 자는 5년 이하의 자유형 또는 벌금에 처한다.

위에서 보는 바와 같이 공갈죄의 객체는 독일형법에서는 재산상의 손해임에 비해 우리 형법에서는 재물 또는 재산상의 이익이고, 공갈죄의 실행행위는 독일형법에서는 재산상의 손해를 가하는 것임에 비해 우리 형법에서는 재물 또는 재산상 이익을 취득하는 것이다. 독일형법에서는 불법이득의사가 초과주관적 구성요건요소로 규정되어 있음에 비해 우리 형법에서는 이에 대한 규정이 없다.

2. 보호법익

공갈죄의 보호법익은 재산과 개인의 의사결정의 자유라는 점에 견해가 일치한다. 사기죄에서 기망행위 그 자체는 범죄가 아니지만 공갈죄에서는 폭행·협박 그 자체가 범죄가 된다. 이 때문에 의사결정의 자유는 사기죄의 보호법익이 아니라는 견해도 공갈죄의 보호법익은 된다고 한다. 따라서 피공갈자도 피해자가 된다.

사기죄의 보호법익을 전체로서의 재산이라고 파악하게 되면 공갈죄의 보호법익인 재산도 전체로서의 재산이라고 하는 것이 논리적이다. 그러나 사기죄의 보호법익을 개별재산이라고 해야 하기 때문에 공갈죄의 보호법익인 재산도 개별재산이라고 해야 한다. 독일형법에서는 재산상 손해발생이 명문으로 규정되어 있기 때문에 재산상 손해가 발생하지 않으면 공갈죄가 성립하지 않는다고 해야 함에 비해, 우리 형법에서는 재물 또는 재산상의 이익취득이 있으면 되고, 재산상의 손해발생은 규정되어 있지 않기 때문이다.

보호의 정도는 침해범이므로 개별재산과 의사결정의 자유가 침해되어야 기수가 된다.

3. 구성요건체계

공갈죄의 기본적 구성요건은 단순공갈죄(제350조)이다. 특수공갈죄(제350조의2)는 행위태양의 위험성이 커 불법이 가중된 구성요건이다. 폭력행위처벌법에 규정되어 있었으나 2016년 형법개정시 형법전에 규정되었다. 상습공갈죄(제351조)는 상습성이라는 습벽으로 인해 책임이 가중되는 구성요건이다. 공갈죄의 미수범은 처벌하고(제352조), 친족간 범행과 동력에 관한 규정이 준용된다(제354조, 제328조 2, 3항, 제346조).

특정경제범죄법은 공갈죄, 특수공갈죄, 상습공갈죄 및 특수상습공갈죄의 이득액에 따라 달리 처벌하는 규정을 두고 있다(동법 제3조). 공갈죄에 대해서는 자격정지를 병과할 수 있다(제353조).

Ⅱ. 공 갈 죄

> **제350조(공갈)** ① 사람을 공갈하여 재물의 교부를 받거나 재산상의 이익을 취득한 자는 10년 이하의 징역 또는 2천만원 이하의 벌금에 처한다.
> ② 전항의 방법으로 제3자로 하여금 재물의 교부를 받게 하거나 재산상의 이익을 취득하게 한 때에도 전항의 형과 같다.

1. 구성요건

(1) 행위의 객체

본죄의 객체는 타인이 점유하는 타인의 재물 또는 재산상의 이익이다. 재물과 재산상 이익의 개념은 사기죄 기타 재산범죄에서와 같다.

재물공갈죄에서 재물은 타인이 점유하는 타인소유여야 하므로 폭행·협박으로 타인이 점유하는 자기의 소유재물을 교부받은 경우에는 점유강취죄(제325조)도 성립하지 않으므로 폭행·협박죄 또는 강요죄만이 성립한다.

재산상 이익이 아닌 다른 이익을 취득한 경우 본죄는 성립하지 않고, 강요죄 등이 성립할 수 있을 뿐이다. 그러나 재산상의 이익은 경제적 개념이므로 예컨대 성매

매 후 성매매여성을 협박하여 대가를 지급하지 않은 경우에는 본죄가 성립한다.[1]

재산상 이익은 적극적·소극적 이익, 영구적·일시적 이익을 불문한다.

(2) 실행행위

본죄의 실행행위는 ① 사람을 폭행·협박하여, ② 상대방으로 하여금 공포심을 일으키게 하고, ③ 피공갈자가 공포심에 기하여 처분행위를 하고, ④ 자기 또는 제3자가 재물 또는 재산상의 이익을 취득해야 하므로, ⑤ 공갈행위, 공포심, 처분행위, 재물 또는 재산상 이익의 취득 사이에 인과관계가 있어야 한다. ⑥ 재산상의 손해발생을 요하는가에 대해서는 견해가 대립한다.

1) 폭행·협박

가. 폭　행　　본죄의 폭행은 사람에 대한 유형력의 행사로서 사람의 신체에 대한 것일 필요가 없다. 절대적 폭력을 행사한 경우 피해자의 처분행위 자체를 인정할 수 없으므로 본죄의 폭행은 강제적 폭력에 국한된다. 상대방의 항거를 불가능하게 할 정도의 것임을 요하지 않는다.

나. 협　박

A. 해악의 내용　　협박은 구체적 사정을 참작하여 객관적으로 사람의 의사결정이나 행동의 자유를 방해할 정도로 공포심을 느끼게 할 만한 해악을 고지하는 것을 말한다. 고지하는 내용이 위법할 필요가 없다.

해악이 진실한 사실인 경우뿐만 아니라 허위의 사실인 경우에도 협박이 될 수 있다(대판 1961. 9. 21. 61도385). 해악이 객관적으로 실현가능할 것을 요하지 않지만, 상대방이 실현가능한 것으로 인식할 정도는 되어야 한다. 그러나 해악은 고지자가 해악의 발생에 어떤 영향을 미칠 수 있는 것이어야 하고 행위자가 영향을 미칠 수 없는 경고는 협박이 될 수 없다(대판 2002. 2. 8. 2000도3245). 제3자가 해악을 실현하는 경우도 포함되지만 행위자가 제3자에게 해악의 실현에 관한 영향을 미칠 수 있어야 한다.

B. 해악고지의 상대방과 방법　　해악고지의 상대방은 의사능력이 있는 사

---

1) 대판 1983. 2. 8. 82도2714: 부녀를 공갈하여 정교를 맺었다고 하여도 특단의 사정이 없는 한 이로써 재산상 이익을 갈취한 것이라고 볼 수는 없는 것이며, 부녀가 주점접대부라 할지라도 피고인과 매음을 전제로 정교를 맺은 것이 아닌 이상 피고인이 매음대가의 지급을 면하였다고 볼 여지가 없으니 공갈죄가 성립하지 아니한다. 이 판례를 역으로 보면 매음을 전제로 정교를 맺으면 공갈죄가 성립할 수 있다는 취지이다. 사기죄에 대해 유사한 판례로, 대판 2001. 10. 23. 2001도2991.

람에 한정된다. 따라서 의사능력이 없다고 할 수 있는 7, 8세의 아이의 금원을 갈취하였다면 본죄가 아니라 폭행·협박죄와 절도죄가 성립한다.

해악의 고지의 방법은 명시적·묵시적 방법 또는 거동, 직접적·제3자를 통한 간접적 방법 모두 가능하다. 행위자가 그의 직업, 지위 등에 기하여 불법한 위세를 이용하는 것도 협박이 될 수 있다(대판 2003. 5. 13. 2003도709).

C. 협박의 정도　　협박은 사회통념상 허용할 수 없는 정도의 해악의 고지일 것을 요한다.[1] 이에 미치지 못하는 해악의 고지는 본죄의 협박에 해당되지 않는다.[2] 협박은 상대방이 항거불가능할 정도에는 미치지 않아야 한다. 항거불가능 정도에 달한 때에는 본죄가 아니라 강도죄의 협박에 해당되기 때문이다.[3]

2) 처분행위　　피공갈자가 공포심을 일으키고 이에 기하여 재산상의 처

---

1) 본죄의 폭행·협박을 인정한 판례로, 기자회견을 열어 A회사에 대하여 불매운동을 하겠다고 하면서 특정 신문들에 대한 광고를 중단할 것과 다른 신문들에 대해서도 동등하게 광고를 집행할 것을 요구한 경우(대판 2013. 4. 11. 2010도13774); 고소등을 이유로 회사의 사무실을 수시로 방문하여 회사의 업무에 사실상 적지 않은 방해를 주고 있는 상황에서 이러한 행위를 중단하는 대가로 금전을 요구한 경우(대판 2007. 10. 11. 2007도6406); 주점의 종업원에게 신체에 위해를 가할 듯한 태도를 보여 주류를 제공받은 경우(대판 2005. 9. 29. 2005도4738); 대판 2005. 7. 15. 2004도1565; 대판 2003. 5. 13. 2003도709; 배우자에게 재산이전요구에 응하지 않으면 정신병원에서 퇴원시켜주지 않겠다고 암묵적으로 의사표시를 한 경우(대판 2001. 2. 23. 2000도4415); 대판 2000. 2. 25. 99도4305; 대판 1995. 3. 10. 94도2422; 대판 1993. 9. 14. 93도915; 대판 1991. 12. 13. 91도2127; 종업원이 주인을 협박하여 그 업소에 취직을 하여 상당한 근로를 제공하지도 않고 그 주인으로부터 월급상당액을 교부받은 경우(대판 1991. 10. 11. 91도1755); 대판 1991. 9. 24. 91도1824; 대판 1990. 3. 27. 89도2036; 대판 1987. 10. 26. 87도1656; 대판 1985. 9. 10. 84도2644; 대판 1985. 6. 25. 84도2083; 대판 1984. 5. 9. 84도573; 대판 1959. 3. 13. 4292형상46 등.
2) 본죄의 폭행·협박을 부정한 판례로, 정당한 권리행사를 하면서 다소 위협적인 언사를 사용한 경우(대판 2013. 9. 13. 2013도6809; 대판 1993. 12. 24. 93도2339; 대판 1990. 8. 14. 90도114; 대판 1989. 2. 28. 87도690); 시정(市政)에 관한 비판기사 및 사설을 보도하고 관련공무원에게 광고의뢰 및 직보배정을 타신문사와 같은 수준으로 높게 해 달라고 요청한 경우(대판 2002. 12. 10. 2001도7095); 여관의 매수인이 매도인에게 여관을 명도해 주든가 명도소송비용을 내놓지 않으면 고소하여 구속시키겠다고 말한 경우(대판 1984. 6. 26. 84도648); 자릿세를 낼 의무가 없다는 것을 알면서도 자릿세를 지급하기로 약정하여 이를 지급하여 온 경우(대판 1985. 5. 14. 84도2289); 대판 1981. 2. 24. 81도73; 회사에게 손해배상을 요구하면서 사장 이하 간부들에게 욕설을 하거나 응접탁자 등을 들었다 놓았다 하거나 현수막을 만들어 보이면서 시위를 할 듯한 태도를 보인 경우(대판 1980. 11. 25. 79도2565); 공사금의 지급을 요구하면서 구청장에게 진정하여 대장상의 건물평수가 부족함을 밝히겠다고 한 경우(대판 1979. 10. 30. 79도1660); 가출자의 가족에 대하여 가출자의 소재를 알려주는 조건으로 보험가입을 요구한 경우(대판 1976. 4. 27. 75도2818) 등.
3) 강도죄가 아니라 공갈죄의 협박에 해당된다고 한 판결로, 대판 2001. 3. 23. 2001도359.

분행위를 해야 한다. 처분행위란 피공갈자 혹은 제3자에게 재물을 교부하거나 재산상 이익을 취득하게 하는 행위이다. 피공갈자가 공포심을 일으키지 않았거나 공포심을 일으켰더라도 처분행위를 하지 않으면 본죄의 미수가 될 뿐이다.

처분행위는 반드시 작위임을 요하지 않는다. 부작위나 묵인 등도 처분행위가 될 수 있다.

사기죄와 마찬가지로 피공갈자와 재산상의 손해를 입는 사람이 일치할 것을 요하지 않지만, 피공갈자와 재산상의 처분행위자는 일치해야 한다.

3) 재물 또는 재산상 이익의 취득   공갈자 본인 또는 제3자가 재물의 교부를 받거나 재산상의 이익을 취득해야 한다.

특정경제범죄법 제3조는 이득액에 따라 처벌을 달리하는데, 여기에서의 이득액은 단순일죄나 포괄일죄에서의 이득액의 합계를 의미하고 경합범의 이득액을 의미하지 않는다(대판 2000. 11. 10. 2000도3483). 이득액의 산정시기는 기수시이고, 재물 또는 재산상 이익의 합계가 이득액이 되고 이익의 실현가능성이나 조건 혹은 부담이 붙었는지는 상관없다(대판 2000. 2. 25. 99도4305).

4) 재산상 손해의 발생   공갈죄의 성립에 재산상 손해발생이 필요한가에 대해 긍정설과 부정설이 대립한다. 긍정설에 의하면 대가를 제공하고 재물의 교부를 받거나 재산상 이익을 취득한 경우 폭행·협박죄나 강요죄만이 성립하지만, 부정설에 의하면 공갈죄가 성립한다. 부정설이 타당함은 사기죄에서 본 것과 같다.[1)

[대판 2013. 4. 11. 2010도13774] 공갈죄는 다른 사람을 공갈하여 그로 인한 하자 있는 의사에 기하여 자기 또는 제3자에게 재물을 교부하게 하거나 재산상 이익을 취득하게 함으로써 성립되는 범죄로서, 공갈의 상대방이 재산상의 피해자와 같아야 할 필요는 없고, 피공갈자의 하자 있는 의사에 기하여 이루어지는 재물의 교부 자체가 공갈죄에서의 재산상 손해에 해당하므로, 반드시 피해자의 전체 재산의 감소가 요구되는 것도 아니다.

(3) 인과관계
폭행·협박, 피공갈자의 공포심의 발생, 처분행위, 재물 또는 재산상 이익의 취득 사이에는 인과관계가 있어야 한다(대판 1984. 2. 14. 81도3202). 상대방이 공포심

---

1) 공갈죄의 실행행위가 독일형법에서는 '손해를 가하는 것'이지만 우리 형법에서는 '재물 또는 재산상 이익의 취득'으로서 양국의 공갈죄의 구성요건은 전혀 다르다.

을 느끼지 않고 연민이나 동정 혹은 다른 이유로 재물의 교부를 한 경우와 같이 인과관계가 인정되지 않을 때에는 공갈죄의 미수가 된다. 처분행위와 공갈자 혹은 제3자의 이익 취득 사이에 인과관계가 없는 경우에도 역시 공갈미수죄가 된다.

(4) 불법영득의사

본죄의 성립에 고의 이외에 불법영득의사가 필요한가에 대해서 통설·판례는 긍정설을 따른다. 그러나 재물의 교부나 재산상 이익의 취득에 영득이 포함되어 있어 영득은 고의의 내용이 되므로 부정설이 타당하다.

2. 위 법 성

권리행사를 위해 폭행·협박을 하여 재물의 교부를 받거나 채무의 변제를 받은 경우 공갈죄가 성립하는가에 대해 견해가 대립한다.

첫째, 공갈죄설은 사회통념상 허용되는 한도를 넘어서는 폭행·협박을 행사한 경우 공갈죄가 성립한다는 견해이다. 판례도 같은 입장이다.

[대판 2013. 9. 13. 2013도6809] 해악의 고지가 비록 정당한 권리의 실현 수단으로 사용된 경우라고 하여도 그 권리실현의 수단·방법이 사회통념상 허용되는 정도나 범위를 넘는다면 공갈죄의 실행에 착수한 것으로 보아야 한다.

둘째, 폭행·협박죄설은 권리행사로서의 재산상 이익의 취득행위 그 자체는 위법하다고 할 수 없다거나, 불법영득의사가 없기 때문에 공갈죄는 성립할 수 없고 폭행·협박죄만 성립한다고 한다. 재물 또는 재산상 이익이 가분이면 권리없는 부분에 대해, 불가분이면 전체에 대해 각각 공갈죄가 성립한다는 견해도 있다.

셋째, 절충설은 특정물의 경우에는 영득이 불법하지 않기 때문에 폭행·협박죄만이 성립하고, 불특정물의 경우에는 영득이 불법하기 때문에 공갈죄가 성립한다고 한다.

위법한 폭행·협박을 사용한 경우 영득도 위법하다고 할 수 있다. 왜냐하면 상대방에게 재물교부의 의무가 있다고 하더라도 폭행·협박을 받은 시점에서 재물을 교부할 의무는 없기 때문이다.

3. 미 수

본죄의 미수는 처벌한다(제352조). 본죄의 실행의 착수시기는 폭행 또는 협박을 개시한 때이다.

> [대판 1969. 7. 29. 69도984] 피해자의 고용인을 통하여 피해자에게 피해자가 경영하는 기업체의 탈세사실을 국세청이나 정보부에 고발한다는 말을 전하였다면 이는 공갈죄의 행위에 착수한 것이다.

　본죄의 기수시기는 재물 또는 재산상 이익을 취득한 시점이다. 재산상 손해발생시설도 있지만 공갈죄의 성립에 손해발생을 요하지 않고, 설사 손해발생을 요한다고 하더라도 재산상 손해의 발생시점 보다는 재물이나 재산상 이익의 취득시점이 늦기 때문이다.

> [대판 1992. 9. 14. 92도1506] 부동산에 대한 공갈죄는 그 부동산에 관하여 소유권이전등기를 경료받거나 또는 인도를 받은 때에 기수로 되는 것이고, 소유권이전등기에 필요한 서류를 교부받은 때에 기수로 되어 그 범행이 완료되는 것은 아니다.
> [대판 1985. 9. 24. 85도1687] 피해자들을 공갈하여 피해자들로 하여금 지정한 예금구좌에 돈을 입금케 한 이상, 위 돈은 범인이 자유로이 처분할 수 있는 상태에 놓인 것으로서 공갈죄는 이미 기수에 이르렀다.

4. 죄　　수

(1) 죄수결정의 기준

　공갈죄의 보호법익은 의사결정의 자유와 재산인데 전자는 전속적 법익이고, 후자는 비전속적 법익이므로 한 사람을 폭행하여 그가 관리하는 수인의 재물 또는 재산상 이익을 취득한 때에는 하나의 공갈죄만이 성립한다. 그러나 수인을 폭행·협박한 경우에는 상상적 경합 또는 실체적 경합이 된다.

(2) 다른 범죄와의 관계

　1) 사기죄와의 관계　　폭행·협박과 기망의 수단을 모두 사용하여 재물이나 재산상의 이익을 취득한 경우에는 처분행위의 원인된 행위에 따라 죄책을 결정해야 한다. 처분행위가 공포심에 의한 경우에는 공갈죄만이 성립하고, 처분행위가 착오에 의한 경우에는 사기죄와 폭행·협박죄의 상상적 경합이라고 해야 한다.

　착오와 공포심이 모두 원인이 되었거나 원인이 불분명한 경우에는 사기죄와

공갈죄의 상상적 경합이 된다는 견해가 있으나, 이는 재물 또는 재산상 이익의
취득을 이중평가한 것으로 부당하고 공갈죄만이 성립한다고 해야 한다. 왜냐하면
이 경우 사기죄가 성립한다고 하면 폭행·협박죄와 상상적 경합이 되는데 이보다
는 공갈죄 하나만 성립한다고 하는 것이 피고인에게 유리하기 때문이다.

　　2) **수뢰죄와의 관계**　　　공무원이 직무와 관련하여 상대방을 협박하여 재물
또는 재산상의 이익을 취득한 경우 다수설 및 판례는 직무집행의사 유무에 따라
죄책이 결정된다고 한다.

> [대판 1994. 12. 22. 94도2528] 공무원이 직무집행의 의사없이(직무집행을 빙자하여)
> 또는 직무처리와 대가적 관계없이 타인을 공갈하여 재물을 교부하게 한 경우에는
> 공갈죄만이 성립하고, 이러한 경우 재물의 교부자가 공무원의 해악의 고지로 인
> 하여 외포의 결과 금품을 제공한 것이라면 그는 공갈죄의 피해자가 될 것이고 뇌
> 물공여죄는 성립될 수 없다.

　　이에 대해 소수설은 공무원의 직무집행의사와 관계없이 직무관련성이 있으
면 공갈죄와 수뢰죄의 상상적 경합, 직무관련성이 없으면 공갈죄만이 성립한다고
한다. 다만, 수뢰죄가 성립하는 경우에도 금품의 교부는 하자있는 의사에 의한 것
이므로 피공갈자의 증뢰죄는 성립하지 않는다고 한다. 그러나 피공갈자의 증뢰행
위가 강요된 행위에 해당되지 않는 한 증뢰죄가 성립한다고 해야 한다.

　　3) **체포·감금죄와의 관계**　　　사람을 체포·감금한 후 본죄를 범한 때에는
체포·감금죄와 본죄의 실체적 경합이 된다. 체포·감금이 갈취의 수단이 된 경우
에는 체포·감금죄와 본죄의 상상적 경합설이 있으나, 체포·감금은 폭행의 한 내
용이므로 본죄만이 성립한다고 해야 한다.

　　4) **강요죄와의 관계**　　　사람을 폭행·협박하여 자인서(自認書)를 쓰게 하고
그를 근거로 재물을 교부받은 경우와 같이 일정한 행위를 강요하고 그에 기하여
재물 또는 재산상 이익을 취득한 경우 본죄의 포괄일죄만이 성립한다(대판 1985. 6.
25. 84도2083).

　　5) **컴퓨터등사용사기죄와의 관계**　　　피해자로부터 현금카드를 갈취하여 현
금자동지급기에서 수차례 현금을 인출한 경우 본죄의 포괄일죄가 되고, 컴퓨터등
사용사기죄는 성립하지 않는다(대판 1996. 9. 20. 95도1728).

　　6) **횡령죄와의 관계**　　　본죄는 타인이 점유하는 재물을 객체로 하므로 자

기가 점유하는 재물을 갈취한 경우 본죄는 성립하지 않고, 횡령죄와 폭행·협박죄의 상상적 경합이 된다. 갈취한 재물을 임의로 처분한 경우에도 별도의 횡령죄가 성립하지 않는다(대판 1986. 2. 11. 85도2513).

　　7) 장물취득죄와의 관계　　　장물을 갈취한 경우 본죄와 장물취득죄 상상적 경합설과 본죄만이 성립한다는 견해(다수설)가 대립하는데, 장물취득죄는 본죄에 흡수된다고 해야 하므로 후자가 타당하다.

　　8) 문서위조죄와의 관계　　　판례는 갈취한 예금통장으로 예금을 인출한 경우 본죄와 별도로 사문서위조·동행사죄 및 사기죄가 성립한다고 한다(대판 1979. 10. 30. 79도489). 그러나 갈취한 현금카드로 현금을 인출한 경우와 같이 본죄만이 성립한다고 해야 한다(대판 1996. 9. 20. 95도1728).

　　9) 도박죄와의 관계　　　도박행위가 공갈죄의 수단이 된 경우 도박행위가 공갈죄에 흡수되지 않고 양죄는 실체적 경합범 관계에 있다(대판 2014. 3. 13. 2014도212).

5. 친족간의 범행

　　본죄에 대해 친족간 범행규정이 적용되기 위해서는 범인이 재산상의 피해자 및 피공갈자 모두와 친족관계가 있어야 한다. 친족간 범행이라는 이유로 본죄의 형이 면제되는 경우 폭행·협박죄에 대한 형도 면제된다고 해야 한다.

　　존속폭행·협박죄를 가중처벌하면서 본죄에 대해 친족간 범행규정을 둔 것은 문제가 있으므로 본죄에 대한 친족간 범행규정은 폐지해야 한다.

Ⅲ. 특수공갈죄

> **제350조의2(특수공갈)**　단체 또는 다중의 위력을 보이거나 위험한 물건을 휴대하여 전조의 죄를 범한 자는 1년 이상 15년 이하의 징역에 처한다.

　　본죄는 행위의 위험성이 큼으로 인해 불법이 가중된 범죄유형이다. 단체, 다중, 위력, 위력을 보임, 위험한 물건, 휴대의 개념은 특수상해죄에서 본 것과 같다. 특수공갈죄의 경우에도 친족간의 범행 특례가 적용된다.

Ⅳ. 상습공갈죄

제351조(상습범) 상습으로 제347조 내지 전조의 죄(공갈죄)를 범한 자는 그 죄에 정한 형의 2분의 1까지 가중한다.

본죄는 공갈의 습벽으로 인해 책임이 가중되는 범죄유형이다.

특정경제범죄법 제3조의 이득액에 따른 처벌은 본죄에도 적용된다.

[대판 1969. 1. 14. 68도1600] 폭행행위는 한번뿐이지만 공갈행위가 여러번 있는 경우 이 폭행과 공갈이 짧은 시일 안에 반복되었다면 … 상습성이 있다고 해도 좋을 것이다.

제 6 절 횡령의 죄

Ⅰ. 총 설

1. 의의 및 보호법익

(1) 의 의

횡령죄란 타인의 재물을 보관하는 자가 그 재물을 횡령하거나 그 반환을 거부하는 범죄이다.

횡령죄는 '재물죄'라는 점에서 절도·권리행사방해·장물죄와 같고, 재산상의 이익을 객체로 하는 배임죄, 재물 및 재산상의 이익을 모두 객체로 하는 강도·사기·공갈죄와 구별된다. 횡령죄는 '타인의' 재물을 객체로 한다는 점에서 자기의 재물을 객체로 하는 권리행사방해죄와 구별된다. 횡령죄는 '자기가 점유하는' 타인의 재물을 객체로 하므로 타인이 점유하는 재물을 객체로 하는 절도·재물강도·재물사기·재물공갈죄와 구별된다. 횡령죄는 처분행위를 필요로 하지 않는다는 점에서 처분행위를 요하는 사기·공갈죄와 구별된다.

횡령죄의 징역형(5년 이하)이 절도죄(6년 이하)보다 낮은 것은 횡령죄에서는 점유침해를 수반하지 않기 때문이다.

(2) 보호법익

통설은 횡령죄의 보호법익을 소유권이라고 한다.[1) 보호의 정도에 대해서는 침해범설과 위태범설이 대립한다.

위태범설은 ① 횡령범이 민법상의 소유권을 취득하지 못하고, ② 부동산횡령의 기수시기는 등기이전시가 아니라 매매계약체결시라는 점을 근거로 든다. 침해범설은 ① 소유권의 침해와 상실은 구별해야 하고, ② 횡령죄의 미수범처벌규정(제359조)이 있다는 것을 근거로 든다. 판례는 횡령죄는 위태범이라고 하면서도(대판 2002. 11. 13. 2002도2219), 부동산횡령의 기수시기는 등기이전시라고 한다(대판 2000. 3. 24. 2000도310).

> 횡령범이 소유권을 취득하지 못하여도 소유권자의 소유권이나 사실상의 소유상태는 침해되었다고 할 수 있고, 횡령죄의 미수범처벌규정은 논리필연적은 아니어도 침해범설의 유력한 근거가 될 수 있고, 부동산횡령죄의 기수시기는 소유권이전등기나 저당권설정등기를 경료한 시점이라고 하는 것이 바람직하다. 이러한 의미에서 침해범설이 타당하다.

2. 법적 성격

(1) 월권행위설

이 견해는 횡령죄의 본질을 월권행위, 즉 권한남용이라고 한다. 월권행위란 자신을 믿고 재물을 보관시킨 위탁자의 신뢰를 배신하고 재물을 불법하게 처분하는 행위를 말한다. 불법처분설이라고도 한다. 이에 의하면 영득행위가 없어도 월권행위만 있으면 횡령죄가 성립하므로 횡령죄의 성립에 불법영득의사를 요하지 않는다. 또한 위탁의 취지에 반하여 손괴·은닉·반환거부한 경우에도 횡령죄가 성립한다.

(2) 영득행위설

통설은 횡령죄의 본질은 타인의 재물을 불법하게 영득하는 데에 있고, 따라서 횡령죄의 성립에 불법영득의사가 필요하다고 한다. 이에 의하면 신뢰를 위반하여 재물을 손괴·은닉하였더라도 불법영득의사가 없으므로 횡령죄가 성립할 수

---

1) 그러나 횡령죄의 보호법익은 민법상의 소유권이 아니라 사실상의 소유상태라고 해야 함은 절도죄에서 살펴본 것과 같다. A의 재물을 B가 절취하여 이를 C가 임대하여 甲에게 보관시켰는데 甲이 그 물건을 횡령한 경우, 횡령죄의 피해자는 A가 아니라 B이고, C도 피해자라고 할 수 있다.

없다고 한다. 판례도 이 입장을 따른다(대판 2011. 2. 10. 2010도12920; 대판 2000. 12. 27. 2000도4005).

(3) 결 합 설

이 견해는 횡령죄는 본질적으로 신뢰에 어긋나는 행동을 한다는 측면과 타인의 재물을 불법영득한다는 측면 모두를 가지고 있는 것으로 파악한다. 그러나 영득행위 자체가 월권행위이므로 이 견해 역시 영득행위설에 속한다고 할 수 있다.

(4) 결   어

횡령에서 '령'(領)은 영득을 의미하므로 횡령죄의 성립에 영득행위가 필요하지 않다고 하는 월권행위설은 타당하지 않다.

그러나 횡령죄의 성립에 불법영득의사가 필요하다고 하는 점은 옳지 않다. 횡령죄의 실행행위에 영득이 포함되어 있다고 하면 영득은 고의의 대상이지 고의와 구별되는 초과주관적 구성요건요소라고 할 수 없기 때문이다. 문제는 반환거부이다. 손괴·은닉의사로써 반환거부를 한 경우 영득행위설에 의하면 횡령죄가 성립할 수 없지만 월권행위설에 의하면 횡령죄가 성립할 수 있다. 영득행위설에 의해도 반환거부시 손괴의 고의가 있다면 손괴죄의 문제가 되고 영득의 고의가 있다면 횡령죄가 된다. 따라서 초과주관적 구성요건요소로서 불법영득의사까지 필요하다고 할 필요는 없다.

형법 제355조 제1항	독일형법 제246조
타인의 재물을 보관하는 자가 그 재물을 횡령하거나 그 반환을 거부한 때에는 5년 이하의 징역 또는 1,500만 원 이하의 벌금에 처한다.	① 자신이 소지·점유하는 타인의 동산을 위법하게 영득한 자는 3년 이하의 자유형 또는 벌금에 처한다. ② 그 물건이 위탁받은 것인 경우에는 5년 이하의 자유형 또는 벌금에 처한다.

독일형법은 타인의 재물을 영득한다는 점에 착안하여 횡령죄를 절도죄와 같이 규정하고 재산상 손해를 가한다는 점을 중시하여 배임죄를 사기죄와 같이 규정하고 있다. 또한 횡령죄를 둘로 구분하여 위탁받은 재물 횡령죄에 대해서는 절도죄와 같이 5년 이하의 자유형에 처하고 있다. 독일형법상 횡령죄의 행위태양이 불법영득이고 이는 고의의 내용이 되므로 초과주관적 구성요건요소로서 불법영득의사는 필요하지 않다고 한다.

이에 비해 우리 형법은 횡령죄를 배임죄와 같이 규정하고 있고 횡령죄의 행위태양에 반환거부까지 포함시키고 있다. 이것은 횡령죄와 배임죄 모두 자

신을 신뢰한 사람을 배신하여 재물이나 재산상 이익을 취득한다는 점을 중
시한 것이라고 할 수 있다.

3. 구성요건체계

형법에는 횡령죄(제355조 1항), 업무상횡령죄(제356조), 점유이탈물횡령죄(제360
조)의 세 가지 유형이 규정되어 있다. 횡령죄의 기본적 구성요건은 단순횡령죄(제
355조 1항)이고, 업무상횡령죄는 신분관계로 인해 책임이 가중되는 범죄유형이다.

횡령죄는 진정신분범이고 업무상횡령죄는 진정신분범과 부진정신분범의 성
격을 모두 가지고 있는 범죄이다. 횡령죄, 업무상횡령죄의 미수범은 처벌된다(제
359조). 횡령죄에는 친족간 범행과 동력에 관한 규정이 준용되고(제361조, 제328조 2,
3항, 제346조), 횡령죄, 업무상횡령죄에 대해서는 10년 이하의 자격정지를 병과할
수 있다(제358조). 횡령죄, 업무상횡령죄에 의한 이득액이 일정액 이상인 경우 특
정경제범죄법에 의해 가중처벌된다(제3조).

점유이탈물횡령죄의 성격에 대해서는 횡령죄의 감경적 구성요건이라는 견해
가 있지만, 통설은 독립된 구성요건이라고 한다. 횡령죄는 신뢰관계를 배신한다
는 성격을 지니고 있지만, 점유이탈물횡령죄에서는 이러한 성격이 없으므로 통설
의 입장이 타당하다.

Ⅱ. 횡 령 죄

제355조(횡령)   ① 타인의 재물을 보관하는 자가 그 재물을 횡령하거나 그 반환
을 거부한 때에는 5년 이하의 징역 또는 1,500만원 이하의 벌금에 처한다.

---

1. 구성요건

(1) 행위의 주체

본죄는 진정신분범으로서 그 주체는 '타인의 재물을 보관하는 자'이다. 본죄
가 신뢰관계 배신행위를 전제로 한다는 점에서 '타인의 재물을 보관하는 자'란
'위탁관계 내지 신임관계에 의하여' 타인의 재물을 보관하는 자를 의미한다.

1) 위탁관계 내지 신임관계   본죄의 보관은 위탁 내지 신임관계에 의한

것이어야 한다. 위탁관계 없이 타인의 재물을 보관하는 자가 이를 영득한 때에는 점유이탈물횡령죄가 성립할 수 있을 뿐이다. 예컨대 세탁소 주인이 고객이 세탁을 맡기고 간 옷을 영득한 경우에는 횡령죄가 성립하지만, 우연히 가게 안으로 날려 들어온 옷을 영득한 경우에는 점유이탈물횡령죄가 성립한다. 전자에서는 위탁관계가 있고, 후자에서는 위탁관계가 없기 때문이다.

　　2) 위탁관계의 발생근거　　　　위탁관계는 임대차, 사용대차, 임치, 위임, 고용, 질권설정 등 계약뿐만 아니라 법령, 관습, 거래의 신의칙에 의해서도 발생할 수 있다. 법령에 의한 위탁관계의 예로 법정대리, 후견, 사무관리 등을 들 수 있다. 긴급피난이나 자구행위 등에 의해 타인의 재물을 보관하게 된 경우도 포함된다. 위탁관계는 사실상의 위탁관계이면 족하고 사법(私法)상 유효할 것을 요하지 않는다. 그러나 그 위탁관계는 형법상 보호할 만한 가치가 있어야 한다(대판 2011. 10. 13. 2009도13751). 예를 들어 의료법상 형사처벌의 대상이 되는 불법의료기관 개설·운영을 위해 금원을 위탁받은 경우(대판 2022. 6. 30. 2017도21286) 그 위탁관계는 형법상 보호할만한 가치가 없는 위탁관계이다.

　　3) 불법원인급여와 횡령죄　　　　재물에 대한 급여가 위법하여 무효여서 급여자에게 반환청구권이 없는 경우 수급자가 그 재물을 영득한 경우 본죄의 성립여부가 문제된다.[1]

　　가. 횡령죄긍정설　　　　이 견해는 다음과 같은 근거를 든다. ① 형법의 독자적 입장에서 보면 불법원인급여에서는 급여자에게 민법상의 반환청구권이 없을 뿐이고 행위자의 가벌성은 있고, ② 급여자에게 반환청구권이 없어도 일반인·수급자의 법감정상으로도 소유권은 여전히 급여자에게 있고, ③ 불법원인급여에서도 급여자와 수급자 사이에 위탁관계는 존재하고, ④ 횡령죄를 부정하면 범죄에 대한 범죄는 범죄가 되지 않아 형사정책상 문제가 있고, ⑤ 급여자에게뿐만 아니라 수급자에게도 불법성이 존재한다.

　　나. 횡령죄부정설　　　　이 견해는 다음과 같은 근거를 든다. ① 불법원인급여의 경우 소유권은 수탁자에게 있으므로 타인의 재물에 해당하지 않고, ② 민법

---

1) 불법원인급여와 불법원인위탁을 구별하는 견해가 있다. 예컨대 A가 甲에게 1,200만원을 주면서 공무원 B에게 1,000만원의 뇌물을 전해 주고 200만원은 수고비로 가지라고 한 경우 200만원은 불법원인급여, 1,000만원은 불법원인위탁이라는 것이다. 그러나 불법원인위탁이라는 개념을 인정할 필요가 없으므로 모두 불법원인급여라고 하면 족하다.

상 반환의무가 없는 수급자를 처벌하면 법질서의 통일성을 해치고, ③ 불법원인 급여에서의 위탁관계는 형법상 보호할 만한 가치가 없다.

　　다. 판　례　　판례는 1979년의 전원합의체판결(민사판결)을 통해 불법원 인급여에 있어서 소유권은 급여를 받은 상대방에게 귀속된다고 하였다(대판 1979. 11. 13. 79다483 전합), 다만 수익자의 불법성이 급여자의 불법성보다 현저히 큰 경우 급여자의 반환청구가 허용된다고 하였다(대판 1993. 12. 10. 93다12947).

　　이러한 민사판결의 취지에 따라 형사판결에서도 불법원인급여에서 수익자의 횡령죄의 성립을 부정하는 한편, 수익자의 불법성이 급여자의 불법성보다 현저히 큰 경우에는 횡령죄의 성립을 긍정한다.

> **[대판 1988. 9. 20. 86도628]** 민법 제746조는 … 결국 급여한 물건의 소유권은 급여를 받은 상대방에게 귀속된다는 것이므로 조합장이 조합으로부터 공무원에게 뇌물로 전달하여 달라고 금원을 교부받은 것은 불법원인으로 인하여 지급받은 것으로서 이를 뇌물로 전달하지 않고 타에 소비하였다고 해서 타인의 재물을 보관 중 횡령하였다고 볼 수는 없다.
>
> **[대판 1999. 9. 17. 98도2036]** 민법 제746조에 의하면 … 급여자는 불법원인급여의 반환을 구할 수 없는 것이 원칙이나, 수익자의 불법성이 급여자의 그것보다 현저히 큰 데 반하여 급여자의 불법성은 미약한 경우에도 급여자의 반환청구가 허용되지 않는다면 공평에 반하고 신의성실의 원칙에도 어긋나므로, 이러한 경우에는 민법 제746조 본문의 적용이 배제되어 급여자의 반환청구는 허용된다[1].

(2) 행위의 객체

본죄의 객체는 '자기가 보관하는 타인의 재물'이다.

　　1) 재　　물　　재물의 개념은 앞에서 살펴본 바와 같다.

> **[대판 1994. 3. 8. 93도2272]** 횡령죄에 있어서의 재물은 동산, 부동산의 유체물에 한정되지 아니하고 관리할 수 있는 동력도 재물로 간주되지만, 여기에서 말하는 관리란 물리적 또는 물질적 관리를 가리킨다고 볼 것이고 … 사무적으로 관리가 가능한 채권이나 그 밖의 권리 등은 재물에 포함된다고 해석할 수 없다. (광업권은 재물인 광물인 권리를 취득할 수 있는 권리에 불과할 뿐 재물이 아니라는 취지에서 횡령죄의

---

1) 이 판결은 포주가 성매매여성과의 사이에서 성매매여성이 받은 화대를 포주가 보관하였다가 절반씩 분배하기로 약정하고도 보관 중인 화대를 성매매여성에게 주지 않고 임의로 소비한 사건에 대한 것이다.

객체가 되지 않는다고 본 사안)

[대판 2023. 6. 1. 2020도2884] 예탁결제원에 예탁되어 계좌 간 대체 기재의 방식에 의하여 양도되는 주권은 유가증권으로서 재물에 해당되므로 횡령죄의 객체가 될 수 있으나, 주권이 발행되지 않은 상태에서 주권불소지 제도, 일괄예탁 제도 등에 근거하여 예탁결제원에 예탁된 것으로 취급되어 계좌 간 대체 기재의 방식에 의하여 양도되는 주식은 재물이 아니므로 횡령죄의 객체가 될 수 없다.

2) 보 관

가. 개 념　　보관이란 점유개념보다는 넓은 개념으로서 법률상의 관리를 포함하는 개념이다. 절도죄 등에서는 점유로 인정되지 않는 간접점유도 보관의 개념에 속하고 점유보조자도 보관자가 될 수 있다.

판례에 의하면, 보이스피싱 방조범이 아닌 대포통장 명의자(보이스피싱 피해자에 대해, 대판 2018. 7. 19. 2017도17494 전합), 위탁판매에서 위탁매매인(대판 2013. 3. 28. 2012도16191), 동업자(대판 2011. 6. 10. 2010도17684, 동업자 사이에 손익분배정산이 되지 않은 상태에서 동업자 중 한 사람이 동업재산을 보관하다가 임의로 처분하였다면 지분비율과 관계없이 임의로 횡령한 금액 전부에 대해 횡령죄 성립), 1인 회사의 1인 주주(대판 2011. 11. 24. 2009도980), 착오로 송금된 돈의 예금주(대판 2010. 12. 9. 2010도891), 금전수수를 수반하는 사무처리를 위임받은 자(대판 2004. 3. 12. 2004도134), 손님이 구하는 물건을 다른 보석상에서 가져온 보석가게 운영자(대판 2002. 3. 29. 2001도6550), 동직원으로부터 시청금고에 입금하도록 현금을 교부받은 동회의 사환(대판 1968. 10. 29. 68도1222), 주식회사의 주주나 대표이사 또는 그에 준하여 회사 자금의 보관이나 운용에 관한 사실상의 사무를 처리하는 자(대판 2022. 4. 28. 2022도1271) 등은 보관자에 해당된다.

그러나 담보목적으로 자신의 채권을 양도한 후 양도통지 이전에 그 채무자로부터 변제받은 금액을 사용한 채권양도인(대판 2021. 2. 25. 2020도12927), 양자간이건 3자간이건 금지되는 부동산명의신탁에서 명의수탁자(대판 2021. 2. 18. 2016도18761 전합; 대판 2016. 5. 19. 2014도6992 전합; 대판 2010. 11. 11. 2008도7451; 대판 2012. 12. 13. 2010도10515 등), 보이스피싱으로 피해자의 돈을 사기이용계좌로 송금받은 범인(대판 2017. 5. 31. 2017도3894), 원인무효인 소유권이전등기의 명의자(대판 2010. 6. 24. 2009도9242), 익명조합에서 영업자(대판 2011. 11. 24. 2010도5014), 동업관계에서 탈퇴하고 단독으로 경영하게 된 이후 금원을 취득한 경영자(대판 1996. 5. 28. 96도140) 발행인으로부터 일정한 금액의 범위 내에서 액면을 보충·할인하여 달라는 의뢰를 받고 액면 백지인 약속어음을 교부받아 보관중이던 자가 보충권의 한도를 넘어 보충을 한 경우 그 보충을

한 자(대판 1995. 1. 20. 94도2760, 보충권의 남용행위로 생겨난 새로운 약속어음에 대해
보관자의 지위에 있다 할 수 없고, 그 어음을 임의로 사용함으로써 발행인에게 제3자에
대해 어음상 채무를 부담하는 손해를 입게 한 데에 대한 배임죄가 성립될 수는 있음)
등은 보관자에 해당되지 않는다.

나. 부동산 및 자동차의 보관   판례는 부동산의 경우 보관자의 지위는 점
유가 아니라 그 부동산을 제3자에게 유효하게 처분할 수 있는 권능을 기준으로
결정하여야 한다고 한다(대판 2007. 5. 31. 2007도1082; 대판 2004. 5. 27. 2003도6988). 예컨
대 권리자로부터 등기이전업무를 위탁받아 등기서류를 보관하고 있는 사람은 부
동산을 처분할 수 있는 지위에 있어 보관자가 될 수 있으나, 등기이전업무를 위
탁받지 않고 등기서류를 보관하고 있는 사람은 보관자라고 할 수 없다.

   판례에 의하면, 구분소유하고 있는 부동산이 특정 구분부분별로 독립한 필
지로 분할되는 경우 각자의 특정 구분부분에 해당하는 필지가 아닌 나머지
각 필지에 전사된 공유자(대판 2014. 12. 24. 2011도11084), 등기부상의 명의인이
아니지만 소유자의 위임에 의해 실제로 부동산을 관리·지배하는 자나 위탁
관계에 따라 미등기 부동산을 현실로 관리·지배하는 자(대판 1993. 3. 9. 92도
2999)는 보관자에 해당된다.
   그러나 금지되는 부동산 명의신탁에서 명의수탁자, 원인무효인 소유권이전
등기의 명의자(대판 2010. 6. 24. 2009도9242; 대판 1989. 2. 28. 88도1368), 부동산의
공유자(대판 2004. 5. 27. 2003도6988), 부동산을 공동상속받은 단독 점유자(대판
2000. 4. 11. 2000도565) 등은 보관자에 해당되지 않는다.

한편 판례는 동산이지만 부동산과 유사하게 소유권의 취득에 등록이 필요한
차량의 경우 타인 소유의 차량을 인도받아 보관하고 있는 사람이 이를 사실상 처
분하면 횡령죄가 성립하며, 보관 위임자나 보관자가 차량의 등록명의자일 필요는
없다고 한다(대판 2015. 6. 25. 2015도1944 전합).

다. 유가증권에 의한 점유   선하증권, 창고증권 등과 같은 유가증권의 소
지자는 물건을 사실상 지배하지 않더라도 그 물건을 처분할 수 있는 지위에 있으
므로 횡령죄의 주체가 될 수 있다.

라. 간접점유   간접점유는 절도죄등에서는 점유로 인정되지 않지만, 법
률상 지배가 인정되므로 간접점유자도 횡령죄의 주체가 될 수 있다.

   3) 자기의 보관   본죄의 객체인 재물은 자기가 보관하는 재물이다. 자기

보관과 타인보관은 앞의 자기점유와 타인점유에서와 같다. 공동보관에서 대등관계의 보관은 타인보관이 되고, 상하관계의 보관에서 상위보관자는 자기보관, 하위보관자는 타인보관이 된다.

[대판 1969. 7. 8. 69도798]　철도운송 승무원들이 그 운송 중의 화물을 탈취한 때에는 업무상횡령이 아니고 특수절도가 된다.

4) **타인의 재물**　　횡령죄의 객체인 재물은 타인소유의 재물이다. 예컨대 회사에 지입된 차량은 지입차주가 아닌 회사의 소유이므로(대판 2003. 9. 2. 2003도3073), 차량을 점유한 지입차주가 그 차량을 임의처분한 행위는 횡령죄에 해당된다. 타인소유의 재물과 관련하여 다음과 같은 문제가 있다.

가. 공동소유　　공동소유는 타인소유로 보므로 자신이 보관하는 공동소유재물의 영득행위는 횡령죄에 해당된다.

[대판 2000. 11. 10. 2000도4335]　4명 사이에는 누구의 복권이 당첨되더라도 당첨금을 공평하게 나누거나 공동사용하기로 하는 묵시적인 합의가 있으므로 그 당첨금 전액은 같은 4명의 공유이므로 피고인이 피해자 몫의 반환을 거부하는 것은 횡령죄에 해당될 수 있다.
[대판 1983. 2. 22. 82도2467]　차가 자동차등록원부상으로는 피고인 단독명의로 등록되어 있다 하더라도 동업자의 내부관계에 있어서는 그 사실상의 소유권이 그들에게 합유적으로 귀속되므로 피고인이 임의로 차를 매도처분한 경우에는 배임죄가 아니라 횡령죄를 구성한다.
[대판 1987. 2. 24. 86도999]　1인회사에 있어서도 행위의 주체와 그 본인은 분명히 별개의 인격이므로 그 법인인 주식회사소유의 금원을 임의로 소비할 때 횡령죄는 성립하는 것이다.

나. 소유권유보부매매　　할부매매와 같이 소유권유보부매매의 경우 대금완납시까지는 목적물의 소유권이 매도인에게 있다. 따라서 매수인이 대금을 완납하기 이전에 목적물을 처분하면 횡령에 해당된다. 그러나 환매특약부매매의 경우에는 매수인의 소유이므로 매수인이 임의처분해도 횡령에 해당되지 않는다.

다. 양도담보

A. 동산의 양도담보　　동산의 양도담보란 채권의 담보로 동산을 채권자에

게 양도하여 대외적으로는 채권자가 소유권자이지만, 대내적으로는 채무자가 소유권자가 된다. 따라서 동산의 점유를 현실적으로 이전한 경우 채권자가 변제기 이전에 동산을 임의처분한 때에는 횡령죄에 해당된다(대판 1989. 4. 11. 88도906). 반대로 점유개정에 의한 양도담보의 경우 동산을 점유하는 채무자가 그것을 임의처분해도 동산의 소유권이 대내적으로 여전히 채무자에게 남아있기 때문에 횡령죄는 성립하지 않는다(대판 1983. 8. 23. 80도1545). 이 경우 종래의 판례는 배임죄를 인정하였으나, 이후 입장을 변경하여 채무자를 배임죄의 주체인 타인의 사무를 처리하는 자에 해당한다고 할 수 없어 배임죄도 성립하지 않는다고 한다(대판 2020. 2. 20. 2019도9756 전합).

　　　B. 부동산의 양도담보　　　담보목적으로 채무자가 자기 부동산의 소유권을 채권자에게 이전하여 주는 부동산의 양도담보에서는 대외적으로는 채권자가 소유자이지만, 대내적으로는 채무자의 소유이고, 「가등기담보 등에 관한 법률」에 의해 청산기간 경과 후 청산금을 채무자에게 지급할 때까지 채권자는 소유권을 취득하지 못하고 담보물권만을 취득한다.[1) 채무의 변제기 '전'에 채권자가 부동산을 임의처분하는 경우 판례는 채무자가 변제기까지 그 채무를 변제하면 그 등기를 환원하여 줄 의무에 반한다는 이유를 들어 배임죄를 인정하지만(대판 1989. 11. 28. 89도1309), 부동산은 재물이므로 횡령죄가 성립한다고 해야 한다. 만약 채무의 변제기 '후'에 채권자가 담보권실행을 위하여 부동산을 처분한 경우 불법영득의사가 없어 횡령죄는 성립할 수 없고(대판 1979. 7. 10. 79도11125), 청산금의 정산의무를 불이행하거나 부당하게 염가로 처분하는 경우에도 이러한 정산의무는 채권자 자신의 사무일 뿐 타인사무가 아니기 때문에 배임죄도 성립하지 않는다(대판 1985. 11. 26. 85도1493 전합 외 다수판결).

라. 금전등 대체물

　　　A. 위탁된 금전등 대체물　　　금전등 대체물의 수탁자가 이를 임의처분한 경우 다음과 같이 횡령죄의 성립여부가 결정된다.

　　　첫째, 특정물로 위탁된 경우에는 위탁자에게 소유권이 있기 때문에 수탁자가 이를 임의처분한 경우에는 횡령죄가 성립한다.

---

　1) 동법 제4조 제2항: 채권자는 담보부동산에 관하여 이미 소유권이전등기가 경료된 경우에는 청산기간 경과 후 청산금을 채무자 등에게 지급한 때에 목적부동산의 소유권을 취득한다.

둘째, 불특정물로 위탁된 경우에는 용도나 사용목적이 지정되지 않은 경우에는 횡령죄가 성립하지 않는다는 데에 견해가 일치하지만, 용도나 사용목적이 지정된 경우에는 횡령죄 성립여부에 대해 견해가 대립한다. 긍정설은 금전 기타의 대체물도 재물이고, 정해진 용도에 사용될 때까지는 소유권이 위탁자에게 있으므로 횡령죄가 성립한다고 한다. 부정설은 금전은 고도의 유통성과 대체성이 있어 위탁시에 금전의 소유권이 수탁자에게 이전하므로 횡령죄는 성립할 수 없고, 다만, 수탁자가 타인의 사무처리자인 경우에는 배임죄가 성립할 수 있고, 타인의 사무처리자가 아닌 경우에는 배임죄도 성립하지 않는다고 한다.

판례는 횡령죄긍정설을 따르되, 예외를 인정한다.

[대판 2002. 11. 22. 2002도4291] 타인으로부터 용도가 엄격히 제한된 자금을 위탁받아 보관하는 자가 용도 이외의 목적으로 사용하는 것은 횡령죄가 되는 것이고, 이와 같이 용도나 목적이 특정되어 보관된 금전은 그 보관 도중에 특정의 용도나 목적이 소멸되었다고 하더라도 위탁자가 이를 반환받거나 그 임의소비를 승낙하기까지는 횡령죄의 적용에 있어서는 여전히 위탁자의 소유물이라고 할 것이다.[1]
[대판 2002. 10. 11. 2002도2939] 목적, 용도를 정하여 위탁한 금전은 정해진 목적, 용도에 사용할 때까지는 이에 대한 소유권이 위탁자에게 유보되어 있는 것으로서, 특히 그 금전의 특정성이 요구되지 않는 경우 수탁자가 위탁의 취지에 반하지 않고 필요한 시기에 다른 금전으로 대체시킬 수 있는 상태에 있는 한 이를 일시 사용하더라도 횡령죄를 구성한다고 할 수 없고, 수탁자가 그 위탁의 취지에 반하여 다른 용도에 소비할 때 비로소 횡령죄를 구성한다.
[대판 2014. 1. 16. 2013도11014] 금전의 교부행위가 계약상 채무의 이행으로서 변제의 성질을 가지는 경우에는, 특별한 사정이 없는 한 금전이 상대방에게 교부됨으로써 그 소유권이 상대방에게 이전되므로 상대방이 변제금으로 교부받은 돈을 임의로 소비하였더라도 횡령죄를 구성하지 아니한다.

금전, 유가증권 등은 특정물로 위탁하지 않은 이상 고도의 유통성과 대체성으로 인해 재물보다는 재산상 이익의 성격이 강하다고 할 수 있어 재물죄인 횡령죄보다는 이득죄인 배임죄의 문제로 다루어야 하므로 횡령죄부정설이

---

1) 대판 2017. 11. 29. 2015도18253: 금전 수수를 수반하는 사무처리를 위임받은 사람이 그 행위에 기하여 위임자를 위하여 제3자로부터 수령한 금전을 위임의 취지대로 사용하지 아니하고 마음대로 자신의 위임자에 대한 채권에 상계충당한 경우 상계정산하기로 하였다는 특별한 약정이 없는 한 당초 위임한 취지에 반하므로 횡령죄를 구성한다.

타당하다.

B. 채권양도인이 채무자로부터 변제받은 금전   甲이 A에 대한 자신의 채권을 乙에게 양도한 후 A에게 채권양도통지를 하지 않은 상태에서 A로부터 채무를 변제받아 임의소비한 경우 판례는 채권양도인이 변제받은 금전은 채권양수인의 소유에 속한다는 이유로 횡령죄를 긍정하였다가(대판 1999. 4. 15. 97도666 전합), 이후 입장을 변경하여 수령한 금전은 채권양수인이 아니라 채권양도인의 소유에 속한다는 등의 이유로 횡령죄의 성립을 부정한다(대판 2022. 6. 23. 2017도3829 전합).

C. 위탁매매   위탁매매에서 위탁물 및 그 판매대금(대판 2013. 3. 28. 2012도16191) 그리고 금전수령을 위임받고 수령한 금전(대판 2004. 3. 12. 2004도134)의 소유권은 원칙적으로 위탁자에게 있으므로 수탁자가 이를 임의소비한 경우에는 특별한 사정이 없는 한 횡령죄가 성립한다.

D. 기   타   판례에 의하면, 문화예술진흥기금을 받은 극장경영자가 임의로 자신의 극장운영자금 등으로 소비한 경우(대판 1997. 3. 28. 96도3155), 어업면허권을 양도한 후 아직도 어업면허권이 자기앞으로 되어 있음을 틈타서 어업권손실보상금을 수령하여 임의로 소비한 경우(대판 1993. 8. 24. 93도1578)에는 횡령죄가 성립한다.

그러나 제3채무자가 집행공탁을 하여야 할 것을 착오로 변제공탁한 압류채권금을 변제받은 집행채무자가 집행채권자에게 반환을 거부한 경우(대판 2012. 1. 12. 2011도12604), 가맹점계약(프랜차이즈계약)에 의해 가맹점주가 판매한 물품대금을 임의소비한 경우(대판 1998. 4. 14. 98도292), 지입차주가 회사에 납입한 지입료를 회사가 항목유용하거나 임의소비한 경우(대판 1997. 9. 5. 97도1592), 외국의 인력송출업체로부터 산업기술연수생을 공급받아 국내업체에 공급한 국내인력공급업자가 국내업체로부터 받은 관리비를 납부하지 않은 경우(대판 1997. 5. 7. 96도2950), 계주가 수령된 계금을 지정된 계원에게 지급하지 않은 경우(대판 1995. 9. 29. 95도1176), 피용자가 제공한 입사보증금을 사용자가 소비한 경우(대판 1979. 6. 12. 79도656), 객선회사가 징수한 요금의 일부를 보험료로 보험회사에 납부하기로 약정하고 지정된 요금을 임의소비한 경우(대판 1960. 2. 17. 60도961), 금전의 이식(利殖)을 위탁받은 자가 이식 후 반환받은 금원을 자기 용도에 소비한 경우(대판 1958. 12. 29. 58도471) 등에서는 각 금원은 임의소비자등에게 소유권이 인정되므로 횡령죄가 성립하지 않는다.

[대판 2000. 2. 11. 99도4979] 채권자가 그 채권의 지급을 담보하기 위하여 채무자로부터 수표를 발행·교부받아 이를 소지한 경우에는, 단순히 보관의 위탁관계에 따라 수표를 소지하고 있는 경우와는 달리 그 수표상의 권리가 채권자에게 유효하게 귀속되고, 채권자와 채무자 사이의 수표반환에 관한 약정은 원인관계상의 인적 항변사유에 불과하므로, 채권자는 횡령죄의 주체인 타인의 재물을 보관하는 자의 지위에 있다고 볼 수 없다.

(3) 실행행위

본죄의 실행행위는 횡령 또는 반환거부이다.

1) 횡 령   본죄의 성립에 횡령행위가 필요함은 의문의 여지가 없다 (대판 1993. 3. 9. 92도2999). 횡령이란 위탁자의 의사에 반하여 재물을 자기의 소유물처럼 사용·수익·처분하는 행위를 말한다. 통설·판례는 횡령이란 불법영득의사가 외부적으로 표현되는 행위라고 한다.[1] 자기 스스로 영득하는 경우뿐만 아니라 제3자가 영득하도록 하는 것도 횡령에 해당된다(대판 2006. 11. 10. 2004도5167).

본죄는 점유의 이전을 필요로 하지 않기 때문에 특정한 행위가 아닌 횡령의사가 표현되는 행위가 있으면 횡령죄가 성립할 수 있다. 이 때문에 횡령죄를 표현범이라고도 한다.[2]

횡령은 법률행위·사실행위를 불문한다. 매매, 저당권·가등기설정, 증여 등은 전자에 속하고, 사용·수익·소비 등은 후자에 속한다. 법률행위가 사법상 효력이 없어도 무방하다(대판 2002. 11. 13. 2002도2219).[3] 그러나 손괴·은닉·효용을 상실시키는 것은 손괴죄에 해당되므로 본죄에 해당되지 않는다.

부작위에 의한 횡령도 가능하다. 예를 들어 날아들어온 공은 서로 반환하기로 옆집과 약속하였음에도 옆집에서 공이 날아들어오자 영득의 고의(혹은 불법영득

---

1) 그러나 횡령행위에는 영득이 포함되어 있으므로 영득의 고의가 표현되는 행위라고 해야 한다.
2) 판례도 "횡령죄는 타인의 재물을 보관하는 자가 그 재물을 횡령하는 경우에 성립하는 범죄로서 불법영득의사가 외부에 인식될 수 있는 객관적 행위가 있을 때 횡령죄가 성립하고"라고 한다(대판 2017. 11. 9. 2015도12633). 그러나 후술하는 바와 같이 이것이 불법영득의사가 표시된 시점에 횡령죄의 기수가 된다고 하는 표현설을 따른 것은 아니다.
3) 대판 2017. 11. 9. 2015도12633: 회사소유 재산을 주주나 대표이사가 사적인 용도로 임의처분하였다면 그 처분에 관하여 주주총회나 이사회의 결의가 있었는지 여부와 관계없이 횡령죄의 죄책을 면할 수 없다.

의사)로 반환하지 않은 경우에는 본죄가 성립할 수 있다.

　　2) 반환거부　　　통설·판례인 영득행위설에 의하면 단순한 반환거부만으로는 본죄가 성립하지 않고, 불법영득의사로 반환을 거부해야 본죄가 성립할 수 있다.[1]

> [대판 2013. 8. 23. 2011도7637]　단순히 반환을 거부한 사실만으로 횡령죄가 성립하는 것은 아니며, 반환거부의 이유 및 주관적인 의사 등을 종합하여 반환거부행위가 횡령행위와 같다고 볼 수 있을 정도이어야만 횡령죄가 성립할 수 있다.

　　반환을 거부하거나 반환할 수 없는 정당한 사유가 있는 경우에는 신임관계의 배신이 없기 때문에 본죄가 성립하지 않는다(대판 2004. 3. 12. 2004도134). 따라서 등기명의자가 명의이전을 거부하면서 부동산의 진정한 소유자가 밝혀진 후에 명의이전을 하겠다는 의사를 표시한 경우(대판 2002. 9. 4. 2000도637), 동업관계의 청산에 따른 자신의 몫을 정산받을 때까지 그 시설을 유치하고자 이의 반환을 거부한 경우(대판 1990. 3. 13. 89도1952) 등에서는 본죄가 성립하지 않는다.

　　(4) 관련문제

　　1) 부동산의 명의신탁과 횡령죄

　　가. 문제의 소재　　　부동산의 명의신탁이란 대내적으로는 신탁자가 소유권을 갖되, 대외적으로는 수탁자의 명의로 소유권등기가 되어 있는 것을 말한다. 따라서 수탁자는 타인의 부동산을 보관하는 자가 되는데 수탁자가 자신에게 소유권등기가 되어 있는 것을 기화로 부동산을 임의처분한 경우 횡령죄의 성립여부가 문제된다. 종래 대법원은 배임죄를 인정하기도 하였으나[2] 횡령죄를 인정하였다.[3]

　　그런데 명의신탁이 부동산투기와 탈세를 조장하고 지하경제를 심화시키는 주범으로 지목되어, 1995. 7. 1.부터 「부동산 실권리자명의 등기에 관한 법률」(이하

---

1) 그러나 불법영득의사가 필요하지 않다고 하면 영득의 고의로 반환을 거부한 경우 본죄가 성립할 수 있다고 해야 한다.
2) 대판 1970. 8. 31. 70도1434: 명의신탁받은 부동산을 임의로 처분한 경우에 배임죄를 구성함은 별론으로 하고 횡령죄를 구성하는 것은 아니다.
3) 대판 1970. 9. 29. 70도1668(명의신탁된 종중소유의 토지를 그 개인의 소유라고 거짓말을 해서 타에 매도하고 대금을 받은 경우 이는 횡령죄에 해당하고 사기죄가 되지 아니한다); 대판 1971. 6. 22. 71도740 전합(종중소유의 부동산을 명의신탁받아 소유권등기를 거친 사람이 이를 임의로 처분하면 횡령죄가 성립한다).

'부동산실명법'이라 함)이 시행되었다. 동법은 명의신탁을 금지하고(제3조 1항), 위반행위에 대해 100분의 30에 해당하는 과징금을 부과하고(동법 제5조 1항 1호), 5년 이하의 징역 또는 2억원 이하의 벌금에 처하도록 하였다(동법 제7조 1항 1호). 한편 동법 제4조는 "① 명의신탁약정은 무효로 한다. ② 명의신탁약정에 따라 행하여진 등기에 의한 부동산에 관한 물권변동은 무효로 한다. 다만 부동산에 관한 물권을 취득하기 위한 계약에서 명의수탁자가 그 일방당사자가 되고 그 타방당사자는 명의신탁약정이 있다는 사실을 알지 못한 경우에는 그러하지 아니하다. ③ 제1항 및 제2항의 무효는 제3자에게 대항하지 못한다"고 규정하였다. 다만 동법 제8조는 종중이 보유한 부동산의 명의신탁과 배우자의 부동산의 명의신탁은 허용하였다.

　　부동산실명법으로 인해 수탁자가 명의신탁된 부동산을 임의처분하거나 반환을 거부한 경우 횡령죄가 성립하는가의 문제가 새로운 국면을 맞이하게 되었다.

　　나. 허용되는 명의신탁의 경우　　　　종중부동산의 명의신탁과 배우자간의 명의신탁은 부동산실명법이 허용하고 있으므로 종래의 예에 따라 횡령죄가 성립하는 것으로 보아야 한다(종중부동산 명의신탁의 경우 대판 2013. 2. 21. 2010도10500 전합).

　　다. 금지되는 명의신탁의 경우

　　A. 양자간 명의신탁　　　　양자간(兩者間) 명의신탁이란 신탁자와 수탁자가 명의신탁의 약정을 하고 수탁자의 명의로 소유권등기를 해놓는 것을 말한다. 이 경우 수탁자가 부동산을 임의처분한 경우 횡령죄가 성립하는지 견해가 대립된다.

　　횡령죄 부정설은 부동산실명법이 명의신탁을 범죄로 규정하고 있으므로 명의신탁은 불법원인급여이고 이에 대해서는 횡령죄가 성립하지 않는다고 한다. 이에 대해 횡령죄 긍정설은 명의신탁은 행정법적 불법성을 지니는데 불과하므로 불법원인급여와 횡령죄에 관한 법리가 적용되지 않으므로 횡령죄가 성립한다고 한다.

　　판례는 명의신탁이 부동산실명법 이전에 이루어졌든지 이후에 이루어졌든지 상관없이 횡령죄의 성립을 인정하였다가, 입장을 바꿔 횡령죄의 성립을 부정하였다. 이로써 판례는 후술하는 3자간 명의신탁을 포함하여 부동산실명법에 의해 금지되는 모든 형태의 명의신탁에서 횡령죄의 성립을 부정하게 되었다.

[대판 2021. 2. 18. 2016도18761 전합] 부동산실명법의 명의신탁관계에 대한 규율 내용 및 태도 등에 비추어 보면, 부동산실명법을 위반하여 명의신탁자가 그 소유인 부동산의 등기명의를 명의수탁자에게 이전하는 이른바 양자간 명의신탁의 경

우, 계약인 명의신탁약정과 그에 부수한 위임약정, 명의신탁약정을 전제로 한 명
의신탁 부동산 및 그 처분대금 반환약정은 모두 무효이다. 나아가 명의신탁자와
명의수탁자 사이에 무효인 명의신탁약정 등에 기초하여 존재한다고 주장될 수 있
는 사실상의 위탁관계라는 것은 부동산실명법에 반하여 범죄를 구성하는 불법적
인 관계에 지나지 아니할 뿐 이를 형법상 보호할 만한 가치 있는 신임에 의한 것
이라고 할 수 없다.

그러므로 부동산실명법을 위반한 양자간 명의신탁의 경우 명의수탁자가 신탁받
은 부동산을 임의로 처분하여도 명의신탁자에 대한 관계에서 횡령죄가 성립하지
아니한다.

B. 삼자간 명의신탁   삼자간(三者間) 명의신탁이란 명의신탁에 관여하는
사람이 세 사람인 경우이다. 여기에는 중간생략등기형 명의신탁과 계약명의신탁
이 있다. 전자에서는 명의신탁자와 수탁자 모두 계약당사자가 되지만, 후자에서
는 명의수탁자만 계약당사자가 된다.

a. 중간생략등기형 명의신탁   중간생략등기형 명의신탁이란 예컨대 丙으
로부터 乙이 부동산을 매수하고 乙과 甲 사이에 명의신탁약정에 따라 丙으로부터
乙로의 등기를 생략하고 바로 甲으로 소유권이전등기를 하는 경우이다. 이 경우
부동산실명법 제4조 제1, 2항에 따라 명의수탁자로의 등기와 물권변동이 모두 무
효이므로 소유권은 여전히 양도인 丙에게 있지만,[1] 외형상으로는 수탁자 甲의 소
유명의로 되어 있다. 여기에서 명의수탁자가 부동산을 임의처분한 경우 판례는
매도인 丙이 아닌 명의신탁자 乙에 대한 횡령죄가 성립한다고 하였으나(대판 2001.
11. 27. 2000도3463), 이후 입장을 바꾸어 횡령죄가 성립되지 않는다고 한다.

[대판 2016. 5. 19. 2014도6992 전합] 이른바 중간생략등기형 명의신탁을 한 경우,
명의신탁자는 신탁부동산의 소유권을 가지지 아니하고, 명의신탁자와 명의수탁자
사이에 위탁신임관계를 인정할 수도 없다. 따라서 명의수탁자가 명의신탁자의 재
물을 보관하는 자라고 할 수 없으므로, 명의수탁자가 신탁받은 부동산을 임의로
처분하여도 명의신탁자에 대한 관계에서 횡령죄가 성립하지 아니한다.

b. 계약명의신탁   계약명의신탁이란 예컨대 甲과 乙이 명의신탁약정을

---

1) 이 경우에도 양도인은 명의신탁죄의 공동정범 혹은 종범의 죄책을 지게 된다(부동산실명
   법 제7조 제1항·제3항).

하고 甲이 계약당사자가 되어 丙으로부터 부동산을 매입하여 등기를 하는 경우를 말한다. 부동산실명법은 양도인이 선의인 계약명의신탁의 경우 등기 및 물권변동이 유효하다고 하므로(제4조 2항 단서), 양도인이 선의인 경우와 양도인이 악의인 경우를 나누어 살펴보아야 한다.

　a) **상대방이 선의인 계약명의신탁**　　통설·판례는 명의수탁자가 부동산을 임의처분하더라도 횡령죄는 성립하지 않는다고 한다.[1]

[대판 2000. 3. 24. 2000도310; 대판 2008. 3. 27. 2008도455]　(상대방이 선의인 계약명의신탁에서) 그 소유권이전등기에 의한 부동산의 물권변동은 유효한 반면 신탁자와 수탁자 사이의 명의신탁약정은 무효이므로, 결국 수탁자는 매도인뿐만 아니라 신탁자에 대한 관계에서도 유효하게 당해 부동산의 소유권을 취득한 것으로 보아야 하므로 그 수탁자는 타인의 재물을 보관하는 자라고 볼 수 없다.

　b) **상대방이 악의인 계약명의신탁**　　판례는 수탁자가 부동산을 임의처분해도 명의신탁자나 매도인에 대한 횡령죄나 배임죄가 성립하지 않는다고 한다.

[대판 2012. 11. 29. 2011도7361]　(상대방이 악의인 계약명의신탁에서) 수탁자 명의의 소유권이전등기는 무효이고 부동산의 소유권은 매도인이 그대로 보유하게 되므로, 명의수탁자는 부동산 취득을 위한 계약의 당사자도 아닌 명의신탁자에 대한 관계에서 횡령죄에서 '타인의 재물을 보관하는 자'의 지위에 있다고 볼 수 없고, 또한 명의수탁자가 명의신탁자에 대하여 매매대금 등을 부당이득으로 반환할 의무를 부담한다고 하더라도 이를 두고 배임죄에서 '타인의 사무를 처리하는 자'의 지위에 있다고 보기도 어렵다. … 말소등기의무의 존재나 명의수탁자에 의한 유효한 처분가능성을 들어 명의수탁자가 매도인에 대한 관계에서 횡령죄에서 '타인의 재물을 보관하는 자' 또는 배임죄에서 '타인의 사무를 처리하는 자'의 지위에 있다고 볼 수도 없다.

　2) **차명계좌와 횡령죄**　　차명계좌란 예금금액의 실제 주인이 타인의 명의로 개설한 계좌이다. 예금계좌의 명의신탁이라고 할 수 있다.

　여기에서 예금명의인이 예금을 임의로 인출·소비한 경우 판례는 횡령죄의

---

1) 다만 이 경우 배임죄가 성립한다는 견해와 배임죄도 성립하지 않는다는 견해가 대립하는데, 명의신탁 자체가 범죄행위이므로 이 부동산을 보관하는 사무가 배임죄의 보호대상인 사무라고 할 수 없다. 따라서 배임죄부정설이 타당하다.

성립을 인정하였다(대판 1984. 2. 14. 83도3207). 그런데 2014년 말부터 시행된 「금융실명거래 및 비밀보장에 관한 법률」(금융실명법)은 차명계좌를 금지하고, 그 위반자에 대해 5년 이하의 징역 또는 5천만원 이하의 벌금에 처한다. 따라서 자신의 명의로 보관하고 있는 타인의 예금을 임의로 인출하여 사용한 경우 횡령죄의 성립이 문제되는데, 판례는 긍정설의 입장에 있다.

> **[대판 2015. 2. 12. 2014도11244]** 금융실명법이 시행된 이후라도 위탁자가 그 위탁한 금전의 반환을 구할 수 없는 것은 아니므로, 수탁자가 이를 함부로 인출하여 소비하거나 또는 위탁자로부터 반환요구를 받았음에도 이를 영득할 의사로 반환을 거부하는 경우에는 횡령죄가 성립한다.

　　3) 부동산의 이중매매와 횡령죄　　　부동산의 이중매매란 매도인이 부동산을 매도하고 매수인에게로 소유권이전등기가 되기 이전에 그 부동산을 다시 다른 사람에게 매도하고 소유권이전등기를 하여 준 경우를 말한다. 이 경우 매도인의 행위가 제1매수인에 대한 횡령죄에 해당하는지 문제된다.

　　과거 물권변동에 관한 의사주의하에서는 등기를 하지 않더라도 제1매수인에게 소유권이 이전되었으므로 매도인이 이중매매를 한 경우에는 횡령죄가 인정되었다(대판 1961. 11. 23. 4294형상586). 그러나 물권변동에 관한 형식주의를 취하고 있는 현행민법하에서는 제1매수인에게 소유권이전등기가 되어 있지 않는 한 소유권자는 매도인이어서 매도인이 이중매매를 하더라도 횡령죄는 성립할 수 없다. 또한 제2매수인은 유효하게 소유권을 취득하므로 제2매수인에 대한 사기죄도 성립할 수 없다. 그러나 매도인이 계약금과 중도금을 받은 이후에는 제1매수인에 대한 배임죄는 성립할 수 있다(대판 1988. 12. 13. 88도750).

(5) 주관적 구성요건

　　통설·판례는 횡령죄의 성립에 불법영득의사를 요한다고 하지만, 불법영득의사가 고의와 구별되는 초과주관적 구성요건요소라는 다수설과 고의의 한 내용이라는 소수설이 대립한다. 판례는 다수설과 같은 입장이라고 할 수 있다.[1]

---

1) 그러나 절취·강취라는 말과 달리 횡령에는 영득이 포함되어 있어 영득은 고의의 내용이다. 따라서 다수설에 의하면 영득이 목적의 한 내용도 되고, 고의의 한 내용도 되어 "횡령이란 영득의 목적(의사)으로 영득하는 것이다"로 되는 문제점이 있다. 독일형법에서도 불법영득은 행위태양이므로 불법영득의사가 규정되어 있지 않다.

[대판 2013. 3. 14. 2011도7259] 횡령죄에 있어서 불법영득의 의사라 함은 자기 또는 제3자의 이익을 꾀할 목적으로 임무에 위배하여 보관하는 타인의 재물을 자기의 소유인 경우와 같이 처분을 하는 의사를 말하고, 사후에 이를 반환하거나 변상, 보전하는 의사가 있다 하더라도 불법영득의 의사를 인정함에는 지장이 없다.

[대판 2022. 12. 29. 2021도2088] 횡령죄에서 불법영득의 의사는 타인의 재물을 보관하는 자가 그 취지에 반하여 정당한 권원 없이 스스로 소유권자와 같이 이를 처분하는 의사를 말하므로 비록 반환을 거부하였더라도 반환거부에 정당한 이유가 있다면 불법영득의 의사가 있다고 할 수 없다.

판례에 의하면, 보관자가 자기 또는 제3자의 이익을 위한 것이 아니라 소유자의 이익을 위하여 보관물을 처분한 경우(대판 2017. 2. 15. 2013도14777), 휴대전화 보관자가 그것을 임의로 사용한 경우(대판 2014. 3. 13. 2012도5346), 임차인으로부터 받은 임대차보증금과 차임을 피해자들의 체납 관리비, 개발비 등의 변제에 충당할 수 있다고 믿고서 피해자들의 반환요구에 응하지 아니한 경우(대판 2013. 8. 23. 2011도7637), 정당한 사유로 반환을 거부한 경우(대판 1998. 7. 10. 98도126), 주식회사의 설립 또는 증자업무 담당자가 납입금에 해당하는 금액을 차입하여 주금을 납입하고 회사의 설립 또는 증자 등기절차를 마친 직후 이를 인출하여 차용금채무의 변제에 사용하는 경우(대판 2013. 4. 11. 2012도15585), 학교의 설치·운영자가 학생등이 납부한 수업료등을 교비회계 아닌 다른 회계에 임의로 사용한 경우(대판 2012. 5. 10. 2011도12408), 골프회원권 매매중개업체 운영자가 매수의뢰와 함께 입금받아 다른 회사자금과 함께 보관하던 금원을 일시적으로 다른 회원권의 매입대금 등으로 임의로 소비한 경우(대판 2008. 3. 14. 2007도7568), 출장비를 지정용도 이외로 임의소비한 경우(대판 2002. 11. 26. 2002도5130), 법인의 대표자가 법인의 예비비를 전용하여 기관운영판공비, 회의비 등으로 사용한 경우(대판 2002. 2. 5. 2001도5439), 조성한 비자금을 제3자가 이를 발견하기 곤란하게 회사의 장부상 일반자금 속에 은닉한 경우(대판 1999. 9. 17. 99도2889), 회사에 대하여 개인적인 채권을 가지고 있는 대표이사가 회사를 위하여 보관하고 있는 회사소유의 금전으로 자신의 채권을 변제한 경우(대판 1999. 2. 23. 98도2296) 등에서는 불법영득의사가 인정되지 않는다.

2. 위 법 성

채무자의 재물을 보관하고 있는 채권자가 권리행사로써 채무자의 재물을 영득하였거나 반환을 거부한 경우 그에 대한 권리나 정당한 이유가 있는 경우에는 본죄의 구성요건해당성이나 위법성이 조각되지만 정당한 이유가 없는 경우에는 본죄가 성립한다.

3. 미   수

본죄의 미수는 처벌한다(제359조). 소수설인 표현설에 의하면 본죄는 불법영득의사 혹은 횡령의 고의가 외부적으로 표현되면 즉시 기수가 되므로 본죄의 미수는 거의 있을 수 없고, 타인의 재물인 줄 알고 횡령하였으나 자기의 재물인 경우와 같이 본죄의 불능미수나 중지미수 등만이 문제될 수 있다.

이에 대해 다수설은 횡령의사의 표현시가 아니라 실현시에 본죄의 기수가 된다고 한다(실현설). 따라서 부동산횡령의 경우 매매계약을 체결하였을 때 본죄의 실행의 착수가 있고, 등기이전시 본죄의 기수가 된다고 한다. 판례도 회사자금을 인출하여 임의처분한 때(대판 1987. 2. 24. 86도999), 부동산에 관한 근저당권설정등기나 가등기를 경료한 때(대판 1985. 9. 10. 85도86)에 기수가 된다고 한다. 한편 판례는 임차토지에 동업계약에 기해 식재되어 있는 수목을 관리·보관하던 동업자 일방이 다른 동업자의 허락을 받지 않고 함부로 제3자에게 수목을 매도하기로 계약을 체결한 후 계약금을 수령·소비하였으나 다른 동업자의 저지로 계약의 추가적인 이행이 진행되지 아니한 경우, 수목에 대해 명인방법 등의 조치를 취하거나 토지에서 분리·보관하거나 분리·반출한 사실이 없다면, 횡령죄의 미수범이 성립한다고 한다(대판 2012. 8. 17. 2011도9113).

본죄의 미수범 처벌규정을 의미있게 해석하는 것이 해석의 원칙에 부합하고, 본죄가 표현범이라는 것은 별도의 행위가 없어도 본죄가 성립할 수 있다 것이지 횡령의사가 표현되면 즉시 기수가 된다는 의미는 아니므로 실현설이 타당하다.

4. 공   범

본죄는 진정신분범이므로 형법 제33조 본문이 적용된다. 따라서 비신분자가 타인 재물의 보관자와 공동으로 횡령하거나 횡령을 교사·방조한 경우에는 각각 본죄의 공동정범, 교사·방조범이 성립한다.

다만 거래의 상대방이 본죄의 공동정범이 되기 위해서는 횡령행위를 적극적으로 교사·주선하는 등의 행위를 하여야 한다. 따라서 채권자가 채무자로부터 채권확보를 위하여 담보물을 제공받을 때 그 물건이 채무자가 보관 중인 타인의 물건임을 알았던 것만으로는 공동정범이 성립하지 않는다(대판 1985. 6. 25. 85도1077; 대판 1992. 9. 8. 92도1396).

5. 죄 수

(1) 죄수결정의 기준

본죄는 위탁관계의 수에 따라 죄수가 정해진다(대판 1997. 12. 26. 97도2609). 1인이 위탁한 수개의 재물을 횡령한 경우에는 횡령죄의 단순일죄이다. 수개의 회사 소유 자금을 지분 비율을 알 수 없는 상태로 구분없이 함께 보관하던 사람이 그 자금 중 일부를 횡령한 경우와 같이 하나의 행위로 여러 사람이 위탁한 재물을 횡령하였을 때에는 그 수만큼의 횡령죄의 상상적 경합범이 성립한다(대판 2007. 6. 1. 2006도1813; 대판 2013. 10. 31. 2013도10020). 여러 개의 행위로 여러 사람이 위탁한 재물을 각각 횡령하였을 때에는 횡령죄의 실체적 경합이 된다.

횡령죄는 상태범이므로 횡령한 재물을 손괴한 경우에는 불가벌적 사후행위가 된다. 그러나 뒤의 횡령행위가 새로운 법익을 침해한 경우에는 별도의 범죄가 성립한다.[1]

담보로 제공한 부동산을 다시 담보로 제공하거나 매도한 경우와 같이 하나의 부동산에 대해 수회에 걸쳐 횡령행위를 한 경우 종래의 판례는 뒤의 횡령행위는 불가벌적 사후행위가 된다고 하였다(대판 2006. 10. 13. 2006도4034; 대판 1993. 3. 9. 92도2999). 그러나 이후 다음과 같이 입장을 변경하였다.

[대판 2013. 2. 21. 2010도10500 전합] 선행 처분행위로 인하여 횡령죄가 기수에 이른 후 종국적인 법익침해의 결과가 발생하기 전에 후행 처분행위가 이루어졌을 때, 후행 처분행위가 선행 처분행위에 의하여 발생한 위험을 현실적인 법익침해로 완성하는 수단에 불과하거나 그 과정에서 당연히 예상될 수 있는 것으로서 새로운 위험을 추가하는 것이 아니라면 후행 처분행위에 의해 발생한 위험은 선행 처분행

---

1) 대판 2020. 2. 6. 2018도8808(횡령금을 적법하게 취득한 재산으로 가장할 목적으로 은닉한 행위는 횡령의 범행에 당연히 수반되거나 예상되는 행위라고 볼 수 없고, 범죄수익은닉규제법 위반죄는 횡령죄와 그 구성요건이나 보호법익을 달리하므로, 이 부분 범죄수익은닉규제법 위반죄는 횡령죄의 불가벌적 사후행위가 아닌 별죄를 구성한다).

위에 의하여 이미 성립된 횡령죄에 의해 평가된 위험에 포함되는 것이므로 후행 처분행위는 이른바 불가벌적 사후행위에 해당한다. 그러나 후행 처분행위가 선행 처분행위로 예상할 수 없는 새로운 위험을 추가함으로써 법익침해에 대한 위험을 증가시키거나 선행 처분행위와는 무관한 방법으로 법익침해의 결과를 발생시키는 경우라면, 이는 선행 처분행위에 의해 이미 성립된 횡령죄에 의해 평가된 위험의 범위를 벗어나는 것이므로 특별한 사정이 없는 한 별도로 횡령죄를 구성한다.

따라서 자기가 보관하는 부동산에 임의로 근저당권을 설정하여 횡령죄를 범한 후 이를 다시 매각하였을 경우 후행 매각행위는 원칙적으로 불가벌적 사후행위가 아니라 별도의 횡령죄를 구성한다.

(2) 다른 범죄와의 관계

1) 사기죄와의 관계　　　횡령죄의 객체는 자기가 보관하는 타인의 재물이고 사기죄의 객체는 타인이 점유하는 타인의 재물이므로 사람을 기망하여 자기가 점유하는 타인의 재물을 교부받은 경우 사기죄가 아닌 횡령죄가 성립한다(대판 1987. 12. 22. 87도2168). 유효하게 명의신탁된 토지를 자기의 토지라고 기망하고 매도한 경우 상대방이 유효한 소유권을 취득한 때에는 횡령죄만 성립하고 (상대방에 대한) 사기죄는 성립하지 않는다(대판 1970. 9. 29. 70도1668).

피해자를 기망하여 약속어음을 교부받은 후 자신의 변제에 충당한 경우(대판 1983. 4. 26. 82도3079), 종친회장이 공탁관을 기망하여 종친회를 피공탁자로 하여 공탁된 수용보상금을 출급받아 편취하고, 그 후 종친회에 대하여 공탁금 반환을 거부한 경우(대판 2015. 9. 10. 2015도8592) 사기죄만 성립하고 별도의 횡령죄가 성립하지 않는다(불가벌적 사후행위). 보이스피싱 사기죄의 정범이나 방조범이 피해자로부터 계좌로 송금받은 돈을 인출한 경우 사기죄나 사기방조죄 이외에 별도로 횡령죄가 성립하지 않는다(대판 2018. 7. 19. 2017도17494 전합).

그러나 위탁자로부터 당좌수표할인을 의뢰받은 피고인이 제3자를 기망하여 당좌수표를 할인받은 다음 그 할인금을 임의소비한 경우 제3자에 대한 사기죄와 위탁자에 대한 횡령죄가 모두 성립한다(대판 1998. 4. 10. 97도3057). 또한 대표이사가 피해자들을 기망하여 교부받은 금원을 보관하다 횡령한 경우 사기죄와 횡령죄가 모두 성립한다(대판 2009. 10. 29. 2009도7052; 대판 2005. 4. 29. 2005도741).

2) 장물죄와의 관계　　　첫째, 장물의 보관을 위탁받은 자가 이를 횡령한

경우 장물보관죄와 별도로 횡령죄가 성립하는가에 대해 긍정설과 부정설이 대립한다. 긍정설은 불법원인급여를 횡령한 경우에도 횡령죄가 성립한다는 것을, 부정설은 불법원인급여에 대한 횡령죄는 성립할 수 없다는 것을 근거로 든다. 판례는 부정설을 따른다(대판 2004. 4. 9. 2003도8219).

둘째, 부동산을 횡령한다는 것을 알면서 이를 취득한 경우 횡령죄의 공동정범설과 장물취득죄설이 대립한다. 전자는 횡령에 의한 재물의 영득과 그 재물의 취득이 시간적으로 중첩되므로 장물취득죄의 성립을 인정하기 곤란하다는 것을, 후자는 불법영득의사가 표현되면 횡령죄는 기수가 되므로 장물취득죄가 성립할 수 있다는 것을 근거로 든다. 판례는 횡령죄의 공동정범이나 장물취득죄 모두 성립하지 않는다고 한다.

> [대판 1985. 6. 25. 85도1077] 부동산의 명의수탁자[1]가 임의로 이를 제3자에게 양도 또는 담보제공함으로써 횡령죄가 성립하는 경우에 그것을 양수하거나 담보제공받는 자는 비록 그와 같은 사정을 알고 있다 하더라도 처음부터 수탁자와 짜고 이를 불법영득하기로 공모하지 않은 이상 그 횡령죄의 공동정범이 될 수 없다.

3) 배임죄와의 관계 회사의 대표이사가 자신의 채권자에게 차용금에 대한 담보로 회사 명의 정기예금에 질권을 설정하여 주어 배임죄를 범한 후 채권자가 대표이사의 동의하에 그 정기예금 계좌에 입금되어 있던 회사 자금을 인출한 경우 예금인출동의행위는 배임죄의 불가벌적 사후행위가 되고 별도로 횡령죄는 성립하지 않는다(대판 2012. 11. 29. 2012도10980). 그러나 회사의 대표이사가 자신의 채권에 대해 회사로 하여금 연대보증채무를 부담하게 하여 배임죄를 범한 후 회사의 자금을 임의로 인출하여 개인채무를 변제한 경우 별도의 횡령죄가 성립한다(대판 2011. 4. 14. 2011도277; 유사판례: 대판 2014. 12. 11. 2014도10036).

4) 강제집행면탈죄와의 관계 타인재물의 보관자가 보관하고 있는 재물을 영득할 의사로 은닉한 경우 그 타인의 채권자들의 강제집행을 면탈하는 결과를 가져온다 하여도 횡령죄와 별도로 강제집행면탈죄가 성립하지 않는다(대판 2000. 9. 8. 2000도1447).

5) 뇌물죄와의 관계 회사의 이사가 회사 자금으로 뇌물을 공여하거나

---

1) 현재의 판례에 의하면 적법한 명의신탁에서의 명의수탁자만을 의미한다.

배임증재를 한 경우 증뢰죄나 배임증재죄 이외에 횡령죄가 성립한다(대판 2013. 4. 25. 2011도9238).

[대판 2019. 11. 28. 2019도11766] 횡령 범행으로 취득한 돈을 공범자끼리 수수한 행위가 공동정범들 사이의 범행에 의하여 취득한 돈을 공모에 따라 내부적으로 분배한 것에 지나지 않는다면 별도로 그 돈의 수수행위에 관하여 뇌물죄가 성립하는 것은 아니다. 그와 같이 수수한 돈의 성격을 뇌물로 볼 것인지 횡령금의 분배로 볼 것인지 여부는 돈을 공여하고 수수한 당사자들의 의사, 수수된 돈의 액수, 횡령 범행과 수수행위의 시간적 간격, 수수한 돈이 횡령한 그 돈인지 여부, 수수한 장소와 방법 등을 종합적으로 고려하여 객관적으로 평가하여 판단하여야 한다(대통령과 국정원장이 공모하여 국정원의 특별사업비를 대통령에게 교부한 사건).

　　6) 특정범죄가중법상 국고손실죄와의 관계　　판례는 횡령으로 인한 국고 등손실죄(특가법 제5조)는 회계관계직원이라는 지위에 따라 형법상 횡령죄 또는 업무상횡령죄에 대한 가중처벌을 규정한 것으로서 신분관계로 인한 형의 경중이 있는 경우라고 한다(대판 2020. 10. 29. 2020도3972).

6. 친족간의 범행

　　횡령죄에는 친족간의 범행에 관한 제328조 2, 3항의 규정이 준용된다(제361조). 친족간의 범행 규정이 적용되기 위해서는 범인이 위탁자와 소유자 모두와 친족관계에 있어야 한다. 예를 들어 A소유의 물건을 B가 甲에게 위탁하였는데 甲이 이를 횡령한 경우 甲과 A 및 B 사이에 친족관계가 있어야 한다(대판 2008. 7. 24. 2008도3438).

　　특정경제범죄법에 친족간의 범행에 관한 형법 제361조, 제328조의 적용을 배제한다는 명시적인 규정이 없으므로, 형법 제361조는 특정경제범죄법 제3조 제1항 위반죄에도 그대로 적용된다(대판 2013. 9. 13. 2013도7754).

III. 업무상횡령죄

제356조(업무상의 횡령과 배임)　업무상의 임무에 위배하여 제355조의 죄를 범한 자는 10년 이하의 징역 또는 3천만원 이하의 벌금에 처한다.

1. 법적 성격

업무상횡령죄는 횡령죄에 대해 책임이 가중되는 범죄유형으로서 진정신분범과 부진정신분범의 성격을 모두 지녀 이중의 신분을 요하는 범죄이다. 본죄에 의한 이득액이 5억원 이상인 때에는 특정경제범죄법 제3조(5억 이상 50억 미만: 3년 이상의 징역, 50억 이상: 무기 또는 5년 이상의 징역)에 따른 가중구성요건이 적용된다.

2. 구성요건

본죄의 업무란 사회생활상 지위에서 계속적으로 종사하는 사무를 말한다. 단순히 일회적인 사무는 업무라고 할 수 없다. 본죄에서의 업무는 업무상과실치사상죄에서와 같이 생명·신체에 위험을 초래할 수 있는 업무에 국한되지 않지만, 위탁관계에 의해 타인의 재물을 보관하는 내용을 지닌 업무이어야 한다. 재물을 보관하는 내용의 업무가 아닌 업무자가 재물을 횡령하는 경우에는 본죄가 아니라 단순횡령죄가 성립한다.

예를 들어 창고업자가 보관하는 재물을 횡령한 때에는 본죄가 성립하지만, 서점주인이 손님이 맡겨놓은 옷을 횡령한 경우에는 단순횡령죄가 성립한다. 그러나 재물보관의 업무는 주된 업무뿐만 아니라 부수적 업무이어도 무방하다.

[대판 1989. 10. 10. 87도1901] 면의 예산과는 별도로 면장이 면민들로부터 모금하여 그 개인명으로 예금하여 보관하고 있던 체육대회성금의 업무상 점유보관자는 면장뿐이므로 면의 총무계장이 면장과 공모하여 업무상횡령죄를 저질렀다 하여도 업무상 보관책임있는 신분관계가 없는 총무계장에 대하여는 형법 제33조 단서에 의하여 형법 제355조 제2항에 따라 처단하여야 한다.

업무는 법령이나 계약에 의한 것뿐만 아니라 관습상이나 사실상의 업무여도 무방하다. 허가·무허가, 유상·무상, 주업무·부수적 업무, 영구적·일시적 업무, 특정인·불특정인을 위한 업무를 불문한다. 회사의 대표이사 또는 그에 준하여 회사자금의 보관이나 운용에 관한 사실상 사무를 처리하는 자가 회사 소유의 재산을 사적인 용도로 임의처분한 경우, 주식회사는 주주와 독립된 별개의 권리주체로서 이해가 반드시 일치하는 것은 아니기 때문에 그 처분에 관하여 주주총회나 이사회의 결의가 있었는지 여부와 관계없이 업무상횡령죄가 성립한다(대판

2011. 3. 24. 2010도17396).

[대판 1982. 1. 12. 80도1970] 피고인이 등기부상으로 A회사의 대표이사를 사임한 후에도 계속하여 사실상 대표이사 업무를 행하여 왔고 회사원들도 피고인을 대표이사의 일을 하는 사람으로 상대해 왔다면 피고인은 위 회사소유 금전을 보관할 업무상의 지위에 있었다고 할 것이다.
[대판 1999. 9. 17. 99도2889] 피고인이 회사자금으로 비자금을 조성하였다고 하더라도 그 비자금이 회사의 장부상 일반자금 속에 은닉되어 있다면 이는 당해 비자금의 소유자인 회사 이외의 제3자가 이를 발견하기 곤란하게 하기 위한 장부상의 분식(粉飾)에 불과하여 그것만으로 피고인의 불법영득의 의사를 인정할 수 없다.

3. 공   범

본죄는 진정신분범과 부진정신분범의 성격을 모두 지니고 있으므로 비신분자나 단순 재물보관자가 본죄에 가담한 경우 단순횡령죄로 처벌된다.

예를 들어 비신분자인 甲이 乙의 업무상횡령죄에 가담한 경우 다수설에 의하면 甲은 진정신분범인 단순횡령죄에 가담하였으므로 제33조 본문에 의해 단순횡령죄의 죄책을 진다. 이어 가중적 부진정신분범인 업무상횡령죄에 가공하였으므로, 제33조 단서가 적용되어 단순횡령죄의 공범의 죄책을 지고, 단순횡령죄의 공범으로 처벌된다. 판례와 소수설에 의하면 甲에게 제33조 본문이 적용되어 甲은 단순횡령죄에 이어 업무상횡령죄의 공범의 죄책을 지지만, 제33조 단서에 의해 단순횡령죄의 공범으로 처벌된다. 타인의 재물을 보관하여 단순횡령죄의 주체가 되는 甲이 乙의 업무상횡령죄에 가공한 경우에도 같다.

[대판 1965. 8. 24. 65도493] 비점유자가 업무상점유자와 공모하여 횡령한 경우에 비점유자도 형법 제33조 본문에 의하여 (업무상횡령죄의) 공범관계가 성립되며, 다만 그 처단에 있어서는 동조단서의 적용을 받는다.

4. 죄   수

본죄 역시 위탁관계의 수에 따라 죄수가 결정된다. 따라서 공무원이 직할시세, 구세(區稅) 및 국세를 횡령한 경우 직할시세, 구세 및 국세별로 구분하여 별개의 업무상횡령죄가 성립한다. 그러나 같은 직할시세 또는 같은 구세 중에서 구체적인 세목(稅目)을 달리하는 세금을 횡령한 경우에는 포괄일죄가 된다(대판 1995. 9. 5. 95도1269). 수개의 업무상횡령행위라 하더라도 피해법익이 단일하고, 또 범죄의 태양이 동일하며 단일범의의 발현에 기인하는 일련의 행위라고 인정될 때에는 포괄하여 1개의 범죄가 된다(대판 2011. 7. 28. 2009도8265).

Ⅳ. 점유이탈물횡령죄

> 제360조(점유이탈물횡령) ① 유실물, 표류물 또는 타인의 점유를 이탈한 재물을 횡령한 자는 1년 이하의 징역이나 300만원 이하의 벌금 또는 과료에 처한다.
> ② 매장물을 횡령한 자도 전항의 형과 같다.

1. 의   의

점유이탈물횡령죄는 유실물, 표류물, 매장물 또는 타인의 점유를 이탈한 재물을 횡령하는 범죄이다. 점유침해가 없다는 점에서 탈취죄 및 편취죄와 구별되고 횡령죄와 공통점이 있다. 그러나 횡령죄에서는 위탁관계의 배신이 있지만 점유이탈물횡령죄에서는 없다는 점에서 구별되고, 이 때문에 횡령죄에 비해 형벌이 가볍다.

본죄가 횡령죄의 감경적 구성요건이라는 견해가 있으나, 통설은 횡령죄와 본죄는 위탁관계의 유무에 의해 구별되므로 독립된 범죄라고 한다.

본죄의 보호법익은 소유권 혹은 사실상의 소유이고, 보호의 정도는 침해범이다. 위험범설은 권리의 침해와 상실을 혼동한 것이므로 침해범설이 타당하다.

2. 구성요건

(1) 행위의 주체 및 객체

본죄는 비신분범이므로 주체에 제한이 없다. 이 점에서 횡령죄와 구별된다.

본죄의 객체는 유실물, 표류물, 매장물 또는 타인의 점유를 이탈한 재물이다. 유실물, 표류물, 매장물은 점유이탈물의 예시라고 할 수 있다.

1) 유실물, 표류물, 매장물   유실물이란 점유자가 잃어버린 물건, 즉 분실물을 의미한다. 「유실물법」 제12조는 착오로 점유한 물건, 타인이 놓고간 물건, 일실(逸失)한 가축 등을 준유실물이라고 하는데 이 역시 점유를 이탈한 타인의 재

물이므로 본죄의 객체가 된다.

표류물이란 점유를 이탈하여 바다, 강, 개천 등에서 떠내려가는 물건을 말한다. 매장물이란 땅, 바다밑, 건조물 등에 묻혀있는 물건을 말한다. 유실물, 표류물, 매장물 모두 타인의 점유를 이탈한 재물이어야 하고 타인의 점유하에 있는 경우에는 본죄의 객체가 될 수 없다.

2) 점유이탈물   점유이탈물이란 점유자의 의사에 의하지 않고 그의 점유를 이탈한 재물을 말한다. 어느 누구의 점유에도 속하지 않는 재물뿐만 아니라 행위자의 점유하에 있더라도 권리자와 위탁관계에 의하지 않고 점유하는 물건도 점유이탈물이 된다.

예를 들어 우연히 자기 집에 들어온 물건이나 가축, 손님이 잊고 간 물건 등도 점유이탈물이 될 수 있다. 집안으로 들어왔지만 주인집을 찾아갈 수 있는 가축, 강간현장에 피해자가 놓아두고 간 물건(대판 1984. 2. 28. 84도38), 노상에 세워둔 자전거, 외국군부대의 훈련기간 중 훈련구역 내에 장치된 로켓포탄(대판 1960. 10. 19. 4293형상581), 손님이 잊고 갔지만 잊은 장소를 기억해서 찾을 수 있는 물건 등은 본죄의 객체가 되지 않는다.

판례에 의하면 승객이 놓고 내린 지하철의 전동차 바닥이나 선반 위에 있던 물건(대판 1999. 11. 26. 99도3963), 고속버스에 승객이 잊고 내린 물건(대판 1993. 3. 16. 92도3170)으로서 승무원등이 이를 발견하지 못한 것을 영득한 때에는 점유이탈물횡령죄가 성립한다. 그러나 당구장이나 PC방에서 손님이 잃어버린 물건은 당구장주인이나 PC방주인의 점유하에 있기 때문에 본죄의 객체가 될 수 없다(대판 2007. 3. 15. 2006도9338; 대판 1988. 4. 25. 88도409).[1]

사자(死者)의 물건을 영득한 경우 점유이탈물횡령죄가 된다는 견해와 사자의 생전의 점유가 사후에도 다소간 계속되므로 절도죄가 된다는 견해가 대립한다. 판례는 후자의 입장이다.

[대판 1993. 9. 28. 93도2143] 피해자를 살해한 방에서 사망한 피해자 곁에 4시간 30분쯤 있다가 그 곳 피해자의 자취방 벽에 걸려 있던 피해자가 소지하는 물건들을 영득의 의사로 가지고 나온 경우 피해자가 생전에 가진 점유는 사망 후에도

---

1) 그러나 이 경우도 고속버스나 지하철에 놓여있는 물건을 영득한 경우와 같이 취급해야 할 것이다.

여전히 계속되는 것으로 보아야 한다.[1]

3) 타인소유의 재물　　　본죄의 객체는 타인소유의 재물이어야 한다. 무주물이나 자기 소유의 재물에 대해서는 본죄가 성립하지 않는다.

(2) 실행행위

본죄의 실행행위는 횡령이다. 횡령이란 권리자의 의사에 반하여 소유자를 배제하고 재물을 자기의 소유물처럼 사용·수익·처분하는 행위를 말한다. 유실물이나 표류물 등을 습득하고서 유실물법등이 정한 절차를 이행하지 않은 것만으로는 횡령이라고 할 수 없다.

> 판례에 의하면, 다른 사람의 유실물인 줄 알면서 당국에 신고하거나 피해자의 숙소에 운반하지 아니하고 자기 친구 집에 운반한 행위(대판 1969. 8. 19. 69도1078), 자전거를 습득하여 소유자가 나타날 때까지 보관을 선언하고 수일간 보관한 행위(대판 1957. 7. 12. 4290형상104)만으로는 횡령이라고 할 수 없다.

(3) 주관적 구성요건

통설·판례는 본죄의 성립에 고의 이외에 불법영득의사가 필요하다고 한다. 그러나 횡령에 영득이 포함되어 있으므로 영득은 고의의 한 내용이 된다고 해야 한다.

3. 죄수 및 친족간의 범행

본죄가 성립한 후 그 재물을 사용·손괴하는 행위는 별도의 범죄를 구성하지 않는 불가벌적 사후행위이다. 본죄로 습득한 자기앞수표를 현금과 교환하여도 사기죄는 성립하지 않는다(대판 1980. 1. 15. 79도2948).

본죄에는 친족간의 범행규정과 동력규정이 적용된다(제361조, 제328조 2, 3항, 제346조). 친족관계는 재물의 소유자와 행위자 사이에 존재해야 한다.

---

1) 그러나 사망에 의해 인간의 모든 권리의무는 소멸하므로 사자의 생전점유가 사망 후 4시간 30분이나 계속된다고 하는 것은 문제이다. 따라서 이 사건에서 사자의 점유가 아니라 자취방의 주인이나 관리인의 점유를 인정했어야 할 것이다.

제 7 절   배임의 죄

Ⅰ. 총   설

1. 개념 및 보호법익

배임의 죄란 타인의 사무를 처리하는 자가 그 임무에 위배하여 재산상의 이익을 취득하거나 제3자로 하여금 취득하게 하고 본인에게 손해를 가하는 범죄이다. 순수한 이득죄로 규정되어 있다는 점에서 다른 재산범죄와 구별된다.

배임죄의 보호법익이 재산권이라는 견해, 재산이라는 견해 등이 있지만, 배임죄의 성립에 재산상의 손해발생을 필요로 하고 손해발생 여부는 배임행위 전후의 전체재산을 비교해야 하므로 '전체로서의 재산'이라고 해야 할 것이다.

보호의 정도에 대해 위험범설 및 침해범설이 대립한다. 판례는 "재산상 권리의 실행을 불가능하게 할 염려있는 상태 또는 손해발생의 위험이 있는 경우에 바로 성립되는 위태범"(대판 2000. 4. 11. 99도334)이라고 하는데, 이는 구체적 위험범이라는 입장이라고 할 수 있다.

재산상 손해라는 개념은 현실적 손해가 있을 때뿐만 아니라 손해의 위험이 있는 때에도 적용될 수 있다. 예를 들어 은행원이 부당대출을 해준 경우 만기시 대여금을 회수하지 못한 때에 손해가 발생하는 것이 아니라 대출시에 이미 손해가 발생했다고 할 수 있다. 이 경우 구체적 위험범설은 '재산상 손해발생의 위험이 있기 때문에' 배임죄가 성립한다고 할 것이고, 침해범설에서는 '재산상의 손해가 발생하였기 때문에' 배임죄가 성립한다고 할 것이다. 이와 같이 구체적 위험범설과 침해범설은 실제에서는 차이가 없지만, 명문의 규정을 존중하는 침해범설이 타당하다.

2. 법적 성격

배임죄의 법적 성격에 대해서는 권한남용설[1]과 배신설이 대립하고 있다. 권

---

1) 이 견해는 배임죄의 본질은 법적 대리권의 남용에 있으므로 배임행위는 법률행위에 국한되고 사실행위에 의한 배임행위는 있을 수 없다고 한다. 이에 의하면 본인을 배신하는 행위가 사실행위이면 횡령죄가 되고, 대리권을 남용하는 법률행위이면 배임죄가 된다. 현재

한남용설은 현재 지지자가 없으므로 학설사적 의미밖에 없다.

통설·판례의 입장인 배신설은 배임죄의 핵심은 대리권남용이 아니라 위탁자의 신뢰를 배신하여 재산상의 이익을 취득하고 본인에게 재산상의 손해를 가하는 것이라고 한다. 즉 대외관계에서 대리권을 남용하는 것보다는 대내관계에서 위탁자의 신뢰를 배신하여 이득을 취하고 본인에게 손해를 가한다는 데에 배임죄의 중점이 있다는 것이다.

[대판 1999. 9. 17. 97도3219] 타인의 사무를 처리하는 자라 함은 양자간의 신임관계에 기초를 둔 타인의 재산보호 내지 관리의무가 있음을 그 본질적 내용으로 하는 것이므로, 배임죄의 성립에 있어 행위자가 대외관계에서 타인의 재산을 처분할 적법한 대리권이 있음을 요하지 아니한다.

이에 의하면 횡령죄나 배임죄 모두 위탁자의 신뢰를 배신한다는 배신성을 지니고 있지만, 횡령죄는 재물을, 배임죄는 재산상 이익을 객체로 한다는 점에서 구별되고, 배임죄와 횡령죄는 일반법 대 특별법의 관계에 있다.

배신설이라는 용어는 배임죄의 성격을 설명하기에 충분한 용어가 아니다. 왜냐하면 배임행위와 재산상 가해만으로도 배신이라고 할 수 있지만, 배임죄가 성립하기 위해서는 배신 이외에 재산상 이익의 취득도 있어야 하기 때문이다. 권한남용설이나 배신설 모두 독일형법의 해석론으로 주장된 것이지만, 우리나라와 독일의 배임죄 규정은 다르다.

형법 제355조 제2항	독일형법 제266조
타인의 사무를 처리하는 자가 그 임무에 위배하는 행위로써 재산상의 이익을 취득하거나 제3자로 하여금 이를 취득하게 하여 본인에게 손해를 가한 때에도 전항의 형(5년 이하의 징역 또는 1,500만원 이하의 벌금)과 같다.	법률, 관청의 위임, 법률행위에 의해 인정된 타인의 재산을 처분할 권한 또는 타인을 대리할 권한을 남용하거나, 법률, 관청의 위임, 법률행위나 신뢰관계에 의해 부과된 타인의 재산상 이익을 보호해야 할 의무를 위반함으로써 위탁자에게 손해를 가한 자는 5년 이하의 자유형 또는 벌금에 처한다.

이를 취하는 학자는 없다.

앞의 표에서 보는 바와 같이 독일형법상 배임죄의 내용은 ① 권한남용이나 의무위반을 통해 ② 본인에게 재산상의 손해를 가하는 것이다. 이 때문에 배임죄의 중점이 권한남용과 재산상 손해를 가하는 것 중 어디에 있는지 다투어질 수 있다. 그러나 우리 형법상 배임죄가 성립하기 위해서는 ① 배임행위, ② 본인에 대한 재산상 가해, ③ 자기 또는 제3자의 재산상 이익의 취득이 있어야 한다. 즉, 독일형법상 배임죄는 재산상 이익취득이 없어도 성립할 수 있지만, 우리 형법상 배임죄는 재산상 이익취득까지 있어야 성립할 수 있다.

이런 의미에서 배신이라는 용어만으로는 부족하고 배신(가해)과 이득까지 포함하는 용어가 필요하다. 따라서 배신(가해)·이득설이라는 용어로 바꾸거나 배신설이라는 용어를 그대로 쓴다 하더라도 가해와 이득의 의미를 모두 포함하는 것으로 이해해야 한다. 횡령죄에서는 행위자나 제3자의 재물의 영득은 곧 본인의 손해를 의미하지만, 배임죄에서는 행위자나 제3자의 이익취득이 곧 본인의 재산상 손해를 의미하는 것은 아니라는 점에서 양 죄의 차이가 있다.

3. 구성요건체계

배임의 죄의 기본적 구성요건은 배임죄(제355조 2항)이다. 업무상배임죄(제356조)는 업무자라는 신분으로 인해 책임이 가중되는 범죄유형이다. 배임죄는 진정신분범이고 업무상배임죄는 진정신분범과 부진정신분범의 성격을 모두 지니고 있다. 배임죄 및 업무상배임죄의 이득액이 5억원 이상인 때에는 특정경제범죄법에 의해 가중처벌된다(제3조).

배임수재죄와 배임증재죄(제357조)는 배임죄와 독립된 성격의 범죄이다. 배임수·증재죄는 수뢰죄(제129조) 및 증뢰죄(제133조)와 유사한 성격의 범죄이다. 특정경제범죄법은 금융기관의 임직원의 뇌물죄를 배임수·증재죄보다는 수·증뢰죄와 유사하게 다루는 규정을 두고 있다(제5조, 제6조).

위의 범죄들의 미수범은 처벌하고(제357조), 친족간범행과 동력에 관한 규정이 준용되고(제361조, 제328조 2, 3항, 제346조), 10년 이하의 자격정지를 병과할 수 있다(제358조).

Ⅱ. 배 임 죄

> 제355조(배임) ② 타인의 사무를 처리하는 자가 그 임무에 위배하는 행위로써 재산상의 이익을 취득하거나 제3자로 하여금 이를 취득하게 하여 본인에게 손해를 가한 때에도 전항의 형과 같다.

1. 구성요건

(1) 행위의 주체

배임죄는 진정신분범으로서 그 주체는 '타인의 사무를 처리하는 자'이다.

1) 신임관계   '타인의 사무를 처리하는 자'란 위탁자와의 신임관계에 의해 타인의 사무를 처리하는 자이다. 타인과의 대내관계에 있어서 신의성실의 원칙에 비추어 그 사무를 처리할 신임관계가 존재한다고 인정되는 자를 의미하고, 반드시 제3자에 대한 대외관계에서 그 사무에 관한 대리권이 존재할 것을 요하지 않는다(대판 2003. 1. 10. 2002도758). 또한 고유의 권한으로서 사무처리를 하는 자에 한하지 않고 그 자의 보조기관으로서 직접 또는 간접으로 그 처리에 관한 사무를 담당하는 자(대판 2004. 6. 24. 2004도520) 및 업무자의 상급기관(대판 2004. 7. 9. 2004도810)도 포함된다.

2) 신임관계의 발생근거   사무처리를 할 수 있는 신임관계는 법령, 계약, 대리권의 부여와 같은 법률행위뿐만 아니라 관습, 사무관리, 거래의 신의칙에 의해서도 발생할 수 있다(대판 2003. 1. 10. 2002도758). 사실상의 신임관계가 발생할 수 있으면 족하므로 법적인 권한이 소멸된 후에 사무를 처리하거나 그 사무처리자가 그 직에서 해임된 후 사무인계 전에 사무를 처리한 경우도 포함된다(대판 1999. 6. 22. 99도1095).

그러나 신임관계가 형성될 수 있는 계약 등이 무효여서 처음부터 신임관계가 발생할 수 없었던 경우에는 배임죄가 성립할 수 없다.

> [대판 1979. 3. 27. 79도141] 농지를 취득할 수 없는 자에게 농지를 매도한 계약은 무효이어서 매도인은 소유권이전등기절차를 이행할 임무가 없으므로 매도인이 그 농지를 제3자에게 이중으로 양도하였다 하더라도 배임죄가 성립되지 아니한다.

3) 사무의 내용

가. 재산상 사무에의 국한 여부   본죄의 사무에 공적 사무가 포함된다는 점에 대해서는 견해가 일치한다. 그러나 본죄의 사무가 재산상의 사무에 국한되는가에 대해서는 견해가 대립한다.

다수설은 배임죄가 부당하게 확대되지 않도록 해야 한다는 것을 근거로 긍정설을 따른다. 부정설은 사무를 축소해석하지 않아도 배임죄가 부당하게 확대되는 것은 아니라고 한다. 절충설은 재산적 사무일 필요는 없지만, 재산적 이해관계가 있는 사무여야 한다고 한다.

판례는 재산상 사무에 국한된다는 입장이다.

[대판 2004. 6. 17. 2003도7645]   타인의 사무를 처리하는 자라 함은 양자간의 신임관계에 기초를 두고 타인의 재산관리에 관한 사무를 대행하거나 타인재산의 보전행위에 협력하는 자의 경우 등을 가리킨다.

그러나 위와 같은 견해의 대립은 별 의미가 없다. 예를 들어 의사의 의료사무나 가사도우미의 사무는 환자나 고용주의 재산관리사무나 재산적 이해관계있는 사무라고는 할 수 없다. 그러나 예를 들어 의사가 환자를 치료하면서 치료비를 더 받기 위해 환자의 입원일수를 늘리거나 가사도우미가 친구가게에서 비싼 값으로 생활용품을 구입하는 경우 배임죄가 성립한다고 할 수 있다. 배임죄의 사무에는 주된 사무뿐만 아니라 부수적인 사무도 포함되므로 재산관리 사무나 재산적인 이해관계가 있는 사무가 주된 사무가 아니라 부수적인 사무여도 무방하기 때문이다. 판례도 긍정설을 따르고 있지만, 배임죄를 부정하는 경우 재산관리사무가 아님을 근거로 한 판례는 찾아보기 힘들고, 타인의 사무가 아님을 근거로 한 판례가 대다수이다.

나. 사무의 독립성   배임죄의 사무는 위탁관계에 의해 처리되는 사무이다. 포괄적 위탁사무일 것까지 요하는 것은 아니지만(대판 1999. 6. 22. 99도1095), 어느 정도의 독립성 내지는 재량이 인정되는 사무여야 한다. 이는 위탁이라는 개념에서도 분명히 나타난다. 따라서 단순히 타인의 지시를 받아 기계적으로 사무를 처리하는 경우에는 배임죄의 주체가 될 수 없다. 그러나 고유의 권한으로서 사무처리를 하는 자에 한하지 않고 그 자의 보조기관으로서 직접·간접으로 그 처리에 관한 사무를 담당하는 자도 포함된다(대판 2004. 6. 24. 2004도520).

4) 타인의 사무   사무는 타인의 사무여야 하고, 타인의 사무와 관련되어 있더라도 자기의 사무라고 할 수 있을 때에는 본죄가 성립하지 않는다(대판 2014. 2. 27. 2011도3482). 예를 들어 채무이행은 채권자의 사무와 관련되어 있지만 자기의 사무이므로 채무불이행은 본죄에 해당되지 않는다.[1]

다른 한편 사무의 본질적 내용이 타인의 사무이면 동시에 자기의 사무라고 하더라도 타인을 위한 사무로서의 성질이 부수적·주변적인 의미를 넘어서 중요한 내용을 이루는 경우에는 타인의 사무가 된다(대판 2017. 4. 26. 2017도2181).

타인의 사무처리와 관련해서 임무위배 행위를 해야 본죄가 성립할 수 있고, 그 사무처리와 무관하게 임무위배 행위를 하였을 때에는 본죄가 성립할 수 없다(대판 1998. 10. 23. 98도2577). 법인이 타인의 사무처리자인 경우에는 법인의 기관인 자연인이 사무처리자가 된다(대판 1985. 10. 8. 83도1375). 일인주주 회사의 경우에도 일인주주겸 대표이사가 타인인 회사의 사무를 처리하는 자로서 본죄의 주체가 될 수 있다(대판 1984. 9. 25. 84도1581).

판례에 의하면, 계약금과 중도금까지 지급받은 후 그 부동산을 이중매도하고 중도금까지 받은 부동산매도인(대판 2018. 5. 17. 2017도4027 전합), 지입차주에 대한 자동차 지입회사의 운영자(대판 2021. 6. 30. 2015도19696), 계원들로부터 월불입금을 모두 징수한 계주(대판 1995. 9. 29. 95도1176), 명의환원약정을 부인하고 자신이 다방 영업허가 명의자라고 주장하며 영업장소를 이전하고 상호를 변경하고 명의변경요구를 거부한 명의수탁자(대판 1981. 8. 20. 80도1176) 등은 타인의 사무처리자로 인정된다.

그러나 착오로 비트코인을 이체받은 계좌주(대판 2021. 12. 16. 2020도9789), 채무담보를 목적으로 채권자에게 타인에 대한 채권을 양도한 채무자(대판 2021. 7. 15. 2015도5184), 아파트 수분양권의 매도인(대판 2021. 7. 8. 2014도12104), 금전채무를 담보하기 위하여 주식을 채권자에게 양도담보로 제공한 채무자 또는 양도담보설정자(대판 2021. 1. 28. 2014도8714), 주식양도인이 주식양수인에게 제3자에 대한 대항요건을 갖추어 주지 아니하고 이를 타에 처분한 경우(대판 2020. 6. 4. 2015도6057), 동산을 채권자에게 양도담보한 후 점유개정 방식으로 점유하고 있던 채무자(대판 2020. 2. 20. 2019도9756 전합), 금융기관의 임직

---

1) 대판 2017. 8. 24. 2017도7489: 금융기관의 임직원은 예금주로부터 예금계좌를 통한 적법한 예금반환 청구가 있으면 이에 응할 의무가 있을 뿐 예금주와의 사이에서 그의 재산관리에 관한 사무를 처리하는 자의 지위에 있다고 할 수 없다.

원이 예금주의 통장에서 대출금을 인출한 경우(예금주에 대해)(대판 2017. 8. 24. 2017도7489), 소유권을 취득하는 즉시 임차인에게 알려 임차인이 전입신고를 하고 확정일자를 받아 1순위 근저당권자 다음으로 대항력을 취득할 수 있도록 하기로 약정하였는데, 그 후 임차인에게 소유권 취득 사실을 고지하지 않고 다른 2, 3순위 근저당권을 설정해 준 경우(대판 2015. 11. 26. 2015도4976), 채무자가 투자금반환채무의 변제를 위하여 담보로 제공한 임차권 등의 권리를 그대로 유지할 계약상 의무를 이행하지 않은 경우(대판 2015. 3. 26. 2015도1301), 채권 담보 목적으로 부동산에 관한 대물변제예약을 체결한 채무자가 대물로 변제하기로 한 부동산을 제3자에게 처분한 경우(대판 2014. 8. 21. 2014도3363 전합), 한우의 폐사로 인한 손해를 담보하기 위해 가축보험을 체결, 관리, 유지하기로 계약하였다가 보험계약을 해지한 경우(대판 2014. 2. 27. 2011도3482), 부동산매매에서 미리 소유권을 이전받은 매수인이 목적물을 담보로 제공하는 방법으로 매매대금을 마련하여 매도인에게 제공하기로 약정한 경우(대판 2011. 4. 28. 2011도3247), 동산을 양도하기로 하고 계약금 및 중도금을 수령한 후 이중양도한 경우(대판 2011. 1. 20. 2008도10479 전합), 일반회원들 중에서 특별회원을 모집하여 일반회원들의 주말예약권을 사실상 제한·박탈한 골프시설의 운영자(대판 2003. 9. 26. 2003도763), 담보권을 실행하기 위하여 담보목적물을 처분함에 있어 시가에 따른 적절한 처분을 하여야 할 의무를 이행하지 않은 담보권자(대판 1985. 11. 26. 85도1493 전합), 임차인의 지위를 양도한 자가 양도사실을 임대인에게 통지하고 양수인이 갖는 임차인의 지위를 상실하지 않게 할 의무를 이행하지 않은 경우(대판 1991. 12. 10. 91도2184), 양품점의 임차권만을 양도한 자가 양수인에게 그 점포를 명도하여 주지 않고 이중양도한 경우(대판 1990. 9. 25. 90도1216), 청산회사의 대표청산인(대판 1990. 5. 25. 90도6), 근저당권설정자가 등기관계서류를 위조하여 근저당권설정등기를 말소한 경우(대판 1987. 8. 18. 87도201), 내연의 처와의 불륜관계를 지속하는 대가로서 부동산에 관한 소유권이전등기를 경료해 주기로 약정하고 이를 이행하지 않은 경우(대판 1986. 9. 9. 86도1382), 매도인인 피고인이 매수인에게 부동산을 매도하고 계약금만을 수수한 상태에서 매수인이 잔대금의 지급을 거절하자 부동산을 임의처분한 경우(대판 1984. 5. 15. 84도315), 은행이 전부명령(轉付命令)을 받은 채권자에게 예금액을 지급하지 않은 경우(대판 1983. 7. 12. 83도1405), 채무자가 금융기관으로부터 특정 토지 위에 건물을 신축하는 데 필요한 공사자금을 대출받으면서 이를 담보하기 위하여 신탁회사를 수탁자, 금융기관을 우선수익자, 채무자를 위탁자 겸 수익자로 한 담보신탁계약 및 자금관리대리사무계약을 체결한 경우(대판 2020. 4. 29. 2014도9907) 등에서는 타인의 사무처리자로 인정되지 않는다. 한편 타인의 사무를 처리할 의무의 주체가 법인이 되는 경우, 법인은 다만 사법상의 의무주체가 될 뿐 범죄능력이 없는 것이며 그 타인의 사무는 법인을 대표하는 자연인인 대표기관의 의사결정에 따른 대표행위에 의하여 실현될 수밖에 없어 그 대표기관은 마땅히 법인이 타인에 대하여 부담하고 있는 의무내용 대로 사무를 처리할 임무가 있다 할 것이므로 법인이 처리할 의무를 지는 타인의 사무에 관하여는 법인이 배임죄의 주체가 될 수 없고 그 법인을 대표하여 사무를 처리하는 자연인인 대표기관이 바로 타인의 사무를 처리하는 자, 즉 배임죄의 주체가 된다(대판 1984. 10. 10. 82도2595 전합).

(2) 실행행위

배임죄의 실행행위는 그 임무에 위배하는 행위로써 재산상의 이익을 취득하거나 제3자로 하여금 취득하게 하여 본인에게 재산상의 손해를 가하는 것이다.

1) 임무위배행위(배임행위)

가. 개 념 '배임행위'란 당해 사무의 내용·성질 등 구체적 상황에 비추어 법률의 규정, 계약의 내용 또는 신의성실의 원칙상 당연히 할 것으로 기대되는 행위를 하지 않거나 당연히 하지 말아야 할 것으로 기대되는 행위를 함으로써 본인에 대한 신임관계를 저버리는 일체의 행위를 말한다(대판 2012. 9. 13. 2012도3840). 그러나 사무처리에 대하여 본인의 동의가 있는 때에는 배임행위라고 할 수 없다(대판 2015. 6. 11. 2012도1352).

배임행위는 작위·부작위, 법률행위·준법률행위·사실행위 모두 가능하고 그 행위의 유효·무효를 불문한다(대판 2001. 9. 28. 99도2639). 부작위에 의한 배임행위란 사무를 처리할 법적 의무가 있는 자가 그 상황에서 당연히 할 것이 법적으로 요구되는 행위를 하지 않는 것을 말한다(대판 2021. 5. 27. 2020도15529). 다만, 배임행위가 법률상 무효임으로 인해 재산상 손해발생 가능성이 없는 경우에는 배임죄가 성립하지 않는다(대판 2012. 5. 24. 2012도2142; 대판 2012. 2. 9. 2010도176).

[대판 2012. 7. 12. 2009도7435] 회사의 이사 등이 충분한 담보를 제공받는 등 상당하고도 합리적인 채권회수조치를 취하지 아니한 채 만연히 대여해 주었다면, 그와 같은 자금대여는 배임행위가 되고, 단순히 그것이 경영상의 판단이라는 이유만으로 배임죄의 죄책을 면할 수는 없으며, 이러한 이치는 그 타인이 자금지원 회사의 계열회사라 하여 달라지지 않는다.
[대판 2011. 8. 18. 2009도7813] 동일인 대출한도를 초과하여 대출함으로써 상호

저축은행법을 위반하였다고 하더라도, 대출한도 제한규정 위반으로 처벌함은 별론으로 하고, 그 사실만으로 특별한 사정이 없는 한 업무상배임죄가 성립한다고 할 수 없다.

나. 모험적 거래　　　　타인의 사무를 처리하는 자가 재산상 손해를 가할 위험성이 있는 모험적 거래에서는 제3자의 이익취득과 본인의 재산상 손해발생에 대한 미필적 고의가 인정된다. 본인이 모험적 거래를 동의·승낙한 경우에는 배임행위가 될 수 없으나 본인이 모험적 거래를 금지한 경우에는 배임행위가 된다. 동의·승낙은 사전에 있어야 함은 피해자의 승낙에 관한 일반이론과 같다(대판 1985. 9. 24. 85도1444).

모험적 거래가 배임행위에 해당하는지의 여부는 예상되는 이익과 손해의 규모, 그 거래가 정상적인 사무처리범위 내에 속하는지의 여부, 본인의 추정적 승낙이 있는지 여부 및 기타의 상황을 종합적으로 고려하여 결정해야 한다.

다. 경영판단과 배임죄　　　　모험적 거래뿐만 아니라 모든 경영은 재산상 손해발생 가능성을 내포하고 있다. 그러나 회사의 경영진들이 회사에 손실을 발생시킨 경우 무조건 배임죄를 인정하는 것은 불합리하다. 경영의 실패가 곧 배임을 의미하는 것은 아니다. 따라서 경영진이 합리적 경영판단을 하였을 경우에는 배임죄의 성립을 인정하지 말아야 하는데, 이것이 경영판단과 배임죄의 문제이다. 판례는 경영판단을 배임죄의 고의 인정여부 문제로 보지만(대판 2013. 9. 26. 2013도5214 외 다수판결), 경영판단에 따른 행위는 아예 배임행위라고 할 수 없다고 해야 한다. 경영판단에 따른 행위인지는 경영상의 판단에 이르게 된 경위와 동기, 판단대상인 사업의 내용, 기업이 처한 경제적 상황, 손실발생의 개연성과 이익획득의 개연성 등 제반 사정에 비추어 개별적으로 판단하여야 한다(대판 2013. 9. 26. 2013도5214).

라. 차입매수(LBO)와 배임죄　　　　기업인수의 과정에서 A회사(인수회사)가 인수자금 마련을 위하여 B회사(피인수회사)의 자산을 담보로 제공하는 방식을 취하는 경우 피인수회사로서는 주채무가 변제되지 아니할 경우에는 담보로 제공되는 자산을 잃게 되는 위험을 부담한다. 그러므로 위와 같이 인수자만을 위한 담보제공이 무제한 허용된다고 볼 수는 없고, 인수자가 피인수회사의 담보제공으로 인한 위험 부담에 상응하는 대가를 지급하는 등의 반대급부를 제공하는 경우에 한하여

허용될 수 있다. 만일 인수자가 피인수회사에 아무런 반대급부를 제공하지 않고 피인수회사의 대표이사가 임의로 피인수회사의 재산을 담보로 제공하게 하였다면, 인수자 또는 제3자에게 담보 가치에 상응한 재산상 이익을 취득하게 하고 피인수회사에 그 재산상 손해를 가하였다고 봄이 타당하다(대판 2020. 10. 15. 2016도10654). 위와 같이 아무런 반대급부 제공이 없었던 경우, 설령 피인수회사에 대해 회사정리절차가 진행 중이었고 그 피인수회사의 경영정상화 목적을 위해 차입매수를 시도한 경우라도 배임죄가 성립한다(대판 2006. 11. 9. 2004도7027).

마. 경쟁업체에 대한 영업비밀 등 자료유출　　회사직원이 '영업비밀'을 경쟁업체에 유출하거나 스스로의 이익을 위하여 이용할 목적으로 무단으로 반출하였다면 그 반출 시에 업무상 배임죄의 기수가 되고, 영업비밀이 아니더라도 그 자료가 불특정 다수의 사람에게 공개되지 않았고 사용자가 상당한 시간, 노력 및 비용을 들여 제작한 영업상 주요한 자산인 경우에도, 그 자료의 반출행위는 업무상 배임죄를 구성한다(대판 2021. 5. 7. 2020도17853).

바. 가장납입 등　　판례에 의하면, 신주발행에 있어서 대표이사가 일반주주들에 대하여 그들의 신주인수권과 기존 주식의 가치를 보존하는 임무를 대행한다거나 주주의 재산보전 행위에 협력하는 자로서 타인의 사무를 처리하는 자의 지위에 있다고는 볼 수 없을 뿐만 아니라, 납입을 가장하는 방법에 의하여 주금이 납입된 경우 회사의 재산에 대한 지분가치로서의 기존 주식의 가치가 감소하게 될 수는 있으나, 이는 가장납입에 의하여 회사의 실질적 자본의 감소가 초래됨에 따른 것으로서 업무상배임죄에서의 재산상 손해에 해당된다고 보기도 어려우므로, 신주발행에 있어서 대표이사가 납입의 이행을 가장한 경우에는 상법 제628조 제1항에 의한 가장납입죄가 성립하는 이외에 따로 기존 주주에 대한 업무상배임죄를 구성한다고 할 수 없다(대판 2004. 5. 13. 2002도7340). 그러나 신주인수권부사채 발행업무를 담당하는 사람과 신주인수권부사채 인수인이 사전에 공모하여 제3자로부터 차용한 돈으로 인수대금을 납입하고 신주인수권부사채 발행절차를 마친 직후 곧바로 이를 인출하여 직간접적으로 위 차용금 채무의 변제에 사용하는 등 실질적으로 신주인수권부사채 인수대금이 납입되지 않았음에도 신주인수권부사채를 발행한 경우, 신주인수권부사채의 발행업무를 담당하는 사람과 신주인수권부사채 인수인이 업무상배임죄의 죄책을 진다(대판 2022. 6. 30. 2022도3784).

2) 재산상 이익의 취득　　본죄가 성립하기 위해서는 행위자 또는 제3자가

재산상의 이익을 취득해야 한다. 여기에서 제3자라 함은 사무처리자 또는 본인을 제외한 자를 말한다(대판 1999. 7. 9. 99도311). 본인에게 재산상의 손해를 가했다고 하더라도 자신이나 제3자가 재산상의 이익을 취득하지 않으면 배임죄가 성립하지 않는다(대판 2009. 12. 24. 2007도2484; 대판 2009. 6. 25. 2008도3792). 이 점이 본인에게 손해를 가할 것만을 요구하는 독일형법상의 배임죄와 다르다.

재산상의 이익은 강도·사기·공갈죄 등에서와 마찬가지로 경제적으로 판단한다(대판 2007. 3. 15. 2004도5742). 적극적 이익뿐만 아니라 채무를 면하는 것과 같은 소극적 이익도 포함된다. 명예나 성적 접대 등과 같이 재산상 이익이 아닌 다른 이익을 취득한 경우에는 배임죄가 성립할 수 없다. 다만 성적 접대 등이 사실상 재산상 이익으로 환산될 수 있는 경우에는 재산상 이익이 될 수 있다.

이득액이 5억원 이상인 때에는 특정경제범죄법 제3조에 의해 가중처벌된다. 이득액은 경합범이 아니라 단순일죄 혹은 포괄일죄에 의한 이득액의 합산액을 의미한다(대판 2000. 7. 7. 2000도1899). 특정경제범죄법상의 이득액을 산정함에는 죄형균형 원칙이나 책임주의원칙이 훼손되지 않도록 유의하여야 한다(대판 2012. 9. 13. 2012도3840; 대판 2007. 4. 19. 2005도7288 전합). 재산상 이익을 산정할 수 없을 때에는 특정경제범죄법 제5조는 적용되지 않는다(대판 2012. 8. 30. 2012도5220). 재산상 손해액과 이득액이 서로 다를 때에는 특정경제범죄법 적용은 이득액을 기준으로 하여야 한다.

[대판 2012. 9. 13. 2012도3840; 대판 2007. 4. 19. 2005도7288 전합] 부동산의 가액을 산정함에 있어서는, 그 부동산에 아무런 부담이 없는 때에는 그 부동산의 시가 상당액이 곧 그 가액이라고 볼 것이지만, 그 부동산에 근저당권설정등기가 경료되어 있거나 압류 또는 가압류 등이 이루어져 있는 때에는 특별한 사정이 없는 한 아무런 부담이 없는 상태에서의 그 부동산의 시가 상당액에서 근저당권의 채권최고액 범위 내에서의 피담보채권액, 압류에 걸린 집행채권액, 가압류에 걸린 청구금액 범위 내에서의 피보전채권액 등을 뺀 실제의 교환가치를 그 부동산의 가액으로 보아야 한다.

3) 재산상 손해

가. 재산상 손해의 개념   본인에게 재산상의 손해를 가해야 한다. 자기 또는 제3자의 재산상 이익취득이 있어도 본인에게 재산상 손해가 발생하지 않으면 본죄는 성립하지 않는다. 재산상의 손해도 법률적 관점이 아닌 경제적 관점에

서 파악해야 한다(대판 2004. 3. 26. 2003도7878). 직접적인 재산의 감소, 보증이나 담보 제공 등 채무 부담으로 인한 재산의 감소와 같은 적극적 손해는 물론, 객관적으로 보아 취득할 것이 충분히 기대되는 이익을 얻지 못한 경우, 즉 소극적 손해도 포함된다(대판 2013. 4. 26. 2011도6798). 손해액이 구체적으로 명백히 산정되지 않아도 무방하다(대판 2009. 10. 29. 2007도6772).

통설은 손해를 가한 때라 함은 현실적으로 손해를 가한 때뿐만 아니라 손해 발생의 위험성이 있는 경우도 포함된다고 하고, 판례도 같은 입장이다(대판 2004. 7. 22. 2002도4229).[1] 다만, 판례는 재산상 실해발생의 위험은 구체적·현실적인 위험이 야기된 정도에 이르러야 하고 단지 막연한 가능성이 있다는 정도로는 부족하다고 한다.

> [대판 2017. 7. 20. 2014도1104 전합] 주식회사의 대표이사가 대표권을 남용하는 등 그 임무에 위배하여 회사 명의로 의무를 부담하는 행위를 하더라도 일단 회사의 행위로서 유효하고, 다만 상대방이 대표이사의 진의를 알았거나 알 수 있었을 때에는 회사에 대하여 무효가 된다. 따라서 상대방이 대표권남용 사실을 알았거나 알 수 있었던 경우 그 의무부담행위는 원칙적으로 회사에 대하여 효력이 없고, 경제적 관점에서 보아도 이러한 사실만으로는 회사에 현실적인 손해가 발생하였다거나 실해 발생의 위험이 초래되었다고 평가하기 어려우므로, 달리 그 의무부담행위로 인하여 실제로 채무의 이행이 이루어졌다거나 회사가 민법상 불법행위책임을 부담하게 되었다는 등의 사정이 없는 이상 배임죄의 기수에 이른 것은 아니다. 그러나 이 경우에도 대표이사로서는 배임의 범의로 임무위배행위를 함으로써 실행에 착수한 것이므로 배임죄의 미수범이 된다.
> 그리고 상대방이 대표권남용 사실을 알지 못하였다는 등의 사정이 있어 그 의무부담행위가 회사에 대하여 유효한 경우에는 회사의 채무가 발생하고 회사는 그 채무를 이행할 의무를 부담하므로, 이러한 채무의 발생은 그 자체로 현실적인 손해 또는 재산상 실해 발생의 위험이라고 할 것이어서 그 채무가 현실적으로 이행되기 전이라도 배임죄의 기수에 이르렀다고 보아야 한다.[2]

---

1) 그러나 '손해를 가한 때'를 '손해발생의 위험을 초래한 때'라고 해석하는 것은 문언의 가능한 의미를 넘어서서 피고인에게 불리한 유추해석이므로 허용되지 않는 해석이고, 현실적 손해를 가한 때로 한정해야 한다. 다만 현실적 손해의 발생과 손해의 현실화는 구별해야 한다. 앞에서 본 것처럼 우량채권을 불량채권으로 바꾼 경우 재산상 손해의 현실화는 변제기에 가서 있게 되지만, 현실적 손해는 바꾼 시점에 있다고 할 수 있다. 이것은 재산상 이익 또는 손해라는 개념의 특수성 때문이다.
2) 한편 판례는 "법인의 대표자 또는 피용자가 법인 명의로 한 채무부담행위가 관련 법령에

판례에 의하면, 유치권자로부터 점유를 위탁받아 부동산을 점유하는 자가 부동산의 소유자로부터 인도소송을 당하여 재판상 자백을 하였으나 그것이 인도소송 및 유치권의 존속·성립에 영향을 미치지 않는 경우(대판 2017. 2. 3. 2016도3674), 은행 지점장 물품대금지급보증서를 발급하여 주었으나 물품대금 거래가 개시되지 않아 지급보증 대상인 물품대금 지급채무 자체가 현실적으로 발생하지 않은 경우(대판 2015. 9. 10. 2015도6745), 임의로 특허출원서 발명자란에 피고인 성명을 추가로 기재하여 공동발명자로 등재되게 한 경우(대판 2011. 12. 13. 2011도10525), 재산상의 손실을 야기한 임무위배행위가 동시에 그 손실을 보상할 만한 재산상의 이익을 준 경우(대판 2011. 4. 28. 2009도14268), 농지개혁법상 토지의 소유권을 취득할 수 없는 사람에게 소유권이전을 하지 않고 다른 사람에게 매도한 경우(대판 2011. 1. 27. 2009도10701), 보증인이 변제 자력이 없는 피보증인에게 신규자금을 제공하거나 이를 차용하는 데 담보를 제공하면서 이미 보증을 한 채무의 변제에 사용되도록 한 경우(대판 2010. 11. 25. 2009도9144), 주주배정 방식으로 신주를 저가로 발행한 경우(대판 2009. 5. 29. 2007도4949 전합), 금융기관이 거래처가 신규대출을 받은 것처럼 서류상 정리하였더라도 금융기관이 실제로 위 거래처에게 대출금을 새로 교부하지 아니한 경우(대판 2000. 6. 27. 2000도1155), 공무원이 회계법규에 위반하여 예산을 유용하여 국가사무비에 충당한 경우(대판 1955. 6. 14. 4287형상115) 등에서는 재산상의 손해가 없다.[1]

나. 손해액의 산정   배임죄의 보호법익은 전체로서의 재산이므로 손해의 발생 여부와 손해액의 산정은 배임행위의 전후를 총체적으로 비교하여 정한다. 배임행위 이전의 본인의 전체 재산가액이 배임행위 이후의 본인의 전체 재산가액보다 감소된 경우 재산상의 손해가 발생하였다고 할 수 있다(대판 1999. 4. 13. 98도4022).

판례에 의하면 재산상 손해를 가한 때란 손해발생의 위험을 초래한 경우도 포함하므로 현실적 손해액뿐만 아니라 손해발생의 위험도 손해액에 포함된다. 재

위배되어 법률상 효력이 없는 경우에는 그로 인하여 법인에게 어떠한 손해가 발생한다고 할 수 없으므로, 그 행위로 인하여 법인이 민법상 사용자책임 또는 법인의 불법행위책임을 부담하는 등의 특별한 사정이 없는 한 그 대표자 또는 피용자의 행위는 배임죄를 구성하지 아니한다"고 한다(대판 2010. 9. 30. 2010도6490). 이 판결은 본문의 판결과 모순되어 보이는데, 본문의 판례가 타당하다.
1) 기타 재산상 손해발생을 인정하지 않은 판례로, 대판 2011. 5. 13. 2010도16391; 대판 2008. 5. 8. 2008도484; 대판 2004. 4. 9. 2004도771; 대판 1997. 5. 30. 95도531 등.

산상 손해가 발생하였지만 그 가액을 구체적으로 산정할 수 없을 때에는 특정경제범죄법의 적용을 받지 않는다(대판 2001. 11. 13. 2001도3531).[1]

근저당권의 소멸로 인하여 근저당권자가 입게 되는 손해는 근저당 목적물인 부동산의 가액 범위 내에서 채권최고액을 한도로 하는 피담보채권액이고 이는 다른 담보권에서도 마찬가지이다(대판 2013. 1. 24. 2012도10629). 주식의 고가매수로 인한 손해액은 원칙적으로 그 주식의 실제 매수대금과 그 주식의 적정가액 사이의 차액 상당이다(대판 2012. 6. 28. 2012도2623). 금융기관이 금원을 대출함에 있어 대출금 중 선이자를 공제한 나머지만 교부하거나 약속어음을 할인함에 있어 만기까지의 선이자를 공제한 경우 배임행위로 인하여 금융기관이 입는 손해는 선이자를 공제한 금액이 아니라 선이자로 공제한 금원을 포함한 대출금 전액이거나 약속어음 액면금 상당액이다(대판 2004. 7. 9. 2004도810).

4) 재산상 이익과 재산상 손해의 관련성

[대판 2021. 11. 25. 2016도3452] '재산상 이익 취득'과 '재산상 손해 발생'은 대등한 범죄성립요건이고, 이는 서로 대응하여 병렬적으로 규정되어 있다(형법 제356조, 제355조 2항). 따라서 임무위배행위로 인하여 여러 재산상 이익과 손해가 발생하더라도 재산상 이익과 손해 사이에 서로 대응하는 관계에 있는 등 일정한 관련성이 인정되어야 업무상배임죄가 성립한다. 따라서 피고인이 새마을금고의 여유자금 운용에 관한 규정을 위반하여 원금 손실의 위험이 있는 금융상품을 매입한 행위는 새마을금고에 재산상 손해 발생의 위험을 초래한 임무위배행위에 해당하지만, 금융상품 매입에 대한 대가로 다른 금융기관에 지급된 수수료의 경우 그 다른 금융기관이 지나치게 과도한 수수료를 받았다는 등의 특별한 사정이 없는 한 위 수수료는 정당하게 지급받은 것에 불과하며 위 재산상 손해와 관련성 있는 재산상 이익이라 할 수 없다.

(3) 주관적 구성요건

1) 고 의   본죄가 성립하기 위해서는 고의가 필요하다. 일부 본인을 위한 측면이 있다 하더라도 그 의사는 부수적일 뿐이고 이득 또는 가해의 의사가 주된 것임이 판명되면 고의가 인정된다(대판 2008. 5. 29. 2005도4640). 피고인이 배임죄의 범의를 부인하는 경우에는 고의와 상당한 관련성이 있는 간접사실을 증명하

---

[1] 그러나 이득액이 산정될 수 있을 때에는 재산상 손해의 가액이 구체적으로 산정될 수 없더라도 동법이 적용된다고 해야 할 것이다.

는 방법에 의하여 입증할 수밖에 없다(대판 2004. 7. 9. 2004도810).

> [대판 2004. 10. 28. 2002도3131] 경영상의 판단과 관련하여 기업의 경영자에게
> 배임의 고의가 있었는지 여부를 판단함에 있어서는 기업경영에 있어 경영상 판단
> 의 특성이 고려되어야 한다.
> [대판 2004. 7. 22. 2002도4229] 자기 또는 제3자가 재산상 이익을 취득한다는 인
> 식과 본인에게 손해를 가한다는 인식(미필적 인식을 포함)하의 의도적 행위임이 인
> 정되는 경우에 한하여 배임죄의 고의를 인정하는 엄격한 해석기준은 유지되어야
> 할 것이고, 그러한 인식이 없는데 단순히 본인에게 손해가 발생하였다는 결과만
> 으로 책임을 묻거나 주의의무를 소홀히 한 과실이 있다는 이유로 책임을 물을 수
> 는 없다.

　　　2) 불법이득의사   통설·판례는 배임죄가 성립하기 위해서는 고의 이외
에 불법이득의사가 필요하지만(대판 1990. 7. 24. 90도1042), 불법가해의사는 필요하지
않다고 한다.

　　　　그러나 재산상 이익의 취득과 손해의 발생이 모두 객관적 구성요건요소이
　　　므로 재산상 이익의 취득과 손해의 발생은 모두 고의의 내용이 되므로 고의
　　　와 구별되는 불법이득의사가 필요하다고 하는 것은 모순이다. 또한 불법이득
　　　의사가 필요하다고 하면 불법가해의사도 필요하다고 하는 것이 논리적이다.

(4) 관련문제
1) 부동산의 이중매매
　　　가. 개　　　념   부동산의 이중매매란 매도인이 부동산을 매도하고 매수인
에게 소유권등기를 하여 주기 전에 다시 그 부동산을 다른 사람에게 매도하여 그
에게 소유권이전등기를 하여 준 경우를 말한다.[1] 이 경우 제1차 매수인에 대한
본죄의 성립여부가 문제된다. 이는 제1차 매수인에 대한 매매계약이 어느 정도
진행되었느냐에 따라 달라진다.
　　　나. 계약금만 수령한 경우   매도인이 제1차 매수인으로부터 계약금만 수
령한 경우 매도인은 매수인에게 계약금의 배액을 지급하고 해약을 할 수 있

---

　1) 판례는 등기할 수 없는 무허가건물을 이중매매한 경우(대판 2005. 10. 28. 2005도5713)나
　　소유권이전청구권 보전을 위한 가등기를 마쳐 준 경우(대판 2008. 7. 10. 2008도3766)에도
　　부동산 이중매매와 같은 원리가 적용된다고 한다.

다(민법 제565조). 따라서 매도인은 제1차 매수인의 사무처리자라고 할 수 없어 본죄가 성립하지 않는다(대판 1980. 5. 27. 80도290). 매매계약 당시 합의한 계약금이 매매대금 총액에 비하여 다소 과다하다 하더라도 마찬가지이다(대판 2007. 6. 14. 2007도379).

> [대판 1980. 5. 27. 80도290] 피고인이 공소외인으로부터 매매계약금만을 수령하였다면 피고인은 아직 그 소유권이전등기절차를 이행할 의무가 있다고 할 수 없으므로 이 사건 임야를 다시 다른 곳에 처분한 행위를 배임죄로 다스릴 수 없다.

다. 중도금 및 잔금을 수령한 경우 통설·판례는 중도금을 수령하면 매도인은 마음대로 계약을 해제할 수 없고 매수인에게 부동산이 이전되도록 협조해야 할 의무를 지므로 매도인은 자기사무를 처리함과 동시에 매수인의 사무를 처리하는 자라고 한다. 잔금을 수령한 경우도 마찬가지이다.

> [대판 1988. 12. 13. 88도750; 대판 2018. 12. 13. 2016도19308 전합] 매도인이 매수인으로부터 계약금과 중도금까지 수령한 이상 특단의 약정이 없다면 잔금수령과 동시에 매수인 명의로의 소유권이전등기에 협력할 임무가 있으므로 이를 다시 제3자에게 처분함으로써 제1차 매수인에게 잔대금수령과 상환으로 소유권이전등기절차를 이행하는 것이 불가능하게 되었다면 배임죄의 책임을 면할 수 없다.[1]

매수인의 명의로 소유권이전등기에 협력할 임무란 논리적으로 매도인의 임무라고 할 수 있으므로 부정설이 타당하다. 중도금 내지 잔금까지 지급한 매수인은 형벌을 동원해서가 아니라 민사상의 손해배상제도와 중도금 보호제도를 마련해서 보호하는 것이 형법의 보충성원칙에 맞기 때문이다.

라. 대물변제예약된 부동산의 이중매매 다만, 최근의 판례는 이중매매의 배임죄 인정범위를 축소하여 채권담보로 대물변제예약된 부동산을 소유자가 제3자에게 처분한 경우에는 배임죄가 성립하지 않는다고 한다.

---

1) 대판 2018. 12. 13. 2016도19308: 서면으로 부동산 증여의 의사를 표시한 증여자는 계약이 취소되거나 해제되지 않는 한 수증자에게 목적부동산의 소유권을 이전할 의무에서 벗어날 수 없다. 그러한 증여자는 '타인의 사무를 처리하는 자'에 해당하고, 그가 수증자에게 증여계약에 따라 부동산의 소유권을 이전하지 않고 부동산을 제3자에게 처분하여 등기를 하는 행위는 수증자와의 신임관계를 저버리는 행위로서 배임죄가 성립한다.

[대판 2014. 8. 21. 2014도3363 전합]   대물변제예약의 궁극적 목적은 차용금반환채
무의 이행 확보에 있고, 채무자가 대물변제예약에 따라 부동산에 관한 소유권이
전등기절차를 이행할 의무는 궁극적 목적을 달성하기 위해 채무자에게 요구되는
부수적 내용이어서 이를 가지고 배임죄에서 말하는 신임관계에 기초하여 채권자
의 재산을 보호 또는 관리하여야 하는 '타인의 사무'에 해당한다고 볼 수는 없다.

마. 배임죄의 실행의 착수 및 기수시기   이중매매에서 배임죄의 실행의
착수시기에 대해 후매수인과 매매계약을 체결하고 계약금과 중도금을 수령한 시
점이라는 견해와 후매수인을 위한 등기이전에 착수한 시점이라는 견해가 대립한
다. 판례는 제2양수인으로부터 중도금을 수령한 때에 실행의 착수가 있다고 한다
(대판 2003. 3. 25. 2002도7134).

　　주관적 객관설에 의하면 계약시점이라고 하는 것이 타당하지만, 이 경우
배임죄를 인정하는 것 자체가 부당하므로 실행의 착수시점을 가능한 한 늦
은 시점으로 파악해야 한다. 제2차 매수인에 대한 등기이전이 있기 전까지는
제1차 매수인에게 소유권이전등기를 해주어 본죄를 범하지 않을 가능성이
존재한다. 따라서 등기이전에 착수한 시점이라는 견해가 타당하다.

부동산이중매매의 기수시기는 후매수인에게 소유권이전등기를 완료한 때라
는 점에 견해가 일치한다(대판 1984. 11. 27. 83도1946; 대판 1985. 10. 8. 83도1375).

바. 악의의 후매수인의 형사책임   매도인이 중도금 내지 잔금까지 수령하
고 이중매매를 한 제2차 매수인이 본죄의 공동정범 혹은 종범이 될 수 있는지 문
제된다. 판례는 다음과 같이 공동정범은 인정하되, 방조범은 인정하지 않는다.

[대판 2013. 7. 11. 2011도5337]   업무상배임죄의 실행으로 인하여 이익을 얻게 되
는 수익자 또는 그와 밀접한 관련이 있는 제3자를 배임의 실행행위자와 공동정범
으로 인정하기 위해서는 실행행위자의 행위가 배임행위에 해당한다는 것을 알면
서도 소극적으로 그 배임행위에 편승하여 이익을 취득한 것만으로는 부족하고,
실행행위자의 배임행위를 교사하거나 또는 배임행위의 전과정에 관여하는 등으로
배임행위에 적극가담할 것을 필요로 한다.
[대판 2011. 10. 27. 2010도7624]   비록 정범의 행위가 배임행위에 해당한다는 점
을 알고 거래에 임하였다는 사정이 있어 외견상 방조행위로 평가될 수 있는 행위
가 있었다 할지라도 범죄를 구성할 정도의 위법성은 없다.

2) 부동산의 이중저당

부동산의 이중저당이란 채무자인 부동산의 소유자(甲)가 채권자(A)에게 저당권을 설정하여 주기로 약정하고 저당권설정등기를 해 주기 전에 다른 사람(B)에게 저당권설정등기를 해주거나 양도한 경우를 말한다.

종래 판례는 A에게 재산상 손해가 발생하느냐의 여부에 따라 배임죄 성립여부를 결정하였으나(대판 1990. 4. 24. 89도2281), 입장을 변경하여 위의 모든 경우에서 배임죄의 성립을 부정한다(대판 2020. 6. 18. 2019도14340 전합).

3) 동산의 이중매매

가. 개 념 동산의 이중매매란 매도인(甲)이 매수인(A)에게 동산을 매도하기로 약정하고 중도금 내지 잔금까지 수령한 후 이를 다른 사람(B)에게 매도하고 점유를 이전하여 준 경우를 말한다. 이 경우 A 혹은 B에 대한 배임죄나 횡령죄 또는 사기죄의 성립여부가 문제된다. 이는 동산의 점유가 누구에게 있느냐에 따라 달라진다.

나. 제1차 매수인에게 점유이전이 없었던 경우 이 경우 학설은 제1차 매수인(A)에 대한 배임죄의 성립을 긍정하기도 하고 부정하기도 한다. 그러나 판례는 제1차 매수인(A)에 대한 배임죄의 성립을 부정한다.[1]

[대판 2011. 1. 20. 2008도10479 전합] 매도인은 매수인에게 계약에 정한 바에 따라 그 목적물인 동산을 인도함으로써 계약의 이행을 완료하게 되고 그때 매수인은 매매목적물에 대한 권리를 취득하게 되는 것이므로, 매도인에게 자기의 사무인 동산인도채무 외에 별도로 매수인의 재산의 보호 내지 관리 행위에 협력할 의무가 있다고 할 수 없다.

다. 매도인이 점유개정의 방법으로 점유하고 있는 경우 甲이 A로부터 잔금까지 수령하고 점유개정(민법 제189조)에 의해 점유하고 있었던 경우 甲은 A소유 동산의 보관자가 되므로, 그 동산을 이중매매한 경우 A에 대한 횡령죄가 성립한다.

라. 반환청구권의 양도에 의한 경우 K가 점유하고 있는 甲소유의 동산에 대한 반환청구권을 A에게 양도하면 동산의 소유권은 A에게 이전되므로 甲은 동산의 간접점유자가 된다. 따라서 A가 K로부터 동산을 반환받기 전에 甲이 B에

---

1) 주식양도인이 양수인에게 대항요건을 갖춰주지 않고 제3자에게 양도한 경우 배임죄의 성립을 부정한 판례로, 대판 2020. 6. 4. 2015도6057.

게 동산을 양도하고 B가 K로부터 동산을 반환받은 경우, 횡령죄가 성립한다. 甲은 B에 대해서는 사기죄의 죄책을 질 수 있다.

4) 동산의 이중 양도담보　양도담보 채무자 甲이 채권자 A, B에게 순차로 동산을 양도담보로 제공하고 이를 점유개정의 방법으로 점유하고 있다가 그것을 다시 C에게 임의양도하고 점유를 이전하여 준 경우 A 또는 B에 대한 배임죄가 성립하는지 문제된다.

판례는 甲이 B에게 이중 양도담보하더라도 B가 A에 대해 담보권을 주장할 수 없어 A에게 담보가치의 상실·감소 등의 손해가 발생한 것으로 볼 수 없으므로 A에 대해 배임죄를 구성하지 않는다고 한다(대판 1990. 2. 13. 89도1931). 그리고 甲이 C에게 임의양도한 행위는 A에 대한 배임죄에 해당된다고 하였다가, 입장을 변경하여 甲이 A의 사무를 처리하는 자라고 할 수 없으므로 배임죄에 해당되지 않는다고 한다(대판 2020. 2. 20. 2019도9756 전합). 위와 같은 법리는, 동산이나 자동차에 관하여 양도담보설정계약을 체결한 채무자가 이를 임의로 제3자에게 처분한 경우, 주식에 관하여 양도담보설정계약을 체결한 채무자가 제3자에게 해당 주식을 처분한 경우, 동산채권담보법에 따라 담보로 제공한 동산을 채무자가 제3자에게 임의로 매각한 경우에도 마찬가지로 적용된다(대판 2020. 2. 20. 2019도9756 전합, 대판 2020. 8. 27. 2019도14770 전합, 대판 2022. 12. 22. 2020도8682 전합).

5) 권리이전에 등록 등을 요하는 동산의 이중양도　판례는 甲이 자동차를 A에게 매매하고 계약금과 중도금 또는 잔금을 받은 후 B에게 이중매매한 경우나 甲이 A에게 '자동차 등 특정동산 저당법'에 따라 자동차저당권을 설정하여 주고 B에게 양도한 경우에도 甲이 A에게 부담하는 의무는 자기의 사무이므로 배임죄가 인정되지 않는다고 한다. 그리고 이러한 법리는 금전채무를 담보하기 위하여 '공장 및 광업재단 저당법'에 따라 저당권이 설정된 동산의 경우에도 적용된다고 한다(대판 2020. 10. 22. 2020도6258 전합).

6) 채무담보를 위한 채권양도의 경우　판례는 甲이 채권자 乙에 대한 채무담보를 목적으로 乙에게 A에 대한 (甲의) 채권을 양도한 후 채권양도의 대항요건(채무자에 대한 통지)을 갖추기 전에 甲이 A로부터 변제받아 임의사용하여도 甲이 乙의 사무를 처리하는 자라고 할 수 없어 배임죄가 성립하지 않는다고 한다(대판 2021. 7. 15. 2015도5184).

2. 미　　수

본죄의 미수는 처벌한다(제359조).

배임죄의 실행의 착수시기는 임무위배행위를 개시한 때이다. 부작위에 의한 배임죄의 실행의 착수시기는 작위의무가 이행되지 않으면 사무처리의 임무를 부여한 사람이 재산권을 행사할 수 없으리라고 객관적으로 예견되는 등으로 구성요건적 결과 발생의 위험이 구체화한 상황에서 부작위가 이루어진 때이다(대판 2021. 5. 27. 2020도15529).

[대판 2017. 7. 20. 2014도1104 전합] 회사의 대표이사가 대표권을 남용하여 한 어음발행이 무효라 하더라도 그 어음이 실제로 제3자에게 유통되었다면 회사로서는 어음채무를 부담할 위험이 구체적·현실적으로 발생하였다고 보아야 하고, 따라서 그 어음채무가 실제로 이행되기 전이라도 배임죄의 기수범이 된다. 그러나 약속어음 발행이 무효일 뿐만 아니라 그 어음이 유통되지도 않았다면 회사는 어음발행의 상대방에게 어음채무를 부담하지 않기 때문에 특별한 사정이 없는 한 회사에 현실적으로 손해가 발생하였다거나 실해 발생의 위험이 발생하였다고도 볼 수 없으므로, 이때에는 배임죄의 기수범이 아니라 배임미수죄로 처벌하여야 한다.

판례에 의하면, 부동산이중매매에서 제2차 매수인으로부터 중도금을 수령한 경우(대판 2003. 3. 25. 2002도7134), 구매주임이 정상가격보다 높은 가격으로 묘목을 판매하여 재산상 이득을 취득할 목적으로 묘목의 구매신청서를 받은 경우(대판 1966. 9. 27. 66도912)에는 실행의 착수가 인정된다.

그러나 미등기가옥을 매도한 후 이를 타에 처분하려고 가옥대장의 피고인 소유명의를 피고인의 처 명의로 변경한 행위만으로는 실행의 착수가 인정되지 않는다(대판 1969. 7. 8. 69도760).

판례는 본죄의 기수시기를 본인에게 손해가 발생한 시점(대판 1987. 4. 28. 83도1568),[1] 부동산 이중양도에서는 제2양수인 앞으로 소유권이전등기를 마친 때라고 한다(대판 1984. 11. 27. 83도1946). 그러나 재산상 이익취득시와 재산상의 손해발생시가 다를 경우 양자 중 늦은 시점을 기수시기라고 해야 할 것이다.

---

1) 같은 취지: 대판 2003. 10. 30. 2003도4382.

[대판 2011. 11. 24. 2010도11394] 상법과 정관에 위배되어 법률상 무효인 계약을 체결한 것만으로는 업무상배임죄 구성요건이 완성되거나 범행이 종료되었다고 볼 수 없고, … 피고인이 의도한 배임행위가 모두 실행된 때로서 최종적으로 주식매수선택권이 행사되고 그에 따라 신주가 발행된 시점에 종료되었다고 보아야 한다.

3. 공   범

1) 배임적 거래상대방이 아닌 경우   본죄는 진정신분범이어서 제33조 본문이 적용되므로 거래상대방이 아닌 비신분자가 본죄에 가공한 때에는 공동정범, 교사범, 종범의 죄책을 진다. 본죄의 방조범은 작위뿐만 아니라 부작위에 의해서도 가능하다.

[대판 1984. 11. 27. 84도1906] 은행지점장이 정범인 부하직원들의 범행을 인식하면서도 그들의 은행에 대한 배임행위를 방치하였다면 배임죄의 방조범이 성립된다.

배임행위가 기수에 이르기 전에 배임행위에 가공해야 하고 배임행위가 기수에 이른 후에 가공한 때에는 본죄의 공범이 될 수 없다(대판 2003. 10. 30. 2003도4382).

2) 배임적 거래상대방인 경우   본죄의 거래상대방은 배임행위를 교사하거나 또는 배임행위의 전과정에 관여하는 등으로 배임행위에 적극 가담한 경우에는 공동정범이 되지만(대판 2013. 7. 11. 2011도5337), 방조범이 될 수는 없다(대판 2011. 10. 27. 2010도7624).

[대판 1983. 7. 12. 82도180] 점포의 임차인이 임대인이 그 점포를 타에 매도한 사실을 알고 있으면서 점포의 임대차 계약 당시 "타인에게 점포를 매도할 경우 우선적으로 임차인에게 매도한다"는 특약을 구실로 임차인이 매매대금을 일방적으로 결정하여 공탁하고 임대인과 공모하여 임차인 명의로 소유권이전등기를 경료하였다면 임대인의 배임행위에 적극가담한 것으로서 배임죄의 공동정범에 해당한다.
[대판 2005. 10. 28. 2005도4915; 대판 1999. 7. 23. 99도1911] 거래상대방의 대향적 행위의 존재를 필요로 하는 유형의 배임죄에 있어서 거래상대방으로서는 기본적으로 배임행위의 실행행위자와는 별개의 이해관계를 가지고 반대편에서 독자적으로 거래에 임한다는 점을 감안할 때, 거래상대방이 배임행위를 교사하거나 그 배임행위의 전 과정에 관여하는 등으로 배임행위에 적극가담함으로써 그 실행행위

자와의 계약이 반사회적 법률행위에 해당하여 무효로 되는 경우 배임죄의 교사범 또는 공동정범이 될 수 있음은 별론으로 하고, 관여의 정도가 거기에까지 이르지 아니하여 법질서 전체적인 관점에서 살펴볼 때 사회적 상당성을 갖춘 경우에 있어서는 비록 정범의 행위가 배임행위에 해당한다는 점을 알고 거래에 임하였다는 사정이 있어 외견상 방조행위로 평가될 수 있는 행위가 있었다 할지라도 범죄를 구성할 정도의 위법성은 없다고 봄이 상당하다.

4. 죄 수

(1) 죄수결정의 기준

본죄는 위탁관계를 기준으로 죄수가 정해진다. 하나의 행위로 한 사람이 위탁한 수개의 사무에 대해 배임행위를 한 경우에는 하나의 배임죄만이 성립하지만, 수인의 사무위탁자에게 배임행위를 한 때에는 상상적 경합이 된다. 수개의 업무상 배임행위가 있더라도 피해법익이 단일하고 범죄의 태양이 동일할 뿐만 아니라 그 수개의 배임행위가 단일한 범의에 기한 일련의 행위라고 볼 수 있는 경우에는 배임죄의 포괄일죄가 된다(대판 2004. 7. 9. 2004도810).

(2) 다른 범죄와의 관계

1) 횡령죄와의 관계   횡령죄와 배임죄는 신뢰관계를 배신한다는 점에서 공통점을 지니지만, 횡령죄는 재물을, 배임죄는 재산상 이익을 객체로 하므로 횡령죄와 배임죄는 특별 대 일반의 관계에 있다. 따라서 횡령죄가 성립하면 배임죄는 별도로 성립하지 않는다.

2) 사기죄와의 관계   타인의 사무처리자가 1개의 행위로 그 임무에 위배하여 본인을 기망하고 착오에 빠진 본인으로부터 재물을 교부받은 경우 사기죄설과 사기죄와 본죄의 상상적 경합설이 대립한다. 판례는 사기죄설을 따르다(대판 1983. 7. 12. 82도1910), 입장을 바꾸어 사기죄와 본죄의 상상적 경합이라고 한다(대판 2002. 7. 18. 2002도669). 그러나 타인의 사무처리자가 임무에 위배하는 행위를 하고, '제3자'를 기망하여 착오에 빠진 그 제3자로부터 재물을 교부받은 사안에서는 배임죄와 사기죄의 실체적 경합이라고 한다(대판 2010. 11. 11. 2010도10690).

[대판 2010. 11. 11. 2010도10690] 피고인이 이 사건 각 건물에 관하여 전세임대차 계약을 체결할 권한이 없음에도 임차인들을 속이고 전세임대차계약을 체결하여

그 임차인들로부터 전세보증금 명목으로 돈을 교부받은 행위는 사기죄에 해당하고, 이 사건 각 건물에 관하여 전세임대차계약이 아닌 월세임대차계약을 체결하여야 할 업무상 임무를 위반하여 전세임대차계약을 체결하여 그 건물주로 하여금 전세보증금반환채무를 부담하게 한 행위는 위 사기죄와 별도로 업무상배임죄에 해당한다. 나아가 위 각 죄는 서로 구성요건 및 그 행위의 태양과 보호법익을 달리하고 있어 상상적 경합범의 관계가 아니라 실체적 경합범의 관계에 있다.

　　타인의 사무를 처리하는 자가 본인을 기망하여 본인의 처분행위에 의해 제3자에게 재산상의 이익을 취득하게 하고 본인에게 손해를 가한 경우 사기죄설, 배임죄설 및 사기죄와 배임죄의 상상적 경합설(다수설) 등이 대립된다.

　　두 경우 모두에서 사기죄만이 성립한다고 해야 할 것이다. 본인을 기망하여 재산상의 처분행위를 하게 한 것 자체가 배임행위가 되고 이는 사기죄에 흡수된다고 해야 하기 때문이다.

　　3) 장물죄와의 관계　　배임죄에 제공된 재물은 재산범죄로 인해 영득한 재물이 아니므로 장물이 될 수 없다. 예를 들어 이중매매된 부동산을 취득한 경우 배임행위에 의해 영득한 재물이 아니라 배임행위에 제공된 재물을 취득한 것이므로 장물취득죄가 될 수 없다(대판 1975. 12. 9. 74도2804). 만약 이중매매에 적극가담한 경우에는 장물취득죄가 아니라 배임죄의 공동정범이 된다.

　　[대판 1987. 4. 28. 83도1568] 업무상 배임행위로 취득할 유류를 그 배임행위자로부터 미리 이를 매수하기로 합의 내지 응탁한 피고인들의 행위는 배임으로 취득한 장물을 취득한 행위에 지나지 않는 것이 아니라 모두 배임행위 자체의 공동정범이 된다.

　　그러나 배임죄로 취득한 재물은 장물이 된다. 배임죄를 이득죄라고 하지만 배임죄로 재물을 취득한 경우에도 재산상 이익을 취득한 것이기 때문이다. 예컨대 부동산 이중매매의 대가로 보석을 받은 경우 그 보석은 장물이 되고 그것을 매수하면 장물취득죄가 성립한다.

Ⅲ. 업무상배임죄

> 제356조(업무상의 횡령과 배임) 업무상의 임무에 위배하여 제355조의 죄를 범한 자는 10년 이하의 징역 또는 3천만원 이하의 벌금에 처한다.

1. 의의 및 성격

본죄는 배임죄에 비해 업무자라는 신분으로 인해 책임이 가중되는 범죄유형이므로 진정신분범과 부진정신분범의 성격을 모두 지니고 있다. 즉 타인의 사무를 처리하는 자가 주체가 된다는 점에서 진정신분범, 업무상 타인의 사무를 처리하는 자가 주체가 된다는 점에서 부진정신분범이다.

회사의 발기인등이 주체가 된 경우에는 상법상 특별배임죄가 적용된다(제622조).

본죄에 의한 이득액이 5억원 이상인 때에는 특정경제범죄법에 의해 가중처벌된다(제3조).

2. 구성요건

업무의 개념은 업무상횡령죄에서와 같다. 업무의 근거는 법령, 계약, 관습 등을 불문하고, 사실상의 것도 포함한다(대판 2003. 1. 10. 2002도758). 타인의 사무를 처리하는 자, 임무에 위배하는 행위, 재산상 이익의 취득, 본인에게 손해를 가한다는 것의 개념은 배임죄에서와 같다.

3. 공   범

타인의 사무처리자 아닌 자 또는 타인의 사무처리자이지만 업무자가 아닌 자가 업무상배임죄에 가공한 때에는 단순배임죄의 공범으로 처벌된다는 점에서는 견해가 일치한다. 다만 그 근거에 대해서 다수설은 제33조 본문과 단서에 의해 단순배임죄의 공범이 성립하고 단순배임죄의 공범으로 처벌된다고 한다. 판례와 소수설에 의하면 제33조 본문에 의해 업무상배임죄의 공범이 성립하지만, 제33조 단서에 의해 단순배임죄의 공범으로 처벌된다.

> [대판 1997. 12. 26. 97도2609] 비신분자가 신분자와 공모하여 업무상배임죄를 저질렀다면, 비신분자에 대하여는 형법 제33조 단서에 의하여 형법 제355조 제2항

에 따라 처단하여야 할 것인바, 그러한 경우에는 비신분자에게도 일단 업무상배
임죄가 성립한 다음 형법 제33조 단서에 의하여 중한 형이 아닌 형법 제355조
제2항에 정한 형으로 처벌되는 것이다.

4. 죄   수

1) **죄수결정의 기준**   본죄의 죄수결정기준은 배임죄에서와 같다.

2) **새마을금고법 등 위반죄와의 관계**   동일인 대출한도를 초과하여 대출
함으로써 새마을금고법을 위반하였더라도 재산상의 손해발생(위험)이 없으면 배임
죄는 성립하지 않는다(대판 2008. 6. 19. 2006도4876 전합), 동일인 대출한도를 초과하여
손해발생(위험)이 있어 업무상배임죄가 성립하는 경우 상호저축은행법위반죄와 상
상적 경합이 된다(대판 2012. 6. 28. 2012도2087).

Ⅳ. 배임수 · 증재죄

> 제357조(배임수증재) ① 타인의 사무를 처리하는 자가 그 임무에 관하여 부정
> 한 청탁을 받고 재물 또는 재산상의 이익을 취득하거나 제3자로 하여금 이를
> 취득하게 한 때에는 5년 이하의 징역 또는 1천만원 이하의 벌금에 처한다.
> ② 제1항의 재물 또는 재산상 이익을 공여한 자는 2년 이하의 징역 또는 500
> 만원 이하의 벌금에 처한다.
> ③ 범인 또는 그 사정을 아는 제3자가 취득한 제1항의 재물은 몰수한다. 그 재
> 물을 몰수하기 불가능하거나 재산상의 이익을 취득한 때에는 그 가액을 추징
> 한다.

1. 의의 및 보호법익

(1) 개념 및 법적 성격

배임수 · 증재죄는 배임수재죄와 배임증재죄를 말한다. 배임수재죄는 타인의
사무를 처리하는 자가 그 임무에 관하여 부정한 청탁을 받고 재물 또는 재산상의
이익을 취득하거나 제3자로 하여금 이를 취득하게 하는 범죄이고, 배임증재죄는
그에 대해 재물 또는 재산상의 이익을 공여하는 범죄를 말한다. 구 형법에서는
제3자로 하여금 재물 또는 재산상 이익을 취득하게 하는 것은 규정되어 있지 않

았지만, 2016년 개정형법에서 이것이 추가되었다.

배임수재죄는 타인의 사무를 처리하는 자가 주체가 되고, 재산상의 이익을 취득한다는 점에서 배임죄와 공통점이 있다. 그러나 배임수재죄에서는 부정한 청탁을 받아야 하고, 재물도 객체로 규정되어 있으며, 임무위배행위나 재산상 손해를 가하는 것은 필요하지 않는다는 점에서 배임죄와 구별된다.

배임수재죄는 수뢰죄(제129조)와 유사한 성격을 지니지만, 행위주체가 공무원 또는 중재인이 아니라 타인의 사무처리자이고, 부정한 청탁을 요하고, 재물 또는 재산상의 이익의 요구·약속만으로는 부족하고 이를 취득해야 성립한다는 점에서 (대판 1999. 1. 29. 98도4182), 부정한 청탁을 요하지 않고, 뇌물의 요구·약속 및 비재산상 이익의 취득만으로도 성립할 수 있는 수뢰죄와 구별된다.

(2) 보호법익

1) 보호법익   본죄의 보호법익에 대해서 '거래 내지 사무처리의 청렴성'이라는 견해와 타인사무처리에 있어서 공정성을 확보하여 타인의 재산을 보호하려고 하는 것이므로 '타인의 재산과 사무처리의 공정성 내지 청렴성'이라는 견해가 대립한다. 판례는 '타인의 사무를 처리하는 자의 청렴성'이라고 한다(대판 1997. 10. 24. 97도2042).[1]

2) 보호의 정도   본죄의 보호법익에 재산도 포함된다고 하는 경우 재산에 대해서는 추상적 위험범이다. 본죄의 성립에 재산상 손해발생을 요하지 않기 때문이다. 그러나 사무처리자의 청렴성을 보호법익으로 할 경우 침해범이라고 해야 한다. 부정한 청탁을 받고 재물이나 재산상 이익을 취득하면 사무처리자의 청렴성은 침해되기 때문이다.

2. 배임수재죄

(1) 구성요건

1) 행위의 주체   본죄의 주체는 타인의 사무를 처리하는 자로서 타인과의 대내관계에 있어서 그 사무를 처리할 신임관계가 존재하는 자를 의미한다. 제

---

1) 본죄가 배임죄와 같은 죄질의 범죄로 규정되어 있고, 부정한 청탁을 받을 경우 타인의 재산보호 임무를 위배할 추상적 위험성이 발생하고, 본죄는 행위자가 재물등을 취득하였다는 것을 금지하기보다는 본인에게 재산상 피해를 주는 것을 금지하려는 것이라고 할 수 있으므로, 타인의 재산도 보호법익이 된다고 해야 할 것이다.

3자에 대한 대외관계에서 그 사무에 관한 권한이 존재할 것을 요하지 않으며, 또 그 사무가 포괄적 위탁사무일 것을 요하는 것도 아니고, 사무처리의 근거, 즉 신임관계의 근거는 법령의 규정, 법률행위, 관습 또는 사무관리에 의하여도 발생할 수 있다(대판 2003. 2. 26. 2002도6834).

배임죄의 사무를 재산상의 사무로 국한하는 견해도 본죄의 사무는 재산상의 사무에 국한되지 않는다고 한다.[1) 따라서 신문사 기자(대판 2021. 9. 30. 2019도17102), 대학병원 의사(대판 2011. 8. 18. 2010도10290), 대학교수(대판 2008. 3. 27. 2006도3504), 방송국의 프로듀서(대판 1991. 6. 11. 91도688) 등도 본죄의 주체가 된다.[2)

그러나 자기사무의 처리자(대판 1990. 10. 12. 90도1477)나 타인사무의 처리자라는 신분을 취득하기 이전의 사람 등은 본죄의 주체가 될 수 없다(대판 2010. 7. 22. 2009도12878). 판례는 사무처리자의 신분은 부정한 청탁을 받을 때에 존재하면 족하고 재물등 수수시까지 존재할 필요는 없다고 한다(대판 1997. 10. 24. 97도2042).[3)

2) 행위의 객체   본죄의 객체는 재물 또는 재산상의 이익이고, 그 개념은 앞에서 본 것과 같다.

3) 실행행위   임무에 관하여 부정한 청탁을 받고 재물 또는 재산상의 이익을 취득하는 것이다.

가. 부정한 청탁   부정한 청탁이란 업무상 배임에 이르는 정도는 아니지만 사회상규와 신의성실의 원칙에 반하는 것을 내용으로 하는 청탁을 말하고, 이를 판단함에 있어서는 청탁의 내용과 이와 관련되어 교부받거나 공여한 재물의 액수, 형식, 보호법익인 사무처리자의 청렴성 등을 종합적으로 고찰하여야 하며 명시적·묵시적 청탁임을 불문한다(대판 2014. 1. 23. 2013도11735). 타인의 업무를 처리하는 사람에게 공여한 금품에 부정한 청탁의 대가로서의 성질과 그 외의 행위에 대한 사례로서의 성질이 불가분적으로 결합되어 있는 경우에는 그 전부가 불가분적으로 부정한 청탁의 대가로서의 성질을 갖는 것으로 보아야 한다(대판 2021. 9. 30. 2019도17102).

---

1) 다만 판례 중에는 배임죄의 사무와 배임수재죄의 사무를 재산상의 사무로 파악하는 것도 있는데(대판 2007. 6. 14. 2007도2178), 이는 예외적인 판례라고 할 수 있다.
2) 기타 본죄의 주체를 인정하는 판례로, 대판 2011. 8. 25. 2009도5618; 대판 1984. 8. 21. 83도2447; 대판 1982. 9. 28. 82도1656 등.
3) 그러나 이것은 배임수재죄에 대해 사후수뢰죄(제131조 제1항)와 같은 규정을 두고 있지 않은 점을 고려하면 문제가 있다.

판례에 의하면, 학교법인의 운영권을 양도하고 양수인 측을 학교법인의 임원으로 선임해 주는 대가로 양도대금을 받기로 한 경우(대판 2014. 1. 23. 2013도11735; 대판 2013. 12. 26. 2010도16681), 규정이 허용하는 범위 내에서 최대한의 선처를 바란다는 내용에 불과한 청탁(대판 2011. 4. 14. 2010도8743), 계약관계를 유지시켜 기존권리를 확보하기 위하여 하는 부탁(대판 1991. 8. 27. 91도61), 사진업자들이 졸업준비위원회의 위원장과 총무에게 자신들이 경영하는 사진관을 졸업앨범 제작업자로 지정되게끔 힘써 달라는 취지로 한 부탁(대판 1987. 5. 12. 86도1682), 임무행위에 관하여 구체적이고 특정한 내용이 없는 청탁(대판 1983. 12. 27. 83도2472) 등은 부정한 청탁이라고 할 수 없다.[1][2]

증재자에게는 부정한 청탁이 아니지만 배임수재자에게는 부정한 청탁이 될 수도 있다.

[대판 2011. 10. 27. 2010도7624] (A회사가 사업용 부지로 매수한 토지에 관하여 처분금지가처분등기를 마쳐두었는데, 그 관리인 甲이 위 토지를 매수하려는 乙에게서 가처분을 취하해 달라는 취지의 청탁을 받고 돈을 수수한 경우) 甲이 받은 돈은 부정한 청탁의 대가임이 분명하지만 사업의 더 큰 손실을 피하기 위하여 乙이 가처분 취하의 대가로 돈을 교부한 행위는 배임증재죄를 구성할 정도의 위법성은 없다.

---

1) 기타 부정한 청탁을 인정하지 않은 판례로, 대판 2011. 9. 29. 2011도4397; 대판 2010. 9. 9. 2010도7380 등.
2) 부정한 청탁을 인정한 판례로, 대판 2014. 5. 16. 2012도11259; 대판 2012. 3. 29. 2012도536; 대판 2011. 8. 25. 2009도5618; 대판 2011. 8. 18. 2010도10290; 대판 2011. 2. 24. 2010도11784; 대판 2010. 9. 9. 2009도10681; 대판 2008. 12. 24. 2008도9602; 대판 2008. 12. 11. 2008도6987; 대판 2007. 10. 26. 2007도4702; '계약의 상대방이 될 수 있도록 해달라'는 부탁과 함께 돈을 받은 경우(대판 2006. 11. 23. 2006도906); 대판 2006. 5. 12. 2004도491; 사례비를 지급하여서라도 특정회사의 이익을 위해 수능과외방송을 하는 내용의 방송협약을 체결해 달라고 부탁받은 경우(대판 2002. 4. 9. 99도2165); 대학교수에게 판매대금의 일정비율을 받을 것을 조건으로 특정 교재를 채택하여 달라는 청탁(대판 1996. 10. 11. 95도2090); 대판 1993. 3. 26. 92도2033; 부속병원의 부대시설 운영권을 인수하는 데 우선적으로 추천해 달라는 청탁(대판 1991. 12. 10. 91도2543); 공사시공에 하자가 있더라도 묵인하여 달라는 취지의 청탁(대판 1991. 11. 26. 91도2418); 환자에게 원외처방하여 약을 많이 사먹도록 해 달라는 부탁(대판 1991. 6. 11. 91도413); 프로듀서담당 방송프로그램에 특정가수의 노래만을 자주 방송하여 달라는 청탁(대판 1991. 1. 15. 90도2257); 특정인을 어떤 직위에 우선적으로 추천해 달라는 청탁(대판 1989. 12. 12. 89도495); 대판 1987. 11. 24. 87도1560; 대판 1987. 4. 28. 87도414; 대판 1983. 12. 13. 82도735; 대출금의 회수불능이 예상되는 회사들 앞으로 거액의 대출을 원활하게 해 달라는 청탁(대판 1983. 3. 8. 82도2873); 대판 1982. 2. 9. 80도2130; 대판 1980. 10. 14. 79도190; 대판 1978. 11. 1. 78도2081; 신문사의 지국장에게 취재기사를 본사에 송고하지 말아 달라는 청탁(대판 1970. 9. 17. 70도1355) 등.

나. '임무에 관한' 부정한 청탁   부정한 청탁은 임무와 관련된 것이어야 한다. '임무'는 타인의 사무를 처리하는 자가 위탁받은 사무를 말하지만 그 위탁관계로 인한 본래의 사무뿐만 아니라 그와 밀접한 관계가 있는 범위 내의 사무도 포함된다(대판 2007. 6. 29. 2007도3096). 장래에 담당할 임무에 관련된 것도 무방하다(대판 2010. 4. 15. 2009도4791).

부정한 청탁을 받았다 하더라도 그 청탁을 받아들임이 없이 그 청탁과는 관계없는 금품을 받은 경우에는 본죄가 성립하지 않는다(대판 1982. 7. 13. 82도874).

[대판 1999. 1. 15. 98도663] 대학교수나 학교법인의 상무이사가 대학편입학 업무에 관한 부정한 청탁을 받고 금품을 수수하였더라도 대학편입학에 관한 사무는 총장이나 교무처장의 사무에 속하므로 배임수재죄가 성립하지 않는다.

다. 재물 또는 재산상 이익의 취득   재물 또는 재산상 이익을 취득하거나 제3자로 하여금 이를 취득하게 하여야 한다. 부정한 청탁을 받았다 하더라도 재물 또는 재산상 이익의 취득이 없으면 본죄는 성립하지 않는다(대판 2001. 2. 9. 2000도4700). 사무위탁자(본인)로 하여금 재물 또는 재산상의 이익을 취득하게 한 경우에도 본죄가 성립하지 않는다(대판 2008. 4. 24. 2006도1202).[1]

구형법에서는 제3자로 하여금 재물 또는 재산상 이익을 취득하게 한 경우 본죄가 성립하지 않았지만, 2016년 제3자로 하여금 재물 또는 재산상의 이익을 취득하게 한 경우에도 본죄가 성립하는 것으로 개정되었다.

재물 등의 취득은 현실적인 취득만을 의미하므로 취득을 위한 약속만을 한 때에는 본죄의 미수가 된다. 따라서 골프장회원권을 받기로 약속했더라도 명의변경이 이루어지지 않은 경우에는 재산상 이익을 취득하였다고 할 수 없다(대판 1999. 1. 29. 98도4182). 그러나 증재자로부터 돈이 입금된 계좌의 예금통장이나 이를 인출할 수 있는 현금카드나 신용카드를 교부받아 이를 소지하는 등 입금된 돈에 대한 실질적인 사용권한과 처분권한을 가지고 있는 것으로 평가될 수 있다면, 예

---

1) 대판 2008. 4. 24. 2006도1202: 조합 이사장이 조합이 주관하는 도자기 축제의 대행기획사를 선정하는 과정에서 최종 기획사로 선정된 회사로부터 조합운영비 지급을 약속받고 위 축제가 끝난 후 조합운영비 명목으로 현금 3,000만 원을 교부받아 조합운영비로 사용한 사안에서, 이사장이 개인적인 이익을 위해서가 아니라 조합의 이사장으로서 위 금원을 받아 조합의 운영경비로 사용한 것이라는 이유로 배임수재죄의 성립을 부정한 사례.

금된 돈을 취득한 것으로 보아야 한다(대판 2017. 12. 5. 2017도11564).

4) 주관적 구성요건　　본죄가 성립하기 위해 고의 이외에 불법영득의사 또는 불법이득의사가 필요한가에 대해 긍정설과 부정설이 대립한다. 판례는 불법영득의사라는 표현은 쓰지 않고 '영득의 의사'라는 표현만을 쓰고 있다(대판 1991. 6. 11. 91도413; 대판 1984. 3. 13. 83도1986). 영득은 고의의 내용이 되므로 부정설이 타당하다. 판례도 같은 취지라고 생각된다.

(2) 미　　수

본죄의 미수는 처벌한다(제359조). 부정한 청탁을 받은 것만으로는 본죄의 실행의 착수가 있다고 할 수 없으므로, 본죄의 실행의 착수시기는 재물 또는 재산상의 이익을 취득하기 위한 행위를 하는 시점이라고 해야 할 것이다. 예를 들어 재물 또는 재산상 이익의 취득을 약속, 요구하는 행위를 하는 시점에 실행의 착수가 있다.

본죄의 기수시기는 부동산 소유권이전등기 경료시점, 골프장회원권의 명의변경시점 등과 같이 재물 또는 재산상 이익을 현실적으로 취득하는 시점이다(대판 1999. 1. 29. 98도4182).

(3) 공　　범

본죄는 진정신분범이기 때문에 비신분자가 본죄에 가공한 때에는 제33조 본문이 적용되어 본죄의 공동정범, 교사범, 종범이 될 수 있다(대판 1999. 1. 15. 98도663). 그러나 배임증재자와의 사이에서는 공범에 관한 형법총칙상의 공범규정이 적용되지 않는다(대판 2014. 1. 16. 2013도6969).

(4) 죄　　수

타인의 사무를 처리하는 자가 부정한 청탁을 받고 배임행위를 하고 재물 또는 재산상의 이익을 취득한 경우, 본죄와 배임죄의 실체적 경합이라는 견해와 상상적 경합이라는 견해가 대립한다. 판례는 두 죄가 행위의 태양을 전연 달리하고 있어 일반법과 특별법관계가 아닌 별개의 독립된 범죄라고 보아야 하므로 실체적 경합이라고 한다(대판 1984. 11. 27. 84도1906).

공동의 사기 범행으로 얻은 돈을 공범자끼리 수수한 행위가 공동정범들의 내부적인 분배행위에 지나지 않는 경우 돈의 수수행위는 배임수·증재죄를 구성하지 않는다(대판 2016. 5. 24. 2015도18795).

타인의 사무를 처리하는 자가 동일인으로부터 그 직무에 관하여 부정한 청탁을 받고 여러 차례에 걸쳐 금품을 수수한 경우, 그것이 단일하고도 계속된 범의 아래 일정기간 반복하여 이루어진 것이고 그 피해법익도 동일한 때에는 이를 포괄일죄로 보아야 한다. 다만, 여러 사람으로부터 각각 부정한 청탁을 받고 그들로부터 각각 금품을 수수한 경우에는 비록 그 청탁이 동종의 것이라고 하더라도 단일하고 계속된 범의 아래 이루어진 범행으로 보기 어려워 그 전체를 포괄일죄로 볼 수 없다(대판 2008. 12. 11. 2008도6987).

(5) 형   벌

본죄에 대해서는 10년 이하의 자격정지를 병과할 수 있다(제358조). 특정경제범죄법은 금융기관 임·직원의 배임수재죄를 가중처벌한다(제5조). 동 범죄는 부정한 청탁을 요건으로 하지 않고, 요구, 약속한 때에도 성립하고, 이득액이 1천만원 이상인 때에는 가중처벌된다. 공여한 금품에 부정한 청탁의 대가로서의 성질과 그 외의 행위에 대한 사례로서의 성질이 불가분적으로 결합되어 있는 경우에는 그 전부를 부정한 청탁의 대가로 보아야 한다(대판 2019. 10. 17. 2018도16652).

본죄에 대해서는 필요적 몰수와 추징이 규정되어 있다(제357조 3항). 배임수재자가 증재자로부터 받은 재물을 그대로 가지고 있다가 증재자에게 반환하였다면 증재자로부터 이를 몰수하거나 그 가액을 추징하여야 한다(대판 2017. 4. 7. 2016도18104).

3. 배임증재죄

(1) 구성요건

배임증재죄의 구성요건은 타인의 사무를 처리하는 자에게 부정한 청탁을 하고 재물 또는 재산상의 이익을 공여하는 것이다.

1) 행위의 주체   본죄는 신분범이 아니므로 주체에는 제한이 없다. 그러나 증재의 상대방은 타인의 사무를 처리하는 자이므로 본죄는 필요적 공범이다. 타인의 사무를 처리하는 자의 개념은 배임수재죄에서와 같다. 그러나 필요적 공범이라고 해서 배임수재죄가 성립하면 반드시 배임증재죄가 성립하는 것은 아니다.

2) 실행행위   부정한 청탁을 하고 재물 또는 재산상의 이익을 공여하는 것이다.

가. 부정한 청탁   부정한 청탁의 의미는 배임수재죄에서와 같다.[1] 수재

자 입장에서는 부정한 청탁이라도 증재자 입장에서는 부정한 청탁이 되지 않을 수 있다(대판 2011. 10. 27. 2010도7624).

판례에 의하면, 계약위반으로 인한 손해배상문제를 염려하여 종중의 대표 자에게 가처분의 부당성을 지적하면서 가처분비용을 지급하고 그 신청을 취 하하도록 한 경우(대판 1980. 8. 26. 80도19), 농업협동조합 단위조합장이던 피고 인이 조합을 위하여 예금유치를 위한 청탁을 한 경우(대판 1979. 6. 12. 79도708) 등에서는 부정한 청탁이 인정되지 않는다.

나. 재물 또는 재산상 이익의 공여   공여란 상대방이 취득하도록 하는 것 을 말한다. 현실적인 공여가 있어야 하고, 공여를 약속한 단계에서는 미수이다. 본죄의 미수는 처벌한다.

(2) 죄   수

회사의 이사 등이 보관 중인 회사 자금으로 배임증재를 한 경우 업무상횡령 죄와 배임증재죄가 모두 성립한다(대판 2013. 4. 25. 2011도9238). 업무상배임죄와 배임 증재죄는 별개의 범죄로서 배임증재죄를 범한 자라 할지라도 그와 별도로 타인의 사무를 처리하는 지위에 있는 사람과 공범으로서는 업무상배임죄를 범할 수도 있 다(대판 1999. 4. 27. 99도883).

배임증재자가 무상으로 빌려준 물건을 인도받아 사용하고 있던 배임수재자 가 공무원이 되자 배임증재자가 배임수재자에게 앞으로 물건은 공무원의 직무에 관하여 빌려주는 것이라고 하였어도 새로운 이익을 제공한 것으로 평가할 만한 사정이 없다면, 뇌물공여죄가 성립하지 않는다(대판 2015. 10. 15. 2015도6232).

(3) 금융기관의 임·직원에 대한 배임증재죄

특정경제범죄법 제6조는 금융기관의 임·직원에 대한 배임증재죄를 규정하고 있다. 동 범죄는 부정한 청탁을 요건으로 하지 않고, 공여뿐만 아니라 공여의 의 사표시나 약속만 있어도 성립한다는 점에 차이가 있다.

---

1) 부정한 청탁을 인정한 판례로, 대판 2010. 9. 30. 2009도5793; 공사진행이나 공사비정산 등 에 협조해 달라는 취지의 부탁을 하며 그 대가로 재건축공사장의 속칭 함바식당운영권을 준 경우(대판 2005. 6. 9. 2005도1732); 쇼핑타운의 건설공사 양수대금을 유리하게 책정하 여 달라는 취지의 청탁을 하고, 그 사례비 명목으로 금 5천만원을 지급한 경우(대판 1996. 3. 8. 95도2930); 수의계약으로 체결하여 주면 사례하겠다고 청탁하고 계약체결 후 돈 2,180만원을 교부한 경우(대판 1990. 8. 10. 90도665); 공사감독을 까다롭게 하지 말고 잘 보아 달라는 취지로 금원을 교부한 경우(대판 1988. 3. 8. 87도1445) 등.

(4) 몰   수

[대판 2017. 4. 7. 2016도18104] 제357조 제3항에서 몰수의 대상으로 규정한 '범인
이 취득한 제1항의 재물'은 배임수재죄의 범인이 취득한 목적물이자 배임증재죄
의 범인이 공여한 목적물을 가리키는 것이지 배임수재죄의 목적물만을 한정하여
가리키는 것이 아니다. 그러므로 수재자가 증재자로부터 받은 재물을 그대로 가
지고 있다가 증재자에게 반환하였다면 증재자로부터 이를 몰수하거나 그 가액을
추징하여야 한다.

제 8 절   장물에 관한 죄

Ⅰ. 총   설

1. 의의 및 보호법익

(1) 개념 및 법적 성격

장물죄란 장물을 취득·양도·운반 또는 보관하거나 이러한 행위들을 알선하
는 범죄이다. 장물이란 절도·강도, 사기·공갈, 횡령·배임 등 재산범죄에 의하여
영득한 재물을 말하고 이러한 범죄들을 장물범에 대해 본범이라고 한다.

장물죄는 재물만을 객체로 하는 재물죄이다. 장물죄는 본범을 유발·비호·
은닉하는 성격을 지닌 범죄이다. 그러나 장물죄는 본범의 공동정범, 교사범, 종
범이 아니라 본범과는 독립된 범죄유형이다. 장물죄의 형벌이 본범인 절도죄나
횡령죄보다 무거운 것은 본범유발적 성격 때문이라고 할 수 있고, 장물범과 본
범 사이에 친족관계가 있는 경우 형을 감면하는 규정(제365조 2항, 제328조 1항)은 본
범비호 내지 본범은닉적 성격 때문이며, 장물범과 피해자 사이에 친족간 범행
규정이 준용되는 것(제365조 1항, 제328조 2항)은 장물죄의 재산범죄로서의 성격 때문
이다.[1]

---

1) 제328조 제1항이 헌법불합치결정을 받았으나 장물죄에서는 면제가 아니라 감면이므로 헌
   법불합치결정의 효력이 제365조 제2항까지 미치지는 않는다고 해야 한다. 그러나 제365조
   제1항은 제328조를 준용하므로 헌법불합치결정을 받은 제328조 제1항은 준용될 수 없다.

(2) 보호법익

장물죄의 보호법익에 대해서는 추구권 즉 소유권 등 본권에 기한 반환청구권이라는 견해와 재산권설(다수설)이 대립한다. 추구권설은 장물죄의 형벌이 절도·횡령죄보다 무거운 이유를 설명하기 곤란하므로 재산권설이 타당하다.[1)]

장물죄의 보호의 정도에 대해서는 침해범설, 위험범설, 장물알선죄는 위험범이지만 장물취득·양도·운반·보관죄는 침해범이라는 절충설 등이 대립된다. 장물죄의 보호법익을 재산이라고 본다면 이미 본범에 의해 재산이 침해되었고, 장물죄에 의해서 직접 재산이 침해되는 것은 아니므로 위험범이라고 해야 할 것이다.

2. 법적 성격

장물의 성립범위와 관련하여 장물죄의 법적 성격이 문제된다.

(1) 추구권(침해)설

종래의 통설이고, 일부 판례(대판 1975. 12. 9. 74도2804; 대판 1972. 2. 22. 71도2296)도 따르는 추구권(침해)설은 장물죄는 추구권을 침해·위태화하는 범죄이므로, 뇌물죄나 도박죄 등 재산범죄 이외의 범죄에 의해 영득한 재물은 장물이 될 수 없고 재산범죄로 영득한 재물만이 장물이 될 수 있다고 한다.

재산에 대한 범죄행위로 취득된 물건이라고 규정한 독일과는 달리 우리 형법은 장물이라고만 규정하고 있고, 장물양도죄는 반환청구권의 행사를 곤란하게 하는 데에 있다는 것을 근거로 든다. 이 견해는 불법원인급여, 선의취득, 추구권의 시효소멸, 계약의 취소·해제의 불가능으로 인해 피해자가 반환청구권을 가질 수 없는 경우 등에서는 장물성을 인정하지 않는다.

이 견해에 대해서는 장물죄의 성립범위를 지나치게 제한한다는 비판이 제기된다.

(2) 위법상태유지설

이 견해는 추구권이라는 사법상의 권리와 상관없이 형법의 독자적 견지에서 장물죄를 파악하여 장물죄의 법적 성격을 본범이 초래한 위법상태를 본범 또는

---

1) 모든 재산범죄의 보호법익은 재산권이 아니라 재산이라고 해야 하는 것처럼 장물죄의 보호법익도 재산이라고 해야 한다. 범죄는 반드시 권리를 침해하거나 위태화하지 않아도 사실상의 이익을 침해하거나 위태화하면 성립할 수 있기 때문이다.

점유자와의 합의하에 유지·존속시키는 것이라고 한다.

이 견해는 형법의 독자적 견지에서 장물을 파악하므로 ① 횡령한 불법원인급여물과 같이 피해자의 추구권이 인정되지 않는 경우에도 장물성을 인정하고, ② 문서·통화·유가증권위조죄, 도박죄, 뇌물죄 등에 의해 취득한 재물의 장물성을 인정하고, ③ 장물죄의 성립에 본범 또는 재물의 점유자와의 합의가 필요하다고 한다.

다만 이 견해 중에는 장물을 처분하여 취득한 재물과 같은 대체장물의 경우 장물성 긍정설과 부정설이 있다. 부정설은 위법상태가 해소되었다는 것을 근거로 든다.

이 견해에 대해서는 장물죄가 지나치게 확대되고, 위법상태유지라는 개념이 불명확하다는 비판이 가해진다.

(3) 결 합 설

다수설은 장물죄는 피해자의 반환청구권(추구권)행사를 곤란하게 하고 재산범죄로 초래된 위법상태를 유지하는 성격을 지니고 있다고 한다. 이 견해에 의하면 선의취득 등으로 피해자가 반환청구를 할 수 없을 때에는 장물성이 부정되고, 연쇄장물은 장물죄가 본범에 해당하므로 장물로 인정된다. 이 견해는 불법원인급여물과 대체장물에 대해서는 장물성을 긍정하기도 하고 부정하기도 한다. 이러한 입장을 취하는 판례도 있다.

> [대판 1987. 10. 13. 87도1633] 장물인 정을 모르고 보관하던 중 장물인 정을 알게 되었고, 위 장물을 반환하는 것이 불가능하지 않음에도 불구하고 계속 보관함으로써 피해자의 정당한 반환청구권행사를 어렵게 하여 위법한 재산상태를 유지시킨 경우에는 장물보관죄에 해당한다.

결합설에 대해서는 장물성의 인정 여부가 문제되는 경우 위법상태유지설과 추구권설 중 어느 것에 의할 것인지가 불분명하다는 비판이 가해진다.

(4) 공 범 설

공범설은 장물죄를 사후종범으로 파악하여 장물죄는 본범이 취득한 이익에 관여하여 간접적으로 이익을 취득하는 성격을 지니고 있다고 한다. 이 견해에 의하면 장물죄의 성립에 이익을 취득하겠다는 의사가 필요하고, 대체장물이나 장물의 매각대금 등에 관여한 경우나 선의취득에 의해 반환청구권이 없어졌어도 피해

자와 연관성이 있는 경우에는 장물죄가 성립할 수 있다.[1]

공범설에 대해서는 장물죄의 성립에 이득의 의사를 요하지 않고, 장물양도죄
는 공범이 이익에 참가한 것이라고 할 수 없다는 비판이 가해진다.

(5) 결　　어

이상의 학설들은 주로 독일 학설들의 영향을 받은 것이지만, 독일과 우리
나라의 장물죄의 규정과 형벌 자체가 다르므로 독일의 학설들이 우리 형법
에 그대로 적용되기는 어렵다.

추구권설에 대해서는 장물죄의 형벌은 7년 이하의 징역으로 횡령·절도죄
의 형벌에 비해 높은데, 본권을 침해하는 범죄보다 본권에 기한 반환청구권
을 침해하는 범죄의 형벌이 더 높은 것은 균형에 맞지 않다는 비판이 가능
하다. 위법상태유지설에 대해서도 위법상태를 새로 만들어내는 횡령·절도죄
에 대한 형벌보다 위법상태를 유지하는 장물죄의 형벌이 더 높은 것 역시
균형에 맞지 않다는 비판이 가능하다. 장물죄의 행위태양이 횡령·절도죄
에 비해 평화적이라는 점도 장물죄의 형벌이 횡령·절도죄보다 높은 것을 설
명하기 곤란한 이유가 된다.

결국 우리 형법상의 장물죄의 법정형과 장물의 개념을 고려하여 새로운
관점에서 장물죄에 접근해야 할 것이다.

장물을 재산범죄에 의해 영득한 재물이라고 해석하는 한 위법상태유지설
보다는 추구권(침해)설이 타당하다. 그러나 장물죄의 형벌이 횡령·절도죄보
다 높은 이유는 장물죄가 다수의 재산범죄를 유발한다는 점에서 찾아야 할
것이다. 재산범죄의 대부분은 장물의 사후처분이 가능함을 전제로 하기 때문
이다.

3. 구성요건체계

장물에 관한 죄의 기본적 구성요건은 장물취득등죄(제362조)이다. 상습장물취
득등죄(제363조)는 행위자요소인 상습성으로 인해 책임이 가중된 범죄유형이다. 업
무상과실·중과실 장물취득등죄(제364조)는 유일하게 과실 재산범죄를 처벌하는 규
정이다. 업무상과실·중과실범만 벌하고 단순과실범은 벌하지 않는다. 장물죄에
대해서는 장물범과 본범의 피해자, 장물범과 본범 간에 친족관계가 있는 경우 친

---

[1] 오스트리아형법 제164조는 "타인재산에 대한 범죄행위자가 영득한 물건을 그 범죄행위 이
후에 은닉하거나 사용함으로써 방조한 자는 6월 이하의 징역 또는 360일수 이하의 벌금
에 처한다"고 규정하고 있다. 이는 장물죄를 사후종범으로 파악하는 것이라고 할 수 있다.

족간 범행 규정이 준용된다(제365조). 다만 제365조 제2항은 그대로 적용되지만, 제1항에서 제328조 제1항은 준용될 수 없다.

　　장물죄는 미수범을 처벌하는 규정은 없고, 관리할 수 있는 동력에 관한 규정도 없다. 그러나 본범에 동력에 관한 규정이 있으므로 관리할 수 있는 동력도 장물이 될 수 있다.

Ⅱ. 장물취득·양도·운반·보관·알선죄

> 제362조(장물의 취득·알선 등)　① 장물을 취득·양도·운반 또는 보관한 자는 7년 이하의 징역 또는 1,500만원 이하의 벌금에 처한다.
> ② 전항의 행위를 알선한 자도 전항의 형과 같다.

1. 구성요건

(1) 행위의 주체

　　본죄의 주체는 본범 이외의 자이다. 본범의 단독정범, 합동범, 공동정범, 간접정범 등은 본죄의 주체가 될 수 없다. 판례는 "장물죄는 … 자기의 범죄에 의하여 영득한 물건에 대하여는 성립되지 아니하고 이는 불가벌적 사후행위에 해당한다고 할 것"이라고 한다(대판 1986. 9. 9. 86도1273).

　　통설·판례는 교사·방조범은 장물죄의 주체가 될 수 있다고 한다. 예컨대, 횡령교사범이 횡령물을 취득한 경우에는 횡령교사죄와 장물취득죄의 경합범이라고 한다(대판 1986. 9. 9. 86도1273). 그러나 정범과 같이 처벌되는 교사범(제31조)은 물론 방조범이 장물을 취득한 때에도 장물취득죄가 성립하지 않는다고 해야 할 것이다.

(2) 행위의 객체

　　본죄의 객체인 장물은 재산범죄에 의해 위법하게 영득한 재물을 말한다.

　　1) 재　　물　　　장물은 재물이어야 한다. 가치장물은 인정되지 않으므로 재산상의 이익이나 권리·정보 등은 장물이 될 수 없다. 단 권리가 화체되어 있는 유가증권, 문서 등은 재물이므로 장물이 될 수 있다.

[대판 1971. 2. 23. 70도2589] 전화가입권의 실체는 권리이며, 이는 재산상의 이익은 될지언정 장물의 범주에 속하지 아니한다.

[대판 2004. 4. 16. 2004도353] 컴퓨터등사용사기죄의 범행으로 예금채권을 취득한 다음 자기의 현금카드를 사용하여 현금자동지급기에서 현금을 인출한 경우 별도로 절도죄나 사기죄의 구성요건에 해당하지 않으므로 그 인출된 현금은 재산범죄에 의하여 취득한 재물이 아니므로 장물이 될 수 없다.

재물이면 장물이 될 수 있으므로 동산뿐만 아니라 부동산도 장물이 될 수 있다. 경제적 교환가치를 요하지 않는다는 견해가 있으나, 장물도 재물이고 재물은 물건과 달리 재산적 내지 경제적 가치를 요한다고 해야 한다.

동력의 장물성에 대해 긍정설(다수설)과 부정설이 대립한다. 긍정설은 제346조를 주의적 규정으로, 부정설은 창설적 규정으로 해석한다. 장물죄의 본범인 재산범죄에 동력에 관한 규정이 있으므로 관리할 수 있는 동력도 장물이 될 수 있다고 해야 한다. 판례는 긍정설을 따른다(대판 1972. 6. 13. 72도971).

2) 재산범죄

가. 재산범죄의 범위　　　장물은 재산범죄에 의해 영득한 재물이어야 하므로 뇌물·도박죄 등에 의해서 영득한 재물은 포함되지 않는다. 권리행사방해죄에 의해 취거한 재물도 장물이라는 견해가 있지만 장물은 영득한 재물이어야 하고 취거한 재물은 장물이 될 수 없다.

본범이 재산범죄인 이상 특별법상의 재산범죄여도 무방하다. 산림절도죄나 특정범죄가중법상의 상습절·강도죄(동법 제5조의4)에 의해 영득한 재물도 장물이 될 수 있다. 장물죄에 의해 취득한 장물을 다시 취득하는 경우에도 장물죄가 성립한다. 이를 연쇄장물이라 한다.

[대판 2011. 4. 28. 2010도15350] 본범의 행위에 관한 법적 평가는 그 행위에 대하여 우리 형법이 적용되지 아니하는 경우에도 우리 형법을 기준으로 하여야 한다.

재산범죄 이외의 범죄로 취득한 재물은 장물이 될 수 없다. 뇌물로 받은 재물, 위조죄에 의해 만들어진 위조통화·문서·유가증권, 도박으로 취득한 재물, 마약범죄에 의해 생겨난 마약, 성매매의 대가로 받은 재물, 구 산림법을 위반하여 벌목한 목재나 구「임산물단속에 관한 법률」위반죄로 생긴 임산물(대판 1975. 9. 23.

74도1804) 등은 장물이 될 수 없다.[1]

　나. 재산범죄에 제공된 재물　　　재산범죄에 의해 영득한 재물이 아니라 재산범죄에 제공된 재물은 장물이 될 수 없다. 예를 들어 甲이 이중매매한 부동산은 배임죄에 제공된 재물이지 배임죄에 의해 영득한 재물이 아니므로 장물이 될 수 없다(대판 1983. 11. 8. 82도2119; 대판 1981. 7. 28. 81도618). 그러나 부동산을 이중매매하고 수령한 대금과 같이 배임죄로 취득한 재물은 장물이 될 수 있다고 해야 한다(대판 1987. 4. 28. 83도1568 참조).

　리프트탑승권 발매기를 전산조작하여 위조한 탑승권을 발매기에서 뜯어간 경우 탑승권위조행위와 위조탑승권 절취행위가 결합된 것이어서 뜯어간 위조탑승권은 장물이 된다(대판 1998. 11. 24. 98도2967).

　다. 재산범죄의 요건

　A. 본범의 성립정도　　　장물은 재산범죄에 의해 위법하게 영득한 재물이므로, 본범은 재산범죄의 구성요건에 해당하고 위법한 행위이면 족하고 책임, 처벌조건, 소추조건까지 갖출 것을 요하지 않는다. 본범의 공소시효가 만료된 경우에도 장물성에는 영향이 없다. 재산범죄의 불가벌적 사후행위에 의해 취득한 재물도 장물이 될 수 있다.

> [대판 2004. 4. 16. 2004도353] 재산범죄를 저지른 이후에 별도의 재산범죄의 구성요건에 해당하는 사후행위가 있었다면 비록 그 행위가 불가벌적 사후행위로서 처벌의 대상이 되지 않는다 할지라도 그 사후행위로 인하여 취득한 물건은 재산범죄로 인하여 취득한 물건으로서 장물이 될 수 있다.

　과실 재산범죄로 취득한 재물도 장물인지 여부와 관련하여 본범이 고의범이어야 하는지에 대해 긍정설과 부정설이 대립한다. 업무상과실 장물취득죄와 같이 처벌하는 과실재산범죄로 영득한 재물은 장물이 되지만, 과실범을 처벌하지 않는 재산범죄로 영득한 재물의 장물성은 부정해야 할 것이다.

　재산범죄의 구성요건을 갖추지 못한 행위에 의해 취득한 재물도 장물이 될 수 없다.

---

1) 관세법위반으로 통관한 재물(관세장물), 문화재보호법을 위반하여 발굴한 문화재(대판 1987. 10. 13. 87도538), 야생생물보호법 위반죄로 수렵한 짐승 등도 장물이 될 수 없지만, 각 법률들에서 장물죄와 유사한 처벌규정을 두고 있다.

B. 본범과 장물범과의 시간적 관련성

a. 본범의 기수 혹은 종료 요부   장물죄가 성립하려면 본범이 기수에 이르러야 하는가에 대해 긍정설(다수설)과 영득행위가 종료하였으면 되고 기수·미수와는 상관없다는 견해가 대립한다. 예컨대 부동산 횡령범이 등기하기 전에 그 부동산을 양도받아 등기한 경우에도 장물죄가 성립한다고 해야 하므로 후자가 타당하다.

본범의 영득행위가 종료하기 전에 그 영득행위에 가공한 자는 본범의 공범이 될 수는 있어도 장물죄의 주체는 될 수 없다.

[대판 1961. 11. 9. 61도374] 甲과 乙이 공모하여 甲은 창고에 침입하여 물건을 절취하고 乙은 절취한 물건을 운반하여 양여 또는 보관한 경우 乙의 소위는 甲과 같이 야간건조물침입절도의 죄책을 져야 할 것이지 장물죄로 문죄할 수 없다.

b. 본범이 횡령죄인 경우   위의 문제와 관련하여 예를 들어 A의 동산을 보관하는 甲이 임의로 乙에게 매도했고, 乙이 이 사실을 알고도 매수한 경우 횡령죄의 상대방인 乙이 어떤 죄책을 지는지 문제된다.[1]

이에 대해 ① 甲의 매도의사표시가 있으면 횡령행위가 종료된다는 것을 근거로 한 장물취득죄설, ② 乙에게 재물을 인도할 시점에 甲의 횡령죄가 기수가 된다는 것을 근거로 한 횡령방조범과 장물취득죄의 상상적 경합설 및 ③ 甲의 매도의사표시만으로 횡령행위가 종료하지 않았다는 것을 근거로 한 횡령방조범설 등이 대립한다. 판례는 장물취득죄설을 따르고 있다.

[대판 2004. 12. 9. 2004도5904] 甲이 회사 자금으로 乙에게 주식매각 대금조로 금원을 지급한 경우 설령 甲이 乙에게 금원을 교부한 행위 자체가 횡령행위라고 하더라도 이러한 경우 甲의 업무상횡령죄가 기수에 달하는 것과 동시에 그 금원은 장물이 된다.

판례는 위와 같은 사례에서 상대방이 횡령행위를 교사하는 등 적극가담한 경우가 아니면 횡령죄의 공동정범이나 방조범은 성립하지 않는다고 한다(대

---

[1] 다만, 판례는 "신탁행위에 있어서는 수탁자가 외부관계에 대하여 소유자로 간주되므로 이를 취득한 제3자는 수탁자가 신탁자의 승낙없이 매각하는 정을 알고 있는 여부에 불구하고 장물취득죄가 성립하지 아니한다"고 한다(대판 1979. 11. 27. 79도2410).

판 1985. 6. 25. 85도1077; 대판 2011. 10. 27. 2010도7624[1]). 횡령죄의 공동정범이 인정되는 경우에는 장물취득죄는 성립하지 않을 것이고, 횡령죄의 공동정범이 인정되지 않는 경우에는 장물취득죄가 성립하는데 이는 피고인에게 불리할 수 있으므로 횡령죄의 방조범 정도를 인정하고 장물취득죄는 인정하지 않는 것이 타당하다.

3) 재물의 동일성   장물은 재산범죄로 영득한 재물과 동일성을 유지하는 범위 내에서만 인정되고, 재물의 동일성이 없어진 경우에는 더 이상 장물이 아니다. 따라서 장물을 매각하여 받은 금전(대판 1972. 6. 13. 72도971), 장물과 교환한 물건, 금전인 장물로 구입한 물건 등과 같은 대체장물은 장물이 아니다. 장물을 전당잡히고 받은 전당표도 장물이 아니다(대판 1973. 3. 13. 73도58). 그러나 재산범죄로 대체장물을 취득한 경우 그것은 장물이 된다. 예를 들어 절취물을 자기물건이라고 속이고 팔아 받은 돈은 절취물의 대체장물이지만, 사기죄로 취득한 재물로서 장물이 된다. 대체장물의 장물성이 문제되는 예로 다음과 같은 것들을 들 수 있다.

가. 대 체 물   대체물을 다른 대체물로 바꾼 경우, 특히 금전을 다른 금전으로 바꾼 경우이다. 예컨대, ① 훔친 돈 1만원짜리를 천원짜리 10장으로 바꾸거나, ② 훔친 달러를 원화로 환전하거나, ③ 훔친 현금 100만원을 예금하였다가 100만원짜리 자기앞수표로 찾은 후 70만원짜리 양복을 사고 30만원을 거스름돈으로 받은 경우 등에서 장물성이 문제된다. ③에서 양복은 더 이상 장물이 아니라는 데에 견해가 일치한다. 그러나 천원짜리 10장, 원화, 거스름돈 30만원은 장물인지 문제된다.

부정설은 위의 경우 위법한 재산상태는 단절되고 장물성을 긍정하면 장물의 범위가 너무 넓어진다는 이유로 장물성을 부정한다. 이에 대해 긍정설(다수설)은 금전의 경우 물체의 영득이라는 점보다는 가치의 영득이라는 측면이 강하므로 장물성을 인정해야 한다고 한다. 판례는 긍정설을 따른다.

---

1) 이 판례는 배임죄에 관한 것이지만 횡령죄에서도 유사한 입장이다(대판 1979. 11. 27. 79도2410; 종중으로부터 부동산을 신탁받은 자가 종중의 승낙없이 이를 매각처분함으로써 횡령죄가 성립하는 경우에 그것을 매수한 사람은 비록 그 정을 알고 있었다 하더라도 처음부터 수탁자와 짜고 불법영득할 것을 공모한 것이 아닌 한 그 횡령죄의 공동정범이 될 수는 없다 할 것이다).

[대판 2004. 3. 12. 2004도134] 금전 자체는 별다른 의미가 없고 금액에 의하여 표시되는 금전적 가치가 거래상 의미를 가지고 유통되고 있는 점에 비추어 볼 때, 장물인 현금을 금융기관에 예금의 형태로 보관하였다가 이를 반환받기 위하여 동일한 액수의 현금을 인출한 경우에 예금계약의 성질상 인출된 현금은 당초의 현금과 물리적인 동일성은 상실되었지만 액수에 의하여 표시되는 금전적 가치에는 아무런 변동이 없으므로 장물로서의 성질은 그대로 유지된다고 봄이 상당하고, 자기앞수표도 그 액면금을 즉시 지급받을 수 있는 등 현금에 대신하는 기능을 가지고 거래상 현금과 동일하게 취급되고 있는 점에서 금전의 경우와 동일하게 보아야 한다.

부정설이 타당하다. 장물죄는 이득죄가 아니라 재물죄이므로 재물성을 중시하여야 하므로 재물의 물리적 형상이 달라진 경우에는 장물성을 상실한다고 해야 한다. ③의 예에서 옷은 장물성을 상실하고 30만원은 장물성을 유지한다고 하는 것은 부자연스럽다. 또한 판례와 같이 현금은 금액으로 표시되는 금전적 가치가 중요하다고 하면 금전은 원칙적으로 재산상 이익으로 다루고 예외적으로 물리적 형상이 중요할 때에만 재물로 다루어야 할 것이다.

나. 절취한 예금통장으로 인출한 현금   절취한 예금통장으로 창구에서 현금을 인출한 경우 장물의 동일성이 유지된다는 견해와 사기죄로 인해 취득한 재물이므로 장물이 된다는 견해가 대립한다. 통설·판례와 같이 훔친 통장으로 예금을 인출하는 행위를 사기죄에 해당한다고 하면 후자가 타당하다. 그러나 이를 사기죄라고 보는 것은 부당하기 때문에 사기죄로 취득한 재물로서 장물이라고는 할 수 없고, 인출한 예금은 예금통장절도죄를 완성하여 취득한 재물로서 절도죄로 취득한 장물이라고 보아야 한다.

다. 타인의 현금카드로 현금자동지급기에서 인출한 현금   타인의 현금카드로 현금자동지급기에서 인출한 현금은 장물이 된다. 그러나 자신의 계좌로 이체를 하여 컴퓨터등사용사기죄를 범하고 이체된 금액을 자신의 현금카드로 현금을 인출한 경우에는 장물성이 부정된다.

[대판 2004. 4. 16. 2004도353] 甲이 컴퓨터등사용사기죄에 의하여 취득한 예금채권은 재물이 아니라 재산상 이익이므로, 그가 자신의 예금계좌에서 돈을 인출하였더라도 장물을 금융기관에 예치하였다가 인출한 것으로 볼 수 없다.

라. 사기방조범에게 입금된 예금의 인출   사기피해자가 사기범의 은행계좌로 현금을 송금하고 사기범이 일부를 방조범에게 송금하고 사기방조범이 인출한 경우 인출한 현금은 장물이 된다. 그러나 사기범에게 기망당한 피해자가 사기방조범의 계좌로 입금한 돈을 사기방조범이 인출한 경우 판례는 장물취득죄가 성립하지 않는다고 한다.

[대판 2010. 12. 9. 2010도6256] 이는 예금명의자로서 은행에 예금반환을 청구한 결과일 뿐 본범으로부터 위 돈에 대한 점유를 이전받아 사실상 처분권을 획득한 것은 아니므로, 피고인의 위와 같은 인출행위를 장물취득죄로 벌할 수는 없다.

4) 장물성의 상실 여부   추구권설에 의하면 반환청구권이 없어지면 장물성도 상실되지만, 위법상태유지설에 의하면 장물성의 상실 여부는 추구권의 존재 여부와 상관없이 형법의 독자적 견지에서 결정하게 된다.

가. 불법원인급여물   추구권설에 의하면 불법원인급여물을 횡령한 경우 급여자의 반환청구권이 없으므로 횡령물은 장물이 아니지만, 위법상태유지설에서는 이 경우에도 위법상태가 유지되므로 장물성이 유지된다고 할 수도 있다. 그러나 불법원인급여물에 대한 반환청구권이 인정되지 않는 것은 더 이상 위법상태가 유지되지 않는다고도 할 수 있으므로 장물성을 부정해야 한다.

나. 선의취득·부합·혼화·가공   제3자가 장물을 선의취득하게 되면 장물성이 상실된다. 다만 장물이 도품이나 유실물인 경우 피해자는 2년 동안 반환청구를 할 수 있으므로(민법 제250조) 이 기간 동안은 제3자가 선의취득하더라도 장물성이 유지된다. 부합·혼화·가공(민법 제256조-제259조) 등에 의해 피해자가 반환청구권을 행사할 수 없게 된 때에는 장물성은 상실된다.

[대판 2011. 5. 13. 2009도3552] 장물인 수입자동차를 신규등록하였다고 하여 그 최초 등록명의인이 해당 수입자동차를 원시취득하게 된다거나 그 장물양도행위가 범죄가 되지 않는다고 볼 수는 없다.

다. 취소·해제권이 상실된 경우   사기·공갈에 의해 재물을 교부한 경우 사기·강박에 의한 의사표시로 취소하거나 계약을 해제할 수 있다(민법 제110조). 피해자가 계약을 취소·해제할 수 있는 단계에서는 장물성이 인정된다. 그러나 피해자가 취소·해제권을 포기하거나 취소·해제권이 소멸된 경우 장물성이 상실되는가에 대해 긍정설과 부정설이 대립한다. 위와 같은 단계에서는 위법상태가 유지된다고 보기 어려우므로 긍정설이 타당하다.

라. 연쇄장물　　　甲이 A의 재물을 절취하고 이를 乙이 취득한 후 다시 丙이 취득한 경우에도 A의 추구가능성이 있는 한 장물성은 유지된다.[1]

마. 장물의 증여·상속　　　본범의 피해자가 본범에게 증여하거나 본범이 장물을 상속하는 경우에는 추구권도 없고 위법상태도 없으므로 장물성이 상실된다.

바. 명의신탁부동산　　　금지된 부동산 명의신탁에서 명의수탁자가 명의신탁된 부동산을 임의처분한 경우 횡령죄가 성립하지 않으므로 그 부동산은 장물이 될 수 없다. 판례는 허용된 명의신탁에서 매수인이 악의인 경우에도 장물취득죄는 성립하지 않는다고 한다(대판 1979. 11. 27. 79도2410).

(3) 실행행위

장물죄의 실행행위는 장물의 취득·양도·운반·보관 또는 이러한 행위들을 알선하는 것이다.

1) 취　　　득　　　취득이란 장물에 대한 사실상 소유자의 지위를 획득하는 것을 말한다. 잠금장치가 된 재물의 열쇠를 넘겨받거나 위탁된 장물을 인출할 수 있는 증서를 취득하는 경우와 같이 간접점유를 취득하더라도 무방하다. 운반·보관의 경우에도 점유의 이전이 있을 수 있지만, 사실상 소유자의 지위를 갖지 못한다는 점에서 취득과 다르다.

취득은 유상·무상, 자기를 위한 취득·제3자를 위한 취득 모두 포함된다. 사용대차, 임대차, 담보설정, 훔친 자동차를 함께 타고 목적지까지 도착한 경우 등은 소유자의 지위를 획득하는 것이 아니라고 해야 하므로 보관에는 해당할 수 있어도 취득에는 포함되지 않는다.

장물의 원소유자가 장물을 취득하는 경우 장물취득죄 긍정설과 자구행위를 이유로 한 부정설이 있다. 자기소유의 재물에 대한 사실상의 소유자가 된다는 것은 의미가 없고, 장물취득죄의 불능미수가 문제될 수 있지만 장물죄의 미수는 벌하지 않으므로 부정설이 타당하다.

장물을 손괴하는 경우에는 취득이라고 할 수 없다. 훔친 음식을 함께 먹거나

---

1) 甲에게 반환청구권이 없으므로 추구권설에 의하면 丙의 행위는 장물취득죄가 될 수 없다는 견해도 있다.

훔친 돈을 함께 소비한 경우 장물취득죄 부정설이 있지만, 소비는 취득을 전제로 하므로 장물취득죄 긍정설이 타당하다. 다만 본범이 혼자 돈을 쓰고 그 돈으로 구입한 음식을 함께 먹거나 물건을 함께 사용한 경우에는 대체장물을 취득한 것에 불과하므로 장물취득죄에 해당되지 않는다.

　　장물취득죄가 성립하기 위해서는 장물취득에 대한 고의가 있어야 한다. 계약을 체결할 때에는 장물인 줄 몰랐으나 인도를 받을 때에 장물인 것을 안 경우에도 장물취득죄가 성립한다(대판 1960. 2. 17. 4292형상496). 그러나 취득 이후 장물인 것을 알았을 때에는 장물취득죄는 성립하지 않고, 장물보관죄가 성립할 수 있지만, 이 경우에도 점유할 권한이 있는 때에는 장물보관죄가 성립하지 않는다(대판 2006. 10. 13. 2004도6084).

　　취득죄의 기수시기는 계약체결시가 아니라 동산의 경우에는 현실적 인도시, 부동산의 경우에는 등기경료시이다. 계약의 유효, 대금의 지급 여부는 문제되지 않는다. 본죄의 미수는 벌하지 않는다.

[대판 1993. 11. 23. 93도213] 장물인 자기앞수표를 취득한 후 이를 현금 대신 교부한 행위는 장물취득에 대한 가벌적 평가에 당연히 포함되는 불가벌적 사후행위이다.

　　2) 양　　도　　양도란 취득과 대비되는 개념으로서 양수인에게 사실상 소유자의 지위를 갖도록 하는 것을 말한다. 장물의 임대차·사용대차, 저당권설정 등은 양도에 해당되지 않는다고 해야 한다. 피해자에게 양도한 경우에도 양도에 해당하지 않는다.

　　양도는 유상·무상, 양수인의 선의·악의를 불문한다. 다만 양수인이 장물인 사실을 모르는 경우에는 장물양도죄와 함께 묵시적 기망행위에 의한 사기죄가 성립할 수 있다.

　　장물인 줄 모르고 취득하였다가 이후 장물인 줄 알고서 양도한 경우 장물양도죄가 성립한다. 그러나 장물인 줄 알고 취득한 후 양도한 경우 불가벌적 사후행위설(다수설)과 장물취득죄의 포괄일죄설이 대립한다. 장물인 줄 알고 취득한 후 양도한 경우에도 장물양도죄의 구성요건해당성은 있으므로 불가벌적 사후행위설이 타당하다.

　　양도죄의 기수시기도 양도계약 체결시가 아닌 현실적 점유인도시나 등기경료시이다.

3) 운   반   운반이란 장물을 장소적으로 이동하는 것을 말한다. 장물범을 위해서뿐만 아니라 자기 또는 제3자를 위해 운반한 경우도 포함하지만, 피해자에게 반환하기 위해 혹은 피해자를 위해 운반한 경우에는 운반에 해당하지 않는다. 운반은 유상·무상을 불문한다. 장물의 반환가능성을 감소시키고 위법상태를 유지하게 할 정도의 거리를 운반해야 하고, 이러한 정도에 이르지 않는 때에는 운반이라고 할 수 없다.

본범, 장물취득자 혹은 장물보관자가 운반을 할 때에는 운반죄에 해당하지 않거나 불가벌적 사후행위가 된다. 그러나 제3자가 본범 등과 함께 장물을 운반한 행위는 장물운반죄에 해당된다.

[대판 1999. 3. 26. 98도3030]   본범이 절취한 차량이라는 정을 알면서도 그들로부터 위 차량을 이용하여 강도를 하려고 하니 차량을 운전해 달라는 부탁을 받고 위 차량을 운전해 준 경우, 강도예비와 아울러 장물운반의 고의가 인정된다.

장물을 운반한 자가 이를 취득한 때에는 장물취득죄만이 성립한다. 장물인 줄 모르고 취득·보관하던 자가 장물인 줄 알게 된 이후 운반한 때에는 장물운반죄에 해당한다.

4) 보   관   보관이란 위탁을 받아 장물을 자기의 점유하에 두는 것을 말한다. 점유의 취득만이 있고 사실상의 처분권을 갖지 못한다는 점에서 취득과 구별된다. 유상·무상, 직접점유·간접점유를 불문한다. 장물의 임차, 사용대차, 담보설정 등은 사실상의 소유자 지위를 취득하는 것이 아니므로 취득이 아니라 보관에 해당된다.

타인의 범죄증거를 은닉하기 위해 장물을 은닉하는 경우 장물보관죄와 증거은닉죄의 상상적 경합설이 있지만 장물보관은 이미 증거은닉을 포함하고 있으므로 법조경합이라고 해야 할 것이다.

장물인 줄 모르고 보관하였다가 장물인 줄 알게 된 경우에는 알게 된 이후부터 보관죄가 성립하지만(대판 1987. 10. 13. 87도1633), 점유할 권한이 있는 경우에는 장물보관죄가 성립하지 않는다(대판 1986. 1. 21. 85도2472).

장물의 취득자가 이를 보관한 때 보관은 불가벌적 사후행위가 되고, 장물보관자가 이를 취득한 때 보관죄는 취득죄에 흡수된다.

　　5) 알　　　선　　알선이란 취득·양도·운반·보관을 중개하거나 주선하는
것을 말한다. 유상·무상, 직접알선·제3자를 통한 알선을 불문한다.

> [대판 1975. 2. 25. 74도2228] "황소를 훔쳐 오면 문제없이 팔아 주겠다"고 말한
> 것은 절취장물의 매각알선의 의사표시를 한 것일 뿐 황소 절취의 공모의사를 표
> 시한 것이라고 할 수 없다.

　　알선죄의 기수시기에 대해서는 ① 알선행위종료시설, ② 계약체결시설, ③
점유이전시설 등이 대립한다.

　　알선행위종료시설은 ① 알선행위가 있으면 본범 유발가능성과 피해자의 반
환청구권에 대한 위험이 발생하고, ② 계약체결시설이나 점유이전시설에 의하면
알선죄의 성립이 조건부로 되고, ③ 행위태양이 알선이라는 것을 근거로 든다.
판례도 이 입장을 따른다.

> [대판 2009. 4. 23. 2009도1203] 장물인 정을 알면서, 장물의 취득·양도·운반·보
> 관행위를 중개하거나 편의를 도모하였다면, 당사자 사이에 실제로 계약이 성립하
> 지 아니하였거나 장물의 점유가 현실적으로 이전되지 아니한 경우라도 그 알선에
> 의하여 장물알선죄가 성립한다. … 장물인 귀금속의 매도를 부탁받은 피고인이
> 매매를 중개하고 매수인에게 이를 전달하려다가 매수인을 만나기도 전에 체포되
> 었다 하더라도, 위 귀금속의 매매를 중개함으로써 장물알선죄가 성립한다.

　　계약체결시설은 ① 알선행위시설은 장물의 취득·양도 등이 성립하기 위해서
는 현실적 점유이전을 요한다고 하는 것과 균형에 맞지 않고, ② 점유이전시설은
알선이라는 문언에 반한다고 한다. 점유이전시설은 ① 취득·양도·운반·보관 등
의 경우와 균형을 맞추어야 하고, ② 제362조 제2항은 '전항의 행위를 알선한 자'
라고 규정하고 있다는 것을 근거로 든다.

　　취득·양도·운반·보관등죄와 균형상 점유이전시설이 타당하다.

　　(4) 주관적 구성요건

　　장물죄가 성립하기 위해서는 장물이라는 점에 대한 인식 내지 미필적 인식
을 요한다(대판 2011. 5. 13. 2009도3552). 장물에 대한 인식 여부는 장물소지자의 신분,
재물의 성질, 거래의 대가 기타 상황을 참작하여 인정할 수밖에 없다(대판 1995. 1.

20. 94도1968). 재산범죄로 영득한 재물이라는 점을 인식하면 족하고 구체적으로 어떤 재산범죄인지까지는 인식할 필요는 없다(대판 2000. 3. 24. 99도5275).

[대판 1982. 2. 23. 81도2876] 예외적이지만 군복 및 군복지가 합법적으로 유통될 수 있는 여지가 있는만큼 군용에 공하기 위하여 제조된 군복 또는 군복지가 시중에서 거래되고 있다 하더라도 이를 모두 장물이라고는 단정할 수 없다.

장물양도·운반·보관·알선 등에서는 불법영득의사가 필요없으나 취득죄의 경우 불법영득의사 요부에 대해 긍정설과 부정설이 있다. 취득에는 영득이 포함되어 있어서 영득은 고의의 한 내용이 되므로 부정설이 타당하다.

2. 죄　　수

(1) 횡령죄와의 관계

장물보관자가 이를 횡령한 경우 통설·판례(대판 2004. 4. 9. 2003도8219)는 장물보관죄만 성립하고 횡령행위는 불가벌적 사후행위가 된다고 한다.

(2) 장물에 대한 재산범죄

통설은 장물을 절취·강취, 사취·갈취, 횡령한 경우 별도로 장물취득죄가 성립하지 않는다고 하지만 그 근거는 서로 다르다.

위법상태유지설에서는 본범 혹은 장물점유자와의 명시적·묵시적 의사합의(내적 관련)에 의한 위법상태유지가 없기 때문이라고 한다. 추구권설 중에서도 본범 혹은 장물점유자 사이의 명시적·묵시적 의사합치에 의한 반환가능성의 감소가 없기 때문이라고 하는 견해도 있다.

절도를 교사한 다음 이를 취득한 경우 절도교사죄와 장물취득죄가 성립하고 양자는 실체적 경합범의 관계에 있다. 또한 재물보관자에게 횡령을 교사하고 위 물건을 취득한 경우에도 횡령교사죄와 장물취득죄가 성립하고 양자는 실체적 경합범의 관계에 있다(대판 1969. 6. 24. 69도692).

(3) 수뢰죄와의 관계

공무원이 장물임을 알면서 뇌물로 받은 경우 장물취득죄와 수뢰죄의 상상적 경합이 된다. 이 경우에는 의사의 합치를 통한 장물취득을 인정할 수 있기 때문이다.

3. 친족간의 범행

> 제365조(친족간의 범행) ① 전3조의 죄를 범한 자와 피해자간에 제328조 제1
> 항·제2항의 신분관계가 있는 때에는 동조의 규정을 준용한다.
> ② 전3조의 죄를 범한 자와 본범간에 제328조 제1항의 신분관계가 있는 때에
> 는 그 형을 감경 또는 면제한다. 단 신분관계가 없는 공범에 대하여는 예외로
> 한다.

장물범과 본범의 피해자 간에 친족관계가 있는 경우에는 제328조 제1항에
대한 헌법불합치결정에 따라 제328조 제1항은 준용되지 않고 제328조 제2항만
준용된다. 이것은 장물죄의 재산범죄로서의 성격이 반영된 것이다.

장물범과 본범 간에 제328조 제1항의 신분관계가 있는 때에는 재328조 제1항
에 대한 헌법불합치결정에도 불구하고 그 형을 감경 또는 면제한다. 왜냐하면 헌
법불합치결정의 취지는 제328조 제1항이 형을 '면제한다'라고 규정하였기 때문인
데, 제365조 제2항은 형을 '감경 또는 면제한다'라고 규정하여 헌법불합치결정의
취지에 반하지 않기 때문이다. 이것은 장물죄의 범인은닉적 성격이 반영된 것이다.

어느 경우에나 인적 처벌조각·감경사유이거나 인적 소추사유이므로 신분관
계가 없는 공범에 대해서는 적용되지 않는다.

Ⅲ. 상습장물죄

> 제363조(상습범) ① 상습으로 전조의 죄를 범한 자는 1년 이상 10년 이하의 징
> 역에 처한다.
> ② 제1항의 경우에는 10년 이하의 자격정지 또는 1,500만원 이하의 벌금을 병
> 과할 수 있다.

상습장물죄는 상습으로 장물을 취득·양도·운반·보관하거나 이러한 행위를
알선하는 범죄를 말한다. 상습성으로 인해 책임이 가중되는 부진정신분범이다.

판례에 의하면 상습성을 인정할 때에는 전과, 범행횟수와 범행기간, 범행수
법 등을 종합적으로 고려하여야 하고(대판 2007. 2. 8. 2006도6955), 장물취득죄는 상습
장물알선죄와 포괄일죄의 관계에 있다(대판 1975. 1. 14. 73도1848).

본죄의 미수는 벌하지 않고, 본죄에도 장물죄와 동일하게 친족간의 범행규정이 적용되거나 준용된다.

Ⅳ. 업무상과실·중과실장물죄

> 제364조(업무상과실, 중과실) 업무상과실 또는 중대한 과실로 인하여 제362조의 죄를 범한 자는 1년 이하의 금고 또는 500만원 이하의 벌금에 처한다.

1. 개   념

본죄는 업무상과실 또는 중과실장물죄이다. 재산범죄 중 유일하게 과실범을 처벌하는 규정이다. 단순과실은 벌하지 않고 업무상과실이나 중과실이 있는 경우에만 벌한다.

장물죄의 과실범을 벌하는 것은 중고물품을 취급하는 업무자들에게 각별한 주의의무를 요구하고, 고의의 입증이 곤란한 경우 과실범으로 처벌할 여지를 남겨둠으로써 장물단속과 본범검거의 효과를 높이기 위한 것이다. 장물의 경우에는 그 가격이 낮거나 거래조건이 비정상적으로 상대방에게 유리한 경우가 많을 것이므로 일반인들에게도 중과실이 있는 경우에는 처벌하는 것이다.

본죄에도 장물죄와 동일하게 친족간의 범행규정이 적용되거나 준용된다.

2. 구성요건

본죄가 성립하기 위해서는 장물을 취득·양도·운반·보관하거나 이를 알선하는 행위가 있어야 하고 주의의무위반이 있어야 하며 주의의무위반과 장물 취득 등 사이에 인과관계가 있어야 한다. 과실장물양도는 생각할 수 없다는 견해가 있으나, 장물을 정상적 재물로 오인하고 양도한 경우 과실장물양도죄가 성립할 수 있다.

> [대판 2003. 4. 25. 2003도348] 물건이 장물인지의 여부를 의심할 만한 특별한 사정이 있는지 여부나 그 물건이 장물임을 알 수 있었는지 여부는 매도자의 인적사항과 신분, 물건의 성질과 종류 및 가격, 매도자와 그 물건의 객관적 관련성, 매도자의 언동 등 일체의 사정을 참작하여 판단하여야 한다.[1]

---

1) 과실장물죄를 인정한 판례로, 대판 2003. 4. 25. 2003도348; 대판 1987. 6. 9. 87도915; 대판

제 9 절 손괴의 죄

Ⅰ. 총   설

1. 개념 및 성격

손괴죄는 타인의 재물, 문서 또는 전자기록등 특수매체기록을 손괴, 은닉 기타 방법으로 그 효용을 해하는 범죄이다. 손괴죄는 재물만을 객체로 하는 순수한 재물죄였으나 1995년 개정형법을 통해 전자기록등 특수매체기록을 객체에 포함시킴으로써 순수한 재물죄의 성격은 축소되었다. 그러나 이득죄와 대비되는 개념으로서 재물죄라고는 할 수 있다.

손괴죄는 자신이 재물등의 효용을 향유하는 것을 내용으로 하지 않고 권리자로 하여금 그 효용을 향유하지 못하도록 하는 것을 내용으로 하는 범죄로서 권리행사방해의 성격을 지닌 범죄이다. 따라서 손괴죄에서는 불법영득의사는 필요하지 않다. 영득죄에서 불법영득의사가 필요하다는 견해에 의하면 손괴죄에서도 불법손괴의사가 필요하다고 하는 것이 논리적이지만, 손괴죄 성립에 불법손괴의사가 필요하다는 견해는 없다.

형법 제42장의 손괴의 죄에는 손괴죄 이외에도 공익건조물파괴죄, 경계침범죄 등 손괴죄와는 독립된 형태의 범죄가 함께 규정되어 있다.

2. 보호법익

손괴의 죄에는 여러 가지 독립된 범죄가 같이 규정되어 있기 때문에 그 보호법익도 일률적으로 파악할 수 없고, 각 범죄별로 파악해야 한다.

1984. 11. 27. 84도1413; 대판 1961. 5. 10. 4294형상7 등. 부정한 판례로, 대판 1991. 11. 26. 91도2332; 대판 1987. 2. 24. 86도2077; 우표 매입가격이 우체국으로부터 매입하던 가격보다는 저렴하나 평소 일반인들로부터 매입하던 가격으로 매입한 경우(대판 1986. 6. 24. 86도396); 고시가격 또는 통상의 공장출고가격보다 다소 저렴한 가격으로 밀가루를 매수한 경우(대판 1986. 8. 19. 84도7041); 대판 1984. 2. 14. 83도2982; 대판 1983. 9. 27. 83도1857; 대판 1984. 7. 24. 84도1196; 대판 1983. 6. 28. 83도1144; 대판 1978. 9. 26. 78도1902; 대판 1970. 8. 31. 70도1489; 금방주인이 영업시간 중에 자기 점포 내에서 금거래도 매시세에 따라 금반지를 사고 주소, 성명을 물어 기장을 한 경우(대판 1960. 8. 10. 4292형상328) 등.

(1) 손괴죄의 보호법익

손괴죄(제366조)는 재물을 영득하는 것이 아니라 그 효용을 해하는 범죄이므로 그 보호법익은 재물의 효용 내지 이용가치이다.

본죄는 본질상 소유권범죄이므로 순수한 용익물권 기타 점유권의 침해는 본죄를 구성하지 않는다는 견해가 있다. 그러나 효용을 해하는 것은 소유권의 한 측면일 뿐이고, 재물의 효용을 해하는 것은 소유권뿐만 아니라 제한물권이나 기타 권리에 대한 경우도 포함된다. 예컨대 B가 임대하여 사용하고 있는 A소유의 물건을 손괴한 때에 피해자에는 A만이 아니라 B도 포함된다고 해야 한다.

손괴죄의 보호의 정도는 침해범이다.

중손괴죄(제368조)는 재물 등의 효용 이외에 생명 · 신체도 보호법익으로 하고, 보호의 정도는 구체적 위험범(제1항) 내지 침해범(제2항)이다.

(2) 공익건조물파괴죄의 보호법익

공익건조물파괴죄(제367조)의 보호법익은 공익건조물의 효용 또는 이용가치이다. 자기소유의 공익건조물에 대해서도 성립할 수 있기 때문에 소유권 침해를 내용으로 하는 범죄라고 할 수 없다. 즉, 본죄는 공익건조물의 이용이라는 공공의 이익을 침해하는 범죄로서 사회적 법익에 대한 죄로서의 성격도 지니고 있다. 보호의 정도는 침해범이다.

(3) 경계침범죄의 보호법익

통설은 경계침범죄(제370조)의 보호법익을 토지경계의 명확성이라고 한다. 본죄의 보호법익이 부동산소유권의 이용가치라는 견해가 있으나 본죄의 내용은 토지의 경계를 인식불능하게 하는 것이므로 통설이 타당하다. 보호의 정도는 침해범이다.

3. 구성요건체계

손괴의 죄의 기본적 구성요건은 손괴죄(제366조)이다. 공익건조물파괴죄(제367조)는 손괴죄의 가중적 구성요건이라는 견해가 있지만 손괴죄와 독립된 범죄유형이다. 특수손괴죄(제369조 1항) · 특수공익건조물파괴죄(제369조)는 손괴죄 및 공익건조물파괴죄의 행위불법이 가중된 범죄유형이다. 중손괴죄(제368조 1항)와 손괴등치사상죄(제368조 2항)는 손괴죄 및 공익건조물파괴죄의 결과적 가중범으로서 불법(위법)이 가중되는 범죄유형이다. 경계침범죄(제370조)는 이들과는 독립된 범죄유형이다.

　　손괴죄, 공익건조물파괴죄, 특수손괴죄·특수공익건조물파괴죄의 미수범은
처벌한다(제371조). 관리할 수 있는 동력은 재물로 간주한다(제372조).

Ⅱ. 손 괴 죄

> **제366조(재물손괴등)** 타인의 재물, 문서 또는 전자기록등 특수매체기록을 손괴
> 또는 은닉 기타 방법으로 그 효용을 해한 자는 3년 이하의 징역 또는 700만원
> 이하의 벌금에 처한다.

1. 구성요건

(1) 행위의 객체

　본죄의 객체는 타인의 재물, 문서 또는 전자기록등 특수매체기록이다.

　1) 재　　물　　　본죄의 재물에는 유체물뿐만 아니라 관리할 수 있는 동력
도 포함된다(제372조). 동산·부동산,[1] 주인이 있는 동물이나 가축도 재물에 포함
된다. 시체는 본죄가 아니라 시체손괴죄(제161조)의 객체가 된다. 그러나 시체가
예외적으로 재물로서의 성격을 지니고 있을 때에는 본죄의 객체가 될 수 있다.
재물이 본래의 용도로 사용할 수 없다고 하여도 다른 용도로 사용할 수 있을 때
에는 본죄의 객체가 된다.[2]

　　공익건조물도 본죄의 객체가 될 수 있는가에 대해 긍정설과 부정설이 대립
한다. 긍정설은 공익건조물을 파괴에 이르지 않고 손괴한 경우에는 본죄가 성립
한다는 것을, 부정설은 이 경우에는 공용서류등무효죄(제141조 1항)에 해당된다는
것을 근거로 든다. 그러나 제141조의 객체는 '공무소에서 사용하는 서류 기타 물
건'인데 공익건조물은 반드시 공무소에서 사용하는 것일 필요가 없으므로 긍정설
이 타당하다. 다만 공무소에서 사용하고 공익에 공하는 건조물은 제141조의 객체

---

1) 대판 2004. 5. 28. 2004도434: 관리처분계획의 인가·고시 이후 분양처분의 고시 이전에 재
　개발구역 안의 무허가건물을 제3자가 임의로 손괴할 경우 특별한 사정이 없는 한 재물손
　괴죄가 성립한다.
2) 대판 1979. 7. 24. 78도2138: 포도주 원액이 부패하여 포도주 원료로서의 효용가치는 상실
　되었으나, 식초의 제조 등 다른 용도에 사용할 수 있는 경우에는 재물손괴죄의 객체가 될
　수 있다. 대판 2007. 9. 20. 2007도5207: 재건축사업으로 철거예정이고 아무도 거주하지 않
　은 채 비어있는 아파트라 하더라도 재물손괴죄의 객체가 된다.

가 된다. 또한 본죄의 객체가 되는 공익건조물은 타인소유여야 한다.

2) 문　　서　　　문서는 사문서·공문서를 불문하고, 사문서도 사문서위조죄(제231조)에서와는 달리 권리·의무 또는 사실증명에 관한 문서에 국한되지 않는다. 그러나 문서는 거기에 표시된 내용이 적어도 법률상 또는 사회생활상 중요한 사항이어야 한다(대판 1989. 10. 24. 88도1296).

편지, 유가증권(대판 1967. 2. 28. 67도49) 등은 문서라고 할 수 있지만 도화는 문서라고 할 수 없으므로 재물이라고 해야 할 것이다. 작성명의인과 내용을 알 수 있는 계산서도 문서에 속한다(대판 1985. 10. 22. 85도1677).

제141조의 공용서류에 해당하는 문서에는 본죄보다 제141조가 우선 적용된다.

3) 전자기록등 특수매체기록　　　전자기록등 특수매체기록은 1995년 개정형법에서 추가되었는데, 그 개념은 앞에서 본 것과 같다. 마이크로필름, 사진 등은 특수매체기록이라고 할 수 없으므로 재물에 속한다.

4) 타인의 소유　　　재물, 문서, 특수매체기록은 타인의 소유여야 한다.[1] 자기소유인 경우에는 본죄가 아니라 권리행사방해죄(제323조), 강제집행면탈죄(제327조)나 공무상보관물무효죄(제142조) 등이 성립한다. 타인에는 자연인뿐만 아니라 법인, 법인격없는 단체, 국가 등이 모두 포함된다.

타인의 소유이면 되고 누구의 점유에 있건 상관없다. 예를 들어 자기가 보관하는 타인의 재물을 손괴한 경우에는 횡령죄가 아니라 본죄가 성립한다(대판 1984. 12. 26. 84도2290). 자기명의라도 타인의 소유인 문서를 손괴하거나 내용을 변경하는 경우에는 본죄가 성립할 수 있다.

[대판 1985. 2. 26. 84도2802] 약속어음의 발행인이 소지인으로부터 어음을 교부받은 후 위 어음의 수취인란에 타인의 이름을 추가로 기입하여 위 어음배서의 연속성을 상실하게 함으로써 그 효용을 해한 경우에는 문서손괴죄에 해당한다.[2]

---

1) 매수인이 명인방법을 갖추지 않은 쪽파(대판 1996. 2. 23. 95도2754), 타인 소유의 토지에 사용수익의 권한없이 경작한 농작물(대판 1970. 3. 10. 70도82), 소송에 의하여 피고인이 소유권 이전등기를 받을 수 있다고 하더라도 그 확정 전에 피해자가 경작한 콩(대판 1969. 2. 18. 68도906)의 소유권은 각각 매도인, 경작자, 피해자에게 있다.

2) 타인(타기관)에 접수되어 있는 자기명의의 문서(대판 1987. 4. 14. 87도177), 타인이 소유한 자기명의의 확인서(대판 1982. 12. 28. 82도1807), 채무담보조로 보관받은 약속어음(대판 1982. 7. 27. 82도223) 등의 내용을 무단 변경한 경우 자기명의이기 때문에 문서위·변조죄는 성립할 수 없고 문서손괴죄가 성립할 수 있다.

(2) 실행행위

실행행위는 손괴 또는 은닉 기타 방법으로 그 효용을 해하는 것이다.

1) 손   괴   손괴란 타인의 재물 등에 직접 유형력을 행사하여 그 효용을 해하는 것을 말한다. 재물 등에 유형력을 행사하더라도 효용을 증대시킨 경우에는 손괴라고 할 수 없다. 배를 떠내려가게 하거나 자동차에 주차단속용 자물쇠를 채워놓는 것과 같이 물체에 직접 유형력을 행사하지 않고 효용을 해하는 것은 손괴가 아니라 기타 방법에 의해 효용을 해하는 것이다.

영구적 뿐만 아니라 일시적으로 효용을 해하더라도 상관없다(대판 2006. 12. 22. 2006도7219; 대판 1992. 7. 28. 92도1345). 물체 자체가 소멸되거나 재물의 중요부분이 훼손될 것을 요하지 않는다. 예컨대 자동문을 자동으로 작동하지 않고 수동으로만 개폐가 가능하게 하여 자동잠금장치로서 역할을 할 수 없도록 한 것(대판 2016. 11. 25. 2016도9219), 타이어의 바람을 빼놓는 것, 조립하기 곤란한 상태로 기계를 분해하는 것, 음식물에 오물을 넣는 것, 광고용 간판을 백색페인트로 도색하여 광고문안을 지워버리는 것(대판 1991. 10. 22. 91도2090) 등도 손괴에 속한다. 벽에 광고를 부착하는 것도 손괴라고 하는 견해가 있으나 기타 방법에 의해 벽의 효용을 해하는 것이라고 해야 한다. 재물을 소각하여 방화죄가 성립하는 경우 손괴죄는 방화죄에 흡수된다.

전자기록등 특수매체기록을 손괴한다는 것에는 기억된 정보를 삭제·변경하거나 특수매체기록을 수록하고 있는 USB나 CD 등과 같은 기억매체를 손괴하여 정보를 인식할 수 없도록 하는 것도 포함된다.

2) 은   닉   은닉이란 재물, 문서 또는 특수매체기록의 소재를 불분명하게 하여 그 발견을 곤란, 불가능케 함으로써 그 효용을 해하는 것을 말한다. 재물 등의 상태를 변화시키지 않는다는 점에서 손괴와 구별된다. 자기 또는 제3자에로의 점유이전을 요하지 않으므로 피해자의 점유하에 은닉하는 것도 가능하다.

판례에 의하면, 매출계산서의 반환을 거부함으로써 본래 용도에 사용하지 못하게 한 행위는 문서은닉에 해당한다(대판 1971. 11. 23. 71도1576). 그러나 피해자를 좀더 호젓한 곳으로 데리고 가기 위하여 피해자의 가방을 빼앗고 따라 오라고 한 행위(대판 1992. 7. 28. 92도1345), 문서를 민사재판에 증거로 제출한 행위(대판 1979. 8. 28. 79도1266) 등은 문서은닉에 해당되지 아니한다.

3) 기타 방법

가. 재물의 경우　　기타의 방법이란 손괴 또는 은닉을 제외하고 손괴 또는 은닉에 준하는 정도의 유형력을 행사하여 재물 등의 효용을 해하는 행위를 말한다(대판 2021. 5. 7. 2019도13764). 주차한 차량 앞에 철근콘크리트 구조물을, 뒤에 굴삭기 크러셔를 바짝 붙여 놓아 약 17~18시간 차량을 운행할 수 없게 한 행위(대판 2021. 5. 7. 2019도13764), 판결에 의하여 명도받은 토지의 경계에 설치해 놓은 철조망 경고판을 치워버린 행위(대판 1982. 7. 13. 8282도105), 우물에 연결하고 땅속에 묻어서 수도관적 역할을 하고 있는 고무호스 중 약 1.5미터를 발굴하여 우물가에 제쳐놓음으로써 물이 통하지 못하게 한 행위(대판 1971. 1. 26. 70도2378) 등을 예로 들 수 있다.

> **[대판 2007. 6. 28. 2007도2590]** 건조물의 벽면에 낙서를 하거나 게시물을 부착하는 행위 또는 오물을 투척하는 행위 등이 그 건조물의 효용을 해하는 것에 해당하는지 여부는, 당해 건조물의 용도와 기능, 그 행위가 건조물의 채광·통풍·조망 등에 미치는 영향과 건조물의 미관을 해치는 정도, 건조물 이용자들이 느끼는 불쾌감이나 저항감, 원상회복의 난이도와 거기에 드는 비용, 그 행위의 목적과 시간적 계속성, 행위 당시의 상황 등 제반 사정을 종합하여 사회통념에 따라 판단하여야 한다. … 해고노동자 등이 복직을 요구하는 집회를 개최하던 중 래커 스프레이를 이용하여 회사 건물 외벽과 1층 벽면 등에 낙서한 행위는 건물의 효용을 해한 것으로 볼 수 있으나, 이와 별도로 계란 30여 개를 건물에 투척한 행위는 건물의 효용을 해하는 정도의 것에 해당하지 않는다(이 판결과 같은 취지에서 도로에 페인트로 낙서를 한 행위가 본죄에 해당되지 않는다고 한 판결로, 대판 2020. 3. 27. 2017도20455; 경계의 표시를 위하여 타인 소유의 석축 중 돌 3개에 빨간색 락카를 사용해 화살표 모양을 표시한 행위가 본죄에 해당되지 않는다고 한 판결로, 대판 2022. 10. 27. 2022도8024).

　물질적으로 훼손·은닉하지 않더라도 식기에 방뇨하거나 우리에 갇힌 동물들을 풀어준 경우와 같이 감정상 혹은 사실상 그 물건을 사용할 수 없게 하는 것도 이에 속한다. 그러나 어떤 물건을 사용하면 저주를 받을 것이라고 하는 경우에는 미신범으로 본죄에 해당되지 않는다. 그림에 낙서를 하여 그 그림을 걸어둘 수 없게 한 경우 기타의 방법에 의해 효용을 해한 것이라는 견해가 있으나, 이는 손괴라고 보아야 할 것이다.

　그러나 재물의 본래의 용법에 따라 무단으로 사용·수익하는 행위는 소유자를 배제한 채 물건의 이용가치를 영득하는 것이고, 그 때문에 소유자가 물건의 효용을 누리지 못하게 되었더라도 효용 자체가 침해된 것이 아니므로 재물손괴죄에 해당하지 않는다(대판 2022. 11. 30. 2022도1410).[1]

나. 문서의 경우   기타의 방법으로 문서의 효용을 해하는 예로서 자기명의의 타인소유의 문서의 내용을 변경하는 것을 들 수 있다. 예컨대 채권자에게 써준 1,000만원의 차용증서의 기재내용을 100만원으로 고친 경우나 변제일자를 늦춘 경우이다. 어느 장소에 게시 중인 문서를 소유자의 의사에 반하여 떼어내는 것도 본죄에 해당되지만, 문서 게시가 문서 소유자의 의사에 반하여 또는 문서 소유자의 의사와 무관하게 이루어진 것일 경우에는 본죄에 해당되지 않는다(대판 2015. 11. 27. 2014도13083).

문서의 작성명의자가 자기명의이지만 타인소유의 문서의 내용을 고치는 경우에는 문서손괴죄가 성립하고, 문서의 작성명의자가 아닌 자가 문서의 내용을 고친 경우에는 그 문서가 자기소유이든 타인소유이든 문서위조 · 변조죄가 된다.

다. 전자기록등 특수매체기록의 경우   정보의 내용을 변경하거나 정보를 추가하여 본래의 용도에 사용하게 하는 것이나 정보를 읽을 수 있는 기계나 정보처리장치에 대한 전원을 차단함으로써 정보를 읽을 수 없도록 하는 경우 등을 예로 들 수 있다.

(3) 주관적 구성요건

손괴죄가 성립하기 위해서는 고의가 있어야 한다. 소유자의 의사에 반하여 재물, 문서, 전자기록등 특수매체기록의 효용을 상실케 하는 것에 대한 의욕 또는 인용이 있으면 족하다(대판 1993. 12. 7. 93도2701; 대판 1989. 1. 31. 88도1592).[2]

본죄의 과실범은 처벌하지 않지만, 도로교통법은 차의 운전자의 업무상과실 또는 중대한 과실 손괴죄를 벌하는 규정을 두고 있다(제151조). 다만, 이 경우에도 교통사고처리특례법이 적용된다.

---

1) 이 판결은 타인의 토지에 건물을 새로 지어 부지로서 사용 · 수익한 사건에 대한 것이다. 자동차등의 불법사용행위가 손괴죄에 해당되지 않듯이 타인 토지의 불법사용이 손괴죄에 해당되지 않는다는 취지라고 할 수 있다.
2) 타인의 재물을 취거한 경우 영득의사가 있으면 절도죄, 손괴의사가 있으면 손괴죄가 성립한다. 절도죄에 불법영득의사가 필요하다고 하면 손괴죄에도 불법손괴의사가 필요하다고 해야 하지만, 이러한 주장은 없다.

[대판 1990. 5. 22. 90도700] 경락받은 농수산물 저온저장 공장건물에 시설된 피해자 소유의 자재에 관하여 철거를 최고하는 등 적법한 조치를 취함이 없이 일방적으로 철거하게 하였다면 재물손괴의 범의가 없었다고 할 수 없다.
[대판 1990. 9. 25. 90도1591] 영업을 방해하기 위하여 타인이 설치하려는 철조망을 당초 놓여있던 곳으로부터 200 내지 300미터 떨어진 곳으로 옮겼다면 재물은 닉의 범의가 있다고 할 수 없다.[1]

2. 위 법 성

정당행위, 정당방위, 긴급피난, 자구행위 등 위법성조각사유가 있는 경우 손괴행위의 위법성이 조각될 수 있다. 손괴에 대한 피해자의 승낙은 위법성조각사유가 아니라 구성요건해당성 배제사유이다.

[대판 2010. 2. 25. 2009도8473] 재건축사업으로 철거가 예정되어 있는 아파트를 가집행선고부 판결을 받아 철거한 행위는 형법 제20조의 정당행위에 해당한다.[2]
[대판 2001. 9. 4. 2001도3167] 자신의 종교적 신념에 반하는 상징물이 공공의 시설 내에 설치된 경우에 폭력적인 방법으로 그 상징물을 제거하거나 손괴하는 것은 우리 사회의 법질서에 비추어 결코 허용될 수 없는 것이다.

3. 미   수

본죄의 미수는 처벌한다(제371조). 본죄의 실행의 착수시기는 손괴행위를 개시한 때이고, 기수시기는 효용이 훼손되었을 때이다. 본죄는 침해범이기 때문이다. 손괴의 목적으로 타인의 재물을 취거하였을 때에는 본죄의 실행의 착수가 인정된다.

---

1) 본죄의 고의를 인정하지 않은 판례로, 공중전화기가 고장난 것으로 생각하고 파출소에 신고하기 위하여 전화선코드를 빼고 떼어낸 경우(대판 1986. 9. 23. 86도941), 임차인이 가재도구 일체를 그대로 둔 채 시골로 내려간 사이에 피해자소유의 가재도구를 건물옥상에 옮겨 놓으면서 비닐장판과 비닐천 등을 덮어씌워 비가 스며들지 않게 하고 다른 사람이 열지 못하도록 종이로 바르는 등 조치를 취한 경우(대판 1983. 5. 10. 83도595) 등.
2) 기타, 위법성조각을 인정한 판례로, 뽕밭을 유린하는 소의 고삐가 나무에 얽혀 풀 수 없는 상황하에서 고삐를 낫으로 끊고 소를 밭에서 끌어낸 경우(대판 1976. 12. 28. 76도2359), 대판 2013. 10. 17. 2013도8683; 대판 2014. 1. 16. 2013도6761; 대판 2021. 12. 30. 2021도9680 등.

4. 죄   수

(1) 죄수결정의 기준

본죄는 일신전속적 법익을 침해하는 범죄가 아니므로 손괴행위등을 기준으로 죄수를 결정해야 한다. 따라서 하나의 행위로 한 사람이 관리하는 수인의 재물을 손괴한 때에는 손괴죄의 단순일죄가 된다. 하나의 행위로 관리를 달리하는 수인의 재물을 손괴하였을 때는 수개의 손괴죄의 상상적 경합이 된다. 수개의 행위로 수인의 재물을 손괴하였을 때는 수개의 손괴죄의 실체적 경합이 된다.

(2) 다른 범죄와의 관계

1) 업무방해죄와의 관계   컴퓨터등 정보처리장치 혹은 전자기록등 특수매체기록을 손괴하여 업무방해를 한 경우 업무방해죄(제314조)만이 성립한다. 그러나 업무방해의 과정에서 재물손괴를 한 경우 손괴죄와 업무방해죄의 실체적 경합범이 성립한다(대판 2009. 10. 29. 2009도10340).

2) 비밀침해죄와의 관계   타인의 편지를 개봉하기 전에 찢어버린 경우에는 손괴죄만이 성립한다. 편지의 겉봉투를 찢어 개봉하여 손괴죄가 성립한 경우 비밀침해죄(제316조)는 봉투손괴죄에 흡수된다. 손괴하지 않고 개봉한 이후 내용을 읽고 편지를 찢어버린 경우에는 비밀침해죄와 손괴죄의 실체적 경합이 된다.

3) 증거인멸죄와의 관계   증거를 인멸하기 위해 타인의 재물을 손괴한 경우에는 증거인멸죄와 손괴죄의 상상적 경합이 된다는 견해가 있으나, 손괴죄는 증거인멸죄의 불가벌적 수반행위라고 해야 한다.

5. 친족간의 범행

본죄에 대해서는 친족간의 범행 규정이 없다. 입법상의 보완을 요한다.

Ⅲ. 공익건조물파괴죄

> **제367조(공익건조물파괴)** 공익에 공하는 건조물을 파괴한 자는 10년 이하의 징역 또는 2,000만원 이하의 벌금에 처한다.

1. 법적 성격

공익건조물파괴죄는 자기 소유의 건조물도 객체가 되므로 손괴죄의 불법가중유형이라기보다는 손괴죄와 독립된 범죄유형으로서 어느 정도 사회적 법익에 대한 죄의 성격도 지니고 있다.

2. 구성요건

(1) 행위의 객체

본죄의 객체는 공익에 공하는 건조물이다.

1) 건 조 물   건조물이란 가옥을 포함하여 기둥에 의해 지지되고 토지에 정착하여 그 안에 사람들이 출입할 수 있는 건축물을 말한다. 지붕이나 천장, 벽 등이 있음을 요하지는 않으므로 옥외 운동경기장도 건조물에 속한다. 학교, 병원, 공중화장실, 매점, 지하철역사, 공중전화박스 등이 이에 속한다. 제방, 교량, 철도, 자동차, 항공기, 선박, 묘지 등은 이에 속하지 않으나, 기차나 비행기를 개조하여 만든 카페 등은 건조물이 될 수 있다.

2) 공익에 공하는 건조물   건조물은 공익에 공하여야 한다. '공한다'는 것은 사용한다는 것을 의미한다. 본죄의 취지상 건조물은 일반인이 쉽게 출입할 수 있는 곳이어야 한다는 견해가 있다. 이에 의하면 영화관, 공공박물관, 고속도로휴게소 등은 본죄의 객체가 되지만, 제한된 사람들만이 출입할 수 있는 법원도서관이나 관공서의 구내식당 등은 본죄의 객체가 될 수 없고, 공용건조물파괴죄(제141조 2항)의 객체가 될 수 있을 뿐이다. 그러나 '공용에 공하는' 것과 '공익에 공하는' 것은 일치하지 않으므로 반드시 일반인이 쉽게 출입할 수 있는 건조물로 제한해야 할 필요는 없다.

공익에 공하는 건조물인 이상 누구의 소유인가는 상관없다. 국가·사인 소유를 불문하고 자기소유의 건조물도 객체가 된다.

(2) 실행행위

본죄의 실행행위는 파괴이다. 파괴란 건조물의 중요부분을 손괴하여 건조물의 전부 또는 일부를 그 용도에 따라 사용할 수 없게 하는 것을 말한다. 손괴와 파괴는 물리적 훼손을 가한다는 점에서 동일하지만 파괴가 손괴보다는 그 정도가 높다는 점에서 차이가 있다. 따라서 손괴의 고의만이 있는 경우에는 손괴죄가 성립하고 공익건조물이 자기소유일 경우에는 손괴죄도 성립하지 않는다. 그러나 파괴의 고의로 손괴의 결과만을 발생시킨 경우에는 본죄의 미수가 된다.

파괴의 방법에는 제한이 없지만, 방화나 일수 등의 방법으로 파괴한 때에는 본죄가 아니라 공용건조물방화죄(제165조), 공용건조물일수죄(제178조) 등이 성립할 수 있다.

3. 미   수

본죄의 미수는 처벌한다(제371조). 본죄의 실행의 착수시기는 파괴행위를 개시한 때이고, 기수시기는 건조물이 파괴된 때이다. 본죄의 미수란 파괴의 고의가 있었으나 파괴에 이르지 못하고 손괴에 그쳤거나 손괴에도 이르지 못한 경우를 말한다.

Ⅳ. 중손괴죄 · 손괴등치사상죄

> **제368조(중손괴)** ① 전2조의 죄를 범하여 사람의 생명 또는 신체에 대하여 위험을 발생하게 한 때에는 1년 이상 10년 이하의 징역에 처한다.
> ② 제366조 또는 제367조의 죄를 범하여 사람을 상해에 이르게 한 때에는 1년 이상의 유기징역에 처한다. 사망에 이르게 한 때에는 3년 이상의 유기징역에 처한다.

1. 개념 및 법적 성격

중손괴죄는 손괴죄와 공익건조물파괴죄를 범하여 사람의 생명 · 신체에 위험을 발생하게 하는 죄이고, 손괴등치사상죄는 손괴죄와 공익건조물파괴죄를 범하여 사람을 상해나 사망에 이르게 한 죄이다.

두 범죄 모두 결과적 가중범이지만, 중손괴죄는 사람의 생명 · 신체에 대한 위험발생에 과실이 있는 경우뿐만 아니라 고의가 있는 경우에도 성립하는 부진정결과적 가중범이다. 손괴등치상죄는 부진정결과적 가중범, 손괴등치사죄는 진정결과적 가중범이다. 왜냐하면 손괴등치상죄를 진정결과적 가중범으로 해석하면 상해의 고의로 손괴죄나 공익건조물파괴죄를 범한 경우 각각 손괴죄와 상해죄, 공익건조물파괴죄와 상해죄의 상상적 경합이 성립한다. 그런데 두 경우 모두 과실로 상해를 입힌 경우에 비해 형벌이 가벼워 부당하기 때문이다. 그러나 손괴등치사죄에서는 이러한 불균형이 없어 진정결과적 가중범으로 해석해도 된다.

2. 구성요건

(1) 행위의 주체

본죄의 주체는 손괴죄 또는 공익건조물파괴죄를 범한 자이다. 통설은 동범죄의 미수·기수를 불문한다고 하지만, 기수범으로 제한해야 한다. 왜냐하면 전2조의 죄 또는 제366조 및 제367조의 죄는 기수범만을 말하고, 이들 죄의 미수범은 제371조에 규정되어 있기 때문이다.[1)]

(2) 실행행위

본죄의 실행행위는 손괴와 공익건조물파괴행위이다.

(3) 중한 결과의 발생

중손괴죄에서는 사람의 생명·신체에 대한 위험이 발생되어야 한다. 위험은 구체적 위험을 의미한다. 신체에 대한 위험이란 개념은 지나치게 넓으므로 삭제해야 한다. 왜냐하면 특히 공익건조물을 파괴할 때에는 대부분 신체에 대한 위험이 발생한다고 할 수 있기 때문이다. 손괴등치사상죄에서는 사람의 사망 또는 상해의 결과가 발생해야 한다.

(4) 인과관계 및 예견가능성

실행행위와 중한 결과 사이에는 인과관계가 있어야 하고 중한 결과에 대한 예견가능성이 있어야 한다.

(5) 주관적 구성요건

부진정결과적 가중범인 중손괴죄와 손괴등치상죄에서는 손괴죄와 공익건조물파괴죄에 대한 고의가 있어야 하고 생명·신체에 대한 위험발생, 상해의 결과 등에 대해 고의·과실이 있어야 한다. 진정결과적 가중범인 손괴등치사죄에서는 손괴등에 대한 고의와 사망에 대해 과실이 있어야 한다.

---

1) 이는 제301조에서 보면 명확해진다. 제301조는 '제297조 내지 제300조의 죄를 범한 자'라고 규정하고 있는데, 이는 '제297조를 범한 자', '제298조를 범한 자', '제299조를 범한 자', '제300조의 죄(제297조-제299조의 미수범)를 범한 자'란 의미이고 여기에서 '제297조를 범한 자', '제298조를 범한 자' 등은 기수범만을 의미한다고 할 수 있기 때문이다. 이러한 취지의 판례로 대판 1995. 4. 7. 95도94.

3. 형　　벌

손괴등치상죄의 형벌은 1년 이상 30년 이하의 유기징역인데, 이렇게 범위가 넓은 법정형은 형식적으로는 절대적 부정기형이 아니지만, 실질적으로는 절대적 부정기형으로서 죄형법정주의에 반한다고 할 수 있다.

Ⅴ. 특수손괴죄·특수공익건조물파괴죄

제369조(특수손괴)　① 단체 또는 다중의 위력을 보이거나 위험한 물건을 휴대하여 제366조의 죄를 범한 때에는 5년 이하의 징역 또는 1,000만원 이하의 벌금에 처한다.
　② 제1항의 방법으로 제367조의 죄를 범한 때에는 1년 이상의 유기징역 또는 2,000만원 이하의 벌금에 처한다.

단체 또는 다중의 위력을 보이거나 위험한 물건을 휴대하여 손괴죄나 공익건조물파괴죄를 범하는 죄이다. 단체, 다중, 위력을 보임, 위험한 물건, 휴대 등의 개념은 특수폭행죄에서와 같다.

특수손괴죄나 특수건조물파괴죄등을 범하여 사람의 생명 또는 신체에 위험을 발생시키거나 사상(死傷)의 결과를 발생시킨 때에는 제368조에 의해 처벌된다고 할 수 있다.

Ⅵ. 경계침범죄

제370조(경계침범)　경계표를 손괴·이동 또는 제거하거나 기타 방법으로 토지의 경계를 인식불능하게 한 자는 3년 이하의 징역 또는 500만원 이하의 벌금에 처한다.

1. 개념 및 성격

경계침범죄는 토지경계의 명확성 즉 토지경계의 효용을 해하는 죄라고 할 수 있다. 본죄의 보호법익은 토지경계의 명확성이고, 보호의 정도는 침해범이다.

본죄의 미수는 벌하지 않는다.

2. 구성요건

(1) 행위의 객체

본죄의 객체는 토지의 경계이다. 토지의 경계란 토지의 소유권 또는 기타 권리의 대상인 토지의 장소적 한계를 나타내는 지표(地標, 땅의 표시)를 말한다. 사법적 권리의 범위를 표시하는 경계이건, 공법적 권리의 범위(도·시·읍·면·동의 경계)를 표시하는 경계이건 모두 포함된다. 경계는 권한있는 당국에 의하여 확정된 것에 국한되지 않고, 실체상의 권리관계에 부합하지는 않더라도 관습으로 인정되었거나 일반적으로 승인되어 왔다거나 이해관계인의 명시 또는 묵시의 합의에 의하여 정하여진 것이면 족하다. 영속적·일시적 경계를 불문한다(대판 1999. 4. 9. 99도480).

종래 통용되어 오던 사실상의 경계가 법률상의 정당한 경계인지 여부에 대하여 다툼이 있어도 경계에 해당되지만(대판 2007. 12. 28. 2007도9181), 당사자일방의 주관적인 경계는 본죄의 경계에 해당하지 않는다(대판 1986. 12. 9. 86도1492).

(2) 실행행위

본죄의 실행행위는 경계표를 손괴·이동 또는 제거하거나 기타 방법으로 토지의 경계를 인식불능하게 하는 것이다.

1) **경계표의 손괴·이동·제거**　　　　경계표란 토지의 경계를 확정하기 위해 토지에 설치한 공작물, 입목, 표지 기타의 물건을 말한다. 인위적·자연적(대판 2007. 12. 28. 2007도9181), 일시적·영구적, 자기소유·타인소유를 불문한다.

경계표를 손괴한다는 것은 물질적으로 훼손하여 그 효용을 해함으로써 경계를 인식불능하게 하는 것을 말한다. 이동이란 경계표를 원래의 위치에서 다른 위치로 옮김으로써 원래의 경계를 인식불능케 하는 것을 말한다. 제거란 경계표의 존재 자체를 없애거나 경계를 정할 수 있는 범위 밖으로 이동시킴으로써 경계를 인식불능케 하는 것을 말한다.

2) **기타 방법**　　　기타 방법으로 경계를 인식불능하게 한다는 것은 경계표를 손괴·이동·제거하는 방법 이외의 방법으로 토지의 경계를 인식불능하게 하는 것을 말한다. 경계에 건물·축대를 만들거나(대판 1980. 10. 27. 80도225), 새로운 경계표를 만들거나, 자연적인 경계인 수로를 변경하거나, 경계가 되어 있는 도랑을

메꿔버리는 것 등을 예로 들 수 있다.

그러나 기타의 방법도 계표를 손괴·이동·제거하는 것과 같은 정도의 행위여야 하므로 경계를 표시한 도면을 파기하거나 경계를 알고 있는 사람을 살해하는 것으로는 부족하다.

3) 토지경계의 인식불능   본죄가 성립하기 위해서는 토지경계가 인식불능하게 되어야 한다(대판 1968. 9. 17. 68도967). 법률상의 정당한 경계를 침범하는 행위가 있었다 하더라도 그로 말미암아 사실상의 경계에 대한 인식불능의 결과가 발생하지 않는 한 본죄가 성립하지 않으므로, 새로운 경계를 만들었어도 종래 경계가 없었다면 본죄가 성립하지 않는다(대판 2010. 9. 9. 2008도8973).

토지경계가 인식불능하게 되지 않으면 미수가 되지만 본죄의 미수는 벌하지 않는다(대판 2010. 9. 9. 2008도8973). 경계의 전부가 인식불능하게 될 필요는 없고 일부만이 인식불능하게 되어도 충분하다. 지적도열람이나 측량 등의 방법으로 토지경계를 인식할 수 있더라도 토지경계가 사실상 인식불능하게 되었으면 본죄가 성립한다.

[대판 1984. 2. 28. 83도1533] 피고인이 건물을 신축하면서 그 건물의 1층과 2층 사이에 있는 처마를 피해자소유의 가옥 지붕위로 나오게 한 사실만으로는 양 토지의 경계가 인식불능되었다고 볼 수 없다.

제10절   권리행사를 방해하는 죄

I. 총   설

1. 구성요건체계

형법 제37장은 권리행사를 방해하는 죄라는 제목하에 권리행사방해죄(제323조), 강요죄(제324조), 인질강요죄(제324조의1-제324조의6), 점유강취죄(제325조), 중권리행사방해죄(제326조), 강제집행면탈죄(제327조) 등을 규정하고 있다. 이 중 강요죄와 인질강요등죄는 자유에 대한 죄이고 나머지 범죄들이 재산범죄이다. 이와 같이 서로 죄질을 달리하는 범죄들을 함께 규정하는 것은 문제가 있기 때문에 1992년도 형법개정법률안은 강요죄와 인질강요죄를 다른 장에서 규정하였다. 이러한 입법방식이 타당하다.

권리행사를 방해하는 죄에는 권리행사방해죄, 점유강취·준점유강취죄, 강제집행면탈죄 등이 있고 중권리행사방해죄는 점유강취·준점유강취죄의 결과적 가중범이다.

권리행사방해죄의 미수범은 벌하지 않고, 친족간 범행 규정이 적용된다(제328조 2, 3항). 점유강취죄·준점유강취죄의 미수범은 처벌하고(제325조 3항), 친족간 범행 규정이 적용되지 않는다. 강제집행면탈죄는 미수범을 벌하지 않지만, 친족간 범행 규정은 적용되지 않는다.

2. 의의 및 보호법익

(1) 법적 성격

권리행사방해죄, 점유강취죄 및 강제집행면탈죄는 모두 자기의 물건 또는 재산을 객체로 하고, 재물 또는 재산상 이익을 향유하는 것이 아니라 다른 사람의 이익의 향유를 방해하는 데에 중점이 있다. 따라서 영득죄보다는 손괴죄와 유사한 점이 많다.

(2) 보호법익

이들 범죄는 자기의 재물 또는 재산을 객체로 하기 때문에 보호법익은 소유권이 아니라 타인의 용익·담보물권 등 제한물권 또는 채권 등 타인의 소유권 이외의 재산권이라고 할 수 있다. 점유강취죄는 이 이외에 개인의 자유도 보호법익으로 한다. 강제집행면탈죄는 강제집행의 기능을 부차적 보호법익으로 한다.

권리행사방해죄와 강제집행면탈죄의 보호의 정도에 대해 추상적 위험범설, 구체적 위험범설, 침해범설 등이 대립하지만, '권리행사를 방해한 자'라는 문언상 침해범이라고 해야 한다. 다만, 취거, 은닉, 손괴 등의 행위가 있을 때에는 권리행사가 방해된 것으로 볼 수 있다. 점유강취죄도 타인의 자유를 침해하고 점유를 침해해야 기수가 되므로 침해범이라고 해야 한다.

Ⅱ. 권리행사방해죄

제323조(권리행사방해) 타인의 점유 또는 권리의 목적이 된 자기의 물건 또는

전자기록등 특수매체기록을 취거·은닉 또는 손괴하여 타인의 권리행사를 방해
한 자는 5년 이하의 징역 또는 700만원 이하의 벌금에 처한다.

1. 법적 성격

본죄는 자기 소유의 물건을 객체로 한다는 점에서 이득죄가 아닌 재물죄이
지만, 전자기록등 특수매체기록 및 물건도 객체로 한다는 점에서 순수한 재물죄
의 성격은 상실하였다.

자기 소유의 물건을 객체로 한다는 점에서 영득죄로서의 성격은 없으므로
본죄의 성립에 불법영득의사 혹은 영득의사를 요하지 않는다. 본죄는 의사에 반
하여 점유를 취득한다는 점에서 탈취죄로서의 성격을 띠며 자신이 이득을 취하는
것이 아니라 타인의 권리행사를 방해한다는 점에서 손괴죄와 유사한 면이 있다.

본죄의 보호법익은 소유권 이외의 물권·채권이다.

판례는 "권리행사가 방해될 우려가 있는 상태에 이르면 권리행사방해죄가 성
립하고 현실로 권리행사가 방해되었을 것까지 요하지는 않는다"고 한다(대판 2016.
11. 10. 2016도13734). 그러나 강요죄와는 달리 본죄에서는 취거 등의 행위가 있으면
권리행사가 방해된 것으로 보아야 할 것이다.

본죄의 미수범처벌규정은 없다.

2. 구성요건

(1) 행위의 주체

본죄의 주체는 물건의 소유자이다. 판례는 물건의 소유자가 아닌 사람은 형
법 제33조 본문에 따라 소유자의 권리행사방해 범행에 가담한 경우에 한하여 그
의 공범이 될 수 있을 뿐이라고 한다(대판 2017. 5. 30. 2017도4578). 이것은 본죄가 진
정신분범이라는 취지인데, 후술하는 바와 같이 부당하다고 할 수 있다.

(2) 행위의 객체

본죄의 객체는 타인의 점유 또는 권리의 목적이 된 자기의 물건 또는 전자기
록등 특수매체기록이다.

1) 물건 또는 전자기록등 특수매체기록　　　물건은 경제적·재산적 가치를
요하지 않으므로 재물보다 넓은 개념이다. 경제적 가치가 없는 물건도 타인의 물
권이나 채권의 대상은 될 수 있기 때문이다. 물건에는 동산뿐만 아니라 부동산도

포함된다. 관리할 수 있는 동력의 준용규정이 없지만, 오늘날은 관리가능성설에 입각하여 물건의 개념을 파악해야 하므로 관리할 수 있는 동력도 물건에 포함된다고 해석해야 한다.

전자기록등 특수매체기록은 업무방해죄나 손괴죄 등에서의 개념과 같다.

2) '자기의' 물건 또는 전자기록등 특수매체기록　　본죄의 객체는 자기소유의 물건이나 전자기록등 특수매체기록이다. 소유권 귀속은 민법 기타 법령에 의해 정해진다(대판 2007. 1. 11. 2006도4215). 타인소유의 물건인 경우에는 절도죄, 손괴죄 등이 성립하고 본죄가 성립하지 않는다. 공동소유의 물건은 타인의 물건으로 본다. 자기소유의 물건이라도 공무소로부터 보관명령을 받거나 공무소의 명령으로 타인이 관리하는 물건인 경우에는 본죄가 성립하지 않고 공무상보관물무효죄(제142조)가 성립한다.

판례에 의하면, 주식회사의 대표이사가 대표이사의 지위에 기하여 그 직무집행행위로서 타인이 점유하는 회사소유의 물건을 취거한 경우(대판 1992. 1. 21. 91도1170), A회사가 유치하고 있는 B소유의 건물에 B와 함께 출입문 용접을 해제하고 들어가 거주한 경우(대판 2011. 5. 13. 2011도2368)에는 자기물건이므로 본죄가 성립한다.

그러나 甲이 乙을 교사하여 甲소유의 도어락의 비밀번호를 변경한 경우(대판 2022. 9. 15. 2022도5827), 법인의 대표기관이 아닌 대리인이나 지배인이 그 직무권한 범위 내에서 직무에 관하여 타인이 점유하는 법인의 물건을 취거한 경우(대판 2020. 9. 24. 2020도9801), 강제경매를 통하여 아들의 명의로 부동산을 매수한 사람이 그 점유를 침탈한 경우(대판 2019. 12. 27. 2019도14623), A 명의로 명의신탁하여 구입한 후 B에게 담보로 제공하여 B가 점유하고 있는 자동차를 B 몰래 취거한 경우(대판 2012. 4. 26. 2010도11771; 대판 2005. 11. 10. 2005도6604), 명의수탁자가 제3자에게 양도한 자동차를 명의신탁자가 몰래 취거한 경우(대판 2014. 9. 25. 2014도8984), 명의수탁자가 명의신탁된 토지 위에 식재된 감귤나무를 취거한 경우(대판 2007. 1. 11. 2006도4215), 자신의 처에게 명의신탁해 놓은 점포에 자물쇠를 채워 점포의 임차인을 출입하지 못하게 한 경우(대판 2005. 9. 9. 2005도626), 명의대여약정에 따른 신청에 의하여 발급된 영업허가증과 사업자등록증을 명의대여자가 가지고 간 경우(대판 2004. 3. 12. 2002도5090), 지입차주가 회사명의로 등록된 택시를 임의로 가져간 경우(대판 2003. 5. 30. 2000도5767), 회사명의로 소유권등기가 경료된 굴삭기, 자동차, 선박 등을 회사의 과점주주나 부사장이 가져간 경우(대판 1985. 9. 10. 85도

899; 대판 1974. 11. 12. 74도1632) 등에서는 자기소유의 물건이 아니므로 본죄가 성립할 수 없다.

3) 타인의 점유 또는 권리의 목적   본죄의 객체는 타인의 점유 또는 권리의 목적이 된 재물 또는 특수매체기록이다.

가. 타인의 점유   점유란 현실적 소지로서 형법상의 점유를 의미하지만, 절도죄에서의 점유와는 달리 자연인뿐만 아니라 법인, 법인격없는 단체의 점유나 간접점유도 포함될 수 있다.

[대판 2010. 10. 14. 2008도6578] 본죄에서 점유는 반드시 점유할 권원에 기한 점유만을 의미하는 것은 아니고, 일단 적법한 권원에 기하여 점유를 개시하였으나 사후에 점유권원을 상실한 경우의 점유, 점유권원의 존부가 외관상 명백하지 아니하여 법정절차를 통하여 권원의 존부가 밝혀질 때까지의 점유, 권원에 기하여 점유를 개시한 것은 아니나 동시이행항변권 등으로 대항할 수 있는 점유 등과 같이 법정절차를 통한 분쟁해결시까지 잠정적으로 보호할 가치있는 점유는 모두 포함된다고 볼 것이며, 다만 절도범인의 점유와 같이 점유할 권리없는 자의 점유임이 외관상 명백한 경우는 포함되지 아니한다.

점유의 발생원인이 무엇인지는 문제되지 않는다. 본권에 의한 점유만이 아니라 동시이행항변권 등에 기한 점유와 같은 적법한 점유도 포함되므로 무효인 경매절차에서 경매목적물을 경락받아 이를 점유하고 있는 낙찰자의 점유도 포함된다(대판 2003. 11. 28. 2003도4257).

[대판 1971. 6. 29. 71도926] 승낙을 얻어 타인의 변소(便所)를 사용하는 권리는 채권적인 사용관계이고 채권자의 점유권을 내용으로 하는 것이 아니기 때문에 소유자가 위 변소를 손괴하여도 권리행사방해죄는 성립되지 않는다.

나. 타인의 권리의 목적   타인의 권리의 목적이 된 물건이란 타인이 소유권이나 점유를 가지지 않고 타인의 제한물권이나 점유권을 내용으로 하는 채권의 목적이 된 물건을 의미한다. 채권자가 점유할 것을 요하지 않으므로 채권자가 정지조건 있는 대물변제의 예약권을 가지는 경우(대판 1968. 6. 18. 68도616)나 가압류된 건물(대판 1960. 9. 14. 4292형상537)도 타인의 권리의 목적이 된 물건에 해당한다.

(2) 실행행위

본죄의 실행행위는 취거·은닉 또는 손괴하여 타인의 권리행사를 방해하는 것이다.

1) **취거·은닉·손괴**　　취거란 점유자 혹은 권리자의 의사에 반하여 재물의 점유를 자기 또는 제3자에게로 옮기는 것이다. 권리자의 하자있는 의사표시에 의해 점유를 이전받은 경우에는 취거에 해당하지 않는다(대판 1988. 2. 23. 87도1952). 권리자의 의사에 반하여 공장근저당권이 설정된 선반기계 등을 이중담보로 제공하기 위하여 이를 다른 장소로 옮긴 경우에도 취거에 해당한다(대판 1994. 9. 27. 94도1439). 은닉·손괴는 손괴죄에서와 같은 개념이다. 그러나 형법해석의 엄격성원칙상 손괴죄에서 '기타 방법으로 효용을 해하는 것'은 손괴에 포함되지 않는다고 해야 한다.

취거·은닉·손괴행위가 없으면 본죄가 성립하지 않으므로 타인의 권리의 목적이 된 자기 소유의 토지를 제3자에게 매도하여 소유권 이전등기를 하여 준 경우에는 본죄가 성립하지 않는다(대판 1972. 6. 27. 71도1072).

2) **권리행사방해**　　권리행사를 방해한다는 것에 대해 권리행사방해의 추상적 위험이 있으면 족하다는 견해, 권리행사방해의 구체적 위험이 있어야 한다는 견해 및 권리행사방해의 현실적 결과가 있어야 한다는 견해가 있다. 판례는 권리행사가 방해될 우려가 있는 상태에 이르면 되고 현실로 권리행사가 방해되었을 것까지 필요로 하는 것은 아니라고 한다(대판 2017. 5. 17. 2017도2230; 대판 2016. 11. 10. 2016도13734). 그러나 이러한 해석은 문언의 의미를 피고인에게 불리하게 넓게 해석하는 것이고, 취거·은닉·손괴행위가 있으면 현실적으로도 권리행사가 방해된다고 할 수 있으므로 현실적으로 권리행사방해의 결과가 발생해야 본죄의 기수가 된다고 해야 한다.

(3) 주관적 구성요건

본죄가 성립하기 위해서는 타인의 점유 또는 권리의 목적이 된 자기의 물건이라는 것, 취거·은닉·손괴한다는 것, 권리행사를 방해한다는 것에 대한 의욕 또는 인용이 필요하다.

3. 위 법 성

본죄의 구성요건에 해당하는 행위라도 일반적 위법성조각사유가 있는 경우

에는 위법성이 조각된다. 피해자의 승낙은 위법성조각사유가 아니라 구성요건해
당성조각사유이다.

> [대판 1989. 7. 25. 88도410]   차량을 대여받으면서 장차 회사에 대한 지입료 등
> 월납입금을 미납할 경우 회사 임의로 차량을 철수·회수하거나 번호판을 제거하
> 여도 이의없다는 취지의 서면약정을 하였다 하더라도, 월납입금의 미납이 발생할
> 경우 회사측이 법적 절차에 의하지 아니하고 다소간의 실력을 행사하는 등 일방
> 적으로 차량 등을 회수하여야만 될 급박한 필요성이 없는 이상 회수당하는 사람
> 들의 의사에 반하여 일방적인 실력행사에 의하는 등의 회수행위는 형법에 정한
> 정당행위에 해당한다 할 수 없다.

4. 공   범

판례는 "… 취거, 은닉 또는 손괴한 물건이 자기의 물건이 아니라면 권리행
사방해죄가 성립할 수 없다. 물건의 소유자가 아닌 사람은 형법 제33조 본문에
따라 소유자의 권리행사방해 범행에 가담한 경우에 한하여 그의 공범이 될 수 있
을 뿐이다. 그러나 권리행사방해죄의 공범으로 기소된 물건의 소유자에게 고의가
없는 등으로 범죄가 성립하지 않는다면 공동정범이 성립할 여지가 없다"고 한다
(대판 2017. 5. 30. 2017도4578; 대판 2022. 9. 15. 2022도5827).

이 판례는 권리행사방해죄가 진정신분범으로 오해할 수 있는 소지를 남기는
것으로서 부당하다. 재물의 소유자가 아닌 사람이 소유자의 부탁을 받거나 소유
자를 위하여 타인이 점유하는 소유자의 재물을 취거한 경우 자기가 영득하거나
소유자 이외의 제3자에게 영득하게 하려는 의사가 없으므로 절도죄는 성립할 수
없고 권리행사방해죄를 인정해야 한다. 이와 같이 소유자가 아닌 사람도 단독으
로 권리행사방해죄를 범할 수 있다고 해야 한다. 만약 권리행사방해죄의 객체가
자기 소유의 물건이라고 하여 권리행사방해죄를 진정신분범이라고 한다면, 절도
죄의 객체가 타인 소유의 재물이므로 절도죄도 재물의 소유자가 아닌 사람만이
주체가 될 수 있으므로 진정신분범이라고 해야 하는 부당한 결론에 이르기 때문
이다.[1]

---

1) 따라서 甲이 乙을 교사하여 A가 점유하는 甲 소유의 재물을 손괴한 경우 다음과 같은 해
   결방법이 있을 수 있다. ① 乙은 소유자를 위해 재물을 손괴한 것이므로 권리행사방해죄

5. 친족간의 범행

본죄에 대해서는 친족간 범행 규정이 적용된다(제328조 2, 3항). 제1항은 헌법불합치결정을 받았으므로 제1항 이외의 친족관계가 있는 경우에는 친고죄가 된다(제2항). 권리행사방해죄는 목적물에 대한 권리자별로 각각 성립하므로, 친족상도례 규정의 적용여부는 각 죄마다 살펴보아야 한다(대판 2022. 5. 12. 2021도16876).

6. 죄   수

여러 사람의 권리의 목적이 된 자기의 물건을 취거, 은닉 또는 손괴함으로써 그 여러 사람의 권리행사를 방해하였다면 권리자별로 각각 권리행사방해죄가 성립하고 각 죄는 서로 상상적 경합범의 관계에 있다(대판 2022. 5. 12. 2021도16876).

Ⅲ. 점유강취죄·준점유강취죄

> 제325조(점유강취, 준점유강취) ① 폭행 또는 협박으로 타인의 점유에 속하는 자기의 물건을 강취(强取)한 자는 7년 이하의 징역 또는 10년 이하의 자격정지에 처한다.
> ② 타인의 점유에 속하는 자기의 물건을 취거(取去)하는 과정에서 그 물건의 탈환에 항거하거나 체포를 면탈하거나 범죄의 흔적을 인멸할 목적으로 폭행 또는 협박한 때에도 제1항의 형에 처한다.
> ③ 제1항과 제2항의 미수범은 처벌한다.

1. 점유강취죄

점유강취죄는 폭행 또는 협박으로 타인의 점유에 속하는 자기의 물건을 강취하는 죄이다. 강도죄가 타인소유의 재물을 객체로 하는 데에 비해 본죄는 자기소유의 물건을 객체로 하는 점에 차이가 있지만 두 죄는 동일한 구조를 지니고 있다.

공무소가 보관하는 자기의 물건을 강취한 경우에도 공무상보관물무효죄(제

의 정범, 甲은 권리행사방해죄의 교사범, ② 乙은 손괴죄의 정범, 甲은 제31조 제1항에 따라 손괴죄의 교사범, ③ 乙은 손괴죄의 정범, 甲은 제34조 제1항의 '권리행사방해죄로 처벌되지 않는 자인 乙을 교사하여' 권리행사방해죄를 범한 자이므로 권리행사방죄의 간접정범이라고 하는 방법 등이다.

142조)가 아니라 본죄가 성립한다. 왜냐하면 공무상보관물무효죄의 실행행위는 손상·은닉 등의 방법이지만, 본죄의 실행행위는 폭행·협박으로 강취하는 것이고 본죄의 형벌이 더 무겁기 때문이다.

본죄의 폭행·협박은 강도죄의 폭행·협박과 같이 상대방의 항거를 불가능하게 할 정도의 폭행·협박이다. 자기소유의 물건에 대한 영득은 불가능하므로, 본죄의 성립에 고의 이외에 불법영득의사는 요하지 않는다.

본죄의 미수는 처벌한다(제3항). 폭행·협박은 하였지만 물건을 강취하지 못한 경우 또는 폭행·협박과 물건강취 사이에 인과관계가 없는 경우에는 본죄의 미수가 된다.

2. 준점유강취죄

본죄는 행위의 객체를 제외하고는 준강도죄와 구조가 같다.

본죄의 주체는 권리행사방해죄 중 취거행위에 착수한 자이다. 은닉이나 손괴행위에 착수한 자는 그것이 취거에 해당되지 않는 한 형법해석의 엄격성 원칙상 본죄의 주체가 될 수 없다. 취거의 기수·미수범 모두 포함된다. 본죄의 폭행·협박도 강도죄 혹은 점유강취죄에서와 같이 상대방의 항거를 불가능하게 할 정도의 폭행·협박을 말한다. 취거행위의 완료 전에 폭행·협박이 있어야 하는 것도 준강도죄에서와 같다.

본죄는 물건탈환의 항거·체포면탈·범죄의 흔적인멸 등의 목적이 필요한 목적범이다. 목적의 달성 여부는 본죄의 기수·미수에 영향을 미치지 않는다.

본죄의 미수범은 처벌한다(제3항). 본죄의 미수는 준강도죄에서와 같이 취거가 미수에 그친 경우를 의미한다는 견해와 폭행·협박이 미수에 그친 경우를 의미한다는 견해로 나뉜다. 그러나 취거가 미수에 그치거나 폭행·협박이 미수에 그친 경우 모두 미수가 된다고 해야 할 것이다.

Ⅳ. 중권리행사방해죄

제326조(중권리행사방해) 제324조 또는 제325조의 죄를 범하여 사람의 생명에 대한 위험을 발생하게 한 자는 10년 이하의 징역에 처한다.

제326조에는 중강요죄도 규정되어 있지만, 이는 강요의 죄에서 살펴보았다. 중권리행사방해죄란 점유강취·준점유강취죄를 범하여 사람의 생명에 대한 위험을 발생케 하는 죄이다. 사람의 생명에 대한 구체적 위험 발생을 요하는 구체적 위험범이고, 점유강취·준점유강취죄의 결과적 가중범이다. 사람의 생명에 대한 위험발생에 과실이 있을 때뿐만 아니라 고의가 있을 때에도 성립하는 부진정결과적 가중범이다.

본죄의 주체는 점유강취·준점유강취죄의 기수·미수범을 불문한다. 제325조 제3항에 미수범처벌 규정이 있기 때문이다.

점유강취·준점유강취죄를 범하여 사람을 상해하거나 불구 또는 불치나 난치의 질병에 이르게 한 경우 본죄가 적용되지 않는다. 점유강취·준점유강취죄의 폭행을 통하여 사람의 사망을 초래한 경우 점유강취·준점유강취죄와 폭행치사죄의 상상적 경합, 본죄와 폭행치사죄의 상상적 경합 등을 인정할 수도 있지만, 이러한 견해들에 의하면 폭행이 점유강취·준점유강취죄와 폭행치사죄에서 이중평가되므로 폭행치사죄만을 인정해야 할 것이다.

V. 강제집행면탈죄

> 제327조(강제집행면탈) 강제집행을 면할 목적으로 재산을 은닉·손괴·허위양도 또는 허위의 채무를 부담하여 채권자를 해한 자는 3년 이하의 징역 또는 1,000만원 이하의 벌금에 처한다.

1. 보호법익

본죄의 보호법익은 채권이다. 따라서 채권 자체가 존재하지 않을 때에는 본죄가 성립할 수 없으므로 상계로 인하여 소멸하게 되는 채권의 경우 상계의 효력 발생 이후에는 본죄가 성립할 수 없다(대판 2012. 8. 30. 2011도2252).

보호의 정도에 대해 추상적 위험범설과 구체적 위험범설이 대립한다. 판례는 후자를 따른다.

[대판 2008. 5. 8. 2008도198] 강제집행면탈죄는 이른바 위태범으로서 강제집행을 당할 구체적인 위험이 있는 상태에서 재산을 은닉, 손괴, 허위양도 또는 허위의 채무를 부담하면 바로 성립하는 것이고, 반드시 채권자를 해하는 결과가 야기되거나 이로 인하여 행위자가 어떤 이득을 취하여야 범죄가 성립하는 것은 아니다.

제327조의 문언이 '채권자를 해한 자'라고 되어 있지만, 유사하게 규정된 명예훼손죄나 업무방해죄와 같이 추상적 위험범으로 해석해야 한다. 그러나 입법적으로는 문언의 조정을 요한다.

2. 구성요건

(1) 행위의 주체

본죄의 주체에 대해, 소수설은 본죄는 진정신분범으로 그 주체가 채무자에 국한되고, 제3자는 공범의 형태로만 처벌된다고 한다. 그러나 다수설과 판례는 누구나 본죄의 주체가 된다고 한다.

[대판 2000. 7. 28. 98도4558] 채무자와 공모하여 선박들을 가압류한 다른 채권자들의 강제집행을 불가능하게 할 목적으로 정확한 청산절차도 거치지 않은 채 의제자백판결을 통하여 선순위가등기권자인 피고인 앞으로 본등기를 경료함과 동시에 가등기 이후에 경료된 가압류등기 등을 모두 직권말소하게 하였음은 소유관계를 불명하게 하는 방법에 의한 '재산의 은닉'에 해당한다.

(2) 행위의 객체

본죄의 객체는 재산이다. 재산이란 재물과 재산상 이익을 모두 포함하는 개념이다. 재물은 동산·부동산을 불문하고, 재산상 이익은 물권, 채권, 무체재산권 등을 모두 포함한다. 재산은 채무자의 재산이어야 하고 그 중에서도 채권자가 민사집행법상 강제집행 또는 보전처분의 대상으로 삼을 수 있는 것만을 의미하므로 특허 내지 실용신안 등을 받을 수 있는 권리(대판 2013. 4. 26. 2013도2034; 대판 2001. 11. 27. 2001도4759)나 장래의 권리라도 채무자와 제3채무자 사이에 채무자의 장래청구권이 충분하게 표시되었거나 결정된 법률관계가 존재한다면 재산에 해당한다(대판 2011. 7. 28. 2011도6115).

그러나 '보전처분 단계에서의 가압류채권자의 지위' 그 자체(대판 2008. 9. 11. 2006도8721, 강제집행 또는 보전처분의 대상이 아니므로)나 상대방이 선의인 계약명의신탁에 의해 타인에게 명의신탁된 부동산(대판 2011. 12. 8. 2010도4129, 명의신탁자는 당해 부동산의 소유권을 취득하지 못하여 그 부동산이 명의신탁자에 대한 강제집행 또는 보전처분의 대상이 아니므로), 무면허의료인이 개설한 의료기관의 요양급여채권(대판 2017. 4. 26. 2016도19982, 무면허의료법인은 국민건강보험공단에 요양급여비용을 청구할 수 없어 채권자가 이를 대상으로 강제집행 또는 보전처분을 할 수 없으므로) 등은 본죄의 객체가 되지 않는다.

(3) 실행행위

본죄의 실행행위는 재산을 은닉·손괴·허위양도 또는 허위의 채무를 부담하여 채권자를 해하는 것이다. 그러나 본죄의 성립범위가 지나치게 넓어지는 것을 막기 위해 객관적으로 강제집행을 당할 구체적 위험이 있는 상태가 있음을 요한다고 하는 것이 통설·판례(대판 1999. 2. 12. 98도2474 외 다수판결)의 입장이다.

1) 강제집행을 당할 구체적 위험이 있는 상태   본죄가 성립하기 위해서는 강제집행을 당할 구체적 위험이 있는 상태에서 재산을 은닉하는 행위 등을 해야 한다. 이는 명시되어 있지 않는 구성요건요소라고 할 수 있다.

가. 강제집행   통설, 판례는 본죄의 강제집행이란 민사집행법 제2편의 적용 대상인 강제집행 또는 가압류·가처분 등의 집행을 가리키는 것이라고 한다(대판 2015. 3. 26. 2014도14909). 따라서 소위 광의의 강제집행인 소유권이전등기절차 이행청구의 소(대판 1983. 10. 25. 82도808)나 의사의 진술에 갈음하는 판결의 강제집행(대판 2015. 9. 15. 2015도9883)도 포함된다. 그러나 국세징수법상의 체납처분에 의한 강제집행(대판 2012. 4. 26. 2010도5693), 민사집행법 제3편의 적용 대상인 '담보권 실행 등을 위한 경매'(대판 2015. 3. 26. 2014도14909), 몰수·추징 등의 강제집행, 과태료나 과징금 등 행정상의 강제집행 등은 본죄의 강제집행에 해당하지 않는다.

나. 강제집행을 당할 구체적 위험   강제집행을 당할 구체적 위험이 있는 상태란 채권자가 이행청구의 소 또는 그 보전을 위한 가압류, 가처분신청, 지급명령신청을 제기하거나 또는 제기할 기세를 보인 경우를 말한다(대판 1999. 2. 9. 96도3141). 강제집행이 사실상 진행되고 있을 필요는 없다.

[대판 2012. 6. 28. 2012도3999] 채무자가 채권자 A의 가압류집행을 면탈할 목적으로 가압류결정 정본이 K에게 송달되기 전에 제3채무자 K에 대한 채권을 S에게

허위양도하였다면 강제집행면탈죄가 성립한다.[1](그러나 위 가압류결정 정본이 K에게 송달된 후 채권을 허위양도하였다면 가압류채권자인 피해자의 법률상 지위에 어떠한 영향을 미칠 수 없어 위 채권양도로 인하여 피해자의 채권가압류에 기한 강제집행이 방해되었다고 볼 수 없으므로 위 채권양도행위는 강제집행면탈죄에 해당하지 아니한다)

2) 재산의 은닉·손괴·허위양도 또는 허위채무의 부담

가. 은닉·손괴   은닉이란 강제집행자가 재물의 소재지를 발견하는 것이 불가능 또는 현저히 곤란하게 하거나 재산상의 권리관계를 불분명하게 하는 것을 말한다. 재산상의 권리관계를 불분명하게 하는 데 반드시 공부상의 소유자명의를 변경하거나 폐업신고 후 다른 사람 명의로 새로 사업자등록을 할 것까지 요하는 것은 아니다. 예컨대 사업자명의를 변경함이 없이 사업장에서 사용하는 금전등록기의 사업자이름만을 변경한 경우에도 '은닉'에 해당한다(대판 2003. 10. 9. 2003도3387).

손괴란 재물의 효용을 상실케 하거나 감소시키는 것을 말한다.

나. 허위양도   허위양도란 실제로 재산의 양도가 없음에도 불구하고 양도한 것으로 가장하여 재산의 명의를 변경하는 것을 말한다(대판 2001. 11. 27. 2001도4759). 가옥대장상의 소유자명의의 허위변경행위도 이에 속한다(대판 1968. 7. 31. 68도677). 허위양도한 부동산의 시가액보다 그 부동산에 의하여 담보된 채무액이 더 많아도 상관없다(대판 1999. 2. 12. 98도2474).

비록 강제집행을 당할 위험이 있는 상태라고 하더라도 진실한 양도인 경우에는 본죄가 성립하지 않는다(대판 2007. 11. 30. 2006도7329; 대판 1983. 7. 26. 82도1524).

다. 허위채무의 부담   허위채무의 부담이란 채무가 없음에도 불구하고 채무가 있는 것처럼 가장하는 것을 말한다.[2] 강제집행을 당할 위험이 있는 상태

---

1) 구체적 위험을 긍정한 판례로, 이혼을 요구하는 처로부터 재산분할청구권에 근거한 가압류를 당한 경우(대판 2008. 6. 26. 2008도3184); 대판 1998. 9. 8. 98도1949; 약 18억원 정도의 채무초과 상태에 있는 피고인 발행의 약속어음이 부도가 난 경우(대판 1999. 2. 9. 96도3141); 대판 1996. 1. 26. 95도2526; 교통사고 피해자가 피고인에게 치료비지급을 요구하였다가 거절당하여 관계기관에 진정하는 사태에 이른 경우(대판 1979. 4. 10. 78도2370) 등. 구체적 위험을 부정한 판례로, 1980. 6. 7. 을 전후하여 소유권이전등기를 하였고 1980. 6. 20. 이후 피고인이 발행한 수표들이 부도가 난 경우(대판 1981. 6. 23. 81도588); 이행기가 도과되어 채권자들로부터 채무변제의 독촉을 받고 있거나 채권자들 또한 법적절차를 취할 준비를 하고 있지 않았던 경우(대판 1974. 10. 8. 74도1798) 등.
2) 허위채무 부담을 인정한 판례로, 허위 채무변제계약 공정증서를 작성하고 이에 터 잡아 채권압류 및 추심명령을 받은 경우(대판 2018. 6. 15. 2016도847), 허위채무를 부담하고 가등

라고 하더라도 진실한 채무를 부담한 경우에는 본죄가 성립하지 않는다.[1]

   3) 채권자를 해할 것   다수설 및 판례(대판 2008. 5. 8. 2008도198)는 현실적으로 채권자를 해할 필요는 없고 채권자를 해할 위험성이 있으면 족하다고 한다. 입법적 보완을 요함은 앞에서 언급한 것과 같다.

   판례에 의하면, 허위채무 등을 공제한 후 채무자의 적극재산이 남는다고 예측되더라도 허위채무 부담행위로 채권자를 해할 위험이 있는 경우(대판 2008. 4. 24. 2007도4585), 은닉한 부동산의 시가액보다 그 부동산에 의하여 담보된 채무액이 더 많은 경우(대판 2008. 5. 8. 2008도198) 등에서는 본죄의 위험성이 인정된다.
   그러나 채권이 존재하지 않는 경우(대판 2007. 7. 12. 2007도3005), 채무자에게 채권자의 집행을 확보하기에 충분한 다른 재산이 있는 경우(대판 2011. 9. 8. 2011도5165), 채무자인 건물 소유자가 제3자에게 허위의 금전채무를 부담하면서 이를 피담보채무로 하여 건물에 관하여 근저당권설정등기를 경료하였으나 채권자의 채권이 금전채권이 아니라 토지 소유자로서 그 지상 건물의 소유자에 대하여 가지는 건물철거 및 토지인도청구권인 경우(대판 2008. 6. 12. 2008도2279), 가압류 후에 목적물의 소유권을 취득한 제3취득자가 다른 사람에 대한 허위의 채무에 기하여 근저당권설정등기 등을 경료한 경우(대판 2008. 5. 29. 2008도2476), 채무자가 제3자 명의로 되어 있던 사업자등록을 또 다른 제3자 명의로 변경한 경우(대판 2014. 6. 12. 2012도2732), 압류금지채권의 목적물을 수령하는 데 사용하던 채무자의 기존 예금계좌를 채권자가 압류하자 채무자가 다른 예금계좌를 통하여 그 목적물을 수령한 경우(대판 2017. 8. 18. 2017도6229) 등에서는 본죄의 위험성이 인정되지 않는다.

   4) 즉 시 범   본죄의 미수는 벌하지 않는다. 본죄는 기수와 동시에 범죄행위가 종료되고 그때부터 공소시효가 진행되는 즉시범(상태범)이다(대판 2009. 5. 28. 2009도875).

기나 본등기를 경료한 경우(대판 2008. 6. 26. 2008도3184; 대판 1982. 12. 14. 80도2403) 등.
 1) 허위채무 부담을 인정하지 않은 판례로, 장래에 발생할 특정의 조건부채권을 담보하기 위한 방편으로 부동산에 대하여 근저당권을 설정한 경우(대판 1996. 10. 25. 96도1531), 피고인이 타인에게 채무를 부담하고 있는 양 가장하는 방편으로 피고인 소유의 부동산들에 관하여 소유권이전청구권보전을 위한 가등기를 경료하여 준 경우(대판 1987. 8. 18. 87도1260; 대판 1984. 2. 14. 83도708) 등.

(4) 주관적 구성요건

본죄는 목적범이므로 강제집행을 면탈할 목적이 있어야 하지만, 목적달성 여부는 본죄의 기수·미수에 영향을 미치지 않는다.

3. 위 법 성

> [대판 2005. 10. 13. 2005도4522] 피고인이 회사의 어음 채권자들의 가압류 등을 피하기 위하여 회사의 예금계좌에 입금된 회사 자금을 인출하여 제3자 명의의 다른 계좌로 송금하였다면 강제집행면탈죄를 구성하는 것이고, 이른바 어음 되막기 용도의 자금 조성을 위하여 위와 같은 행위를 하였다는 사정만으로는 피고인의 강제집행면탈 행위가 정당행위에 해당한다고 볼 수 없다.

4. 죄수 및 다른 범죄와의 관계

> [대판 2011. 12. 8. 2010도4129] 채권자들에 의한 복수의 강제집행이 예상되는 경우 재산을 은닉 또는 허위양도함으로써 채권자들을 해하였다면 채권자별로 각각 강제집행면탈죄가 성립하고, 상호 상상적 경합범의 관계에 있다.
> [대판 2008. 5. 8. 2008도198] 채무자가 자신의 부동산에 甲명의로 허위의 금전채권에 기한 담보가등기를 설정하여 범한 강제집행면탈죄와 이를(가등기를) 乙에게 양도하여 乙 명의의 본등기를 경료하게 한 행위는 불가벌적 사후행위가 아니다.
> [대판 2000. 9. 8. 2000도1447] 타인의 재물을 보관하는 자가 보관하고 있는 재물을 영득할 의사로 은닉한 경우 이것이 채권자들의 강제집행을 면탈하는 결과를 가져온다 하여도 횡령죄만이 성립하고 별도로 강제집행면탈죄는 성립하지 않는다.

채무자 이외의 자가 강제집행을 면탈하기 위해 채무자의 재물을 손괴·은닉하는 경우 별도로 손괴죄가 성립하지 않는다.

제 3 편

사회적 법익에 대한 죄

제1장 총 설

I. 사회적 법익에 대한 죄의 의의

사회적 법익에 대한 죄란 인간생활의 기초가 되는 사회를 유지하는 데에 필요한 조건들을 침해하거나 위태화하는 죄이다. 사회는 개개인의 집합이라는 것 이상의 의미를 지니고 있으므로 개인적 법익을 침해·위태화하지 않는 행위라도 사회의 존립을 위한 조건들을 침해할 때에는 처벌할 필요가 있게 된다.

물론 개인적 법익과 사회적 법익이 명백하게 구별되는 것은 아니고 서로 밀접하게 연결되어 있지만, 어느 범죄가 사회적 법익과 개인적 법익 중 어느 것을 보호하는 데에 중점이 있는가는 입법자의 결단에 따르게 된다.

예를 들어 방화죄가 개인적 법익을 침해하는 범죄로 편입되어 있다면 방화죄의 보호법익을 개인의 재산과 생명·신체의 안전이라고 해석하게 된다. 그러나 사회적 법익을 침해하는 범죄로 편입되어 있다면 방화죄의 주된 보호법익을 공공의 안녕, 부차적 보호법익을 개인의 재산이라고 파악하게 된다.

형법이 어떤 범죄가 사회적 법익에 대한 죄인지를 명시하고 있지 않기 때문에 형법상의 범죄 중 어떤 범죄를 사회적 법익에 대한 죄라고 볼 것인가 역시 간단한 문제가 아니다. 예를 들어 제6장의 폭발물에 관한 죄를 국가적 법익에 대한 죄로 이해하는 견해도 있다. 그러나 통설은 이를 사회적 법익에 대한 죄로 이해한다.

통설은 제5장 공안을 해하는 죄, 제6장 폭발물에 관한 죄, 제12장 신앙에 관한 죄, 제13장 방화와 실화의 죄, 제14장 일수와 수리에 관한 죄, 제15장 교통방해의 죄, 제16장 음용수에 관한 죄, 제17장 아편에 관한 죄, 제18장 통화에 관한 죄, 제19장 유가증권·우표와 인지에 관한 죄, 제20장 문서에 관한 죄, 제21장 인장에 관한 죄, 제22장 성풍속에 관한 죄, 제23장 도박과 복표에 관한 죄를 사회적 법익에 대한 죄로 다루고 있다.

Ⅱ. 사회적 법익에 대한 죄의 분류

사회적 법익에 대한 죄는 크게 공공의 안전과 평온에 대한 죄, 공중의 건강에 대한 죄, 공공의 신용에 대한 죄, 사회의 도덕 혹은 선량한 풍속에 대한 죄로 나눌 수 있다.

공공의 안전과 평온에 대한 죄에는 제5장 공안을 해하는 죄, 제6장 폭발물에 관한 죄, 제13장 방화와 실화의 죄, 제14장 일수와 수리에 관한 죄, 제15장 교통방해의 죄 등이 있다.

공중의 건강에 대한 죄에는 제16장 음용수에 관한 죄, 제17장 아편에 관한 죄 등이 있다.

공공의 신용에 대한 죄에는 제18장 통화에 관한 죄, 제19장 유가증권·우표와 인지에 관한 죄, 제20장 문서에 관한 죄, 제21장 인장에 관한 죄 등이 있다.

사회의 도덕 혹은 선량한 풍속에 대한 죄로는 제12장 신앙에 관한 죄, 제22장 성풍속에 관한 죄, 제23장 도박과 복표에 관한 죄 등이 있다.

제2장 공공의 안전과 평온에 대한 죄

제 1 절 공안을 해하는 죄

Ⅰ. 총 설

1. 개념 및 보호법익

공안, 즉 공공의 안전을 해하는 죄란 공공의 법질서 또는 공공의 안전과 평온을 해하는 죄이다. 형법 제5장에는 '공안을 해하는 죄'라는 제목하에 범죄단체등조직죄(제114조), 소요죄(제115조), 다중불해산죄(제116조), 전시공수계약불이행죄(제117조), 공무원자격사칭죄(제118조) 등이 규정되어 있다. 제5장은 형법의 전체구성으로 보아서 국가적 법익에 대한 죄에 속하고 이 중 전시공수계약불이행죄와 공무원자격사칭죄는 사회적 법익보다는 국가적 법익에 대한 죄라고 할 수 있다.

범죄단체등조직죄, 소요죄, 다중불해산죄의 보호법익은 공공의 안전과 평온이고, 보호의 정도는 추상적 위험범이다. 전시공수계약불이행죄와 공무원자격사칭죄의 보호법익은 국가의 기능이고, 보호의 정도는 추상적 위험범이다.

2. 입 법 론

전시공수계약 불이행죄와 공무원자격사칭죄를 공안을 해하는 죄에 규정하는 것은 체계적으로 맞지 않는다. 전시공수계약불이행죄는 단순히 채무불이행을 범죄로 규정하는 것으로서 부당하므로 폐지해야 한다.

1992년도 형법개정법률안은 위와 같은 입법론적 요구를 모두 받아들였다.

Ⅱ. 범죄단체등조직죄

> 제114조(범죄단체 등의 조직)   사형, 무기 또는 장기 4년 이상의 징역에 해당하
> 는 범죄를 목적으로 하는 단체 또는 집단을 조직하거나 이에 가입 또는 그 구
> 성원으로 활동한 사람은 그 목적한 죄에 정한 형으로 처벌한다. 다만, 형을 감
> 경할 수 있다.

1. 개정경과 및 보호법익

(1) 개정경과

2000년 우리나라가 서명한 「국제연합국제조직범죄방지협약」(United Nations Con-
vention against Transnational Organized Crime) 및 「인신매매방지의정서」의 국내적 이행
을 위한 입법으로서, 범죄단체 및 범죄집단의 존속과 유지를 위한 행위의 처벌규
정을 마련하기 위해 이전의 범죄단체조직죄 규정을 개정하였다.

구형법상의 범죄단체조직죄는 목적으로 하는 범죄의 법정형에 제한이 없어
그 처벌범위가 너무 넓다는 비판이 제기되어 왔다. 그리하여 2013년 개정형법은
그 범위를 제한하여 '사형, 무기 또는 장기 4년 이상의 징역'에 해당하는 범죄를
목적으로 하는 단체의 조직 행위를 처벌하도록 하여 위 국제협약의 내용과 조화
를 이루게 하는 한편, 범죄단체뿐만 아니라 이에 이르지 못한 범죄집단을 조직한
경우에도 처벌하도록 하였다.

(2) 보호법익

범죄단체·집단의 조직은 그 자체만으로 법익을 직접 침해·위태화한다기 보
다는 목적한 범죄의 예비·음모적 성격을 지닌 행위라고 할 수 있다. 그럼에도
불구하고 이러한 행위를 독립된 범죄로 처벌하는 것은 범죄단체·집단은 개개 범
죄인의 결합 이상의 위험성이 있어 이들에 의한 대규모의 범죄를 방지하기 위한
것이다.

본죄의 보호법익은 공공의 평온과 안녕이고, 보호의 정도는 추상적 위험범
이다.

2. 구성요건

본죄의 실행행위는 범죄를 목적으로 하는 단체 또는 집단을 조직하거나 이

에 가입 또는 그 구성원으로 활동하는 것이다.

　　1) 범죄목적　　　　본죄에서 목적으로 하는 범죄란 실질적 의미의 범죄를 말한다. 형법전, 형사특별법, 행정형법상의 범죄를 모두 포함한다. 다만 법정형이 사형, 무기 또는 장기 4년 이상의 징역에 해당하는 범죄에 국한된다.

　　2) 단체 및 집단　　　　범죄단체란 특정 다수인이 일정한 범죄를 수행한다는 공동목적 아래 구성한 계속적인 결합체로서 그 단체를 주도하거나 내부의 질서를 유지하는 최소한의 통솔체계를 갖춘 것을 의미한다. 범죄집단이란 범죄를 수행한다는 공동목적 아래 구성원들이 정해진 역할분담에 따라 행동함으로써 범죄를 반복적으로 실행할 수 있는 조직체계를 갖춘 계속적인 결합체를 의미한다. '범죄단체'에서 요구되는 '최소한의 통솔체계'를 갖출 필요는 없지만, 범죄의 계획과 실행을 용이하게 할 정도의 조직적 구조를 갖추어야 한다(대판 2020. 8. 20. 2019도16263). 이러한 점에서 그 인원이 수인 정도를 초과하는 상당수의 다수인의 결합이지만 단체나 집단과 같은 조직적 구조를 갖추지 못한 다중(대판 2006. 2. 10. 2005도174)과 구별된다.

　　국가보안법상의 반국가단체는 본죄의 단체에서 제외된다는 견해가 있으나, 본죄의 단체에 포함되지만 특별법인 국가보안법이 우선적용되는 것이라고 해야 한다.

　　판례에 의하면, 선·후배 혹은 형·아우로 뭉쳐져 그들 특유의 규율에 따른 통솔이 이루어지는 조직(대판 1997. 10. 10. 97도1829), 두목이 있고 행동대원이 있어서 '－파'로 불리는 조직(대판 1997. 10. 10. 97도1829), 보이스피싱 조직(대판 2017. 10. 26. 2017도8600) 등은 범죄단체에 해당된다. '뜯플' 또는 '쌩플'의 수법으로 중고차량을 비싸게 판매하여 금원을 편취할 목적으로 외부의 무등록 중개 사무실 등에서 구성원들이 대표, 팀장, 출동조, 전화상담원 등 정해진 역할분담에 따라 행동하는 체계를 갖춘 결합체(대판 2020. 9. 7. 2020도7915)는 범죄집단에 해당된다.
　　그러나 일정한 장소에서 도착한 순서대로 승객을 태우고 회원이 아닌 자들이 자신들의 구역 내에서 영업을 못하게 한 경우(대판 1991. 12. 10. 91도2569), 공범 4, 5인(대판 1985. 10. 8. 85도1515; 대판 1977. 12. 27. 77도3463), 진실한 투자인의 권익보호의 목적 달성을 위한 일부 총회꾼들(대판 1969. 8. 19. 69도935) 등에서의 조직은 범죄단체에 해당하지 않는다.

　　3) 조직, 가입　　　　조직이란 범죄단체를 형성하는 것을 말한다. 기존 범죄

단체의 경우에는 그 조직이 완전히 변경됨으로써 기존의 범죄단체와 동일성이 없는 별개의 단체로 인정될 수 있을 정도에 이르렀다고 볼 수 있어야 한다(대판 2000. 3. 24. 2000도102). 또한 범죄를 예비·음모하거나 그 범죄의 모의에 가담하여 실행행위의 분담을 정함에 불과하거나 실행행위를 하였다는 사실만으로는 조직이라고 할 수 없다(대판 1991. 1. 15. 90도2301).

　가입이란 이미 조직된 단체의 구성원이 되는 것을 말한다. 적극적·능동적으로 가입하였든 소극적·수동적으로 가입하였든 상관없다.

> [대판 1987. 10. 13. 87도1240]   단체구성 후 1년 10개월 동안 16건에 걸쳐 강도상해 및 폭력행위(상해·협박 등)를 자행하여 왔다면 그 과정에서 생활비절감 등의 편의상 함께 모여 단체생활을 한 적이 있거나 위 단체의 명칭이 수사단계에서야 비로소 붙여진 것이라 하더라도 … 범죄단체를 구성 또는 이에 가입한 죄에 해당된다.

　4) 구성원으로 활동   '활동'이란 범죄단체 또는 집단의 내부 규율 및 통솔 체계에 따른 조직적, 집단적 의사 결정에 의하여 행하는 범죄단체 또는 집단의 존속·유지를 지향하는 적극적인 행위로서 그 기여의 정도가 타인에게 범죄단체 또는 집단에 가입할 것을 강요·권유하거나 범죄단체 또는 집단의 존속·유지를 위하여 금품을 모집하는 행위에 준하는 행위를 하는 것을 말한다. 구성원으로서의 '활동'에 해당하는지 여부는 당해 행위가 행해진 일시, 장소 및 그 내용 등의 구체적인 사정을 종합하여 실질적으로 판단하여야 한다.

　단순히 범죄단체 또는 집단의 수괴나 간부 등 상위 구성원으로부터 모임에 참가하라는 등의 지시나 명령을 소극적으로 받고 이에 단순히 응하는데 그친 경우, 구성원 사이의 사적이고 의례적인 회식이나 경조사 모임 등을 개최하거나 이에 참석하는 경우 등은 '활동'에 해당한다고 볼 수 없다(대판 2013. 10. 17. 2013도6401).

　'활동' 부분은 다소 추상적이고 포괄적인 면이 없지 않으므로 헌법이 보장하는 죄형법정주의의 명확성의 원칙에 위배되지 않도록 해석할 필요가 있다(대판 2013. 10. 17. 2013도6401). 판례에 의하면, 간부급 조직원들이 개최한 회식에 참석한 행위 및 다른 폭력조직의 조직원의 각종 행사에 참석하여 하부 조직원들이 행사장에 도열하여 상부 조직원들이 도착할 때와 나갈 때 90°로 인사하는 이른바 병풍 역할을 하여 조직의 위세를 과시한 행위(대판 2010. 1.

28. 2009도9484), 상위 구성원들로부터 조직의 위계질서를 잘 지키라는 지시를 받으며 속칭 '줄빠따'를 맞고 그에 관하여 입단속을 잘하라는 지시를 받은 행위(대판 2009. 9. 10. 2008도10177) 등은 활동에 해당되지 않는다.

3. 기수 및 종료

본죄는 단체 또는 집단을 조직하거나 이에 가입하거나 그 구성원으로 활동을 하면 기수가 된다.

조직·가입죄에 대해 계속범설이 있으나 판례는 조직에 가입하면 종료하는 즉시범이라고 한다(대판 1997. 10. 10. 97도1829).[1] 전자에 의하면 조직·가입죄의 종료시기는 단체를 해산하거나 단체에서 탈퇴한 시점이고 이 때부터 공소시효가 진행한다. 후자에 의하면 조직가입시에 조직·가입죄가 종료하고 이 때부터 공소시효가 진행한다.

계속범설에 의하면 단체를 조직한 자는 설사 그 단체에서 활동하지 않더라도 단체를 탈퇴하거나 단체가 해산되지 않으면 범죄가 종료하지 않게 되므로 즉시범설이 타당하다.

4. 죄　　수

범죄단체를 구성하거나 이에 가입한 자가 더 나아가 구성원으로 활동하는 경우, 이는 포괄일죄의 관계에 있다(대판 2015. 9. 10. 2015도7081).

범죄단체를 조직하고 나아가 목적한 범죄를 실행하였을 경우 실행한 범죄만이 성립하고 본죄는 실행한 범죄에 흡수된다는 견해와 본죄와 실행한 범죄의 실체적 경합설이 대립한다. 판례는 별개의 범죄가 성립한다고 한다(대판 2017. 10. 26. 2017도8600). 본죄가 예비·음모적 성격의 행위라는 점을 고려하면 전자가 타당하다.

5. 형　　벌

"목적한 범죄의 형으로 벌한다"는 것은 목적한 범죄의 법정형을 적용한다는

---

1) 판례는 "폭력범죄처벌법 제4조 제1항은 범죄단체의 구성·가입죄가 즉시범이어서 이에 대한 공소시효가 완성된 경우에는 범죄단체 구성원으로 계속 활동하여도 이를 처벌할 수 없다는 불합리한 점을 감안하여 그 처벌의 근거를 마련한 것"이라고 한다(대판 2009. 6. 11. 2009도2337).

의미이다.

Ⅲ. 소 요 죄

> 제115조(소요)　다중이 집합하여 폭행·협박 또는 손괴의 행위를 한 자는 1년 이
> 상 10년 이하의 징역이나 금고 또는 1,500만원 이하의 벌금에 처한다.

1. 개념 및 보호법익

소요죄는 다중이 집합하여 폭행·협박 또는 손괴의 행위를 하는 죄이다. 행위의 주체가 다중이라는 점에서 필요적 공범 그 중에서도 공범들의 의사방향이 일치하는 집합범이다.

본죄의 보호법익은 공공의 안전과 평온이고, 보호의 정도는 추상적 위험범이다.

2. 구성요건

(1) 행위의 주체

다중이란 단체와는 달리 통솔체계나 계속적 조직체를 갖추지 못한 다수인으로서, 한 지방의 평온을 해할 수 있을 정도의 다수인을 말한다. 본죄의 주체가 다중을 구성하는 개인인지 아니면 다중인지에 대해 견해가 대립하지만 후자의 견해도 폭행·협박·손괴행위를 하지 않은 자도 본죄의 주체가 될 수 있다는 의미에 불과하다.

[대판 1957. 3. 8. 4289형상341]　정당인사가 군중 5-6백명이 운집하여 있음을 보고 구호를 선창하면서 군중들과 같이 행진하다가 도중에서 짚차 및 승용차의 유리창을 손괴하고 통행인에게 폭행을 가한 경우에는 소요죄가 인정된다.

(2) 실행행위

다중이 집합하여 폭행·협박 또는 손괴의 행위를 하는 것이다.

1) **집　　합**　　집합이란 다수인이 같은 장소에 모이는 것을 말한다. 반드시 공동의 목적을 필요로 하지는 않고, 폭행·협박·손괴 등의 행위를 한다는 의

사를 같이 하면 된다. 주모자나 간부 등이 있어서 통솔체계를 갖추어야 할 필요
는 없다.

  2) 폭행·협박·손괴   본죄의 폭행·협박은 소위 최광의의 폭행·협박이
다. 폭행은 일체의 불법한 유형력의 행사로서, 사람이나 사람의 신체에 대한 것일
필요가 없고, 상대방의 항거를 불가능하게 하거나 현저히 곤란하게 할 정도일 것
을 요하지 않는다. 협박 또한 일체의 해악의 고지를 의미하고, 그 정도를 불문한
다. 손괴란 재물 등에 직접 유형력을 행사하여 효용을 해하는 것을 말하고, 손괴
죄에서 '은닉'이나 '기타 방법에 의해 효용을 해하는 것'은 포함되지 않는다고 해
야 한다.

  그러나 본죄의 폭행·협박·손괴행위는 한 지방의 평온을 해할 수 있을 정도
의 것으로서,[1] 공격적·적극적이어야 하고 소극적·방어적인 것으로서는 부족하
다. 예컨대 연좌농성, 소극적으로 사람을 밀쳐내는 것, 바리케이트를 설치하는 것
등은 본죄의 폭행에 해당하지 않는다.

  본죄의 폭행·협박·손괴 등은 다중의 결집력과 의사에 따른 것이어야 하고,
단순히 개인적으로 폭행·협박·손괴행위를 한 경우에는 본죄가 성립하지 않는
다. 다중 중에서 일부가 다중의 의사에 따라 폭행·협박·손괴행위를 하면 폭행·
협박·손괴행위를 하지 않는 사람들도 본죄에 의해 처벌된다.

  (3) 주관적 구성요건

  본죄의 고의가 있기 위해서는 다중이 집합하여 다중의 공동의사 내지 결집
력에 의해 폭행·협박·손괴행위를 한다는 의사가 있어야 한다. 공동의사란 다중
의 힘을 믿고 스스로 폭행·협박·손괴행위를 하거나 구성원으로 하여금 그러한
행위를 하도록 하거나 다른 구성원의 폭행 등의 행위에 가담하는 의사를 말한다.
이러한 의사없이 개별적인 폭행 등의 의사가 있는 경우에는 단순·특수폭행죄 등
이 성립할 수 있을 뿐이다.

  3. 미   수

  우연히 다중이 집합한 경우는 물론 사전모의나 계획에 의할 경우에도 본죄

---

1) 이러한 의미에서 본죄의 폭행·협박은 강도·강간죄에서의 폭행·협박보다 더 높은 정도의
   폭행·협박으로서 최협의의 폭행·협박보다 더 좁은 개념이다. 이런 점에서 폭행개념을 최
   광의, 광의, 협의, 최협의로 나누는 것은 부당하다고 함은 폭행죄에서 살펴본 바와 같다.

의 실행의 착수시기는 폭행·협박·손괴행위를 개시한 때이다. 다중이 집합한 것만으로는 본죄의 예비에 불과하다. 본죄의 기수시기는 다중의 폭행·협박·손괴행위가 종료된 때이다.

본죄의 미수범은 처벌하지 않지만, 협박·손괴죄의 미수는 벌한다. 따라서 손괴·협박 등의 행위가 미수에 그친 경우에는 손괴·협박죄의 미수범 성립여부만이 문제된다.

4. 공   범

본죄에 대해 총칙상의 공범규정의 적용 여부가 문제된다.

첫째, 다중의 구성원이 공동으로 폭행·협박·손괴행위를 하거나 이를 교사·방조한 경우에는 본죄의 정범이 된다. 본죄가 필요적 공범이고 설사 이러한 행위를 하지 않은 단순가담자도 본죄의 정범이 되기 때문이다.

둘째, 다중의 구성원이 아닌 자에 대해서는 ① 공동정범, 교사범, 종범규정이 모두 적용될 수 없다는 견해, ② 공동정범, 교사범, 종범의 규정이 모두 적용될 수 있다는 견해 및 ③ 공동정범규정은 적용될 수 없고 교사범, 종범규정은 적용될 수 있다는 견해(다수설)가 대립한다.

다중의 구성원 아닌 자가 본죄의 교사·방조범이 될 수 있음은 명백하지만, 다중의 집합을 요하는 본죄의 성격상 공동정범이 될 수는 없다고 해야 한다. 그 장소에 집합하지 않고 본죄의 실행을 분담한다는 것은 불가능하기 때문이다.

5. 죄   수

통설은 폭행죄, 협박죄, 손괴죄가 본죄에 흡수된다고 하지만, 이는 흡수관계가 아니고 본죄의 일부라고 해야 한다. 특수 폭행·협박·손괴죄도 당연히 본죄를 구성하는 행위이다.

살인죄, 방화죄 등과 같이 본죄보다 법정형이 높은 범죄의 경우에는 본죄와 상상적 경합이 된다.

업무방해죄, 공무집행방해죄, 주거침입죄 등은 본죄에 흡수된다는 견해와 본죄와 상상적 경합이 된다는 견해가 대립한다. 소요죄는 업무방해죄나 공무집행방해죄를 당연히 수반한다고 해야 할 것이다. 왜냐하면 다중의 집합으로 인해 위력에 의한 업무방해가 있을 수 있고, 폭행·협박으로 공무집행방해가 있을 수 있기 때문이다. 그러나 주거침입죄는 본죄에 당연히 예상되는 범죄가 아니기 때문에 흡수관계에 있다고 할 수 없고, 상상적 경합이라고 해야 한다.

Ⅳ. 다중불해산죄

> 제116조(다중불해산) 폭행·협박 또는 손괴의 행위를 할 목적으로 다중이 집합하여 그를 단속할 권한이 있는 공무원으로부터 3회 이상의 해산명령을 받고 해산하지 아니한 자는 2년 이하의 징역이나 금고 또는 300만원 이하의 벌금에 처한다.

1. 개념 및 보호법익

다중불해산죄는 폭행·협박 또는 손괴의 행위를 할 목적으로 다중이 집합하여 그를 단속할 권한이 있는 공무원으로부터 3회 이상의 해산명령을 받고 해산하지 아니하는 죄이다. 본죄는 구성요건적 행위가 부작위로 되어 있는 진정부작위범이고, 폭행·협박·손괴의 행위를 할 목적을 필요로 하는 목적범이다. 소요죄의 예비단계에 있는 행위에 대해 그 위험성에 비추어 해산을 명령하고 이에 불응하는 행위를 처벌하는 것이다.[1]

본죄의 보호법익은 공공의 평온과 안전이고, 보호의 정도는 추상적 위험범이다.

2. 구성요건

(1) 행위의 주체

본죄의 주체는 폭행·협박 또는 손괴의 행위를 할 목적으로 집합한 다중 중 단속권한이 있는 공무원으로부터 3회 이상의 해산명령을 받은 사람들이다. 다중 중 일부에 대해서만 해산명령이 있었던 경우에는 해산명령을 받은 사람들만이 본죄의 주체가 된다. 폭행 등의 목적은 집합 이전, 도중, 이후 어느 때에 있어도 상

---

1) '집회 및 시위에 관한 법률'은 폭행 등의 목적이 없는 집회라도, 신고없는 집회 등 일정한 시위에 대해 경찰서장은 상당한 시간 이내에 자진 해산할 것을 요청하고 이에 응하지 아니할 때에는 해산을 명할 수 있으며, 해산명령을 받은 자는 지체없이 퇴거해야 하고, 지체없이 퇴거하지 아니한 자에 대해서는 6개월 이하의 징역 또는 50만원 이하의 벌금, 구류 또는 과료에 처하는 규정을 두고 있다(동법 제20조, 제24조).

관없지만, 해산명령을 받을 때에는 폭행 등의 목적이 있어야 한다.

(2) 실행행위

본죄의 실행행위는 단속할 권한이 있는 공무원으로부터 3회 이상의 해산명령을 받고 해산하지 않는 것이다.

단속할 권한이 있는 공무원은 해산명령권을 가진 공무원이고, 해산명령은 법령에 근거가 있는 적법한 것이어야 한다. 경찰관직무집행법 제6조의 범죄예방을 위한 제지는 해산명령을 포함한다는 것이 통설의 입장이다.

해산명령은 3회 이상이어야 하고, 다중이 해산할 수 있을 정도로 시간적 간격을 두고 행해져야 한다. 시간적 간격없이 연속적으로 3회 이상 행한 해산명령은 1회의 해산명령으로 간주된다. 해산명령의 방식에는 제한이 없지만, 다중이 인식할 수 있어야 한다.

해산이란 다중이 분산되는 것을 말한다. 분산하지 않고 다중이 장소를 옮기는 것으로는 해산이라고 할 수 없다. 본죄가 성립한 이후에 체포를 면하기 위해 도주하는 것도 해산이라고 할 수 없다. 집단의 대부분이 해산하여서 소수의 사람만이 남아있는 경우에는 해산이라고 할 수 있다.

3. 기수시기

본죄의 실행의 착수시기는 3회의 해산명령을 받은 때이고 기수시기는 해산할 수 있는 시간이 경과한 때이다. 4회의 해산명령을 받고 해산한 경우 본죄의 성립 긍정설과 본죄의 성립은 최종 해산명령을 받은 때라고 해야 한다는 것을 근거로 한 부정설(다수설)이 대립한다. 예비죄로서의 성격을 지닌 본죄의 성립은 엄격하게 해석해야 하므로 후자의 견해가 타당하다.

본죄의 미수범은 벌하지 않는다.

4. 죄   수

본죄는 소요죄의 예비로서의 성격을 지니고 있으므로 본죄를 범한 후 폭행·협박·손괴행위 등을 한 때에는 소요죄가 성립하고 본죄는 소요죄에 흡수된다. 판례는 본죄와 정치목적의 시위를 금지한 계엄포고령 위반죄와는 상상적 경합관계에 있다고 한다(대판 1983. 6. 14. 83도424).

V. 전시공수계약불이행죄

> 제117조(전시공수계약불이행) ① 전쟁·천재 기타 사변에 있어서 국가 또는 공
> 공단체와 체결한 식량 기타 생활필수품의 공급계약을 정당한 이유없이 이행하
> 지 아니한 자는 3년 이하의 징역 또는 500만원 이하의 벌금에 처한다.
> ② 전항의 계약이행을 방해한 자도 전항의 형과 같다.
> ③ 전2항의 경우에는 그 소정의 벌금을 병과할 수 있다.

1. 개념 및 보호법익

전시공수계약불이행죄는 전쟁·천재 기타 사변에 있어서 국가 또는 공공단체
와 체결한 식량 기타 생활필수품의 공급계약을 정당한 이유없이 이행하지 아니하
거나 계약이행을 방해하는 죄이다. 제1항의 죄는 구성요건적 행위가 부작위로 규
정되어 있는 진정부작위범이다.

본죄는 국가적 법익에 대한 죄로서 그 보호법익은 국가의 기능이고, 보호의
정도는 추상적 위험범이다.

2. 구성요건

본죄의 실행행위는 전쟁·천재 기타 사변에 있어서 국가 또는 공공단체와 체
결한 식량 기타 필수품의 공급계약을 정당한 이유없이 이행하지 아니하거나 계약
이행을 방해하는 것이다.

기타 사변이란 내란, 소요 등 사회적 불안상태가 초래된 경우를 말한다. 공
공단체란 지방자치단체뿐만 아니라 그 하부기관이나 산하기관을 포함하는 개념이
다. 기타 생활필수품이란 의복, 주거용품 등을 의미하지만, 지나치게 모호한 개념
으로서 구성요건의 명확성원칙에 반한다.

정당한 이유란 사회통념에 의해서 결정해야 한다. 생활필수품을 확보하지 못
하였거나 도로사정 등으로 인해 계약을 이행하지 못한 경우에는 정당한 이유가
있다고 할 수 있다.

제2항에서 계약이행을 방해하는 방법에는 제한이 없다. 유형력을 행사하여
방해하든 위계나 협박 등의 행위를 통해 방해하든 상관없다.

Ⅵ. 공무원자격사칭죄

> 제118조(공무원자격의 사칭) 공무원의 자격을 사칭하여 그 직권을 행사한 자는 3년 이하의 징역 또는 700만원 이하의 벌금에 처한다.

1. 개념 및 보호법익

공무원자격사칭죄란 공무원의 자격을 사칭하여 그 직권을 행사하는 죄이다. 공무원자격 사칭행위와 불법 직권행사가 결합되어 있는 범죄이다.

본죄는 국가적 법익에 대한 죄로서 보호법익은 국가의 기능이고, 보호의 정도는 추상적 위험범이다.

2. 구성요건

본죄의 실행행위는 공무원자격을 사칭하여 그 직권을 행사하는 것이다.

(1) 공무원자격의 사칭

공무원자격을 사칭한다는 것은 공무원이 아닌 자가 공무원인 것처럼 오신케 하거나 공무원이 다른 공무원인 것처럼 오신하게 하는 일체의 행위를 말한다. 공무원이란 국가공무원, 지방공무원, 임시직공무원을 모두 포함한다(대판 1973. 5. 22. 73도884). 공무원자격사칭은 공무원의 자격명과 정확히 일치할 것을 요하지 않고 일반인이 그러한 공무원이 있다고 생각할 수 있는 정도이면 족하다. 예를 들어 기획관리실장을 기획관리부장 혹은 기획관리처장 등으로 사칭하거나 형사부를 수사부로 사칭하는 경우도 사칭이라고 할 수 있다. 관할권이나 직무범위를 약간 넘어서는 사항에 대한 직권을 행사하는 경우도 포함된다.

그러나 예컨대 청와대 형사과장이라고 사칭하는 것과 같이 전혀 존재하지 않는 공무원을 사칭한 경우에는 사칭이라 할 수 없고, 설사 사칭이라 해도 직권을 행사한 것이라고 할 수 없기 때문에 본죄가 성립하지 않는다.

(2) 직권의 행사

본죄가 성립하기 위해서는 직권을 행사해야 한다. 직권을 행사하지 않고 공무원자격만을 사칭한 경우에는 경범죄처벌법 위반죄에 불과하다(제3조 7호).

직권을 행사한다는 것은 그 공무원의 직무범위 내의 권한을 행사함을 의미한다.

　판례에 의하면, 채권을 용이하게 추심하기 위해 합동수사반원임을 사칭하고 협박한 경우(대판 1981. 9. 8. 81도1955), 청와대에 감사실장으로 파견된 중앙정보부 직원임을 사칭하고 사무실에 대통령사진의 액자가 파손된 채 방치되었다는 자인서를 작성·제출하라고 한 경우(대판 1977. 12. 13. 77도2750), 중앙정보부원을 사칭하고 타인 피의사건의 수사경위를 청취한 경우(대판 1972. 6. 27. 72도550), 헌병사령부 정보과원을 사칭하고 정보원의 권한범위에 속하지 않는 내용을 심문한 경우(대판 1960. 11. 9. 4293형상592)에는 직권행사에 속하지 않으므로 본죄에 해당하지 않는다.

3. 죄　　수

　공무원자격을 사칭하여 재물을 사취하거나 갈취한 경우에는 본죄와 사기죄 혹은 공갈죄의 상상적 경합이 된다. 공무원자격을 사칭하기 위해 위조공무원증을 보인 경우에는 위조공문서행사죄와 본죄의 상상적 경합이 되지만, 진정한 공무원증을 행사한 경우 공문서부정행사죄는 본죄에 흡수된다고 해야 한다.

제 2 절　폭발물에 관한 죄

I. 총　　설

1. 의의 및 입법론

　폭발물에 관한 죄란 폭발물을 사용하여 사람의 생명·신체 또는 재산을 해하거나 그 밖에 공안을 문란하게 하는 죄이다.

　형법은 제6장 폭발물에 관한 죄에 폭발물사용죄(제119조 1항), 전시폭발물사용죄(제119조 2항), 폭발물·전시폭발물사용죄의 예비·음모·선동죄(제120조), 전시폭발물제조죄(제121조) 등을 규정하고 있다.

　본죄의 성격이 국가적 법익에 대한 죄라는 견해에 의하면, 내란죄는 헌법질서를 보호하고 본죄는 헌법에서 위임된 법질서 일반을 보호하는 것이다. 따라서 본죄에서 공안문란이란 방화죄나 일수죄와 같은 정도의 공공의 안전문란으로는 부족하고 전체 국가법질서를 문란할 정도에 이를 것을 요한다. 그러나 통설은 폭발물에 관한 죄를 사회적 법익에 대한 죄라고 하고 공안문란의 의미도 국가법질서 전체가 아니라 한 지방의 평온을 해할 정도이면 족하다고 한다.

본죄의 공안문란을 전체 국가법질서를 해한다고 해석해야 할 뚜렷한 근거가 없고, 폭발물을 사용하여 사람의 생명·신체·재산을 해하더라도 본죄가 성립하므로 통설의 입장이 타당하다.[1] 따라서 입법론적으로는 본죄의 체제를 바꾸어야 한다.[2]

2. 보호법익

폭발물사용죄의 보호법익은 공공의 안전과 평온 및 사람의 생명·신체·재산이다.

보호의 정도에 대해 추상적 위험범설, 구체적 위험범설(다수설) 및 공공의 안전에 대해서는 구체적 위험범, 생명·신체·재산에 대해서는 침해범이라는 견해가 대립한다.

본죄의 실행행위가 "사람의 생명·신체·재산을 해하거나 그 밖에 공안을 문란하게 하는 것"이므로 생명·신체·재산을 침해해야 본죄가 성립한다는 점에 의문이 없다. 공안을 문란하게 한다는 것 역시 공공의 안전과 평온을 침해하는 것이라고 할 수 있다. 이런 의미에서 폭발물사용죄의 보호의 정도는 침해범이라고 해야 한다.

전시폭발물제조죄의 보호법익은 공공의 안전과 평온이고, 보호의 정도는 추상적 위험범이다.

Ⅱ. 폭발물사용죄·전시폭발물사용죄

> 제119조(폭발물 사용) ① 폭발물을 사용하여 사람의 생명, 신체 또는 재산을 해하거나 그 밖에 공공의 안전을 문란하게 한 자는 사형, 무기 또는 7년 이상의 징역에 처한다.
> ② 전쟁, 천재지변 그 밖의 사변에 있어서 제1항의 죄를 지은 자는 사형이나 무기징역에 처한다.
> ③ 제1항과 제2항의 미수범은 처벌한다.

---

1) 판례도 본죄를 공공위험범죄라고 하는데(대판 2012. 4. 26. 2011도17254), 이것은 사회적 법익에 대한 죄라는 의미에 가깝다.
2) 1992년도 형법개정법률안은 본죄를 사회적 법익에 대한 죄로 규정하였다.

제120조(예비 · 음모 · 선동)　① 전조 제1항 · 제2항의 죄를 범할 목적으로 예비 또는 음모한 자는 2년 이상의 유기징역에 처한다. 단, 그 목적한 죄의 실행에 이르기 전에 자수한 때에는 그 형을 감경 또는 면제한다.
② 전조 제1항 · 제2항의 죄를 범할 것을 선동한 자도 전항의 형과 같다.

1. 의　　의

폭발물사용죄는 폭발물을 사용하여 사람의 생명 · 신체 또는 재산을 해하거나 그 밖에 공공의 안전을 문란하게 하는 죄이고, 전시폭발물사용죄는 전쟁 · 천재지변 그 밖의 사변에 있어서 폭발물사용죄를 범하는 죄이다.

보호법익은 공공의 안전과 평온 및 사람의 생명 · 신체 · 재산이고, 보호의 정도는 침해범이다.

2. 구성요건

(1) 행위의 객체

본죄의 객체는 폭발물이다. 폭발물이란 일정한 자극을 가하면 급격히 파괴성 있는 에너지를 발산하는 물건으로서, 그 방식이나 폭발과정은 문제되지 않는다. 화약, 다이너마이트, 수류탄, 폭탄, 시한폭탄, 지뢰, 니트로글리세린, 아세틸렌가스 등이 이에 속한다. 핵에너지는 핵분열과 핵융합에 의하여 발생하는 것이므로 본죄의 폭발물에 해당할 수 없다는 견해가 있지만 핵폭탄 · 핵폭발물 등이라는 용어를 사용하는 점을 고려할 때 원자폭탄 등도 폭발물에 해당한다고 해야 한다.

본죄의 폭발물은 공공의 안전을 문란하게 할 정도의 파괴력을 가진 것이어야 하므로 총알이나 화염병 · 장난감폭음탄 · 로켓탄 · 폭죽 등은 본죄의 폭발물이라고 할 수 없다. 화염병은 「화염병 사용 등의 처벌에 관한 법률」의 적용대상이 된다. 본죄의 폭발물은 제172조의 보일러, 고압가스 등과 같은 '폭발성있는 물건', 제172조의2의 가스, 전기, 방사선 또는 방사성물질과도 구별된다.

[대판 2012. 4. 26. 2011도17254] 폭발물사용죄에서 말하는 폭발물이란 폭발작용의 위력이나 파편의 비산 등으로 사람의 생명, 신체, 재산 및 공공의 안전이나 평온에 직접적이고 구체적인 위험을 초래할 수 있는 정도의 강한 파괴력을 가지는 물건을 의미한다.

(2) 실행행위

본죄의 실행행위는 폭발물을 사용하여 사람의 생명·신체 또는 재산을 해하거나 그 밖에 공공의 안전을 문란하게 하는 것 또는 전쟁·천재지변 그 밖의 사변에 이러한 행위를 하는 것이다. 작위뿐만 아니라 부작위에 의해서도 가능하다.

1) 사　　　용　　　사용이란 폭발물을 그 용법에 따라 폭발시키는 것을 말한다. 수류탄·폭탄 등을 폭발시키지 않고 협박의 수단으로 사용한 경우에는 본죄의 사용이라고 할 수 없다.

2) 사람의 생명·신체 또는 재산을 해하는 것　　　사람의 생명·신체·재산을 해하는 것은 이에 대한 위험발생만으로는 부족하고 각각 살해·상해·손괴를 의미한다.

3) 공공의 안전의 문란　　　공공의 안전을 문란하게 한다는 것은 한 지방의 법질서를 교란하는 것을 의미한다. 법질서교란은 법질서에 대한 위험발생만으로는 부족하고 법질서를 침해하는 것이다.

4) 전쟁·천재지변 그 밖의 사변　　　전쟁·천재지변 그 밖의 사변에 있어서 제1항의 죄를 지은 때에는 전시폭발물파열죄가 성립한다. 본죄는 위험한 행위상황에서의 행위라는 점에서 불법이 가중된 범죄유형이다.

전쟁이란 적국이나 교전단체에 대해 선전포고를 하거나 적대행위를 한 때부터 종전협정 내지는 휴전협정이 있기까지의 기간을 말한다. 사변이란 전시에 준하는 동란상태로서 전국 또는 지역별로 계엄이 선포된 기간을 말한다는 견해가 있으나, 군형법상의 사변과 달리 계엄이 선포되지 않아도 내란상태나 대규모의 소요 등이 있는 경우도 본조의 사변이라고 할 수 있다.

(3) 주관적 구성요건

본죄가 성립하기 위해서는 폭발물을 사용한다는 점과 사람의 생명·신체 또는 재산을 해하거나 그 밖의 공공의 안전을 문란하게 한다는 점에 대한 고의가 있어야 한다(대판 1969. 7. 8. 69도832). 제2항의 죄에서는 전쟁, 천재지변 그 밖의 사변이라는 점에 대한 고의도 필요하다. 미필적 고의로도 족하다.

3. 미수, 예비·음모·선동

본죄의 실행의 착수시기는 폭발물을 사용하기 시작한 때이고, 기수시기는 사람의 생명·신체 또는 재산을 해하거나 공안을 문란하게 한 때이다.

본죄는 미수범을 처벌할 뿐만 아니라 예비·음모·선동죄도 처벌한다. 폭발물사용죄·전시폭발물사용죄의 위험성이 크므로 예외적으로 그 예비·음모·선동행위를 벌하는 것이다.

선동이란 범죄가 실행되는 것을 목표로 하여 피선동자들에게 범죄행위를 결의, 실행하도록 충동하고 격려하는 일체의 행위를 말한다(대판 2015. 1. 22. 2014도 10978 전합). 선동의 방법은 교사·사주·충동·유혹·권유·설득 등 제한이 없고, 구두·문자·동작 등을 불문한다. 선동을 하면 족하고 피선동자들의 범죄결의나 실행의 착수 여부는 문제되지 않는다.

Ⅲ. 전시폭발물제조·수입·수출·수수·소지죄

> 제121조(전시폭발물제조등)   전쟁 또는 사변에 있어서 정당한 이유없이 폭발물을 제조, 수입, 수출, 수수 또는 소지한 자는 10년 이하의 징역에 처한다.

1. 보호법익

본죄는 전시폭발물사용죄의 예비행위로서의 성격을 지니지만, 전시폭발물사용죄의 위험성이 크다는 점 때문에 처벌하는 것이라고 할 수 있다. 다만 전시폭발물사용죄의 예비·음모죄와 달리 전시폭발물사용의 목적이 없어도 무방하다.

본죄의 보호법익은 공공의 안전과 평온이고, 보호의 정도는 추상적 위험범이다.

2. 구성요건

본죄의 실행행위는 전쟁 또는 사변에 있어서 정당한 이유없이 폭발물을 제조, 수입, 수출, 수수 또는 소지하는 것이다.

'전쟁 또는 사변', '폭발물' 등의 개념은 전시폭발물사용죄에서와 같다. '정당한 이유없이'란 법률의 규정에 의하지 아니하거나 국가기관의 허가가 없음을 뜻한다는 견해가 있으나 이런 경우 이외에도 정당한 이유가 없는 경우가 있다고 해야 할 것이다.

제조란 폭발물을 새로 만드는 것을, 수입이란 국외에서 국내로 반입하는 것을, 수출이란 국내에서 국외로 반출하는 것을, 수수란 주고 받는 것을, 소지란 폭발물을 자기의 사실상의 지배하에 두는 것을 말한다.

제 3 절 방화와 실화의 죄

I. 총   설

1. 의의 및 입법례

방화와 실화의 죄란 고의 또는 과실로 불을 놓아 현주건조물, 공용건조물, 일반건조물 또는 일반물건 등을 불태우거나 이것들을 불태워 공공의 위험을 발생시키는 죄를 말한다. 형법 제13장의 방화와 실화에 관한 죄의 장에는 이러한 범죄 이외에 진화방해죄(제169조), 고의·과실에 의한 폭발성물건파열죄(제172조, 제173조의2), 가스·전기등방류죄(제172조의2, 제173조의2), 가스·전기등공급방해죄(제173조, 제173조의2) 등이 규정되어 있다. 이를 준방화죄라고도 한다.

방화와 실화의 죄는 공공위험죄로서의 성격과 재산죄로서의 성격도 지니고 있다. 따라서 공공의 위험에 중점을 두어 입법할 수도 있고 재산침해에 중점을 두어 입법을 할 수도 있다. 독일, 오스트리아, 스위스 등 대륙법계 국가들은 공공의 위험에, 영미법계에서는 재산침해에 중점을 두어 방화·실화에 관한 죄를 규정하고 있다.

입법론상으로는 폭발성물건파열죄, 가스·전기등방류죄, 가스·전기등공급방해죄는 방화와 실화의 죄보다는 폭발물사용죄와 함께 규정해야 한다. 1992년의 형법개정법률안은 제22장에서 이러한 입법방식을 취하고 있다.

2. 보호법익

(1) 학설의 대립

1) 이중성격설   통설·판례는 방화등죄의 주된 보호법익은 공공의 안전과 평온이지만, 재산도 부차적 보호법익이라고 한다. 즉 방화등죄는 공공위험죄인 동시에 재산죄의 이중성격을 지닌 범죄라고 한다. 이 견해는 ① 자기소유 물건에 대한 방화죄의 형벌이 타인소유 물건에 대한 방화죄의 형벌보다 낮고(제166조 2항, 제167조 2항), ② 방화죄 성립에 불태운다는 재산침해의 결과를 요하는 것으

로 규정되어 있다는 것을 근거로 든다.

[대판 1982. 4. 27. 82도2341] 현주건조물에의 방화죄는 공중의 생명·신체·재산 등에 대한 위험을 예방하기 위하여 공공의 안전을 그 제1차적인 보호법익으로 하고 제2차적으로는 개인의 재산권을 보호하는 것이다.

2) 공공위험죄설　　방화죄는 재산적 법익이 아닌 공공의 안전만을 보호법익으로 한다는 견해이다. 이 견해는 ① 현주건조물방화죄(제164조), 공용건조물방화죄(제165조)의 경우 소유권이 누구에게 있는가를 묻지 않고, ② 형법이 제166조와 제167조에서 타인소유 물건과 자기소유 물건에 대한 범죄에 형벌에 차이를 두고 있는 것은 그 불법의 차이를 고려한 것에 불과하다고 한다.

3) 결　　어　　제166조와 제167조에서 불법의 차이란 결과불법 즉 법익침해 결과의 차이를 의미하므로, 통설·판례가 타당하다.

(2) 보호의 정도

현주건조물방화죄(제164조), 공용건조물방화죄(제165조), 타인소유의 일반건조물방화죄(제166조 1항) 및 이에 대한 실화죄(제170조 1항)는 추상적 위험범이고, 자기소유의 일반건조물방화죄(제166조 2항), 일반물건방화죄(제167조), 이에 대한 실화죄(제170조 2항) 및 연소죄(제168조) 등은 구체적 위험범이다.

부차적 보호법익인 재산에 대해서는 침해범이다.

3. 구성요건체계

방화와 실화의 죄는 크게 방화죄, 실화죄 및 준방화·실화죄의 세 가지로 나뉜다.

방화죄에는 현주건조물방화죄(제164조), 공용건조물방화죄(제165조), 일반건조물방화죄(제166조), 일반물건방화죄(제167조)가 있고, 실화죄는 이들을 모두 객체로 한다(제170조).

방화죄의 기본적 구성요건은 일반물건방화죄(제167조)이고 현주건조물방화죄, 공용건조물방화죄, 일반건조물방화죄는 불법이 가중된 구성요건이다.

실화죄의 기본적 구성요건 역시 일반물건실화죄(제170조 2항)이고, 현주건조물실화죄, 공용건조물실화죄, 일반건조물실화죄는 불법가중 구성요건이다.

준방화·실화죄로서는 진화방해죄(제169조), 고의·과실 폭발성물건파열죄(제

172조, 제173조의2), 고의 · 과실 가스 · 전기등방류죄(제172조의2, 제173조의2), 고의 · 과실 가스 · 전기등공급방해죄(제173조, 제173조의2) 등이 있다.

결과적 가중범으로서 현주건조물방화치사상죄(제164조 2항), 연소죄(제168조), 폭발성물건파열치사상죄(제172조 2항), 가스 · 전기등방류치사상죄(제172조의2 2항), 가스 · 전기등공급방해치사상죄(제173조 2항) 등이 있다.

현주건조물방화죄, 공용건조물방화죄, 타인소유 일반건조물방화죄, 폭발성물건파열죄, 가스 · 전기등방류죄 및 가스 · 전기등공급방해죄의 미수범과 예비 · 음모죄를 벌하는 규정이 있다(제174조, 제175조).

Ⅱ. 방 화 죄

1. 현주건조물등방화죄

> 제164조(현주건조물 등 방화) ① 불을 놓아 사람이 주거로 사용하거나 사람이 현존하는 건조물, 기차, 전차, 자동차, 선박, 항공기 또는 지하채굴시설을 불태운 자는 무기 또는 3년 이상의 징역에 처한다.

(1) 개념 및 법적 성격

현주건조물방화죄는 불을 놓아 사람이 주거로 사용하거나 사람이 현존하는 건조물, 기차, 전차, 자동차, 선박, 항공기 또는 지하채굴시설을 불태운 죄이다. 본죄는 불태운 결과를 필요로 하는 결과범이다. 본죄의 보호법익은 공공의 안전이고, 보호의 정도는 추상적 위험범이다.

(2) 구성요건

1) 행위의 객체   본죄의 객체는 사람이 주거로 사용하거나 사람이 현존하는 건조물, 기차, 전차, 자동차, 선박, 항공기 또는 지하채굴시설이다.

A. 사   람   본죄에서 '사람'이란 '타인'을 의미한다(대판 1949. 2. 22. 4281형상5). 따라서 자기가 주거로 사용하거나 자신만이 현존하는 건조물에 방화한 때에는 본죄가 성립하지 않고, 일반건조물방화죄가 성립한다. 타인이란 자신 이외의 모든 사람을 의미하므로 자신의 처나 자녀가 주거로 사용하거나 현존하는 경우에도 본죄가 성립한다.

B. 주거로 사용   '주거로 사용하는'에서 주거는 주거침입죄의 주거개념과

같다. 주거란 기와침식(起臥寢食), 즉 일상생활의 장소로 사용하는 것을 말한다. 그러나 주거침입죄에서 주거는 반드시 건조물일 필요는 없지만, 본죄의 객체는 주거로 사용하는 건조물에 한정된다. 사실상 주거로 사용하는 것이면 장기간 사용·일시적 사용, 적법한 사용·부적법한 사용을 불문한다.

주거로 사용하는 건조물이면 방화시에 사람이 현존하지 않아도 되고, 자기소유·타인소유를 불문한다. 건조물의 일부분이 주거로 사용되어도 전체 건조물이 주거에 사용하는 건조물이 된다.

C. 사람의 현존   사람이 현존한다는 것은 방화시에 건조물, 기차 등의 내부에 행위자 이외의 사람이 존재하는 것을 말한다. 건조물 등의 일부에 사람이 현존하면 전체에 사람이 현존하는 것으로 보아야 한다.

사람이 현존하는 이유는 묻지 않는다. 사람을 모두 살해한 후 방화한 경우에도 본죄가 성립하는가에 대해 긍정설과 부정설이 있다. 이는 실행의 착수에 관한 주관적 객관설에 의해 결정해야 할 것이다. 사람을 모두 살해한 후 방화할 계획이었을 경우에는 본죄가 성립하지만, 사람을 모두 살해한 후에 비로소 방화의 고의가 생긴 경우에는 본죄가 성립하지 않는다고 해야 한다.

사람이 현존하면 족하고 건조물등의 소유자가 누구인가는 묻지 않는다.

D. 건조물, 기차, 전차, 자동차, 선박, 항공기, 지하채굴시설   건조물이란 토지에 정착되고 벽 또는 기둥과 지붕 또는 천장으로 구성되어 사람이 내부에 기거하거나 출입할 수 있는 공작물을 말하고, 반드시 사람의 주거용이어야 하는 것은 아니라도 사람이 사실상 기거·취침에 사용할 수 있는 정도는 되어야 한다(대판 2013. 12. 12. 2013도3950). 따라서 축사, 헛간 등도 사실상 기거·취침에 사용될 수 있으면 본죄의 건조물에 속한다.

규모의 대소를 불문하므로 천막, 방갈로, 버스표판매소 등도 건조물에 속한다. 자연적 토굴 등은 건조물이라 할 수 없으나, 자연물에 인공적인 시설을 가미하였을 때에는 건조물이라 할 수 있다. 건조물의 부속물도 건조물과 일체를 이루고 있는 경우에는 건조물에 해당한다(대판 1969. 8. 29. 67도925).

이동식 주거차량(캠핑카, Wohnwagen) 등은 주거라고 할 수 있을 때에는 사람이 현존할 필요가 없다. 그러나 주거라고 할 수 없는 자동차, 기차 등은 사람이 현존해야만 본죄의 객체가 될 수 있다.

지하채굴시설이란 광물을 채취하기 위한 지하시설이고 적법한 시설인지의 여부는 불문한다. 구 형법상 광갱(鑛坑; 광물을 캐내기 위한 동굴)을 쉬운 용어로 바꾼 것인데, 현행법에서도 채굴시설이어야 하므로 버섯을 기르는 동굴이나 젓갈을 숙성·보관하는 동굴은 여기에 해당되지 않는다고 해야 한다.

　　2) 실행행위　　　본죄의 실행행위는 불을 놓아 건조물, 기차, 자동차 등을 불태우는 것이다.

　　가. 불을 놓아　　　불을 놓는다는 것은 목적물을 불태울 수 있는 일체의 행위를 말한다. 직접적으로 목적물에 불을 놓든지 매개물을 통해 불을 놓든지 상관없다. 부작위에 의해서도 가능하다. 그러나 작위의무가 없는 사람이 불을 끄지 않았을 경우에는 경범죄처벌법에 해당할 수 있을 뿐이다(제3조 1항 29호).

[대판 2010. 1. 14. 2009도12109] 모텔 방에 투숙하여 담배를 피운 후 재떨이에 담배를 끄게 되었으나 담뱃불이 완전히 꺼졌는지 여부를 확인하지 않은 채 불이 붙기 쉬운 휴지를 재떨이에 버리고 잠을 잔 과실로 담뱃불이 휴지와 침대시트에 옮겨 붙게 함으로써 화재가 발생한 사안에서, 위 화재가 중대한 과실 있는 선행행위로 발생한 이상 화재를 소화할 법률상 의무는 있다 할 것이나, 화재 발생 사실을 안 상태에서 모텔을 빠져나오면서도 모텔 주인이나 다른 투숙객들에게 이를 알리지 아니하였다는 사정만으로는 화재를 용이하게 소화할 수 있었다고 보기 어렵다는 이유로, 부작위에 의한 현주건조물방화치사상죄의 공소사실에 대해 무죄를 선고한 원심의 판단을 수긍한 사례.

　　나. 불 태움　　　구 형법상 소훼란 '불태워(燒) 훼손시키는 것(毁)', 즉 목적물을 불태워 훼손시키는 것을 말하는데, 현행법의 '불태운다'는 것도 입법취지상으로는 같은 의미라고 할 수 있다. 그러나 문언상으로는 훼손시키지 않아도 불태운 것에 해당될 수 있을 것이다. 본죄는 불태운 시점에 기수가 되는데, 어느 정도 단계에 이르러야 불태운 것이 되느냐에 대해서는 다음과 같은 견해가 대립한다.

　　A. 독립연소설　　　이 견해는 불이 매개물을 떠나 목적물에 붙어 독립하여 연소할 수 있는 상태이면 불태운 것이라고 할 수 있고 이 때에 본죄의 기수가 된다고 한다. 목적물에 불이 붙어야 하므로 가구, 카펫 등에 불이 붙은 상태에서는 독립연소라고 할 수 없고, 기둥, 지붕, 벽, 마루 등에 불이 붙어야 독립연소라고 할 수 있다고 한다. 본죄가 공공위험죄이므로 독립연소시에 공공의 위험이 발생한다고 할 수 있다는 것이다. 판례는 이 입장을 따른다.

[대판 2007. 3. 16. 2006도9164] 피해자의 사체 위에 옷가지 등을 올려놓고 불을 붙인 천조각을 던져서 그 불길이 방안을 태우면서 천정에까지 옮겨 붙었다면 도중에 진화되었다고 하더라도 일단 천정에 옮겨 붙은 때에 이미 현주건조물방화죄의 기수에 이른 것이다.

　　B. 효용상실설　　이 견해는 목적물의 중요부분이 타버려서 그 효용이 상실된 때에 불태운 것이라고 할 수 있고 이 때에 기수가 된다고 한다. 이 견해는 ① 본죄가 공공위험죄일 뿐만 아니라 재산죄로서의 성격도 지니고 있고, ② 독일형법과 달리 우리 형법은 불태운 것을 요건으로 하고, ③ 공공위험죄인 일수죄(제177조)와 폭발성물건파열죄(제172조)에서 침해(浸害) 또는 손괴를 요하므로 본죄도 마찬가지로 해석해야 한다는 점 등을 근거로 든다.

　　C. 절 충 설　　이 견해들은 독립연소설은 지나치게 기수시기를 앞당기고, 효용상실설은 지나치게 기수시기를 늦춘다고 비판하고, 독립연소설과 효용상실설의 중간단계에서 불태운 것이라 하여 본죄의 기수시기를 인정한다.

　　a. 중요부분연소개시설　　이 견해는 목적물의 중요부분에 불이 붙어야 하고, 이 경우에는 공공의 위험발생을 인정할 수 있다고 한다.

　　b. 일부손괴설　　이 견해는 독립연소만으로는 부족하지만 중요부분의 효용상실까지는 필요없고, 목적물의 일부가 손괴죄에서와 같은 정도로 손괴되면 불태운 것이라 하여 본죄의 기수를 인정할 수 있다고 한다.

　　c. 이 분 설　　이 견해는 현주건조물방화죄와 같이 추상적 위험범의 경우에는 독립연소설을, 자기소유의 일반건조물방화죄와 같이 구체적 위험범에서는 중요부분연소개시설을 따른다. 이 견해에 의하면 본죄의 경우 독립연소시에 불태운 것이므로 본죄의 기수가 된다.

　　D. 결　　어　　구 형법상 소훼란 '불태워 훼손함' 혹은 '불에 타서 훼손됨'을 의미한다. 그런데 독립연소 단계에서는 소(燒)라고는 할 수 있어도 훼(燬)라고까지는 하기 어렵다. 목적물의 효용이 상실될 정도면 이는 훼손의 단계를 넘어 파손이라고 할 수 있다. 훼손이란 효용이 완전히 상실된 정도는 아니고 손괴된 정도라고 할 수 있다. 그러나 2020. 12. 개정형법은 '소훼한'을 '불태운'이라고 개정하였는데, 입법취지는 같은 의미라고 할 수 있지만, 문언상의 차이가 있으므로 독립연소설이 현행법에서는 좀더 타당한 해석이라고 할 수 있다.

3) 주관적 구성요건   본죄가 성립하기 위해서는 객관적 구성요건실현에 대한 의욕 또는 인용이 있어야 한다.

판례에 의하면, 인화력이 강한 석유를 사용하여 건물에 연소되기 용이한 방법으로 점화한 경우(대판 1954. 1. 16. 4287형상47)에는 본죄의 고의가 인정되지만, 홧김에 죽은 동생의 유품으로 보관하던 서적 등을 뒷마당에 내어 놓고 불태워 버리려 했던 경우(대판 1984. 7. 24. 84도1245)에는 본죄의 고의가 인정되지 않는다.

현주건조물을 일반건조물로 오인하고 방화한 때에는 제15조 제1항에 의해 본죄가 아닌 일반건조물방화죄가 성립한다.

(3) 책   임

범죄학적으로 보면 방화죄는 정신장애자가 범하는 경우가 많다. 이 경우에는 벌하지 않거나 형벌을 감경할 수 있다(대판 1984. 2. 28. 83도3007; 대판 1966. 3. 22. 66도183).

(4) 미   수

본죄의 미수는 처벌한다(제174조). 본죄의 실행의 착수시기는 불을 놓는 시점이다. 방화목적물 내지 그 도화물체에 점화하지 아니한 이상 본죄의 실행의 착수가 있다고 할 수 없다(대판 1960. 7. 22. 4293형상213). 그러나 방화의 의사로 뿌린 휘발유가 주택주변과 피해자의 몸에 적지 않게 살포되어 있는 사정을 알면서도 라이터를 켜 피해자의 몸에 불이 붙은 경우(대판 2002. 3. 26. 2001도6641)에는 실행의 착수가 인정된다.

건물을 불태우려 하였으나 불길이 치솟는 것을 보고 겁이 나서 물을 부어 불을 끈 경우 중지미수가 아니라 장애미수가 된다(대판 1997. 6. 13. 97도957).

기수시기는 앞에서 살펴본 것과 같다.

2. 현주건조물방화치사상죄

> **제164조(현주건조물등방화치사상)**   ② 제1항의 죄를 지어 사람을 상해에 이르게 한 경우에는 무기 또는 5년 이상의 징역에 처한다. 사망에 이르게 한 경우에는 사형, 무기 또는 7년 이상의 징역에 처한다.

(1) 개념 및 법적 성격

본죄는 현주건조물방화죄를 지어 사람을 상해나 사망에 이르게 하는 죄이다. 본죄의 보호법익은 공공의 안전 이외에 사람의 생명·신체이고 생명·신체가 침해되어야 기수가 되는 침해범이다.

통설·판례는 본죄가 상해 또는 사망에 대해 과실이 있을 때뿐만 아니라 고의가 있을 때에도 성립하는 부진정결과적 가중범이라고 한다(대판 1996. 4. 26. 96도485; 대판 1996. 4. 12. 96도215; 대판 1983. 1. 18. 82도2341).[1]

(2) 구성요건

1) 행위의 주체   본죄의 주체는 제1항의 죄인 현주건조물등방화죄를 지은 자이다. 형법해석의 엄격성원칙에 따라 현주건조물등방화죄의 미수범은 포함되지 않고 기수범에 한정된다고 해석해야 한다. 미수범도 포함하도록 입법적 보완을 요한다.

2) 상해 또는 사망의 결과의 발생   사람의 상해 또는 사망의 결과가 발생해야 한다. 여기에서 사람이란 정범 혹은 공동정범 이외의 사람을 말한다. 상해·사망의 결과는 방화에 의해 직접 발생한 경우뿐만 아니라 방화의 기회에 발생한 것이면 족하다.

3) 인과관계와 예견가능성   현주건조물방화죄와 상해·사망 사이에는 인과관계(및 객관적 귀속)가 인정되어야 하고, 상해·사망에 대한 예견가능성(과실)이 있어야 한다. 본죄는 부진정결과적가중범이므로 상해나 사망에 대한 고의가 있어도 성립한다.

[대판 1996. 4. 12. 96도215] 사람이 현존하는 건조물을 방화하는 집단행위의 과정에서 일부 집단원이 고의로 살상을 가한 경우에도 다른 집단원에게 그 사상의 결과가 예견가능한 것이었다면 다른 집단원도 그 결과에 대하여 현존건조물방화치사상의 책임을 면할 수 없다.

---

1) 본죄를 진정결과적 가중범으로 해석하면, 현주건조물에 방화하여 고의로 사람을 상해하거나 살해한 경우 현주건조물방화죄와 상해죄 혹은 살인죄의 상상적 경합이 되어 현주건조물에 방화하여 과실로 사람을 상해하거나 사망케 한 경우보다 형벌이 가벼워지는 문제점이 있다. 이러한 문제점을 시정하기 위해 상해나 사망에 대해 과실뿐만 아니라 고의가 있을 때에도 성립하는 부진정결과적가중범으로 해석하는 것이다.

(3) 다른 범죄와의 관계

1) 살인죄와의 관계　　　살인의 고의로 현주건조물에 방화한 경우 본죄와 살인죄의 상상적 경합설이 있으나, 이는 하나의 살인의 고의를 살인죄와 본죄에서 이중평가하는 것이므로 본죄만이 성립한다고 해야 한다. 판례도 본죄만이 성립한다고 하지만, 존속살해죄와 현주건조물방화치사죄는 상상적 경합관계에 있다고 한다(대판 1996. 4. 26. 96도485), 그러나 후자의 경우에도 본죄 혹은 존속살해죄의 일죄만을 인정해야 한다.

그러나 방화행위 후 불을 놓은 집에서 빠져 나오려는 피해자들을 막아 불에 타 사망케 한 경우에는 본죄가 아니라, 현주건조물방화죄와 살인죄의 실체적 경합범이 성립한다(대판 1983. 1. 18. 82도2341).

2) 강도살인죄와의 관계　　　재물을 강취한 후 피해자들을 살해할 목적으로 현주건조물에 방화하여 사망케 한 경우, 판례는 강도살인죄와 현주건조물방화치사죄의 상상적 경합이라고 한다(대판 1998. 12. 8. 98도3416). 그러나 살인의 고의가 강도살인죄에서와 현주건조물방화치사죄에서 이중평가된 것이므로 강도살인죄와 현주건조물방화죄의 상상적 경합이라고 해야 한다.

(4) 형　　벌

본죄의 형벌은 사형, 무기 또는 7년 이상의 징역이다.

판례는 본죄에 사형을 과하는 것이 금지되는 것은 아니라고 한다(대판 1983. 3. 8. 82도3248).

(5) 입 법 론

본죄의 법정형이 너무 무겁기 때문에 본죄를 부진정결과적가중범으로 해석하지만, 부진정결과적가중범은 피고인에게 불리한 유추해석의 여지가 있다. 따라서 현주건조물방화죄와 현주건조물방화치사상죄의 법정형을 낮추고, 현주건조물방화살인죄를 별도로 규정하여야 한다.

3. 공용건조물방화죄

제165조(공용건조물 등 방화)　불을 놓아 공용(公用)으로 사용하거나 공익을 위해 사용하는 건조물, 기차, 전차, 자동차, 선박, 항공기 또는 지하채굴시설을 불태운 자는 무기 또는 3년 이상의 징역에 처한다.

(1) 법적 성격

본죄는 객체가 공용으로 사용하거나 공익을 위해 사용하는 건조물등이라는 점에서 현주건조물등방화죄의 형벌과 같고, 일반건조물등방화죄에 비해 형벌이 무겁다.

본죄의 보호법익은 공공의 안전과 평온이고, 보호의 정도는 추상적 위험범이다.

(2) 구성요건

본죄의 객체는 공용으로 사용하거나 공익을 위해 사용하는 건조물, 기차, 전차, 자동차, 선박, 항공기 또는 지하채굴시설 등이다. 제164조와의 관계상 사람이 주거에 사용하거나 사람이 현존하는 건조물등이 아니어야 하고, 주거에 사용하거나 사람이 현존한 때에는 본죄가 아니라 현주건조물등방화죄가 성립한다.

공용으로 사용한다는 것은 국가 또는 공공단체 등이 사용한다는 것을 의미하고, 공익을 위해 사용한다는 것은 일반인들의 이익을 위해 사용된다는 것을 의미한다. 경찰순찰차나 관공서의 출퇴근용버스 등은 공용이라고 할 수 있고, 일반버스나 택시 등은 공익을 위해 사용하는 것이라고 할 수 있다. 소유관계는 문제되지 않는다.

(3) 미   수

본죄의 미수는 처벌한다(제174조). 통설, 판례에 의하면 본죄의 기수시기는 독립연소시이다.

4. 일반건조물등방화죄

> 제166조(일반건조물 등 방화) ① 불을 놓아 제164조와 제165조에 기재한 외의 건조물, 기차, 전차, 자동차, 선박, 항공기 또는 지하채굴시설을 불태운 자는 2년 이상의 유기징역에 처한다.
> ② 자기 소유인 제1항의 물건을 불태워 공공의 위험을 발생하게 한 자는 7년 이하의 징역 또는 1천만원 이하의 벌금에 처한다.

(1) 보호법익

본죄에서 건조물등이 자기소유인 경우에는 타인소유인 경우에 비해 형벌이 가볍다.

제1항의 타인소유의 일반건조물등방화죄의 보호법익은 공공의 안전과 평온 및 재산이고, 보호의 정도는 공공의 안전에 대해서는 추상적 위험범이고, 재산에 대해서는 침해범이다. 제2항의 자기소유 일반건조물등방화죄의 보호법익은 공공의 안전과 평온이고, 보호의 정도는 구체적 위험범이다.

(2) 구성요건

1) 타인소유 일반건조물등방화죄   본죄의 객체는 사람의 주거에 사용하거나 사람이 현존하거나 공용으로 사용하거나 공익을 위해 사용하는 것 이외의 타인소유의 건조물, 기차, 전차, 자동차, 선박, 항공기 또는 지하채굴시설이다. 타인소유의 사람이 현존하지 않는 창고, 자가용 자동차 등을 그 예로 들 수 있다.

자기소유의 건조물등이라도 압류 기타 강제처분을 받거나 타인의 권리 또는 보험의 목적물이 된 때에는 타인의 건조물등으로 간주한다(제176조). 강제처분에는 민사상의 강제집행뿐만 아니라 국세징수법상의 체납처분, 강제경매절차에 의한 압류, 형사소송법에 의한 압수 또는 몰수물의 압류도 포함된다.

타인의 권리란 저당권, 질권 등 제한물권뿐만 아니라 임차권 등의 채권을 포함한다. 보험이란 목적물이 훼손되었을 경우 보상을 받을 수 있는 손해보험을 의미한다. 따라서 자동차보험 중 대인·대물보험에만 가입하고, 자손이나 차량보험에는 가입하지 않은 경우에는 타인소유로 간주되지 않는다.

타인소유의 목적물이라도 소유자가 방화에 동의한 경우에는 본죄가 성립하지 않고 제2항의 자기소유 일반건조물등방화죄가 성립한다. 무주물인 경우에도 제2항의 자기소유 일반건조물등방화죄가 성립한다.

2) 자기소유 일반건조물등방화죄   본죄의 객체는 사람의 주거에 사용하거나 사람이 현존하거나 공용에 사용하거나 공익을 위해 사용하는 것 이외의 자기소유의 건조물, 기차, 전차, 자동차, 선박, 항공기 또는 지하채굴시설이다. 타인의 재산에 대한 침해가 없어 타인소유의 일반건조물등방화죄에 비해 불법이 감경되는 죄이다.

자기소유의 재산에 대한 침해이므로 이를 추상적 위험범으로 규정하게 되면 재산처분의 자유를 지나치게 제한하게 되므로 공공에 대한 구체적 위험을 발생할 것을 요건으로 하는 구체적 위험범으로 규정한 것이다.

본죄가 성립하기 위해서는 공공의 위험이 발생해야 한다. 공공의 위험이란 불특정 또는 다수인의 생명·신체·재산에 대한 위험을 의미한다. 공공의 위험 여부의 판단은 행위자를 기준으로 하지 않고 객관적으로 판단해야 한다. 따라서 일반인들이라면 생명·신체·재산에 대한 위험을 느낄 수 있을 정도여야 한다. 방화행위와 공공의 위험발생 사이에는 인과관계가 있어야 한다.

본죄가 성립하기 위해서는 행위객체, 실행행위 등에 대한 인식이 있어야 할 뿐만 아니라 공공의 위험을 발생시킨다는 것에 대한 고의가 있어야 한다. 미필적 고의로도 족하다. 본죄는 결과적가중범이 아니므로 공공의 위험발생에 과실이 있는 경우에는 본죄가 성립하지 않는다.

(3) 미　수

제1항의 타인소유 일반건조물등방화죄의 미수범은 처벌하지만, 제2항의 자기소유 일반건조물등방화죄의 미수범은 벌하지 않는다(제174조). 제1항의 죄의 기수시기는 독립연소시점이지만, 제2항의 죄의 기수시기는 독립연소시점이 아니라 공공의 위험이 발생한 시점이다.

5. 일반물건방화죄

> 제167조(일반물건 방화) ① 불을 놓아 제164조부터 제166조까지에 기재한 외의 물건을 불태워 공공의 위험을 발생하게 한 자는 1년 이상 10년 이하의 징역에 처한다.
> ② 제1항의 물건이 자기 소유인 경우에는 3년 이하의 징역 또는 700만원 이하의 벌금에 처한다.

(1) 보호법익

타인소유 일반물건방화죄의 보호법익은 공공의 안전과 평온 및 재산이고, 보호의 정도는 공공의 안전에 대해서는 구체적 위험범, 재산에 대해서는 침해범이다. 자기소유 일반물건방화죄의 보호법익은 공공의 안전과 평온이고, 보호의 정도는 구체적 위험범이다.

(2) 구성요건

본죄의 객체는 타인소유 또는 자기소유의 일반물건이다. 자기소유의 물건이라도 압류 기타 강제처분을 받거나 타인의 권리 또는 보험의 목적물이 된 때에는 타인의 물건으로 간주된다(제176조). 무주물은 자기소유의 물건에 속한다.

> **[대판 2009. 10. 15. 2009도7421]** 불을 놓아 무주물을 소훼하여 공공의 위험을 발생하게 한 경우에는 '무주물'을 '자기 소유의 물건'에 준하는 것으로 보아 형법 제167조 제2항을 적용하여 처벌하여야 한다.

본죄가 성립하기 위해서는 불태운 결과뿐만 아니라 공공의 안전에 대한 구체적 위험이 발생해야 한다. 따라서 공공의 위험발생에 대한 고의 혹은 미필적 고의가 필요하다.

본죄의 기수시기도 독립연소시점이 아닌 공공의 안전에 대한 구체적 위험이 발생한 시점이다. 본죄의 미수는 벌하지 않는다.

(3) 다른 범죄와의 관계

타인소유의 물건을 불태우면 손괴죄의 구성요건도 충족되지만 이는 본죄에 흡수된다. 시체는 본죄의 물건이라고 하기 어려우므로 시체에 방화한 경우에는 본죄가 성립하지 않고 시체손괴죄(제161조 1항)가 성립한다고 해야 한다.

6. 연 소 죄

> **제168조(연소)** ① 제166조 제2항 또는 전조 제2항의 죄를 범하여 제164조, 제165조 또는 제166조 제1항에 기재한 물건에 연소한 때에는 1년 이상 10년 이하의 징역에 처한다.
> ② 전조 제2항의 죄를 범하여 전조 제1항에 기재한 물건에 연소한 때에는 5년 이하의 징역에 처한다.

(1) 개념 및 법적 성격

연소죄란 자기소유의 일반건조물등방화죄 또는 자기소유의 일반물건방화죄를 범하여 현주건조물등, 공용건조물등, 타인소유의 일반건조물등 또는 타인소유의 일반물건에 연소한(불이 옮겨붙어 타게 한) 죄이다. 본죄는 연소에 대한 과실이 있는 경우에 성립하는 진정결과적 가중범이다.

(2) 구성요건

1) **행위의 주체**　　　본죄의 주체는 자기소유 일반건조물등방화죄(제166조 2항), 자기소유 일반물건방화죄(제167조 2항)를 범한 자이다. 동범죄의 미수범을 포함한다는 견해와 동범죄의 미수범은 벌하지 않으므로 공공의 위험까지 발생시킨 기수범에 국한된다는 견해(다수설) 등이 있으나 '-죄를 범하여'라고 규정되어 있으므

로 후자가 타당하다.

2) 연   소   본죄가 성립하기 위해서는 현주건조물등, 공용건조물등, 타인소유 일반건조물등, 타인소유의 일반물건에 불이 옮겨붙어야(延燒) 한다. 그러나 본죄가 성립하기 위해서는 불이 옮겨붙는 정도로는 족하지 않고 불태운 결과를 발생시켜야 한다.

자기소유 일반건조물등 · 일반물건방화죄와 연소 사이에는 인과관계가 있어야 하고, 연소의 결과에 대한 예견가능성이 있어야 한다.

3) 주관적 구성요건   본죄가 성립하기 위해서는 자기소유 일반건조물등이나 일반물건에 방화하여 공공의 위험을 발생시킨다는 것에 대해 고의가 있어야 하고 연소의 결과에 대해 과실이 있어야 한다. 처음부터 현주건조물등에 연소시킬 고의가 있는 경우에는 본죄가 성립하지 않고 현주건조물등방화죄가 성립한다.

7. 방화예비 · 음모죄

> 제175조(예비 · 음모)   제164조 제1항, 제165조, 제166조 제1항, 제172조 제1항, 제172조의2 제1항, 제173조 제1항과 제2항의 죄를 범할 목적으로 예비 또는 음모한 자는 5년 이하의 징역에 처한다. 단, 그 목적한 죄의 실행에 이르기 전에 자수한 때에는 형을 감경 또는 면제한다.

본죄는 현주건조물등방화죄(제164조 1항), 공용건조물등방화죄(제165조), 타인소유 일반건조물등방화죄(제166조 1항) 등의 죄를 범할 목적으로 예비 · 음모하는 죄이다. 본죄를 범한 후 방화죄의 실행의 착수 전에 자수한 때에는 형을 감경 또는 면제한다. 예비 · 음모 후 방화의 실행에 착수한 경우에는 본죄는 방화죄에 흡수된다.

Ⅲ. 실 화 죄

1. 단순실화죄

> 제170조(실화)   ① 과실로 제164조 또는 제165조에 기재한 물건 또는 타인 소유인 제166조에 기재한 물건을 불태운 자는 1천500만원 이하의 벌금에 처한다.
> ② 과실로 자기 소유인 제166조의 물건 또는 제167조에 기재한 물건을 불태워 공공의 위험을 발생하게 한 자도 제1항의 형에 처한다.

(1) 개념 및 보호법익

본죄는 과실로 인해 현주건조물등, 공용건조물등, 타인소유의 일반건조물 등을 불태우거나, 자기소유의 일반건조물 또는 일반물건을 불태워 공공의 위험을 발생하게 하는 죄이다.

제1항의 죄 중 현주건조물등실화죄, 공용건조물등실화죄의 보호법익은 공공의 안전 및 평온이고, 보호의 정도는 추상적 위험범이다. 제1항의 죄 중 타인소유의 일반건조물등실화죄의 보호법익은 공공의 안전 및 평온과 재산이고, 보호의 정도는 공공의 안전과 평온에 대해서는 추상적 위험범, 재산에 대해서는 침해범이다. 제2항의 죄의 보호법익은 공공의 안전 및 평온이고, 보호의 정도는 구체적 위험범이다. 제2항의 죄에 타인소유의 일반물건실화죄도 포함되므로 보호법익에 재산도 포함되고 그 보호의 정도는 침해범이다.

(2) 구성요건

1) 행위의 객체   제1항의 죄의 객체는 방화죄에서와 같다. 제2항의 죄에서 자기소유의 일반건조물 및 일반물건이 객체가 된다는 점에도 의문이 없다. 구형법 제2항은 '자기 소유에 속하는 제166조 또는 제167조에 기재한 물건'이라고 규정하여 타인소유의 일반물건도 제2항의 객체가 될 수 있는가에 대해 긍정설(대결 1994. 12. 20. 94모32)과 부정설이 대립하였다. 2020년 개정형법은 긍정설로 입법적 해결을 하였다.

2) 불태운 결과 및 공공의 위험발생   제1항의 죄에서는 목적물을 불태운 결과가 발생해야 한다. 공공의 위험이 발생할 것은 요건으로 하지 않는다. 제2항의 죄에서는 목적물을 불태운 결과와 함께 공공의 위험이 발생해야 한다.

3) 주의의무 위반   본죄는 과실범이므로 행위자가 주의의무를 위반하여 목적물을 불태우는 결과 혹은 공공의 위험발생을 인식하지 못하였거나 인식하였더라도 인용하지 않았어야 한다.[1]

4) 인과관계   주의의무위반과 불태운 결과 및 공공의 위험발생 사이에는 인과관계(또는 객관적 귀속)가 인정되어야 한다(대판 1987. 4. 28. 87도297). 판례는 과실범인 본죄의 공동정범도 인정한다(대판 1983. 5. 10. 82도2279).

---

1) 주의의무위반을 인정한 판례로, 대판 1968. 10. 22. 68도909; 대판 1958. 10. 31. 4291형상 361.

2. 업무상실화·중실화죄

> 제171조(업무상실화·중실화) 업무상과실 또는 중대한 과실로 인하여 제170조의
> 죄를 범한 자는 3년 이하의 금고 또는 2천만원 이하의 벌금에 처한다.

(1) 의　　　의

업무상실화죄는 업무상과실로 실화죄를 범하는 것, 중실화죄는 중대한 과실
로 실화죄를 범하는 것이다. 업무상실화죄는 업무자라는 신분으로 인해 책임이
가중되는 부진정신분범이고, 중실화죄는 중대한 과실로 인해 불법이 가중되는 범
죄이다.

(2) 구성요건

1) 업무상실화죄　　　본죄에서의 업무는 직무, 즉 화기로부터의 안전을 배
려해야 할 사회생활상의 지위로서(대판 1988. 10. 11. 88도1273), 주유소, 가스가게 등
과 같이 화재의 위험이 수반되거나, 화재를 일으키지 않도록 특별한 주의를 요하
는 업무를 말한다. 그러나 그 직무상 화재의 원인이 된 화기를 직접 취급하는 것
에 그치지 않고 화재의 발견, 방지 등의 의무가 있는 경우를 포함한다(대판 1983. 5.
10. 82도2279). 본죄의 업무에는 본래의 업무뿐만 아니라 부수되는 업무도 포함된다
(대판 1961. 9. 28. 4293형상696).[1]

2) 중실화죄　　　중실화죄에서 중대한 과실이란 행위자가 아주 조금만 주
의를 했더라도 결과발생을 예견·방지할 수 있었는데도 부주의로 이를 예견·방
지하지 못하는 경우를 말한다(대판 1988. 8. 23. 88도855). 중과실과 경과실의 구별은
구체적인 경우에 사회통념을 고려하여 결정해야 한다(대판 1980. 10. 14. 79도305).[2]

---

1) 업무상과실을 인정한 판례로, 대판 1961. 9. 28. 4293형상696; 대판 1956. 7. 22. 4289형상
96. 업무상과실을 부정한 판례로, 대판 1990. 11. 13. 90도2011; 대판 1972. 2. 22. 71도
2231; 대판 1956. 12. 21. 4289형상276 등.
2) 중과실을 인정한 판례로, 성냥불이 꺼진 것을 확인하지 아니한 채 플라스틱 휴지통에 던
진 경우(대판 1993. 7. 27. 93도135); 대판 1988. 8. 23. 88도855 등. 중과실을 부정한 판례
로, 대판 1989. 10. 13. 89도204; 대판 1989. 1. 17. 88도643; 대판 1980. 10. 14. 79도305;
대판 1960. 3. 9. 59도761 등.

Ⅳ. 준방화죄

1. 진화방해죄

> 제169조(진화방해) 화재에 있어서 진화용의 시설 또는 물건을 은닉 또는 손괴
> 하거나 기타 방법으로 진화를 방해한 자는 10년 이하의 징역에 처한다.

(1) 개념 및 보호법익

진화방해죄는 화재에 있어서 진화용의 시설 또는 물건을 은닉 또는 손괴하
거나 기타 방법으로 진화를 방해하는 죄이다. 통설은 본죄를 준방화죄라고 한다.

본죄의 취지는 진화의 방해로 인해 공공의 위험이 발생·증대되는 것을 막기
위한 것이므로 본죄의 보호법익은 공공의 안전이고, 보호의 정도는 추상적 위험
범이다.

(2) 구성요건

1) 행위의 객체   본죄의 객체는 진화용의 시설 또는 물건이다. 자기소
유·타인소유를 불문한다. 진화용의 시설이란 화재경보기, 소화전, 소방수공급시
설, 소방용통신시설 등과 같이 진화를 목적으로 만들어진 시설을 말한다. 진화용
의 물건이란 소화기, 소방모래, 소방수 등과 같이 진화를 목적으로 만들어진 물건
에 한정된다. 진화에 사용될 수 있더라도 진화를 목적으로 제조된 물건이 아닌
물건은 본죄의 객체가 될 수 없다.

2) 실행행위   본죄의 실행행위는 화재에 있어서 진화용의 시설 또는 물
건을 은닉 또는 손괴하거나 기타 방법으로 진화를 방해하는 것이다.

가. 화재에 있어서   '화재에 있어서'의 화재란 진화를 하지 않으면 꺼지
지 않을 정도의 화재를 말한다. 화재가 완전히 발생한 상태이든 발생하기 시작한
상태이든 상관없다. 화재의 원인은 불문한다.

나. 은닉·손괴 기타 방법에 의한 진화방해   은닉이란 진화용의 시설·물
건의 발견을 불가능하게 하거나 곤란하게 하는 것, 손괴란 진화용의 시설·물건
을 물질적으로 훼손하여 그 효용을 상실시키거나 감소시키는 것을 말한다. 기타
방법이란 진화를 방해할 수 있는 일체의 방법을 말한다. 소방차를 못가게 하거나
진화하는 사람들을 폭행·협박하거나 화재장소를 다른 곳으로 알려주는 것 등을
예로 들 수 있다.

진화방해는 부작위에 의해서도 할 수 있다. 진화의무자가 진화를 하지 않은 경우에는 본죄가 아니라 부작위에 의한 방화죄가 성립한다. 따라서 부작위에 의한 진화방해죄의 주체는 진화방해를 방지해야 할 의무있는 자이다. 진화의무없는 자가 진화에 협력하지 않은 것만으로는 본죄가 성립할 수 없다. 이 경우에는 경범죄처벌법(제3조 29호)이 적용될 수 있을 뿐이다.

통설은 본죄는 추상적 위험범이므로 진화방해행위가 있으면 성립하고 진화방해의 결과가 발생할 것을 요하지 않는다고 하지만, 이는 보호법익과 행위태양을 혼동한 것이다. 즉, 현실적으로 진화를 방해하였다고 하여 반드시 공공의 안전이 침해되지는 않고 추상적 위험만이 발생할 수도 있지만, 이 경우에도 본죄는 기수에 이른다. 그러나 본죄의 구성요건에는 '진화를 방해한 자'라고 규정되어 있으므로 이는 반드시 충족되어야 하고 그 의미는 현실적으로 진화를 방해한 것을 의미한다.

다. 인과관계　　　진화방해의 결과발생이 필요하다는 견해에 의하면 진화방해행위와 진화방해의 결과 사이에는 인과관계(및 객관적 귀속)가 인정되어야 한다. 양자 사이에 인과관계가 없는 경우에는 본죄의 미수가 되는데, 본죄의 미수범은 벌하지 않으므로 손괴죄 등으로 처벌할 수 있을 뿐이다.

2. 폭발성물건파열죄

> 제172조(폭발성물건파열)　① 보일러·고압가스 기타 폭발성있는 물건을 파열시켜 사람의 생명·신체 또는 재산에 대하여 위험을 발생시킨 자는 1년 이상의 유기징역에 처한다.

(1) 보호법익

본죄의 보호법익은 공공의 안전과 생명·신체 또는 재산이다. 보호의 정도는 구체적 위험범이다.

1995년 개정형법에서 화약은 폭발성물건이 아니라 폭발물이 될 수 있다는 이유로 이를 고압가스로 바꾸고 침해범에서 구체적 위험범으로 개정하였다.[1] 입법론상으로는 방화와 실화의 죄로서가 아니라 가스·전기등방류죄, 가스·전기등

---

1) 1995년 개정 이전 형법 제172조(폭발물파열)　① 화약, 기관 기타 폭발성 있는 물건을 파열하게 하여 제164조 내지 제167조에 기재한 물건을 손괴한 자는 방화의 예에 의한다.
　② 전항의 행위가 과실로 인한 때에는 실화의 예에 의한다.

공급방해죄 등과 같이 폭발물에 관한 죄에서 규정해야 한다.

(2) 구성요건

1) 행위의 객체   본죄의 객체는 보일러·고압가스 기타 폭발성있는 물건
이다. 그 소유관계는 불문한다. 폭발성있는 물건이란 급격히 파열하는 성질을 가
진 물건이고 보일러나 고압가스는 그 예들이다. 보일러란 밀폐된 용기안에서 물
을 끓여 높은 압력을 발생시키는 장치이다. 고압가스는 압축 또는 액화된 가스를
말한다. 기타 폭발성있는 물건으로는 기름탱크, 내연기관, 가스연결관 등을 들 수
있다. 화약이나 다이너마이트 등은 폭발성있는 물건이라기보다는 제119조의 폭발
물이라고 할 수 있다. 총포는 폭발성있는 물건이라고 할 수 없다.

2) 실행행위   본죄의 실행행위는 폭발성있는 물건을 파열시켜 사람의
생명·신체 또는 재산에 대하여 위험을 발생시키는 것이다. 파열이란 급격한 팽
창력을 이용하여 폭발시키는 일체의 행위를 말한다. 생명·신체 또는 재산에 대
한 위험이란 구체적 위험을 의미한다.

폭발성물건파열행위와 위험발생 사이에는 인과관계(또는 객관적 귀속)가 인정되
어야 한다. 인과관계가 인정되지 않으면 본죄의 미수가 될 수 있을 뿐이다.

3) 주관적 구성요건   본죄가 성립하기 위해서는 폭발성있는 물건, 파열
에 대해서 뿐만 아니라 생명·신체 또는 재산에 대해 위험을 발생시킨다는 점에
도 고의가 있어야 한다. 과실로 위험을 발생시킨 경우에는 본죄가 성립하지 않고
과실폭발성물건파열죄(제173조의2)가 성립한다.

(3) 미   수

본죄의 미수는 처벌한다(제174조). 본죄의 실행의 착수시기는 파열을 시도하는
시점이고, 기수시기는 생명·신체 또는 재산에 대한 위험이 발생한 시기이다. 파
열을 시도하였으나 파열하지 못하였거나, 폭발성있는 물건을 파열하였으나 생
명·신체 또는 재산에 위험을 발생시키지 못하였거나, 파열행위와 위험발생 사이
에 인과관계가 없는 경우에는 본죄의 미수가 된다.

본죄를 범할 목적으로 예비·음모한 자는 5년 이하의 징역에 처한다. 단, 실
행에 이르기 전에 자수한 때에는 형을 감경 또는 면제한다(제175조).

3. 폭발성물건파열치사상죄

제172조   ② 제1항의 죄를 범하여 사람을 상해에 이르게 한 때에는 무기 또는 3

년 이상의 징역에 처한다. 사망에 이르게 한 때에는 무기 또는 5년 이상의 징역에 처한다.

(1) 보호법익

본죄의 보호법익은 공공의 안전과 사람의 생명·신체이다. 보호의 정도는 공공의 안전에 대해서는 구체적 위험범, 사람의 생명·신체에 대해서는 침해범이다.

폭발성물건파열치사죄는 진정결과적 가중범이지만, 폭발성물건파열치상죄는 상해에 대해 과실이 있을 때뿐만 아니라 고의가 있어도 성립하는 부진정결과적 가중범이다.[1]

(2) 구성요건

본죄의 주체는 폭발성물건파열죄를 범한 자이다. 기수범에 국한되고 미수범은 포함되지 않는다고 해야 한다. 사람을 사상케 한 경우에는 당연히 폭발성물건파열죄도 성립하므로 폭발성물건을 파열하여 생명·신체·재산에 대한 위험이 발생한 후 사상(死傷)의 결과가 발생할 필요는 없다.

4. 가스·전기등방류죄

제172조의2(가스·전기등방류) ① 가스·전기·증기 또는 방사선이나 방사성물질을 방출, 유출 또는 살포시켜 사람의 생명·신체 또는 재산에 대하여 위험을 발생시킨 자는 1년 이상 10년 이하의 징역에 처한다.

(1) 개념 및 보호법익

가스·전기등방류죄는 1995년 개정형법에서 신설된 범죄로서 가스·전기·증기 또는 방사선이나 방사성물질을 방출, 유출 또는 살포시켜 사람의 생명·신체 또는 재산에 대해 위험을 발생시키는 죄이다.

본죄의 보호법익은 공공의 안전과 생명·신체 또는 재산이다. 보호의 정도는

---

1) 폭발성물건을 파열하여 사람을 살해할 고의가 있는 경우에는 폭발성물건파열죄와 살인죄의 상상적 경합이 되어 폭발성물건파열치사죄의 형벌보다 무거우므로 폭발성물건파열치사죄를 부진정결과적가중범으로 해석할 필요가 없다. 그러나 상해할 고의가 있는 경우에는 폭발성물건파열죄와 상해죄의 상상적 경합이 되어 폭발성물건파열치상죄보다 형벌이 가벼우므로 폭발성물건파열치상죄는 부진정결과적가중범으로 해석하는 것이다.

구체적 위험범이다.

(2) **구성요건**

1) **행위의 객체**   본죄의 객체는 가스 · 전기 · 증기 또는 방사선이나 방사성물질이다. 방사선이란 전자파 또는 입자선 중 직접 · 간접으로 공기를 전리(電離)하는 능력을 가진 것(원자력안전법 제2조 7호)을, 방사성물질이란 핵연료물질, 사용 후 핵연료, 방사성동위원소 및 원자핵분열생성물을 말한다(동조 제5호). 누구의 소유인가는 불문한다.

2) **실행행위**   본죄의 실행행위는 방출, 유출 또는 살포이다. 방출이란 외부에 노출시키는 것, 유출이란 외부로 흘려 내보내는 것, 살포란 널리 흩어지게 하는 것을 말한다.

3) **사람의 생명 · 신체 또는 재산에 대한 위험발생**   본죄가 성립하기 위해서는 실행행위뿐만 아니라 사람의 생명 · 신체 또는 재산에 대한 구체적 위험이 발생해야 한다.

4) **인과관계**   가스 · 전기등을 방류하는 행위 등과 위험발생 사이에는 인과관계(또는 객관적 귀속)가 인정되어야 한다. 인과관계가 인정되지 않으면 본죄의 미수가 될 뿐이다.

5) **주관적 구성요건**   본죄는 고의범이므로 생명 · 신체 · 재산 등에 대한 위험을 발생시킨다는 고의가 있어야 한다. 위험발생에 대한 과실이 있는 경우에는 본죄가 성립하지 않고, 과실가스 · 전기등방류죄(제173조의2)가 성립할 수 있을 뿐이다.

(3) **미   수**

본죄의 미수는 처벌한다(제174조). 본죄의 실행의 착수시기는 방류, 유출, 살포 등을 시도하는 시점이고, 기수시기는 생명 · 신체 또는 재산에 대한 위험이 발생한 시점이다. 방류, 유출, 살포 행위를 종료하지 못하였거나, 종료하였지만 생명 · 신체 또는 재산에 위험을 발생시키지 못하였거나 행위와 위험발생 사이에 인과관계가 없는 경우에는 본죄의 미수가 된다.

본죄를 범할 목적으로 예비 · 음모한 자는 5년 이하의 징역에 처한다. 단, 실행에 이르기 전에 자수한 때에는 형을 감경 또는 면제한다(제175조).

5. 가스·전기등방류치사상죄

제172조의2   ② 제1항의 죄를 범하여 사람을 상해에 이르게 한 때에는 무기 또는 3년 이상의 징역에 처한다. 사망에 이르게 한 때에는 무기 또는 5년 이상의 징역에 처한다.

(1) 개념 및 보호법익

본죄는 가스·전기등방류죄를 범하여 사람을 상해나 사망에 이르게 하는 범죄이다. 본죄의 보호법익은 공공의 안전과 사람의 생명·신체이다. 보호의 정도는 공공의 안전에 대해서는 구체적 위험범, 사람의 생명·신체에 대해서는 침해범이다.

가스·전기등방류치상죄는 부진정결과적 가중범, 가스·전기등방류치사죄는 진정결과적 가중범이다.

(2) 구성요건

본죄의 주체는 가스·전기등방류죄를 범한 자이다. 기수범에 국한되고 미수범은 포함되지 않는다고 해야 한다. 사람을 사상(死傷)케 한 경우에는 당연히 가스·전기등방류죄도 성립하므로 가스·전기 등을 방류하여 생명·신체·재산에 대한 위험이 발생한 후 사상(死傷)의 결과가 발생할 필요는 없다.

6. 가스·전기등공급방해죄

제173조(가스·전기등공급방해)   ① 가스·전기 또는 증기의 공작물을 손괴 또는 제거하거나 기타 방법으로 가스·전기 또는 증기의 공급이나 사용을 방해하여 공공의 위험을 발생하게 한 자는 1년 이상 10년 이하의 징역에 처한다.
② 공공용의 가스·전기 또는 증기의 공작물을 손괴 또는 제거하거나 기타 방법으로 가스·전기 또는 증기의 공급이나 사용을 방해한 자도 전항의 형과 같다.

(1) 개념 및 보호법익

가스·전기등공급방해죄는 가스·전기 또는 증기의 공작물을 손괴 또는 제거하거나 기타 방법으로 가스·전기 또는 증기의 공급이나 사용을 방해하여 공공의 위험을 발생시키거나(제1항), 공공용의 가스·전기 또는 증기의 공작물을 손괴 또

는 제거하거나 기타 방법으로 가스·전기 또는 증기의 공급이나 사용을 방해하는
죄이다(제2항).

　　제1항의 죄의 보호법익은 공공의 안전이고, 보호의 정도는 구체적 위험범이다.
제2항의 죄의 보호법익도 공공의 안전이지만, 보호의 정도는 추상적 위험범이다.

　　(2) 구성요건

　　본죄의 객체는 사인용(제1항) 또는 공공용(제2항) 가스·전기 또는 증기의 공작
물이다.

　　본죄의 실행행위는 손괴 또는 제거하거나 기타 방법으로 가스·전기 또는 증
기의 공급이나 사용을 방해하는 것이다. 손괴란 공작물을 물질적으로 훼손하여
효용을 상실시키거나 감소시키는 것을, 제거는 공작물을 원래 설치되어 있던 장
소에서 파괴하거나 다른 장소로 이동시키는 것을 말한다. 기타 방법이란 가스등
의 공급이나 사용을 불가능하게 하거나 곤란하게 하는 일체의 방법을 말한다.

　　제1항의 죄가 성립하기 위해서는 공공의 위험이 발생해야 하고, 실행행위와
공공의 위험발생 사이에 인과관계가 있어야 한다. 제2항의 죄에서는 공공의 위험
발생이 필요하지 않다.

　　(3) 미　　수

　　본죄의 미수는 처벌한다(제174조). 본죄의 실행의 착수시기는 손괴·제거 등
의 행위를 개시하는 시점이다. 제1항의 죄의 기수시기는 공공의 위험이 발생한
때이고, 제2항의 죄의 기수시기는 가스·전기 등의 공급이나 사용이 방해된 때
이다.

　　제1항·제2항의 죄를 범할 목적으로 예비·음모한 자는 5년 이하의 징역에
처한다. 단, 실행에 이르기 전에 자수한 때에는 형을 감경 또는 면제한다(제175조).

7. 가스·전기등공급방해치사상죄

> **제173조**　③ 제1항 또는 제2항의 죄를 범하여 사람을 상해에 이르게 한 때에는
> 2년 이상의 유기징역에 처한다. 사망에 이르게 한 때에는 무기 또는 3년 이상
> 의 징역에 처한다.

　　가스·전기등공급방해치상죄는 부진정결과적 가중범이고, 가스·전기등공급
방해치사죄는 진정결과적 가중범이다.

본죄의 주체는 가스·전기등공급방해죄의 기수범에 한정되고 미수범은 포함되지 않는다고 해야 한다. 따라서 제1항의 죄의 실행행위를 하였으나 공공의 위험은 발생하지 않고 사람을 상해에 이르게 한 때에는 제1항의 죄의 미수죄와 (업무상)과실치상죄의 상상적 경합이 될 수 있을 뿐이다.

8. 과실폭발성물건파열죄등

제173조의2(과실폭발성물건파열등) ① 과실로 제172조 제1항, 제172조의2 제1항, 제173조 제1항과 제2항의 죄를 범한 자는 5년 이하의 금고 또는 1,500만원 이하의 벌금에 처한다.
  ② 업무상과실 또는 중대한 과실로 제1항의 죄를 범한 자는 7년 이하의 금고 또는 2천만원 이하의 벌금에 처한다.

본죄는 과실, 업무상과실 또는 중과실로 폭발성물건파열죄, 전기·가스등방류죄, 전기·가스등공급방해죄를 범하는 것이다. 업무상과실의 경우에는 업무자라는 신분으로 인해 책임이 가중되는 범죄이고, 중과실은 현저한 주의의무위반으로 인해 불법이 가중되는 범죄이다. 본죄가 성립하기 위해서는 과실, 업무상과실, 중과실과 결과발생 사이에 인과관계가 있어야 한다.

[대판 2001. 6. 1. 99도5086] 임차인이 자신의 비용으로 설치·사용하던 가스설비의 휴즈콕크를 아무런 조치없이 제거하고 이사를 간 후 가스공급을 개별적으로 차단할 수 있는 주밸브가 열려져 가스가 유입되어 폭발사고가 발생한 경우, 임차인의 과실과 가스폭발사고 사이에 상당인과관계가 있다.

제 4 절 일수와 수리에 관한 죄

Ⅰ. 총 설

1. 의의 및 보호법익

일수에 관한 죄란 고의 또는 과실로 물을 넘겨 현주건조물 등, 공용건조물

등, 일반건조물 등의 재산을 침해(浸害)하거나 방수(防水)를 방해하는 죄이다. 본죄는 방화죄와 같이 공공위험죄의 성격을 지니는 범죄이지만, 방화죄는 불을 놓는 것을, 본죄는 물을 넘기는 것을 수단으로 하는 데에 차이가 있다.

일수에 관한 죄의 주된 보호법익은 공공의 안전 및 평온이고, 부차적인 보호법익은 재산이다. 보호의 정도는 공공의 안전에 대해서는 추상적 위험범 혹은 구체적 위험범이고, 재산에 대해서는 침해범이다.

통설은 수리방해죄는 공공위험죄가 아니고 수리권이라는 개인적 법익에 대한 죄이지만, 수리권이 대부분 다수인의 공유에 속하고, 물을 수단으로 한다는 점에서 일수에 관한 죄와 유사성이 인정되기 때문에 같은 장에서 규정하고 있다고 한다.

2. 구성요건체계

일수와 수리에 관한 죄는 일수에 관한 죄와 수리에 관한 죄로 나뉘는데 후자는 수리방해죄(제184조)밖에 없다.

일수에 관한 죄의 기본적 구성요건은 타인소유 일반건조물일수죄(제179조 1항)이고, 현주건조물등일수죄(제177조), 공용건조물등일수죄(제178조)는 객체로 인해 불법이 가중되는 구성요건이다. 자기소유 일반건조물일수죄(제179조 2항)는 자기소유라는 점에서 불법이 감경된 구성요건이다. 현주건조물등일수치사상죄(제177조 2항)는 현주건조물등일수죄의 결과적 가중범이다. 과실일수죄는 과실로 현주건조물등일수죄, 공용건조물등일수죄, 일반건조물등일수죄를 범하는 죄이다. 방화·실화죄에서와 달리 고의, 과실에 의한 일반물건일수죄는 고의, 과실에 의한 일반건조물등일수죄에 포함되어 있다. 왜냐하면 일반건조물등일수죄의 객체에 '기타 재산'이 포함되어 있기 때문이다. 방수방해죄(제180조)는 진화방해죄와 유사한 성격의 범죄로서 준일수죄라고 할 수 있다.

현주건조물등일수죄, 공용건조물등일수죄, 타인소유 일반건조물등일수죄의 미수범과 예비·음모는 처벌한다(제182조, 제183조). 일수죄에서도 자기의 소유에 속하는 물건이라도 압류 기타 강제처분을 받거나 타인의 권리 또는 보험의 목적물이 된 때에는 타인의 물건으로 간주한다(제179조 3항).

Ⅱ. 현주건조물등일수죄

> 제177조(현주건조물등에의 일수)　① 물을 넘겨 사람이 주거에 사용하거나 사람이 현존하는 건조물·기차·전차·자동차·선박·항공기 또는 광갱을 침해한 자는 무기 또는 3년 이상의 징역에 처한다.

1. 개념 및 보호법익

현주건조물등일수죄는 물을 넘겨 사람이 주거에 사용하거나 사람이 현존하는 건조물·기차·전차·자동차·선박·항공기 또는 광갱을 침해(浸害)하는[1] 죄이다. 본죄는 침해의 결과를 필요로 하는 결과범이다.

본죄의 보호법익은 공공의 안전 및 평온이고, 보호의 정도는 추상적 위험범이다.

2. 구성요건

(1) 행위의 객체

본죄의 객체는 주거에 사용하거나 사람이 현존하는 건조물·기차·전차·자동차·선박·항공기 또는 광갱이다. 그 개념은 현주건조물등방화죄에서와 같다.

(2) 실행행위

본죄의 실행행위는 물을 넘겨 목적물을 침해(浸害)하는 것이다. 물을 넘긴다는 것, 즉 일수는 고여 있는 물 혹은 흐르는 물을 그 경계 밖으로 이탈시키는 것을 의미한다. 수문을 열거나 제방을 파괴하거나 수로를 바꾸는 등 그 수단, 방법에는 제한이 없고 부작위에 의해서도 가능하다.

(3) 침해(浸害)

침해란 목적물이 물에 잠기어 그 효용이 상실되거나 감소되는 것으로서 방화죄의 불태움(소훼)에 대응하는 개념이다. 목적물의 중요부분의 효용이 상실되거나 감소될 것을 요한다는 견해와 목적물의 일부의 효용이 상실되거나 감소되면 족하다는 견해(다수설)가 대립한다. 침해는 불태움(소훼)과 같은 차원에서 파악해야

---

1) 방화죄에서는 광갱을 '지하채굴시설'이라고 개정하였는데, 본죄에서는 개정하지 않았지만 같은 의미이다. 방화죄에서 '소훼'(燒燬)는 '불태운'이라고 개정하였지만 본죄의 침해(侵害가 아닌 浸害)는 적절한 용어가 없으므로 그대로 둔 것으로 보인다.

할 것이므로 후자의 견해가 타당하다. 효용상실이나 감소는 영구적일 필요가 없고, 일시적이어도 상관없다.

(4) 인과관계

물을 넘기는 행위와 목적물의 침해 사이에는 인과관계(및 객관적 귀속)가 인정되어야 한다. 인과관계가 인정되지 않는 경우에는 본죄의 미수범(제182조)이 된다.

3. 미   수

본죄의 미수는 처벌한다(제182조). 본죄의 실행의 착수시기는 물을 넘기는 행위를 개시하는 시점이고, 기수시기는 목적물의 일부의 효용이 상실되거나 감소된 시점이다. 침해의 결과가 발생하지 않았거나 침해의 결과가 발생하였더라도 물을 넘기는 행위와의 사이에 인과관계가 인정되지 않으면 본죄의 미수범이 된다.

Ⅲ. 현주건조물등일수치사상죄

> 제177조   ② 제1항의 죄를 범하여 사람을 상해에 이르게 한 때에는 무기 또는 5
> 년 이상의 징역에 처한다. 사망에 이르게 한 때에는 무기 또는 7년 이상의 징
> 역에 처한다.

1. 법적 성격 및 보호법익

현주건조물등일수치상죄는 부진정결과적 가중범, 현주건조물등일수치사죄는 진정결과적 가중범이다.

본죄의 보호법익은 공공의 안전 및 평온과 사람의 생명 또는 신체이다. 공공의 안전에 대해서는 추상적 위험범, 생명·신체에 대해서는 침해범이다.

2. 구성요건

(1) 행위의 주체

본죄의 주체는 제177조 제1항의 현주건조물등일수죄를 범한 자이다. 기수범만을 의미하고 미수범은 포함되지 않는다고 해야 한다. 제182조에 미수범 처벌규정이 있으므로, 제177조 제1항의 죄는 기수범만을 의미한다고 해야 하기 때문이다. 따라서 물을 넘겨 목적물을 침해하지 못하고 사람에게 상해나 사망의 결과를

발생시킨 경우에는 현주건조물등일수죄의 미수범과 과실치상죄 혹은 과실치사죄의 상상적 경합범이 된다.

미수범도 포함시킬 의도였다면 입법적 보완을 요한다.

(2) 상해 · 사망의 결과발생

상해 또는 사망의 결과가 발생해야 한다. 상해 또는 사망의 결과는 일수행위로 직접 발생할 것을 요하지 않고 일수의 기회에 발생하면 족하다. 예를 들어 피해자가 물을 피하다가 상해를 입거나 사망한 경우에도 본죄가 성립할 수 있다.

본죄가 성립하기 위해서는 일수행위와 상해 또는 사망 사이에 인과관계가 있어야 하고, 상해 또는 사망에 대한 예견가능성이 있어야 한다(제15조 2항).

(3) 주관적 구성요건

본죄가 성립하기 위해서는 현주건조물등일수죄에 대한 고의가 있어야 한다. 현주건조물등일수치상죄는 부진정결과적 가중범이므로 상해에 대한 과실이 있는 경우뿐만 아니라 고의가 있는 경우에도 성립한다. 현주건조물등일수치사죄는 진정결과적 가중범이므로 사망에 대한 과실이 있을 때에만 성립한다. 사망에 대한 고의가 있을 때에는 현주건조물등일수죄와 살인죄의 상상적 경합이 된다.

3. 미   수

현주건조물등방화치사상죄와는 달리 제182조는 제177조의 미수범을 처벌하는 규정을 두고 있다. 제177조 제1항의 미수범이 성립할 수 있다는 것은 분명하지만, 본죄의 미수범이 무엇을 의미하는가가 문제될 수 있다. 부진정결과적 가중범의 미수죄는 인정할 수 있으므로 사람을 상해할 고의로 일수행위를 하였으나 상해의 결과를 발생시키지 못한 경우 현주건조물등일수치상죄의 미수범은 인정될 수 있다.

문제는 진정결과적가중범인 현주건조물일수치사죄의 미수, 즉 현주건조물등일수죄는 미수에 그쳤으나 과실로 사망에 이르게 한 경우 현주건조물일수치사죄의 미수범을 인정할 수 있는가이다. 진정결과적가중범의 미수는 긍정설과 부정설이 대립하지만, 부정설이 타당하다.

Ⅳ. 공용건조물등일수죄

> 제178조(공용건조물등에의 일수)　물을 넘겨 공용 또는 공익에 공하는 건조물·
> 기차·전차·자동차·선박·항공기 또는 광갱을 침해한 자는 무기 또는 2년 이
> 상의 징역에 처한다.

　　공용건조물등일수죄는 물을 넘겨 공용 또는 공익에 공하는 건조물·기차·전
차·자동차·선박·항공기 또는 광갱을 침해(浸害)하는 죄이다. 보호법익은 공공의
안전 및 평온이고 추상적 위험범이다.

　　행위의 객체는 공용건조물등방화죄에서와 동일하다. 공용건조물 등이라고 하
더라도 사람이 현존하는 경우에는 본죄가 아니라 현주건조물등일수죄가 성립한
다. 본죄의 미수범은 처벌한다(제182조).

Ⅴ. 일반건조물등일수죄

> 제179조(일반건조물등에의 일수)　① 물을 넘겨 전2조에 기재한 이외의 건조
> 물·기차·전차·자동차·선박·항공기 또는 광갱 기타 타인의 재산을 침해한
> 자는 1년 이상 10년 이하의 징역에 처한다.
> ② 자기의 소유에 속하는 전항의 물건을 침해하여 공공의 위험을 발생하게 한
> 때에는 3년 이하의 징역 또는 700만원 이하의 벌금에 처한다.
> ③ 제176조의 규정은 본조의 경우에 준용한다.

　　타인소유 일반건조물등일수죄의 보호법익은 공공의 안전과 평온 및 재산이
고, 보호의 정도는 공공의 안전에 대해서는 추상적 위험범, 재산에 대해서는 침해
범이다. 자기소유 일반건조물등일수죄의 보호법익은 공공의 안전 및 평온이고 보
호의 정도는 구체적 위험범이므로 공공의 위험발생에 대한 고의가 있어야 한다.

　　자기의 소유에 속하는 물건이라도 압류 기타 강제처분을 받거나 타인의 권
리 또는 보험의 목적물이 된 때에는 타인의 물건으로 간주한다(제179조 3항). 무주
물이나 타인소유라고 하더라도 동의가 있는 물건은 자기소유로 보아야 한다.

　　타인소유 일반건조물등일수죄의 미수범은 처벌하지만, 자기소유 일반건조물

등일수죄의 미수범은 벌하지 않는다(제182조).

Ⅵ. 일수예비·음모죄

> 제183조(예비·음모) 제177조 내지 제179조 제1항의 죄를 범할 목적으로 예비
> 또는 음모한 자는 3년 이하의 징역에 처한다.

일수예비·음모죄는 현주건조물등일수죄, 공용건조물등일수죄, 타인소유 일
반건조물등일수죄를 범할 목적으로 예비·음모하는 죄이다. 일수죄의 실행행위로
나아가게 되면 중대한 법익침해를 초래할 가능성이 있기 때문에 그 준비행위를
처벌하는 것이다. 과실범이나 진정결과적가중범의 예비·음모죄는 인정될 수 없
으므로 현주건조물등일수치사죄는 인정되지 않지만, 부진정결과적가중범인 현주
건조물등일수치상죄 중 상해에 대해 고의가 있는 경우의 예비·음모죄는 인정될
수 있다.

방화예비·음모죄(제175조)와 달리 자수에 대한 필요적 감면규정을 두지 않았
으므로 자수한 경우에는 제52조에 의해 임의적 감면이 될 수 있을 뿐이다. 방화
죄와의 균형상 입법상의 과오라고 할 수 있다.

Ⅶ. 방수방해죄

> 제180조(방수방해) 수재에 있어서 방수용의 시설 또는 물건을 손괴 또는 은닉
> 하거나 기타 방법으로 방수를 방해한 자는 10년 이하의 징역에 처한다.

1. 개념 및 보호법익

방수방해죄는 수재(水災)에 있어서 방수용의 시설 또는 물건을 손괴 또는 은
닉하거나 기타 방법으로 방수를 방해하는 죄이다. 방화죄에서 진화방해죄에 대응
하는 범죄로서 준일수죄라고 할 수 있다.

본죄의 보호법익은 공공의 안전 및 평온이고, 보호의 정도는 추상적 위험범
이다.

2. 구성요건

(1) 행위의 객체

본죄의 객체는 방수용의 시설 또는 물건이다. 양수펌프, 양수기, 물이 넘치는 것을 막기 위한 모래주머니 등이 그 예이다. 소유관계는 불문한다.

(2) 실행행위

본죄의 실행행위는 수재에 있어서 방수용의 시설 또는 물건을 손괴 또는 은 닉하거나 기타 방법으로 방수를 방해하는 것이다.

수재란 물로 인해 사람의 생명·신체·재산에 대해 위험이 발생하였거나 임 박한 상태를 말한다. 자연재해·인재를 불문한다. 방수란 수재를 예방하거나 이미 발생한 수재를 약화시키는 활동을 모두 포함한다.

손괴·은닉은 진화방해죄에서와 같은 개념이고, 기타 방법은 방수를 방해할 수 있는 일체의 방법을 말한다. 폭행·협박·위력·위계·유혹 등의 방법으로 방 수활동을 방해하는 것이 그 예이다.

방수를 해야 할 의무있는 자가 방수를 하지 않은 때에는 부작위에 의한 방수 방해죄가 성립한다. 따라서 부작위에 의한 방수방해죄의 주체는 방수방해를 방지 할 의무있는 자이다. 방수할 의무없는 자의 경우에는 경범죄처벌법(제3조 29호)에 의해 처벌될 수 있을 뿐이다.

(3) 방수방해

통설에 의하면 본죄는 추상적 위험범이므로 방수방해행위가 있으면 성립하 고 방수방해의 결과가 발생할 것을 요하지 않는다고 한다. 그러나 본죄의 구성요 건이 '방수를 방해한 자'라고 규정하고 있으므로 이는 현실적으로 방수를 방해한 것으로 해석해야 한다. 이렇게 해석할 경우 방수방해행위와 방수방해의 결과 사 이에는 인과관계가 있어야 한다.

Ⅷ. 과실일수죄

제181조(과실일수)　과실로 인하여 제177조 또는 제178조에 기재한 물건을 침해 한 자 또는 제179조에 기재한 물건을 침해하여 공공의 위험을 발생하게 한 자 는 1천만원 이하의 벌금에 처한다.

과실일수죄는 과실로 물을 넘겨 현주건조물등 또는 공용건조물등을 침해하거나, 과실로 물을 넘겨 일반건조물등을 침해하여 공공의 위험을 발생하게 하는 죄이다. 전자는 추상적 위험범, 후자는 구체적 위험범이다.

과실범은 원칙적으로 벌하지 않고 예외적으로 법익침해가 큰 경우에만 벌하는데, 현주건조물등이나 공용건조물등을 침해하거나 일반건조물등을 침해하여 공공의 위험을 발생시킨 경우에는 그 법익침해의 정도가 크기 때문에 예외적으로 처벌하는 것이다.

과실범의 일반원리에 따라 주의의무위반과 침해 혹은 공공의 위험발생 사이에 인과관계가 있어야 함은 물론이다.

IX. 수리방해죄

제184조(수리방해) 둑을 무너뜨리거나 수문을 파괴하거나 그 밖의 방법으로 수리(水利)를 방해한 자는 5년 이하의 징역 또는 700만원 이하의 벌금에 처한다.

1. 개념 및 보호법익

수리방해죄는 둑을 무너뜨리거나 수문을 파괴하거나 그 밖의 방법으로 수리를 방해하는 죄이다.

본죄의 보호법익은 수리권이다. 판례도 법령, 계약 또는 관습 등에 의하여 타인의 권리에 속한다고 인정될 수 있는 물의 이용이라고 한다(대판 2001. 6. 26. 2001도404). 수리권 혹은 수리의 이익이란 관개, 목축, 발전 등 일체의 용도를 위해 물을 이용하는 이익을 말한다.

본죄의 보호의 정도에 대해 추상적 위험범설이 있으나 수리방해가 규정되어 있기 때문에 침해범이라고 보아야 한다. 판례도 수리방해죄가 성립하려면 현존하는 수리이익을 침해하여야 한다고 한다(대판 1960. 9. 21. 4293형상522).

2. 구성요건

(1) 실행행위

본죄의 실행행위는 둑을 무너뜨리거나 수문을 파괴하거나 기타 방법으로 수리를 방해하는 행위이다.

둑이란 물이 넘치는 것을 막기 위한 시설물을 말한다. 자연제방·인공제방을 불문한다. 무너뜨린다는 것은 둑의 전부 또는 일부가 무너지거나 소실되게 하는 것을 말한다. 수문이란 댐, 저수지 등에서 물의 출입, 저장을 위해 설치된 시설물을 말한다. 파괴란 수문이 그 기능을 상실하거나 기능이 현저히 감소되도록 하는 행위를 말한다. 단순한 손괴행위로는 파괴라고 할 수 없고 손괴의 규모가 커야 파괴라고 할 수 있다. 손괴로 인해 수리가 방해된 때에는 기타 방법에 의한 수리 방해가 될 수 있다.

그 밖의 방법이란 물의 이용을 방해할 수 있는 일체의 행위를 말한다. 수로의 폐쇄·변경, 수문을 열어서 물을 방출시키는 행위, 송·인수시설 또는 이들에 부설된 여러 수리용 장치를 손괴·변경하거나 효용을 해하는 행위 등이 그 예이다. 그러나 삽으로 흙을 떠올려 물줄기를 막은 행위만으로 수리방해를 인정할 수는 없다(대판 1975. 6. 24. 73도2594).

(2) 수리방해의 결과

수리방해의 결과가 발생해야 한다.

수리란 관개용·목축용·발전이나 수차 등의 동력용·상수도의 원천용 등 널리 물이라는 천연자원을 사람의 생활에 유익하게 사용하는 것을 가리킨다. 다만 교통방해죄(제185조) 또는 수도불통죄(제195조) 등 다른 규정에 의하여 보호되는 형태의 물의 이용은 제외된다(대판 2001. 6. 26. 2001도404). 수리권 혹은 수리이익의 발생근거는 불문하지만 타인의 이익에 속한다고 인정될 수 있는 물의 이용이어야 한다.

판례에 의하면, 동리민들이 20년 이상 평온·공연하게 유지의 물을 사용하여 소유농지를 경작하여 왔다면 이를 침해하는 행위는 수리방해죄를 구성한다(대판 1968. 2. 20. 67도1677). 그러나 원천 내지 자원으로서의 물의 이용이 아니라, 하수나 폐수 등 이용이 끝난 물을 배수로를 통하여 내려보내는 것은 수리에 해당한다고 할 수 없다(대판 2001. 6. 26. 2001도404).

제 5 절　교통방해의 죄

Ⅰ. 총　　설

1. 구성요건체계

교통방해의 죄는 제185조의 일반교통방해죄를 기본적 구성요건으로 한다. 제
186조의 기차·선박 등 교통방해죄는 불법이 가중된 구성요건이다. 제187조의 기
차등전복죄는 교통방해죄와는 독립된 범죄유형이다. 제188조의 교통방해치사상죄
는 교통방해죄와 기차등전복죄의 결과적 가중범이다. 제189조는 과실·업무상과
실·중과실로 인한 교통방해죄나 기차등전복죄를 벌하는 규정이다.

교통방해죄와 기차등전복죄는 미수범을 벌하고(제190조), 기차등교통방해죄와
기차등전복죄는 예비·음모를 처벌한다(제191조).

2. 입 법 론

(1) 입법론적 제안

교통방해의 죄와 관련하여 ① 일반교통방해죄와 기차등교통방해죄의 행위태
양 중 '기타 방법으로 교통을 방해'한다는 규정이 죄형법정주의에 반하고, ② 일
반교통방해치사상죄의 경우 치사상이 일반교통방해의 전형적인 불법이 실현된 것
이라고 볼 수 없으므로 이를 삭제해야 하고, ③ 항공기등납치죄를 신설해야 할
필요가 있다는 지적이 있다.

(2) 평　　가

첫째, 기타 방법으로 교통을 방해한다는 규정이 바람직하지는 않지만 교통을
방해하는 방법을 모두 열거할 수 없으므로 이러한 규정을 두는 것은 불가피하고
죄형법정주의에 반한다고 하기는 어렵다. 진화방해죄나 방수방해죄도 마찬가지이
다. 그러나 행위태양을 구체화하려는 입법론적 노력은 반드시 필요하다.

둘째, 일반교통방해를 하는 경우 통행자들이 다른 길로 가거나 손괴된 교량
을 그대로 지나가려다가 사상(死傷)의 결과가 발생할 수 있으므로, 이는 교통방해
죄의 전형적인 불법이 실현된 것이라고 할 수 있다.

셋째, 항공기납치죄 등 형법제정 당시에는 크게 문제시되지 않았던 범죄에

대한 규정들을 도입할 필요가 있다. 1992년도 형법개정법률안은 선박·항공기납치죄(제271조), 선박·항공기운항방해죄(제272조)를 신설하였다.

Ⅱ. 일반교통방해죄

> **제185조(일반교통방해)**   육로, 수로 또는 교량을 손괴 또는 불통하게 하거나 기타 방법으로 교통을 방해한 자는 10년 이하의 징역 또는 1,500만원 이하의 벌금에 처한다.

1. 보호법익

본죄의 보호법익은 공공의 교통의 안전과 원활한 교통소통이다. 다수설은 공중의 생명·신체·재산 등도 보호법익이라고 하지만 이렇게 되면 방화죄나 일수죄에서도 공공의 안전뿐만 아니라 생명·신체·재산의 안전도 보호법익이라고 해야 한다. 따라서 본죄의 보호법익에 공공의 생명·신체·재산은 포함되지 않는다고 해야 할 것이다. 판례도 본죄의 보호법익을 일반공중의 교통의 안전이라고 한다(대판 1999. 7. 27. 99도1651; 대판 1995. 9. 15. 95도1475).

통설, 판례(대판 2005. 10. 28. 2004도7545)는 본죄의 보호의 정도에 대해 추상적 위험범이라고 하지만 교통방해의 침해범처럼 규정되어 있으므로 입법적 보완을 요한다.

2. 구성요건

(1) 행위의 객체

본죄의 객체는 육로, 수로 또는 교량이다.

1) 육   로   육로란 일반공중의 왕래에 공용된 장소로서 특정인에 한하지 않고 불특정, 다수인 또는 차마(車馬)가 자유롭게 통행할 수 있는 공공성을 지닌 장소를 말한다(대판 2010. 2. 25. 2009도13376). 사실상 일반공중의 왕래에 공용되는 육상의 통로이면 족하고 그 부지의 소유관계나 통행권리관계 또는 통행인의 다수 등은 불문한다(대판 2007. 2. 22. 2006도8750; 대판 1994. 11. 4. 94도2112). 도로교통법의 적용을 받는 도로임도 요하지 않는다.

판례에 의하면, 사실상 2가구 외에는 달리 이용하는 사람들이 없는 통행로 (대판 2007. 2. 22. 2006도8750), 구도로 옆으로 신도로가 개설되었더라 하더라도, 구도로가 사실상 일반공중의 왕래에 이용되는 경우(대판 1999. 7. 27. 99도1651), 경운기나 리어카 등의 통행을 위한 농로로 개설되었어도 사실상 일반 공중 의 왕래에 공용되는 도로(대판 1995. 9. 15. 95도1475), 주민들에 의하여 공로로 통하는 유일한 통행로로 오랫동안 이용되어 온 폭 2m의 골목길(대판 1994. 11. 4. 94도2112) 등은 육로에 해당된다.

그러나 공로에 출입할 수 있는 다른 도로가 있는 상태에서 토지 소유자로 부터 일시적인 사용승낙을 받아 통행하거나 토지 소유자가 개인적으로 사용 하면서 부수적으로 타인의 통행을 묵인한 장소에 불과한 도로(대판 2017. 4. 7. 2016도12563), 피고인 소유의 임야 내 타인의 음식점으로 통하는 진입도로(대 판 2010. 2. 25. 2009도13376), 목장 소유자가 목장운영을 위해 목장용지 내에 임 도를 개설하고 차량 출입을 통제하면서 인근 주민들의 일부 통행을 부수적 으로 묵인한 경우(대판 2007. 10. 11. 2005도7573), 소유자가 자신의 토지의 한쪽 부분을 일시 공터로 두었을 때 인근주민들이 위 토지의 동서쪽에 있는 도로 에 이르는 지름길로 일시 이용한 적이 있는 경우(대판 1984. 11. 13. 84도2192) 등은 육로에 해당되지 않는다.

2) 수   로   수로란 바다, 하천, 호수, 해협, 운하 등에서 선박의 운행 에 사용되는 부분을 말한다. 육로와 같이 불특정 또는 다수의 선박이 통행하는 공공성을 지닌 수로여야 하고, 소유관계는 묻지 않는다. 공해상의 해로에 대해서 는 견해의 대립이 있으나, 수로라고 보아야 한다.

3) 교   량   교량이란 일반인의 교통에 제공된 다리를 말한다(대판 1959. 3. 13. 4291형상5620). 소유관계나 규모 등은 묻지 않는다. 물 위에 건설된 다리뿐만 아니라 육지와 육지를 연결하는 다리나 육교도 교량에 속한다. 기차가 다니는 철 교는 교량에 해당하지 않는다는 견해가 있으나, 교량에 포함된다고 해야 한다.

(2) 실행행위

본죄의 실행행위는 육로, 수로 또는 교량을 '손괴 또는 불통하게 하거나 기 타 방법으로 교통을 방해하는 행위'이다.

손괴라 함은 물질적으로 훼손하여 효용을 상실시키거나 감소시키는 것으로 서 교통을 방해할 정도의 손괴여야 한다. 불통하게 하는 것은 장애물 등을 사용 하여 통행을 불가능하게 하거나 현저히 곤란하게 하는 것을 말한다. 기타 방법이란 통행을 불가능하게 하거나 현저히 곤란하게 하는 일체의 방법을 말한다. 허위의 표지판을 세우거나 폭행·협박 등으로 교통을 방해하는 것이 기타 방법에 속하는가에 대해서는 긍정설과 부정설이 있다. 이러한 행위들도 손괴나 불통의 정도에 해당되는 경우에는 기타 방법에 속할 수 있으므로 이러한 견해의 대립은 무의미하다.

[대판 2009. 7. 9. 2009도4266] 공항 여객터미널 버스정류장 앞 도로 중 공항리무진 버스 외의 다른 차의 주차가 금지된 구역에서 밴 차량을 40분간 불법주차하고 호객행위를 한 것은 다른 차량들의 통행을 불가능하거나 현저히 곤란하게 한 것으로 볼 수 없다.[1]
[대판 2018. 1. 24. 2017도11408] 적법한 신고를 마친 집회 또는 시위라고 하더라도 당초에 신고한 범위를 현저히 벗어나거나 집시법 제12조에 따른 조건을 중대하게 위반하여 도로 교통을 방해함으로써 통행을 불가능하게 하거나 현저하게 곤란하게 하는 경우에는 형법 제185조의 일반교통방해죄가 성립한다. 그러나 이때에도 참가자 모두에게 당연히 일반교통방해죄가 성립하는 것은 아니고, 실제로 참가자가 위와 같이 신고 범위를 현저하게 벗어나거나 조건을 중대하게 위반하는 데 가담하여 교통방해를 유발하는 직접적인 행위를 하였거나, 참가자의 참가 경위나 관여 정도 등에 비추어 그 참가자에게 공모공동정범의 죄책을 물을 수 있는 경우라야 일반교통방해죄가 성립한다.

(3) 교통방해

통설·판례(대판 2005. 10. 28. 2004도7545)는 본죄가 추상적 위험범이므로 손괴·불통 기타 방법에 의한 행위가 종료가 되면 기수가 되고 현실적으로 교통방해의 결과가 발생할 것을 요하지 않는다고 한다. 그러나 '교통을 방해한 자'라고 규정되어 있어 결과범으로 해석될 수도 있으므로 입법적 보완을 요한다.

---

1) 본죄의 성립을 인정한 판례로, 도로에 트랙터를 세워두거나 철책 펜스를 설치하여 노폭을 현저하게 제한함으로써 종전에는 통행이 가능하던 차량의 통행을 불가능하게 한 행위(대판 2009. 1. 30. 2008도10560); 인근 상가의 통행로로 이용되고 있는 토지의 사실상 지배권자가 위 토지에 철주와 철망을 설치하고 포장된 아스팔트를 걷어냄으로써 통행로로 이용하지 못하게 한 경우(대판 2007. 12. 28. 2007도7717); 주민들이 농기계 등으로 그 주변의 농경지나 임야에 통행하기 위해 이용하는 자신 소유의 도로에 깊이 1m 정도의 구덩이를 판 경우(대판 2007. 3. 15. 2006도9418); 사실상 2가구만 사용하는 통행로 중 폭 100m 길이 부분을 포크레인으로 폭 2m 정도로 굴착하고 돌덩이까지 쌓아 놓은 경우(대판 2007. 2. 22. 2006도8750) 등.

(4) 인과관계

교통방해행위와 (교통방해의 결과발생이 필요하다고 할 경우) 교통방해의 결과 사이에는 인과관계가 있어야 한다. 인과관계가 없는 경우에는 본죄의 미수범(제190조)이 될 수 있을 뿐이다.

3. 위 법 성

본죄의 구성요건에 해당하는 행위도 정당행위, 정당방위, 긴급피난, 자구행위 등에 의해 위법성이 조각될 수 있다.

4. 미   수

본죄의 미수는 처벌한다(제190조). 본죄의 실행의 착수시기는 손괴·불통하게 하는 행위 등을 개시하는 시점이다. 기수시기에 대해 통설은 손괴·불통행위를 종료하는 시점이라고 하지만, 입법적 보완을 요함은 앞에서 본 것과 같다.

[대판 2018. 1. 24. 2017도11408] 일반교통방해죄에서 교통방해 행위는 계속범의 성질을 가지는 것이어서 교통방해의 상태가 계속되는 한 가별적인 위법상태는 계속 존재한다. 따라서 신고 범위를 현저히 벗어나거나 집시법 제12조에 따른 조건을 중대하게 위반함으로써 교통방해를 유발한 집회에 참가한 경우 참가 당시 이미 다른 참가자들에 의해 교통의 흐름이 차단된 상태였다고 하더라도 교통방해를 유발한 다른 참가자들과 암묵적·순차적으로 공모하여 교통방해의 위법상태를 지속시켰다고 평가할 수 있다면 일반교통방해죄가 성립한다.

Ⅲ. 기차·선박등의 교통방해죄

제186조(기차·선박등의 교통방해) 궤도, 등대 또는 표지를 손괴하거나 기타 방법으로 기차·전차·자동차·선박 또는 항공기의 교통을 방해한 자는 1년 이상의 유기징역에 처한다.

1. 개념 및 보호법익

기차·선박등의 교통방해죄는 궤도, 등대 또는 표지를 손괴하거나 기타 방법으로 기차·전차·자동차·선박 또는 항공기의 교통을 방해하는 죄이다. 본죄는 일반교통방해죄에 비해 기차·전차·자동차·선박 또는 항공기의 교통을 방해하는 죄로서 그 불법(위법성)이 가중되는 구성요건이다. 형벌이 가중되는 이유에 대해 실행행위의 방법이 중하기 때문이라는 견해도 있으나 일반교통방해에 비해 피해가 클 가능성이 높기 때문이라고 해야 한다.

본죄의 보호의 정도는 추상적 위험범이라는 견해가 있으나 입법적 보완을 요한다.

2. 구성요건

(1) 행위의 객체

본죄의 객체는 궤도, 등대 또는 표지이다. 기타 방법에 의할 경우에는 궤도 등 이외에 별도의 객체가 있을 수 있다. 궤도란 공공의 교통에 사용하기 위해 지하, 지표 또는 지상에 설치한 레일(rail)을 말한다. 철도사업법에서 규정하고 있는 궤도에 국한되지 않는다. 등대란 선박의 항해 또는 항공기의 운항의 안전을 도모하고 항해나 운항의 목표지점이나 통과지점 등을 제시하기 위해 설치된 등화를 말한다. 표지(標識)란 교통표지를 의미하는 것으로서 교통의 원활과 안전을 위해 만들어진 시설물을 말한다. 도로표지, 궤도표지, 항공표지, 항해표지 등을 모두 포함하는 개념이다.

(2) 실행행위

본죄의 실행행위는 궤도, 등대 또는 표지를 "손괴하거나 기타 방법으로 기차·전차·자동차·선박 또는 항공기의 교통을 방해하는 것"이다. 손괴란 물질적으로 훼손하여 그 효용을 상실케 하거나 감소시키는 것을 말한다. 표지를 돌려놓거나 가리는 등의 행위는 손괴가 아니고 기타 방법에 의한 교통방해라고 할 수 있다. 기타 방법에는 허위의 표지를 설치하거나 등대의 등화방법을 바꿔놓거나 등대의 불을 끄는 것 등을 예로 들 수 있다. 신호 등을 끄거나 거짓등대를 만드는 것도 기타 방법에 속한다.

(3) 교통방해

교통방해는 기차·전차·자동차·선박 또는 항공기의 교통방해이다. 단순히 보행자, 자전거, 오토바이, 우마차 등의 교통을 방해한 때에는 본죄가 성립하지 않고 일반교통방해죄가 성립할 수 있을 뿐이다. 케이블카는 전차에 속한다고 할 수 있다.

통설은 현실적으로 기차 등의 교통방해를 요하지 않는다고 하지만, '교통을 방해한 자'라고 규정되어 있으므로 현실적으로 교통방해의 결과가 발생한 때에 본죄의 기수가 된다고 할 수도 있다. 이렇게 해석할 경우 교통방해행위와 교통방해의 결과 사이에는 인과관계가 있어야 한다. 양자 사이에 인과관계가 없는 경우에는 본죄의 미수범이 성립할 수 있을 뿐이다.

3. 미   수

본죄의 미수는 처벌한다(제190조). 본죄의 실행의 착수시기는 손괴등의 행위를 개시하는 시점이다. 통설은 기수시기를 손괴행위등을 종료하는 시점이라고 하지만, 이렇게 해석하기 위해서는 입법적 보완을 요한다.

본죄의 예비·음모죄는 처벌한다(제191조).

Ⅳ. 기차등전복죄

> 제187조(기차등의 전복등) 사람의 현존하는 기차·전차·자동차·선박 또는 항공기를 전복·매몰·추락 또는 파괴한 자는 무기 또는 3년 이상의 징역에 처한다.

1. 개념 및 보호법익

기차등전복죄는 사람의 현존하는 기차·전차·자동차·선박 또는 항공기를 전복·매몰·추락 또는 파괴하는 죄이다. 본죄의 보호법익은 공공의 교통안전과 사람의 생명·신체의 안전이다. 왜냐하면 사람이 현존하는 기차등을 전복·매몰·추락·파괴할 때에는 생명·신체에 대한 위험이 발생할 수 있기 때문이다.

교통의 원활은 본죄의 보호법익이라고 할 수 없다. 자동차등을 매몰·추락시킨다 하여 교통의 원활성에 대한 위험이 초래된다고 할 수 없기 때문이다. 따라서 본죄는 일반교통방해죄등의 가중적 구성요건이 아니라 독립된 범죄유형이다. 본죄는 추상적 위험범이다.

2. 구성요건

(1) 행위의 객체

본죄의 객체는 사람의 현존하는 기차 · 전차 · 자동차 · 선박 또는 항공기이다. "사람의 현존한다"는 것은 자기 이외의 사람이 현존하는 것을 의미하므로 혼자 운전하고 가던 차량을 전복시키거나 추락시킨 경우에는 본죄가 성립할 수 없다 (대판 1970. 9. 17. 70도1665). 승객이 현존하는 이유나 수는 묻지 않는다. 여러 차량이 연결된 기차 중 한 차량에 사람이 현존한 경우에도 기차 전체가 사람이 현존하는 기차가 된다.

통설에 의하면 본죄의 실행의 착수시점에 사람이 현존하면 족하다. 따라서 사람이 현존하는 자동차를 전복시키려고 하였으나 그 사람이 전복되기 직전에 탈출한 경우에도 본죄가 성립한다. 기차 · 전차 등의 운행여부는 문제되지 않는다.

(2) 실행행위

본죄의 실행행위는 전복 · 매몰 · 추락 또는 파괴이다.

전복(顚覆)이란 객체를 뒤집는 것을 말한다. 완전히 뒤집는 정도임을 요하지 않지만, 전도(顚倒; 넘어뜨림)보다는 심한 정도여야 한다. 탈선시킬 것을 요한다는 견해가 있으나 탈선과 전복은 다르다. 기차를 탈선시키는 것만으로는 전복이라고 할 수 없다. 매몰이란 자동차등을 땅속에 묻거나 선박을 침몰시키는 것을 말한다. 선박을 좌초하게 한 때에는 매몰이라고 할 수 없다. 추락이란 높은 곳에서부터 낮은 곳으로 떨어지게 하는 것이다. 어느 정도의 높이가 있을 것을 요한다. 통설 및 판례에 의하면 파괴란 교통기관으로서의 용법의 전부 또는 일부를 불가능하게 할 정도의 파손을 의미하는 것이고 경미한 손괴를 포함하지 않는다(대판 1970. 10. 23. 70도1611; 대판 2009. 4. 23. 2008도11921). 따라서 자동차의 타이어에 펑크를 내거나 문짝을 찌그러뜨리거나 창문을 깨는 정도만으로는 파괴라고 할 수 없다.

(3) 고   의

사람이 현존한다는 것을 인식하지 못한 경우에는 과실 또는 업무상과실 기차등전복죄(제189조)가 성립할 수 있을 뿐이다.

3. 미   수

본죄의 미수범(제190조)과 예비 · 음모는 처벌한다(제191조).

V. 교통방해치사상죄

> 제188조(교통방해치사상) 제185조 내지 제187조의 죄를 범하여 사람을 상해에 이르게 한 때에는 무기 또는 3년 이상의 징역에 처한다. 사망에 이르게 한 때에는 무기 또는 5년 이상의 징역에 처한다.

1. 개념 및 보호법익

교통방해치사상죄란 제185조 내지 제187조의 죄(일반교통방해, 기차등교통방해, 기차등전복죄)를 범하여 사람을 상해 또는 사망에 이르게 하는 죄이다. 교통방해치상죄는 부진정결과적 가중범이고, 교통방해치사죄는 진정결과적 가중범이다.

본죄의 보호법익은 교통의 안전과 사람의 생명·신체이다. 보호의 정도는 교통의 안전에 대해서는 추상적 위험범, 생명·신체에 대해서는 침해범이다.

2. 구성요건

(1) 행위의 주체

본죄의 주체는 '제185조 내지 제187조의 죄를 범한 자'이다. 통설은 기수범과 미수범을 모두 포함한다고 하지만, 기수범에 국한된다고 해야 한다.

(2) 상해 또는 사망

본죄가 성립하기 위해서는 상해 또는 사망의 결과가 발생해야 한다. 사람은 기차 등에 현존하는 사람들뿐만 아니라 주위의 사람들도 포함된다. 교통방해나 기차 등의 전복에 의해 직접 사상(死傷)의 결과가 발생할 것을 요하지 않는다. 예를 들어 추락하는 자동차를 피하던 사람에게 사상(死傷)의 결과가 발생한 경우에도 본죄가 성립한다.

교통방해 등의 행위와 상해 또는 사망 사이에는 인과관계가 있어야 한다.

[대판 2014. 7. 24. 2014도6206] 형법 제188조에 규정된 교통방해에 의한 치사상죄는 결과적 가중범이므로, 위 죄가 성립하려면 교통방해 행위와 사상(死傷)의 결과 사이에 상당인과관계가 있어야 하고 행위 시에 결과의 발생을 예견할 수 있어야 한다. 그리고 교통방해 행위가 피해자의 사상이라는 결과를 발생하게 한 유일하거나 직접적인 원인이 된 경우만이 아니라, 그 행위와 결과 사이에 피해자나 제3

자의 과실 등 다른 사실이 개재된 때에도 그와 같은 사실이 통상 예견될 수 있는 것이라면 상당인과관계를 인정할 수 있다.

(3) 주관적 구성요건

일반교통방해, 기차등교통방해, 기차등전복죄 등에 대해서는 고의가 있어야 한다. 일반교통방해등치상죄는 상해의 결과에 대해 과실이 있을 때뿐만 아니라 고의가 있을 때에도 성립한다. 그러나 일반교통방해등치사죄는 사망의 결과에 대해 과실이 있을 때에만 성립한다.

Ⅵ. 과실교통방해죄등

> 제189조(과실 · 업무상과실 · 중과실) ① 과실로 인하여 제185조 내지 제187조의 죄를 범한 자는 1천만원 이하의 벌금에 처한다.
> ② 업무상과실 또는 중대한 과실로 인하여 제185조 내지 제187조의 죄를 범한 자는 3년 이하의 금고 또는 2천만원 이하의 벌금에 처한다.

1. 개념 및 보호법익

과실교통방해죄등은 과실 · 업무상과실 또는 중대한 과실로 제185조 내지 제187조의 죄(일반교통방해죄, 기차등교통방해죄, 기차등전복죄)를 범하는 것이다. 교통방해등은 중대한 결과이므로 과실범도 처벌하는 것이다.

본죄의 보호법익과 보호의 정도도 고의에 의한 교통방해죄등에서와 같다.

2. 구성요건

(1) 주의의무위반

본죄의 업무상과실에서 업무라 함은 기차 · 전차 · 자동차 · 선박 · 항공기나 기타 일반의 '교통왕래에 관여하는 사무'에 직접 · 간접으로 종사하는 업무를 의미한다. 따라서 차량 등의 통행 등을 주목적으로 건설된 성수대교의 제작 · 시공담당자(대판 1997. 11. 28. 97도1740), 성수대교의 교량의 유지 · 관리책임을 맡고 있던 서울시 도로국 및 산하 동부건설사업소 소속 공무원(대판 1997. 11. 28. 97도1741) 등도 '교통왕래에 관여하는 사무'에 간접적으로 관련이 있는 자로 본죄의 업무자에

해당한다.[1)]

(2) 결과발생

일반교통방해, 기차등교통방해, 기차등전복의 결과가 발생해야 한다.

(3) 인과관계

주의의무위반과 교통방해, 기차등전복 등의 결과발생 사이에는 인과관계가
있어야 한다. 인과관계가 없는 경우에는 본죄가 성립하지 않는다.

[대판 1984. 1. 17. 83도2746]   사고 당시 제1, 2 남성호가 그물을 연결하여 500미
터의 간격을 두고 시속 2놋트로 예망작업을 하고 있었기 때문에 피항의무에 위반
하여 근접해 온 남방호를 미리 발견하였더라도 갑자기 선박의 방향을 변경하거나
달리 충돌을 피할 도리가 없었다면 피고인이 견시의무를 소홀히 한 과실은 이 사
건 사고발생과 상당인과관계가 있다고 볼 수 없다(업무상과실 선박매몰죄).

3. 죄   수

판례는 업무상과실로 인하여 교량을 손괴하여 자동차의 교통을 방해하고 그
결과 자동차를 추락시킨 경우에는 업무상과실 일반교통방해죄와 업무상과실 자동
차추락죄의 상상적 경합이라고 하지만(대판 1997. 11. 28. 97도1740), 법조경합이라고
해야 한다.

4. 공소시효

판례는 건설업자등이 본죄를 범한 경우 사람의 사상(死傷), 자동차등의 추락
등 결과발생 시점부터 공소시효가 진행한다고 한다(대판 1997. 11. 28. 97도1740). 그러
나 건설업자등에 대한 본죄의 공소시효는 건설행위의 종료시부터 진행된다고 해
야 한다.

5. 입 법 론

본죄를 범할 경우에는 대체로 사망·상해의 결과가 발생할 것이므로 이 때에

---

1) 주의의무위반을 인정한 판례로, 대판 1991. 12. 10. 91도2044; 열차기관사가 열차의 제동장
   치의 이상 유무를 확인하지 않고 운행한 경우(대판 1991. 11. 12. 91도1278); 대판 1990. 9.
   11. 90도1486; 대판 1960. 2. 29. 59도894 등. 주의의무위반을 인정하지 않은 판례로, 대판
   1984. 3. 13. 83도3006 등.

는 업무상과실·중과실·과실치사상죄로 처벌하면 된다. 사람의 사망·상해의 결과를 발생시키지 않고 단순히 교통의 안전을 침해하거나 위태화한 결과를 발생시킨 과실범까지 처벌할 필요는 없기 때문에 본죄는 폐지해야 한다.

제 3 장 공공의 건강에 대한 죄

제 1 절 먹는 물에 관한 죄

I. 총   설

1. 개념 및 보호법익

먹는 물에 관한 죄란 먹는 물에 오물·독물을 혼입하여 공중의 건강에 위험을 초래하거나, 사람의 사망·상해의 결과를 초래하거나, 공중에게 먹는 물을 공급하는 것을 방해하는 죄이다.

물은 인간생활의 필수조건이므로 물의 공급과 사용을 방해하는 행위는 인간생활의 기본조건들을 위협하는 것으로서 형법적 규제의 대상이 될 수밖에 없다.

먹는 물은 사람의 건강에 중대한 영향을 미치는 것으로서 깨끗한 먹는 물의 확보는 오늘날 지대한 관심사가 되고 있다. 깨끗한 먹는 물의 확보를 위해서는 바다, 강, 호수 등 수원의 수질악화행위를 벌할 필요도 있다. 그러나 수질보전문제는 현행형법에서는 다루지 않고, 「물환경보전법」, 「환경범죄 등의 단속 및 가중처벌에 관한 법률」 등 특별법으로서의 환경형법에서 규제하고 있다. 따라서 형법은 개별적인 먹는 물의 사용을 방해하거나 먹는 물에 오물이나 독물 등을 투입함으로써 공공의 건강에 위험을 초래하는 행위만을 벌하고 있다.

먹는 물에 관한 죄는 공공위험죄로서 그 보호법익은 공중의 건강 혹은 보건이고, 보호의 정도는 추상적 위험범이다. 다만 먹는 물혼독치사상죄(제194조)는 생명·신체를 보호법익으로 하고 이에 대한 보호의 정도는 침해범이다.

2. 구성요건체계

먹는 물에 관한 죄의 기본적 구성요건은 먹는물사용방해죄(제192조)이다. 수돗물사용방해죄(제193조)는 행위객체가 공중이 사용하는 수돗물이라는 특수성으로 인해 불법이 가중되는 구성요건이다. 먹는 물혼독치사상죄(제194조)는 사람의 사망·상해라는 결과로 인해 형이 가중되는 결과적 가중범이다, 수도불통죄(제195조)는 행위객체와 행위방법의 특수성으로 인해 불법이 가중되는 구성요건이라는 견해가 있으나, 공중의 건강을 보호법익으로 하지 않는다는 점에서 독립된 범죄유형이라고 해야 한다.

독물등에 의한 먹는 물사용방해죄(제192조 2항), 독물등에 의한 수돗물사용방해죄(제193조 2항), 수도불통죄(제195조)의 미수범과 예비·음모는 처벌한다(제196조, 제197조).

3. 입 법 론

현행형법상의 먹는 물에 관한 죄는 본격적으로 환경을 보호하기 위한 규정이라고 하기 어렵다. 그러나 오늘날 환경에 대한 중요성이 인식되면서 환경보호를 위해 환경침해행위를 처벌해야 한다는 입장이 주류를 이루고 있고, 우리나라에서도 특별법에 환경침해행위를 벌하는 규정을 두고 있다. 하지만 환경보호의 중요성에 비추어 환경범죄에 관한 규정들을 특별법에 둘 것이 아니라 형법전에 두어야 한다는 지적이 생겨났다.

환경침해행위를 범죄화할 것인가에 관해 찬반 양론이 있다. 반대하는 입장에서는 환경침해행위에 신속하게 대처해야 할 필요가 있고, 환경침해행위를 범죄화할 경우 행정종속성으로 인해 백지형법적 규정이 불가피하고 이로 인해 법적 안정성을 해할 우려가 있다는 것을 근거로 든다.[1]

그러나 환경보호가 현세대뿐만 아니라 후대 사람들의 생존과 행복에 중대한 영향을 준다는 인식이 강해짐에 따라 기본적인 환경범죄를 형법에 규정하는 것이 세계적 추세라고 할 수 있다.

---

1) 행정종속성이란 환경범죄의 기술적 성격으로 인해 범죄구성요건을 형법에서 확정적으로 규정하지 못하고 행정법규에 위임할 수밖에 없다는 것을 말한다.

Ⅱ. 먹는물사용방해죄

> 제192조(먹는 물의 사용방해) ① 일상생활에서 먹는 물로 사용되는 물에 오물을 넣어 먹는 물로 쓰지 못하게 한 자는 1년 이하의 징역 또는 500만원 이하의 벌금에 처한다.
> ② 제1항의 먹는 물에 독물(毒物)이나 그 밖에 건강을 해하는 물질을 넣은 사람은 10년 이하의 징역에 처한다.

1. 개념 및 보호법익

먹는물사용방해죄는 일상생활에서 먹는 물로 사용되는 물에 오물을 넣어 먹는 물로 쓰지 못하게 하거나 먹는 물에 독물 기타 건강을 해할 물질을 넣는 죄이다.

본죄의 보호법익은 공공의 보건과 건강이며, 보호의 정도는 추상적 위험범이다.

2. 구성요건

(1) 행위의 객체

본죄의 객체는 일상생활에서 먹는 물로 사용되는 물이다.

일상생활에서 먹는 물로 사용되는 물이란 불특정 또는 다수의 사람이 일상생활에서 계속적·반복적으로 먹거나 마시는 물을 말한다. 소유관계는 불문한다. 특정한 사람이 먹는 물에 사용하기 위한 물에 오물이나 독물을 넣는 경우에는 본죄가 성립하지 않고 손괴죄가 성립할 수 있을 뿐이다.

통설에 의하면 다수인은 어느 정도의 다수이면 족하므로 한 가족이 먹는 물로 사용하기 위해 담아둔 물도 본죄의 객체가 된다.

먹는 물로 사용되는 물은 계속적으로 사용하는 것이어야 하므로 계곡에 흐르는 물과 같이 일시적으로 사용하는 물은 포함되지 않는다는 견해가 있으나, 이렇게 제한 해석해야 할 이유가 없다.

본죄의 객체는 먹는 물로 사용되는 물이므로 먹을 수 있을 정도로 깨끗한 물을 말한다. 과학적으로는 먹는 것이 바람직하지 않거나 금지되어야 할 정도의 수질이더라도 현실적으로 일상생활에서 먹고 마시는 물이어도 무방하다. 그러나 일상생활에서 먹고 마실 수 있을 정도로 깨끗하지 않은 물은 본죄의 객체가 될 수 없다.

공업용수나 농업용수라도 먹을 수 있을 정도로 깨끗한 물인 경우에는 본죄의 객체가 된다는 견해가 있다. 그러나 농업용수나 공업용수를 일상생활에서 먹는 물에 사용하는 경우에는 본죄의 객체가 될 수 있지만, 그렇지 않은 경우에는 본죄의 객체가 될 수 없다고 해야 한다. 먹는 물로 사용되는 물이 자연수인가 인공수인가 정수기에 의해 정제된 것인가 아닌가도 불문한다.

(2) 실행행위

본죄의 실행행위는 오물을 넣어 먹는 물로 쓰지 못하게 하거나(제1항) 독물 또는 건강을 해할 물질을 넣는 것이다(제2항).

1) **제1항**   오물을 넣어 먹는 물로 쓰지 못하게 하는 것이다.

오물이란 독물이나 건강을 해할 물건 이외에 먹는 물에 사용되는 물에 넣으면 먹는 물로 사용할 수 없는 일체의 물질을 말한다. 물리적으로 수질을 악화시키는 물질임을 요하지 않고 감정상으로 먹는 물로 사용할 수 없도록 하는 물질도 포함된다.

우물 바닥의 흙을 들추어내어 흙 밑에 있던 물질이 물에 섞임으로 인해 먹는 물로 사용할 수 없게 하는 것도 본죄에 해당될 수 있다.

본죄가 성립하기 위해서는 먹는 물로 쓰지 못하는 결과가 발생해야 한다. 먹는 물로 쓰지 못할 정도로 수질이 악화되지 않아도 감정적으로 먹는 물로 쓰지 못하는 결과가 발생해도 무방하다.

오물을 넣은 행위와 먹는 물로 쓰지 못하는 결과 사이에는 인과관계가 있어야 한다. 인과관계가 없는 경우에는 역시 본죄의 미수가 되어 처벌되지 않는다.

본죄가 성립하기 위해서는 일상생활에서 먹는 물로 쓰는 물에 오물을 넣는다는 점 및 먹는 물로 쓰지 못하도록 하는 것에 대한 고의가 필요하다. 미필적 고의로도 족하다. 먹는 물로 쓰지 못하는 것에 대해서는 인식을 요하지 않는다는 견해가 있으나, 본죄는 먹는 물로 쓰지 못하게 하는 결과를 필요로 하는 결과범이므로 이에 대한 의욕 또는 인용이 필요하다고 해야 한다.

2) **제2항**   독물 기타 건강을 해할 물질을 넣는 것이다. 제1항의 죄와 본죄는 일반법 대 특별법의 관계에 있으므로 본죄가 성립하는 경우에는 제1항의 죄는 성립하지 않는다. 독물이란 청산가리 등과 같이 소량으로도 건강을 침해할 수

있는 물질을 말한다. 기타 건강을 해할 물질이란 사람이 이를 섭취하면 건강이 침해될 수 있는 유해물을 말한다. 병원균이나 중금속 등 일정한 수질유해물질 등을 예로 들 수 있다.

본죄는 독물등을 넣으면 성립하고 먹는 물로 사용하지 못하는 결과가 발생될 것을 요하지 않는다. 따라서 일상생활에서 먹는 물로 사용되는 물에 독물이나 건강을 해할 물질을 넣는다는 점에 대한 의욕 또는 인용이 있으면 본죄가 성립할 수 있다.

본죄의 미수범과 예비·음모는 처벌한다(제196조, 제197조).

Ⅲ. 수돗물사용방해죄

> 제193조(수돗물의 사용방해)　① 수도(水道)를 통해 공중이 먹는 물로 사용하는 물 또는 그 수원(水原)에 오물을 넣어 먹는 물로 쓰지 못하게 한 자는 1년 이상 10년 이하의 징역에 처한다.
> ② 제1항의 먹는 물 또는 수원에 독물 그 밖에 건강을 해하는 물질을 넣은 자는 2년 이상의 유기징역에 처한다.

1. 보호법익

본죄는 객체가 수도를 통해 공중이 먹는 물로 사용하는 물 또는 수원이라는 점에서 먹는 물사용방해죄에 비해 불법이 가중된 구성요건이다. 객체를 제외하면 먹는 물사용방해죄와 구조가 같다.

본죄의 보호법익은 공중의 건강이고, 보호의 정도는 추상적 위험범이다.

2. 구성요건

(1) 행위의 객체

수도를 통해 공중이 먹는 물로 사용하는 물 또는 그 수원이다.

1) 수　　도　　통설은 수도란 정수를 공급하기 위한 인공적 시설을 말하므로 자연적 수로는 수도라기보다는 수원이라고 한다. 그러나 수로를 수원으로 해석하는 것보다는 수도로 해석하는 것이 더 자연스러우므로 수도란 공중이 먹는 물의 공급에 이용되는 인공적·자연적 시설이라고 해야 할 것이다. 즉, 본죄의 수

도는 수도법의 수도와는 다른 개념이다. 수도의 소유권이나 설치자, 일시적·영구적인지, 규모의 대소를 불문한다.

　　2) 공중이 먹는　　　　"공중이 먹는"것은 불특정 또는 다수인이 먹고 마시는데에 사용되는 것을 의미한다. 공중이라고 해야 할 정도이므로 제192조의 다수인보다는 좀더 많은 사람들이라고 해야 한다. 따라서 특정소수인이 사용하는 수도는 본죄의 수도에 해당하지 않는다. 공중이 먹는 데 사용해야 하므로 농업용수도, 산업용수도로 공급되는 정수는 원칙적으로 본죄의 객체가 될 수 없지만, 예외적으로 사실상 공중이 먹는 데 사용하고 있는 경우에는 본죄의 객체가 될 수 있다.

　　3) 수　　　원　　　　수원(水原)이란 수도에 들어오기 전의 물의 총체를 말한다. 저수지, 정수장 등에 있는 물이 이에 속한다. 저수지, 정수장 등에 근접해 있는 일정범위의 수로는 수원이라고 할 수 있지만 이들과 멀리 떨어져 있는 수로는 수도라고 해야 한다. 건물이나 주택의 옥상에 설치되어 있는 물저장탱크는 수원이라기보다는 수도라고 해야 한다.

　　(2) 실행행위

　　본죄의 실행행위는 오물을 넣어 먹는 물로 쓰지 못하게 하거나(제1항), 독물 또는 건강을 해하는 물질을 넣는 것(제2항)이다. 그 의미는 먹는 물사용방해죄에서와 같다. 제1항의 죄에서는 먹는 물로 쓰지 못하게 하는 결과가 발생해야 하지만, 제2항의 죄에서는 먹는 물로 쓰지 못하거나 건강을 해하는 결과발생을 요하지 않는다.

　　제2항의 죄의 미수 및 예비·음모는 처벌한다(제196조, 제197조).

Ⅳ. 먹는 물 혼독치사상죄

> 제194조(먹는 물 혼독치사상) 제192조 제2항 또는 제193조 제2항의 죄를 지어 사람을 상해에 이르게 한 경우에는 무기 또는 3년 이상의 징역에 처한다. 사망에 이르게 한 경우에는 무기 또는 5년 이상의 징역에 처한다.

　　본죄는 먹는 물독물등혼입죄(제192조 2항), 수돗물독물등혼입죄(제193조 2항)의 죄를 지어 사람을 상해·사망에 이르게 하는 결과적 가중범이다. 혼독치상죄는 부진정결과적 가중범, 혼독치사죄는 진정결과적 가중범이다. 사망의 결과에 대해 고의가 있는 경우에는 먹는 물독물등혼입죄, 수돗물독물등혼입죄등과 살인죄의 상상적 경합범이 된다.

　본죄의 주체는 먹는 물유해물혼입죄, 수돗물유해물혼입죄를 범한 자로서 미수범도 포함된다는 견해가 있으나 기수범에 국한된다고 해야 한다.

V. 수도불통죄

> 제195조(수도불통) 공중이 먹는 물을 공급하는 수도 그 밖의 시설을 손괴하거나 그 밖의 방법으로 불통(不通)하게 한 자는 1년 이상 10년 이하의 징역에 처한다.

1. 개념 및 보호법익

　수도불통죄란 공중이 먹는 물을 공급하는 수도 그 밖의 시설을 손괴 그 밖의 방법으로 불통하게 하는 죄이다. 수도불통의 결과발생을 요하는 결과범이다.

　판례는 본죄는 공공위험범죄로서 공중의 건강 또는 보건을 보호법익으로 한다고 하나(대판 2022. 6. 9. 2022도2817), 보호법익은 공중의 건강이라기보다는 공중의 먹는 물 이용권이므로 독립된 범죄유형이라고 해야 한다. 보호의 정도는 침해범이다.

2. 구성요건

(1) 행위의 객체

　본죄의 객체는 공중이 먹는 물을 공급하는 수도 그 밖의 시설이다. 공중이 먹는 물을 공급하는 수도여야 하므로 특정소수인이 먹는 물을 공급하는 수도 그 밖의 시설은 본죄의 객체가 될 수 없다. 사실상 공중이 먹는 물을 공급하는 시설이면 족하고 적법한 절차를 밟지 아니한 수도라도 본죄의 객체가 된다(대판 1957. 2. 1. 56도317). 수도의 소유관계, 사설수도·공설수도를 불문한다. 공중의 음용수 공급을 주된 목적으로 설치된 것에 한정되는 것은 아니고, 설령 다른 목적으로 설치된 것이더라도 불특정 또는 다수인에게 현실적으로 음용수를 공급하고 있는 것이면 충분하다(대판 2022. 6. 9. 2022도2817).

　　그 밖의 시설은 수도 이외에 공중이 먹는 물을 공급하는 시설을 말한다. 공중이 먹는 물을 제공하는 양수용펌프나 공원 등에 설치되어 있는 식수분수대 등을 예로 들 수 있다.

(2) 실행행위

본죄의 실행행위는 손괴 그 밖의 방법으로 불통하게 하는 것이다. 손괴란 수도나 기타시설에 물질적 힘을 가하여 효용을 상실케 하거나 현저하게 감소시키는 것을 말한다. 그 밖의 방법이란, 예컨대 수도를 막거나 시설들의 구동장치의 기능을 정지시키는 방법 등을 통해 불통하게 하는 것을 예로 들 수 있다.

(3) 불통의 결과 및 인과관계

본죄는 추상적 위험범이므로 불통의 결과발생을 요하지 않는다는 견해가 있으나, '불통하게 한 자'라고 규정되어 있으므로 수도나 기타시설이 불통되는 결과가 발생해야 한다고 해야 한다.

손괴나 그 밖의 방법과 불통의 결과 사이에는 인과관계가 있어야 한다.

3. 위 법 성

본죄의 구성요건에 해당하는 행위도 위법성이 조각될 수 있다. 그러나 수도 등 소유자의 승낙은 본죄의 위법성을 조각하지 못한다. 본죄는 공공의 이익을 보호하는 것으로서 소유자도 범할 수 있기 때문이다.

> 판례에 의하면, 사설수도를 설치한 시장 번영회가 수도요금을 체납한 회원에 대하여 사전경고까지 하고 한 단수행위(대판 1977. 11. 22. 77도103), 사설특수가압수도시설자가 시설자와의 계약에 의하여 시설운영위원회에 가입한 후 시의 급수승인을 받는 절차를 거치지 않는 자에 대하여 단수조치로서 급수관을 발굴, 절단한 행위(대판 1971. 1. 26. 70도2654)는 위법성이 조각된다.

4. 미   수

본죄의 실행의 착수시기는 손괴 등의 행위를 개시한 때이다.

본죄의 미수는 처벌한다(제196조). 손괴 등의 행위를 개시하였으나 그 행위를 종료하지 못하였거나, 행위를 종료하였으나 불통의 결과가 발생하지 않은 경우 또는 불통의 결과가 발생하였지만 손괴 등의 행위와 불통의 결과 사이에 인과관계 없는 경우에는 본죄의 미수가 된다. 그러나 손괴하거나 불통의 결과가 발생하였으면 기수에 이르고, 사람들이 현실적으로 이용하지 못하게 된 때에 기수가 되는 것은 아니다.

불통의 결과발생을 요하지 않는다는 견해에 의하면 본죄의 기수시기는 손괴 등의 행위를 종료한 시점이 된다.

본죄의 예비·음모는 처벌한다(제197조).

제 2 절   아편에 관한 죄

Ⅰ. 총   설

1. 개념 및 보호법익

아편에 관한 죄란 아편이나 아편흡식기를 제조·수입·판매·소지하거나 아편을 흡식하거나 몰핀을 주사하거나 아편흡식이나 몰핀주사의 장소를 제공하여 이익을 취하는 죄를 말한다.

아편이나 몰핀은 대표적 마약 중의 하나로서 향정신성의약품, 대마 등과 함께 마약류에 속한다. 이러한 마약류는 질병의 치료 등에 적절히 사용하면 건강에 도움을 줄 수 있지만, 중독성이 강하기 때문에 이를 남용하게 되면 심신의 건강을 해칠 위험성이 매우 크다.

미국이나 서구국가 등의 예에서와 마찬가지로 우리나라에서도 마약류를 남용하는 사람들이 연소화되고 있고, 마약류를 남용하는 사회계층의 범위도 점차 넓어지고 있다. 이 때문에 마약류의 규제는 오늘날 모든 국가가 당면하고 있는 중요한 문제 중의 하나이다.

아편에 관한 죄는 중독성이 심한 아편이나 몰핀을 남용할 위험성이 있는 행위들을 금지함으로써 아편이나 몰핀의 남용으로부터 국민의 건강을 보호하기 위한 것이다. 즉 아편에 관한 죄의 보호법익은 국민의 건강이고, 보호의 정도는 추상적 위험범이다.

2. 구성요건체계

아편에 관한 죄의 기본적 구성요건은 아편흡식죄등(제201조 1항)이고, 동장소제공죄(제2항)는 아편흡식죄 등의 방조에 해당하지만 이를 특별히 범죄로 규정한 것이다. 아편이나 아편흡식기의 제조죄(제198조, 제199조)는 아편흡식죄의 예비나 방조행위에 해당될 수 있는 행위에 불과하다. 그러나 마약류의 소비행위보다는 공급행위를 막는 것이 마약류범죄를 방지하는 데에 효과적이라는 정책적 고려에서 이를 독립된 구성요건으로 규정하고, 형벌도 아편흡식죄보다 무겁게 규정한 것이다.

세관공무원의 아편등수입죄는 세관공무원이라는 신분으로 인해 책임이 가중되는 구성요건이다. 아편이나 아편흡식기의 소지죄는 아편흡식죄의 예비행위나 방조행위에 해당될 수 있지만, 흡식하거나 타인에게 제공할 목적이 없는 소지행위도 위험성이 있다는 점에서 독립된 범죄로서 규정하고, 단순소지라는 점에서 형벌을 가볍게 한 것이다. 상습범(제203조)은 상습성이라는 행위자요소로 인해 책임이 가중되는 구성요건이다.

「마약류 관리에 관한 법률」(이하 마약류관리법이라 한다)은 마약을 수출입·제조·매매하거나 매매의 알선을 한 자 또는 수출입·제조·매매나 매매의 알선을 할 목적으로 소지·소유한 자에 대해 무기 또는 5년 이상의 징역에 처하는 규정을 두고 있으나(제58조), 특정범죄가중법 제11조는 이를 다시 가중하여 무기 또는 10년 이상의 징역에 처하도록 규정하고 있다.

3. 입 법 론

마약류범죄를 형법전과 특별법 중 어디에 규정할 것인가에 대해 견해가 대립한다. ① 신종 마약류범죄에 대해 신속히 대처해야 할 필요가 있고, ② 마약류 관련법에는 마약류의 취급을 위한 행정적 규제에 관한 내용도 필요하고, ③ 마약범죄는 국제적 경향을 띠고 이에 따라 수사에 있어서도 국제간의 공조가 필요하고, ④ 마약류공급범죄는 조직범죄로서의 성격을 띠고 있기 때문에 특별한 대책이 필요한 점 등으로 인해 특별법에 마약범죄를 규정하는 것이 일반적 경향이라고 할 수 있다.

그러나 장차 마약류중독 등 중독범죄들이 늘어날 가능성이 높고, 이런 종류의 범죄들은 일반인들도 쉽게 범할 수 있는 범죄이고, 대책에 대해서도 다양한 의견이 있기 때문에 형사특별법보다는 형법전에 규정하는 것이 바람직하다. 다만 형사특별법에 규정하더라도 경미범죄는 비범죄화하고 형벌도 완화할 필요가 있다.

마약류범죄에 대해서는 처벌주의와 치료주의가 있다. 마약류 공급범죄에 대

해서는 처벌주의를 취하여야 한다는 데에 별 의문이 없다. 그러나 마약류 소비범
죄에 대해서는 처벌주의와 치료주의 중 어느 것이 효과적인가에 대해서 논란이
있다. 현행 마약류관계법은 마약류 소비행위에 대해서도 엄격한 처벌주의를 취하
고 있다. 그러나 마약류 소비행위 그 자체가 타인에게 직접 손해를 끼치는 행위
라고 할 수 없고, 처벌주의를 고수하는 경우 마약류중독의 치료를 원하는 사람들
이 처벌때문에 효과적인 치료를 받지 못하는 문제점이 있다. 따라서 경미한 마약
류 소비범죄는 비범죄화하고 치료주의로 전환하는 것도 검토해 보아야 한다.

Ⅱ. 아편등흡식죄

> 제201조(아편흡식등)   ① 아편을 흡식하거나 몰핀을 주사한 자는 5년 이하의 징
> 역에 처한다.

1. 보호법익 및 구성요건

(1) 보호법익

아편등흡식죄는 아편을 흡식하거나 몰핀을 주사하는 죄이다. 본죄의 보호법
익은 공중의 건강이고, 보호의 정도는 추상적 위험범이다.

(2) 행위의 객체

본죄의 객체는 아편 또는 몰핀이다. 아편이란 양귀비의 액즙이 응결된 것과
이를 가공한 것으로서, 의약품으로 가공한 것은 제외된다(마약류관리법 제2조 2호 나
목). 몰핀(morphine)은 양귀비, 아편 및 코카엽(葉)에서 추출되는 알칼로이드(alcaloid)
로서(동법 제2조 2호 라목) 마약류관리법 시행령에서 정해진 것을 말한다(동시행령 별
표1).

(3) 실행행위

본죄의 실행행위는 아편의 흡식 또는 몰핀의 주사이다. 흡식이란 코나 입으
로 섭취하는 것을 말한다. 주사란 주사기를 통해 인체의 혈관 또는 근육 속에 주
입하는 것이다. 환각의 목적뿐만 아니라 진통의 목적이 있는 경우에도 본죄가 성
립할 수 있고, 치료용으로 흡식 또는 주사하였더라도 의사의 처방없이 흡식 또는
주사하였다면 본죄가 성립할 수 있다.

2. 미   수

본죄의 미수는 처벌한다(제202조). 본죄의 실행의 착수시기는 흡식 또는 주사를 개시한 시점이고, 기수시기는 흡식·주사행위가 종료한 시점이다.

3. 죄   수

흡식·주사의 목적으로 아편이나 몰핀을 소지하고 있던 자가 이를 흡식·주사한 경우 아편·몰핀소지죄(제205조)는 본죄에 흡수된다. 흡식·주사 이외의 목적으로 소지하고 있던 자가 흡식·주사한 경우에는 양죄의 경합범이 된다는 견해가 있으나 이 경우에도 본죄만이 성립한다고 해야 한다.

다만 판매목적으로 소지하고 있던 자가 흡식·주사한 경우에는 판매목적소지죄와 본죄의 경합범이 된다고 해야 할 것이다. 판매목적소지죄의 형벌이 본죄의 형벌보다 무겁고, 본죄와 판매목적소지죄는 가중·감경적 구성요건의 관계에 있지 않고 독립된 범죄이기 때문이다.

4. 형   벌

본죄에 제공한 아편·몰핀이나 그 화합물 또는 아편흡식기구는 몰수한다. 그를 몰수하기 불능한 때에는 그 가액을 추징한다(제206조).

Ⅲ. 아편흡식·몰핀주사장소제공죄

> 제201조   ② 아편흡식 또는 몰핀주사의 장소를 제공하여 이익을 취한 자도 전항의 형과 같다.

아편흡식·몰핀주사장소제공죄는 아편흡식 또는 몰핀주사의 장소를 제공하여 이익을 취하는 죄이다. 아편흡식·몰핀주사 등의 방조행위이지만, 위험성이 크기 때문에 독립된 범죄로 규정한 것이다.

본죄가 성립하기 위해서는 장소제공자가 이익을 취득해야 한다. 이익의 종류는 묻지 않으므로 재산상 이익에 국한되지 않는다.

[대판 1960. 4. 6. 4292형상844]   피고인이 타인을 과거에 3년간 사역한 노무에 대한 대가로서 피고인의 가택을 그 타인의 아편판매장소로 제공한 경우는 위의 이익을 취득한 때에 해당한다.

본죄는 현실적으로 이익을 취득하였을 때에 기수가 된다. 장소제공행위와 이익취득 사이에는 인과관계가 있어야 한다. 이익취득은 고의의 내용이 되므로 이익을 취득하기 위해 장소를 제공하였으나 이익을 취득하지 못한 경우에는 본죄의 미수가 되지만, 처음부터 이익취득의 고의가 없는 경우에는 본죄가 성립하지 않는다.

아편 등을 판매한 자가 흡식장소까지 제공한 경우에는 아편등판매죄와 본죄의 실체적 경합범 혹은 상상적 경합범이 된다.

본죄에 대해서도 자격정지, 벌금을 병과할 수 있고(제204조), 몰수·추징규정(제206조)이 적용된다.

Ⅳ. 아편등제조죄

제198조(아편등의 제조등)   아편·몰핀 또는 그 화합물을 제조·수입 또는 판매하거나 판매할 목적으로 소지한 자는 10년 이하의 징역에 처한다.

1. 개념 및 보호법익

아편등제조죄는 아편·몰핀 또는 그 화합물을 제조·수입 또는 판매하거나 판매할 목적으로 소지하는 죄이다. 아편흡식죄의 가중적 구성요건이 아니라 아편등을 공급하는 행위가 소비하는 행위보다 더 위험성이 크므로 독립된 범죄로서 규정한 것이다.

본죄의 보호법익은 공중의 건강이고, 보호의 정도는 추상적 위험범이다.

2. 구성요건

본죄의 객체는 아편·몰핀 또는 그 화합물이다.

본죄의 실행행위는 제조·수입·판매 또는 판매목적으로 소지하는 것이다. 제조란 아편·몰핀 또는 그 화합물을 만드는 것을 말한다. 수입이란 국외에서부

572   제 3 장   공공의 건강에 대한 죄

터 국내로 반입하는 것이다. 판매란 유상으로 양도하는 것을 말한다. 계속·반복
의 의사를 요한다는 견해가 있으나, 단 1회의 판매라도 판매라고 해야 한다. 상
대방이 불특정 또는 다수인임을 요한다는 견해가 있으나 특정인에게 판매한 경우
에도 판매에 해당한다.

소지란 아편 등을 자기의 사실상 지배하에 두는 것을 말한다. 점유보다 넓은
개념으로서 저장·은닉·진열 등을 포함하는 개념이라고 하는 견해가 있으나, 소
지는 점유보다 물리적 요소를 더 엄격하게 요구하는 개념으로서 점유개념보다 좁
은 개념이라고 해야 한다. 소지하게 된 원인은 묻지 않지만, 판매목적의 소지여야
한다. 본죄는 부진정목적범이므로, 판매목적이 없는 경우에는 본죄가 성립하지
않고, 단순소지죄(제205조)가 될 수 있을 뿐이다.

아편 등을 제조한 자가 이를 판매하거나 판매목적으로 소지한 경우, 아편 등
을 수입한 자가 이를 판매하거나 판매목적으로 소지한 경우에는 경합범이 아니라
흡수관계가 된다고 해야 한다.

3. 미   수

본죄의 미수는 처벌한다(제202조). 본죄의 실행의 착수시기는 제조·수입·판
매·소지행위를 개시할 때이다. 본죄의 기수시기는, 제조의 경우 아편이나 그 화
합물이 생성되었을 때, 판매의 경우는 목적물을 인도하고 대가를 취득하였을 때,
소지의 경우는 목적물에 대한 사실상의 지배를 취득하였을 때이다. 수입의 기수
시기에 대해, 통설은 육상운송의 경우에는 국경선을 넘은 시점이지만, 해상운송
의 경우에는 육지에 양륙한 때, 항공운송의 경우는 항공기에서 지상으로 운반된
때라고 한다.

4. 형   벌

본죄에 제공한 아편·몰핀, 그 화합물은 몰수하고 몰수가 불가능한 경우에는
그 가액을 추징한다(제206조).

마약류관리법은 아편·몰핀 그 화합물뿐만 아니라 본죄에 제공된 시설, 장
비, 자금, 운반수단 및 그로 인한 수익금도 몰수하고 몰수할 수 없을 때에는 그
가액을 추징한다고 규정하고 있다(제67조). 이를 불법수익몰수라고 하는데, 예를
들어 아편 등을 판매하여 얻은 대금 1억원은 몰수의 대상이지만, 이 대금을 부동

산에 투자하여 그 부동산가액이 3억원이 된 경우 1억원은 물론 부동산투자를 통해 번 2억원도 수익금으로 보아 몰수한다는 것이다.

V. 아편흡식기등제조죄

> 제199조(아편흡식기의 제조등) 아편을 흡식하는 기구를 제조·수입 또는 판매하거나 판매할 목적으로 소지한 자는 5년 이하의 징역에 처한다.

　　아편흡식기등제조죄는 아편을 흡식하는 기구를 제조·수입 또는 판매하거나 판매할 목적으로 소지하는 죄이다. 아편흡식죄의 가중적 구성요건이라고 하는 견해가 있으나, 본죄의 형벌이 아편흡식죄의 형벌과 같으므로 아편흡식죄와 독립된 범죄이다. 객체가 아편 등이 아니라 아편흡식기라는 점에서 아편등제조죄에 비해 불법이 감경된 구성요건이다.

　　본죄의 객체는 아편흡식기이다. 아편흡식을 목적으로 특별히 제조된 기구를 말하므로, 예를 들어 아편주사에 사용되는 일반주사기와 같이 아편흡식에 사용될 수 있는 기구라도 아편흡식을 목적으로 제조된 기구가 아닌 경우에는 본죄의 객체가 되지 않는다.

　　본죄의 실행행위는 제조·수입·판매·판매목적의 소지인데, 이는 아편등제조죄에서와 같다.

　　본죄의 미수도 처벌하고, 10년 이하의 자격정지나 2천만원 이하의 벌금의 병과규정(제204조), 몰수·추징규정(제206조)이 적용된다.

VI. 세관공무원의 아편등수입죄

> 제200조(세관공무원의 아편등의 수입) 세관의 공무원이 아편·몰핀이나 그 화합물 또는 아편흡식기구를 수입하거나 그 수입을 허용한 때에는 1년 이상의 유기징역에 처한다.

1. 개념 및 보호법익

세관공무원의 아편등수입죄란 세관의 공무원이 아편·몰핀이나 그 화합물 또는 아편흡식기구를 수입하거나 그 수입을 허용하는 죄이다.

본죄의 성격에 대해 부진정신분범이라는 견해(다수설)와 수입죄는 부진정신분범이지만 수입허용죄는 진정신분범이라는 견해가 대립한다. 수입허용죄도 부진정신분범이라는 견해는 비세관공무원의 수입허용행위는 수입죄의 방조행위가 된다는 것을 근거로 든다. 그러나 비세관공무원의 수입허용행위가 반드시 범죄가 된다고 할 수 없으므로, 진정신분범이라는 견해가 타당하다.

본죄의 보호법익도 공중의 건강이고, 보호의 정도는 추상적 위험범이다.

2. 구성요건 및 미수

본죄의 주체는 본죄의 세관의 공무원이다. 그러나 세관에 있는 모든 공무원이 아니라 수입사무를 담당하는 공무원에 한정된다. 본죄의 객체는 아편·몰핀이나 그 화합물 및 아편흡식기이다. 실행행위는 수입하거나 수입을 허용하는 것이다. 수입이나 수입허용은 부작위에 의해서도 가능하다.

본죄의 미수는 처벌한다(제202조). 수입허용죄의 기수시기는 아편 등의 수입이 기수가 된 시점이다.

3. 공   범

세관공무원의 아편등수입죄는 부진정신분범이므로 형법 제33조 본문과 단서가 적용된다. 세관공무원이 아닌 사람이 세관공무원의 수입죄에 가공한 경우에는 판례와 소수설에 의하면 제33조 본문이 적용되어 본죄가 성립하고 다시 단서가 적용되어 제198조나 제199조에 의해 처벌된다. 다수설에 의하면 제33조 단서만 적용되어 제198조와 제199조의 죄가 성립한다.

세관공무원의 아편등수입허용죄는 진정신분범이므로 제33조 본문이 적용되어 이에 가공한 자는 공동정범, 교사범, 종범이 된다. 그러나 아편 등을 수입한 자는 세관공무원을 교사하여 허용을 받은 경우에도 대향범의 내부자이므로 본죄의 교사범이 되지 않고, 제198조나 제199조의 정범이 된다.

Ⅶ. 상습아편에 관한 죄

> 제203조(상습범)   상습으로 전5조의 죄를 범한 때에는 각조에 정한 형의 2분의
> 1까지 가중한다.

상습아편에 관한 죄는 상습으로 아편에 관한 죄를 범하는 것이다. 상습성이
라는 행위자 요소로 인해 책임이 가중되는 구성요건이다.

Ⅷ. 아편등소지죄

> 제205조(아편등의 소지)   아편·몰핀이나 그 화합물 또는 아편흡식기구를 소지
> 한 자는 1년 이하의 징역 또는 500만원 이하의 벌금에 처한다.

아편등소지죄는 아편·몰핀이나 그 화합물 또는 아편흡식기구를 소지하는 죄
이다. 아편흡식죄등의 예비로서의 성격을 지닌 행위를 독립된 범죄로 규정한 것
이다.

본죄의 소지에서 판매목적의 소지는 제외된다. 판매목적의 소지죄는 제198조
에 해당하기 때문이다.

아편을 소지하더라도 마약류관리법상의 마약류취급자가 소지하거나 마약류
취급자로부터 투약받아 소지하는 경우 등 동법 제4조에 해당하는 경우에는 법령
에 의한 행위로 위법성이 조각된다.

제4장 공공의 신용에 대한 죄

제1절 통화에 관한 죄

I. 총 설

1. 개념 및 보호법익

통화에 관한 죄란 행사할 목적으로 대한민국이나 외국의 통화를 위조·변조하거나 위조·변조된 통화를 행사, 수입, 수출, 취득하거나 판매할 목적으로 통화유사물을 제조, 수입, 수출, 판매하는 죄이다.

통화에 관한 죄의 보호법익에 대해, 다수설은 통화에 대한 공공의 신용과 거래의 안전이라고 한다. 이에 대해 국가의 통화발행권이라는 국가적 법익과 공공의 신용과 거래의 안전이라는 사회적 법익이라는 견해와 국가의 통화발행권, 공공의 신용과 안전 및 불특정인의 재산이라는 견해가 있다.

불특정인의 재산상태는 통화에 대한 공공의 신용과 거래의 안전에 포함되는 개념이라고 할 수 있다. 국가의 화폐발행권설은 대한민국의 화폐위조에 대한 형벌이 외국의 화폐위조에 대한 형벌에 비해 무겁다는 점을 근거로 들고 있다. 그러나 전자를 후자에 비해 무겁게 처벌하는 것은 전자가 공공의 신용과 거래의 안전을 해할 위험성이 더 크기 때문이라고 할 수 있다. 또한 통화에 관한 죄의 형법상 위치를 고려할 때 그 보호법익은 공공의 신용과 거래의 안전이라고 해야 한다.

2. 구성요건체계

통화에 관한 죄의 기본적 구성요건은 대한민국의 통화위조·변조죄(제207조 1항)이다. 내국에서 유통하는 외국의 통화위조·변조죄(제2항) 및 외국에서 통용하는 외국통화의 위조·변조죄(제3항)는 불법이 감경되는 구성요건이다. 위조통화의 행사, 수입, 수출죄는 위조·변조죄와 같은 구조로 되어 있다(제4항). 위조통화취득죄(제208조)는 국내외의 통화를 불문하고 위조통화를 취득하는 죄를 같은 형벌로 처벌하는 독립된 구성요건이다. 위조통화취득후지정행사죄(제210조)는 위조통화행사죄에 비해 적법행위의 기대가능성이 작음으로 인해 책임이 감경되는 구성요건이다. 통화유사물제조죄(제211조)는 통화위조죄에 비해 법익침해의 위험성이 적기 때문에 불법이 감경되는 구성요건이다.

대한민국통화 위조·변조죄와 외국통화 위조·변조죄 및 위조통화행사, 수입, 수출, 취득죄의 미수범은 처벌한다(제212조). 대한민국통화위조죄, 외국통화위조·변조죄의 예비·음모도 처벌한다(제213조).

통화에 관한 죄에 대해 외국인의 국외범을 처벌하는 형법 제5조 제4호가 세계주의를 규정한 것이라고 하는 견해가 있다. 그러나 형법 제5조는 보호주의를 선언한 것이라고 해야 한다. 외국인이 외국에서 외국에서만 통용되는 통화를 위조한 행위는 우리나라의 공공의 신용과 거래의 안전에 대한 추상적 위험도 없는 행위라고 할 수 있다. 따라서 제207조 제2항의 죄의 외국인의 국외범에 대해서는 우리 형법이 적용되지만, 제207조 제3항의 죄의 외국인의 국외범에는 우리 형법이 적용되지 않는다고 해야 할 것이다.

3. 입 법 론

내국통화의 위조죄를 외국통화의 위조죄보다 무겁게 벌하는 것은 국제화시대에 맞지 않는다는 견해가 있다. 내국통화위조죄는 외국통화위조죄보다 공공의 신용과 거래의 안전을 해할 위험성이 월등히 크다고 할 수 있으므로 이를 반드시 부당하다고 할 수 없지만, 처벌의 차이를 없애는 것이 바람직하다.

Ⅱ. 통화위조·변조죄

> 제207조(통화의 위조등) ① 행사할 목적으로 통용하는 대한민국의 화폐, 지폐 또는 은행권을 위조 또는 변조한 자는 무기 또는 2년 이상의 징역에 처한다.
> ② 행사할 목적으로 내국에서 유통하는 외국의 화폐, 지폐 또는 은행권을 위조 또는 변조한 자는 1년 이상의 유기징역에 처한다.

③ 행사할 목적으로 외국에서 통용하는 외국의 화폐, 지폐 또는 은행권을 위조 또는 변조한 자는 10년 이하의 징역에 처한다.

1. 개념 및 보호법익

통화위조·변조죄는 행사할 목적으로 ① 통용하는 대한민국의 화폐, 지폐, 은행권(제1항), ② 내국에서 유통하는 외국의 화폐, 지폐, 은행권(제2항) 또는 ③ 외국에서 통용하는 외국의 화폐, 지폐, 은행권(제3항)을 위조 또는 변조하는 죄이다. 내국에서 유통하는 외국의 통화와 외국에서 통용하는 외국의 통화의 위조·변조죄는 대한민국통화죄보다 법익침해나 위험성이 적다는 점에서 불법이 감경된 구성요건이다.

본죄의 보호법익은 공공의 신용과 거래의 안전이고, 보호의 정도는 추상적 위험범이다.

2. 구성요건

(1) 행위의 객체

본죄의 객체는 ① 통용하는 대한민국의 화폐, 지폐, 은행권, ② 내국에서 유통하는 외국의 화폐, 지폐, 은행권, ③ 외국에서 통용하는 외국의 화폐, 지폐, 은행권이다.

　　1) 화폐, 지폐, 은행권　　　　형법은 본죄의 객체를 화폐, 지폐, 은행권으로 분류하고 있다. 통설은 화폐란 금속화폐인 경화(동전)를 말한다고 하지만, 이렇게 해석할 근거가 전혀 없다. 통화는 '통용하는 화폐'라는 의미일 것이므로 화폐는 통화보다도 넓은 개념으로서 지폐, 은행권은 화폐의 한 예시에 불과하다고 할 수 있다. 따라서 화폐에는 경화만 있는 것이 아니라 지폐나 은행권 이외의 모든 통화도 화폐에 속한다. 지폐란 일반적으로 정부지폐와 은행권을 말하는데 은행권은 별도로 규정되어 있으므로 본죄에서 지폐란 정부지폐를 의미한다. 현대에 통용되는 세계 여러 나라의 화폐는 대부분은 지폐이며 그 중에서도 은행권이 대부분이다. 우리나라에서 한국은행이 은행권을 발행할 수 있는 유일한 기관이다.

　　2) 통용하는　　　　제1항·제3항의 죄의 객체는 대한민국 및 외국에서 통용하는 화폐, 지폐, 은행권이다. '통용한다'는 것은 법률에 의하여 강제통용력이 인정되는 것을 말한다. 발행권한을 가진 기관이 발행한 것이라도 강제통용력이 인정

되지 않는 경우에는 본죄의 객체가 될 수 없다. 예를 들어 상평통보와 같은 옛날 돈이나 지금은 쓰지 않는 폐화(廢貨), 유럽의 경우 유로화로의 교환기간이 끝난 독일의 마르크화, 프랑스의 프랑 등은 통화라고 할 수 없고, 재물이 될 수 있을 뿐이다.

기념주화도 통화에 해당하는가에 대해, 긍정설은 통용은 유통보다는 넓은 개념으로서 유통보다는 수집의 대상이 되는 기념주화도 통화라고 할 수 있다고 한다. 부정설은 기념주화는 강제통용력이 없다는 것을 근거로 든다. 기념주화도 일반주화와 마찬가지로 국내에서 무제한 통용되는 법화(法貨, legal tender)의 성격을 가지고 있기 때문에 일반상거래시 지급수단으로 사용할 수 있으므로 긍정설이 타당하다.

'외국에서 통용'한다는 것은 외국에서 강제통용력을 가진 것을 의미한다.

3) 유통하는   제2항의 객체는 국내에서 '유통하는' 외국의 화폐, 지폐 또는 은행권이다. 유통한다는 것은 강제통용력이 없이 사실상 지급수단이 되고 있는 상태를 가리킨다. 외국에서는 강제통용력이 없거나 국내에서 외국통화의 사용이 금지되고 있다고 하더라도 본죄의 객체가 된다.

통용기간이 경과하였으나 교환 중인 구화도 통화라고 할 수 있는가에 대해 긍정설과 부정설이 대립된다. 판례는 부정설의 입장에 있다.

[대판 2003. 1. 10. 2002도3340] 스위스 화폐로서 1998년까지 통용되었으나 현재는 통용되지 않고, 다만 스위스 은행에서 신권과의 교환이 가능한 진폐는 내국에서 '유통하는' 외국의 화폐에 해당하지 아니한다.

외국의 화폐 등은 외국의 '통화로서' 유통되어야 하고 단순히 수집이나 연구의 대상으로 유통되는 외국화폐는 본죄의 객체가 될 수 없다. 유통은 국내 전체에서 유통될 것을 요하지 않고 일부에서만 유통되어도 상관없다.

4) 대한민국 및 외국의 화폐, 지폐, 은행권   제1항의 죄의 객체는 대한민국에서 강제통용력을 가진 국내 화폐, 지폐, 은행권이고, 제3항의 죄의 객체는 외국에서 강제통용력을 가진 외국의 화폐, 지폐, 은행권이다. 어디에서 유통되는가는 묻지 않는다. 제2항의 객체는 국내에서 유통되는 외국의 화폐, 지폐, 은행권이다. 판례는 북한에서 통용되는 소련군표는 내국에서 유통하는 외국의 지폐에 해

당한다고 하였다(대판 1948. 3. 24. 4281형상10).

(2) 실행행위

본죄의 실행행위는 위조 또는 변조이다.

1) 위   조   위조란 통화발행권이 없는 자가 일반인들이 진정한 통화로서 오신할 수 있는 외관을 갖춘 물건(위조통화)을 만들어내는 것을 말한다. 국내의 통화발행권은 한국은행에게만 있고 통화의 제조업무는 한국조폐공사에서 담당하고 있으므로 이것 이외의 방법으로 통화의 외관을 갖춘 물건을 만들어낼 경우에는 위조가 된다.

위조의 대상이 되는 진화가 실제 존재해야 하는가에 대해서 긍정설과 부정설(다수설)이 대립한다. 판례는 긍정설의 입장에 있다.

[대판 2004. 5. 14. 2003도3487; 대판 2013. 12. 12. 2012도2249] 미국에서 발행된 적이 없이 단지 여러 종류의 관광용 기념상품으로 제조, 판매되고 있는 미합중국 100만달러 지폐와 과거에 발행되어 은행 사이에서 유통되다가 현재는 발행되지 않고 있으나 화폐수집가나 재벌들이 이를 보유하여 오고 있는 미합중국 10만달러 지폐가 막연히 일반인의 관점에서 미합중국에서 강제통용력을 가졌다고 오인할 수 있다는 이유로 형법 제207조 제3항의 외국에서 통용하는 지폐에 포함된다고 할 수 없다.

위조의 방법에는 제한이 없다. 직접 그리든, 칼라복사기로 복사하든, 인쇄하든 진정한 통화로 오신될 수 있을 정도의 물건을 만들어내면 족하다. 색상, 재료, 크기, 문자, 도화 등이 진화와 반드시 일치하지 않아도 된다. 5천원짜리 지폐를 5만원짜리 지폐로 오인하도록 한 경우와 같이 진화를 재료로 하였더라도 다른 진화의 외관을 갖추도록 한 경우 변조가 아닌 위조가 된다.

보통인으로 하여금 보통의 주의로써 진화로서 오신할 정도이면 족하고(대판 1961. 8. 23. 4294형상257), 육안으로는 위조통화인지의 여부를 알 수 없을 정도에 이를 것을 요하지 않는다. 진정한 통화로서 오신될 정도에 이르지 못한 경우에는 통화유사물제조죄(제211조)가 될 수는 있어도 통화위조죄가 성립하지는 않는다.

판례에 의하면, 500원짜리 주화의 표면 일부를 깎아내어 손상을 가하였지만 그 크기와 모양 및 대부분의 문양이 그대로 남아 있어, 기존의 500원짜리 주화의 명목가치나 실질가치가 변경되었다거나, 객관적으로 보아 일반인으로 하여금 일본국의 500¥짜리 주화로 오신케 할 정도의 새로운 화폐를 만들어낸 것이라고 볼 수 없는 경우(대판 2002. 1. 11. 2000도3950), 한국은행발행 일만원권 지폐의 앞, 뒷면을 전자복사기로 복사하여 비슷한 크기로 잘라 진정한 통화로 오인할 정도에 이르지 못한 경우(대판 1986. 3. 25. 86도255; 대판 1985. 4. 23. 85도570), 한국은행권 10원짜리 주화의 표면에 하얀 약칠을 하여 기존의 10원짜리 주화가 100원짜리 주화와 유사한 색채를 갖도록 하여 색채의 변경만을 한 경우(대판 1979. 8. 28. 79도639) 등은 위조라고 할 수 없다.

2) 변 조   변조란 기존의 진화의 금액이나 가치 혹은 내용을 변경하는 것이다. 이미 만들어진 진화를 대상으로 한다는 점에서 위조와 구별된다. 통설은 가치나 금액을 변경하는 것만을 변조라고 하여 변조에는 금액을 고치는 것과 액면가치와 실제가치가 같은 본위화폐를 손괴하여 실제가치를 감소케 하는 것이 있다고 한다. 그러나 가치 이외의 다른 내용을 변경하는 것도 변조가 된다고 해야 할 것이다. 예를 들어 2002년에 나온 100원짜리 동전의 제조년도를 2000년으로 변경하는 경우도 변조가 된다.

변조가 되기 위해서는 기존의 진화를 그 동일성을 유지하면서 변경하는 것이어야 하고, 그 동일성을 넘어서서 새로운 진화를 만들어내는 것이라고 할 수 있을 때에는 위조가 된다. 예를 들어 5천원짜리 전체를 변경하여 5만원짜리와 같은 외관을 가지도록 한 경우에는 위조가 된다.

(3) 주관적 구성요건

본죄는 고의 이외에 초과주관적 구성요건요소로서 '행사할 목적'이 있어야 한다. 행사할 목적이란 위조·변조된 통화를 진정한 통화처럼 사용하겠다는 목적이다. 위조·변조된 통화를 교육의 목적이나 전시의 목적으로 사용하는 경우처럼 위조·변조된 통화로서 사용하려는 목적일 경우에는 본죄가 성립하지 않는다. 행사는 자기가 행사할 것을 요하지 않고 타인으로 하여금 행사하게 하는 것도 포함된다.

3. 미 수

본죄의 미수는 처벌한다(제212조). 본죄의 실행의 착수시기는 위조·변조행위를 개시하는 시점이고, 기수시기는 위조·변조행위가 종료된 시점이다. 본죄의 예비·음모는 처벌한다(제213조).

Ⅲ. 위조·변조통화 행사·수입·수출죄

> 제207조　④ 위조 또는 변조한 전3항 기재의 통화를 행사하거나 행사할 목적으로 수입 또는 수출한 자는 그 위조 또는 변조의 각죄에 정한 형에 처한다.

1. 구성요건

본죄의 객체는 위조 또는 변조한 통용하는 대한민국의 통화, 내국에서 유통되는 외국의 통화, 외국에서 통용하는 외국의 통화이다.

본죄의 실행행위는 행사 또는 행사할 목적으로 수입·수출하는 것이다.

행사란 위조·변조된 통화를 진정한 통화인 것처럼 타인에게 이전하여 유통시키는 것을 말한다. 행사의 목적이나 동기는 묻지 않는다. 행사는 유상·무상, 적법·부적법을 불문한다. 자선단체에 기부하거나 자동판매기에서 물품을 구입한 경우에도 행사가 된다. 위조통화임을 알고 있는 자에게 교부한 경우에도 피교부자가 유통시키리라는 것을 예상 내지 인식하였다면 행사가 된다(대판 2003. 1. 10. 2002도3340).

그러나 위조·변조된 통화를 하나의 상품으로 판매하거나 기념품으로 선물하거나 전시하거나 자신의 자력을 과시하기 위해 상대방에게 보여주는 것과 같이 진정한 통화가 아니라 위조·변조된 통화로 유통시키는 경우에는 행사가 될 수 없다.

수입이란 외국에서 국내로의 반입을, 수출이란 국내에서 국외로의 반출을 말한다.

본죄의 성립에는 위조·변조통화라는 점과 행사, 수입, 수출에 대한 고의가 있어야 하고, 수입·수출죄에서는 고의 이외에 행사할 목적이 필요하다.

2. 미　수

본죄의 미수는 처벌한다(제212조). 본죄의 실행의 착수시기는 위조·변조통화를 타인에게 이전시키는 행위 또는 수입·수출행위를 개시하는 시기이다.

[대판 2013. 12. 12. 2012도2249]　형법상 통화에 관한 죄는 문서에 관한 죄에 대하여 특별관계에 있으므로 통화에 관한 죄가 성립하는 때에는 문서에 관한 죄는

별도로 성립하지 않는다. 그러나 위조된 외국의 화폐, 지폐 또는 은행권이 강제통용력을 가지지 않는 경우에는 형법 제207조 제3항에서 정한 '외국에서 통용하는 외국의 화폐 등'에 해당하지 않고, 나아가 그 화폐 등이 국내에서 사실상 거래 대가의 지급수단이 되고 있지 않는 경우에는 형법 제207조 제2항에서 정한 '내국에서 유통하는 외국의 화폐 등'에도 해당하지 않으므로, 그 화폐 등을 행사하더라도 형법 제207조 제4항에서 정한 위조통화행사죄를 구성하지 않는다고 할 것이고, 따라서 이러한 경우에는 형법 제234조에서 정한 위조사문서행사죄 또는 위조사도화행사죄로 의율할 수 있다.

행사죄의 기수시기는 위조·변조통화를 상대방에게 이전시킨 시점이다. 수입죄의 기수시기는 국내에 상륙한 시점이다. 수출죄의 기수시기에 대해 내륙을 이탈한 시점이라는 다수설과 영해를 이탈한 시점이라는 소수설이 대립한다. 형법 제4조를 고려할 때 대한민국의 선박이나 항공기를 통해 수출하는 경우에는 적어도 영해나 영공을 이탈하는 시점 혹은 외국에 상륙한 시점이고, 외국의 선박이나 비행기를 통해 수출하는 경우에는 내륙을 떠나는 시점이라고 해야 할 것이다.

본죄의 예비·음모는 벌하지 않는다.

3. 죄 수

여러 개의 위조·변조통화를 한꺼번에 행사한 경우에는 행사죄의 단순일죄가 된다. 위조·변조통화를 여러 번에 나누어 행사한 경우에는 연속범 혹은 실체적 경합범이 된다.

행사할 목적으로 통화를 위조·변조하고 이를 행사한 경우에는 통화위조죄와 위조통화행사죄의 실체적 경합이라는 견해와 위조통화행사죄만이 성립한다는 견해가 대립하지만, 후자의 견해가 타당하다.

위조·변조된 통화를 행사하여 타인으로부터 재물을 취득한 경우 본죄와 사기죄의 실체적 경합범설, 상상적 경합범설(다수설) 및 위조·변조통화행사죄설 등이 대립한다. 판례는 실체적 경합범설을 따른다(대판 1979. 7. 10. 79도840). 상상적 경합범설 및 실체적 경합범설은 통화위조죄와 사기죄의 보호법익이 다르다는 것을 근거로 든다. 그러나 피해법익에 의해서만 죄수결정을 해서는 안 되고, 두 법익 사이의 관계도 고려해야 한다. 위조통화행사죄는 그 자체가 기망적 요소를 지니고 있는 것이므로 위조통화행사죄만이 성립한다는 견해가 타당하다.

IV. 위조·변조통화취득죄

> 제208조(위조통화의 취득) 행사할 목적으로 위조 또는 변조한 제207조 기재의
> 통화를 취득한 자는 5년 이하의 징역 또는 1,500만원 이하의 벌금에 처한다.

1. 구성요건

본죄의 객체는 위조 또는 변조한 통용하는 대한민국의 통화, 국내에서 유통하는 외국의 통화, 외국에서 통용하는 외국의 통화이다.

본죄의 실행행위는 취득이다. 취득이란 점유를 이전받는 일체의 행위를 말한다. 유상·무상을 불문하고, 원인행위에는 매매, 증여 등 적법한 행위 이외에 절취, 강취, 편취 등 위법한 취득도 포함된다. 자신이 보관하는 타인의 위조통화를 횡령한 경우도 취득에 포함되는가에 대해 긍정설과 부정설(다수설)이 있지만, 부정설이 타당하다. 취득은 점유이전을 요하기 때문이다.

마찬가지로 취득이란 소유의 의사 내지 고의를 필요로 하기 때문에, 임대차, 사용대차와 같이 소유의 의사없이 위조통화를 인도받는 경우나 위조통화를 보관하는 경우도 취득의 개념에 포함되지 않는다고 해야 한다. 위조·변조를 행한 공범 사이에서 위조·변조통화를 수수한 경우에는 취득에 포함되지 않는다.

본죄가 성립하기 위해서는 위조·변조된 통화라는 사실과 취득에 대한 의욕 또는 인용이 있어야 한다. 위조통화인 줄 모르고 인도받았다가 위조통화인 줄 알게 된 경우에는 본죄가 성립하지 않는다. 본죄는 고의 이외에 초과주관적 구성요건요소로서 '행사할 목적'을 요한다.

2. 미   수

본죄의 미수는 처벌한다(제212조). 본죄의 실행의 착수시기는 취득을 위한 계약 등을 개시하는 시점이다. 기수시기는 현실적으로 점유의 이전을 받은 시기이다.

3. 죄   수

위조통화인 줄 알면서 절취·강취한 경우 본죄 이외에 절도죄나 강도죄가 성립하는가에 대해 긍정설과 부정설이 있다. 부정설은 위조통화는 소유권의 객체가

될 수 없다는 점을 근거로 들지만, 재산범죄의 보호법익으로서의 타인의 재물이
란 사실상의 소유개념이라고 해야 하므로 재산범죄도 성립한다고 해야 한다.

행사할 목적으로 위조통화를 취득한 후 이를 행사한 경우 본죄와 위조통화
행사죄의 실체적 경합설과 위조통화행사죄설이 대립하지만 후자가 타당하다. 위
조통화인 줄 모르고 취득하였다가 위조통화인 것을 알고 행사한 경우 위조통화취
득후지정행사죄(제210조)가 성립한다.

V. 위조통화취득후지정행사죄

> 제210조(위조통화 취득 후의 지정행사) 제207조에 기재한 통화를 취득한 후 그
> 사정을 알고 행사한 자는 2년 이하의 징역 또는 500만원 이하의 벌금에 처한다.

1. 개　념

위조통화취득후지정행사죄란 위조 또는 변조한 통용하는 대한민국의 통화,
내국에서 유통하는 외국의 통화, 외국에서 통용하는 외국의 통화인 줄 알지 못하
고 이를 취득한 후 위조통화인 줄 알게 되었지만 행사하는 죄이다.

위조통화인 줄 모르고 취득하였지만 위조통화인 줄 알게 되었을 때에는 이
를 행사하지 말아야 한다. 그러나 자신의 손해를 피하기 위해 위조통화를 행사하
는 것은 인간의 자연스러운 본성에 속하므로 위조통화를 행사하지 않을 기대가능
성이 감소하기 때문에 책임이 감경되는 구성요건이다.

2. 구성요건

본죄의 객체는 위조 또는 변조한 통용하는 대한민국의 통화, 국내에서 유통
하는 외국의 통화, 외국에서 통용하는 외국의 통화이다.

본죄의 실행행위는 '위조·변조통화를 취득한 후 그 사정을 알고 행사하는
것'이다. 취득은 위조·변조통화취득죄에서와 같지만, 위조·변조한 통화인 줄 모
르고 취득하여야 한다. 행사할 목적으로 위조·변조통화인 줄 알고 취득한 후 행
사하는 경우에는 본죄가 성립하지 않고 위조·변조통화취득죄와 동행사죄의 성립
이 문제될 뿐이다. 행사할 목적없이 위조·변조통화를 취득한 후 행사한 경우에
도 본죄가 성립하지 않고 위조·변조통화행사죄(제207조 4항)가 성립한다.

행사란 위조·변조통화행사죄에서의 행사와 같은 개념으로서 위조·변조통화를 진정한 통화인 것처럼 상대방에게 점유를 이전하여 유통케 하는 것을 말한다. 본죄를 범하여 상대방으로부터 재물의 교부를 받은 경우 본죄와 사기죄의 실체적 경합설, 상상적 경합설이 있을 수 있으나, 사기죄만이 성립한다고 해야 할 것이다. 본죄에는 항상 기망적 요소가 포함되어 있고 사기죄의 형벌이 본죄의 형벌보다 무겁기 때문이다.

본죄의 미수는 처벌하지 않는다. 본죄의 실행의 착수시기는 행사행위를 개시하는 시점이고, 기수시기는 상대방에게 위조·변조통화의 점유를 이전한 시점이다.

VI. 통화유사물제조죄

> 제211조(통화유사물의 제조등) ① 판매할 목적으로 내국 또는 외국에서 통용하거나 유통하는 화폐, 지폐 또는 은행권에 유사한 물건을 제조, 수입 또는 수출한 자는 3년 이하의 징역 또는 700만원 이하의 벌금에 처한다.
> ② 전항의 물건을 판매한 자도 전항의 형과 같다.

1. 개   념

통화유사물제조죄란 판매할 목적으로 내국 또는 외국에서 통용하거나 유통하는 화폐, 지폐 또는 은행권에 유사한 물건을 제조, 수입 또는 수출하거나 통화유사물을 판매하는 죄이다. 통화유사물의 제조, 수입, 수출죄는 판매의 목적을 필요로 하는 진정목적범이지만, 통화유사물판매죄는 목적범이 아니다.

진정한 통화로 오신될 염려가 없는 통화유사물을 제조, 수입, 수출하거나 판매한 경우에는 공공의 신용이나 거래의 안전을 해할 추상적 위험조차 없다고 할 수 있기 때문에, 본죄를 비범죄화해야 한다.

2. 구성요건

본죄의 객체는 통화유사물, 즉 내국 또는 외국에서 통용하거나 유통하는 화폐, 지폐 또는 은행권에 유사한 물건이다. 통화유사물이란 일반인이 진정한 통화로 오신할 정도에 이르지 않지만 통화와 비슷한 외관을 지닌 물건이다.

본죄의 실행행위는 제조, 수입, 수출 또는 판매이다. 제조는 새로 만들어내는 것, 수입은 국내로 반입하는 것, 수출은 국외로 반출하는 것을 말한다.

판매란 유상으로 양도하는 것을 말한다. 불특정 또는 다수인에 대한 것임을 요하는가에 대해서 긍정설과 부정설이 있다. 불특정 또는 다수인에 대한 판매라 고 해석해야 할 근거가 없으므로 부정설이 타당하다.

통화유사물의 제조, 수입, 수출죄에서는 고의 이외에 초과주관적 구성요건요 소로서 판매의 목적이 필요하다. 판매죄에서는 별도의 목적이 필요하지 않다.

3. 미　　수

본죄의 미수는 처벌한다(제212조). 본죄의 실행의 착수시기는 제조, 수입, 수 출, 판매행위를 개시한 때이다. 제조죄의 기수시기는 통화유사물이 완성된 때이 다. 수입, 수출죄는 위조·변조통화수입·수출죄에서와 같다. 판매죄의 기수시기 는 현실적으로 통화유사물의 점유를 인도하고 대가를 취득한 시점이다.

Ⅶ. 통화위조·변조의 예비·음모죄

> 제213조(예비·음모)　제207조 제1항 내지 제3항의 죄를 범할 목적으로 예비 또 는 음모한 자는 5년 이하의 징역에 처한다. 단, 그 목적한 죄의 실행에 이르기 전에 자수한 때에는 그 형을 감경 또는 면제한다.

통화위조·변조의 예비·음모죄는 통용하는 대한민국의 화폐, 지폐, 은행권의 위조·변조(제207조 1항), 내국에서 유통하는 외국의 화폐, 지폐, 은행권의 위조·변 조(제2항), 외국에서 통용하는 외국의 화폐, 지폐, 은행권의 위조·변조(제3항)의 죄 를 범할 목적으로 예비·음모하는 죄이다.

예비는 위의 범죄들의 준비행위로서 실행의 착수에 이르지 못한 행위를, 음 모는 위의 죄들을 범하기 위한 의사의 연락행위를 말한다.

예비·음모죄가 성립하기 위해서는 통화위조·변조죄를 범할 목적이 있어야 하므로 행사의 목적도 필요하다. 본죄를 범한 자가 실행의 착수에 이르기 전에 자수한 때에는 그 형을 감경 또는 면제한다.

제 2 절   유가증권, 우표와 인지에 관한 죄

Ⅰ. 총   설

1. 개념 및 보호법익

유가증권에 관한 죄란 행사할 목적으로 유가증권을 위조 · 변조 · 허위작성하거나 위조 · 변조 · 허위작성한 유가증권을 행사하거나 행사할 목적으로 수입 또는 수출하는 등의 죄를 말한다. 우표와 인지에 관한 죄는 행사할 목적으로 우표나 인지를 위조 · 변조하거나 위조 · 변조된 우표 · 인지 등을 행사하거나 행사할 목적으로 수입, 수출, 취득하거나 우표 · 인지유사물을 제조, 수입, 수출, 판매하는 죄이다.

유가증권은 고도의 유통성이 있지만 통화에 비해서는 유통성이 적으므로 형법은 통화에 관한 죄와 독립적으로 유가증권에 관한 죄를 규정하되 통화에 관한 죄에 비해 형벌을 가볍게 규정하였다. 우표나 인지 등은 유가증권과 같이 재산권이 화체되어 있는 증권은 아니지만, 그 자체가 법률상 일정한 수량의 금전을 대신하는 효력을 갖는 금권(金券)으로서 유가증권과 유사한 성격을 가지므로 유가증권에 관한 죄와 같은 장에서 규정하되, 독립적으로 규정한 것이다.

본죄의 보호법익은 유가증권이나 우표 · 인지에 대한 공공의 신용 및 거래의 안전이고, 보호의 정도는 추상적 위험범이다.

형법 제5조가 세계주의를 규정한 것이 아님은 통화에 관한 죄에서 본 것과 같다.

2. 구성요건체계

유가증권에 관한 죄는 크게 유가증권위조 · 변조죄와 허위유가증권작성죄 및 위조 · 변조 또는 허위작성된 유가증권행사죄로 나눌 수 있다.

유가증권위조 · 변조죄는 작성 또는 기재 권한이 없는 자가 유가증권을 작성하거나 권리의무에 관한 사항을 기재하는 것을 말한다. 이에는 유가증권위조 · 변조죄(제214조 1항), 유가증권의 권리의무에 관한 기재의 위조 · 변조죄(제214조 2항), 자격모용에 의한 유가증권작성죄(제215조)가 있다.

허위유가증권작성죄(제216조)는 작성권한자가 허위의 유가증권을 작성하거나 유가증권에 허위사항을 기재하는 것을 말한다. 위조유가증권행사죄(제217조)는 위조·변조·허위작성된 유가증권을 행사하거나 행사할 목적으로 수입 또는 수출하는 죄를 말한다.

유가증권에 관한 죄의 미수는 처벌하고(제223조), 유가증권위조·변조죄(제214조)와 자격모용에 의한 유가증권작성죄(제215조)의 예비·음모는 처벌한다(제224조). 유가증권에 관한 죄를 범한 자를 징역에 처할 경우 10년 이하의 자격정지 또는 2천만원 이하의 벌금을 병과할 수 있다(제220조).

우표·인지에 관한 죄에는 인지·우표의 위조·변조죄(제218조 1항), 위조·변조된 인지·우표의 행사·수입·수출·취득죄(제218조 2항, 제219조), 소인말소죄(제221조), 인지·우표유사물제조등죄(제222조) 등이 있다.

소인말소죄를 제외한 우표·인죄에 관한 죄의 미수는 처벌하고, 인지·우표 위조·변조죄의 예비·음모는 처벌한다(제224조). 인지·우표위조·변조죄(제218조 1항), 위조·변조인지·우표행사·수입·수출·취득죄(제218조 2항, 제219조)를 범한 자를 징역형에 처할 경우 10년 이하의 자격정지나 2천만원 이하의 벌금을 병과할 수 있다.

> 「부정수표단속법」은 수표의 위조·변조죄(제5조), 가공인 명의의 수표 등과 같은 부정수표의 발행·작성죄(제2조 1항)를 규정하고 있는데, 이들 범죄의 성립에 행사할 목적은 요하지 않는다. 또한 동법은 수표부도죄(제2항) 및 그 과실범(제3항)을 처벌하는 규정을 두고 있다.

Ⅱ. 유가증권에 관한 죄

1. 유가증권위조·변조죄

> 제214조(유가증권의 위조등) ① 행사할 목적으로 대한민국 또는 외국의 공채증서 기타 유가증권을 위조 또는 변조한 자는 10년 이하의 징역에 처한다.

(1) 보호법익
본죄의 보호법익은 유가증권에 대한 공공의 신용과 거래의 안전이고, 보호의 정도는 추상적 위험범이다.

(2) 구성요건

1) **행위의 객체**   본죄의 객체는 대한민국 또는 외국의 공채증서 기타 유가증권이다. 공채증서는 국가 또는 공공단체가 발행한 국채 또는 지방채의 증권으로서 유가증권의 한 예이다.

가. 유가증권의 개념   유가증권이란 증권상에 표시된 재산상의 권리의 행사와 처분에 그 증권의 점유를 필요로 하는 것을 총칭하는 것으로서 재산권이 증권에 화체된다는 것과 그 권리의 행사와 처분에 증권의 점유를 필요로 한다는 두 가지 요소를 갖추면 족하다. 통설·판례에 의하면 유가증권은 반드시 유통성을 가질 필요는 없다(대판 2001. 8. 24. 2001도2832; 대판 1995. 3. 14. 95도20). 따라서 극장입장권, 승차권, 경마투표권 등과 같이 유통성이 없는 증권도 유가증권에 속한다.

그러나 권리의 행사와 처분에 증권의 점유를 요하지 않는 증권들은 유가증권이 아니다. 예컨대 계약서, 차용증서, 영수증, 예금증서와 같이 법률관계의 유무 또는 내용을 후일에 용이하게 증명하기 위해 작성해 두는 서면인 증거증권, 호텔 등의 의류보관표, 고속버스, 기차, 항공기의 수화물보관증 등과 같이 채무자가 증권의 소지자에게 채무를 이행하면 그 소지인이 진정한 권리자가 아니라도 채무자가 책임을 면하게 되는 면책증권은 유가증권이 아니다. 지폐·우표·인지 등과 같은 금권(金券)은 재산권이 화체된 것이 아니고 그것 자체가 일정한 금액을 대신하는 효력을 갖는 것이므로 유가증권에 속하지 않는다.

나. 유가증권의 종류   유가증권은 화체된 권리와 증권의 밀접도에 따라 여러 가지 종류가 있다. 가장 대표적인 유가증권은 어음과 수표[1])이지만, 화물상환증, 선하증권, 창고증권, 무기명주권, 기명주권, 채권, 상품권, 승차권, 승마투표권, 극장입장권, 관람권, 복권 등이 유가증권에 속한다는 데에는 의견이 일치한다.

다. 유가증권 여부   유가증권은 반드시 서면일 필요가 없고 만들어진 재료가 무엇인지 문제되지 않는다. 개찰 후의 열차승차권에 대해서는 유가증권이라는 견해와 증거증권에 불과하다는 견해가 대립되지만, 개찰 후라고 하여 유가증권성이 상실되는 것은 아니라고 해야 한다.

---

1) 부정수표단속법은 수표의 위조·변조죄를 가중처벌한다(동법 제5조).

　　신용카드가 유가증권인가에 대해 긍정설과 부정설이 있다. 판례는 부정설을
따른다(대판 1999. 7. 9. 99도857). 양도성정기예금증서(CD)[1]는 유가증권이다. 과거 무
기명정기예금증서가 유가증권이 아니라고 한 적도 있지만, 오늘날 무기명정기예
금증서란 양도성정기예금증서를 의미하므로 유가증권에 속한다.

　　판례에 의하면, 스키장 회원용 리프트탑승권(대판 1998. 11. 24. 98도2967), 공
　　중전화카드(대판 1998. 2. 27. 97도2483), 할부구매전표(대판 1995. 3. 14. 95도20), 주
　　권발행 후의 주권(대판 1984. 12. 26. 84도2303), 직장소비조합이 그 소속조합원
　　에게 교부하고, 조합원은 그것에 의해서만 신용구매의 권리를 행사할 수 있
　　는 신용카드(대판 1984. 11. 27. 84도1862)[2] 등은 유가증권이다.
　　그러나 재산권이 표창되지 않고 단지 법률관계의 존부내용을 증명하는 데
　　불과한 증거증권(대판 1972. 12. 26. 72도1688), 정기예탁금증서(대판 1984. 11. 27.
　　84도2147), 신용카드업자가 발행한 신용카드(대판 1999. 7. 9. 99도857), 예금통장
　　(대판 2010. 5. 27. 2009도9008) 등은 유가증권이 아니다.

　　라. 유가증권의 효력 여부　　　　유가증권은 외형상 유가증권이라고 오신할
수 있을 정도면 족하고 그것이 법률상 효력이 있는가의 여부는 문제되지 않는다.
예컨대 필요적 기재사항을 기재하지 않아서 무효인 어음·수표(대판 1973. 6. 12. 72도
1796), 대표자의 날인이 없는 주권(대판 1974. 12. 24. 74도294) 등과 같이 무효인 유가
증권도 본죄의 유가증권에 해당한다.

　　마. 발행인의 존재유무　　　　통설·판례는 유가증권위조에 있어서 발행인이
실재하지 않는 허무인이어도 무방하다고 한다.

[대판 2011. 7. 14. 2010도1025] 행사할 목적으로 외형상 일반인으로 하여금 진정
하게 작성된 유가증권이라고 오신케 할 수 있을 정도로 작성된 것이라면 그 발행
명의인이 가령 실재하지 않은 사자 또는 허무인이라 하더라도 그 위조죄가 성립
된다고 해석함이 상당하다.

　　2) 실행행위　　　　본죄의 실행행위는 위조 또는 변조이다. 위조·변조는 기
본적 증권행위인 발행에 대한 것으로서 배서, 인수 등 부수적 증권행위의 기재사
항을 위조·변조한 경우에는 제2항의 권리의무에 관한 기재사항의 위조·변조가

---

　　1) 양도성정기예금증서는 은행이 발생하는 무기명 단기금융상품이다.
　　2) 신용카드의 유가증권성을 부인한 대판 1999. 7. 9. 99도857과 비교할 것.

된다.

가. 위   조

A. 개   념   위조란 유가증권을 발행할 권한이 없는 자가 타인명의의 유가증권을 작성하는 것을 말한다. 타인명의의 유가증권을 작성해도 대리권 등 발행할 권한이 있는 경우에는 위조에 해당하지 않는다. 예컨대 A회사의 대표이사로 취임한 甲이 이전의 대표이사였던 B의 명의로 A회사 명의의 수표를 발행한 경우 甲이 A회사 명의의 수표를 발행할 권한이 있으므로 본죄가 성립하지 않는다(대판 1975. 9. 23. 74도1684). 어음에 자신의 본명을 사용하지 않고 타인명의를 사용하였더라도 통상 그것이 자신을 지칭하는 것으로 인식되어 온 경우에는 타인명의를 사용한 것이 아니므로 위조가 아니다(대판 1982. 9. 28. 82도296). 그러나 사망자의 상속인인 처에게서 사망자의 인장을 교부받아 사망자 생존 시를 발행일자로 한 사자명의 유가증권을 위조한 경우, 발행명의인의 승낙이 있었다고 볼 수 없으므로 본죄가 성립한다(대판 2011. 7. 14. 2010도1025).

타인명의를 도용하지 않고 자기명의로 작성한 경우에는 자격모용에 의한 유가증권작성죄(제215조)는 성립할 수 있어도 본죄는 성립하지 않는다(대판 1975. 9. 23. 74도1684).

B. 위조의 정도 및 방법   위조는 일반인이 진정한 것으로 오신할 정도의 형식과 외관을 갖추고 있는 유가증권을 작성하면 되고 그 방법에는 제한이 없다.

판례에 의하면, 문방구 약속어음 용지를 이용하여 작성되었다고 하더라도 그 전체적인 형식·내용에 비추어 일반인이 진정한 것으로 오신할 정도의 약속어음 요건을 갖추고 있는 경우(대판 2001. 8. 24. 2001도2832), 기존의 위조어음의 액면란에 금액을 기입하여 그 위조어음을 완성한 경우(대판 1982. 6. 22. 82도677), 찢어버린 타인발행명의의 어음파지편을 이용하여 이를 조합하여 어음의 외형을 갖춘 경우(대판 1976. 1. 27. 74도3442) 등에서는 유가증권위조죄가 인정된다.

그러나 인쇄된 약속어음용지를 사용하기는 하였으나 소비대차의 증표로서 발행하였고, 발행인 아닌 피고인이 임의로 날인한 무인만이 있는 경우에는 일반인이 진정하고 유효한 약속어음으로 오신할 정도의 형식과 외관을 갖춘 약속어음이라고 보기 어려워 유가증권위조죄가 성립하지 않는다(대판 1992. 6. 23. 92도976).

위조는 간접정범의 방법으로 할 수도 있다. 예컨대 유가증권을 영수증이라고 속이고 발행인란에 서명케 하는 경우에는 본죄가 성립한다. 그러나 발행인을 기망하여 서명케 한 경우에도 발행인이 유가증권을 발행한다는 것을 알고 서명한 경우에는 본죄가 성립하지 않고 사기죄가 성립할 수 있을 뿐이다.

　　C. 보충권남용의 경우 　　어음이나 수표의 보충권을 남용한 경우 그 남용의 정도가 사소할 때에는 본죄가 성립하지 않으나 보충권의 남용의 정도가 심하여 새로운 어음·수표의 발행이라고 볼 수 있을 정도일 때에는 본죄가 성립한다 (대판 1999. 6. 11. 99도1201).

　　D. 유가증권의 전자기록부분을 변경한 경우 　　예를 들어 다 쓴 공중전화카드의 금액에 관한 전자기록부분을 변경하여 다시 쓸 수 있는 공중전화카드를 만든 경우, 판례는 유가증권위조죄가 된다고 한다(대판 1998. 2. 27. 97도2483).[1]

　　나. 변　　조 　　변조란 진정으로 성립된 유가증권의 내용에 권한없는 자가 그 유가증권의 동일성을 해하지 않는 한도에서 변경을 가하는 것을 말한다. 권한없는 자를 전제로 한다는 점에서 위조와 같고, 진정으로 성립된 유가증권을 대상으로 하고, 동일성을 해하지 않는다는 점에서 새로운 유가증권을 작성하는 위조와 구별된다. 진정으로 성립된 유가증권이어야 하므로 이미 위조된 약속어음의 기재사항을 권한없이 변경하거나(대판 2006. 1. 26. 2005도4764), 유가증권의 내용 중 이미 변조된 부분을 다시 권한 없이 변경해도(대판 2012. 9. 27. 2010도15206) 유가증권변조죄는 성립하지 않는다.

　　권한있는 자가 변경을 한 경우에는 그 내용이 허위이거나 권한남용이 있다 하더라도 변조가 되지 않는다. 예컨대 회사의 대표이사가 대표권을 남용하여 자기 또는 제3자의 이익을 도모할 목적으로 그 명의의 주권의 기재사항에 변경을 해도 변조에 해당되지 않는다(대판 1980. 4. 22. 79도3034). 약속어음의 할인을 위임받은 자가 어음금액을 기재한 후 어음할인을 받으려고 하다가 실패하여 어음금액의 기재를 삭제해도 권한있는 변경이기 때문에 변조에 해당되지 않지만(대판 2006. 1. 13. 2005도6267), 권한없이 내용을 변경하는 경우에는 변경된 내용이 진실에 합치하더라도 변조가 된다(대판 1984. 11. 27. 84도1862).

---

1) 그러나 유가증권의 위조·변조란 정확하게 이야기하면 문자나 부호를 사용하는 것을 말하므로, 문자와 전자기록으로 구성된 유가증권의 자기기록부분만의 변경에 머무른 경우에는 유가증권위조·변조가 되지 못한다고 해야 할 것이다. 형법도 이러한 경우 위작·변작이라는 용어를 사용한다(제227조의2, 제232조의2). 다 쓴 교통카드의 전자기록부분을 변경하여 다시 쓸 수 있도록 한 경우도 마찬가지일 것이다.

변조는 진정성립된 유가증권의 동일성을 해하지 않는 범위에서의 변경이어야 하므로 기존의 유가증권을 대상으로 한다 하더라도 새로운 유가증권을 작성한 것이라고 할 수 있는 경우에는 변조가 아니라 위조가 된다. 따라서 어음의 발행일자, 액면(대판 2006. 1. 26. 2005도4764), 지급인, 주소 등의 변경은 변조가 되나, 유가증권용지에 필요사항을 임의로 기재하여 새로운 유가증권을 만드는 것 또는 실효한 유가증권을 가공하여 새로운 유가증권을 작성하는 것은 동일성을 상실한 경우이므로 위조에 해당한다.

변조는 타인명의의 유가증권에 대해 간접정범의 방법으로도 가능하므로, 유가증권의 소지인이 자신이 유가증권의 기재내용을 변경할 수 있는 권한이 있는 것처럼 기망하여 타인에게 그 기재내용을 변경하게 하였다면 본죄의 간접정범이 된다(대판 1984. 11. 27. 84도1862).

변조는 타인명의의 유가증권의 내용을 무단변경하는 것이므로 자기명의의 유가증권의 내용을 무단변경하는 경우에는 변조가 될 수 없고(대판 1978. 11. 14. 78도1904), 그 유가증권이 타인소유인 경우에는 문서손괴죄가 될 수 있을 뿐이다. 예를 들어 甲이 자기명의로 액면금액 100만원의 어음을 발행하여 A에게 교부한 후, 이를 다시 보자고 한 후 몰래 액면금액을 10만원으로 변경한 행위는 유가증권변조죄가 아니라 A 소유 문서의 효용을 해한 것이므로 문서손괴죄에 해당된다.

3) 주관적 구성요건   본죄는 진정목적범이므로 본죄가 성립하기 위해서는 유가증권을 위조 또는 변조한다는 고의 이외에 초과주관적 구성요건요소로서 행사할 목적이 필요하다.

(3) 죄　　수

1) 죄수결정의 기준   통설·판례는 본죄의 죄수는 원칙적으로 위조·변조된 유가증권의 매수를 기준으로 한다고 한다. 동일한 시간, 장소에서 한꺼번에 여러 매의 유가증권을 위조·변조한 경우에는 본죄의 실체적 경합설(대판 1983. 4. 12. 82도2938)과 상상적 경합설(다수설)이 대립하지만, 포괄일죄 혹은 단순일죄라고 해야 한다.

2) 다른 범죄와의 관계   1매의 유가증권에 본죄와 제214조 제2항의 권리·의무에 관한 기재의 위조가 이루어진 경우에는 본죄만이 성립한다. 본죄를 범하기 위해 인장을 위조한 경우 인장위조죄는 본죄에 흡수된다.

본죄를 범한 후 위조유가증권을 행사한 경우에 본죄와 위조유가증권행사죄의 실체적 경합설(다수설), 상상적 경합설 및 위조유가증권행사죄설이 대립한다. 위조유가증권행사죄와 유가증권위조죄는 목적과 수단의 관계에 있으므로, 위조유 가증권행사죄만이 성립한다고 해야 한다.

2. 권리·의무에 관한 기재의 위조·변조죄

> **제214조** ② 행사할 목적으로 유가증권의 권리·의무에 관한 기재를 위조 또는 변조한 자도 전항의 형과 같다.

본죄는 행사할 목적으로 유가증권의 권리·의무에 관한 기재를 위조 또는 변 조하는 죄이다. 행사의 목적을 필요로 하는 진정목적범이다.

유가증권에 관한 행위는 발행, 배서, 인수, 보증, 지급보증 등의 행위가 있는 데, 이 중 발행을 기본적 증권행위라고 하고 나머지를 부수적 증권행위라고 한다. 유가증권의 위조·변조는 권한없는 자가 기본적 증권행위를 하는 것이고, 권리· 의무에 관한 기재의 위조·변조는 권한없는 자가 부수적 증권행위를 하는 것을 말한다. 위조란 새로이 부수적 증권행위를 하는 것을 말하고, 변조란 이미 성립되 어 있는 부수적 증권행위의 내용을 변경하는 것을 말한다.

> [대판 2003. 1. 10. 2001도6553] 어음발행인이라 하더라도 어음상에 권리의무를 가진 자가 있는 경우에는 이러한 자의 동의를 받지 아니하고 어음의 기재 내용 에 변경을 가하였다면 이는 유가증권의 권리의무에 관한 기재를 변조한 것에 해당 한다.
> [대판 1984. 2. 28. 83도3284] 명의임차인이 명의대여자의 승낙없이 본래의 명의 대여자의 명의로 어음을 배서하고 이를 행사하였다면 명의임차인은 유가증권위조 의 책임을 진다.

3. 자격모용에 의한 유가증권작성죄

> **제215조(자격모용에 의한 유가증권의 작성)** 행사할 목적으로 타인의 자격을 모용하여 유가증권을 작성하거나 유가증권의 권리 또는 의무에 관한 사항을 기 재한 자는 10년 이하의 징역에 처한다.

(1) 구성요건

본죄의 실행행위는 타인의 자격을 모용하여 유가증권을 작성하거나 유가증권의 권리 또는 의무에 관한 사항을 기재하는 것이다.

'타인의 자격을 모용'한다는 것은 대리권 또는 대표권없는 자가 타인을 대리 또는 대표하여 유가증권을 발행하거나 권리·의무에 관한 사항을 기재하는 것을 말한다. A법인의 대표이사가 아닌 甲이 'A법인의 대표이사 甲'이라고 기재하고 유가증권을 발행한 경우를 한 예로 들 수 있다(대판 1991. 2. 26. 90도577). 자격모용에는 원래 자격이 없는 자의 자격모용, 자격이 상실·정지된 자의 자격모용(대판 1987. 8. 18. 87도145), 자격이 있더라도 권한을 현저히 초월하거나 권한이 없는 사항에 관한 자격모용이 있을 수 있다. 그러나 자격있는 자의 단순한 권한남용은 본죄에 해당되지 않는다.

[대판 2015. 11. 27. 2014도17894] 주식회사의 적법한 대표이사는 회사의 영업에 관하여 재판상 또는 재판외의 모든 행위를 할 권한이 있으므로, 대표이사가 직접 주식회사 명의의 문서를 작성하는 행위는 자격모용사문서작성 또는 위조에 해당하지 않는 것이 원칙이다. 이는 그 문서의 내용이 진실에 반하는 허위이거나 대표권을 남용하여 자기 또는 제3자의 이익을 도모할 목적으로 작성된 경우에도 마찬가지이고 이러한 법리는 주식회사의 대표이사가 대표 자격을 표시하는 방식으로 약속어음 등 유가증권을 작성하는 경우에도 마찬가지로 적용된다.

자격자인 타인은 실제로 존재해야 하고, 예를 들어 유령회사의 대표이사 자격을 모용한 경우와 같이 자격자가 실재하지 않는 경우에는 허위유가증권작성죄가 된다(대판 1970. 12. 29. 70도2389).

'유가증권을 작성'한다는 것은 유가증권을 발행하는 것을 말하고, '권리·의무에 관한 사항을 기재'한다는 것은 배서나 인수 등과 같은 부수적 증권행위를 하는 것을 말한다.

(2) 미   수

본죄의 미수범 및 예비·음모는 처벌한다(제223조, 제224조).

4. 허위유가증권작성죄

제216조(허위유가증권의 작성등) 행사할 목적으로 허위의 유가증권을 작성하거

나 유가증권에 허위사항을 기재한 자는 7년 이하의 징역 또는 3천만원 이하의 벌금에 처한다.

(1) 개념 및 법적 성격

본죄는 행사할 목적으로 허위의 유가증권을 작성하거나 유가증권에 허위사항을 기재하는 죄이다. 행사할 목적이 필요한 진정목적범이다.

(2) 구성요건

본죄의 실행행위는 허위의 유가증권을 작성하거나 유가증권에 허위사항을 기재하는 것이다. 문서위조죄에서 무형위조에 해당하는 행위이다.

허위의 유가증권을 작성한다는 것은 유가증권을 작성할 권한있는 자가 진실한 사실에 반하는 내용을 유가증권에 기재하는 것을 말한다. 작성권한 있는 자의 행위라는 점에서 작성권한 없는 자의 행위인 위조·변조와 구별된다.

허위사항을 기재하는 것은 새로이 유가증권을 발행하면서 허위사항을 기재하든 기존의 유가증권에 허위사항을 기재하든 상관없다. 그러나 권리·의무에 관계없는 사항에 대해 허위기재를 한 경우에는 본죄가 성립하지 않는다.

[대판 1986. 6. 24. 84도547] 배서인의 주소기재는 배서의 요건이 아니므로 약속어음 배서인의 주소를 허위로 기재하였다고 하더라도 그것이 배서인의 인적 동일성을 해하여 배서인이 누구인지를 알 수 없는 경우가 아닌 한 약속어음상의 권리관계에 아무런 영향을 미치지 않는다 할 것이고 이러한 약속어음상의 권리에 아무런 영향을 미치지 않는 사항은 그것을 허위로 기재하더라도 형법 제216조 소정의 허위유가증권작성죄에 해당되지 않는다.

판례에 의하면, 지급은행과 당좌거래의 사실이 없거나 거래정지를 당했음에도 수표를 발행한 경우(대판 1956. 6. 26. 4289형상128), 실재하지 아니한 유령회사의 대표라 기재하고 자기명의의 인장을 찍어서 회사명의의 약속어음을 발행한 경우(대판 1970. 12. 29. 70도2389), 발행일자를 소급하여 주권을 발행한 경우(대판 1974. 1. 15. 73도2041), 작성권자의 승낙 내지 위임을 받아 약속어음을 작성함에 있어서 발행인 명의 아래 진실에 반하는 내용인 피고인의 인장을 날인하여 일견 유효한 듯한 약속어음을 발행한 경우(대판 1975. 6. 10. 74도2594)에는 본죄가 성립한다.

그러나 당좌거래은행에 잔고가 없음을 알면서 수표를 발행한 경우(대판

1960. 11. 30. 4293형상787), 원인관계 없이 약속어음을 발행한 경우(대판 1977. 5. 24. 76도4132), 주권발행 전에 주식을 양도받은 자에게 주권을 발행한 경우(대판 1982. 6. 22. 81도1935), 은행을 통하여 지급이 이루어지는 약속어음의 발행인이 그 발행을 위하여 은행에 신고된 것이 아닌 발행인의 다른 인장을 날인한 경우(대판 2000. 5. 30. 2000도883)에는 본죄가 성립하지 않는다.

(3) 위법성 및 책임

[대판 1995. 9. 29. 95도803]   실제로 선적한 일이 없는 화물을 선적하였다는 내용의 선하증권을 발행, 교부하였다면 선하증권을 작성하면서 진실에 반하는 허위의 기재를 하였음이 명백할 뿐만 아니라 … 화물이 선적되기도 전에 선하증권을 발행하는 것이 해운업계의 관례라고 하더라도 이를 가리켜 정상적인 행위라거나 그 목적과 수단의 관계에서 보아 사회적 상당성이 있다고 할 수는 없으므로 피고인들이 위 행위가 죄가 되지 아니한다고 그릇 인식하였다고 하더라도 거기에 정당한 이유가 있는 경우라고 할 수 없다.

5. 위조유가증권등행사죄

제217조(위조유가증권등의 행사등)   위조·변조·작성 또는 허위기재한 전3조 기재의 유가증권을 행사하거나 행사할 목적으로 수입 또는 수출한 자는 10년 이하의 징역에 처한다.

(1) 개   념

본죄는 위조·변조된 유가증권, 권리·의무에 관한 기재가 위조·변조된 유가증권, 자격모용에 의해 작성된 유가증권, 허위작성된 유가증권을 행사하거나 행사할 목적으로 수입 또는 수출하는 죄이다. 행사죄는 목적범이 아니지만, 수입·수출죄는 행사할 목적을 필요로 하는 진정목적범이다.

(2) 구성요건

1) 행위의 객체   본죄의 객체는 위조·변조된 유가증권, 권리·의무에 관한 기재가 위조·변조된 유가증권, 자격모용에 의해 작성된 유가증권, 허위작성된 유가증권 등이다.

판례는 "위조유가증권행사죄에 있어서의 유가증권이라 함은 위조된 유가증권의 원본을 말하는 것이지 전자복사기 등을 사용하여 기계적으로 복사한 사본은 이에 해당하지 않는다"고 한다(대판 2010. 5. 13. 2008도10678; 대판 1998. 2. 13. 97도2922).
이는 복사한 문서도 문서에 해당한다고 하는 형법규정 및 위조문서등행사죄에 관
한 판례와는 다른 입장이다. 그러나 복사한 위조유가증권도 유가증권으로서의 외
관을 갖춘 경우에는 본죄의 객체가 될 수 있다고 해야 할 것이다. 다만 판례는
위조유가증권의 사본을 행사한 경우 본죄에는 해당되지 않아도 위조사문서행사죄
에는 해당된다고 한다(대판 2010. 5. 13. 2008도10678).

2) **실행행위**　　본죄의 실행행위는 행사, 수입, 수출이다.

가. 행　　사　　행사란 위조·변조 또는 허위작성·기재된 유가증권을 진
실한 유가증권인 것처럼 사용하는 것을 말한다. 통설은 유통에 놓을 것을 요하지
않고 제시, 교부, 비치만으로도 행사가 된다는 점에서 위조통화행사죄와 차이가
있다고 한다. 그러나 단순히 제시, 교부, 비치만으로 행사라고 하는 것은 문언의
가능한 의미를 넘어서는 해석이고, 본죄의 보호법익이 유가증권에 대한 공공의
신용과 거래의 안전이라는 점을 고려한다면 유통에 놓을 것을 요한다고 해야 할
것이다. 따라서 위조유가증권을 보이고 돈을 빌리는 경우에는 사기죄는 성립할
수 있어도 위조유가증권행사죄는 성립하지 않는다고 해야 한다.

판례는 유가증권위조의 공범들 사이에서 위조유가증권을 교부한 행위는 그
들 이외의 자에게 행사함으로써 범죄를 실현하기 위한 전단계의 행위에 불과한
것으로서 행사에 해당되지 않지만(대판 2010. 12. 9. 2010도12553; 대판 2003. 6. 27. 2003도
2372), 위조유가증권임을 알고 있는 자에게 교부하였더라도 피교부자가 이를 소통
시킬 것임을 인식하고 교부하였다면 그 교부행위 그 자체가 유가증권의 유통질서
를 해할 우려가 있어 위조유가증권행사죄가 성립한다고 한다(대판 1995. 9. 29. 95도
803).[1]

나. 수입, 수출　　수입, 수출의 개념은 위조통화행사등죄에서의 수입, 수
출의 개념과 같다.

(3) **미　　수**

본죄의 미수는 처벌한다(제235조). 본죄의 실행의 착수시기는 행사 등의 행위
를 시작할 때이고, 기수시기는 유통에 놓은 때이다. 수입·수출죄의 기수시기는

---

1) 그러나 이는 지나친 해석으로서 피교부자가 위조유가증권을 유통에 놓은 경우 위조유가증
　권행사죄의 공동정범(대판 1985. 8. 20. 83도2575) 혹은 방조범이 될 수 있을 뿐이라고 해
　야 한다.

위조통화행사등죄에서와 같다.

　　(4) 다른 범죄와의 관계

　　판례에 의하면, 피교부자가 유통하게 한다는 사실을 인식하고서도 허위작성
된 유가증권을 교부한 때에는 허위작성유가증권행사죄에 해당하고, 행사할 의사가
분명한 자에게 교부하여 그가 이를 행사한 때에는 허위작성유가증권행사죄의 공
동정범이 된다(대판 1995. 9. 29. 95도803). 또한 허위의 선하증권을 발행하여 타인에게
교부·행사케 하여 그 선하증권상의 물품대금을 지급받게 한 것은 허위유가증권행
사죄와 사기죄의 공동정범이 된다(대판 1985. 8. 20. 83도2575; 대판 1970. 2. 10. 69도2070).

Ⅲ. 인지·우표에 관한 죄

1. 인지·우표위조·변조죄

제218조(인지·우표의 위조등)   ① 행사할 목적으로 대한민국 또는 외국의 인
　지·우표 기타 우편요금을 표시하는 증표를 위조 또는 변조한 자는 10년 이하
　의 징역에 처한다.

---

　　(1) 개념 및 보호법익

　　인지·우표위조등죄는 행사할 목적으로 대한민국 또는 외국의 인지·우표 기
타 우편요금을 표시하는 증표를 위조 또는 변조하는 죄이다. 인지·우표는 유가
증권은 아니지만, 유가증권 또는 통화와 유사한 유통성을 지녔다는 점에서 독립
적으로 규정한 것이다.

　　본죄의 보호법익은 인지·우표에 대한 공공의 신용과 거래의 안전이고, 보호
의 정도는 추상적 위험범이고, 행사할 목적이 필요한 진정목적범이다.

　　(2) 구성요건

　　본죄의 객체는 대한민국 또는 외국의 인지·우표 기타 우편요금을 표시하는
증표이다.

　　인지란 「민사소송등인지법」, 「수입인지에 관한 법률」, 「인지세법」 등과 같은
인지를 규정한 법률에서 정한 바에 따라 수수료 또는 인지세를 납부하는 방법으
로 첨부(貼付)·사용하기 위하여 정부 기타 발행권자가 발행한 일정한 금액을 표
시한 증표를 말한다. 우표란 「우편법」에 의해 정부 또는 일정한 발행권자(우편법

제21조 1항)가 우편요금의 납부방법으로 첩부, 사용하기 위해 발행한 일정금액이
표시된 증표를 말한다.

기타 우편요금을 표시하는 증표는 우편법 제20조에 규정되어 있다. 우편봉투
에 '요금별납', '요금후납' 등의 스탬프식 증표와 우편엽서에 우편요금을 나타내는
표시 등이 이에 해당한다.

(3) 미수 및 형벌

본죄의 미수범과 예비·음모는 처벌한다(제223조, 제224조). 본죄를 범하여 징역
에 처하는 경우에는 10년 이하의 자격정지 또는 2천만원 이하의 벌금을 병과할
수 있다(제220조).

2. 위조·변조우표등행사죄

> 제218조 ② 위조 또는 변조된 대한민국 또는 외국의 인지·우표 기타 우편요금
> 을 표시하는 증표를 행사하거나 행사할 목적으로 수입 또는 수출한 자도 제1항
> 의 형과 같다.

본죄는 위조·변조된 대한민국 또는 외국의 인지·우표 기타 우편요금을 표
시하는 증표를 행사하거나 행사할 목적으로 수입 또는 수출하는 죄이다. 행사죄
는 목적범이 아니고 수입·수출죄는 진정목적범이다.

행사는 위조·변조한 인지·우표 등을 진정한 인지·우표 등으로 사용하는
것을 말한다. 판례는 본죄의 행사는 반드시 우편요금의 납부용으로 사용하는 것
에 한정되지 않고 우표수집의 대상으로서 매매하는 경우도 행사에 해당된다고 한
다(대판 1989. 4. 11. 88도1105). 이에 대해 찬성하는 견해가 있지만, 이는 부당하다고
생각된다. 본죄의 보호법익이 인지·우표 등에 대한 공공의 신용과 거래의 안전
이라는 점을 고려할 때에 우표수집의 대상으로 이를 행사하는 것은 사기죄는 될
수 있어도 본죄에는 해당되지 않는다고 해야 한다.

수입과 수출의 개념은 위조통화행사등죄에서와 같다.

본죄의 미수는 처벌하지만(제223조), 예비·음모는 처벌하지 않는다(제224조).
수입과 수출죄에서의 기수시기는 위조통화등행사죄에서와 같다. 본죄에 대해 징
역에 처하는 경우에는 10년 이하의 자격정지 또는 2천만원 이하의 벌금을 병과할
수 있다(제220조).

3. 위조인지 · 우표취득죄

> 제219조(위조인지 · 우표등의 취득)   행사할 목적으로 위조 또는 변조한 대한민국 또는 외국의 인지 · 우표 기타 우편요금을 표시하는 증표를 취득한 자는 3년 이하의 징역 또는 1천만원 이하의 벌금에 처한다.

본죄는 행사할 목적으로 위조 또는 변조한 대한민국 또는 외국의 인지 · 우표 기타 우편요금을 표시하는 증표를 취득하는 죄이다. 위조 · 변조통화취득죄(제208조)에 대응되는 범죄로서 취득의 개념은 동범죄에서와 같다.

본죄의 미수범은 처벌한다(제223조). 본죄의 기수시기는 현실적으로 점유를 취득하였을 때이다.

4. 소인말소죄

> 제221조(소인말소)   행사할 목적으로 대한민국 또는 외국의 인지 · 우표 기타 우편요금을 표시하는 증표의 소인 기타 사용의 표지를 말소한 자는 1년 이하의 징역 또는 300만원 이하의 벌금에 처한다.

본죄는 행사할 목적으로 대한민국 또는 외국의 인지 · 우표 기타 우편요금을 표시하는 증표의 소인 기타 사용의 표지를 말소하는 죄이다. 본죄는 행사할 목적을 필요로 하는 진정목적범이다.

소인 기타 사용의 표지란 우표 · 인지 등을 사용하였음을 표시하는 도장이나 기타의 표시를 말한다. 말소란 소인 기타 사용표지를 제거함으로써 인지 · 우표 등을 다시 사용할 수 있도록 하는 일체의 행위를 말한다.

5. 인지 · 우표유사물제조죄

> 제222조(인지 · 우표유사물의 제조등)   ① 판매할 목적으로 대한민국 또는 외국의 공채증서, 인지 · 우표 기타 우편요금을 표시하는 증표와 유사한 물건을 제조, 수입 또는 수출한 자는 2년 이하의 징역 또는 500만원 이하의 벌금에 처한다. ② 전항의 물건을 판매한 자도 전항의 형과 같다.

본죄는 판매할 목적으로 대한민국 또는 외국의 공채증서, 인지 · 우표 기타 우편요금을 표시하는 증표와 유사한 물건을 제조, 수입 또는 수출하거나 동 유사물을 판매하는 죄이다. 통화유사물제조죄(제211조)와 같은 취지의 죄이다.

인지·우표유사물은 진정한 인지·우표로 인식될 정도는 아니고 인지·우표와 유사한 외관을 가진 물건을 말한다.

인지·우표유사물은 진정한 인지·우표로 인식될 정도가 아니기 때문에 공공의 신용이나 거래의 안전을 해할 추상적 위험도 없으므로, 입법론적으로는 폐지해야 한다.

제 3 절　문서에 관한 죄

I. 총　설

1. 개념 및 보호법익

문서에 관한 죄란 행사할 목적으로 문서를 위조·변조·허위작성하거나 위조·변조·허위작성된 문서를 행사하거나 진정한 문서를 부정행사하는 죄를 말한다.

문서는 사람의 사상이나 의견을 표현·보존하거나 일정한 사실을 기록하고 증명하는 가장 효과적인 수단이다. 특히 구술에 비해 문서는 일정한 사상, 의견, 사실들을 정확하게 표현할 수 있고, 이를 오래 보존할 수 있기 때문에 모든 거래나 사실증명의 중요한 수단이 된다.

이러한 문서의 속성 때문에 문서를 위조·변조하거나 허위작성하고 이를 행사하는 범죄들이 생겨났다. 문서에 관한 죄들은 사람을 기망하고 이를 통해 이익을 취득하는 요소도 포함하고 있다. 이 때문에 독일형법은 재산범죄인 사기·배임죄의 장과 파산범죄의 장 사이에 문서에 관한 죄를 규정하고 있다. 그러나 문서에 관한 죄를 통해 비재산상의 이익도 취득할 수 있으므로 형법은 문서에 관한 죄를 사회적 법익에 관한 죄로 다루고 있다.

오늘날에는 컴퓨터의 발달에 따라 전자기록등 특수매체기록이 문서의 기능을 대신하거나 보완하게 되었다. 이들 기록들은 감각에 의한 가독성이 없어 문서에 포함되지 않지만, 그 사회적 기능으로 보아 이러한 기록들을 권한없이 작성·

변경하는 행위들도 문서에 관한 죄와 마찬가지로 처벌해야 할 필요성이 생기게 되었다. 이에 따라 1995년 개정형법은 전자기록등 특수매체기록을 위작·변작하는 죄(제227조의2, 제232조의2)를 새로이 규정하였다.

문서에 관한 죄의 보호법익은 문서에 대한 거래의 안전 및 신용이고 보호의 정도는 추상적 위험범이다.

2. 구성요건체계

문서에 관한 죄는 그 객체에 따라 공문서에 관한 죄(제225조-제230조, 제235조)와 사문서에 관한 죄(제231조-제236조), 공전자기록에 관한 죄와 사전자기록에 관한 죄로 나뉜다. 실행행위의 방법에 따라 문서위조·변조죄, 허위문서작성죄, 위조·변조·허위문서의 행사죄, 문서의 부정행사죄로 나뉜다.

문서위조·변조죄에는 협의의 문서위조·변조죄와 자격모용에 의한 문서작성죄가 있다. 허위문서작성죄에는 허위공문서작성죄(제227조), 공정증서원본등부실기재죄(제228조), 허위진단서작성죄(제233조) 등이 있다. 전자기록등 특수매체기록의 경우 위작·변작죄와 위작·변작된 특수매체기록행사죄가 있다.

문서에 관한 죄는 객체와 실행행위방법을 각각 조합한 만큼의 종류가 있다.

문서에 관한 죄는 사문서부정행사죄를 제외하고 미수범을 처벌한다(제235조). 공문서위조·변조죄 및 동행사죄, 자격모용에 의한 공문서작성죄 및 동행사죄, 공전자기록위작·변작죄 및 동행사죄에 대해서 징역에 처할 경우에는 10년 이하의 자격정지를 병과할 수 있다(제237조). 1995년 개정형법은 복사문서의 문서성을 인정하는 규정을 두었다. 이는 복사문서의 문서성에 대한 학설의 대립을 입법적으로 해결한 것이다.

3. 문서에 관한 죄의 입법주의

(1) 유형위조와 무형위조

위조의 방식에는 유형위조와 무형위조가 있다. 유형위조란 문서의 내용이 아닌 형식을 위조하는 것으로서, 타인의 명의나 자격을 모용 내지 도용하여 문서를 작성하는 것을 말한다. 즉 문서명의자와 실제 문서의 작성자가 일치하지 않는 형태의 위조를 말한다. 무형위조란 문서의 내용이 진실에 반하는 것을 말한다. 즉 문서명의자와 실제 문서작성자가 일치하지만 문서의 내용이 허위인 형태의 위조

를 말한다. 유형위조만을 위조라고 하고, 무형위조를 허위문서의 작성이라고도
한다.

(2) 형식주의와 실질주의

문서에 관한 죄를 처벌하는 방식에는 형식주의와 실질주의가 있다.

형식주의는 문서의 성립의 진정을 보호하는 방식으로서 권한없이 문서를 작
성하는 유형위조만을 벌하고, 무형위조는 문제삼지 않는 방식이다. 실질주의는
문서의 내용의 진정을 보호하는 방식으로서, 허위내용의 문서를 작성하는 무형위
조를 벌하고 유형위조는 벌하지 않는 방식이다.

(3) 형법의 입장

형법은 공문서에 관해서는 형식주의와 실질주의를 모두 택하여 공문서위조 ·
변조죄, 자격모용에 의한 공문서작성죄 등과 같은 유형위조뿐만 아니라 허위공문
서작성죄, 공정증서원본등부실기재죄 등 무형위조를 처벌하고 있다. 그러나 사문
서에 대해서는 원칙적 형식주의, 예외적 실질주의를 택하여 사문서위조 · 변조죄,
자격모용에 의한 사문서작성죄 등 유형위조를 처벌하지만, 허위사문서작성죄는
처벌하지 않고, 예외적으로 허위진단서작성죄만을 처벌한다.

4. 문서의 개념과 종류

(1) 문서의 개념

문서에 관한 죄의 객체는 문서 및 도화이다. 이를 합쳐서 광의의 문서라고
하고 광의의 문서에서 도화를 제외한 것을 협의의 문서라고 한다. 협의의 문서란
'문자 또는 이를 대신할 가독적 부호에 의해 사람의 사상 또는 관념이 표시된 물
체'이다.

그러나 문서죄의 보호법익이 문서에 대한 공공의 신용 및 거래의 안전이므
로 문서에 관한 죄의 객체로서의 문서는 모든 문서가 아니라 공공의 신용이나 거
래의 안전에 관련된 문서만을 의미한다. 이러한 의미의 문서란 '권리 · 의무나 법
적으로 중요한 사실을 증명할 만한 문서'를 의미한다.

(2) 문서의 요소

위와 같은 의미에서 문서는 사람의 사상이나 관념을 표시하되(표시적 요소), 어
느 정도 계속적으로 표시하여야 하고(계속적 요소), 법률상 · 사회생활상 주요사항에
관한 증거로 될 수 있어야 하고(증명적 요소), 그 문서에 사상이나 관념을 표현하는

작성명의인이 있어야 한다(보장적 요소).

1) 표시적 요소

가. 개   념   문서는 사람의 사상, 관념, 의사 등을 표시하는 것이어야 한다. 민법상의 의사표시뿐만 아니라 일정한 사실이나 원리에 관한 진술, 의견, 평가 등의 표시가 모두 포함된다. 법률상 효력의 유무는 문제되지 않는다.

사상이나 관념을 표시하지 않고 단순히 외부적 사정만을 나타내주는 주행기, 택시미터기, 체중계, 온도계 등은 문서에 속하지 않는다. 지문, 혈흔, 종이와 같이 사람의 사상이나 관념을 표시하는 것이 아니라 단순히 그 형상이나 존재 자체가 인식의 대상이 되는 것도 문서가 아니다.

예술가의 서명 또는 낙관은 특정인이 자신의 동일성을 표시하는 상형이나 문자이므로 문서가 아닌 인장에 속한다.

나. 표시의 수단   사람의 사상이나 관념은 문자 또는 가독적 부호에 의해 표시되어야 한다. 문자는 국어와 외국어, 현재 사용하는 문자와 과거에 사용되었던 문자를 불문한다. 가독적 부호란 감각을 통해 읽을 수 있는 부호를 말한다. 속기용 부호, 수학이나 논리학의 상징기호, 수식 등이 이에 속한다. 맹인용 점자나 발음으로 표시될 수 없는 특수한 기호도 가독적 부호에 속한다. 그러나 부호는 어느 정도 다수의 사람이 알 수 있는 부호이어야 하므로, 특정소수인 사이에 의사연락을 위한 암호나 기호 등으로 작성된 서류는 문서라고 할 수 없다. 가독적 부호가 아닌 청각적 방법에 의해 그 내용을 이해할 수 있는 음반, 녹음테이프, CD 등은 문서라고 할 수 없다.

설계도, 지적도, 도시계획도 등과 같이 부호가 아닌 그림 등을 사상이나 관념을 나타내는 수단으로 사용하는 경우에는 문서가 아니라 도화에 속한다. 전자기록등 특수매체기록은 가독적 부호로 표시된 것이 아니므로 문서가 될 수 없고, 공·사전자기록위작·변작죄(제227조의2, 제232조의2)의 객체가 될 수 있을 뿐이다.

다. 표시의 방법 및 정도   사상이나 관념은 반드시 문장으로까지 표시될 필요는 없다. 따라서 소위 생략문서도 그 자체로서 사상이나 관념이 표시되어 있고 그것이 사람 등의 동일성을 나타내는 데에 그치지 않고 그 이외의 사항도 증명, 표시하는 경우에는 인장이나 기호가 아니라 문서로 취급해야 한다(대판 1995. 9. 5. 95도1269). 신용장에 날인된 은행의 접수일부인(대판 1979. 10. 30. 77도1879), 전세계약서의 확정일자인, 예금청구서, 백지위임장 등도 문서에 속한다.

라. 복사문서의 문서성　　복사문서의 문서성에 대해 판례는 부정설에서 긍정설로 입장을 변경하였다.

[대판 1989. 9. 12. 87도506 전합] 복사문서는 사본이더라도 필기의 방법 등에 의한 단순한 사본과는 달리 복사자의 의식이 개재할 여지가 없고, 그 내용에서부터 규모, 형태에 이르기까지 원본을 실제 그대로 재현하여 보여주므로 관계자로 하여금 그와 동일한 원본이 존재하는 것으로 믿게 할 뿐만 아니라 그 내용에 있어서도 원본 그 자체를 대하는 것과 같은 감각적 인식을 가지게 하고, 나아가 오늘날 일상거래에서 복사문서가 원본에 대신하는 증명수단으로서의 기능이 증대되고 있는 실정에 비추어 볼 때 이에 대한 사회적 신용을 보호할 필요가 있으므로 복사문서의 사본은 문서위조 및 동행사죄의 객체인 문서에 해당한다.

이후 1995년 개정형법은 제237조의2에서 이를 입법적으로 해결하였다.[1]

2) 계속적 요소　　문서가 되기 위해서는 사람의 사상 또는 관념이 어느 정도 계속적으로 표시되어야 한다. 계속성이 있어야 권리·의무나 사실증명의 기능을 할 수 있기 때문이다. 구두에 의한 표현, 백사장, 땅, 눈, 칠판 등에 써놓은 글씨, 컴퓨터 모니터 화면에 나타나는 이미지(대판 2010. 7. 15. 2010도6068)는 계속성이 없으므로 문서라고 할 수 없다. 그러나 계속성이 있는 경우에는 잉크, 묵, 연필, 타자기, 프린터 등 그 수단은 불문한다. 사상이나 관념이 종이뿐만 아니라, 나무, 가죽, 플라스틱, 패, 돌 등에 표현되어도 상관없다.

[대판 2008. 4. 10. 2008도1013] 컴퓨터 모니터 화면에 나타나는 이미지는 이미지 파일을 보기 위한 프로그램을 실행할 경우에 그때마다 전자적 반응을 일으켜 화면에 나타나는 것에 지나지 않아서 계속적으로 화면에 고정된 것으로는 볼 수 없으므로, 형법상 문서에 관한 죄에 있어서의 '문서'에는 해당되지 않는다.

3) 증명적 요소　　문서는 권리·의무나 법적으로 중요한 사실을 증명하는 것이어야 하므로 ① 사상 또는 관념이 표시된 물체가 권리·의무나 사실을 객관

---

1) 문서의 독일형법상 용어는 Urkunde인데 이는 원본이라는 의미가 강하다. 'Ur'라는 접두사는 원조(元祖)라는 의미를 지니고 있기 때문에 복사문서(Kopie)를 Urkunde라고 하는 것은 유추해석의 가능성이 있다. 그러나 우리의 언어관용에서는 복사문서도 당연히 문서라고 하므로 제237조의2가 없어도 복사문서를 문서라고 할 수 있다.

적으로 증명을 할 수 있는 것이어야 하고(증명능력), ② 그 물체를 작성·사용하는 사람에게 권리·의무나 사실을 증명할 의사(증명의사)가 필요하다. 이는 공문서·사문서를 불문한다.[1]

가. 증명능력

A. 개   념   문서는 객관적으로 보아 법률상·사회상 중요사실을 증명하는 것이어야 한다. 이러한 성질을 갖지 않는 문서는 재물죄의 객체는 될 수 있어도 문서에 관한 죄의 객체는 될 수 없다. 따라서 특정 대통령후보자에 대한 지지선언 형식의 기자회견을 위해 허무인 명의로 작성한 서명부 21장은 주된 취지가 특정 대통령후보자에 대한 정치적인 지지 의사를 집단적 형태로 표현하고자 한 것일 뿐, 실체법 또는 절차법에서 정한 구체적인 권리·의무에 관한 문서 내지 거래상 중요한 사실을 증명하는 문서에 해당한다고 보기 어렵다(대판 2024. 1. 4. 2023도1178).

"권리·의무 또는 사실을 증명할 수 있다"는 것은 문서에 기재된 사상 또는 관념의 표현이 권리·의무의 발생·변경·소멸이나 사실의 존부 등을 증명할 수 있다는 것을 의미한다. 독자적으로 증명할 수 있는 경우뿐만 아니라 다른 상황이나 물체 혹은 문서들과 결합하여 증명할 수 있는 경우도 포함한다. 공법관계·사법관계를 불문한다. 소설·시 등 예술작품과 같이 사상을 표현할 뿐이고 권리·의무나 사실을 증명하지 않는 것은 문서에 속하지 않는다. 그러나 소설책의 뒤에 있는 저자, 출판사, 발행연도 등을 기재한 부분은 권리·의무 또는 사실을 증명하는 것이므로 문서가 될 수 있다.

B. 진정문서와 부진정문서   진정문서란 문서명의자와 실제작성자가 일치하고 내용이 진실한 문서를, 부진정문서란 문서명의자와 실제작성자가 일치하지 않거나 내용이 허위인 문서를 말한다. 위조·변조·허위작성된 문서는 부진정문서에 속한다.

부진정문서도 문서에 관한 죄의 객체가 될 수 있는가에 대해 다수설 및 판례는[2] 부진정문서를 만드는 것은 문서에 관한 죄가 되지만, 부진정문서는 위조·변

---

1) 사문서에 대해서는 명문의 규정이 있으나(제231조), 공문서의 경우 공무원 또는 공무소의 문서라고만 되어 있으므로(제225조), 문서의 증명적 요소는 사문서에서만 문제된다는 견해도 있다.

2) 대판 1986. 11. 11. 86도1984: 공문서변조란 근거없이 이미 진정하게 성립된 공무원 또는 공무소 명의의 문서내용에 대하여 그 동일성을 해하지 아니할 정도로 변경을 가하는 것을

조·허위작성되었다는 사실을 증명하는 증거물로 사용될 수는 있어도 문서위조죄의 객체가 될 수 없다고 한다.

이에 대해 문서변조죄는 진정문서만을 객체로 하지만, 진정문서는 모방대상으로 존재하거나 가상으로 존재하기 때문에 문서위조죄의 객체는 부진정문서라고 하는 견해가 있다.

> 문서위조죄는 문서에 대한 공공의 신용과 거래의 안전을 보호법익으로 하고 있으므로 실제 작성된 문서가 공공의 신용을 해할 위험성이 있는가가 문제되고, 그 문서가 무엇을 재료나 대상으로 하였느냐는 중요하지 않다. 따라서 진정문서, 부진정문서 모두 위조·변조죄의 객체가 된다고 해야 한다.

나. 증명의사　　　문서는 법적으로 중요한 사실을 증명하기 위한 것이어야 하므로 주관적으로 작성자 또는 행사자의 증명의사를 요한다. 처음부터 증명의사를 가지고 작성된 문서를 목적문서라고 하고, 작성 후에 증명의사가 생겨난 경우를 우연문서라고 한다. 공문서는 항상 목적문서이고, 사문서는 목적문서일 수도 있고 우연문서일 수도 있다.

증명의사는 확정적이어야 한다. 확정적 증명의사가 없는 초안은 문서에 속하지 않는다. 예를 들어 문서를 위조하기 위해 만든 초안은 아직 문서라고 할 수 없다. 그러나 가계약서, 가영수증 등은 가계약 혹은 가영수를 증명하겠다는 확정적 의사가 표현된 것이므로 문서라고 할 수 있다.

4) 보장적 요소　　　문서에는 사상 또는 관념의 주체인 작성명의자가 표시되어야 하는데, 이를 문서의 보장적 요소 혹은 보증적 요소라고 한다. 작성명의자가 없는 문서는 문서에 속하지 않는다. 문서에 대한 공공의 신용은 작성명의자의 신용에 의존하기 때문이다.

작성명의자란 실제로 문서를 작성한 자가 아니라 문서에 표시된 사상 내지 관념을 표시하는 주체를 말한다. 문서는 대리인이 작성하여도 무방하기 때문이다. 작성명의자는 자연인뿐만 아니라 법인이나 법인격없는 단체라도 상관없다.

작성명의자가 진정하게 작성한 문서라고 믿기에 충분할 정도의 외관과 형식을 갖추면 충분하고, 작성명의자의 서명이나 날인이 필요한 것은 아니다(대판

말한다 할 것인바, 본건에서의 폐품반납증은 이미 허위로 작성된 공문서이므로 형법 제225조 소정의 공문서변조죄의 객체가 되지 아니한다.

2000. 2. 11. 99도4819; 대판 1989. 8. 8. 88도2209). 명의인은 누구인지 알 수 있을 정도이
면 묵시적으로 표현되어도 상관없다(대판 1973. 9. 29. 73도1765).

가. 사자 또는 허무인 명의의 문서   문서의 명의자가 실재하여야 하는가
즉 사자 또는 허무인 명의로 문서를 작성한 경우에도 문서에 관한 죄가 성립할
수 있는지에 대해 통설은 긍정한다. 판례는 공문서의 경우에는 명의자가 실재할
필요가 없다고 한다.[1] 사문서의 경우 사자명의의 사문서가 생존 중에 작성한 것
으로 되어 있는 경우에만 문서에 관한 죄가 성립할 수 있다고 하였다가(대판 1994.
9. 30. 94도1787), 이후 태도를 바꿔 사자나 허무인 또는 해산한 법인(대판 2005. 3. 25.
2003도4393) 명의의 사문서에 관한 죄도 성립할 수 있다고 한다.

[대판 2005. 2. 24. 2002도18 전합] 문서명의인이 허무인이거나 또는 문서의 작성
일자 전에 이미 사망하였다고 하더라도 그러한 문서 역시 공공의 신용을 해할 위
험성이 있으므로 공문서와 사문서를 가리지 아니하고 문서위조죄가 성립한다고
봄이 상당하며 이러한 법리는 법률적·사회적으로 자연인과 같이 활동하는 법인
또는 단체에도 그대로 적용된다.

나. 복본, 등본, 사본   복본은 여러 개의 문서를 만드는 것을 의미하므로
모두 문서에 해당하고 등본이나 사본도 문서에 속한다(형법 제237조의2). 판례도 원
본과 동일한 문서임을 인증한 사본이나 등본만을 문서라고 하였다가(대판 1988. 1.
19. 87도1217), 이후 입장을 바꾸어 복사문서의 문서성을 인정한다(대판 1989. 9. 12. 87
도506 전합).

(3) 문서의 종류

1) 공문서와 사문서   형법상 문서는 공문서와 사문서로 구분되고, 공문
서에 관한 죄는 사문서에 관한 죄에 비해 성립범위가 넓고 형벌이 무겁다.

공문서와 사문서의 개념과 범위에 대해서는 후술하는 공문서위조죄 및 사문
서위조죄에서 설명한다.

2) 진정문서와 부진정문서   문서에 관한 죄의 객체가 될 수 있는가를 논
의함에 실익이 있다. 이에 대해서는 앞에서 설명한 바 있다.

---

1) 대판 1976. 9. 14. 76도1767: 위조된 문서가 일반인으로 하여금 공무소 또는 공무원의 직무
   권한 내에서 작성된 것으로 믿을 만한 형식·외관을 갖추고 있으면 설령 그러한 공무소
   또는 공무원이 실존하지 아니하여도 공문서위조죄가 성립한다.

3) **목적문서와 우연문서**   증명의사의 발생시기를 기준으로 한 분류이다. 이에 대해서는 앞에서 설명한 바 있다.

4) **완전문서와 생략문서**   완전문서란 사상 또는 관념이 문장의 형식으로 표현되어 있는 문서를 말한다. 생략문서란 사상 또는 관념이 완전한 문자의 형식으로 표현되어 있지 않고 축약된 형태로 이루어진 문서를 말한다. 현금자동지급기에서 발행되는 현금인출표나 축약된 형태의 물품보관증 등이 그 예에 속한다. 생략문서도 문서가 됨은 앞에서 본 바와 같다.

5) **개별문서, 전체문서, 결합문서**   이는 문서에 관한 죄의 죄수를 결정하는 기준이 된다. 하나의 문서에 대해서는 그것이 개별문서이든 전체문서이든 결합문서이든 하나의 문서에 관한 죄만이 성립한다.

개별문서란 개별적으로 사상이나 관념이 표시되어 있는 독립된 문서를 말한다. 전체문서란 예금통장, 형사기록, 여러 장으로 이루어진 계약서 등과 같이 개별적인 문서가 통일적인 전체로 결합되어 독자적인 표시내용을 가진 문서를 말한다. 결합문서란 검증의 목적물과 결합되어 동일한 증명내용을 가지는 문서를 말한다. 사진이나 도면을 첨부한 증명서나 인증이 있는 문서가 그 예이다.

(4) 도   화

도화란 문자나 기호 이외에 상형적 부호에 의해 작성자의 사상 또는 관념이 표시된 것을 말한다. 지적도, 상해의 부위를 나타내는 인체도, 건축설계도 등이 그 예이다. 도화도 권리·의무 또는 사실증명에 관한 도화여야 한다.

[대판 2010. 7. 29. 2010도2705] 담뱃갑의 표면에 그 담배의 제조회사와 담배의 종류를 구별·확인할 수 있는 특유의 도안이 표시되어 있는 경우에는 일반적으로 그 담뱃갑의 도안을 기초로 특정 제조회사가 제조한 특정한 종류의 담배인지 여부를 판단하게 된다는 점에 비추어서도 그 담뱃갑은 적어도 그 담뱃갑 안에 들어 있는 담배가 특정 제조회사가 제조한 특정한 종류의 담배라는 사실을 증명하는 기능을 하고 있으므로, 그러한 담뱃갑은 문서 등 위조의 대상인 도화에 해당한다.

Ⅱ. 문서등위조·변조죄

1. 공문서등위조·변조죄

> 제225조(공문서등의 위조·변조) 행사할 목적으로 공무원 또는 공무소의 문서 또는 도화를 위조 또는 변조한 자는 10년 이하의 징역에 처한다.

(1) 개념 및 보호법익

공문서위조·변조죄는 행사할 목적으로 공무원 또는 공무소의 문서 또는 도화를 위조 또는 변조하는 죄이다. 공공의 신용도가 높은 공문서를 위조·변조한다는 점에서 사문서위조·변조에 비해 불법이 가중되는 구성요건이다.

본죄의 보호법익은 공문서에 대한 공공의 신용이고, 보호의 정도는 추상적위험범이다.

(2) 구성요건

1) 행위의 주체   본죄의 주체에는 제한이 없다.

공무원이라고 하더라도 권한 밖의 사항에 대해 다른 공무원의 명의를 도용하거나 내용을 변경한 때에는 공문서위조죄나 변조죄가 성립한다. 공무원의 보조자가 권한없이 공무원명의의 공문서를 작성하거나 보충기재만을 위임받은 공무원이 권한을 초월하여 공문서를 작성한 경우에도 허위공문서작성죄가 아니라 본죄가 성립한다.

작성권한자의 동의 또는 승낙 하에 사실상 그 사무를 처리하는 자도 본죄의 주체가 될 수 있다(대판 1979. 12. 11. 78도704).

[대판 1996. 4. 23. 96도424; 대판 1990. 10. 12. 90도1790; 대판 1984. 9. 11. 84도368] 포괄적인 권한을 수여받은 업무보조자인 공무원이, 그 위임의 취지에 반하여 공문서 용지에 허위내용을 기재하고 그 위에 보관하고 있던 작성권자의 직인을 날인하였다면, 그 업무보조자인 공무원에게 공문서위조죄가 성립할 것이고, 그에게 위와 같은 행위를 하도록 지시한 중간결재자인 공무원도 공문서위조죄의 공범으로서의 책임을 면할 수 없다.

2) 행위의 객체   본죄의 객체는 공무원 또는 공무소의 문서 또는 도화,

즉 공문서 또는 공도화이다. 공문서란 공무원 또는 공무소가 직무에 관하여 작성한 것으로서 공무원 또는 공무소가 작성명의인인 문서를 말한다.

가. 공무원 또는 공무소 공무원이란 국가기관 또는 지방자치단체, 지방의회와 공법상 근무관계에 있는 자를 말한다. 형법 또는 기타 특별법에 의하여 공무원 등으로 의제되는 경우,[1] 이들이 직무와 관련하여 작성하는 문서도 공문서가 된다. 외국의 공무원 또는 공무소의 문서 또는 도화는 공문서가 아니라 사문서이다. 공무소란 공무원이 직무를 행하는 관공서나 관청 등을 말한다.

그러나 공무원 또는 공무소가 아닌 형법 또는 특별법에 의하여 공무원 등으로 의제되는 경우를 제외하고는 계약 등에 의하여 공무와 관련되는 업무를 일부 대행하는 경우가 있더라도 공무원 또는 공무소가 될 수는 없고, 이들이 작성한 문서도 공문서가 될 수 없다(대판 2020. 3. 12. 2016도19170).

위조된 문서가 일반인으로 하여금 공무소 또는 공무원의 직무권한 내에서 작성된 것으로 믿을 만한 형식과 외관을 갖추고 있으면 설령 그러한 공무소 또는 공무원이 실존하지 아니하거나(대판 1968. 9. 17. 68도981), 위조된 공문서와 같은 형태의 공문서가 실재하지 않더라도(대판 1964. 8. 31. 64도308) 본죄가 성립한다.

그러나 컴퓨터 모니터 화면에 나타나는 이미지는 계속적으로 화면에 고정된 것으로는 볼 수 없으므로 문서에 해당되지 않는다(대판 2010. 7. 15. 2010도6068).

나. 직무관련성 공무원 또는 공무소가 작성명의인이라고 하더라도 직무상 작성된 것이 아니라 개인자격에서 작성된 것은 공문서가 아니고 사문서이다. 그러나 직무상 작성된 것이면 족하고 그 내용이 공법관계인지 사법관계인지, 대외적인 문서인지 대내적인 문서인지는 문제되지 않는다. 각종의 공부, 공정증서 등은 공문서에 속한다.

판례에 의하면, 사서증서인증서 중 인증기재 부분, 주민등록증, 수사기관이 작성하는 십지지문 지문대조표 및 재수사결과서, 주민등록표등본, 인감증명서, 공립학교의 교원실태조사카드의 학교장 작성부분, 국립경찰병원장 명의의 진단서, 면장명의의 주거표 및 주거표이송부, 이장이 직무에 관하여 작성하는 문서, 한국은행 국고과 명의의 보관금(국고금) 잔액증명서, 호적등본, 증인신문조서, 공무원증, 국립학교 학생증, 운전면허증, 여권, 토지대장 등은

---

[1] 금융감독원장 명의의 문서를 위조, 행사한 행위는 사문서위조죄, 위조사문서행사죄가 아니라 공문서위조죄, 위조공문서행사죄에 해당한다(대판 2021. 3. 11. 2020도14666).

공문서에 속한다.

그러나 화물자동차운송사업협회 이사장이 작성한 대폐차수리통보서(대판 2016. 3. 24. 2015도15842), 선박안전기술공단 이사장명의의 선박검사증서(대판 2016. 1. 14. 2015도9133), 계약 등에 의하여 공무와 관련되는 업무를 일부 대행하는 자가 작성한 문서(대판 2008. 1. 17. 2007도6987), 사서증서의 기재내용(대판 2005. 3. 24. 2003도2144), 지방세의 수납업무를 일부 관장하는 시중은행의 세금수납영수증(대판 1996. 3. 26. 95도3073), 공립학교의 교원실태조사카드의 교사작성 부분(대판 1991. 9. 24. 91도1733), 공무원의 개인 채무부담의 의사표시를 한 문서(대판 1984. 3. 27. 83도2892) 등은 공문서가 아니다.

다. 공 도 화   공도화란 공무원 또는 공무소가 직무상 작성한 도화이다. 지적도, 도시계획도, 인낙조서에 첨부되어 있는 도면 및 그 사본,[1] 가환지를 표시한 경지정리확정지구 원도(대판 1980. 8. 12. 80도1134) 등이 이에 속한다.

라. 공문서 또는 공도화의 사본   공문서 또는 공도화의 사본도 공문서에 속한다(제237조의2).

3) 실행행위   본죄의 실행행위는 위조 또는 변조이다.

가. 위   조   위조란 공문서를 작성할 권한이 없는 자가 공무원 또는 공무소명의를 도용하여 문서를 작성하는 것을 말한다. 본죄의 위조는 유형위조이다.

일반인으로 하여금 공무원 또는 공무소의 권한 내에서 작성된 문서라고 믿게 할 수 있는 형식과 외관을 구비한 문서를 작성하면 공문서위조죄가 성립하고(대판 1992. 11. 27. 92도2226), 반드시 공문서의 발행번호나 공무원의 서명날인이 있을 것을 요하지 않는다(대판 1987. 9. 22. 87도1443). 특정한 사항에 대해 공문서를 보충기재할 권한만 위임되어 있는 자가 보충권을 넘어서 공문서를 허위로 작성한 경우에도 공문서위조가 된다(대판 1984. 9. 11. 84도368). 그러나 외견상으로도 공무소 또는 공무원이 그 직무권한 내에서 작성한 공문서라고 보기 어려울 정도로 공문서로서의 외관과 형식을 갖추지 못한 경우에는 위조라고 할 수 없다(대판 1992. 5. 26. 92도699).

작성명의를 모용(도용)해야 하므로 작성명의의 모용이 없는 경우에는 위조가

---

1) 대판 2000. 11. 10. 2000도3033: 그러나 인낙조서에 첨부되어 있는 도면 및 그 사본은 인낙조서 본문이나 도면에서 그에 대한 설명이 있어야 하고, 설명이 없는 경우에는 … 동 도면에 임의로 점선을 그은 행위는 문서의 손괴에 해당할 수 있음은 별론으로 하고 공도화변조죄에 해당한다고 할 수 없다.

될 수 없다. 따라서 공무원 아닌 자가 관공서에 허위내용의 증명원을 제출하여 그 내용이 허위인 정을 모르는 담당공무원으로부터 그 증명원내용과 같은 증명서를 발급받은 경우 공문서위조죄의 간접정범으로 의율할 수는 없다(대판 2001. 3. 9. 2000도938).

[대판 2001. 3. 9. 2000도938] 어느 문서의 작성권한을 갖는 공무원이 그 문서의 기재 사항을 인식하고 그 문서를 작성할 의사로써 이에 서명날인하였다면, 설령 그 서명날인이 타인의 기망으로 착오에 빠진 결과 그 문서의 기재사항이 진실에 반함을 알지 못한 데 기인한다고 하여도, 그 문서의 성립은 진정하며 여기에 하등 작성명의를 모용한 사실이 있다고 할 수는 없으므로, 공무원 아닌 자가 관공서에 허위 내용의 증명원을 제출하여 그 내용이 허위인 정을 모르는 담당공무원으로부터 그 증명원 내용과 같은 증명서를 발급받은 경우 공문서위조죄의 간접정범으로 의율할 수는 없다.

권한없이 작성해야 하므로 권한이 있는 자가 허위의 문서를 작성한 경우에는 본죄가 아니라 허위공문서작성죄(제227조)가 성립한다.[1] 작성권자의 지시 또는 승낙하에 그 서명을 대신하는 경우에도 본죄가 성립하지 않는다(대판 1983. 5. 24. 82도1426).

판례에 의하면, 타인의 주민등록증을 복사기와 컴퓨터를 이용하여 전혀 별개의 주민등록증사본을 창출시킨 경우(대판 2004. 10. 28. 2004도5183), 권한없는 자가 유효기간이 경과하여 무효가 된 공문서의 유효기간과 발행일자를 정정하고 그 부분에 작성권한자의 직인을 압날하여 공문서를 작성한 경우(대판 1980. 11. 11. 80도2126), 타인의 주민등록증에 붙어있는 사진을 떼어내고 그 자리에 자신의 사진을 붙인 경우(대판 2000. 9. 5. 2000도2855), 동회장이 거주자의 이름 중 일부를 함부로 고쳐 거주증명서를 만들어낸 경우(대판 1962. 12. 20. 62도183) 등에서는 공문서위조죄가 성립한다.

그러나 식당의 주·부식 구입 업무를 담당하는 공무원이 주·부식구입요구서의 과장결재란에 권한없이 자신의 서명을 한 경우, 자격모용공문서작성죄가 성립하고 공문서위조죄는 문제되지 않는다(대판 2008. 1. 17. 2007도6987).

---

1) 대판 1997. 7. 11. 97도1082: 인감증명서 발급업무를 담당하는 공무원이 발급을 신청한 본인이 직접 출두한 바 없음에도 불구하고 본인이 직접 신청하여 발급받은 것처럼 인감증명서에 기재하였다면, 이는 공문서위조죄가 아닌 허위공문서작성죄를 구성한다.

나. 변   조   공문서변조란 권한없는 자가 공문서의 동일성을 해하지 않는 범위 내에서 문서내용에 변경을 가하는 것이다. 판례는 진정하게 성립된 공무원 또는 공무소명의의 문서만이 변조의 객체가 되므로 간인이 날인되어 있지 않은 공문서도 변조의 객체가 되지만(대판 1985. 6. 25. 85도540), 이미 허위로 작성된 공문서는 본죄의 객체가 되지 않는다고 한다(대판 1986. 11. 11. 86도1984).

변조는 문서의 동일성을 유지하는 범위 내에서 이루어져야 한다. 문서내용의 일부를 변경하더라도 문서의 동일성이 유지되지 않고 새로운 문서의 작성이라고 볼 수 있을 때에는 변조가 아니라 위조가 된다(대판 1962. 12. 20. 62도183). 변조가 되기 위해서도 진정한 문서라고 오인될 정도의 형식과 외관을 갖추어야 하고(대판 1970. 7. 17. 70도1096), 이에 이르지 못하거나(대판 1997. 3. 28. 97도30), 지극히 경미한 사항을 고친 경우(대판 1982. 10. 12. 82도1485)에는 변조라고 할 수 없다.

판례에 의하면, 결재권자를 보조하여 문서의 기안업무를 담당한 공무원이 이미 결재를 받아 완성된 공문서에 대하여 적법한 절차를 밟지 않고 그 내용을 변경한 경우(대판 2017. 6. 8. 2016도5218), 건축허가서에 첨부된 설계도면을 떼내고 건축사협회의 도면등록 일부인을 건축허가 신청 당시 일자로 소급 변조하여 새로 작성한 설계도면을 그 자리에 가철한 경우, 인터넷을 통하여 열람 · 출력한 등기사항전부증명서 하단의 열람 일시 부분을 수정 테이프로 지우고 복사해 두었다가 이를 타인에게 교부한 경우(대판 2021.2.25. 2018도19043) 변조에 해당된다(대판 1982. 12. 14. 81도81).

그러나 내사결과보고서를 복사하면서 표지를 제외하고 '건의'부분을 가린 채 복사한 행위(대판 2003. 12. 26. 2002도7339), 자신의 주민등록증 비닐커버 위에 검은색 볼펜을 사용하여 주민등록번호 전부를 덧기재하고 투명 테이프를 붙이는 방법으로 주민등록번호 중 출생연도를 나타내는 '71'을 '70'으로 고친 행위(대판 1997. 3. 28. 97도30),[1] 정규적인 절차에 의하지 않고 공유지연명부상의 지번과 고유번호를 토지대장의 그것에 일치하도록 정정 · 정리하는 행위(대판 1982. 10. 12. 82도1485) 등은 변조에 해당되지 않는다.

판례는 권한없이 인감증명서의 사용용도란의 기재를 고쳐쓴 경우 본죄에 해당된다고 하였다가(대판 1985. 9. 24. 85도1490), 인감증명서법이 개정됨에 따라 공문서변조에 해당되지 않는다고 하였다(대판 2004. 8. 20. 2004도2767).[2]

---

1) 다만, 이 판결은 공문서 자체에 변경을 가한 것이 아니며 그 변조방법이 조잡하다는 것을 이유로 하고 있다. 따라서 공문서 자체에 정교하게 71을 70으로 고쳤다면 변조에 해당된다고 할 수도 있다.
2) 이는 판례의 태도가 변했다기보다는 인감증명의 유효기간등 인감증명제도 자체가 변하였

　　4) **주관적 구성요건**　　본죄가 성립하기 위해서는 공문서를 위조·변조한
다는 고의[1] 이외에 행사의 목적이 필요하다. 행사할 목적이란 위조·변조된 공문
서를 진정한 문서인 것처럼 사용할 목적을 말한다. 위조·변조 전의 그 문서의
본래의 용도에 사용할 목적에 한정되는 것은 아니다(대판 1995. 3. 24. 94도1112).

　　(3) **미수 및 형벌**

　　본죄의 미수는 처벌한다(제235조). 본죄의 실행의 착수시기는 행사할 목적으로
타인명의의 문서를 작성·변경하는 행위를 개시하는 시점이고 기수시기는 문서의
작성·변경행위를 종료한 시점이다. 본죄를 범하여 징역에 처할 경우에는 10년
이하의 자격정지를 병과할 수 있다.

　　2. **사문서등위조·변조죄**

　　제231조(사문서등의 위조·변조)　행사할 목적으로 권리·의무 또는 사실증명에
　　관한 타인의 문서 또는 도화를 위조 또는 변조한 자는 5년 이하의 징역 또는
　　1천만원 이하의 벌금에 처한다.

---

　　(1) **개념 및 보호법익**

　　사문서위조·변조죄는 행사할 목적으로 권리·의무 또는 사실증명에 관한 타
인의 문서 또는 도화를 위조 또는 변조하는 죄로서, 문서에 관한 죄 중에서 가장
기본적인 범죄이다.

　　본죄의 보호법익은 사문서에 대한 공공의 신용이고, 보호의 정도는 추상적
위험범이다.

　　(2) **구성요건**

　　1) **행위의 객체**　　본죄의 객체는 권리·의무 또는 사실증명에 관한 타인
의 문서 또는 도화이다. 모든 문서나 도화가 본죄의 객체가 되는 것은 아니고 권
리·의무 또는 사실증명에 관한 문서나 도화만이 본죄의 객체가 된다.

　　권리·의무에 관한 문서란 공·사법상의 권리의 발생·변경·소멸에 관한 사
항을 기재한 문서를 말한다. 위임장, 매매계약서, 차용증서, 영수증, 고소·고발
장, 예금청구서, 주민등록발급신청서, 가족관계등록부신청서 등을 예로 들 수 있

　　기 때문이다.
　1) 고의를 인정한 판례로, 대판 1970. 12. 29. 70도116. 부정한 판례로, 대판 1979. 8. 31. 79도
　　　1572.

다. 사실증명에 관한 문서란 권리·의무에 관한 문서를 제외한 것으로서 거래상 중요한 사실을 증명하는 문서를 말한다. 회사의 사원증, 사립학교의 학생증, 이력서, 추천서 등을 예로 들 수 있다.

문서가 권리·의무에 관한 것인지, 아니면 사실증명에 관한 것인지, 또 그 문서의 진정한 작성명의자가 누구인지 여부는 문서의 형식과 외관, 문서의 종류, 내용, 일반거래에 있어서 그 문서가 가지는 기능 등 제반사정을 종합적으로 참작하여 판단해야 한다(대판 2016. 10. 13. 2015도17777; 대판 1988. 3. 22. 88도3). 복사문서도 본죄의 사문서에 해당한다.

그러나 옷보관함 열쇠, 명찰, 물건의 보관번호표 등과 같이 단순히 사물의 동일성을 표시하는 것은 사문서에 해당하지 않는다.

2) 실행행위   본죄의 실행행위는 위조 또는 변조이다.

가. 위   조   본죄의 위조의 개념은 작성권한 없는 자가 타인의 명의를 모용하여 문서를 작성하는 행위로서 공문서위조죄에서와 같다.

A. 작성권한 없는 자

a. 개   념   작성권한 없는 자란 타인명의의 문서를 작성할 정당한 권한이 없는 자를 말한다. 작성권한의 유무는 법령·계약·관습·신의칙과 행위 당시의 구체적 상황을 종합적으로 고려하여 판단해야 한다.

대리권이나 대표권이 없는 자가 대리자 혹은 대표자임을 표시하여 본인명의의 문서를 작성한 경우에는 본죄가 아니라 자격모용에 의한 사문서작성죄(제232조)가 성립한다.

> **[대판 2010. 5. 13. 2010도1040]** 주식회사의 지배인은 회사의 영업에 관하여 재판상 또는 재판 외의 모든 행위를 할 권한이 있으므로, 지배인이 직접 주식회사 명의 문서를 작성하는 행위는 위조나 자격모용사문서작성에 해당하지 않는 것이 원칙이고, 이는 그 문서의 내용이 진실에 반하는 허위이거나 권한을 남용하여 자기 또는 제3자의 이익을 도모할 목적으로 작성된 경우에도 마찬가지이다.

b. 명의자의 승낙   명의자의 명시적·묵시적·추정적 승낙(위임)이 있는 경우에는 위조나 변조가 되지 않는다(대판 2015. 11. 26. 2014도781; 대판 2012. 6. 28. 2010도690). 따라서 포괄적으로 사무처리를 위임받고 그 사무처리를 위해 문서명의인 명의의 문서를 작성·행사하였다면 개개의 문서 작성에 관하여 문서명의인의 승

낙을 받지 않았어도 특별한 사정이 없는 한 위조가 되지 않는다(대판 2015. 6. 11. 2012도1352). 그러나 위임이나 승낙은 사전에 이루어져야 하고, 사후에 동의 또는 추인이 이루어진 경우에는 위조가 된다(대판 2007. 6. 28. 2007도2714). 명의사용에 동의했는지 여부에 대해 다툼이 있는 상황에서의 문서작성은 위조가 된다(대판 2007. 3. 29. 2006도9425).

[대판 1984. 7. 10. 84도1146] 매수인으로부터 매도인과의 토지매매계약체결에 관하여 포괄적 권한을 위임받은 자는 위임자 명의로 토지매매계약서를 작성할 적법한 권한이 있다 할 것이므로 매수인으로부터 그 권한을 위임받은 피고인이 실제 매수가격 보다 높은 가격을 매매대금으로 기재하여 매수인 명의의 매매계약서를 작성하였다 하여도 그것은 작성권한 있는 자가 허위내용의 문서를 작성한 것일 뿐 사문서위조죄가 성립될 수는 없다.

[대판 2022. 3. 31. 2021도17197] 신탁자에게 아무런 부담이 지워지지 않은 채 재산이 수탁자에게 명의신탁된 경우에는 특별한 사정이 없는 한 재산의 처분 기타 권한행사에 관해서 수탁자가 자신의 명의사용을 포괄적으로 신탁자에게 허용하였다고 보아야 하므로, 신탁자가 수탁자 명의로 신탁재산의 처분에 필요한 서류를 작성할 때에 수탁자로부터 개별적인 승낙을 받지 않았더라도 사문서위조·동행사죄가 성립하지 않는다.

　이에 비하여 수탁자가 명의신탁 받은 사실을 부인하여 신탁자와 수탁자 사이에 신탁재산의 소유권에 관하여 다툼이 있는 경우 또는 수탁자가 명의신탁 받은 사실 자체를 부인하지 않더라도 신탁자의 신탁재산 처분권한을 다투는 경우에는 신탁재산에 관한 처분 기타 권한행사에 관해서 신탁자에게 부여하였던 수탁자 명의사용에 대한 포괄적 허용을 철회한 것으로 볼 수 있어 명의사용이 허용되지 않는다.

　　　c. 위임받은 권한의 일탈, 남용　　　위임받은 권한을 초월하여 문서를 작성한 경우에는 위조에 해당한다(대판 2005. 10. 28. 2005도6088). 또한 작성명의자의 날인이 정당하게 성립된 사문서라고 하더라도 내용을 기재할 권한이 없는 자가 내용을 기재하거나 권한을 초과하여 내용을 기재함으로써 날인자의 의사에 반하는 사문서를 작성한 경우에도 본죄가 성립한다(대판 1992. 12. 22. 92도2047).[1]

---

1) 대판 1987. 4. 11. 87도399: (상대방이 혼인의사가 없는 상태에서) 일방적으로 혼인신고서를 작성하여 혼인신고를 한 소위는 설사 혼인신고서 용지에 피해자 도장이 미리 찍혀 있었다 하더라도 사문서위조에 해당한다.

위임받은 사항 이외의 사항에 대해 문서를 작성한 경우에는 본죄설과 자격 모용에 의한 문서작성죄설(다수설)이 대립한다. 권한 외의 사항에 대해 본인명의의 문서를 작성한 경우에는 사문서위조죄가 되고, 본인의 대표자 또는 대리인이라는 사항을 기재하고 자기명의의 문서를 작성한 경우에는 자격모용에 의한 사문서작 성죄가 성립한다고 해야 할 것이다.

위임을 받은 자가 위임의 범위 내에서 권한을 남용한 경우 통설, 판례(대판 1983. 5. 24. 82도1426)는 배임죄등이 성립할 수 있어도 본죄는 성립하지 않는다고 한 다. 포괄적 위임을 받은 자가 개별적인 승낙을 받지 않은 경우에도 본죄가 성립 하지 않지만, 포괄적 위임을 철회한 이후에는 본죄가 성립한다(대판 2007. 11. 30. 2007도4812).

[대판 2012. 9. 27. 2012도7467] 지배인이 직접 주식회사 명의 문서를 작성하는 행위는 위조나 자격모용사문서작성에 해당하지 않는 것이 원칙이다. … 그러나 회사 내부규정 등에 의하여 각 지배인의 권한을 제한한 경우에 제한된 권한 범위 를 벗어나서 회사 명의의 문서를 작성하였다면, 이는 문서위조죄에 해당한다.

　　B. 타인명의의 모용　　위조가 되기 위해서는 타인명의를 모용 혹은 도용 해야 한다. 타인명의를 모용한다는 것은 권한없이 명의자와 작성자가 일치하지 않는 문서를 작성하는 것으로서 작성자가 명의자를 사칭하는 것을 말한다. 작성 자가 자기 명의를 사용한 경우에는 위조가 될 수 없다(대판 1997. 12. 26. 95도2221; 대 판 2007. 3. 15. 2007도169).

명의를 모용하면 족하고, 문서의 내용이 진실한가 허위인가는 문제되지 않는 다. 사자나 허무인 명의로 문서를 작성한 경우에도 본죄가 성립한다.

[대판 2011. 9. 29. 2011도6223] 문서명의인이 이미 사망하였는데도 문서명의인이 생존하고 있다는 점이 문서의 중요한 내용을 이루거나 그 점을 전제로 문서가 작 성되었다면 그러한 내용의 문서에 관하여 사망한 명의자의 승낙이 추정된다는 이 유로 사문서위조죄의 성립을 부정할 수는 없다.

문서의 진정한 작성명의자가 누구인지 여부는 문서의 표제나 명칭만으로 이 를 판단하여서는 아니 되고, 문서의 형식과 외관은 물론 문서의 종류, 내용, 일반 거래에 있어서 그 문서가 가지는 기능 등 제반사정을 종합적으로 참작하여 판단하여야 한다(대판 1996. 2. 9. 94도1858; 대판 1988. 3. 22. 88도3). 일반적으로 명의의 모용은 타인의 실명을 기재하는 방법으로 이루어지므로, 작성자가 자신의 별명이나 가명을 사용한 경우에는 본죄가 성립하지 않는다. 그러나 자기 이름을 기재하였다고 하여도 그것이 타인을 지칭하는 것인 때에는 본죄가 성립한다.

자기명의로 작성된 문서는 본죄의 객체가 될 수 없고 그것이 타인의 소유에 속한 때에는 문서손괴죄가 성립할 수 있을 뿐이다(대판 1987. 4. 14. 87도177).

C. 위조의 방법 및 정도

a. 위조의 방법　　　타인명의를 모용하여 문서를 작성하는 방법에는 제한이 없다. 새로운 문서를 작성하는 경우뿐만 아니라 기존문서를 이용하는 경우에도 위조가 될 수 있다. 공백으로 되어 있는 졸업증명서의 성명란에 권한없이 자신의 이름을 기재한 경우와 같이 기존의 미완성문서에 권한없이 내용을 기재한 경우에도 위조가 된다(대판 1962. 9. 27. 62도113).

위조와 변조는 기존 문서의 동일성이 유지되느냐의 여부에 따라 구별되므로 기존문서의 일부를 변경하는 경우라도 중요부분을 변경하여 새로운 문서를 작성하는 것과 같다고 평가될 때에는 변조가 아니라 위조가 된다. 예를 들어 사립학교 학생증에 붙어있는 사진을 떼어내고 자신의 사진을 붙인 경우(유사판례: 대판 1998. 4. 10. 98도164; 대판 1991. 9. 10. 91도1610), 유효기간을 경과하여 실효된 문서의 유효일자를 변경하여 다시 쓸 수 있게 하는 경우(유사판례: 대판 1980. 11. 11. 80도2126) 등은 변조가 아니라 위조이다.

위조는 간접정범의 방법으로도 가능하다. 즉 명의인을 기망하여 문서를 작성케 하는 경우는 서명·날인이 정당히 성립된 경우에도 서명날인자의 의사에 반하는 문서를 작성케 하는 것이므로 위조가 된다(대판 2000. 6. 13. 2000도778).[1]

b. 위조의 정도　　　문서작성의 정도는 그 명의자가 작성한 문서로 볼 수 있을 정도의 형식과 외관을 갖추어 일반인이 그 명의자의 진정한 사문서로 오신하기에 충분한 정도면 족하고(대판 1998. 4. 10. 98도164), 그 여부는 그 문서의 형식과 외관은 물론 그 문서의 작성경위, 종류, 내용 및 일반거래에 있어서 그 문서가 가지는 기능 등 여러 가지 사정을 종합적으로 고려하여 판단하여야 한다(대판 1997.

---

1) 이와 비교되는 판례로, 대판 2010. 11. 25. 2010도11509(법무사가 피고인들로부터 속아 등기의무자를 공소외 1로 하는 확인서면을 작성하였다고 하더라도 작성명의인이 문서를 작성한 이상 이를 피고인들이 위조한 것으로 볼 수도 없다).

12. 26. 95도2221). 예컨대 다른 조작을 가함이 없이 문서의 원본을 그대로 컬러복사기로 복사하는 경우도 위조가 될 수 있다(대판 2016. 7. 14. 2016도2081). 작성명의자의 서명이나 날인이 있어야 하는 것도 아니다(대판 2008. 3. 27. 2008도443). 이러한 정도의 형식과 외관을 갖추지 못한 경우에는 위조가 될 수 없다.[1]

나. 변 조   변조란 권한없는 자가 문서의 동일성을 해하지 않는 범위 내에서 문서내용에 변경을 가하는 것이다.

A. 변조의 객체   통설·판례에 의하면 변조죄의 객체는 진정문서에 국한되고 부진정문서는 객체가 될 수 없다. 따라서 문서의 내용 중 권한 없는 자에 의하여 이미 변조된 부분을 다시 권한 없이 변경하였다고 하더라도 사문서변조죄는 성립하지 않는다(대판 2020. 6. 4. 2020도3809).

B. 권한없는 변경   권한없이 문서의 내용을 변경해야 하므로[2] 명의자의 승낙이나 위임을 받고 내용을 변경한 경우에는 변조가 될 수 없다. 그러나 변조 당시 명의인의 명시적·묵시적 승낙없이 한 것이면 변조된 문서가 명의인에게 유리하여 결과적으로 그 의사에 합치한다 해도 변조가 된다(대판 1985. 1. 22. 84도2422).

문서명의인의 추정적 승낙이 예상되는 경우 변조가 될 수 없으나 명의자가 문서작성 사실을 알았다면 승낙하였을 것이라고 기대하거나 예측한 것만으로는 추정적 승낙이 있다고 할 수 없다(대판 2011. 9. 29. 2010도14587).

권한있는 변경인 경우에는 그것이 허위사실이라고 하더라도 무형위조로서 본죄에 해당되지 않는다(대판 1970. 11. 25. 70도1981). 권한없는 변경이라고 볼 수 없을 정도로 극히 경미한 사항을 변경한 경우에도 변조가 되지 않는다(대판 1971. 3. 23. 71도329).

C. 문서의 동일성   변조는 문서의 동일성이 유지되는 범위에서 변경을 가하는 것이므로 중요부분을 변경하거나 새로운 문서를 작성하였다고 인정될 경우에는 변조가 아니라 위조가 된다고 함은 위조에서 본 것과 같다.

---

1) 위조를 인정한 판례로, 대판 2011. 9. 29. 2011도6223; 대판 2011. 3. 10. 2011도503; 대판 2000. 2. 11. 99도4819; 대판 1998. 4. 10. 98도164 등. 부정한 판례로, 대판 1988. 3. 22. 88도3; 대판 1986. 9. 23. 86도1300 등.

2) 대판 2018. 9. 13. 2016도20954: 이사가 이사회 회의록에 서명 대신 서명거부사유를 기재하고 그에 대한 서명을 하였는데 이사회 회의록의 작성권한자인 이사장이 임의로 이를 삭제한 경우 특별한 사정이 없는 한 사문서변조에 해당된다.

3) 주관적 구성요건

가. 고   의   본죄의 사문서는 규범적 구성요건요소로서 본죄의 고의가 인정되기 위해서는 전문가 수준의 인식이 아니라 일반인·문외한으로서의 소박한 인식이어도 무방하다.

나. 목   적   본죄는 진정목적범이므로 행사할 목적이 있어야 한다. 행사할 목적의 개념은 공문서위조·변조죄에서와 같다.

판례는 행사할 목적은 미필적이어도 족하다고 한다(대판 1999. 12. 7. 98도4398).

(3) 죄   수

1) 죄수결정의 기준   문서에 관한 죄의 죄수결정기준에 대해 판례는 문서에 표시된 명의인의 수를 기준으로 한다.

[대판 1987. 7. 21. 87도564]   2인 이상의 연명으로 된 문서를 위조한 때에는 작성명의인의 수대로 수개의 문서위조죄가 성립하고, 또 그 연명문서를 위조하는 행위는 자연적 관찰이나 사회통념상 하나의 행위라 할 것이어서 위 수개의 문서위조죄는 형법 제40조가 규정하는 상상적 경합범에 해당한다.

이에 대해 학설에는 ① 문서의 수 기준설, ② 보호법익 기준설, ③ 범죄의사 기준설, ④ 위조행위를 위주로 하고 보호법익을 부차적으로 고려해야 한다는 설, ⑤ 보호법익을 위주로 하고 행위와 범죄의사도 고려해야 한다는 설 등이 있다.

2) 다른 범죄와의 관계

가. 허위진단서작성죄와의 관계   의사가 다른 의사의 명의를 모용하여 허위진단서를 작성한 경우 허위진단서작성죄는 본죄에 흡수된다.

나. 위조사문서행사죄와의 관계   본죄와 위조사문서행사죄에 대해 실체적 경합설(다수설), 상상적 경합설, 위조사문서행사죄설 등이 있다. 판례는 실체적 경합범설을 취한다(대판 1991. 9. 10. 91도1722). 그러나 사문서를 위조한 후 이를 행사하는 것은 전체적으로 하나의 사회적 행위라고 보아야 하기 때문에 위조사문서행사죄성립설이 타당하다.

다. 사기죄와의 관계   타인의 예금통장으로 은행창구에서 예금을 인출한 경우 사문서위조죄, 위조사문서행사죄, 사기죄의 실체적 경합이 된다고 한다.

> **[대판 1991. 9. 10. 91도1722]** 예금통장을 강취하고 예금자명의의 예금청구서를 위조한 다음 이를 은행원에게 제출행사하여 예금인출금을 교부받았다면 강도, 사문서위조, 동행사, 사기의 각 범죄가 성립하고 이들은 실체적 경합관계에 있다.[1]

　　라. 신용카드부정사용죄와의 관계　　　판례는 신용카드를 부정사용하여 허위의 매출표에 서명하고 이를 교부하는 행위가 별도로 사문서위조 및 동행사의 죄의 구성요건을 충족한다고 하여도 이 사문서위조 및 동행사의 죄는 여신전문금융업법상 신용카드부정사용죄(제70조)에 흡수되어 신용카드부정사용죄의 1죄만이 성립된다고 한다(대판 1992. 6. 9. 92도77).

　　마. 문서손괴죄와의 관계　　　문서위조·변조죄는 타인명의의 문서를 객체로 하므로 타인소유에 속하는 자기명의의 문서를 권한없이 변경하는 경우에는 문서변조죄가 되지 않고 문서손괴죄가 된다(대판 1987. 4. 14. 87도177).

　　바. 무고죄와의 관계　　　문서를 위조하여 타인을 무고한 경우 위조사문서행사죄와 무고죄의 상상적 경합설(다수설)과 사문서위조죄와 무고죄는 실체적 경합이고 위조사문서행사죄와 무고죄는 상상적 경합이라는 설 등이 있다. 그러나 무고죄와 사문서위조 및 동행사죄는 목적·수단의 관계에 있으므로 무고죄만이 성립한다고 해야 한다.

　　사. 인장위조죄와의 관계　　　문서를 위조하기 위해 타인명의의 인장을 위조해서 사용한 경우 인장위조죄는 본죄에 흡수된다(대판 1978. 9. 26. 78도1787).

　　(4) 형　　벌

　　위조·변조문서는 임의적 몰수의 대상이다(제48조 1항). 임의적 몰수로 한 것은 위조문서라도 제3자 보호를 위해 효력을 인정해야 할 필요가 있는 경우가 있기 때문이다. 문서 또는 도화의 일부만 위조·변조된 때에는 그 부분을 폐기한다(제48조 3항). 이 경우 문서의 진정한 부분이 위조된 부분과 분리하여 독립적 효력을 갖지 못할 때에는 전부를 몰수할 수 있다.

　　본죄의 형벌은 5년 이하의 징역 또는 1천만원 이하의 벌금이다. 공문서등위조죄에서와 달리 본죄에 대해서는 자격정지를 병과할 수 없다(제237조).

---

1) 그러나 이러한 행위를 기망행위라고 하기 어려우므로 사기죄는 성립하지 않고, 사문서위조죄와 위조사문서행사죄는 포괄일죄라고 해야 하므로 위조사문서행사죄만이 성립한다고 해야 한다.

3. 자격모용에 의한 공문서등작성죄

> 제226조(자격모용에 의한 공문서등의 작성) 행사할 목적으로 공무원 또는 공무소의 자격을 모용하여 문서 또는 도화를 작성한 자는 10년 이하의 징역에 처한다.

자격모용에 의한 공문서등작성죄는 행사할 목적으로 공무원 또는 공무소의 자격을 모용하여 문서 또는 도화를 작성하는 죄이다. 자격모용에 의한 사문서등작성죄에 비해 불법이 가중되는 구성요건이다.

공무원 또는 공무소의 자격을 모용한다는 것은 자기명의로 문서를 작성하되 자신이 공무원 또는 공무소의 자격이 없음에도 불구하고 있는 것처럼 문서에 기재하는 것이다. A구청의 하급공무원 甲이 'A구청장 甲'이라고 기재하고 건축허가서를 작성하는 것을 예로 들 수 있다.

타인명의를 도용하는 위조죄와 달리 본죄는 자기명의를 사용하되 공무원·공무소의 자격을 모용하는 점에서 위조죄와 구별된다. 그러나 자격을 모용한다는 점에서 유형위조의 일종이다. 공무원·공무소의 자격과 함께 명의를 모용한 경우에는 본죄가 아니라 공문서위조죄가 성립한다(통설).

자격모용에는 처음부터 자격이 없는 자가 자격이 있는 것처럼 문서를 작성하는 경우와 자격이 상실되었음에도 불구하고 자격이 있는 것처럼 문서를 작성하는 경우가 있다.

> [대판 1993. 4. 27. 92도2688] 피고인이 동래구청장으로 전보된 후에 남구청장의 권한에 속하는 이 사건 건축허가에 관한 기안용지의 결재란에 서명을 하였다면 이는 자격모용에 의한 공문서작성죄를 구성한다 할 것이다(같은 취지: 대판 2008. 1. 17. 2007도6987).

본죄의 미수는 처벌한다(제235조). 본죄를 범하여 징역에 처해질 때에는 10년 이하의 자격정지를 병과할 수 있다.

4. 자격모용에 의한 사문서등작성죄

> 제232조(자격모용에 의한 사문서의 작성) 행사할 목적으로 타인의 자격을 모용하여 권리·의무 또는 사실증명에 관한 문서 또는 도화를 작성한 자는 5년 이하의 징역 또는 1천만원 이하의 벌금에 처한다.

자격모용에 의한 사문서등작성죄는 행사할 목적으로 타인의 자격을 모용하여 권리·의무 또는 사실증명에 관한 문서 또는 도화를 작성하는 죄이다.

자격모용이란 대리권 또는 대표권없는 자가 자기명의로 문서를 작성하되 자신이 대리인 혹은 대표자 자격이 있는 것처럼 기재하는 것이다(대판 1993. 7. 27. 93도1435). A회사의 대표이사자격이 없는 甲이 'A회사 대표이사 甲'이라고 하여 매매계약을 체결한 경우를 예로 들 수 있다(대판 1991. 10. 8. 91도1703). 대리권 또는 대표권이 있는 자라도 권한을 초월하여 권한 외의 사항에 대해 문서를 작성한 경우에는 본죄가 성립한다.

그러나 타인의 승낙 내지 동의를 얻어 그 자격을 사용하거나(대판 1975. 11. 25. 75도2067), 단순히 권한 내의 범위에서 권한을 남용한 경우에는 본죄가 성립하지 않고, 배임죄 등이 성립할 수 있을 뿐이다.

[대판 2007. 10. 11. 2007도5838] 타인의 대표자 또는 대리자가 그 대표 또는 대리명의로 문서를 작성할 권한을 가지는 경우에 그 지위를 남용하여 단순히 자기 또는 제3자의 이익을 도모할 목적으로 문서를 작성하였다 하더라도 자격모용 사문서작성죄는 성립하지 아니한다.

본죄가 성립하기 위해서는 고의[1] 이외에 행사할 목적이 필요하다. 작성자가 행사할 목적으로 자격을 모용하여 문서를 작성한 이상 문서행사의 상대방이 자격모용 사실을 알았다거나, 작성자가 그 문서에 모용한 자격과 무관한 직인을 날인하였다는 등의 사정이 있다고 하여 달리 볼 것은 아니다(대판 2022. 6. 30. 2021도17712).

본죄의 미수는 처벌한다(제235조). 그러나 자격모용에 의한 공문서작성죄에서와 달리 자격정지를 병과할 수는 없다(제237조).

5. 공전자기록위작 · 변작죄

제227조의2(공전자기록위작 · 변작) 사무처리를 그르치게 할 목적으로 공무원 또는 공무소의 전자기록등 특수매체기록을 위작 또는 변작한 자는 10년 이하의 징역에 처한다.

---

1) 본죄의 고의를 부정한 판례로, 대판 1996. 7. 12. 93도2628.

(1) 보호법익

오늘날 컴퓨터의 사용이 보편화됨에 따라 컴퓨터 등에 저장되어 있는 전자기록 등을 변경하거나 허위의 전자기록을 만드는 등의 행위가 생겨났다. 그리고 이러한 행위는 문서의 위조·변조보다 오히려 위험성이 더 큰 경우가 많다. 이러한 시대변화에 대응하기 위해 1995년 개정형법에서 본죄를 신설하게 되었고, 실행행위도 문서에 적용되는 위조·변조 대신에 위작·변작이라는 용어를 사용하였다.

본죄의 보호법익은 공전자기록에 대한 공공의 신용이고, 보호의 정도는 추상적 위험범이다.

(2) 구성요건

1) **행위의 객체**   본죄의 객체는 공무원 또는 공무소의 전자기록등 특수매체기록이다. 공무원 또는 공무소의 개념은 공문서위조죄에서와 같다. 형법 또는 특별법에 의하여 공무원 등으로 의제되는 경우를 제외하고는 계약 등에 의하여 공무와 관련되는 업무를 일부 대행하는 경우 공무원 또는 공무소가 될 수 없다(대판 2020. 3. 12. 2016도19170). 공무원 또는 공무소의 전자기록등 특수매체기록이란 공무원 또는 공무소가 그 직무상 작성할 권한이 있거나(대판 2020. 3. 12. 2016도19170), 만들도록 되어 있거나 이미 만들어진 전자기록등 특수매체기록을 말한다.[1] 주민등록 또는 가족관계등록부의 파일 기타 공무원 또는 공무소가 가지고 있는 각종 전자기록파일 등이 그 예이다.

전자기록등 특수매체기록은 일정한 데이터에 관한 전기적·자기적·광학적 기록 등으로서 감각기관에 의해서는 직접 인식할 수 없는 기록을 말한다. 컴퓨터의 기억장치 중 하나인 램(RAM)에 올려진 전자기록도 포함된다(대판 2003. 10. 9. 2000도4993). USB, CD, 녹음테이프, 녹화필름, 마이크로필름 등과 같이 기록을 포함하고 있는 물건은 재물이므로 그 안에 저장되어 있는 기록만을 의미한다. 마이크로필름기록은 단순히 문자의 축소 및 그 기계적 확대에 의한 재생에 불과하므로 본죄의 객체에 포함되지 않는다.[2]

사전자기록위작·변작죄와는 달리 본죄의 객체는 권리·의무나 사실증명에 관한 전자기록 등이라고 되어 있지 않기 때문에 컴퓨터에 대한 작업명령

---

1) 법무부, 형법개정법률안 제안이유서, 1992, 229면.
2) 위의 책, 229-230면.

을 내용으로 하는 프로그램도 본죄의 객체가 된다. 본죄의 객체는 기록이므로 저장되어 있지 않고 컴퓨터화면상에 떠있거나 전송중인 데이터는 객체가 될 수 없다.

　2) 실행행위　　　본죄의 실행행위는 위작 또는 변작하는 것이다. 위작이란 권한없이 기록을 만들어 저장·기억케 하는 것을 말한다(유형위작). 권한없이 전자기록을 작출하거나 전자기록의 생성에 필요한 단위 정보의 입력을 하는 경우는 물론 개개의 단위정보의 입력 권한자가 그 권한을 남용하여 허위 정보를 입력하여 시스템 설치·운영 주체의 의사에 반하는 전자기록을 생성하는 경우도 포함된다(대판 2007. 7. 27. 2007도3798; 대판 2005. 6. 9. 2004도6132). 변작이란 이미 작성·저장되어 있는 기록을 변경하거나 말소하는 것을 말한다.

　통설·판례(대판 2020. 8. 27. 2019도11294 전합)는 공전자기록위작·변작죄에서는 권한있는 공무원 등이 허위의 기록을 만들어 저장·기억케 하는 행위(무형위작)도 위작에 속할 수 있다고 한다. 공문서에 관한 죄에서는 유형위조와 무형위조를 모두 벌하고, 전자기록등은 명의인이 누구인지 표시되지 않으므로 정보를 입력·저장할 권한이 있는 자라도 컴퓨터시스템 운영자의 의사에 반하여 정보를 입력·저장한 경우에는 위작이 된다고 할 수 있기 때문이다. 여기에서 '허위의 정보'라 함은 진실에 반하는 내용을 의미한다(대판 2011. 5. 13. 2011도1415).

　3) 주관적 구성요건　　　본죄는 진정목적범이므로 본죄가 성립하기 위해서는 고의 이외에 '사무처리를 그르치게 할 목적' 즉, 위작 또는 변작된 전자기록이 사용됨으로써 전자적 방식에 의한 정보의 생성·처리·저장·출력을 목적으로 구축한 시스템을 설치·운영하는 개인 또는 법인의 사무처리를 잘못되게 할 목적을 말한다(대판 2010. 7. 8. 2010도3545).

　(3) 죄수, 미수 및 형벌
　공전자기록을 위작·변작한 후 이를 출력하여 공문서를 위조한 경우 본죄와 공문서위조죄의 경합범설이 있으나, 양죄는 수단·목적의 관계에 있으므로 공문서위조죄만이 성립한다고 해야 한다.

　본죄의 미수는 처벌한다(제234조). 본죄의 형벌은 10년 이하의 징역이다. 본죄를 범하여 징역에 처할 때에는 10년 이하의 자격정지를 병과할 수 있다(제237조).

6. 사전자기록위작 · 변작죄

> 제232조의2(사전자기록위작 · 변작) 사무처리를 그르치게 할 목적으로 권리 · 의
> 무 또는 사실증명에 관한 타인의 전자기록등 특수매체기록을 위작 또는 변작한
> 자는 5년 이하의 징역 또는 1천만원 이하의 벌금에 처한다.

(1) 보호법익

본죄의 보호법익은 사전자기록등에 대한 공공의 신용이고, 보호의 정도는 추
상적 위험범이다. 본죄는 1995년 개정형법에서 신설되었고 그 도입배경은 공전자
기록위작 · 변작죄에서 언급한 바와 같다.

(2) 구성요건

공전자기록위작 · 변작죄에서와 달리 본죄의 객체는 권리 · 의무 또는 사실증
명에 관한 전자기록등이므로, 컴퓨터에 대한 작업명령을 내용으로 하는 프로그램
은 본죄의 객체가 될 수 없다. 본죄의 객체는 타인의, 즉 타인소유의 전자기록등
특수매체기록이므로 자기 소유의 전자기록등 특수매체기록에 대해서는 본죄가 성
립하지 않는다. 법인이 설치 · 운영하는 전산망 시스템에 제공되어 정보의 생성 ·
처리 · 저장 · 출력이 이루어지는 전자기록 등 특수매체기록은 그 법인의 임직원과
의 관계에서 '타인'의 전자기록 등 특수매체기록에 해당한다(대판 2020. 8. 27. 2019도
11294 전합).

본죄의 실행행위는 위작 또는 변작이다. 위작과 변작의 개념은 공전자기록위
작 · 변작죄에서와 같다.

다만 본죄에 권한있는 자가 허위의 정보를 입력하는 무형위작도 포함되는가
에 대해 긍정설과 부정설이 있다. 부정설은 사문서위조죄의 무형위조를 원칙적으
로 벌하지 않는 것과의 균형상 본죄에서도 무형위작은 포함되지 않는다고 한다.
이에 대해 긍정설은 ① 본죄의 입법취지가 무형위작도 벌하는 것이고,[1] ② 전자
기록에서는 작성자의 명의가 표시되지 않고, ③ 전자기록을 만드는 것은 고도의
기술성 · 전문성을 요하는 작업이라는 것을 근거로 든다. 판례는 긍정설을 따른다
(대판 2020. 8. 27. 2019도11294 전합).

본죄는 진정목적범이므로 고의 이외에 사무처리를 그르치게 할 목적이 있어

---

1) 법무부, 형법개정법률안 제안이유서, 230면 및 232면.

야 한다. 그 개념은 공전자위작·변작죄에서와 같다.

(3) 미수 및 형벌

본죄의 미수는 처벌한다(제235조). 본죄의 기수시기는 권한없이 수정·입력한 시점이고, 원본파일의 변경까지 요구되지는 않는다(대판 2003. 10. 9. 2000도4993). 공전자기록위작·변작죄에서와 달리 본죄에 대해서는 자격정지를 병과할 수 없다(제237조).

Ⅲ. 허위문서작성죄

1. 허위공문서등작성죄

> 제227조(허위공문서작성등) 공무원이 행사할 목적으로 그 직무에 관하여 문서 또는 도화를 허위로 작성하거나 변개한 때에는 7년 이하의 징역 또는 2천만원 이하의 벌금에 처한다.

(1) 개념 및 보호법익

허위공문서등작성죄란 공무원이 행사할 목적으로 그 직무에 관하여 문서 또는 도화를 허위로 작성하거나 변개하는 죄이다. 공문서에 대한 공공의 신뢰가 높다는 점 때문에 사문서와는 달리 공문서의 무형위조도 벌하는 것이다.

본죄의 보호법익은 '공문서의 내용의 진실성에 대한 공공의 신용'이고, 보호의 정도는 추상적 위험범이다. 본죄는 행사할 목적을 필요로 하는 진정신분범이고, 진정목적범이다.

(2) 구성요건

1) 행위의 주체   본죄의 주체는 공무원, 그 중에서도 직무에 관하여 문서 또는 도화를 작성할 권한이 있는 공무원이다(대판 1984. 3. 13. 83도3152). 작성권한이 있다는 것은 사실상 그 사무를 담당하고 있다는 의미가 아니라 자기명의로 공문서를 작성할 권한이 있다는 의미이다. 전결권을 위임받은 공무원도 본죄의 주체가 될 수 있다.

공무원이라도 문서 또는 도화를 작성할 권한이 없는 자는 본죄의 주체가 될 수 없다. 다만 작성권자를 보조하는 공무원이 허위공문서를 기안하여 허위인 정을 모르는 작성권자에게 제출하여 공문서를 완성한 때에는 본죄의 간접정범이 된다(대판 2011. 5. 13. 2011도1415).

　　그러나 작성권한을 위임받은 자가 그 권한을 초월하여 공문서를 작성한 경우 본죄가 성립하지 않고 공문서위조죄가 성립한다. 따라서 면사무소 호적계장이 면장의 결재없이 호적의 출생년란, 주민등록번호란에 허위내용의 호적정정 기재를 한 경우(대판 1990. 10. 12. 90도1790), 관세청 심리분실 행정서기보가 사법경찰관에 속하는 사항에 대한 허위문서를 작성한 경우(대판 1974. 1. 29. 73도1854) 등에서는 본죄가 아니라 공문서위조죄가 성립한다.

　　2) 행위의 객체　　　본죄의 객체는 공문서 또는 공도화이다. 공문서 또는 공도화란 공무원 또는 공무소가 그 직무에 관하여 작성한 문서 또는 도화를 말한다. 대외적·내부적인 것을 불문하고, 그 직무권한이 반드시 법률상 근거가 있음을 요하지 않고, 널리 명령·내규 또는 관례에 의한 직무집행의 권한으로써 작성하는 경우를 포함한다(대판 1981. 12. 8. 81도943). 작성명의인이 명시된 경우뿐 아니라 문서의 형식, 내용 등 그 문서 자체에 의하여 누가 작성하였는지를 추지할 수 있을 정도의 문서이면 된다(대판 2019. 3. 14. 2018도18646; 대판 1995. 11. 10. 95도2088).

　　　판례에 의하면, 외부 전문기관이 작성·보고하고 지방자치단체의 장 또는 계약담당자가 결재·승인한 '검사조서'(대판 2010. 4. 29. 2010도875), 사문서의 사본에 공무원이 '원본대조필'이라 기재하고 도장을 날인한 문서(대판 1981. 9. 22. 80도3180), 합동법률사무소명의로 작성된 공증서(대판 1977. 8. 23. 74도2715 전합), 사법경찰리 작성의 피의자신문조서(대판 1975. 3. 22. 74도2855), 건축사무기술검사원으로 위촉된 건축사가 작성한 준공검사조서(대판 1980. 5. 13. 80도177)도 공문서이다.

　　3) 실행행위　　　본죄의 실행행위는 문서 또는 도화를 허위로 작성하거나 변개하는 것이다.

　　가. 허위작성　　　허위작성이란 문서에 표시된 내용과 진실이 부합하지 아니하여 그 문서에 대한 공공의 신용을 위태롭게 하는 경우를 말한다(대판 1985. 6. 25. 85도758).[1][2] 허위작성은 부작위에 의해서도 가능하다. 금전출납부에 금전출납

---

1) 본죄의 성립을 인정한 판례로, 대판 2007. 1. 25. 2006도3996; 대판 2007. 1. 25. 2006도3844; 대판 2006. 12. 22. 2004도7356; 대판 2005. 10. 14. 2003도1154; 대판 2003. 2. 11. 2002도4293; 대판 2001. 6. 29. 2001도1319; 인감증명서를 발행하면서 대리인에 의한 것을 본인의 신청에 의한 것으로 기재한 경우(대판 1997. 6. 27. 97도1085); 대판 1997. 12. 26. 96도3057; 대판 1996. 10. 15. 96도1669; 대판 1995. 6. 13. 95도491; 대판 1993. 12. 24. 92

사실을 기재하지 않거나, 피의자신문조서를 작성하면서 고의로 피의자의 자백을 누락한 경우, 사법경찰관이 재수사 결과서의 재수사 결과란에 피해자들로부터 진술을 청취하지 않고도 진술을 듣고 그 진술내용을 적은 것처럼 기재하고 자신의 독자적인 의견이나 추측에 불과한 것을 마치 피해자들로부터 직접 들은 진술인 것처럼 기재한 경우(대판 2023. 3. 30. 2022도6886) 등을 예로 들 수 있다. 그러나 공문서를 작성하는 과정에서 고의 또는 과실로 법령 등을 잘못 적용하거나 적용해야 할 법령 등을 적용하지 않았더라도 그 적용의 전제가 된 사실관계에 관하여 거짓된 기재가 없다면 본죄가 성립할 수 없다(대판 2021. 9. 16. 2019도18394).

　　신고에 의해 공문서를 작성하는 경우 신고가 허위임에도 이를 알고 있는 공무원이 그 신고대로 공문서를 작성한 경우 본죄가 성립할 것인가가 문제된다. 먼저 공무원이 실질적 심사권을 가지고 있음에도 불구하고 신고대로 문서를 작성하는 경우에는 본죄가 성립한다는 데에 견해가 일치한다.

　　문제는 등기부나 가족관계등록부에 등재하는 경우와 같이 공무원이 형식적 심사권만을 갖는 경우이다. 형식적 심사권만을 갖는 공무원은 허위사실인 줄 알았다 하더라도 문서를 작성해야 할 의무가 있으므로 본죄가 성립하지 않는다는 견해, 허위사실을 신고하는 경우 공무원은 문서작성을 거부할 수 있으므로 거부하지 않고 문서를 작성한 경우에는 본죄가 성립한다는 견해(다수설) 및 작성공무원이 신고자와 공모한 경우에는 본죄가 성립하지만 우연히 신고내용이 허위인 것을 알게 된 경우에는 본죄가 성립하지 않는다는 견해 등이 대립한다.

　　형식적 심사권을 갖는 공무원이라도 명백한 허위신고에 대해 문서작성을 거부할 수 있으므로 본죄의 성립을 인정해야 할 것이다. 그러나 허위사실임이 명백하지 않은 경우 형식적 심사권만을 갖는 공무원은 신고를 받아들여야 하므로 설사 공무원이 허위사실임을 인용하였다 하더라도 본죄는 성립하지 않는다고 해야

　　도3334; 대판 1990. 10. 16. 90도1307; 대판 1990. 10. 16. 90도1199; 대판 1983. 12. 13. 83도1458; 준공검사를 하지 아니하였으면서도 정산설계서에 따라 준공검사를 한 것처럼 공문서인 준공검사조서를 허위 작성한 경우(대판 1983. 12. 27. 82도3063); 실제로 원본과 대조함이 없이 '원본대조필'이라고 기재한 경우(대판 1981. 9. 22. 80도3180); 대판 1978. 6. 27. 76도2196; 대판 1973. 10. 23. 73도395 등.
 2) 본죄의 성립을 부정한 판례로, 고의로 법령을 잘못 적용하여 공문서를 작성하였으나 그 법령적용의 전제가 된 사실관계에 대한 내용에 거짓이 없는 경우(대판 2021. 9. 16. 2019도18394); 대판 2000. 6. 27. 2000도1858; 대판 2001. 1. 5. 99도4101; 대판 1997. 3. 11. 96도2329; 대판 1996. 5. 14. 96도554; 대판 1987. 8. 18. 87도1263; 대판 1985. 5. 28. 85도327 등.

할 것이다.

[대판 1977. 12. 27. 77도2155] 신고사항이 허위인 것이 명백한 경우에는 호적리
는 그 기재를 거부할 수 있다고 해석할 것이므로 허위임을 알고 있으면서 이를
호적부에 기재하였다면 허위공문서 작성죄가 성립한다.

나. 변 개   변개란 작성권한 있는 공무원이 기존문서의 내용을 허위
로 고치는 것을 말한다(대판 1997. 12. 26. 96도3057). 기존문서를 고친다는 점에서 변
조와 유사하지만, 변조는 작성권한이 없음에 비해 변개에서는 작성권한이 있다는
점에서 구별된다.

4) 주관적 구성요건   본죄가 성립하기 위해서는 공문서에 허위사실을 기
재한다는 점에 대한 고의가 필요하다. 특정인에 대한 구체적 손해를 생기게 할
의사는 필요하지 않다(대판 1995. 11. 10. 95도1395). 상사 또는 상급관청의 양해 또는
지시가 있었다 하더라도 고의가 부정되지 않는다(대판 1970. 6. 30. 70도1122).[1)]

본죄는 고의 이외에 행사의 목적을 필요로 하는데, 그 개념은 위조죄에서와
같다.

(3) 미 수

본죄의 미수는 처벌한다(제235조).

본죄의 기수시기에 대해 허위사실 기재시점설이 있으나 문서작성을 완료하
는 시점이라고 해야 한다. 본죄의 기수가 되기 위해서는 문서의 형식·내용 등
그 문서 자체에 의하여 누가 작성하였는가를 추지할 수 있을 정도의 것이라야만
된다. 이러한 정도에 이르면 명의인의 기명날인이 있어야 기수가 된다(대판 1973. 9.
29. 73도1765).

판례는 한 개의 공문서에 작성자가 2인 이상일 경우에도 1인의 작성행위가
완료되면 나머지 다른 사람의 서명·날인이 없어도 그 1인의 공문서작성행위는
완료된다고 한다(대판 1973. 6. 26. 73도733).

(4) 공 범

1) 문제의 소재   본죄는 진정신분범이므로 공범에 대해서는 제33조 본
문이 적용된다(대판 1983. 12. 13. 83도1458). 문제는 본죄를 간접정범의 형태로 범할

---

1) 본죄의 고의를 부정한 판례로, 대판 1982. 12. 28. 82도1617; 대판 2001. 1. 5. 99도4101 등.

수 있는가이다. 작성권한자가 권한 없는 자를 이용하거나 작성권한 있는 다른 공무원을 이용하여 본죄를 범할 수 있다는 데에는 별 의문이 없다. 그러나 작성권한 없는 자가 작성권한 있는 공무원을 생명있는 도구로 이용하여 본죄를 범할 수 있는가에 대해서는 견해가 대립한다.

　　2) **비공무원인 경우**　　　통설·판례는 비공무원이 공무원을 생명있는 도구로 이용하여 본죄를 범할 수 없다고 한다. 즉, 공정증서원본등부실기재죄는 비공무원이 간접정범의 형태로 허위공문서를 작성하는 행위를 벌하는 것인데, 형법이 특히 이를 규정하고 있는 것은 공정증서원본등부실기재의 경우에만 허위공문서작성죄의 간접정범을 인정하고 다른 경우에는 간접정범을 인정하지 않는다는 취지라고 한다.

[대판 1976. 8. 24. 76도151; 대판 1961. 12. 14. 4292형상645 전합] 형법은 소위 무형위조에 관하여서는 공문서에 관하여서만 이를 처벌할 뿐 일반사문서의 무형위조를 인정하지 아니할 뿐 아니라(다만 형법 제233조의 경우는 예외) 공문서의 무형위조에 관하여서도 동법 제227조의 허위공문서작성의 경우 이외에 특히 공무원에 대하여 허위의 신고를 하고, 공정증서원본 면허장, 감찰 또는 여권에 사실 아닌 기재를 하게 한 때에 한하여 동법 제228조의 경우의 처벌규정을 만들고 더구나 위 제227조의 경우의 형벌보다 현저히 가볍게 벌하고 있음에 지나지 아니하는 점으로 보아 공무원 아닌 자가 허위공문서작성의 간접정범인 때에는 동법 제228조의 경우 이외에는 이를 처벌하지 아니하는 취지로 해석함이 상당하다.
[대판 2001. 3. 9. 2000도938] 공무원 아닌 자가 관공서에 허위내용의 증명원을 제출하여 그 내용이 허위인 정을 모르는 담당공무원으로부터 그 증명원내용과 같은 증명서를 발급받은 경우 공문서위조죄의 간접정범으로 의율할 수는 없다.

　　3) **작성권자를 지시 또는 보좌하는 공무원의 경우**　　　작성권한 있는 공무원을 지시 또는 보좌하는 공무원이 사정을 모르는 작성권한 있는 공무원을 이용하여 허위공문서를 작성한 경우 본죄의 간접정범이 성립하는가에 대해서는 견해가 대립한다.

　　가. 긍 정 설　　　긍정설은 ① 본죄의 본질은 공무원의 권한남용을 방지하는 데에 있는데 보좌하는 공무원의 권한남용을 방지해야 할 필요가 있고, ② 보조공무원은 작성명의인은 아니지만 사실상 또는 실질적으로 작성권한을 가지고 있으므로 간접정범의 형태로 본죄를 범할 수 있고, ③ 신분범 중에는 간접정범이

인정되는 신분범과 인정되지 않는 신분범이 있는데 본죄는 간접정범이 인정되는 신분범이라는 것 등을 근거로 든다.

나. 부 정 설   다수설은 ① 본죄는 공무원의 직권남용방지가 아니라 문서에 대한 공공의 신용보호에 목적이 있고, ② 본죄의 주체는 작성권한 있는 공무원에 국한되고, ③ 진정신분범에서 비신분자가 신분자를 이용하는 간접정범은 성립할 수 없다는 등의 근거를 든다. 따라서 처벌의 흠결은 입법 또는 보조공무원에게 위계에 의한 공무집행방해죄의 죄책을 인정함으로써 해결해야 한다고 한다.

다. 판   례   판례는 긍정설을 따라 보조공무원뿐만 아니라 상급공무원도 간접정범이 될 수 있다고 한다.

[대판 1992. 1. 17. 91도2837] 공문서의 작성권한이 있는 공무원의 직무를 보좌하는 자가 그 직위를 이용하여 행사할 목적으로 허위의 내용이 기재된 문서초안을 그 정을 모르는 상사에게 제출하여 결재하도록 하는 등의 방법으로 작성권한이 있는 공무원으로 하여금 허위의 공문서를 작성하게 한 경우에는 간접정범이 성립되고 이와 공모한 자 역시 그 간접정범의 공범으로서의 죄책을 면할 수 없는 것이고, 여기서 말하는 공범은 반드시 공무원의 신분이 있는 자로 한정되는 것은 아니라고 할 것이다.

[대판 1996. 10. 11. 95도1706] 경찰서 보안과장이 K의 음주운전을 눈감아주기 위하여 그에 대한 음주운전자 적발보고서를 찢어버리고, 부하로 하여금 일련번호가 동일한 가짜 음주운전 적발보고서에 A에 대한 음주운전 사실을 기재케 하여 그 정을 모르는 담당 경찰관으로 하여금 주취운전자 음주측정처리부에 A에 대한 음주운전 사실을 기재하도록 한 이상 허위공문서작성 및 동 행사죄의 간접정범으로서의 죄책을 면할 수 없다.

라. 결   어   이 경우 보조공무원을 처벌할 필요성이 있지만, 이는 입법으로 해결하거나 위계에 의한 공무집행방해죄의 죄책을 인정해서 해결해야 한다. 본죄의 주체인 작성권한 있는 공무원에 보좌하는 공무원까지 포함시키는 것은 유추해석의 우려가 있기 때문이다.

(5) 다른 범죄와의 관계

1) 허위진단서작성죄와의 관계   공무원인 의사가 허위진단서를 작성한 경우 본죄와 허위진단서작성죄의 상상적 경합설(다수설)과 허위진단서작성죄설이 대립한다. 판례는 상상적 경합설(대판 1955. 7. 15. 4288형상74)에서 허위공문서작성죄

로 입장을 변경하였다(대판 2004. 4. 9. 2003도7762). 허위진단서작성죄보다 허위공문서
작성죄의 형벌이 더 높으므로 판례의 입장이 타당하다.

2) 직무유기죄와의 관계

[대판 2008. 2. 14. 2005도4202] 공무원이 어떠한 위법사실을 발견하고도 직무상
의무에 따른 적절한 조치를 취하지 아니하고 위법사실을 적극적으로 은폐할 목적
으로 허위공문서를 작성·행사한 경우에는 직무위배의 위법상태는 허위공문서작
성 당시부터 그 속에 포함되는 것이므로 작위범인 허위공문서작성죄, 동행사죄만
이 성립하고 부작위범인 직무유기죄는 따로 성립하지 않는다.
[대판 1993. 12. 24. 92도3334] 허위공문서를 작성한 것이 기존의 위법사실을 은
폐하기 위한 것이 아니라 별도의 권리를 부여하기 위하여 한 것이라면 허위공문
서작성죄, 동행사죄와 직무유기죄는 실체적 경합범의 관계에 있다.

3) 수뢰후부정처사죄와의 관계   공무원이 뇌물을 받고 허위공문서를 작
성하여 행사한 경우 판례는 수뢰후부정처사죄 외에 허위공문서작성 및 동행사죄
가 성립하고 이들 죄와 수뢰후부정처사죄는 각각 상상적 경합관계에 있다고 한다
(대판 1983. 7. 26. 83도1378).[1]

2. 공정증서원본등부실기재죄

제228조(공정증서원본등의 부실기재)   ① 공무원에 대하여 허위신고를 하여 공
정증서원본 또는 이와 동일한 전자기록등 특수매체기록에 부실의 사실을 기재
또는 기록하게 한 자는 5년 이하의 징역 또는 1천만원 이하의 벌금에 처한다.
② 공무원에 대하여 허위신고를 하여 면허증, 허가증, 등록증 또는 여권에 부실의
사실을 기재하게 한 자는 3년 이하의 징역 또는 700만원 이하의 벌금에 처한다.

(1) 개념 및 보호법익

공정증서원본등부실기재죄란 공무원에 대하여 허위신고를 하여 공정증서원
본 또는 이와 동일한 전자기록등 특수매체기록, 면허증, 허가증, 등록증 또는 여
권 등에 부실의 사실을 기재하게 하는 죄이다.

본죄의 보호법익은 공정증서원본등의 내용의 진실에 대한 공공의 신용이고,

---

1) 이것이 연결효과에 의한 상상적 경합을 인정한 것인가에 대해서는 논란이 있지만, 부정해
   야 할 것이다.

보호의 정도는 추상적 위험범이다.

　　본죄는 공무원을 이용한 간접적인 허위공문서작성죄(간접적 무형위조)로서 공무원이 아닌 자도 허위공문서작성죄의 주체가 될 수 있는 예외를 규정한 것이라고 할 수 있다.

　　(2) 구성요건

　　1) 행위의 주체　　　본죄는 비신분범이므로 그 주체에는 제한이 없다. 공무원이 아닌 자나 공정증서원본등에 대한 직무와 무관한 공무원도 본죄의 주체가 된다. 그러나 공정증서원본등의 기재를 담당하는 공무원이 본죄를 범했을 때에는 본죄가 아니라 허위공문서작성죄가 성립한다.

　　2) 행위의 객체　　　본죄의 객체는 공정증서원본 또는 이와 동일한 전자기록등 특수매체기록 및 면허증, 허가증, 등록증 또는 여권 등이다. 본죄의 객체는 예시적인 것이 아니라 열거적인 것으로서 여기에서 열거된 것 이외의 공문서는 본죄의 객체가 될 수 없다.

　　가. 공정증서원본　　　공정증서의 문자적인 의미는 공무원이 권한 내에서 작성하는 일체의 증서를 말하지만, 통설·판례는 이를 축소해석하여 공무원이 작성하는 문서로서 권리·의무관계를 증명하는 효력을 가진 것을 의미하고, 사실증명에 관한 것은 포함하지 않는다고 한다(대판 1988. 5. 24. 87도2696). 이와 같이 축소해석하는 이유는 제1항의 형이 제2항의 형보다 높으므로 제1항의 공정증서를 제2항에서 열거된 공문서보다 좁게 해석해야 하기 때문이다.

　　권리·의무관계를 증명하는 공정증서의 예로서 부동산등기부, 자동차등록부, 선박등기부, 상업등기부, 가족관계등록부 등을 들 수 있다. 판례는 민사분쟁사건처리특례법에 의하여 합동법률사무소 명의로 작성된 공증에 관한 문서(대판 1977. 8. 23. 74도2715), 위조하여 작성된 집행수락부 약속어음 공정증서(대판 2006. 6. 27. 2006도2864)도 공정증서에 속한다고 한다.

　　그러나 권리·의무의 변동에 영향을 주지 않는 주민등록부 및 인감대장(대판 1968. 11. 19. 68도1231), 토지대장(대판 1988. 5. 24. 87도2696), 가옥대장(대판 1971. 4. 20. 71도359), 자동차운전면허대장(대판 2010. 6. 10. 2010도1125), 공증인이 인증한 사서증서(대판 1984. 10. 23. 84도1217) 및 성질상 허위신고에 의해 부실한 사실이 그대로 기재될 수 없는 「민사조정법」상의 조정조서(대판 2010. 6. 10. 2010도3232) 등은 공정증서에 속하지 않는다고 한다.

이 밖에 선거인명부, 선박원부, 주민등록증 등도 공정증서에 속하지 않고, 법원의 판결원본, 지급명령원본 등도 처분문서이므로 공정증서에 속하지 않는다. 그러나 화해조서는 처분문서이지만 권리·의무관계를 증명하는 기능도 하므로 공정증서라고 한다.

본죄의 객체인 공정증서는 허위신고에 의해 공무원이 부실기재를 할 수 있는 성격의 것이어야 한다. 따라서 신고에 의해 작성되는 것이 아닌 피의자신문조서, 검증조서, 감정조서 등 소송상의 각종 조서는 본죄의 객체가 될 수 없다. 본죄의 객체는 공정증서원본이므로 정본, 등본, 초본, 사본 등은 본죄의 객체가 될 수 없다(대판 2002. 3. 26. 2001도6503).

나. 전자기록등 특수매체기록   본죄의 전자기록등 특수매체기록은 공정증서와 동일한 것이어야 하므로 권리·의무관계를 증명하는 기록에 국한된다. 전산자료화된 부동산등기파일(대판 2017. 2. 15. 2014도2415), 가족관계등록파일, 자동차등록파일 등을 예로 들 수 있다.

다. 면 허 증   면허증이란 일정한 기능을 가진 사람에게 그 기능을 수행할 수 있는 권능이 있다는 것을 증명하기 위해 공무원 또는 공무소가 발행하는 증서이다. 의사면허증, 자동차운전면허증, 중기면허증, 수렵면허증, 침구사자격증(대판 1976. 7. 27. 76도1709) 등을 예로 들 수 있다. 그러나 단순히 일정한 자격을 표시함에 불과한 시험합격증이나 교사자격증, 공무원증 등은 면허증이라고 할 수 없다.

라. 허 가 증   허가증이란 특정인에게 일정한 업무 또는 영업을 하도록 허가하였음을 증명하기 위해 공무원 또는 공무소가 발행하는 증서를 말한다. 음식점, 주점, 서점, 이·미용실의 영업허가증 등을 예로 들 수 있다.

마. 등 록 증   등록증이란 일정한 자격을 취득한 자에게 그 자격에 따른 영업을 할 수 있는 권능을 부여하였음을 증명하기 위해 공무원 또는 공무소가 발행하는 증서를 말한다. 변호사, 법무사, 공인회계사, 전문의, 기술사, 세무사, 변리사, 노무사, 감정평가사 등의 등록증을 예로 들 수 있다. 그러나 사업자등록증은 단순한 사업사실의 등록을 증명하는 증서에 불과하고 그에 의하여 사업을 할 수 있는 자격이나 요건을 갖추었음을 인정하는 것이 아니므로 등록증에 해당되지 않는다(대판 2005. 7. 15. 2003도6934).

바. 여   권   여권이란 공무원 또는 공무소가 발행하는 여행허가증을 말한다. 외국여행에 필요한 여권과 가석방자에게 발행·교부하는 여행허가증이

그 예이다.[1]

　3) **실행행위**　　　본죄의 실행행위는 공무원에 대하여 허위신고를 하여 부실의 사실을 기재 또는 기록하게 하는 것이다. 본죄는 간접정범을 규정한 것이므로 공무원에 대한 허위신고(이용행위)와 부실의 사실을 기재 또는 기록하게 하는 것(피이용자의 행위)의 두 가지로 이루어진다. 허위신고와 부실기재 사이에는 인과관계가 있어야 한다.

　가. 공무원에 대한 허위신고

　A. **공 무 원**　　　공무원에게 허위신고를 해야 한다. 여기에서 공무원은 공정증서원본등에 신고사항을 기재 또는 기록하는 업무를 담당하는 공무원을 말한다. 그러나 기재 또는 기록하는 업무를 담당하는 공무원뿐만 아니라 내부의 사무분장에 의해 기재 또는 기록업무를 담당하지 않고 신고접수업무만을 담당하는 공무원도 본죄의 공무원이라고 할 수 있으므로 이 경우에도 본죄의 실행의 착수를 인정할 수 있다.

　공무원은 실질적 심사권뿐만 아니라 형식적 심사권만을 가진 공무원도 포함한다. 공무원은 허위신고임을 모르는 공무원이어야 한다. 공무원이 허위사실임을 안 경우에는 허위공문서작성죄가 성립하고(대판 1977. 12. 27. 77도2155), 신고자는 허위공문서작성죄의 공동정범이나 교사 · 방조범이 된다.

　B. **허위신고**　　　허위신고란 객관적 진실에 반하는 사실의 신고를 말한다. 불실의 기재는 당사자의 허위신고에 의하여 이루어져야 하므로 법원의 촉탁에 의해 등기가 이루어진 경우에는 본죄가 성립하지 않는다(대판 2022. 1. 13. 2021도11257). 신고자가 허위이든 내용이 허위이든 상관없으므로 타인의 자격을 모용한 경우에도 허위에 해당한다.

　허위신고의 방법에는 제한이 없다. 서면 · 구두, 자기명의 · 타인명의, 본인 · 대리인의 신고임을 불문한다. 확정판결이나 화해조서에 의해 등기신청을 하는 경우에도 그 내용이 진실에 반하는 것임을 알고 있을 때에는 허위신고에 해당한다(대판 1996. 5. 31. 95도1967; 대판 1969. 2. 25. 68도1787).

　나. 부실의 사실을 기재 또는 기록하게 하는 것　　　부실의 사실이란 권리의

---

1) 판례는 여권발급신청서에 허위사실을 기재하여 여권을 발급받은 경우에는 본죄와 여권법위반죄(제24조)의 상상적 경합이라고 하지만(대판 1974. 4. 9. 73도2334), 법조경합이라고 해야 한다.

무관계에 중요한 의미를 갖는 사항이 진실에 반하는 것을 말한다(대판 2020. 2. 27. 2019도9293). 부실기재를 하게 한다는 것은 공무원으로 하여금 객관적 진실에 반하는 사실을 기록하게 하는 것을 말한다. 부실기재 여부는 전체적으로 판단하여야 한다. 부분적으로 허위가 있다 하더라도 전체적으로 진실하다고 할 수 있는 경우에는 부실기재라고 할 수 없다. 예를 들어 소유권보존등기나 소유권이전등기에 절차상 하자가 있거나 등기원인이 실제와 다르다 하더라도 그 등기가 실체적 권리관계에 부합하게 하기 위한 것이거나 실체적 권리관계에 부합하는 유효한 등기인 경우(대판 2011. 7. 14. 2010도1025), 본인 소유의 자동차를 타인에게 명의신탁하기 위한 것이거나 중간생략의 소유권 이전등록이라도 그러한 소유권 이전등록이 실체적 권리관계에 부합하는 유효한 등록인 경우(대판 2020. 11. 5. 2019도12042), 발기인 등이 회사를 설립할 당시 회사를 실제로 운영할 의사 없이 회사를 이용한 범죄 의도나 목적이 있었다거나, 회사로서의 인적·물적 조직 등 영업의 실질을 갖추지 않았더라도 주식회사의 발기인 등이 상법 등 법령에 정한 회사설립의 요건과 절차에 따라 회사설립등기를 함으로써 회사가 성립하였다고 볼 수 있는 경우(대판 2020. 2. 27. 2019도9293) 등에서는 본죄가 성립하지 않는다.

부실기재인지의 여부는 기재시점을 기준으로 해야 한다. 따라서 기재된 사항이 무효에 해당되는 하자가 있다면 부실기재이지만, 취소사유인 하자가 있지만 취소되기 전에 기재된 경우 부실기재에 해당하지 않는다(대판 2018. 6. 19. 2017도21783). 공정증서원본부실기재가 성립한 후, 사후에 피해자의 동의 또는 추인 등의 사정으로 문서에 기재된 대로 효과의 승인을 받거나 등기가 실체적 권리관계에 부합하게 되었다 하더라도, 이미 성립한 범죄에는 아무런 영향이 없다(대판 2001. 11. 9. 2001도3959).

다. 중간생략등기   중간생략등기란 부동산 등을 전매한 경우 제1매수인이 자신의 이름으로 이전등기를 한 후 제2매수인에게 이전등기를 하지 않고, 바로 매도인으로부터 제2매수인으로 이전등기를 하는 것을 말한다. 두 번 등기를 해야 할 것을 한 번만 등기를 한다는 점에서 중간생략등기라고 한다.

중간생략등기는 대체로 세금포탈과 부동산투기를 위한 수단으로 사용되기 때문에 '부동산등기특별조치법'은 중간생략등기를 금지하고, 그 위반행위에 대해 3년 이하의 징역 또는 1억원 이하의 벌금에 처하고 있다(제8조).

중간생략등기를 한 경우 본죄성립 긍정설은 중간생략등기에서는 진실한 권리이전과정이 은폐되기 때문에 본죄가 성립하고 「부동산등기 특별조치법」위반죄와 상상적 경합이 된다고 한다. 부정설(다수설)은 중간생략등기가 널리 행해지고 있고, 등기부의 기재내용이 당사자의 의사 또는 실체적 권리관계와 부합하고, 「부동산등기 특별조치법」에 의해 처벌하면 족하다는 등의 이유로 본죄가 성립하지 않는다고 한다. 판례는 부정설을 따른다.

> [대판 1967. 11. 28. 66도1682] 비록 당사자들의 합의가 없이 경유된 이른바 소유권의 중간생략으로 인한 이전등기라 할지라도 그것이 민사실체법상의 권리관계에 부합되어 유효인 등기로서의 구실을 할 수 있는 한 형사상으로도 이러한 등기가 사실관계와 다른 이른바 불실의 등기라고 볼 수는 없다.

　　그러나 권리이전과정이 등기부에 나타나지 않는 경우 권리관계에 영향을 미칠 수 있고, 부동산투기가 아직도 심각한 상황이므로 이러한 행위들을 엄벌할 형사정책적 필요가 있다는 점 등을 고려할 때 긍정설이 타당하다고 생각된다.

　　4) 주관적 구성요건　　본죄가 성립하기 위해서는 허위신고에 의하여 부실의 사실을 기재한다는 점에 대한 인식이 있어야 하고 객관적으로 부실의 기재가 있다 하여도 그에 대한 인식이 없는 경우에는 본죄가 성립하지 않는다(대판 1996. 4. 26. 95도2468). 본죄는 행사의 목적을 필요로 하지 않는다.

　　(3) 미　　수

　　본죄의 미수는 처벌한다(제235조). 본죄의 실행의 착수시기는 허위신고를 하는 시점이다. 공정증서원본등에 기재를 하는 공무원이 아닌 신고접수 담당공무원에게 허위신고를 하더라도 이때에 실행의 착수가 인정된다. 그러나 위장결혼의 혼인신고에 필요한 서류를 준비하여 위장결혼 당사자에게 건네준 것만으로는 본죄의 실행의 착수를 인정할 수 없다(대판 2009. 9. 24. 2009도4998).

　　본죄의 기수시기는 공정증서원본등에 부실의 기재가 종료하는 시점이다. 허위신고를 하였으나 기재가 되지 않은 경우에는 미수이다. 허위신고와 부실기재 사이에는 인과관계가 있어야 한다. 인과관계가 없는 경우에는 본죄의 미수가 된다.

　　(4) 다른 범죄와의 관계

　　1) 소송사기죄와의 관계　　법원을 기망하여 승소판결을 받고 그 판결에 따라 허위신고를 하여 소유권이전등기를 경료한 경우는 사기죄와 본죄의 경합범이 된다(대판 1996. 5. 31. 95도1967).

2) 사문서위조죄와의 관계   1인회사 1인주주가 당해 임원의 의사에 기하지 않은 허위의 사임서를 작성하여 이 사실을 상업등기부에 기재케 한 경우에는 사문서위조죄와 본죄의 경합범이 된다(대판 1992. 9. 14. 92도1564).

3. 허위진단서등작성죄

> 제233조(허위진단서등의 작성)   의사·한의사·치과의사 또는 조산사가 진단서, 검안서 또는 생사에 관한 증명서를 허위로 작성한 때에는 3년 이하의 징역이나 금고, 7년 이하의 자격정지 또는 3천만원 이하의 벌금에 처한다.

(1) 개념 및 보호법익

허위진단서등작성죄란 의사·한의사·치과의사 또는 조산사가 진단서, 검안서 또는 생사에 관한 증명서를 허위로 작성하는 죄이다. 본죄의 행위는 무형위조에 속한다. 형법은 사문서의 무형위조는 벌하지 않지만, 의사·한의사 등이 작성하는 문서는 전문적 성격으로 인해 신뢰성이 높아야 하므로 예외적으로 사문서의 무형위조를 벌하는 것이다.

본죄의 보호법익은 진단서 등의 내용의 진실에 대한 공공의 신용이고, 보호의 정도는 추상적 위험범이다.

(2) 구성요건

1) 행위의 주체   본죄는 진정신분범으로서 본죄의 주체는 의사·한의사·치과의사 또는 조산사이다. 행위주체는 예시적이 아니라 열거적이므로 열거된 이외의 사람은 본죄의 주체가 될 수 없다. 통설은 본죄는 비신분자가 신분자를 생명있는 도구로 이용하는 간접정범의 형태로는 범할 수 없으므로 진정자수범 혹은 부진정자수범이라고 한다.[1]

의사·한의사·치과의사·조산사 등이 공무원인지 사인인지는 불문한다. 다만 공무원인 의사가 허위진단서를 작성한 경우에는 본죄와 허위공문서작성죄의 상상적 경합설(대판 1955. 7. 15. 4288형상74), 본죄설이 있으나 허위공문서작성죄만이 성립한다고 해야 할 것이다.

---

1) 그러나 이것은 비신분자가 신분자를 생명있는 도구로 이용하여 진정신분범을 범할 수 없다는 의미 이외에 별 의미가 있는 것은 아니다. 자수범의 개념 자체가 모호하고, 비공무원이 공무원을 생명있는 도구로 이용하여 수뢰죄를 범할 수 없지만, 뇌물죄를 진정자수범 혹은 부진정자수범이라고 하지 않기 때문이다.

2) **행위의 객체**　　　본죄의 객체는 진단서, 검안서 또는 생사에 관한 증명서이다. 진단서란 의사가 진찰의 결과에 관한 판단을 표시하여 사람의 건강상태를 증명하기 위하여 작성하는 문서로서, 진단서에 해당하는지 여부는 서류의 제목, 내용, 작성목적 등을 종합적으로 고려하여 판단하여야 하므로 입·퇴원확인서와 같이 의사의 전문적 지식에 의한 진찰이 없더라도 확인 가능한 사실을 기재한 서류는 진단서가 될 수 없다(대판 2013. 12. 12. 2012도3173). 검안서란 보통은 사체검안서라고 하며, 사람의 사체를 검시한 의사가 사망의 원인, 시기 등 검안의 결과를 기재한 서면을 말한다. 생사에 관한 증명서란 출생증명서, 사망진단서 등과 같이 사람의 출생·사망에 대한 사실을 증명하는 문서를 말한다. 검안서는 생사에 관한 증명서의 일종이라고 할 수 있다. 의사·치과의사·한의사 등 의료업자는 자신이 검안하지 아니하고서는 진단서, 검안서, 생사에 관한 증명서를 교부하지 못한다(의료법 제17조).

3) **실행행위**　　　본죄의 실행행위는 진단서등을 '허위로 작성'하는 것이다. 허위작성이란 진단서등에 허위의 내용을 기재하는 것이다. 허위기재는 객관적 진실에 반하는 것으로서 사실에 관한 것이든 판단에 관한 것이든 불문한다(대판 1990. 3. 27. 89도2083). 대상환자, 질병이나 상처유무, 치료기간, 치료방법, 질병이나 상처의 원인, 현재의 진단명과 증상에 관한 기재뿐만 아니라 현재까지의 진찰 결과로서 발생 가능한 합병증과 향후 치료에 대한 소견의 기재(대판 2017. 11. 9. 2014도15129) 등 그 기재내용은 불문한다.

의사가 진찰한 사실이 없음에도 불구하고 진단서를 작성하는 것도 본죄에 포함된다는 견해가 있으나, 내용이 진실한 경우에는 본죄가 성립하지 않고 의료법 위반죄만이 성립한다고 해야 할 것이다.

허위로 진단서를 작성하였으나 그것이 객관적 진실에 합치하는 경우 본죄의 구성요건해당성조각설(다수설)과 불능미수설이 대립하는데, 본죄의 미수를 벌하므로 후자가 타당하다.

4) **주관적 구성요건**　　　의사가 진찰을 소홀히 한다거나 착오를 일으켜 오진한 결과로 객관적으로 진실에 반한 진단서를 작성한 경우 본죄의 고의가 인정되지 않는다(대판 2006. 3. 23. 2004도3360). 부검을 통하지 않고 사망의 의학적 원인을 정확하게 파악하는 데에는 한계가 있으므로, 부검 결과로써 확인된 최종적 사인이 이보다 앞선 시점에 작성된 사망진단서에 기재된 사망 원인과 일치하지 않는

다는 사정만으로 사망진단서의 기재가 객관적으로 진실에 반한다거나, 작성자가 그러한 사정을 인식하고 있었다고 함부로 단정하여서는 안 된다(대판 2024. 4. 4. 2021도15080).

(3) 미　　수

본죄의 미수는 처벌한다(제235조).

Ⅳ. 위조등문서행사죄

1. 위조등공문서행사죄

> 제229조(위조등 공문서의 행사)　제225조 내지 제228조의 죄에 의하여 만들어 진 문서, 도화, 전자기록등 특수매체기록, 공정증서원본, 면허증, 허가증, 등록 증 또는 여권을 행사한 자는 그 각 죄에 정한 형에 처한다.

(1) 개　　념

위조등공문서행사죄는 위조·변조하거나 자격모용에 의해 작성되거나 허위작 성된 공문서, 도화, 위작·변작된 공전자기록등 특수매체기록, 부실기재된 공정증 서원본, 면허증, 허가증, 등록증 또는 여권을 행사하는 죄이다. 위조등사문서행사 죄에 비해 불법이 가중되는 구성요건이다.

(2) 구성요건

1) 행위의 주체　　본죄는 비신분범이므로 그 주체에 제한이 없다. 공무원 뿐만 아니라 일반인도 본죄의 주체가 될 수 있다.

2) 행위의 객체　　본죄의 객체는 위조·변조하거나 자격모용에 의해 작성 되거나 허위작성된 공문서, 도화, 위작·변작된 공전자기록등 특수매체기록, 부실 기재된 공정증서원본, 면허증, 허가증, 등록증 또는 여권이다. 문서 등이 만들어 진 동기가 무엇인가는 묻지 않는다.

복사기나 사진기, 모사전송기(facsimile) 등을 사용하여 기계적인 방법에 의하 여 위조문서 원본을 복사한 문서인 이른바 복사문서도 본죄의 객체가 된다(제237 조의2; 대판 1995. 12. 26. 95도2389 전합).

3) 실행행위　　본죄의 실행행위는 행사이다. 행사란 본죄의 객체인 공문 서 등을 진정한 것 또는 그 내용이 진실한 것으로 사용하는 것을 말한다. 공문서

의 본래 용도에 사용되었는지는 문제되지 않는다. 그러나 위조 · 허위작성된 공문서를 증거물로 제출하거나 견본으로 제시하는 것과 같이 진정 · 진실한 공문서가 아닌 위조 · 허위작성된 공문서로 사용하는 것은 행사에 속하지 않는다.

위조공문서등을 휴대 · 소지하는 것만으로는 부족하고(대판 1956. 11. 2. 4289형상 240), 상대방이 인식할 수 있는 상태에 두어야 행사가 된다. 인식할 수 있는 상태에 두면 되고 반드시 상대방이 현실적으로 인식할 필요까지는 없다. 위조공문서 등을 제시, 제출, 교부하는 것뿐만 아니라 송부, 비치하는 것도 행사에 속한다(대판 1989. 12. 12. 89도1253). 소송자료로 법원에 제출하는 것도 행사에 해당하고(대판 1988. 1. 19. 87도1217), 그것이 판결에 영향을 미쳤는지는 문제되지 않는다(대판 1967. 3. 7. 67도90). 위조한 공문서를 모사전송(facsimile)의 방법으로 타인에게 제시하는 행위(대판 1994. 3. 22. 94도4), 위조된 문서를 스캐너 등을 통해 이미지화한 다음 이를 전송하여 컴퓨터 화면상에서 보게 하는 경우(대판 2020. 12. 24. 2019도8443)도 행사에 해당된다. 행사죄가 성립하려면 위조문서가 있어야 하므로 위조된 이미지파일만을 작출하고 이를 전송하여 컴퓨터화면상에서 보게 하는 경우에는 행사죄가 성립할 여지가 없다. 그러나 간접정범을 통한 위조문서행사범행에 있어 도구로 이용된 자라고 하더라고 문서가 위조된 것임을 알지 못하는 자에게 행사한 경우에는 위조문서행사죄가 성립하므로, 위조된 파일을 그 정을 모르는 상대방에게 전송하여 그가 이를 프린터로 출력한 경우에는 문서위조 및 위조문서행사죄가 성립한다 (대판 2012. 2. 23. 2011도14441).

위작 · 변작한 공전자기록의 행사란 위작 · 변작한 공전자기록을 정보처리할 수 있는 상태에 두는 것을 말한다.

[대판 2007. 7. 27. 2007도3798] 피고인만이 체비지 현장에 출장을 나갔음에도 불구하고, 피고인과 A가 공모하여 마치 A가 직접 그 출장을 나간 것처럼 부천시청 행정지식관리시스템에 허위의 정보를 입력하여 출장복명서를 생성한 후 이를 그 정을 모르는 위 시청 도시과장에게 전송했다면 피고인에게는 공전자기록등위작 및 동행사의 범의가 있었음이 인정된다.

행사의 상대방에는 제한이 없지만, 위조 · 변조등 공문서, 위작 · 변작된 공전자기록의 행사가 되기 위해서는 상대방이 위조 · 변조 · 허위작성 · 위작 · 변작된 사실을 알지 못해야 한다. 따라서 그 사실을 아는 공범이나 기타 사람에게 제시 ·

교부하는 것은 행사에 속하지 않는다(대판 2012. 2. 23. 2011도14441).

　　4) 주관적 구성요건　　　본죄는 목적범이 아니므로 고의만 있으면 성립한다.

　　판례에 의하면, 단지 발행인의 채권자에게서 채권 추심이나 강제집행을 받는 것을 회피하기 위하여 형식적으로만 약속어음의 발행을 가장한 후 공증인에게 마치 진정한 어음발행행위가 있는 것처럼 허위로 신고하여 어음공정증서원본을 작성·비치하게 한 경우(대판 2012. 4. 26. 2009도5786), 간접정범을 통한 위조문서행사 범행에서 도구로 이용된 자에게 행사한 경우(대판 2012. 2. 23. 2011도14441) 등에서는 본죄가 성립한다.

　　그러나 법원이 이혼의사확인서등본 뒤에 이혼신고서를 첨부하고 간인하여 교부하였는데 당사자가 이를 떼어내고 다른 내용의 이혼신고서를 붙여 호적관서에 제출한 경우 공문서변조죄가 성립하지 않으므로(대판 2009. 1. 30. 2006도7777) 본죄가 성립하지 않는다.

2. 위조사문서등행사죄

> 제234조(위조사문서등의 행사)　제231조 내지 제233조의 죄에 의하여 만들어진 문서, 도화 또는 전자기록등 특수매체기록을 행사한 자는 그 각 죄에 정한 형에 처한다.

　　(1) 개　　　념
　　위조사문서등행사죄란 제231조 내지 제233조의 죄(사문서등위조·변조죄, 자격모용에 의한 사문서작성죄, 사전자기록위작·변작죄, 허위진단서등작성죄)에 의하여 만들어진 문서, 도화 또는 전자기록등 특수매체기록을 행사하는 죄이다. 위조문서행사죄의 기본적 구성요건이라고 할 수 있다.

　　(2) 구성요건
　　1) 행위의 주체 및 객체　　　본죄의 주체에는 제한이 없다. 위조·변조·허위작성한 사람뿐만 아니라 위조·변조·허위작성 등에 관여하지 않은 사람도 주체가 될 수 있다. 본죄의 객체는 위조·변조되거나 자격모용에 의해 작성된 문서, 도화, 위작·변작된 사전자기록, 허위진단서 등이다.

　　2) 실행행위　　　본죄의 실행행위는 행사이다. 행사란 위조된 사문서를 진정한 문서인 것처럼 그 문서의 효용방법에 따라 사용하는 것으로서 위조공문서등

행사죄에서와 같다. 행사의 상대방은 제한이 없고 위조된 문서의 작성명의인도 행사의 대상이 된다. 그러나 문서가 위조된 것임을 이미 알고 있는 공범자에게 행사하는 경우에는 위조문서행사죄가 성립할 수 없다(대판 2005. 1. 28. 2004도4663).

(3) 미　　수

본죄의 미수는 처벌한다(제235조). 본죄의 기수시기는 상대방이 위조문서를 인식할 수 있는 상태에 두는 것이고, 우송한 경우에는 도달시에 기수가 된다(대판 2005. 1. 28. 2004도4663).

(4) 다른 범죄와의 관계

1) 사문서위조죄와의 관계　　사문서를 위조한 후 이를 행사한 경우 죄수관계는 사문서위조에서 본 것과 같다.

2) 사기죄와의 관계　　위조사문서를 행사하여 재물 또는 재산상의 이익을 취득한 경우 사기죄와 본죄와의 실체적 경합설(대판 1991. 9. 10. 91도1722)과 상상적 경합설이 대립한다. 그러나 위조사문서행사죄는 기망행위의 수단에 불과하므로 사기죄만이 성립한다고 해야 한다.

V. 문서부정행사죄

1. 공문서등부정행사죄

> 제230조(공문서등의 부정행사)　공무원 또는 공무소의 문서 또는 도화를 부정행사한 자는 2년 이하의 징역이나 금고 또는 500만원 이하의 벌금에 처한다.

(1) 개　　념

공문서등부정행사죄란 공무원 또는 공무소의 문서 또는 도화를 부정행사하는 죄이다. 본죄는 진정하게 성립된 공문서이지만 그 행사방법이 부정한 경우를 처벌하는 것이다. 본죄는 사문서부정행사죄에 비해 불법이 가중되는 구성요건이다.

본죄의 보호법익은 공문서의 사용에 대한 공공의 신용이고, 보호의 정도는 추상적 위험범이다.

(2) 구성요건

1) 행위의 주체 및 객체　　본죄의 주체에는 제한이 없다. 일반인뿐만 아니라 공무원도 권한없이 공문서를 행사하는 경우에는 본죄의 주체가 될 수 있다.

　　본죄의 객체는 공무원 또는 공무소의 문서 또는 도화이다. 진정하게 성립된 공문서 또는 공도화라는 점에서 부진정공문서를 객체로 하는 위조등공문서행사죄와 다르다. 본죄의 객체는 공문서 중에서도 사용권한자와 용도가 특정되어 있는 공문서에 국한된다. 사용권한자와 용도가 특정되어 있지 않은 공문서를 행사한 경우에는 본죄가 성립하지 않는다. 따라서 주민등록표등본(대판 1999. 5. 14. 99도206), 신원증명서(대판 1993. 5. 11. 93도127), 인감증명서나 등기필증(대판 1983. 6. 28. 82도1985; 대판 1981. 12. 8. 81도1130), 화해조서경정신청에 대한 기각결정문(대판 1984. 2. 28. 82도2851) 등과 같이 사용권한자가 특정되어 있는 것도 아니고 그 용도도 다양한 공문서는 본죄의 객체가 아니다.

　　공문서를 촬영한 이미지 파일도 본죄의 객체가 될 수 없다.

> **[대판 2019. 12. 12. 2018도2560]** 자동차 등의 운전자가 경찰공무원에게 다른 사람의 운전면허증 자체가 아니라 이를 촬영한 이미지파일을 휴대전화 화면 등을 통하여 보여주는 행위는 운전면허증의 특정된 용법에 따른 행사라고 볼 수 없어 공문서부정행사죄를 구성하지 않는다.

　　자기 사진과 지문이 찍힌 타인명의의 주민등록증을 발급받아 소지하다가 검문경찰관에게 제시한 경우 본죄설과 허위공문서행사죄설이 대립한다. 판례는 전자의 입장에 있다.

> **[대판 1982. 9. 28. 82도1297]** 피고인이 A인양 허위신고하여 피고인의 사진과 지문이 찍힌 A명의의 주민등록증을 발급받은 이상 주민등록증의 발행목적상 피고인에게 위 주민등록증에 부착된 사진의 인물이 A의 신원 상황을 가진 사람이라는 허위사실을 증명하는 용도로 이를 사용할 수 있는 권한이 없다는 사실을 인식하고 있었다고도 할 것이므로 이를 검문경찰관에게 제시하여 이러한 허위사실을 증명하는 용도로 사용한 것은 공문서부정행사죄를 구성한다.

　　위의 사례에서 자기 사진과 지문이 찍힌 타인명의의 주민등록증은 비공무원이 간접정범의 형태로 허위공문서를 작성한 것으로서 이를 처벌하지 않으므로 정당하게 작성된 공문서로 보아야 할 것이다. 따라서 본죄설이 타당하다.

　　2) 실행행위　　　본죄의 실행행위는 부정행사이다. ① 권한없는 자가 공문서의 본래용도에 따라 사용하는 경우, ② 권한있는 자가 공문서의 본래용도 외로

사용하는 경우, ③ 권한없는 자가 공문서의 본래용도 외로 사용하는 경우 중 어느 것을 부정행사라고 할 것인가에 대해 견해가 대립한다.

가. 권한없는 자의 공문서 본래용도에 따른 사용 사용권한자가 본래용도로 사용한 경우에는 본죄가 성립하지 않고,[1] 사용권한없는 자가 본래용도에 따라 공문서를 행사하는 경우 본죄가 성립한다는 점에는 견해가 일치한다. 자동차를 임차하면서 타인의 운전면허증을 자신의 것인 양 자동차대여업체 직원에게 제시하거나(대판 1998. 8. 21. 98도1701) 신분확인을 위해 타인의 주민등록증을 제시하는 경우를 예로 들 수 있다. 판례에 의하면, 장애인사용자동차표지를 사용할 권한이 없는 사람이 장애인전용주차구역에 주차하지 않고 단순히 이를 자동차에 비치한 경우(대판 2022. 9. 29. 2021도14514), 피고인이 기왕에 습득한 타인의 주민등록증을 피고인 가족의 것이라고 제시하면서 그 주민등록증상의 명의 또는 가명으로 이동전화 가입신청을 한 경우(대판 2003. 2. 26. 2002도4935), 범죄수사를 받으면서 타인의 명의로 서명하고 그 타인 명의의 국가유공자증을 신분확인용으로 제시하였을 경우(대판 2022. 10. 14. 2020도13344)에는 본죄가 성립하지 않는다고 한다.

나. 권한있는 자의 공문서 본래용도 외 사용 자신의 주민등록증이나 운전면허증을 채권담보의 수단으로 제공한 경우와 같이 권한있는 자가 본래용도 외로 공문서를 사용하는 경우 본죄성립 긍정설과 부정설이 대립한다. 판례는 긍정설을 따른다.

> [대판 1999. 5. 14. 99도206] 부정행사란 사용권한자와 용도가 특정되어 작성된 공문서 또는 공도화를 사용권한없는 자가 사용권한이 있는 것처럼 가장하여 부정한 목적으로 행사하거나 또는 권한있는 자라도 정당한 용법에 반하여 부정하게 행사하는 것이다.

긍정설에 의하면 처벌범위가 지나치게 넓어지고, 「주민등록법」과 같이 주민등록증을 용도 외로 사용하는 것을 벌하는 특별규정(제37조 2호)을 두고 있는 것은 동 규정이 없는 경우에는 이를 처벌할 수 없다는 취지로 보아야 할 것이다. 따라

---

1) 대판 2009. 2. 26. 2008도10851: 허위로 사고신고를 하면서 그 선박의 선박국적증서와 선박검사증서를 함께 제출하였다고 하더라도, 선박국적증서와 선박검사증서는 위 선박의 국적과 항행할 수 있는 자격을 증명하기 위한 용도로 사용된 것일 뿐 그 본래의 용도를 벗어나 행사된 것으로 보기는 어려우므로, 이와 같은 행위는 공문서부정행사죄에 해당하지 않는다.

서 부정설이 타당하다.

　　다. 권한없는 자의 공문서 본래용도 외 사용　　　타인의 주민등록증을 채권
담보의 수단으로 제공하는 경우와 같이 권한없는 자가 본래용도 외로 공문서를
사용하는 경우 본죄가 성립할 것인가에 대해서도 긍정설과 부정설이 대립한다.

　　판례는 부정설을 따른다. 다만 종래의 판례는 신원확인을 위해 타인의 운전
면허증을 제시한 경우 본래용도 외 사용이 아니라는 이유로 본죄의 성립을 부정
하였다가(대판 2000. 2. 11. 99도1237), 이후 긍정설로 입장을 변경하였다.

> **[대판 2001. 4. 19. 2000도1985 전합]** 금융기관과의 거래에 있어서도 운전면허증에
> 의한 실명확인이 인정되고 있는 등 현실적으로 운전면허증은 주민등록증과 대등
> 한 신분증명서로 널리 사용되고 있다. 따라서 제3자로부터 신분확인을 위하여 신
> 분증명서의 제시를 요구받고 다른 사람의 운전면허증을 제시한 행위는 그 사용목
> 적에 따른 행위로서 공문서부정행사죄에 해당한다.

　　이 판례도 공문서의 본래용도에 사용해야 한다는 입장은 유지하면서 신원확
인을 위해 운전면허증을 제시하는 것을 본래용도에 따른 사용이라고 입장을 변경
한 것이다. 따라서 권한없는 자가 본래용도 외로 사용하는 경우에는 본죄가 성립
하지 않는다는 입장은 여전히 유지되고 있다고 할 수 있다.

　　그러나 권한있는 자의 본래용도 외의 사용의 경우 본죄의 성립을 인정하면
서, 권한없는 자의 본래용도 외의 사용의 경우 본죄의 성립을 부정하는 것은 균
형에 맞지 않는다. 본죄의 중점은 본래용도에 사용하느냐보다는 권한없는 사용에
있다고 해야 하기 때문이다.

　　3) 주관적 구성요건　　　본죄는 고의가 있으면 성립하고 목적이 있을 것을
요하지 않는다.

　　(3) 미　　수

　　본죄의 미수는 처벌한다(제235조).

2. 사문서등부정행사죄

> **제236조(사문서의 부정행사)** 권리·의무 또는 사실증명에 관한 타인의 문서 또
> 는 도화를 부정행사한 자는 1년 이하의 징역이나 금고 또는 300만원 이하의 벌
> 금에 처한다.

제 4 절 인장에 관한 죄   **651**

사문서등부정행사죄란 권리·의무 또는 사실증명에 관한 타인의 문서 또는 도화를 부정행사하는 죄이다. 문서부정행사죄의 기본적 구성요건이다. 본죄의 보호법익은 사문서의 행사에 대한 공공의 신용이고, 보호의 정도는 추상적 위험범이다. 본죄의 미수는 처벌하지 않는다(제235조).

본죄의 객체는 권리·의무 또는 사실증명에 관한 타인의 문서 또는 도화이다. 진정하게 성립된 사문서만을 의미하고 위조·변조된 사문서나 자격모용에 의해 작성된 사문서, 허위진단서 등은 본죄의 객체가 아니다. 사문서는 공문서부정사용죄에서와 같이 사용권한자와 용도가 특정되어 있는 사문서에 국한된다(대판 2007. 3. 30. 2007도629).

> [대판 2007. 3. 30. 2007도629] 실질적인 채권채무관계 없이 당사자 간의 합의로 작성한 '차용증 및 이행각서'는 그 작성명의인들이 자유의사로 작성한 문서로 그 사용권한자가 특정되어 있다고 할 수 없고 또 그 용도도 다양하므로, 설령 피고인이 그 작성명의인들의 의사에 의하지 아니하고 위 '차용증 및 이행각서'상의 채권이 실제로 존재하는 것처럼 그 지급을 구하는 민사소송을 제기하면서 소지하고 있던 위 '차용증 및 이행각서'를 법원에 제출하였다고 하더라도 그것이 사문서부정행사죄에 해당하지 않는다.

본죄의 실행행위는 부정행사로서, 공문서부정행사죄에서와 같은 개념이고, 사용권한자가 용도 외로 사용하는 것과 사용권한 없는 자가 본래용도 외로 사용한 경우 본죄에 속하는가에 대해서도 같은 문제점이 있다.

제 4 절 인장에 관한 죄

I. 총 설

1. 개념 및 보호법익

인장에 관한 죄란 행사할 목적으로 공무원·공무소 또는 타인의 인장·서명·기명 또는 기호를 위조 또는 부정사용하거나 위조 또는 부정사용한 인장·서명·기명 또는 기호를 행사하는 죄이다.

인장 · 서명 등은 특정인의 인격과 동일성을 표시하고 그 사람이 일정한 행위를 하거나 관념 또는 의사를 표시하였음을 보여준다. 따라서 인장 · 서명 등의 진실성을 침해 · 위태화하는 행위들은 기본적인 생활관계에 지장을 초래하는 것으로서 이러한 행위들을 처벌해야 할 필요가 있다.

인장 등을 위조 · 부정사용하는 행위는 대부분 문서나 유가증권에 관한 죄와 결합되어 있고 그 수단으로 행해지는 경우가 많다. 이 경우 인장에 관한 죄는 문서 · 유가증권에 관한 죄에 흡수된다. 그러나 인장위조자와 문서 · 유가증권위조자가 다르거나 문서 · 유가증권에 관한 죄가 성립하지 않는 경우가 있을 수 있고, 문서 · 유가증권에 관한 죄와 무관하게 인장에 관한 죄가 행해질 수도 있다. 이 때문에 형법은 제21장에서 인장에 관한 죄를 독립적으로 규정하고 있다.

인장에 관한 죄는 인장 등의 성립의 진정만을 문제삼고, 인장 등의 내용의 진실성 여부는 문제삼지 않는다는 점에서 문서에 관한 죄와 구별된다.

인장에 관한 죄의 보호법익은 인장 · 서명 등의 진정에 대한 공공의 신용이고, 보호의 정도는 추상적 위험범이다.

2. 구성요건체계

인장에 관한 죄의 기본적 구성요건은 사인등위조 · 부정사용죄(제239조 1항)와 위조 · 부정사용된 사인등행사죄(제2항)이다. 공인위조 · 부정사용죄(제238조 1항)와 위조 · 부정사용된 공인등행사죄(제2항)는 불법이 가중된 구성요건이다. 본죄의 미수범은 처벌하고(제240조), 공인등위조 · 부정사용죄와 동행사죄에 대해서는 7년 이하의 자격정지를 병과할 수 있다.

공인등위조 · 부정사용죄와 동행사죄(제238조)에 대해서는 외국인의 국외범도 처벌하는 규정이 있으나(제5조 7호), 이는 세계주의가 아니라 보호주의를 규정한 것이라고 해야 한다.

Ⅱ. 공인등위조 · 부정사용죄

제238조(공인등의 위조 · 부정사용) ① 행사할 목적으로 공무원 또는 공무소의 인장 · 서명 · 기명 또는 기호를 위조 또는 부정사용한 자는 5년 이하의 징역에 처한다.

1. 개   념

공인등위조·부정사용죄란 행사할 목적으로 공무원 또는 공무소의 인장·서명·기명 또는 기호를 위조 또는 부정사용하는 죄이다. 사인등위조·부정사용죄에 비해 행위객체가 공인등이라는 점에서 불법이 가중되는 구성요건이다. 본죄는 행사할 목적을 필요로 하는 진정목적범이다.

2. 구성요건

(1) 행위의 객체

본죄의 객체는 공무원 또는 공무소의 인장·서명·기명 또는 기호이다. 공무원 또는 공무소란 우리나라의 공무원 또는 공무소를 의미하고 외국의 공무원 또는 공무소의 인장등은 사인등위조죄의 객체가 된다. 공무원 또는 공무소의 인장등이란 공무원 또는 공무소가 그 직무에 관하여 사용하는 인장등을 말한다. 사인(私印)이라도 공무원 또는 공무소에서 직무상 사용되는 것이면 공인에 해당한다.

1) 인   장   인장이란 특정인의 인격과 동일성을 증명하기 위해 사용하는 일정한 상형을 말한다(대판 1995. 9. 5. 95도1269). 도장이 그 대표적인 예이다. 보통은 성명을 새겨넣지만 반드시 실명일 필요가 없고, 성명의 전부를 새겨놓을 필요도 없다. 또한 반드시 문자로 표시되어야 하는 것도 아니므로 지장 또는 무인도 인장에 해당한다.

가. 인영과 인과   인영(印影)이란 일정한 사항을 증명하기 위해 문서나 물체상에 현출케 한 상형 그 자체를 말한다. 도장을 찍어서 나타난 문자 등이 그 예이다. 인과(印顆)란 인영을 만들어내는 물건 그 자체를 말한다. 도장은 인과이다.

통설은 인장이란 인영과 인과를 모두 포함하는 개념이라고 한다. ① 형법이 인장의 위조나 부정사용과 위조·부정사용된 인장의 행사를 구별하고 있으므로, 예컨대 행사할 목적으로 공무원의 도장을 새긴 것만으로 인장위조가 되고, 그 도장을 찍어 문서 등에 인영을 현출케 한 경우에는 위조인장의 행사라고 보아야 하고, ② 적법하게 만들어진 타인의 인장을 권한없이 사용한 경우에는 부정사용이 되고, 그 부정사용에 의해 만들어진 인영을 사용하는 것이 부정사용된 인장의 행사라고 할 수 있기 때문이다.

나. 인장과 생략문서의 구별   인장과 생략문서는 다음과 같은 점에서 구

별된다.

문서란 문자 또는 이에 대신할 수 있는 가독적 부호로 그 내용이 법률상·사회생활상 주요 사항에 관한 증거로 될 수 있는 것을 말한다. 이에 비해 인장은 사람의 동일성을 표시하기 위하여 사용되는 일정한 상형이고, 부호는 사람의 인격상의 동일성 이외의 사항에 대해서 그 동일성을 증명하기 위한 부호이다. 생략문서는 사람등의 동일성을 나타내는 데에 그치지 않고 그 이외의 사항을 증명·표시한다는 점에서 인장이나 기호와 구별된다(대판 1995. 9. 5. 95도1269). 즉 접수일부인, 임대차계약서에 대한 확정일자인, 공무소의 지급전표, 입금전표 등과 같은 생략문서는 인장이 아니라 문서이다.

다. 서화의 낙관이나 서명   서화에 공무원 또는 공무소의 서명이나 낙관을 찍은 경우, 그 서명이나 낙관은 문서로서의 증명성이 없기 때문에 인장이라는 견해(다수설)와 인격의 동일성 이외에 다른 사실을 증명할 수 있을 때에는 문서라고 보아야 한다는 견해가 대립한다. 후자의 견해가 타당하다. 서화는 도화이므로 그 곳에 공무원의 서명이나 낙관을 찍어 공무원 또는 공무소의 도화와 같은 형식과 외관을 갖춘 경우에는 인장위조나 문서위조가 아니라 공도화위조로 보아야 할 것이다.

2) 서명·기명   서명이란 특정인이 자기임을 표시하기 위해 성명 기타 호칭을 문자로 표기한 것을 말한다. 성명의 전부 또는 일부만을 쓰거나 아호·별칭·상호·옥호(屋號)를 쓰거나 국어 또는 외국어로 쓰거나 상관없다. 서명은 자필이어야 한다는 점에서 반드시 자필일 필요가 없는 기명과 구별된다. 즉 타자기로 이름을 치거나 타인이 대신 이름을 쓴 경우에는 서명이 아니라 기명이다.

3) 기   호   기호란 물건에 압날(押捺) 또는 기타 방법으로 일정한 사항을 증명하는 문자 또는 부호로서 광의의 인장에 속한다. 자동차등록번호판(대판 1997. 7. 8. 96도3319), 택시미터기의 검정납봉(대판 1982. 6. 8. 82도138), 임산물 생산확인용 철제극인(대판 1981. 12. 22. 80도1472), 전매청 명의의 기호(대판 1957. 11. 1. 4290형상294) 등이 그 예이다.

다수설에 의하면 사람의 동일성을 증명하는 것은 인장이고 그 이외의 사항을 증명하는 것은 기호이다. 공기호는 해당 부호를 공무원 또는 공무소가 사용하는 것만으로는 부족하고, 그 부호를 통하여 증명을 하는 사항이 구체적으로 특정되어 있고 해당 사항은 그 부호에 의하여 증명이 이루어질 것이 요구된다(대판

2024. 1. 4. 2023도11313).[1]

(2) 실행행위

본죄의 실행행위는 위조 또는 부정사용이다.

1) 위   조   위조란 권한있는 자가 작성 또는 기재한 것으로 일반인이 오인할 정도로 권한없이 타인의 인장·서명·기명·기호를 작성 또는 기재하는 행위를 말한다. 권한없이 하는 경우뿐만 아니라 권한 외의 사항에 대해 작성기재 또는 기재하는 것도 포함된다.

위조의 방법에는 제한이 없다. 공인장등을 제조하거나 변형하거나 인영을 그려내거나 옮겨붙이거나 기존의 인영을 복사하는 것도 위조에 포함된다. 일반인들이 명의인의 진정한 인장이 무엇인지 모를 경우가 많으므로, 위조한 인장이 명의인의 인장과 동일하거나 유사할 필요도 없다. 허무인이나 사자 명의라도 상관없고 공무소가 반드시 존재할 필요도 없다. 공인등을 무형위조하더라도 그것은 유효한 공인등이므로 본죄의 위조가 될 수 없다.

위조가 되기 위해서는 일반인들로 하여금 명의인이 작성한 것으로 오인케 할 정도의 형식과 외관을 갖추어야 한다.

판례에 의하면, 임의로 택시미터기의 검정납봉을 재봉인, 부착한 행위(대판 1982. 6. 8. 82도138), 전매청 명의의 기호를 사용하여 '파랑새' 포갑지를 제조한 행위(대판 1957. 11. 1. 4290형상294) 등은 본죄에 해당한다.

2) 부정사용   부정사용이란 타인의 진정한 인장·서명 등을 권한없이 사용하거나 권한 외로 또는 권한을 초월하여 사용하는 것을 말한다. 위조가 인장이나 인영 등을 새로이 만들어내는 것임에 비해, 부정사용은 이미 진정하게 성립한 인장이나 인영 등을 대상으로 한다. 부정사용하면 본죄가 성립하고 일반인이 현실적으로 인식하거나 손해가 발생하거나 발생할 위험이 있을 필요는 없다.

> **[대판 2006. 9. 28. 2006도5233]** 어떤 자동차의 등록번호판을 다른 자동차에 부착하는 것은 그 자체만으로 자동차등록번호판의 부정사용에 해당한다 할 것이다.

---

1) 검찰 업무표장(🛡 또는 ▮▮▮)을 자신의 승용차에 임의로 부착하더라도 위 각 표장은 검찰청의 업무 전반 또는 검찰청 업무와의 관련성을 나타내기 위한 것으로 보일 뿐, 이것이 부착된 차량은 '검찰 공무수행 차량'이라는 것을 증명하는 기능이 있다는 등 이를 통하여 증명을 하는 사항이 구체적으로 특정되어 있다거나 그 사항이 이러한 검찰 업무표장에 의하여 증명된다고 볼 근거가 없다는 이유로 공기호위조죄 등의 성립을 부정한 사안이다.

[대판 1997. 7. 8. 96도3319] 형법 제238조 제1항에서 규정하고 있는 공기호인 자동차등록번호판의 부정사용이라 함은 진정하게 만들어진 자동차등록번호판을 권한없는 자가 사용하든가, 권한있는 자라도 권한을 남용하여 부당하게 사용하는 행위를 말하는 것이고, 같은 조 제2항에서 규정하고 있는 그 행사죄는 부정사용한 공기호인 자동차등록번호판을 마치 진정한 것처럼 그 용법에 따라 사용하는 행위를 말하는 것으로 그 행위개념을 달리하고 있다.[1]

(3) 주관적 구성요건

본죄는 진정목적범이므로 고의 이외에 행사의 목적이 필요하다. 행사할 목적이란 위조 또는 부정사용한 인장등을 진정한 인장등으로 사용하겠다는 의사를 말한다. 자신이 행사할 목적이 있는 경우뿐만 아니라 제3자로 하여금 행사하게 할 목적이 있는 경우도 포함된다.

제3자로 하여금 행사하게 할 목적이 있는 것이 아니라, 단순히 제3자가 행사할 목적이 있다는 것을 알면서도 그 사람을 위해 인장등을 위조한 경우에는 제3자 위조인장행사죄의 종범이 될 수 있을 뿐이다.

3. 미수, 죄수 및 형벌

본죄의 미수는 처벌한다(제240조). 본죄의 실행의 착수시기는 위조 또는 부정사용행위를 개시한 때이고, 기수시기는 인과·인영 등을 만들어낸 시점이다. 타인의 인장을 문서위조에 사용하기 위해 인장을 백지에 찍은 경우 문서위조죄는 성립하지 않지만 인장부정사용죄의 기수 혹은 미수가 된다.

판례는 자동차를 절취한 후 자동차등록번호판을 떼어내고 다른 자동차에 부착하여 운행한 경우 절도죄, 공기호부정사용죄, 부정사용공기호행사죄의 실체적 경합범이 된다고 한다(대판 2007. 9. 6. 2007도4739).

본죄의 형벌은 5년 이하의 징역이고, 7년 이하의 자격정지를 병과할 수 있다(제238조 2항·3항).

---

1) 절취한 자동차번호등록판을 자신의 차량에 부착하고 그 차량을 운행한 경우 공기호부정사용죄와 부정사용공기호행사죄 모두에 해당한다는 취지이다.

Ⅲ. 사인등위조 · 부정행사죄

> 제239조(사인등의 위조 · 부정사용) ① 행사할 목적으로 타인의 인장 · 서명 · 기명 또는 기호를 위조 또는 부정사용한 자는 3년 이하의 징역에 처한다.

1. 의   의

사인등위조 · 부정행사죄란 행사할 목적으로 타인의 인장 · 서명 · 기명 또는 기호를 위조 또는 부정사용하는 죄이다. 인장위조죄의 기본적 구성요건이고, 행사할 목적을 필요로 하는 진정목적범이다. 본죄의 미수는 처벌한다(제240조).

2. 구성요건

본죄의 객체는 타인의 인장 · 서명 · 기명 또는 기호이다. 인장 · 서명 · 기명 또는 기호의 개념은 공인등위조 · 부정사용죄에서와 같다. 타인이란 공무원 또는 공무소를 제외한 타인을 말한다. 자연인, 법인, 법인격없는 단체를 불문한다. 통설은 허무인 또는 사자 명의의 인장을 위조한 경우도 본죄가 성립한다고 한다. 판례는 부정설을 취하지만(대판 1984. 2. 28. 82도2064), 이후 사자나 허무인명의의 사문서위조를 긍정하는 입장으로 변경하였으므로(대판 2005. 2. 24. 2002도18), 본죄에 대해서도 긍정설로 입장을 바꿀 것으로 보인다.

본죄의 실행행위는 위조 또는 부정사용이다. 위조[1]와 부정사용의 개념은 공인등위조 · 부정사용죄에서와 같다.

> [대판 2011. 3. 10. 2011도503] 어떤 문서에 권한 없는 자가 타인의 서명 등을 기재하는 경우에는 그 문서가 완성되기 전이라도 일반인으로서는 그 문서에 기재된 타인의 서명 등을 그 명의인의 진정한 서명 등으로 오신할 수도 있으므로, 일단 서명 등이 완성된 이상 문서가 완성되지 아니한 경우에도 서명 등의 위조죄는 성립한다.

---

1) 대판 2010. 1. 14. 2009도5929; 피고인이 휴대용정보단말기(PDA)에 표시된 음주운전단속결과통보 중 운전자의 서명란에 타인인 A인 것처럼 하면서 A의 이름 대신 의미를 알 수 없는 부호를 기재한 행위는 A의 서명을 위조한 것에 해당한다(대판 2020. 12. 30. 2020도14045).

그러나 타인의 인장을 조각할 당시에 명의자로부터 명시적이거나 묵시적인 승낙 내지 위임을 받은 경우, 본죄가 성립하지 않는다(대판 2014. 9. 26. 2014도9213).

본죄는 진정목적범이므로 고의 이외에 행사할 목적을 필요로 한다. 사인부정사용죄는 목적범이 아니라는 견해가 있으나, 공인부정사용죄에서와 같이 목적범이다. 행사의 목적의 개념은 공인등위조·부정사용죄에서와 같다.[1]

3. 다른 범죄와의 관계

(1) 위조인장행사죄와의 관계

인장을 위조하고 이를 행사한 경우 본죄와 위조인장행사죄의 실체적 경합설, 위조인장행사죄설, 인장위조시 행사의 목적이 있는 경우 위조인장행사죄만이 성립하고 인장위조 후 행사의 고의나 목적이 생긴 경우에는 양죄의 실체적 경합이라는 절충설 등이 대립한다.

본죄와 위조인장행사죄는 수단과 목적의 관계에 있으므로 위조인장행사죄설이 타당하다.

(2) 사문서위조죄와의 관계

통설·판례는 타인의 인장을 위조하고 그 위조한 인장을 사용하여 권리·의무 또는 사실증명에 관한 타인의 사문서를 위조한 경우에는 인장위조죄는 사문서위조죄에 흡수되고 따로 본죄가 성립하지 않는다고 한다(대판 1978. 9. 26. 78도1787).

Ⅳ. 위조공인등행사죄

> 제238조   ② 위조 또는 부정사용한 공무원 또는 공무소의 인장·서명·기명 또는 기호를 행사한 자도 전항의 형과 같다.

위조공인등행사죄란 위조 또는 부정사용한 타인의 인장·서명·기명 또는 기호를 행사하는 죄이다.

본죄에서 행사란 위조·부정사용한 인장등을 진정한 것으로 사용하는 것을 말한다. 상대방이 열람할 수 있는 상태에 두면 되고 상대방이 인식하였는가의 여부는 문제되지 않는다. 위조·부정사용한 인장등이라는 것을 모르는 사람에게 사

---

1) 본죄의 성립을 부정한 판례로, 대판 1981. 5. 6. 81도721; 대판 1992. 10. 27. 92도1578 등.

용한 경우에만 행사라고 할 수 있으므로 위조·부정사용을 아는 사람이나 공범에게 사용하여도 본죄가 성립하지 않는다.

　　본죄의 미수는 처벌하고(제240조), 자격정지를 병과할 수 있다(제238조 3항).

Ⅴ. 위조사인등행사죄

> 제239조 ② 위조 또는 부정사용한 타인의 인장·서명·기명 또는 기호를 행사한 때에도 전항의 형과 같다.

　　위조사인등행사죄란 위조 또는 부정사용한 타인의 인장·서명·기명 또는 기호를 행사하는 죄이다. 행사의 개념은 위조공인등행사죄에서와 같다. 본죄의 미수범은 처벌한다(제240조).

> [대판 1984. 2. 28. 84도90] 위조된 인영을 타인에게 열람할 수 있는 상태에 두거나 인과(도장)의 경우에는 날인하여 일반인이 열람할 수 있는 상태에 두면 그것으로 행사가 되는 것이고 인과 그 자체를 타인에게 교부하는 것만으로는 위조인장행사죄를 구성하지 않는다.
> [대판 2005. 12. 23. 2005도4478] 피고인이 경찰서에서 조사를 받으면서 제3자로 행세하여 피의자신문조서의 진술자란에 제3자의 서명을 기재하였으나 그 이후 피고인의 간인이나 조사 경찰관의 서명날인 등이 완료되기 전에 그 서명위조 사실이 발각되었다고 하더라도 사서명위조죄 및 그 행사죄는 성립한다.

제5장 선량한 풍속에 대한 죄

제1절 성풍속에 관한 죄

Ⅰ. 총 설

1. 의 의

형법 각칙 제22장은 '성풍속에 관한 죄'라는 제목 하에 간통죄(제241조), 음행매개죄(제242조), 음화반포등죄(제243조), 음화제조등죄(제244조), 공연음란죄(제245조)를 규정하고 있었으나 2015. 2. 헌법재판소가 간통죄에 대해 위헌결정을 함으로써, 2016년 개정형법에서 간통죄는 삭제되었다. 성풍속에 관한 죄란 성도덕 또는 성풍속을 침해 · 위태화하는 죄이다.

현행법상 성범죄는 크게 나누어 ① 개인의 성적 자기결정권을 침해하는 죄, ② 청소년 내지 미성년자의 건전육성을 침해하는 죄, ③ 성풍속 · 성도덕을 침해하는 죄로 나눌 수 있다. ①에 속하는 것으로서 형법상의 강간과 추행의 죄, 성폭력처벌법상의 범죄 등이 있고, ②에 속하는 것으로서 「청소년보호법」이나 「아동 · 청소년의 성보호에 관한 법률」(이하 '청소년성보호법'이라 한다)상의 범죄 등이 있다. ③에 속하는 것으로서 성풍속에 관한 죄나 「성매매 알선등 행위의 처벌에 관한 법률」(이하 '성매매처벌법'이라 한다)상의 범죄들이 있다.

①에 속하는 범죄들은 개인적 법익을 침해하는 범죄, ②에 속하는 범죄들은 개인적 법익과 동시에 사회적 법익을 침해하는 범죄, ③에 속하는 범죄들은 사회적 법익을 침해하는 범죄로서의 성격을 지니고 있다.

과거 동성애는 사악한 범죄로 인식되었지만, 오늘날에는 '운명' 내지 '생활방식'으로 인식되고 이에 대한 처벌은 위헌 문제가 발생한다. 그리하여 구 군형법은 남성간의 동성애를 벌하였지만(제92조의5), 현행법은 비범죄화하였다. 근친상간이나 수간 등도 처벌하는 입법례가 있지만, 현행형법은 도덕의 영역에 맡겨야 한다는 이유로 역시 범죄화하지 않았다.

2. 입 법 론

현재 성매매행위를 비범죄화한 나라들도 다수 존재하고, 우리나라도 이를 비범죄화해야 한다는 주장이 있는데, 그 근거로는 다음과 같은 것들이 제시된다.

첫째는, 해악의 원칙(harm principle)이다. 해악의 원칙이란 어떤 행위가 직접적으로 타인에게 피해를 줄 때에만 국가가 그 행위에 간섭을 할 수 있고, 이러한 피해를 수반하지 않는 행위에 대해서는 국가가 간섭을 하지 말아야 한다는 원칙이다. 이는 '피해자없는 범죄'들을 단순히 비도덕적·비윤리적이라는 이유로 벌해서는 안 된다고 하는 형법의 탈윤리화사상으로 연결된다.

둘째는, 형법을 동원할 수 있는 국가능력의 한계와 형벌권의 효율적 사용이다. 국가형벌권의 행사는 매우 큰 비용을 수반하기 때문이다. 이와 같이 제한된 국가의 형벌능력을 효율적으로 사용하기 위해서는 사회적 해악성이 큰 행위부터 처벌한다는 제한된 목표만을 가져야 한다. 국가형벌권이 과욕을 부리면, 중대한 범죄를 처벌하지 못하거나 단속·처벌과정에서의 부정부패 등 오히려 더 큰 범죄를 유발하게 된다.

셋째는, 성매매죄를 합리적 의심이 불가능할 정도로 입증한다는 것은 (특히 당사자들이 모두 부인하는 경우) 거의 불가능하므로, 정황증거만으로 성매매사실을 인정하게 되는데(대판 2008. 11. 27. 2007도4977), 이는 소극적 실체진실주의와 무죄추정원칙에 반한다고 할 수 있다.

따라서 피해자없는 범죄를 비범죄화하여 민법 등의 법규범이나 도덕 등 다른 사회규범에서 해결하고, 국가형벌권은 피해자있는 범죄들을 처벌·예방하는 데에 좀 더 힘을 기울여야 한다는 것이다.

헌법재판소는 간통죄에 대해서는 위헌이라고 하였으나(헌재 2015. 2. 26. 2009헌바17 등), 성매매죄는 합헌이라고 한다(헌재 2016. 9. 29. 2015헌바65). 그러나 두 범죄 모두 위헌이라고 해야 하고, 만약 한 범죄만을 위헌이라고 해야 한다면 차라리 간통죄가 아닌 성매매죄를 위헌이라고 해야 할 것이다.

Ⅱ. 음행매개죄

> 제242조(음행매개)   영리의 목적으로 사람을 매개하여 간음하게 한 자는 3년 이
> 하의 징역 또는 1,500만원 이하의 벌금에 처한다.

1. 개념 및 보호법익

음행매개죄란 영리의 목적으로 사람을 매개하여 간음하게 하는 죄이다. 본죄
는 영리목적이 필요한 진정목적범이다.

간음을 교사·방조하는 성격을 지닌 행위이지만, 간음 그 자체만으로는 범죄
가 되지 않을 수 있고 간음보다 영리목적으로 간음을 매개하는 행위의 사회적 해
악성이 크므로 독립적 범죄로 규정한 것이다.

본죄의 보호법익은 선량한 성풍속 내지 성도덕이다. 성적 자유도 부차적 보
호법익이라고 하는 견해도 있으나 간음을 매개한다고 하여 반드시 성적 자유가
침해될 위험이 있는 것은 아니므로 선량한 성풍속 내지 성도덕을 보호법익이라고
해야 한다.

본죄의 보호의 정도는 추상적 위험범이라고 해야 한다.

성매매를 매개하는 행위는 '성매매처벌법'에 의해 처벌된다(제19조). 영리의
목적으로 19세 미만의 청소년의 성매매를 매개하는 행위는 청소년성보호법
에 의해 처벌된다(제15조). 18세 미만의 아동의 음행을 매개하는 행위는 「아
동복지법」에 의해 처벌된다(제17조, 제71조).
형법규정에 의해 처벌해도 충분하므로 입법적 정비를 요한다.

2. 구성요건

(1) 행위의 주체

본죄는 신분범이 아니므로 주체에는 제한이 없다. 다만 매개되어 간음을 한
사람은 본죄의 주체가 될 수 없다.

(2) 행위의 객체

본죄의 객체는 사람이다.

구형법에서는 미성년 또는 음행의 상습없는 부녀라고 하였으나 2012년 사람
으로 개정되었다.

(3) 실행행위

본죄의 실행행위는 사람을 매개하여 간음하게 하는 것이다.

1) 매　　개　　매개란 사람을 간음에 이르도록 알선하는 행위를 말한다. 간음할 의사가 없던 사람을 교사하여 간음할 의사가 생기게 하는 경우는 물론이고, 이미 간음할 의사가 있는 사람에게 상대방을 소개시켜주는 경우도 포함된다. 폭행·협박이 수반된 경우에는 강요죄가 성립한다.

2) 간　　음　　사람이 간음을 해야 한다. 간음이란 의사합치에 의해 성교행위를 하는 것을 말한다. 간음을 하지 않거나 유사성교행위나 추행만을 한 경우에는 본죄가 성립할 수 없다. 그러나 여자청소년의 경우에는 구강·항문, 도구 등을 이용한 유사성교행위를 하는 경우에도 매개자가 처벌된다(청소년성보호법 제15조, 제2조 4호).

(4) 주관적 구성요건

본죄가 성립하기 위해서는 고의 이외에 영리의 목적이 필요하다. 영리목적이란 재물 또는 재산상의 이익을 취득할 목적을 의미한다. 재물 또는 재산상의 이익이 아닌 다른 이익을 취득할 목적인 경우에는 본죄가 성립하지 않는다. 영리의 목적이 있으면 족하고, 현실적으로 재물 또는 재산을 취득하지 못해도 본죄가 성립한다.

3. 죄　　수

통설은 1회의 간음이 있을 때마다 하나의 범죄가 성립하므로 시간과 장소를 달리하여 간음이 있는 경우에는 본죄의 경합범이 되고, 경우에 따라 연속범으로서 포괄일죄가 된다고 한다. 그러나 본죄의 죄수는 매개행위의 수를 기준으로 결정해야 한다. 하나의 매개행위가 있는 경우에는 수회의 간음이 있다 하더라도 하나의 죄만이 성립한다고 해야 한다.

Ⅲ. 음화반포등죄

> 제243조(음화반포등)　음란한 문서, 도화, 필름 기타 물건을 반포·판매 또는 임대하거나 공연히 전시 또는 상영한 자는 1년 이하의 징역 또는 500만원 이하의 벌금에 처한다.

1. 개념 및 보호법익

음화반포등죄란 음란한 문서, 도화, 필름 기타 물건을 반포·판매 또는 임대하거나 공연히 전시 또는 상영하는 죄이다.

인터넷이 보편화됨에 따라 음란한 전자기록등 특수매체기록을 반포하는 행위 등을 처벌할 필요성이 지적됨에 따라「정보통신망 이용촉진 및 정보보호 등에 관한 법률」(이하 '정보통신망법')에 처벌규정을 두고 있다(제74조).

본죄의 보호법익은 선량한 성풍속 내지 성도덕이다. 공공의 성적 혐오감 내지 불쾌감을 부차적 보호법익으로 한다는 견해도 있으나, 이는 선량한 성풍속에 포함된다고 할 수 있다.

본죄의 보호의 정도는 추상적 위험범이다.

2. 구성요건

(1) 행위의 객체

본죄의 객체는 음란한 문서, 도화, 필름 기타 물건이다.

1) 음   란

가. 개   념   음란이란 성욕을 자극하여 흥분시키고 정상적인 성적수치심과 선량한 성적 도의관념을 현저히 침해하기에 적합한 것을 말한다(대판 2000. 10. 27. 98도679). 단순히 저속하다거나 문란한 느낌을 준다는 정도로는 부족하다(대판 2012. 10. 25. 2011도16580). 음란은 사실적·고정적·구체적 개념이 아니라 사회와 시대에 따라 변동하는 상대적·유동적 개념이고, 그 시대에 있어서 사회의 풍속, 윤리, 종교 등과도 밀접한 관계를 가지는 추상적·규범적 개념이다(대판 1995. 2. 10. 94도2266).

이와 같이 음란은 불명확한 개념이기 때문에 음란개념을 실제에 적용함에 있어서 형법의 보장적 기능을 해할 위험성이 있게 된다. 따라서 음란개념의 구체화·명확화가 항상 어려운 과제로 등장하게 된다.

나. 음란의 판단기준   음란의 구체적 내용은 법관이 확정하게 된다. 판례는 다음과 같은 기준에 의해 음란성 여부를 판단해야 한다고 한다.

A. 객관적 판단   문서, 도화 등의 음란성의 존부는 작성자의 주관적 의도가 아니라 그 시대의 건전한 사회통념에 따라 객관적으로 판단하되 그 사회의

평균인의 입장에서 객관적으로 문서, 도화 등 그 자체에 의하여 판단해야 한다(대판 1991. 9. 10. 91도1550). 따라서 정보통신망인가 비디오물인가 등 시청환경에 따라 음란성 판단기준이 달라지는 것은 아니다(대판 2008. 3. 13. 2006도3558).

B. 일반인의 관점   음란성 유무는 일반보통인의 관점에서 판단해야 한다. 성욕을 자극하는지의 여부는 일반인을 기준으로 해야 하고, 도덕적 엄숙주의자나 극단적인 성개방주의자의 입장에서 음란성 여부를 판단해서는 안 된다.

C. 판단의 대상   음란성판단에서는 ① 당해 공연행위나 작품의 성에 관한 노골적이고 상세한 묘사·서술의 정도, ② 그 수법·묘사·서술이 행위 전체에서 차지하는 비중, ③ 공연행위나 작품에 표현된 사상 등과 묘사·서술과의 관련성, ④ 연극작품 등의 구성이나 전개 또는 예술성·사상성 등에 의한 성적 자극의 완화의 정도 등을 검토해야 한다.

D. 전체적 판단   음란성판단에서는 작품 전체를 보아야 하고 부분적으로 노골적인 성적 묘사가 있다는 점을 강조해서는 안 된다.

E. 판단의 주체   판례에 의하면 음란성의 종국적 판단주체는 법원이므로 영상물등급위원회의 판단에 법원이 기속되지 않는다(대판 2008. 3. 13. 2006도3558).

다. 학술성·예술성과 음란성   학술성·예술성을 지닌 학술문헌이나 예술작품이 음란성을 지닐 수 있는지 문제된다. 이 문제는 학문·예술의 자유와 선량한 성풍속의 보호가 충돌되는 영역이다.

A. 긍 정 설   다수설은 학문성·예술성과 음란성은 차원을 달리하는 개념이므로 학술문헌이나 예술작품도 표현의 주제나 표현의 방식에 따라 음란성을 지닐 수 있다고 한다. 형식적 학문·예술개념에 입각한 견해라고 할 수 있다. 판례도 이 입장을 따른다.

[대판 2002. 8. 23. 2002도2889] 문학성 내지 예술성과 음란성은 차원을 달리하는 관념이므로 어느 문학작품이나 예술작품에 문학성 내지 예술성이 있다고 하여 그 작품의 음란성이 당연히 부정되는 것은 아니고, 다만 그 작품의 문학적·예술적 가치, 주제와 성적 표현의 관련성 정도 등에 따라서는 그 음란성이 완화되어 결국은 형법이 처벌대상으로 삼을 수 없게 되는 경우가 있을 수 있을 뿐이다.

B. 부 정 설   소수설은 학문성·예술성을 지닌 작품들은 음란성을 지닐 수 없다고 한다. 실질적 학문·예술개념에 입각한 견해라고 할 수 있다. 학문성과

예술성은 기존의 관념을 부인, 파괴하면서 발전하는 것이기 때문에 기성사회의 음란개념으로서 학문과 예술의 자유를 제한해서는 안 된다고 하는 입장에 입각한 견해라고 할 수 있다.

　　　C. 결　　　어　　　고도의 학문성·예술성을 지닌 작품은 음란성을 지닐 수 없다고 하는 것이 타당하고, 이에 대해 음란성의 척도를 대는 것 자체가 학문과 예술에 대한 모독이라고 할 수 있다. 그러나 학문성·예술성이라는 개념도 불명확한 개념이기 때문에 낮은 정도의 학문성·예술성을 가진 작품들의 경우에는 음란성을 지닐 수 있다고 해야 한다. 특히 현실적으로는 음란물에 대해서도 작자들이 학문성·예술성을 주장하는 경우가 많으므로 이에 대한 음란성심사가 불가피하다. 그러나 의심스러울 때에는 학문성·예술성을 존중해주는 방향으로 해석해야 할 것이다.

　　라. 상대적 음란개념　　　상대적 음란개념이란 성표현의 위치나 장소 또는 상황에 따라 음란성 유무가 달라질 수도 있다는 입장이다. 긍정설은 작품 전체로는 음란하지 않지만, 그 작품 중 음란한 부분만을 분리하여 별도로 복제·제작하는 경우에는 음란할 수 있다는 점을 근거로 든다. 판례는 긍정설을 따른다.

[대판 1970. 10. 30. 70도1879] 비록 명화집에 실려 있는 그림이라 할지라도 이것을 예술·문학 등 공공의 이익을 위해서가 아닌 성냥갑 속에 넣어 판매할 목적으로 그 카드사진을 복사·제조하거나 시중에 판매하였다면 명화를 모독하여 음화화시켰다 할 것이고 그림의 음란성 유무는 객관적으로 판단해야 할 것이다.[1]

　　이에 대해 다수설은 상대적 음란개념을 인정하는 것은 문서 자체의 예술성과 같은 사회적 가치를 고려하지 않는 것이고 표현의 자유에 중대한 침해를 가져올 수 있다는 점을 근거로 상대적 음란개념을 부정한다.

　　마. 음란물과 성표현물 혹은 포르노그래피　　　음란개념이 규범적 개념으로서 불명확하고 가치판단이 개입되어 있는 개념이기 때문에 가치중립적인 개념인 성표현물로 바꾸거나 하드코어 포르노그래피와 소프트코어 포르노그래피로 나누

---

　　1) 대판 1990. 10. 16. 90도1485: 공연윤리위원회의 심의를 마친 영화작품이라 하더라도 관람객을 유치하기 위하여 영화장면의 일부를 포스타나 스틸사진 등으로 제작하였고, 제작된 포스타 등 도화가 그 영화의 예술적 측면이 아닌 선정적 측면을 특히 강조하여 그 표현이 건전한 성풍속이나 성도덕관념에 반하는 것이라면 그 포스타 등 광고물은 음화에 해당한다. 유사한 판례로, 대판 2009. 2. 26. 2006도3119.

어 규정해야 한다는 주장이 있다.1)

음란개념을 명확화·구체화하는 한 방안이라고 생각되지만, 여기에서도 하드코어 포르노그래피와 소프트코어 포르노그래피에 대한 명확한 경계를 확정할 수 없다는 문제점은 여전히 존재한다.

2) 문서, 도화, 필름 기타 물건　　문서나 도화의 개념은 문서위조죄에서와 같다. 필름은 사진이나 영화로 재생될 수 있도록 제작된 물건을 말한다. 카메라필름, 비디오테이프, 영화필름, 마이크로필름 등이 이에 속한다. 기타 물건이란 문서, 도화, 필름에 속하지 않는 물건을 말한다. 녹음테이프, 조각품, 음반, CD, USB 등이 이에 속한다.

　판례에 의하면, 소설 '내게 거짓말을 해봐'(대판 2000. 10. 27. 98도679), 소설 '즐거운 사라'(대판 1995. 6. 16. 94도2413), 남성용 자위기구인 모조여성성기(대판 2003. 5. 16. 2003도988) 등은 음란문서 혹은 음란한 물건에 속한다.

　그러나 성인 여성의 엉덩이 윗부분을 조잡하게 본 떠 만든 남성용 자위기구(대판 2014. 7. 24. 2013도9228; 대판 2014. 6. 12. 2013도6345; 대판 2014. 5. 29. 2014도3312), 여성용 자위기구나 돌출콘돔(대판 2000. 10. 13. 2000도3346), 남자의 성기(음경)를 확대하는 도구인 '해면체비대기'(대판 1978. 11. 14. 78도2327) 등은 음란한 물건에 해당하지 않는다.

컴퓨터프로그램파일은 문서, 도화, 필름 기타 물건 어디에도 속하지 않기 때문에 본죄의 객체가 될 수 없고 '정보통신망법' 위반죄의 객체가 될 수 있을 뿐이다(대판 1999. 2. 24. 98도3140; 대판 2023. 12. 14. 2020도1669).

(2) 실행행위

반포·판매·임대하거나 공연히 전시 또는 상영하는 것이다.

1) 반포·판매·임대　　반포란 불특정 또는 다수인에게 무상으로 배포하는 것을 말한다. 유상으로 배포할 때에는 판매에 해당한다. 반드시 자기가 반포할 것을 요하지 않고 제3자에게 반포하도록 하여도 무방하다.

통설에 의하면 판매란 불특정 또는 다수인에게 유상으로 양도하는 것으로서, 계속·반복의 의사가 있는 경우에는 1회의 판매로도 족하다고 한다. 그러나 계

---

1) 독일형법은 성표현물을 하드코어 포르노그래피와 소프트코어 포르노그래피로 나누고 강간, 수간, 근친상간, 혼음 등을 표현한 것 등은 하드코어 포르노그래피로 하고 하드코어 포르노그래피는 금지하고, 성기나 나체, 자연적인 성행위 등을 표현하는 소프트코어 포르노그래피는 허용하는 방식을 취하고 있다.

속·반복의 의사없이 특정소수인에게 유상으로 양도한 경우에도 판매에 해당한다고 해야 한다. 이는 임대가 불특정 또는 다수인을 대상으로 하거나 계속·반복의 의사를 필요로 하지 않는 것과 같다.

임대란 유상으로 대여하는 것을 말한다. 유상으로 대여하면 되고 영업으로 하거나 계속적 혹은 불특정 또는 다수인을 대상으로 할 필요가 없다.

2) 공연한 전시 또는 상영   '공연히 전시한다'는 것은 불특정 또는 다수인이 직접 관람할 수 있는 상태에 두는 것이고, '공연히 상영한다'는 것은 불특정 또는 다수인이 직접 관람할 수 있도록 영상자료를 화면에 비추어 보이는 것을 말한다. 관람가능한 상태에 두면 되고 반드시 현실적으로 관람할 필요는 없다. 유상·무상을 불문하고, 동시 또는 순차적으로 관람할 수 있음을 불문한다. 특정소수인에게 전시·상영하는 것은 공연성이 없다(대판 1973. 8. 21. 73도409).

[대판 2003. 7. 8. 2001도1335] 링크를 포함한 일련의 행위 및 범의가 다른 웹사이트 등을 단순히 소개·연결할 뿐이거나 또는 다른 웹사이트 운영자의 실행행위를 방조하는 정도를 넘어, … 불특정다수인이 이러한 링크를 이용하여 별다른 제한없이 음란한 부호 등에 바로 접할 수 있는 상태가 실제로 조성되었다면, 그러한 행위는 전체로 보아 음란한 부호 등을 공연히 전시한다는 구성요건을 충족한다.

(3) 주관적 구성요건

음란은 규범적 구성요건요소이므로 문외한으로서의 소박한 이해가 있으면 족하고, 음란의 정확한 법적 개념까지 알고 있을 것을 요하지 않는다. 물건등의 형상 그 자체는 인식하고 있으나 음란성에 대한 인식이 없는 경우에는 법률의 착오가 된다.

3. 미수 및 공범

반포·판매·임대의 경우 상대방에게 음란물 등을 현실적으로 인도한 때에 기수가 된다. 음란물 등을 우송하였으나 상대방이 이를 인도받지 않은 경우에는 본죄의 미수로서 불가벌이다. 공연히 전시하는 경우에는 불특정 또는 다수인이 관람할 수 있는 상태에 둘 때 기수가 된다. 반드시 음란한 장면이 상영될 것을 요하지 않는다. 예컨대 음란동영상을 상영하기 시작한 때에 기수가 되고, 음란한 행위나 장면 등이 상영되어야 기수가 되는 것은 아니다.

본죄의 미수는 벌하지 않는다.

반포·판매·임대·전시·상영한 자만을 벌하는 규정의 취지로 볼 때 반포·판매·임대·전시·상영의 상대방은 본죄의 공동정범이나 교사·방조범으로 처벌받지 않는다. 따라서 상대방이 적극적으로 판매를 교사하였다 하더라도 본죄의 교사범이 되지 않는다.

4. 죄   수

본죄는 불특정 또는 다수인을 대상으로 하고 있으므로 구성요건상 수회의 행위가 전제되어 있다고 할 수 있다. 따라서 수회에 걸쳐 반포·판매·임대·전시·상영한 경우에도 실체적 경합이 아니라 집합범으로서 포괄일죄가 된다.

Ⅳ. 음화제조등죄

> 제244조(음화제조등) 제243조의 행위에 공할 목적으로 음란한 물건을 제조, 소지, 수입 또는 수출한 자는 1년 이하의 징역 또는 500만원 이하의 벌금에 처한다.

1. 개념 및 보호법익

음화제조등죄란 반포·판매·임대하거나 공연히 전시 또는 상영할 목적으로 음란한 물건을 제조, 소지, 수입 또는 수출하는 죄이다. 본죄는 음화반포등죄의 예비죄로서의 성격을 지니는 행위를 독립된 범죄로 규정한 것이다. 본죄는 진정목적범이다.

본죄의 보호법익은 건전한 성도덕·성풍속이고, 보호의 정도는 추상적 위험범이다.

2. 구성요건

본죄의 객체는 음란한 물건이다. 물건은 문서, 도화, 필름 등을 포함하는 개념이다. 컴퓨터 프로그램파일은 본죄의 객체가 아니고(대판 2023. 12. 14. 2020도1669), 정보통신망법 제74조 제2호의 객체가 된다.

본죄의 실행행위는 제조, 소지, 수입 또는 수출이다. 제조란 음란한 물건을 만드는 것을 말한다.[1] 소지란 음란한 물건을 자신의 사실상 지배하에 두는 것을 말한다. 수입은 외국에서 국내로 반입하는 것을 말한다. 수출은 국내에서 국외로 반출하는 것을 말한다.

V. 공연음란죄

> 제245조(공연음란) 공연히 음란한 행위를 한 자는 1년 이하의 징역, 500만원 이하의 벌금, 구류 또는 과료에 처한다.

1. 개념 및 보호법익

공연음란죄란 공연히 음란한 행위를 하는 죄이다. 본죄의 보호법익은 건전한 성도덕 내지 성풍속이고, 보호의 정도는 추상적 위험범이다.

2. 구성요건

본죄의 실행행위는 공연히 음란한 행위를 하는 것이다.

(1) 공 연 히

'공연히'란 불특정 또는 다수인이 직접 인식할 수 있는 상태를 말한다. 불특정 또는 다수인이 직접 인식할 수 있는 상태이면 족하고 현실적으로 인식할 필요는 없다. 특정소수인에 대해 음란한 행위를 한 때에는 본죄가 성립하지 않는다. 실내·실외를 불문한다.

(2) 음란한 행위

음란한 행위란 일반 보통인의 성욕을 자극하여 성적 흥분을 유발하고 정상적인 성적 수치심을 해하여 성적 도의관념에 반하는 행위를 말한다. 음란성판단의 기준과 방법은 음화반포등죄에서와 같다.

통설은 음란행위란 성교행위나 자위행위 등 성행위에 국한되므로 단순한 성

---

[1] 피고인이 아동·청소년으로 하여금 스스로 자신을 대상으로 하는 음란물을 촬영하게 한 경우 피고인이 직접 촬영행위를 하지 않았더라도 그 영상을 만드는 것을 기획하고 촬영행위를 하게 하거나 만드는 과정에서 구체적인 지시를 하였다면, 특별한 사정이 없는 한 아동·청소년이용음란물 '제작'에 해당하고, 이러한 촬영을 마쳐 재생이 가능한 형태로 저장이 된 때에 제작은 기수에 이른다(대판 2021. 3. 25. 2020도18285).

기·나체 노출행위는 본죄에 해당되지 않는다고 하지만, 판례는 그 행위가 반드시 성행위를 묘사하거나 성적인 의도를 표출할 것을 요하는 것은 아니라고 한다(대판 2020. 1. 16. 2019도14056).

판례에 의하면, 말다툼을 한 후 항의의 표시로 엉덩이를 노출시킨 행위는 음란한 행위에 해당하지 않지만(대판 2004. 3. 12. 2003도6514), 행패를 저지르려고 출동한 경찰관에 대한 시위조로 주위에 사람이 많이 있는 가운데 옷을 모두 벗어 알몸의 상태로 바닥에 드러눕거나 돌아다닌 경우(대판 2000. 12. 22. 2000도4372), 요구르트 제품의 홍보를 위하여 전라의 여성 누드모델들이 일반 관람객과 기자 등 수십명이 있는 자리에서 알몸에 밀가루를 바르고 무대에 나와 분무기로 요구르트를 몸에 뿌려 밀가루를 벗겨내는 방법으로 알몸을 완전히 드러낸 채 음부 및 유방 등이 노출된 상태에서 무대를 돌며 관람객들을 향하여 요구르트를 던진 경우(대판 2006. 1. 13. 2005도1264) 공연음란죄가 성립한다.

음란행위 정도에 이르지 않고 신체의 과다노출 정도에 불과할 때에는 본죄가 성립하지 않고 경범죄처벌법위반죄(제3조 1항 33호)가 성립할 수 있다.

> [대판 2020. 1. 16. 2019도14056] 성기·엉덩이 등 신체의 주요한 부위를 노출한 행위가 있었을 경우 그 일시와 장소, 노출 부위, 노출 방법·정도, 노출 동기·경위 등 구체적 사정에 비추어, 그것이 단순히 다른 사람에게 부끄러운 느낌이나 불쾌감을 주는 정도에 불과하다면 경범죄 처벌법 제3조 제1항 제33호에 해당할 뿐이지만, 그와 같은 정도가 아니라 일반 보통인의 성욕을 자극하여 성적 흥분을 유발하고 정상적인 성적 수치심을 해하는 것이라면 형법 제245조의 '음란한 행위'에 해당한다고 할 수 있다.

(3) 주관적 구성요건

본죄는 고의 이외에 행위자의 음란한 경향이 있어야 한다는 경향범설이 있으나, 판례는 성욕의 흥분 또는 만족 등의 성적인 목적이 있어야 할 필요는 없다고 한다(대판 2000. 12. 22. 2000도4372).

3. 죄 수

본죄의 죄수는 음란행위의 수를 기준으로 해야 한다. 동일한 시간, 장소에서 여러 번의 음란행위를 한 경우에는 본죄의 포괄일죄가 된다. 시간과 장소를 달리하여 음란행위를 한 경우에는 본죄의 경합범이 되지만, 영업적으로 행해진 경우에는 집합범으로서 포괄일죄가 되고, 연속범의 요건을 충족하는 경우에도 포괄일죄가 된다.

공연히 강제추행죄나 성폭력처벌법상 공중밀집장소추행죄를 범한 경우 본죄와의 상상적 경합설이 있으나 강제추행죄나 공중밀집장소추행죄만이 성립한다고 해야 한다. 이들 범죄가 본죄의 음란행위에까지 이르는 것은 아니기 때문이다.

제 2 절   도박과 복표에 관한 죄

Ⅰ. 총   설

1. 개념 및 보호법익

도박과 복표에 관한 죄란 도박을 하거나 도박장을 개장하거나 법령에 의하지 않고 복표를 발매·발매중개·취득하는 죄이다. 본죄는 불로소득을 하고 싶어 하는 사행심에 따라 행동하거나 사행심을 조장함으로써 근로의식과 사회의 선량한 풍속을 침해·위태화하는 성격을 지니고 있다. 또한 도박 등의 자금마련을 위한 재산범죄를 유발하고 도박과 관련하여 폭력행위 등을 할 위험이 있다는 점에서 범죄로 규정하고 처벌하는 것이다.

본죄의 보호법익은 사회의 건전한 근로의식 내지 미풍양속이고, 보호의 정도는 추상적 위험범이다.

2. 구성요건체계

2013년 개정형법은 「국제연합국제조직범죄방지협약」의 국내적 이행을 위해 ① 도박죄의 객체에 재물뿐만 아니라 재산상 이익도 포함됨을 명확하게 하기 위해 도박죄의 구성요건 중 '재물로써' 부분을 삭제하고, ② 도박하는 장소뿐만 아니라 도박하는 사이버공간을 개설한 경우도 처벌할 수 있도록 규정을 명확히 하고, ③ 도박장소의 개설과 복표발매죄가 「국제연합국제조직범죄방지협약」의 대상범죄가 될 수 있도록 법정형을 상향하고, 복표등에 관한 죄의 법정형을 현실화하였다.

도박과 복표에 관한 죄는 도박에 관한 죄와 복표에 관한 죄로 나뉜다.

도박에 관한 죄의 기본적 구성요건은 단순도박죄(제246조 1항)이다. 상습도박죄(제246조 2항)는 도박의 습벽이라는 행위자속성으로 인해 책임이 가중되는 구성요건이다. 도박개장죄(제247조)는 영리목적이 있고, 자신이 주재자가 되어 도박장을 개설하고, 타인의 도박을 교사·방조하는 성격을 지닌다는 점에서 독립된 범죄로 규정한 것이다.

복표에 관한 죄에는 복표의 발매·발매중개·취득 등의 죄(제248조)가 있다. 상습도박죄, 도박개장죄, 복표발매죄에 대해서는 500만원 이하의 벌금을 병과할 수 있다(제249조). 복표에 관한 죄에는 「사행행위 등 규제 및 처벌 특례법」(이하 '사행행위규제법')이 적용될 수 있다.

3. 입 법 론

(1) 단순도박죄의 비범죄화

단순도박죄의 폐지론은 ① 도박심리는 인간의 자연스러운 속성 중의 하나이므로 단순도박까지 금지하는 것은 지나치고, ② 상습도박이 아닌 경우에는 건전한 근로의식을 침해한다고 할 수 없고, ③ 단순도박이 만연되어 있는 현실에서 이를 처벌하게 되면 전국민을 전과자로 만들 우려가 있다는 것 등을 근거로 든다. 존치론은 근로의식과 미풍양속의 약화를 근거로 제시한다.

1992년의 형법개정법률안 성안과정에서도 처음에는 단순도박죄를 삭제하려 하였으나, 이로 인해 오히려 상습도박죄를 적용하게 될 우려가 있다는 이유로 단순도박죄를 삭제하지 않았다.[1]

폐지론의 논거가 훨씬 설득력이 있고, 단순도박죄를 폐지할 경우 단순도박행위에 대해 상습도박죄를 적용하게 되는 문제는 폐지 이후 해결해도 충분하다.

(2) 복표에 관한 죄의 삭제

복표에 관한 죄에 대해서는 ① 국가 또는 일정 기관이 복표를 발행하고 취득하는 행위는 벌하지 않으면서 사인의 행위만을 벌하는 것은 입법정책상 바람직하지 않고, ② 복표나 경품권의 발행이 광범위하게 행해지는 현실에서 복표에 관한 죄는 그 사회적 의의를 상실하였고, ③ 복표에 관한 죄를 아예 삭제하거나,

---

1) 법무부, 형법개정법률안 제안이유서, 238면.

특별법에서 규정하거나, 국가등의 복표발행도 금지해야 한다는 주장이 있다.

복표를 구입하는 계층이 주로 서민층이기 때문에 사인이 복표를 발행하는 경우는 물론이고, 국가등이 복표를 발행하는 것도 바람직하지 않다. 본죄를 삭제할 것이 아니라 국가등도 복표발행을 하지 않도록 하는 방향으로 나아가야 한다. 다만 복표취득죄는 음란물등의 취득을 처벌하지 않는 것과의 균형상 비범죄화해야 할 것이다.

Ⅱ. 단순도박죄

> 제246조(도박, 상습도박) ① 도박을 한 사람은 1천만원 이하의 벌금에 처한다. 다만, 일시오락 정도에 불과한 경우에는 예외로 한다.

1. 개념 및 보호법익

단순도박죄는 도박에 관한 죄의 기본적 구성요건이다. 본죄의 보호법익은 건전한 근로의식과 사회의 미풍양속이고(대판 1984. 7. 10. 84도1043), 보호의 정도는 추상적 위험범이다.

2. 구성요건

(1) 행위의 주체 및 객체

본죄의 주체에는 제한이 없지만, 2인 이상이 있어야 도박이 가능하므로 본죄는 필요적 공범 중 대향범이다.

본죄의 객체는 재물 및 재산상 이익이다. 구형법에서는 '재물로써'라고 규정하였으나 이에 재산상 이익도 포함된다고 해석되었으므로 2013년 개정형법에서 재산상 이익도 포함시키기 위해 '재물로써'라는 용어를 삭제하였다. 재물이나 재산상 이익의 액수가 확정되어 있을 것을 요하지는 않고 승부가 결정된 이후에 확정될 수 있으면 족하다.

재물이나 재산상 이익을 대상으로 하지 않은 경우에는 본죄에 해당되지 않는다.

(2) 실행행위

본죄의 실행행위는 도박이다. 도박이란 우연한 승부에 의해 재물 또는 재산상 이익의 득실을 결정하는 것을 말한다.

1) 우 연 성　도박의 승패는 우연하게 이루어져야 한다. '우연'이란 주관적으로 '당사자에 있어서 확실히 예견 또는 자유로이 지배할 수 없는 사실에 관하여 승패를 결정하는 것'을 말하고, 객관적으로 불확실할 것을 요하지 않는다. 따라서, 내기골프나 내기바둑과 같이 당사자의 능력이 승패의 결과에 영향을 미친다고 하더라도 다소라도 우연성의 사정에 의하여 영향을 받게 되는 때에는 도박죄가 성립할 수 있다(대판 2008. 10. 23. 2006도736).

2) 편면적 도박　통설·판례에 의하면, 우연성은 당사자 모두에게 있어야 하고, 당사자 일부에게만 우연성이 있는 편면적 도박은 도박이 될 수 없다. 즉 사기도박이나 사실을 정확하게 알고 있는 사람이 그 사실의 존부에 대해 다른 사람과 돈을 걸고 내기를 한 경우 등에는 도박이 될 수 없다.

[대판 1985. 4. 23. 85도583] 화투의 끝수를 조작할 수 있어서 우연성이 없음에도 피해자를 우연에 의하여 승부가 결정되는 것처럼 오신시켜 돈을 도(賭)하게 하여 이를 편취한 행위는 이른바 기망방법에 의한 도박으로서 사기죄에 해당한다.

사기도박은 승패가 우연에 의해 결정되는 것이 아니고 기망자에 의해 결정되는 것이므로 도박이 될 수 없다. 따라서 사기도박자는 사기죄의 죄책만을 지고 (대판 2011. 1. 13. 2010도9330), 상대방은 도박죄의 불능미수가 문제될 수 있으나 미수범처벌 규정이 없으므로 불가벌이다.

3) 경기와 도박　운동경기, 바둑, 골프, 당구 등 경기의 승패에 대해 돈 내기를 하는 경우 도박죄가 성립하는가에 대해 긍정설(다수설)은 당사자의 기능이 승패에 영향을 미친다 하더라도 조금이라도 우연의 지배를 받게 되면 도박죄가 성립한다고 한다. 부정설은 경기는 당사자의 기량, 체력, 승부욕, 집중도와 같은 개인적 요소가 승패를 좌우하고 우연에 의해 승부가 결정되는 것은 아니므로 도박이 될 수 없다고 한다. 우연에 의해 승부가 좌우되지 않는다면 내기 자체가 불가능할 것이기 때문에 긍정설이 타당하다.

3. 위 법 성

단순도박이 일시오락의 정도인 때에는 벌하지 않는다(제246조 1항 단서). 이는 위법성이 조각되기 때문이다(대판 2004. 4. 9. 2003도6351). 이 경우 재물의 경제적 가치가 근소하여 건전한 근로의식을 침해하지 않을 정도이고, 여가를 이용하여 평소의 심신의 긴장을 해소하는 오락은 허용되기 때문이다(대판 2004. 4. 9. 2003도6351). 여기에서 일시 오락의 정도란 일시 오락의 목적이 있는 경우가 아니라 재물의 규모가 일시오락의 정도라는 의미이다. 즉 일시오락을 위한 목적이라도 도박의 규모가 큰 경우에는 위법성이 조각되지 않는다.

일시오락의 정도인지의 여부는 도박의 시간과 장소, 도박자의 사회적 지위 및 재산 정도, 재물의 근소성 그 밖에 도박에 이르게 된 경위 등 모든 사정을 참조하여 구체적으로 판단하여야 한다(대판 1985. 11. 12. 85도2096).[1]

도박죄를 처벌하지 않는 외국 카지노에서 도박을 하였더라도 위법성이 조각되지 않는다(대판 2004. 4. 23. 2002도2518).

4. 실행의 착수 및 기수 시기

본죄의 실행의 착수시기는 예컨대 도박을 하기 위해 화투나 카드 등을 잡은 시점이고, 기수시기는 화투나 카드를 분배한 때이다. 승패가 결정되거나 재물을 취득하지 않아도 무방하다.

본죄의 미수는 벌하지 않는다. 본죄는 기수시기 이후에도 범죄행위가 계속되는 계속범이므로 도박을 모두 끝냈을 때 종료한다.

5. 죄   수

본죄의 죄수는 도박의 횟수가 아니라 도박을 위해 모인 횟수를 기준으로 해야 한다. 예를 들어 한 자리에서 화투를 10번 친 경우에도 하나의 단순도박죄만이 성립한다. 며칠 동안 계속 모여 도박을 하였으나 도박의 상습성은 인정되지 않는 경우 연속범이 되어 포괄일죄가 된다.

영리목적으로 도박장을 개장한 자가 스스로 도박에 참가한 때에는 도박개장죄와 본죄의 실체적 경합설(다수설)과 도박개장죄설 등이 있으나 양죄의 상상적 경합이라고 해야 한다. 왜냐하면 도박개장죄는 계속범이므로 도박개장 후 도박을 한 경우에는 두 범죄가 동시에 성립한다고 할 수 있기 때문이다.

사기도박을 개시하고 그 후에 사기도박을 숨기기 위하여 정상적인 도박을

---

1) 일시오락의 정도를 긍정한 판례로, 대판 1990. 2. 9. 89도1992; 대판 1985. 11. 12. 85도2096; 대판 1983. 12. 27. 83도2545 등. 일시오락의 정도를 부정한 판례로, 대판 1989. 4. 11. 88도2493; 대판 1967. 2. 28. 66도1791 등.

하였더라도 이는 사기죄의 실행행위에 포함되지만(대판 2015. 10. 29. 2015도10948), 도박행위가 공갈죄의 수단이 되었다 하여 그 도박행위가 공갈죄에 흡수되는 것은 아니다(대판 2014. 3. 13. 2014도212).

Ⅲ. 상습도박죄

> 제246조   ② 상습으로 제1항의 죄를 범한 사람은 3년 이하의 징역 또는 2천만원 이하의 벌금에 처한다.

1. 개념 및 법적 성격

상습도박죄는 상습으로 도박하는 죄로서 상습성으로 인해 책임이 가중되는 구성요건이고, 부진정신분범이다.

2. 구성요건

본죄의 주체는 도박의 상습성이 있는 사람이다. 도박의 상습성이란 반복하여 도박행위를 하는 행위자의 습벽을 말한다. 상습성 유무 판단에서 도박의 전과나 도박횟수 등이 중요한 판단자료가 되지만, 도박전과가 없다 하더라도 도박의 성질과 방법, 도금(賭金)의 규모, 도박에 가담하게 된 태양 등의 제반사정을 참작하여 상습성을 인정해도 된다(대판 1995. 7. 11. 95도955).

[대판 1995. 7. 11. 95도955] 제1회 도박에 참가한 5명 중 피고인과 A를 제외한 나머지 3명은 포커판에서 처음 만난 사이인 점, 2회에 걸친 이 사건 도박은 모두 호텔방에서 딜러가 카드를 분배하는 수법으로 행해졌는데, 피고인이 도금으로 금 5백만원을 소지한 것을 비롯하여 각자 소지한 도금은 수백만원씩에 이르렀고, 1회 판돈은 금 15만원 내지 100만원에 이르렀으며, 특히 제1회 도박은 2박3일 동안 같은 장소에서 계속되어 딜러의 몫으로 떼어진 돈만도 금 40만원이나 되었던 경우 상습성이 인정된다.[1]
[대판 1991. 10. 8. 91도1894] 도박전과가 없는 피고인이 A가 건네주는 유실물인 자기앞수표 금 100만원권 10매로 21:00경부터 이튿날 09:00경까지 사이에 위 수

---

1) 기타 상습성을 인정한 판례로, 대판 1994. 3. 8. 93도3608; 대판 1983. 10. 25. 83도2448; 대판 1985. 6. 11. 85도748; 대판 1967. 10. 29. 68도1241 등

표를 가지고 4인과 함께 화투를 사용하여 1회 도금 최고금 100,000원씩을 걸고 약 200회에 걸쳐 속칭 '모이쪼'라는 도박을 한 경우 상습성이 인정되지 않는다.[1)]

3. 공　범

　　본죄는 부진정신분범이므로 상습성 있는 자와 없는 자가 도박을 한 경우 상습성 있는 자는 본죄, 상습성 없는 자는 단순도박죄의 공동정범으로 처벌된다.

　　상습성 없는 자가 상습성 있는 자의 도박을 교사·방조한 경우 상습성 있는 자는 본죄의 정범, 상습성 없는 자는 단순도박죄의 교사·방조범으로 처벌된다. 상습성 있는 자가 상습성 없는 자의 도박을 교사·방조한 경우 판례는 상습성 있는 자는 본죄의 교사·방조범, 상습성 없는 자는 단순도박죄의 정범으로 처벌된다고 한다(대판 1984. 4. 24. 84도195). 그러나 이 경우에는 신분자가 비신분자의 범행에 가공한 것이므로 제33조가 적용될 수 없다. 따라서 제31조가 적용되어 공범종속성원칙에 따라 상습성 있는 자도 단순도박죄의 교사·방조범의 죄책을 진다고 해야 한다.

4. 죄　수

　　상습범은 집합범이므로 상습성 있는 자가 수회에 걸쳐 도박을 한 경우에도 상습도박의 포괄일죄가 된다. 판례는 상습성 있는 자가 도박을 하고 상습성 없는 자의 도박을 방조한 경우 상습도박방조죄는 형이 무거운 상습도박죄에 포괄된다고 한다(대판 1984. 4. 24. 84도195). 그러나 이 경우에도 상습도박방조죄가 아닌 단순도박방조죄가 상습도박죄에 포괄된다고 해야 한다.

Ⅳ. 도박개장죄

제247조(도박장소 등 개설)　영리의 목적으로 도박을 하는 장소나 공간을 개설한 사람은 5년 이하의 징역 또는 3천만원 이하의 벌금에 처한다.

---

1) 기타 상습성을 부정한 판례로, 대판 1990. 12. 11. 90도2250; 대판 1989. 4. 11. 88도2493; 대판 1985. 9. 24. 85도1272 등.

1. 의   의

도박개장죄란 영리의 목적으로 도박을 하는 장소나 공간을 개장하는 죄이다. 본죄는 영리의 목적이 있고, 자신이 주재자가 되어 도박장소나 공간를 개설하고, 타인의 도박을 교사·방조하는 성격도 지닌다는 점에서 독립된 범죄로 규정한 것이다.

본죄는 진정목적범으로 영리목적이 없는 경우에는 본죄가 아니라 도박교사·방조죄 등이 성립할 수 있다. 본죄는 기수 이후에도 범죄행위가 계속되고, 도박장소를 폐쇄할 때 종료되는 계속범이다.

2. 구성요건

본죄의 실행행위는 도박을 하는 장소 또는 공간을 개설하는 것이다. 통설·판례(대판 2008. 10. 23. 2008도3970)에 의하면 개설이란 자신이 주재자가 되어 도박의 장소나 공간을 개설하는 것을 의미한다.

자신이 주재자가 되어 도박장소를 개설하면 되고, 자신이 스스로 도박을 하거나 다른 사람의 도박을 교사·방조할 필요는 없다. 도박장소도 현실공간뿐만 아니라 인터넷상의 공간이어도 무방하다. 인터넷상에서 도박사이트를 개설하여 전자화폐 혹은 온라인으로 결제하도록 하는 경우에도 본죄가 성립한다(대판 2002. 4. 12. 2001도5802).[1]

본죄가 성립하려면 고의 이외에 영리의 목적, 즉 재물 또는 재산상 이익을 얻을 목적이 있어야 한다. 재물 또는 재산상의 이익은 입장료, 수수료, 딜러몫 등으로 대가를 얻는 것이어야 하고, 도박으로 인해서 얻는 이익은 포함되지 않는다.

3. 기수 및 종료시기

본죄의 미수는 벌하지 않는다. 본죄는 도박장을 개설한 때에 기수가 되고, 도박이 행해졌는지는 문제되지 않는다(대판 2009. 12. 10. 2008도5282).[2] 본죄는 계속범

---

1) 유사판례로, 대판 2008. 10. 23. 2008도3970; 대판 2008. 9. 11. 2008도1667.
2) 따라서 영리의 목적으로 속칭 포커나 바둑이, 고스톱 등의 인터넷 도박게임 사이트를 개설하여 운영하는 경우, 현실적으로 게임이용자들로부터 돈을 받고 게임머니를 제공하고 게임이용자들이 위 도박게임 사이트에 접속하여 도박을 하여, 위 게임으로 획득한 게임머니를 현금으로 환전해 주는 방법 등으로 게임이용자들과 게임회사 사이에 있어서 재물이

이기 때문에 기수 이후에도 범죄행위가 계속되고, 도박장소를 폐쇄하였을 때에 종료된다.

4. 공범 및 죄수

본죄를 범한 자가 도박을 하였을 경우 본죄와 도박죄의 경합범설(다수설)과 본죄만 성립한다는 견해가 있으나, 본죄와 도박죄의 상상적 경합이라고 해야 할 것이다. 도박개장죄는 계속범이기 때문에 도박행위와 도박개장행위가 동시에 이루어진다고 할 수 있기 때문이다.

본죄를 방조한 자가 도박을 방조한 경우 본죄의 방조죄와 도박방조죄의 상상적 경합설과 본죄의 방조죄설(다수설)이 대립하는데, 후자가 타당하다.

V. 복표발매등죄

> 제248조(복표의 발매 등)　① 법령에 의하지 아니한 복표를 발매한 사람은 5년 이하의 징역 또는 3천만원 이하의 벌금에 처한다.
> ② 제1항의 복표발매를 중개한 사람은 3년 이하의 징역 또는 2천만원 이하의 벌금에 처한다.
> ③ 제1항의 복표를 취득한 사람은 1천만원 이하의 벌금에 처한다.

1. 개념 및 보호법익

복표발매등죄는 법령에 의하지 아니한 복표를 발매하거나 복표발매를 중개하거나 복표를 취득하는 죄이다.

복표의 당첨 여부도 우연에 의해 결정되므로 복표취득죄는 도박죄, 복표발매 및 발매중개죄는 도박개장죄와 유사한 성격의 범죄라고 할 수 있다. 그러나 복표에 관한 죄는 다수인을 상대로 하는 등 그 성격이 다른 점도 있기 때문에 독립된 범죄로 규정되어 있다. 사행행위규제법은 무허가 복표발행영업행위 등을 처벌한다(제2조, 제30조).

오고갈 수 있는 상태에 있으면, 게임이용자가 위 도박게임 사이트에 접속하여 실제 게임을 하였는지 여부와 관계없이 도박개장죄는 기수에 이른다.

2. 구성요건

(1) 행위의 객체

본죄의 객체는 법령에 의하지 아니한 복표이다.

1) 복   표   복표란 '특정한 표찰을 발매하여 다수인으로부터 금품을 모아 추첨 등의 방법에 의하여 당첨자에게 재산상의 이익을 주고 다른 사람에게 손실을 주는 것'을 말한다(사행행위규제법 제2조). 즉 복표는 ① 특정한 표찰일 것, ② 그 표찰을 발매하여 다수인으로부터 금품을 모을 것, ③ 추첨 등의 우연한 방법에 의하여 그 다수인 중 일부 당첨자에게 재산상의 이익을 주고 다른 참가자에게 손실을 줄 것 등 세 가지 요소를 지니고 있다(대판 2003. 12. 26. 2003도5433).

어떠한 표찰이 복표에 해당하는지는 그 표찰 자체가 갖는 성질에 의하여 결정되어야 한다. 그 기본적인 성질이 위와 같은 개념요소를 갖추고 있다면, 거기에 광고 등 다른 기능이 일부 가미되어 있는 관계로 당첨되지 않은 참가자의 손실을 그 광고주 등 다른 사업주들이 대신 부담한다고 하더라도, 복표라고 할 수 있다. 따라서 경제상의 거래에 부수하는 특수한 이익의 급여 내지 가격할인에 불과한 경품권이나 사은권 등은 복표에 해당되지 않지만, 광고복권은 복표에 해당된다(대판 2003. 12. 26. 2003도5433).

2) 법령에 의하지 않은 복표   본죄의 객체는 법령에 의하지 않은 복표이므로 법령에 의해 발매되는 복표는 본죄의 객체가 되지 않는다. 법령에 의해 발행되는 복표의 예로 로또복권, 스포츠토토복권 등이 있다.

(2) 실행행위

본죄의 실행행위는 복표의 발매, 발매중개, 취득이다. 발매란 복표를 발행하여 판매하는 것을 말한다. 발매중개란 발매자와 취득자 사이에서 발매를 알선하는 일체의 행위를 말한다. 유상·무상, 직접·간접 중개를 불문한다. 취득이란 복표의 소유권을 취득하는 것을 말한다. 유상·무상을 불문한다.

제 3 절　신앙에 관한 죄

Ⅰ. 총　　설

　　형법 각칙 제12장은 신앙에 관한 죄란 제목 하에 장례식 등의 방해죄(제158조), 시체 등의 오욕죄(제159조), 분묘발굴죄(제160조), 시체 등의 유기죄(제161조), 변사체검시방해죄(제163조)를 규정하고 있다. 이들 범죄들은 모두 독립된 범죄들이다.

　　장례식등의 방해죄(제158조)의 보호법익은 장례식, 제사 또는 종교집회의 평온이다. 시체등오욕죄(제159조), 분묘발굴죄(제160조), 시체등영득죄(제161조)의 보호법익은 사자에 대한 일반인의 존경의 감정 또는 평온을 바라는 감정이다. 이 범죄들을 개인적 법익에 대한 죄가 아니라 사회적 법익에 대한 죄로 규정한 것은 이러한 범죄들이 단순히 유족들의 사자에 대한 존경감정을 침해하는 것일 뿐만 아니라 일반인들의 존경감정도 침해하는 것으로 파악한 결과이다.

　　변사체검시방해죄(제163조)는 변사체검시라는 국가형사사법작용을 침해하는 공무집행방해죄의 성격을 지닌 것으로서 그 보호법익은 국가의 형사사법작용이므로, 사회적 법익에 대한 죄가 아니라 공무방해의 죄의 장에 편입시켜야 한다는 것이 지배적 견해이다.

　　신앙에 관한 죄의 보호의 정도는 추상적 위험범이다.[1]

　　분묘발굴죄와 시체등영득죄의 미수범은 처벌한다(제162조).

Ⅱ. 장례식등방해죄

> 제158조(장례식등의 방해)　장례식, 제사, 예배 또는 설교를 방해한 자는 3년 이하의 징역 또는 500만원 이하의 벌금에 처한다.

1. 개념 및 보호법익

　　장례식등방해죄란 장례식, 제사, 예배 또는 설교를 방해하는 죄이다. 본죄의

---

1) 시체등오욕죄, 분묘발굴죄, 시체등영득죄는 침해범이라는 견해도 있다.

보호법익은 장례식, 제사, 종교집회 등의 평온이고, 보호의 정도는 추상적 위험범이다(대판 2013. 2. 14. 2010도13450). 따라서 방해의 현실적 결과가 발생할 것을 요하지 않고, 장례식등을 방해할 수 있는 행위가 있으면 성립한다. '방해한 자'라는 문언을 조정해야 할 필요가 있다.

2. 구성요건

(1) 행위의 객체

본죄의 객체는 장례식, 제사, 예배 또는 설교이다. 결혼식, 학술행사, 강연회, 기념식, 축하잔치 등은 본죄의 객체가 될 수 없고, 업무방해죄나 강요죄 등이 문제될 수 있을 뿐이다. 다만 종교적으로 행해지는 결혼식등은 예배나 설교에 속할수 있다.

1) **장 례 식**   장례식이란 사자를 장사지내는 의식을 말한다. 반드시 종교적 의식일 필요가 없고 비종교적 장례식도 포함된다. 분향장소에서의 의식만이 아니라 식사제공, 영구차의 진행 등 관련된 행사를 모두 포함한다. 장례식에 시체가 현존할 필요도 없다.

2) **제   사**   제사란 조상 또는 숭배대상이 되는 존재에 대한 추모와 존경을 표하는 의식을 말한다. 조상에 대한 제사, 고사 등을 예로 들 수 있다. 추도식이나 삼우제, 사십구제와 같은 의식도 제사에 속한다.

3) **예   배**   예배란 종교단체의 규칙과 관례에 따라 다수인이 모여서 그 종교의 교리에 따라 행하는 의식을 말한다. 성당의 미사, 교회의 예배, 절의 예불 등을 그 예로 들 수 있다. 정통·이단, 실내·실외를 불문한다. 그러나 개인적으로 불공이나 기도를 드리는 것이나 신자들 사이의 친교모임은 예배라고 할수 없다.

예배는 형법적 보호가치가 있는 것이어야 하고 타인의 예배를 방해하며 행하는 것과 같이 불법한 예배는 본죄의 예배에 해당되지 않는다(대판 2008. 2. 28. 2006도4773).

4) **설   교**   설교란 종교상의 교리를 가르치는 것을 말한다. 성경이나 불경을 강해하는 것은 예배는 아니지만 설교라고 할 수 있다. 단순히 개인적으로 전도를 하는 경우가 아니라 어느 정도 다수의 사람이 모인 경우라야 설교가 될수 있다.

(2) 실행행위

본죄의 실행행위는 방해이다. 방해행위의 수단과 방법에도 아무런 제한이 없으며 일시적인 행위라 하더라도 무방하나, 적어도 객관적으로 보아 장례식의 평온한 수행에 지장을 줄 만한 행위를 함으로써 장례식의 절차와 평온을 저해할 위험이 초래될 수 있는 정도는 되어야 방해행위가 있다고 할 수 있다(대판 2013. 2. 14. 2010도13450).

설교자를 감금하거나 입장을 못하게 하거나, 전등을 끄거나, 마이크를 손괴하여 설교를 못하게 하거나, 커다란 소음·진동을 발생시키거나, 허위의 예배장소를 알려주는 등의 경우에도 본죄가 성립할 수 있다. 예배장소에 대규모로 음란문서를 배포하는 경우와 같이 문서를 배포하는 것도 방해에 해당될 수 있다.

예배등이 끝난 후에는 본죄가 성립할 수 없으므로, 방해행위는 예배등이 집행 중이거나 예배등의 집행과 시간적으로 밀접불가분의 관계에 있는 준비나 종료단계에서 행해져야 한다.

[대판 2008. 2. 1. 2007도5296] 교회의 교인이었던 사람이 교인들의 총유인 교회 현판, 나무십자가 등을 떼어 내고 예배당 건물에 들어가 출입문 자물쇠를 교체하여 7개월 동안 교인들의 출입을 막은 경우, 장기간 예배당 건물의 출입을 통제한 위 행위는 교인들의 예배 내지 그와 밀접불가분의 관계에 있는 준비단계를 계속하여 방해한 것으로 볼 수 없어 예배방해죄가 성립하지 않는다.

본죄는 추상적 위험범이므로 방해하는 행위가 있으면 본죄가 성립하고, 현실적으로 예배 등이 방해되었는가는 문제되지 않는다.

Ⅲ. 시체등오욕죄

제159조(시체 등의 오욕)　시체, 유골 또는 유발(遺髮)을 오욕한 자는 2년 이하의 징역 또는 500만원 이하의 벌금에 처한다.

1. 개념 및 보호법익

시체등오욕죄는 시체, 유골 또는 유발(遺髮)을 오욕하는 죄이다. 본죄의 보호

법익은 사자에 대한 일반인의 존중의 감정이고, 보호의 정도는 추상적 위험범
이다.

2. 구성요건

(1) 행위의 객체

본죄의 객체는 시체, 유골 또는 유발(遺髮)이다.

1) 시　　체　　시체는 사망한 사람의 시신을 말한다. 시체의 시기는 사람
의 종기 이후부터이다. 뇌사설에 의하면 뇌사자는 시체이지만, 심장박동종지설에
의하면 시체가 아니다. 「장기등 이식에 관한 법률」은 장기이식과 관련하여서만
뇌사자를 특별취급하므로, 뇌사자는 살아있는 사람으로 보아야 한다.

사태(死胎: 죽은 태아)가 시체인가에 대해 통설은 「장사 등에 관한 법률」에서
임신 4개월 이후의 사태를 시체로 규정한 것(동법 제2조 1호)을 근거로 긍정한다.
신체의 전부뿐만 아니라 일부분밖에 없는 경우에도 시체가 된다. 머리, 팔, 다리
또는 장기 등만 있는 경우에도 시체가 되고, 금니나 금속뼈 등도 시체에 해당한
다. 그러나 시체에서 뽑아낸 혈액은 시체라고 보기 어렵다.

2) 유　　골　　유골이란 화장, 매장 등에 의해 남아있는 백골을 말한다.
신체 전부·일부를 불문한다. 화장 후 빻은 뼈까지는 유골이라고 할 수 있지만,
재로 뿌려진 뼈는 유골에 해당하지 않는다.

유골은 사자를 제사, 기념하기 위해 보관하는 것에 국한되므로 본인·유족의
동의로 학술상 표본으로 사용된 유골은 본죄의 객체가 아니라고 하는 견해가 있
으나, 이 역시 유족이나 일반인들의 존경심의 대상이 될 수 있으므로 학술목적
이외에 오욕하는 경우에는 본죄가 성립한다고 해야 한다.

3) 유　　발(遺髮)　　유발(遺髮)이란 사자에 대한 추모·공경을 나타내기 위
해 보관하고 있는 모발을 말한다.

(2) 실행행위

본죄의 실행행위는 오욕이다. 오욕이란 폭행 기타 유형력의 행사에 의한 모
욕을 말한다. 시체 등에 침을 뱉는 것, 시체의 절단, 폭행, 오물투기, 시간(屍姦)
등이 이에 속한다. 언어에 의한 모욕은 오욕이라고 할 수 없고, 사자에 대한 명예
훼손죄로 문제될 수 있다. 분묘를 발굴하고 시체 등에 유형력을 행사하지 않은
경우에는 분묘발굴죄만이 성립한다.

Ⅳ. 분묘발굴죄

> 제160조(분묘의 발굴) 분묘를 발굴한 자는 5년 이하의 징역에 처한다.

1. 개념 및 보호법익

분묘발굴죄란 분묘를 발굴하는 죄이다. 판례는 본죄의 보호법익을 종교감정의 공서양속이라고 하지만(대판 1971. 10. 25. 71도1727), 사자에 대한 일반인의 존중심 내지 숭앙심이라고 해야 한다. 사자에 대한 존중심과 종교감정은 다르기 때문이다. 본죄의 보호의 정도는 추상적 위험범이다.[1)]

2. 구성요건

(1) 행위의 객체

본죄의 객체는 분묘이다. 분묘란 사람의 사체, 유골, 유발 등을 매장하여 제사나 예배 또는 기념의 대상으로 하는 장소를 말한다(대판 1990. 2. 13. 89도2061). 사체나 유골, 유발이 매장되어 있지 않은 경우에는 분묘라고 할 수 없다. 사람의 형태를 갖추고 있는 한 사태(死胎)를 매장한 곳도 분묘라고 할 수 있다.

현재 분묘를 제사, 숭경하고 종교적 의례의 대상으로 하는 자가 있는 경우에는 묘의 봉분, 묘비등 표식 유무, 묘의 확인 가능 유무를 불문한다(대판 1990. 2. 13. 89도2061). 분묘설치의 적법한 권원 유무, 소유권자나 관리자의 유무를 불문한다.

고분도 제사나 숭배의 대상이 되는 경우에는 분묘라고 할 수 있으나, 제사나 숭배의 대상이 되지 않는 경우에는 분묘라고 할 수 없다.

(2) 실행행위

본죄의 실행행위는 발굴이다. 발굴이란 복토의 전부 또는 일부를 제거하거나 묘석등을 파괴하여 분묘를 손괴하는 것이다. 비석이나 비목을 파괴하거나 손괴하는 것만으로는 발굴이라고 할 수 없다. 복토를 제거하지 않고 분묘 전체를 콘크리트로 포장하여 다른 곳으로 이동시킨 경우에도 형법해석의 엄격성 원칙상 발굴이라고 할 수 없다.

---

1) 침해범이라는 견해도 있으나 분묘를 발굴한다고 하여 사자에 대한 존중심이 반드시 침해되는 것은 아니다.

3. 위 법 성

형사소송법상 검증이나 감정을 위해 분묘를 발굴한 경우에는 법령에 의한 행위로 위법성이 조각된다. 그러나 토지구획정리사업시행자로부터 분묘의 개장명령을 받았다 하더라도 그 분묘를 보존·수호하는 권한있는 자의 제지를 무릅쓰고 한 분묘발굴행위는 위법성이 인정된다(대판 1978. 5. 9. 77도3588).

법률상 분묘를 수호, 봉사하며 관리하고 처분할 권한이 있는 자 또는 그로부터 정당하게 승낙을 얻은 자가 사체에 대한 종교적·관습적 양속에 따른 존숭의 예를 갖추어 이를 발굴한 경우 본죄의 위법성이 조각된다. 분묘에 대한 봉사·수호 및 관리·처분권은 종중이나 그 후손들 모두에게 속하여 있는 것이 아니라 오로지 그 분묘에 관한 호주상속인에게 전속한다(대판 2007. 12. 13. 2007도8131). 따라서 이부동복 동생이 설치하여 관리하던 묘를 이부동복 형이 터가 좋은 곳으로 옮기기 위해 발굴하여도 본죄가 성립한다(대판 1971. 10. 25. 71도1727).

4. 미   수

본죄의 미수는 처벌한다(제162조). 본죄의 실행의 착수시기는 복토 등을 제거하는 행위를 개시할 때이다. 본죄의 기수시기에 대해서는 발굴에 의하여 관이나 사체 또는 유골 등이 외부에 표출된 때라고 하는 외부표출설과 시체가 외부로부터 인지될 수 있는 상태가 아니라도 기수가 된다고 하는 복토제거설이 대립한다. 판례는 후자를 따른다(대판 1962. 3. 29. 4294형상539).

V. 시체등유기죄

제161조(시체 등의 유기 등) ① 시체, 유골, 유발 또는 관 속에 넣어 둔 물건을 손괴(損壞), 유기, 은닉 또는 영득(領得)한 자는 7년 이하의 징역에 처한다.
② 분묘를 발굴하여 제1항의 죄를 지은 자는 10년 이하의 징역에 처한다.

1. 개념 및 보호법익

시체등유기죄는 시체, 유골, 유발 또는 관 속에 넣어 둔 물건을 손괴·유기·은닉 또는 영득하는 죄이다. 본죄의 보호법익은 사자에 대한 존중심 내지 숭앙심

(崇仰心)이다. 보호의 정도는 추상적 위험범설과 침해범설이 대립한다.

2. 구성요건

(1) 행위의 객체

본죄의 객체는 시체, 유골, 유발 또는 관 속에 넣어 둔 물건이다. 시체, 유골, 유발의 개념은 시체등오욕죄에서와 같다. 관 속에 넣어 둔 물건이란 사자에 대한 존경 또는 추모를 위해 시체와 함께 관내에 묻어둔 부장품을 말한다. 본죄의 성격상 존경 또는 추모를 위한 물건이 아닌 경우에는 본죄의 객체가 될 수 없다.

관의 외부에 장치한 물건은 본죄의 객체가 될 수 없다고 해야 한다. 입법론적으로는 '분묘 속에 넣어 둔 물건'이라고 해야 한다.

시체, 유골, 유발은 재물이라고 할 수 없어서 이를 손괴·은닉하여도 손괴죄가 성립하지 않고, 이를 영득하여도 절도죄가 성립하지 않는다. 그러나 관 속에 넣어 둔 물건은 재물이라고 할 수 있기 때문에 이를 손괴·은닉한 경우에는 손괴죄, 이를 영득한 때에는 절도죄가 성립할 수 있고 이들 죄와 본죄는 상상적 경합관계에 있다고 할 수 있다.

(2) 실행행위

본죄의 실행행위는 시체등을 손괴·유기·은닉 또는 영득하거나 분묘를 발굴하여 시체등을 손괴·유기·은닉·영득하는 것이다.

1) 손　　괴　　　손괴란 손괴죄에서와는 달리 효용을 상실·감소시키는 것을 의미하지 않는다. 시체, 유골, 유발은 효용이 있다고 할 수 없기 때문이다. 본죄에서의 손괴는 사자에 대한 존중심 또는 숭앙심을 해할 정도로 물리적으로 훼손하는 것을 말한다.

> [대판 1957. 7. 5. 4290형상148] 사체는 … 가령 이장하는 경우라 할지라도 그 자연적 태세를 변경혼란함이 없이 계골함이 아국고래의 관례이므로 계골함이 없이 그 전체 유골에서 일부를 분리함은 손괴를 면치 못한다.

2) 유　　기　　　유기란 시체등을 매장상태에서 관리·수호받지 못하는 상태로 놓는 것을 말한다. 일반적으로는 장소적 이전을 수반하는 경우가 많다.

판례에 의하면, 사람을 살해한 후 그 범죄의 흔적을 은폐하기 위하여 그 사체를 다른 장소로 옮긴 경우 살인죄와 사체유기죄의 경합범이 성립한다(대판 1997. 7. 25. 97도1142). 죄적을 은폐하기 위해 사체를 매몰하거나(대판 1968. 7. 2. 68도679), 자기의 지배할 수 있는 지역 내에서 자살사태가 발생하였는데 이를 소관관서 또는 유가족에게 통보, 연락하지 아니하고 사체를 사리와 상례에 벗어나 지하에 매장한 경우(대판 1961. 1. 18. 60도859)에는 사체유기에 해당한다.

부작위에 의한 유기나 장소적 이전이 없는 유기도 가능하다. 다만 부작위에 의한 유기는 관리·수호할 작위의무가 있는 자만이 범할 수 있다.

3) 은　　닉　　은닉이란 시체의 발견을 불가능 또는 심히 곤란하게 하는 것을 말한다. 시체를 매몰하거나 물속에 가라앉게 하거나 창고나 동굴에 숨기는 것 등을 예로 들 수 있다. 그러나 사람을 인적이 드문 곳으로 '유인하여 살해한 후' 그대로 놔두고 도주한 경우에는 시체은닉죄나 시체유기죄가 성립하지 않는다(대판 1986. 6. 24. 86도891).

4) 영　　득　　영득이란 시체에 대한 사실상의 소유자의 지위를 얻는 행위, 즉 시체등이 보호, 감시받는 상태를 배제하고 자신이 보호, 감시하는 행위를 말한다. 단순히 점유하는 것만으로는 영득이라고 할 수 없다. 왜냐하면 시체를 자신의 집안에 매장한 경우에는 시체를 점유하고는 있지만 이는 은닉에 해당하고 영득에 해당하지 않기 때문이다.

5) 분묘발굴 후 시체등의 손괴·유기·은닉·영득　　분묘를 발굴하여 시체등을 손괴·유기·은닉·영득한 경우에는 형벌이 가중된다. 이는 분묘발굴죄와 시체등유기죄의 결합범이다.

3. 미　　수

본죄의 미수는 처벌한다(제162조). 제1항의 죄의 실행의 착수시기는 손괴·유기·은닉·영득행위를 개시한 때이고 기수시기는 이러한 행위를 종료한 때이다. 사자에 대한 존중심이나 숭앙심이 현실적으로 침해될 것을 요하지 않는다.

제2항의 죄의 실행의 착수시기는 분묘를 발굴하는 시점이고, 기수시기는 손괴·유기·은닉·영득행위를 종료한 때이다. 시체등을 손괴·유기·은닉·영득하기 위해 분묘를 발굴하였으나 시체등을 손괴·유기·은닉·영득하지 못한 경우에는 분묘발굴죄의 기수가 아니라 본죄의 미수가 된다.

4. 죄   수

시체의 일부를 손괴하고 일부를 영득한 경우에는 본죄의 포괄일죄가 된다. 살인 후 시체를 은닉한 때에 통설·판례는 살인죄와 시체은닉죄의 경합범이라고 하지만(대판 1984. 11. 27. 84도2263), 시체은닉죄는 살인죄의 불가벌적 수반행위라고 해야 한다. 사람을 살해한 후 시체를 그대로 방치한 경우에는 살인죄만이 성립하고 시체유기죄는 성립하지 않는다.

Ⅵ. 변사체검시방해죄

> 제163조(변사체 검시 방해) 변사자의 시체 또는 변사(變死)로 의심되는 시체를 은닉하거나 변경하거나 그 밖의 방법으로 검시(檢視)를 방해한 자는 700만원 이하의 벌금에 처한다.

1. 개념 및 보호법익

변사체검시방해죄란 변사자의 시체 또는 변사의 의심있는 시체를 은닉 또는 변경하거나 그 밖의 방법으로 검시를 방해하는 죄이다. 형사소송법은 변사자 또는 변사의 의심있는 시체가 있는 때에는 그 소재지를 관할하는 지방검찰청검사가 검시하거나 사법경찰관에게 검시를 명할 수 있도록 하고 있다(동법 제222조 1항·3항). 본죄는 이러한 공무를 방해하는 국가적 법익에 관한 죄의 성격을 지니고 있다.

본죄의 보호법익은 국가의 형사사법작용이고, 보호의 정도는 추상적 위험범이다.

본죄에 이르지 않는 정도의 사산아 은닉 등의 행위는 경범죄처벌법에 의해 처벌된다(제3조 1항 5호).

2. 구성요건

(1) 행위의 객체

본죄의 객체는 변사자의 시체 또는 변사의 의심있는 시체이다. 변사자란 자연사 이외의 원인으로 사망한 자로서 사인이 불분명한 자를 말한다.

범죄로 인해 사망한 것이 명백한 자도 변사자라고 할 수 있는가에 대해 긍정설과 부정설이 있다. 판례는 "변사자라 함은 부자연한 사망으로서 그 사인이 분명하지 않는 자를 의미하고 그 사인이 명백한 것은 변사자라 할 수 없다(대판 1970. 2. 24. 69도2272)"고 하여 부정설을 따른다. 범죄로 사망한 것이 명백한 자는 검시의 대상이 아니라 검증의 대상이라고 할 수 있기 때문에 부정설이 타당하다.

(2) 실행행위

본죄의 실행행위는 시체를 은닉 또는 변경하거나 그 밖의 방법으로 검시를 방해하는 것이다.

검시를 방해한다는 것은 검시를 불가능하게 하거나 현저히 곤란하게 하는 것을 말한다. 검시란 수사기관이 변사자의 시체를 조사하는 것을 의미하고 수사의 단서라는 점에서 범죄혐의가 인정되는 경우의 검증과 구별된다.

은닉의 개념은 시체은닉죄에서와 같다. 시체를 변경한다는 것은 시체의 원래 상태를 바꾸는 것을 말한다. 시체은닉·변경은 검시를 방해하는 방법의 예시이다. 그 밖의 방법으로 검시를 방해한다는 것은 시체은닉·변경 이외의 방법으로 검시를 방해하는 일체의 행위를 말한다.

검시관을 폭행·협박하거나 위계로써 검시를 방해할 때에는 위계에 의한 공무집행방해죄와 본죄의 상상적 경합범이 된다는 견해가 있으나, 본죄도 공무방해죄의 일종이므로 공무집행방해죄만이 성립한다고 해야 한다.

제 4 편

국가적 법익에 대한 죄

형법 각칙의 제1장부터 제4장까지(내란의 죄, 외환의 죄, 국기에 관한 죄, 국교에 관한 죄), 제7장부터 제11장까지(공무원의 직무에 관한 죄, 공무방해에 관한 죄, 도주와 범인은닉의 죄, 위증과 증거인멸의 죄, 무고의 죄) 등 9개의 장에서 규정되어 있는 범죄는 국가적 법익에 대한 죄이다. 이 범죄들은 사회적 법익에 대한 죄와 함께 공공의 법익을 침해·위태화하는 범죄로서 개인적 법익에 대한 죄와 구별된다.

국가적 법익에 대한 죄 중 제1장부터 제4장까지의 범죄는 국가의 존립과 안전·권위 및 지위를 침해·위태화하는 범죄이고, 제7장부터 제11장까지의 범죄는 국가의 기능을 침해·위태화하는 범죄라고 할 수 있다.

내란의 죄는(제1장) 국가의 대내적 존립과 안전을 침해·위태화하는 죄이고, 외환의 죄(제2장)는 국가의 대외적 존립과 안전을 침해·위태화하는 죄이며, 국기에 관한 죄(제3장)는 국가의 권위를 침해·위태화하는 죄이고, 국교에 관한 죄(제4장)는 국가의 대외적 지위를 침해·위태화하는 죄이다.

공무원의 직무에 관한 죄(제7장)는 공무원이 의무를 위반하거나 직권을 남용하여 국가기능의 공정성을 해하는 죄이고, 공무방해의 죄(제8장)는 공무를 집행하는 공무원에 대하여 죄를 범함으로써 국가기능을 해하는 죄이다. 전자는 공무원이 주체가 되는 데에 비해 후자는 공무원이 객체가 된다는 점에서 구별된다. 도주와 범인은닉의 죄(제9장), 위증과 증거인멸의 죄(제10장), 무고의 죄(제11장)는 국가의 사법작용을 해하는 죄이다.

제1장 국가의 존립과 권위에 대한 죄

제1절 내란의 죄

I. 총 설

1. 의 의

내란의 죄란 국가권력배제 또는 국헌문란의 목적으로 폭동을 일으키거나 사람을 살해하는 죄이다. 내란의 죄는 외국과 협력하지 않고 국가내부에서 국가의 존립과 안전을 침해·위태화한다는 점에서 외환의 죄와 구별된다. 내란죄는 다수인이 참여해서 한 지방의 평온을 해할 정도의 폭동을 해야 성립하는 필요적 공범중 집합범이다.

내란죄는 외환의 죄와 함께 정치범죄로서의 성격을 갖고 있으며 이러한 정치범죄를 규율하는 법규를 정치형법이라고 한다. 정치형법이란 용어는 여러 가지 의미를 포함하고 있다. 실패한 혁명이나 쿠데타는 내란죄가 되지만, 성공한 혁명이나 쿠데타는 내란죄로 처벌되지 않으므로 형법의 적용이 정치적 상황에 따라 달라진다는 의미를 내포하고 있다. 나아가 형법이 정치의 수단으로 악용되기 쉽다는 부정적 의미도 갖고 있다. 역사에 비추어볼 때 상당수의 정치범죄에 대한 처벌이 피고인들의 반사회성·반국가성 때문이 아니라 정쟁에서의 패배 때문이었다는 의미이다.

정치형법은 엄벌주의를 취하고, 그 적용과정에서 법원칙을 무시하는 경향을 띠게 됨으로써 인권침해의 가능성이 크다. 과거 우리나라에서도 정치형법은 주로 반정권투쟁을 하던 사람들에게 적용된 경우가 많았다.

2. 보호법익

내란죄(제87조)의 보호법익은 국가의 존립과 안전이고, 보호의 정도는 추상적 위험범이다. 내란목적 살인죄의 보호법익은 국가의 존립과 안전 및 사람의 생명이고, 사람의 생명에 대해서는 침해범이다.

3. 구성요건체계

내란의 죄에는 내란죄(제87조)와 내란목적살인죄(제88조)가 있다. 두 범죄는 독립된 구성요건이다. 두 범죄의 미수범(제89조)과 예비·음모·선동·선전(제90조)도 처벌한다.

국가의 안전과 질서를 보호하기 위한 특별법 중 대표적인 것으로서 국가보안법이 있다. 동법상의 규정은 내란의 죄 규정에 우선 적용된다. 동법에 대해서는 국내적으로는 악용의 가능성이 있고, 대외적으로는 남북관계의 진전에 방해가 된다는 이유로 개정 내지 폐지해야 한다는 주장이 강하다. 군인들이 병기를 휴대하고 내란행위를 한 경우에는 군형법상의 반란죄(제5조)가 내란죄에 우선하여 적용된다.

Ⅱ. 내 란 죄

> 제87조(내란) 대한민국 영토의 전부 또는 일부에서 국가권력을 배제하거나 국헌을 문란하게 할 목적으로 폭동을 일으킨 자는 다음 각 호의 구분에 따라 처벌한다.
> 1. 우두머리는 사형, 무기징역 또는 무기금고에 처한다.
> 2. 모의에 참여하거나 지휘하거나 그 밖의 중요한 임무에 종사한 자는 사형, 무기 또는 5년 이상의 징역이나 금고에 처한다. 살상, 파괴 또는 약탈 행위를 실행한 자도 같다.
> 3. 부화수행(附和隨行)하거나 단순히 폭동에만 관여한 자는 5년 이하의 징역이나 금고에 처한다.

> 제91조(국헌문란의 정의) 본장에서 국헌을 문란할 목적이라 함은 다음 각호의 1에 해당함을 말한다.

1. 헌법 또는 법률에 정한 절차에 의하지 아니하고 헌법 또는 법률의 기능을 소멸시키는 것.
2. 헌법에 의하여 설치된 국가기관을 강압에 의하여 전복 또는 그 권능행사를 불가능하게 하는 것.

1. 개념 및 보호법익

내란죄란 대한민국 영토의 전부 또는 일부에서 국가권력을 배제하거나 국헌을 문란하게 할 목적으로 폭동하는 죄이다. 내란죄의 보호법익은 국가의 존립과 안전이다. 보호의 정도에 대해서는 구체적 위험범설과 추상적 위험범설이 대립한다. 구체적 위험범이라고 할 명문의 근거가 없으므로, 폭동을 하면 성립하고 국가의 존립과 안전에 구체적 위험까지 초래하지 않아도 되는 추상적 위험범이라고 해야 한다.

내란죄는 국가의 안전과 존립을 위협할 수 있을 정도의 다수인이 참여해야 하는 필요적 공범으로 그 중에서도 공범들의 의사방향이 일치하는 집합범에 속한다.

본죄는 대한민국 영토의 전부 또는 일부에서 국가권력을 배제하거나 국헌을 문란하게 할 목적이 필요한 진정목적범이다.

2. 구성요건

(1) 행위의 주체

상당수의 조직화된 다수인이 있어야 본죄를 범할 수 있다. 형법은 주체를 그 역할에 따라 우두머리·모의참여자·지휘자·중요임무종사자 및 부화수행자·단순가담자로 구분하고 그 처벌을 달리하고 있다(제87조 1호·2호·3호).

① 우두머리란 내란을 조직·지휘·통솔하는 자이다. 반드시 1인일 필요가 없고 폭동의 현장에 있을 필요도 없다.

② 모의참여자란 우두머리를 보좌하여 내란의 계획수립에 참여하는 자를 말한다. 우두머리를 보좌하지 않고 단순히 자신들이 담당할 폭동을 모의한 자는 이에 해당하지 않는다.

③ 지휘자란 폭동가담자의 전부 또는 일부를 지휘하는 자이다. 폭동현장에 있을 필요가 없고 폭동개시 이전 또는 폭동 중에 지휘한 자를 의미하고, 폭동이 종료된 이후의 지휘자는 포함되지 않는다.

④ 중요임무종사자란 우두머리·모의참여자·지휘자 이외에 내란의 중요한 역할을 담당하는 자를 말한다. 폭동에 관하여 중요역할을 담당한 자라고 하는 견해가 있으나, 내란에 관하여 중요역할을 담당한 자라고 해야 한다. 폭동시에 살상, 파괴, 약탈을 한 자뿐만 아니라 내란에 참가할 중요인사의 포섭·설득을 담당하거나 내란의 일시·수행방법·폭동 후의 계획 등 내란의 중요계획을 담당한 자들도 이에 해당한다.

⑤ 부화수행자와 단순가담자란 내란의 중요역할을 맡지 않고 막연히 혹은 우발적으로 폭동에 가담한 자를 말한다. 기계적인 일을 담당한 사람이나 투석, 간단한 손괴행위 등을 한 자를 예로 들 수 있다.

(2) 실행행위

본죄의 실행행위는 폭동이다. 폭동이란 다수인이 결합하여 폭행·협박·손괴·파괴·방화·약탈·살상 등의 유·무형력을 행사하는 것을 말한다.

통설·판례는 "폭동의 내용으로서 폭행·협박은 일체의 유형력의 행사나 외포심을 생기게 하는 해악의 고지를 의미하는 최광의의 폭행·협박을 말하는 것으로서, 이를 준비하거나 보조하는 행위를 전체적으로 파악한 개념이며, 그 정도가 한 지방의 평온을 해할 정도의 위력이 있음을 요한다"고 한다.

폭행은 반드시 사람의 신체나 사람에 대해서 가해질 것을 요하지 않는다는 점에서 최광의의 폭행을 의미하지만, 한 지방의 평온을 해할 정도에 이르러야 한다는 점에서는 최협의의 폭행보다 더 좁은 의미의 폭행이 된다.[1]

[대판 1997. 4. 17. 96도3376 전합] 비상계엄의 전국확대조치가 내란죄의 구성요건인 폭동의 내용으로서의 협박행위가 되므로 이는 내란죄의 폭동에 해당하고, 또한 그 당시 그와 같은 비상계엄의 전국확대는 우리나라 전국의 평온을 해하는 정도에 이르렀음을 인정할 수 있다.

제87조 제2호는 폭동의 내용으로서 살상·파괴·약탈을 예시하고 있다. 살상이란 사람을 살해·상해하는 것을 의미하고, 동물을 살상하는 것은 파괴에 포함될 수 있다. 파괴란 물건의 효용을 상실·감소시키는 것을 말하는 것으로서 손괴보다 더 좁은 개념이다. 동산, 부동산의 파괴를 불문한다. 약탈이란 다수인이 재

---

1) 폭행·협박개념을 최광의, 광의, 협의, 최협의 등으로 나누는 것의 부당함에 대해서는 폭행·협박죄 부분 참조.

물을 강취하는 것을 말한다.

폭동에 수반하여 살인·상해·재물강취·손괴·방화 등의 행위를 한 경우 내란죄만이 성립하고 별도의 살인죄, 상해죄 등이 성립하지 않는다. 그러나 내란의 폭동과 무관하게 행해진 경우에는 별도의 범죄가 성립한다.

> [대판 1997. 4. 17. 96도3376 전합] 내란의 실행과정에서 폭동행위에 수반하여 개별적으로 발생한 살인행위는 내란행위의 한 구성요소를 이루는 것이므로 내란행위에 흡수되어 내란목적 살인의 별죄를 구성하지 아니한다. … 폭동은 국토참절이나 국헌문란의 목적을 수행하기 위한 것이어야 하고 이와 관계없이 행한 폭행·손괴·약탈행위 등은 별도의 범죄가 된다. 따라서 폭동과정에서 강간 등을 한 경우에는 국토참절과 국헌문란의 목적을 수행한 것이라고 할 수 없으므로 별도의 강간죄 등이 성립한다.

(3) 주관적 구성요건

본죄가 성립하기 위해서는 고의가 있어야 할 뿐만 아니라 대한민국 영토의 전부 또는 일부에서 국가권력을 배제하거나 국헌을 문란하게 할 목적이 있어야 한다.

대한민국 영토의 전부 또는 일부에서 국가권력의 배제란 대한민국의 영토고권이 미치는 영역의 전부 또는 일부에 대해 영토고권을 배제하는 것을 말한다. 대한민국의 통일성 배제나 영토분리도 이에 포함된다.

국헌문란이란 ① 헌법 또는 법률에 정한 절차에 의하지 아니하고 헌법 또는 법률의 기능을 소멸시키는 것, ② 헌법에 의하여 설치된 국가기관을 강압에 의하여 전복 또는 그 권능행사를 불가능하게 하는 것을 말한다(제91조).

헌법상의 국민주권주의, 자유민주적 기본질서, 권력분립주의, 사법권의 독립 등과 같은 국가의 기본적 제도를 파괴하거나 법률의 집행을 하지 못하도록 하는 경우는 ①의 예에 속하고, 행정부, 의회, 사법부, 국무회의, 대통령 등 헌법기관을 폐지하거나 권한행사를 하지 못하도록 하는 경우에는 ②의 예에 속한다.

권능행사를 불가능하게 하는 것은 영구적으로 뿐만 아니라 상당기간 못하게 하는 경우도 포함한다(대판 1997. 4. 17. 96도3376 전합). 그러나 기관 자체를 폐지하는 것이 아니라 특정한 개인이 대통령, 국회의장, 대법원장, 국회의원, 국무위원 등의 직을 수행하지 못하도록 하는 것은 국헌문란에 해당하지 않는다.

국헌문란의 목적을 가지고 있었는지 여부는 외부적으로 드러난 행위와 그 행위에 이르게 된 경위 및 그 행위의 결과 등을 종합하여 판단하여야 한다(대판 1997. 4. 17. 96도3376 전합). 국헌문란의 목적은 확정적 인식을 요하지 않고 미필적 인식으로도 족하다(대판 1992. 3. 31. 90도2033 전합).[1]

3. 미   수

본죄의 미수는 처벌한다(제89조).

본죄의 실행의 착수시기는 폭동을 개시한 시점이고 폭동행위가 종료된 시점에 기수가 된다. 유형력의 행사가 있었으나 한 지방의 평온을 해칠 정도에 이르지 못했을 경우에는 본죄의 미수가 된다.

판례는 본죄를 계속범이 아닌 상태범이라고 한다(대판 1997. 4. 17. 96도3376 전합). 이에 의하면 내란죄의 기수시기와 종료시기가 일치하게 되고 공소시효도 이때부터 기산하게 된다.

4. 공   범

(1) 필요적 공범

내란죄는 필요적 공범이므로 내란가담자들이 개개의 폭동행위에 대하여만 모의에 참여하거나 기타 방법으로 기여한 경우에도 폭동행위 전부에 대하여 책임을 진다(대판 1997. 4. 17. 96도3376 전합).

(2) 총칙상 공범규정의 적용여부

본죄에 총칙상의 공범규정의 적용여부 문제는 다음과 같이 해야 한다.

첫째, 내부자들 사이에서는 공동정범이나 교사범, 방조범이 성립할 수 없고, 각자가 수행한 역할에 따라 우두머리 · 모의참여자 · 지휘자 · 중요임무수행자 · 단순가담자 등으로 처벌된다.

둘째, 외부자에게 본죄의 공동정범규정은 적용될 수 없다. 공동정범이면 이미 내부자라고 해야 하기 때문이다. 그러나 외부자의 경우 교사 · 방조범이 될 수는 있다고 해야 한다. 예컨대 자신은 폭동에 가담하지 않고 다른 사람의 폭동행위가담을 교사 · 방조한 경우에는 피교사 · 방조자의 역할에 대한 교사 · 방조범의

---

1) 그러나 목적은 고의보다 더 의욕적 요소가 강한 개념이므로 결과발생에 대한 의욕이 있어
   야 한다고 해야 할 것이다.

죄책을 진다.

(3) 간접정범

판례는 범죄는 '어느 행위로 인하여 처벌되지 아니하는 자'를 이용하여서도 이를 실행할 수 있으므로, 내란죄의 경우에도 '국헌문란의 목적'을 가진 자가 그러한 목적이 없는 자를 이용하여 이를 실행할 수 있다고 한다(대판 1997. 4. 17. 96도3376 전합).

5. 죄　　수

(1) 죄수결정의 기준

국헌문란의 목적을 위하여 행하여진 일련의 폭동행위는 단일한 내란죄의 구성요건을 충족하는 것으로서 단순일죄이다(대판 1997. 4. 17. 96도3376 전합). 한번의 폭동행위를 종료하였으나 내란을 완전히 성공시키지 못하고 내란범과 정부군 사이의 전투가 상당기간 계속될 경우 본죄의 포괄일죄가 될 것이다.

(2) 내란목적살인죄와의 관계

내란의 실행과정에서 폭동행위에 수반하여 개별적으로 발생한 살인행위는 내란행위의 한 구성요소를 이루는 것이므로 내란행위에 흡수되어 내란목적 살인의 별죄를 구성하지 아니하나, 살인이 내란의 와중에 폭동에 수반하여 일어난 것이 아니라 그것 자체가 의도적으로 실행된 경우에는 내란죄에 흡수될 수 없고 내란목적 살인의 별죄를 구성한다(대판 1997. 4. 17. 96도3376 전합).

Ⅲ. 내란목적살인죄

> 제88조(내란목적의 살인)　대한민국 영토의 전부 또는 일부에서 국가권력을 배제하거나 국헌을 문란하게 할 목적으로 사람을 살해한 자는 사형, 무기징역 또는 무기금고에 처한다.

1. 개념 및 보호법익

내란목적 살인죄란 대한민국 영토의 전부 또는 일부에서 국가권력을 배제하거나 국헌을 문란할 목적으로 사람을 살해하는 죄이다. 본죄는 부진정목적범으로서 살인죄에 비해 행위불법이 가중되는 구성요건이다.

본죄의 보호법익은 국가의 존립 및 안전과 사람의 생명이고, 보호의 정도는 국가의 존립 및 안전에 대해서는 추상적 위험범, 사람의 생명에 대해서는 침해범이다.

본죄의 성격에 대해서는 ① 내란죄의 폭동에 부수하여 사람을 살해한 때에는 제87조 제2호에 해당하지만, 이를 특별히 가중처벌하기 위한 특별규정이라는 견해, ② 내란죄에 수반된 살인죄의 객체는 모든 사람이지만, 본죄의 객체는 요인에 국한된다는 견해, ③ 내란죄의 폭동에 수반되어 사람을 살해한 때에는 내란죄만 성립하고, 내란죄의 폭동에 수반되지 않고 별도로 국헌문란 등의 목적으로 사람을 살해한 때에는 본죄가 성립한다는 견해 등이 대립한다.

①의 견해에 대해서는 본죄가 내란죄의 특별규정이라면 제87조 제2호에 살상을 규정할 필요가 없고, ②의 견해에 대해서는 요인에 한정된다고 해석해야 할 근거가 없고, 요인의 개념이 모호하다는 비판이 가능하다. 따라서 ③의 견해가 타당하다. 판례도 같은 입장이다(대판 1997. 4. 17. 96도3376 전합).

2. 구성요건

본죄의 객체는 사람이다. 사람의 개념은 살인죄에서와 같다.[1]

본죄의 실행행위는 살해이다. 살해의 개념도 살인죄에서와 같다. 다만 살해행위는 폭동에 수반된 것이 아니어야 함은 앞에서 본 것과 같다.

본죄가 성립하기 위해서는 사람을 살해한다는 점에 대한 고의 이외에 대한민국 영토의 전부 또는 일부에서 국가권력을 배제하거나 국헌을 문란하게 할 목적이 있어야 한다.

3. 미수 및 죄수

본죄의 미수는 처벌한다(제89조). 본죄의 실행의 착수시기와 기수시기는 살인죄에서와 같다. 대한민국 영토의 전부 또는 일부에서 국가권력을 배제하거나 국헌을 문란하게 할 목적을 달성하였는가의 여부는 본죄의 기수와 상관없다.

내란을 위한 폭동의 준비단계에서 일반인을 살해한 때에는 내란예비죄와 본죄의 상상적 경합설과 내란예비죄와 보통살인죄의 상상적 경합설 등이 있으나,

---

[1] 삼부요인과 정당지도자 및 주요당직자 등 요인에 한정된다는 견해가 있으나, 이렇게 축소해석할 근거가 없다.

내란예비죄와 본죄는 법조경합으로서 본죄만이 성립한다고 해야 할 것이다.

폭동 전에 사람을 살해하고 폭동에 가담한 때에는 본죄와 내란죄의 실체적 경합이 된다.

Ⅳ. 내란예비·음모·선동·선전죄

제90조(예비·음모·선동·선전) ① 제87조 또는 제88조의 죄를 범할 목적으로 예비 또는 음모한 자는 3년 이상의 유기징역이나 유기금고에 처한다. 단, 그 목적한 죄의 실행에 이르기 전에 자수한 때에는 그 형을 감경 또는 면제한다.
② 제87조 또는 제88조의 죄를 범할 것을 선동 또는 선전한 자도 전항의 형과 같다.

본죄는 내란죄 또는 내란목적 살인죄를 범할 목적으로 예비·음모하거나 내란죄 또는 내란목적 살인죄를 범할 것을 선동 또는 선전하는 죄이다.

내란예비죄란 내란죄의 실행의 착수 전에 내란죄를 범할 목적으로 준비하는 일체의 행위이다. 폭동에 사용될 도구를 준비하는 행위 등이 그 예이다.

[대판 2015. 1. 22. 2014도10978 전합] 내란음모가 성립하였다고 하기 위해서는 개별 범죄행위에 관한 세부적인 합의가 있을 필요는 없으나, 공격의 대상과 목표가 설정되어 있고, 그 밖의 실행계획에 있어서 주요 사항의 윤곽을 공통적으로 인식할 정도의 합의가 있어야 한다. 나아가 합의는 실행행위로 나아간다는 확정적인 의미를 가진 것이어야 하고, 단순히 내란에 관한 생각이나 이론을 논의한 것으로는 부족하다. 또한, … 내란음모죄에 해당하는 합의가 있다고 하기 위해서는 단순히 내란에 관한 범죄결심을 외부에 표시·전달하는 것만으로는 부족하고 객관적으로 내란범죄의 실행을 위한 합의라는 것이 명백히 인정되고, 그러한 합의에 실질적인 위험성이 인정되어야 한다. 그리고 내란음모가 실질적 위험성이 있는지 여부는 합의 내용으로 된 폭력행위의 유형, 내용의 구체성, 계획된 실행시기와의 근접성, 합의 당사자의 수와 합의 당사자들 사이의 관계, 합의의 강도, 합의 당시의 사회정세, 합의를 사전에 준비하였는지 여부, 합의의 후속 조치가 있었는지 여부 등을 종합적으로 고려하여 판단하여야 한다.

내란을 예비·음모한 자가 그 실행의 착수 전에 자수한 때에는 형을 감경 또는 면제한다(제90조 1항 단서). 실행의 착수 전에 자수해야 하고 실행의 착수 이후 자수한 때에는 제52조가 적용되어 형을 감경 또는 면제할 수 있을 뿐이다.

　　내란선동죄란 불특정 또는 다수인으로 하여금 내란행위를 실행하도록 교사하거나 내란죄를 범할 의사를 가진 불특정 또는 다수인의 내란행위를 방조하는 죄이다.

[대판 2015. 1. 22. 2014도10978 전합] 내란선동이란 내란이 실행되는 것을 목표로 하여 피선동자들에게 내란행위를 결의, 실행하도록 충동하고 격려하는 일체의 행위를 말한다. … 내란을 실행시킬 목표를 가지고 있다 하여도 단순히 특정한 정치적 사상이나 추상적인 원리를 옹호하거나 교시하는 것만으로는 내란선동이 될 수 없고, 그 내용이 내란에 이를 수 있을 정도의 폭력적인 행위를 선동하는 것이어야 하고, … 내란선동에 있어 시기와 장소, 대상과 방식, 역할분담 등 내란 실행행위의 주요 내용이 선동 단계에서 구체적으로 제시되어야 하는 것은 아니다. 또 선동에 따라 피선동자가 내란의 실행행위로 나아갈 개연성이 있다고 인정되어야만 내란선동의 위험성이 있는 것으로 볼 수도 없다. … 선동으로 말미암아 피선동자들에게 반드시 범죄의 결의가 발생할 것을 요건으로 하지 않는다. … 내란을 목표로 선동하는 행위는 그 자체로 내란예비·음모에 준하는 불법성이 있다고 보아 내란예비·음모와 동일한 법정형으로 처벌되는 것이다.

　　내란선전죄란 불특정 또는 다수인에게 내란사실과 취지를 알리는 죄이다.

제 2 절 외환의 죄

I. 총   설

1. 의의 및 보호법익

　　외환의 죄란 외국·적국과 협조하거나 외국·적국의 이익을 위한 행위를 함으로써 대한민국의 존립과 안전을 침해·위태화하는 죄이다. 외국·적국과 관련된 행위를 요한다는 점에서 내란의 죄와 구별되지만 내란죄와 함께 정치범죄로서의 성격을 띠고 있다.

　　외환의 죄의 보호법익은 국가의 외적 존립과 안전이다. 보호의 정도에 대해 구체적 위험범설이 있으나, 실정법적 근거가 없으므로 추상적 위험범설이 타당하다.

외환의 죄에 대한 규정은 동맹국에 대한 행위에 적용하므로(제104조), 외국인이 외국에서 동맹국에 대하여 행한 행위에도 적용한다. 그러나 이것은 세계주의가 아니라 동맹국에 대한 행위를 대한민국에 대한 행위로 간주하는 것으로 보호주의를 규정한 것이다.

본죄가 국민의 국가에 대한 충성의무를 본질로 한다는 견해가 있으나 헌법은 국민의 국가에 대한 충성의무가 아니라 국가의 국민에 대한 충성의무를 규정하고 있으므로(제10조), 부정설이 타당하다.

2. 구성요건체계

외환의 죄 중 외환유치죄(제92조), 여적죄(제93조), 이적죄(제94조-제99조), 전시군수계약불이행죄(제103조)는 각각 독립된 범죄유형이다.

통설은 간첩죄도 독립된 범죄유형이라고 하지만, 적국에 정보를 제공하는 범죄라는 점, 물건제공이적죄와 일반이적죄 사이에 규정된 점을 고려할 때 이적죄에 속한다고 할 수 있다. 이적죄의 기본적 구성요건은 일반이적죄(제99조)이고, 모병이적죄(제94조), 시설파괴이적죄(제96조), 물건제공이적죄(제97조), 간첩죄(제98조)는 불법이 가중된 범죄유형이다.

전시군수계약불이행죄(제103조) 이외의 모든 외환의 죄의 미수범(제100조)과 예비·음모·선동·선전죄(제101조)는 처벌한다. 동맹국에 대한 외환의 죄에 대해서는 외국인이 외국에서 행한 죄라도 우리 형법을 적용한다(제104조).

3. 입 법 론

우리 형법은 전체주의, 국수주의 색채가 짙었던 일본개정형법가안의 영향을 받았는데, 그것이 가장 두드러진 것이 외환의 죄이다. 외환의 죄의 문제점과 해결책으로 다음의 것을 들 수 있다.

첫째, 전시군수계약불이행죄(제103조)는 단순한 채무불이행을 처벌하는 것으로서 시대착오적이므로 삭제해야 한다.

둘째, 일반이적죄(제99조)의 구성요건은 너무나 광범위하여 명확성원칙에 반하므로 이 규정도 삭제하는 것이 바람직하다.

셋째, 대부분 범죄의 법정형이 사형 또는 무기징역으로 되어 있고, 특히 여적죄는 사형만을 규정하고 있어 형벌이 너무 무거우므로, 징역형 등을 선택형으로 규정하여 형벌을 대폭 완화해야 한다.

Ⅱ. 외환유치죄

> 제92조(외환유치) 외국과 통모하여 대한민국에 대하여 전단을 열게 하거나 외국인과 통모하여 대한민국에 항적한 자는 사형 또는 무기징역에 처한다.

1. 보호법익

본죄의 보호법익은 국가의 존립과 안전이고, 보호의 정도는 추상적 위험범이다.

2. 구성요건

본죄의 실행행위는 외국과 통모하여 대한민국에 대하여 전단을 열게 하는 것 또는 외국인과 통모하여 대한민국에 항적하는 것이다.

(1) 외국과 통모하여 대한민국에 전단을 열게 하는 것

1) 외국과의 통모   외국이란 대한민국 이외의 국가를 말한다. 여적죄와의 관계상 적국 이외의 외국을 의미한다는 견해가 있다. 그러나 적국과 통모하는 것과 적국과 합세하는 것은 구별되므로 외국에는 적국도 포함된다고 해야 한다.

국제법상 승인되지 않은 국가도 포함되고, 북한은 국가보안법상으로는 반국가단체이지만, 본죄와 관련해서는 외국이라고 할 수 있다. 외국이란 국가를 대표하는 정부기관을 의미하고 단순히 외국인과 통모하여서는 본죄가 성립하지 않는다. 외국인은 본죄의 주체가 될 수 없다는 견해가 있으나 본죄의 주체에 외국인을 제외할 이유가 없다.

통모란 외국의 정부기관과 대한민국에 전단을 열게 하기 위한 의사연락·모의를 말한다.

2) 전단을 열게 하는 것   통설은 '전단을 연다'는 것은 전투행위를 개시하는 일체의 행위를 말한다고 한다. 그러나 전단이란 전쟁의 단서를 의미하므로

외국이 대한민국에 대하여 선전포고를 하는 것도 전단을 여는 것이라고 할 수 있다. 전쟁은 국제법상·사실상의 전쟁을 불문하므로, 선전포고 없는 외국군대의 폭격, 포격, 영토침입도 포함된다.

전단을 열게 하는 것은 전단을 열 의사가 없는 외국으로 하여금 전단을 열 의사를 생기게 하는 경우뿐만 아니라 외국의 전단을 열 의사를 강화하여 전단을 열게 하는 것도 포함한다.

3) 인과관계   외국과의 통모와 전단을 여는 것 사이에는 인과관계가 있어야 한다. 인과관계가 없는 경우에는 본죄의 미수가 된다.

(2) 외국인과 통모하여 대한민국에 항적하는 것

외국인이란 내국인 이외의 사람을 말한다. 대한민국과 외국의 이중국적을 가진 자라도 무방하다. 외국인 중에서도 정부의 대표기관인 경우에는 외국과 통모한 것이 되므로 외국인이란 정부의 대표기관이 아닌 사람이나 단체를 의미한다.

대한민국에 항적한다는 것은 외국 또는 외국인의 군사업무에 종사하여 대한민국에 적대행위를 하는 것을 말한다. 군사업무이면 족하고 전투업무, 비전투업무는 불문한다. 외국인과의 통모와 대한민국에 항적하는 것 사이에 인과관계가 있어야 한다.

3. 미   수

본죄의 미수는 처벌한다(제100조). 본죄의 실행의 착수시기는 외국 또는 외국인과 통모를 개시한 시점이고, 기수시기는 전단을 열거나 항적행위를 종료한 시점이다.

Ⅲ. 여 적 죄

제93조(여적) 적국과 합세하여 대한민국에 항적한 자는 사형에 처한다.

1. 보호법익 및 구성요건

여적죄란 적국과 합세하여 대한민국에 항적하는 죄이다. 외국이 아닌 적국, 통모가 아닌 합세를 요건으로 한다는 점에서 외환유치죄와 구별된다. 본죄의 보호법익은 국가의 존립과 안전이고, 보호의 정도는 추상적 위험범이다.

본죄의 실행행위는 적국과 합세하여 대한민국에 항적하는 것이다.

적국이란 대한민국과 전쟁상태에 있는 국가로서, 국제법상·사실상의 전쟁을 불문한다. 휴전상태라고 하더라도 본죄가 성립할 수 있다. 대한민국에 적대하는 외국 또는 외국인의 단체는 적국으로 간주한다(제102조). 북한은 국가보안법상으로는 반국가단체이지만, 본죄와 관련해서는 적국이라고 해야 한다. 다만 휴전이 아나라 종전(終戰) 상태가 된 경우에는 적국이 아니라고 할 수도 있다.

적국과 합세한다는 것은 적국과 힘을 합치는 것을 의미하므로 자신이 적국에 가담·협력하거나 적국이 자신에게 가담·협력하는 경우를 모두 포함한다. 어떤 종류의 직무에 가담·협력하는가는 문제되지 않는다. 전투업무 뿐만 아니라 비전투업무에 가담·협력하는 경우도 포함된다.

대한민국에 항적한다는 것은 대한민국에 적대행위를 하는 것을 말한다.

2. 미수 및 형벌

본죄의 미수는 처벌한다(제100조). 본죄의 실행의 착수시기는 적국과 합세하는 행위를 개시하는 시점이고, 기수시기는 항적행위를 종료한 시점이다.

본죄에는 형법전에서 유일하게 사형만이 법정형으로 규정되어 있다. 본죄에 대해서도 정상참작감경이 가능하므로 반드시 사형을 선고해야 하는 것은 아니지만, 입법적으로는 징역형을 선택형으로 규정해야 하고, 사형은 삭제해야 한다.

Ⅳ. 모병이적죄

> 제94조(모병이적)　① 적국을 위하여 모병한 자는 사형 또는 무기징역에 처한다.
> ② 전조의 모병에 응한 자는 무기 또는 5년 이상의 징역에 처한다.

모병이적죄는 적국을 위하여 모병하거나 모병에 응하는 죄이다. 모병이란 전투에 종사할 사람의 모집을 말하고, 모병에 응한다는 것은 자발적으로 지원하는 것을 말한다. 강제적으로 징병되었을 때에는 기대가능성이 문제될 수 있다. '적국을 위한다'는 것은 적국에 이롭게 하는 것을 의미한다.

본죄가 성립하기 위해서는 고의 이외에 적국을 위한다는 이적의사를 필요로 한다. 이적의사는 초과주관적 구성요건요소라고 할 수 있다. 대한민국을 위할 의사로써 모병하거나 모병에 응한 경우에는 본죄의 구성요건해당성이 없다.

본죄의 미수는 처벌한다(제100조). 본죄의 실행의 착수시기는 모병행위를 시작할 때이고, 기수시기는 모병행위를 종료한 때이다.

V. 시설제공이적죄

제95조(시설제공이적) ① 군대, 요새, 진영 또는 군용에 공하는 선박이나 항공기 기타 장소, 설비 또는 건조물을 적국에 제공한 자는 사형 또는 무기징역에 처한다.
② 병기 또는 탄약 기타 군용에 공하는 물건을 적국에 제공한 자도 전항의 형과 같다.

본죄는 군사용시설 또는 군용물을 객체로 한다는 점에서 물건제공이적죄와 구별된다.

제1항의 객체 중 군대란 다수의 군인으로 이루어진 군사조직을 말한다. 요새란 전투나 공격·방어를 위하여 만들어진 자연적·인공적 시설을, 진영이란 군인들이 머물고 생활할 수 있는 자연적·인공적 시설물을, 군용에 공하는 설비·건조물 또는 물건이란 군사목적에 사용되는 설비·건조물 또는 물건을 말한다. 군사목적이나 전투용으로 제조된 물건일 필요가 없고, 사실상 군사목적에 사용되는 물건이면 된다.

제2항의 객체 중 병기란 군사목적에 사용되는 기구를 말하고 무기에 국한되지 않는다. 탄약이란 전투나 시설물 파괴 등에 사용하는 폭발물을 말한다. 기타 군용에 공하는 물건이란 군인이나 군대가 사용하는 물건을 말한다.

제1항과 제2항의 행위태양은 적국에 제공하는 것이다. 적국은 여적죄에서 본 것과 같다. 제공이란 사용할 수 있는 상태에 두는 것을 말한다. 점유의 이전을 요하지 않고 실제 적국이 사용하였는지는 문제되지 않는다.

본죄는 이적의사를 요하지 않는다. 적국에 제공한다는 고의에 이적의사가 포함되어 있기 때문이다.

본죄의 미수는 처벌한다(제100조).

Ⅵ. 시설파괴이적죄

> 제96조(시설파괴이적)　적국을 위하여 전조에 기재한 군용시설 기타 물건을 파괴
> 하거나 사용할 수 없게 한 자는 사형 또는 무기징역에 처한다.

　　본죄는 적국을 위하여 시설제공이적죄에 기재한 군용시설 기타 물건을 파괴
하거나 사용할 수 없게 하는 죄이다.

　　파괴란 효용을 상실하게 하거나 현저히 감소시키는 행위를 말한다. 손괴의
고의만이 있는 경우에는 본죄가 아니라 일반이적죄에 해당될 수 있을 뿐이다. 그
러나 파괴의 고의로 손괴의 결과만을 발생시킨 경우에는 본죄의 미수가 된다. 본
죄가 성립하기 위해서는 고의 이외에 이적의사가 필요하다.

　　본죄의 미수는 처벌한다(제100조). 본죄의 실행의 착수시기는 파괴행위를 개시
한 때이고, 기수시기는 군용시설 기타 물건의 효용이 상실되거나 현저히 감소된
때이다.

Ⅶ. 물건제공이적죄

> 제97조(물건제공이적)　군용에 공하지 아니하는 병기, 탄약 또는 전투용에 공할
> 수 있는 물건을 적국에 제공한 자는 무기 또는 5년 이상의 징역에 처한다.

　　물건제공이적죄란 군용에 공하지 아니하는 병기, 탄약 또는 전투용에 공할
수 있는 물건을 적국에 제공하는 죄이다. 병기, 탄약 등은 군용에 공하지 아니하
는 것도 언제든 전투용에 공할 수 있다. 따라서 군용에 공하지 아니하는 병기, 탄
약은 전투용에 공할 수 있는 물건의 예시라고 할 수 있다.

　　군용에 공하지 않는 병기, 탄약 등을 객체로 한다는 점에서 시설제공이적죄
와 구별된다. 물건의 객관적 성질상 전투용에 공할 수 있으면 되고 처음부터 전
투용으로 만들어진 물건임을 요하지 않는다.

　　본죄는 이적의사를 요하지 않는다.

　　본죄의 미수는 처벌한다(제100조). 본죄의 실행의 착수시기는 제공행위를 개시
한 때이고, 기수시기는 제공행위를 종료한 때이다.

Ⅷ. 간 첩 죄

> 제98조(간첩)　① 적국을 위하여 간첩하거나 적국의 간첩을 방조한 자는 사형,
> 무기 또는 7년 이상의 징역에 처한다.
> ② 군사상의 기밀을 적국에 누설한 자도 전항의 형과 같다.

1. 개념 및 보호법익

본죄는 적국을 위하여 간첩하거나 적국의 간첩을 방조하거나 군사상의 기밀
을 적국에 누설하는 죄이다. 본죄의 보호법익은 국가의 존립과 안전이고, 보호의
정도는 추상적 위험범이다.

2. 구성요건

본죄의 구성요건은 ① 적국을 위하여 간첩하는 행위, ② 적국의 간첩을 방조
하는 행위, ③ 군사상의 기밀을 적국에 누설하는 행위 등 세 가지이다.

(1) 적국을 위한 간첩

적국을 위하여 간첩한다는 것은 적국을 위하여 국가기밀을 탐지·수집하는
것을 말한다.

1) 행위의 객체　　　본죄의 객체는 국가기밀이다.

가. 국가기밀의 개념 및 범위

[대판 2013. 7. 26. 2013도2511; 대판 1997. 9. 16. 97도985 전합] 국가기밀이란 정
치, 경제, 사회, 문화 등 각 방면에 관하여 적국에 대하여 비밀로 하거나 확인되
지 아니함이 대한민국의 이익이 되는 모든 사실, 물건 또는 지식으로서, 그것들이
국내에서의 적법한 절차 등을 거쳐 이미 일반인에게 널리 알려진 공지의 사실,
물건 또는 지식에 속하지 않아야 하고, 또 그 내용이 누설되는 경우 국가의 안전
에 위험을 초래할 우려가 있어 기밀로 보호할 실질가치를 갖춘 것이다.

이를 실질적 국가기밀개념이라고 한다.

국가기밀은 군사상의 기밀에 한정되지 않고 국내, 국외에 어디에 존재해도
상관없으므로 해외교포사회에 대한 정보도 기밀이 될 수 있다(대판 1988. 11. 8. 88도
1630). 그 기밀이 사소한 것이라 하더라도 누설되는 경우 적국에는 이익이 되고

대한민국에는 불이익을 초래할 위험성이 명백하다면 이에 해당한다. 국가기밀은 객관적으로 판단해야 하고 국가기관이 기밀로 할 의사가 있었는지는 문제되지 않는다.

나. 공지의 사실과 국가기밀   공지의 사실도 국가기밀이 될 수 있는가에 대해 판례는 긍정설을 따르다가 입장을 변경하여 부정설을 따른다(대판 1997. 7. 16. 97도985 전합).

공지의 사실인지 여부는 여러 사정에 비추어 보아 적국 또는 그 지령을 받은 자가 더 이상 탐지·수집이나 확인·확증의 필요가 없는 것이라고 판단했을지를 기준으로 판단한다(대판 1997. 11. 20. 97도2021). 개별적으로는 공지의 사실이지만, 이를 종합하면 전체로서 새로운 중요한 사실을 알 수 있게 되는 경우에는 국가기밀이 될 수 있다는 '모자이크(Mosaik)이론'이 있지만 이는 행위자에게 예측하지 못한 불이익을 초래할 위험성이 있으므로 부정해야 한다.

> 판례에 의하면, 국내 언론기관, 재야운동단체 사무실 등지를 출입하면서 입수한 자료들을 종합한 국내 총선관련 정당 및 재야단체들의 입장, 14대 국회의원선거결과, 3당합당, 대통령후보들의 성향, 김영삼 대통령에 대한 평가 등에 관한 내용(대판 1997. 11. 20. 97도2021 전합), 재야운동단체들의 활동, 범민련 남측본부 인사들의 구속 및 재판과정 등에 관한 내용(대판 1997. 7. 16. 97도985 전합) 등은 공지의 사실이다.[1]

다. 위법한 국가기밀의 문제   위법한 국가기밀도 국가기밀에 속하는가에 대해 긍정설은 본죄의 보호법익이 국가기밀이 아니라 국가의 존립과 안전이라는 점을, 부정설은 침략전쟁을 준비하거나 자유민주적 기본질서에 반하는 국가기밀은 보호의 가치가 없다는 점을 근거로 든다. 이 문제는 국가의 존립과 안전의 필요성과 위법의 정도를 비교형량하여 결정해야 할 것이다.

2) 실행행위   본죄의 실행행위는 적국을 위하여 국가기밀을 탐지·수집하는 것이다.

가. 적국을 위하여   적국의 개념은 여적죄등에서 본 것과 같다.

판례는 "북한괴뢰집단은 우리 헌법상 반국가적인 불법단체로서 국가로 볼 수 없으나 간첩죄의 적용에 있어서는 국가에 준하여 취급하여야 한다"(대판 1983. 3. 22.

---

1) 공지의 사실임을 부정한 판례로, 대판 1997. 7. 25. 97도1295; 대판 1997. 11. 20. 97도2021 전합; 대판 1997. 9. 9. 97도1656 등.

82도3036)고 하지만, 남북한이 동시에 UN에 가입한 현실에서 북한도 국가라고 해야 한다.

적국을 '위하여'란 적국의 '이익을 위하여'라는 의미이다. 통설·판례는 적국을 위한 간첩행위가 되기 위해서는 적국의 지령, 사주 기타 의사연락이 있어야 하고 편면적 간첩은 인정되지 않는다고 한다(대판 1975. 9. 23. 75도1773).

나. 국가기밀의 탐지·수집   간첩행위는 국가기밀의 탐지·수집을 의미한다는 견해와 누설도 포함된다고 하는 견해가 대립된다. 판례는 전자를 따른다(대판 2011. 1. 20. 2008재도11 전합). 탐지란 알아내는 것, 수집이란 국가기밀을 모으는 것, 누설이란 적국에 국가기밀을 알리는 것을 말한다. 제98조가 간첩행위와 군사기밀누설을 별도로 규정하고 있는 취지로 보아 전자가 타당하다.

3) 주관적 구성요건   본죄가 성립하기 위해서는 간첩행위를 한다는 점에 대한 고의와 적국을 위한다는 이적의사가 필요하다.

(2) 적국의 간첩의 방조

'적국의 간첩을 방조'한다는 것은 적국의 간첩이라는 것을 알면서 국가기밀의 탐지·수집을 용이하게 하는 것을 말한다(대판 1994. 3. 11. 93도3145). 방조의 방법에는 제한이 없다. 유형적·무형적 방법, 작위·부작위에 의해서도 가능하다. 편면적 방조도 인정된다. 본죄는 방조행위를 독립된 범죄로 규정한 것이므로 본죄에는 총칙상의 공범규정이 적용되지 않고 종범감경 또한 할 수 없다(대판 1986. 9. 23. 86도1429; 대판 1947. 12. 30. 4292형상131).

본죄가 성립하기 위해서는 탐지·수집을 용이하게 해줘야 하고, 단순히 숙식을 제공하거나 무전기 매몰행위를 도와주거나 망을 보아준 것(대판 1986. 2. 25. 85도2533; 대판 1983. 4. 26. 83도416; 대판 1965. 8. 17. 65도383), 단순한 심부름을 한 것(대판 1966. 7. 12. 66도470), 국가기밀을 탐지·수집할 의사가 없는 간첩을 숨겨준 것(대판 1979. 10. 10. 75도1003), 조총련간첩에 소개하여 일본국에 밀항하게 하거나 공동묘지를 촬영한 필름을 조총련간첩에게 준 것(대판 1970. 6. 30. 70도896)만으로는 본죄가 성립하지 않는다.

그러나 대한민국에 입국한 간첩과 접선방법을 합의한 행위(대판 1971. 2. 25. 70도2417), 북괴의 대남공작원을 합법적인 신분으로 가장케 하기 위한 행위(대판 1970. 10. 30. 70도1870), 북괴가 남파한 대남공작원을 상륙시킨 행위(대판 1961. 1. 27. 4293형상807)는 간첩 방조가 된다.

(3) 군사상 기밀 누설

1) 행위의 주체　　　통설·판례(대판 1971. 6. 30. 71도774)는 본죄를 진정신분범으로 해석하여 본죄의 주체는 직무상 군사기밀을 지득한 자에 한정되고, 일반인이 군사기밀을 누설한 때에는 본죄가 성립하지 않고 일반이적죄가 성립한다고 한다.[1]

2) 행위의 객체　　　본죄의 객체는 군사상 기밀이다. 군사상 기밀이란 국가기밀 중 군사에 관련된 것을 말한다.

과거의 판례는 군사기밀을 매우 넓게 해석하였다.[2] 그러나 현행 군사기밀보호법 제2조는 "이 법에서 '군사기밀'이란 일반인에게 알려지지 아니한 것으로서 그 내용이 누설되는 경우 국가안전보장에 명백한 위험을 초래할 우려가 있는 군관련문서, 도서, 전자기록 등 특수매체기록 또는 물건으로서 군사기밀이라는 뜻이 표시 또는 고지되거나 보호에 필요한 조치가 행하여진 것과 그 내용을 말한다"고 규정하여 군사기밀의 범위를 대폭 축소하였다.

판례는 "군사기밀의 지정이 적법절차에 의해 해제되었거나 국방부장관에 의해 공개되지 않는 한 비록 군내부에서 그 사항이 평문으로 문서수발이 되었다거나 군사기밀사항이 장비제작사의 장비설명 팜플렛, 상업견적서요구공문에 기재되어 배포되었다고 하더라도 군사기밀로서의 성질을 그대로 가지고 있다"고 한다(대판 2000. 1. 28. 99도4022).

3) 실행행위　　　본죄의 실행행위는 적국에 누설하는 것이다. 적국에 누설한다는 것은 적국의 국가기관이나 간첩 등에게 군사기밀을 알리는 것을 말한다. 누설의 방법에는 제한이 없다. 구두·서면·암호·기호 등으로 해도 상관없고, 유선·무선·컴퓨터통신 등 그 수단에도 제한이 없다. 작위·부작위를 불문한다.

3. 미　　수

본죄의 미수는 처벌한다(제100조).

첫째, 간첩죄의 실행의 착수시기에 대해 판례는 기밀탐지가 가능한 국내에

---

1) 그러나 이와 같이 본죄를 진정신분범으로 해석하는 것은 해석의 한계를 일탈한 것이다. 본죄는 비신분범으로서 일반인이 우연히 지득한 군사기밀을 적국이나 간첩에 누설하는 경우도 본죄에 해당한다고 해야 한다. 다만, 입법론적으로는 통설, 판례와 같이 개정해야 한다.
2) 대판 1986. 9. 23. 86도1429.

침투, 상륙함으로써 간첩죄의 실행의 착수가 있다고 한다(대판 1984. 9. 11. 84도1381).[1] 따라서 국내에 침입한 후 활동무대를 구축하기에 급급하였을 경우에는 간첩미수죄가 성립한다(대판 1960. 9. 30. 4293형상508). 기밀을 탐지·수집 중 경찰관이 피고인의 행적을 탐문하고 갔다는 말을 전해 듣고 지령사항 수행을 보류하고 있던 중 체포된 경우 중지범으로 볼 수 없다(대판 1984. 9. 11. 84도1381).

간첩죄는 기밀에 속한 사항 등을 탐지·수집한 때에 기수가 된다(대판 1982. 2. 23. 81도3063).

둘째, 간첩방조죄의 실행의 착수시기는 방조행위를 개시한 때이고, 기수시기는 방조행위를 종료한 때이다. 남파된 간첩을 북한으로 호송할 목적으로 제반준비를 갖추고 남한에 도착하자마자 체포되었을 경우 간첩방조미수죄가 성립한다(대판 1959. 4. 30. 4292형상109).

셋째, 군사기밀누설죄의 실행의 착수시기는 적국 또는 간첩에게 군사기밀을 누설하는 행위를 개시한 때이고, 기수시기는 상대방이 군사기밀을 지득한 때이다. 지득하면 족하고 그 내용을 이해할 필요까지는 없다. 서면으로 알린 경우 발송한 때가 아니라 도달시에 기수가 된다.

4. 죄　　수

간첩죄는 적국을 위하여 위와 같은 기밀을 탐지·수집함으로써 기수가 되고 그 후에 이 탐지·수집한 기밀을 적국에 제보하여 누설하였다고 하더라도 별개의 죄가 성립되지 않고 포괄일죄가 된다(대판 2011. 1. 20. 2008재도11 전합).

IX. 일반이적죄

제99조(일반이적)　전7조에 기재한 이외에 대한민국의 군사상 이익을 해하거나 적국에 군사상 이익을 공여하는 자는 무기 또는 3년 이상의 징역에 처한다.

일반이적죄란 외환유치, 여적, 모병이적, 시설제공이적, 시설파괴이적, 물건제공이적, 간첩 이외의 방법으로 대한민국의 군사상 이익을 해하거나 적국에 군

---

1) 그러나 이는 지나친 해석으로서 국가기밀을 탐지·수집하는 행위를 개시하였을 때에 실행의 착수가 있다고 해야 한다.

사상 이익을 공여하는 죄이다. 이들 범죄가 성립하지 않을 때 성립할 수 있는 죄로서 서로 보충관계에 있다.

본죄의 보호법익 역시 국가의 존립과 안전이고, 보호의 정도는 추상적 위험범이다.

판례는 직무와 관계없이 지득한 군사기밀을 적국에 누설한 때에는 본죄가 성립한다고 한다(대판 1982. 11. 23. 82도2201).

본죄의 미수는 처벌한다(제100조).

본죄의 구성요건상의 행위는 명확성원칙에 반한다고 할 수 있다. 입법론적으로는 좀더 구체적인 행위유형을 명시하든지 아니면 본죄를 폐지해야 한다.

X. 외환예비·음모·선동·선전죄

> 제101조(예비·음모·선동·선전) ① 제92조 내지 제99조의 죄를 범할 목적으로 예비 또는 음모한 자는 2년 이상의 유기징역에 처한다. 단, 그 목적한 죄의 실행에 이르기 전에 자수한 때에는 그 형을 감경 또는 면제한다.
> ② 제92조 내지 제99조의 죄를 선동 또는 선전한 자도 전항의 형과 같다.

본죄는 외환유치죄, 여적죄, 모병이적죄, 시설제공이적죄, 시설파괴이적죄, 물건제공이적죄, 간첩죄, 일반이적죄를 범할 목적으로 예비·음모하거나 이들 범죄를 선동 또는 선전하는 죄이다. 예비·음모·선동·선전의 개념은 내란예비·음모·선동·선전죄(제90조)에서와 같다.

판례에 의하면, 적국과 아무런 의사연락없이 편면적으로 적국을 위하여 군사기밀을 수집한 행위는 군사기밀누설예비죄에 해당하지만(대판 1959. 5. 18. 59도34), 월북기도 자체만으로는 간첩예비죄가 되지 않는다(대판 1960. 10. 7. 4292형상1070).

본죄를 범한 후 자수한 때에는 그 형을 감경 또는 면제한다. 일반이적예비죄를 범하고 자수하지 않고 자의로 실행의 착수를 포기한 경우(이른바 '예비의 중지') 제26조를 유추적용할 것인가가 문제된다. 판례(대판 1999. 4. 9. 99도424)에 의하면 유추적용을 할 수 없다. 학설 중 전면적 유추적용설에 의하면 2년 이상의 유기징역을 감경 또는 면제한다. 제한적 유추적용설(예비의 형이 중지미수의 형보다 더 무거운 경우에만 중지미수 규정을 유추적용하는 견해)에 의할 경우에는 일반이적죄의 중지미수의 형벌은 1년 6개월 이상 15년 이하의 징역 또는 면제가 되고 본죄의 형벌은 2년 이상 30년 이하의 징역이어서 본죄의 형벌이 중지미수죄의 형벌보다 무거우므로 중지미수의 형벌인 1년 6개월 이상 15년 이하의 징역이나 면제가 된다.

XI. 전시군수계약불이행죄

> 제103조(전시군수계약불이행)　① 전쟁 또는 사변에 있어서 정당한 이유없이 정부에 대한 군수품 또는 군용공작물에 관한 계약을 이행하지 아니한 자는 10년 이하의 징역에 처한다.
> ② 전항의 계약이행을 방해한 자도 전항의 형과 같다.

전시군수계약불이행죄란 전쟁 또는 사변에 있어서 정당한 이유없이 정부에 대한 군수품 또는 군용공작물에 관한 계약을 이행하지 아니하거나 계약이행을 방해하는 죄이다. 제1항의 죄는 실행행위 자체가 부작위로 규정되어 있는 진정부작위범이다.

정부란 중앙정부뿐만 아니라 지방정부도 포함한다. 군수품 또는 군용공작물이란 군대에서 사용하는 물건이나 시설을 말한다. 군작전상 필요한 일체의 물건이나 시설을 말한다는 견해가 있으나, 이렇게 축소해석할 근거가 없다.

제 3 절　국기에 관한 죄

I. 총　설

1. 의의 및 보호법익

국기에 관한 죄란 국기 또는 국장을 모독하거나 비방하는 죄이다. 국기 또는 국장은 국가권위의 상징으로서 국민전체에 대한 존경심을 표하는 대상이 되기도 하고, 국민의 일체감과 애국심 및 자긍심을 고취시키는 수단이기도 하다. 따라서 국기에 관한 죄의 보호법익은 '국가의 권위'이고, 보호의 정도는 추상적 위험범이다.

2. 구성요건체계

국기에 관한 죄에는 국기·국장모독죄(제105조)와 국기·국장비방죄(제106조) 등 두 가지가 있다. 후자가 기본적 구성요건이고, 전자는 후자에 비해 불법이 가중되는 구성요건이다. 두 죄 모두 대한민국을 모독할 목적이 있어야 하는 진정목적범이다.

외국의 국기·국장모독죄(제109조)는 국교에 관한 죄의 장에 규정되어 있다. 외국인이 외국에서 본죄를 범한 경우에는 우리 형법을 적용한다(제5조 3호). 이는 대한민국에 대한 범죄이므로 보호주의의 표현이다.

Ⅱ. 국기·국장모독죄

> 제105조(국기·국장의 모욕)   대한민국을 모욕할 목적으로 국기 또는 국장을 손
> 상, 제거 또는 오욕한 자는 5년 이하의 징역이나 금고, 10년 이하의 자격정지
> 또는 700만원 이하의 벌금에 처한다.

1. 개념 및 보호법익

국기·국장모독죄란 대한민국을 모욕할 목적으로 국기 또는 국장을 손상, 제거 또는 오욕(汚辱)하는 죄이다. 대한민국을 모욕할 목적을 필요로 하는 진정목적범이다.

본죄의 보호법익은 국가의 권위이고, 보호의 정도는 추상적 위험범이다.

2. 구성요건

(1) 행위의 객체

본죄의 객체는 국기 또는 국장이다. 국기란 국가를 상징하기 위해 일정한 형식에 따라 제작된 기(旗)로서 우리나라의 국기는 태극기이다. 국기의 규격이나 재질, 자기소유·타인소유, 공용·사용은 문제되지 않는다. 다만 태극기를 본떠 만든 유니폼과 같이 국기로서의 형식을 갖추지 못한 경우에는 국기라고 할 수 없다.

국장(國章)이란 국가를 상징하는 국기 이외의 휘장(徽章)을 말한다. 예를 들어

외국에 발신하는 공문서와 국가적 중요문서 기타 시설, 물자 등에 대한민국을 상징하는 휘장으로 사용하는 나라문장이 있고, 이를 규정하기 위해 나라문장규정이 있다. 나라문장 또는 철인(綴印)으로 하여 사용하고, 필요에 따라 규격을 확대 또는 축소하여 사용할 수 있다. 문서에 휘장 또는 철인을 사용할 때에는 그 휘장 또는 철인이 문서의 중앙상당부에 위치하도록 찍는다.

(2) 실행행위

본죄의 실행행위는 국기·국장을 손상, 제거, 오욕하는 것이다.

손상이란 국기·국장을 물리적으로 훼손하는 것으로서 손괴와 같은 의미라고 할 수 있다. 국기를 찢거나 태우는 것을 예로 들 수 있다. 제거란 국기·국장 자체를 손상·오욕하지 않고 국기·국장을 철거·은닉·차폐(遮蔽)·이동하는 것을 말한다. 게양된 국기를 내리거나 물건으로 가려서 보지 못하도록 하는 것을 예로 들 수 있다. 오욕이란 국기·국장을 불결하게 하는 것을 말한다. 국기에 오물을 끼얹거나 침을 뱉는 것 등을 예로 들 수 있다.

(3) 주관적 구성요건

본죄가 성립하기 위해서는 국기·국장을 모독한다는 점에 대한 고의가 있어야 하고, 초과주관적 구성요건요소로서 대한민국을 모욕할 목적이 필요하다. 대한민국을 모욕한다는 것은 대한민국의 체면과 권위를 손상시키는 것을 말한다. 응원단이 태극기로 옷을 만들어 입고 땅에 앉는 행위는 오욕이라고 할 수 있으나 대한민국을 모욕할 목적이 없으므로 본죄가 성립하지 않는다.

Ⅲ. 국기·국장비방죄

> 제106조(국기·국장의 비방) 전조의 목적으로 국기 또는 국장을 비방한 자는 1년 이하의 징역이나 금고, 5년 이하의 자격정지 또는 200만원 이하의 벌금에 처한다.

국기·국장비방죄란 대한민국을 모욕할 목적으로 국기 또는 국장을 비방하는 죄이다. 국기에 관한 죄의 기본적 구성요건이다. 실행행위가 비방인 것을 제외하면 국기·국장모독죄와 구성요건이 같다.

비방이란 공연히 언어, 문장, 거동 또는 그림과 같이 유형적 방법이 아닌 무형적 방법에 의해 모욕의 의사를 표시하는 것을 말한다.

　　대한민국을 모욕할 목적이 없으면 본죄가 성립할 수 없다(대판 1975. 5. 13, 74도 2183).

제4절　국교에 관한 죄

Ⅰ. 총　　설

1. 의의 및 보호법익

　　국교에 관한 죄란 국교, 즉 우리나라와 외국과의 평화로운 관계를 침해·위태화하는 죄를 말한다.

　　본죄의 보호법익에 대해서는 ① 국가적 관점에서 국가의 권위 또는 우리나라의 대외적 지위라는 견해, ② 국제적 관점에서 우리나라의 국제법상 의무이행에 기한 외국의 이익이라는 견해, ③ 양자 모두라는 견해(다수설) 등이 대립한다. 오늘날 국제사회에서 우리나라의 이익과 외국의 이익은 충돌하기도 하고 함께 하기도 하므로 ③의 견해가 타당하다.

　　본죄의 보호의 정도는 추상적 위험범이다.

　　국교에 관한 죄의 입법방식은 외국법에 동일한 규정이 있는 경우에만 내국법의 적용을 인정하는 상호주의와 외국법의 규정에 관계없이 내국법의 적용을 인정하는 단독주의가 있다. 형법은 단독주의를 따르고 있다.

2. 구성요건체계

　　국교에 관한 죄는 크게 세 가지로 나뉜다.

　　첫째, 외국원수·외국사절에 대한 폭행·협박·모욕·명예훼손죄(제107조, 제108조) 및 외국의 국기·국장모독죄(제109조)이다. 이들 범죄는 외교관계를 위태롭게 하고 궁극적으로는 우리나라의 국가권위를 침해·위태롭게 하는 행위이다. 이들 범죄들은 외국정부의 명시한 의사에 반하여 공소를 제기할 수 없다(제110조).

　　둘째, 외국에 대한 사전죄(私戰罪)(제111조) 및 중립명령위반죄(제112조)이다. 이들 범죄는 외국과의 평화관계를 침해·위태화하는 성격의 범죄이다. 외국에 대한 사전죄는 미수범과 예비·음모죄를 처벌한다(제111조 2, 3항).

셋째, 외교상기밀누설죄(제113조)이다. 이는 외환죄로서의 성격도 지닌다.

Ⅱ. 외국원수에 대한 폭행등죄

제107조(외국원수에 대한 폭행등) ① 대한민국에 체재하는 외국의 원수에 대하여 폭행 또는 협박을 가한 자는 7년 이하의 징역이나 금고에 처한다.
② 전항의 외국원수에 대하여 모욕을 가하거나 명예를 훼손한 자는 5년 이하의 징역이나 금고에 처한다.

본죄는 대한민국에 체재하는 외국의 원수에 대하여 폭행·협박·모욕·명예 훼손을 하는 죄이다. 행위의 객체가 대한민국에 체재하는 외국원수라는 점에서 폭행·협박·모욕·명예훼손죄 등에 비해 불법이 가중되는 범죄유형이다.

본죄의 객체는 대한민국에 체재하는 외국의 원수이다. 외국의 원수란 당해 국가를 대표할 권한이 있는 자를 말한다. 군주제국가에서 군주, 대통령제 국가에서 대통령 등이 그 예이다. 내각책임제국가에서 수상이 국가원수로서의 지위를 지니는 경우에는 본죄의 객체가 된다. 그러나 일반적으로는 내각책임제국가에서도 군주나 대통령이 있는 경우에는 이들이 원수가 된다. 원수의 부인이나 가족 등은 본죄의 객체가 될 수 없다.

외국은 우리나라와 외교관계가 있을 것을 요하지 않지만, 우리나라가 승인한 국가여야 한다. 우리나라가 승인하지 않은 국가의 원수까지 본죄의 객체라고 하는 것은 형법해석의 엄격성원칙에 반하기 때문이다. 외국의 원수는 대한민국에 체재하여야 한다. 공무·사무를 불문한다.

본죄의 실행행위는 폭행·협박·모욕·명예훼손이다. 통설은 폭행의 개념은 폭행죄(제260조)에서와 같다고 하지만, 폭행죄에서의 폭행은 '사람의 신체'에 대한 것임에 비해 본죄의 폭행은 '외국원수의 신체에 대한 폭행'이 아니라 '외국원수에 대한' 폭행이므로 공무집행방해죄에서의 폭행과 의미가 같다고 해야 한다. 협박의 개념은 협박죄에서와 같다.

모욕과 명예훼손은 공연성을 요하지 않는다. 본죄의 명예훼손에 대해서는 제310조의 위법성조각규정이 적용되지 않고, 총칙상 위법성조각사유 규정이 적용된다. 모욕죄는 친고죄임에 비해(제312조 1항), 본죄의 모욕죄는 반의사불벌죄이다(제110조).

Ⅲ. 외국사절에 대한 폭행등죄

> **제108조(외국사절에 대한 폭행등)** ① 대한민국에 파견된 외국사절에 대하여 폭행 또는 협박을 가한 자는 5년 이하의 징역이나 금고에 처한다.
> ② 전항의 외국사절에 대하여 모욕을 가하거나 명예를 훼손한 자는 3년 이하의 징역이나 금고에 처한다.

본죄의 객체는 대한민국에 파견된 외국사절이다. 외국사절이란 대사·공사 등을 말한다. 대한민국에 파견된 외국사절이란 대한민국의 영역 안에 있는 외국사절만을 의미하지 않고, 외국에 있더라도 대한민국에 파견된 외국사절이면 본죄의 객체가 되는 반면 타국에 파견되어 가던 중 국내에 잠시 체류하는 외국사절은 본죄의 객체가 되지 않는다. 외국사절의 가족도 본죄의 객체가 되지 않는다.

본죄는 그 외국정부의 명시한 의사에 반하여 공소를 제기할 수 없다(제110조).

Ⅳ. 외국의 국기·국장모독죄

> **제109조(외국의 국기·국장의 모독)** 외국을 모욕할 목적으로 그 나라의 공용에 공하는 국기 또는 국장을 손상, 제거 또는 오욕한 자는 2년 이하의 징역이나 금고 또는 300만원 이하의 벌금에 처한다.

본죄는 외국을 모욕할 목적으로 그 나라의 공용에 공하는 국기 또는 국장을 손상, 제거 또는 오욕하는 죄이다.

본죄의 객체는 외국의 공용에 공하는 국기 또는 국장인 점에서 공용에 공할 것을 요하지 않는 대한민국의 국기·국장모독죄(제105조)와 구별된다. '공용에 공한다'는 것은 그 나라의 공적 기관이나 공무소에서 사용하는 것을 말한다. 따라서 외국에서 개인이 사용하는 국기·국장은 본죄의 객체가 될 수 없다. UN이나 기타 국제기구가 사용하는 기와 휘장도 외국의 국기·국장이 아니므로 본죄의 객체가 될 수 없다.

　　손상, 제거 또는 오욕의 개념은 국기·국장모독죄에서와 같다.

　　본죄는 그 외국정부의 명시한 의사에 반하여 공소를 제기할 수 없다(제110조).

V. 외국에 대한 사전죄

> 제111조(외국에 대한 사전)　① 외국에 대하여 사전한 자는 1년 이상의 유기금
> 고에 처한다.
> ② 전항의 미수범은 처벌한다.
> ③ 제1항의 죄를 범할 목적으로 예비 또는 음모한 자는 3년 이하의 금고 또는
> 500만원 이하의 벌금에 처한다. 단, 그 목적한 죄의 실행에 이르기 전에 자수
> 한 때에는 감경 또는 면제한다.

1. 개념 및 보호법익

　　본죄는 외국에 대하여 사전(私戰)을 하는 죄이다. 외국에 대하여 국민들이 사
적인 전쟁을 하게 되면 외교관계를 악화시키고 이로 인해 국가의 존립과 안전을
침해·위태화하기 때문에 처벌하는 것이다.[1]

　　본죄의 보호법익은 국가의 존립과 안전이고, 보호의 정도는 추상적 위험범
이다.

2. 구성요건

　　본죄의 실행행위는 외국에 대하여 사전(私戰)하는 것이다. 사전이란 국가의
의사와 관계없이 개인들이 벌이는 전투행위를 말한다. 사전이라고 하기 위해서는
어느 정도 규모의 조직적인 공격이 있어야 한다. 사전의 상대방은 외국이므로 외
국의 국가권력이 아닌 외국의 일부집단이나 외국정부의 반군 등에 대해 전투행위
를 한 때에는 본죄가 성립하지 않는다.

　　외국은 우리나라가 국가로 승인한 나라임을 요하지 않는다는 견해가 있으나,

---

[1] 사인이 외국에 대하여 조직적인 공격행위를 하는 것이 불가능하기 때문에 본죄의 입법론
　적 근거에 대해 문제를 제기하는 견해가 있다. 그러나 외국의 용병으로 일하거나 외국의
　군대와 협력하여 다른 외국과의 전투에 참가하는 경우도 있을 수 있으므로 반드시 입법론
　적으로 무익한 것은 아니다.

형법해석의 엄격성원칙상 우리나라가 국가로 승인한 외국에 한정된다고 해야 할 것이다.

3. 미수 및 예비·음모죄

본죄의 미수와 예비·음모는 처벌한다(제111조 2, 3항).

예비·음모죄를 범한 후 실행에 이르기 전에 자수한 때에는 형을 감경 또는 면제한다(제111조 3항).

Ⅵ. 중립명령위반죄

> **제112조(중립명령위반)**　외국간의 교전에 있어서 중립에 관한 명령에 위반한 자는 3년 이하의 금고 또는 500만원 이하의 벌금에 처한다.

중립명령위반죄란 외국간의 교전에 있어서 중립에 관한 명령에 위반하는 죄이다. 외국간의 교전에 대해 국가가 중립명령을 하였음에도 불구하고 개인이 이에 협조하지 않는 경우 외국과의 외교관계가 악화되고 이로 인해 국가의 존립과 안전을 침해·위태화하기 때문에 본죄를 벌하는 것이다. 본죄는 구성요건의 내용이 행정부의 중립명령의 내용에 좌우되게 되므로 백지형법에 속한다.

본죄에서 외국간의 교전이란 우리나라가 참가하지 않은 전쟁이 둘 이상의 외국간에 있는 것을 의미한다. 우크라이나와 러시아간의 전쟁을 예로 들 수 있다. 이스라엘과 하마스 혹은 헤즈볼라와의 전쟁을 외국간의 전쟁이라고 볼 수 있는지는 문제될 수 있다. 전쟁은 국제법상·사실상의 전쟁을 불문한다. 본죄의 내용은 중립명령에 의해 정해지게 되므로 중립명령에서 사실상의 전쟁을 포함할 경우에는 사실상의 전쟁도 포함된다고 하는 통설이 타당하다.

본죄의 실행행위는 중립명령에 위반하는 것이다. 중립명령이란 교전국 중 일부 국가의 이익을 위해 행동하지 않고 중립적 입장을 지키는 것을 말한다. 중립명령의 구체적 내용은 행정부에 의해 결정된다. 국제법상의 중립위반이 있다 하더라도 우리나라의 중립명령을 위반하지 않으면 본죄가 성립하지 않는다.

본죄를 범하고 사전을 한 때에는 외국과의 사전죄만이 성립한다.

Ⅶ. 외교상의 기밀누설죄

> 제113조(외교상기밀의 누설)　① 외교상의 기밀을 누설한 자는 5년 이하의 징역
> 또는 1천만원 이하의 벌금에 처한다.
> ② 누설할 목적으로 외교상의 기밀을 탐지 또는 수집한 자도 전항의 형과 같다.

1. 개념 및 보호법익

외교상기밀누설죄란 외교상의 기밀을 누설하거나 누설할 목적으로 외교상의 기밀을 탐지 또는 수집하는 죄이다. 본죄는 국교에 관한 죄의 성격과 함께 외환죄의 성격도 지니고 있다. 제1항의 죄는 목적범이 아니지만, 제2항의 죄는 누설할 목적을 필요로 하는 진정목적범이다.

본죄의 보호법익은 국가의 존립과 안전이고, 보호의 정도는 추상적 위험범이다.

2. 구성요건

본죄의 주체에는 제한이 없다. 직무상 외교기밀을 지득한 자뿐만 아니라 일반인도 본죄의 주체가 된다. 군사상기밀누설죄(제98조 2항)를 신분범으로 해석하는 견해도 본죄는 신분범이 아니라고 한다.

본죄의 객체는 외교상의 기밀이다. 외교상의 기밀이란 외국과의 관계에서 국가가 보지해야 할 기밀로서, 외교정책상 외국에 대하여 비밀로 하거나 확인되지 아니함이 대한민국의 이익이 되는 모든 정보자료를 말한다.

외국에 이미 널리 알려져 있는 사항은 원칙적으로 외교상의 기밀에 해당하지 않는다(대판 1995. 12. 5. 94도2379). 외국언론에 이미 보도된 우리나라의 외교정책이나 활동에 관련된 사항들에 관하여 정부가 이른바 보도지침의 형식으로 국내언론기관의 보도 여부 등을 통제하고 있다는 사실을 알리는 것은 본죄에 해당하지 않는다(대판 1995. 12. 5. 94도2379).

본죄의 실행행위는 외교상의 기밀을 누설하거나 누설할 목적으로 외교상의 기밀을 탐지·수집하는 것이다. 누설·탐지·수집의 개념은 간첩죄에서와 같다.

누설할 목적으로 외교상의 기밀을 탐지·수집해도 누설죄와 같은 형벌로 처벌된다. 탐지·수집은 누설의 예비단계의 행위이지만 이를 누설과 같은 형벌로

처벌하는 것이다.

　　본죄의 형벌이 간첩죄의 형벌보다 가벼우므로 본죄의 외교상의 기밀은 국가기밀이나 군사상의 기밀에 속하지 않는 것이라고 해야 한다. 외교상의 기밀 중 국가기밀이나 군사상의 기밀에 속하는 것에 대해서는 본죄가 아니라 간첩죄(제98조)가 성립한다고 해야 한다.

제 2 장　국가의 기능에 대한 죄

제 1 절　공무원의 직무에 관한 죄

I. 총　　설

1. 개념 및 보호법익

공무원의 직무에 관한 죄란 공무원이 직무에 위배하여 자신의 의무를 이행하지 않거나 권한을 남용하는 죄를 말한다. 공무원의 직무범죄라고도 한다. 공무원은 공무를 법령과 직무수칙에 맞도록 처리해야 한다. 그런데 공무원이 처리해야 할 공무를 처리하지 않거나 직권을 남용하거나 불공정하게 공무를 처리하게 되면 국가의 기능이 훼손되고 이에 따라 국가에 대한 국민의 신뢰가 떨어지게 된다.

공무원의 직무에 관한 죄는 이러한 공무원의 범죄로부터 국가의 기능과 그에 대한 국민의 신뢰를 보호하기 위한 죄이다. 공무원의 직무에 관한 죄의 보호법익은 국가의 기능이고, 그 보호의 정도는 추상적 위험범이다. 공무원의 직무에 관한 죄에는 공무원만이 주체가 될 수 있는 진정신분범과 공무원이 주체가 될 경우에는 형벌이 가중되는 부진정신분범이 있다.

2. 구성요건체계

통설은 공무원의 직무에 관한 죄를 직무위배죄, 직권남용죄, 뇌물죄의 세 가지로 나눈다. 뇌물죄는 직무위배죄와 직권남용죄를 유발할 위험성이 있는 범죄라고 할 수 있다.

첫째, 직무위배죄는 공무원이 자신의 의무를 이행하지 않는 죄로서 직무유기죄(제122조), 피의사실공표죄(제126조), 공무상의 비밀누설죄(제127조)가 이에 속한다.

둘째, 직권남용죄란 공무원이 자신의 권한에 속하는 사항에 대해 권한을 남용하는 죄로 직권남용죄(제123조), 불법체포·감금죄(제124조), 폭행·가혹행위죄(제125조), 선거방해죄(제128조) 등이 이에 속한다.

셋째, 뇌물죄란 공무원이 직무에 관하여 뇌물을 수수, 요구, 약속하거나 공여하도록 하는 죄이다. 수뢰, 사전수뢰죄(제129조), 제삼자뇌물제공죄(제130조), 수뢰후부정처사·사후수뢰죄(제131조), 알선수뢰죄(제132조)가 있다. 뇌물공여죄(제133조)는 공무원에게 뇌물을 공여하는 죄로서 그 주체가 공무원에 한정되지 않는다.

기타 공무원이 직권을 이용하여 본장 이외의 죄를 범한 때에는 그 죄에 정한 형의 2분의 1까지 가중한다. 단 공무원의 신분에 의하여 특별히 형이 규정된 때에는 예외로 한다(제135조).

3. 공무원의 개념

(1) 문 제 점

공무원의 직무범죄에서 공무원이라는 신분이 행위의 불법 유무나 정도를 결정하는 기능을 하므로, 공무원의 개념과 범위가 직무범죄를 해석하는 데에 있어서 중요하다. 그러나 형법에는 공무원에 대한 개념규정이 없기 때문에 원칙적으로 공법상의 공무원 개념을 원용할 수밖에 없다.

그러나 형법과 공법의 취지와 목적이 다를 수 있기 때문에 형법상의 공무원 개념이 공법상의 공무원개념과 반드시 일치하는 것은 아니다.

(2) 공무원의 개념

공무원이란 '법령에 의하여 국가 또는 공공단체의 사무에 종사하는 사람' 혹은 '광의로는 국가 또는 공공단체의 공무를 담당하는 일체의 자, 협의로는 국가 또는 공공단체와 공법상 근무관계에 있는 모든 자'이다(대판 1997. 3. 11. 96도1258). 공무원에 관한 기본법은 국가공무원법과 지방공무원법이므로 원칙적으로 공무원 개념은 이 법률들에 의해 정해진다. 따라서 세무수습행정원(대판 1961. 12. 14. 4294형상99), 군대의 사병(대판 1969. 9. 23. 69도1214), 국회의원이나 지방의회의원(대판 1997. 3. 11. 96도1258)도 공무원에 속한다.

한편 국가공무원법과 지방공무원법상 공무원은 아니지만 이들을 공무원으로 보는 법령들이 있다. 즉, 벌칙을 적용함에 있어는 공무원으로 간주하는 법령들이 있다. 예컨대 특정범죄가중법은 일정한 기관 또는 단체의 간부직원을 형법상 뇌물죄를 적용할 때는 공무원으로 보는 규정을 두고 있다(제4조).

(3) 형법상 공무원개념

그럼에도 불구하고 형법의 독자적 견지에서 공무원의 범위를 확정해야 하는 가에 대해 다음의 사항을 중심으로 견해가 대립한다.

첫째, 통설·판례(대판 2015. 5. 29. 2015도3430)는 국가 또는 지방자치단체의 사무에 종사하는 자라도 환경미화원, 인부, 사환 등 그 노무의 내용이 단순한 기계적·육체적인 것에 한정되어 있는 자는 공무원에서 배제된다고 한다.[1]

둘째, 일정범위의 공법인의 직원을 공무원으로 보아야 할 것인가에 대해 판례(대판 2015. 5. 29. 2015도3430)와 다수설은 행정기관에 준하는 공법인의 직원은 공무원에 속한다고 한다. 이에 대해 공법인과 사법인의 구별이 불분명하고, 공법인 중에서 공무원으로 해야 할 자의 지위가 법률에 정해져 있는 것은 나머지 사람들은 공무원으로 보지 않는다는 취지라는 것을 근거로 하는 부정설이 있다. 형법해석의 엄격성의 원칙상 공법인의 직원은 공무원이라고 할 수 없고 공무원으로 취급하는 특별한 규정이 있을 때에만 예외적으로 그 사항에 대해서만 공무원이라고 해야 하므로 부정설이 타당하다.

셋째, 공무원신분을 갖고 있다 하더라도 단순히 사경제주체로서의 지위와 기능만을 가지고 있을 때에는 직무범죄와 관련하여 공무원으로 보지 말아야 한다는 견해가 있다. 그러나 직무범죄는 직무와 관련성이 있어야 하므로 이는 별 의미가 없다.

4. 직무범죄의 종류

(1) 진정직무범죄와 부진정직무범죄

진정직무범죄란 공무원만이 범할 수 있고 비공무원은 단독으로 범할 수 없는 직무범죄이다. 직무유기죄(제122조), 수뢰죄(제129조-제132조), 공무상비밀누설죄(제127조), 선거방해죄(제128조)가 이에 속한다. 부진정직무범죄란 비공무원도 범할 수 있지만 공무원이 범할 경우에는 형벌이 가중되는 범죄를 말한다. 불법체포·감금죄(제124조), 폭행·가혹행위죄(제125조), 간수자의 도주원조죄(제148조), 세관공무원의

---

1) 이들도 공무원에 포함시켜야 한다는 견해도 있지만, 뇌물죄가 화이트칼라범죄로서의 성격을 지니고 있으므로 기계적·육체적 사무에 종사하는 사람들이 금품을 받더라도 그 성격은 뇌물과 성격이 다르다고 할 수 있다. 따라서 통설·판례가 타당하다.

아편등수입죄(제200조) 등이 이에 속한다. 공무원이 직권을 이용하여 직무에 관한 죄 이외의 죄를 범한 때에는 그 죄에 정한 형의 2분의 1까지 가중하므로 이들 범죄도 부진정직무범죄에 속한다.

이러한 구별의 실익은 공범과 신분에 관한 제33조의 규정을 적용할 때에 나타난다.

(2) 일반직무범죄와 특수직무범죄

일반직무범죄는 모든 공무원이 주체가 될 수 있는 범죄이고, 특수직무범죄는 특수한 공무원만이 주체가 될 수 있는 범죄이다. 직무유기죄, 직권남용죄, 공무상비밀누설죄, 뇌물죄 등은 일반직무범죄이고, 불법체포·감금죄, 폭행·가혹행위죄, 피의사실공표죄, 선거방해죄 등은 특수직무범죄에 속한다.

II. 직무유기의 죄

1. 직무유기죄

> **제122조(직무유기)** 공무원이 정당한 이유없이 그 직무수행을 거부하거나 그 직무를 유기한 때에는 1년 이하의 징역이나 금고 또는 3년 이하의 자격정지에 처한다.

(1) 개념 및 보호법익

직무유기죄는 공무원이 정당한 이유없이 그 직무수행을 거부하거나 그 직무를 유기하는 죄이다.

본죄의 보호법익은 국가의 기능이다. 본죄는 공무를 담당하는 공무원에 의해 국가의 기능이 내부로부터 침해되는 것을 방지하기 위한 것이다. 본죄의 보호의 정도에 대해 다수설은 구체적 위험범이라고 한다. 그러나 구체적 위험범이라고 할 명문의 근거가 없고, 본죄는 직무유기행위가 있으면 성립하고 반드시 국가기능에 구체적 위험을 초래해야 성립하는 것은 아니므로 추상적 위험범이라고 해야 한다.

특정범죄가중법은 범죄수사에 종사하는 공무원의 특수직무유기죄를(제15조), 폭력행위처벌법은 사법경찰관의 직무유기죄(제9조 1항)를 가중처벌하는데,

모두 옥상옥의 규정으로서 폐지해야 한다.

(2) 구성요건

1) 행위의 주체　　본죄의 주체는 공무원이다. 판례는 형법상 공무원이라 함은 법령의 근거에 기하여 국가 또는 지방자치단체 및 이에 준하는 공법인의 사무에 종사하는 자로서 그 노무의 내용이 단순한 기계적·육체적인 것에 한정되어 있지 않은 자를 말한다고 한다(대판 1978. 4. 25. 77도3709). 그러나 앞에서 본 것과 같이 국가 또는 지방자치단체에 준하는 공법인의 사무종사자를 공무원으로 보는 것은 문제가 있다.

> [대판 2015. 5. 29. 2015도3430] 갑은 국민권익위원회 위원장과 계약기간 1년의 근로계약을 체결한 점, 공무원으로 임용된 적이 없고 공무원연금이 아니라 국민연금에 가입되어 있는 점, 국민권익위원회 훈령으로 '무기계약근로자 및 기간제근로자 관리운용 규정'이 있으나 국민권익위원회 내부규정으로 그 내용도 채용, 근로조건 및 퇴직 등 인사에 관한 일반적인 사항을 정하는 것에 불과하고, 달리 갑이 법령의 근거에 기하여 위 사무에 종사한 것이라고 볼 만한 자료가 없는 점 등 제반 사정에 비추어 갑은 법령의 근거에 기하여 국가 등의 사무에 종사하는 형법상 공무원이라고 보기 어렵다.

본죄의 주체는 직무를 구체적으로 수행할 수 있는 공무원이어야 하므로 병가 중인 공무원은 본죄의 주체가 될 수 없다(대판 1997. 4. 22. 95도748).[1]

2) 실행행위　　본죄의 실행행위는 정당한 이유없이 그 직무수행을 거부하거나 그 직무를 유기하는 것이다. 직무수행을 거부한다는 것은 직무유기의 한 내용이라고 할 수 있다.

가. 직　　무　　직무란 법령에 의해 공무원에게 부여된 의무를 말한다. 본죄의 직무는 법령의 근거, 업무분장, 상사의 지시, 명령 등에 의해 담당하는 구체적 의무를 말한다.

공무원인 신분관계로 인해 인정되는 추상적 의무는 직무에 해당하지 않는다. 따라서 공무원법상의 청렴의무, 복종의무, 직장이탈금지의무 등을 이행하지 않았

---

1) 그러나 이것은 주체에 관한 요건이지 본죄가 구체적 위험범이라는 의미는 아니다. 왜냐하면 직무를 구체적으로 수행할 수 있는 공무원이 직무유기를 하면 본죄가 성립하고, 국가 기능에 구체적 위험이 발생해야 본죄의 기수가 되는 것은 아니기 때문이다.

다 해도 징계의 대상이 될 수는 있어도 반드시 직무유기죄가 성립하는 것은 아니다. 구체적으로 그 직무를 수행하여야 할 작위의무가 있는데도 불구하고 이러한 직무를 버린다는 인식하에 그 작위의무를 수행하지 않아야 본죄가 성립할 수 있다(대판 1999. 11. 26. 99도1904).

법령이나 공무소 내의 업무분장에 의해 고발업무를 담당하고 있는 경우의 고발의무는 직무에 속하지만, 형사소송법에 의한 일반적인 고발의무는 직무에 포함되지 않는다.

[대판 1969. 2. 14. 67도184]   약사 감시원이 무허가 약국개설자를 적발하고 상사에 보고하여 그 지시에 따라 약국을 폐쇄토록 하였다면 수사관서에 고발하지 아니하였다 하여 직무를 유기했다 할 수 없다.

나. 직무수행거부   직무수행을 거부한다는 것은 직무를 수행해야 할 구체적 의무가 있는 공무원이 상사 또는 상대방이 직무수행을 요구함에도 불구하고 직무수행을 하지 않는 것을 말한다. 직무수행거부는 작위·부작위 모두에 의해 가능하다.

다. 직무유기   직무유기란 직무에 관한 의식적인 방임 내지 포기 등 정당한 사유없이 직무를 수행하지 아니하는 것을 의미한다. 따라서 태만·분망(奔忙)·착각 등으로 인하여 직무를 성실히 수행하지 않거나 형식적으로 또는 소홀히 직무를 수행한 경우에는 직무유기라고 할 수 없다(대판 1997. 8. 29. 97도675).

직무유기 역시 작위·부작위에 의해 가능하다. 부작위의무를 이행하지 않고 직무를 수행하는 경우에는 작위에 의한 직무유기, 작위의무를 이행하지 않은 경우에는 부작위에 의한 직무유기가 될 수 있다.

라. 정당한 이유의 부존재   본죄가 성립하기 위해서는 직무수행의 거부나 직무유기에 정당한 이유가 없어야 한다. 예를 들어 상사의 업무지시가 있었지만, 법령해석이 모호하여 직무수행을 하지 않은 경우에는 본죄가 성립할 수 없다. 직무수행의 가능성이 없는 경우에도 본죄가 성립할 수 없다.

마. 판   례

[대판 2008. 2. 14. 2005도4202]   경찰관이 불법체류자의 신병을 출입국관리사무소에 인계하지 않고 훈방하면서 이들의 인적사항조차 기재해 두지 아니한 경우 직

무유기죄가 성립한다.[1)]

[대판 2014. 4. 10. 2013도229] 교육기관·교육행정기관·지방자치단체 또는 교육
연구기관의 장이 징계의결을 집행하지 못할 법률상·사실상의 장애가 없는데도
징계의결서를 통보받은 날로부터 법정 시한이 지나도록 집행을 유보하는 모든 경
우에 직무유기죄가 성립하는 것은 아니고, 그러한 유보가 직무에 관한 의식적인
방임이나 포기에 해당한다고 볼 수 있는 경우에 한하여 직무유기죄가 성립한다고
보아야 한다.[2)]

  3) 주관적 구성요건   본죄가 성립하기 위해서는 직무에 관한 의식적인
방임 내지 포기가 있어야 한다. 태만·착각 등으로 인하여 직무를 성실히 수행하
지 아니한 경우나 형식적으로 또는 소홀히 직무를 수행하였기 때문에 성실한 직
무수행을 못한 경우에는 본죄의 고의가 인정되지 않는다.[3)]

  (3) 기수시기

  본죄의 미수는 벌하지 않는다. 본죄의 기수시기는 직무행위를 거부하거나 직
무를 유기한 때이다. 본죄는 계속범이므로 기수 이후에도 범죄행위가 계속되므로

---

1) 직무유기죄를 인정한 판례로, 대판 2010. 1. 14. 2009도9963; 대판 2009. 3. 26. 2007도7725;
   대판 2002. 5. 17. 2001도6170; 대판 1999. 11. 26. 99도1904; 농지사무를 담당하고 있는 군
   직원이 관내에서 발생한 농지불법전용 사실을 알고서도 군수로 하여금 원상회복을 명하거
   나 나아가 고발을 하는 등의 조치를 취하지 않은 경우(대판 1993. 12. 24. 92도3334); 대판
   1990. 12. 21. 90도2425; 대판 1990. 5. 25. 90도191; 대판 1984. 4. 10. 83도1653; 대판
   1972. 6. 27. 72도969; 항구에 정박 중인 외항선에 머무르면서 밀수 여부의 감시·방지 등
   근무명령을 받은 세관감시과 소속 공무원이 감기가 들어 몸이 불편하다는 구실로 위 임무
   를 도중에 포기하고 집에 돌아와 자버린 경우(대판 1970. 9. 29. 70도1790); 대판 1956. 10.
   19. 4289형상244 등.
2) 직무유기죄를 부정한 판례로, 대판 2022. 6. 30. 2021도8361; 대판 2013. 4. 26. 2012도
   15257; 지방자치단체장이 전국공무원노동조합이 주도한 파업에 참가한 소속 공무원들에
   대하여 관할 인사위원회에 징계의결요구를 하지 아니하고 가담 정도의 경중을 가려 자체
   인사위원회에 징계의결요구를 하거나 훈계처분을 하도록 지시한 경우; 대판 2007. 7. 12.
   2006도1390; 통고처분이나 고발을 할 권한이 없는 세무공무원이 그 권한자에게 범칙사건
   조사 결과에 따른 통고처분이나 고발조치를 건의하는 등의 조치를 취하지 않은 경우(대판
   1997. 4. 11. 96도2753); 대판 1991. 6. 11. 91도96; 사법경찰관리가 직무집행 의사로 위법
   사실을 조사하여 훈방하고 형사피의사건으로 입건수사하지 않은 경우(대판 1982. 6. 8. 82
   도117); 대판 1977. 11. 22. 77도2952; 대판 1976. 10. 12. 75도1895 등.
3) 본죄의 고의를 인정한 판례로, 대판 1986. 2. 11. 85도2471; 부정판 판례로, 대판 1984. 3.
   27. 83도3260; 전매공무원이 외제담배를 긴급압수한 후 도주한 범칙자를 찾는 데 급급하
   여 미처 압수수색영장을 신청하지 못한 경우(대판 1982. 9. 28. 82도1633) 등.

종료 이전까지는 공범이 성립할 수 있고, 공소시효도 본죄의 종료시점부터 기산
한다. 본죄의 종료시점은 직무를 수행하였거나 직무수행의 가능성이 없어진 때
이다.

> [대판 1997. 8. 29. 97도675] 직무유기죄는 … 구성요건에 해당하는 사실이 있었고
> 그 후에도 계속하여 그 작위의무를 수행하지 아니하는 위법한 부작위상태가 계속
> 되는 한 가벌적 위법상태는 계속 존재하고 있다고 할 것이며 형법 제122조 후단
> 은 이를 전체적으로 보아 1죄로 처벌하는 취지로 해석되므로 이를 즉시범이라고
> 할 수 없다.

(4) 공   범

본죄는 진정신분범이므로 제33조 본문이 적용되어 비신분자도 본죄의 공동
정범, 교사범, 방조범이 될 수 있다. 병가 중인 공무원은 본죄의 주체가 될 수 없
지만, 다른 공무원의 직무유기에 가공한 경우에는 본죄의 공동정범이 된다(대판
1997. 4. 22. 95도748).

(5) 다른 범죄와의 관계

1) 허위공문서작성죄·동행사죄와의 관계

공무원이 위법사실을 발견하고도 직무상 의무에 따른 적절한 조치를 취하지
아니하고 위법사실을 은폐할 목적으로 허위공문서를 작성·행사한 경우 허위공문
서작성, 동행사죄만이 성립하고 직무유기죄는 따로 성립하지 않는다(대판 2004. 3.
26. 2002도5004).[1] 직무유기를 한 공무원이 직무유기를 은폐하기 위해 허위공문서를
작성·행사한 경우에는 직무유기죄와 허위공문서작성·행사죄의 실체적 경합이
된다(대판 1993. 12. 24. 92도3334).

2) 범인도피죄 및 증거인멸죄와의 관계   판례는 수사관이 범인을 도피시
키거나 증거를 인멸한 경우 각각 범인도피죄(대판 1996. 5. 10. 96도51)나 증거인멸죄
(대판 2006. 10. 19. 2005도3909 전합)만이 성립하고 별도로 직무유기죄는 성립하지 않는
다고 한다.

---

1) 그러나 특정범죄가중법 제15조의 특수직무유기죄의 형벌은 1년 이상의 징역으로서 허위공
   문서작성·행사죄의 형벌보다 무거우므로 특수직무유기죄의 주체가 직무에 위배하여 허위
   공문서작성·위반죄를 범한 경우에는 허위공문서작성·행사죄만이 성립한다고 할 수 없다
   (대판 1984. 7. 24. 84도705).

3) 건축법위반교사죄와의 관계   위법건축물이 발생하지 않도록 예방·단속해야 할 직무상 의무있는 자가 위법건축을 하도록 타인을 교사한 경우 위 건축법위반교사죄만이 성립한다(대판 1980. 3. 25. 79도2831).

2. 피의사실공표죄

> **제126조(피의사실공표)** 검찰, 경찰 그 밖에 범죄수사에 관한 직무를 수행하는 자 또는 이를 감독하거나 보조하는 자가 그 직무를 수행하면서 알게 된 피의사실을 공소제기 전에 공표(公表)한 경우에는 3년 이하의 징역 또는 5년 이하의 자격정지에 처한다.

(1) 개념 및 보호법익

피의사실공표죄란 검찰, 경찰 기타 범죄수사에 관한 직무를 수행하는 자 또는 이를 감독하거나 보조하는 자가 그 직무를 수행하면서 알게 된 피의사실을 공소제기 전에 공표하는 죄이다. 공소제기 전에 피의사실을 공표하는 경우에는 증거인멸과 피의자가 도피할 위험성이 있어 범죄인 수사·재판이라는 국가기능이 훼손될 수 있고, 피의자의 명예가 훼손될 위험성이 있기 때문에 이를 방지하기 위한 규정이다.

통설은 본죄의 보호법익을 국가의 형사사법기능과 피의자의 인권이라고 한다. 본죄의 보호의 정도는 추상적 위험범이다.

(2) 구성요건

본죄는 진정직무범죄 및 특수직무범죄로서 본죄의 주체는 검찰, 경찰 기타 범죄수사에 관한 직무를 수행하는 자 또는 이를 감독하거나 보조하는 자이다. 범죄수사를 감독하는 자에는 법무부장관이나 대통령도 포함될 수 있다. 구속영장이나 증거보전(제184조) 등에 관여한 법관도 범죄수사를 감독하는 자라고 할 수 있으므로 본죄의 주체가 될 수 있다.

본죄의 객체는 그 직무를 수행하면서 알게 된 피의사실이다. 직무수행과 관계없이 우연히 알게 된 피의사실이나 피의사실이 아닌 다른 사실을 공표하는 경우에는 본죄가 성립하지 않고 명예훼손죄가 성립할 수 있을 뿐이다. 피의사실이 진실한가 여부는 문제되지 않는다.

본죄의 실행행위는 공소제기 전에 공표하는 것이다. '공소제기 전'은 구성요건적 상황이다. 공소제기 이후에 피의사실을 공표한 때에는 본죄가 성립하지 않고 명예훼손죄가 성립할 수 있다. 다수설은 공표란 불특정 또는 다수인에게 알리는 것을 의미하지만 공연성을 요하지 않으므로 1인에게 알리는 경우에도 불특정 또는 다수인이 알 수 있는 상태가 되면 공표라고 할 수 있다고 한다. 그러나 1인 또는 특정소수인에게 알리는 것은 누설이라고는 할 수 있어도 공표라고 할 수 없다. 공표의 방법에는 제한이 없다. 작위·부작위, 구두·서면, 스스로 또는 타인을 도구로 이용하여 공표하는 것이 가능하다.

(3) 위 법 성

1) **피의자의 승낙과 위법성조각**   본죄는 국가적 법익에 대한 죄이므로 피의자의 승낙을 얻어 공표한 것만으로는 위법성이 조각되지 않는다.

2) **공개수배의 문제**   수사상의 필요에 의해 공개수배를 함으로써 피의사실을 공표하였을 때에는 피의자의 명예와 공개수사의 이익을 비교형량하여 정당화적 긴급피난이 된다는 견해와 정당행위가 된다는 견해 및 위법성이 조각될 수 없다는 견해가 대립한다.

3) **중간수사결과 발표의 문제**   우리나라에서는 세상을 떠들썩하게 하는 사건이 있을 때마다 기자회견을 통해 중간수사결과를 발표하거나 수사관계자들이 수시로 수사상황을 알리는 것이 관행화되어 있다. 이것은 헌법상의 무죄추정의 원칙에 반하고 피의자의 명예와 인권을 심각하게 훼손하므로 이러한 수사관행을 지양하는 정책적 결단이 필요함은 물론이다.

다만 국민의 알 권리 충족이라는 긍정적인 면이 있으므로 극히 예외적인 경우에는 제310조의 유추적용 가능성이나 정당행위 해당 여부를 검토해야 할 것이다. 본죄는 피의자에 대해서는 명예훼손죄의 성격을 띠고 있기 때문이다. 이 경우에도 공표한 피의사실은 진실성이 있어야 한다. 허위사실을 진실한 사실로 오인하고 공표한 경우에는 위법성이 조각되지 않고 책임의 문제가 남게 될 것이다.

3. 공무상비밀누설죄

> **제127조(공무상비밀의 누설)** 공무원 또는 공무원이었던 자가 법령에 의한 직무상 비밀을 누설한 때에는 2년 이하의 징역이나 금고 또는 5년 이하의 자격정지에 처한다.

(1) 개념 및 보호법익

공무상비밀누설죄란 공무원 또는 공무원이었던 자가 법령에 의한 직무상 비밀을 누설하는 죄이다.

통설·판례(대판 2012. 3. 15. 2010도14734)에 의하면 본죄는 공무상의 비밀 그 자체를 보호하기 위한 것이 아니라 공무상의 비밀누설로 인한 국가기능을 보호하기 위한 것이다. 비밀 그 자체는 보호할 필요가 없고, 비밀이 누설됨으로써 생겨나는 법익침해가 문제되기 때문이다. 본죄의 보호의 정도는 추상적 위험범이다.

(2) 구성요건

1) 행위의 주체   본죄의 주체는 공무원 또는 공무원이었던 자이다. 본죄는 공무원 또는 공무원이었던 자만이 주체가 될 수 있는 진정직무범죄이면서 모든 공무원이 주체가 될 수 있는 일반직무범죄이다. 공무원으로 재직한 기간은 문제되지 않는다. 공무원은 재직 중은 물론 퇴직후에도 직무상 알게 된 비밀을 엄수해야 할 의무가 있다(국가공무원법 제60조 등). 이러한 의무를 중대하게 위반한 경우 본죄가 성립한다.

2) 행위의 객체   본죄의 객체는 법령에 의한 직무상 비밀이다.

다수설은 법령에 의한 직무상 비밀이란 법령에 의해 비밀로 규정된 것만을 의미한다고 한다. 이에 대해 소수설 및 판례는 비밀로서 보호할 가치가 있다면 반드시 법령에 의하여 비밀로 규정되었거나 비밀로 분류·명시된 사항에 한하지 아니하고 정치, 군사, 외교, 경제, 사회적 필요에 따라 비밀로 된 사항은 물론 정부나 공무소 또는 국민이 객관적·일반적인 입장에서 외부에 알려지지 않는 것에 상당한 이익이 있는 사항도 포함한다고 한다(대판 2018. 2. 13. 2014도11441). 제127조가 단순히 '공무상의 비밀'이라고 하지 않고, '법령에 의한 공무상의 비밀'이라고 하고 있으므로 다수설의 입장이 타당하다.

판례에 의하면, 수사지휘서의 기재 내용과 이에 관계된 수사상황(대판 2018. 2. 13. 2014도11441), 미국과의 FTA 체결 협상을 위한 협상전략과 분야별 쟁점에 대한 대응방향 등을 담고 있는 문건(대판 2009. 6. 11. 2009도2669), 수사 중인 사건의 체포영장 발부자 53명의 명단(대판 2011. 4. 28. 2009도3642), 지방자치단체의 장 또는 계약담당공무원이 수의계약에 부칠 사항에 관하여 결정한 '예정가격'(대판 2008. 3. 14. 2006도7171), 수사기관이 수사를 진행하고 있는 상태에서, 수사기관이 현재 어떤 자료를 확보하였고 해당 사안이나 피의자의 죄책, 신병처리에 대하여 수사책임자가 어떤 의견을 가지고 있는지 등의 정보(대판 2007. 6. 14. 2004도5561), 법적 절차를 거쳐 공개되지 않은 도시계획시설 결정(대판 1982. 6. 22. 80도2822) 등은 공무상 비밀에 해당된다.

그러나 유사휘발유 제조현장 부근에서 잠복근무에 이용되고 있던 경찰청 소속 차량의 소유관계에 관한 정보(대판 2012. 3. 15. 2010도14734), 소위 옷값 대납 사건의 내사결과보고서(대판 2003. 12. 26. 2002도7339), 기업의 비업무용 부동산 보유실태에 관한 감사원 보고서의 내용(대판 1996. 5. 10. 95도780) 등은 공무상비밀에 해당되지 않는다.

3) 실행행위   본죄의 실행행위는 누설이다. 누설이란 비밀을 아직 모르는 다른 사람에게 임의로 알려주는 행위를 의미한다(대판 2021. 12. 30. 2021도11924). 공연성을 요하지 않으므로 특정소수인에게 알려도 누설이 된다. 누설의 방법에는 제한이 없지만 비밀을 어느 정도 구체적으로 알려야 하고, 추상적으로 알리는 것만으로는 부족하다.

[대판 2021. 12. 30. 2021도11924] 공무원이 직무상 알게 된 비밀을 그 직무와의 관련성 혹은 필요성에 기하여 해당 직무의 집행과 관련 있는 다른 공무원에게 직무집행의 일환으로 전달한 경우에는, 관련 각 공무원의 지위 및 관계, 직무집행의 목적과 경위, 비밀의 내용과 전달 경위 등 여러 사정에 비추어 비밀을 전달받은 공무원이 이를 그 직무집행과 무관하게 제3자에게 누설할 것으로 예상되는 등 국가기능에 위험이 발생하리라고 볼 만한 특별한 사정이 인정되지 않는 한, 위와 같은 행위가 비밀의 누설에 해당한다고 볼 수 없다.

상대방에게 알리면 족하고 상대방이 그 내용을 이해할 필요까지 요구되지 않는다(대판 1970. 6. 30. 70도562).

(3) 기수시기

본죄의 미수는 벌하지 않는다. 본죄의 실행의 착수시기는 누설행위를 개시한 때이고, 기수시기는 누설행위를 종료한 때이다. 비밀을 알고 있는 자에게 누설한 경우에는 불능미수가 문제될 수 있지만 본죄의 미수는 벌하지 않으므로 불가벌이다.

(4) 공   범

[대판 2011. 4. 28. 2009도3642] 형법 제127조는 공무원 또는 공무원이었던 자가 법령에 의한 직무상 비밀을 누설하는 행위만을 처벌하고 있을 뿐 직무상 비밀을 누설받은 상대방을 처벌하는 규정이 없는 점에 비추어, 직무상 비밀을 누설받은 자에 대하여는 공범에 관한 형법총칙 규정이 적용될 수 없다.

Ⅲ. 직권남용의 죄

1. 직권남용죄

제123조(직권남용) 공무원이 직권을 남용하여 사람으로 하여금 의무없는 일을 하게 하거나 사람의 권리행사를 방해한 때에는 5년 이하의 징역, 10년 이하의 자격정지 또는 1천만원 이하의 벌금에 처한다.

(1) 개념 및 보호법익

직권남용죄란 공무원이 직권을 남용하여 사람으로 하여금 의무없는 일을 하게 하거나 사람의 권리행사를 방해하는 죄이다.

본죄는 폭행·협박을 수단으로 하는 강요죄(제324조)와 달리 공무원의 직권남용을 수단으로 한다는 점에서 일반인은 범할 수 없는 진정신분범이다.[1]

본죄의 주된 보호법익은 국가기능의 공정한 행사이고, 부차적 보호법익은 사람의 의사결정의 자유이다. 보호의 정도는 전자에 대해서는 추상적 위험범, 후자에 대해서는 침해범이다.

(2) 구성요건

1) 행위의 주체   본죄의 주체는 공무원이지만, 통설은 본죄의 취지상 직접·간접의 강제력을 수반하는 직무를 행하는 공무원에 국한된다고 한다. 통설에 의하면 본죄는 진정직무범죄이고, 특수직무범죄가 된다. 그러나 판례는 공무원의 일반적 직무권한은 반드시 법률상의 강제력을 수반하는 것임을 요하지 않는다고 한다(대판 2007. 7. 13. 2004도3995).

---

1) 본죄는 강요죄로서의 성격을 지니므로 공무원이라는 신분으로 인해 형벌이 가중되는 부진정신분범이라고 하는 견해도 있지만 강요죄와 본죄는 행위태양이 다르다.

공무원이 퇴임한 경우 퇴임 전 공모한 범행에 관한 기능적 행위지배가 계속
되었다는 등 특별한 사정이 없는 한, 퇴임 후의 범행에 관하여는 공범으로서 책
임을 지지 않는다(대판 2020. 1. 30. 2018도2236 전합).

   2) 실행행위   본죄는 직권을 남용하여 사람으로 하여금 의무없는 일을
하게 하거나 사람의 권리행사를 방해하는 것이다.

   가. 직권남용   본죄가 성립하기 위해서는 직권을 남용하여야 한다. 공무
원의 직무와는 상관없이 단순히 개인적인 친분에 근거한 경우에는 본죄가 성립할
수 없다(대판 2009. 1. 30. 2008도6950). 남용 여부는 법령에서 그 직권을 부여한 목적,
직무행위가 행해진 상황에서의 필요성·상당성, 직권행사가 허용되는 법령상의
요건 충족 여부 등을 종합하여 판단해야 한다(대판 2020. 1. 30. 2018도2236 전합).

[대판 2019. 3. 14. 2018도18646] '직권의 남용'이란 공무원이 일반적 직무권한에
속하는 사항을 불법하게 행사하는 것, 즉 형식적, 외형적으로는 직무집행으로 보
이나 실질적으로는 정당한 권한 이외의 행위를 하는 경우를 의미하고, 공무원이
그의 일반적 직무권한에 속하지 않는 행위를 하는 경우인 지위를 이용한 불법행
위와는 구별된다.
   그리고 어떠한 직무가 공무원의 일반적 권한에 속하는 사항이라고 하기 위해서
는 그에 관한 법령상의 근거가 필요하다. 다만 법령상의 근거는 반드시 명문의
근거만을 의미하는 것은 아니고, 명문이 없는 경우라도 법·제도를 종합적, 실질
적으로 관찰해서 그것이 해당 공무원의 직무권한에 속한다고 해석되고 그것이 남
용된 경우 상대방으로 하여금 의무 없는 일을 행하게 하거나 상대방의 권리를 방
해하기에 충분한 것이라고 인정되는 경우에는 직권남용죄에서 말하는 일반적 권
한에 포함된다.

직권남용은 지위를 이용한 불법행위와 구별된다.

   판례에 의하면, 검사가 피의자신문 과정에서 자신의 의도대로 진술을 이끌
어내기 위하여 검사의 생각을 주입하며 유도신문을 하는 등 진술의 임의성
을 보장하지 못하고 사회통념상 현저히 합리성을 잃은 신문방법을 사용한
경우(대결 2024. 9. 19. 자 2024모179), 대통령비서실 소속 비서관들이 세월호참사
특별조사위원회 설립준비 관련 업무를 담당하거나 설립팀장으로 지원근무 중
이던 해양수산부 소속 공무원들에게 '세월호 특별조사위 설립준비 추진경위
및 대응방안 문건'을 작성하게 하고, 동위원회의 동향을 파악하여 보고하도

록 지시한 경우(대판 2023. 4. 27. 2020도18296), 자신의 지휘·감독 아래 있는 국
군기무사령부 소속 부대원들로 하여금 인터넷 공간에서 특정 정당과 정치인
을 지지·찬양 또는 반대·비방하거나 대통령과 국가정책을 홍보하는 의견을
유포하도록 경우(대판 2021. 9. 9. 2019도5371), 대통령비서실장 및 정무수석비서
관실 소속 공무원들이 전국경제인연합회에 특정 정치성향 시민단체들에 대한
자금지원을 요구한 경우(대판 2020. 2. 13. 2019도5186), 공무원이 협박에 이르지
않는 방법으로 상대방에게 어떠한 이익 등의 제공을 요구한 경우(대판 2019.
8. 29. 2018도13792 전합), 교육감이 교육청 소속 공무원들과 관내 학교의 교장
들에게 교육과학기술부의 특정감사 자료 제출요구를 거부하도록 지시한 경우
(대판 2017. 10. 31. 2017도12534), 구청장과 주택과장이 공모하여 주택재개발정비
사업조합으로 하여금 비조합원에게 조합원 가격으로 아파트를 배정, 분양하
게 한 경우(대판 2015. 3. 26. 2013도2444), 법무업무 전반에 관하여 해군참모총
장을 보좌하는 해군본부 법무실장이 국방부 검찰수사관에게 군내 납품비리
수사와 관련한 수사기밀사항을 보고하게 한 경우(대판 2011. 7. 28. 2011도1739),
서울특별시 교육감이 인사담당장학관 등에게 지시하여 승진 또는 자격연수
대상이 될 수 없는 특정 교원들을 승진임용하거나 그 대상자가 되도록 한
경우(대판 2011. 2. 10. 2010도13766), 상급 경찰관이 정당한 이유없이 부하 경찰
관들의 수사를 중단시키거나 사건을 다른 경찰관서로 이첩하게 한 경우(대판
2010. 1. 28. 2008도7312), 대통령비서실 정책실장이 공무원으로 하여금 특별교
부세 교부대상이 아닌 특정 사찰의 증·개축사업을 지원하는 특별교부세 교
부신청 및 교부결정을 하도록 하게 한 경우(대판 2009. 1. 30. 2008도6950), 인사
계장 또는 총무과장이 5급사무관승진 예비심사에서 예비심사위원들에게 특정
승진대상자들에게 높은 점수를 주거나 낮은 점수를 주도록 하게 한 경우(대
판 2007. 7. 13. 2004도3995), 검찰의 고위 간부가 내사 담당 검사로 하여금 내사
를 중도에서 그만두고 종결처리토록 한 경우(대판 2007. 6. 14. 2004도5561), 검
사가 개인적인 목적을 위하여 수용자를 소환하면서도 수사 목적이라는 명분
을 내세워 교도관에게 수용자에 대한 소환요구 또는 출석요구를 한 경우(대
판 2006. 5. 26. 2005도6966), 재정경제원장관이 채권은행으로 하여금 기업에 대
한 대출을 권고하거나 요청한 경우(대판 2004. 5. 27. 2002도6251) 등에서는 본죄
가 성립한다.

그러나 국방부장관이 군사법경찰관에게 불구속 송치를 지시한 경우(대판
2022. 10. 27. 2020도15105), 서울중앙지방법원 형사수석부장판사가 동법원의 재
판에 관여한 경우(대판 2022. 4. 28. 2021도11012), 지방자치단체의 장이 미리 승
진후보자명부상 후보자들 중에서 승진대상자를 실질적으로 결정한 다음 그
내용을 인사위원회 간사, 서기 등을 통해 인사위원회 위원들에게 '승진대상

자 추천'이라는 명목으로 제시하여 인사위원회로 하여금 자신이 특정한 후보
자들을 승진대상자로 의결하도록 유도하는 행위(대판 2020. 12. 10. 2019도17879),
법무부 검찰국장이 검사인사담당 검사에게 S지청에서 근무하고 있던 경력검
사인 A를 T지청으로 배치하는 인사안을 작성하도록 지시한 행위(대판 2020. 1.
9. 2019도11698), 국가정보원국장과 기업정보담당관이 사기업으로 하여금 특정
보수단체에 자금을 지원하게 한 행위(대판 2019. 3. 14. 2018도18646), 국방부 근
무지원단장이 해병대 사령관의 '쌀군납 사건 및 진급로비 사건'에 대한 수사
를 지시하거나 포항지청에 이에 대한 내사요청을 지시한 행위(대판 2014. 12.
24. 2012도4531), 당직대의 조장이 당직근무를 마치고 내무반에 들어와 하급자
에게 다른 이유로 기합을 준 행위(대판 1985. 5. 14. 84도1045) 등에서는 본죄가
성립하지 않는다.[1]

나. 의무없는 일의 강요 또는 권리행사방해   '의무없는 일'에서 '의무'란
법률상 의무를 가리키고, 단순한 심리적 의무감 또는 도덕적 의무는 이에 해당하
지 않는다(대판 1991. 12. 27. 90도2800). 법률상 의무없는 일을 하게 한다는 것은 전혀
의무가 없는 일뿐만 아니라 의무있는 일이라도 의무를 불리하게 또는 과중하게
변경하는 것을 포함한다.

권리행사를 방해한다는 것은 의무없는 일을 하게 하는 것의 한 예라고 할 수
있다. 법률상 허용된 행위를 하지 못하도록 하는 경우는 의무없는 일을 하게 하
는 것이라고 할 수 있다.

[대판 2020. 1. 30. 2018도2236 전합] 직권남용 행위의 상대방이 일반 사인인 경우
특별한 사정이 없는 한 직권에 대응하여 따라야 할 의무가 없으므로 그에게 어떠
한 행위를 하게 하였다면 '의무 없는 일을 하게 한 때'에 해당할 수 있다. 그러나
상대방이 공무원이거나 법령에 따라 일정한 공적 임무를 부여받고 있는 공공기관
등의 임직원인 경우에는 법령에 따라 임무를 수행하는 지위에 있으므로 그가 직
권에 대응하여 어떠한 일을 한 것이 의무 없는 일인지 여부는 관계 법령 등의 내
용에 따라 개별적으로 판단하여야 한다.
[대판 2020. 1. 9. 2019도11698] 공무원이 자신의 직무권한에 속하는 사항에 관하
여 실무 담당자로 하여금 직무집행을 보조하는 사실행위를 하도록 하더라도 이는
공무원 자신의 직무집행으로 귀결될 뿐이므로 원칙적으로 의무 없는 일을 하게

---

1) 국정농단사건에서 대통령, 대통령비서실장, 청와대경제수석 등의 행위가 본죄에 해당하는
   지에 대한 상세한 판례로, 대판 2020. 2. 13. 2019도5186; 대판 2020. 2. 6. 2018도9809; 대
   판 2020. 2. 6. 2018도8808; 대판 2020. 1. 30. 2018도2236 전합 등.

한 때에 해당한다고 할 수 없다. 그러나 직무집행의 기준과 절차가 법령에 구체적으로 명시되어 있고 실무 담당자에게도 직무집행의 기준을 적용하고 절차에 관여할 고유한 권한과 역할이 부여되어 있다면 실무 담당자로 하여금 그러한 기준과 절차를 위반하여 직무집행을 보조하게 한 경우에는 '의무 없는 일을 하게 한 때'에 해당한다.

다. 인과관계　　　　본죄는 의무없는 일을 하거나 권리행사가 방해되는 결과를 필요로 하는 결과범이다. 따라서 직권남용과 의무없는 일을 하게 하거나 권리행사를 방해한 것 사이에는 인과관계가 있어야 한다(대판 2005. 4. 15. 2002도3453). 인과관계가 없는 경우에는 본죄의 미수가 되어 처벌되지 않는다.

3) 주관적 구성요건　　　　본죄가 성립하기 위해서는 직권을 남용하여 의무없는 일을 하게 하거나 권리행사를 방해한다는 점에 대한 고의가 필요하다.

[대결 1993. 7. 26. 92모29]　교도소에서 접견업무를 담당하던 교도관이 접견신청에 대하여 행형법 소정의 '필요용무'가 있는 때에 해당하지 아니한다고 판단하여 그 접견신청을 거부하였다면, 단지 접견신청거부행위의 위법성에 대한 인식이 없었던 것에 불과한 것이 아니라 애초부터 직권남용에 대한 범의 자체가 없어 위 범죄를 구성하지 아니한다.

(3) 기수시기

본죄의 미수는 벌하지 않는다.

본죄의 기수가 되기 위해서는 의무없는 일을 하거나 권리행사를 방해하는 결과가 있어야 한다(대판 2008. 12. 24. 2007도9287). 직권남용이 있어도 이러한 결과가 발생하지 않은 경우에는 미수가 되어 처벌되지 않는다. 권리행사를 방해하는 결과가 있으면 족하고 국가기능이 훼손될 필요는 없다.

(4) 죄　　수

직권을 남용하여 권리행사를 방해하고 의무없는 일을 하게 한 경우 본죄의 일죄만이 성립한다(대판 2010. 1. 28. 2008도7312). 직무관련자를 강요하여 제3자와 계약을 체결하도록 한 경우 제3자뇌물수수죄와 본죄의 상상적 경합범(대판 2017. 3. 15. 2016도19659)이, 체포 요건이 충족되지 아니함에도 사람을 체포하여 권리행사를 방해하였다면 직권남용체포죄와 본죄가 성립한다(대판 2017. 3. 9. 2013도16162).

[대판 2010. 1. 28. 2008도7312] 상급 경찰관이 직권을 남용하여 부하 경찰관들의 수사를 중단시키거나 사건을 다른 경찰관서로 이첩하게 한 경우, 일단 '부하 경찰관들의 수사권 행사를 방해한 것'에 해당함과 아울러 '부하 경찰관들로 하여금 수사를 중단하거나 사건을 다른 경찰관서로 이첩할 의무가 없음에도 불구하고 수사를 중단하게 하거나 사건을 이첩하게 한 것'에도 해당된다고 볼 여지가 있다. 그러나 이는 어디까지나 하나의 사실을 각기 다른 측면에서 해석한 것에 불과한 것으로서 … 위 두 가지 행위 태양에 모두 해당하는 것으로 기소된 경우, '권리행사를 방해함으로 인한 직권남용권리행사방해죄'만 성립하고 '의무 없는 일을 하게 함으로 인한 직권남용권리행사방해죄'는 따로 성립하지 아니하는 것으로 봄이 상당하다.
[대판 2021. 9. 9. 2021도2030] 직권남용권리행사방해죄는 국가기능의 공정한 행사라는 국가적 법익을 보호하는 데 주된 목적이 있으므로, 공무원이 동일한 사안에 관한 일련의 직무집행 과정에서 단일하고 계속된 범의로 일정 기간 계속하여 저지른 직권남용행위에 대하여는 설령 그 상대방이 여러 명이더라도 포괄일죄가 성립할 수 있다.
[대판 2020. 1. 30. 2018도2236 전합]   대통령비서실장이 직권을 남용하여 서로 다른 공공기관을 통하여 각 기관이 주관하는 사업별로 별도로 실행되도록 한 경우 각 사업수행자별 사업 사이 및 각 연도별 사업 사이에서는 범의의 단일성과 방법의 동일성을 인정하기 어려우므로 포괄일죄가 아니라 각각 별개의 범죄가 성립한다.

공무원이 폭행·협박을 수단으로 타인의 권리행사를 방해한 경우 본죄와 강요죄(제324조)의 상상적 경합설이 있으나, 강요죄의 형벌이 더 무거우므로 강요죄만이 성립한다고 해야 한다.

2. 불법체포·감금죄

제124조(불법체포·불법감금) ① 재판, 검찰, 경찰 기타 인신구속에 관한 직무를 행하는 자 또는 이를 보조하는 자가 그 직권을 남용하여 사람을 체포 또는 감금한 때에는 7년 이하의 징역과 10년 이하의 자격정지에 처한다.
② 전항의 미수범은 처벌한다.

(1) 개념 및 보호법익

불법체포·감금죄란 재판, 검찰, 경찰 기타 인신구속에 관한 직무를 행하는 자 또는 이를 보조하는 자가 그 직권을 남용하여 사람을 체포 또는 감금하는 죄이다.

본죄의 성격에 대해서는 ① 특정한 공무원이 본죄를 범하는 경우에 형벌이 가중되는 부진정신분범이라고 하는 견해와 ② 체포·감금죄와는 구별되는 독립된 범죄로서 진정신분범이라고 하는 견해가 대립한다.

비신분자가 본죄에 가공한 때에 ①의 견해에 의하면 제33조 단서가 적용되어 비신분자는 체포·감금죄(제276조)의 형벌로 처벌되고, ②의 견해에 의하면 제33조 본문이 적용되어 본죄의 형벌로 처벌된다. 불법체포·감금죄가 인신구속을 행하는 자들에 의해 범해지는 경우가 많아 그 신분 때문에 가중처벌하는 것이라고 할 수 있으므로 ①의 견해가 타당하다.

본죄의 보호법익은 '인신구속에 관한 국가기능의 공정성'과 '사람의 신체활동의 자유'이다. 보호의 정도는 침해범이다. 불법체포·감금에 의해 신체활동의 자유가 침해된 경우에는 인신구속에 관한 국가기능의 공정성도 침해되었다고 할 수 있기 때문이다.

(2) 구성요건

본죄의 주체는 재판, 검찰, 경찰 기타 인신구속에 관한 직무를 행하는 자 또는 이를 보조하는 자이다. 본죄는 부진정직무범죄이면서 특수직무범죄이다. 기타 인신구속에 관한 직무를 행하는 자 또는 이를 보조하는 자란 「사법경찰관리의 직무를 수행할 자와 그 직무범위에 관한 법률」에 규정된 자를 의미한다. 보조하는 자란 법원 또는 검찰서기, 사법경찰리와 같이 직무상 보조자의 지위에 있는 자를 말하고, 사실상 보조하는 자는 포함되지 않는다.[1]

본죄의 실행행위는 직권을 남용하여 사람을 체포 또는 감금하는 것이다. 체포·감금의 개념은 체포·감금죄(제276조)에서와 같다. 직권을 남용하여야 하므로 직권과 관계없이 사람을 체포·감금하였을 때에는 본죄가 아니라 제276조의 체포·감금죄가 성립한다.

본죄는 간접정범의 형태로도 범할 수 있다.

[대판 2006. 5. 25. 2003도3945] 인신구속에 관한 직무를 행하는 자 또는 이를 보조하는 자가 피해자를 구속하기 위하여 진술조서 등을 허위로 작성한 후 검사와

---

[1] 다른 취지의 판례로, 대판 1969. 6. 24. 68도1218. 그러나 이 경우에는 본죄가 아니라 체포·감금죄(제276조)가 성립한다고 해야 한다.

> 영장전담판사를 기망하여 구속영장을 발부받아 피해자를 구금한 경우 불법체포 · 감금죄가 성립한다.

　　판례에 의하면, 즉결심판 피의자의 정당한 귀가요청을 거절한 채 다음날 즉결심판법정이 열릴 때까지 피의자를 경찰서 보호실에 강제유치시키려고 함으로써 피의자를 경찰서 내 즉결피의자 대기실에 10-20분 동안 있게 한 경우(대판 1997. 6. 13. 97도877), 설사 피해자가 경찰서 안에서 직장동료인 피의자들과 같이 식사도 하고 사무실 안팎을 내왕하였다 하여도 피해자를 경찰서 밖으로 나가지 못하도록 그 신체의 자유를 제한하는 유형 · 무형의 억압이 있은 경우(대결 1991. 12. 30. 91모5), 피의자를 임의동행한 경우에도 조사 후 귀가시키지 아니하고 그의 의사에 반하여 경찰서 조사실 또는 보호실 등에 계속 유치한 경우(대결 1985. 7. 29. 85모16) 본죄에 해당한다.

　　본죄를 범하여 상해에 이르게 한 경우에는 1년 이상의 유기징역, 사망에 이르게 한 경우에는 무기 또는 3년 이상의 징역에 처한다(특정범죄가중법 제4조의2).

(3) 위 법 성

　　인신구속을 담당하는 자가 법령에 따라 체포 · 구속을 한 경우에는 본죄의 구성요건해당성이 없고, 체포 · 감금죄(제276조)의 구성요건에 해당하지만 정당행위로 위법성이 조각된다.

　　본죄는 개인적 법익뿐만 아니라 국가적 법익도 보호하는 것이므로 피해자의 승낙은 본죄의 위법성을 조각하지 못한다.

(4) 미　　　수

　　본죄의 미수는 처벌한다(제124조 2항).

　　본죄의 실행의 착수시기는 체포 · 감금행위를 개시한 때이고, 기수시기는 체포 · 감금행위를 종료한 때이다. 본죄는 기수 이후에도 체포 · 감금행위가 계속되어 기수시기와 종료시기가 다른 계속범이다. 따라서 석방 이전까지는 공범이 성립할 수 있고, 공소시효의 기산점도 석방시이다.

(5) 죄　　　수

　　판례는 "사법경찰관이 체포 요건이 충족되지 아니함을 충분히 알면서도 사람을 체포하여 그 권리행사를 방해하였다면, 직권남용체포죄와 직권남용권리행사방해죄가 성립한다"고 한다(대판 2017. 3. 9. 2013도16162). 그러나 본죄와 직권남용죄는 특별 대 일반의 관계에 있으므로 본죄만이 성립한다고 해야 한다.

3. 폭행 · 가혹행위죄

> 제125조(폭행, 가혹행위) 재판, 검찰, 경찰 그 밖에 인신구속에 관한 직무를 수
> 행하는 자 또는 이를 보조하는 자가 그 직무를 수행하면서 형사피의자나 그 밖
> 의 사람에 대하여 폭행 또는 가혹행위를 한 경우에는 5년 이하의 징역과 10년
> 이하의 자격정지에 처한다.

(1) 개념 및 보호법익

폭행 · 가혹행위죄란 재판, 검찰, 경찰 그 밖에 인신구속에 관한 직무를 수행
하는 자 또는 이를 보조하는 자가 그 직무를 수행하면서 형사피의자 또는 그 밖
에 사람에 대하여 폭행 또는 가혹한 행위를 가하는 죄이다. 본죄는 인신구속에
관한 직무를 행하는 자가 폭행죄(제260조)를 범하거나 가혹행위를 한 경우 형벌을
가중하는 죄라는 점에서 부진정직무범죄이고, 또한 특수직무범죄이다.

본죄의 보호법익은 국가의 인신구속기능의 공정성 및 개인의 신체의 온전성
및 인격권이다. 본죄의 보호의 정도에 대해 침해범설과 추상적 위험범설이 대립
한다. 폭행죄와 학대죄는 추상적 위험범이고, 본죄를 범하는 경우 반드시 국가의
인신구속의 공정성이 침해되는 것이라고 할 수 없으므로 추상적 위험범이라는 견
해가 타당하다.

(2) 구성요건 및 위법성

본죄의 주체는 불법체포 · 감금죄에서와 같다.

본죄의 객체는 형사피의자 또는 그 밖의 사람이다. '그 밖의 사람'이란 피고
인, 참고인, 증인 등 재판이나 수사절차에서 조사의 대상이 된 사람을 말한다.

본죄의 실행행위는 직무를 수행하면서 폭행 또는 가혹 행위를 하는 것이다.
'직무를 수행하면서'란 '직무를 행하는 기회에 있어서'라는 의미이다. 이는 '직권을
남용하여'라는 개념보다는 넓은 것이다. 폭행 · 가혹행위는 직권을 행하는 것이라
고 할 수 없기 때문이다.

'직무를 수행하면서'의 의미에 대해 폭행 · 가혹행위와 직무와의 사이에 시간
적 · 장소적 관련성이 있으면 족하다는 견해와 내적 · 사항적 관련성이 있어야 한
다는 견해(다수설)가 대립한다. 내적 · 사항적 관련성이 없는 경우에는 폭행죄등이

성립한다고 해야 하므로 후자의 견해가 타당하다.

폭행은 반드시 신체에 대한 것일 필요가 없고 사람에 대한 유형력의 행사를 의미한다(광의의 폭행). 가혹행위란 폭행이나 상해 이외에 정신적·신체적 고통을 주는 일체의 행위이다. 자백을 강요하거나 잠을 재우지 않거나 음식물을 주지 않는 행위 등을 예로 들 수 있다.

본죄는 개인적 법익뿐만 아니라 국가적 법익도 보호하는 죄이므로 피해자의 승낙이 위법성을 조각하지 못한다.

(3) 죄   수

구금된 사람을 간음한 경우 피구금자간음죄(제303조 2항)설과 본죄와 피구금자간음죄의 상상적 경합설(다수설)이 대립하는데, 피구금자간음죄도 국가적 법익을 보호하는 측면이 있으므로 전자가 타당하다.

형사피의자를 강간·강제추행한 경우 강간·강제추행죄설과 본죄와의 상상적 경합설이 대립한다. 인신구속의 직무를 행하는 자가 폭행이나 가혹행위를 할 가능성이 높아 이를 방지하기 위해 본죄를 가중처벌하는 것이므로 전자가 타당하다.

4. 선거방해죄

> 제128조(선거방해)   검찰, 경찰 또는 군의 직에 있는 공무원이 법령에 의한 선거에 관하여 선거인, 입후보자 또는 입후보자되려는 자에게 협박을 가하거나 기타 방법으로 선거의 자유를 방해한 때에는 10년 이하의 징역과 5년 이상의 자격정지에 처한다.

(1) 개념 및 보호법익

선거방해죄란 검찰, 경찰 또는 군의 직에 있는 공무원이 법령에 의한 선거에 관하여 선거인, 입후보자 또는 입후보자가 되려는 자에게 협박을 가하거나 기타 방법으로 선거의 자유를 방해하는 죄이다. 본죄의 보호법익은 선거의 자유이고, 보호의 정도는 추상적 위험범이다.[1]

직권남용죄와 비교할 때 본죄의 주체는 특수공무원에 한정되고, 실행행위는 선거의 자유를 방해하는 행위에 제한된다는 점에서, 본죄는 직권남용죄와 특별법

---

1) 그러나 침해범인 것 같이 규정되어 있으므로 입법적 보완을 요한다.

대 일반법의 관계에 있다고 할 수 있다.

(2) 구성요건

본죄의 주체는 검찰, 경찰 또는 군의 직에 있는 공무원이다. 본죄를 진정신분범으로 해석하는 견해도 있으나, 본죄를 직권남용죄의 특별유형이라고 한다면 부진정신분범이라고 해야 한다. 군의 직에 있는 공무원이란 군인과 군속을 포함하는 개념이다.

본죄의 객체는 법령에 의한 선거의 선거인, 입후보자 또는 입후보자되려는 자이지만 기타 방법에 의한 선거방해에서는 객체에 제한이 없다. 법령에 의한 선거는 대통령, 국회의원, 지방자치단체장이나 지방의회의원선거 등을 의미한다.

본죄의 실행행위는 선거인, 입후보자, 입후보자되려는 자에게 협박을 가하거나 기타 방법으로 선거의 자유를 방해하는 것이다. 협박이란 해악을 고지하여 상대방에게 공포심을 일으키는 행위(통설) 또는 상대방에게 공포심을 일으킬만한 해악을 고지하는 행위(판례)를 의미하는 것으로서 협박죄(제283조)의 협박과 같은 개념이다. 기타 방법에는 제한이 없다.

본죄는 추상적 위험범이므로 선거를 방해할 만한 행위가 있으면 기수가 되고 반드시 현실적으로 선거를 방해하는 결과가 발생할 필요는 없다.

Ⅳ. 뇌 물 죄

1. 뇌물죄의 일반이론

(1) 뇌물죄의 개념

뇌물죄란 공무원 또는 중재인이 그 직무에 관하여 뇌물을 수수·요구·약속하거나 뇌물을 조건으로 부정하게 직무를 처리하는 죄와 공무원 또는 중재인에게 뇌물을 공여하는 죄이다. 뇌물죄는 직권남용 또는 직무유기와 이익의 취득이 결합되거나 뇌물취득 그 자체가 직권남용 또는 직무유기로서의 성격을 지닌 것이라고 할 수 있다.

범죄학적으로 보면 우리나라는 뇌물죄가 심각한 나라이다. 우리나라의 국가투명도는 낮은 편이다. 전직대통령의 부정축재사건은 물론이고, 공무원들의 뇌물사건이 거의 매일 문제되고 있다. 뇌물공무원에 대한 형벌은 매우 낮고, 그나마 사면되는 일이 많고, 뇌물죄로 처벌을 받았던 사람들이 얼마 후 고위공직자로 취임하는 것도 쉽게 볼 수 있다.

뇌물죄가 만연되어 있더라도 그 사회적 해악이 크기 때문에 뇌물죄를 비범죄화할 수는 없다. 오히려 뇌물죄는 화이트칼라범죄로서 엄격한 형벌이 효과를 발휘할 수 있는 범죄이다.

(2) 뇌물죄의 보호법익

1) 뇌물죄의 입법형식   뇌물죄의 입법방식에는 공무원의 부정행위를 필요로 하는 게르만법의 방식과 부정행위를 필요로 하지 않는 로마법의 방식이 있다. 게르만법상 뇌물죄의 보호법익은 '직무의 순수성 내지 불가침성'이라고 하고, 로마법상의 뇌물죄의 보호법익은 '직무행위의 불가매수성'이라고 한다.

형법은 부정행위가 없어도 뇌물죄가 성립하는 것으로 규정하면서(제129조), 부정행위가 있는 경우에는 형벌을 가중하는(제131조) 혼합주의를 취하고 있다.

2) 뇌물죄의 보호법익

판례는 뇌물죄의 보호법익을 '직무행위의 불가매수성'이라고 표현하였다가(대판 1965. 5. 31. 64도723), 이후 '직무집행의 공정과 이에 대한 사회의 신뢰 및 직무행위의 불가매수성'이라고 한다(대판 2002. 11. 26. 2002도3539; 대판 1984. 9. 25. 84도1568). 이에 대해 학설은 직무행위의 불가매수성설, 직무행위의 불가매수성과 이에 대한 일반의 신뢰라고 하는 설, 국가기관 및 그 직무 자체의 공정성에 대한 사회적 신뢰설 및 국가기관과 국가기관의 정당한 기능수행이라는 국가제도보호설 등이 있다. 그러나 위의 학설들이 뇌물죄의 해석에서 별 차이를 보이는 것은 아니다.

뇌물죄의 보호의 정도는 추상적 위험범이다.

(3) 뇌물의 개념

1) 뇌물과 직무관련성   뇌물은 직무와 관련된 불법한 이익이므로 직무와 관련성이 있어야 한다. 직무관련성이 없는 금품등에 대해서는 「부정청탁 및 금품등 수수의 금지에 관한 법률」(이하 '청탁금지법')이 적용될 수 있다.

가. 직   무   직무란 법령·관례에 의해 공무원등이 담당하는 일체의 사무를 말한다. 판례는 직무란 법령에 정하여진 직무뿐만 아니라 그와 관련 있는 직무, 과거에 담당하였거나 장래에 담당할 직무[1] 이외에 사무분장에 따라 현실적

---

1) 대판 2017. 12. 22. 2017도12346: 공무원이 장래에 담당할 직무에 대한 대가로 이익을 수수한 경우에도 뇌물수수죄가 성립할 수 있지만, 그 이익을 수수할 당시 장래에 담당할 직무에 속하는 사항이 그 수수한 이익과 관련된 것임을 확인할 수 없을 정도로 막연하고

으로 담당하지 않는 직무라도 법령상 일반적인 직무권한에 속하는 직무 등 공무원이 그 직위에 따라 공무로 담당할 일체의 직무로서, 직무와 밀접한 관계가 있는 행위 또는 관례상이나 사실상 소관하는 직무행위(대판 2002. 3. 15. 2001도970), 결정권자를 보좌하거나 영향을 줄 수 있는 직무행위도 모두 이에 포함된다고 한다(대판 2001. 1. 5. 2000도4714).

다만, 퇴직한 공무원이 과거에 담당하였던 사무는 원칙적으로 직무가 될 수 없다고 해야 한다. 이는 형법이 '공무원', '공무원이 될 자'(제129조 2항), '공무원이었던 자'(제131조 3항)를 구분하고 있고, 과거 사무와 관련하여 뇌물을 줄 사람은 없기 때문이다.

나. 직무관련성　　　뇌물은 직무와 관련성이 있어야 하고, 직무와 무관한 이익, 예컨대 사적 행위에 대한 대가로 받은 돈, 가족관계나 친분관계 때문에 받은 이익 등은 뇌물이 될 수 없다(대판 1982. 9. 14. 81도2774). 즉, 공무원이 관련업자로부터 100만원의 축의금을 받았다면 뇌물이지만, 공무원이 이전에 관련업자에게 100만원의 축의금을 냈기 때문에 관련업자가 그에 대한 보답으로 100만원을 주었다면 뇌물이라고 할 수 없다.

직무관련성의 유무는 공무원의 직무내용, 직무와 이익제공자와의 관계, 쌍방 간에 특수한 사적 친분관계가 존재하는지 여부, 이익의 다과, 이익을 수수한 경위와 시기 등 모든 사정을 참작하여 판단하지만(대판 2002. 3. 15. 2001도970), 개인적인 친분관계가 있어서 교분상의 필요에 의한 것이라고 명백하게 인정할 수 있는 경우 등 특별한 사정이 없는 한 직무와의 관련성이 없는 것으로 볼 수 없다(대판 2001. 10. 12. 2001도3579). 뇌물죄는 직무에 관한 청탁이나 부정한 행위를 필요로 하지 않기 때문에 직무관련성을 인정하는 데 특별한 청탁이 있는가를 고려할 필요는 없다.

금품이 직무에 관하여 수수된 것으로 족하고 개개의 직무행위와 대가적 관계에 있을 필요는 없고, 그 직무행위가 특정될 필요도 없다.

[대판 2011. 12. 8. 2010도15628]　시의원이 신문사와 노인단체의 부탁을 받고 노

추상적이거나, 장차 그 수수한 이익과 관련지을 만한 직무권한을 행사할지 자체를 알 수 없다면, 그 이익이 장래에 담당할 직무에 관하여 수수되었다거나 그 대가로 수수되었다고 단정하기 어렵다.

인시설에서 구독하는 신문의 구독료 예산을 확보하여 지급되도록 한 다음 수수료 명목의 돈을 수수하였다면 위 돈은 피고인이 직무에 관하여 수수한 것으로 보아야 한다.

2) **직무와의 대가관계**   다수설은 뇌물과 직무와의 관련성 이외에 대가관계까지 있어야 한다고 한다. 이에 대해 소수설은 대가관계는 필요없다고 한다. 한편 대가관계를 요구하는 견해도 최근에는 대가관계의 개념을 넓게 해석하여 구체적·개별적이 아니라 일반적·포괄적 대가관계이면 족하다고 한다.

판례도 뇌물과 직무 간의 대가관계가 필요하다고 하면서, 다만 대가관계는 전체적 대가관계를 의미하므로 개개의 직무행위와 대가관계는 필요없다고 하여 소위 '포괄적 뇌물죄'라는 개념을 받아들이고 있다. 그러나 판례는 "정치자금·선거자금 등의 명목으로 이루어진 금품의 수수라 하더라도 그것이 정치인인 공무원의 직무행위에 대한 대가로서의 실체를 가지는 한 뇌물로서의 성격을 잃지 아니한다"라고 함으로써 여전히 대가관계를 요구하고 있다(대판 2019. 11. 28. 2018도20832).

그러나 뇌물죄규정은 '직무에 대한 대가로'라고 규정되어 있지 않고 '직무에 관하여'라고 규정되어 있으므로 직무와 뇌물 사이에는 대가관계까지 필요하지 않고 인과관계만 있으면 족하다고 생각된다.

다수설과 판례가 뇌물과 직무 사이에 대가관계를 요구하는 것은 독일형법의 해석론에 영향을 받은 것으로 보인다. 독일 구형법상의 뇌물죄규정은 대가관계를 명문으로 요구하고 있었다. 따라서 독일 구형법의 해석에서는 공무수행과 이익 간에는 대가관계가 있어야 한다고 해석해야 하고, 대가관계가 없어도 된다고 해석하는 것은 피고인에게 불리한 유추해석으로서 허용될 수 없었을 것이다.

하지만 현행 독일형법은 구법에 규정되어 있던 '대가로'라는 표현을 삭제하였다. 이에 따라 뇌물죄의 성립에 대가관계는 필요없는 것으로 해석할 수 있다고 한다. 이러한 독일의 해석론에 비추어 보더라도 대가관계를 명문으로 규정하고 있지 않은 우리 형법의 해석론으로는 대가관계를 요한다고 해석하지 않아도 되고, 또 이렇게 해석할 필요도 없다. 우리는 독일 구형법보다 진일보된 규정을 가지고 있음에도 불구하고 통설·판례가 독일의 구형법의 해석방법을 따랐다는 것은 아이러니한 일이 아닐 수 없다.

대가관계가 필요하다고 해석하여도 개별적 직무행위와의 대가관계가 아니라 직무와의 대가관계가 있으면 족하다고 해야 한다. 예를 들어 담당공무원에게 허가를 대가로 뇌물을 주었다면 이것은 직무행위와 대가관계가 있다. 그런데 소위 '평소관리'라는 행태들에서는 업자들이 관련 공무원들에게 평소에 금품이나 향응을 제공하고 정작 허가받을 일이 생기면 연락조차 하지 않는다. 공무원은 평소 신세진 것을 생각하여 가능한 범위에서 유리하게 일을 처리해 준다. 이 경우에 직무행위와 대가관계는 없다고 하여도(평소관리는 장래의 불특정 직무행위와 대가관계는 있다고 할 수도 있다), 직무와의 대가관계는 있다고 할 수 있다.[1]

  3) **뇌물과 불법한 이익**　　　뇌물죄의 객체는 뇌물이다. 통설은 뇌물을 직무에 관한 불법한 보수 또는 부당한 이익이라고 한다. 직무와 관련성이 있더라도 법령에 근거가 있는 봉급, 수당, 상여금, 여비, 수수료 등은 뇌물이 되지 않는다.
  통설·판례에 의하면 뇌물에는 물건뿐만 아니라 이익도 포함된다. 이익이란 수령자의 경제적·법적·인격적 지위를 유리하게 하여 주는 것으로서 일체의 유형·무형의 이익을 포함한다. 비재산적 이익도 포함될 것인가에 대해, 판례는 긍정설을 따른다.

> [대판 2023. 6. 15. 2023도1985] 뇌물죄에서 뇌물의 내용인 이익은 금전, 물품 기타의 재산적 이익뿐만 아니라 사람의 수요 욕망을 충족시키기에 족한 일체의 유형·무형의 이익을 포함하므로, 장기간 처분하지 못하던 재산을 처분함으로써 생기는 무형의 이익 역시 뇌물의 내용인 이익에 해당된다.

  이에 대하여 이익은 객관적으로 측정할 수 있는 내용을 가질 것을 요하므로[2] 단순히 명예욕이나 호기심을 만족시키는 것은 뇌물이 될 수 없다는 부정설[3]이 있다.
  판례에 의하면, 액수 미상의 프리미엄이 예상되는 조합아파트 1세대의 분양(대판 2002. 11. 26. 2002도3539), 처분하지 못하던 토지와 개발에 따른 지가상

---

1) 소위 평소관리에서 업자와 공무원 모두 동창, 고향사람, 지인이기 때문에 금품과 향응을 주고받는다고 변명한다. 업자는 자신이 항상 비용을 부담하여도 즐거워한다. 그런데 그 업자는 다른 어려운 동창에게는 커피 한 잔도 사주지 않는다. 과거 법조계에서도 이러한 관행이 있었다. 그러나 "세상에 점심조차 공짜는 없다!".
2) 독일의 통설·판례는 경제적·법적·인격적 이익 모두에 대해 객관적으로 측정할 수 있을 (objektiv meßbar) 것을 요한다고 한다.
3) 그러나 부정설도 이성간의 정교나 성행위도 뇌물에 포함된다고 해석하는데 성욕도 명예욕이나 호기심과 마찬가지로 객관적으로 측정하기 어렵다.

승가능성이 있는 토지의 교환(대판 2001. 9. 18. 2000도5438), 은행대출금채무에 대한 연대보증(대판 2001. 1. 5. 2000도4714), 주상복합건물 신축공사의 저렴한 가격 수급(대판 1998. 3. 10. 97도3113), 정치자금·선거자금·성금 명목의 금원 (대판 1997. 12. 26. 97도2609), 장래 시가가 앙등될 것으로 예상되는 주식의 액 면가 매수 및 투기적 사업에 참여할 기회의 획득(대판 2012. 8. 23. 2010도6504), 일정한 금원을 투자하여 매월 일정액을 받기로 한 경우 그 금액 중 그 금원 을 투자하여 얻을 수 있는 통상적인 이익을 초과한 금액(대판 1995. 6. 30. 94도 993), 조합아파트 가입권에 붙은 소위 프리미엄(대판 1992. 12. 22. 92도1762), 차 용금명목으로 수수한 물건(대판 79도3662), 금전소비대차에 의한 금융이익(대판 1976. 9. 28. 75도3607) 등은 모두 뇌물에 해당한다.

4) 사교적 의례와 뇌물   사교적 의례에 속하는 물건 내지 이익과 뇌물의 구별기준에 대해서도 학설이 나뉘고 있다. 이에 대해 ① 뇌물이 아니라는 견해, ② 직무행위와 대가관계가 인정되면 뇌물이지만 위법성이 조각될 수 있다고 하는 견해, ③ 사교적 의례에 속하는 것은 뇌물이 될 수 없지만 직무행위와 대가관계 가 인정되는 경우에는 뇌물이 된다는 견해 등이 있다.

판례는 사교적 의례에 속하는 것은 뇌물이 될 수 없다고 하면서(대판 2014. 1. 29. 2013도13937; 대판 1955. 6. 7. 4288형상129), 직무와의 대가관계가 인정되는 경우에는 사교적 의례의 형식을 빌렸다고 하더라도 뇌물이 될 수 있다고 한다(대판 2010. 4. 29. 2010도1082). 이는 ③의 입장이라고도 할 수 있으나 ①의 입장이라고 할 수 있다.

직무관련성이 없는 사교적 의례는 뇌물에 속하지 않고 청탁금지법의 적용대 상이 될 수 있을 뿐이다. 직무관련성이 있는 사교적 의례가 있을 수 있는데 이 경우에는 뇌물죄 또는 청탁금지법위반죄에 해당되지만 위법성이 조각될 수 있다 고 해야 한다. 예를 들어 공무원이 사건을 잘 처리해 달라는 민원인으로부터 2-3 천원 상당의 음료수를 받은 경우, 직무관련성이 있으므로 뇌물죄의 구성요건해당 성이나 청탁금지법 위반죄의 구성요건해당성이 있지만 금액이 사소하므로 사회상 규에 위배되지 않는다고 해야 한다.[1] 이 경우 사교적 의례에 속하는지의 여부를 결정하는 가장 중요한 요소는 그 규모 내지 가액이 될 것이다(대판 2017. 1. 12. 2016 도15470 참조).

---

1) 사교적 의례인지 여부는 위법성판단인 듯한 표현들을 쓰는 판례로, 대판 1984. 4. 10. 83 도1499.

판례에 의하면, 6-7천원 상당의 향응(대판 1955. 3. 4. 4285형상114), 구화 60만원의 수수(대판 1955. 7. 11. 4288형상97), 시가 430원 상당의 물품(과자와 쇠고기)의 공여(대판 1968. 10. 8. 68도1066), 봉급이 9만원인 공무원이 10만원씩 2차에 걸쳐서 받은 경우(대판 1979. 5. 22. 79도303), 7만원 상당의 향응(1980년), 금 30만원과 향응(1980년대 초), 금 83,500원 상당의 향응(대판 1996. 12. 6. 96도144) 등은 모두 사교적 의례가 아닌 뇌물이다.

5) 뇌물의 가액　　　뇌물은 필요적 몰수·추징의 대상이 되므로(제134조) 그 가액산정이 중요하다.

판례에 의하면, 수수한 금품에 직무행위와 대가관계가 있는 부분과 그렇지 않은 부분이 불가분적으로 결합되어 있는 경우 금품 '전액'이 뇌물이지만 금품의 수수가 수회에 걸쳐 이루어졌고 각 수수 행위별로 직무 관련성 유무를 달리 볼 여지가 있는 경우에는 그 행위마다 직무와의 관련성 여부를 가릴 필요가 있다(대판 2024. 3. 12. 2023도17394). 금품의 무상대여의 경우 뇌물가액은 금융이익 상당이다(대판 2014. 5. 16. 2014도1547). 또한 투자대금에 대한 이익 명목으로 뇌물을 수수한 경우 그 가액은 그 금액을 투자함으로써 얻을 수 있는 통상적인 이익을 초과한 금액이다(대판 1995. 6. 30. 94도993).

한편 향응을 받은 경우의 뇌물가액은 피고인의 접대에 요한 비용과 향응 제공자가 소비한 비용액 중 피고인의 접대에 요한 비용만이고, 각자에 요한 비용액이 불명일 때에는 이를 평등하게 분할한 금액이며, 피고인 스스로 제3자를 초대하여 함께 접대를 받은 경우에는 특별한 사정이 없는 한 그 제3자의 접대에 요한 비용도 피고인의 접대에 요한 비용에 포함된다(대판 2001. 10. 12. 99도5294).

뇌물수수 후 일부를 상납하거나(대판 1980. 4. 22. 80도541), 자신의 편의에 따라 그 중 일부를 타인에게 교부하거나(대판 1992. 2. 28. 91도3364), 액수가 예상한 것보다 너무 많아 후에 이를 반환하였어도(대판 2007. 3. 29. 2006도9182) 전액이 뇌물이다. 또한 수인이 공동으로 뇌물을 수수한 경우에는 공범자는 자기의 수뢰액뿐만 아니라 다른 공범자의 수뢰액에 대하여도 그 죄책을 면할 수 없는 것이므로, 공범자들이 실제로 취득한 금액이나 분배받기로 한 금액이 아니라 공범자 전원의 수뢰액을 합한 금액이다(대판 1999. 8. 20. 99도1557). 뇌물수수에 따르는 부수적 비용은 뇌물가액에서 공제되지 않는다(대판 2011. 11. 24. 2011도9585).

특정범죄가중법 제2조는 뇌물죄의 가액이 3천만원 이상인 경우 단계별 가중처벌을 하고 있는데, 여기에서도, 재산범죄에서와 마찬가지로(대판 2000. 11. 10. 2000도3483 참조), 단순일죄 또는 포괄일죄의 이득액을 말하고, 경합범에서 각각의 가액을 합친 것을 의미하지 않는다.

(4) 수뢰죄와 증뢰죄의 관계

1) **필요적 공범 여부**   수뢰죄와 증뢰죄의 관계에 대해서 과거에는 필요적 공범설, 독립범죄설 등이 있었지만, 최근의 통설은 뇌물수수·약속·공여죄는 필요적 공범이고, 뇌물요구죄와 공여의사표시죄는 독립된 범죄라고 하는 구분설을 취한다.

뇌물요구죄와 공여의사표시죄는 상대방과 동일한 방향 혹은 반대방향의 의사합치가 필요하지 않으므로 필요적 공범이라고 할 수 없음은 분명하다. 뇌물수수·약속죄의 경우에는 상대방이 증뢰죄(공여죄나 공여의사표시)에 해당하게 되므로 필요적 공범이라고 할 수 있다. 그러나 예를 들어 공무원이 자리를 비운 사이에 뇌물을 놓고 가거나 편지라고 하고 속이고 뇌물을 준 경우 등에도 뇌물을 받아들이는 행위도 없고 수뢰죄도 성립하지 않지만[1] 증뢰죄는 성립할 수 있다. 따라서 뇌물공여죄도 필요적 공범이라고 할 수 없다.

결국, 뇌물수수죄와 약속죄는 필요적 공범이고, 뇌물요구죄와 공여의사표시죄 및 공여죄는 필요적 공범이 아니라고 해야 한다.

2) **총칙상 공범규정의 적용 여부**   뇌물죄에 총칙상 공범규정이 적용되는가에 대해서는 경우를 나누어 살펴보아야 한다.

첫째, 수뢰자와 증뢰자 사이에서는 공범규정이 적용되지 않는다. 예를 들어 공무원등이 상대방을 교사하여 뇌물을 공여하게 한 경우 수뢰죄만 성립하고, 증뢰교사죄는 별도로 성립하지 않는다(대판 1971. 3. 9. 70도2536).

둘째, 수뢰자와 증뢰자 이외의 자에게는 총칙상의 공범규정이 적용된다. 따라서 공무원과 비공무원이 공동으로 뇌물을 받거나, 비공무원이 공무원을 교사·방조하여 뇌물을 받게 한 경우에는 제33조가 적용된다.

---

1) 판례는 상대방측에서 금전적으로 가치가 있는 그 물품등을 받아들이는 작위·부작위가 필요하지만 반드시 상대방측에서 뇌물수수죄가 성립되어야만 한다는 것을 뜻하는 것은 아니라고 한다(대판 1987. 12. 22. 87도1699). 이것만으로도 뇌물공여죄는 필요적 공범이라고 할 수 없다.

(5) 뇌물죄의 구성요건체계

뇌물죄는 수뢰죄와 증뢰죄로 나뉜다.

수뢰죄의 기본적 구성요건은 단순수뢰죄(제129조 1항)이다. 사전수뢰죄(제129조 2항)는 공무원 또는 중재인이 될 자의 수뢰죄라는 점에서 불법이 감경된 구성요건이다. 수뢰후부정처사죄와 사후수뢰죄(제131조 1·2항)는 수뢰죄와 부정행위가 결합된 범죄로서 부정행위로 인해 불법이 가중된 구성요건이다. 제3자뇌물제공죄(제130조)와 알선수뢰죄(제132조)는 수뢰죄의 수정적 구성요건이다.

증뢰죄에는 증뢰죄(제133조 1항)와 독립된 구성요건으로서 제3자증뢰물전달죄(제2항)가 있다.

(6) 뇌물죄에 관한 특별법

특정범죄가중법은 뇌물가액에 따른 가중처벌(제2조), 알선수뢰죄에 대한 가중처벌(제3조) 및 정부관리기업체의 간부직원을 공무원으로 보는 규정(제4조)들을 두고 있다.

특정경제범죄법은 금융기관 임·직원의 수재죄, 제3자뇌물제공죄, 알선수재죄의 가액에 따른 처벌(제5조), 금융기관 임·직원에 대한 증재죄 및 증재물전달죄 등의 처벌규정(제6조)을 두고 있다.

「공무원범죄에 관한 몰수특례법」은 공무원이 수뢰죄에 의해 취득한 불법재산을 몰수하는 규정을 두고 있다(제3조 1항). 불법재산이란 수뢰죄로 얻은 재산인 '불법수익'과 '불법수익에서 유래한 재산'을 합친 개념이다. '불법수익에서 유래한 재산'이란 불법수익의 과실로서 얻은 재산, 불법수익의 대가로서 얻은 재산, 이들 재산의 대가로서 얻은 재산 등 불법수익의 변형 또는 증식으로 형성된 재산(불법수익이 불법수익과 관련없는 재산과 합하여져 변형되거나 증식된 경우에는 불법수익에서 비롯된 부분에 한한다)을 말한다(제2조).

청탁금지법은 공직자등의 직무관련 여부와 관계없이 금품수수를 금지하고 있는데(제8조), 이 중 공무원이나 중재인이 직무와 관련하여 금품을 수수한 경우에는 뇌물죄가 성립한다.

2. 단순수뢰죄

제129조(수뢰·사전수뢰)　① 공무원 또는 중재인이 그 직무에 관하여 뇌물을 수수·요구 또는 약속한 때에는 5년 이하의 징역 또는 10년 이하의 자격정지에

처한다.

(1) 개념 및 보호법익

단순수뢰죄는 공무원 또는 중재인이 그 직무에 관하여 뇌물을 수수·요구 또는 약속하는 죄이다. 본죄는 진정신분범, 진정직무범죄 및 일반직무범죄이다.

본죄의 보호법익은 직무행위의 불가매수성과 직무행위의 공정성에 대한 사회의 신뢰이고(대판 2000. 1. 28. 99도4022), 보호의 정도는 추상적 위험범이다.

본죄에 의한 뇌물가액이 3천만원 이상인 때에는 특정범죄가중법 제2조가 우선 적용된다.

(2) 구성요건

1) 행위의 주체   본죄의 주체는 공무원 또는 중재인이다.

공무원이란 법령에 의하여 국가·지방자치단체 또는 공공단체의 사무에 종사하는 자로서 그 직무의 내용이 단순한 기계적·육체적인 것에 한정되어 있지 않는 자를 말한다(대판 1978. 4. 25. 77도3709). 정부관리기업체의 간부직원(특정범죄가중법 제4조), 지방공사와 지방공단의 임·직원(지방공기업법 제83조)은 본죄와 관련하여서는 공무원으로 의제된다.

> 중앙약사심의위원회 소분과위원회의 개최를 앞두고 소분과위원회 위원으로 위촉된 사람(대판 2002. 11. 22. 2000도4593), 도시계획법상 도시계획에 관하여 시장 또는 구청장의 자문에 응하며, 당해 시 또는 구의 도시계획에 관한 사항을 심의하기 위하여 설치된 시·구도시계획위원회의 위원(대판 1997. 6. 13. 96도1703), 지방의회의원(대판 1997. 3. 11. 96도1258), 학교보건법에 따라 교육위원회의 소관에 속하는 학교환경위생정화업무에 관한 사항을 심의하기 위하여 교육감 소속하에 설치된 학교환경위생정화위원회의 위원(대판 1983. 5. 10. 83도301), 세무수습행정원(대판 1961. 12. 14. 4294형상99), 기한부로 채용된 공무원(대판 1971. 10. 19. 71도1113), 세관장이 관세법규정에 따라 채용한 특채관사(대판 1958. 5. 30. 4291형상208) 등도 공무원이다.
>
> 그러나 구 건축법상 '건축위원회의 위원'(대판 2012. 7. 26. 2012도5692), 집행관사무소의 사무원은 공무원이라고 할 수 없다(대판 2011. 3. 10. 2010도14394).

중재인이란 중재법, 노동쟁의조정법 등 법령에 의해 중재의 직무를 수행하는 자이다. 노동쟁의조정법에 의한 중재위원(제32조), 중재법에 의한 중재인(제4조) 등이 이에 속한다. 사실상 중재업무를 담당하는 것만으로는 중재인이라고 할 수 없다.

현재 공무원 또는 중재인이어야 하고, 공무원 또는 중재인이었던 자나 공무원 또는 중재인이 될 자는 본죄의 주체가 될 수 없다. 공무원이 직무와 관련하여 뇌물수수를 약속하고 퇴직 후 이를 수수하는 경우에는 뇌물약속죄 및 사후수뢰죄가 성립할 수 있어도, 뇌물수수죄는 성립하지 않는다(대판 2008. 2. 1. 2007도5190). 공무원이었던 자가 재직 중에 청탁을 받고 직무상 부정한 행위를 한 후 퇴직 후 뇌물을 수수, 요구 또는 약속한 때에도 본죄에 해당되지 않고, 사후수뢰죄(제131조 3항)로 처벌할 수 있을 뿐이다(대판 2013. 11. 28. 2013도10011).

[대판 2014. 3. 27. 2013도11357] 공무원으로 임용되어 공무에 종사하여 온 사람이 나중에 그가 임용결격자이었음이 밝혀져 당초의 임용행위가 무효라고 하더라도 … 이러한 사람은 형법 제129조에서 규정한 공무원으로 봄이 타당하고, 그가 그 직무에 관하여 뇌물을 수수한 때에는 수뢰죄로 처벌할 수 있다.

2) 행위의 객체   본죄의 객체는 뇌물이다. 뇌물의 개념에 대해서는 앞에서 살펴본 것과 같다.

3) 실행행위   본죄의 실행행위는 직무에 관하여 뇌물을 수수·요구 또는 약속하는 것이다. '직무에 관하여'의 의미에 대해서는 앞에서 살펴본 것과 같다.

가. 수 수   수수란 영득의 의사로 뇌물의 점유를 취득하는 것을 말한다. 영득의 의사가 있어야 하므로 후일 기회를 보아서 반환할 의사로서 일단 받아둔 데 불과하다면 수수라고 할 수 없다(대판 1989. 7. 25. 89도126). 그러나 영득의사가 있으면 금액이 너무 많아 나중에 이를 반환하려고 보관하였거나(대판 1992. 2. 28. 91도3364), 실제 나중에 반환하였다 하더라도 본죄가 성립한다(대판 1987. 9. 22. 87도1472;대판 1983. 3. 22. 83도113). 별도로 뇌물의 요구 또는 약속이 있어야 할 필요가 없고(대판 1986. 11. 25. 86도1433), 부정한 행위나 부당한 편의를 보아준 일이 없다 하더라도 본죄가 성립한다(대판 1966. 7. 19. 66도718).

수수의 방법에는 제한이 없다. 타인을 통해 수수하거나(대판 1998. 9. 22. 98도1234;대판 2020. 9. 24. 2017도12389[1]), 사회통념상 공무원이 직접 받은 것과 같이 평가할 수 있는 관계가 있는 사자(使者) 또는 대리인이 뇌물을 받게 하거나(대판 2016. 6. 23. 2016도3540), 제3자가 먼저 공여자를 대신하여 자신의 자금으로 수뢰자에게 지급한 다음

1) 공무원 甲이 乙로부터 선물을 보내주겠다는 말을 듣고 이를 승낙한 후, 乙이 甲이 적어준 명단에 기재된 사람들에게 甲이 선물하는 것처럼 甲명의로 새우젓을 택배로 발송한 경우이다.

공여자로부터 그 금액을 상환받는 방식이어도 상관없다(대판 2008. 6. 12. 2006도8568).
정치자금·선거자금·성금·축의금·떡값·관행 등의 명목으로 수수하거나(대판
1997. 4. 17. 96도3377; 대판 1997. 4. 17. 96도3378), 사교적 의례의 형식으로 수수하였어도
(대판 1996. 12. 6. 96도144; 대판 1996. 6. 14. 96도865; 대판 1984. 4. 10. 83도1499) 무방하다. 금
품을 수수한 장소가 공개된 장소이고, 금품을 수수한 공무원이 이를 부하직원들을
위하여 소비하였을 뿐 사리를 취한 바 없더라도 본죄가 성립한다(대판 1996. 6. 14. 96
도865; 대판 1982. 9. 28. 82도1656).

이익을 향유한 경우는 물론이고 현실로 이익을 향유하지 않았어도 수수하면
본죄가 성립한다. 따라서 자동차등록원부에 소유자로 등록되지 않았어도 실질적
인 사용 및 처분권한이 있다면 자동차를 뇌물로 수수한 것이고(대판 2006. 4. 27. 2006
도735), 뇌물로 수수한 당좌수표가 부도되었더라도 본죄의 성립에는 지장이 없다
(대판 1983. 2. 22. 82도2964).

수수는 공무원지위를 지닌 때에 이루어져야 한다. 공무원의 지위를 떠난 후
수수한 경우에는 본죄가 성립할 수 없고 사후수뢰죄의 성립이 문제된다(대판 2013.
11. 28. 2013도10011).

나. 요   구   요구란 뇌물을 취득할 의사로 상대방에게 그 교부를 청구
하는 것을 말한다. 청구가 있으면 족하고 상대방이 그 의미를 이해하거나 뇌물을
교부하였을 것을 요하지 않는다. 요구는 명시적·묵시적 방법을 불문한다. 공무원
이 상대방에게 어떠한 이익 등의 제공을 요구한 경우 그것이 해악의 고지로 인정
될 수 없다면 직권남용이나 뇌물 요구 등이 될 수는 있어도 강요죄(또는 공갈죄)가
성립하기는 어렵다(대판 2020. 2. 13. 2019도5186).

다. 약   속   약속이란 공무원·중재인과 상대방이 장래에 뇌물을 수수
할 것을 합의하는 것을 말한다. 합의의 방법에는 아무런 제한이 없고 명시적일
필요도 없지만, 장래 공무원의 직무와 관련하여 뇌물을 주고 받겠다는 양 당사자
의 의사표시가 확정적으로 합치하여야 한다(대판 2012. 11. 15. 2012도9417).

> **[대판 1981. 8. 20. 81도698]** 증뢰자가 건축할 주택의 공사비가 매매가격보다 적
> 어서 이를 공사비 상당의 대금으로 분양받을 경우 이익이 있을 것을 예상하고 수
> 뢰자가 그 직무에 관하여 주택 1동을 공사비 상당의 대금으로 분양받기로 약속한
> 이상 뇌물약속죄는 성립되는 것이다.

　양 당사자의 의사표시가 확정적으로 합치하면 족하고 뇌물의 가액이 얼마인지나 그 가액이 확정되어 있는지는 문제되지 않는다(대판 2016. 6. 23. 2016도3753).

　4) 주관적 구성요건　　　　수수죄에서는 고의 이외에 영득의 의사가 필요하지만, 불법영득의사까지 요구되지는 않는다.

[대판 1984. 4. 10. 83도1499] 수표를 일단 피고인의 은행구좌에 예치시켰다가 그 뒤 동료직원들에게 A에 대하여 탐문해 본 결과 믿을 수 없다고 하므로 후환을 염려하여 A에게 반환한 것이라면 피고인에게 뇌물수수의 고의가 있었다고 할 것이다.

　유형 · 무형의 이익을 수수한다는 인식은 있었으나 그 정도로는 사교적 의례에 불과하다거나 뇌물이 아니라고 착오한 경우에는 고의 유무가 아닌 법률의 착오가 문제된다.

　(3) 기수시기

　본죄의 미수는 벌하지 않는다.

　뇌물로 투기적 사업에 참여할 기회를 제공받은 경우, 뇌물수수죄의 기수시기는 투기적 사업에 참여하는 행위가 종료한 시점이다(대판 2011. 7. 28. 2009도9122, 따라서 그 행위가 종료된 후 경제사정의 변동 등으로 인하여 당초의 예상과는 달리 그 사업 참여로 인한 아무런 이득을 얻지 못한 경우라도 뇌물수수죄의 성립에는 영향이 없다).

　뇌물약속죄의 기수시기는 뇌물을 공여하고 수수하기로 하는 확정적인 의사의 합치가 있는 시점이다(대판 2012. 11. 15. 2012도9417).

　(4) 공　　범

　본죄는 진정신분범이므로 본죄에 가담한 비신분자에게는 제33조 본문이 적용된다.

[대판 2019. 8. 29. 2018도2738 전합] 비공무원이 공무원과 공동가공의 의사와 이를 기초로 한 기능적 행위지배를 통하여 공무원의 직무에 관하여 뇌물을 수수하는 범죄를 실행하였다면 뇌물수수죄의 공동정범이 성립한다.

　공동정범 중 1인이 금품이나 이익을 받았다면, 특별한 사정이 없는 금품이나 이익 전부에 관하여 뇌물수수죄의 공동정범이 성립하고, 금품이나 이익의 규모나 정도 등에 대하여 사전에 서로 의사의 연락이 있거나 금품 등의 구체적 금액을 공범이 알아야 하는 것은 아니다.

그리고 공동정범이 성립한 이후에 뇌물이 실제로 공동정범인 공무원 또는 비공무원 중 누구에게 귀속되었는지는 이미 성립한 뇌물수수죄에 영향을 미치지 않는다. 공무원과 비공무원이 사전에 뇌물을 비공무원에게 귀속시키기로 모의하였거나 뇌물의 성질상 비공무원이 사용하거나 소비할 것이라고 하더라도 이러한 사정은 뇌물수수죄의 공동정범이 성립한 이후 뇌물의 처리에 관한 것에 불과하므로 뇌물수수죄가 성립하는 데 영향이 없다.
[대판 2024. 3. 12. 2023도17394] 공무원이 아닌 사람과 공무원이 공모하여 금품을 수수한 경우에도 각 수수자가 수수한 금품별로 직무 관련성 유무를 달리 볼 수 있다면, 각 금품마다 직무와의 관련성을 따져 뇌물성을 인정하는 것이 책임주의 원칙에 부합한다.

(5) 죄수 및 다른 범죄와의 관계

1) 포괄일죄   본죄에 있어서도 단일하고도 계속된 범의 아래 동종의 범행을 일정기간 반복하여 행하고 그 피해법익도 동일하다면 돈을 받은 일자가 상당한 기간에 걸쳐 있고, 돈을 받은 일자 사이에 상당한 기간이 끼어 있더라도 각 범행을 통틀어 포괄일죄가 된다(대판 2000. 1. 21. 99도49405). 증뢰자가 수인이어도 상관없다(대판 1999. 1. 29. 98도3584). 그러나 범의의 단일성이 인정되지 않는 경우에는 경합범이 성립한다(대판 1998. 2. 10. 97도2836).

2) 제3자 뇌물제공죄와의 관계   공무원이 스스로 뇌물을 받지 않고 제3자에게 뇌물을 받게 한 경우 그 제3자가 공무원의 사자(使者) 또는 대리인으로서 뇌물을 받은 경우나 제3자가 뇌물을 받음으로써 공무원은 그만큼 지출을 면하게 되는 경우 등 사회통념상 그 다른 사람이 뇌물을 받은 것을 공무원이 직접 받은 것과 같이 평가할 수 있는 관계가 있는 경우에는 본죄가 성립한다(대판 2002. 4. 9. 2001도7056).

[대판 2019. 8. 29. 2018도2738 전합] 공무원과 공동정범 관계에 있는 비공무원은 제3자뇌물수수죄에서 말하는 제3자가 될 수 없고, 공무원과 공동정범 관계에 있는 비공무원이 뇌물을 받은 경우에는 공무원과 함께 뇌물수수죄의 공동정범이 성립하고 제3자뇌물수수죄는 성립하지 않는다.

3) 사기죄 및 공갈죄와의 관계   판례는 공무원이 직무집행의 의사로 또한 직무처리와 대가적으로 금품을 편취한 경우 본죄와 사기죄 또는 공갈죄의 상상적 경합범 및 상대방의 증뢰죄가 성립하고, 직무집행의 의사와 관계없이 또는

직무처리와 대가적 관계없이 상대방으로부터 금품을 편취한 경우에는 사기죄 또는 공갈죄만이 성립한다고 한다(대판 1985. 2. 8. 84도2625; 대판 1994. 12. 22. 94도2528).

　공여자를 기망하여 뇌물을 수수한 경우 뇌물수수죄, 뇌물공여죄의 성립에는 영향이 없고, 뇌물을 수수한 공무원에 대하여는 수뢰죄와 사기죄의 상상적 경합범이 성립한다(대판 2015. 10. 29. 2015도12838).

　4) 횡령죄와의 관계　　수의계약을 체결하는 공무원이 계약금액을 부풀려서 계약하고 부풀린 금액을 업자로부터 되돌려 받은 경우 본죄가 아니라 횡령죄가 성립한다(대판 2007. 10. 12. 2005도7112).

[대판 2019. 11. 28. 2019도11766] 횡령 범행으로 취득한 돈을 공모에 따라 공동정범끼리 내부적으로 분배한 경우에도 원칙적으로 횡령죄만 성립하지만, 예외적으로 뇌물죄가 성립할 수도 있다. 이 경우 수수한 돈의 성격을 뇌물로 볼 것인지 횡령금의 분배로 볼 것인지 여부는 돈을 공여하고 수수한 당사자들의 의사, 수수된 돈의 액수, 횡령 범행과 수수 행위의 시간적 간격, 수수한 돈이 횡령한 그 돈인지 여부, 수수한 장소와 방법 등을 종합적으로 고려하여 객관적으로 평가하여 판단하여야 한다.

　(6) 몰수 및 추징

　1) 의　　의　　제134조는 필요적 몰수를 규정하고 있는데, 이는 제48조의 임의적 몰수에 대한 특별규정이다. 이는 뇌물죄와 관련된 이익을 보유하지 못하도록 하는 데에 그 취지가 있다(대판 1992. 12. 8. 92도1995).

　2) 몰수·추징의 대상　　수수한 뇌물뿐만 아니라 약속, 요구나 공여의사를 표시한 경우도 몰수·추징의 대상이 된다. 그러나 몰수는 특정된 물건에 대한 것이고 추징은 본래 몰수할 수 있었음을 전제로 하는 것이므로 뇌물에 공할 금품이 특정되지 않았으면 몰수·추징할 수 없다(대판 1996. 5. 8. 96도221).

　수뢰자가 자기앞수표를 뇌물로 받아 이를 소비한 후 자기앞수표 상당액을 증뢰자에게 반환하거나(대판 1999. 1. 29. 98도3584), 뇌물로 받은 금액을 은행에 예치한 후 같은 돈을 반환하였거나(대판 1996. 10. 25. 96도2022), 뇌물로 수수한 금원을 소비하고 그 상당액을 반환한 경우(대판 1986. 12. 23. 86도2021)에도 뇌물 그 자체를 반환한 것은 아니므로 반환한 금원을 몰수할 수 없고 수뢰자로부터 그 가액을 추징해야 한다. 증뢰자가 교부한 당좌수표가 부도나자 그 수표를 반환받고 그 수표에 대체하여 현금이나 유가증권을 수뢰자가 수수하였다면, 이 현금이나 유가증권이 몰수·추징의 대상이 된다(대판 1992. 12. 8. 92도1995).

　금전소비대차계약에 의한 금융이익이 뇌물이 되는 경우 추징의 대상이 되는 금융이익 상당액은 통상적인 대출이율이고, 이를 알 수 없는 경우 민·상법에서 규정하고 있는 법정이율을 기준으로 하여야 한다(대판 2014. 5. 16. 2014도1547). 그러나 소비대차의 목적인 금원 그 자체는 뇌물이 아니므로 제134조에 의해 몰수·추징할 수 없고, 동 금원은 범죄행위로 인하여 취득한 물건으로서 피고인 이외의 자의 소유에 속하지 아니하므로 제48조 제1항 제2호에 의하여 몰수해야 한다(대판 1976. 9. 28. 75도3607).

　뇌물로 받은 돈을 다시 뇌물로 공여하거나(대판 1986. 11. 25. 86도1951). 뇌물을 받기 위해 비용을 지출한 경우에도 뇌물가액 전부를 몰수·추징해야 한다(대판 2011. 11. 24. 2011도9585). 수수한 금액 중 일부가 부가가치세를 포함한 것으로 되어 있거나, 실제로 부가가치세로 신고·납부하였더라도 수수한 금액 전부가 추징대상이 된다(대판 2015. 1. 15. 2012도7571; 대판 2018. 5. 30. 2016도18311).

　3) 몰수·추징의 대상자　　몰수·추징의 대상자에 대해서는 명문의 규정이 없으므로 뇌물로 인한 이익을 박탈하거나 징벌적 성격을 지니는 제134조의 취지를 고려하여 결정해야 한다. 따라서 뇌물이 수수·공여된 경우 수뢰자로부터 몰수·추징해야 하고 수뢰자가 뇌물 그 자체를 증뢰자에게 반환하였을 경우에는 증뢰자로부터 몰수·추징해야 한다(대판 1984. 2. 28. 83도2783).

　약속·공여의 의사표시가 있는 경우에는 뇌물에 공할 금품이므로 증뢰자로부터 몰수·추징해야 한다. 뇌물요구의 경우 상대방이나 공무원 등으로부터 몰수할 수 없으므로 공무원 등으로부터 가액을 추징해야 한다.

[대판 2011. 11. 24. 2011도9585] 여러 사람이 공동으로 뇌물을 수수한 경우 그 가액을 추징하려면 실제로 분배받은 금품만을 개별적으로 추징하여야 하고 수수 금품을 개별적으로 알 수 없을 때에는 평등하게 추징하여야 하며 공동정범뿐 아니라 교사범 또는 종범도 뇌물의 공동수수자에 해당할 수 있으나, 공동정범이 아닌 교사범 또는 종범의 경우에는 정범과의 관계, 범행 가담 경위 및 정도, 뇌물 분배에 관한 사전약정의 존재 여부, 뇌물공여자의 의사, 종범 또는 교사범이 취득한 금품이 전체 뇌물수수액에서 차지하는 비중 등을 고려하여 공동수수자에 해당하는지를 판단하여야 한다.

4) 추징가액 산정시기   뇌물의 추징가액 산정시기에 대해서는 ① 수뢰시
의 가액 기준설, ② 몰수할 수 없게 된 사정이 발생하였을 때의 가액 기준설(다수
설) 및 ③ 판결선고시의 가액 기준설 등이 대립한다. 뇌물죄로 인한 이익을 박탈
한다는 추징의 기본취지를 고려한다면 몰수할 수 없게 된 사정이 발생하였을 때
의 가격을 기준으로 하여야 할 것이다.

3. 사전수뢰죄

제129조(사전수뢰)   ② 공무원 또는 중재인이 될 자가 그 담당할 직무에 관하여
　청탁을 받고 뇌물을 수수·요구 또는 약속한 후 공무원 또는 중재인이 된 때에
　는 3년 이하의 징역 또는 7년 이하의 자격정지에 처한다.

(1) 개념 및 보호법익

사전수뢰죄란 공무원 또는 중재인이 될 자가 그 담당할 직무에 관하여 청탁
을 받고 뇌물을 수수·요구 또는 약속하는 죄이다. 공무원 또는 중재인으로 취임
하기 이전의 수뢰행위를 처벌하기 위한 것이다. 행위주체로 인해 불법이 감경된
구성요건이다.

본죄에 의한 뇌물가액이 3천만원 이상인 때에는 특정범죄가중법 제2조가 우
선 적용된다.

본죄의 보호법익과 보호의 정도는 단순수뢰죄에서와 같다.

(2) 구성요건

1) 행위의 주체   본죄의 주체는 공무원 또는 중재인이 될 자이다. 공무
원채용시험에 합격하여 발령을 대기하고 있는 자 또는 선거에 의해 당선이 확정
된 자 등 공무원 또는 중재인이 될 것이 예정되어 있는 자뿐만 아니라 공직취임
의 가능성이 확실하지는 않더라도 어느 정도의 개연성을 갖춘 자를 포함한다(대판
2010. 5. 13. 2009도7040).

2) 실행행위   본죄의 실행행위는 직무에 관하여 청탁을 받고 뇌물을 수
수·요구·약속하는 것이다. '직무에 관하여', 수수·요구·약속 등의 개념은 단순
수뢰죄에서와 같다. 청탁이 있어야 한다는 점에서 단순수뢰죄와 구별된다. 청탁
이란 공무원에 대하여 일정한 직무행위를 할 것을 의뢰하는 것을 말하는 것으로
서 그 직무행위가 부정한 것인가는 불문하며 청탁은 명시적·묵시적 방법을 불문

한다(대판 1999. 7. 23. 99도1911).

　　판례는 담당하게 될 직무 내지 현안에 관한 구체적 청탁이어야 한다고 한다(대판 1999. 9. 7. 99도2569).

　　(3) 처벌조건

　　위와 같은 요건을 갖추면 본조가 성립하지만, 본죄로 처벌하기 위해서는 공무원 또는 중재인이 되어야 한다. '공무원 또는 중재인이 되는 것'은 객관적 처벌조건이다.

4. 제삼자 뇌물제공죄

> 제130조(제삼자 뇌물제공)　공무원 또는 중재인이 그 직무에 관하여 부정한 청탁을 받고 제삼자에게 뇌물을 공여하게 하거나 공여를 요구 또는 약속한 때에는 5년 이하의 징역 또는 10년 이하의 자격정지에 처한다.

　　(1) 개념 및 보호법익

　　제삼자 뇌물제공죄란 공무원 또는 중재인이 그 직무에 관하여 부정한 청탁을 받고 제삼자에게 뇌물을 공여하게 하거나 공여를 요구 또는 약속하는 죄이다. 부정한 청탁을 받는다는 점에서 불법이 가중되지만, 제3자로 하여금 뇌물을 수수하도록 한다는 점에서 불법이 감경되므로 단순수뢰죄와 동일한 형벌로 처벌하는 것이다.

　　본죄의 성격에 대해, 공무원등이 제3자를 통해 뇌물을 수수하는 간접수뢰죄설과 제삼자로 하여금 뇌물을 취득하도록 하는 범죄라는 설이 대립된다. 간접적 방법에 의한 수뢰죄를 별도로 규정할 필요가 없으므로 후자가 타당하다. 판례도 같은 입장이다.

　　[대판 2004. 3. 26. 2003도8077]　다른 사람으로 하여금 뇌물을 받도록 한 경우라 할지라도 그 다른 사람이 뇌물을 받음으로써 공무원은 그만큼 지출을 면하게 되는 경우 등 사회통념상 그 다른 사람이 뇌물을 받은 것을 공무원이 직접 받은 것과 같이 평가할 수 있는 관계가 있는 경우에는 형법 제129조 제1항의 단순수뢰죄가 성립한다(공무원이 실질적인 경영자로 있는 회사가 청탁 명목의 금원을 회사 명의의 예금계좌로 송금받은 경우에 사회통념상 위 공무원이 직접 받은 것과 같이 평가할 수 있어 뇌물수수죄가 성립한다고 한 사례).

본죄의 보호법익과 보호의 정도는 단순수뢰죄에서와 같다.

본죄에 의한 이득액이 3천만원 이상인 때에는 특정범죄가중법 제2조에 의해 가중처벌된다.

(2) 구성요건

본죄의 실행행위는 직무에 관하여 부정한 청탁을 받고 제삼자에게 뇌물을 공여하게 하거나 공여를 요구 또는 약속하는 것이다.

1) 부정한 청탁　　본죄는 부정한 청탁을 요건으로 한다. 제삼자로 하여금 뇌물을 취득하게 함에도 불구하고 형벌이 단순수뢰죄와 같고, 처벌의 범위가 불명확해지지 않도록 하려는 취지에서(대판 2011. 4. 14. 2010도12313), 부정한 청탁이라는 요건을 규정한 것이다.

[대판 2011. 4. 14. 2010도12313] '부정한 청탁'이란 의뢰한 직무집행 자체가 위법·부당한 경우뿐 아니라 의뢰한 직무집행 자체는 위법하거나 부당하지 않더라도 당해 직무집행을 어떤 대가관계와 연결시켜 이에 관한 대가의 교부를 내용으로 하는 청탁이면 되고 … 묵시적 의사표시에 의해서도 가능하지만, 묵시적 의사표시에 의한 부정한 청탁이 있다고 하기 위하여는 청탁의 대상이 되는 직무집행의 내용과 제3자에게 제공되는 금품이 그 직무집행에 대한 대가라는 점에 대하여 당사자 사이에 공통의 인식이나 양해가 있어야 한다.[1][2]

2) 제삼자　　제삼자란 공무원 또는 중재인, 공동정범, 그 가족이나 사자(使者), 대리인, 공무원 또는 중재인의 비용에 의해 생계를 유지하는 자와 같이 그 사람들이 뇌물을 받는 경우 공무원 등이 지출을 면하게 되는 것과 같이 뇌물을 공무원이 직접 받은 것과 같이 평가할 수 있는 관계가 있는 사람들[3]을 제외한 사람들을 말한다. 이 경우에는 단순수뢰죄가 성립하기 때문이다(대판 2016. 6. 23. 2016도3540).

이러한 이해관계가 없는 사람들은 어떠한 종류의 이해관계가 있든지에 상관

---

1) 부정한 청탁을 인정한 판례로, 대판 2007. 11. 16. 2004도4959; 대판 2007. 1. 26. 2004도1632; 공정거래위원회 위원장이 이동통신회사가 속한 그룹의 구조조정본부장으로부터 당해 이동통신회사의 기업결합심사에 대하여 선처를 부탁받으면서 특정 사찰에의 시주를 요청하여 시주금을 제공케 한 경우(대판 2006. 6. 15. 2004도3424) 등.
2) 부정한 청탁을 부정한 판례로, 대판 2011. 4. 14. 2010도12313; 대판 2009. 1. 30. 2008도6950; 대판 2008. 6. 12. 2006도8568 등.
3) 소위 공무원과 경제공동체에 속한 사람들을 말한다.

없이 **제삼자**가 될 수 있고, 교사범과 방조범도 제3자에 포함될 수 있다. 이 경우 **제삼자**에게는 형법총칙이 적용되어 제3자뇌물수수 교사·방조죄가 인정될 수 있다(대판 2017. 3. 15. 2016도19659).

   3) 뇌물공여 또는 공여의 요구·약속   제3자에게 뇌물을 공여한다는 것은 뇌물을 제3자로 하여금 취득하게 하는 것을 말한다. 제3자가 그 정을 알고 있을 것을 요하지 않는다.

5. 수뢰후부정처사죄

제131조(수뢰후부정처사) ① 공무원 또는 중재인이 전2조의 죄를 범하여 부정한 행위를 한 때에는 1년 이상의 유기징역에 처한다.
   ④ 전3항의 경우에는 10년 이하의 자격정지를 병과할 수 있다.

(1) 의   의

   수뢰후부정처사죄란 공무원 또는 중재인이 단순수뢰죄, 사전수뢰죄, 제3자뇌물제공죄를 범하여 부정한 행위를 하는 죄이다. 본죄는 뇌물죄와 부정행위가 결합되어 있는 결합범으로서, 불법이 가중되어 있는 범죄형태이다.

   특정범죄가중법 제2조는 본죄를 가중처벌대상으로 명시하지 않았으나, 수뢰죄가 가중처벌대상인 경우에는 본죄에도 특정범죄가중법 제2조가 적용된다(대판 1969. 12. 9. 69도1288).

(2) 구성요건

   본죄의 실행행위는 단순수뢰죄, 사전수뢰죄, 제3자 뇌물제공죄를 범하여 부정한 행위를 하는 것을 말한다. '부정한 행위'라 함은 직무에 위배되는 일체의 행위를 말하는 것으로 직무행위 자체는 물론 그것과 객관적으로 관련 있는 행위까지를 포함한다(대판 2003. 6. 13. 2003도1060).

   부정한 행위는 뇌물수수 등의 행위가 완료된 이후에 이루어질 필요는 없고, 결합범 또는 결과적 가중범 등에서의 기본행위와 마찬가지로 뇌물수수 등의 행위를 하는 중에 이루어져도 상관없다(대판 2021. 2. 4. 2020도12103). 부정한 행위는 부작위에 의해서도 가능하다. 뇌물을 수수한 경찰관이 범인을 검거하지 않거나, 허가대상자의 반대측으로부터 뇌물을 수수한 공무원이 허가를 내주지 않는 경우 등이 그 예에 속한다.

[대판 1995. 12. 12. 95도2320] 과세대상에 관한 규정이 명확하지 않고 그에 관한 확립된 선례도 없었던 경우, 공무원이 주식회사로부터 뇌물을 받은 후 관계 법령에 대한 충분한 연구·검토 없이 위 회사에 유리한 쪽으로 법령을 해석하여 감액처분하였더라도 위 감액처분이 위법하지 않으면 '수뢰후부정처사죄'를 범하였다고 볼 수는 없다.

뇌물죄와 부정한 행위 사이에는 인과관계가 있어야 한다. 뇌물죄와 무관하게 부정한 행위가 행해진 경우에는 본죄가 성립하지 않고 뇌물죄만이 성립한다.

(3) 죄　　수

단일하고도 계속된 범의 아래 일정 기간 반복하여 일련의 뇌물수수 행위와 부정한 행위가 행하여졌고 그 뇌물수수 행위와 부정한 행위 사이에 인과관계가 인정되며 피해법익도 동일하다면, 최후의 부정한 행위 이후에 저질러진 뇌물수수 행위도 최후의 부정한 행위 이전의 뇌물수수 행위 및 부정한 행위와 함께 수뢰후부정처사죄의 포괄일죄가 된다(대판 2021. 2. 4. 2020도12103).

(4) 다른 범죄와의 관계

[대판 2001. 2. 9. 2000도1216] 공도화변조죄와 동행사죄가 수뢰후부정처사죄와 각각 상상적 경합범 관계에 있을 때에는 공도화변조죄와 동행사죄 상호간은 실체적 경합범 관계에 있다고 할지라도 상상적 경합범 관계에 있는 수뢰후부정처사죄와 대비하여 가장 중한 죄에 정한 형으로 처단하면 족한 것이고 따로이 경합범 가중을 할 필요가 없다.[1]

6. 사후수뢰죄

제131조(사후수뢰) ② 공무원 또는 중재인이 그 직무상 부정한 행위를 한 후 뇌물을 수수·요구 또는 약속하거나 제3자에게 이를 공여하게 하거나 공여를 요구 또는 약속한 때에도 전항의 형과 같다.

③ 공무원 또는 중재인이었던 자가 그 재직 중에 청탁을 받고 직무상 부정한 행위를 한 후 뇌물을 수수·요구 또는 약속한 때에는 5년 이하의 징역 또는 10년 이하의 자격정지에 처한다.

④ 전3항의 경우에는 10년 이하의 자격정지를 병과할 수 있다.

---

1) 이 판례가 소위 '연결효과에 의한 상상적 경합'을 인정한 것인가에 대해 논란이 있다.

(1) 의   의

사후수뢰죄란 ① 공무원 또는 중재인이 그 직무상 부정한 행위를 한 후 뇌물을 수수·요구 또는 약속하거나 제3자에게 이를 공여하게 하거나 공여를 요구 또는 약속하는 죄(부정처사후수뢰죄)와, ② 공무원 또는 중재인이었던 자가 그 재직 중에 청탁을 받고 직무상 부정한 행위를 한 후 뇌물을 수수·요구 또는 약속하는 죄(사후수뢰죄)이다.

제2항의 죄는 부정행위와 뇌물죄가 결합되어 있는 결합범이라는 점에서 수뢰후부정처사죄와 비교할 때 부정행위와 수뢰행위의 순서만이 바뀐 것이다.

제3항의 죄는 재직시의 부정행위와 퇴직 후의 수뢰행위가 결합되어 있는 결합범으로서, 부정행위가 결합되어 있다는 점에서 불법이 가중되지만, 현재는 공무원 또는 중재인이 아닌 자가 수뢰행위를 하였다는 점에서 불법이 감경된다. 이 때문에 제3항의 죄에는 단순수뢰죄와 같은 법정형이 규정되어 있다.

(2) 구성요건

1) **제2항의 죄**   제2항의 부정처사후수뢰죄에서는 공무원 또는 중재인이 그 직무상 부정행위를 한 후 수뢰죄를 범하여야 한다. 부정행위란 직무에 반하는 일체의 행위로서 수뢰후부정처사죄에서와 같다.

[**대판 1958. 9. 12. 58도271**] 사건을 잘보아 달라는 청탁을 받고 불리하게 되어 있는 기존의 각 조서를 파기소각하는 부정을 한 후 금원을 수수한 행위에 대하여는 형법 제131조 제2항(부정처사후수뢰죄)을 적용해야 하고 제129조 제1항(단순수뢰죄)을 적용한 것은 잘못이다.

2) **제3항의 죄**   제3항의 사후수뢰죄의 주체는 공무원 또는 중재인이었던 자이다. 현재는 공무원 또는 중재인이 아니어야 한다. 다른 직무로 전직하였지만 현재에도 공무원 또는 중재인인 사람은 본죄의 주체가 될 수 없다.

[**대판 2013. 11. 28. 2013도10011**] 공무원이었던 자가 재직 중에 청탁을 받고 직무상 부정한 행위를 한 후 뇌물을 수수, 요구 또는 약속을 한 때에는 제131조 제3항에서 사후수뢰죄로 처벌하도록 규정하고 있으므로, 뇌물의 수수 등을 할 당시 이미 공무원의 지위를 떠난 경우에는 제129조 제1항의 수뢰죄로는 처벌할 수 없고 사후수뢰죄의 요건에 해당할 경우에 한하여 그 죄로 처벌할 수 있을 뿐이다.

부정한 청탁, 부정한 행위의 개념은 사전수뢰죄, 수뢰후부정처사죄에서와 같다.

7. 알선수뢰죄

> 제132조(알선수뢰)　공무원이 그 지위를 이용하여 다른 공무원의 직무에 속한 사항의 알선에 관하여 뇌물을 수수·요구 또는 약속한 때에는 3년 이하의 징역 또는 7년 이하의 자격정지에 처한다.

(1) 개념 및 보호법익
알선수뢰죄란 공무원이 그 지위를 이용하여 다른 공무원의 직무에 속한 사항의 알선에 관하여 뇌물을 수수·요구 또는 약속하는 죄이다. 자신의 직무가 아닌 다른 공무원의 직무에 속한 사항의 알선에 관한 수뢰행위라는 점에서 단순수뢰죄에 비해 불법이 감경된 범죄유형이다.

본죄의 보호법익과 보호의 정도는 단순수뢰죄에서와 같다.

본죄에 의해 취득한 뇌물가액이 3천만원 이상인 때에는 특정범죄가중법 제2조가 우선 적용된다.

(2) 구성요건
1) 행위의 주체　　　본죄의 주체는 공무원이다. 중재인은 본죄의 주체가 아니다.

다수설 및 판례(대판 2006. 4. 27. 2006도735)는 본죄의 공무원은 다른 공무원의 직무에 대해 직·간접적인 관련을 지니고, 법률상 또는 사실상 영향을 미칠 수 있는 지위에 있는 공무원이라고 축소해석한다. 그러나 알선자가 영향력을 미칠 수 있으면 족하고 반드시 우월한 지위에 있을 필요는 없으므로 하급공무원이 상급공무원에게 알선하는 것도 본죄에 포함된다.

2) 실행행위　　　실행행위는 공무원의 지위를 이용하여 다른 공무원의 직무에 속한 사항의 알선에 대하여 뇌물을 수수·요구·약속하는 것이다.

가. 공무원지위의 이용　　　'공무원이 그 지위를 이용하여'라 함은 다른 공무원이 취급하는 사무의 처리에 법률상이나 사실상으로 영향을 줄 수 있는 관계에 있는 공무원이 그 지위를 이용하는 것을 말하고, 그 사이에 상하관계, 협동관계, 감독권한 등의 특수한 관계가 있거나 같은 부서에 근무할 것을 요하지는 않

는다. 그러나 친구, 친족관계 등 사적인 관계를 이용하는 경우에는 공무원의 지위를 이용하는 것이라고 할 수 없다(대판 2001. 10. 12. 99도5294).[1]

나. 다른 공무원의 직무에 속한 사항의 알선   본죄가 성립하기 위해서는 다른 공무원의 직무에 속한 사항에 대한 알선에 관하여 수뢰행위를 해야 한다. 알선의 상대방인 다른 공무원이나 그 직무의 내용이 구체적으로 특정될 필요가 없고, 알선행위는 장래의 것이라도 무방하므로 뇌물을 수수할 당시 상대방에게 알선에 의하여 해결을 도모하여야 할 현안이 존재할 필요도 없다(대판 2013. 4. 11. 2012도16277).

그러나 뇌물수수의 명목이 그 사항의 알선에 관련된 것임이 어느 정도는 구체적으로 나타나야 한다. 단지 뇌물을 수수하는 자에게 잘 보이면 어떤 도움을 받을 수 있다거나 손해를 입을 염려가 없다는 정도의 막연한 기대감을 갖게 하는 정도에 불과하고, 뇌물을 수수하는 자 역시 상대방이 그러한 기대감을 가질 것이라고 짐작하면서 수수한 것만으로는 본죄가 성립할 수 없다(대판 2017. 12. 22. 2017도12346).

비공무원의 직무에 속한 사항의 알선과 관련하여 금품을 수수하여서는 본죄가 성립하지 않는다. 따라서 국회의원이 해외의 수출업체의 부사장에 속한 사무에 대해 알선하고 사례금을 받았다 하더라도 본죄가 성립하지 않는다(대판 1984. 4. 10. 82도766).[2]

알선이란 '다른 공무원의 직무에 속하는 사항에 관하여 어떤 사람과 그 상대방의 사이에 서서 중개하거나 편의를 도모하는 것'을 의미하므로 어떤 사람이 청탁한 취지를 상대방에게 전하거나 그 사람을 대신하여 스스로 상대방에게 청탁을 하는 행위도 알선행위에 해당한다(대판 1997. 12. 26. 97도2609). 청탁상대방인 공무원에게 제공할 금품을 받아 그 공무원에게 전달한 경우 전달공무원이 금품을 수

---

  1) 영향력을 부정한 판례로, 대판 2010. 11. 25. 2010도11460; 대판 1984. 1. 31. 83도3015; 도교육위원회 사회체육과 보건계에서 아동급식과 아동 및 교원의 신체검사에 관한 업무를 담당하는 지방보건기사는 도 보건사회국에서 카바레 영업허가업무를 담당하는 시등의 환경위생과 식품위생계를 감독하고 그 영업허가에 앞서 사전승인하는 업무를 담당하는 지방행정주사보의 직무에 대해(대판 1983. 8. 23. 82도956); 지청 검찰주사는 동 지청에서 관세법위반 피의사건의 수사사무를 담당하였던 검사의 직무에 대해(대판 1982. 6. 8. 82도403); 대판 1968. 12. 17. 68도1303 등.
  2) 단, 정부관리기업체 간부직원의 직무에 속한 사항의 알선에 관하여 수뢰행위를 하였을 때에는 특정범죄가중법 제4조에 의해 본죄가 성립한다.

수·요구·약속한 경우에는 본죄가 성립하고, 단순히 전달만 하였을 경우에는 증뢰물전달죄(제133조 2항)가 성립한다.

　　직무에 속한 사항이 반드시 부정행위라거나 그 직무에 관하여 다른 공무원이 결재권한이나 최종결정권한을 갖고 있어야 하는 것이 아니다(대판 1992. 5. 8. 92도532; 대판 1989. 12. 26. 89도2018).

　　다. 알선에 관한 뇌물의 수수·요구·약속　　　　본죄가 성립하기 위해서는 알선에 관하여 뇌물을 수수·요구·약속해야 한다. 수수·요구·약속의 개념은 단순수뢰죄에서와 같다. 알선에 관하여 수뢰행위를 하면 족하고 반드시 알선행위가 있을 것을 요하지 않는다.

　　(3) 몰수·추징

　　알선에 관하여 금품을 받고 그 금품 중의 일부를 받은 취지에 따라 관계 공무원에게 뇌물로 공여하거나 다른 알선행위자에게 청탁의 명목으로 교부한 경우에는 이를 제외한 나머지 금품만을 몰수·추징해야 한다(대판 2002. 6. 14. 2002도1283). 그러나 범인의 독자적인 판단에 따라 경비로 사용한 것이라면 이는 범인이 받은 금품을 소비하는 방법의 하나에 지나지 아니하므로, 그 가액 역시 범인으로부터 추징해야 한다(대판 1999. 6. 25. 99도1900).

　　(4) 비공무원의 알선수재죄

　　특정범죄가중법 제3조는 비공무원의 알선수재죄를, 특정경제범죄법 제7조는 금융기관의 임·직원의 직무에 속한 사항의 알선수재죄를 처벌한다.

　　변호사법 제111조 제1항의 알선수재죄[1]의 경우 행위주체가 공무원에 국한되지 않고, 공무원의 지위 혹은 기타 지위를 이용할 것을 요하지 않으며, 제3자에게 금품 등을 공여하도록 하여도 성립한다는 점에서 알선수뢰죄나 특정범죄가중법 제3조의 알선수재죄와 구별된다.

　　변호사법의 알선수재죄가 알선수뢰죄에도 해당하는 경우 상상적 경합설과 법조경합이라는 견해가 대립한다. 판례는 후자의 견해를 따른다.

---

1) 공무원이 취급하는 사건 또는 사무에 관하여 청탁 또는 알선을 한다는 명목으로 금품·향응, 그 밖의 이익을 받거나 받을 것을 약속한 자 또는 제3자에게 이를 공여하게 하거나 공여하게 할 것을 약속한 자는 5년 이하의 징역 또는 1천만원 이하의 벌금에 처한다. 이 경우 벌금과 징역은 병과할 수 있다.

[대판 1986. 3. 25. 86도436] 공무원이 취급하는 사건 또는 사무에 관하여 청탁한다는 등의 명목으로 금품등을 교부받으면 그로써 곧 변호사법 제78조 제1호(현행 변호사법 제111조 1항)의 위반죄가 성립되고 이와 같은 경우 알선수뢰나 증뢰물전달죄는 성립할 여지가 없다.

[대판 2023. 12. 14. 2022도163] 특정경제범죄법 제7조의 규정은 변호사가 그 위임의 취지에 따라 수행하는 적법한 청탁이나 알선행위까지 처벌대상으로 한 규정이라고 볼 수 없다. 따라서 정식으로 법률사건을 의뢰받은 변호사의 경우라면, 사건의 해결을 위한 접대나 향응, 뇌물의 제공, 사적인 연고관계나 친분관계를 부정하게 이용하는 등 공공성을 지닌 법률전문직으로서의 정상적인 활동이라고 보기 어려운 방법을 내세워 의뢰인의 청탁 취지를 금융회사 등의 임직원에게 전하거나 의뢰인을 대신하여 스스로 금융회사 등의 임직원에게 청탁하는 행위 등을 한다는 명목으로 금품이나 그 밖의 이익을 받거나 받을 것을 약속하는 등, 금품 등의 수수의 명목이 변호사의 지위 및 직무범위와 무관하다고 평가할 수 있는 때에만 특정경제범죄법 제7조 위반죄가 성립한다.

8. 증 뢰 죄

제133조(뇌물공여 등) ① 제129조부터 제132조까지에 기재한 뇌물을 약속, 공여 또는 공여의 의사를 표시한 자는 5년 이하의 징역 또는 2천만원 이하의 벌금에 처한다.

(1) 개념 및 보호법익

증뢰죄란 제129조 내지(부터) 제132조까지에 기재한 뇌물을 약속·공여 또는 공여의 의사를 표시하는 죄이다.

본죄의 보호법익도 수뢰죄와 같이 직무행위의 불가매수성과 직무행위의 공정성에 대한 사회의 신뢰이고, 보호의 정도는 추상적 위험범이다.

(2) 구성요건

1) 행위의 주체   본죄는 비신분범이므로 그 주체가 공무원 또는 중재인에 국한되지 않는다. 비공무원이 주체가 되는 것이 보통이지만, 공무원도 다른 공무원에게 뇌물을 공여하였을 때에는 본죄가 성립한다.

2) 실행행위   본죄의 실행행위는 뇌물을 약속·공여 또는 공여의 의사를 표시하는 것이다.

가. 약속·공여, 공여의 의사표시 약속이란 상대공무원등과 뇌물을 주고 받기로 합의하는 것을 말한다. 합의에 이르게 된 동기나 과정은 묻지 않는다. 공무원의 요구에 의한 것이든 증뢰자의 제안에 의한 것이든 불문한다. 강요·기망에 의한 합의는 합의라고 할 수 없지만, 강요·기망의 정도에 이르지 않은 착오, 해악의 고지, 유형력의 행사, 유혹 등에 의한 합의여도 무방하다. 명시적·묵시적, 작위·부작위에 의한 합의를 불문한다.

공여란 상대방으로 하여금 뇌물을 수수하도록 하는 것을 말한다. 상대방이 뇌물을 현실적으로 취득할 수 있는 상태가 되어야 한다. 판례는 뇌물을 공여하는 행위와 상대방측에서 그것을 받아들이는 행위(부작위 포함)가 있으면 족하고 상대방의 뇌물수수죄가 성립되어야만 하는 것은 아니라고 한다(대판 2006. 2. 24. 2005도4737). 공여자와 수뢰자가 직접 뇌물을 수수하지 않아도 된다(대판 2020. 9. 24. 2017도12389). 한편 배임증재자가 무상으로 빌려준 물건을 사용하고 있던 배임수재자가 공무원이 되자 배임증재자가 배임수재자에게 앞으로 물건은 공무원의 직무에 관하여 빌려주는 것이라고 하였어도 새로운 이익을 제공한 것으로 평가할 만한 사정이 없다면, 뇌물공여죄가 성립하지 않는다(대판 2015. 10. 15. 2015도6232).

공여의 의사표시란 상대공무원 등에게 뇌물을 제공하겠다는 일방적 의사표시를 말한다. 약속죄는 수뢰자와 필요적 공범관계에 있으나 공여죄와 공여의 의사표시죄는 필요적 공범이 아니다.

나. 직무관련성 본죄가 성립하려면 상대공무원의 직무에 관하여 뇌물을 약속·공여, 공여의사표시를 하여야 한다. 직무관련성은 명문에 규정되어 있지 않으나, 직무관련성이 필요하다는 데에 이견이 없다. 판례도 같은 입장이다.

(3) 법률의 착오

금원공여행위가 관례에 좋은 것이라고 하더라도 그러한 사유만으로 그 행위가 죄가 되지 않는 것으로 오인한 데에 정당한 이유가 있다고 할 수 없다(대판 1995. 6. 30. 94도1017).

(4) 죄 수

하나의 행위로 수인의 공무원에 대해 증뢰를 한 경우 다수설은 공무원 수에 따른 증뢰죄의 상상적 경합이라고 한다. 그러나 본죄의 보호법익은 개인적 법익이 아니고 국가적 법익이므로 하나의 증뢰죄만이 성립한다고 해야 할 것이다. 뇌물공여의 의사표시를 하고 약속을 하거나 약속을 하고 뇌물을 공여한 경우에는 뇌물공여죄의 포괄일죄가 된다.

　횡령 범행으로 취득한 돈을 공모에 따라 공동정범끼리 내부적으로 분배한 경우에도 원칙적으로 횡령죄만 성립하지만, 예외적으로 뇌물공여죄가 성립할 수 있음은 수뢰죄에서 본 것과 같다(대판 2019. 11. 28. 2019도11766).

9. 제3자 증뢰물교부죄

> 제133조(뇌물공여 등)　② 제1항의 행위에 제공할 목적으로 제3자에게 금품을 교부한 자 또는 그 사정을 알면서 금품을 교부받은 제3자도 제1항의 형에 처한다.

(1) 개　　념

　제3자 증뢰물교부죄란 증뢰에 제공할 목적으로 제3자에게 금품을 교부하거나 그 사정을 알면서 교부받은 죄이다. 증뢰물전달죄라고도 한다. 증뢰죄의 예비로서의 성격을 지니는 행위를 독립범죄로 규정한 것이다. 제3자에게 증뢰물을 교부하는 죄는 증뢰의 목적이 있어야 하는 진정목적범이지만, 증뢰물을 교부받은 죄는 목적범이 아니다.

(2) 구성요건

　본죄의 주체에는 제한이 없다. 공무원도 본죄의 주체가 될 수 있다.[1] 제3자란 행위자와 공동정범 이외의 자를 말한다(대판 2012. 12. 27. 2012도11200).

　본죄의 실행행위는 제3자에게 금품을 교부하거나 교부받는 것이다. 증뢰물을 교부하거나 교부받으면 본죄가 성립하고 제3자가 증뢰자로부터 교부받은 금품을 수뢰할 사람에게 전달하였는지 여부는 본죄 성립에 영향을 미치지 못한다(대판 2007. 7. 27. 2007도3798).

　교부죄에서는 고의 이외에 증뢰의 목적이 있어야 한다. 제3자의 증뢰물전달죄(교부받는 죄)는 증뢰자나 수뢰자가 아닌 제3자가 증뢰자로부터 수뢰할 사람에게 전달될 금품이라는 정을 알면서 그 금품을 받은 때에 성립한다(대판 2008. 3. 14. 2007도10601).

---

1) 대판 2002. 6. 14. 2002도1283: 본죄의 주체는 비공무원을 예정한 것이나 공무원일지라도 직무와 관계되지 않는 범위 내에서는 본죄의 주체에 해당될 수 있다 할 것이므로, 피고인이 자신의 공무원으로서의 직무와는 무관하게 군의관 등의 직무에 관하여 뇌물에 공할 목적의 금품이라는 정을 알고 이를 전달해 준다는 명목으로 취득한 경우라면 제3자 뇌물취득죄가 성립된다.

(3) 죄   수

제3자가 교부받은 뇌물을 전달한 경우 본죄 이외에 별도로 뇌물공여죄나 변호사법위반죄가 성립하는 것은 아니다(대판 1997. 9. 5. 97도1572). 그러나 자기 자신의 이득을 취하기 위하여 공무원이 취급하는 사건 또는 사무에 관하여 청탁한다는 등의 명목으로 금품등을 교부받으면 변호사법위반죄만이 성립하고 본죄는 성립하지 않는다(대판 1986. 3. 25. 86도436).

제 2 절 공무방해에 관한 죄

Ⅰ. 총   설

공무방해에 관한 죄란 폭행·협박·강요·위계 기타 방법으로 국가 또는 공공단체의 공무집행을 방해하는 죄이다. 공무원의 직무에 관한 죄가 공무원이 주체가 되는 범죄인 데에 비해 공무방해에 관한 죄는 공무원 등이 대상 또는 객체로 된다는 점에 차이가 있다.

공무방해의 죄의 기본적 구성요건은 공무집행방해죄(제136조)이다. 직무행위강요죄(제136조 2항)는 공무집행방해와 같은 성격의 범죄이고, 위계에 의한 공무집행방해죄(제137조)는 폭행·협박이 아닌 위계를 사용한다는 점에서 수정적 구성요건이다.

법정·국회회의장모욕죄(제138조), 인권옹호직무방해죄(제139조), 공무상비밀표시무효죄(제140조), 부동산강제집행효용침해죄(제140조의2), 공용서류등무효·공용물파괴죄(제141조), 공무상보관물무효죄(제142조) 등은 각각 독립된 범죄유형이다.

특수공무방해죄(제144조 1항)는 단체 또는 다중의 위력을 보이거나 위험한 물건을 휴대한다는 점에서 불법이 가중된 범죄유형이다. 특수공무방해치사상죄는 특수공무방해죄를 범하여 사람을 사상케 하는 진정 혹은 부진정결과적 가중범이다.

공무상비밀표시무효죄(제140조), 강제집행효용침해죄(제140조의2), 공용서류등무효·공용물파괴죄(제141조), 공무상보관물무효죄(제142조)의 미수범은 처벌한다(제143조).

Ⅱ. 공무집행방해죄

> 제136조(공무집행방해) ① 직무를 집행하는 공무원에 대하여 폭행 또는 협박한
> 자는 5년 이하의 징역 또는 1천만원 이하의 벌금에 처한다.

1. 개념 및 보호법익

공무집행방해죄란 직무를 집행하는 공무원에 대하여 폭행 또는 협박하는 죄
이다. 공무방해죄의 기본적 구성요건이다.

본죄의 보호법익은 공무이고, 보호의 정도는 추상적 위험범이다.

2. 구성요건

(1) 행위의 주체

본죄의 주체에는 제한이 없다. 비공무원뿐만 아니라 공무원도 본죄의 주체가
될 수 있다. 직무집행을 당하는 상대방뿐만 아니라 제3자도 본죄의 주체가 될 수
있다.

(2) 행위의 객체

본죄의 객체는 직무를 집행하는 공무원이라고 규정되어 있으나 해석상으로
는 적법하게 직무를 집행하는 공무원만이 본죄의 객체가 된다.

1) **공 무 원**   공무원은 법령에 의하여 국가 또는 공공단체의 공무에 종
사하는 자이다. 판례는 단순한 기계적·육체적 사무에 종사하는 자를 제외한다고
하지만(대판 2011. 1. 27. 2010도14484), 본죄의 공무원은 공무원의 직무에 관한 죄의
공무원보다 넓은 개념이라고 해야 한다.

> 판례에 의하면, 국민권익위원회 운영지원과 소속 기간제근로자로서 청사
> 안전관리 및 민원인 안내 등의 사무를 담당한 사람(대판 2015. 5. 29. 2015도3430),
> 전투경찰순경(대판 1992. 8. 18. 92도1244), 파출소에서 근무하는 방범원(대판 1991.
> 3. 27. 90도2930), 청원경찰관(대판 1986. 1. 28. 85도2448), 집행관대리(대판 1970. 5.
> 12. 70도561), 세무수습행정원(대판 1961. 12. 14. 4294형상99) 등은 본죄의 공무원
> 에 포함되지만, 국민기초생활 보장법상 '자활근로자'로 선정되어 주민자치센터
> 사회복지담당 공무원의 복지도우미로 근무하던 사람(대판 2011. 1. 27. 2010도
> 14484)은 공무원에 포함되지 않는다.

2) 직무집행

가. 직무집행의 개념　　직무란 법령에 의한 공무원의 지위와 권한에 따라 처리하는 사무를 말한다. 통설에 의하면 직무는 반드시 강제적 성질을 가진 사무에 국한되지 않는다. 사람·물건에 대한 사무, 외부적·내부적 사무를 불문한다. 직무집행 중이란 공무원이 직무상 취급할 수 있는 구체적 사무를 처리하고 있는 것을 말한다. 공무원의 권한에 속하지 않는 사무를 처리하고 있는 때에는 직무집행 중이라고 할 수 없다.

[대판 1982. 11. 23. 81도1872] 피고인에게는 설계도면을 제출할 의무나 설계에 필요한 금원을 공무원인 甲에게 지급할 의무는 없고 甲으로서도 이를 적법하게 강제할 권한이 없고 보면 甲이 자신의 행정사무의 편의를 위한 목적으로 설계도의 제출을 요구한 행위를 두고 공무집행이라고 단정할 수는 없다 할 것이다.

나. 직무집행의 범위　　직무를 집행한다는 것은 직무집행을 개시하여서부터 종료하는 때까지뿐만 아니라 직무집행과 불가분하게 연결되어 있는 직전의 준비행위나 직무집행 직후의 행위도 포함된다. 예컨대, 불법주차 차량에 불법주차 스티커를 붙였다가 이를 다시 떼어낸 직후에 있는 주차단속 공무원(대판 1999. 9. 21. 99도383)이나 시청청사 내 주민생활복지과 사무실에서 소란을 피우던 자를 제지하며 사무실 밖으로 데리고 나가려고 하는 민원 담당 공무원(대판 2022. 3. 17. 2021도13883)은 본죄의 객체가 되지만, 시청 소속 수도검침원이 수도검침차 피고인 집으로 가다가 그 집과 약 32미터 떨어진 공터에서 피고인으로부터 폭행을 당한 것만으로는 본죄의 성립을 인정할 수 없다(대판 1979. 7. 24. 79도1201).

[대판 2022. 3. 17. 2021도13883; 대판 2002. 4. 12. 2000도3485; 대판 1999. 9. 21. 99도383] '직무를 집행하는'이라 함은 공무원이 직무수행에 직접 필요한 행위를 현실적으로 행하고 있는 때만을 가리키는 것이 아니라 공무원이 직무수행을 위하여 근무 중인 상태에 있는 때를 포괄한다 할 것이고, 직무의 성질에 따라서는 여러 종류의 행위를 포괄하여 일련의 직무수행으로 파악함이 상당한 경우가 있다.

따라서 구체적 사무를 현실적으로 집행 중에 있지 않아도 집무시간 중 자신의 자리에 착석하고 있는 것으로도 감독사무를 집행하고 있다고 할 수 있다(대판 1957. 3. 29. 4290형상48).

다. 직무집행의 적법성

A. 의   의   통설·판례는 본죄의 객체는 적법한 공무를 집행하는 공무원에 한정된다고 한다. 그 근거로 ① 위법한 공무집행까지 형법이 보호해서는 안되고, ② 부당하거나 위법한 직무집행에 대해서는 정당방위가 가능하고, ③ 개인의 인권보호를 위해 국가의 작용을 엄격히 제한해야 할 필요가 있다는 것 등이 제시된다.

B. 적법성의 요건   통설·판례(대판 2013. 2. 15. 2010도11281)는 공무원의 직무집행행위가 적법하기 위해서는 ① 직무행위가 당해공무원의 추상적 직무권한에 속해야 하고, ② 구체적으로도 그 권한 내에 있어야 하며, ③ 직무행위가 법률상의 절차와 방식에 따를 것 등의 요건을 필요로 한다고 한다.

a. 직무행위가 추상적 직무권한에 속할 것   공무원의 직무는 법령에 의해 인적·시간적·장소적·사항적 범위가 정해져 있다. 이 범위를 넘어서는 직무집행은 적법하다고 할 수 없다.

b. 직무행위가 구체적 권한에 속할 것   직무행위가 공무원의 구체적 권한에 속한다는 것은 직무행위가 법령상의 요건을 갖추어야 한다는 것을 의미한다. 예를 들어 현행범이 아님에도 불구하고 현행범으로 체포하거나 긴급체포의 요건이 갖추어지지 않았음에도 불구하고 긴급체포를 하는 경우에는 적법한 직무집행이 될 수 없다.

c. 법령에 의한 절차와 방식에 따른 직무집행일 것   공무원의 구체적 권한에 속하는 직무행위를 하는 경우에도 법령에 의한 절차와 방식에 따르지 않은 경우에는 적법한 직무집행이 될 수 없다. 다만 사소한 절차나 훈시규정위반인 경우에는 적법한 공무집행이 될 수 있다.

[대판 2012. 9. 13. 2010도6203] 검문 중이던 경찰관들이, 자전거를 이용한 날치기 사건 범인과 흡사한 인상착의의 피고인이 자전거를 타고 다가오는 것을 발견하고 정지를 요구하였으나 멈추지 않아, 앞을 가로막고 소속과 성명을 고지한 후 검문에 협조해 달라는 취지로 말하였음에도 불응하고 그대로 전진하자, 따라가서 재차 앞을 막고 검문에 응하라고 요구한 행위(는 적법한 불심검문이다).[1]

---

1) 적법한 직무집행을 인정한 판례로, 대판 2022. 3. 17. 2021도13883; 대판 2021. 10. 14. 2018도2993; 대판 2021. 9. 16. 2015도12632; 대판 2020. 8. 20. 2020도7193; 대판 2014. 12. 11. 2014도7976(경찰관이 신분증을 제시하지 않고 불심검문을 하였으나, 검문하는 사람이

[대판 2017. 9. 21. 2017도10866] 경찰관들이 체포를 위한 실력행사에 나아가기 전에 체포영장을 제시하고 미란다 원칙을 고지할 여유가 있었음에도 애초부터 미란다 원칙을 체포 후에 고지할 생각으로 먼저 체포행위에 나선 행위는 적법한 공무집행이라고 보기 어렵다.[1)]

C. 적법성의 판단기준 　직무집행의 적법성 여부를 판단하는 기준에 대해서 ① 법원이 법령을 해석해서 객관적으로 판단해야 한다는 객관설(다수설), ② 직무를 집행하는 공무원이 적법한 것으로 믿었는가 또는 신중한 검토를 하여 과실 없이 적법한 것으로 믿었는가를 기준으로 결정해야 한다는 주관설, ③ 주관적인

경찰관이고 검문하는 이유가 범죄행위에 관한 것임을 피고인이 알고 있었던 경우); 대판 2014. 9. 25. 2013도1198; 대판 2014. 5. 29. 2013도2285; 대판 2014. 2. 27. 2013도5356; 대판 2014. 2. 13. 2011도10625; 대판 2012. 9. 13. 2010도6203; 대판 2012. 6. 28. 2011도15990; 대판 2011. 4. 28. 2008도4721; 대판 2010. 10. 14. 2010도8591; 대판 2009. 1. 15. 2008도9919; 경찰이 범죄사실의 요지를 달아나는 피의자를 쫓아가 붙들거나 폭력으로 대항하는 피의자를 실력으로 제압하는 과정에서 고지하거나, 그것이 여의치 않은 경우 붙들거나 제압한 후에 지체없이 고지한 행위(대판 2008. 10. 9. 2008도3640); 대판 2007. 11. 29. 2007도7961; 대판 2007. 10. 12. 2007도6088; 대판 2005. 5. 26. 2004도8464; 대판 1994. 9. 27. 94도886; 대판 1992. 8. 18. 92도1244; 대판 1992. 4. 28. 92도220; 대판 1990. 6. 22. 90도767; 대판 1961. 8. 26. 60도852 등.

1) 직무집행의 적법성을 부정한 판례로, 대판 2019. 1. 10. 2016도21311; 대판 2019. 1. 10. 2016도19464; 형집행장이 발부되어 있는 사실을 고지하지 않고 노역장유치 집행을 위해 피고인을 구인하는 경우(대판 2017. 9. 26. 2017도9458), 대판 2017. 3. 15. 2013도2168; 대판 2013. 6. 13. 2010도13609; 대판 2013. 3. 14. 2011도7259; 대판 2012. 12. 13. 2012도11162; 대판 2011. 6. 9. 2009도591; 대판 2011. 5. 26. 2011도3682; 대판 2011. 4. 28. 2007도7514; 대판 2010. 11. 11. 2009도11523; 대판 2009. 3. 12. 2008도7156; 경찰관들이 특정 지역에서의 불법집회에 참가하려는 것을 막기 위하여 시간적·장소적으로 근접하지 않은 다른 지역에서 집회예정장소로 이동하는 것을 제지하는 행위(대판 2008. 11. 13. 2007도9794; 대판 2019. 1. 10. 2016도21311; 대판 2019. 1. 10. 2016도19464); 검사나 사법경찰관이 수사기관에 자진출석한 사람을 긴급체포의 요건을 갖추지 못하였음에도 실력으로 체포하려고 한 행위(대판 2006. 9. 8. 2006도148); 대판 2005. 10. 28. 2004도4731; 신호위반을 하였다고 하더라도 범칙금납부통고서를 받지 않겠다는 의사를 분명히 밝힌 자에게 즉결심판청구의 절차로 나아가지 않고 범칙금납부 통고처분을 강행할 목적으로 무리하게 운전면허증을 제시할 것을 계속 요구한 경찰관의 행위(대판 2004. 7. 9. 2003도8336); 대판 1999. 12. 28. 98도138; 법정형 5만원 이하의 벌금, 구류 또는 과료에 해당하는 경미한 범죄를 범한 자를 경찰관이 그의 의사에 반하여 강제로 연행하려고 한 행위(대판 1992. 5. 22. 92도506); 대판 1992. 2. 11. 91도2797; 대판 1991. 12. 10. 91도2395; 대판 1991. 9. 24. 91도1314; 이미 싸움이 끝난 상태의 사람들이 임의동행을 거부하자 그들을 체포하려 한 경찰관의 행위(대판 1989. 12. 12. 89도1934; 대판 1972. 10. 31. 72도2005) 등.

면과 객관적인 면을 모두 고려해서 결정해야 한다는 절충설 및 ④ 일반인들이 그 직무집행행위를 적법한 것으로 인정하였는가에 따라 결정해야 한다는 일반인표준설 등이 대립하고 있다. 판례는 일반인표준설에 가까운 태도를 취하고 있다.

> **[대판 2013. 8. 23. 2011도4763]** 추상적인 권한에 속하는 공무원의 어떠한 공무집행이 적법한지 여부는 행위 당시의 구체적 상황에 기하여 객관적·합리적으로 판단하여야 하고 사후적으로 순수한 객관적 기준에서 판단할 것은 아니다.
> **[대판 1961. 8. 26. 60도852]** 공무집행의 대상이 된 사실에 관하여 착오가 있었더라도 일응 그 행위가 공무원의 적법한 행위라고 인정할 수 있는 경우는 본조의 공무집행에 해당된다.

적법·위법 여부는 법질서 전체적 관점에서의 판단이므로 공무원이나 일반인들이 적법 혹은 위법하다고 판단하였다고 하여 이 판단이 법적으로 올바른 판단이라고 할 수 없으므로 객관설이 타당하다.

D. 적법성의 체계적 지위   적법한 공무집행을 하는 공무원을 위법한 공무집행을 하는 것으로 착오하고 폭행·협박한 경우의 효과와 관련하여 적법성의 체계적 지위가 논의된다.

a. 처벌조건설   이 견해는 공무집행의 적법성은 처벌조건이므로 위법한 공무집행을 하는 공무원에 대해 폭행·협박한 경우에도 본죄가 성립하고, 다만 처벌조건이 결여되므로 본죄로 처벌되지 않는다고 한다. 그리고 처벌조건에 대한 착오는 고의를 조각하지 못하므로 적법한 직무집행을 하는 공무원에 대해 위법한 직무집행을 하는 것으로 착오하고 폭행·협박한 때에는 본죄가 성립한다고 한다.

b. 위법성요소설   이 견해는 직무집행의 적법성은 위법성요소이므로, 위법한 직무집행을 하는 공무원을 폭행·협박한 경우 위법성이 조각된다고 한다. 그리고 적법한 직무집행을 하는 공무원을 위법한 직무집행을 한다고 착오하고 폭행·협박한 경우에는 법률의 착오 또는 위법성조각사유의 요건(전제)사실의 착오에 해당한다고 한다. 판례는 이 입장을 따른다.[1]

---

1) 정당한 이유가 있는 위법성조각사유의 요건(전제)사실의 착오를 인정한 항소심판결에 대해 피고인에게 사실관계에 대한 착오가 없어서 법률의 착오이고 정당한 이유가 없다는 취지로 판결로, 대판 2024. 7. 25. 2023도16951.

[대판 1995. 1. 24. 94도1949] 공무집행방해죄에 있어서의 범의는 상대방이 직무를 집행하는 공무원이라는 사실 그리고 이에 대하여 폭행 또는 협박을 한다는 사실을 인식하는 것을 그 내용으로 하고, 그 인식은 불확정적인 것이라도 소위 미필적 고의가 있다고 보아야 한다.

c. **구성요건요소설**   이 견해는 직무집행의 적법성은 구성요건요소라고 한다. 따라서 적법한 직무집행을 하는 공무원을 위법한 직무집행을 한다고 착오하고 폭행·협박한 경우에는 본죄의 고의가 인정되지 않는다고 한다.

d. **결   어**   본죄의 고의를 인정하기 위해 공무원의 직무집행이 적법하다는 것까지 인식할 필요는 없으므로 위법성요소설이 타당하다. 따라서 적법한 직무집행을 하는 공무원을 위법한 직무집행을 한다고 착오한 경우에는 법률의 착오 또는 위법성조각사유의 요건(전제)사실에 대한 착오라고 해야 할 것이다.

(3) 실행행위

본죄의 실행행위는 폭행 또는 협박이다.

1) 폭행·협박의 개념

가. 폭   행   폭행이란 공무원에 대한 직·간접의 불법한 유형력의 행사를 의미한다. 공무원의 신체에 대한 유형력의 행사일 필요가 없고, 공무원에 대한 유형력의 행사이면 족하다(대판 2018. 3. 29. 2017도21537).

판례에 의하면, 군의회의원들이 회의장에 들어가지 못하도록 출입문을 가로막은 행위(대판 1998. 5. 12. 98도662), 경찰관이 공무를 집행하고 있는 파출소 사무실의 바닥에 인분이 들어있는 물통을 집어던지고 책상위에 있던 재떨이에 인분을 퍼담아 사무실 바닥에 던지는 행위(대판 1981. 3. 24. 81도326), 집달리가 아니라 그 인부에 대해 폭행을 한 행위(대판 1970. 5. 12. 70도561)도 본죄의 폭행에 해당된다.

그러나 운전자가 경찰관의 운전면허증 제시요구에 불응하고 다시 출발하는 과정에서 경찰관이 운전석 쪽의 열린 유리창 윗부분을 놓지 않은 채 어느 정도 진행하다가 차량속도가 빨라지자 손을 놓아버린 경우(대판 1996. 4. 26. 96도281; 대판 1994. 9. 9. 94도701), 피고인이 문을 잠근 방안에서 면도칼로 앞가슴 등을 그어 피를 보이면서 자신이 죽어버리겠다고 한 경우(대판 1976. 3. 9. 75도3779) 등에서는 본죄의 폭행이 있다고 할 수 없다.

나. 협   박   협박이란 사람이 공포심을 느낄 수 있는 해악을 고지하는

것을 말한다. 해악을 고지하는 방법에는 제한이 없다. 언어·문자·동작, 명시적·묵시적 방법을 불문한다.

　　판례에 의하면, 폭력행위등 전과 12범인 피고인이 그 경영의 술집에서 떠들며 놀다가 주민의 신고를 받고 출동한 경찰로부터 조용히 하라는 주의를 받은 것뿐인데 그 후 새벽 4시의 이른 시각에 파출소에까지 뒤쫓아가서 "우리 집에 무슨 감정이 있느냐, 이 순사 새끼들 죽고 싶으냐"는 등의 폭언을 한 경우(대판 1989. 12. 26. 89도1204), 가옥명도를 집행하는 집행관에게 욕설을 하고 그를 마루 밑으로 떨어뜨리면서 불법집행이라고 소리를 친 경우(대판 1969. 2. 18. 68도44) 등에서는 협박이 인정된다.

　　2) 폭행·협박의 정도　　폭행·협박은 공무집행을 방해할 수 있을 정도의 유형력의 행사나 해악의 고지여야 한다. 따라서 적극적인 저항이어야 하고 소극적인 불복종 등은 본죄의 폭행·협박에 해당하지 않는다. 이를 현저성의 원칙이라고도 한다. 판례도 폭행·협박이 경미한 것이어서 상대방인 공무원이 개의하지 않을 정도의 것이라면 공무집행방해죄를 구성하지 않는다고 한다(대판 2006. 1. 13. 2005도4799; 대판 2011. 2. 10. 2010도15986). 따라서 오락실 밖에서 기판이 든 박스를 옮기고 있던 의경을 뒤쫓아가 "이 박스는 압수된 것이 아니다"라고 말하며 그의 손에 있던 박스를 들고 간 행위는 본죄의 폭행에 해당되지 않는다(대판 2007. 6. 1. 2006도4449).

　　(4) 주관적 구성요건

　　통설·판례는 본죄가 성립하기 위해서는 상대방이 직무집행 중인 공무원이라는 것과 그 공무원에 대해 폭행·협박을 한다는 인식이 있으면 족하고, 직무집행을 방해할 의사는 요하지 않는다고 한다(대판 1995. 1. 24. 94도1949). 직무의 적법성은 위법성요소이므로 이에 대한 인식까지 고의의 내용이 되는 것은 아니다.

　　3. 기수시기

　　본죄의 미수는 벌하지 않는다. 본죄의 기수시기는 폭행·협박행위를 종료한 때이고, 공무집행이 현실적으로 방해될 것을 요하지 않는다. 판례에 의하면 공포심을 느낄 수 있는 해악을 고지하면 협박죄의 기수가 되므로(대판 2007. 9. 28. 2007도606 전합), 공무원이 공포심을 느끼지 않아도 본죄의 기수가 된다.

4. 죄   수

(1) 죄수결정의 기준

통설은 공무의 수를 기준으로, 판례는 공무원의 수를 기준으로 본죄의 죄수를 정하여야 한다고 한다.

> [대판 1961. 9. 28. 61도415] 같은 공무를 동시에 여러 사람이 같이 집행하는 경우에 이에 대하여 폭행을 하고 그 공무집행을 방해하는 경우에는 피해자 수에 따라서 여러 죄가 성립하는 것이 아니고 하나의 행위로서 여러 죄명에 해당하는 소위 상상적 경합의 경우에 해당하여 이에 대하여는 경합범 가중을 아니하고 가장 중한 죄에 정한 형으로 처벌할 것이다.[1]

(2) 다른 범죄와의 관계

1) 준강도죄 및 강도죄와의 관계   체포를 면탈할 목적으로 절도범인이 경찰관에게 폭행·협박을 한 때에는 준강도죄와 본죄의 상상적 경합, 강도범인이 경찰관에게 폭행을 한 때에는 강도죄와 본죄의 실체적 경합범이 성립한다(대판 1992. 7. 28. 92도917).

2) 업무방해죄와의 관계   공무를 업무방해죄의 업무에 포함시킬 수 있는 가에 대해 ① 부정설, ② 비공무원에 의한 공무수행이나 비권력적 공무수행만 포함된다는 설, ③ 허위사실을 유포하거나 위력에 의해 공무를 방해한 경우에는 업무방해죄가 성립한다는 설, ④ 공무집행 중인 것을 몰라 업무방해의 고의가 있는 경우에는 업무방해죄가 성립한다는 설 등이 대립되고 있다. ③, ④의 견해는 공무와 업무는 특별 대 일반의 관계에 있어 본죄가 성립하지 않는 경우 업무방해죄가 성립한다는 입장으로서 공무는 업무에 포함된다는 입장이라고 할 수 있다. 판례는 부정설을 따른다.

> [대판 2009. 11. 19. 2009도4166 전합] 형법이 업무방해죄와는 별도로 공무집행방해죄를 규정하고 있는 것은 사적 업무와 공무를 구별하여 공무에 관해서는 공무원에 대한 폭행, 협박 또는 위계의 방법으로 그 집행을 방해하는 경우에 한하여

---

[1] 그러나 본죄의 죄수는 폭행·협박의 수를 기준으로 해야 하고, 이 사례에서 공무원의 수에 관계없이 하나의 범죄만이 성립한다고 해야 한다.

처벌하겠다는 취지라고 보아야 한다. 따라서 공무원이 직무상 수행하는 공무를 방해하는 행위에 대해서는 업무방해죄로 의율할 수는 없다.

형법에 공무방해죄와 업무집행방해죄는 없고 업무방해죄와 공무집행방해죄만 있다. 이것은 국가기관은 개인에 비해 공무방해에 대한 방어력이 높기 때문에 형법이 공무에 대해서는 개인의 업무에 비해 범죄성립요건을 엄격하게 규정하겠다는 취지라고 해야 할 것이다. 이러한 의미에서 판례와 부정설이 타당하다.

Ⅲ. 직무·사직강요죄

> 제136조   ② 공무원에 대하여 그 직무상의 행위를 강요 또는 저지하거나 그 직을 사퇴하게 할 목적으로 폭행 또는 협박한 자도 전항의 형과 같다.

1. 개념 및 보호법익

직무·사직강요죄란 공무원에 대하여 그 직무상의 행위를 강요 또는 저지하거나 그 직을 사퇴하게 할 목적으로 폭행 또는 협박하는 죄이다.

본죄의 보호법익은 공무라는 설과 '공무원의 직무집행 및 공무원 지위의 안전'이라는 설(다수설)이 대립한다. 공무원 지위의 안전을 보호하는 것도 공무를 보호하는 데에 목적이 있다고 할 수 있으므로 전자가 타당하다. 공무원 지위의 안전은 강요죄(제324조)에 의해 보호될 수 있는 법익이다. 본죄의 보호의 정도는 추상적 위험범이다.

2. 구성요건

(1) 객관적 구성요건

본죄의 주체에는 제한이 없다.

본죄의 객체는 공무원이다. 공무원의 개념은 공무집행방해죄에서와 같다. 현재에 공무원이라는 신분이 필요하지만, 현재 공무를 집행할 필요는 없고, 장래에 공무를 집행할 공무원이면 족하다.

본죄의 실행행위는 폭행 또는 협박이다. 폭행 또는 협박의 의미는 공무집행방해죄에서와 같다.

(2) 주관적 구성요건

본죄는 공무원에 대하여 폭행·협박을 한다는 점에 대한 고의 이외에 그 직무상의 행위를 강요 또는 저지하거나 그 직을 사퇴하게 할 목적을 필요로 한다. 본죄는 부진정목적범이므로 직무강요나 사퇴결과의 발생 여부는 기수·미수에 영향을 미치지 못한다.

1) 직무상 행위의 강요 또는 저지의 목적

직무상의 행위를 강요한다는 것은 폭행 또는 협박으로 직무상의 행위를 적극적으로 하도록 하는 것을 의미하고, 저지한다는 것은 폭행 또는 협박으로 직무상의 행위를 하지 못하도록 하는 것을 말한다.

가. 직무행위의 범위 본죄의 직무행위의 범위에 대해 ① 공무원의 직무와 관련이 있는 행위이면 족하고 공무원의 권한 내에 속한 직무일 필요가 없다는 설, ② 공무원의 추상적 권한에 속해야 하지만 구체적 권한에까지 속할 필요는 없다는 설(다수설), ③ 공무원의 추상적·구체적 직무권한에 속해야 한다는 설이 대립한다.

공무원의 권한 내의 직무가 아닌 경우에는 강요죄(제324조)가 된다고 하면 되고, 공무원의 추상적 권한에 속하는가 구체적 권한에 속하는가는 행위자가 분명하게 인식할 수 없으므로 추상적 권한에 속하는 것이면 족하다는 ②의 견해가 타당하다.

나. 직무행위의 적법성 직무행위가 적법할 것을 요하는가에 대해 긍정설, 부정설 및 강요의 경우에는 적법할 것을 요하지 않지만 저지의 경우에는 적법할 것을 요한다는 절충설이 대립한다.

위법한 직무를 저지하거나 강요한 때에는 강요죄(제324조) 혹은 위법한 직무행위에 대한 교사범·간접정범이 성립할 수 있을 뿐이므로 긍정설이 타당하다.

2) 공무원의 직을 사퇴하게 할 목적

"그 직을 사퇴하게 한다"는 것의 의미에 대해 직무행위와 관련된 경우뿐만 아니라 직무행위와 관계없이 개인적 사정에 의해 사퇴하게 하는 것도 포함된다는 견해와 직무집행과 관계없이 개인적 사정에 의해 사직하게 하는 것은 포함되지 않는다는 견해가 대립한다.

직무집행과 관계없이 사직하게 하는 경우에도 본죄의 보호법익인 공무에 대한 위험을 초래할 수 있으므로 전자가 타당하다.

3. 다른 범죄와의 관계

통설은 본죄와 강요죄는 상상적 경합관계에 있다고 한다. 그러나 본죄와 강요죄는 특별 대 일반의 관계에 있다고 해야 한다.

Ⅳ. 위계에 의한 공무집행방해죄

> 제137조(위계에 의한 공무집행방해)   위계로써 공무원의 직무집행을 방해한 자는 5년 이하의 징역 또는 1천만원 이하의 벌금에 처한다.

1. 개념 및 보호법익

위계에 의한 공무집행방해죄란 위계로써 공무원의 직무집행을 방해하는 죄이다. 본죄는 ① 행위방법이 폭행·협박이 아니라 위계이고, ② 현재 직무를 집행하는 공무원뿐만 아니라 장래에 직무집행할 공무원도 객체가 된다는 점에서 공무집행방해죄와 구별된다.

본죄의 보호법익은 공무집행방해죄에서와 같다. 보호의 정도는 추상적 위험범설이 통설이지만, 구체적 위험범설과 침해범설도 있다. 판례는 침해범설을 따르는 듯한 표현을 하고 있다(대판 2012. 4. 26. 2011도17125; 대판 2003. 7. 25. 2003도1609). 침해범설이 타당하다.

2. 구성요건

(1) 행위의 주체 및 객체

본죄의 주체에는 제한이 없고, 본죄의 객체인 공무원은 현재 직무를 집행하는 공무원뿐만 아니라 장차 공무를 집행할 공무원도 포함한다. 공무원의 개념은 공무집행방해죄에서와 같다.

(2) 실행행위

본죄의 실행행위는 위계로써 공무원의 직무집행을 방해하는 것이다.

공무원의 직무집행은 적법한 것이어야 하지만 권력적 작용뿐만 아니라 사경제주체로서의 활동을 비롯한 비권력적 작용도 포함된다(대판 2003. 12. 26. 2001도6349).

위계란 행위자의 행위목적을 이루기 위하여 상대방에 오인·착각·부지를 일으키게 하여 그 오인·착각·부지를 이용하는 것을 말한다(대판 1995. 5. 9. 94도2990). 따라서 담당 공무원들 모두의 공모 또는 양해 아래 부정한 행위가 이루어졌다면 이로 말미암아 오인 등을 일으킨 상대방이 있다고 할 수 없으므로 위계에 해당되지 않는다(대판 2015. 2. 26. 2013도13217). 유혹이 위계에 해당되는가에 대해 긍정설(다수설)과 부정설이 있다. 유혹이 오인·착각·부지를 일으킨다고 할 수 없고, 유혹을 포함하는 경우에는 유인이라는 용어를 쓰고 있으므로(제287조 이하) 부정설이 타당하다.

　　판례에 의하면, 시험감독자를 속이고 원동기장치 자전거 운전면허시험에 대리로 응시한 경우(대판 1986. 9. 9. 86도1245), 시험장소 내에서 시험감독관의 감시의 틈을 타서 시험답안지의 해답이 적힌 쪽지를 전달한 경우(대판 1967. 5. 23. 67도650), 입학고사실시 전에 그 고사문제를 담당공무원 모르게 부정한 방법으로 입수하여 그 문제의 내용을 미리 알고 응시한 경우(대판 1966. 4. 26. 66도30) 등은 위계에 해당된다.

　　그러나 과속단속카메라에 촬영되더라도 불빛을 반사시켜 차량 번호판이 식별되지 않도록 하는 기능이 있는 제품('파워매직세이퍼')을 차량 번호판에 뿌린 상태로 차량을 운행한 행위(대판 2010. 4. 15. 2007도8024), 교도관과 재소자가 공모하여 재소자가 교도관으로부터 담배를 교부받아 이를 흡연한 행위 및 휴대폰을 교부받아 외부와 통화한 행위(대판 2003. 11. 13. 2001도7045), 피고의 주소를 허위로 기재하여 법원공무원으로 하여금 변론기일소환장 등을 허위주소로 송달케 한 행위(대판 1996. 10. 11. 96도312), 피의자나 참고인이 아닌 자가 자발적이고 계획적으로 피의자를 가장하여 수사기관에 대하여 허위사실을 진술한 경우(대판 1977. 2. 8. 76도3685) 등은 위계에 해당되지 않는다.

　　허위의 신청사유와 소명자료로 행정청의 인·허가처분을 받아낸 경우, 판례는 행정청이 사실을 충분히 확인하지 아니한 채 신청인이 제출한 사실과 다른 신청사유나 소명자료를 믿고 인·허가를 한 경우에는 본죄가 성립하지 않지만,[1] 행정청이 관계 법령에 따라 인·허가요건에 해당하는지 여부에 관하여 충분히 심사

---

1) 본죄의 성립을 부정한 판례로, 대판 2011. 9. 8. 2010도7034; 대판 2010. 10. 28. 2008도9590; 대학교 시간강사 임용과 관련하여 허위의 학력이 기재된 이력서만을 제출한 경우(대판 2009. 1. 30. 2008도6950); 초등학교 중퇴 이하의 학력이라는 허위 내용의 인우보증서를 첨부하여 운전면허 구술시험에 응시한 경우(대판 2007. 3. 29. 2006도8189); 대판 1984. 1. 31. 83도2290; 허위의 재직증명서를 첨부하여 가입청약을 하고 전화를 가설한 경우(대판 1977. 12. 27. 77도3199) 등.

하였으나 신청사유와 소명자료가 거짓임을 발견하지 못하여 인·허가처분을 하게 된 경우에는 본죄가 성립한다고 한다(대판 2002. 9. 4. 2002도2064).[1]

[대판 2016. 1. 28. 2015도17297] 등기신청은 단순한 '신고'가 아니라 그 신청에 따른 등기관의 심사 및 처분을 예정하고 있는 것이므로, 등기신청인이 제출한 허위의 소명자료 등에 대하여 등기관이 나름대로 충분히 심사를 하였음에도 이를 발견하지 못하여 그 등기가 마쳐지게 되었다면 위계에 의한 공무집행방해죄가 성립할 수 있다. 등기관이 등기신청에 필요한 서면제출 여부 및 제출된 서면의 형식적 진정성 여부를 심사할 권한은 갖고 있으나 등기신청이 실체법상의 권리관계와 일치하는지 여부를 심사할 실질적인 심사권한은 없다고 하여 달리 보아야 하는 것은 아니다.
[대판 2019. 3. 14. 2018도18646] 수사기관이 충분한 수사를 하지 않은 채 피의자 등이 제출한 허위의 진술과 증거만으로 증거의 수집·조사를 마쳤다면, 이는 수사기관의 불충분한 수사에 의한 것으로서 피의자 등의 위계에 의하여 수사가 방해되었다고 볼 수 없어 위계에 의한 공무집행방해죄가 성립된다고 할 수 없다. 그러나 피의자 등이 적극적으로 허위의 증거를 조작하여 제출하고 그 증거 조작의 결과 수사기관이 그 진위에 관하여 나름대로 충실한 수사를 하더라도 제출된 증거가 허위임을 발견하지 못할 정도에 이르렀다면, 이는 위계에 의하여 수사기관의 수사행위를 적극적으로 방해한 것으로서 위계공무집행방해죄가 성립된다.
[대판 2022. 3. 31. 2018도15213] 법령에서 일정한 행위를 금지하면서 이를 위반하는 행위에 대한 벌칙을 정하고 공무원으로 하여금 금지규정의 위반 여부를 감

---

1) 본죄의 성립을 인정한 판례로, 이란 국적의 피고인이 사실은 대한민국에 입국 후 난민신청을 할 계획이었음에도 사업 목적으로 초청된 것처럼 가장하여 사증을 발급받아 입국한 경우(대판 2023. 3. 13. 2021도3652), 대한민국 국적을 취득하지 못했음에도 대한민국 여권을 발급받은 다음 이를 출입국심사 담당공무원에게 제출한 경우(대판 2022. 4. 28. 2020도12239), 위조한 총장 표창장 등을 증빙서류로 제출하여 국립대에 입학한 경우(대판 2022. 1. 27. 2021도11170), 대판 2011. 5. 26. 2011도1484; 대판 2009. 2. 26. 2008도11862; 대판 2009. 9. 10. 2009도6541; 산업기능요원으로 근무할 의사가 없음에도 허위내용으로 편입신청이나 파견근무신청을 하여 관할관청의 승인을 받은 경우(대판 2009. 3. 12. 2008도1321; 대판 2008. 6. 26. 2008도1011); 대판 2008. 3. 13. 2007도7724; 타인의 소변을 마치 자신의 소변인 것처럼 수사기관에 건네주어 필로폰 음성반응이 나오게 한 경우(대판 2007. 10. 11. 2007도6101); 대판 2003. 7. 25. 2003도1609; 대판 2005. 3. 10. 2004도8470; 대판 2003. 12. 26. 2001도6349; 지방자치단체의 공사입찰에 있어서 허위서류를 제출하여 입찰참가자격을 얻고 낙찰자로 결정되어 계약을 체결한 경우(대판 2003. 10. 9. 2000도4993); 대판 2002. 9. 4. 2002도2064; 대판 1997. 2. 28. 96도2825; 고등학교 입학원서 추천서란을 사실과 다르게 조작, 허위기재하여 그 추천서 성적이 고등학교입학전형의 자료가 된 경우(대판 1983. 9. 27. 83도1864); 대판 1982. 7. 27. 82도1301 등.

시·단속하도록 한 경우 공무원에게는 금지규정 위반행위의 유무를 감시하여 확인하고 단속할 권한과 의무가 있으므로 구체적이고 현실적으로 감시·단속 업무를 수행하는 공무원에 대하여 위계를 사용하여 업무집행을 못하게 하였다면 위계에 의한 공무집행방해죄가 성립하지만, 단순히 공무원의 감시·단속을 피하여 금지규정을 위반한 것에 지나지 않는다면 그에 대하여 벌칙을 적용하는 것은 별론으로 하고 그 행위가 위계에 의한 공무집행방해죄에 해당한다고 할 수 없다.

(3) 공무집행방해 결과의 발생

본죄가 성립하기 위해 현실적인 공무집행방해의 결과를 요하는가에 대해 긍정설, 부정설(다수설) 및 구체적 위험은 발생해야 한다는 설 등이 대립한다. 판례는 긍정설을 따른다.

[대판 2015. 2. 26. 2013도13217; 대판 2000. 3. 24. 2000도102] 상대방이 위계에 따라 그릇된 행위나 처분을 하여야만 위계에 의한 공무집행방해죄가 성립하는 것이고, 만약 범죄행위가 구체적인 공무집행을 저지하거나 현실적으로 곤란하게 하는 데까지는 이르지 아니하고 미수에 그친 경우에는 위계에 의한 공무집행방해죄로 처벌할 수 없다.

제136조와는 달리 제137조는 '직무집행을 방해한 자'라고 규정되어 있고 형법해석은 엄격해야 하므로 공무집행방해의 현실적 결과가 발생한 때라고 해야 할 것이다.

(4) 주관적 구성요건

본죄가 성립하기 위해 위계사용의 고의 이외에 공무집행방해의 의사를 요하는가에 대해 긍정설과 부정설이 있다. 판례는 '위계에 의한 공무집행방해죄가 성립되려면 자기의 위계행위로 인하여 공무집행을 방해하려는 의사가 있어야 한다'(69도2260)고 하여 긍정설을 따른다.

[대판 1974. 12. 10. 74도2841] 자가용차를 운전하다가 교통사고를 낸 사람이 경찰관서에 신고함에 있어 가해차량이 자가용일 경우 피해자와 합의하는데 불리하다고 생각하여 영업용택시를 운전하다가 사고를 내었다고 허위신고를 하였다 하더라도 이 사실만으로 공무원의 직무집행을 방해할 의사가 있었다고 단정하기 어려우므로 위계로 인한 공무집행방해죄가 성립하지 않는다.

본죄의 성립에 직무방해의 의사가 필요하지만 그것은 초과주관적 구성요건
요소가 아니라 고의의 한 내용이라고 해야 한다.

3. 다른 범죄와의 관계

[대판 1997. 2. 28. 96도2825]   결재권자를 보좌하는 공무원이 위계를 사용하여 결
재권자의 최종결재를 받은 경우와 같이 본죄를 범한 것이 직무를 유기한 것에도
해당하는 경우에도 직무위배의 위법상태는 본죄의 행위 속에 포함되어 있다고 보
아야 하므로 본죄 이외에 직무유기죄는 따로 성립하지 아니한다.

V. 법정·국회회의장모욕죄

제138조(법정 또는 국회회의장모욕)   법원의 재판 또는 국회의 심의를 방해 또
   는 위협할 목적으로 법정이나 국회회의장 또는 그 부근에서 모욕 또는 소동한
   자는 3년 이하의 징역 또는 700만원 이하의 벌금에 처한다.

1. 개념 및 보호법익

법정·국회회의장모욕죄란 법원의 재판 또는 국회의 심의를 방해 또는 위협
할 목적으로 법정이나 국회회의장 또는 그 부근에서 모욕 또는 소동하는 죄이다.
본죄의 보호법익은 법원의 재판기능 및 국회의 심의기능이고(대판 2021. 8. 26. 2020도
12017), 보호의 정도는 추상적 위험범이다.

2. 구성요건

본죄의 주체에는 제한이 없다. 피고인, 변호인, 방청객뿐만 아니라 판사, 검
사, 경찰, 교도관, 법원직원, 국회의원도 본죄의 주체가 될 수 있다. 다수인이 아
닌 단독으로도 본죄를 범할 수 있다.

본죄의 실행행위는 법정이나 국회회의장 또는 그 부근에서 모욕 또는 소동
하는 것이다.

법정이나 국회회의장 또는 그 부근 법정이나 국회회의장 내부건물에 있는
법정 또는 국회회의장에 국한되지 않고, 법원의 심리나 국회의 회의가 있는 장소
이면 어디이든 불문한다. 부근이란 심리나 회의에 영향을 미칠 수 있는 범위의

장소를 의미한다.

명문에 규정되어 있지는 않지만, 모욕 또는 소동이 시간적으로는 심리나 회의 진행 중 또는 진행 직전이나 직후에 이루어져야 한다. 휴회 중이나 휴정 중에 이루어져도 상관없다.

모욕이란 경멸적 의사를 표시하는 것을 말한다. 모욕의 상대방에는 제한이 없다. 상대방은 법관·국회의원에 국한되지 않고, 피고인·증인·검사·법원직원 등을 불문한다. 증인의 선서·증언 거부가 모욕이 될 수 있는가에 대해 긍정설과 부정설이 대립된다. 선서·증언 거부는 관계법령(형소법 제161조; 민소법 제318조, 제326조 등)에 의해 과태료 등에 의한 처벌을 받으므로, 부정설이 타당하다.

소동이란 법원의 재판이나 국회의 회의를 방해할 정도의 유·무형력의 행사를 말한다. 소리를 지르거나 발을 구르거나 물건을 두드리는 등의 행위를 예로 들 수 있다. 상대방이 누구이든 상관없다.

본죄가 성립하기 위해서는 법정·국회회의장 또는 그 부근에서 모욕하거나 소동하는 것에 대한 고의 이외에 법원의 재판 또는 국회의 회의를 방해 또는 위협할 목적이 필요하다. 법원의 재판에는 헌법재판소의 심판도 포함된다(대판 2021. 8. 26. 2020도12017). 위협할 목적이란 재판이나 회의의 정상적인 진행을 하지 못하도록 할 목적을 의미한다.

3. 위 법 성

[대판 2013. 6. 13. 2010도13609] M정당 당직자들이 국회 외교통상 상임위원회 회의장 앞 복도에서 출입이 봉쇄된 회의장 출입구를 뚫을 목적으로 회의장 출입문 및 그 안쪽에 쌓여있던 책상, 탁자 등 집기를 손상하거나, 국회의 심의를 방해할 목적으로 소방호스를 이용하여 회의장 내에 물을 분사한 행위는 공용물건손상죄 및 국회회의장소동죄의 구성요건에 해당하고, 국민의 대의기관인 국회에서 서로의 의견을 경청하고 진지한 토론과 양보를 통하여 더욱 바람직한 결론을 도출하는 합법적 절차를 외면한 채 곧바로 폭력적 행동으로 나아가 방법이나 수단에 있어서도 상당성의 요건을 갖추지 못하여 이를 위법성이 조각되는 정당행위나 긴급피난의 요건을 갖춘 행위로 평가하기 어렵다.

4. 입 법 론

법원조직법 제61조 제1항은 "법원은 직권으로 법정 내외에서 제58조 제2항의 명령 또는 제59조를 위반하는 행위를 하거나 폭언, 소란 등의 행위로 법원의 심리를 방해하거나 재판의 위신을 현저하게 훼손한 사람에 대하여 결정으로 20일 이내의 감치에 처하거나 100만원 이하의 과태료를 부과할 수 있다. 이 경우 감치와 과태료는 병과할 수 있다"고 규정하고 있다. 법정모욕죄에 해당하는 행위는 항상 법원조직법 제61조 제1항에도 해당하게 된다.

법정모욕죄의 구성요건에 해당하는 행위 중 모욕행위를 한 경우에는 모욕죄로 처벌하면 되고, 불특정인에 대해 모욕하거나 소동을 피우는 행위는 법원조직법으로 처벌하면 족하다고 생각되므로 법정모욕죄는 폐지해야 한다. 국회회의장모욕죄도 폐지하고 법정경찰권과 유사한 제재만을 별도로 규정하는 것이 바람직하다.

Ⅵ. 인권옹호직무방해죄

> 제139조(인권옹호직무방해)　경찰의 직무를 행하는 자 또는 이를 보조하는 자가 인권옹호에 관한 검사의 직무집행을 방해하거나 그 명령을 준수하지 아니한 때에는 5년 이하의 징역 또는 10년 이하의 자격정지에 처한다.

1. 의의 및 보호법익

인권옹호직무방해죄란 경찰의 직무를 행하는 자 또는 이를 보조하는 자가 인권옹호에 관한 검사의 직무집행을 방해하거나 그 명령을 준수하지 아니하는 죄이다. 본죄의 보호법익은 국가의 기능 그 중에서도 검사의 인권옹호직무이다. 보호의 정도는 추상적 위험범이다.

통설에 의하면 본죄는 공무집행방해죄, 위계에 의한 공무집행방해죄, 직무유기죄 등으로 처벌하거나 징계처분으로 족하므로 굳이 형법에 규정해야 할 필요가 없다. 검사와 사법경찰관은 수사, 공소제기 및 공소유지에 관하여 서로 협력하는 관계이므로(형사소송법 제195조 1항), 본죄를 폐지하는 것이 바람직하다.

2. 구성요건

(1) 행위의 주체

본죄는 진정직무범죄이며 특수직무범죄로서, 그 주체는 경찰의 직무를 행하는 자 또는 이를 보조하는 자이다. 사법경찰관과 사법경찰리 등이 대표적인 예이지만, 특별사법경찰관리도 포함된다. 보조하는 자란 법적인 보조자를 말하고 사실상 보조자는 포함되지 않는다.

(2) 실행행위

본죄의 실행행위는 인권옹호에 관한 검사의 직무집행을 방해하거나 그 명령을 준수하지 않는 것이다.

1) 검사의 인권옹호직무   검사는 공익의 대표자로서 피고인 또는 피의자의 인권도 보호해야 할 의무를 지닌다. 인권옹호에 관한 검사의 직무로는 각종의 강제처분에 대한 집행지휘(형소법 제81조, 제115조, 제209조 등), 체포 · 구속장소감찰(형소법 제198조의2) 등을 예로 들 수 있지만, 여기에 국한되지 않는다.

2) 직무방해 또는 명령불준수   검사의 직무를 방해하는 방법에는 제한이 없다. 명령불준수의 경우 명령의 전부를 준수하지 않든지 일부를 준수하지 않든지 상관없다. 다만 명령의 전체 취지는 준수하면서 지엽적인 사항을 준수하지 않은 경우는 제외된다.

3) 검사의 직무집행 · 명령의 적법성   검사의 직무집행은 적법해야 한다. 왜냐하면 위법한 직무집행을 방해하더라도 이는 정당행위가 될 것이기 때문이다.

다수설은 검사의 명령도 적법해야 한다고 한다. 이에 대해 소수설은 검사의 명령이 위법하다고 판단할 수 있는 현저한 사유가 없으면 족하다고 한다. 경찰도 적법한 명령만 준수할 의무가 있으므로 다수설이 타당하다.

3. 기수시기

본죄의 미수는 벌하지 않는다(제143조). 본죄의 기수시기에 대해서는 방해행위의 종료시설과 직무집행방해의 구체적 위험 발생시설이 있다. 본죄는 추상적 위험범이므로 방해의 경우는 직무집행 방해의 경우에는 방해행위 종료시, 명령 불준수의 경우에는 명령불준수가 있고 어느 정도의 시간이 경과한 때에 기수가 된다고 해야 한다. 최초 명령을 준수하지 않다가 바로 이어진 재차 명령을 준수한 경우에는 명령을 준수한 것으로 보아야 한다.

Ⅶ. 공무상비밀표시무효죄

1. 공무상봉인등표시무효죄

> 제140조(공무상비밀표시무효)   ① 공무원이 그 직무에 관하여 실시한 봉인 또는 압류 기타 강제처분의 표시를 손상 또는 은닉하거나 기타 방법으로 그 효용을 해한 자는 5년 이하의 징역 또는 700만원 이하의 벌금에 처한다.

(1) 개념 및 보호법익

공무상봉인등표시무효죄란 공무원이 그 직무에 관하여 실시한 봉인 또는 압류 기타 강제처분의 표시를 손상 또는 은닉하거나 기타 방법으로 그 효용을 해하는 죄를 말한다.

본죄의 보호법익은 국가의 기능, 그 중에서도 봉인이나 강제처분표시의 기능이고, 보호의 정도는 침해범이다.

(2) 구성요건

1) 행위의 객체   본죄의 객체는 공무원이 그 직무에 관하여 실시한 봉인 또는 압류 기타 강제처분의 표시이다.

가. 봉인 또는 압류 기타 강제처분의 표시   봉인이란 물건에 대한 임의처분을 금지하기 위해 그 물건에 시행한 봉함 기타 이와 유사한 설비를 말한다. 일반적으로는 인영으로 표시되지만, 인영으로 표시되지 않아도 상관없고 공무원의 인장을 사용할 것도 요하지 않는다.[1]

압류란 공무원이 그 직무상 보관할 물건을 자기의 점유로 옮기는 강제처분을 말하며, 민사집행법상 강제집행을 위한 압류, 국세징수법상 체납처분을 위한 압류(동법 제24조 이하) 등을 예로 들 수 있다. 민사집행법에 의한 부동산이나 금전채권의 압류도 압류에 속하지만, 유체동산에 대한 가압류·가처분 등은 압류가 아닌 기타의 강제처분에 속한다.

기타의 강제처분이란 압류 이외의 것으로서 타인에 대하여 일정한 작위 또는

---

1) 압류한다는 취지의 문자를 기재한 지편(종이)을 첨부하는 것도 봉인이라는 견해가 있으나, 이는 봉인이 아니라 압류의 표시라고 해야 한다.

부작위를 명하는 처분을 말한다. 민사집행법상의 가압류·가처분 등이 그 예이다. 표시란 압류 기타 강제처분이 있다는 것을 나타내는 증표로서 봉인 이외의 것을 말한다.

나. 압류 기타 강제처분의 표시의 현존　　압류등 표시는 행위 당시에 현존하고 있어야 한다(대판 1997. 3. 11. 96도2801). 따라서 집행관이 법원으로부터 피신청인에 대하여 부작위를 명하는 가처분이 발령되었음을 고시하는 데 그치고 구체적인 집행행위를 개시하지 않거나(대판 2010. 9. 30. 2010도3364) 강제집행이 완결된 이후에는 본죄가 성립하지 않는다.

> **[대판 1985. 7. 23. 85도1092]** 집달관이 채무자 겸 소유자의 건물에 대한 점유를 해제하고 이를 채권자에게 인도한 후 채무자의 출입을 봉쇄하기 위하여 출입문을 판자로 막아 둔 것을 채무자가 이를 뜯어내고 그 건물에 들어갔다 하더라도 이는 강제집행이 완결된 후의 행위로서, 점유침범은 별론으로 하고, 공무상비밀표시무효죄에 해당하지는 않는다.

적법한 절차에 의해 압류등이 해제되지 않고 압류등 표시가 현존하는 한 채무를 변제하였다는 이유로 압류등 표시를 무효화한 경우에는 본죄가 성립한다는 견해가 있지만, 이 경우에는 보호의 필요성이 없으므로 본죄가 성립하지 않는다고 해야 한다.

그러나 압류가 경합된 경우에 일부 채권자에게만 변제하고 압류된 유체동산을 처분한 경우나(대판 1981. 10. 13. 80도1441), 채권자와 채무자 간에 그 채권변제에 관한 합의나 그 집행을 취소하겠다는 합의만이 있는 경우에는 본죄가 성립할 수 있다(대판 1972. 8. 29. 72도1603).

다. 봉인 또는 압류 기타 강제처분의 표시의 적법성　　봉인이나 압류 등 표시가 적법해야 하는가에 대해, 긍정설(다수설)과 일반적·객관적으로 공무원의 봉인 등이라고 인정될 경우에는 본죄의 객체가 된다고 하는 부정설이 있다. 판례는 부정설을 따른다.

> **[대판 2007. 3. 15. 2007도312; 대판 1961. 4. 21. 4294형상41]** 공무원이 실시한 봉인 또는 압류 기타 강제처분의 표시가 법률상 당연무효 또는 부존재라고 볼 수 있는 경우에는 그 봉인 등의 표시는 공무상비밀표시무효죄의 객체가 되지 않지

만, 봉인 등의 표시에 절차상 또는 실체상의 하자가 있다고 하더라도 객관적·일
반적으로 그것이 공무원이 그 직무에 관하여 실시한 봉인 등으로 인정할 수 있는
상태에 있다면 적법한 절차에 의하여 취소되지 아니하는 한 설사 그것이 부당하
더라도 공무상비밀표시무효죄의 객체로 된다.

    본죄의 경우에도 적법한 공무집행만이 보호의 대상이 되고, 위법한 공무집행
은 보호의 대상이 아니라고 할 수 있으므로 긍정설이 타당하다. 다만 봉인이나
압류의 형식에 부분적으로 흠이 있다 하더라도 전체적으로 보면 유효하다고 할
수 있는 경우에는 본죄가 성립할 수 있다. 또한 봉인 등이 적법하면 피담보권리
의 적법·부적법을 불문하고 본죄가 성립할 수 있다(대판 2007. 3. 15. 2007도312).

    2) 실행행위   본죄의 실행행위는 손상 또는 은닉하거나 기타 방법으로
그 효용을 해하는 것이다.

    가. 손상·은닉 기타 방법   손상이란 봉인 등을 물질적으로 파괴하거나
훼손하여 그 효용을 해하는 것을 말한다. 반드시 효용을 상실케 할 정도까지 이
를 것을 요하지 않는다. 은닉이란 봉인 등의 발견을 불가능·곤란하게 하는 것을
말한다. 기타 방법이란 손상과 은닉 이외의 방법으로 표시 자체의 효력을 사실상
으로 감쇄 또는 멸각시키는 것을 말하고, 그 표시의 근거인 처분의 법률상 효력
까지 상실케 할 필요는 없다(대판 2018. 7. 11. 2015도5403).

    집행관이 유체동산을 가압류하면서 이를 채무자에게 보관하도록 하였으나
채무자가 가압류된 유체동산을 제3자에게 양도하고 그 점유를 이전한 경우(채무자
와 양수인이 가압류된 유체동산을 원래 장소에 두었더라도 마찬가지)(대판 2018. 7. 11. 2015도5403),
압류물을 집행관의 승인없이 임의로 그 관할구역 밖으로 옮긴 경우(대판 1992. 5. 26.
91도894), 보관장소로부터 상당한 거리에 있는 다른 장소로 이동시킨 경우(대판
1986. 3. 25. 86도69), 직접점유자가 간접점유자에게 가처분목적물의 점유를 이전한
경우(대판 1980. 12. 23. 80도1963), 출입금지가처분을 무시하고 그 장소에 출입한 경우
(대판 1979. 2. 13. 77도1455), 건물점유이전금지가처분집행 후 다른 사람에게 건물 일
부를 점유케 한 경우(대판 1972. 9. 12. 72도1441), 영업행위금지가처분결정에 기한 집
행으로 판매장 내에 그 결정의 취지를 명시한 고시판을 세워두었던 사실을 잘 알
면서 동 판매장 내에서 그 고시의 취지에 반하는 판매업무를 계속한 경우(대판
1971. 3. 23. 70도2688) 등을 예로 들 수 있다.

그러나 채무자가 압류물을 다른 장소로 이동시켜야 할 특별한 사정이 있고 채권자에게 이동사실 및 이동장소를 고지하여 승낙을 얻은 때에는 집행관의 승인을 얻지 못한 채 압류물을 이동시켰다 하더라도 '기타의 방법으로 그 효용을 해한' 경우에 해당되지 않는다(대판 2004. 7. 9. 2004도3029).

또한 가처분은 가처분 채무자에 대한 부작위 명령을 집행하는 것이므로 가처분의 채무자가 아닌 제3자가 그 부작위 명령을 위반한 행위는 본죄에 해당되지 않는다(대판 2007. 11. 16. 2007도5539).

본죄는 부작위에 의해서도 범할 수 있다(대판 2005. 7. 22. 2005도3034).

[대판 2005. 7. 22. 2005도3034] 압류된 골프장시설을 보관하는 회사의 대표이사가 위 압류시설의 사용 및 봉인의 훼손을 방지할 수 있는 적절한 조치 없이 골프장을 개장하게 하여 봉인이 훼손되게 한 경우, 부작위에 의한 공무상표시무효죄의 성립을 인정한 사례.

나. 효용을 해하는 것　　봉인 또는 압류 기타 강제처분의 효용을 해하여야 한다. 효용을 해한다는 것은 효용을 상실시키거나 현저하게 감소시키는 것을 의미한다. 따라서 종전과 같이 사용할 수 있는 상태로 압류된 물건 등을 사용한 경우에는 본죄가 성립하지 않는다(대판 1984. 3. 13. 83도3291; 대판 1969. 6. 24. 69도481).

(3) 책　　임

판례는 압류물의 효력이 없어진 것으로 착오하거나(대판 1970. 9. 22. 70도1206) 가압류취소절차를 거침이 없이 가압류목적 물건을 가져간 경우(대판 1972. 11. 14. 72도1248) 본죄의 고의가 조각된다고 하다가, 이후의 판결에서는 법률의 착오의 문제로 다룬다.

[대판 2000. 4. 21. 99도5563] 봉인 등의 표시가 법률상 효력이 없다고 믿은 것은 법규의 해석을 잘못하여 행위의 위법성을 인식하지 못한 것이라고 할 것이므로 그와 같이 믿은 데에 정당한 이유가 없는 이상, 그와 같이 믿었다는 사정만으로는 공무상표시무효죄의 죄책을 면할 수 없다고 할 것이다.

(4) 미　　수

본죄의 미수는 처벌한다(제143조). 본죄의 실행의 착수시기는 손상·은닉 등의 행위를 개시한 때이고, 기수시기는 효용을 해한 때이다. 손상·은닉 등의 행위를 종료하지 못하였거나 종료하였더라도 효용을 해하지 못한 경우에는 본죄의 미수가 된다.

(5) 죄   수

통설은 봉인·압류·강제처분표시가 된 물건을 절취하거나 횡령한 때에는 본죄와 절도죄·횡령죄의 상상적 경합, 봉인 등을 손상하고 절취한 경우에는 본죄와 절도죄·횡령죄의 실체적 경합이라고 한다. 그러나 본죄와 절도·횡령죄는 수단과 목적의 관계에 있으므로 절도·횡령죄만이 성립한다고 해야 한다.

봉인·압류·강제표시된 물건을 함께 손상한 경우 본죄와 손괴죄의 상상적 경합설이 있지만, 손괴죄는 본죄에 흡수된다고 해야 한다.

2. 공무상비밀침해죄

> 제140조   ② 공무원이 그 직무에 관하여 봉함 기타 비밀장치한 문서 또는 도화를 개봉한 자도 제1항의 형과 같다.
> ③ 공무원이 그 직무에 관하여 봉함 기타 비밀장치한 문서, 도화 또는 전자기록 등 특수매체기록을 기술적 수단을 이용하여 그 내용을 알아낸 자도 제1항의 형과 같다.

(1) 개념 및 보호법익

공무상 비밀침해죄란 공무원이 그 직무에 관하여 봉함 기타 비밀장치한 문서 또는 도화를 개봉하거나 봉함 기타 비밀장치한 문서, 도화 또는 전자기록 등 특수매체기록을 기술적 수단을 이용하여 그 내용을 알아내는 죄이다. 본죄는 비밀침해죄(제316조)에 비해 불법이 가중된 구성요건이다.

본죄의 보호법익은 공무상의 비밀이다. 판례는 공무상 비밀누설에 의해 위협받는 국가기능이라고 한다(대판 2021. 12. 30. 2021도11924). 보호의 정도는 추상적 위험범이다. 제3항의 죄에 대해 침해범설과 구체적 위험범설이 있지만, 추상적 위험범이라고 해야 한다. 그 내용을 알아내면 족하고 그 내용을 이해할 것까지 요구되는 것은 아니기 때문이다.

(2) 구성요건

본죄의 객체와 실행행위는 공무원이 그 직무에 관하여 봉함 기타 비밀장치한 것이라는 점을 제외하면 비밀침해죄(제316조)에서와 같다.

　(3) 미　　수

　본죄의 미수는 처벌한다(제143조). 본죄의 기수시기는 제2항의 죄에서는 개봉한 시점이고, 제3항의 죄에서는 그 내용을 알아낸 시점이다. 그 내용을 알아내면 족하고 그 의미까지 이해해야 되는 것은 아니다.

3. 부동산강제집행효용침해죄

> 제140조의2(부동산강제집행효용침해)　강제집행으로 명도 또는 인도된 부동산에 침입하거나 기타 방법으로 강제집행의 효용을 해한 자는 5년 이하의 징역 또는 700만원 이하의 벌금에 처한다.

　(1) 개념 및 보호법익

　부동산강제집행효용침해죄란 강제집행으로 명도 또는 인도된 부동산에 침입하거나 기타 방법으로 강제집행의 효용을 해하는 죄이다. 1995년 개정형법에서 신설된 규정이다.

　본죄의 보호법익은 국가의 강제집행기능이고, 보호의 정도는 침해범이다.

　(2) 구성요건

　본죄는 신분범이 아니므로 그 주체에는 제한이 없다. 채무자뿐만 아니라 제3자도 본죄의 주체가 될 수 있다.

　본죄의 객체는 강제집행으로 명도 또는 인도된 부동산이다. 강제집행으로 인한 부동산의 점유이전 방법에는 명도와 인도가 있다. 명도란 채무자 또는 부동산의 임차인 등 그 부동산에 거주하는 사람들과 그들의 동산을 완전히 배제하고 채권자에게 부동산의 점유를 이전하는 것을 말한다. 인도란 부동산의 점유이전만을 의미한다. 강제집행으로 퇴거집행된 부동산도 포함된다(대판 2003. 5. 13. 2001도3212).

　본죄는 적법한 국가기능을 보호하는 것이므로 강제집행은 적법해야 한다.

　본죄의 실행행위는 부동산에 침입하거나 기타 방법으로 강제집행의 효용을 해하는 것이다.

　침입이란 권리자의 의사에 반하여 외부로부터 부동산 안으로 들어가는 것이다. 기타 방법이란 침입 이외에 강제집행의 효용을 해하는 일체의 행위를 말한다. 주택을 손괴·파괴하는 행위를 그 예로 들 수 있다.

"강제집행의 효용을 해한다"는 것은 강제집행으로 명도 또는 인도받은 부동산을 권리자가 그 용도에 따라 사용·수익하거나 권리행사를 하는 데 지장을 초래하는 일체의 침해행위를 말하고, 그 방법에는 제한이 없다(대판 2014. 1. 23. 2013도38). 유형력의 행사유무, 공연성유무는 문제되지 않는다.

본죄의 객체가 강제집행으로 명도, 인도된 부동산이므로 강제집행의 효용을 해하는 행위는 강제집행과 어느 정도의 시간적 근접성이 있어야 한다. 시간적 근접성이 없는 경우에는 주거침입죄가 성립할 수 있을 뿐이다.

(3) 미　수

본죄의 미수는 처벌한다(제143조). 본죄의 실행의 착수시기는 침입 또는 기타 방법으로 효용을 해하는 행위를 개시하는 시점이고, 기수시기는 침입 또는 방해행위가 종료하고 강제집행의 기능이 침해되는 시점이다. 침입의 경우 통설에 의하면 몸 전체가, 판례에 의하면 일부가 들어간 때에 기수가 된다(대판 1995. 9. 15. 94도2561).

4. 공용서류등무효죄

> 제141조(공용서류등의 무효)　① 공무소에서 사용하는 서류 기타 물건 또는 전자기록 등 특수매체기록을 손상 또는 은닉하거나 기타 방법으로 그 효용을 해한 자는 7년 이하의 징역 또는 1천만원 이하의 벌금에 처한다.

(1) 의의 및 보호법익

공용서류등무효죄는 공무소에서 사용하는 서류 기타 물건 또는 전자기록 등 특수매체기록을 손상 또는 은닉하거나 기타 방법으로 그 효용을 해하는 죄이다. 본죄는 객체가 공무소에서 사용하는 서류·물건 등이라는 점에서 그것이 타인소유인 경우에는 손괴죄(제366조)에 비해 불법이 가중되는 구성요건이다.

본죄의 보호법익은 공용서류등의 효용이고, 보호의 정도는 침해범이다.

(2) 구성요건

1) 행위의 객체　　　본죄의 객체는 공무소에서 사용하는 서류 기타 물건 또는 전자기록 등 특수매체기록이다. 1995년 개정형법에서 전자기록등 특수매체기록이 추가되었다. 누구의 소유인지 문제되지 않는다.

가. 공 무 소　　　공무소란 공무원이 공무를 수행하는 관공서등의 관청을

말한다. 공법인, 공공조합 등도 포함된다. 공립학교는 공무소라고 할 수 있지만, 사립학교는 공무소라고 할 수 없다. 공무원의 직무에 관한 죄에서 공무원으로 의제되는 사람들이 근무하는 곳도 공무소라고 할 수 없다. 공무소에서 사용한다는 것은 현실적으로 사용하고 있는 것뿐만 아니라 사용목적으로 보관하고 있는 것도 포함되고, 장기적·일시적을 불문한다.

나. 서   류   서류는 문서보다 넓은 개념으로서 보장적 기능, 계속적 기능, 증명적 기능을 갖출 것을 요하지 않는다. 공무소에서 사용되는 서류인 이상 공문서·사문서를 불문하고(대판 1999. 2. 24. 98도4350), 작성자·소유자도 문제되지 않는다.

정식절차를 밟아 접수되었는지 또는 완성되어 효력이 발생되었는지의 여부도 불문한다(대판 1982. 10. 12. 82도368). 따라서 경찰관이 진술자의 서명무인과 간인까지 받아 작성한 진술조서나 미완성의 진술서(대판 1982. 10. 12. 82도368; 대판 2006. 5. 25. 2003도3945), 자신이 허위로 작성한 공용문서로서 면사무소에 비치·보관되어 있는 문서(대판 1972. 9. 26. 72도1132), 군에 보관 중인 피고인 명의의 건축허가신청서에 첨부된 설계도면(대판 1982. 12. 14. 81도81), 상속세신고서 및 세무서 작성의 부과결정서(대판 1981. 8. 25. 81도1830), 작성자와 피의자가 서명날인 또는 무인한 것이 아니어서 공문서로서의 효력이 없는 사법경찰관 사무취급이 작성 중인 피의자신문조서(대판 1980. 10. 27. 80도1127) 등도 본죄의 객체가 될 수 있다.

그러나 형사사건을 조사하던 경찰관이 스스로의 판단에 따라 자신이 보관하던 진술서를 임의로 피고인에게 넘겨준 경우에는 본죄가 성립하지 않는다(대판 1999. 2. 24. 98도4350).

다. 기타 물건   기타 물건이란 서류 이외의 물건을 말한다. 물건이면 족하고 재물이 아니므로 경제적 가치나 소유자는 문제되지 않는다.

라. 전자기록등 특수매체기록   그 개념은 손괴죄에서와 같다.

2) 실행행위   본죄의 실행행위는 손상·은닉 또는 기타 방법으로 그 효용을 해하는 것이다. 손상·은닉의 개념은 공무상 비밀표시무효죄(제140조 1항)에서와 같다. 기타 방법에는 제한이 없다. 경찰관이 피의자신문조서를 피의자에게 넘겨주는 것과 같이 상대방에게 넘겨주거나(대판 1999. 2. 24. 98도4350), 서류를 바꿔 넣거나(대판 1982. 12. 14. 81도81), 절취하거나(대판 1966. 4. 26. 66도30), 세무공무원이 상속세 신고서 및 세무서 작성의 부과결정서 등을 임의로 반환하거나(대판 1981. 8. 25.

81도1830), 판결원본의 일부기재 부분을 청잉크로 긋는(대판 1960. 5. 18. 4292형상652) 등의 행위도 본죄에 해당된다.

그러나 작성권한 있는 공무원이 상사가 결재하는 단계에서 그 내용을 정당하게 변경하는 경우는 물론 내용을 허위로 변경한 경우 허위공문서작성죄에 해당할지언정 본죄에 해당하지 않는다(대판 1995. 11. 10. 95도1395).

(3) 위 법 성

[대판 2013. 6. 13. 2010도13609] M정당 당직자들이 국회 상임위원회 회의장 앞 복도에서 출입이 봉쇄된 회의장 출입구를 뚫을 목적으로 회의장 출입문 및 그 안 쪽에 쌓여있던 집기를 손상하거나, 국회 심의를 방해할 목적으로 회의장 내에 물을 분사한 행위는 정당행위나 긴급피난에 해당되지 않는다.[1]

(4) 미수 및 죄수

본죄의 미수는 처벌한다(제143조). 본죄의 실행의 착수시기는 손상·은닉 등의 행위를 개시한 때이고, 기수시기는 효용을 해한 때이다.

불법영득의 의사로 공용서류 등을 취거한 경우 본죄와 절도죄의 상상적 경합설이 있으나, 절도죄만이 성립한다고 해야 한다. 만약 상상적 경합설에 의하면 공무소에서 절도를 하면 언제나 본죄가 성립하는 결과가 되기 때문이다.

5. 공용물파괴죄

제141조   ② 공무소에서 사용하는 건조물, 선박, 기차 또는 항공기를 파괴한 자는 1년 이상 10년 이하의 징역에 처한다.

공용물파괴죄란 공무소에서 사용하는 건조물, 선박, 기차 또는 항공기를 파괴하는 죄이다. 본죄의 객체는 건조물, 선박, 기차 또는 항공기이다. 자동차는 포함되지 않는다.[2]

---

1) 대판 2017. 5. 30. 2017도2758: 공립유치원의 놀이시설 제작 및 설치공사 하도급자가 유치원에 공사대금의 직접 지급을 요구하였으나 거절당하자 놀이시설의 일부인 보호대를 칼로 뜯어내고 일부 놀이시설은 철거한 경우, 피고인에게 공사대금 직불청구권이 있고 놀이시설의 정당한 유치권자로서 공사대금 채권을 확보할 필요가 있었다고 하더라도, 정당행위에 해당되지 않는다.
2) 자동차도 포함된다는 견해가 있지만, 이는 죄형법정주의원칙상 허용되지 않는 해석이다.

공익건조물파괴죄(제367조)의 객체가 공익에 공하는 건조물로서 공무소에서 사용하는 것이든 사인이 사용하는 것이든 불문하는 데에 비해 본죄의 객체는 공무소에서 사용하는 건조물에 국한된다. 한편 본죄의 객체는 공무소에서 사용하는 것이면 족하고 반드시 공익에 공하는 것일 필요가 없다.

본죄의 실행행위는 파괴이다. 파괴란 효용을 상실케 하거나 현저하게 감소시키는 것으로서 손괴보다 그 정도가 무거운 것을 말한다.

본죄의 미수는 처벌한다. 본죄의 실행의 착수시기는 파괴행위를 개시한 때이고 기수시기는 파괴된 때이다.

6. 공무상보관물무효죄

제142조(공무상보관물의 무효) 공무소로부터 보관명령을 받거나 공무소의 명령으로 타인이 관리하는 자기의 물건을 손상 또는 은닉하거나 기타 방법으로 그 효용을 해한 자는 5년 이하의 징역 또는 700만원 이하의 벌금에 처한다.

(1) 의의 및 보호법익

공무상보관물무효죄란 공무소로부터 보관명령을 받거나 공무소의 명령으로 타인이 관리하는 자기의 물건을 손상 또는 은닉하거나 기타 방법으로 그 효용을 해하는 죄이다. 본죄는 자기의 물건을 객체로 한다는 점에서 권리행사방해죄(제323조)와 유사하지만, 공무소의 보관명령의 대상이 된 물건을 객체로 한다는 점에서 차이가 있다.

본죄의 보호법익은 공무상보관물의 효용이고, 보호의 정도는 침해범이다.

본죄의 미수는 처벌한다(제143조).

(2) 구성요건

1) 행위의 주체 　　본죄의 주체는 공무소로부터 보관명령을 받거나 공무소의 명령으로 타인이 관리하는 물건의 소유자에 국한되지 않는다. 예를 들어 소유자 아닌 자가 소유자를 위해 본죄의 행위를 한 경우 손괴죄가 아니라 본죄가 성립한다고 해야 한다. 따라서 본죄는 소유자만이 범할 수 있는 진정신분범이라고 할 수는 없다. 이것은 권리행사방해죄를 진정신분범이라고 할 수 없는 것과 마찬가지이다.[1]

---

1) 이전에는 본죄를 신분범이라고 하였으나 견해를 변경한다.

2) 행위의 객체   본죄의 객체는 공무소로부터 보관명령을 받거나 공무소의 명령으로 타인이 관리하는 자기의 물건이다.

보관명령이란 강제집행이나 기타의 목적을 위해 채무자에게 그 물건을 보관할 것을 명하는 것으로서 민사집행법 제189조[1]의 보관명령이 그 예이다. 공무소의 명령으로 타인이 관리한다는 것은 강제집행 기타의 목적을 위해 공무소가 채무자 아닌 다른 사람으로 하여금 채무자 소유의 물건을 관리하도록 하는 것을 말한다. 민사집행법 제244조의 보관인을 정한 부동산청구권의 압류 또는 제305조 제2항의 보관인을 정하고 행하는 가처분이 그 예이다.

보관명령은 적법해야 하고 위법한 경우에는 본죄가 성립할 수 없다. 타인은 채무자 이외의 자이면 족하고, 공무원·사인을 불문한다.

3) 실행행위   본죄의 실행행위는 손상·은닉 기타 방법으로 효용을 해하는 것이다. 그 개념은 공용서류등무효죄에서와 같다.

(3) 미   수

본죄의 미수는 처벌한다(제143조). 본죄의 실행의 착수시기는 손상·은닉 등의 행위를 개시한 때이고, 기수시기는 물건의 효용을 해한 때이다.

7. 특수공무방해죄·특수공무방해치사상죄

제144조(특수공무방해) ① 단체 또는 다중의 위력을 보이거나 위험한 물건을 휴대하여 제136조, 제138조와 제140조 내지 전조의 죄를 범한 때에는 각조에 정한 형의 2분의 1까지 가중한다.

② 제1항의 죄를 범하여 공무원을 상해에 이르게 한 때에는 3년 이상의 유기징역에 처한다. 사망에 이르게 한 때에는 무기 또는 5년 이상의 징역에 처한다.

---

(1) 의의 및 보호법익

특수공무방해죄는 단체 또는 다중의 위력을 보이거나 위험한 물건을 휴대하여 제136조(공무집행방해죄, 직무강요죄), 제138조(법정·국회회의장모욕죄)와 제140조 내지 제143조의 죄(공무상비밀표시무효죄, 공무상비밀침해죄, 부동산강제집행효용침해죄, 공용서류등무

---

1) 민사집행법 제189조(채무자가 점유하고 있는 물건의 압류) ① 채무자가 점유하는 유체동산의 압류는 집행관이 그 물건을 점유함으로써 한다. 다만 채권자의 승낙이 있거나 운반이 곤란한 때에는 봉인 그 밖의 방법으로 압류물임을 명확히 하여 채무자에게 보관시킬 수 있다.

효죄, 공용물파괴죄, 공무상보관물무효죄 등과 그 미수범)를 범하는 죄이다. 특수공무방해치사상죄란 특수공무방해죄를 범하여 공무원을 상해나 사망에 이르게 하는 죄이다.

특수공무방해죄는 행위방법으로 인해 불법이 가중되는 구성요건이고, 특수공무방해치사상죄는 치사상의 결과로 인해 특수공무방해죄에 비해 불법이 다시 가중되는 구성요건으로서 결과적 가중범이다.

본죄의 보호법익은 위에 열거된 죄의 보호법익과 같고, 특수공무방해치사상죄에서는 사람의 신체의 생리적 기능이나 생명도 보호법익으로 한다. 보호의 정도는 각 죄에서와 같고, 특수공무방해치사상죄에서 사람의 생명이나 생리적 기능에 대해서는 침해범이다.

(2) 구성요건

1) 특수공무방해죄   특수공무방해죄의 구성요건은 단체 또는 다중의 위력을 보이거나 위험한 물건을 휴대하여 위에 열거된 죄를 범하는 것이다. 객체는 각 열거된 죄에서와 같다. 단체 또는 다중의 위력을 보이거나 위험한 물건을 휴대한다는 것의 개념은 특수폭행죄(제261조)에서와 같다.

판례는 '휴대하여'를 '사용하여'라고 해석하고 자동차로 직무집행 중인 경찰관을 충격한 행위도 본죄에 해당한다고 한다(대판 2008. 2. 28. 2008도3). 그러나 이는 피고인에게 불리한 유추해석이므로 입법적 보완을 요한다.

2) 특수공무방해치사상죄

가. 법적 성격   판례는 특수공무방해치사상죄를 부진정결과적 가중범이라고 하지만(대판 1990. 6. 26. 90도765), 이는 특수공무방해치상죄만이 부진정결과적 가중범이라는 의미이다(대판 1995. 1. 20. 94도2842). 특수공무방해를 하는 자가 살인의 고의가 있었을 때에는 특수공무방해죄와 살인죄의 상상적 경합범이 되어 그 형벌이 특수공무방해치사죄의 형벌보다 무겁기 때문에 특수공무방해치사죄를 부진정결과적 가중범이라고 해석할 필요가 없다.

나. 구성요건

본죄의 객체는 공무원이다. 본죄를 범하다가 공무원이 아닌 일반인을 사상케 한 경우에는 본죄와 과실치사상죄의 상상적 경합이 된다.

본죄가 성립하려면 사망 또는 상해의 결과가 발생해야 한다. 경미한 상해는 상해라고 할 수 없다(대판 1995. 1. 24. 94도1949).

본죄가 성립하기 위해서는 사망에 대해서는 과실이, 상해에 대해서는 고의 또는 과실이 있어야 한다(대판 2011. 5. 26. 2010도10305).

　　다. 공　　범　　　공무집행을 방해하는 집단행위의 과정에서 일부 집단원이 고의로 살상을 한 경우에도 다른 집단원에게 그 사상의 결과가 예견가능한 것이었다면 다른 집단원도 그 결과에 대하여 특수공무방해치사상의 책임을 진다(대판 1990. 6. 22. 90도767). 특수공무방해죄를 범하는 과정에서 부수적인 다른 범죄가 파생되리라고 예상하거나 충분히 예상할 수 있는데도 그러한 가능성을 외면한 채 이를 방지하기에 족한 합리적인 조치를 취하지 아니하고 공모한 범행에 나아갔다가 결국 그와 같이 예상되던 범행들이 발생하였다면, 비록 그 파생적인 범행 하나하나에 대하여 개별적인 의사의 연락이 없었다 하더라도 공동정범으로서의 죄책을 진다(대판 2010. 12. 23. 2010도7412).

　　라. 죄　　수

　　판례에 의하면 특수공무집행방해와 상해의 고의가 모두 있는 경우 특수공무집행방해치상죄만이 성립하고 특수상해죄는 별도로 성립하지 않는다.

> **[대판 2008. 11. 27. 2008도7311]**　부진정결과적가중범에서, 고의로 중한 결과를 발생하게 한 행위가 별도의 구성요건에 해당하고 그 고의범에 대하여 결과적가중범에 정한 형보다 더 무겁게 처벌하는 규정이 있는 경우에는 그 고의범과 결과적가중범이 상상적 경합관계에 있지만,[1] 위와 같이 고의범에 대하여 더 무겁게 처벌하는 규정이 없는 경우에는 결과적가중범이 고의범에 대하여 특별관계에 있으므로 결과적가중범만 성립하고 이와 법조경합의 관계에 있는 고의범에 대하여는 별도로 죄를 구성하지 않는다.

제 3 절　도주와 범인은닉의 죄

I. 총　　설

1. 의의 및 보호법익

　　도주의 죄란 법률에 의해 체포 또는 구금된 자가 도주하거나 집합명령에 위

---

1) 그러나 중한 결과에 대한 고의범의 형벌이 결과적가중범의 형벌보다 무거운 때에는 부진정결과적가중범을 인정할 필요가 없다.

반하는 죄 또는 그 도주를 원조하는 죄이다. 범인은닉의 죄란 벌금 이상의 형에 해당하는 자를 은닉하거나 도피하게 하는 죄이다. 도주와 범인은닉의 죄는 모두 형벌의 대상이 되거나 될 가능성이 있는 자들이 형사사법작용에서 벗어나거나 이들을 벗어나게 하는 것을 내용으로 한다.

범인은닉의 죄의 보호법익이 국가의 형사사법작용이고, 보호의 정도는 추상적 위험범이라는 점에는 견해가 일치한다.

이에 비해 도주의 죄의 보호법익에 대해서는 국가의 구금기능설과 국가의 형사사법기능설이 대립하고 있다. 후자에 의하면 도주의 죄는 추상적 위험범이고, 전자에 의하면 침해범이라고 해석하게 된다. 그러나 이는 무의미한 논쟁이다.

2. 구성요건체계

도주와 범인은닉의 죄는 도주죄, 도주원조죄, 범인은닉죄의 세 가지 유형으로 나뉜다.

도주죄의 기본적 구성요건은 단순도주죄(제145조 1항)이고, 특수도주죄(제146조)는 행위태양으로 인해 불법이 가중되는 구성요건이다. 집합명령위반죄(제145조 2항)는 명령불복행위가 도주와 같은 것으로 평가된다는 의미에서 진정부작위범의 형태로 규정되고 도주죄와 같은 법정형에 의해 처벌되는 독립된 범죄유형이다.

도주원조죄의 기본적 구성요건은 도주원조죄(제147조)이고, 간수자도주원조죄는 간수자라는 신분으로 인해 책임이 가중되는 부진정신분범이다. 도주죄와 도주원조죄의 미수범은 처벌하고(제149조), 도주원조죄와 간수자 도주원조죄의 예비·음모는 처벌한다(제150조).

범인은닉죄에 대해서는 친족간의 특례규정(제151조 2항)이 있다.

3. 단순도주죄 존폐론

단순도주죄폐지론은 ① 독일, 오스트리아, 프랑스를 비롯한 대부분 국가의 입법례에서 단순도주행위를 벌하지 않고, ② 도주하지 않으리라는 기대가능성이 없고, ③ 자기증거인멸행위를 벌하지 않으면서 단순도주죄를 벌하는 것은 균형에 맞지 않는다는 등의 근거를 든다.

존치론에서는 ① 증거인멸죄가 국가의 형사사법기능을 보호하기 위한 범죄임에 비해 단순도주죄는 국가의 구금권을 보호하는 침해범이고, ② 단순도주죄도 처벌할 필요가 있다는 등의 근거를 제시한다.

존치론은 동어반복에 불과하고 폐지론의 근거가 훨씬 설득력이 있으므로, 단순도주죄 및 집합명령위반죄는 폐지하는 것이 바람직하다.

Ⅱ. 단순도주죄

제145조(도주, 집합명령위반) ① 법률에 따라 체포되거나 구금된 자가 도주한 경우에는 1년 이하의 징역에 처한다.

1. 개념 및 보호법익

단순도주죄는 법률에 따라 체포되거나 구금된 자가 도주하는 죄이다. 법률에 따라 체포 또는 구금된 자만이 주체가 되는 진정신분범이다.

본죄의 보호법익은 국가의 구금기능이고, 보호의 정도는 침해범이다.

2. 구성요건

(1) 행위의 주체

본죄는 진정신분범으로서 그 주체는 '법률에 따라 체포되거나 구금된 자'이다. 법률이란 형사소송법만을 의미하는 것이 아니라 소년법, 「형의 집행 및 수용자의 처우에 관한 법률」(형집행법) 및 기타 법률들을 포함하는 개념이다. 따라서 영장에 의해 체포·구속된 피의자·피고인만이 아니라 현행범체포·긴급체포되어 수사기관에 인도된 자, 사형, 징역, 금고형을 선고받고 교도소에 수용되어 있는 재소자, 벌금형미납으로 인해 노역장에 유치되어 있는 자, 감정유치된 자(형소법 제172조) 등도 법률에 따라 체포 또는 구금된 자에 속한다. 실형을 선고받고 구속영장에 의해 법정구속되어 구속 피고인 대기실로 인치된 자도 주체가 된다(대판 2023. 12. 28. 2020도12586).

체포·구금은 적법해야 하고, 위법한 체포·구금 중에 있는 자는 본죄의 주체가 될 수 없다(대판 2006. 7. 6. 2005도6810). 「경찰관직무집행법」상 보호조치 중에 있는 자, 「감염병의 예방 및 관리에 관한 법률」(이하 '감염병예방법')에 의해 격리수용된 자, 아동복지시설에 수용된 자 등은 체포 또는 구금된 자가 아니므로 본죄의 주체가 될 수 없다. 가석방 중에 있는 자, 보석 중인 자, 형집행정지에 있는 자 등도 체포·구금된 자가 아니므로 본죄의 주체가 될 수 없다.

　　1) 구인된 피고인·피의자　　　구인된 피고인 또는 피의자가 본죄의 주체가 되는지에 대해, 본죄의 주체가 '체포·구금된 자'이므로 구인된 자는 포함될 수 없다는 부정설이 있지만, 형사소송법 제69조가 "본법에서 구속이란 구인과 구금을 포함한다"라고 규정하고 있고, 구인 전의 단계인 체포된 자의 경우에도 본죄의 주체가 될 수 있다는 것을 고려하면 긍정설(다수설)이 타당하다.

　　2) 구인된 증인　　　구인된 증인이 본죄의 주체가 될 수 있는가에 대해 긍정설은 구인된 증인도 법률에 따라 체포된 자라고 할 수 있고, 구인된 증인이 도주해버리면 심리의 진행이 불가능하다는 것을 근거로 든다. 부정설(다수설)은 구인의 취지가 증인의 신체자유를 박탈하는 데에 있는 것이 아니라 증언을 받는 데에 있으므로 국가의 구금권과는 무관하다는 것을 근거로 든다. 피고인·피의자에 대한 구인과 증인에 대한 구인은 서로 그 목적과 성격을 달리하므로 부정설이 타당하다.

　　3) 사인에 의해 현행범으로 체포된 자　　　사인에 의해 현행범으로 체포된 자가 본죄의 주체가 될 수 있는가에 대해 본죄가 공무방해죄의 성격을 지니고 있다는 것을 근거로 하는 부정설(다수설)이 있다. 그러나 사인에 의한 현행범체포는 국가기능의 연장이므로 긍정설이 타당하다.

　　4) 치료감호법상의 치료감호처분을 받은 자　　　치료감호의 집행을 받는 자가 본죄의 주체가 될 수 있는가에 대해 부정설(다수설)은 치료감호를 받는 자가 도주한 때에는 치료감호법 제52조의 적용을 받는다는 것을 근거로 든다. 그러나 치료감호법 제52조와 본죄는 특별법 대 일반법의 관계에 있으므로 긍정설이 타당하다.

　　5) 보호처분을 받은 소년　　　보호처분을 받은 소년이 본죄의 주체가 될 수 있는가에 대해서도 긍정설(다수설)과 부정설이 있다. 소년원수용처분, 소년분류심사원수용처분, 보호관찰소년에 대한 구인 등도 구금에 속한다고 할 수 있으므로 긍정설이 타당하다.

　　(2) 실행행위

　　본죄의 실행행위는 도주이다. 도주란 신체의 자유를 박탈당한 상태로부터 벗어나는 것을 말한다. 도주의 방법에는 제한이 없다. 다시 돌아올 생각으로 이탈하는 경우에도 도주에 해당한다.

3. 미   수

본죄의 미수는 처벌한다(제149조). 본죄의 실행의 착수시기는 체포 · 구금상태에서 벗어나는 행위를 개시한 시점이고, 기수시기는 체포 · 구금상태에서 완전히 벗어나서 국가의 구금기능이 침해된 때이다. 수용시설을 벗어나지 못하였거나 추적을 받고 있는 경우에는 본죄의 기수라고 할 수 없다.

본죄의 성격에 대해 즉시범설과 계속범설이 대립한다. 판례는 도주죄의 범인이 도주행위를 하여 기수에 이른 이후에 범인의 도피를 도와주는 행위는 범인도피죄에 해당할 수 있을 뿐 도주원조죄에는 해당하지 아니한다고 하여(대판 1991. 10. 11. 91도1656) 즉시범설을 따른다.

계속범설에 의하면 간수의 실력적 지배를 벗어난 이후에도 도주행위가 계속되는 것으로 되는데 이는 도주라는 말의 의미와 맞지 않고, 도주죄의 공소시효 완성이란 사실상 불가능하므로 즉시범설이 타당하다.

Ⅲ. 집합명령위반죄

제145조(도주, 집합명령위반)   ② 제1항의 구금된 자가 천재지변이나 사변 그 밖의 법령에 따라 잠시 석방된 상황에서 정당한 이유없이 집합명령에 위반한 경우에도 제1항의 형에 처한다.

1. 개념 및 보호법익

집합명령위반죄란 법률에 따라 체포되거나 구금된 자가 천재지변이나 사변 그 밖의 법령에 의해 잠시 석방된 상황에서 정당한 이유없이 집합명령에 위반하는 죄이다. 법률에 따라 체포되거나 구금된 자만이 범할 수 있는 진정신분범이고, 부작위가 실행행위로 규정되어 있는 진정부작위범이다.

본죄의 보호법익은 도주죄와 같고, 보호의 정도는 추상적 위험범이다.

2. 구성요건

(1) 행위의 주체

본죄의 주체는 법률에 따라 체포되거나 구금되었다가 천재지변이나 사변 그 밖에 법령에 따라 잠시 석방된 자이다.

석방사유는 천재지변이나 사변 그 밖의 법령이다. 그 의미에 대해 천재지변이나 사변 또는 이에 준하는 상태에서 법령에 따라 석방되었다는 의미로 축소해석하는 다수설과 천재·사변 또는 법령에 따라 석방되었다는 의미로 문리해석하는 소수설이 대립한다. 전자의 견해는 천재지변이나 사변을 틈타 불법출소한 자는 본죄의 주체가 될 수 없고, 도주죄의 주체가 될 수 있을 뿐이라고 한 판례를 그 근거로 제시한다(대판 1954. 7. 3. 4287형상45). 그러나 석방사유를 축소해석해야 할 이유가 없으므로 소수설이 타당하다.

그 밖의 법령에 따라 잠시 석방되었다는 것은 적법한 사유에 의해 석방된 것을 의미한다. 형집행법상의 귀휴자,[1] 외부통근작업자, 외부통학자 등이 이에 속할 수 있다. 그러나 가석방자, 가퇴원자 등은 잠시 석방된 자가 아니므로 본죄의 주체가 될 수 없다.

형집행법 제133조는 별도의 처벌규정을 두고 있는데 이 규정은 본죄에 의해 처벌받는 취지라고 해야 한다. 형집행법 제133조는 본죄에 대해 특별관계에 있으므로 본죄에 우선적용된다.

(2) 실행행위

본죄의 실행행위는 정당한 이유없이 집합명령에 응하지 않는 것이다. 집합명령이 개별적·다수인에 대해 행해졌는가, 명시적·묵시적으로 행해졌는가는 불문한다. 정당한 이유란 집합명령에 응할 수 없는 정당한 사유를 의미한다. 불가항력도 이에 포함된다. 정당한 이유가 있는 경우 본죄의 구성요건해당성조각설과 위법성조각설이 있을 수 있지만, 전자가 타당하다.

3. 미   수

본죄의 미수는 처벌한다(제149조). 본죄의 기수시기는 집합명령에 불응한 후

---

1) 귀휴자는 천재·사변 등의 상황에서 해금된 자가 아니므로 본죄의 주체가 될 수 없다는 견해가 있으나, 해금사유를 문리해석하는 한 본죄의 주체가 될 수 있다고 해야 한다.

어느 정도의 시간이 경과한 시점이다. 예를 들어 집합명령에 일차 순응하지 않았으나 재차 집합명령을 발하자 순응한 경우에는 본죄의 미수가 된다.

통설은 본죄가 계속범이라고 하지만, 도주죄를 즉시범으로 해석한다면, 본죄역시 즉시범으로 보아야 한다. 왜냐하면 본죄가 도주죄에 비해 적법행위의 기대가능성이 더 적음에도 불구하고, 본죄를 계속범으로 해석하게 되면 피고인에게 더 불리하기 때문이다.

Ⅳ. 특수도주죄

> 제146조(특수도주) 수용설비 또는 기구를 손괴하거나 사람에게 폭행 또는 협박을 가하거나 2인 이상이 합동하여 전조 제1항의 죄를 범한 자는 7년 이하의 징역에 처한다.

1. 개념 및 보호법익

특수도주죄란 법률에 의해 체포 또는 구금된 자가 수용설비 또는 기구를 손괴하거나 사람에게 폭행 또는 협박을 가하거나 2인 이상이 합동하여 도주하는 죄이다. 단순도주죄에 비해 손괴행위, 폭행·협박행위가 수반되거나 2인 이상이 합동한다는 점에서 불법이 가중된 구성요건이다. 단순도주죄와 마찬가지로 진정신분범이다.

보호법익이나 보호의 정도는 단순도주죄와 같다.

2. 구성요건

본죄 역시 진정신분범으로서 본죄의 주체는 법률에 의하여 체포 또는 구금된 자이다.

본죄의 실행행위는 ① 수용설비 또는 기구를 손괴하고 도주하는 행위, ② 사람에게 폭행 또는 협박을 가하고 도주하는 행위, ③ 2인 이상이 합동하여 도주하는 행위이다. ①과 ②는 결합범이고, ③은 합동범이다.

(1) 수용설비 또는 기구의 손괴

수용설비란 신체의 자유를 계속적으로 박탈하거나 제한하기 위한 설비를 말한다. 신체의 자유를 제한하기 위한 설비가 아닌 수용설비, 예컨대 주방설비등은 본죄의 수용설비에는 해당하지 않는다. 교도소, 구치소, 유치장 등의 구금장소에 설치되어 있는 담장, 쇠창살, 잠겨진 문 등이 이에 해당한다. 기구란 신체를 직접 구속하는 기구로서 포승, 수갑, 사슬 등의 계구 등을 말한다.

손괴란 수용설비 또는 기구를 물리적으로 훼손하는 것으로서 손괴죄에서의 손괴보다는 좁은 개념이다. 즉 손괴죄에서 손괴는 감정적, 일시적 효용 상실이나 감소도 포함하지만, 본죄에서는 물리적 훼손에 국한된다. 수갑을 풀거나 잠긴 문을 열거나 포승을 푸는 것으로는 손괴라고 할 수 없다.

손괴는 도주의 수단으로 사용되어야 한다. 도주와 상관없이 손괴가 행해진 경우에는 단순도주죄와 손괴죄가 각각 성립한다. 예를 들어 수갑을 찬 채로 교도소를 탈출한 후 수갑을 손괴한 때에는 단순도주죄와 손괴죄의 경합범이 된다.

(2) 사람에 대한 폭행 또는 협박

폭행은 사람에 대한 직접·간접의 유형력의 행사를 말한다. 본죄의 폭행은 사람의 신체에 대해 가해질 필요가 없고 사람에 대해 가해지면 족하다. 협박은 사람에게 공포심을 일으킬 만한 해악을 고지하는 것을 말한다. 판례에 의하면 상대방이 현실적으로 공포심을 느꼈는가는 문제되지 않지만, 공포심을 느끼지 못한 경우에는 본죄의 미수라고 해야 한다.

폭행·협박도 도주의 수단으로 행해져야 한다. 단순히 사람을 밀치고 도주한 경우에는 본죄가 성립하지 않고 폭행죄와 단순도주죄가 성립한다.

(3) 2인 이상의 합동

2인 이상이 합동한다는 것은 합동범에서의 합동을 의미하므로 도주자가 시간적·장소적으로 협동하는 것을 말한다(현장성설). 2인 이상의 자는 모두 법률에 의해 체포·구금된 자여야 하고 제3자가 체포·구금된 자와 협력하여 도주하는 경우 제3자는 도주원조죄의 죄책을 진다.

3. 미   수

본죄의 미수는 처벌한다(제149조). 본죄의 실행의 착수시기는 손괴·폭행·협박행위를 개시하는 시점이고, 기수시기는 간수자의 실력적 지배를 벗어난 때이다. 본죄도 계속범이 아니고 즉시범이다.

V. 도주원조죄

> 제147조(도주원조) 법률에 의하여 구금된 자를 탈취하거나 도주하게 한 자는 10
> 년 이하의 징역에 처한다.

1. 개   념

도주원조죄란 법률에 의하여 구금된 자를 탈취하거나 도주하게 하는 죄이다.
피구금자탈취죄는 독립된 범죄유형이지만, 도주하게 하는 죄는 도주죄의 교사·
방조로서의 성격을 지닌 행위를 독립된 범죄로 규정한 것이다.

도주죄는 기대가능성이 적음으로 인해 형벌이 가볍게 규정되어 있다. 본죄는
도주죄의 교사·방조범의 성격도 지니고 있지만 기대가능성이 감소되지 않기 때
문에 도주죄에 비해 높은 법정형이 규정되어 있다. 이는 본죄의 형벌이 무거운
것이 아니라 도주죄의 형벌이 가볍게 규정된 것이라고 할 수 있다.

2. 구성요건

(1) 행위의 주체 및 객체

본죄의 주체에는 제한이 없다. 도주자와 함께 법률에 의해 구금된 자도 자신
이 도주하지 않는 경우에는 본죄의 주체가 될 수 있다. 다만 법률에 의해 체포·
구금된 자 수인이 스스로 도주하면서 서로 원조한 경우에는 본죄가 성립하지 않
는다.

본죄의 객체는 법률에 의해 구금된 자로서, 그 개념은 도주죄에서와 같다.

(2) 실행행위

본죄의 실행행위는 구금된 자를 탈취하거나 도주하게 하는 것이다.

탈취란 피구금자를 간수자의 실력적 지배로부터 자기 또는 제3자의 실력적
지배하로 옮기는 것을 말한다. 간수자의 실력적 지배에서 벗어나게만 하고 자기
또는 제3자의 실력적 지배하로 옮기지 않는 경우에는 탈취가 아니라 도주원조가
된다. 탈취의 방법에는 제한이 없다. 폭행·협박을 수단으로 할 수도 있고, 간수
자를 강요하는 방법으로 할 수도 있다. 기망이나 유혹을 수단으로 한 경우에는
탈취라고 할 수 없다.

"도주하게 한다"는 것은 피구금자의 도주를 교사·방조하는 것으로서, 도주

의 의사가 없는 자로 하여금 도주할 결심을 하게 하여 도주하게 하거나 이미 도주를 결심하고 있는 피구금자의 도주를 용이하게 하는 것을 말한다(대판 1991. 10. 11. 91도1656). 감방문을 열어주거나 간수자를 폭행하는 것과 같이 유형력을 행사하는 경우뿐만 아니라 도주방법을 알려주거나 도주결의를 강화시키거나 간수자를 협박하는 것과 같이 무형적 방법으로도 가능하다.

　원조행위는 도주죄가 기수에 이르기 전에 이루어져야 한다. 도주죄의 범인이 도주행위를 하여 기수에 이른 이후에 범인의 도피를 도와주는 행위는 범인도피죄에 해당할 수 있을 뿐 도주원조죄에는 해당하지 아니한다(대판 1991. 10. 11. 91도1656).

3. 미　　수

　본죄의 미수는 처벌한다(제149조).

　본죄의 실행의 착수시기는 탈취행위나 원조행위를 개시하는 시점이다. 탈취죄의 기수시기는 피구금자를 자기 또는 제3자의 실력적 지배하에 두었을 때이고, 원조죄의 기수시기는 피구금자가 간수자의 실력적 지배하에서 벗어났을 때이다. 도주를 교사하는 행위만으로는 본죄의 실행의 착수를 인정할 수 없다는 견해가 있으나, 본죄가 공범을 독립적으로 처벌하는 규정이라는 점을 고려하면, 교사행위가 있는 때에 실행의 착수가 있다고 해야 할 것이다.

　본죄를 범할 목적으로 예비 또는 음모한 자는 3년 이하의 징역에 처한다(제150조).

4. 공　　범

　본죄의 교사·방조범이 인정될 수 있는가에 대해, 긍정설은 본죄가 독립적 범죄로 규정되어 있으므로 본죄의 교사·방조범도 인정될 수 있다고 한다. 탈취죄의 교사·방조범은 인정할 수 있다. 그러나 원조죄는 교사·방조범의 성격을 지니고 있으므로 이에 대한 교사·방조범은 인정되지 않는다고 해야 한다. 다만 원조자에 대한 교사·방조가 도주자에 대한 교사·방조로서의 성격을 가질 때에는 도주원조죄로 처벌할 수 있다.

Ⅵ. 간수자도주원조죄

> 제148조(간수자의 도주원조) 법률에 의하여 구금된 자를 간수 또는 호송하는
> 자가 이를 도주하게 한 때에는 1년 이상 10년 이하의 징역에 처한다.

1. 개   념

간수자도주원조죄는 법률에 의하여 구금된 자를 간수 또는 호송하는 자가
이를 도주하게 하는 죄이다. 본죄는 간수자라는 신분으로 인해 책임이 가중되는
구성요건으로서 부진정신분범이다.

2. 구성요건

본죄의 주체는 법률에 의해 구금된 자를 간수 또는 호송하는 자이다. 통설은
간수자 또는 호송자는 간수 또는 호송할 법률상의 지위를 지닌 공무원일 필요가
없고, 사실상 간수 또는 호송하는 자이면 족하다고 한다. 간수 또는 호송은 적법
해야 한다.

본죄의 객체는 법률에 의해 구금된 자이다. 체포·구인되는 자는 본죄의 객
체가 아니므로 체포·구인 단계에서 도주하게 한 때에는 본죄나 도주원조죄가 성
립하지 않고, 도주죄의 교사·방조범이 성립한다.

본죄의 실행행위는 도주하게 하는 것인데, 그 의미는 도주원조죄에서와 같다.

3. 미   수

본죄의 미수는 처벌한다(제149조). 본죄의 실행의 착수시기는 원조행위를 개시
한 때이고, 기수시기는 도주자가 간수자의 실력적 지배를 벗어난 때이다. 간수 또
는 호송하는 도중에 원조행위가 있으면, 간수 또는 호송임무수행 이후에 도주자
가 간수자의 실력적 지배를 벗어나도 본죄의 기수가 된다.

본죄를 범할 목적으로 예비 또는 음모한 자는 3년 이하의 징역에 처한다(제
150조).

4. 공   범

본죄는 부진정신분범이므로 비신분자가 간수자와 공동으로 도주원조행위를

한 경우 제33조 단서가 적용되어 간수자는 본죄의 공동정범, 비신분자는 도주원조죄의 공동정범으로 처벌된다. 그러나 비신분자가 간수자의 도주원조행위를 교사·방조한 때에는 제33조 단서를 적용하면 단순도주원조죄의 교사·방조범으로 처벌되는데, 단순도주원조의 교사·방조범은 인정할 수 없다. 따라서 본죄를 교사·방조하는 행위가 도주자에 대한 교사·방조행위로서의 성격을 지니고 있을 때에만 도주죄의 교사·방조범으로 처벌된다.

Ⅶ. 범인은닉죄

제151조(범인은닉과 친족간의 특례) ① 벌금 이상의 형에 해당하는 죄를 범한 자를 은닉 또는 도피하게 한 자는 3년 이하의 징역 또는 500만원 이하의 벌금에 처한다.
② 친족 또는 동거의 가족이 본인을 위하여 전항의 죄를 범한 때에는 처벌하지 아니한다.

1. 개념 및 보호법익

범인은닉죄란 벌금 이상의 형에 해당하는 죄를 범한 자를 은닉 또는 도피하게 하는 죄이다. 범인은닉죄는 장물죄, 도주원조죄, 증거인멸죄 등과 같이 타인의 범죄가 성립한 이후에 본범을 비호하는 사후종범적 성격을 지닌 범죄이다.

본죄의 보호법익은 국가의 형사사법기능이고, 보호의 정도는 추상적 위험범이다(대판 2000. 11. 24. 2000도4078).

2. 구성요건

(1) 행위의 주체

본죄는 신분범이 아니므로 본죄의 주체에는 제한이 없고 범인 이외의 자는 모두 본죄의 주체가 될 수 있다. 범인의 공동정범도 본죄의 주체가 될 수 있고(대판 1958. 1. 14. 57도393), 범인의 교사·방조범도 본죄의 주체가 될 수 있다.

범인이 스스로 도피한 경우 본죄가 성립하지 않지만, 그 근거에 대해서는 구성요건해당성조각설과 책임조각설이 대립한다. 판례는 범인이 스스로 도피하는

행위는 처벌하지 않는다고 하면서 타인에게 자신의 도피를 교사한 경우 범인도피
교사죄는 인정하고 있는데(대판 2014. 4. 10. 2013도12079), 이것은 책임조각설에 가깝
다고 할 수 있다. 본죄의 객체인 '벌금 이상의 형에 해당하는 죄를 범한 자'란 자
기 아닌 타인을 의미하는 것이므로 구성요건해당성조각설이 타당하다.

(2) 행위의 객체

본죄의 객체는 '벌금 이상의 형에 해당하는 죄를 범한 자'이다.

1) 벌금 이상의 형에 해당하는 죄   벌금 이상의 형이란 법정형을 의미한
다. 법정형이 사형, 징역, 금고, 자격상실, 자격정지, 벌금인 범죄가 이에 해당한
다. 벌금형 이상이 선택형으로 규정되어 있으면 된다.

2) 죄를 범한 자

가. 죄를 범한 자의 범위   죄를 범한 자란 정범만을 의미하지 않고, 교사
범과 방조범 및 예비·음모를 처벌하는 경우에는 예비·음모범도 포함한다. 통설
에 의하면 죄를 범한 자란 범죄의 성립조건뿐만 아니라 처벌조건, 소추조건까지
갖추어 유죄판결의 가능성이 있는 자여야 한다. 따라서 무죄·면소판결이 확정된
자, 친고죄에서 고소권이 소멸된 자는 본죄의 객체가 되지 않는다.

유죄판결의 가능성이 있는 자라면 기소된 피고인뿐만 아니라 수사대상으로
되어 있는 피의자도 포함된다(대판 1983. 8. 23. 83도1486). 현실적으로 수사대상으로
되어 있지 않더라도 수사의 가능성이 있거나 친고죄의 경우 피해자가 고소할 가
능성이 있는 때에는 본죄의 객체가 된다. 판례는 수표가 부도나기 전날의 수표발
행인도 본죄의 객체가 될 수 있다고 하지만(대판 1990. 3. 27. 89도1480), 이는 유추해
석이므로 부도가 난 이후부터 본죄가 성립한다고 해야 한다.

나. 불기소처분을 받은 자   검사에 의해 불기소처분을 받은 자가 본죄의
객체가 될 수 있는가에 대해 긍정설, 부정설이 대립한다. 긍정설은 불기소처분은
일사부재리의 효력이 없으므로 여전히 유죄판결의 가능성이 남아있다는 것을 근
거로 든다. 부정설은 불기소처분을 받은 경우에는 사실상 수사가 종결된다는 것
을 근거로 든다.

불기소처분이 기소중지처분인 때, 불기소처분이 있더라도 그에 대한 검찰항
고·재정신청·헌법소원 등으로 인해 기소의 가능성이 남아있을 때 또는 재기수
사명령이 있을 때에는 본죄의 객체가 될 수 있지만, 그렇지 않은 경우에는 사실
상 수사가 종결된 것이므로 본죄의 객체가 될 수 없다고 해야 한다.

다. 진범 여부　　　본죄의 객체인 '죄를 범한 자'가 진범이어야 하는가에 대해, 긍정설은 ① 본죄의 구성요건이 '죄를 범한 자'로 되어 있고, ② 수사기관의 과오로 피의자나 피고인이 된 자를 은닉하여도 국가형사사법기능을 해할 위험성이 없다는 것을 근거로 든다.

　　부정설은 ① 진범이 아닐지라도 수사 또는 재판의 대상이 되어 있는 자를 은닉·도피하게 한 경우에는 국가의 형사사법기능을 해할 염려가 있고, ② 진범인지 여부는 법원의 판결을 통해서야 확정되는데 아직 진범인지 여부가 확정되지 않은 자를 은닉하는 경우에도 본죄의 성립을 인정할 수 없고, ③ 진범을 진범이 아니라고 오인한 경우에는 언제나 본죄의 고의가 없어서 본죄의 입법목적을 달성할 수 없게 된다는 것을 근거로 든다. 판례는 부정설을 따른다.

> [대판 2014. 3. 27. 2013도152]　범인도피죄는 수사, 재판 및 형의 집행 등에 관한 국권의 행사를 방해하는 행위를 처벌하려는 것이므로 '죄를 범한 자'는 범죄의 혐의를 받아 수사대상이 되어 있는 사람이면 그가 진범인지 여부를 묻지 않고 이에 해당한다.

　　'죄를 범한 자'에 '죄를 범하지 않았어도 죄를 범한 자로 수사대상이 되어 있는 자', '죄를 범한 자로 의심받는 자'까지 포함시키는 것은 피고인에게 불리한 유추해석이고, 부정설은 국가우월적 사고에 입각한 것이므로 진범에 국한된다고 하는 긍정설이 타당하다.[1]

(3) 실행행위

　　본죄의 실행행위는 '은닉' 또는 '도피하게 하는 것'이다.

　　은닉이란 범인의 발견을 불가능 또는 곤란하게 하는 행위를 말한다. '도피하게 하는 것'은 은닉 이외의 방법으로 범인에 대한 형사사법작용을 곤란 또는 불가능하게 하는 행위를 말한다. 도피자금이나 수단을 제공하거나 도피장소를 알려주는 등의 행위가 그것이다.

---

1) 수사개시 전단계에서는 진범, 수사단계에서는 진범 또는 진범이라고 강하게 의심되는 자, 소추·재판 및 형집행단계에서는 진범 여부를 불문한다고 하는 절충설도 있으나, 그 근거가 박약하다.

[대판 2000. 11. 24. 2000도4078] 범인도피죄는 범인은닉 이외의 방법으로 범인에 대한 수사, 재판 및 형의 집행 등 형사사법의 작용을 곤란 또는 불가능하게 하는 행위를 말하는 것으로서, 그 방법에는 어떠한 제한이 없고, 또한 위 죄는 위험범으로서 현실적으로 형사사법의 작용을 방해하는 결과가 초래될 것이 요구되지 아니할 뿐만 아니라, … 범인이 아닌 자가 수사기관에 범인임을 자처하고 허위사실을 진술하여 진범의 체포와 발견에 지장을 초래하게 한 행위는 위 죄에 해당한다.

판례에 의하면, 공동으로 폭주운전을 하였는데, 경찰에 출석하여 혼자 운전을 하였다고 허위진술을 한 경우(대판 2021. 10. 14. 2018도10327), 범인에게 대포폰을 마련해주고 자동차로 태우고 다닌 경우(대판 2014. 4. 10. 2013도12079), 수사기관에서 자신이 범인이라고 허위자백을 한 경우(대판 2006. 12. 7. 2005도3707), 범인의 부탁으로 다른 사람의 명의로 대신 임대차계약을 체결해준 경우(대판 2004. 3. 26. 2003도8226), 경찰관이 공범이 더 있다는 사실을 숨긴 채 허위보고를 하고 조사를 받고 있는 범인에게 다른 공범이 더 있음을 실토하지 못하도록 한 경우(대판 1995. 12. 26. 93도904), 살인미수의 피의자를 상피고인에게 연락하여 만나게 해주고 동인으로 하여금 도피를 용이하게 한 경우(대판 1990. 12. 26. 90도2439) 등에서는 본죄가 성립한다.

그러나 직접 도피시킬 목적으로 한 것이라고 보기 어려운 행위로 인해 간접적으로 범인이 도피할 수 있도록 하는 경우와 같이 사회적 상당성이 있는 행위, 예컨대 범인의 가족을 도와 범인이 안심하고 도피생활을 할 수 있도록 한 행위(대판 1995. 3. 3. 93도3080) 등은 본죄에 해당하지 않는다.

[대판 2013. 1. 10. 2012도13999] 수사기관은 범죄사건을 수사함에 있어서 피의자나 참고인의 진술 여하에 불구하고, 피의자를 확정하고 그 피의사실을 인정할 만한 객관적인 제반 증거를 수집·조사하여야 할 권리와 의무가 있으므로, 참고인이 수사기관에서 범인에 관하여 조사를 받으면서 그가 알고 있는 사실을 묵비하거나 허위로 진술하였다고 하더라도, 그것이 적극적으로 수사기관을 기만하여 착오에 빠지게 함으로써 범인의 발견 또는 체포를 곤란 내지 불가능하게 할 정도가 아닌 한 범인도피죄를 구성하지 않는 것이고, 이러한 법리는 피의자가 수사기관에서 공범에 관하여 묵비하거나 허위로 진술한 경우에도 그대로 적용된다.

판례에 의하면, 참고인이 단순히 범인으로 체포된 사람과 그가 목격한 범인이 동일함에도 불구하고 동일한 사람이 아니라고 허위진술을 한 경우(대판 1987. 2. 10. 85도897), 피의자가 수사기관에서 공범에 관하여 묵비하거나 허위진술한 경우(대판 2010. 2. 11. 2009도12164), 참고인이 실제의 범인이 누군지도 정확하게 모르는 상태에서 실제의 범인이 아닌 A를 범인이라고 지목하였고 이로 인해 범인으로 지목된 사람이 구속기소된 경우(대판 2008. 6. 26. 2008도1059), A로부터 범인에게 송금하여 달라는 부탁과 함께 자기앞수표를 받아 이를 가명으로 예금하여 두었지만 현실적으로 범인에게 송금하지는 않은 경우(대판 1995. 3. 3. 93도3080), 주점 개업식 날 찾아 온 범인에게 "도망다니면서 이렇게 와 주니 고맙다. 항상 몸조심하고 주의하여 다녀라. 열심히 살면서 건강에 조심하라"고 말한 경우(대판 1992. 6. 12. 92도736) 등에서는 본죄가 성립하지 않는다.

은닉·도피행위 등은 작위뿐만 아니라 부작위에 의해서도 가능하다. 부작위에 의한 범인은닉 등은 범인을 발견, 체포해야 할 작위의무 있는 자만이 주체가 될 수 있으므로 일반인이 범인을 알고 있음에도 불구하고 신고하지 않은 경우에는 본죄가 성립하지 않는다.

(4) 주관적 구성요건

본죄가 성립하기 위해서는 벌금 이상의 형에 해당하는 죄를 범한 자를 은닉 또는 도피하게 한다는 점에 대한 고의가 있어야 한다. 미필적 고의로도 족하다. 벌금 이상의 형에 해당하는 죄에 대한 인식은 범인이 행한 죄에 대한 인식이 있으면 족하고 그 법정형이 벌금 이상이라는 것에 대한 인식까지 요하는 것은 아니다. 예컨대 범인이 폭행죄를 범하였다는 것은 알았으나 폭행죄의 법정형이 구류나 과료라고 착오하고 범인을 은닉한 경우에는 고의가 조각되지 않고, 법률의 착오가 될 수 있을 뿐이다.

또한 범죄의 구체적인 내용이나 범인의 인적 사항 및 공범이 있는 경우 공범의 구체적 인원수 등까지 알 필요는 없다(대판 1995. 12. 26. 93도904).

3. 위 법 성

[대판 1983. 3. 8. 82도3248] 사제가 죄 지은 자를 능동적으로 고발하지 않는 것에 그치지 아니하고 은신처 마련, 도피자금 제공 등 범인을 적극적으로 은닉·도피케 하는 행위는 사제의 정당한 직무에 속하는 것이라고 할 수 없다.

4. 기수와 종료

본죄의 미수는 처벌하지 않는다. 본죄의 기수시기는 은닉·도피하게 하는 행위가 종료된 시점이다. 본죄는 기수 이후에도 은닉·도피하게 하는 행위가 계속되는 한 종료되지 않는 계속범이다.

> [대판 2013. 1. 10. 2012도13999] 범인도피죄는 범인을 도피하게 함으로써 기수에 이르지만, 범인도피행위가 계속되는 동안에는 범죄행위도 계속되고 행위가 끝날 때 비로소 범죄행위가 종료된다. 따라서 공범자의 범인도피행위의 도중에 그 범행을 인식하면서 그와 공동의 범의를 가지고 기왕의 범인도피상태를 이용하여 스스로 범인도피행위를 계속한 경우에는 범인도피죄의 공동정범이 성립하고, 이는 그 공범자의 범행을 방조한 종범의 경우도 마찬가지이다.

5. 공   범

범인이 제3자를 교사하여 본죄를 범하게 한 경우 본죄의 교사·방조범이 될 수 있는가에 대해, 긍정설과 부정설이 대립하는데, 판례는 다음과 같이 절충설을 따른다.

> [대판 2014. 4. 10. 2013도12079] 범인 스스로 도피하는 행위는 처벌되지 아니하는 것이므로, 범인이 도피를 위하여 타인에게 도움을 요청하는 행위 역시 도피행위의 범주에 속하는 한 처벌되지 아니하는 것이며, 범인의 요청에 응하여 범인을 도운 타인의 행위가 범인도피죄에 해당한다고 하더라도 마찬가지이다. 다만 범인이 타인으로 하여금 허위의 자백을 하게 하는 등으로 범인도피죄를 범하게 하는 경우와 같이 그것이 방어권의 남용으로 볼 수 있을 때에는 범인도피교사죄에 해당할 수 있다.
> [대판 2018. 8. 1. 2015도20396] 공범 중 1인이 참고인 또는 피의자로 조사받으면서 자기의 범행을 구성하는 사실관계에 관하여 허위로 진술하고 허위 자료를 제출하는 행위가 다른 공범을 도피하게 하는 결과가 된다고 하더라도 범인도피죄로 처벌할 수 없다. 이때 공범이 이러한 행위를 교사하였더라도 범죄가 될 수 없는 행위를 교사한 것에 불과하여 범인도피교사죄가 성립하지 않는다.

판례에 의하면 공동으로 폭주운전을 하였는데, 다른 공범으로 하여금 혼자 운전을 하였다고 경찰에서 허위진술을 하도록 한 경우(대판 2021. 10. 14. 2018도10327), 음주운전 혐의로 적발되자 평소 알고 지내던 A를 불러내어 그

로 하여금 단속경찰관인 P가 주취운전자 적발보고서를 작성하거나 재차 음
주측정을 하지 못하도록 제지하는 등으로 P의 수사를 곤란하게 한 경우(대판
2006. 5. 26. 2005도7528), 무면허 운전으로 사고를 낸 사람이 범인은닉죄로 처
벌받지 않는 친족을 경찰서에 대신 출두시켜 피의자로 조사받도록 한 경우
(대판 2006. 12. 7. 2005도3707), 자신을 위해 타인으로 하여금 허위자백을 하게
하여 범인도피죄를 범하게 한 경우(대판 2000. 3. 24. 2000도20), 다른 자로 하여
금 범인으로 가장케 하여 수사를 받도록 한 경우(대판 1967. 5. 23. 67도366) 등
에서는 범인도피교사죄가 성립한다.[1]

    그러나 친한 후배에게 요청하여 대포폰을 개설하여 받고 그가 운전하는
자동차를 타고 다닌 행위(대판 2014. 4. 10. 2013도12079, 대판 2024. 4. 25. 2024도
3252)는 범인도피교사죄에 해당되지 않는다.

타인을 교사하여 본죄를 범하게 하는 경우 타인의 범죄에 가공하는 것이라
고 할 수 있지만, 그 가공행위 자체가 자기비호행위이므로 부정설이 타당하다.

6. 죄   수

판례는 범인을 검거해야 할 경찰관이 범인을 도피케 한 경우 작위범인 범인
도피죄만이 성립하고 부작위범인 직무유기죄는 성립하지 않는다고 하면서도(대판
1996. 5. 10. 96도51), 작위범인 범인도피죄로 공소제기하지 않고 부작위범인 직무유
기죄로만 공소제기를 할 수도 있다고 한다(대판 1999. 11. 26. 99도1904).

7. 친족간 범행에 대한 특례

(1) 의의 및 법적 성격
친족 또는 동거의 가족이 본인을 위하여 본죄를 범한 때에는 처벌하지 아니
한다(제151조 2항). 친족 등을 벌하지 않는 이유에 대해 인적 처벌조각사유설과 적
법행위의 기대가능성이 없기 때문이라는 책임조각설(다수설)이 대립한다.

    형법이 인적 처벌조각사유에 대해서는 '형을 면제한다'고 하는 데에 비해 범
죄성립조건이 결여된 때에는 '벌하지 않는다'는 표현을 사용하고 있으므로, 책임
조각설이 타당하다.

(2) 적용요건
1) **객관적 요건**   범인과 친족 또는 동거의 가족관계에 있는 사람이 본죄

---

1) 범인도피방조죄를 인정한 판례로, 대판 2008. 11. 13. 2008도7647.

를 범해야 한다. 친족, 가족의 범위는 민법에 의해 정해진다. 사실상의 배우자나 자녀에게도 특례가 적용되는가에 대해 판례는 부정설을 따른다.

> **[대판 2003. 12. 12. 2003도4533]** 사실혼관계에 있는 자는 민법 소정의 친족이라 할 수 없어 위 조항에서 말하는 친족에 해당하지 않는다.

이에 대해 통설은 본죄가 기대불가능성으로 인해 책임이 조각되는 경우이고, 피고인에게 유리한 유추해석이라는 점을 근거로 긍정한다. 긍정설이 타당하다.

가족은 동거의 가족이어야 하는데, 주민등록상·사실상의 동거를 불문한다고 해야 한다.

'본인'이란 벌금 이상의 형에 해당하는 죄를 지은 자를 의미한다. '본인을 위하여'란 본인의 형사상의 이익을 위하는 경우에 국한되고, 재산상의 이익을 위한 경우는 포함하지 않는다. 본인을 위하여야 하므로 본인의 불이익을 위한 경우나 공범자의 이익을 위한 경우는 적용되지 않는다. 본인의 이익을 위한 것인 동시에 공범자의 이익을 위한 것도 수반하는 경우 특례가 적용되는가에 대해 긍정설과 부정설(다수설)이 대립한다. 본인을 위한 것이면 공범자의 이익이 수반되든 않든 특례가 적용된다고 해야 하므로 긍정설이 타당하다.

'본인을 위하여 전항의 죄를 범한 때'란 벌금 이상의 형에 해당하는 죄를 지은 자를 은닉 또는 도피행위를 하게 한 때를 의미한다.

2) 주관적 요건   친족인지 모르고 본죄를 범한 경우 특례 적용여부에 대해 부정설은 특례의 입법취지가 기대불가능성으로 인한 책임조각이고, '본인을 위하여'라고 규정되어 있다는 점을 근거로 든다.

그러나 본인을 위한다는 의사는 필요하지만, 친족관계에 대한 인식은 요하지 않는다고 해야 한다. 왜냐하면 친족이 아닌 자를 친족이라고 오인한 경우 특례가 적용되지 않는 것과의 균형상 친족을 친족이 아니라고 착오한 경우 특례가 적용된다고 해야 하기 때문이다.

(3) 공   범

친족이 아닌 자가 친족과 공동으로 본죄를 범한 경우 친족이 아닌 자에 대해서는 책임개별화의 원칙에 따라 특례가 적용되지 않는다. 제3자가 친족을 교사·방조하여 본죄를 범하게 한 경우 제한적 종속형식설에 의하면 본죄의 교사·방조범이 성립한다. 그러나 극단적 종속형식설에 의하면 제34조가 적용되어 본죄의 간접정범이 된다. 판례는 본죄의 교사범을 인정한다(대판 2006. 12. 7. 2005도3707).

친족이 제3자를 교사·방조하여 본죄를 범하게 한 경우 특례의 적용 긍정설과 부정설이 대립한다. 부정설은 이 경우에는 비호권의 남용이 된다는 것을 근거로 든다. 긍정설은 특례의 취지가 기대불가능으로 인한 책임조각에 있으므로 비호권의 남용은 문제되지 않고, 정범인 경우에는 벌하지 않으면서 공범을 벌하는 것은 균형에 맞지 않는다는 것을 근거로 든다.

제 4 절 위증과 증거인멸의 죄

I. 총 설

1. 의의 및 보호법익

위증의 죄란 법률에 의하여 선서한 증인 또는 감정인·통역인·번역인 등이 허위의 진술·감정·통역·변역 등을 하는 죄이다. 증거인멸의 죄란 타인의 형사사건 또는 징계사건에 관한 증거를 인멸·은닉·위조 또는 변조하거나, 위조 또는 변조한 증거를 사용하거나, 증인을 은닉 또는 도피하게 하는 죄이다[1].

위증의 죄와 증거인멸의 죄의 보호법익은 국가의 사법기능이고, 보호의 정도는 추상적 위험범이다.

2. 구성요건체계

(1) 위증죄의 구성요건체계

위증의 죄의 기본적 구성요건은 위증죄(제152조 1항)이다. 모해위증죄(제152조 2항)는 모해목적으로 인한 가중적 구성요건이다. 국가보안법은 모해위증죄에 대한 특별규정을 두고 있다(제12조). 통설은 목적을 주관적 행위요소라고 하지만 판례는

---

1) 국민의 대부분이 기독교인인 영미나 서구국가에서는 증인등의 선서는 전지전능한 신에 대한 것이라는 의식이 아직도 강하다. 그러나 우리나라에서는 선서의 대상이 신이 아니고, 선서는 하나의 요식행위에 불과하다는 인식이 많다. 이 때문에 특히 민사재판에서는 위증이 많은 반면 위증의 입증은 어렵기 때문에 제대로 처벌이 이루어지지 않고 있는 형편이다.

목적을 행위자요소인 신분이라고 한다.

허위감정·통역·번역죄 및 모해목적 허위감정·통역·번역죄(제154조)는 감정
인·통역인·번역인 등이 주체가 되고 실행행위가 허위감정·통역·번역이라는 점
에서 위증죄와 구별되지만, 위증죄와 유사한 성격을 지닌 범죄라는 점에서 독립
된 범죄로 규정하고 있다.

위증의 죄의 미수범처벌규정은 없고, 자백 또는 자수에 대한 형의 필요적 감
면을 규정하고 있다(제153조).

(2) 증거인멸죄의 구성요건체계

증거인멸의 죄의 기본적 구성요건은 증거인멸죄(제155조 1항)와 증인은닉죄(제
155조 2항)이다. 모해목적 증거인멸죄 및 증인은닉죄(제155조 3항)는 모해목적으로 인
한 가중적 구성요건이다.

3. 입 법 론

위증죄가 더 이상 종교범죄가 아니므로 위증죄의 성립에 선서를 요건으로
할 필요가 없다는 견해가 있다. 그러나 선서한 증인만으로 본죄의 주체를 제한함
으로써 본죄의 성립범위가 지나치게 넓어지는 것을 막을 수 있고, 위증의 벌을
받기로 서약한 증인의 증언이 증거가치가 높으므로 현행법의 태도가 옳다고 생
각된다.

Ⅱ. 위 증 죄

> **제152조(위증)** ① 법률에 의하여 선서한 증인이 허위의 진술을 한 때에는 5년
> 이하의 징역 또는 1천만원 이하의 벌금에 처한다.

1. 의의 및 보호법익

위증죄는 허위진술이라는 무형적 방법에 의해 국가의 사법기능을 해하는 죄
로서, 법률에 의하여 선서한 증인만이 본죄의 주체가 될 수 있는 진정신분범이다.
본죄의 허위를 주관설에 따라 해석하면 본죄는 타인을 생명있는 도구로 이용하는
간접정범의 형태로는 범할 수 없는 자수범(自手犯)이다.

본죄의 보호법익은 국가의 사법기능, 그 중에서도 국가의 재판권 및 징계권

이고(대판 1987. 7. 7. 86도1724), 보호의 정도는 추상적 위험범이다.

2. 구성요건

(1) 행위의 주체

본죄는 진정신분범으로서, 그 주체는 법률에 의하여 선서한 증인이다.

1) 법률에 의한 선서   법률의 예로 형사소송법 제156조 이하, 민사소송법 제319조 이하, 비송사건절차법 제10조, 법관징계법 제22조, 검사징계법 제26조 등을 들 수 있다. 선서를 하지 않거나 법률에 의하지 않은 선서를 한 증인은 본죄의 주체가 될 수 없다.

선서는 법률에 정한 자격자가 그 절차와 방식에 따라 행하여야 한다. 선서무능력자(형소법 제159조; 민소법 제322조)가 선서를 하고 증언을 한 경우 그 증언을 증거로 사용할 수는 있지만 선서가 무효이므로(대판 1957. 3. 8. 4290형상23), 설사 그 증인이 위증을 하더라도 본죄가 성립하지 않는다. 심문절차로 진행되는 소송비용확정신청사건(대판 1995. 4. 11. 95도186)이나 가처분신청사건(대판 2003. 7. 25. 2003도180)에서 제3자가 증인으로 출석하여 선서를 하고 진술한 경우에도 그 선서는 법률상 근거가 없어 무효이므로 위증죄는 성립하지 않는다.

선서는 법률에 정한 절차와 방식에 따라야 하지만, 사소한 절차상의 하자가 있는 경우에는 본죄가 성립할 수 있다. 예를 들어 선서한 법원에 관할위반이 있거나 기소절차가 부적법하더라도 선서한 증인이 위증을 하면 본죄가 성립할 수 있다. 통설·판례에 의하면, 진술 후에 선서를 한 경우에도 본죄가 성립할 수 있다(대판 1974. 6. 25. 74도1231).

판례는 증언거부권을 고지하지 않은 경우 원칙적으로 위증죄가 성립하지 않지만, 증인보호에 사실상 장애가 초래되었다고 볼 수 없으면 본죄가 성립한다고 한다.

[대판 2010. 1. 21. 2008도942 전합] 증인신문절차에서 법률에 규정된 증인 보호를 위한 규정이 지켜진 것으로 인정되지 않은 경우에는 증인이 허위의 진술을 하였다고 하더라도 위증죄의 구성요건인 '법률에 의하여 선서한 증인'에 해당하지 아니한다고 보아 이를 위증죄로 처벌할 수 없는 것이 원칙이다. 다만, 사정을 전체적·종합적으로 고려하여 볼 때, 당해 사건에서 증인 보호에 사실상 장애가 초래되었다고 볼 수 없는 경우에까지 예외 없이 위증죄의 성립을 부정할 것은 아니다.

판례에 의하면, '국회에서의 증언·감정 등에 관한 법률'에 따른 절차에서 증언거부권을 고지받지 못한 경우(대판 2012. 10. 25. 2009도13197), 소송절차가 분리된 공범인 공동피고인에 대하여 증인적격을 인정하고 그 자신의 범죄사실에 대하여 신문한 경우(대판 2012. 10. 11. 2012도6848), 증언거부권 없는 증인에게 증언거부권을 고지하지 않은 경우(대판 2011. 11. 24. 2011도11994), 민사소송절차에서 증언거부권을 고지받지 못한 경우(대판 2011. 7. 28. 2009도14928), 증언거부권을 고지받았더라도 위증을 했을 것이기 때문에 증언거부권이 사실상 침해당한 것으로 평가할 수는 없는 경우(대판 2010. 2. 25. 2007도6273) 등에서는 본죄가 성립한다.

그러나 증언으로 인해 형사소추 또는 공소제기를 당하거나 유죄판결을 받을 염려가 있는 사람이 증언거부권을 고지받지 못해 증언거부권 행사에 사실상 장애가 초래된 경우(대판 2013. 5. 23. 2013도3284), 사촌의 도박 사실 여부에 관하여 증언거부사유가 발생하게 되었는데도 재판장으로부터 증언거부권을 고지받지 못한 경우(대판 2010. 2. 25. 2009도13257)에는 본죄가 성립하지 않는다.

2) 증   인   증인이란 재판 또는 심판 등에서 자신이 과거에 경험한 사실을 진술하는 자를 말한다.

증인능력이 없는 사람은 본죄의 주체가 될 수 없으므로 선서를 하고 증언을 했다 하여도 본죄가 성립하지 않는다. 예를 들어 피고인이나 민사소송의 당사자(대판 1998. 3. 10. 97도1168)나 당사자인 법인의 대표자(대판 2012. 12. 13. 2010도14360)는 증인적격이 없으므로 본죄를 범할 수 없다.

공범자 또는 공동피고인이 선서를 하고 증언을 한 경우 본죄가 성립할 수 있는가에 대해서 긍정설이 있지만, 통설·판례(대판 1983. 10. 25. 83도1318)는 공범자가 아닌 공동피고인은 증인적격이 있으므로 본죄의 주체가 될 수 있으나 공범자인 공동피고인은 증인적격이 없으므로 본죄의 주체가 될 수 없다고 한다. 다만, 소송절차가 분리되어 공범인 공동피고인이 피고인의 지위에서 벗어나게 되면 다른 공동피고인에 대한 공소사실에 관하여 증인이 될 수 있다고 한다(대판 2024. 2. 29. 2023도7528).

증언거부권자가 증언거부권을 포기하고 선서한 경우 본죄의 주체가 될 수 있는가에 대해 통설·판례는 긍정한다.

[대판 1987. 7. 7. 86도1724 전합] 형사소송법상 이러한 처지의 증인에게는 증언을 거부할 수 있는 권리를 인정하여 위증죄로부터의 탈출구를 마련하고 있는만큼 적법행위의 기대가능성이 없다고 할 수 없으므로 선서한 증인이 증언거부권을 포기하고 허위의 진술을 하였다면 위증죄의 처벌을 면할 수 없다.
[대판 2008. 10. 23. 2005도10101] 자신의 강도상해 범행을 일관되게 부인하였으나 유죄판결이 확정된 자가 별건으로 기소된 공범의 형사사건에서 자신의 범행사실을 부인하는 증언을 한 경우, 사실대로 진술할 기대가능성이 있으므로 위증죄가 성립한다.

(2) 실행행위

본죄의 실행행위는 허위의 진술을 하는 것이다.

1) 허 위 허위의 의미에 대해서는 주관설과 객관설이 대립한다.

가. 객 관 설 소수설은 허위의 의미를 객관적 진실에 반하는 것이라고 한다. 이에 의하면 증인의 기억에 반하는 진술이라고 하더라도 객관적 진실에 부합하는 경우에는 허위의 진술이 되지 않는다. 반면 증인의 기억에 부합하는 진술이라도 객관적 진실에 반할 경우에는 허위의 진술이 된다.

이 견해는 ① 객관적 진실에 부합하는 진술은 국가의 사법기능을 해할 위험성이 없고, ② 객관적 진실에 반하는 진술보다 부합하는 진술이 일반적으로 기억에 반하지 않고, ③ 객관적 진실에 반하는 진술을 진실이라고 착오하고 증언을 한 경우에는 본죄의 고의를 인정할 수 없기 때문에 처벌범위가 확대되지 않는다는 것 등을 근거로 제시한다.

나. 주 관 설 다수설은 허위의 진술을 증인의 기억에 반하는 진술이라고 한다. 증인의 기억에 반하는 진술이면 객관적 진실에 부합하여도 허위의 진술이고, 증인의 기억에 부합하는 진술이면 객관적 진실에 반하는 진술이라도 허위의 진술이 아니라는 것이다.

이 견해는 ① 증인에게 기억하는 것 이상을 기대할 수 없고, ② 증인의 기억에 반하는 진술도 국가의 사법기능을 해할 위험성이 있고, ③ 과실위증죄를 벌하는 독일형법과 달리 우리 형법은 과실위증죄를 벌하지 않고, ④ 선서없는 증인의 위증을 벌하지 않으므로 증인의 선서의무위반이 중요하다는 것 등을 근거로 든다.

다. 판 례 판례는 주관설을 따른다.

[대판 1989. 1. 17. 88도580] 위증은 법률에 의하여 적법히 선서한 증인이 자기기억에 반하는 사실을 진술함으로써 성립하는 것이므로 자기의 기억에 반하는사실을 진술하였다면 설사 그 증인이 사실에 부합된다고 할지라도 위증죄가 성립된다.

판례에 의하면, 타인으로부터 전해 들은 금품의 전달사실을 마치 증인 자신이 전달한 것처럼 진술한 경우(대판 1990. 5. 8. 90도448), 증언내용사실을 잘알지 못하면서도 잘 아는 것으로 증언한 경우(대판 1986. 9. 9. 86도57), 증언 당시 확실한 기억이 나지 않았음에도 불구하고 확실한 기억이 있는 것처럼 진술한 경우(대판 1971. 7. 6. 71도815) 위증이 된다.

그러나 부동산을 매수한 지 20여년이 경과한 뒤이어서 그 매도 당시의 입회인을 매수 당시 입회한 것으로 잘못 기억하고 증언한 경우에는 위증이라고 할 수 없다(대판 1985. 3. 26. 84도1098).

라. 결   어   ① 국가가 증인에게 객관적 진실을 말할 것을 요구하기보다는 자기가 아는 사실을 진술할 것을 요구하고, 그 진술들을 법관이 자유심증에 의해 판단하는 것이 더 합리적이고, ② 실증적 조사에 의하면 증인이 정확하게 사건을 기억하는 비율이 그리 높지 않으므로 증인이 기억에 부합하는 진술을 해도 위증죄의 객관적 구성요건해당성이 있다고 하는 것은 증인에게 지나친 부담이 되므로 다수설이 더 타당하다.

2) 허위 여부의 판단방법   허위진술인지 여부는 당해 신문절차에 있어서의 증언 전체를 일체로 파악하여 판단해야 한다. 증언의 사소한 부분이 기억과 불일치하더라도 신문취지의 몰이해 또는 착오에 인한 것이라면 위증이 될 수 없다(대판 2001. 12. 27. 2001도5252).

증언의 의미가 그 자체로 불분명하거나 다의적으로 이해될 수 있는 경우에는 증언의 의미를 명확히 한 다음 허위성을 판단하여야 한다(대판 2001. 12. 27. 2001도5252).

3) 진   술   위증죄가 성립하기 위해서는 허위의 진술을 해야 한다.

가. 진술의 대상   진술이란 사실에 대한 언급을 말한다. 사실에 대한 언급이 아닌 주관적 의견이나 법률적 평가 등을 언급한 경우에는 본죄가 성립하지 않는다(대판 2009. 3. 12. 2008도11007). 그러나 법적 평가와 사실에 대한 진술이 혼합되어 있는 경우, 자기가 지득하지 않은 사실관계를 단순히 법률적 표현을 써서

진술한 경우(대판 1986. 6. 10. 84도2039), 법률적 평가에 이르게 된 경위에 대해 허위의 증언을 한 경우(대판 1983. 9. 27. 83도42) 등에서는 본죄가 성립할 수 있다. 사실은 외적 사실이든 고의·목적·동기와 같은 내적 사실이든 상관없다.

그러나 증인진술서에 기재된 구체적인 내용에 관하여 진술함이 없이 단지 그 증인진술서에 기재된 내용이 사실대로라는 취지의 진술만을 한 경우에는 본죄가 성립할 수 없다(대판 2010. 5. 13. 2007도1397).

나. 진술의 방법　　진술의 방법에는 제한이 없다. 구두·거동·표정 등에 의한 진술, 부작위에 의한 진술을 불문한다. 그러나 진술을 거부하는 경우에는 증언거부에 대한 책임을 지는 것은 별론으로 하고, 위증이라 할 수 없다.

다. 진술의 내용　　진술의 내용에도 제한이 없다. 재판결과에 영향을 미칠 수 있는 요증사실에 대한 진술에 국한되지 않고(대판 1990. 2. 23. 89도1212), 기본적인 사항이 아닌 지엽적인 사항에 관한 진술이어도 상관없다(대판 1982. 6. 8. 81도3069). 진술의 내용이 인정신문에 관한 것이든, 주신문·반대신문에 관한 것이든 상관없다(대판 67도254).

(3) 주관적 구성요건

주관설에 의하면 착오에 의한 진술(대판 1991. 5. 10. 89도1748), 신문취지를 오해하고 한 진술(대판 1986. 7. 8. 86도1050) 등의 경우에는 본죄의 고의를 인정할 수 없다.[1]

3. 기수시기

본죄의 미수는 벌하지 않는다. 본죄의 실행의 착수시기는 허위의 진술을 개시한 때이다. 통설·판례에 의하면, 선서한 증인이 허위의 진술을 하였더라도 그 신문이 끝나기 전에 그 진술을 취소·시정한 경우에는 위증이 되지 않는다(대판 2008. 4. 24. 2008도1053). 따라서 위증죄의 기수시기는 신문절차가 종료한 때이고, 진술 후에 선서를 명하는 경우는 선서를 종료한 때에 기수가 된다.

4. 공　　범

(1) 자 수 범

허위에 관한 주관설에 의하면 본죄는 진정신분범이고 자수범이므로 선서하

---

1) 본죄의 고의를 인정한 판례로, 대판 1995. 9. 29. 95도852. 고의를 부정한 판례로, 대판 1984. 2. 28. 82도2120; 대판 1982. 12. 28. 82도263.

지 않은 사람이 선서한 증인을 생명있는 도구로 이용하여 본죄를 범할 수 없다.

통설은 비신분자는 본죄의 공동정범도 될 수 없다고 한다. 그러나 비신분자가 본죄에 대한 교사·방조범이 성립할 수 있음은 물론이다.

(2) 형사피고인이 위증을 교사한 경우

피고인이 자신의 사건에서 타인을 교사·방조하여 위증하게 한 경우 본죄의 교사·방조범이 성립하는가에 대해, 긍정설은 ① 피고인이 위증을 교사하여 새로운 범인을 만들어 내거나 타인의 범행을 방조한 경우에는 방어권의 남용이고, ② 형사피고인이 타인의 위증을 교사·방조하는 것까지 기대가능성이 없다고 할 수 없고, ③ 정범에게 위증죄가 성립하는 이상 교사범의 성립도 인정해야 한다는 것 등을 근거로 든다. 판례는 긍정설을 따른다.

> [대판 2004. 1. 27. 2003도5114] 자기의 형사사건에 관하여 타인을 교사하여 위증죄를 범하게 하는 것은 방어권을 남용하는 것이어서 교사범의 죄책을 부담한다.

이에 대해 부정설(다수설)은 ① 피고인이 정범으로도 처벌되지 않음에도 불구하고 교사범으로 처벌된다는 것은 부당하고, ② 피고인이 타인을 교사하여 위증을 하게 하는 것은 자신이 위증하는 것과 다를 바 없고, ③ 형사피고인의 위증교사는 자기비호의 연장이라는 것 등을 근거로 든다.

긍정설의 근거보다는 부정설의 근거가 더 설득력이 있다. 피고인이 자기사건에 대해 증거를 은닉하거나 허위의 증거를 만들어내는 행위를 하지 말 것을 기대할 수 없다면, 타인을 교사하여 위증케 하는 행위도 기대가능성이 없는 행위라고 할 수 있기 때문이다.

5. 죄 수

같은 신문기일에 수회 위증을 한 경우 각 진술마다 수개의 위증죄를 구성하지 않고 포괄일죄가 되고(대판 1998. 4. 14. 97도3340), 나아가 선서한 증인이 같은 심급의 서로 다른 변론기일에 수회의 위증을 한 경우에도 최초의 선서의 효력을 유지시킨 후 증언한 이상 1개의 위증죄가 된다(대판 2005. 3. 25. 2005도60). 그러나 별도의 증인 신청 및 채택 절차를 거쳐 그 증인이 다시 신문을 받는 과정에서 종전 신문절차에서의 진술을 철회·시정한다 하더라도 이미 성립한 위증죄의 성립에 영향을 주지 못한다. 그리고 이러한 법리는 증인이 별도의 증인신문절차에서 새로이 선서를 한 경우뿐만 아니라 종전 증인신문절차에서 한 선서의 효력이 유지됨을 고지받고 진술한 경우에도 마찬가지이다(대판 2010. 9. 30. 2010도7525).

6. 자백·자수의 특례

(1) 의 의
본죄를 범한 자가 그 공술한 사건의 재판 또는 징계처분이 확정되기 전에 자백 또는 자수한 때에는 그 형을 감경 또는 면제한다(제153조). 위증으로 인한 오판을 방지하기 위한 정책적 규정이다.

자백이란 법원이나 수사기관에 자신이 위증한 사실을 고백하는 것을 말한다. 위증한 사실을 고백하면 족하고, 진실한 사실을 진술할 필요는 없다. 자발적인 고백은 물론 위증사건의 피고인·피의자로서 법원이나 수사기관의 심문에 의해서 한 고백도 포함된다(대판 1977. 2. 22. 75도3316). 사인(私人)에게 고백한 것은 자백의 효과가 없다.

자수란 범인이 자발적으로 수사기관에 대하여 자기의 범죄사실을 신고하여 소추를 구하는 의사표시를 말한다(대판 1999. 7. 9. 99도1695).

(2) 적용범위
자수·자백은 법원이나 수사기관이 위증이라는 것을 이미 알고 있어도 가능하다. 자백이나 자수는 증언한 사건의 재판 또는 징계처분이 확정되기 전에 이루어져야 한다. 자백·자수의 대상이 되는 위증사실은 정범에 국한되지 않고, 교사·방조범이라도 무방하다.

자수·자백의 특례는 자수·자백한 본인에게만 적용되고 공범에게는 적용되지 않는다.

Ⅲ. 모해위증죄

제152조(모해위증) ② 형사사건 또는 징계사건에 관하여 피고인·피의자 또는 징계혐의자를 모해할 목적으로 전항의 죄를 범한 때에는 10년 이하의 징역에 처한다.

1. 의　　의

모해위증죄란 형사사건 또는 징계사건에 관하여 피고인 · 피의자 또는 징계혐의자를 모해할 목적으로 법률에 의해 선서한 증인이 허위의 진술을 하는 죄이다.

통설은 모해목적은 주관적 행위요소이므로 본죄는 행위불법이 가중된 구성요건이라고 한다. 그러나 판례는 목적범의 목적은 신분요소이고, 본죄는 신분관계로 인해 책임이 가중되는 부진정신분범이라고 한다(대판 1994. 12. 23. 93도1002).

2. 구성요건

본죄의 주체는 위증죄에서와 같이 법률에 의해 선서한 증인이다.

본죄의 실행행위는 형사사건 또는 징계사건에 관하여 피고인 · 피의자 또는 징계혐의자를 모해할 목적으로 허위의 진술을 하는 것이다. 형사사건 또는 징계사건에서 위증을 해야 하고, 행정 · 민사 · 가사 · 비송사건 등에서 위증을 하는 것은 본죄에 해당되지 않고 단순위증죄에 해당된다. 모해할 목적이란 피고인 · 피의자 또는 징계혐의자에게 불이익을 줄 일체의 목적을 말한다(대판 2007. 12. 27. 2006도3575).

선서한 증인은 보통 재판단계에서나 있을 수 있고, 수사단계에서의 참고인은 본죄의 주체가 되지 않지만, 본죄의 주체에 피의자를 포함시킨 것은 공소제기 전에도 증거보전절차(형소법 제184조)와 수사상 증인신문절차(형소법 제221조의2) 등에서는 선서한 증인이 있을 수 있기 때문이다.

3. 공　　범

판례는 단순위증죄와 모해위증죄는 형법 제33조 단서 소정의 '신분관계로 인하여 형의 경중이 있는 경우'에 해당하므로 신분자가 비신분자를 교사하여 죄를 범하게 한 때에는 형법 제33조 단서가 형법 제31조 제1항에 우선하여 적용됨으로써 신분자인 교사범이 비신분자인 정범보다 중하게 처벌된다고 한다(대판 1994. 12. 23. 93도1002). 즉 모해목적 있는 자가 모해목적 없는 자를 교사하여 위증죄를 범하게 한 경우 교사자는 모행위증죄의 교사범, 피교사자는 위증죄의 정범이 된다고 한다. 이에 대해 통설은 모해목적을 행위요소로 파악하기 때문에 이 경우 공범종속성원칙을 따른 제31조 제1항이 적용되어 신분자는 모해위증교사가 아니라 단순위증교사의 죄책을 져야 한다고 한다.

통설이 타당하고, 판례는 다음과 같은 문제점이 있다.

첫째, 목적을 신분이라고 하는 것은 신분이라는 문언의 가능한 의미를 넘어가는 것이다. 목적은 고의와 마찬가지로 주관적 행위요소이지, 행위자요소인 신분에 속한다고 할 수 없다.

둘째, 제33조는 비신분자가 신분자의 범행에 가공할 때를 규정한 것이고, 신분자가 비신분자의 범행에 가공한 때를 규정한 것이 아니다. 따라서 신분자가 비신분자의 범행에 가공한 경우에는 제33조 단서가 아니라 제31조 제1항을 적용해야 한다.

셋째, 설사 제33조 단서가 적용된다 하더라도 제33조 단서는 "중한 죄로 벌하지 아니한다"고 규정하고 있으므로 신분자는 단순위증교사죄로 처벌되어야 한다.[1]

4. 자백·자수의 특례

본죄를 범한 자가 그 공술한 사건의 재판 또는 징계처분이 확정되기 전에 자백 또는 자수한 때에는 그 형을 감경 또는 면제한다(제153조).

Ⅳ. 허위감정·통역·번역죄

제154조(허위의 감정·통역·번역) 법률에 의하여 선서한 감정인·통역인 또는 번역인이 허위의 감정·통역 또는 번역을 한 때에는 전2조의 예에 의한다.

1. 개념 및 보호법익

허위감정·통역·번역죄란 법률에 의하여 선서한 감정인·통역인 또는 번역인이 허위의 감정·통역 또는 번역을 하는 죄이다.

본죄는 사실에 관한 허위의 진술이 아니어서 위증이라고 할 수 없지만, 허위의 감정·통역·번역이 국가의 사법기능을 해할 위험성이 크므로 위증죄의 예에 따라 처벌하는 것이다. 본죄의 보호법익은 국가의 사법기능이고, 보호의 정도는 추상적 위험범이다.

---

1) 판례는 위의 사건에서 교사자에게 단순위증교사죄를 인정할 경우에는 공소시효의 만료로 처벌할 수 없게 되자, 목적을 신분이라고 무리하게 해석한 것이라고 할 수 있다.

2. 구성요건

(1) 행위의 주체

본죄는 진정신분범으로서 그 주체는 법률에 의하여 선서한 감정인·통역인 또는 번역인이다. 법률에 의한 선서의 개념은 위증죄에서와 같다.

감정인이란 특수한 지식·경험을 가진 자로서 이를 기초로 하여 알 수 있는 법칙이나 이를 통해 얻은 판단을 법원 또는 법관에 보고하는 자이다(형소법 제169조 이하). 수사기관으로부터 감정을 위촉받은 감정수탁자(형소법 제221조)나 감정서의 설명자(제314조)는 감정인에 해당하지 않는다. 감정인이 감정사항의 일부를 타인에게 의뢰하여 그 감정결과를 감정인 명의로 법원에 제출한 경우, 그 타인은 감정인의 업무보조자에 불과하므로 본죄의 주체가 될 수 없다(대판 2000. 11. 28. 2000도1089).

통역자 또는 번역자에 대해서는 형사소송법 제180조 이하에 규정되어 있다. 수사기관이 위촉한 통역자 또는 번역자는 본죄의 주체가 될 수 없다.

(2) 실행행위

본죄의 실행행위는 허위의 감정·통역·번역을 하는 것이다. 허위의 개념은 위증죄에서와 같다. 객관설에 의하면 객관적 진실에 맞지 않는 감정·통역·번역을 의미하고, 주관설에 의하면 감정자·통역자·번역자의 주관적 판단에 어긋나는 감정·통역·번역을 하는 것이다. 판례는 주관설을 따른다(대판 2000. 11. 28. 2000도1089).

본죄의 기수시기는 허위감정의 진술을 하거나 법원에 허위감정서를 제출하는 때이다(대판 2000. 11. 28. 2000도1089).

(3) 주관적 구성요건

비록 감정내용이 객관적 사실에 반한다고 하더라도 감정인의 주관적 판단에 반하지 않는 이상 본죄의 고의가 인정되지 않는다(대판 2000. 11. 28. 2000도1089).

3. 죄   수

[대판 2000. 11. 28. 2000도1089] 하나의 소송사건에서 동일한 선서하에 이루어진 법원의 감정명령에 따라 감정인이 동일한 감정명령사항에 대하여 수차례에 걸쳐 허위의 감정보고서를 제출하는 경우에는 각 감정보고서 제출행위시마다 각기 허위감정죄가 성립한다 할 것이나, 이는 단일한 범의하에 계속하여 허위의 감정을 한 것으로서 포괄하여 1개의 허위감정죄를 구성한다.

V. 증거인멸죄

> 제155조(증거인멸등과 친족간의 특례) ① 타인의 형사사건 또는 징계사건에
> 관한 증거를 인멸·은닉·위조 또는 변조하거나 위조 또는 변조한 증거를 사용
> 한 자는 5년 이하의 징역 또는 700만원 이하의 벌금에 처한다.
> ④ 친족 또는 동거의 가족이 본인을 위하여 본조의 죄를 범한 때에는 처벌하지
> 아니한다.

1. 개념 및 보호법익

증거인멸죄란 타인의 형사사건 또는 징계사건에 관한 증거를 인멸·은닉·위
조 또는 변조하거나 위조 또는 변조한 증거를 사용하는 죄이다.

보호법익은 국가의 사법기능이고, 보호의 정도는 추상적 위험범이다.

2. 구성요건

(1) 행위의 객체

본죄의 객체는 타인의 형사사건 또는 징계사건에 관한 증거이다.

1) 타   인   타인의 형사사건 또는 징계사건에 관한 증거이기 때문에
자기의 형사사건 또는 징계사건에 관한 증거는 본죄의 객체가 될 수 없다(대판
1965. 12. 10. 65도826).

공범자의 형사사건 또는 징계사건에 관한 증거를 인멸하는 등의 행위를 한
경우 본죄가 성립하는가에 대해, 제한적 긍정설과 부정설이 대립한다.

제한적 긍정설은 공범자만의 이익을 위한 경우에는 본죄가 성립하지만 자기
와 공범자의 이익을 함께 위한 경우에는 본죄가 성립하지 않는다고 한다. 판례도
이 입장을 따른다.

> [대판 1995. 9. 29. 94도2608] 피고인이 자기의 이익을 위하여 그 증거가 될 자료
> 를 인멸하였다면, 그 행위가 동시에 다른 공범자의 형사사건이나 징계사건에 관
> 한 증거를 인멸한 결과가 된다고 하더라도 이를 증거인멸죄로 다스릴 수 없고,
> 이러한 법리는 그 행위가 피고인의 공범자가 아닌 자의 형사사건이나 징계사건에
> 관한 증거를 인멸한 결과가 된다고 하더라도 마찬가지이다.

부정설은 자신의 이익을 위한 것인가와 공범자의 이익을 위한 것인가를 구분하기 곤란하므로 어느 경우에나 본죄가 성립하지 않는다고 한다. 부정설이 타당하다고 생각된다.

2) **형사사건 또는 징계사건**   본죄의 객체는 형사사건 또는 징계사건에 관한 증거에 국한되므로 민사·행정·조세·가사사건 등에 대한 증거는 본죄의 객체가 되지 않는다. 형사사건이나 징계사건이면 단독사건, 합의사건, 약식사건, 즉결심판사건, 재심사건, 비상상고사건 어느 것이라도 무방하다. 소년심판사건이나 치료감호법상의 감호사건 등도 포함된다. 통설·판례는 형사피의사건과 수사개시 전의 사건(대판 1982. 4. 27. 82도274)도 포함된다고 한다.

징계사건은 국가의 징계사건에 한정되고 사인의 징계사건은 제외된다(대판 2007. 11. 30. 2007도4191).

3) **진범 여부**   실제로 죄를 범하지 않은 사람에게 불리한 증거를 인멸한 경우에는 본죄의 성립을 부정하고, 유리한 증거를 인멸한 경우에만 본죄의 성립을 인정해야 한다.

4) **증   거**   증거란 수사기관이나 법원 또는 징계기관이 형벌권 또는 징계권의 유무를 확인하는 데 관계있는 일체의 자료를 의미한다. 대상자에 대한 유·불리, 증거가치의 유무 및 정도를 불문한다(대판 2007. 6. 28. 2002도3600).

(2) **실행행위**

본죄의 실행행위는 증거를 인멸·은닉·위조 또는 변조하거나 위조·변조된 증거를 사용하는 것이다.

인멸이란 증거 자체를 없애는 행위뿐만 아니라 증거의 가치를 멸실·감소시키는 일체의 행위를 말한다(대판 1961. 10. 19. 61도347). 은닉이란 증거의 발견을 불가능하게 하거나 곤란하게 하는 행위를 말한다. 위조란 문서에 관한 죄에서 위조 개념과는 달리 새로운 증거를 만들어내는 것을 말한다(대판 2017. 10. 26. 2017도9827). 존재하지 아니한 증거를 이전부터 존재하고 있는 것처럼 작출하는 행위도 증거위조에 해당한다(대판 2011. 7. 28. 2010도2244). 증거가 문서의 형식을 갖는 경우 그 작성권한의 유무나 내용의 진실성을 불문한다(대판 2015. 10. 29. 2015도9010). 변조란 이미 존재하는 증거를 변경하여 증거가치나 효력을 감소시키는 것을 말한다. 본죄의 위조·변조는 문서위조죄의 위조·변조와는 달리 작성권한이 없거나 내용이 허위일 것을 요하지 않는다. 본조가 규정한 '증거의 위조'란 '증거방법의 위조'를 의미하므로, 위조에 해당하는지 여부는 증거방법 자체를 기준으로 하여야 하고 그것을 통해 증명하려는 사실이 허위인지 진실인지 여부에 따라 위조 여부가 결정되어서는 안 된다. 따라서 사실의 증명을 위해 작성된 문서가 그 사실에 관한 내용이나 작성명의 등에 아무런 허위가 없다면 '증거위조'에 해당한다고 볼 수 없다. 설령 사실증명에 관한 문서가 형사사건 또는 징계사건에서 허위의 주장에 관한 증거로 제출되어 그 주장을 뒷받침하게 되더라도 마찬가지이다(대판 2021. 1. 28. 2020도2642).

[대판 2013. 12. 26. 2013도8085] 참고인이 타인의 형사사건 등에 관하여 제3자와 대화를 하면서 허위로 진술하고 그 진술이 담긴 대화 내용을 녹음한 녹음파일 또는 이를 녹취한 녹취록을 만들어 수사기관 등에 제출하는 행위는 증거위조죄에 해당된다.

그러나 참고인이 수사기관에 허위의 진술을 하거나 허위의 사실확인서나 진술서를 작성하여 수사기관 등에 제출하거나(대판 2013. 12. 26. 2013도8085), 선서무능력자로서 범죄현장을 목격하지 못한 사람으로 하여금 범죄현장을 목격한 양 허위증언을 하도록 하는 것은 증거위조에 해당되지 않는다(대판 1998. 2. 10. 97도2961).

위조·변조된 증거를 사용한다는 것은 위조·변조된 증거를 진정한 증거로 법원이나 수사기관, 징계기관 등에 제출하는 것을 말한다. 스스로 증거를 제출하는 경우뿐만 아니라 법원이나 수사기관, 징계기관의 요청에 의해 제출하는 것도 포함된다.

3. 공 범

타인을 교사하여 자기의 형사사건 또는 징계사건에 관한 증거를 인멸하는 등의 행위를 할 경우 본죄의 교사범이 성립하는가의 문제는 자기의 형사사건 또는 징계사건에 대한 위증을 하게 한 경우와 유사하게 해결되는데, 부정설이 타당하다. 판례는 긍정설을 따른다.

[대판 2011. 2. 10. 2010도15986] 자기의 형사사건에 관한 증거를 위조하기 위하여 타인을 교사하여 죄를 범하게 한 자에 대하여는 증거위조교사죄가 성립한다.

4. 죄   수

> [대판 2006. 10. 19. 2005도3909 전합] 공무원이 직무에 반하여 증거인멸죄를 범한 경우 작위범인 증거인멸죄만이 성립하고 부작위범인 직무유기(거부)죄는 따로 성립하지 아니한다.

증거를 위조하고 사용한 경우의 죄수는 문서위조 및 동행사죄의 죄수와 같은 방식으로 해결해야 한다.

타인의 소유에 속하는 증거를 인멸하기 위해 손괴한 경우 본죄와 손괴죄는 상상적 경합이 된다. 행위는 하나이지만, 침해되는 법익과 범죄의사가 복수이기 때문이다. 타인의 소유에 속하는 증거를 절취하여 은닉하거나 인멸한 경우에는 절도죄만이 성립한다고 해야 한다. 절취 후 은닉·인멸행위는 절도죄의 불가벌적 사후행위라고 할 수 있기 때문이다.

5. 친족간 범행의 특례

친족 또는 동거의 가족이 본인을 위하여 본조의 죄를 범한 때에는 처벌하지 아니한다(제4항). 그 성격이나 개념은 범인은닉죄에서와 같다. 판례는 사실상의 친족은 포함되지 않는다고 하지만(대판 2003. 12. 12. 2003도4533), 이 규정이 기대불가능성에 의한 책임조각을 규정한 것이므로 친족에 포함시켜야 한다.

친족이 제3자를 교사하여 본죄를 범한 경우 본인이 타인을 교사하여 본죄를 범하게 한 경우와 마찬가지의 문제가 발생할 수 있다.

Ⅵ. 증인은닉·도피죄

> 제155조   ② 타인의 형사사건 또는 징계사건에 관한 증인을 은닉 또는 도피하게 한 자도 제1항의 형과 같다.
> ④ 친족 또는 동거의 가족이 본인을 위하여 본조의 죄를 범한 때에는 처벌하지 아니한다.

증인은닉·도피죄는 타인의 형사사건 또는 징계사건에 관한 증인을 은닉 또는 도피하게 하는 죄이다.

본죄의 객체는 타인의 형사사건 또는 징계사건에 관한 증인이다. 통설에 의하면 법률에 의해 선서한 증인에 국한되지 않고, 수사절차에서의 참고인도 본죄의 증인에 해당한다.

실행행위는 은닉 또는 도피하게 하는 것이다. 은닉이란 증인의 발견을 불가능하게 하거나 곤란하게 하는 일체의 행위를 말한다. 도피하게 한다는 것은 증인이 도피하도록 교사·방조하는 일체의 행위를 말한다. 그러나 단순히 타인의 형사피의사건에 관하여 수사기관에서 허위의 진술을 하거나 허위의 진술을 하도록 교사하는 정도의 행위는 증인을 은닉, 도피하게 하는 행위라고 할 수 없다(대판 1977. 9. 13. 77도997).

본죄에 대해서도 친족 또는 동거의 가족이 본인을 위하여 행한 범행에 대한 특례가 적용된다.

VII. 모해목적 증거인멸죄, 증인은닉·도피죄

> 제155조   ③ 피고인·피의자 또는 징계혐의자를 모해할 목적으로 전2항의 죄를 범한 자는 10년 이하의 징역에 처한다.
> ④ 친족 또는 동거의 가족이 본인을 위하여 본조의 죄를 범한 때에는 처벌하지 아니한다.

모해목적 증거인멸죄, 증인은닉·도피죄는 피고인·피의자 또는 징계혐의자를 모해할 목적으로 타인의 형사사건 또는 징계사건에 대한 증거를 인멸·은닉·위조·변조하거나 위조·변조한 증거를 사용하거나, 증인을 은닉 또는 도피하게 하는 죄이다.

통설에 의하면, 본죄는 모해목적이라는 행위요소로 인해 불법이 가중되는 구성요건이지만, 판례에 의하면 본죄는 모해목적이라는 신분요소로 인해 책임이 가중되는 부진정신분범이다. 판례가 부당함은 모해위증죄에서 본 것과 같다.

본죄에 대해서도 친족간 범행에 대한 특례가 적용된다.

국가보안법은 본죄에 대한 특별규정을 두고 있다(제12조 1항).

제 5 절   무고의 죄

> 제156조(무고)   타인으로 하여금 형사처분 또는 징계처분을 받게 할 목적으로 공
> 무소 또는 공무원에 대하여 허위의 사실을 신고한 자는 10년 이하의 징역 또는
> 1,500만원 이하의 벌금에 처한다.
> 제157조(자백·자수)   제153조는 전조에 준용한다.

1. 의의 및 보호법익

무고의 죄는 무고죄(제156조) 하나의 범죄로 구성되어 있다.[1]

무고죄란 타인으로 하여금 형사처분 또는 징계처분을 받게 할 목적으로 공
무소 또는 공무원에 대하여 허위의 사실을 신고하는 죄이다.[2]

통설·판례는 무고죄는 국가의 적정한 사법기능과 징계기능을 해하는 죄로서
의 성격과 피무고자의 개인적 법익도 동시에 해하는 죄로서의 성격을 모두 가지
고 있다고 한다.

[대판 2005. 9. 30. 2005도2712]   무고죄는 국가의 형사사법권 또는 징계권의 적정
한 행사를 주된 보호법익으로 하고 다만, 개인이 부당하게 처벌 또는 징계받지
아니할 이익을 부수적으로 보호하는 죄이다.

다만 본죄의 주된 성격은 국가적 법익을 해하는 죄이므로 피해자의 승낙이
위법성을 조각하지 못한다.

본죄의 보호의 정도는 추상적 위험범이다.

본죄에 대해서는 제153조가 준용되므로(제157조), 본죄를 범한 자가 그 공술한
사건의 재판 또는 징계처분이 확정되기 전에 자백 또는 자수한 때에는 그 형을
감경 또는 면제한다.

---

1) 국가보안법 제12조 제1항은 국가보안법사건에 대한 무고죄를, 특정범죄가중법 제14조는
   동 법률에 규정된 범죄에 대한 무고죄를 가중처벌하고 있다. 모두 옥상옥의 쓸데없는 규
   정으로서 하루 속히 폐지해야 한다.
2) 우리나라에는 무고죄가 빈번하게 행해지고 있다고 한다. 우리나라 사람들에게 무고의 습
   성이 있어서가 아니라 법체제가 완비되어 있지 않고 법적 구제수단이 부족하기 때문이다.

2. 구성요건

(1) 실행행위

공무소 또는 공무원에 대하여 허위의 사실을 신고하는 것이다.

1) 신고의 대상　　　공무소 또는 공무원에 대하여 허위의 사실을 신고해야 한다. 진정의 형식으로 신고해도 무방하다. 공무소 또는 공무원이란 수사기관·징계할 수 있는 기관이나 그 구성원인 공무원을 의미한다. 직접 신고할 것을 요하지 않고 지휘·명령계통이나 수사관할 이첩을 통하여 그러한 권한 있는 상관에게 도달하게 하면 족하다(대판 1973. 1. 16. 72도1136).

수사기관이나 관할관청을 지휘·감독하는 도지사(대판 1982. 11. 23. 81도2380)나 대통령(대판 1977. 6. 28. 77도1445)은 신고의 대상이 된다. 변호사에 대한 징계처분도 본죄의 징계처분에 포함되고 그 징계 개시의 신청권이 있는 지방변호사회의 장도 '공무소 또는 공무원'에 포함된다(대판 2010. 11. 25. 2010도10202). 그러나 농업협동조합중앙회나 농업협동조합중앙회장(대판 1980. 2. 12. 79도3109)은 공무소나 공무원에 해당되지 않는다.

대상자를 특정해서 신고해야 하고 특정되지 않은 성명불상자에 대해 신고한 경우 본죄가 성립하지 않는다(대판 2022. 9. 29. 2020도11754).

2) 허위의 사실

가. 허위사실의 개념　　　본죄에서 허위의 사실이란 객관적 진실에 반하는 사실로서(대판 2000. 11. 24. 99도822), 위증죄의 허위개념과 구별된다.[1]

본죄에서의 사실은 그것이 신고될 경우 상대방이 형사처분이나 징계처분 등을 받게 될 위험이 있는 것이어야 한다(대판 2010. 2. 25. 2009도1302). 따라서 허위사실을 신고하였다 하더라도 그 사실에 의하면 범죄가 성립하지 않거나(대판 2013. 9. 26. 2013도6862), 신고사실 자체에 의해 공소시효가 완성되었거나(대판 1994. 2. 8. 93도3445)[2] 친고죄의 고소기간이 경과한 것이 명백한 경우(대판 1998. 4. 14. 98도150), 사면 등으로 인해 형벌권의 행사가 불가능한 경우(대판 1970. 3. 24. 69도2330)에는 본

---

1) 대판 1985. 2. 26. 84도2510; 대판 1982. 6. 22. 82도826.
2) 한편 "객관적으로 고소사실에 대한 공소시효가 완성되었더라도 고소를 제기하면서 마치 공소시효가 완성되지 아니한 것처럼 고소한 경우에는 국가기관의 직무를 그르칠 염려가 있으므로 무고죄를 구성한다"고 한 판례도 있다(대판 1995. 12. 5. 95도1908). 이는 범행일자를 허위기재하는 방법 등으로 공소시효 계산을 혼란케 한 경우로 보인다.

죄가 성립하지 않는다.

그러나 신고 당시에 범죄가 되면 족하고 이후 형사범죄가 되지 않는 것으로 판례가 변경되었더라도 특별한 사정이 없는 한 이미 성립한 무고죄에는 영향을 미치지 않는다(대판 2017. 5. 30. 2015도15398).

나. 허위사실의 판단방법   신고한 사실이 허위인가의 여부는 핵심적 내용 또는 중요내용이 허위인가를 기준으로 판단해야 한다.

[대판 2012. 5. 24. 2011도11500] 신고사실의 일부에 허위의 사실이 포함되어 있다고 하더라도 그 허위 부분이 범죄의 성부에 영향을 미치는 중요한 부분이 아니고, 단지 신고한 사실을 과장한 것에 불과한 경우에는 무고죄에 해당하지 아니하지만, 그 일부 허위인 사실이 국가의 심판작용을 그르치거나 부당하게 처벌을 받지 아니할 개인의 법적 안정성을 침해할 우려가 있을 정도로 고소사실 전체의 성질을 변경시키는 때에는 무고죄가 성립될 수 있다.

따라서 차용인이 변제의사와 능력을 기망하였다는 내용으로 고소하면서 그 차용금의 실제 용도에 관하여 사실과 달리 신고한 것만으로는 범죄사실의 성부에 영향을 줄 정도의 중요한 부분에 대한 허위신고라고 할 수 없어서 본죄가 성립하지 않는다(대판 2004. 12. 9. 2004도2212).

그러나 돈을 차용하면서 약정 기간 내에 갚지 못하면 담보로 제공된 승용차를 처분하더라도 아무런 이의를 제기하지 않기로 하였는데, 변제기 이후 채권자가 차량을 처분하자 피고인의 허락 없이 마음대로 처분하였다는 취지로 고소한 경우 이 고소 내용은 허위사실 기재로서 그 자체로 독립하여 무고죄가 성립한다(대판 2012. 5. 24. 2011도11500).

신고자가 객관적 사실관계를 사실 그대로 신고한 이상 그 객관적 사실을 토대로 한 나름대로의 주관적 법률평가를 잘못하고 이를 신고하였거나(대판 1985. 6. 25. 83도3245), 그 신고된 사실에 대한 형사책임을 부담할 자를 잘못 택하였거나(대판 1982. 4. 27. 81도2341), 죄명을 잘못 적었더라도(대판 1984. 5. 29. 83도3125) 본죄가 성립하지 않는다. 신고내용 중 일부 객관적 진실에 반하는 내용이 포함되어 있다고 하더라도 그것이 범죄의 성부에 영향을 미치는 중요한 부분이 아니고 단지 신고사실의 정황을 과장하는 데 불과하다면 무고죄는 성립하지 않는다(대판 2024. 5. 30. 2021도2656).

그러나 고소사실 자체가 인정되지 않는 경우에는 고소 내용이 설사 피고인의 과실 또는 무지에 기인한 것이라고 하더라도 본죄가 성립한다(대판 2009. 11. 12. 2009도8949).

다. 허위사실의 정도 신고한 허위사실이 막연히 추상적인 내용인 경우에는 본죄가 성립할 수 없다. 신고내용은 형사처분이나 징계처분을 받을 수 있을 만큼의 구체성을 지녀야 한다(대판 1960. 10. 26. 4293형상259). 그러나 범죄구성요건이나 징계요건사실을 구체적으로 기재하거나(대판 1985. 2. 26. 84도2774), 법률적 평가를 명시할 필요까지는 없다(대판 1987. 3. 24. 87도231). 무고사실 중 일부가 혐의없음이 밝혀졌다 하더라도 나머지 무고사실이 인정되는 이상 본죄가 성립한다(대판 1983. 6. 28. 81도2546).

신고한 사실이 객관적 진실에 반하는 허위사실이라는 점에 관하여는 적극적인 증명이 있어야 하며, 신고사실의 진실성을 인정할 수 없다는 소극적 증명만으로 곧 그 신고사실이 객관적 진실에 반하는 허위의 사실이라 단정하여 무고죄의 성립을 인정할 수는 없다(대판 2024. 5. 30. 2021도2656).

라. 판 례

[대판 2010. 4. 29. 2010도2745] (피고인이 자신을 때려 주면 돈을 주겠다고 하여 A, B가 피고인을 때리고 현금을 교부받아 가지고 간 것임에도 'A등이 피고인을 폭행하여 돈을 빼앗았다'고 신고한 경우) 피고인이 자신의 의사에 따라 폭행을 당한 것인지 여부는 갈취 내지 강취죄의 성부에 영향을 미치는 중요한 부분으로서 단지 신고한 사실을 과장한 것에 불과하다고 볼 수는 없을 뿐만 아니라 피고인의 신고는 그 폭행의 경위에 관한 허위사실만으로도 국가의 심판작용을 그르치거나 개인의 법적 안정성을 침해할 우려가 있을 정도로 고소사실 전체의 성질을 변경시킨 것으로 판단된다.[1]
[대판 2008. 8. 21. 2008도3754] 피고인 자신이 상대방의 범행에 공범으로 가담하였음에도 자신의 가담사실을 숨기고 상대방만을 고소한 경우, 피고인의 고소내용이 상대방의 범행 부분에 관한 한 진실에 부합하므로 이를 허위의 사실로 볼 수 없고, 상대방의 범행에 피고인이 공범으로 가담한 사실을 숨겼다고 하여도 그것이 상대방에 대한 관계에서 독립하여 형사처분 등의 대상이 되지 아니할뿐

---

1) 허위사실의 신고를 인정한 판례로, 대판 2014. 3. 13. 2012도2468; 대판 2012. 5. 24. 2011도11500; 대판 2009. 1. 30. 2008도8573; 대판 2007. 6. 1. 2007도2299; 위법성조각사유가 있음을 알면서도 고소하여 적극적으로 위법성조각사유가 적용되지 않는 범죄로 처벌되어야 한다고 주장한 경우(대판 1998. 3. 24. 97도2956); 대판 1995. 2. 24. 94도3068; 대판 1987. 3. 24. 87도231; 대판 1986. 12. 9. 85도2482; 대판 1987. 4. 14. 87도177; 고소장을 작성할 때 변호사등 법조인의 자문을 받았지만 허위의 사실을 기재한 고소장을 작성하여 수사기관에 제출한 경우(대판 1986. 10. 14. 86도1606); 대판 1977. 4. 26. 75도2885 등.

더러[1] 전체적으로 보아 상대방의 범죄사실의 성립 여부에 직접 영향을 줄 정도에 이르지 아니하는 내용에 관계되는 것이므로, 무고죄가 성립하지 않는다.[2]

3) 신   고

가. 신고의 개념   신고란 자발적으로 사실을 고지하는 것을 말한다. 신고는 자발적으로 해야 하므로 정보원 또는 수사관의 요청을 받고 허위의 정보를 제공하거나 수사관의 신문을 받는 과정에서 허위진술을 하는 것은 신고에 해당하지 않는다(대판 2005. 12. 22. 2005도3203). 공동피고인 중 1인이 타범죄로 조사를 받는 과정에서 사법경찰관 및 검사의 심문에 따라 다른 공동피고인의 범죄사실을 진술한 경우 신고라고 할 수 없다(대결 1985. 7. 26. 85모14).

그러나 수표발행인이 수표가 위조되었다는 내용의 허위의 신고를 하여 그 정을 모르는 은행 직원이 수사기관에 고발해 수사가 개시되자 경찰에 출석하여 위조자로 특정인을 지목하는 진술을 한 경우(대판 2005. 12. 22. 2005도3203), 수사관에게 허위사실을 말하고 진술조서를 받으면서 처벌요구의 진술을 한 경우(대판 1988. 2. 23. 87도2454), 당초 고소장에 기재하지 않은 사실을 수사기관에서 고소보충조서를 받을 때 자진하여 진술한 경우(대판 1996. 2. 9. 95도2652)는 신고에 해당한다.

나. 신고의 방법   신고의 방법에는 제한이 없다. 서면·구두, 자기명의·타인명의·익명 어느 방법에 의해도 상관없다. 서면의 경우 고소장, 고발장, 진정서, 탄원서 등 어떤 명칭을 사용하여도 무방하다(대판 1985. 12. 10. 84도2380). 피무고자의 성명을 명시하지 않아도 누구인지 알 수 있을 정도로 특정하면 족하다. 타인명의로 신고하였어도 주도자가 신고인이 된다(대판 1989. 9. 26. 88도1533).

---

1) 그러나 나아가 적극적으로 공범이 자신에게 죄를 범하였다고 한 행위는 독립하여 형사처분의 대상이 되므로 본죄가 성립한다(대판 2010. 2. 25. 2009도1302).

2) 본죄의 성립을 부정한 판례로, 대판 1998. 9. 8. 98도1949; 대판 1996. 5. 31. 96도771; 대판 1991. 10. 11. 91도1950; 이미 변제받은 금원에 관하여 A가 이를 수개월간 변제치 않고 있었던 점을 들어 위 금원을 착복하였다는 표현으로 고소장에 기재한 경우(대판 1987. 6. 9. 87도1029); 서로 멱살을 잡고 밀고 당기는 과정에서 스스로 넘어져 입게 된 상처를 상대방의 폭행으로 인한 것이라고 고소한 경우(대판 1986. 7. 22. 86도582); 누구로부터 얼마를 구타당하였는지 특정지을 수 없으나 좌측안면부등에 찰과상 및 좌상을 입자 이 상처 이외에 이미 수년전 또는 몇 개월 전에 입은 비골골절 사실마저 기재된 상해진단서를 제출한 경우(대판 1984. 1. 24. 83도3023); 대판 1984. 3. 27. 83도2826; 강간으로 고소하면서 강간으로 입은 것이 아닌 상해사실을 포함시킨 경우(대판 1983. 1. 18. 82도2170); 대판 1981. 6. 23. 80도1049; 대판 1980. 5. 27. 80도819; 대판 1973. 12. 11. 73도1658; 대판 1961. 11. 23. 4294형상59 등.

다수설은 신고가 자발적으로 행해져야 한다는 이유로 부작위에 의한 신고는 불가능하다고 한다. 그러나 부작위에 의한 신고를 부정해야 할 이유가 없다. 예컨 대 허위사실이 기재된 고소장을 실수로 공무원 또는 공무소에 발송한 사람은 그 것을 회수해야 할 작위의무가 존재하기 때문에 본죄의 부작위범이 될 수 있다.

(2) 주관적 구성요건

1) 고   의   본죄가 성립하기 위해서는 공무소 또는 공무원에 대하여 허위의 사실을 신고한다는 점에 대한 고의가 필요하다.

진실한 사실을 허위의 사실로 오인하고 신고를 한 경우 불능미수가 될 수 있 지만, 본죄의 미수범은 처벌하지 않으므로 불가벌이다(대판 1991. 10. 11. 91도1950). 허위의 사실을 진실한 사실로 착오하고 신고한 경우에는 본죄의 고의가 조각된다 (대판 1987. 12. 22. 87도1977).

본죄가 성립하기 위해서는 확정적 고의가 있어야 한다는 견해와 미필적 고 의로도 족하다는 견해가 대립한다.

가. 확정적 고의 필요설   이 견해는 사실의 진위가 불분명한 경우 본죄 의 성립에 미필적 고의로도 족하다고 하면, 진실에 대한 확신없이 고소·고발할 경우 본죄가 성립하여 본죄의 성립범위를 부당하게 확대하고 국민의 재판받을 권 리를 제한하는 결과를 초래한다는 것을 근거로 든다.

나. 확정적 고의 불필요설   이 견해는 ① 본죄가 개인적 법익을 보호하 는 성격을 지니고 있고, ② 부당한 고소·고발로부터 피고소·고발자를 보호해야 할 필요가 있고, ③ 허위의 사실에 대한 인용이 있음에도 신고를 하는 행위에 대 한 비난가능성이 있고, ④ 진실한 사실이라는 확신까지 있어야 본죄가 성립하지 않는 것은 아니고, ⑤ 본죄는 타인으로 하여금 형사처분 또는 징계처분을 받게 할 목적을 요하므로 사실의 진위를 가리기 위해 신고하는 경우에는 본죄에 해당 하지 않고, ⑥ 본죄에 대해서만 고의가 확정적 고의라고 해야 할 필요가 없다는 점 등을 제시한다. 판례는 이 입장을 따른다.

[대판 2000. 7. 4. 2000도1908] 무고죄에 있어서 허위사실의 신고라 함은 신고사 실이 객관적 사실에 반한다는 것을 확정적이거나 미필적으로 인식하고 신고하는 것을 말하는 것이므로 객관적 사실과 일치하지 않는 것이라도 신고자가 진실이라 고 확신하고 신고하였을 때에는 무고죄가 성립하지 않는다고 할 것이나, 여기에 서 진실이라고 확신한다 함은 신고자가 알고 있는 객관적인 사실관계에 의하더라

도 신고사실이 허위라거나 또는 허위일 가능성이 있다는 인식을 하지 못하는 경우를 말하는 것이지, 신고자가 알고 있는 객관적 사실관계에 의하여 신고사실이 허위라거나 허위일 가능성이 있다는 인식을 하면서도 이를 무시한 채 무조건 자신의 주장이 옳다고 생각하는 경우까지 포함되는 것은 아니다.[1]

다. 결   어   본죄의 고의에 대해 특별히 예외를 인정할 필요가 없으므로 확정적 고의 불필요설이 타당하다. 그러나 별 차이는 없지만, 판례가 '진실하다는 확신없는 사실'을 신고하면 본죄의 고의를 인정하는 것은 너무 넓게 인정하는 것이라고 할 수 있다. 즉, 허위사실이어도 할 수 없다는 내심 상태가 있을 때 본죄의 고의를 인정하면 된다.

2) 목   적   본죄는 고의 이외에 초과주관적 구성요건요소로서 '타인으로 하여금 형사처분 또는 징계처분을 받게 할 목적'이 있어야 성립하는 진정목적범이다. 따라서 단순히 사실의 진위를 가리기 위해 허위사실을 신고하는 경우에는 본죄가 성립하지 않는다(대판 1978. 8. 22. 78도1357).

가. 타   인   타인이란 신고자 이외의 자로서 자연인뿐만 아니라 법인도 포함된다. 형사처분 또는 징계처분을 받을 자격이 없는 자에 대해서는 본죄가 성립하지 않는다고 해야 한다. 따라서 형사미성년자, 심신상실자, 사자나 허무인에 대해서 형사처분을 받게 할 목적으로 무고를 하거나 비공무원에 대해 징계처분을 받게 할 목적으로 무고하더라도 본죄가 성립하지 않는다. 이 경우에도 본죄의 불능미수가 될 수 있지만, 본죄의 미수를 처벌하지 않기 때문이다.

타인을 무고해야 하므로 자기무고는 본죄에 해당하지 않는다. 따라서 자기 자신을 무고하기로 제3자와 공모하고 이에 따라 무고행위에 가담하였더라도 무고죄의 공동정범으로 처벌할 수 없다(대판 2017. 4. 26. 2013도12592). 한편 판례는 타인을 교사하여 자신을 무고하도록 한 경우 무고죄의 교사범을 인정한다(대판 2008. 10. 23. 2008도4852). 그러나 부정하는 견해가 타당함은 범인은닉죄나 증거인멸죄에서와 같다.

---

1) 본죄의 고의를 인정한 판례로, 대판 2007. 4. 26. 2007도1423; 대판 2007. 3. 15. 2006도9453; 대판 2006. 8. 25. 2006도3631; 대판 1995. 3. 17. 95도162 등. 본죄의 고의를 부정한 판례로, 진실한 객관적인 사실들에 근거하여 고소인이 피고소인의 주관적인 의사에 관하여 갖게 된 의심을 고소장에 기재한 경우(대판 1996. 3. 26. 95도2998); 대판 1983. 7. 12. 83도1395 등.

나. 형사처분 또는 징계처분   형사처분이란 형벌 이외에 모든 형사제재가 과해질 수 있는 처분을 말한다. 치료감호법의 치료감호처분, 소년법상의 보호처분, 가정폭력특별법상의 보호처분, 청소년(성)보호법이나 성매매특별법상의 보호처분 등도 이에 해당한다.

징계처분이란 공법상의 감독관계에서 질서유지를 위하여 과하는 신분적 제재로서(대판 2014. 7. 24. 2014도6377) 공법상의 징계처분만을 의미하고 사법상의 징계처분은 포함되지 않으므로 사립학교 교원에 대한 학교법인 등의 징계처분은 여기에 포함되지 않는다(대판 2014. 7. 24. 2014도6377). 그러나 변호사에 대한 징계처분과 같이 공법상의 징계처분으로서의 성격을 지니고 있는 것은 징계처분에 포함된다(대판 2010. 11. 25. 2010도10202).

다. 목적의 의미   목적의 의미에 대해 형사처분 또는 징계처분을 의욕하는 확정적 목적이어야 한다는 견해와 미필적 인식이어도 된다는 견해가 대립한다. 판례는 미필적 인식이어도 된다는 입장을 취하고 있다(대판 1995. 12. 12. 94도3271).

목적은 고의보다 의사적 요소가 강한 것이므로 목적이 있다고 하기 위해서는 결과발생에 대한 의욕이 있어야 한다고 해야 할 것이다.

3. 기수시기

본죄의 미수는 벌하지 않는다. 본죄의 실행의 착수시기는 허위사실을 신고하는 행위를 개시한 때이고, 기수시기는 허위사실의 신고가 공무소 또는 공무원에 도달한 시점이다. 예컨대 허위사실을 신고하는 문서를 발송하였으나 도달하지 않은 경우에는 본죄의 미수가 되므로 불가벌이다. 공무소 또는 공무원에 도달한 이상 공무원이 그 내용을 인식하거나, 수사를 개시하거나, 공소를 제기하거나 징계절차를 개시할 것을 요하지 않는다. 도달된 이후에는 그 문서를 돌려받았다 하더라도 기수가 된다(대판 1985. 2. 8. 84도2215).

4. 공   범

[대판 2017. 4. 26. 2013도12592] 자기 자신을 무고하기로 제3자와 공모하고 이에 따라 무고행위에 가담하였더라도 이는 자기 자신에게는 무고죄의 구성요건에 해당하지 않아 범죄가 성립할 수 없는 행위를 실현하고자 한 것에 지나지 않아 무고죄의 공동정범으로 처벌할 수 없다.

5. 죄   수

하나의 행위로 한 사람에 대한 여러 가지 허위사실을 신고한 때에는 단순일죄가 된다. 한 사람에 대해 수회에 걸쳐 동일한 허위의 사실을 신고한 경우에는 연속범으로서 포괄일죄가 된다.

하나의 행위로 수인에 대해 허위사실을 신고한 때에는 통설은 수개의 죄의 상상적 경합이라고 한다.

6. 자백 · 자수에 대한 특례

본죄를 범한 자가 그 신고한 사건의 재판 또는 징계처분이 확정되기 전에 자백 또는 자수한 때에는 그 형을 감경 또는 면제한다(제157조, 제153조). 국가의 사법기능 또는 징계기능의 침해를 미연에 방지하기 위해 위증죄에서와 마찬가지의 취지에서 정책적으로 둔 규정이다.

[대판 1995. 9. 5. 94도755] 자백이란 자신의 범죄사실, 즉 타인으로 하여금 형사처분 또는 징계처분을 받게 할 목적으로 공무소 또는 공무원에 대하여 허위의 사실을 신고하였음을 자인하는 것을 말하고, 단순히 그 신고한 내용이 객관적 사실에 반한다고 인정함에 지나지 아니하는 것은 이에 해당하지 아니한다.

신고한 사건을 다루는 기관에 고백하는 것, 신고한 사건을 다루는 재판부에 증인으로 다시 출석하여 이전의 신고가 허위의 사실이었음을 고백하는 것 및 무고사건의 피고인 또는 피의자로서 법원이나 수사기관에서의 신문에 의해 고백하는 것 등은 모두 자백의 개념에 포함된다(대판 2018. 8. 1. 2018도7293).

'재판이 확정되기 전'에는 피고인의 고소사건 수사 결과 피고인의 무고 혐의가 밝혀져 피고인에 대한 공소가 제기되고 피고소인에 대해서는 불기소결정이 내려져 재판절차가 개시되지 않은 경우도 포함된다(대판 2018. 8. 1. 2018도7293).

판례색인

사항색인

저자약력

오 영 근
현재 한양대학교 법학전문대학원 명예교수
(사)한국법령정책연구원장
서울대학교 법과대학 및 대학원(법학사, 법학석사, 법학박사)
강원대학교 법과대학 교수
독일 Bonn 대학, Konstanz 대학, Würzburg 대학에서 연구
한국형사정책연구원 초빙연구위원
사법시험, 행정고시, 입법고시 출제위원
한국형사법학회 회장, 한국피해자학회 회장, 한국형사판례연구회 회장, 한국교정학회 회장,
한국소년정책학회 회장

저서 및 논문
형법총론(제7판, 공저, 2024)
형법연습(박영사)
객관식 형법(박영사)
로스쿨 형법(박영사)
신형법입문(제9판, 공저, 2025)
범죄인의 사회 내 처우에 관한 연구 외 다수

노 수 환
현재 성균관대학교 법학전문대학원 교수
서울대학교 법과대학 졸업
제32회 사법시험 합격
제24기 사법연수원 수료(대법원장상 수상)
서울중앙지방법원, 서울동부지방법원,
전주지법 정읍지원, 인천지방법원 판사
법무법인 명인 대표변호사
사법연수원 형사소송실무 외래교수
대법원 양형위원회 전문위원, 법제처 법령해석심의위원
법학전문대학원 평가위원회 평가위원
한국형사법학회 수석부회장
사법시험, 입법고시 출제위원(형법, 형사소송법)
변호사시험 출제위원
법학전문대학원협의회 모의시험 출제위원

저서
신형법입문(제9판, 공저, 2025)
형법총론(제7판, 공저, 2024)
핵심형사기록(제9판, 2023)
죄형법정원칙과 법원 Ⅰ(공저, 2023)
특별형법 판례 100선(공저, 2022)
형법판례 150선(제3판, 공저, 2021)
형사소송법 판례 120선(제4판, 공저, 2019)

제 9 판
형법각론

초판발행   2005년 8월 15일
제9판발행   2025년 2월 25일

지은이   오영근·노수환
펴낸이   안종만·안상준

편 집   장유나
기획/마케팅 조성호
표지디자인   이수빈
제 작   고철민·김원표

펴낸곳   (주) **박영사**
          서울특별시 금천구 가산디지털2로 53, 210호(가산동, 한라시그마밸리)
          등록 1959. 3. 11. 제300-1959-1호(倫)

전 화   02)733-6771
f a x   02)736-4818
e-mail   pys@pybook.co.kr
homepage   www.pybook.co.kr
ISBN   979-11-303-4941-1   93360

정 가   49,000원